KB041738

제 7 판

회사법

사례와 이론

홍복기
김성탁
김병연
박세화
심 영
권재열
이윤석
장근영

박영사

제 7 판 머리말

2021년 여름, 전 세계는 코로나 바이러스의 창궐로 많은 어려움을 겪고 있다. 대학은 사상초유로 2020년 봄 학기부터 사실상 대학의 강의실을 폐쇄하고 비대면으로 강의를 진행하고 있으며, 다음 학기도 계속될 예정이어서 대학의 미래에 근본적인 영향과 변화가 예상되고 있다.

제 7 판은 주로 2020년 12월 29일 법률 제17764호로 공포·시행된 개정상법과 제 6 판 이후 개정된 상법 시행령의 내용을 반영한 것이다. 2020년 개정상법은 대주주의 전횡방지와 소수주주의 이익을 보호하기 위하여 다중대표소송제도와 대규모상장회사의 감사위원 이사의 분리 선출제도를 도입하였다. 이외에도 배당실무에서의 혼란을 해소하고 주주총회의 분산개최를 유도하기 위하여 영업연도 말을 배당기준일로 전제한 규정을 삭제하였다. 또한 전자투표 실시회사에 있어서 감사(감사위원회 위원)선임 시 출석주주 의결권의 과반수로 결의요건을 완화하였으며, 상장회사의 주주는 상장회사 특례규정에 따른 소수주주권 행사요건과 일반규정에 따른 소수주주권 행사요건을 선택적으로 주장할 수 있도록 하는 등 현행 제도의 운영상 나타난 일부 미비점을 개선·보완하는 등의 개정이 있었다.

또한 제 6 판 발간 후 지금까지 나온 대법원 판례를 정리하였다. 주요 판례는 상환주식에 있어서 상환권행사와 주주권의 소멸시점(대법원 2020. 4. 9. 선고 2017다251564 판결), 주주총회 결의 없는 '특별성과급'의 지급의 효력(대법원 2020. 4. 9. 선고 2018다290436 판결), 이사의 보수와 주주총회의 권한(대법원 2020. 6. 4. 선고 2016다241515, 241522 판결), 주식이중양도와 형법상 배임죄(대법원 2020. 6. 4. 선고 2015도6057 판결), 지배주주의 매도청구권(대법원 2020. 6. 11. 선고 2018다224699 판결), 소규모주식회사에 있어서 주주총회 결의 없는 자기거래의 효력과 주권의 선의취득(대법원 2020. 7. 9. 선고 2019다205398 판결), 주금반환과 주주평등원칙의 위반(대법원 2020. 8. 13. 선고 2018다236241 판결), 대표이사의 전단적 대표행위(대법원 2021. 2. 18. 선고 2015다4541 전원합의체 판결) 등이다.

끝으로 출판업계의 어려움 속에서도 판을 거듭하여 출판한 박영사의 무궁한 발전을 기원하며, 폭염 속에서도 가을 학기일정에 맞춰 성심성의를 다하여 편집을 담당한 이승현 과장님을 비롯한 편집부 여러분에게 감사드린다. 아무쪼록 코로나 바이러스 사태가 조속히 종식되어 정상적인 생활이 회복됨과 동시에 활기찬 대학의 캠퍼스가 이루어지길 간절히 바란다.

2021년 8월
공저자들을 대표하여 홍 복 기 씀

제 6 판 머리말

제 6 판은 제 5 판이 완판되어 대학의 봄 학기 일정에 맞추어 출간한 것이다. 그동안 주로 상법 또는 관련 특별법이 개정되면, 그 내용을 반영하기 위하여 개정판이 발간되어 왔으나, 제 6 판은 법개정 사항이 없음에도 간행된 것이다.

최근 회사법 관련 개정은 2011년 3월 대폭적인 개정, 2014년 무기명주식제도의 폐지, 2015년 삼각분할합병·삼각주식교환·간이영업양수도의 도입 등 M&A에 관한 상법규정의 정비, 2016년 '기업활력제고를 위한 특별법(일명 원샷법)' 등의 제정이 있었다. 수년째 이어 온 소위 '경제화민주화 관련 상법개정안'은 여야 간 합의가 이루어지지 않아 법안의 통과가 답보상태에 머무르고 있다. 법안의 주요내용은 일정규모(자산 2조원) 이상의 상장회사에 있어서 감사위원인 이사의 분리 선출과 의결권제한, 소액주주의 신청에 의한 집중투표제의 의무화, 전자투표제의 단계적 실시, 다중대표소송 도입 등이다. 이러한 회사법 개정이 여야 간 합의만 되면 당장 통과될 수도 있지만, 현재 상황은 예단하기 어렵다.

위와 같이 제 6 판은 법개정과 관련 없이 이루어졌으므로, 기본적인 체계와 그 내용은 제 5 판과 동일하다. 제 6 판의 주요 변경사항은 주로 판례에 관한 사항이다. '형식주주와 실질주주의 권리 행사와 권리 귀속'에 관한 2017년 전원합의체 판결, 타인명의의 주식인수와 관련한 판례와 같은 최신 판례의 내용을 반영하였다. 따라서 제 6 판에는 제 5 판 이후에 나온 2017년과 2018년의 대법원의 주요 판례가 반영되었다. 그밖에도 독자들의 가독성과 이해력을 높이기 위하여 '주요판례'를 중심으로 서술함에 따라 판례의 내용이 같으면 가장 최신 판례로 변경하였고, 불필요한 판례는 가능한 한 삭제하였다.

이번 제 6 판을 준비함에 있어서도 독자들, 특히 진솔한 질문과 토론을 통하여 많은 영감을 준 로스쿨 학생들에게 감사하며, 늘 최고의 편집력으로 성심성의를 다하여 준 김선민 부장과 이승현 과장을 비롯한 편집부 여러분에게 감사드리며, 박영사의 무궁한 발전을 기원한다.

2019년 2월

공저자들을 대표하여 홍 복 기 씀

제 5 판 머리말

제 5 판은 지난 2015년 2월 제 4 판이 출간된 지 2년 만에 간행된 것이다. 제 4 판 간행 당시에 반영된 '2014년 상법개정안'은 2015년 12월 1일 법률 제13523호로 공포되어 2016년 3월 2일부터 시행되고 있다. 위의 2015년 12월 개정상법은 기업의 인수·합병(M&A)에 관한 상법규정을 정비하여 기업의 원활한 구조조정 및 투자활동을 촉진하기 위한 것으로 볼 수 있다. 이와 관련하여 2016년 2월에는 '기업 활력 제고를 위한 특별법'(일명 '원샷법')이 제정되어 시행되고 있다. 동법은 사업재편계획에 따라 행하는 합병, 분할·분할합병, 주식의 포괄적 교환과 이전, 영업양도 및 양수에 있어서 주주총회소집 통지기간의 단축, 채권자보호절차, 주식매수청구권 등에 관한 상법의 특례를 규정하고 있다. 또한 소규모분할, 소규모합병, 간이합병 등 사업재편에 있어서 절차 간소화를 위한 상법의 특례를 규정하고 있다. 동법은 시행일로부터 3년간의 한시법으로 설계되어 있으나, 기업의 인수·합병에 많은 영향을 미칠 것으로 예상된다.

또한 '대통령 탄핵심판'을 앞둔 현재 야당을 중심으로 '경제민주화'라는 이념 하에 일정규모 이상의 상장회사에 있어서 감사위원인 이사의 분리선출과 의결권제한, 소액주주의 신청에 의한 집중투표제의 의무화, 전자투표제의 단계적 실시, 다중대표소송 도입 등을 주요 내용으로 한 상법개정안이 국회에 발의되어 있다. 아이러니하게도 위 개정안은 2013년 박근혜 정부가 출범하고, 동년 7월에 정부안으로 대주주와 경영진의 전횡을 견제하고, 소액주주의 권한을 강화한다는 취지로 제안되었지만 경제단체들이 경영권 위협, 기업활동의 위축 등을 주장하면서 강력히 반발하였고, 야당의 협조를 얻지 못해 국회를 통과하지 못한 의안이다. 동일한 내용이 발의 주체를 달리하여 제기되어 '반대를 위한 반대'가 되지 않을지 우려되며, 향후 상법개정은 순탄치만은 않을 작업이 될 것이라고 예상된다. 따라서 위 개정안의 국회통과 여부와 관련하여 많은 논란이 재점화될 것으로 예상되지만, 상법개정내용에 대한 이론적·실증적 검증을 위한 노력과 충분한 토의, 비교법적 연구를 통한 국제적 정합성과 타당성 등을 종합적으로 검토하여 실사구시의 자세로 상법개정의 문제를 다루어야 할 것이다.

   제 5 판에서는 종전의 편제를 바꾸었다. 제 1 편 총론, 제 2 편 합명회사·합자회사·유한책임회사·유한회사, 제 3 편 주식회사, 제 4 편 외국회사의 총 4편으로 나누고, 각 편마다 장으로 나누어 주요 문제를 다루고 있다. 회사법을 이해함에 있어 종전보다는 짜임새 있는 체계라고 자평한다. 또한 판례는 최신판례를 중심으로 인용하고 관련판례에는 간단한 제목을 적음으로써 독자가 내용을 읽기 전에 어떠한 주제의 판례인지를 쉽게 파악할 수 있도록 하였다. 종전에는 참고문헌이 기재되었으나, 대법원의 '법고을' 등 누구나 쉽게 접근할 수 있는 데이터베이스(DB)가 많아 삭제하기로 결정하였다. 또한 불명확한 내용의 수정 및 오자·탈자를 바로 잡았다. 이러한 작업을 공저자들이 겨울방학 수차례 회의를 거쳐 완수하였다. 공저자들의 노력이 독자들의 호응을 얻어 더 나은 책으로 거듭나기를 기원한다.

   끝으로 출판계의 어려운 사정임에도 불구하고 판이 거듭될 수 있도록 지원해준 박영사와 늘 성심성의를 다하여 본서의 편집을 담당한 김선민 부장과 이승현 대리를 비롯한 편집부의 여러분의 노고에 감사드립니다.

2017년 2월
공저자들을 대표하여 홍 복 기 씀

제 4 판 머리말

2012년 2월 본서의 초판이 출간된 이후 매년 판을 달리하였다. 그 주된 이유
는 상법 '제 3 편 회사'에 관한 법개정이다. 제 4 판도 예외가 아니다. 제 4 판은
2014. 5. 20. 법률 12591호로 개정된 상법의 내용(이하 2014년 상법개정)과 동년 10월
에 이루어진 '2014년 상법개정안'의 내용을 담고 있다.

2014년 상법개정 중 회사편과 관련된 규정은 무기명주식제도의 폐지이다. 무
기명주식제도는 상법 제정 이후 현재까지 발행 사례가 없어 기업의 자본조달에 기
여하지 못하였다. 또한 이론적으로도 무기명주식의 소유자 파악이 곤란하여 양도
세 회피 등 과세사각지대의 발생 우려가 있으며, 조세 및 기업 소유구조의 투명성
결여로 인한 국가의 대외신인도를 저하시키는 원인이 되는 등으로 더 이상 유지할
실익이 없었다. 따라서 무기명주식제도를 폐지하여 주식을 기명주식으로 일원화함
으로써 조세 및 기업 소유구조의 투명성 제고를 위한 기반을 마련하고자 하는 것이
정부의 개정이유이다.

'2014년 상법개정안'은 삼각주식교환, 역삼각합병 및 삼각분할합병 제도의 도
입을 골자로 하여 정부가 제출한 상법개정안이다. 개정이유는 기업인수·합병 시장
의 확대 및 경제 활성화를 도모하기 위하여 기업의 원활한 구조조정 및 투자활동이
가능하도록 다양한 형태의 기업인수·합병 방식을 도입하자는 것이다. 그런데
'2014년 상법개정안'은 2011년 개정상법이 교부금합병과 삼각합병을 인정함에 따
라 순차적으로 이루어진 것으로 볼 수 있다. 교부금합병제도에 의하여 합병수단의
유연화·다양화를 가져왔으며, 삼각합병이 인정됨에 따라 삼각주식교환, 역삼각합
병, 삼각분할합병 등 소위 '삼각 조직개편'을 제도화한 것으로 볼 수 있다. 또한
2014년 상법개정안은 무의결권 주주도 주식매수청구권을 행사할 수 있음을 명문으
로 규정하고, 주식매수청구권이 인정되는 경우에는 무의결권 주주에게도 주주총회
소집을 통지하도록 규정하고 있다(안 360조의5 1항 및 374조의2 등). 또한 소규모 주식
교환과 소규모합병의 요건을 규정하고, 소규모 주식교환과 소규모합병의 요건을
동일하게 설정함으로써 해당 제도를 이용한 기업인수·합병 거래의 안정성을 도모
하고 소규모 주식교환의 활성화를 기대하고 있다(안 360조의10 1항 및 527조의3 1항).

그 밖에 간이한 영업양도, 양수, 임대 제도를 도입하고 있다(안 374조의3 신설). 즉 영업양도, 양수, 임대 등의 행위를 하려는 회사의 총주주의 동의가 있거나, 주식 90퍼센트 이상을 그 거래의 상대방 회사가 소유하고 있는 경우에는 그 행위를 하려는 회사의 주주총회 승인은 이사회의 승인으로 갈음할 수 있도록 한 것이다.

당초 2014년 정기국회에서 법안통과가 이루어질 것으로 예상되었으나, 국회의 다른 일정상 미루어지고 있다. 2014년 상법개정안은 그 내용에 특별한 문제가 있는 것이 아니므로 2015년 2월 국회의 의결을 앞두고 있다고 볼 수 있다.

위와 같이 제 4 판은 2014년에 이루어진 상법개정과 개정안을 모두 담고 있다. 또한 종전의 편집방침을 유지하면서 새로운 판례를 추가하였으며, 제 3 판에서 나타난 오류와 오탈자도 수정하였다. 아무쪼록 본서가 회사법에 관한 이론과 판례, 새로운 법지식을 습득하고자 하는 독자들의 사랑을 받으며 공저자들의 끊임없는 노력 속에 좋은 교재로 거듭나기를 바란다.

끝으로 출판업계의 많은 어려움에도 불구하고 매년 판을 거듭하여 주신 안종만 회장님과 편집부 여러분께 깊은 감사의 말씀을 드린다. 특히 제 4 판부터 편집실무를 맡은 이승현 대리의 노고에 깊은 감사를 드린다.

2015년 2월

공저자들을 대표하여 홍 복 기 씀

제 3 판 머리말

2013년 박근혜 정부가 출범하고, 동년 7월에 상법개정안이 입법예고되었다. 이는 정치적으로 본다면 '경제민주화'라는 대통령 공약사항의 이행이라는 측면과 입법론적으로 본다면 2011년 상법개정을 보완하는 차원에서 이루어진 것이라고 볼 수 있다. 그 내용은 일정규모(자산 2조 원) 이상의 상장회사에 있어서 감사위원인 이사의 분리선출과 의결권 제한, 상장회사에 있어서 집중투표제와 전자투표제의 단계적 실시, 다중대표소송 도입, 감사위원회 설치회사에 있어서 집행임원제도의 의무적 도입 및 이사회의장과 집행임원의 겸직금지 등이었다. 2013년 개정안의 특징은 '정관자치'를 상당히 인정하여 기업의 자율성을 존중하였던 2011년의 상법개정과는 달리 일정 규모 이상 또는 상장회사는 이들 제도를 의무적으로 실시하여야 한다는 점이었다. 정부는 대주주와 경영진의 전횡을 견제하고, 소액주주의 권한을 강화한다는 취지로 상법개정안을 입법예고한 것이지만 경제단체들은 경영권 위협, 기업활동의 위축 등을 주장하면서 강력히 반발하였다. 동 개정안은 우여곡절 끝에 결과적으로 재계의 저항에 부딪혀 수면 하에 들어갔지만, 언제든지 수정안의 형태로 재론될 여지가 남아 있다. 왜냐하면 OECD 회원국인 우리의 국제적인 위상에 맞먹는 기업지배구조의 선진화를 위한 노력은 계속되어야 하는 작업이기 때문이다.

제 3 판의 편집방향은 종전의 방침과 동일하다. 제 3 판에서는 기존 판례와 참고문헌을 알기 쉽게 정리하고, 새로운 판례를 추가하였다. 그리고 제 2 판에서 나타난 오류와 오탈자도 수정하였다. 또한 '검토'부분에서 독자들에게 맡겨져 있던 문제해결에 대한 가이드라인(검토문제 해설)을 각 부문 말미에 추가함으로써, 본서가 추구하였던 문제기반형 학습방식(Problem Based Learning)을 현실에 맞게 보완하였다. 이로써 본서는 회사법에 관한 지식과 다양한 현상을 습득하고자 하는 독자들을 위한 교재로서 그 체계와 완성도가 높아졌다고 볼 수 있다. 향후에도 본서가 독자들의 사랑과 관심, 기탄없는 질타와 조언, 저자들의 끊임없는 노력과 보완을 거치며 좋은 교재로서 거듭나기를 바란다.

끝으로 계속되는 불황과 온갖 어려움 속에서도 매년 판을 거듭하여 주신 안종만 회장님과 김선민 부장님 그리고 편집부 여러분께 깊은 감사의 말씀을 드린다. 특히 초판부터 제3판까지 편집실무를 맡았던 엄주양 대리의 새로운 진로에 하나님의 가호와 축복이 있기를 기원한다.

2014년 정월

공저자들을 대표하여 홍 복 기 씀

제 2 판 머리말

지난 2011년 3월 회사법의 대개정이 이루어졌고, 2012년 4월 15일 개정상법의 시행이 예정되어 있는 상황 속에서 대학의 봄 학기 강의일정에 맞추어 2012년 2월 본서의 초판이 출간되었다.

본서가 출간될 당시 최종 교정마감까지도 개정상법 시행령이 확정되지 않아 개정법의 내용만으로 진행할 수밖에 없었다. 이후 확정된 상법시행령의 조문수와 내용이 법의 개정 폭만큼 매우 방대하였다. 또한 개정상법의 시행을 계기로 많은 교과서와 논문들이 등장하게 되었다. 이를 반영할 필요성이 제기되어 본서의 제 2 판을 출간하게 되었다. 제 2 판을 계기로 판례를 정리하고, 기존의 오류와 오탈자도 수정하였음은 물론이다.

본서의 특색으로 볼 수 있지만, 여러 공저자들이 합심하여 교재를 출간한다는 것은 결코 쉬운 일이 아니다. 그러나 본서의 출간을 계기로 "합의가 시간이 다소 걸리지만 단독의 결정보다 오류에 빠지지 않고 우수하며 전문성을 높일 수 있다"는 것을 증명하였다. 이번에도 공저자들이 겨울방학 동안 수차례 회합을 갖고 수고를 아끼지 않아 "합심하여 선을 이룬 것"으로 볼 수 있다. 법이 진화됨에 따라, 이를 설명하는 교재도 진화한다. 진화의 생명력은 무엇보다도 이를 접하는 독자들의 반응이다. 본서가 독자들의 호평과 성원을 받은 것은 무척이나 다행스러우며 감사할 뿐이다. 앞으로도 독자들의 변함없는 관심과 사랑 속에 알찬 내용과 편집으로 거듭 날 것을 다짐한다.

끝으로 본격적인 디지털시대가 대두됨에 따른 기존의 출판시장의 어려움을 혁신적으로 극복하고 본서의 출판을 맡아 주신 안종만 회장님, 본서의 디자인과 품격을 높여 준 편집부의 김선민 부장님, 엄주양 대리에게 깊은 고마움을 드리는 바이다.

2013년 3월
공저자들을 대표하여 홍 복 기 씀

머 리 말

회사법은 기업의 설립, 조직, 운영, 해산, 구조조정 및 M&A 등에 관한 기본
법이다. 그러나 매우 방대한 분야이므로 회사법을 어떠한 내용과 방법으로 교육시
킬 것인가는 어려운 문제이다. 한편 세계화·정보화에 따라 선진 각국의 회사법이
조화 내지 융합되는 경향을 보이고 있어 선진국의 회사법강좌의 수준에도 부합되
어야 한다. 세계 10위권의 경제규모이며, OECD 회원국인 우리나라의 위상으로 본
다면 당연하다고 볼 수 있다. 또한 우리 회사법의 체계가 실정법을 바탕으로 판례
가 형성되어 왔으므로 회사법을 교육함에 있어서는 이러한 점을 고려한 필수적인
교육내용을 담고 있어야 한다.

현재 국내에는 다수의 훌륭한 회사법교재들이 나와 있으나, 이론 중심으로 서
술되어 있어 독자들이 스스로 고민하고 문제해결능력을 키우는 데 한계가 있다. 이
에 저자들은 회사법교재는 독자들이 스스로 문제해결을 할 수 있도록 유도하며
(Learner Initiative Method), 이를 위하여 '문제기반형 학습 방식'(Problem Based
Learning: PBL)을 적용하여 저술하는 것이 바람직하다고 의견을 모은 바 있다. 이와
동시에 실제 발생하는 다양한 사례에 대한 해결능력의 배양을 위하여 기본원리
(principles)에 충실한 원리기반형 학습방식(Principle Based Learning)이 회사법에 대한
이해도를 높이고, 자연스럽게 법적 사고(legal mind)의 형성이 가능하다는 인식을 공
유하게 되었다. 이에 따라 교재의 서술방식도 현실적으로 문제되는 중요사항을 선
별하여, (i) 사례 또는 판례, (ii) 기본이론 및 관련이론, (iii) 관련 판례, (iv) 참고문
헌 및 자료 등의 순서로 체계화하여 기술하는 것이 회사법을 입체적으로 이해할 수
있다고 판단하였다. 또한 독자들의 대부분이 변호사시험, 사법시험 등 국가시험을
준비하고 있는 현실을 감안하여 교재의 내용을 숙지한 독자들이 본서만으로도 시
험에 충분히 대비할 수 있도록 하였다.

저자들은 2010년 「주식회사법 ― 판례와 이론 ―」을 출간한 바 있으나 2011년 3
월 회사법이 대개정됨에 따라 이를 절판하기로 하고, 종전의 내용을 대폭 보완하
고, 개정 회사법의 내용을 반영하여 새롭게 출간하기로 하였다. 초판임에도 많은
성원을 아끼지 않은 독자들에게 이 자리를 빌어 감사드린다. 2011년 3월 회사법 대

개정은 새로운 기업형태인 합자조합과 유한책임회사의 도입, 회사법의 IT화, 집행임원제도의 도입을 비롯한 회사지배구조의 보완, 무액면 주식제도의 도입과 종류주식의 다양화, 이사책임제도의 보완, 사채제도의 개선 등 방대한 내용을 담고 있다. 개정 회사법이 그 입법취지인 ① 자유롭고 창의로운 기업경영을 지원하고, ② 투명한 기업경영으로 공정사회를 구현하여, ③ 국제 기준에 맞게 회사 제도를 선진화하여 글로벌 경쟁력을 강화하기 위해서는 입법당국은 물론, 수범자인 기업과 경영자의 역할을 다하는 것이 매우 중요할 것이다. 또한 종전과 달리 개정 회사법은 시행령에 위임한 사항이 많으므로 오는 2012년 4월 15일부터 시작되는 법시행에 대비한 시행령 마련에 만전을 기하여야 할 것이다. 또한 기업의 법률문화의 선진화를 위한 노력과 제도개선이 꾸준히 이루어져야 할 것이다. 종전과 달리 법무부가 '회사법개정특별위원회'를 상시적으로 운영하고, 의욕적인 활동을 보이고 있는 점은 고무적인 일이다. 회사법은 나라의 부강을 위한 실사구시의 학문으로 볼 수 있다. 기업을 건전하게 육성하고 발전시키는 것이 회사법의 이념 중의 하나라고 볼 수 있기 때문이다. 시장경제에 있어서 정부 이상의 막강한 영향력을 행사하고 있는 기업을 규율대상으로 하는 회사법을 선진화하며, 올바른 법집행과 기업의 건전한 운용과 발전을 위한 제도적 틀을 마련하여 주는 것이 회사법학도들의 지상과제인 것이다.

여러 대학에서 오랫동안 회사법에 대한 연구와 풍부한 강의경험, 각종 시험위원의 경력을 가진 담당교수들이 합심하여 전문교재를 출간한다는 것은 결코 쉬운 일이 아니다. 저자들의 많은 시간과 노력을 들여 이루어진 것이 독자들의 학업성과의 향상으로 이어지기만을 바랄 뿐이다. 아무쪼록 본서가 독자 여러분의 사랑, 기탄없는 질책과 조언 속에서 더욱 알차게 발전되기를 바란다.

끝으로 출판계의 여러 어려움을 무릅쓰고 본서의 출판을 기꺼이 맡아주신 박영사 안종만 회장님과 편집부의 엄주양 님 등 여러분의 노고에 깊은 감사를 드리는 바이다.

2012년 2월 집필자를 대표하여 홍 복 기 씀

차 례

제1편 총 론

제 2 편 합명회사·합자회사·유한책임회사·유한회사

제 3 편   주 식 회 사

제 1 장   주식회사의 의의

제 3 장 주식회사의 자본구조

제 4 장　주식회사의 지배구조

제 6 장 사채(타인자본)

제 7 장 주식회사의 회계 및 배당

제 8 장 주식회사의 구조조정 및 소멸

제 9 장   지배권경쟁 및 경영권방어

제10장 경영의 공정성 및 투명성 확보

제11장 회사법 위반에 대한 책임 및 제재

제 4 편 외 국 회 사

참고문헌

약어	저자, 「교재명」 (판차), 출판사명, 출판연도.
권기범	권기범, 「현대회사법론」(제 8 판), 삼영사, 2021.
권재열	권재열, 「한국 회사법의 경제학」(제 2 판), 정독, 2019.
김건식 외	김건식·노혁준·천경훈, 「회사법」(제 5 판), 박영사, 2021.
김성탁(1)(2)	김성탁, 「판례분석 회사법(제 1·2 권)」, 인하대학교출판부, 2012.
손주찬	손주찬, 「상법(상)」(제15보정판), 박영사, 2004.
송옥렬	송옥렬, 「상법강의」(제11판), 홍문사, 2021.
이철송(축조)	이철송, 「2011 개정상법 축조해설」, 2011.
이철송	이철송, 「회사법강의」(제29판), 박영사, 2021.
임재연(I)(II)	임재연, 「회사법 I·II」(제 7 판), 박영사, 2020.
정동윤	정동윤, 「상법(상)」(제 6 판), 법문사, 2012.
정찬형	정찬형, 「상법강의(상)」(제24판), 박영사, 2021.
최기원	최기원, 「신회사법론」(제14대정판), 박영사, 2012.
최준선	최준선, 「회사법」(제16판), 삼영사, 2021.
홍복기·박세화	홍복기·박세화, 「회사법강의」(제 8 판), 법문사, 2021.

총 론

제 1 편

[1] 회사법의 의의 및 기능

I. 사   례

1. 사실관계

'회사법'이 어떤 법인지, 그리고 그 기능은 무엇인지에 대하여 A, B, C, D가 각각 자신의 견해를 피력하고 있다.

A: "회사법은 회사를 둘러싼 모든 법률문제를 규율하는 법으로, 회사에 관한 법률문제는 회사법만으로도 자족적으로 해결될 수 있다."

B: "회사법은 회사의 조직과 활동에 관한 기본법으로, 회사와 관련된 다른 법들과의 유기적 관계 속에서 그 규범적 기능을 발휘한다."

C: "회사법은 공익과 국민경제의 관점에서 회사에 관한 법률관계를 규율하는 법이다."

D: "회사법은 사익조정의 관점에서 회사에 관한 법률관계를 규율하는 법이다. 회사법은 기본적으로 사인간의 법률관계를 그 적용대상으로 하는 사법규정으로 되어 있지만, 필요에 따라서는 공법적 규율을 하는 경우도 있다."

2. 검   토

(1) 회사를 둘러싸고 이해상충의 관계에 있는 당사자들은 누구인가? 이를 합리적으로 조정하는 회사법의 규범으로서의 바람직한 모습은 어떠하여야 할까?

(2) 회사의 설립, 회사의 의사결정구조와 권한배분, 자금조달, 합병 등에 의한 기업구조의 개편, 대외적 거래, 이익배당, 투자자보호, 노사관계, 소비자관계, 회사해산 등에 의한 기업의 퇴출, 정부와 기업의 관계, 기업비리와 기업범죄 등 회사에 관하여 생기는 모든 법률문제가 오로지 회사법만으로 자족적으로 해결될 수 있는가?

(3) 자율과 규제의 원리는 회사법에 어떻게 반영되어 있는가? 이와 관련하여 회사법을 '계약의 연쇄'로 이해하는 소위 계약법적 회사법관에 대하여 그 타당성 여부를 논하시오.

(4) 개인법적 원리와 단체법적 원리가 회사법에 어떻게 반영되어 있는가? 이 중에서 중심이 되는 회사법원리는 무엇인가?

Ⅱ. 주요법리

1. 회사를 둘러싼 이해상충을 조정하는 기본법

(1) 회사법은[1] 회사와 관련된 법률문제에 대하여 회사를 둘러싼 다수의 이해 상충을 합리적으로 조정하는 규범을 설정해 둠으로써, 회사가 지켜야 할 기본규범 을 제시하고, 회사분쟁의 사전적 예방과 사후적 해결의 준칙을 제공하는 데 그 존 재이유가 있다. 회사법의 내용을 어떻게 구성하느냐에 따라 그것은 회사 관련 당사 자들의 현재와 미래의 행동에 영향을 미치게 된다. 그러므로 바람직한 회사법의 모 습은 기업현실에 뿌리를 두는 시장 순응적이면서 동시에 회사법이 달성하고자 하 는 이념과 가치를 담은 것이어야 한다.[2]

(2) 회사의 이해당사자는 매우 다양하다. 이들은 회사를 둘러싸고 상호 보완 적·상생적 관계에 있기도 하지만 서로 이해가 충돌되는 관계에 있기도 하다. 이해 관계에 있어서 대립을 보일 수 있는 여러 가지 조합으로는, ① 주주 vs 회사채권자, ② 주주 vs 경영자, ③ 대주주 vs 군소주주, ④ 근로자 vs 그 밖의 자, ⑤ 회사 자체 vs 그 밖의 자 등이 있다[주요판례]. 이들 이해관계의 충돌을 조정함에 있어 기본규범 을 제공하는 것이 회사법의 기능이다.

(3) 회사를 둘러싼 이해상충에 있어서 궁극적으로 누구의 이익에 중점을 둘 것인가? 이에 관해서는 주주를 중심으로 보는 주주 자본주의(shareholders capitalism) 와 주주뿐만 아니라 채권자, 경영자, 근로자, 소비자, 지역공동체, 환경, 국가 등 회사를 둘러싼 다양한 이해당사자로 그 범위를 넓혀서 보는 사회적 자본주의 (stakeholders capitalism)가 있다.[3] 미국의 회사법제는 주주 자본주의의 모델이 되고 있고, 독일의 회사법제는 사회적 자본주의의 모델이 되고 있다. 우리나라의 회사법 제는 주주 자본주의에 가깝다.[4]

---

1) 회사법은 매우 넓게 보자면 회사와 관련하여 발생하는 법률문제를 규율하는 법의 전부를 망 라할 수 있다. 실무에서 말하는 '회사법'은 이를 지칭하기도 한다. 이에 의하면 회사와 접촉점 을 이루는 모든 법률관계가 회사법 영역에 포함될 수 있다. 그러나 우리 법상 회사법은 독립 된 법전으로 존재하지 않으므로 상법의 제 3 편 '회사'에 규정되어 있는 것을 편의상 '회사법' 이라 부른다.

2) 김성탁, 「주식회사법」(영남대학교출판부, 2006), 23~24면.

3) 양자의 차이점에 대해서는 최준선, "주주 자본주의와 이해관계자 자본주의,"「상사법연구」제 6 권 제 2 호(2007), 175면 이하 참조.

4) 사회적 자본주의(이해당사자 자본주의)를 취하고 있다는 견해도 있다(권기범, 92면 등).

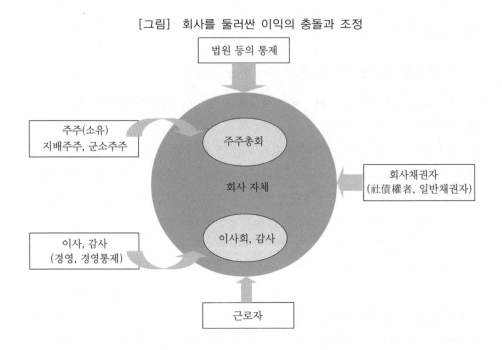

[그림] 회사를 둘러싼 이익의 충돌과 조정

2. 회사법을 바라보는 상이한 관점

회사, 특히 주식회사는 무엇이며, 누구를 위한 것인가, 그리고 회사법이란 무엇인가라는 근본적 물음에 관해서는 상이한 회사법 관점들이 있다.[1]

① **전통적 주식회사관**: 지금까지의 주류적인 입장은 주주를 주식회사의 경제적 소유자 또는 경제적 실체로 파악하는 소유자적 기업관이다. 왜 주주가 주식회사의 경제적 소유자인지에 대해서는 회사의 기본적 중요사항의 결정이 주주총회에 맡겨져 있고 주주총회의 의결권은 주주에게만 인정된다는 것을 논거로 한다. 이러한 입장에서는 소유권자가 소유물에 대하여 절대적인 사용·수익·처분권을 갖듯이 회사를 둘러싼 이해대립의 조정에 있어서 주주의 이익이 절대적으로 우선시되어야 한다는 것을 원칙으로 삼는다. 따라서 회사의 문제를 주주의 이익을 초월하는 초개인적인 공공의 이익의 관점에서 조정하여서는 안 된다고 한다.

② **계약주의적 주식회사관**: 이는 사적 자치영역의 확대를 주장하는 미국 시카고(Chicago) 학파가 그 원조이며 자유방임주의를 사상적 기반으로 하는 신자유주의

---

1) 이하는 이동승, "주주권의 사회적 기능,"「비교사법」제12권 제 4 호(2005), 340면 이하 참조. 이들 견해에 대한 비판에 대해서는 위 논문, 345면 이하 참조.

적 회사법론이다. 주로 법경제학적 방법을 동원하여, 회사에 대한 정부의 규제가 비효율적이며, 시장기구나 계약을 통한 자율적 조정이 가장 효율적이라고 한다. 회사를 주주, 경영자, 채권자, 근로자 등의 사적 계약들이 서로 연계된 계약의 연쇄(총화)라고 보고 있다. 회사법은 회사의 다양한 이해관계자간의 계약체결시 소요되는 거래비용(transaction cost)을 줄이는 표준계약으로 기능을 하면 족하다고 한다. 주주도 다른 이해관계인과 마찬가지로 계약의 한 당사자에 불과하고, 주주는 회사재산에 대하여 채권자의 몫을 제외한 잔여재산에 대해서만 권리를 가지므로 잔여재산을 증가시키는 데 강한 경제적 유인을 갖게 된다고 한다. 주주와 경영자간의 경영권 위임계약은 일종의 분업계약으로서, 대리인비용의 문제는 관련시장에 의하여 효율적으로 해결될 수 있을 것이라 한다. 회사계약상 경영자가 자신의 임무를 제대로 수행하기 위하여 폭넓은 재량권이 부여되어야 한다고 한다.

3. 회사법에서의 자율과 규제

회사법은 사익을 조정하는 법으로 사법체계에 속하므로 이에 대한 법적 규율은 당사자 간의 자율에 의하는 것이 원칙이다(자율의 영역).[1] 그러나 회사법은 다수의 이해관계를 획일적으로 규율할 목적에서 회사의 공익적 성격을 감안하여 자율에만 맡기지 않고 규제하는 경우가 있다(규제의 영역). 회사법은 다수인의 이해관계의 충돌을 획일적으로 조정하기 위하여 필요하거나 회사법의 기본질서에 해당하는 부분은 강행법적으로 규율하고, 그 나머지 부분은 정관 등에 의하여 자율적으로 규율할 수 있도록 하고 있다. 그리고 이해당사자들에 대해서는 각각의 지위에 상응하는 권리와 의무·책임을 법정하고, 때로는 법원의 관여를 인정하기도 한다.

---

1) 회사의 본질을 극단적으로 계약이라 보는 견해에 의하면, 정관은 기껏해야 부합계약으로, 회사법의 규정은 기본적으로 임의법규라고 이해한다(Frank H. Easterbrook, Daniel R. Fischel, 「회사법의 경제학적 구조」, 13~20면). 이러한 입장에 의하면 정관자치를 더욱 광범하게 인정한다.

Ⅲ. 주요판례·문제해설

1. 주요판례[1]

대법원 2005. 10. 28. 선고 2005도4915 판결 — 대표이사가 이사회 또는 주주총회의 결의를 따랐으나 성실한 직무수행의무의 위반을 인정한 사례[2]

회사의 대표이사는 이사회 또는 주주총회의 결의가 있더라도 그 결의내용이 회사채권자를 해하는 불법한 목적이 있는 경우에는 이에 맹종할 것이 아니라 회사를 위하여 성실한 직무수행을 할 의무가 있으므로 대표이사가 임무에 배임하는 행위를 함으로써 주주 또는 회사채권자에게 손해가 될 행위를 하였다면 그 회사의 이사회 또는 주주총회의 결의가 있었다고 하여 그 배임행위가 정당화될 수는 없다.

2. 문제해설

(1) 회사, 특히 주식회사를 둘러싸고 이해상충의 관계에 있는 자들 중에서 회사법적으로 특히 문제가 되는 이해당사자 그룹은 주주, 채권자, 이사 등의 경영진이다. 이 중에서도 특히 주주와 회사채권자가 주식회사에서 가장 중요한 이해당사자이다. 회사법의 역할은 이들 이해관계를 합리적으로 조정하는 기본규범으로서의 기능을 수행하는 것이다. 회사법은 이러한 역할의 일부를 정관에 맡김으로써 분담하고 있다.

(2) 회사에 관한 법률관계는 아주 넓게는 회사에 대한 각종 행정규제, 회사범죄 등과 같이 공법과 형사법 영역에 속하는 것, 근로자와의 관계와 같이 사회법 영역에 속하는 것, 그리고 경쟁질서와 공정거래와 같이 경제법 영역에 속하는 것까지도 포함하지만, 회사법 기능의 본령은 사익을 조정하는 것이므로 사법영역에 속한다. 상법 중 회사편(제3편)의 규정은 회사설립, 기관의 구성·운영, 자금조달, 구조변경, 회사해산 등과 같이 주로 조직법적 사항을 대상으로 하고 있다. 회사의 대외적 거래와 책임 등에 대해서는 주로 민법 등과 같은 거래법에 의하여 규율된다.

(3) 회사법관계에 대한 규율은 '규제'와 '자율'을 양축으로 한다. 사법(私法)영역에서 규제를 축소하고 자율을 확대해 나가는 것이 오늘날의 추세이며 시대상이다.

---

1) 회사법의 존재이유를 직접 밝힌 국내의 판례는 아직 발견되지 않고 있다. 이하의 판례는 이를 가늠해 볼 수 있는 정도의 것이다.
2) 대표이사와 회사, 주주 또는 회사채권자 사이의 이해조정에 관한 판례이다.

그러나 회사법의 이익조정규범으로서의 역할을 감안할 때 자율에 맡기는 것에는 한계가 있을 수밖에 없다.

　(4) 민법이 1：1의 개인법 원리에 터 잡고 있다면, 회사법은 다수의 이해관계를 집단적·획일적·정형적으로 처리하기 위하여 단체법 원리에 의하는 경우가 많다. 법률행위의 하자에 관한 민법규정의 적용을 일부 배제하거나, 주식에 의한 권리의 균일화, 주주명부와 명의개서에 의한 획일적인 주주 확정, 주주총회 등에 의한 집단적 의사결정, 일괄적인 공고제도, 민사소송에 대한 회사소송의 특례 등이 그 예이다.

［2］ 회사의 영리성

Ⅰ. 사　　례

1. 사실관계

[사안 1]

　甲주식회사는 주주총회의 특별결의에 의하여 정관의 목적조항에 사회복지사업을 추가하고, "매년 이익의 전부를 사회복지사업에 지출한다"는 내용으로 정관변경을 하였다. 이러한 결의에 반대하는 주주 A는 위 정관변경에 관한 주주총회결의의 무효확인을 구하는 소를 제기하였다.

[사안 2]

　乙회사는 국내의 모 명문대학에 장학금 명목으로 매년 거액을 지원하였다. 이에 대하여 이 회사의 주주 B는 정관에 규정되어 있는 목적 외의 지출임을 이유로 들어 회사에 대한 이사의 손해배상을 청구하는 대표소송을 제기하였다.

2. 검　　토

　(1) 기업의 존재이유에 대해서는 상반되는 다양한 견해가 있다. "기업은 충분한 이익을 창출하고 일자리를 제공함으로써 사회적 책임을 다한 것으로 보아야 한다"라는 기업이익 우선론이 있는가 하면, "근로자, 주주, 고객의 행복을 극대화하는

것이 기업경영의 최고가치"라는 사회공헌우선론이 있다. 이 중에서 회사법이 터 잡고 있는 기본관점은 무엇인가? 그리고 다른 관점에서 회사법이 추구하여야 할 가치로 주장하고 있는 바를 회사법은 어떻게 수용하고 있는가?

(2) 상법 제169조에서는 "이 법에서 '회사'란 상행위나 그 밖의 영리를 목적으로 하여 설립한 법인을 말한다"고 규정하고 있다. 여기에서 '상행위 그 밖의 영리를 목적으로'의 의미는?

(3) 기업의 사회적 책임(corporate social responsibility: CSR)은 법적 책임인가, 단지 윤리적 책임에 그치는 것인가? 회사의 비영리적인 출연행위는 어떠한 요건하에서 적법한가? '사회책임투자'(social responsibility investment)와 '윤리경영'은 회사법적으로 어떠한 의미가 있는가?

(4) 「사회적기업 육성법」에 의한 사회적 기업, 즉 '취약계층에게 사회서비스 또는 일자리를 제공하거나 지역사회에 공헌함으로써 지역주민의 삶의 질을 높이는 등의 사회적 목적을 추구하면서 재화 및 서비스의 생산·판매 등 영업활동을 하는 기업'은 상법상의 회사가 될 수 있는가?

(5) 주주들이 동의한다면 주주총회의 특별결의와 같은 가중된 결의요건에 의하여 주주들의 이익배당청구권을 제한할 수 있는가?

II. 주요법리

회사법에서 정의하고 있는 회사는 '상행위 그 밖의 영리를 목적으로 하는 법인'이다(169조). 즉 회사는 영리성, 사단성, 법인성을 그 속성으로 한다.[1]

1. 회사의 영리성

(1) 회사의 목적은 영리를 추구하는 데 있고, 영리성은 회사의 기본적인 존재이유이다. 회사가 영리를 목적으로 한다는 것은 회사가 단순히 영리행위를 한다는

---

[1] 2011년 개정상법에서는 종전의 제169조와 제171조를 합치면서 사단이라는 용어를 삭제하였다. 그러나 사원이 반드시 존재하여야 하므로 회사의 본질은 여전히 사단이며, 1인 회사라 하여 사단성이 부정되는 것은 아니다(권기범, 108면; 이철송, 42면; 정동윤, 337면; 정찬형, 462면; 홍복기·박세화, 26면 등 다수). 그러나 2인 이상의 사원을 요하는 전통적 의미에서의 사단성은 상당히 퇴색하였다. 상법이 1인 회사를 인정하는 것은 회사의 사단성 요건을 수정 내지 폐지하는 것과 다를 바 없다고 보아야 한다는 견해가 있다(권재열, 51면).

것에 그치지 않고, 그 영리행위를 통하여 얻은 이익을 사원(주식회사의 경우는 주주)에게 분배하는 것을 목적으로 한다는 뜻이다.[1] 회사가 사원에게 이익을 분배하는 방법으로는 이익배당, 지분의 증가(예: 주식배당의 경우), 잔여재산의 분배(회사해산의 경우) 등이 있다.

(2) 회사는 영리성을 본질로 하므로 상행위(46조)를 하느냐의 여부와 관계없이 상인(당연상인 또는 의제상인)이 된다(4조, 5조 2항). 따라서 회사에 대해서는 상법의 총칙편(제 1 편)과 상행위편(제 2 편)이 일반적으로 적용된다.

(3) 회사의 영리성은 회사법의 지도원리로서 작용한다. 이에 반하는 정관이나 주주총회의 결의는 원칙적으로 효력이 없다.

2. 회사의 비영리적 행위

(1) 기업의 사회적 책임론

회사는 영리행위를 통하여 거둔 이익을 독차지해서는 안 되고 그 일부를 사회에 다시 환원할 책임이 있다는 것이 기업의 사회적 책임론의 주요 골자이다.[2] 이를 법적 책임으로 볼 것인가에 대해서는 논란이 있으나, 현재로서는 법적 책임이 아니라는 것이 다수견해이다.[3] 다만 이를 법적 책임으로 하는 방향으로 제도개선이 필요하다는 견해가 있다.[4]

(2) 회사의 비영리적·공익적 행위의 허용요건

회사의 비영리적·공익적 행위(예: 기부)는 회사의 한정된 재원을 회사 본연의 이해당사자인 주주, 회사채권자, 근로자, 경영자 등에 돌아갈 몫을 그만큼 감소시키는 것이 되므로 이들의 이익을 크게 훼손하지 않는 범위에서, 그리고 적절한 절차에 의하는 경우에만 적법하다. 즉 장기적으로 회사의 영리 실현에 도움이 되고, 회사의 재무상태 등에 비추어 합리적인 범위 내이어야 하고, 필요한 법적 절차(예:

---

1) 이를 이익분배설이라 한다.

2) 기업의 사회적 책임론에 대해서는 이동승, "주주권의 사회적 기능," 「비교사법」 제12권 제 4 호(2005), 349면 이하 참조.

3) 오늘날 많은 기업들이 윤리경영을 표방하고 있다(예: SK텔레콤 정관 전문 등). 그러나 이는 법적 의무에서가 아니라 기업의 자발적 노력에 의한 것이다.

4) 회사법에 의한 사회변화의 역할을 강조함으로써 회사법이 주주의 이익 증대는 물론이고 사회 전체의 복지 향상에도 기여하여야 한다는 주장이 있다(Kent Greenfield, "Saving the World with Corporate Law?," Boston College Law School Research Paper 130, 2007, pp. 12~13).

주주총회 또는 이사회의 승인)를 거쳐야 한다[주요판례 1·2].1)

Ⅲ. 주요판례·문제해설

1. 주요판례

(1) 대법원 1985. 7. 23. 선고 85도480 판결 ― 회사 기부의 적법성

주식회사가 그 재산을 대가 없이 타에 기부·증여하는 것은 주주에 대한 배당의 감소를 가져오게 되어 결과적으로 주주에게 어느 정도의 손해를 가하는 것이 되지만 그것이 배임행위가 되려면 그 회사의 설립목적, 기부금의 성격, 그 기부금이 사회에 끼치는 이익, 그로 인한 주주의 불이익 등을 합목적적으로 판단하여, 그 기부행위가 실질적으로 주주권을 침해한 것이라고 인정되는 정도에 이를 것을 요한다.

(2) 대법원 2019. 5. 16. 선고 2016다260455 판결 ― 기부행위의 정당성 기준과 이사의 선관주의의무

주식회사 이사들이 이사회에서 회사의 주주 중 1인에 대한 기부행위를 결의하면서 기부금의 성격, 기부행위가 회사의 설립 목적과 공익에 미치는 영향, 회사 재정상황에 비추어 본 기부금 액수의 상당성, 회사와 기부상대방의 관계 등에 관해 합리적인 정보를 바탕으로 충분한 검토를 거치지 않았다면, 이사들이 결의에 찬성한 행위는 이사의 선량한 관리자로서의 주의의무에 위배되는 행위에 해당한다.

(3) 대법원 2013. 4. 25. 선고 2011도9238 판결

회사가 기업활동을 하면서 형사상의 범죄를 수단으로 하여서는 안 되므로 뇌물공여를 금지하는 법률 규정은 회사가 기업활동을 할 때 준수하여야 하고, 따라서 회사의 이사 등이 업무상의 임무에 위배하여 보관 중인 회사의 자금으로 뇌물을 공여하였다면 이는 오로지 회사의 이익을 도모할 목적이라기보다는 뇌물공여 상대방의 이익을 도모할 목적이나 기타 다른 목적으로 행하여진 것이라고 보아야 하므로, 그 이사 등은 회사에 대하여 업무상횡령죄의 죄책을 면하지 못한다. 그리고 특별한 사정이 없는 한 이러한 법리는 회사의 이사 등이 회사의 자금으로 부정한 청탁을 하고 배임증재를 한 경우에도 마찬가지로 적용된다.

---

1) 다만 상법에 따른 회사도 '사회적 기업'으로서 '사회적 목적'을 추구하면서 재화 및 서비스의 생산·판매 등 영업활동을 할 수 있다(사회적기업 육성법 2조, 8조).

2. 문제해설

(1) 회사법이 추구하는 목표는 영리성에 있고(169조), 이는 회사존속 중에는 이익배당에 의하여, 회사해산시에는 잔여재산분배청구권자인 주주 이익의 극대화로 모아진다. 회사의 사회공헌이나 사회적 책임의 이행은 회사의 궁극적 목적인 영리성에 배치하지 않는 범위 내에서 또는 이를 달성하는 데 유용한 때에만 허용된다.

(2) 상법상의 회사이기 위해서는 상법 제169조에서 규정하고 있는 바와 같이 '상행위 그 밖의 영리를 목적으로' 하여야 한다. 영리를 목적으로 하는 한 그 행위가 상법상의 기본적 상행위(46조), 준상행위(66조), 보조적 상행위(47조)에 한하지 않는다. '영리를 목적'으로 한다는 것은 단순히 영업활동을 한다는 것만으로는 부족하고 그를 통하여 얻은 이익을 사원에게 분배할 것으로 목적으로 하여야 한다. 그러나 현실적으로 반드시 이익을 배당하여야 하는 것은 아니다.

(3) 현재 기업의 사회적 책임은 이를 이행하지 않을 경우 불이익을 주거나 강제할 수 있는 법적 책임이 아니라는 것이 다수견해이다. 그렇다고 하여 기업의 비영리적 출연이 곧바로 위법한 것으로 되는 것은 아니며, 일정한 요건(위의 '회사의 비영리적 행위' 참조)하에서 적법하게 허용된다.

(4) 회사는 영리를 주된 목적으로 하는 한 부수적으로 비영리사업을 겸영하는 것도 무방하다. 그러나 오로지 비영리를 목적으로 하면 영리성을 요하는 상법상의 회사에 부합하지 않는다. 「사회적기업 육성법」 제 8 조 제 1 항 제 1 호에 의하면 상법상의 회사뿐만 아니라 민법에 따른 법인·조합, 상법에 따른 합자조합, 특별법에 따라 설립된 법인 또는 비영리민간단체 등으로 동법 시행령으로 정하는 조직형태를 갖추면 사회적기업으로 인증을 받을 수 있다.

(5) 주식회사에서 주주가 회사로부터 이익배당을 받는 것은 영리성의 본질적 부분에 해당하며 가장 기본적인 주주의 권리이다. 따라서 정관이나 주주총회의 결의에 의하더라도 주주의 이익배당청구권을 완전히 배제하는 것은 허용되지 않는다. 그러나 해당 주주가 스스로 배당받을 권리를 포기하는 것은 무방하다.

[3] 회사의 상인성

Ⅰ. 사 례

1. 사실관계

甲회사는 부동산 매매 및 임대업 등을 하는 주식회사이다. 甲회사는 상가분양업을 하는 乙회사에 상가 구입에 필요한 자금을 빌려주었다. 이에 대하여 乙회사의 총무로서 사실상 상가매입업무를 기획·주관하며 회사 자금을 관리하는 A가 위 차용금의 지급에 대하여 연대보증을 하였다. 甲회사가 乙회사에 빌려준 위 자금은 甲회사가 저축은행인 丙으로부터 대출받은 것이다. 그런데 A가 상가의 매입에 실패하고 위의 차용금도 변제하지 않고 있다. 이에 대하여 A와 甲회사는 각각 다음과 같이 주장하고 있다.

　　A: "자신(A)이 부담하는 채무는 상사채무로서 변제기일로부터 상사소멸시효기간인 5년이 경과하여 소멸하였다."
　　甲회사: "최초의 차용금은 乙회사의 상가분양업무를 위한 상가매입자금이므로 그 차용금채권은 乙회사의 상행위로 인한 상사채권이라고 할 것이다. 그러나 이 사건의 약정은 경개(更改)약정이므로 경개약정상의 신채무의 성격은 구채무와는 동일성이 단절되는 것으로서 신채무 자체만을 놓고 채무의 성질을 독립적으로 판단하여야 할 것이다. 그런데 비록 이 사건 대출금채무가 丙저축은행의 상행위인 대출약정에 따라 발생한 상사채무라고 하더라도 이 사건 대출금채무의 이행을 인수하기로 하는 甲회사와 A 사이의 이 사건 약정은 일반 개인인 A 또는 甲회사의 영업으로 인한 행위라거나 영업을 위한 행위로 볼 수 없으므로 상행위에 해당하지 아니하는 단순히 일반 개인 사이의 민사약정이라 할 것이다. 따라서 이 사건 약정에 따른 채권은 상사채권이 아니라 민사채권으로서 그 소멸시효기간은 10년이다."

2. 검 토

(1) '상인이 영업을 위하여 한 행위는 상행위로 보며, 회사가 한 행위는 반증이 없는 한 그 영업을 위하여 한 것으로 추정한다'(47조)는 규정을 위 사안에 적용할 수 있는가?

(2) 회사가 당사자로 한 거래행위는 회사 아닌 자가 한 거래행위에 비하여 그

적용법조에 있어서 어떠한 차이가 있는가? 상인이 아닌 자가 회사와 거래한 경우 쌍방 모두에 대하여 상법이 적용되는가, 아니면 민법이 적용되는가?

　(3) 위 사례에서 A의 연대보증채무에 대해서는 민사 일반소멸시효(10년)가 적용되는가, 아니면 상사 일반소멸시효(5년)가 적용되는가?

　(4) 회사가 상인성을 취득하는 시점과 이를 상실하는 시점은? 회사가 설립등기 이전에 개업준비를 위하여 자금을 차용하였으나 그 이자에 관한 약정이 없다면 그 이자에 관하여는 상사법정이율이 적용되는가, 민사법정이율이 적용되는가?

Ⅱ. 주요법리

　(1) 회사는 상행위 그 밖의 영리를 목적으로 하는 법인이다(169조). 회사는 모두 상인의 전형으로 태생적 상인이다. 따라서 회사에 대해서는 상법 중 회사법의 규정 이외에 상법의 총칙편 및 상행위편의 규정이 적용된다. 회사가 상법 제46조 소정의 기본적 상행위를 영업으로 하면 당연상인이 되고(4조), 상법 제46조 이외의 행위를 영업으로 하면 의제상인(5조 2항)이 된다. 그러나 당연상인이건 의제상인이건 이에 대한 상법 적용에는 아무런 차이가 없다.

　(2) 회사의 채권 또는 채무는 상행위로 인한 채권 또는 채무가 되어 그 소멸시효기간은 달리 법규정이 없는 한 5년이 됨이 원칙이다(64조 본문)[주요판례].

　(3) 회사는 설립등기에 의하여 상인자격을 취득한다. 다만 설립 중의 회사는 아직 법인격을 갖지 못한 상태이지만 제한된 범위 내에서 권리능력을 가지며, 설립 중 회사의 행위는 성립 후의 회사에 자동 승계되는 것이 원칙이다. 설립 중의 회사가 설립준비를 위하여 하는 행위는 보조적 상행위가 된다(47조).

　(4) 회사는 법인격을 상실하면 상인자격도 상실한다. 다만 회사는 해산 후에도 청산 목적의 범위 내에서 존속하는 것으로 취급되어(245조), 청산을 종결할 때까지는 상인자격도 유지된다.

　(5) 회사는 상인으로서의 명칭인 상호를 가지며, 회사의 상호에는 '회사임을 표시하는 문자'와 함께 그 종류에 따라 합명회사, 합자회사, 유한책임회사, 주식회사 또는 유한회사의 문자를 사용하여야 한다(20조 전문, 19조).

　(6) 회사는 영업활동의 장소적 거점으로 영업소를 가진다. 회사는 본점 또는 지점의 소재지를 등기하여야 한다(180조 1호, 269조, 317조 2항 1호·3의4호). 각종 회사

법상의 소는 본점 소재지를 관할하는 지방법원 합의부에 전속한다(186조, 240조, 269조, 328조 2항, 376조 2항, 385조 3항, 430조, 446조, 552조 2항, 595조). 정관·주주명부·사채원부·주주총회 의사록·이사회 의사록·재무제표 및 영업보고서·감사보고서 등을 본점·지점에 비치하여 주주 또는 회사채권자의 열람에 제공하여야 한다(396조, 448조, 566조, 579조의3, 581조).

(7) 회사는 상인이므로 상업장부를 작성하여야 한다. 상업장부에는 회계장부와 대차대조표(재무상태표)가 있다(29조 1항).

(8) 회사는 상법의 규정에 의하여 소정의 사항을 상업등기부에 기재함으로써 공시하여야 한다(34조). 등기할 사항은 영업소의 소재지를 관할하는 법원의 상업등기부에 등기한다(34조; 상업등기법 4조). 등기를 하면 선의의 제3자에 대해서도 대항력을 갖는 데 그치는 것이 원칙이나(37조), 설립등기·합병등기 등의 경우에는 획일적 확정을 위하여 등기에 의하여 창설적 효력이 생긴다(172조, 233조, 234조, 269조, 528조 1항, 602조).

Ⅲ. 주요판례·문제해설

1. 주요판례

대법원 2006. 4. 27. 선고 2006다1381 판결 — 회사의 단체협약에 기한 위로금채권의 소멸시효

회사를 일방당사자로 하는 근로계약이나 단체협약은 보조적 상행위에 해당하므로, 단체협약에 기한 근로자 유족들의 회사에 대한 위로금채권에 대해서는 5년의 상사소멸시효기간이 적용된다.

2. 문제해설

(1) 회사는 전형적인 상인으로 태생적 상인이다(4조, 5조 2항). 회사가 '영업으로' 하는 경우에는 영업적 상행위가 되고, 영업으로 하는 것은 아니지만 '영업을 위하여' 하는 경우에는 보조적 상행위가 된다(47조 1항).

(2) 상인의 행위가 영업을 위하여 하는 것인지의 여부가 불명확한 경우 그 주체가 상인이면 일단 영업을 위하여 하는 것(즉 보조적 상행위)으로 추정한다(47조 2항). 따라서 회사의 영업에 관한 행위에 대해서는 일차적으로 상법규정이 적용되고,

민법규정이 보충적으로 적용된다(1조). 일방적 상행위인 경우에는 쌍방 모두에 대해 상법을 적용하는 것이 원칙이다(3조).

(3) '상행위로 인한 채권'의 소멸시효에 대해서는 이에 관한 다른 규정이 없으면 5년의 상사소멸시효기간이 적용된다(64조). 여기에서의 상행위에는 쌍방적 상행위뿐만 아니라 일방적 상행위 또는 보조적 상행위 모두가 포함된다.

(4) 회사는 설립등기에 의하여 상인자격을 취득하고, 해산등기를 한 이후에도 청산의 범위 내에서는 상인자격을 갖는다(245조).

[4] 회사의 법인성

Ⅰ. 사   례

1. 사실관계

A는 빌딩 또는 오피스텔 등의 분양사업을 하는 자로서 이러한 사업으로 건물의 분양 및 관리를 위하여 甲회사의 전 대표이사인 B로부터 甲회사의 주식을 양수한 다음, 자신이 甲회사의 대표이사로 취임하였다. 甲회사의 주식은 모두 5,000주(1주당 액면가는 1만 원, 총자본금은 5천만 원)인데, 주주명부상으로는 그중 2,000주를 A가 소유하고 있고, 나머지 3,000주 중 각 1,000주는 B, C, D 등 3인 명의로 분산되어 있으나 실질적으로는 A가 위 주식의 대부분을 소유하고 있다. 주주총회나 이사회의 결의 역시 외관상 회사로서의 명목을 갖추기 위한 것일 뿐 실질적으로는 이러한 법적 절차가 지켜지지 아니한 채 A 개인의 의사대로 회사운영에 관한 일체의 결정이 이루어져 왔다. 甲회사의 사무실은 현재 폐쇄되어 그곳에 근무하는 직원은 없다. 甲회사가 E 등 분양받은 자들로부터 지급받은 분양대금 약 78억 원 중 30억 원가량은 A가 임의로 자신의 명의로 위 B로부터 이 사건 건물의 부지인 대지를 매입하는 자금으로 사용하였다. 회사채권자들에 의한 강제집행에 대비하여 위 대지에 관하여 제3자 명의로 가등기를 마쳤다가 이를 말소하는 등 甲회사의 재산과 A의 개인 재산이 제대로 구분되어 있지도 않다. 甲회사가 시행하는 공사는 공사 발주금액만도 166억 원 가량에 이르는 대규모공사이고 건물의 분양대금도 수백억 원에 이르는 데 반하여, 甲회사의 자본금은 5,000만 원에 불과할 뿐만 아니라 이마저도

명목상의 것에 불과하다. 위 분양대금으로 매수한 대지는 A 개인 명의로 소유권이 전등기가 되어 있고, 나머지 분양대금 역시 그 용도가 명확히 밝혀지지 아니한 채 모두 사용되어 버려 甲회사의 실제 자산은 사실상 전혀 없다시피 한 상태이다. 甲회사는 자금난으로 오피스텔 신축공사를 계속하지 못하게 되었다. 이러한 상황에서 E와 A는 다음과 같이 주장한다.

　　E: "甲회사는 허울뿐이므로 甲회사뿐만 아니라 甲회사의 실질적 지배자로서 그 배후에 있는 A도 분양계약의 해제로 인한 매매대금의 반환책임이 있다."
　　A: "甲회사가 독립된 법인이므로 甲회사가 그 명의로 한 법률관계에 있어서 권리와 의무의 주체가 되며, 주주는 유한책임을 지므로 윤리적 책임을 별론으로 하고 자신은 법적으로 책임이 없다."

2. 검 토

(1) 상법 제169조에서 회사는 '법인'이라고 규정하고 있다. 여기서 법인이란 구체적으로 어떠한 뜻이며, 법인 제도가 존재하는 이유는 무엇인가?

(2) 주식회사에서 주주는 유한책임을 진다. 주주 유한책임의 원칙이 생겨난 이유는 무엇이며, 그 순기능과 역기능은 무엇인가? 주주 유한책임의 원칙을 고수하였을 때 야기될 수 있는 폐단을 시정하는 방안은?

(3) 법의 규정이나 기본원칙을 기계적으로 적용하면 오히려 법적 정의감에 반하고 구체적으로 불합리한 결과가 발생할 때 그 해결책은?

Ⅱ. 주요법리

1. 관련되는 기본명제

(1) '회사는 법인이다'

회사는 모두 법인이다(169조). 합명회사와 합자회사와 같은 인적회사는 조합으로서의 실질을 가지고 있지만 법형식으로는 모두 법인이다. 회사는 법인이므로 그 자체가 독립된 법인격을 갖는 자로서 회사 자신이 구성원(사원)과는 독립적으로 권리와 의무의 주체가 될 수 있는 능력(즉 권리능력)을 갖는다. 사원이 1인인 회사도 회사가 독립된 법인격을 갖는 점은 마찬가지이다. 회사에 독립된 법인격을 부여함으로써 회사를 둘러싼 법률관계를 보다 간명하게 해결할 수 있고, 이것이 회사를 법인으로 하는 이유이다.

(2) '주주는 유한책임을 진다'

주주는 회사에 대하여 주식의 인수가액을 한도로 출자의무를 부담할 뿐(331조), 회사채무에 대하여 어떠한 책임도 직접적으로 부담하지 않는 것이 원칙이다.[1] 주식회사에서 출자의무는 주주가 되기 전의 주식인수인으로서 회사에 대하여 지는 책임이며, 주주가 된 이후에는 회사와 회사채권자에 대해서도 아무런 책임을 지지 않다. 이러한 주주 유한책임의 원칙은 주식회사제도의 근간에 해당하는 것이기 때문에 강행법적 원칙이다.

2. 법인격부인론

(1) 의   의

법인격부인론은 특정된 사안에 한하여 회사의 독립된 법인격을 부인하고 그 배후에 있는 지배사원(위 사례의 A)에게 직접 책임을 물음으로써 구체적 사안에서 타당한 해결을 얻기 위하여 개발된 이론이다. 법인격 무시이론(disregard of the corporate fiction)이라고도 한다.[2]

(2) 근   거

1) 이론적 근거

(가) '회사의 독립된 법인격'(사원과 회사의 분리 원칙)과 '주주 유한책임의 원칙'은 회사법의 기본명제이다. 그러나 이를 고수하면 오히려 법적 정의와 형평에 반하는 결과가 생기는 경우에, 문제가 된 특정 사안에 한하여 일시적으로 회사의 독립된 법인격을 무시하고 배후에 있는 자에게 직접 책임을 물을 수 있도록 함으로써, 법적 정의와 형평을 실질적으로 회복시킬 필요가 있다. 법인격부인론의 근거로는 도구설(미국), 투시이론 또는 실체파악이론(독일), 형해이론(形骸理論)(일본) 등이 있다.

(나) 회사제도의 남용을 사후적으로 구제하는 방법으로는 회사설립 무효·취소의 소, 해산명령제도 등이 있다. 그러나 이들 제도에 의하더라도 회사에 충분한 자력이 없으면 피해자구제에 아무런 소용이 없고, 회사의 법인격 자체를 종국적으로 박탈하는 것이다. 그러나 법인격부인론에 의하면 굳이 회사의 법인격을 박탈하지

---

1) 주주 유한책임의 원칙에 대해서는 제 3 편 제 1 장 [2] 참조.
2) 정동윤, 341면.

않고서도 변제할 자력이 있는 자에게 직접 책임을 물을 수 있으므로 피해자구제가
가능해진다.

2) 법적 근거

판례와 다수설은 법인격부인론의 법적 근거를 신의성실의 원칙과 권리남용금
지의 원칙(민법 2조)에서 구하고 있다[주요판례 1·2].

(3) 적용대상
1) 계약책임 및 불법행위책임

법인격부인론은 채무불이행책임(계약책임)뿐만 아니라 불법행위책임에 대해서
도 적용된다.[1]

2) 채무자가 강제집행면탈의 목적으로 새로 회사를 설립한 경우

기존 회사(X)의 채무를 면탈할 목적으로 새로운 주식회사(Y)를 설립(詐害設立)
한 경우에 기존 회사의 채권자가 새로운 회사에 대하여 그 책임을 물을 수 있는지
에 대해서는 견해가 나뉜다.

① **부정설**(소수설): 이러한 경우에는 주주가 소유하는 주식 자체가 회사재산의
간접적인 표현이므로 주주의 채권자는 주주의 주식에 대하여 강제집행을 하면 족
하지 그 이상 법인격을 부인하여 회사의 재산에 대해 강제집행할 실익은 크지 않다
고 한다.[2]

② **긍정설**(다수설): 법인격부인론의 실정법적 근거가 되는 권리남용금지나 신의
성실의 원칙에 비추어 이러한 경우에도 법인격부인론이 적용될 수 있다고 한다.

③ **판   례**: 판례는 "신설회사의 설립은 기존 회사의 채무면탈이라는 위법한
목적달성을 위하여 회사제도를 남용한 것"이라 하여 신설회사의 법인격을 부인하
여 두 회사를 동일한 회사로 보고 있다[주요판례 2].

(4) 적용요건
1) 보 충 성

법인격부인론은 회사법의 기본명제인 회사의 독립된 법인격과 주주유한책임의
원칙을 정면으로 부정하는 것이 된다. 그러므로 법인격부인론의 적용을 쉽사리 용

---

1) 대법원 1988. 11. 22. 선고 87다카1671 판결; 서울지법 2003. 6. 20. 선고 2001가합79377 판결.
2) 이철송, 58면.

인할 수는 없고, 그 적용대상은 기존의 법제도나 종래의 사법이론으로 해결할 수 없는 경우에 최후의 수단으로 한정하여야 한다(다수설).[1]

2) 법인격 형해화

법인격을 부인하여 그 배후에 있는 지배주주에게 책임을 묻기 위해서는 그 회사가 지배주주의 개인기업에 불과할 정도로 형해화(形骸化)되어 있어야 한다[주요판례 1]). 이러한 형해화를 인정하기 위해서는 구체적으로, ① 어느 주주가 회사를 완전히 지배하고(완전지배), ② 회사의 업무·재산과 지배주주 개인의 업무·재산이 구분되지 않고(혼융), ③ 회사의 무자력으로 회사채권자가 변제를 받지 못하여야 한다(무자력). 이 밖에 자본금이 과소하다는 것은 법인격부인론의 적용에 있어서 판단자료가 될 수 있지만, 이는 법인격부인론의 절대적 요건이 아니다.

3) 법인격 남용

법인격이 형해화되는 정도에 이르지 않더라도 법인격 남용으로 인정되는 경우 법인격부인론을 적용하기도 한다. 주로 채무면탈을 목적으로 회사를 설립하는 경우에 문제된다. 이때 법인격 남용의 의사가 존재하여야 하는가에 대해서는 견해가 나뉜다.

① **불필요설**: 지배주주의 법인격 남용 의사는 필요 없다고 한다. 민법 제 2 조의 법인격 남용금지의 원칙은 주관적 요건을 요하지 않고, 만일 이를 요하면 그 증명의 어려움으로 법인격부인론의 실용성이 반감될 것이기 때문이라는 것을 이유로 한다.[2]

② **필요설**: 법인격부인론을 적용하기 위해서는 회사의 법인격이 지배주주가 책임을 회피하기 위한 수단으로 이용되거나 채무면탈이라는 위법한 목적달성을 위하여 회사제도가 남용되는 등의 주관적 의도 또는 목적이 인정되어야 한다[주요판례 4]. 법인격 남용의 주관적 요건은 법인격부인의 적용요건에 해당하는 객관적 사실의 존재에 의하여 쉽게 추단할 수 있는 정도이면 충분하다고 보는 견해도 있다.

---

1) 이와는 달리 구제방법과 그 주장에 있어서 당사자는 자유로운 선택권을 가진다는 이유에서 법인격부인론의 보충성을 부정하는 견해가 있다(홍복기·박세화, 39면).
2) 이철송, 55면; 정동윤, 344면; 최준선, 「회사법」 제16판, 삼영사(2021), 70면 등 다수.

(5) 적용효과

1) 실체법적 효과

법인격부인론의 적용에 의하여 회사의 법인격 자체가 항구적으로 박탈되는 것은 아니다. 책임의 실체를 파악함에 있어서 문제가 된 특정사안에 국한해서 일시적으로 회사의 독립된 법인격을 부정하여 '회사의 책임=지배주주의 책임'으로 취급할 뿐이다. 그 밖의 사안에 대해서는 회사의 독립된 법인격이 그대로 인정된다. 이런 점에서 회사의 법인격 그 자체를 전면적으로 박탈하는 법원의 해산명령제도(176조)와는 다르다.

2) 소송법적 효과

법인격부인론의 적용효과가 소송법적 효력에까지 미치는 것은 아니다. 따라서 회사를 상대로 한 소송에서 회사채권자가 승소할 때도 그 기판력과 집행력이 지배주주에 대하여 강제집행할 수 있는 근거가 될 수 있는 것은 아니다[주요판례 4].[1] 처음부터 회사와 지배주주를 공동피고로 함으로써 지배주주에 대하여 새로이 집행권원을 얻어야 하는 번거로움을 피할 수 있다.

Ⅲ. 주요판례·문제해설

1. 주요판례

(1) 대법원 2013. 2. 15. 선고 2011다103984 판결 — 법인격부인론의 요건과 효과

어떤 회사가 외형상으로는 법인의 형식을 갖추고 있으나 실제로는 법인의 형태를 빌리고 있는 것에 지나지 아니하고 그 실질에 있어서는 완전히 그 법인격의 배후에 있는 다른 회사의 도구에 불과하거나, 배후에 있는 회사에 대한 법률 적용을 회피하기 위한 수단으로 함부로 쓰이는 경우에는, 비록 외견상으로는 그 해당 회사의 행위라 할지라도 그 회사와 배후에 있는 회사가 별개의 인격체임을 내세워 해당 회사에게만 그로 인한 법적 효과가 귀속됨을 주장하면서 배후에 있는 회사의 책임을 부정하는 것은 신의성실의 원칙에 위반되는 법인격의 남용으로서 심히 정의와 형평에 반하여 허용될 수 없고, 따라서 해당 회사는 물론, 그 배후에 있는 회

---

1) 판결의 기판력은 주문에 포함된 소송물인 법률관계의 존부에 관한 판단의 결론에 대하여서만 발생한다(대법원 2006. 7. 13. 선고 2004다36130 판결).

사에 대하여도 해당 회사의 행위에 관한 책임을 물을 수 있다고 보아야 한다. 그러
나 그 해당 회사가 그 법인격의 배후에 있는 회사를 위한 도구에 불과하다고 보려
면, 원칙적으로 문제가 되고 있는 법률행위나 사실행위를 한 시점을 기준으로 하여
두 회사 사이에 재산과 업무가 구분이 어려울 정도로 혼용되었는지 여부, 주주총회
나 이사회를 개최하지 않는 등 법률이나 정관에 규정된 의사결정절차를 밟지 않았
는지 여부, 해당 회사 자본의 부실정도, 영업의 규모 및 직원의 수 등에 비추어 볼
때 그 해당 회사는 이름뿐이고 실질적으로는 배후에 있는 회사를 위한 영업체에 지
나지 않을 정도로 형해화되어야 한다. 또한 위와 같이 법인격이 형해화될 정도에
이르지 않더라도 그 배후에 있는 회사가 해당 회사의 법인격을 남용한 경우 그 해
당 회사는 물론 배후에 있는 회사에 대하여도 해당 회사의 행위에 대한 책임을 물
을 수 있으나, 이 경우 채무면탈 등의 남용행위를 한 시점을 기준으로 하여, 배후에
있는 회사가 해당 회사를 자기 마음대로 이용할 수 있는 지배적 지위에 있고, 그와
같은 지위를 이용하여 법인제도를 남용하는 행위를 할 것이 요구되며, 그와 같이
배후에 있는 회사가 법인제도를 남용하였는지 여부는 앞서 본 법인격 형해화의 정
도 및 거래상대방의 인식이나 신뢰 등 제반 사정을 종합적으로 고려하여 개별적으
로 판단하여야 한다(대법원 2008. 9. 11. 선고 2007다90982 판결; 대법원 2010. 1. 28. 선고
2009다73400 판결 등 참조).

(2) 대법원 2006. 7. 13. 선고 2004다36130 판결 ─ 기존 회사가 채무면탈을 목
   적으로 실질적으로 동일한 회사를 설립한 경우, 기존 회사의 채권자가 두 회
   사 모두에 대하여 채무이행을 청구할 수 있는지 여부

기존 회사(甲 회사)가 채무를 면탈할 목적으로 기업의 형태·내용이 실질적으로
동일한 신설회사(乙 회사)를 설립하였다면, 신설회사의 설립은 기존 회사의 채무면
탈이라는 위법한 목적달성을 위하여 회사제도를 남용한 것이므로, 기존 회사의 채
권자에 대하여 위 두 회사가 별개의 법인격을 갖고 있음을 주장하는 것은 신의성실
의 원칙상 허용될 수 없다 할 것이어서 기존 회사의 채권자는 위 두 회사(위의 乙
회사, 甲 회사) 어느 쪽에 대하여서도 채무의 이행을 청구할 수 있다(동지: 대법원 2004.
11. 12. 선고 2002다66892 판결; 대법원 2008. 8. 21. 선고 2006다24438 판결).

(3) 대법원 2006. 8. 25. 선고 2004다26119 판결 — 모회사가 자회사의 독자적인
    법인격을 주장하는 것이 법인격 남용이 되기 위한 요건

친자회사는 상호간에 상당 정도의 인적·자본적 결합관계가 존재하는 것이 당
연하므로, 자회사의 임·직원이 모회사의 임·직원 신분을 겸유하고 있었다거나 모
회사가 자회사의 전(全)주식을 소유하여 자회사에 대해 강한 지배력을 가진다거나
자회사의 사업 규모가 확장되었으나 자본금의 규모가 그에 상응하여 증가하지 아
니한 사정 등만으로는 모회사가 자회사의 독자적인 법인격을 주장하는 것이 자회
사의 채권자에 대한 관계에서 법인격의 남용에 해당한다고 보기에 부족하다. 적어
도 자회사가 독자적인 의사 또는 존재를 상실하고 모회사가 자신의 사업의 일부로
서 자회사를 운영한다고 할 수 있을 정도로 완전한 지배력을 행사하고 있을 것이
요구된다. 구체적으로는 모회사와 자회사간의 재산과 업무 및 대외적인 기업거래
활동 등이 명확히 구분되어 있지 않고 양자가 서로 혼용되어 있다는 등의 객관적
징표가 있어야 하며, 자회사의 법인격이 모회사에 대한 법률 적용을 회피하기 위한
수단으로 사용되거나 채무면탈이라는 위법한 목적 달성을 위하여 회사제도를 남용
하는 등의 주관적 의도 또는 목적이 인정되어야 한다.

(4) 대법원 1995. 5. 12. 선고 93다44531 판결 — 법인격부인론이 소송법 문제에
    도 적용될 수 있는지 여부

갑 회사와 을 회사가 기업의 형태·내용이 실질적으로 동일하고, 갑 회사는 을
회사의 채무를 면탈할 목적으로 설립된 것으로서 갑 회사가 을 회사의 채권자에 대
하여 을 회사와는 별개의 법인격을 가지는 회사라는 주장을 하는 것이 신의성실의
원칙에 반하거나 법인격을 남용하는 것으로 인정되는 경우에도, 권리관계의 공권
적인 확정 및 그 신속·확실한 실현을 도모하기 위하여 절차의 명확·안정을 중시하
는 소송절차 및 강제집행절차에 있어서는 그 절차의 성격상 을 회사에 대한 판결의
기판력 및 집행력의 범위를 갑 회사에까지 확장하는 것은 허용되지 아니한다.

2. 문제해설

(1) 권리능력을 갖는 자에는 자연인뿐만 아니라 법인도 포함된다. 법인은 구성
원인 자연인과 독립하여 단체 그 자체를 권리와 의무의 귀속점으로 만들기 위한 법
기술이다. 조합은 그 자체에 법인격이 없으므로 스스로 권리와 의무의 주체가 되지
못하고 구성원인 조합원에게 권리와 의무를 합유의 형태로 귀속시키게 된다(민법

271조).

(2) 주주 유한책임의 원칙은 원래 모험사업에 대한 투자를 유인하고 거액의 투기자금을 조달하기 위한 제도적 안전판을 투자자들에게 제공할 목적에서 생겨났다. 그러나 이에 의하면 주주의 탐욕에 의하여 회사채권자를 해칠 우려가 있으므로 채권자 보호가 중요한 과제가 된다. 법인격부인론, 상법 제401조에 의하여 제 3 자의 이사(주주가 이사를 겸하거나 업무집행지시자인 경우)에 대한 책임추궁, 상법상의 각종 채권자보호제도(예컨대, 자본충실원칙, 상법 403조 등)는 주주 유한책임원칙의 폐단을 시정하기 위한 수단이 될 수 있다.

(3) 법의 궁극적인 존재이유는 정의를 실현하는 데 있다. 법은 이를 실현하기 위한 도구일 뿐이다. 따라서 법조의 적용에 의한 결과가 정의에 반하는 때에는 정의를 실질적으로 회복하기 위하여 해당 법조를 합리적으로 재해석하거나 예컨대 민법 제 2 조의 신의성실의 원칙과 같은 보다 고차원인 법원칙의 적용에 의하여 수정하는 것이 가능하다.

[5] 회사의 권리능력

Ⅰ. 사   례

1. 사실관계

甲회사의 지배주주이자 대표이사이던 A 및 그 가족이 전 대표이사의 사망으로 인한 甲회사의 주식 등 상속재산에 부과된 상속세 납부의무의 연부연납허가를 받기 위하여 乙보증보험주식회사와 납세보증보험계약을 체결함에 있어서 甲회사가 A 등을 위하여 乙에 연대보증채무를 부담하는 계약을 체결하였다. 甲회사는 이 같은 연대보증은 甲회사의 정관상 목적 범위를 벗어난 권리능력 범위 밖의 행위로서 무효라고 보아야 한다는 이유로 위 연대보증계약을 근거로 하여 乙에게 지급한 금액과 그 지연손해금 상당의 부당이득 반환을 구하였다.

2. 검   토

(1) 회사는 정관에 기재한 목적사업에 대해서만 법적으로 유효한 활동(즉 권리

능력)이 한정되는가? 만일 회사의 대표이사가 정관에 기재된 목적사업에 벗어난 행위를 한 경우 이는 유효인가, 무효인가?

(2) 회사가 어떤 사항을 정관에 기재하고 이를 등기에 의하여 공시한 경우에 이에 의한 회사의 이익과 이를 모르고 거래한 상대방의 이익이 상충하는 경우, 어느 것을 우선할 것인가?

(3) 정관 소정의 목적이 갖는 규범적 기능은? 정관을 위반한 행위의 효력과 정관을 위반한 자가 지는 책임은?

II. 주요법리

1. 회사의 목적 — 정관기재 및 등기

회사의 목적은 절대적 기재사항으로서 정관에 반드시 기재하여야 하고(289조 1항 1호), 이를 등기에 의하여 공시하여야 한다. 정관에 목적을 기재하지 않거나 그 내용이 위법하면 정관이 무효로 되며 회사설립의 무효사유가 된다(328조). 여기서 '목적'이란 회사가 수행하고자 하는 사업의 내용을 말한다. 회사는 영리를 목적으로 하므로 목적사업은 영리성과 저촉되지 않는 것이어야 하고, 불법하거나 사회질서에 반하지 않는 것이어야 한다.

2. 민법 제34조의 적용 여부

민법 제34조에서는 "법인은 법률의 규정에 좇아 정관으로 정한 목적 범위 내에서 권리와 의무의 주체가 된다"라고 규정하고 있다. 이를 문언 그대로 해석하면, 법인은 정관으로 정한 목적 범위를 벗어난 부분에 대해서 권리와 의무의 주체가 될 수 없으므로, 그 행위의 법적 효력은 마치 사자(死者, 권리능력이 없다)의 행위처럼 무효로 된다. 상법은 모든 회사를 법인으로 하면서(169조), 민법 제34조에 해당하는 규정을 따로 두지 않고 있어, 동 조항이 영리법인인 회사에 적용될 수 있는가에 대해서는 해석상의 논란이 있다.

3. 정관 소정의 목적 범위에 의하여 회사의 권리능력이 제한되는지 여부

이와 관련하여 다음 사항이 문제된다. ① 회사는 정관 소정의 목적에 의하여 권리능력의 제한을 받는가? ② 정관 소정의 목적 범위 내의 것인지 아닌지를 판단하는 기준은 무엇인가?

(1) 제한긍정설(소수설)

회사에 대해서도 민법 제34조를 유추적용하여 목적에 의한 권리능력의 제한을 받는다는 견해이다. 이 견해에 의하면, 정관 소정의 목적을 벗어난 행위는 무효가 된다.

(2) 제한부정설(통설)

회사는 정관 소정의 목적에 의하여 권리능력의 제한을 받지 않는다는 견해이다. 이 견해에 의하면, 정관 소정의 목적을 벗어난 행위도 원칙적으로 유효하다. 그 논거는 다음과 같다.

① 민법 제34조는 비영리법인에 관한 규정이며 상법에 민법 제34조를 준용한다는 명문의 규정이 없다. 영리법인은 일반적으로 그 사회적 활동범위가 매우 넓고 직접 또는 간접적으로 영리활동과 무관한 회사의 행위는 거의 없을 정도이므로 민법 제34조를 영리법인인 회사에 그대로 유추적용하는 것은 적절하지 못하다.

② 비교법적으로 과거 「능력 외 이론」(ultra vires doctrine)을 채택하였던 영미법 국가에서조차도 지금은 목적에 의한 제한을 철폐하였다.

③ 회사는 해산이나 파산의 경우를 제외하고는(245조, 269조, 542조 1항, 613조 1항, 채무자 회생 및 파산에 관한 법률 328조) 목적에 의한 제한을 받지 않고 일반적인 권리능력을 가진다.

④ 회사의 목적이 등기에 의하여 공시된다고 하여도 제 3 자로 하여금 이를 열람하지 않았다는 것을 문제 삼아 당해 거래를 무효로 하는 것은 회사에 책임을 회피하는 구실을 주게 되고 상거래의 신속성과 안정성을 해치게 된다. 실무에서는 정관에 '… 기타 위 사업의 수행에 필요한 행위'라는 식으로 포괄조항을 둠으로써 구체적 사안에서 이에 해당하는 것인지의 여부가 애매하여 분쟁의 소지가 있다.

⑤ 제한부정설을 취함으로 주주와 회사 등에 생기는 손해는 이사 등에 대한 책임추궁으로 배상받을 수 있다(339조, 401조, 민법 750조 등).[1]

---

1) [정관 소정 목적의 규범적 기능]
   제한부정설을 취한다고 해서 정관 소정의 목적이 완전히 무의미한 것은 아니다. 정관 소정의 목적은 다음과 같은 규범적 기능을 수행한다.
   ① 대외적 법률관계
   　제한부정설을 취하는 경우에도 회사의 목적 외의 행위임을 알고 거래한 악의의 상대방이 당해 거래의 유효를 주장하는 것은 신의칙(민법 2조)에 반한다. 따라서 회사는 악의의 상대방에게 대항할 수 있다고 한다.

(3) 판   례

① 판례는 회사에 대해서도 민법 제34조가 적용된다는 입장을 취하고 있다.

② 다만, 목적의 범위를 정관에 명시되어 있는 사항에 한정하지 않고 그 목적을 수행하는 데 직접·간접으로 필요한 행위를 모두 포함하는 것으로 해석하고 있다. 또한 목적수행에 필요한지의 여부는 행위의 객관적 성질에 따라 추상적으로 판단할 것이고 행위자의 주관적·구체적인 의사에 따라 판단할 것은 아니라고 한다[주요판례 1]. 이는 비영리법인의 경우에서도 동일하지만,[1] 영리법인의 경우에는 그 판단에 있어서는 영리법인으로서 회사의 본질과 신속성 및 정형성을 요체로 하는 거래의 안전을 충분히 고려하여야 한다고 한다[주요판례 1].

III. 주요판례 · 문제해설

1. 주요판례

(1) 대법원 2005. 5. 27. 선고 2005다480 판결 — 회사의 권리능력을 제한하는 정관상 목적범위의 판단

회사의 권리능력은 회사의 설립 근거가 된 법률과 회사의 정관상의 목적에 의하여 제한되나 그 목적범위 내의 행위라 함은 정관에 명시된 목적 자체에 국한되는 것이 아니라 그 목적을 수행하는 데 있어 직접·간접으로 필요한 행위는 모두 포함되고 목적수행에 필요한지의 여부는 행위자의 주관적·구체적 의사가 아닌 행위 자체의 객관적 성질에 따라 판단하여야 할 것인데, 그 판단에 있어서는 거래행위를 업으로 하는 영리법인으로서 회사의 속성과 신속성 및 정형성을 요체로 하는 거래의 안전을 충분히 고려하여야 할 것인바, 회사가 거래관계 또는 자본관계에 있는 주채무자를 위하여 보증하는 등의 행위는 그것이 상법상의 대표권 남용에 해당하여 무효로 될 수 있음은 별론으로 하더라도 그 행위의 객관적 성질에 비추어 특별한 사정이 없는 한 회사의 목적범위 내의 행위라고 봄이 상당하다 할 것이다(동지:

---

② 대내적 법률관계

　정관 소정의 목적은 이사 등 회사기관의 행위에 대한 제한이 된다. 이사 등이 정관을 위반한 경우 손해배상책임(399조), 해임(385조 2항), 유지청구(402조) 등의 사유가 된다.

1) 비영리법인이 문제된 사건에서도 판례는 이와 동일하게 판시하고 있다(대법원 2007. 1. 26. 선고 2004도1632 판결).

대법원 1988. 1. 19. 선고 86다카1384 판결; 대법원 1991. 11. 22. 선고 91다8821 판결; 대법원 1999. 10. 8. 선고 98다2488 판결; 대법원 2002. 4. 12. 선고 2002다4245 판결).

(2) 대법원 1975. 12. 23. 선고 75다1479 판결 — 대표이사가 사업목적 범위에 속하지 않는 손해배상의무를 연대보증한 경우

회사의 대표이사가 회사를 대표하여 타인의 극장위탁경영으로 인한 손해배상 의무를 연대보증한 것이 회사의 사업목적 범위에 속하지 아니하는 경우에는 회사를 위하여 효력이 있는 적법한 보증으로 되지 아니하므로 회사는 손해배상책임이 없다(관련 판례: 대법원 1974. 11. 26. 선고 74다310 판결).

2. 문제해설

(1) 권리능력이 정관으로 정한 목적 범위 내로 제한된다는 민법 제34조의 규정이 영리법인인 회사에 대해서도 유추적용되는지에 관해서는 논란이 있다. 다수설은 유추적용을 부정하는 입장으로, 정관 소정의 목적사업을 벗어난 행위도 유효하다고 한다. 판례는 유추적용을 긍정하여 정관 소정의 목적사업을 벗어난 행위는 무효라는 입장이지만, 그 목적 범위를 매우 넓게 해석하고 있다. 정관에 규정된 목적사업은 영리추구를 위한 사업내용의 구체적인 리스트로 예시적 성격이 강하다. 회사는 영리를 추구하는 단체이고, 그 영리활동으로 매우 다양하고 폭넓은 활동을 수반하기 때문이다. 정관상 목적조항의 실제 작성 예를 보면, 사업내용을 구체적으로 기재하면서, 마지막 부분에 '그 밖에 위 사업의 수행을 위하여 필요한 행위'라는 포괄적 조항을 두기 때문에 위와 같은 논의가 실제에는 그다지 문제되지 않는다.

(2) 등기할 사항을 등기하면 이에 대한 상대방의 악의가 의제되어 그 사실을 모른 선의의 제3자에 대해서도 등기사항을 주장할 수 있음이 원칙이다(37조). 따라서 등기한 자의 이익을 우선적으로 보호해 주는 것이 등기제도의 취지에 부합한다. 그러나 이러한 원칙을 항상 고수하기는 어렵다. 회사의 목적은 정관에 기재되어 등기에 의해 공시되지만 당해 거래가 정관 소정의 목적에 해당하는지의 여부를 거래상대방이 일일이 확인하기를 기대하기란 현실적으로 곤란하고, 등기를 열람하지 않았다는 것만으로 불이익을 주면 거래의 신속성과 안정성을 해치게 된다. 이 때문에 선의의 제3자를 보호하기 위하여 외관법리에 입각한 제도(예컨대, 상법 395조의 표현대표이사 등)가 등기제도와는 별도로 존재한다.

(3) 회사의 권리능력이 정관 소정의 목적에 의하여 제한을 받지 않는다는 제

한부정설에 취한다고 하여 정관에 규정된 목적조항의 규범적 기능을 완전히 부정하는 것은 아니다. 즉 정관 소정의 목적은 내부적으로 경영진의 직무범위를 제한함으로써 이를 벗어난 행위에 대해서는 손해배상책임을 묻거나 해임을 할 수 있는 정당한 사유가 될 수 있으며, 대외적으로는 목적범위를 벗어난 사실을 안 상대방이 거래의 유효를 주장하는 것에 대해서는 권리남용이라 항변함으로써 회사가 책임을 면할 수 있는 사유가 될 수 있다.

[6] 회사의 종류

Ⅰ. 사 례

1. 사실관계

甲회사는 미국 델라웨어(Delaware)주의 법에 준거하여 설립되어 델라웨어주의 등기소에 설립등기가 되어 있고, 본점은 같은 주의 윌밍턴(Wilmington)시로 되어 있다. 그러나 이 본점은 설립을 델라웨어주 법에 준거하기 위한 명의상의 존재에 지나지 않고, 사실상의 본점은 대한민국 서울시에 있는 지점이다. 그리하여 甲회사는 외국법에 의하여 설립된 회사라 하더라도 한국에 사실상의 본점이 있다.

2. 검 토

(1) 상법에 의하면 위 사례의 경우 한국 상법의 적용을 받는데(617조), 이에는 회사설립에 관한 한국의 상법규정도 포함되는가?

(2) 우리나라에서 현실적으로 주식회사가 압도적 다수를 차지하는 '주식회사 선호현상'이[1] 생겨난 이유는 무엇일까? 제도상의 어떤 이점이 있어서인가?

(3) 상법에서 인정하지 않는 종류의 회사를 설립할 수 있는가?

(4) 회사의 종류별로 자율과 규제 면에서 어떠한 차이가 있는가? 회사의 종류

---

1) 2019년 말 기준으로 법인세를 신고한 총 787,438개의 회사 중에서 주식회사 747,988개사 (95.0%), 유한회사 35,519개사(4.5%), 합자회사 3,122개사(0.4%), 합명회사 915개사(0.1%)이다. 이 중에서 상장회사는 주권상장법인 790개사, 코스닥상장법인 1,309개사이고, 비상장회사가 785,339개사로 대다수를 차지하고 있다. 이 중에서 자본금 10억 원 이하인 회사가 606,551개사로서 수적 국내 회사의 대다수(94%)를 차지하고 있다(출처: 국세청 2020년 국세통계연보).

별 특징과 장·단점은 무엇인가?

(5) 주식회사의 경우, 당해 회사의 규모의 크고 작음에 관계없이 주식회사에 관한 상법규정이 동일하게 적용되는가? 영세한 기업이 주식회사의 형태를 취할 경우 법에서 요구하는 바를 제대로 이행하지 못함으로써 법규범과 법현실의 괴리(즉 위법상태)가 발생할 수 있는데, 이러한 문제를 해결하는 해석론 및 입법정책적 방안은?

(6) 상장회사는 비상장회사에 비하여 어떠한 특징을 가지는가? 상장회사에 적용되는 법과 그 법적 규율의 내용은 비상장회사에 비하여 어떠한 차이가 있는가?

Ⅱ. 주요법리

1. 법전상의 분류(회사종류 법정주의)

상법 제170조(회사의 종류)는 "회사는 합명회사, 합자회사, 유한책임회사, 주식회사와 유한회사의 5종으로 한다"라고 규정함으로써 회사의 종류를 한정하고 있다(회사종류 법정주의).[1][2] 이처럼 5종의 회사로 구분하는 것은 '사원이 회사의 채무에 대하여 제3자에 지는 책임'의 차이에서 비롯된다. 사원간의 인적 신뢰관계를 중심으로 하는 인적회사의 경우 사원은 회사의 채무에 대하여 '무한책임'을 지는 데 반하여, 회사의 물적 기초를 중심으로 하는 물적회사의 경우 사원은 회사의 채무에 대하여 출자가액을 한도로 하여 '유한책임'을 질뿐이다.[3] 각국별로 회사의 종류에는 회사에 대한 입법정책에 따라 그 내용에 다소간 차이가 있다.

(1) 합명회사

합명회사는 2인 이상의 무한책임사원으로 구성되며, 사원은 회사재산으로써

---

1) 회사의 종류는 자유롭게 선택할 수 있음이 원칙이다. 다만 개별법에서 회사의 종류를 특정하는 예도 있다. 예컨대, 「자산유동화에 관한 법률」에서는 유동화전문회사를 유한회사로 하고 있다(같은 법 17조 1항). 자본시장법상 집합투자기구로는 주식회사, 유한회사, 유한책임회사, 합자회사, 합자조합, 익명조합으로 하고(같은 법 9조 18항), 변호사법상 법무법인은 합명회사 또는 유한회사에 관한 규정을 준용하고 있다(같은 법 58조, 58조의17).

2) 회사의 상호에는 그 종류에 따라 합명회사, 합자회사, 유한책임회사, 주식회사 또는 유한회사의 문자를 사용하여야 한다(19조).

3) 회사와 그 밖의 공동기업에 있어서 사원 내지 구성원이 전원 유한책임을 지는 것으로는 주식회사·유한회사·유한책임회사가, 전원 무한책임을 지는 것으로는 합명회사와 민법상 조합이, 최저 1인 이상의 무한책임을 지는 자와 유한책임을 지는 자로 이원적 구성을 취하고 있는 것으로는 합자회사·합자조합이 있다.

회사채무를 완제하지 못하는 경우에 직접 회사채권자에 대하여 연대·무한책임을 진다(212조). 이는 실질적으로는 개인기업을 공동으로 하는 것이다. 내부관계는 조합의 요소가 강하다. 사원 개개인의 인적 요소가 중시되고, 사원 상호간의 인적 신뢰가 두터운 소규모의 회사에 적합한 회사유형이다.

(2) 합자회사

합자회사는 무한책임과 유한책임의 두 종류의 사원으로 구성되는 회사이다 (268조). 합자회사에서 무한책임사원의 책임은 합명회사의 무한책임사원과 동일하고, 유한책임사원은 회사채권자에 대하여 출자가액을 한도로 해서만 직접·연대책임(279조)을 진다. 합자회사는 기본적으로 합명회사를 토대로 하면서 이에 자본적 요소를 가미한 것이기 때문에 특별한 규정이 없는 때에는 합명회사의 규정을 준용한다(269조).

(3) 유한책임회사

2011년 개정상법에 의해 새로이 도입된 유한책임회사는 내부적으로는 조합의 실체를 지닌 인적회사임에도 불구하고 사원 모두가 유한책임을 지는 회사이다(287조의2 이하). 내부관계에 관해서는 정관이나 상법에 규정된 사항을 제외하고는 합명회사에 관한 규정을 준용한다(287조의18).

(4) 주식회사

주식회사는 사원(주식회사에서는 이를 '주주'라 한다)이 회사채권자에 대하여 직접 아무런 책임을 지지 않고 단지 회사에 대하여 그가 인수한 주식의 가액을 한도로 출자의무(유한책임)만을 진다. 회사의 물적 기초인 자본금이 중시되고, 대중으로부터 광범하게 자본금을 조달할 수 있어 대규모의 기업에 적합하다.

1) 주식회사의 장점

① 주주(출자자)는 유한책임을 지기 때문에 출자에 따르는 위험을 한정할 수 있다. 주식회사의 주주는 유한회사의 사원과는 달리 자본전보책임을 지지 않는다. 주식회사는 사업위험의 분산 내지 외부화(externalization; 사업위험의 외부전가)가 가능하므로 모험사업에 적합하다.

② 주식회사에서는 주식과 회사채의 발행이 가능하므로 거액의 자금을 조달하기가 용이하다. 이것이 주식회사의 가장 큰 장점이다. 투자자는 증권을 자유롭게

양도함으로써 투하자금을 용이하게 회수할 수 있다. 특히 자본시장에 상장하면 이러한 효과를 극대화할 수 있다.

③ 주식회사는 소유와 경영이 분리되고 경영의 전문화가 용이하다.

2) 주식회사의 단점

① 주식회사에는 다수의 이해당사자가 관여하기 때문에 다른 종류의 회사에 비하여 공시의무가 부과되는 등의 법적 규제가 강하여 회사의 자율성 측면에서 많은 제한을 받는다. 이에 따라 정관자치가 인정되는 범위가 상대적으로 좁다.

② 주식회사는 회사를 유지하고 관리하는 비용부담이 다른 종류의 회사에 비하여 크다. 주식회사는 설립절차가 복잡하고 엄격하며, 주권발행 등의 주주관리비용이 들고, 이사 및 감사 등의 경영기구 및 경영감시기구를 설치하여야 하고, 그 밖에 의무적으로 비치하여야 하는 각종 서류 및 엄격한 공시의무에 따른 비용부담이 크다.[1]

③ 주식회사에서는 주식의 양도가 원칙적으로 자유롭기 때문에 이질적인 주주의 참여에 의한 주주간의 갈등 및 경영권분쟁에 휩싸일 가능성이 크다.

④ 상장회사인 경우에는 상장유지를 위한 추가적인 부담이 있다.

(5) 유한회사

유한회사의 사원은 회사채권자에 대하여 직접 아무런 책임을 지지 않고 단지 회사에 대하여 출자의무만을 부담한다. 예외적으로 사원은 자본금전보책임(550조, 593조)을 지고, 지분의 증권화에 제한이 따르며(555조), 정관에 의하여 지분의 양도를 제한할 수 있다(556조). 주식회사를 소규모화·폐쇄화한 것으로, 공시부담을 완화하고 사원 유한책임의 이점을 누리고자 하는 중소규모의 기업에 적합한 회사형태이다. 유한회사도 주식회사와 함께 외부감사를 받아야 한다.

(6) 유사 공동기업

조합, 익명조합, 합자조합, 선박공유, 상호회사 등은 공동기업의 한 형태이지만 상법상의 회사는 아니다.

1) 조   합

조합은 2명 이상이 출자하여 공동으로 사업을 영위하기 위하여 결합된 단체이다(민법 703조). 조합도 상행위 기타 영리사업을 할 수 있고, 회사와 비슷한 조직을

---

1) 이는 특히 주식회사에 강하게 요구되는 규제준수비용의 일종이다.

가질 때는 합명회사에 가깝다. 회사는 법인격을 가지며 그 자체가 독립된 상인이지만, 조합은 법인격이 없으며 조합 자체가 권리·의무의 주체가 되지 못한다. 회사재산은 회사 고유의 재산(단독소유)이지만, 조합재산은 조합원의 합유로 된다(민법 704조). 조합원 전원은 무한책임을 진다.

2) 익명조합

익명조합은 당사자 일방(익명조합원)이 상대방(영업자)의 영업을 위하여 출자하고 상대방은 그 영업으로 인한 이익을 분배할 것을 약정하는 계약이다(78조). 익명조합은 경제적으로는 합자회사에 가깝지만 법률상으로는 영업자의 단독영업이다.

3) 합자조합

합자조합은 업무집행자로서 조합의 채무에 대하여 무한책임을 지는 조합원과 출자가액을 한도로 유한책임을 지는 조합원이 상호출자하여 공동기업으로 할 것을 약정함으로써 성립하는 상법상의 조합으로 비법인의 상인이다(86조의2, 5조 1항).

4) 선박공유

선박공유는 수인이 공동으로 해상기업을 영위하기 위하여 선박을 공유하는 제도이다(756조 이하). 선박공유는 조합과 마찬가지로 대외적으로 권리·의무의 주체가 될 수 있는 단일체가 아니므로 회사는 아니다.

5) 상호회사

보험업법상 상호회사는 보험이용자가 결합한 자치적인 보험단체로 공동의 이익을 확보하기 위하여 스스로 사업경영에 임하는 조직이다.[1] 상호회사는 물적회사이고, 사원이 유한책임을 진다는 점에서 유한회사와 주식회사에 유사하며, 상법의 총칙편 및 유한회사와 주식회사에 관한 개별규정을 준용하고 있다. 비영리법인이면서도 공익법인이 아닌 중간법인이고, 사원이 주주가 아니라 보험계약자이며, 자본금이 없는 대신 회사설립시 사업자금으로서 기금을 설정한다.

2. 인적회사와 물적회사(학설상의 분류)

(1) 인적회사는 인적 요소(사원)가 중심이 되는 회사로서, 법적 규율에 있어서 사원간의 사적 자치(정관자치)가 광범하게 허용된다. 이에 비하여 물적회사는 물적

---

1) 보험업법은 1962년 제정 당시부터 상호회사에 관한 규정을 두고 있으나(보험업법 2조 7호 등), 이 제도는 사실상 이용되지 않고 있다.

요소(자본)가 중심이 되는 회사로서, 정관자치가 제한적으로 허용된다. 주식회사는 물적회사의 전형이고, 합명회사는 인적회사의 전형이다. 합자회사는 인적회사의 요소가, 유한회사는 물적회사의 요소가 더 강하다. 유한책임회사는 혼성적 회사이지만 인적 요소를 중시한다.

(2) 기업실태를 보면 그 법적 형식은 주식회사이지만 그 내부의 법률관계는 주주의 인적 요소가 강하여 조합의 실질을 띠는 경우가 있다. 이를 전형적 주식회사에 대비하여 '인적 주식회사', '조합적 주식회사' 또는 '폐쇄적 주식회사'라 칭하기도 한다.

3. 내국회사와 외국회사

설립준거법이 국내법인 회사를 내국회사, 설립준거법이 외국법인 회사를 외국회사라 한다. 그러나 외국에서 설립된 회사라도 우리나라에 그 본점을 설치하거나 우리나라에서 영업할 것을 주된 목적으로 하는 때에는 우리나라에서 설립된 회사와 동일한 규정을 적용한다(617조)[주요판례 1].

4. 상장회사와 비상장회사

(1) 상장회사의 의의 및 특성

상장회사는 대통령령으로 정하는 증권시장(증권의 매매를 위하여 한국거래소가 운영하는 시장)에 상장된 주권을 발행한 주식회사이다(542조의2 1항).[1] 상장회사는 주식 등이 조직적 유통시장인 거래소시장에 상장되어 거래되므로 주주들은 주식양도에 의하여 비교적 용이하게 투하자본을 회수할 수 있다는 점, 그 결과 주주간의 인적 유대성이 극도로 희박하고, 다수의 주주가 수시로 이합집산하는 경향이 있으며, 주주들이 회사의 지배권에 별 관심이 없는 다수의 소액주주로 구성된 경우가 많다는 점, 유통시장의 존재로 인하여 신주발행 등을 통하여 거액의 자금을 용이하게 조달할 수 있다는 점 등이 특징이다. 이러한 상장회사의 공개성으로 인한 특징은 폐쇄적으로 운영되는 비상장의 인적 주식회사(close corporation)에 비하여 많은 차이점을 보인다.

---

1) 상법에서는 '상장회사'라는 용어를(542조의2 1항 등), 자본시장법에서는 '주권상장법인'과 '상장법인'이라는 용어를 사용하고 있다(자본시장법 9조 15항). 자본시장법상의 주권상장법인이 상법상의 상장회사에 해당한다.

(2) 상장회사에 관한 특례조항

아래는 상장회사에 대한 상법과 「자본시장과 금융투자업에 관한 법률」(자본시장법)상의 특례조항이다. 이들 특례조항은 일반조항에 우선하여 적용됨이 원칙이다 (542조의2 2항).

1) 상법상 특례조항

상법 제3편(회사) 제4장(주식회사) 제13절(상장회사에 대한 특례조항)을 두고 있다 (542조의2~542조의13).

① 주식매수선택권(542조의3 1항·2항·3항)

② 주주총회의 소집방법(542조의4 1항·2항·3항)

③ 이사·감사의 선임방법(542조의5).

④ 소수주주권(542조의6)

⑤ 집중투표권(542조의7)

⑥ 사외이사(542조의8)

⑦ 주요주주 등 이해관계자와의 거래(542조의9, 624조의2).

⑧ 상근감사 및 감사위원회(542조의10, 542조의11).

⑨ 감사위원의 선임 및 해임(542조의12).

2) 「자본시장과 금융투자업에 관한 법률」상 특례조항

자본시장법에서는 상장법인과 주권상장법인 등에 관하여 특례규정을 다수 두고 있다.

① 주식 등의 대량보유 등의 보고의무(같은 법 147조)

② 의결권 대리행사의 권유에 대한 제한(같은 법 152조)

③ 사업보고서 등의 제출의무(같은 법 159조)

④ 자기주식 취득 및 처분의 특례(같은 법 165조의3)

⑤ 합병 등의 특례(같은 법 165조의4)

⑥ 주식매수청구권의 특례(같은 법 165조의5)

⑦ 주식의 발행 및 배정 등에 관한 특례(같은 법 165조의6)

⑧ 우리사주조합원에 대한 우선배정 특례(같은 법 165조의7)

⑨ 액면미달발행의 특례(같은 법 165조의8)

⑩ 주주에 대한 통지 또는 공고의 특례(같은 법 165조의9)

⑪ 사채 발행 및 배정의 특례(같은 법 165조의10)

⑫ 조건부자본증권의 발행(같은 법 165조의11)

⑬ 이익배당의 특례(같은 법 165조의12), 주식배당의 특례(같은 법 165조의13)

⑭ 공공적 법인의 배당 등의 특례(같은 법 165조의14)

⑮ 의결권이 없거나 제한되는 주식의 특례(같은 법 165조의15)

⑯ 주권상장법인의 재무관리기준(같은 법 165조의16)

⑰ 주식매수선택권 부여신고 등(같은 법 165조의17)

⑱ 주권상장법인에 대한 금융위원회의 조치(같은 법 165조의18)

⑲ 사외이사 및 상근감사에 관한 특례(같은 법 165조의19)

⑳ 이사회 성별 구성에 관한 특례(같은 법 165조의20)

㉑ 내부자의 단기매매 차익 반환(같은 법 172조)

㉒ 임원 등의 특정 증권 등 소유상황 보고의무(같은 법 173조)

㉓ 미공개 중요정보 이용금지(같은 법 174조)

㉔ 시세조종행위 등의 금지(같은 법 176조, 177조)

㉕ 공매도의 제한(같은 법 180조)

㉖ 증권 등 관리(같은 법 322조)

㉗ 거래소의 상장규정(같은 법 390조), 공시규정(같은 법 391조, 392조), 상장 및 상장폐지(같은 법 409조) 등

5. 일반주식회사 · 소규모주식회사 · 대규모주식회사

상법은 같은 주식회사라 하더라도 자본금 또는 자산 규모에 따라 법적용을 차별화하고 있다.

(1) 자본금 규모에 따른 차등화

소자본금의 주식회사가 갖는 일반적인 특징은, 인적 폐쇄성을 유지하기 위하여 주식의 양도를 제한하고, 주주가 대부분 직접 경영에 참여하여 소유와 경영이 분리되지 않고, 회사의 내부관계에서 주주간에 인적 신뢰관계가 존재하며, 경영의 유연화를 위하여 정관이나 주주간 약정 등에 의하여 상법규정의 엄격성을 완화하려는 요구가 강하다. 상법은 자본금 총액이 10억 원 미만인 소규모주식회사에 대해서는 다음과 같은 특례조항을 두고 있다.

① 발기설립에 의하는 경우 정관의 효력발생요건으로 공증의무 면제(292조 단서)

② 발기설립시 주금납입보관증명서를 잔고증명서로 대체(318조 3항)

③ 주주총회 소집통지기간의 단축(363조 4항), 소집절차의 간소화(363조 4항), 주주 전원의 동의가 있는 경우 주주총회 소집절차의 생략 가능, 서면결의 가능(363조 5항·6항)

④ 이사 수를 1인 또는 2인으로 감축 및 이사회 설치의무 면제(383조 1항)

⑤ 감사 선임의무의 면제(409조 4항)

(2) 자산 규모에 따른 차등화

1) 최근 사업연도 말 현재 자산총액이 1천억 원 이상인 상장회사의 특례조항

소수주주권 행사요건(542조의6 2항),[1] 상근감사 설치의무(542조의10)

2) 최근 사업연도 말 현재 자산총액이 2조 원 이상인 상장회사의 특례조항

집중투표에 관한 특례(542조의7 2항), 사외이사의 최저인원(542조의8 1항 단서), 주요주주 등 이해관계자와의 거래(542조의9 3항), 감사위원회 설치의무(542조의11), 감사위원 선임시 대주주의 의결권 제한(542조의12)

[표] 상법상 주식회사의 유형[2]

비상장회사	소규모주식회사	292조 단서(원시정관의 효력발생요건) 318조 3항(잔고증명서에 의한 납입금 보관의 증명) 363조 4항·5항·6항(주주총회 소집절차의 간소화) 383조 1항·4항·5항·6항(이사의 최저원수, 이사회의 부재) 409조 4항(감사의 임의기관화)
	일반비상장회사	제3편 제4장(주식회사) 중 나머지 규정
상장회사	일반상장회사	542조의2(적용범위) 542조의3(주식매수선택권) 542조의4(주주총회 소집공고 등) 542조의5(이사·감사의 선임방법) 542조의6 1항(소수주주권 특례) 542조의7(집중투표에 관한 특례) 542조의8(사외이사의 선임) 542조의9(주요주주 등 이해관계자와의 거래)

---

1) 소수주주권행사의 요건에 관해서는 상장회사 일반에 특례조항을 두고, 자본금이 1천억 원 이상인 상장회사에 대해서는 다시 특례조항을 두어 지분비율 요건을 더욱 완화하고 있다.

2) 김성탁, "2009년 개정상법상 '소규모주식회사'의 법적 쟁점," 「인권과 정의」 통권 제412호 (2010), 90면 수정 및 보완.

자본금 1천억 원 이상인 상장회사	542조의6 2항~5항(소수주주권 특례조항의 재특례)
자산 1천억 원 이상인 상장회사	542조의10 1항 본문(상근감사)
자산 5천억 원 이상인 상장회사	542조의13 1항(준법통제기준 및 준법지원인 설치의무)
자산 2조 원 이상인 대규모 상장회사	542조의7 2항(집중투표 특례대상회사) 542조의8 1항 단서(사외이사 수의 특례) 542조의9 3항(주요주주 등 이해관계자와의 거래) 542조의11 1항(감사위원회 설치 강제) 542조의12 4항 본문(감사위원 선임과 의결권 제한)

6. 1인회사

(1) 2011년 개정상법에서는 회사의 요건으로 사단성을 명시적으로 요했던 종전의 규정을 삭제하였다. 유한회사, 유한책임회사와 주식회사는 1인의 사원만으로도 설립과 존속이 가능하다. 그럼에도 불구하고 전통적 사단 개념이 변용되었을 뿐, 사단성 그 자체를 완전히 부정하는 것은 아니라고 본다.

(2) 1인회사(1인 주식회사)는 주주가 1인만이 존재하는 회사로 이는 강학상의 개념이다. 1인회사에 대해서는 다수의 주주를 전제로 하여 만들어진 회사법 규정(주로 주주총회에 관한 규정)의 엄격한 적용을 해석에 의하여 완화하고 있다. 그 몇 가지 예를 보자.

① 주주총회의 소집결정에 관한 이사회의 결의에 하자가 있거나 소집권 없는 자가 소집한 경우에도 1인주주가 참석하여 이의 없이 결의하였다면 주주총회의 결의로서 적법하다[주요판례 2].

② 주주총회를 개최한 사실이 없더라도 1인 주주에 의하여 결의가 있었던 것처럼 주주총회 의사록에 작성되어 있다면 특별한 사정이 없는 한 결의가 있는 것으로 볼 수 있다[주요판례 3].

그러나 1인 주주와 회사는 별개의 것이므로 1인 주주가 임무에 위배하여 회사에 손해를 입힌 경우에는 배임죄 또는 횡령죄의 성립이 가능하다[주요판례 4].

Ⅲ. 주요판례·문제해설

1. 주요판례

(1) **서울지법 동부지원 1999. 10. 8. 선고 98가합17242 판결 — 영국법에 의하여 설립되어 영국에 사무소를 두고 있는 회사에 대하여 국내법을 준거법으로 적용한 사례**

영국법에 의하여 설립되어 영국에 사무소를 두고 있는 회사가 그 대표이사를 상대로 임무해태 등을 원인으로 제기한 손해배상청구소송에서, 위 회사가 국내법인의 실질을 가진 채 국내법적 경제활동과 기능적·실질적 관련성을 가지면서 국내법적·경제적 이해관계를 보유하여 왔다는 이유로 국내법을 준거법으로 적용하였다 (섭외사법 13조 참조).

(2) **대법원 1966. 9. 20. 선고 66다1187, 1188 판결 — 1인 주주인 회사에서 그 주주의 동의가 있는 경우의 총회소집절차**

주주총회의 소집절차가 위법하다 하더라도 1인 주주회사에서 그 주주가 참석하여 총회개최에 동의하고 아무 이의 없이 결의한 것이라면 그 결의 자체를 위법한 것이라고 할 수 없다.

(3) **대법원 1976. 4. 13. 선고 74다1755 판결 — 1인 회사의 경우 총회의 결의 방법**

주식회사에 있어서 회사가 설립된 이후 총주식을 한 사람이 소유하게 된 이른바 1인회사의 경우에는 그 주주가 유일한 주주로서 주주총회에 출석하면 전원 총회로서 성립하고 그 주주의 의사대로 결의가 될 것임이 명백하므로 따로 총회소집절차가 필요 없고 실제로 총회를 개최한 사실이 없었다 하더라도 그 1인 주주에 의하여 의결이 있었던 것으로 주주총회 의사록이 작성되었다면 특별한 사정이 없는 한 그 내용의 결의가 있었던 것으로 볼 수 있다.[1]

(4) **대법원 2005. 10. 28. 선고 2005도4915 판결 — 1인 회사의 주주의 배임죄**

배임죄는 재산상 이익을 객체로 하는 범죄이므로, 1인 회사의 주주가 자신의 개인채무를 담보하기 위하여 회사 소유의 부동산에 대하여 근저당권설정등기를 마

---

[1] 1인 주식회사에서 주주총회 의사록의 작성을 요하는 취지에 대한 경제적 분석으로는 권재열, 48~50면 참조.

쳐 주어 배임죄가 성립한 이후에 그 부동산에 대하여 새로운 담보권을 설정해 주는 행위는 선순위 근저당권의 담보가치를 공제한 나머지 담보가치 상당의 재산상 이익을 침해하는 행위로서 별도의 배임죄가 성립한다.

2. 문제해설

(1) 대한민국 상법의 적용을 피하기 위하여 의도적으로 외국법에 따라 회사를 설립하는 탈법행위를 막기 위하여 상법 제617조에서는 "외국에서 설립된 회사라도 대한민국에 그 본점을 설치하거나 대한민국에서 영업할 것을 주된 목적으로 하는 때에는 대한민국에서 설립된 회사와 같은 규정에 따라야 한다"고 규정하고 있다. 동조의 '대한민국에서 설립된 회사와 같은 규정'의 의미에 대해서는 회사설립에 관한 상법규정까지를 포함한다고 하여 해당 기업이 내국회사로서 다시 설립하지 않으면 외국회사로서의 존재도 인정하지 않는다는 견해가 있는가 하면, 회사설립에 관한 상법규정이 이에 재차 적용되지 않는다는 견해도 있다. 전자의 견해에 의하면 설립준거법에 따라 설립된 이후의 행위에 대해 법적 안정성을 해칠 우려가 있으므로 후자의 견해가 타당하다.

(2) 주식회사가 갖는 최대의 장점은 주식 또는 사채의 발행을 통하여 거액의 자금을 쉽게 조달할 수 있고, 상장이 되면 이러한 장점이 더욱 커진다. 그러나 주식회사의 경우 공시부담이 커지고 관리비용이 더 많이 소요된다. 우리나라에서 극심한 주식회사 편중현상을 보이는 것은 주식회사 이외의 회사를 유인할 만한 인센티브가 적다는 제도적 요인과 기업문화적·기업행태적 요인이 종합적으로 작용한 결과이다.

(3) 회사의 종류는 상법에 규정되어 있는 합명회사, 합자회사, 주식회사, 유한회사, 유한책임회사 등 5종에 한정한다. 회사의 종류에 관한 상법규정은 회사법제의 기본 골격에 해당한다. 따라서 그 이외의 회사는 상법 제3편의 회사가 될 수 없다.

(4) 인적회사의 경우는 무한책임을 지는 사원이 있으므로 회사 내부의 법률관계에 있어서 자치를 넓게 인정한다. 그러나 물적회사의 경우는 사원이 유한책임을 지는 데 그치기 때문에 채권자를 보호할 필요가 있고, 또 다수의 이해당사자가 존재하는 공개회사(예컨대, 주식회사)인 경우에는 이해관계를 강행적으로 조정할 필요가 있으므로 인적회사에 비하여 규제의 폭이 넓어지게 된다.

(5) 기업규모의 대소를 불문하고 주식회사를 선호하는 경향이 강한 실태에 대하여 이를 현실로 받아들이고 회사법규범의 실효성을 높이기 위하여 회사법은 주식회사에 관한 규정 내용을 차등화하고 있다. 즉 주식회사의 자본금(10억 원 기준, 1천억 원 기준) 또는 자산(1천억 원, 5천억 원, 2조 원 기준)의 규모, 상장 여부에 따라 다양한 유형으로 구분하고 각각에 적용되는 법조를 달리하고 있다.

(6) 상장회사는 발행한 주식·사채 등의 증권을 거래할 수 있는 조직화한 유통시장(한국거래소가 개설한 시장)을 통하여 거래할 수 있다. 상장회사에는 이러한 유통시장이 존재하기 때문에 주식회사가 갖는 대규모성과 공개성의 이점을 최대한 발휘할 수 있다. 비상장회사의 경우는 이와는 달리 사실상 소수의 주주에 의하여 폐쇄적으로 운용될 수밖에 없고 증권발행을 통한 대규모의 자금조달이 어렵다.

[7] 회사법의 기본원리

I. 사   례

1. 사실관계

甲은행과 乙은행간의 합병계약을 승인하는 주주총회의 결의에 대하여 甲은행의 노동조합은 그 소유의 주식 13,214주에 대하여 1주씩의 주주총회 참석장 9,000매를 회사로부터 발급받아 이를 노조원들에게 나누어 주고, 주주총회 당일 참석장을 소지한 수천 명의 노조원들이 총회장에 집결하여 주주총회를 저지하는 방법으로 합병승인결의를 막으려고 하였다. 노조원들에 의한 주주총회 방해가 우려되자 회사는 주주총회 전날 법원으로부터 노조원들이 회사주주 및 임직원들의 주주총회장 입장을 방해하는 행위를 금지한다는 주주총회 개최 등 방해금지 가처분을 받고 관할경찰서에 질서유지를 위한 경찰병력의 출동을 요청하였다. 현장에 출동한 경찰은 회사의 요청에 따라 노동조합 대표 1인을 제외한 1주씩의 총회참석장을 가진 노조원들의 주주총회장 입장을 막기 위하여 총회장 입구를 봉쇄하였다. 이에 대하여 노조원은 주주로서의 권리행사가 방해받았다고 주장하여 주주총회결의의 하자를 다투는 소를 제기하였다.

2. 검   토

(1) 사법(私法)의 지도원리 중에서 회사법에도 통용될 수 있는 것과 회사법에 특유한 지도원리는?

(2) 회사법을 지배하는 지도원리는 회사법의 적용 및 해석에 있어서 어떠한 역할을 하는가?

(3) 위 사안에서 주주의 의결권행사는 법이 허용한 적법한 권리행사의 외양을 띠고 있다. 이를 저지한 회사의 행위는 정당화될 수 있는가? 부당하다는 입장과 정당하다는 입장에서 각각의 논거를 펼쳐보라.

Ⅱ. 주요법리

1. 사법의 기본원리

(1) 신의칙 및 권리남용금지의 원칙

권리자는 권리행사의 여부와 방법에 있어서 자유로이 선택을 할 수 있음이 원칙이나, "권리의 행사와 의무의 이행은 신의에 따라 성실히 행하여야 한다"라는 신의성실의 원칙(민법 2조 1항)과 "권리는 남용하지 못한다"는 권리남용금지의 원칙(민법 2조 2항)에 저촉되지 않아야 한다. 신의칙이나 권리남용금지의 원칙을 위반한 행위에 대해서는 권리행사로 인정되지 않고 의무를 이행하지 않은 것으로 되기도 하고, 행위의 효력이 무효로 되기도 하며, 채무불이행 또는 불법행위가 되기도 한다. 이는 사법의 기본원칙이자 강행법적 명제로서, 회사법관계에서도 적용된다[주요 판례 1].

(2) 자치원칙 및 강행법적 명제에 반하여서는 아니 된다는 원칙

회사법관계에 있어서 회사 내부의 관계에 대해서는 정관자치의 원칙이 광범위하게 인정되지만, 다수의 이해관계를 조정하는 회사법의 특성상 일반적인 사법관계에 비하면 상당한 제약을 받는다. 정관자치는 사회질서(민법 103조)와 회사법의 강행법적 명제에 반하지 않는 범위에서만 용인된다.

다만 회사와 제3자와의 대외적 거래관계에 대해서는 사적 자치의 원칙이 최대한 존중된다.

(3) 외관존중 내지 금반언 원칙

외관존중의 원칙은 자신에 의하여 야기된 외관(표시)에 반하는 주장이 허용되지 않는다는 원칙이다. 대륙법의 외관주의(外觀主義)와 영미법의 표시에 의한 금반언(禁反言, estoppel)의 법리에 그 뿌리를 두고 있다. 외관에 대한 상대방의 정당한 신뢰(선의)를 보호함으로써 거래의 안전을 기하기 위함이다. 다수를 상대로 정형적·집단적으로 신속하게 이루어지는 법률관계의 경우에는 외관존중이 더욱 강하게 요청된다[주요판례 2].

2. 회사법의 기본원리

(1) 주주와 회사채권자의 이익보호 및 이해관계 조정

(위의 '회사법의 의의 및 기능' 참조)

(2) 경영상 목적 및 합목적성 존중

회사법 세계에서 의사결정 및 행동을 평가하는 기준으로 적법성이 1차적 기준이지만, 영리단체인 회사에서는 이익의 극대화라는 합목적성이 존중된다. 예컨대, 경영판단의 원칙(business judgment rule)이 이에 해당하는데, "이사가 경영에 관해 내린 결정은 회사의 최선의 이익을 위하여 사안을 숙지한 상태에서 성실하게 이루어졌다면" 설령 그 결과가 잘못된 경우라고 하더라도 사후적인 결과만을 놓고 법적 책임을 묻지 못한다[주요판례 3].

(3) 형평성 및 효율성 지향

다수의 이해가 상충하는 회사법관계에서 이해관계를 공평하게 조정하는 형평성의 추구는 회사법(특히 주식회사법)이 지향하는 당연한 목표이다. 이와 함께 효율성의 추구도 회사법의 중요한 지향점이 된다. 형평성(equity)과 효율성(efficiency)의 추구는 회사법 곳곳에 제도적으로 반영되어 있다. 예컨대, 주주총회 권한을 이사회로 이전시키는 경향, 원격이사회의 허용, 각종 서류의 전자화, 총회소집통지가 장기적으로 반송되는 주주에 대한 총회소집 통지의무의 면제, 소규모주식회사에 대한 특례, 주권불소지의 인정, 주식 등의 전자등록, 각종 법정기간을 단축하는 경향, 주식매수선택권과 같이 성과에 연동된 보상체계 등은 효율성이 반영된 제도라 할 것이다. 회사법관계에서 효율성의 추구는 형평성의 본질에 반하지 않는 범위에서만 가능하다고 본다.

(4) 기업유지

회사가 일단 성립되면 회사를 둘러싸고 다수의 이해관계가 형성하게 된다. 회사가 해체되거나 그 활동을 중단하게 되면 당해 회사를 둘러싼 이해당사자는 물론이고 나아가 사회적·국가적으로도 그 손실이 확산한다. 이 때문에 회사법에서는 일단 성립된 회사는 가능한 유지하도록 하기 위한 제도를 두고 있다.[1] 기업유지와 기업이익의 보호도 주주와 회사채권자의 이익보호라는 전통적인 회사법 원리와 함께 회사법의 지향점이 되고 있다.[2]

3. 주식회사법의 특징

주식회사는 다른 종류의 회사에 대하여 일반적으로 적용되는 기본원리 외에 이들 회사와는 구별되는 몇 가지 특징을 지니고 있다. 주식회사를 둘러싼 법률관계에는 다수의 이해관계인이 존재하고 주식회사제도를 남용될 소지가 크기 때문이다. 주식회사에 관한 법규정은 다음의 특징을 지니고 있다.

(1) 강행규정성

주식회사의 내부적인 관계에 대하여 부분적으로 정관자치를 허용하는 때도 있지만 다른 종류의 회사와는 달리 강행규정으로 되어 있는 경우가 많다. 정관자치를 허용하면 정관의 내용에 영향을 미칠 수 있는 대주주나 경영진의 이익에는 유리하지만, 회사채권자와 군소주주의 이익이 침해될 우려가 있는 사항에 대해서는 사적자치에 맡기기보다는 법의 후견자적 역할을 발휘하기 위하여 강행규정으로 하고 있다. 이는 회사자치 및 임의규정화 요청에 대한 한계가 된다.[3]

(2) 단체법적 법률관계의 집단적·획일적 처리

주식회사를 둘러싼 당사자는 다수인 경우가 일반적이므로 주식회사의 법률관계를 개별적 사정에 따라 다르게 처리한다면 그에 따른 업무부담과 혼란이 가중될

---

1) 예컨대, 영업양도, 회사의 합병, 회사의 계속, 조직변경 등이 이에 해당한다.
2) 예컨대, 재량기각, 회사의 경영목적수행을 위한 주주의 신주인수권 배제, 배당이익의 사내유보 등이 이에 해당한다.
3) 회사경영에 있어서 자율성을 확대하고 기업규제완화의 차원에서 회사법규정을 기업 입장에서 재편하려는 경향이 있다. 그러나 회사의 다양한 사정을 고려하여 회사의 자율성을 확대하는 방향으로 나아갈 필요성이 인정된다고 하더라도, 특히 주식회사의 경우는 관련 당사자의 이해관계를 조정하는 회사법의 역할은 견지되어야 할 것이고, 이를 위하여 일정 부분은 강행규정으로 남을 수밖에 없다.

뿐만 아니라 법적 안정성을 확보하기 어렵다. 이 때문에 개인법적 법률관계와는 달리 특히 주식회사에서는 단체법리에 입각하여 법률관계를 집단적·획일적으로 처리할 필요가 있다. 예컨대, 주주를 확정하기 위한 주주명부의 폐쇄와 기준일제도, 명의개서제도, 주식의 균일성, 일률적인 통지와 공고제도, 주식인수에 있어서 하자를 이유로 한 주장의 제한 등이 이에 해당한다. 또한 주식회사에 관한 분쟁을 집단적·획일적으로 해결하기 위하여 회사소송에 대해서는 민사소송법의 특례를 인정하고 있다(예: 원고승소판결의 경우 대세적 효력 인정).

(3) 공시의무 강화

주식회사는 다른 유형의 회사에 비하여 정보의 비대칭문제가 더욱 심각해질 수 있는 구조를 지니고 있다. 이 때문에 상업등기, 통지 및 공고, 각종 장부의 비치 및 열람·등사청구권의 부여 등의 제도에 의하여 기업정보의 공시(disclosure)를 폭넓게 인정하고 있다.

(4) 엄격한 책임

회사법은 다수의 이해당사자를 보호하기 위하여 회사업무종사자(특히 이사, 집행임원, 감사 등)에 대하여 무거운 책임을 지우고 있다. 책임의 요건으로 '임무를 게을리한 경우'와 같이 과실책임의 원칙을 취하는 예도 있지만, 무과실책임을 지우는 때도 있고, 민법상의 책임과는 구별되는 특별한 법정책임을 지우기도 하고, 다수인이 책임을 져야 할 때는 연대책임을 지우는 경우가 많다. 또한 회사법에서는 회사법 위반에 대한 공익보호를 위하여 형사벌칙과 행정제재조항을 두고 있다.

(5) 법원 등에 의한 공적 통제

주식회사에 문제가 생기면 다수의 피해자가 양산되고 나아가 국민경제에 큰 부담을 안겨줄 수 있다. 이 때문에 주식회사의 건전성을 확보하기 위하여 법원 등에 의한 공적 통제와 개입을 허용하고(예: 법원의 검사인선임, 해산명령, 해산판결, 임시주주총회의 소집허가, 각종 회사법상의 소송 등), 「주식회사 등의 외부감사에 관한 법률」 등에 의하여 공인회계사 등과 같은 외부의 중립적인 회계전문가에 의한 회계감사를 받도록 하기도 한다.

Ⅲ. 주요판례·문제해설

1. 주요판례

(1) 대법원 1996. 12. 20. 선고 96다39998 판결 ― 신의칙에 반하는 총회결의의 불공정성

사실상 주주 2인으로 구성된 주식회사의 일방 주주측이 다른 주주의 회의장 입장을 부당하게 방해하였고, 그 의사진행방식 및 결의방식이 개최시각보다 지연 입장하게 된 다른 주주의 의결권행사를 최대한 보장하는 방법으로 이루어지지 아니 하여 신의칙에 반하므로 주주총회 결의방법이 현저하게 불공정한 때에 해당한다.

(2) 대법원 1998. 3. 27. 선고 97다34709 판결 ― 표현대표이사제도의 근거법리 로서 외관이론과 금반언이론

상법 제395조가 회사를 대표할 권한이 있는 것으로 인정될 만한 명칭을 사용 한 이사의 행위에 대한 회사의 책임을 규정한 것이어서, 표현대표이사가 이사의 자 격을 갖출 것을 요건으로 하고 있으나, 이 규정은 표시에 의한 금반언의 법리나 외 관이론에 따라 대표이사로서의 외관을 신뢰한 제3자를 보호하기 위하여 그와 같 은 외관의 존재에 대하여 귀책사유가 있는 회사로 하여금 선의의 제3자에 대하여 그들의 행위에 관한 책임을 지도록 하려는 것이다. 그러므로 회사가 이사의 자격이 없는 자에게 표현대표이사의 명칭을 사용하게 허용한 경우는 물론, 이사의 자격이 없는 사람이 임의로 표현대표이사의 명칭을 사용하고 있는 것을 회사가 알면서도 아무런 조치를 취하지 아니한 채 그대로 방치하여 소극적으로 묵인한 경우에도 위 규정이 유추적용되는 것으로 해석함이 상당하다(동지: 대법원 1992. 7. 28. 선고 91다 35816 판결; 대법원 1985. 6. 11. 선고 84다카963 판결; 대법원 1979. 2. 13. 선고 77다2436 판결 등).

(3) 대법원 2007. 10. 11. 선고 2006다33333 판결 ― 관계회사에 대한 자금지원 으로 회사에 손해를 입힌 이사에 대한 경영판단원칙의 적용요건

회사의 이사가 법령에 위반됨이 없이 관계회사에게 자금을 대여하거나 관계회 사의 유상증자에 참여하여 그 발행신주를 인수함에 있어서, 관계회사의 회사 영업 에 대한 기여도, 관계회사의 회생에 필요한 적정 지원자금의 액수 및 관계회사의 지원이 회사에 미치는 재정적 부담의 정도, 관계회사를 지원할 경우와 지원하지 아 니할 경우 관계회사의 회생가능성 내지 도산 가능성과 그로 인하여 회사에 미칠 것으로 예상되는 이익 및 불이익의 정도 등에 관하여 합리적으로 이용 가능한 범위 내에서 필요한 정보를 충분히 수집·조사하고 검토하는 절차를 거친 다음, 이를 근거로 회사의 최대 이익에 부합한다고 합리적으로 신뢰하고 신의성실에 따라 경영상의 판단을 내렸고, 그 내용이 현저히 불합리하지 않은 것으로서 통상의 이사를 기준으로 할 때 합리적으로 선택할 수 있는 범위 안에 있는 것이라면, 비록 사후에 회사가 손해를 입게 되는 결과가 발생하였다 하더라도 그 이사의 행위는 허용되는 경영판단의 재량범위 내에 있는 것이어서 회사에 대하여 손해배상책임을 부담한다고 할 수 없다. 그러나 회사의 이사가 이러한 과정을 거쳐 이사회결의를 통하여 자금지원을 의결한 것이 아니라, 단순히 회사의 경영상의 부담에도 불구하고 관계회사의 부도 등을 방지하는 것이 회사의 신인도를 유지하고 회사의 영업에 이익이 될 것이라는 일반적·추상적인 기대하에 일방적으로 관계회사에 자금을 지원하게 하여 회사에 손해를 입게 한 경우 등에는, 그와 같은 이사의 행위는 허용되는 경영판단의 재량범위 내에 있는 것이라고 할 수 없다(동지: 대법원 2007. 7. 26. 선고 2006다33685 판결 등).

2. 문제해설

(1) 신의성실의 원칙이나 권리남용금지의 원칙(민법 2조)과 같은 사법의 강행법적 기본원칙이나 지도원리는 회사법관계에도 통용된다.

(2) 회사법, 특히 주식회사법을 지배하는 기본원칙에는 주주 유한책임원칙, 주주평등원칙, 자본충실원칙 등이 있다. 이들은 강행법적 원칙으로, 이에 반하는 정관이나 주주총회의 결의는 무효가 된다.

(3) 아무리 적법한 권리행사의 형식을 띠더라도 신의칙에 반하거나 권리남용으로 인정되면 적법한 권리행사로 인정받지 못한다(민법 2조).[1]

---

1) 대법원 2009. 4. 23. 선고 2005다22701, 22718 판결 참조.

[8] 회사법의 규범 및 적용

Ⅰ. 사   례

1. 사실관계

[사안 1]

　상법 제366조에 의하면, 발행주식의 총수의 100분의 3 이상에 해당하는 주식을 가진 주주는 회의의 목적사항과 소집의 이유를 기재한 서면을 이사회에 제출하여 임시총회의 소집을 청구할 수 있고(366조 1항), 이 청구가 있고 난 뒤 지체 없이 총회 소집의 절차를 밟지 아니한 때에는 청구한 주주는 법원의 허가를 받아 총회를 소집할 수 있다(366조 2항). 한편 6개월 전부터 계속하여 상장회사 발행주식 총수의 1,000분의 15 이상에 해당하는 주식을 보유한 자는 상법 제366조에서 규정하는 주주의 권리를 행사할 수 있다(542조의6 1항)(대법원 2004. 12. 10. 선고 2003다41715 판결 참조).

　A는 상장회사인 甲회사의 주식을 주주총회의 소집을 청구할 당시 상법 소정의 주식보유비율인 3% 이상인 발행주식 총수의 18.72%를 보유하고 있었지만 청구 당시 6월의 보유기간 요건을 갖추지 못한 상태에서 甲회사에 임시주주총회의 소집을 청구하였다. 이에 대하여 甲회사는 상장회사의 경우 상법 제542조의6 제 1 항의 규정이 적용되는데 A는 이 요건을 충족하지 못하였다고 주장한다.

[사안 2]

　甲회사(주식회사 형태의 '감정평가법인'이다)는 정관 및 운영규약상의 징계사유 및 징계절차에 관한 규정 등을 근거로 甲회사의 주주 겸 감정평가사인 A에 대하여 "A를 甲회사에서 제명한다"라는 취지의 제명 통보를 하였다. 이에 A는 甲회사를 상대로 위 정관 및 운영규약의 무효를 이유로 주주제명 처분의 무효확인을 구하는 소를 제기하였다.

2. 검   토

　(1) 어떤 회사법 사건에 적용되는 법규에 상법 이외에도 자본시장법 등과 같

은 다른 법들이 있을 때, 이들 법 상호간의 적용순서는 어떻게 정할 것인가? 자본시장법은 상법에 대하여 어떠한 관계에 있는가?

(2) 특별법과 일반법을 구분하는 기준은 무엇인가? 회사법의 특별법에는 어떠한 것들이 있는가? 신법은 구법에 우선하는 것이 일반원칙인데, 구법이 특별법이고 신법이 일반법인 경우 신법인 일반법은 구법인 특별법에 우선하는가?

(3) 특별법은 일반법에 우선한다는 원칙을 구체적 사건에 적용하였으나 그로 인하여 불합리한 결과가 생기는 경우, 이를 어떤 방법으로 시정할 수 있는가?

(4) 정관은 법과의 관계에서 어떠한 기능을 수행하는가? 정관이 구속력을 갖는 근거는 무엇인가? 정관에 대한 부지(不知)는 변명될 수 있는가? 정관의 해석에 대하여 다툼이 있는 경우 대법원에 상고할 수 있는 이유가 될 수 있는가?

(5) 한국상장회사협의회가 만든 상장회사표준정관 등은 법적 구속력을 갖는가?

(6) 회사가 정관에 의하여 자율적으로 규율할 수 있는 범위는 어디까지인가? 정관과 법(강행규정, 임의규정), 정관과 그 하위의 자치규정 상호간 위계질서는 어떠한가?

II. 주요법리

1. 법령 등

(1) 법령의 적용과 해석의 단계

법적 문제를 해결함에 있어서는 일반적으로 다음과 같은 순서에 따라 법을 적용하고 해석하는 과정을 밟는다. 이는 회사법 사건에서도 동일하다.

1단계: 사실관계를 확정한다. 이는 요건사실의 문제이다.

2단계: 해당되는 법을 탐색하고 발견한다.

3단계: 해당되는 법이 여럿 있을 때는 이들 법 상호간 우선순위를 정한다.

4단계: 적용할 법을 해석하고 적용한다.

5단계: 법적 해답을 도출하고 그 해답의 타당성을 재검토한다.

(2) 회사법관계의 상사성(商事性)

상법 제1조는 "상사에 관하여 본법에 규정이 없으면 상관습법에 의하고 상관습법이 없으면 민법의 규정에 의한다"라고 규정하고 있다. 이 조항은 상법의 적용대상이 '상사'인 것과, 상관습법도 법원(法源)이라는 점과 그 적용순서를 밝힌 것이다. 한편 민법 제 1 조에서는 "민사에 관하여 법률에 규정이 없으면 관습법에 의하고 관습법이 없으면 조리에 의한다"라고 규정하고 있다. 회사법 사건은 주체인 회사가 상인이므로 전형적인 상사에 속한다. 회사법관계에 적용되는 기본법은 상법(회사법)이다. 자본시장법은 상법의 특별법으로 회사에 관한 특례규정을 담고 있으며 특별법 우선의 원칙에 따라 상법에 우선하여 적용됨이 원칙이다.

(3) 회사법 사건에 대한 법 적용순서

상법(회사법)만이 회사법적 문제의 해결을 담당하는 것은 아니고 관련된 다른 법과의 관련 속에서 그 구실을 한다. 또한, 자치적 영역에 속하는 부분에 대해서는 정관이나 계약으로 규율하도록 하고 있다(사적자치의 원칙). 이들은 구체적 사건에 다음의 원칙에 따라 그 적용순서가 정해진다.

① 특별법은 일반법에 우선한다.[1]

② 강행규정은 임의규정에 우선한다.

③ 자치규정(예: 정관)과 계약은 임의규정에 우선하나 강행규정에는 우선하지는 못한다.[2]

④ 상급법은 하급법에 우선한다. 법률인 상법(회사법)과 대통령령인 상법 시행령은 상급법과 하급법의 관계에 있다. 자본시장법도 마찬가지이다.

⑤ 동급의 법이면, 신법은 구법에 우선한다. 그러나 특별법인 구법은 일반법인 신법에 우선한다.

⑥ 관습법은 제정법의 임의규정에 우선한다(1조).

(4) 일반규정과 특례규정의 관계

상법(회사법)에서는 상장회사와 비상장회사의 구분 없이 이들 모두에 적용되는 일반조항을 두는 한편, 상장회사에 대해서는 제542조의2 이하에서 특례를 두고 있다. 이들 특례조항은 상장회사에 대해서 일반조항에 우선하여 적용한다(542조의2 2항).

상장회사에 대한 특례규정의 '우선적용'의 의미에 대해서는 일반조항과의 관계

---

1) 일반적으로 말하자면, 예컨대,「독점규제 및 공정거래에 관한 법률」,「주식회사 등의 외부감사에 관한 법률」, 자본시장법 등은 상법의 특별법이고, 상법은 민법의 특별법이다.
2) 민법 제105조(임의규정)는 "법률행위의 당사자가 법령 중의 선량한 풍속 기타 사회질서와 관계없는 규정과 다른 의사를 표시할 때에는 그 의사에 의한다"라고 규정하고 있다.

에서 양자택일적(중첩적) 경합, 배제적 경합의 관계로 구분할 수 있다. 상장회사에
대하여 임시주주총회의 소집청구를 위한 소수주주권의 구비 여부가 다투어진 사건
에서, 판례는 상법 제542조의2 제 2 항의 '우선적용'의 의미를 특례규정이 일반규정을
완전히 배제하는 관계가 아니라 '1차적 적용'의 의미, 즉 택일적 경합의 관계로 보아
야 한다고 한 것이 있다[주요판례 1·2]. 2020년 개정 상법은 소수주주권의 행사에 관하
여 '이 장의 다른 절에 따른 소수주주권의 행사에 영향을 미치지 아니한다'라고 함으
로써 중첩적용을 명문화함으로써 입법적으로 해결을 하였다(542조의6 10항). 그러나
소수주주권을 제외한 상장회사의 특례조항과 일반조항의 관계에 대해서는 중첩적 관
계인지 배제적 관계인지를 개별적으로 판단하여야 할 해석론의 문제로 남아 있다.

2. 정   관

(1) 정관의 의의 및 본질

정관은 회사의 조직과 활동을 정한 회사의 기본적인 자치규범이다(실질적 의의
의 정관). 이를 기재한 서면을 정관이라 부르기도 하나(형식적 의의의 정관), 법적 의미
에서의 정관은 실질적 의의의 정관이다. 회사는 정관 이외에 여러 가지 자치규정들
을 두고 있다(예: 이사회규칙, 각종 위원회규정 등). 이들 규정 중에는 정관의 내용을 구
체화한 것도 있지만 엄밀한 의미에서 상법상의 정관은 아니다.

정관은 회사가 자율적으로 정한 자치법규이다. 자치법규는 계약과는 달리 단
체의 기관이나 구성원을 구속하는 힘을 지닌 법규로서의 성질을 띤다(다수설). 따라
서 정관의 해석은 법규와 마찬가지로 객관적·추상적으로 해석하여야 한다. 정관은
법규성을 갖기 때문에 정관의 해석에 잘못이 있는 경우에는 상고이유가 된다. 그러
나 이러한 다수설과는 달리 정관을 계약의 일종으로 보는 소수 견해가 있다.[1] 판례
는 비영리법인의 정관의 법적 성질을 자치법규로 보고 있으며[주요판례 3], 영리법인
도 이와 달리 볼 이유가 없으므로 역시 자치법규로서의 법적 성질을 갖는다는 것이
판례의 입장이라 할 수 있다.

(2) 정관자치

회사는 주식회사의 기본질서나 강행법규에 반하지 않는 범위 내에서 정관에

---

1) 다만 정관의 법적 성질을 계약으로 보는 견해에 의하더라도 정관은 순수한 채권계약에 그치
지 않고 지배계약인 동시에 조직계약으로서의 면도 가지고 있으므로 민법의 계약에 관한 규
정이 정관에 전면적으로 적용 또는 유추적용되는 것은 아니라고 한다.

의하여 자율적으로 자기 회사에 적합한 규범을 설정할 수 있다[주요판례 4]. 이를 정관자치라 한다. 심지어는 회사법의 임의규정과 다른 내용의 정관도 가능함은 물론이다. 회사법을 바라보는 기본관점의 상이에 따라 강행규정으로 보는 범위에 차이가 있게 되므로 그에 의하여 정관자치의 영역이 넓어지기도 하고 좁아지기도 한다.

III. 주요판례·문제해설

1. 주요판례

(1) 대법원 2004. 12. 10. 선고 2003다41715 판결 — 상장회사 주주의 총회소집 청구권에 관한 구 증권거래법상 6개월 주식 보유기간 요건의 취지

소수주주의 주주총회 소집청구권에 관한 법률조항들이 만들어진 연혁과 그 입법취지를 살펴보면, 증권거래법 제191조의13 제 5 항은 1997. 1. 13. 증권거래법이 개정되면서 같은 법 제191조의13 제 2 항으로 신설된 것인데(2001. 3. 28. 개정법에서 5항으로 됨), 위 조항은 당시 상법상의 소수주주의 주주총회 소집청구요건인 주식보유비율 5%를 완화시켜 주권상장법인(1998. 2. 24. 개정으로 협회등록법인도 포함됨)의 경우에는 3%(그 후 1997. 3. 22. 신설된 증권거래법 시행령 84조의20 1항에 따라 최근 사업연도 말 자본금이 1천억 원 이상인 법인의 경우에는 1.5%) 이상의 주식을 보유하고 있으면 주주총회의 소집을 청구할 수 있도록 하고, 시행령 제84조의20 제 2 항의 신설을 통해 그 주식보유비율요건을 계산할 때 합산할 주식의 보유방법에 관하여도 주식을 소유한 경우뿐만 아니라 주주권행사에 관한 위임장을 취득한 경우 등까지로 확대함으로써 소수주주의 주주총회 소집청구요건을 완화한 규정으로서, 그 입법취지는 상장기업의 경우 주식보유비율 5% 이상이라는 그 당시 상법상의 주식보유요건을 갖추지 못한 주주에게도 증권거래법에서 정한 주식보유요건을 갖추면 주주총회 소집청구를 할 수 있도록 함으로써 기업경영의 투명성을 제고하고 소수주주의 권익을 보호하려는 데 있었고, 다만 증권거래법의 위 조항에 보유기간요건을 두어 주주총회 소집청구의 요건을 일부 강화하고는 있으나 이는 소수주주권행사의 요건을 완화함으로 인하여 소수주주권의 행사를 목적으로 주식을 취득한 자가 그 권리를 남용하는 것을 방지하기 위한 부수적인 목적에서 비롯된 것으로 볼 수 있다. 그런데 증권거래법의 위 조항에 따라 소수주주의 주주총회 소집청구요건이 완화되었음에도 불구하고, 1998. 12. 28. 상법이 개정되면서 같은 법 제366조의 주주총회 소집

청구요건인 주식보유비율이 5% 이상에서 3% 이상으로 낮아짐으로써 상법과 증권
거래법상의 각 주주총회 소집청구를 위한 주식보유비율이 3% 이상으로 동일하게
된 반면, 증권거래법상의 보유기간요건은 그대로 유지됨으로 말미암아 시행령에서
따로 정하고 있는 일정한 법인과 주식보유방법을 논외로 하면, 일반적인 경우 증권
거래법에 기한 소수주주의 주주총회소집 청구요건이 상법상의 그것보다 더 엄격해
지는 결과로 되었는바, 이와 같은 상법 및 증권거래법의 해당 조항의 개정연혁, 입
법취지, 각 그 조항의 내용 및 적용범위 등을 종합적으로 고려해 보면, 증권거래법
제191조의13 제 5 항은 상법 제366조의 적용을 배제하는 특별법에 해당한다고 볼
수 없고, 주권상장법인 내지 협회등록법인의 주주는 증권거래법 제191조의13 제 5
항이 정하는 6월의 보유기간요건을 갖추지 못한 경우라 할지라도 상법 제366조의
요건을 갖추고 있으면 그에 기하여 주주총회 소집청구권을 행사할 수 있다고 봄이
상당하다.

  (2) 서울고법 2011. 4. 1.자 2011라123 결정 — 상장회사의 주주가 6개월 보유기
     간요건을 갖추지 못한 경우에도 총회소집청구권을 행사할 수 있는지 여부[1]
     상법 제542조의2 제 2 항에서 상장회사에 대한 특례규정의 적용범위에 관하여
일괄하여 상법의 다른 규정에 '우선하여 적용한다'는 규정이 있다고 하더라도, 이는
특례규정과 관련된 모든 경우에 상법 일반규정의 적용을 배제한다는 의미라기보다
는 '1차적'으로 적용한다는 원론적 의미의 규정이므로, 상법 일반규정의 배제 여부
는 특례의 각 개별 규정에 따라 달리 판단하여야 한다. 나아가 상법 제542조의6 제
1 항은 상법 제366조의 적용을 배제하는 특별규정에 해당한다고 볼 수 없고, 상장
회사의 주주는 상법 제542조의6 제 1 항이 정하는 6개월의 보유기간 요건을 갖추지
못한 경우라 할지라도 상법 제366조의 요건을 갖추고 있으면 그에 기하여 주주총
회소집청구권을 행사할 수 있다.

  (3) 대법원 2000. 11. 24. 선고 99다12437 판결 — 사단법인 정관의 법적 성격 등[2]
     사단법인의 정관은 이를 작성한 사원뿐만 아니라 그 후에 가입한 사원이나 사
단법인의 기관 등도 구속하는 점에 비추어 보면 그 법적 성질은 계약이 아니라 자
치법규로 보는 것이 타당하므로, 이는 어디까지나 객관적인 기준에 따라 그 규범적

---

1) 대법원 2011. 8. 19.자 2011그114 결정(특별항고기각).
2) 이 판결은 비영리사단법인(대한민국헌정회)의 정관의 자치법규로서의 성질을 밝힌 것이다.

인 의미 내용을 확정하는 법규해석의 방법으로 해석되어야 하는 것이지, 작성자의
주관이나 해석 당시의 사원의 다수결에 의한 방법으로 자의적으로 해석될 수는 없
다 할 것이어서, 어느 시점의 사단법인의 사원들이 정관의 규범적인 의미 내용과
다른 해석을 사원총회의 결의라는 방법으로 표명하였다 하더라도 그 결의에 의한
해석은 그 사단법인의 구성원인 사원들이나 법원을 구속하는 효력이 없다.

(4) 대법원 2007. 5. 10. 선고 2005다60147 판결 — 주식회사에서 주주제명에 관한 정관조항의 효력

주주간의 분쟁 등 일정한 사유가 발생할 경우 어느 주주를 제명시키되 회사가
그 주주에게 출자금 등을 환급해 주기로 하는 내용의 규정을 회사의 정관이나 내부
규정에 두는 것은 그것이 회사 또는 주주 등에게 생길지 모르는 중대한 손해를 회
피하기 위한 것이라 하더라도 법정사유 이외에는 자기주식의 취득을 금지하는 상
법 제341조의 규정에 위반되므로, 결국 주주를 제명하고 회사가 그 주주에게 출자
금 등을 환급하도록 하는 내용을 규정한 정관이나 내부규정은 물적회사로서의 주
식회사의 본질에 반하고 자기주식의 취득을 금지하는 상법의 규정(주: 2011년 개정상
법에 의하여 자기주식취득에 대한 규제를 완화하고 있으나 여전히 자기주식의 취득이 허용되지
않는 경우가 있음)에도 위반되어 무효이다.

2. 문제해설

(1) "법률이 상호 모순·저촉되는 경우에는 신법이 구법에, 그리고 특별법이
일반법에 우선하나, 법률이 상호 모순되는지는 각 법률의 입법목적, 규정사항 및
적용범위 등을 종합적으로 검토하여 판단해야 한다".[1] 법 전체를 통틀어서 일반법
과 특별법의 관계에 있다고 단정해서는 안 되고, 해당 조항별로 특별관계에 있는지
를 판단하여야 한다.

(2) "법조경합의 한 형태인 특별관계란 어느 구성요건이 다른 구성요건의 모
든 요소를 포함하는 이외에 다른 요소를 갖추어야 성립하는 경우로서, 특별관계에
있어서는 특별법의 구성요건을 충족하는 행위는 일반법의 구성요건을 충족하지만,
반대로 일반법의 구성요건을 충족하는 행위는 특별법의 구성요건을 충족하지 못한
다".[2]

---

1) 대법원 2012. 5. 24. 선고 2010두16714 판결.
2) 대법원 1993. 6. 22. 선고 93도498 판결.

(3) 해당 조항의 개정연혁, 입법취지, 각 조항의 내용 및 적용범위 등을 종합적으로 고려하여 어느 법 조항이 다른 법 조항의 적용을 배제하는 특별법에 해당하는 것인지를 판단하여야 한다[주요판례 1].

(4) 정관은 회사자치가 허용되는 영역에서 법령을 보완하고 임의법규에 우선하여 적용된다. 정관이 구속력을 갖는 근거에 관하여, 주주의 자유로운 의사에 있다고 보는 계약설도 있으나, 정관은 정관변경에 반대한 주주와 그것을 작성한 이후에 참여한 주주와 기관에 대해서도 구속력을 갖는다는 점에서 회사의 자치법규라고 보는 것이 통설과 판례이다. 정관은 법규로서의 성질을 가지기 때문에 그 해석상의 다툼은 상고이유가 될 수 있다.

(5) 한국상장회사협의회는 상장회사들의 협의체로서 관련 법에 의하여 구속력이 있는 규범을 제정할 수 있는 권한을 수권 받은 기관이 아니다. 상장회사협의회가 만든 상장회사표준정관은 어디까지나 가이드라인으로서의 성격일 지닐 뿐이다.

(6) 정관자치가 허용되는 영역은 법의 명시적 수권규정이 있는 경우(예컨대, 상법 416조 단서조항에 근거하여 정관으로 신주발행의 결정권한을 주주총회에 부여하는 것 등)뿐만 아니라, 이러한 명시적인 수권규정이 없더라도 강행법규나 회사법의 기본질서에 반하지 않는 것이면 회사가 자치적으로 정관에 규정할 수 있다(예컨대, 이사의 자격요건에 관하여 한국어를 능통하게 구사할 수 있는 연령 30세 이상인 자로 제한하는 정관조항을 두는 것 등). 정관은 법령 중 임의규정과 회사가 자치적으로 정하는 각종 하부규정에 우선한다.

[9] 회사법제도의 전자화

I. 사 례

1. 사실관계

甲회사는 총회 운영에 드는 경비를 절감하고 관련 사무의 번잡을 피하려고 주주총회의 소집을 통지함에 있어서 주주에게 개별적으로 소집통지를 하지 않고 회사의 공식적인 인터넷 홈페이지의 알림 코너에 해당 내용을 올려놓는 방식을 이용하기로 하고 이를 정관에 규정하였다. 그런데 이 회사의 주주 A는 컴맹인데다가 컴

퓨터나 스마트폰을 전혀 사용하지 않는 자이다. 甲회사의 주주총회 개최의 사실을
알지 못하여 총회에 출석하지 못한 A는 당해 총회소집에 절차상의 하자가 있다는
것을 이유로 주주총회결의 취소의 소를 제기하였다.

2. 검   토

(1) 전자통신기술의 발달이 회사법규범에 미치는 영향은? 기업법무의 전자화
가 갖는 장·단점을 회사와 관계자의 입장에서 살펴보라.

(2) 주주총회의 소집통지를 종이문서에 의하여 하지 않고 주주의 개별적인 동
의 여부와 관계없이 일률적으로 전자우편(e-mail)의 발송에 의한다는 정관규정을 둔
다면, 이는 유효한가?

(3) 주주총회를 실제로 개최하지 않고 오로지 전자주주총회만에 의한다는 법
규정이 존재한다면, 이는 타당한 입법인가?

II. 주요법리

1. 전자화시대의 회사법제도

전자통신기술의 발달로 전자적 방식에 의한 정보의 저장·전달 및 교환이 가능
해짐에 따라 기존의 회사법제도를 점차 전자적 방식에 의하여 대체해 나가는 추세
에 있다. 전자적 소통방식이 대중화되고 그 편의성·신속성·경제성 등의 장점 때문
에 회사법제의 전자화는 매우 빠르게 그리고 광범위하게 진행되고 있다.

이와 관련하여 문제되는 것은, 전자적 방식의 안정성과 신뢰성[주요판례], 기술
적 가능성 및 비용의 문제, 관련 당사자의 접근 가능성[1] 등이다. 전자적 방식을 법
제에 수용함에 있어서는 ① 기존제도와 전자적 방식을 병행하는 방안, ② 양자 중에
서 선택할 수 있도록 하는 방안, ③ 기존제도를 폐지하고 전자적 방식으로 완전히
대체하는 방안 등이 있다. 이 중에서 사안별로 적절한 것을 선택하여야 한다. 현재
는 대체로 ①과 ②의 단계에 있다. 전자적 방식이 제도화된 경우 전통적인 의사표
시방법이 전자적 방법으로 행해질 뿐이므로 그 법리구성은 대체로 기존의 법리적
틀 안에서 이루어지고 있고, 다만 전자문서 등의 전자매체를 이용한 의사표시라고

---

1) 컴퓨터에 익숙한 자와 그렇지 않은 자 사이에는 전자적으로 제공되는 정보에 대한 접근성에
   서의 차이, 즉 정보격차가 존재하므로 이를 고려하여야 한다.

하는 방식의 특수성이 고려되고 있는 정도라 하겠다.

2. 전자화가 반영된 상법상의 제도

(1) 상업장부의 전자적 보존

상업장부와 영업에 관한 중요한 서류를 마이크로필름이나 기타의 전산정보처리조직에 의하여 보존할 수 있다(33조 3항).

(2) 전자상업등기

상업등기법에서는 등기사무를 전산정보처리조직에 의하도록 강제하고 있다(상업등기법 8조 2항). 등기부란 전산정보처리조직에 의하여 입력·처리된 등기정보자료를 대법원규칙으로 정하는 바에 따라 편성한 것이라고 규정하고 있다(상업등기법 2조 2호).[1)

(3) 전자통지

① 주주총회의 소집통지를 서면에 의한 것 외에 전자문서로 소집통지하는 것을 인정하고 있다(363조 1항·3항). 유한회사에서 사원총회의 소집통지도 서면 또는 전자문서로 통지서를 발송하도록 하고 있다(571조 2항).

② 주주가 의결권을 불통일 행사함에 있어서 서면에 의한 통지뿐만 아니라 전자문서에 의한 통지도 허용하고 있다(368조의2 1항).

(4) 전자공고

회사의 공고는 관보 또는 시사에 관한 사항을 게재하는 일간신문에 의하여야 함이 원칙이나, 회사는 그 공고를 정관에서 정하는 바에 따라 전자적 방법으로 할 수 있다(289조 3항).

(5) 전자문서에 의한 청구

① 주주제안은 서면 또는 전자문서로 할 수 있다(363조의2 1항·2항).

② 주주가 임시주주총회의 소집을 청구함에 있어서 서면에 의한 청구뿐만 아니라 전자문서에 의한 청구를 허용하고 있다(366조 1항).

③ 주주가 집중투표를 청구하는 방식도 서면 또는 전자문서로 하여야 한다(382조의2 2항, 542조의7 1항).

---

1) 대법원은 인터넷등기소(www.iros.go.kr)를 운영하고 있다.

④ 사채권자의 사채권자집회의 소집청구는 서면 또는 전자문서로 하여야 한다 (491조 2항).

(6) 전자주주명부

회사는 정관으로 정하는 바에 따라 전자문서로 주주명부를 작성할 수 있다(352 조의2 1항). 전자주주명부에는 전자우편주소를 포함하여야 한다(352조의2 2항). 전자 주주명부의 비치·공시 및 열람의 방법에 관하여 필요한 사항은 대통령령으로 정한 다(352조의2 3항).

(7) 주식 등의 전자등록

회사는 주권을 발행하는 대신 정관으로 정하는 바에 따라 전자등록기관의 전 자등록부에 주식을 등록할 수 있다(356조의2 1항). 전자등록부에 등록된 주식의 양도 나 입질(入質)은 전자등록부에 등록하여야 효력이 발생한다(356조의2 2항). 이 밖에 신주인수권증서(420조의4), 채권(478조 3항), 신주인수권증권(516조의7) 등의 전자등록 에 관한 규정을 두고 있다. 권리의 발생·변경·소멸을 전자등록하는 데에 적합한 유가증권은 제356조의2 제 1 항의 전자등록기관의 전자등록부에 등록하여 발행할 수 있고, 이 경우 제356조의2 제 2 항부터 제 4 항까지의 규정을 준용한다(65조 2항). 이에 의하여 유가증권을 실물로는 물론이고 전자적 형태로도 발행하지 않고, 권리 그 자체를 전자등록함으로써 사실상 무권화의 효과를 얻고 있다. 구체적 내용은 「주식·사채 등의 전자등록에 관한 법률」에서 규정하고 있다.

(8) 전자투표

주주가 주주총회에 물리적으로 출석하는 대신 전자적 방법으로 의결권을 행사 할 수 있는 전자투표를 도입하고 있다. 다만 그 실시를 위해서는 이사회의 결의를 요한다(368조의4).

(9) 원격이사회

정관에서 달리 정하는 경우를 제외하고는 음성을 동시에 송·수신하는 원격통 신수단에 의하여 이사회의 결의에 참가하는 것을 허용하고 있다(391조 2항).

Ⅲ. 주요판례·문제해설

1. 주요판례

대법원 2004. 4. 27. 선고 2003다29616 판결 — 사본이나 팩스본 위임장이 '대리권을 증명하는 서면'에 해당하는지 여부

상법 제368조 제 3 항의 규정은 대리권의 존부에 관한 법률관계를 명확히 하여 주주총회결의의 성립을 원활하게 하기 위한 데 그 목적이 있다고 할 것이므로 대리권을 증명하는 서면은 위조나 변조 여부를 쉽게 식별할 수 있는 원본이어야 하고, 특별한 사정이 없는 한 사본은 그 서면에 해당하지 아니하고, 팩스를 통하여 출력된 팩스본 위임장 역시 성질상 원본으로 볼 수 없다.

2. 문제해설

(1) 회사법은 효율성을 추구하는 경향이 강하므로 전자통신기술의 발전을 회사법제에 적극 수용하고 있다. 전자화에 의한 효과는 회사의 이해당사자에 따라 상반될 수도 있다. 예컨대, 전자적 방법에 의한 공시는 공시주체인 회사에는 유리하지만 그 상대방으로서는 충분한 공시가 되지 못할 수 있고, 전자투표는 의결권을 행사하는 주주의 입장에서는 편의롭지만 회사 입장에서는 이중의 비용부담이 될 수 있다. 따라서 입법정책적으로 회사법제를 어느 정도까지 전자화할 것인지는 채택 가능한 기술의 발전정도와 관련 당사자의 이해관계를 비교형량하여 결정하여야 한다.

(2) 회사법제의 전자화를 어느 정도까지 수용할 것인가의 문제이다. 주주총회의 소집통지는 서면 또는 '주주의 동의를 받아' 전자문서로 하도록 하고 있다(363조 1항). 전자문서로 소집통지를 하려면 해당 주주의 개별적인 동의를 요건으로 함으로써 주주에게 선택권을 부여하려는 취지이다. 주주총회 소집절차에 관한 상법규정은 주주의 총회출석권을 절차적으로 보장하기 위한 것이므로 강행규정이다. 따라서 이에 반하는 정관조항은 무효이다.

(3) 입법정책적인 관점에서 회사법제의 전자화를 보자면, 주주의 선택권을 보장하기 위해 부분적·병행적 전자화를 원칙으로 하여야 할 것이고, 진면적 전자화를 실시하기 위해서는 주주 등의 이익을 보호하기 위한 특별한 조치(예컨대, 이를 허용하는 법적 근거, 주주의 동의, 정관의 근거규정 등)가 선행적으로 필요하다고 본다. 현행

법에서의 예를 보자면, 주주총회에서의 의결권행사를 전자투표에 의하는 경우에도 주주의 선택권을 보장하기 위하여 현실적인 주주총회를 병행하도록 함으로써 전면적인 전자주주총회의 실시를 불허하고 있고(368조의4), 주식의 전자등록을 실시하기 위해서는 정관에 그 근거를 두도록 하고 있다(356조의2).

합명회사 ·
합자회사 ·
유한책임회사 ·
유한회사

제2편

[1] 합명회사

Ⅰ. 사   례

1. 사실관계

甲회사는 병입주류 판매업 및 부대사업을 목적으로 설립된 합명회사이고 사원은 모두 6명이다. 甲회사의 업무집행사원은 A, B, C 3인으로 구성되어 있다. 甲회사는 정관에서 "업무집행사원이 업무를 집행함에 현저하게 부적임하거나 중대한 업무에 위반한 행위가 있는 때에는 총사원의 결의로써 업무집행권한을 상실하게 할 수 있다"라고 규정하고 있다.

2. 검   토

A가 회사에 현저하게 불리한 계약을 체결하는 등 노령으로 인하여 업무를 제대로 수행하지 못하자 B는 법원에 A의 업무집행권한을 상실시키는 선고를 청구하였다. 이 청구는 인용될 수 있을 것인가?

Ⅱ. 주요법리

1. 합명회사의 의의

합명회사는 회사 채무에 대하여 직접·연대·무한책임을 지는 2인 이상의 사원으로 구성되는 회사이다. 합명회사는 사원의 개인적 결합의 색채가 농후하여 사원의 개성이 중시되며, 또한 사원 개인의 신용이 곧 회사의 대외적 신용의 기초가 되는 전형적인 인적회사이다. 따라서 합명회사는 노력의 결합이라는 측면에 있어서는 그 장점을 발휘하지만, 자본금의 결합과 위험의 분산이라는 면에서는 물적회사에 비교하여 단점이 있다. 합명회사는 중세 이탈리아, 독일 등의 여러 도시에 있던 가족 단체에 그 기원을 두고 있는 가장 오래된 회사의 형태이다.

2. 합명회사의 설립

합명회사의 설립에는 2인 이상 사원의 정관작성과 설립등기가 필요하다.

(1) 정관작성

절대적 기재사항으로서 정관에는 ① 목적, ② 상호, ③ 사원의 성명과 주민등록번호 및 주소, ④ 사원의 출자의 목적과 그 가격 또는 평가의 표준, ⑤ 본점의 소재지, ⑥ 정관의 작성연월일의 사항을 기재하고 총사원이 기명날인 또는 서명하여야 한다(179조). 위의 기재사항이 없는 때에는 정관은 무효이고 회사설립무효의 원인이 된다.

정관에 기재하여야 효력이 있는 상대적 기재사항으로는 다음과 같은 것이 있다. ① 사원의 업무집행권의 제한(200조 1항), ② 공동업무집행사원(202조), ③ 대표사원의 결정(207조), ④ 공동대표의 결정(208조), ⑤ 회사의 존립기간(217조, 227조 1호), ⑥ 사원의 퇴사사유(218조 1호), ⑦ 퇴사사원의 지분환급의 제한(222조), ⑧ 회사의 해산사유(227조 1호), ⑨ 임의청산(247조) 등이다. 그리고 임의적 기재사항으로서 회사는 합명회사의 본질과 강행법규에 반하지 않는 범위 내에서 어떠한 사항이든 정관에 규정을 둘 수 있다.

(2) 설립등기

합명회사의 설립등기사항은 ① 목적, ② 상호, ③ 사원의 성명과 주민등록번호 및 주소(회사를 대표할 사원을 정한 때에는 그 외의 사원의 주소를 제외한다), ④ 본점과 지점을 둔 때에는 그 소재지, ⑤ 사원의 출자의 목적, 재산출자에는 그 가격과 이행한 부분, ⑥ 존립기간 기타 해산사유를 정한 때에는 그 기간 또는 사유, ⑦ 회사를 대표할 사원을 정한 경우에는 그 성명·주소 및 주민등록번호, ⑧ 수인의 사원이 공동으로 회사를 대표할 것을 정한 때에는 그 규정이다(180조). 등기사항에 변경이 있으면 본점소재지에서는 2주간 내, 지점소재지에서는 3주간 내에 변경등기를 하여야 한다(183조).

(3) 설립의 하자

합명회사에 있어서는 사원간의 인적 신뢰와 신용이 중시되기 때문에 주식회사와는 다르게 주관적 원인으로도 회사설립의 무효·취소를 주장할 수 있다. 무효원인이 되는 객관적 하자에는 정관의 부작성, 정관의 필요적 기재사항의 흠결, 설립절차의 강행법규 또는 사회질서 위반 등이 있으며, 주관적 하자에는 의사무능력자의 정관작성 또는 출자, 통정허위표시 등이 있다. 취소원인은 주관적 하자로 인한 경우로서 법정대리인의 동의 없는 제한능력자의 설립행위, 착오 · 사기 · 강박에 의한 설립행위(184조 2항, 269조; 민법 140조)와 사원이 그 채권자를 해할 것을 알고 회사를 설립하는 경우(185조 2항) 등이다. 회사설립의 무효 · 취소는 소만으로 주장할 수 있으며, 상법은 소의 당사자, 제소기간, 소의 절차, 판결의 효력에 관하여 특별규정을 두고 있다(184조 이하).

3. 회사의 내부관계

(1) 의   의

회사의 내부관계는 회사와 사원 및 사원 상호간의 관계로서 출자, 손익분배, 사원의 의무, 회사의 업무집행 등에 관한 사항이다. 합명회사의 내부관계에 관한 상법규정은 임의규정이며 사원의 자치에 의하여 결정된다. 따라서 내부관계에 관하여는 사원간의 합의인 정관이 우선적으로 적용되며, 정관이 없는 경우에 상법이 보충적으로 적용되고, 정관 또는 상법에 다른 규정이 없는 경우에는 조합에 관한 민법의 규정이 적용된다(195조).

(2) 출   자

출자는 사원이 사원자격에서 회사사업의 수행을 위하여 회사에 대하여 이행하여야 할 급부를 말한다. 사원은 반드시 출자의무를 지며, 정관으로도 특정사원의 출자의무를 면제할 수 없다. 사원의 출자의 목적은 정관의 절대적 기재사항이므로 그 변경은 정관변경절차를 거쳐야 한다. 회사는 다른 회사의 무한책임사원이 되지 못하므로(173조), 합명회사의 출자자가 될 수 없다. 합명회사의 사원은 무한책임을 부담하므로 출자는 금전 기타 재산 및 노무와 신용 등 어느 것으로도 무방하다. 이 점에서 합자회사의 유한책임사원, 유한회사의 사원 및 주식회사 주주의 출자와 다르다. 출자의무의 이행시기와 방법은 정관에 정한 바에 의하고 그러한 정함이 없으면 보통의 업무집행방법인 사원 또는 업무집행사원의 과반수에 의하여 결정한다(195조; 민법 706조 2항). 출자의무이행의 효과, 출자목적물에 관한 위험부담, 담보책임 등은 민법의 규정에 따른다(민법 567조, 570조 이하, 580조, 537조 이하). 채권을 출자의 목적으로 한 사원은 그 채권이 변제기에 변제되지 아니한 때에는 그 채권액과 이자의 지급 이외에 손해를 배상할 책임이 있다(196조). 그리고 출자의무의 불이행은 제명 또는 업무집행권·대표권 상실의 원인이 된다(220조 1호, 205조, 216조).

(3) 지 분

합명회사의 지분은 사원권으로서의 의미와 회사해산 또는 사원퇴사의 경우에 사원이 회사에 대하여 청구하거나 지급하여야 할 수액으로서의 의미를 가진다. 지분의 양도는 정관기재사항의 변경을 요하므로 다른 사원 전원의 동의가 없으면 그 전부 또는 일부를 타인에게 양도하지 못한다(197조). 지분의 양도를 제3자에게 대항하기 위하여는 정관변경의 등기를 하여야 한다(183조, 37조). 사원권은 재산적 가치가 있는 권리이므로 상법에 명문의 규정은 없으나 입질이 가능하다고 보는 것이 통설이다. 입질의 경우 지분양도와 마찬가지로 다른 사원 전원의 동의가 있어야 한다는 것이 다수설[1]이나 입질을 자유롭게 허용하기 위하여 다른 사원의 동의를 요하지 않는다고 하는 소수설[2]이 있다. 사원의 채권자는 그 지분을 압류할 수 있으며 이 경우 사원이 갖는 장래 이익배당과 지분의 환급을 청구하는 권리에 대하여도 압류의 효력이 미친다(223조). 사원의 지분을 압류한 채권자는 회사와 그 사원에 대하여 6월 전에 그 예고를 하고 영업연도 말에 그 사원을 퇴사시킬 수 있다(224조 1항). 그러나 사원이 변제를 하거나 상당한 담보를 제공한 때에는 채권자의 예고는 그 효력을 잃는다(224조 2항). 합명회사는 사원간의 신뢰관계가 중요하고 이에 따라 사원의 사망은 퇴사원인이 되므로(218조 3호), 상속인은 사원의 지위를 승계하지 않는 것이 원칙이다. 그러나 정관으로 지분상속을 인정한 경우에는 상속인은 상속의 개시를 안 날로부터 3월 내에 회사에 대하여 승계 또는 포기의 통지를 발송하여야 하며, 이 통지 없이 3월이 경과하면 사원이 될 권리를 포기한 것으로 본다(219조).

(4) 업무집행

업무집행이란 회사가 정관에서 정한 사업목적의 범위 내에서 이를 달성하기 위하여 필요한 법률상 또는 사실상의 행위를 하는 것을 말한다. 따라서 정관변경, 영업양도, 회사해산 등 회사의 운명에 영향을 주는 사항은 업무집행의 범위에 속하지 않는다. 합명회사의 각 사원은 무한책임을 지는 대신에 원칙적으로 회사의 업무를 집행할 권리와 의무가 있다(200조 1항). 따라서 합명회사에서는 사원자격과 기관

---

1) 손주찬, 「상법(상)」 제15보정판, 박영사(2004), 539면; 정찬형, 172면.
2) 이철송, 164면.

자격이 일치하며 기업의 소유와 경영이 일치한다(자기기관성). 다만 정관으로 사원 가운데 1인 또는 수인을 업무집행사원으로 정한 때에는 그 사원만이 회사의 업무를 집행할 권리와 의무가 있으며 다른 사원의 업무집행권한은 제한된다. 그러나 모든 사원의 업무집행권을 박탈하고 사원 아닌 자를 업무집행자로 하지는 못한다는 것이 통설이다. 사원이 업무를 집행함에 현저하게 부적임하거나 중대한 의무에 위반한 행위가 있는 때에는 사원의 청구에 의하여 법원이 업무집행권한의 상실을 선고할 수 있다(205조). 상법상 합명회사의 사원 또는 업무집행사원의 업무집행권한을 상실시키는 방법으로는 다음의 두 가지를 상정할 수 있다. 첫째, 상법 제205조 제 1 항에 따라 다른 사원의 청구에 의하여 법원의 선고로써 권한을 상실시키는 방법이다. 둘째, 상법 제195조에 의하여 준용되는 민법 제708조에 따라 법원의 선고절차를 거치지 않고 총사원이 일치하여 업무집행사원을 해임함으로써 권한을 상실시키는 방법이다. 위 두 가지 방법은 요건과 절차가 서로 다르므로, 상법 제205조 제 1 항이 민법 제708조의 준용을 배제하고 있다고 보기 어렵다. 따라서 정관에서 달리 정하고 있지 않는 이상, 합명회사의 사원은 두 가지 방법 중 어느 하나의 방법으로 다른 사원 또는 업무집행사원의 업무집행권한을 상실시킬 수 있다(대법원 2015. 5. 29. 선고 2014다51541 판결). 사원의 의결권은 지분의 크기에 비례하지 않고 두수주의에 의하여 1인1의결권이 원칙이다. 업무집행에 관한 의사결정은 원칙적으로 사원 또는 업무집행사원의 과반수로 결정하며(195조; 민법 706조 2항), 이 결정에 따라 각 업무집행사원이 업무를 집행한다. 그러나 각 사원의 업무집행에 관한 행위에 대하여 다른 사원의 이의가 있는 때에는 곧 그 행위를 중지하고 사원 또는 업무집행사원 과반수의 결의에 의하여 업무를 집행하여야 한다(200조 2항, 201조 2항). 공동업무집행사원을 정관으로 정한 때에는 업무집행을 함에 있어서 그 전원의 동의가 있어야 한다(202조). 지배인의 선임과 해임은 정관에 다른 정함이 없으면 업무집행사원이 있는 경우에도 총사원 과반수의 결의에 의한다(203조).

(5) 사원의 경업피지의무와 자기거래의 제한

1) 사원의 경업피지의무

합명회사의 각 사원은 원칙적으로 업무집행권한이 있으므로 회사의 이익을 희생시키고 사리를 도모할 염려가 있다. 따라서 상법은 사원과 회사와의 이해충돌을 방지하기 위하여 경업행위금지와 특정지위취임금지의무를 규정하고 있다. 즉 사원은 다른 사원의 동의가 없으면 자기 또는 제3자의 계산으로 회사의 영업부류에 속하는 거래를 하지 못하며 동종영업을 목적으로 하는 다른 회사의 무한책임사원 또는 이사가 되지 못한다(198조 1항). 사원이 경업행위금지에 위반하여 거래를 한 경우 그 효력에는 영향이 없으나 회사는 개입권을 행사할 수 있다. 즉 사원의 거래가 자기의 계산으로 한 것인 때에는 회사는 이를 회사의 계산으로 인한 것으로 볼 수 있고 제3자의 계산으로 한 것인 때에는 그 사원에 대하여 회사는 이로 인한 이득의 양도를 청구할 수 있다(198조 2항). 개입권은 다른 사원 과반수의 결의로 행사하여야 하며, 다른 사원의 1인이 그 거래를 안 날로부터 2주간이 경과하거나 그 거래가 있은 날로부터 1년이 경과하면 위의 권리는 소멸한다(같은 조 4항). 이것은 제척기간이다. 회사는 사원의 경업피지의무위반으로 인한 손해배상을 청구할 수 있다(같은 조 3항).

2) 사원의 자기거래제한

사원이 자기 또는 제3자의 계산으로 회사와 거래를 하는 것을 자기거래라고 한다. 자기거래도 사원과 회사와의 이익충돌을 초래할 수 있기 때문에 자기거래를 하기 위하여는 다른 사원 과반수의 결의가 있어야 하고, 다른 사원 과반수의 결의가 있는 경우에는 민법 제124조의 쌍방대리금지규정의 적용을 받지 않는다(199조). 사원이 자기거래제한규정에 위반한 때에는 회사는 손해배상을 청구할 수 있으며, 다른 사원의 청구에 의하여 법원이 업무집행사원 또는 회사대표의 권한상실을 선고할 수 있다(205조, 216조).

(6) 손익의 분배와 정관변경

합명회사의 손익분배에 관하여는 상법상 규정이 없으므로 정관 또는 총사원의 동의로 결정할 수 있다. 정관에 다른 규정이 없는 때에는 각 사원의 출자가액에 비례하여 정한다. 이익 또는 손실에 대하여 분배비율을 정한 때에는 그 비율은 이익과 손실에 공통된 것으로 추정한다(195조; 민법 711조). 합명회사도 매결산기에 회계장부에 따라 대차대조표를 작성하여야 하므로(30조 2항), 정관에 다른 규정이 없는 한 영업연도 말(결산기)에 손익분배를 해야 한다는 것이 통설이다. 합명회사의 정관은 회사의 본질이나 강행규정에 반하지 않는 한 자유롭게 변경할 수 있으나, 모든 기재사항의 변경에는 총사원의 동의가 필요하다(204조).

4. 회사의 외부관계

회사의 외부관계는 회사의 제 3 자에 대한 관계(회사대표)와 사원의 제 3 자에 대한 관계(사원의 책임)로 나누어 볼 수 있다. 합명회사의 외부관계는 거래상대방과 채권자의 이해에 관련되는 사항이므로 이에 관한 규정은 강행규정의 성격을 갖고 있다.

(1) 회사대표(회사와 제 3 자와의 관계)

합명회사가 정관으로 업무집행사원을 정하지 아니한 때에는 각 사원은 회사를 대표하고, 수인의 업무집행사원을 정한 경우에도 각 업무집행사원은 회사를 대표한다(207조 본문). 그러나 정관 또는 총사원의 동의로 업무집행사원 중 특히 회사를 대표할 자를 정할 수 있다(같은 조 단서). 업무집행사원이 수인인 경우에 회사는 정관 또는 총사원의 동의로 수인의 사원이 공동으로 회사를 대표할 것을 정할 수 있다(208조 1항). 이 경우에도 제 3 자의 회사에 대한 의사표시(수동대표)는 공동대표의 권한이 있는 사원 1인에 대하여 함으로써 그 효력이 생긴다(208조 2항). 회사를 대표하는 사원은 회사의 영업에 관하여 재판상 또는 재판외의 모든 행위를 할 권한이 있고, 이 권한에 대한 제한은 선의의 제 3 자에게 대항하지 못한다(209조). 회사가 사원에 대하여 또는 사원이 회사에 대하여 소를 제기하는 경우에 회사를 대표할 사원이 없을 때에는 다른 사원 과반수의 결의로 임시대표자를 선정하여야 한다(211조). 이 경우에 회사를 대표할 자는 사원임을 요하지 않으며, 정관의 변경이나 등기를 요하지 않는다.

(2) 사원의 책임(사원과 제 3 자와의 관계)

합명회사의 사원은 업무집행권이나 회사대표권의 유무, 출자의 종류를 불문하고 회사채권자에 대하여 인적·무한·직접·연대·종속·보충책임을 진다. 이는 법률상의 책임으로 정관으로 제한하거나 면제하지 못한다. 사원이 책임을 부담하는 경우는 회사의 재산으로 회사의 채무를 완제할 수 없는 때(212조 1항)와 회사재산에 대한 강제집행이 주효하지 못한 때(같은 조 2항)이다. 후자의 경우에는 사원이 회사에 변제의 자력이 있으며 집행이 용이한 것을 증명한 때에는 책임을 부담하지 않는다(같은 조 3항). 사원은 회사채무의 전액에 대하여 자기의 전 재산으로써 변제할 책임이 있다(인적 무한책임). 사원이 회사에 대하여 가지는 채권에 대하여도 제212조(회사채무에 대한 사원의 책임)의 규정이 적용될 것인가에 관하여 다수설[1]은 제212조는 회사채권자의 보호를 위한 특별규정이므로 사원이 회사채권자인 경우에는 적용되지 않는 것으로 본다. 사원의 회사채권자에 대한 책임은 직접·연대책임이다. 즉 회사의 채무에 대하여 사원이 책임을 부담하며, 이는 사원 상호간의 연대책임이다. 사원이 변제의 청구를 받은 때에는 회사가 주장할 수 있는 항변(변제, 소멸시효 등)으로 그 채권자에 대항할 수 있으며, 회사가 채권자에 대하여 상계, 취소 또는 해제할 권리가 있는 경우에 사원은 변제를 거부할 수 있다(214조)(책임의 종속성 또는 부종성). 사원이 회사채무를 변제한 때에는 회사채무가 소멸한다. 따라서 변제한 사원은 회사에 대하여 구상권을 행사할 수 있으며(민법 425조), 회사채권자의 권리를 대위할 수 있다(민법 481조). 그리고 다른 사원에 대하여 그 부담부분에 대하여 구상권을 행사할 수 있다. 이 경우 다른 사원은 회사에 자력이 있다는 이유로 항변하지 못한다는 것이 통설이다. 회사성립 후에 가입한 사원도 그 가입 전에 생긴 회사채무에 대하여 다른 사원과 동일한 책임을 진다(213조). 퇴사한 사원과 지분을 양도한 사원은 본점소재지에서 퇴사등기 또는 지분등기를 하기 전에 생긴 회사채무에 대하여는 등기 후 2년 내에는 다른 사원과 동일한 책임이 있다(225조). 사원이 아닌 자가 타인에게 자기를 사원이라고 오인시키는 행위를 하는 자칭사원의 경우에는 금반언의 법리에 의하여 오인으로 인하여 회사와 거래한 자에 대하여 사원과 동일한 책임을 진다(215조). 사원의 책임은 본점소재지에서 해산등기를 한 후 5년이 경과하면 시효로 소멸하며, 다만 그 후에도 분배하지 아니한 잔여재산이 있는 때에는 회사채권자는 이에 대하여 변제를 청구할 수 있다(267조).

5. 입사와 퇴사

(1) 입　사

입사라 함은 회사성립 후에 원시적으로 사원자격을 취득하는 것을 말한다. 따라서 지분의 승계취득은 포함하지 않는다. 입사행위는 입사하는 사원과 회사간의 합의에 의하여 효력이 생기는 사원권계약이라는 것이 통설이다. 입사는 정관변경이 필요하므로 총사원의 동의가 있어야 하고(179조 3호, 204조), 등기를 하여야 한다(183조). 입사는 무한책임을 지는 사원이 증가하는 경우이므로 채권자보호절차는 필요 없다.

---

1) 손주찬, 553면; 정찬형, 182면. 반대하는 견해로 이철송, 167면.

(2) 퇴　　사

1) 퇴사의 의의와 원인

퇴사는 회사의 존속중에 특정사원이 사원자격을 절대적으로 상실하는 것을 말한다. 퇴사원인에는 임의퇴사(217조), 지분압류권자에 의한 강제퇴사(224조), 법정퇴사사유에 의한 퇴사(228조), 회사계속의 부동의에 의한 퇴사 의제(229조), 회사설립의 무효·취소의 경우 퇴사 의제(194조 2항)가 있다.

(가) 임의퇴사

정관으로 회사의 존립기간을 정하지 아니하거나 어느 사원의 종신까지 존속할 것을 정한 때에는 사원은 6월 전에 이를 예고하고 영업연도 말에 퇴사할 수 있다(217조 1항). 그리고 사원이 부득이한 사유가 있을 때에는 언제든지 퇴사할 수 있다(217조 2항).

(나) 지분압류권자에 의한 강제퇴사

사원의 지분을 압류한 채권자는 회사와 그 사원에 대하여 6월 전에 예고를 하고, 영업연도 말에 그 사원을 퇴사시킬 수 있다(224조 1항). 그러나 사원이 변제를 하거나 상당한 담보를 제공한 때에는 그 예고는 효력을 잃는다(같은 조 2항).

(다) 법정퇴사사유

사원은 ① 정관에 정한 사유의 발생, ② 총사원의 동의, ③ 사망, ④ 성년후견개시, ⑤ 파산, ⑥ 제명으로 인하여 퇴사한다(218조). 제명은 특정사원의 자격을 그 사원의 의사에 반하여 박탈하는 것을 말한다. 사원이 ① 출자의 의무를 이행하지 아니한 때, ② 제198조 제 1 항의 규정에 위반한 행위가 있는 때, ③ 회사의 업무집행 또는 대표에 관하여 부정한 행위가 있는 때, 권한 없이 업무를 집행하거나 회사를 대표한 때 ④ 기타 중요한 사유가 있는 때에는 회사는 다른 사원 과반수의 결의에 의하여 그 사원의 제명의 선고를 법원에 청구할 수 있다(220조).

(라) 회사계속의 부동의

존립기간의 만료 기타 정관에서 정한 사유, 총사원의 동의로 해산된 경우에는 사원의 전부 또는 일부의 동의로 회사를 계속할 수 있다. 그러나 회사계속에 동의하지 아니한 사원은 퇴사한 것으로 본다(229조 1항).

(마) 회사설립의 무효·취소의 경우

회사설립의 무효·취소의 판결이 확정된 경우에 그 원인이 있는 사원은 퇴사한 것으로 본다(194조 2항).

2) 퇴사의 효과

사원의 퇴사는 퇴사원인에 의한 것이므로 정관변경을 위하여 따로 총사원의
동의를 요하는 것은 아니다. 그러나 퇴사의 결과 등기사항의 변경이 발생하므로 변
경등기를 하여야 한다(180조 1호, 183조). 퇴사한 사원은 퇴사등기 후에도 2년 동안은
등기 전에 생긴 회사채무에 대하여 다른 사원과 동일한 책임을 진다(225조 1항). 퇴
사한 사원은 퇴사 당시의 대차대조표에 의한 회사재산상태에 따라 이익의 경우에
는 지분환급청구권을 가지며, 손실의 경우에는 손실분담의무를 부담한다. 제명의
경우에는 제명의 소를 제기한 때의 회사재산상태에 따라서 지분의 계산을 하며 그
때부터 법정이자를 붙여야 한다(221조). 퇴사한 사원은 정관에 다른 규정이 없는 때
에는 노무 또는 신용을 출자의 목적으로 한 경우에도 그 지분의 환급을 받을 수 있
다(222조). 퇴사한 사원의 성명이 회사상호 중에 사용된 경우에는 그 사원은 회사에
대하여 그 사용의 폐지를 청구할 수 있다(226조).

III. 주요판례·문제해설

1. 주요판례

(1) 대법원 2015. 5. 29. 선고 2014다51541 판결 — 합명회사의 내부관계 관련 규정과 업무집행사원의 권한상실

[1] 상법 제195조에 비추어 볼 때, 합명회사의 내부관계에 관한 상법 규정은
원칙적으로 임의규정이고, 정관에서 상법 규정과 달리 정하는 것이 허용된다. 이와
같이 합명회사의 정관에서 내부관계에 관하여 상법과 달리 정한 경우, 해당 정관
규정이 관련 상법 규정의 적용을 배제하는지는 해당 정관 규정의 내용, 관련 상법
규정의 목적, 합명회사의 특징 등 여러 사정을 종합적으로 고려하여 판단하여야
한다.

[2] 상법상 합명회사의 사원 또는 업무집행사원의 업무집행권한을 상실시키는
방법으로는 다음의 두 가지를 상정할 수 있다. 첫째, 상법 제205조 제 1 항에 따라
다른 사원의 청구에 의하여 법원의 선고로써 권한을 상실시키는 방법이다. 둘째,
상법 제195조에 의하여 준용되는 민법 제708조에 따라 법원의 선고절차를 거치지
않고 총사원이 일치하여 업무집행사원을 해임함으로써 권한을 상실시키는 방법이

다. 위 두 가지 방법은 요건과 절차가 서로 다르므로, 상법 제205조 제 1 항이 민법 제708조의 준용을 배제하고 있다고 보기 어렵다. 따라서 정관에서 달리 정하고 있지 않는 이상, 합명회사의 사원은 두 가지 방법 중 어느 하나의 방법으로 다른 사원 또는 업무집행사원의 업무집행권한을 상실시킬 수 있다.

[3] 합명회사의 사원은 회사채권자에 대하여 직접·연대·무한책임을 진다. 만약 다른 사원 또는 업무집행사원이 업무집행에 현저히 부적합하거나 중대하게 의무를 위반하는 경우에는 그로 인하여 자신의 책임이 발생·증대될 우려가 있으므로, 다른 사원 또는 업무집행사원을 업무집행에서 배제할 수 있는지는 각 사원의 이해관계에 큰 영향을 미친다. 합명회사의 사원은 업무집행권한 상실제도를 통하여 업무집행에 현저히 부적합하거나 중대하게 의무를 위반한 사원이나 업무집행사원을 업무집행에서 배제함으로써 자신의 책임이 부당하게 발생·증대되는 것으로부터 자신을 보호할 수 있다. 따라서 업무집행권한 상실에 관한 정관이나 관련 법률 규정을 해석할 때에는 위와 같은 사원의 권리가 합리적 근거 없이 제한되지 않도록 신중하게 해석하여야 한다.

[4] 甲 합명회사의 정관에서 "업무집행사원이 업무를 집행함에 현저하게 부적임하거나 중대한 업무에 위반한 행위가 있는 때에는 총사원의 결의로써 업무집행권한을 상실하게 할 수 있다"라고 규정한 사안에서, 정관에서 명시적으로 상법 제205조 제 1 항의 적용을 배제하고 있지 않는 한 업무집행권한 상실과 관련하여 상법이 부여한 사원의 권리를 제한할 합리적 근거를 찾을 수 없고, 법원의 선고절차 없는 업무집행권한 상실방법과 유사한 정관 규정이 신설되었다고 하여 법원의 선고에 의한 업무집행권한 상실방법을 배제한 것이라고 해석하기는 어려우므로, 상법 제205조 제 1 항은 위 정관 규정의 신설에도 불구하고 여전히 적용된다고 보아야 하는데도, 위 정관 규정이 상법 제205조 제 1 항의 적용을 배제하는 규정이라고 본 원심판단에 법리오해의 잘못이 있다.

(2) 대법원 2009. 5. 28. 선고 2006다65903 판결 — 합명회사 사원의 회사채권자
    에 대한 책임발생시기

합명회사는 실질적으로 조합적 공동기업체여서 회사의 채무는 실질적으로 각 사원의 공동채무이므로, 합명회사 사원의 책임은 회사가 채무를 부담하면 법률의 규정에 기해 낭연히 발생하는 것이고, '회사의 재산으로 회사의 채무를 완제할 수

없는 때' 또는 '회사재산에 대한 강제집행이 주효하지 못한 때'에 비로소 발생하는
것은 아니며, 이는 회사 채권자가 그와 같은 경우에 해당함을 증명하여 합명회사의
사원에게 보충적으로 책임의 이행을 청구할 수 있다는 책임이행의 요건을 정한 것
으로 봄이 타당하다. 그리고 합자회사의 장에 다른 규정이 없는 사항은 합명회사에
관한 규정을 준용하므로(상법 제269조), 합자회사의 무한책임사원의 회사 채권자에
대한 책임은 합명회사의 사원의 책임과 동일하다.

2. 문제해설

상법 제195조에 비추어 볼 때, 합명회사의 내부관계에 관한 상법 규정은 원칙
적으로 임의규정이고, 정관에서 상법 규정과 달리 정하는 것이 허용된다. 이와 같
이 합명회사의 정관에서 내부관계에 관하여 상법과 달리 정한 경우, 해당 정관 규
정이 관련 상법 규정의 적용을 배제하는지는 해당 정관 규정의 내용, 관련 상법 규
정의 목적, 합명회사의 특징 등 여러 사정을 종합적으로 고려하여 판단하여야 한
다. 甲 합명회사의 정관에서 "업무집행사원이 업무를 집행함에 현저하게 부적임하
거나 중대한 업무에 위반한 행위가 있는 때에는 총사원의 결의로써 업무집행권한
을 상실하게 할 수 있다"라고 규정한 사안에서, 정관에서 명시적으로 상법 제205조
제1항의 적용을 배제하고 있지 않는 한 업무집행권한 상실과 관련하여 상법이 부
여한 사원의 권리를 제한할 합리적 근거를 찾을 수 없고, 법원의 선고절차 없는 업
무집행권한 상실방법과 유사한 정관 규정이 신설되었다고 하여 법원의 선고에 의
한 업무집행권한 상실방법을 배제한 것이라고 해석하기는 어려우므로, 상법 제205
조 제1항은 위 정관 규정의 신설에도 불구하고 여전히 적용된다(대법원 2015. 5. 29.
선고 2014다51541 판결 참조).

[2]   합자회사

Ⅰ. 사   례

1. 사실관계

A는 택시여객 자동차운송사업을 목적으로 하는 甲합자회사의 유한책임사원이

다. 甲회사의 정관내용에 의하면, 정기사원총회는 매년 1회를 4월 중에 소집하고 (10조), 사원의 지분은 무한책임사원회의 의결이나 대표자의 승낙 없이 타인에게 양도할 수 없으며(8조), 사원총회의 결의는 법령에 특별한 규정이 없는 한 출석사원 과반수 찬성으로 결의하고 가부동수인 때에는 의장이 결정하는 바에 의하고(14조), 업무집행사원 5명 이내, 감사 2명 이내를 사원총회에서 선출한다(16조)고 규정되어 있다. A는 甲회사에 대하여 甲회사의 유한책임사원인 소외 1, 2, 3이 2003. 1. 1. A 에게 지분 전부를 양도하였다고 주장하면서 그 지분양도를 원인으로 한 사원변경 등기절차의 이행과 아울러 甲회사가 2006. 12. 29. 사원총회를 개최하여 유한책임사 원인 A를 甲회사의 무한책임사원으로 변경하는 내용의 결의를 하였다고 주장하면 서 이를 원인으로 한 사원변경등기절차의 이행을 청구하였다.

2. 검   토

(1) 유한책임사원의 지분양도가 유효하기 위한 요건은 무엇인가?

(2) 甲회사의 2006. 12. 29. 당시의 사원은 무한책임사원으로 소외 10, 11 등 2 인과 유한책임사원으로 A, 소외 1, 2, 3, 20, 21, 22, 23, 24 등 9인으로 구성되어 있었다. 甲회사는 2006. 12. 29. 18:30 무렵 광주 동구 지원동에 있는 '○○○ 회관' (식당)에서 무한책임사원 소외 10, 유한책임사원인 A와 소외 20, 21, 22, 24 등 총 6인이 출석한 상태에서 사원총회를 개최하여 유한책임사원 5인의 찬성으로 A를 甲 회사의 무한책임사원으로 변경함과 아울러 甲회사의 대표자로 선출하는 결의를 하 였다. 이 무한책임변경결의는 유효한가?

Ⅱ. 주요법리

1. 합자회사의 의의

합자회사는 무한책임사원과 유한책임사원으로 구성된 이원적 조직의 회사이다 (268조). 이러한 합자회사는 10세기 이래 해상무역의 코멘다(commenda) 계약에서 유 래한다. 코멘다 계약은 자본가(commendans)가 기업가 또는 선장에게 금전, 상품, 선 박 등을 맡기고 무역을 통한 이익을 분배하는 계약이다. 이 코멘다계약은 후에 accommandita와 participatio로 나누어 졌다. accommandita는 자본가와 사업가가 결합하여 외부에 대한 단체를 이루는 형태이고 오늘날의 합자회사의 기원이 되었다. participatio는 자본가는 출자만 하고, 외부에 대한 권리·의무의 주체는 사업가로 하는 기업형태로서 오늘날의 익명조합의 기원이 되었다. 따라서 합자회사는 경제적으로 보면 익명조합에 가까우나, 법률상으로는 그 성격을 달리한다. 즉 익명조합은 법률상으로는 경영자의 단독기업이므로 익명조합원은 대외적으로 아무런 책임을 부담하지 않으나, 합자회사의 유한책임사원은 무한책임사원과 함께 등기에 의하여 외부에 공시되며 채권자에 대하여 유한·직접·연대책임을 진다.

합자회사도 소수의 사원으로 구성되고 인적 신뢰를 바탕으로 하는 점에서 합명회사와 마찬가지로 인적회사이다. 따라서 상법은 합자회사에 대하여는 유한책임사원의 존재로 인하여 필요한 규정만을 두고 합명회사의 규정을 준용하고 있다(269조). 합자회사 무한책임사원의 지위는 합명회사의 사원과 같으나, 유한책임사원은 회사채권자에 대하여 정관에서 정한 출자액의 한도 내에서만 책임을 부담한다(279조). 유한책임사원은 회사의 업무집행권이나 회사대표권이 없으며(278조), 업무감시권만을 가진다(277조). 유한책임사원의 지분양도는 무한책임사원만의 동의를 필요로 하고(276조), 지분의 상속도 허용된다(283조).

2. 합자회사의 설립

합자회사는 무한책임사원과 유한책임사원이 될 자 각 1명 이상이 공동으로 정관을 작성하고 설립등기를 함으로써 설립된다. 합자회사의 설립절차는 합명회사의 경우와 같으나, 합명회사의 정관기재사항(179조) 외에 각 사원이 무한책임 또는 유한책임인 것을 기재하여야 한다(270조). 또한 합명회사의 설립등기사항(180조) 외에 각 사원이 무한책임 또는 유한책임인 것을 등기하여야 한다(271조 1항).

3. 회사의 내부관계

합자회사의 내부관계에 관한 규정도 합명회사와 같이 임의규정이므로, 정관으로 회사의 본질이나 강행법규에 반하지 않는 범위 내에서 다른 정함을 할 수 있다. 정관 또는 상법에 다른 규정이 없으면 조합에 관한 민법의 규정이 준용된다(269조, 195조). 무한책임사원의 출자는 합명회사 사원의 경우와 같으나 유한책임사원은 신용 또는 노무를 출자의 목적으로 하지 못한다(272조). 따라서 유한책임사원의 출자의 목적은 금전 기타의 재산에 한한다. 정관에 다른 규정이 없으면 무한책임사원 각자가 회사의 업무를 집행할 권리와 의무가 있다(278조). 지배인의 선임과 해임은

업무집행사원이 있는 경우에도 무한책임사원 과반수의 결의에 의한다(274조). 유한
책임사원은 업무집행권이 없다고 상법이 규정하고 있으나(278조), 제278조를 임의
규정으로 보고 유한책임사원도 정관의 규정 또는 총사원의 동의로 업무집행을 담
당할 수 있다고 하는 다수설[1]과 위의 규정을 강행규정으로 보고 유한책임사원은
정관이나 총사원의 동의로도 업무집행권을 갖지 못한다고 하는 소수설[2]의 대립이
있다. 업무집행권이 없는 유한책임사원은 영업연도 말에 있어서 영업시간 내에 한
하여 회사의 회계장부, 대차대조표 기타의 서류를 열람할 수 있고, 회사의 업무와
재산상태를 검사할 수 있으며, 또 중요한 사유가 있는 때에는 언제든지 법원의 허
가를 얻어 위의 열람과 검사를 할 수 있다(277조). 업무집행권이 없는 무한책임사원
의 감시권은 합명회사의 경우와 같다(195조; 민법 710조). 무한책임사원이 경업피지의
무를 부담하는 것은 합명회사의 경우와 같으나(198조, 269조), 업무집행을 하지 않는
유한책임사원은 경업행위를 자유롭게 할 수 있다. 즉 유한책임사원은 다른 사원의
동의 없이 자기 또는 제 3 자의 계산으로 회사의 영업부류에 속하는 거래를 할 수
있고, 동종영업을 목적으로 하는 다른 회사의 무한책임사원 또는 이사가 될 수 있
다(275조). 합자회사의 손익계산은 합명회사의 경우와 같다. 다만 유한책임사원은
출자가액을 한도로 대외적인 책임과 손실을 부담하나 내부관계에서는 정관의 규정
에 의하여 이와 달리 손실분담을 정할 수 있다. 무한책임사원의 지분의 양도에는
다른 사원 전원의 동의를 요하나(269조, 197조), 유한책임사원의 지분을 양도함에는
무한책임사원 전원의 동의가 있으면 된다. 이는 지분의 양도에 따라 정관을 변경할
때에도 같다(276조).

4. 회사의 외부관계

합자회사에 있어서는 무한책임사원만이 회사를 대표할 수 있다(278조). 유한책
임사원은 정관 또는 총사원의 동의로도 대표권을 갖지 못한다는 것이 통설이다. 무
한책임사원의 제 3 자에 대한 책임은 합명회사의 사원과 같다. 유한책임사원은 출
자의 가액을 한도로 책임을 부담한다(279조 1항). 회사에 이익이 없음에도 불구하고
배당을 받은 경우에는 그 금액만큼 출자를 하지 않은 것이 되므로 변제책임을 정함
에 있어서는 이를 가산한다(같은 조 2항). 유한책임사원이 그 출자를 감소한 경우에

---

1) 정찬형, 202면.
2) 이철송, 179면.

는 본점소재지에서 등기를 하기 전에 생긴 회사채무에 대하여 등기 후 2년 내에는 감소 전의 출자가액의 한도에서 책임을 부담한다(280조). 정관변경에 의하여 유한책임사원이 무한책임사원으로 된 경우에는 그 전에 생긴 회사채무에 대하여도 무한책임을 부담하며(282조, 213조), 무한책임사원이 유한책임사원으로 된 경우에는 그 전에 생긴 회사채무에 대하여는 변경등기 후 2년 내에는 무한책임을 벗어나지 못한다(282조, 225조). 유한책임사원이 타인에게 자기를 무한책임사원이라고 오인시키는 행위를 한 자칭무한책임사원의 경우에는 오인으로 인하여 회사와 거래한 자에 대하여 무한책임사원과 동일한 책임이 있으며, 유한책임사원이 그 책임의 한도를 오인시키는 행위를 한 경우에도 동일하다(281조).

5. 입사와 퇴사

합명회사의 경우와 대체로 같으나, 유한책임사원이 사망하거나 성년후견개시심판을 받은 경우에는 퇴사원인이 되지 않는다(283조, 284조). 유한책임사원이 사망한 경우에는 상속인이 그 지분을 승계하여 사원으로 된다(283조 1항). 상속인이 수인인 경우에는 사원의 권리를 행사할 자 1인을 정하여야 하며, 정하지 않은 경우에는 회사의 통지 또는 최고는 그중의 1인에 대하여 하면 전원에 대하여 그 효력이 있다(같은 조 2항).

Ⅲ. 주요판례·문제해설

1. 주요판례

(1) 대법원 2017. 8. 23. 선고 2015다70341 판결 — 합자회사의 회사계속에 관한 일부 사원의 동의

합자회사가 정관으로 정한 존립기간의 만료로 해산한 경우에도(269조, 227조 1호), 사원의 전부 또는 일부의 동의로 회사를 계속할 수 있다(269조, 229조 1항). 이 경우 존립기간에 관한 정관의 규정을 변경 또는 폐지할 필요가 있는데, 특별한 사정이 없는 한 합자회사가 정관을 변경함에는 총사원의 동의가 있어야 할 것이나(269조, 204조), 합자회사가 존립기간의 만료로 해산한 후 사원의 일부만 회사계속에 동의하였다면 그 사원들의 동의로 정관의 규정을 변경하거나 폐지할 수 있다. 그리고 회사계속 동의 여부에 대한 사원 전부의 의사가 동시에 분명하게 표시되어야만

회사계속이 가능한 것은 아니므로, 일부 사원이 회사계속에 동의하였다면 나머지
사원들의 동의 여부가 불분명하더라도 회사계속의 효과는 발생한다.

(2) 대법원 2010. 9. 30. 선고 2010다21337 판결 — 합자회사 사원의 책임변경과 유한책임사원의 지분양도의 효력

상법 제270조는 합자회사 정관에는 각 사원이 무한책임사원인지 또는 유한책
임사원인지를 기재하도록 규정하고 있으므로, 정관에 기재된 합자회사 사원의 책
임 변경은 정관변경의 절차에 의하여야 하고, 이를 위해서는 정관에 그 의결정족수
내지 동의정족수 등에 관하여 별도로 정하고 있다는 등의 특별한 사정이 없는 한
상법 제269조에 의하여 준용되는 상법 제204조에 따라 총 사원의 동의가 필요하
다. 원심판결 이유와 기록에 의하면, 합자회사인 피고 회사의 정관은 제14조에서
"총회의 결의는 법령에 특별한 규정이 없는 한 출석 사원의 과반수 이상의 찬성으
로 결의되며 가부동수일 때는 의장의 결정하는 바에 의한다"고 규정하는 한편, 정
관변경의 절차나 사원의 책임 변경 등의 절차에 관하여는 별도의 규정을 두고 있지
않은 사실을 알 수 있다. 그렇다면 피고 회사의 정관 제14조는 정관변경의 절차 등
을 비롯하여 합자회사의 존속·소멸 및 사원의 권리의무 관계에 중요한 영향을 미
치는 사항 등의 의사결정에 관하여 「상법」에서 특별한 규정을 두고 있는 경우에는
그에 따르고, 그와 같이 「상법」 등에서 특별한 규정을 두지 않은 사항에 관하여는
위 정관 규정에서 정한 의결정족수에 따르기로 한다는 취지에서 마련된 규정이라
고 해석함이 상당하므로, 피고 회사의 유한책임사원인 원고를 무한책임사원으로
변경하기 위해서는 피고 회사의 총 사원의 동의를 요한다고 보아야 한다. 같은 취
지의 원심의 판단은 정당하다. 원심판결에는 상고이유에서 주장하는 바와 같이 정
관의 해석이나 사원의 책임 변경에 필요한 의결정족수에 관한 법리를 오해하는 등
의 위법이 없다. 이 부분 상고이유의 주장은 이유 없다.

합자회사의 유한책임사원이 한 지분양도가 합자회사의 정관에서 규정하고 있
는 요건을 갖추지 못한 경우에는 그 지분양도는 무효이다. 위와 같은 법리와 기록
에 비추어 보면, 피고 회사의 유한책임사원이던 소외 1, 2, 3(이하 '소외 1 등 3인'이라
고 한다)이 각 2003. 1. 1. 원고에게 출자지분을 양도한 행위(이하 '이 사건 지분양도'라고
한다)는 피고 회사의 정관 제8조에서 규정하는 무한책임사원회의의 의결이나 대표
자의 승낙을 얻지 못하여 무효이다. 그렇다면 피고 회사의 2006. 12. 29.자 사원총

회 당시 소외 1 등 3인은 여전히 유한책임사원의 지위에 있었으므로, 위 사원총회 당시 원고를 유한책임사원에서 무한책임사원으로 변경하는 결의가 유효하기 위해서는 소외 1 등 3인의 동의가 반드시 있어야 한다. 같은 취지의 원심의 판단은 정당하다. 원심이 소외 4, 5, 6, 7, 8 등이 2003. 8. 21. 이전에 각각 지분 전부를 양도하는 과정에서 피고 회사의 정관 제 8 조에서 규정한 요건을 갖추었는지에 관하여 심리함이 없이 곧바로 이들이 퇴사하였다고 인정한 것은 적절하지 못하나, 그러한 사정만으로 원심판결에 파기사유가 되는 이유모순의 위법이 있다거나 유한책임사원의 지분양도 요건 등에 관한 법리오해 등의 위법이 있다고 할 수 없다. 이 부분 상고이유의 주장도 이유 없다.

(3) 대법원 2002. 4. 9. 선고 2001다77567 판결 — 새로운 유한책임사원

합자회사 설립 후 제 3 자가 합자회사의 사원으로 되는 방법으로는 입사에 의하여 원시적으로 사원 자격을 취득하는 방법과 기존의 사원으로부터 지분을 양수하는 방법이 있는데, 전자의 입사 방법은 입사하려는 자와 회사 사이의 입사계약으로 이루어지고 후자의 입사 방법은 입사하려는 자와 기존 사원 개인 사이의 지분매매계약으로 이루어진다. 합자회사의 무한책임사원인 대표사원과 제 3 자 사이의 동업계약은 그 내용에 비추어 제 3 자가 대표사원 개인에게 대금을 주고 그로부터 합자회사에 대한 지분 일부를 양수하기로 하는 지분매매계약이 아니라 제 3 자가 합자회사와 사이에 합자회사에 출자금을 출자하고 새로 유한책임사원의 지위를 원시취득하기로 하는 입사계약이다.

(4) 대법원 1996. 10. 29. 선고 96다19321 판결 — 합자회사 신입사원의 지위취득시점과 등기의 효력

[1] 합자회사의 성립 후에 신입사원이 입사하여 사원으로서의 지위를 취득하기 위하여는 정관변경을 요하고 따라서 총사원의 동의를 얻어야 하지만, 정관변경은 회사의 내부관계에서는 총사원의 동의만으로 그 효력을 발생하는 것이므로 신입사원은 총사원의 동의가 있으면 정관인 서면의 경정이나 등기부에의 기재를 기다리지 않고 그 동의가 있는 시점에 곧바로 사원으로서의 지위를 취득한다.

[2] 회사등기에는 공신력이 인정되지 아니하므로, 합자회사의 사원 지분등기가 부실등기인 경우 그 부실등기를 믿고 합자회사 사원의 지분을 양수하였다 하여 그 지분을 양수한 것으로는 될 수 없다.

[3] 합자회사의 무한책임사원으로 갑이 등재되어 있는 상태에서 총사원의 동의로 을을 무한책임사원으로 가입시키기로 합의하였으나 그에 관한 변경등기가 이루어지기 전에 갑이 등기부상의 총사원의 동의를 얻어 제 3 자에게 자신의 지분 및 회사를 양도하고 사원 및 지분 변경등기까지 마친 경우, 구 상법(1995. 11. 30. 법률 제 5053호로 개정되기 전의 것) 제37조 제 1 항에 의하면 등기할 사항은 등기와 공고 후가 아니면 선의의 제 3 자에게 대항하지 못하므로, 총사원의 동의로 을이 무한책임사원으로서의 지위를 취득하였다고 하더라도 그에 관한 등기가 마쳐지기 전에는 등기 당사자인 회사나 을로서는 선의의 제 3 자에게 을이 무한책임사원이라는 사실을 주장할 수 없으므로, 만약 제 3 자가 갑만이 유일한 무한책임사원이라고 믿은 데 대하여 선의라면, 회사나 을로서는 제 3 자가 을의 동의를 받지 아니하였음을 주장하여 그 지분양도계약이 효력이 없다고 주장할 수 없다.

(5) 대법원 1995. 7. 11. 선고 95다5820 판결 — 합자회사 사원총회의 소집절차
   와 결의방법

합자회사는 정관에 특별한 규정이 없는 한 소집절차라든지 결의방법에 특별한 방식이 있을 수 없고, 따라서 사원의 구두 또는 서면에 의한 개별적인 의사표시를 수집하여 본 결과 총사원의 동의나 사원 3분의 2 또는 과반수의 동의 등 법률이나 정관 및 민법의 조합에 관한 규정이 요구하고 있는 결의요건을 갖춘 것으로 판명되면 유효한 결의가 있다고 보아야 한다.

(6) 대법원 1991. 7. 26. 선고 90다19206 판결 — 합자회사 사원의 제명

상법 제220조 제 1 항, 제269조는 합자회사에 있어서 사원에게 같은 법조 소정의 제명사유가 있는 경우에는 다른 사원 과반수의 결의에 의하여 그 사원의 제명선고를 법원에 청구할 수 있다고 규정하고 있는바, 다른 사원 과반수의 결의란 그 문언상 명백한 바와 같이 제명대상인 사원 이외에 다른 사원 2인 이상의 존재를 전제로 하고 있는 점, 위 제명선고제도의 취지나 성질 등에 비추어 보면, 무한책임사원과 유한책임사원 각 1인만으로 된 합자회사에 있어서는 한 사원의 의사에 의하여 다른 사원의 제명을 할 수는 없다고 보아야 한다.

2. 문제해설

(1) 유한책임사원의 지분 양도는 무한책임사원만의 동의를 필요로 하고(276조),

지분의 상속도 허용된다(283조).

(2) 제270조는 합자회사 정관에는 각 사원이 무한책임사원인지 또는 유한책임사원인지를 기재하도록 규정하고 있으므로, 정관에 기재된 합자회사 사원의 책임변경은 정관변경의 절차에 의하여야 하고, 이를 위해서는 정관에 그 의결정족수 내지 동의정족수 등에 관하여 별도로 정하고 있다는 등의 특별한 사정이 없는 한 제269조에 의하여 준용되는 제204조에 따라 총사원의 동의가 필요하다.

[3] 유한책임회사

Ⅰ. 사   례

1. 사실관계

A와 B, C는 벤처기업을 설립하기로 합의하였다. 세 사람은 모두 유한책임만을 지면서 업무집행은 세 사람 중 한 사람을 정하여서 하고, 업무집행자는 추후 지분을 양도할 때에 다른 모든 사원의 동의를 얻도록 하려고 한다.

2. 검   토

(1) 현행법상 위와 같은 회사가 설립가능한가?

(2) 위와 같은 회사의 채권자보호를 위하여는 어떠한 제도를 적용하고 있는가?

(3) 위 회사에서 업무집행자를 두지 않고 세 사람 전원이 각자 업무를 집행하는 것은 가능한가?

Ⅱ. 주요법리

1. 유한책임회사의 의의

2011년 개정상법은 미국의 Limited Liablility Company(LLC)와 일본의 합동회사를 모델로 하여 새로운 회사형태로 유한책임회사를 도입하였다. 유한책임회사는 내부적으로는 조합의 성질을 가지고 사원들이 회사의 경영에 적극적으로 참여할 수 있도록 보장하고, 외부적으로는 주식회사에서의 사원과 같이 사원들은 회사의 채무에 대하여 자신의 출자액을 한도로 유한책임을 부담하는 공동기업형태이다. 따라서 유한책임회사는 무한책임사원을 반드시 필요로 하는 현행법상 조합, 익명조합이나 합명회사, 합자회사와는 달리 무한책임사원 없이 유한책임사원만으로 회사를 설립하고, 무한책임사원이 아니라고 하더라도 경영에 참여할 수 있다. 유한책임회사는 사원들이 전부 유한책임을 지면서도 인적회사와 같이 조합적인 방법으로 운영할 수 있도록 구성된 회사이므로 합명회사를 기본틀로 하고 사원들을 유한책임사원으로 교체한 회사라고 할 수 있다. 그러므로 상법은 유한책임회사의 내부관계에 관하여는 정관이나 상법에 규정된 사항을 제외하고는 합명회사에 관한 사항을 준용하고 있다(287조의18).

2. 설 립

유한책임회사는 주식회사와 마찬가지로 1인만으로 설립이 가능할 뿐 아니라, 사원이 1인이 되어도 해산되지 않는다(287조의38). 설립에는 사원의 정관작성과 설립등기가 필요하다. 정관의 절대적 기재사항으로는 ① 목적, ② 상호, ③ 사원의 성명과 주민등록번호 및 주소, ④ 본점의 소재지, ⑤ 정관의 작성연월일. ⑥ 사원의 출자의 목적 및 가액, ⑦ 자본금의 액, ⑧ 업무집행자의 성명 및 주소를 기재하도록 하고 있다(287조의3, 179조).

3. 사원에 관한 사항

(1) 출자와 잉여금 분배

유한책임회사 사원은 금전 기타 재산으로 출자를 하여야 하며, 노무 또는 신용의 출자는 금지된다(287조의4 1항). 그리고 설립등기 전까지 완전한 출자이행을 하여야 한다(같은 조 2항). 이러한 사원 출자규정은 주식회사와 차이가 없는 것으로 구성원 전원의 유한책임이 인정되는 기업으로서 채권자보호를 위한 것이다. 유한책임회사의 사원은 회사에 잉여금이 발생한 경우 이익 분배를 청구할 수 있다(287조의37). 그리고 회사가 상법에 위반하여 잉여금을 분배한 경우에는 회사채권자가 회사에 대하여 반환을 청구할 수 있다(같은 조 2항). 분배비율은 각 사원이 출자한 가액을 기준으로 하지만 정관에 의하여 출자비율과 다른 잉여금 분배가 가능하다(같은 조 4항 · 5항). 즉 출자액 비율이 낮아도 사업의 공헌도에 따라 많은 배당을 받을 수 있는 점에서 주식회사의 경우와 구별된다.

(2) 사원의 지분양도 및 새로운 사원의 입사

유한책임회사의 사원이 자신의 지분을 양도하기 위해서는 다른 사원 전원의 동의를 얻어야 하는 것이 원칙이다(287조의8 1항, 197조). 다만 업무를 집행하지 않는 사원은 업무집행사원 전원의 동의만 있으면 지분양도가 가능하다(같은 조 2항). 그리고 지분양도에 대하여도 정관으로 달리 정할 수 있도록 하여 정관자치를 인정하고 있다(같은 조 3항). 유한책임회사 설립 후에 새로운 사원이 입사하기 위하여는 정관을 변경하여야 한다(287조의23 1항). 한편, 정관을 변경하기 위하여는 정관에 다른 규정이 없는 한, 사원 전원의 동의를 필요로 하기 때문에(287조의16) 회사설립 후 유한책임회사의 사원이 되기 위해서는 원칙적으로 사원 전원의 동의가 필요하다. 다만 이 경우에도 정관자치가 인정되고 있다. 정관을 변경한 때에 해당 사원이 출자에 관한 납입 또는 재산의 전부 또는 일부의 출자를 이행하지 않은 경우에는 정관변경시가 아니라, 자신의 출자이행을 완전하게 완료한 때 입사의 효력이 발생한다(287조의23 2항).

(3) 사원의 책임

유한책임회사 사원은 회사채권자에 대하여 간접·유한책임을 부담한다(287조의9, 553조). 유한책임회사의 사원은 출자시 전액납입의무를 부담하기 때문에 출자의 미이행분이 남아 있지 않으므로 결국 주식회사나 유한회사의 사원의 유한책임과 차이가 없다. 이러한 사원의 유한책임은 유한책임회사의 가장 큰 장점으로 볼 수 있다.

(4) 사원의 퇴사

유한책임회사 사원의 퇴사제도는 정관에 다른 정함이 있는 경우를 제외하고는 합명회사의 퇴사제도를 준용하고 있다(287조의24).

4. 업무집행 및 회사대표의 권한

(1) 업무집행사원의 권한

유한책임회사에서는 정관으로 업무집행자를 정하여야 한다.[1] 유한책임회사는

---

1) 미국법상 유한책임회사(LLC)에서는 사원 각자가 회사의 업무를 집행할 권한이 있으며, 사원 간에 이견이 있을 경우 과반수의 결의로 정한다. 그러나 우리 2011년 개정상법 제287조의3 제 4 호는 업무집행자의 성명 및 주소를 정관의 기재사항으로 하고 있고, 제287조의5 제 4 호는 이를 설립등기사항으로 하고 있으며 제287조의12는 업무집행자를 정할 것을 명시하고 있다. 따라서 우리 개정상법상으로는 정관상 업무집행자를 두지 않고 사원 각자가 업무집행을

정관으로 특정 사원이나 사원 아닌 제 3 자를 업무집행사원으로 정할 수 있다(287조의12). 그리고 법인도 업무집행사원이 될 수 있다(287조의15). 업무집행사원은 법률상 당연히 회사대표권을 가진다(287조의19). 업무집행과 회사대표에 관한 규정은 사원 모두의 합의에 의하여 사업을 경영한다는 조합적 규율이 반영된 것이다. 다만 합명회사와는 다르게 정관규정으로 제 3 자의 영입이 가능하므로 소유와 경영을 분리할 수 있는 여지를 두고 있다.[1]

(2) 업무집행사원의 책임

유한책임회사를 대표하는 업무집행자가 그 업무집행을 함에 있어서 타인에게 손해를 입힌 경우에는 그 업무집행자는 회사와 연대하여 그 타인에게 손해를 배상하여야 한다(287조의20). 그리고 회사의 업무집행자가 자신의 업무를 해태함으로써 회사에 손해가 발생한 경우 주식회사에 있어서 주주가 회사에 대하여 이사의 책임을 추궁하는 대표소송을 청구할 수 있는 것과 같이 유한책임회사의 사원은 업무집행자의 책임을 추궁하는 소를 제기할 것을 회사에 청구할 수 있다(287조의22).

Ⅲ. 문제해설

(1) 내부적으로는 조합의 성질을 가지고 사원들이 회사의 경영에 적극적으로 참여할 수 있도록 보장하고, 외부적으로는 주식회사에서의 사원과 같이 사원들은 회사의 채무에 대하여 자신의 출자액을 한도로 유한책임을 부담하는 공동기업형태인 유한책임회사를 설립할 수 있다.

(2) 유한책임회사 사원은 금전 기타 재산으로 출자를 하여야 하며, 노무 또는 신용의 출자는 금지된다. 그리고 설립등기 전까지 완전한 출자이행을 하여야 한다. 이러한 사원출자규정은 주식회사와 차이가 없는 것으로 구성원 전원의 유한책임이 인정되는 기업으로서 채권자보호를 위한 것이다.

(3) 업무집행자의 성명 및 주소는 정관의 기재사항이고(287조의3 4호) 설립등기 사항이다(287조의5 4호). 따라서 상법상으로는 정관상 업무집행자를 두지 않고 사원 각자가 업무집행을 하는 것은 금지된다고 보아야 한다.

하는 것은 금지된다고 보아야 한다.
1) 개정법상의 업무집행제도는 업무집행자를 교체할 때마다 정관을 변경해야 하고, 구성방법에 있어서 회사의 자율을 허용하지 않는 흠이 있다는 비판이 있다. 이철송, 192면.

[4] 유한회사

I. 사   례

1. 사실관계

광주전남 재향군인회(이하 A지회)는 회원의 복지증진 도모를 위하여 택시운송사업을 운영하기로 하여, 1980. 8. 13.경 전라남도 도지사로부터 택시여객자동차운송사업면허 내인가를 받아 같은 해 10. 29. 별도의 법인인 甲유한회사를 설립한 후 회사명의로 택시여객자동차운송사업면허를 받아 이후 수익사업의 일환으로 甲회사를 경영하여 오고 있다. A지회는 甲회사를 설립함에 있어, 총출자좌수는 2,300좌, 1좌의 금액은 금 10,000원, 자본금은 23,000,000원으로 하고, 위 자본금 중 70%에 해당하는 금 16,100,000원은 이 사건 지회가, 나머지 30%에 해당하는 금 6,900,000원은 이 사건 지회의 회원인 B가 각 출자하여 이 사건 지회가 위 총출자좌수의 70%의 지분인 1,610좌(2,300×0.7)를, B가 나머지 30%의 지분인 690좌(2,300×0.3)를 각 보유하기로 하였다. 이 사건 지회는 별도의 법인격이 없어 그 명의로 甲회사의 지분을 보유하기가 곤란하였던 관계로 편의상 그 보유지분을 당시 이 사건 지회의 간부들로서 甲회사의 사원으로 선출된 C명의로 하여 두기로 하여, 이 사건 지회의 보유지분 1,610좌를 C명의로 소유명의를 신탁하였다. 그리고 A지회는 甲회사의 설립 당시 C를 회사의 이사로 취임시켜 회사를 경영케 하면서 매달 甲회사의 영업수익을 결산하여 그 이익금을 배당받아 왔다. 한편 D는 1986. 6. 16. B가 보유하고 있던 甲회사의 출자좌수 690좌를 양수한 후 같은 날 회사의 이사로 취임하였다. 그런데 위와 같이 B가 그 보유지분을 D에게 양도함으로써 C, D 이외에는 甲회사의 운영에 관여할 사람이 없게 되자, C는 명의수탁자의 지위에 있음을 이용하여 A지회로부터 甲회사의 경영권을 탈취하고자 하는 부정한 목적 아래 상호 공모하여, 1991. 11. 1.경 C명의의 수탁지분 중 1,265좌를 D에게 임의로 양도하였다. 이에 따라 D의 총출자좌수는 1,955좌가 되었다.

2. 검   토

(1) 유한회사에 있어서 사원이 사원총회의 동의 없이 지분을 양도할 수 있는가?

(2) 유한회사의 지분양도가 정관상 제한이 없는 경우에 사원의 성명을 변경하기 위하여는 별도의 사원총회 특별결의가 필요한가?

(3) 사안에서 A지회가 C와의 명의신탁을 해지하였다면 A지회는 바로 사원의 자격을 취득하는가?

Ⅱ. 주요법리

1. 유한회사의 개념

유한회사는 총사원의 출자로서 성립하는 자본금을 가지며, 자본금은 균등액으로 세분된 출자좌수로 나누어지며, 사원은 출자좌수의 가액에 한하여 납입할 의무를 부담할 뿐 회사의 채권자에 대하여는 아무런 책임을 부담하지 않는 회사이다. 이러한 유한회사는 19세기 말 경제계의 수요에 따라 등장된 제도로서, 그 기원은 영국의 폐쇄회사(private company)와 독일의 유한책임회사에 유래한다. 우리나라의 유한회사는 독일제도의 영향을 받고 입법화된 것이다.

2. 설립절차

유한회사의 설립절차는 ① 정관작성, ② 실체형성(출자의 이행, 이사·감사의 선임), ③ 설립등기로 이루어진다.

(1) 정관작성

유한회사의 설립에는 사원이 될 자 1인 이상이 공동으로 정관을 작성하여, 각 사원이 기명날인 또는 서명하며(543조 1항·2항), 정관은 공증인의 인증이 있음으로써 효력이 발생한다(같은 조 3항). 정관의 절대적 기재사항으로 ① 목적·상호·사원의 성명·주민등록번호·주소, ② 자본금의 총액, ③ 출자 1좌의 금액, ④ 각 사원의 출자좌수, ⑤ 본점의 소재지를 기재하여야 한다(543조 2항).[1] 정관의 상대적 기재사항은 변태설립사항으로 ① 현물출자를 하는 자의 성명과 그 목적인 재산의 종류, 수량, 가격과 이에 대하여 부여하는 출자좌수, ② 회사의 설립 후에 양수할 것을 약정한 재산의 종류, 수량, 가격과 그 양도인의 성명, ③ 회사가 부담할 설립비용이

---

1) 상법 제546조는 유한회사의 자본금 총액은 1,000만 원 이상으로 출좌 1좌의 금액은 5,000원 이상으로 규정하고 있었으나, 2011년 개정상법은 같은 조에서 자본금 총액의 제한을 없애고 출좌 1좌의 금액은 100원 이상으로 하고 있다.

있다(544조). 그 밖의 상대적 기재사항으로는 감사의 선임(568조 1항), 지분의 양도제한(556조 단서), 1좌1의결권원칙의 예외(575조 단서) 등이 있다.¹⁾ 그리고 임의적 기재사항으로 정관에는 유한회사의 본질이나 강행법규에 반하지 않는 한 어떠한 사항도 기재할 수 있다.

(2) 이사·감사의 선임과 출자의 이행, 설립등기

정관으로 이사를 정하지 않은 경우에는 회사성립 전에 각 사원이 사원총회를 소집하여 이를 선임하여야 한다(547조). 감사는 필요적 기관은 아니나, 정관으로 1인 또는 수인의 감사를 둘 것을 정할 수 있다. 이 경우 그 선임은 이사의 경우와 같다(568조, 547조). 이사는 회사성립 전에 사원으로 하여금 출자 전액의 납입 또는 현물출자의 목적재산 전부의 급여를 시켜야 한다(548조 1항). 현물출자재산에 관한 등기·등록은 주식회사의 경우와 같다(548조 2항, 295조 2항). 출자의 이행이 끝나면 2주간 내에 본점소재지에서 일정한 사항을 등기하여야 하며, 등기에 의하여 회사는 성립한다(549조).

(3) 설립에 관한 책임

사원은 현물출자(544조 1호) 또는 재산인수(544조 2호)의 목적인 재산의 회사성립 당시의 실가가 정관에 정한 가격에 현저하게 부족한 때에는 회사성립 당시의 회사에 대하여 그 부족액을 연대하여 지급할 책임이 있다. 사원의 이러한 책임은 무과실책임이며 면제하지 못한다(550조). 회사성립 후에 출자금액의 납입 또는 현물출자의 이행이 완료되지 아니하였음이 발견된 때에는 회사성립 당시의 사원, 이사와 감사는 회사에 대하여 그 납입되지 아니한 금액 또는 이행되지 아니한 현물의 가액을 연대하여 지급할 책임이 있다(551조 1항). 이 경우 사원의 책임은 면제하지 못하나(551조 2항), 이사와 감사의 책임은 총사원의 동의로 면제할 수 있다(551조 3항).

(4) 설립의 하자

유한회사의 설립절차에 하자가 있는 경우에는 설립무효와 취소의 두 가지 소가 인정된다. 회사의 설립무효(예: 정관의 부작성, 절대적 기재사항의 불기재)는 그 사원·이사 및 감사에 한하여, 설립의 취소(사원의 주관적 하자)는 그 취소권 있는 자에 한

---

1) 2011년 개정상법은 사원총회소집기간을 정관으로 단축할 수 있다는 조항(571조 2항 단서)을 삭제하고, 지분의 양도에 사원총회의 결의를 얻어야 한다는 조항을 삭제하면서 정관으로 지분의 양도를 제한할 수 있도록 하였다(556조).

하여 회사성립일로부터 2년 내에 소만으로 주장할 수 있다(552조 1항). 취소권자(184 조 2항; 민법 140조), 채권자에 의한 설립취소의 소(185조), 전속관할(186조), 소제기의 공고(187조), 소의 병합심리(188조), 하자의 보완 등과 청구의 기각(189조), 판결의 효력(190조), 패소원고의 책임(191조), 설립무효 · 취소의 등기(192조) 및 판결의 효과(193 조) 등에 관하여는 합명회사에 관한 규정이 준용된다(552조 2항).

3. 사원의 지위

(1) 사원의 자격과 권리 · 의무

유한회사의 사원자격에는 아무런 제한이 없다. 따라서 자연인은 물론이고 회사 기타 법인도 사원이 될 수 있다. 기존 상법은 유한회사의 사원의 수가 원칙적으로 50인을 초과할 수 없도록 하는 규정(545조)을 두고 있었으나 2011년 개정상법은 이 규정을 삭제하였다. 유한회사 사원의 권리 중 자익권에는 이익배당청구권(580 조), 잔여재산분배청구권(612조), 증자시의 출자인수권(588조) 등이 있다. 공익권 중 단독사원권에는 의결권(575조), 정관 기타 서류열람청구권(566조), 회사설립무효 · 취소의 소권(552조), 증자무효의 소권(595조), 사원총회결의 취소 또는 무효의 소권(578 조) 등이 있다. 소수사원권은 자본금 총액의 100분의 3 이상에 해당하는 출자좌수를 가진 사원만이 행사할 수 있는 권리이다. 소수사원권에는 사원총회소집요구권(572조), 대표소송제기권(565조), 이사의 위법행위유지청구권(564조의2, 402조), 회계장부열람권(581조), 회사의 업무재산상태검사청구권(582조), 이사해임청구권(567조, 385 조 2항), 청산인해임청구권(613조 2항, 539조) 등이 있다. 사원은 회사에 출자의무를 부담할 뿐 회사채권자에 대하여 아무런 책임을 지지 않는다. 다만 예외적으로 회사설립이나 증자시에 자본금전보책임을 지는 경우가 있다(550조, 551조, 593조).

(2) 사원의 지분

유한회사의 지분이란 출자자인 사원의 법률상 지위를 말한다. 사원은 그 출자좌수에 따라 지분을 가진다(554조). 유한회사는 그 폐쇄성 · 비공개성으로 인하여 지분에 관하여 지시식 또는 무기명식의 유가증권을 발행하지 못한다(555조). 지분의 공유는 인정된다(558조). 기존 상법은 사원이 그 지분의 전부 또는 일부를 타인에 양도함에는 사원총회의 특별결의가 있어야 하며, 정관으로 양도의 제한을 가중할 수 있다고 규정하고 있었다. 2011년 개정상법은 사원은 원칙적으로 사원총회의 결의 없이 그 지분의 전부 또는 일부를 양도하거나 상속할 수 있도록 하고, 정관으로 지분의 양도를 제한할 수 있도록 하고 있다(556조). 이에 의하면 사원이 지분의 일부만을 다른 사원에게 양도하는 경우를 제외하고는 사원의 지위가 변경되는 데 사원의 성명이 정관의 절대적 기재사항인 것과 관련하여 제556조를 어떻게 해석할 것인가의 문제가 있다. 제556조의 개정은 지분의 양도를 원칙적으로 제한하지 않겠다는 입법 취지이므로 정관에 제한규정이 없는 경우에는 사원의 지분양도에 의해 정관이 자동적으로 변경된다고 보는 것이 타당할 것이다.[1] 지분양도의 방법은 당사자간의 의사표시만으로 효력이 발생하나, 지분의 이전을 회사와 제3자에게 대항하기 위하여는 취득자의 성명·주소와 그 목적이 되는 출자좌수를 사원명부에 기재하여야 한다(557조). 회사는 원칙적으로 자기주식을 취득하지 못한다(560조 1항, 341조). 지분은 질권의 목적으로 할 수 있으나, 지분의 양도와 같은 제한이 있으며 입질의 대항요건도 지분양도와 같다(559조, 556조, 557조).

4. 회사의 관리

(1) 회사의 기관

유한회사의 필요적 기관에는 의사기관으로서 사원총회, 집행기관으로서 이사가 있다. 감사는 임의적 기관이며, 그 밖에 임시적 감사기관인 검사인이 있다.

1) 사원총회

사원총회는 회사의 의사를 결정하는 최고의 필요상설기관이다. 사원총회는 법령 또는 정관에 반하지 않는 한 회사에 관한 모든 사항을 결의할 수 있으며 그 결의는 집행기관인 이사를 구속한다. 유한회사의 사원총회는 주식회사의 주주총회와 비교하여 소집 및 결의방법에 있어서 훨씬 간편하고 탄력성이 있다. 사원총회는 이사가 소집함이 원칙이다. 그러나 임시총회는 감사도 소집할 수 있고(571조 1항), 청산중인 회사에서는 청산인이 소집한다(613조 2항, 571조 1항). 자본금 총액의 100분의 3 이상에 해당하는 출자좌수를 가진 소수사원도 회의의 목적사항과 소집의 이유를 기재한 서면을 이사에 제출하여 총회소집을 청구할 수 있으며, 이 경우에 이사가 지체 없이 소집절차를 밟지 않으면, 그 사원은 법원의 허가를 얻어 직접 총회소집을 할 수 있다. 다만 이 소수사원에 의한 총회소집청구에 관하여는 정관으로 다른

---

1) 같은 견해로 이철송, 1145면.

정함을 할 수 있다(572조, 366조). 총회를 소집함에는 먼저 회일을 정하고 그 1주간 전에 각 사원에 대하여 회의목적을 기재한 서면으로 통지를 하여야 한다. 기존 상법은 위 기간을 정관으로 단축할 수 있도록 하였으나 2011년 개정상법은 이 조문을 삭제하였다(571조 2항·3항, 363조 2항, 364조). 총사원의 동의가 있으면 소집절차 없이 총회를 열 수 있다(573조). 각 사원은 출자 1좌마다 1개의 의결권을 가진다. 그러나 정관으로 의결권의 수에 관하여 다른 정함을 할 수 있다(575조). 총회의 결의에 관하여 특별한 이해관계가 있는 자는 의결권을 행사하지 못한다(578조, 368조 3항). 보통 결의는 정관에 다른 정함이 없으면 총사원의 의결권의 과반수를 가지는 사원이 출석하고, 그 의결권의 과반수로 결의한다(574조). 특별결의는 의결권을 행사할 수 없는 사원을 제외한 총사원의 반수 이상이며, 총사원의 의결권의 4분의 3 이상을 가지는 자의 동의로 한다(585조). 특별결의를 요하는 사항은 정관변경(584조, 585조), 영업의 전부 또는 중요한 일부의 양도·영업 전부의 임대 또는 경영위임·이익공통계약·타회사의 영업전부의 양수(576조 1항, 374조 1항 1호~3호), 사후설립(576조 2항), 자본금증가의 경우에 현물출자·재산인수·특정한 자에 대한 출자인수권의 부여(586조, 587조), 사원의 법정출자인수권의 제한(588조 단서), 사후증자(596조, 576조 2항), 합병(598조), 해산(609조 2항), 회사의 계속(610조 1항) 등이다. 특수결의는 총사원의 동의를 필요로 하는 사항으로서 유한회사의 주식회사로의 조직변경(607조 1항), 이사와 감사의 책임 면제(551조 3항), 서면에 의한 결의(577조 1항) 등이다. 유한회사에서는 그 조직의 중소규모성에 비추어 서면에 찬부를 표시하여 회사의 의사를 결정하는 방법을 인정하고 있다. 주식회사의 주주총회에 관한 규정 중 의결권의 대리행사(368조 2항), 특별이해관계인의 의결권의 제한(368조 3항), 자기지분의 의결권 제한(369조 2항), 총회의 연기·속행(372조), 총회결의의 하자의 경우에 4종의 소(376조~379조, 380조~381조) 등은 사원총회에 준용된다(578조).

2) 이   사

유한회사의 이사는 회사의 업무를 집행하고 회사를 대표하는 필요·상설기관이다. 각 이사는 단독으로 그 권한을 행사하는 점에서 이사회제도를 채택한 주식회사의 경우와 다르다. 회사설립시에 초대이사는 정관으로 정할 수 있으나, 그렇지 않은 경우에는 사원총회에서 선임한다(547조, 567조, 382조 1항). 이사의 자격·임기·원수에 대하여는 아무런 제한이 없으나 감사는 이사가 될 수 없다(570조, 411조). 이

사는 언제든지 사원총회의 특별결의에 의하여 해임될 수 있으며(567조, 385조 1항),
이사가 그 직무에 관하여 부정행위나 위법행위가 있는 경우에 소수사원에 의한 해
임청구가 인정되고 있는 것도 주식회사의 경우와 같다(567조, 385조 2항·3항). 이사는
회사의 업무집행권과 대표권을 갖는다. 이사가 수인인 때에는 정관에 다른 정함이
없으면 회사의 업무집행, 지배인의 선임·해임, 지점의 설치·이전·폐지는 그 과반
수에 의한다(564조). 이사는 회사를 대표하고, 이사가 수인인 경우에 정관에 다른
정함이 없으면 사원총회에서 대표이사를 선정하여야 한다(562조 1항·2항). 정관 또
는 사원총회는 공동대표이사를 선정하여 수인의 이사가 공동으로 회사를 대표할
것을 정할 수 있다(공동대표이사)(562조 3항·4항). 이사와 회사간의 소에 관하여는 특
히 사원총회가 회사를 대표할 자를 선정하여야 한다(563조). 이사는 회사에 대하여
위임관계에 있으므로 선량한 관리자의 주의의무를 가지고 그 직무와 권한을 행사
하여야 한다. 이사는 경업피지의무와 자기거래금지의무 등을 진다. 이사의 경업승
인기관은 사원총회이다(567조). 이사의 자기거래의 경우에는 감사가 있는 때에는 그
승인을 얻어야 하고, 감사가 없는 때에는 사원총회의 승인을 얻어야 한다(564조 3
항). 이사의 회사 또는 제 3 자에 대한 책임 등에는 주식회사에 관한 규정이 준용된
다(567조).

3) 감사와 검사인

감사는 회계감사와 업무감사권을 가지는 유한회사의 임의기관이다. 감사를 두
는 경우에는 임기나 원수에 제한이 없다. 초대감사에 한하여 정관으로 정할 수 있
으나(568조 2항, 547조), 회사성립 후에는 사원총회가 결정한다(570조, 382조 1항). 사원
총회는 특별결의에 의하여 감사를 언제든지 해임할 수 있다(570조, 385조 1항). 그러
나 소수사원에 의한 감사해임청구(415조, 385조 2항 참조)는 인정되지 않는다. 감사는
언제든지 회사의 업무와 재산상태를 조사할 수 있고, 이사에 대하여 영업에 관한
보고를 요구할 수 있다(569조). 감사는 임시사원총회를 소집할 수 있으며(571조 1항),
출자미필액과 자본금증가 후의 미인수출자 등에 관한 자본금전보책임을 부담한다
(551조, 594조). 감사의 결원(386조), 보수(388조), 감사의 책임(414조), 총회에서의 조사
보고의무(413조), 회사에 대한 책임의 면제(400조), 직무집행정지 또는 직무대행자의
선임(407조) 등에 관한 주식회사의 규정은 유한회사의 감사에 준용된다(570조). 감사
의 회사에 대한 책임의 추궁을 위해서는 이사의 경우와 같은 소수사원에 의한 대표

소송이 인정되고 있다(570조, 565조). 검사인은 회사의 업무와 재산 상태를 조사하는 임시적 기관이다. 검사인은 사원총회에 의하여 이사가 제출한 서류와 감사의 보고서를 조사시키기 위하여 선임되며(578조, 367조), 또한 회사의 업무집행에 관하여 부정행위 또는 법령이나 정관에 위반한 중대한 사유가 있는 때에는 자본금 총액의 100분의 3 이상에 해당하는 출자좌수를 가진 사원은 회사의 업무와 재산 상태를 조사시키기 위하여 법원에 검사인의 선임을 청구할 수 있다(582조). 회사설립의 경우에는 검사인의 선임이 요구되지 않는다.

(2) 회사의 회계

유한회사는 주식회사와 같은 자본단체이므로 채권자의 보호를 위하여 자본금 충실의 원칙이 요구되며, 또한 기업경영의 합리화를 위하여 회사회계의 정확성이 필요하다. 유한회사의 회계에 관한 법 규제는 주식회사의 경우와 거의 같다. 그러나 유한회사에 있어서는 기업의 소규모성과 비공개성으로 인하여 주식배당, 사채의 발행이 인정되지 않으며, 대차대조표의 공고도 요구되지 않는다.

5. 정관의 변경

(1) 의   의

유한회사의 정관기재사항의 변경은 여러 가지가 있으나, 상법은 특히 자본금의 증가와 감소에 관하여 규정하고 있다. 유한회사는 주식회사에서와는 달리 수권자본제가 인정되지 않고 자본금 총액이 정관의 절대적 기재사항이므로(543조 2항 2호), 그 증가와 감소에는 정관변경절차가 요구된다. 정관을 변경함에는 사원총회의 특별결의가 있어야 하며, 이 결의는 총사원의 반수 이상이며, 총사원의 의결권의 4분의 3 이상을 가지는 자의 동의로 한다(584조, 585조). 정관의 변경도 서면결의로 할 수 있다(577조).

(2) 자본금증가

1) 자본금증가의 방법

유한회사의 자본금증가의 방법으로는 ① 출자좌수의 증가, ② 출자 1좌의 금액의 증가, ③ 이 양자의 병용의 세 가지가 있다. 출자 1좌의 금액 증가의 경우에는 사원유한책임의 원칙상 증자결의 이외에 총사원의 동의를 요한다.

2) 자본금증가의 절차

(가) 사원총회의 특별결의

자본금증가는 정관변경사항이므로 사원총회의 특별결의를 요한다. 이 결의에서는 정관에 다른 정함이 없어도 ① 현물출자사항, ② 자본금의 증가 후에 양수할 재산에 관한 사항, ③ 증가자본금에 대한 출자인수권에 관한 사항 등을 정할 수 있다(586조).

(나) 출자의 인수

사원은 증가할 자본금에 대하여 그 지분에 따라 출자를 인수할 권리가 있다(법정인수권, 588조 본문). 그러나 ① 정관 또는 증자에 관한 사원총회의 결의에 의하여 특정인에게 인수권을 부여하는 경우(586조 3호)와 ② 사원총회의 특별결의에 의하여 특정인에게 장래 자본금을 증가할 경우에 있어서 출자인수권을 부여할 것을 약속하는 경우(587조)에는 사원의 출자인수권이 배제된다(588조). 출자의 인수를 하고자 하는 자는 인수를 증명하는 서면에 인수할 출자의 좌수와 주소를 기재하고 기명날인 또는 서명하여야 한다(589조 1항). 유한회사는 그 폐쇄성으로 인하여 광고 기타의 방법에 의한 인수인의 공모가 금지되어 있다(589조 2항).

(다) 출자의 이행

인수가 끝나면 이사는 인수인으로 하여금 출자전액의 납입 또는 현물출자의 목적재산의 전부를 인도시켜야 하며, 사원은 납입에 관하여 상계로써 회사에 대항하지 못한다(596조, 548조).

(라) 변경등기

출자의 이행이 끝나면 본점소재지에서 2주간 내에 자본금의 변경등기를 하여야 한다. 등기는 자본금증가의 효력발생요건이다(591조, 592조). 그러나 출자자는 출자이행기일로부터 이익배당에 관하여 사원과 동일한 권리를 가진다(590조).

3) 자본금증가에 관한 책임(자본금충실의 책임)

(가) 증자재산실가전보책임

현물출자(586조 1호)와 재산인수(같은 조 2호)의 목적인 재산의 증자결의 당시의 실가가 증자결의에 의하여 정한 가격에 현저하게 부족한 때에는, 그 결의에 동의한 사원은 회사에 대하여 그 부족액을 연대하여 지급할 책임을 진다(593조 1항).

(나) 납입전보와 증자미필액전보책임

자본금증가 후에 아직 인수되지 아니한 출자가 있으면 이사와 감사가 공동으로 인수한 것으로 보며, 또 증자 후에 아직 출자전액의 납입 또는 현물출자의 목적재산의 급여가 미필된 것이 있으면 이사와 감사는 연대하여 그 납입 또는 급여미필재산의 가액을 지급할 책임이 있다(594조 1항·2항). 이 경우의 이사·감사의 책임은 총사원의 동의가 없으면 면제되지 못한다(594조 3항, 551조 3항).

4) 사후전보

회사가 자본금증가 후 2년 내에 증자 전부터 존재하는 재산으로서 영업을 위하여 계속하여 사용할 것을 증자자본금의 20분의 1 이상에 상당한 대가로 취득하여 계약을 체결하는 경우에는 사원총회의 특별결의를 요한다(596조, 576조 2항).

5) 자본금증가의 무효

자본금증가의 무효는 사원, 이사 또는 감사에 한하여 증자등기(591조) 후 6월 내에 소만으로 이를 주장할 수 있다(595조 1항). 이 경우에는 주식회사의 신주발행무효의 소에 관한 규정(430조 이하)이 준용된다(595조 2항).

(3) 자본금감소

(가) 자본금감소의 절차

사원총회의 특별결의를 요하며, 이 결의에서는 감자의 방법을 정하여야 한다(597조, 439조 1항).

(나) 자본금감소의 방법

① 출자좌수의 감소, ② 출자 1좌의 금액의 감소, ③ 이 양자의 병용의 세 가지 방법이 있으며, ①의 방법에는 다시 지분의 소각과 지분의 병합의 두 가지가 있다. 상법은 최저자본금에 관한 규정을 삭제하여 1좌의 금액(100원) 이상으로 감소할 수 있다(546조).

(다) 채권자보호절차

회사는 자본금감소결의일로부터 2주간 내에 회사채권자에게 이의가 있으면 소정의 기간 내에(2월 이상) 제기할 것을 공고하고, 이의를 제출하는 채권자에 대하여는 변제 또는 담보제공을 하는 등의 채권자보호절차를 이행하여야 한다(597조, 439조 2항, 232조).

III. 주요판례·문제해설

1. 주요판례

(1) 대법원 2017. 3. 30. 선고 2016다21643 판결 — 유한회사 사원의 보수

유한회사에서 상법 제567조, 제388조에 따라 정관 또는 사원총회 결의로 특정 이사의 보수액을 구체적으로 정하였다면, 보수액은 임용계약의 내용이 되어 당사자인 회사와 이사 쌍방을 구속하므로, 이사가 보수의 변경에 대하여 명시적으로 동의하였거나, 적어도 직무의 내용에 따라 보수를 달리 지급하거나 무보수로 하는 보수체계에 관한 내부규정이나 관행이 존재함을 알면서 이사직에 취임한 경우와 같이 직무내용의 변동에 따른 보수의 변경을 감수한다는 묵시적 동의가 있었다고 볼 만한 특별한 사정이 없는 한, 유한회사가 이사의 보수를 일방적으로 감액하거나 박탈할 수 없다. 따라서 유한회사의 사원총회에서 임용계약의 내용으로 이미 편입된 이사의 보수를 감액하거나 박탈하는 결의를 하더라도, 이러한 사원총회 결의는 결의 자체의 효력과 관계없이 이사의 보수청구권에 아무런 영향을 미치지 못한다.

(2) 대법원 1997. 6. 27. 선고 95다20140 판결 — 출자자 명의 변경

[1] 상법 제556조 제1항의 규정 취지는 소수의 사원으로 구성되고 사원의 개성이 중시되며 사원 상호간의 긴밀한 신뢰관계를 기초로 하는 유한회사에 있어서 사원이 그 지분을 자유롭게 양도할 수 있도록 허용하게 되면 회사에 우호적이지 않은 자가 사원이 될 수 있어 경영의 원활과 사원 상호간의 신뢰관계를 저해하게 되는 결과 유한회사가 가지는 폐쇄성·비공개성에 반하게 되므로 이를 방지하기 위한 것이라 할 것인바, 유한회사의 지분(사원권)에 관한 명의신탁 해지의 경우에도 사원의 변경을 가져오므로 위 규정을 유추적용하여 사원총회의 특별결의가 있어야 그 효력이 생긴다고 보는 것이 법의 취지에 비추어 상당하다고 할 것이고, 따라서 해지의 의사표시만에 의하여 수탁된 지분이 바로 명의신탁자에게 복귀하는 것은 아니다.

[2] 갑 등은 명의신탁자의 유한회사 지분에 대한 명의수탁자들로서 명의신탁자의 명의신탁 해지에 따라 그 지분을 명의신탁자에게 이전하여 줄 의무를 부담하는 자들인데도 명의신탁 사실을 부인하고 있고, 회사에는 갑 등을 제외하고는 다른 사원이 없어 명의수탁자들이 사원총회를 개최하여 특별결의를 하여야 함에도 불구

하고 가사 명의신탁이 인정되더라도 사원총회의 특별결의가 없는 이상 명의신탁 해지의 효력이 없다고 다투면서 손해배상만이 그 근본적인 해결 방법이라고 주장하여 사원총회의 결의를 거부하고 있으며, 명의신탁자가 명의수탁자나 회사에 대하여 사원총회의 특별결의를 요구할 아무런 법적인 수단도 마련되어 있지 않은 사정 등의 특별한 사정이 있는 경우라면 실제로는 지분양도의 동의를 위한 사원총회의 특별결의를 거치지 않았다고 하더라도 신의성실의 원칙상 사원총회의 특별결의가 있는 것으로 보아 명의신탁 해지가 유효하다고 봄이 상당하다.

[3] [2]항의 경우 명의신탁 해지가 유효한 이상 수탁된 지분은 바로 명의신탁자에게 복귀하는 것이므로 명의신탁자는 명의수탁자들을 상대로 사원권 확인의 소를 제기하여 그 판결을 받아 이를 회사에 제출함으로써 사원명부상의 사원명의를 변경할 수 있으므로 확인의 이익도 있다.

2. 문제해설

(1) 2011년 개정상법은 사원이 그 지분의 전부 또는 일부를 타인에 양도할 때 사원총회의 특별결의를 얻도록 한 규제를 삭제하여 사원이 원칙적으로 사원총회의 결의 없이 그 지분의 전부 또는 일부를 양도하거나 상속할 수 있도록 하면서 정관으로 지분의 양도를 제한할 수 있도록 한다(556조).

(2) 상법이 지분의 양도를 원칙적으로 제한하지 않고 지분양도의 제한을 원하는 회사는 정관으로 제한할 수 있다는 점에서 정관에 제한규정이 없는 경우에는 사원의 지분양도에 의해 정관이 자동적으로 변경된다고 보는 것이 타당할 것이다.

(3) 제556조의 규정 취지는 유한회사에 있어서 사원이 그 지분을 자유롭게 양도할 수 있도록 허용하게 되면 회사에 우호적이지 않은 자가 사원이 될 수 있어 경영의 원활과 사원 상호간의 신뢰관계를 저해하여 유한회사가 가지는 폐쇄성 · 비공개성에 반하게 되므로 이를 방지하기 위한 것이다. 따라서 유한회사의 지분(사원권)에 관한 명의신탁 해지의 경우에도 사원의 변경을 가져오므로 위 규정을 유추적용하여 사원총회의 특별결의가 있어야 그 효력이 생긴다고 보는 것이 법의 취지에 비추어 상당하다고 할 것이고, 따라서 해지의 의사표시만에 의하여 수탁된 지분이 바로 명의신탁자에게 복귀하는 것은 아니다. 그러나 명의신탁자가 명의수탁자나 회사에 대하여 사원총회의 특별결의를 요구할 아무런 법적인 수단도 마련되어 있지 않은 사정 등의 특별한 사정이 있는 경우라면 실제로는 지분양도의 동의를 위한 사

원총회의 특별결의를 거치지 않았다고 하더라도 신의성실의 원칙상 사원총회의 특별결의가 있는 것으로 보아 명의신탁 해지가 유효하다고 봄이 상당하다.

[5] 회사의 조직변경

1. 의   의

조직변경이란 회사가 법인격의 동일성을 유지하면서 그 법률상의 조직을 변경하여 다른 종류의 회사로 되는 것을 말한다. 조직변경은 기존회사를 다른 종류의 회사로 변경하는 경우에 기존회사를 해산하고 다른 종류의 회사를 설립하는 번잡함과 경제적 불리함을 피하기 위한 기업유지정신의 반영이다. 조직변경의 경우 종전의 회사는 해산등기, 변경된 회사는 설립등기를 하고 있으나 이는 편의상 해산에 준하는 처리를 한다는 것일 뿐, 조직변경에 의하여 회사가 해산하거나 설립된다는 의미는 아니다. 상법은 인적회사 상호간, 물적회사 상호간에만 조직변경을 인정한다(242조, 286조, 604조 1항, 607조 1항). 인적회사와 물적회사 사이에 조직변경을 허용하면 회사의 동일성에 문제가 생길 소지가 크기 때문이다. 따라서 기존 상법상 조직변경은 합명회사의 합자회사로의 조직변경, 합자회사의 합명회사로의 조직변경, 주식회사의 유한회사로의 조직변경, 유한회사의 주식회사로의 조직변경의 네 가지 종류가 있었다. 이에 더하여 2011년 개정상법은 유한책임회사를 새로운 회사형태로 도입하고, 유한책임회사는 주식회사와 상호간에 조직변경을 할 수 있도록 하였다. 즉 주식회사는 주주총회에서 총주주의 동의로 결의한 경우에 유한책임회사로 조직변경을 할 수 있고, 유한책임회사는 총사원의 동의에 의하여 주식회사로 변경을 할 수 있다(287조의43). 유한책임회사의 조직의 변경에 관하여는 채권자보호절차(232조)에 관한 규정과 주식회사의 유한회사에의 조직변경에 관한 규정(604조~607조)을 준용한다(287조의44).

2. 합명회사의 합자회사로의 조직변경

(1) 조직변경의 절차

합명회사는 총사원의 동의로 일부사원을 유한책임사원으로 하거나, 유한책임사원을 새로 가입시켜서 합자회사로 변경할 수 있다(242조 1항). 합명회사의 사원이

1인이 되어 해산사유가 된 경우에 새로 사원을 가입시켜 회사를 계속하는 경우에
도(229조 2항) 합자회사로 조직변경할 수 있다(242조 2항).

(2) 조직변경의 등기

합명회사를 합자회사로 변경한 때에는 본점소재지에서는 2주간 내, 지점소재
지에서는 3주간 내에 합명회사에 있어서는 해산등기, 합자회사에 있어서는 설립등
기를 하여야 한다(243조).

(3) 유한책임사원이 된 자의 책임

조직변경에 의하여 무한책임사원에서 유한책임사원이 된 자는 본점에서 등기
를 하기 전에 생긴 회사채무에 대하여는 등기 후 2년 내에는 무한책임사원의 책임
을 면하지 못한다(244조).

3. 합자회사의 합명회사로의 조직변경

(1) 조직변경의 절차

합자회사는 사원 전원의 동의로 유한책임사원을 무한책임사원으로 변경하여
합명회사로 할 수 있다(286조 1항). 유한책임사원이 퇴사한 경우에도 무한책임사원
은 그 전원의 동의로 합명회사로 변경하여 계속할 수 있다(286조 2항). 합명회사의
조직변경과는 달리 사원의 책임이 강화되기 때문에 채권자보호절차는 요구되지 않
는다.

(2) 등   기

본점소재지에서는 2주간 내, 지점소재지에서는 3주간 내에 합자회사에 있어서
는 해산등기, 합명회사에 있어서는 설립등기를 하여야 한다(286조 3항).

4. 주식회사의 유한회사로의 조직변경

(1) 조직변경의 절차와 요건

주식회사는 총주주의 일치에 의한 총회의 결의로 유한회사로 조직변경을 할
수 있다(604조 1항). 조직변경결의에 있어서는 정관 기타 조직변경의 필요한 사항을
정하여야 한다(604조 3항). 유한회사는 사채발행이 허용되지 않으므로 조직변경을
위하여는 사채의 상환을 완료하여야 한다(604조 1항 단서). 또한 회사의 현존하는 순
재산액보다 많은 금액을 자본금의 총액으로 하지 못한다(604조 2항).

(2) 이사·주주의 순재산액전보책임

조직변경의 경우에 회사에 현존하는 순재산액이 자본금의 총액에 부족한 때에는 조직변경결의 당시의 이사와 주주는 회사에 대하여 연대하여 그 부족액을 지급할 책임이 있다(605조 1항). 이 경우 이사의 책임은 총사원의 동의로 면제할 수 있으나, 주주의 책임은 면제하지 못한다(605조 2항, 550조 2항, 551조 2항·3항).

(3) 채권자보호

주식회사의 유한회사로의 조직변경에는 채권자보호절차가 필요하며(608조, 232조), 종전의 주식에 대하여 설정된 질권은 물상대위가 인정된다(604조 4항, 601조).

(4) 조직변경의 등기

본점소재지에서는 2주간 내, 지점소재지에서는 3주간 내에 주식회사에 있어서는 해산등기, 유한회사에 있어서는 설립등기를 하여야 한다(606조).

5. 유한회사의 주식회사로의 조직변경

유한회사는 총사원의 일치에 의한 총회의 결의로 주식회사로 그 조직을 변경할 수 있다(607조 1항). 조직변경은 법원의 인가를 얻지 아니하면 그 효력이 없다(607조 3항). 조직변경시에 발행하는 주식의 발행가액의 총액은 회사에 현존하는 순재산액을 초과하지 못한다(607조 2항). 이 경우에 회사에 현존하는 순재산액이 조직변경시에 발행하는 주식의 발행가액의 총액에 부족한 때에는 결의 당시의 이사·감사와 사원은 회사에 대하여 연대하여 그 부족액을 지급할 책임이 있으며(607조 4항), 이 경우 이사의 책임은 총사원의 동의로 면제할 수 있으나, 주주의 책임은 면제하지 못한다(607조 4항, 550조 2항, 551조 2항·3항). 그 밖에 유한회사의 지분에 대한 등록질권자는 주권교부청구권이 있으며(607조 5항, 340조 3항), 질권과 물상대위, 채권자보호절차는 주식회사의 경우와 같다.

6. 조직변경의 효력과 무효

조직변경의 효력발생시기에 대하여는 '현실적인 조직변경이 있을 때'라고 보는 견해가 있으나(소수설), 현실적인 조직변경의 시기를 판단하는 것은 어려움이 있으므로 등기시점(다수설)을 기준으로 하는 견해가 타당하다. 조직변경의 무효에 관하여는 상법상 규정이 없으나, 회사설립무효의 소를 준용하여야 할 것이다.

주식회사

제 3 편

제1장 주식회사의 의의

[1] 자본금과 자산

Ⅰ. 사 례

1. 사실관계

[사안 1]

甲주식회사 정관은 회사가 발행할 주식의 총수를 1백만 주로 정하고 있다. 甲회사는 현재 1백만 주 모두를 발행하였다. 甲회사는 신주를 발행하기 위해 임시주주총회에서 정관변경의 건을 안건으로 상정하여 주주들의 승인을 받을 예정이다. 정관변경의 주된 내용은 현재 1백만 주로 규정된 발행주식수를 2백만 주로 늘리고자 함이다.

[사안 2]

甲주식회사의 이사회는 계열회사인 乙주식회사에게 甲회사가 소유하고 있는 丙주식회사의 주식을 매각하고자 한다. 丙회사는 비상장주식회사로 주식에 대한 시장가격이 형성되어 있지 않다.

2. 검 토

(1) 甲주식회사가 신주를 발행하기 위해서 정관을 변경하여야 하는 이유는 무엇인가?

(2) 甲회사 이사회는 丙회사 주식의 매각대금액수를 어떠한 방법으로 결정하여야 하는가?

Ⅱ. 주요법리

1. 자본금의 의의

자본금은 '회사가 보유하여야 할 순자산액의 기준'으로서의 의미가 있으며, 원칙적으로 불변적인 계산상의 수액(數額)으로서 추상적·규범적인 개념이다. 회사의 사원(주주)이 간접·유한책임을 부담하는 주식회사에서는 회사채권자에 대하여는 현실의 자산(資産)이 회사의 신용 및 담보가 되므로 이에 대한 회사자산을 확보하기 위한 기준으로서 '자본금'개념을 사용한다. 따라서 자본금은 회사가 현실적으로 보유하고 있는 재산의 총체인 가변적·구체적인 회사자산과는 구별된다. 자본금은 회사채권자에 대하여 중요하므로 대차대조표에 게재되며, 등기에 의하여 공시된다.

주식회사에 있어서 자본금이란 액면주식을 발행하는 경우는 '발행주식의 액면총액'을 말하며, 무액면주식을 발행하는 경우는 '주식 발행가액의 2분의 1 이상의 금액으로서 이사회(416조 단서에 의한 경우는 주주총회)에서 자본금으로 계상하기로 한 금액의 총액'을 말한다(451조 1항·2항). 회사가 액면주식을 발행하는 경우에 자본금은 액면금액과 발행주식 총수에 의하여 결정되나(1주의 액면금액 × 발행주식 총수), 예외적으로 상환주식의 상환(345조)이나 자기주식의 소각(343조 1항 단서)에 의한 경우에는 자본금의 변동 없이 발행주식수가 감소하여 발행주식의 액면총액과 자본금이 일치하지 않는다. 이러한 경우는 자본금이 발행주식의 액면총액을 초과하므로 회사채권자 보호에 문제가 되지 않는다.

회사는 정관으로 정하는 바에 따라 발행된 액면주식을 무액면주식으로 전환하거나 무액면주식을 액면주식으로 전환할 수 있으나(329조 4항), 회사의 자본금은 전환을 통해 변경할 수 없다(451조 3항). 액면주식을 무액면주식으로 전환하는 경우, 전환 전의 자본금액이 전환 후의 자본금액이 된다. 무액면주식을 액면주식으로 전환하는 경우는 전환 전의 자본금액이 발행주식의 액면총액에 미달하지 않도록 액면가액을 결정하여야 한다. 무액면주식을 발행하는 경우에 주식의 발행가액 중 자본금으로 계상하지 아니하는 금액은 자본준비금으로 계상하도록 하므로(451조 2항) 입법론적으로는 법정준비금의 사용용도(460조)로 무액면주식을 액면주식으로 전환하는 경우 전환 전의 자본금액이 발행주식의 액면총액에 미달된 금액에 충당할 수 있도록 허용하는 것이 바람직하다.

상법은 주식회사의 영세화와 설립의 남용을 방지하기 위하여 최저자본금액을 5,000만 원으로 법정하였었다. 그러나 상법이 다양한 업종과 규모에도 불구하고 일률적인 금액의 최저자본금을 요구하는 것은 채권자보호를 위한 현실적인 방안이 아니라는 비판과 자본금이란 회사가 보유하여야 할 순재산액의 기준에 불과하나 회사가 현재 보유하고 있는 순재산액이 얼마인가를 묻지 않는 상법하에서는 최저

자본금제도가 불필요하다는 비판이 있었다.[1] 2009년 개정상법은 주식회사의 최저
자본금제도를 폐지함으로써 회사의 신용도를 재무상태를 통해 파악하는 실질을 반
영하고 있다.

2. 수권자본제도

수권자본제도는 주식회사가 발행할 수 있는 주식 중 일정부분만을 회사설립시
에 발행하고, 잔여부분의 신주발행권한을 이사회에 위임(수권)하는 제도이다(창립주
의). 이에 대하여 회사설립시 자본금을 확정하고 이에 해당하는 발행주식 모두를
인수하는 것을 확정자본제도(총액인수주의)라고 한다. 수권자본제도의 장점은 자본금
조달의 편의성과 기동성을 확보하는 데 유리하다는 점이다.

수권자본주의하에서는 자본금(발행자본금)이 정관의 기재사항이 아니며, 주주총
회의 결의를 거치지 않고 이사회결의만에 의하여 증가됨이 원칙이다. 자본금을 정
관에 기재하도록 한다면, 정관변경은 주주총회의 특별결의사항이므로 수권자본제
도를 인정한 취지에 반하게 되기 때문이다. 따라서 회사는 정관에 회사가 발행할
주식의 총수를 기재하고(289조 1항 3호) 이 중 일부만을 설립시에 발행하며(289조 1항
5호),[2] 수권된 미발행주식은 필요에 따라 이사회의 결의로 발행한다(416조). 미발행
주식이 모두 발행된 경우에는 정관을 변경하여 발행예정주식 총수를 증가하여 추
가적으로 수권할 수 있다.

3. 자본금에 관한 원칙

주식회사는 회사재산만이 채권자를 위한 담보가 되고, 자본금이 회사신용의
기준이 되므로 상법에 규정이 없으나 자본금개념의 중요성으로부터 자본금확정의
원칙, 자본금충실의 원칙, 자본금감소제한의 원칙과 같은 3원칙이 도출된다. 자본
금 3원칙은 회사채권자를 보호하는 역할을 한다.

(1) 자본금확정의 원칙

자본금확정의 원칙은 회사설립 또는 자본금증가에 있어서 정관에서 정한 자본

---

1) 최준선, 136면.
2) 상법은 확정자본제도를 가미한 수권자본제도를 채택하여 회사설립시 발행예정주식 총수의 4
   분의 1 이상을 발행하도록 하였으나(289조 2항), 이러한 발행요건은 2011년 개정에서 삭제되
   었다.

금이 그 인수와 납입에 의해 확정될 것을 필요로 하는 원칙이다. 자본금확정의 원칙은 회사신용도에 대한 예측가능성을 부여한다.[1]

자본금확정의 원칙은 확정자본제도에 따른 입법에서는 그대로 적용되나, 수권자본제도를 도입한 상법의 입장에서는 상대적 의미를 갖고 있다. 상법은 발행예정주식 총수와 회사의 설립시에 발행하는 주식의 총수를 정관에 기재하도록 하고, 회사설립시 발행하는 주식에 대하여 전부 인수와 납입을 요구하여(295조, 305조) 회사설립시에 자본금확정의 원칙을 적용한다. 그러나 설립 후 신주발행의 경우에는 이사회에서 결정한 신주 전부의 인수가 없더라도 신주발행의 효력에는 영향이 없으므로(423조) 자본금확정의 원칙이 유지되지 않는다.

(2) 자본금충실의 원칙

자본금충실의 원칙은 자본금에 상당하는 재산을 회사에 보유하여야 한다는 원칙이다. 즉 회사가 자본금액 이상으로 순자산액을 보유하도록 한다. 이는 주주가 채권자에 대하여 아무런 책임을 지지 않는 주식회사에 있어서 채권자보호를 위하여 중요하다.

자본금은 단순히 장부상에 계수로만 존재해서는 안 되며 실질적으로 자본금에 해당하는 금액이 출자되고 부당하게 유출되어서는 안 된다. 이를 위하여 상법은 주식할인발행의 제한(330조, 417조), 인수한 주식에 대한 인수가액 전액납입 및 현물출자의 전부이행(295조, 305조, 421조, 425조), 현물출자 기타 변태설립사항 등에 대한 규제(299조, 310조, 314조, 422조), 발기인과 이사의 자본금충실책임(321조, 428조), 가설인 또는 타인의 명의에 의한 인수인의 주식납입책임(332조), 자기주식의 취득과 질취의 제한(341조, 341조의3), 자회사에 의한 모회사주식의 취득금지(342조의2), 법정준비금(458조, 459조), 이익배당의 제한(462조) 등을 규정하고 있다.

(3) 자본금불변의 원칙(자본금감소제한의 원칙)

자본금불변의 원칙은 확정된 자본금을 임의로 변경하지 못한다는 원칙이다. 상법상 신주발행에 의한 자본금증가는 이사회의 결의만으로 가능하므로(416조), 자본금불변의 원칙은 자본금감소의 경우에만 적용된다. 자본금감소는 회사의 담보기준을 저하하기 때문이다. 상법은 자본금감소의 경우 엄격한 절차를 요구한다(438조, 439조).

---

1) 이철송, 221면.

4. 자산의 종류와 평가

기업회계기준에서는 자산을 유동자산과 비유동자산으로 구분하고 있다. 유동성과 비유동성의 구분은 자산의 환금성(현금으로 전환할 수 있는 용이성)에 따른 구분으로 1년 이내의 환금성을 가진 경우는 유동자산으로 분류하며 그렇지 못한 자산을 비유동자산으로 분류한다.

유동자산은 당좌자산(현금 및 현금성 자산, 단기투자자산, 선급비용, 이연법인세자산, 매출채권 등)과 재고자산(상품, 제품, 반제품, 재공품, 원재료, 저장품 등)으로 구분하고, 비유동자산은 투자자산(투자부동산, 장기투자증권, 지분법적용투자주식, 장기대여금 등), 유형자산(토지, 건물, 구축물, 기계장치, 건설중인 자산 등), 무형자산(영업권, 산업재산권, 개발비 등), 기타 비유동자산으로 구분한다.

2011년 개정상법은 통상의 결산에 적용되는 자산평가의 방법에 대한 규정(452조부터 457조의2까지)을 모두 삭제하여 자산평가방법으로 시행령으로 정하는 것을 제외하고는 일반적으로 공정하고 타당한 회계관행(기업회계기준)에 따르도록 한다(446조의2).

Ⅲ. 주요판례 · 문제해설

1. 주요판례

(1) 대법원 2006. 6. 2. 선고 2005도3431 판결 ─ 납입가장죄의 주체가 되는 이사와 사용인의 범위

회사의 발기인, 업무집행사원, 이사, 감사, 이사직무대행자 또는 지배인이 아니고, 단지 회사의 대주주로서 회사의 경영에 상당한 영향력을 행사해오다가 증자과정을 지시 · 관여한 사람은 상법 제401조의2에서 규정하는 업무집행지시자로 볼 수 있을지언정 회사의 사용인으로서 자본증자에 관한 사항을 위임받은 자라고 볼 수 없어, 상법상 납입가장죄의 주체가 되는 상법 제622조 제1항에 규정된 자에 해당하지 않는다.

(2) 대법원 2005. 10. 28. 선고 2003다69638 판결 ─ 비상장주식의 가치평가방법
회사가 소유하는 자산을 매각하는 때에는 처분이익을 극대화하거나 처분손실

을 극소화하는 방향으로 거래가격을 결정하여야 할 것이므로 비상장주식을 매도하는 경우에 있어서 객관적 교환가치가 적정하게 반영된 정상적인 거래의 실례가 있는 경우에는 그 거래가격을 시가로 보아 주식의 가액을 평가하여야 할 것이나, 그러한 거래사례가 없는 경우에는 비상장주식의 평가에 관하여 보편적으로 인정되는 방법(순자산가치방식, 수익가치방식, 유사업종비교방식 등)에 의하여 평가한 가액을 토대로, 당해 거래의 특수성을 고려하여 객관적 교환가치를 반영한 적정거래가액을 결정하여야 할 것인바, 회사가 소유하고 있는 비상장주식을 매도하는 업무를 담당하는 이사들이 당해 거래의 목적, 거래 당시 당해 비상장법인의 상황, 당해 업종의 특성 및 보편적으로 인정되는 평가방법에 의하여 주가를 평가한 결과 등 당해 거래에 있어서 적정한 거래가액을 도출하기 위한 합당한 정보를 가지고 회사의 최대이익을 위하여 거래가액을 결정하였고, 그러한 거래가액이 당해 거래의 특수성을 고려하더라도 객관적으로 현저히 불합리하지 않을 정도로 상당성이 있다면 선량한 관리자의 주의의무를 다한 것으로 볼 수 있을 것이나, 그러한 합리성과 상당성을 결여하여 회사가 소유하던 비상장주식을 적정가액보다 훨씬 낮은 가액에 매도함으로써 회사에게 손해를 끼쳤다면 그로 인한 회사의 손해를 배상할 책임이 있다고 할 것이다.

2. 문제해설

(1) 상법은 수권자본제도를 채택하여 회사가 얼마만큼의 주식을 발행할 수 있는지를 주주가 결정하도록 한다. 甲회사의 이사회가 발행예정주식 총수를 초과하여 주식을 발행하고자 할 때에는 우선 회사가 발행할 주식의 총수를 증가하기 위한 정관변경이 필요하다. 발행예정주식 총수 증가에 대한 수적인 제한은 없다.

(2) [주요판례 2]는 비상장주식의 평가방법을 제시하고 있다. 즉 회사가 소유하는 자산을 매각하는 때에는 처분이익을 극대화하거나 처분손실을 극소화하는 방향으로 거래가격을 결정하여야 할 것이므로 비상장주식을 매도하는 경우에 있어서 객관적 교환가치가 적정하게 반영된 정상적인 거래의 실례가 있는 경우에는 그 거래가격을 시가로 보아 주식의 가액을 평가하여야 하고, 그러한 거래사례가 없는 경우에는 비상장주식의 평가에 관하여 보편적으로 인정되는 방법(순자산가치방식, 수익가치방식, 유사업종비교방식 등)에 의하여 평가한 가액을 토대로 당해 거래의 특수성을 고려하여 객관적 교환가치를 반영한 적정거래가액을 결정하여야 한다.

[2] 주주의 유한책임

I. 사　례

1. 사실관계

甲주식회사는 대표이사 A의 무모한 투자로 인해 10억 원의 손실을 입었다. 주주인 B, C, D, E는 회사의 부도를 막기 위해 각각의 주식소유 비율에 따라 금원을 갹출하여 회사에 제공하기로 약정하였다. B는 부담액 5억 원을 회사에 지급하였다.

2. 검　토

B는 회사에 대하여 자신이 부담한 금액의 반환을 청구할 수 있는가?

II. 주요법리

1. 의　의

주주의 책임은 자기가 가진 주식의 인수가액을 한도로 제한된다(331조). 상법은 주식인수에 대하여 전액납입주의를 취하므로 납입하여 주주가 된 자나 주식을 승계취득한 자는 이미 투자한 금액을 한도로 책임을 지는 것이다. 그러므로 회사에 대하여는 추가적인 출자의무를 부담하지 아니하며 회사가 채무초과 상태가 되어도 회사채권자에게 변제할 책임이 없다. 주주 유한책임은 주식회사의 본질적 속성에 해당하여 정관의 규정, 주주총회의 결의 또는 제3자와의 약정에 의하여 달리 정할 수 없는 강제적 제도이다.[1] 그러나 주주가 개인적 의사에 따라 회사채무를 부담하는 것은 가능하다[주요판례].

주주가 법인격부인이론의 적용에 따라 책임을 지는 경우와 비상장법인의 과점주주가 법인이 납부하여야 할 국세 및 지방세에 대하여 제2차 납세의무자로서 책임을 부담하는 경우(국세기본법 39조, 지방세기본법 47조)는 예외이다.

---

1) 손주찬, 541면; 이철송, 224면; 정찬형, 654면; 최준선, 141면.

2. 기   능

공동기업 특히 회사제도를 이용하는 목적에는 자본금조달의 원활화와 위험의 분산이 있다. 주식회사는 주주유한책임원칙을 통해 위험을 보다 효과적으로 분산할 수 있으며 자본금조달도 원활할 수 있게 된다. 주식회사는 대자본금을 조달하여 창의적이나 위험한 사업을 영위할 수 있기 때문에 산업발전의 원동력이 된다. 또한 주주유한책임은 경영실패로 인한 손실을 제한적으로만 부담하므로 경영자 감시비용이 과다하지 아니하며, 무한책임사원의 경우는 다른 무한책임사원의 자력을 조사하고 감시하여야 하지만 주주 간에는 이러한 조사 및 감시가 필요 없으므로 주주 간 감시비용도 절약할 수 있다.

그러나 주주유한책임은 주주가 가지는 위험, 특히 경영실패로 인한 손실을 제한하여 위험의 일부를 채권자에게 전가시키는 결과를 가져온다. 따라서 주주 유한책임의 남용을 제한할 수 있는 적정한 채권자보호제도가 필요하다.

Ⅲ. 주요판례·문제해설

1. 주요판례

대법원 1989. 9. 12. 선고 89다카890 판결 — 주주가 개인적으로 회사채무를 부담하는 경우

상법 제331조의 주주유한책임원칙은 주주의 의사에 반하여 주식의 인수가액을 초과하는 새로운 부담을 시킬 수 없다는 취지에 불과하고 주주들의 동의 아래 회사채무를 주주들이 분담하는 것까지 금하는 취지는 아니라 할 것이므로(대법원 1983. 12. 13. 선고 82도735 판결 참조) 반대의 견해에서 주장하는 논지는 받아들일 수 없다.

2. 문제해설

상법상 주주 유한책임은 강행법규이기는 하지만 주주 스스로 회사채무를 부담하는 것까지 금지하는 않는다. 따라서 B가 스스로 약정금액을 회사에 지급하였으면 반환청구를 할 수 없다.

제2장 주식회사의 설립

[1] 주식회사의 설립절차

Ⅰ. 사 례

1. 사실관계

A, B, C는 공동으로 출자하여 甲주식회사를 발기설립하기로 하고, 설립 시 2만 주를 발행하기로 합의하였다(수권주식 20만 주, 액면가 5천 원, 발기인 대표 A). A와 B는 금전으로 주식의 대금을 납부하였으나, C는 자신이 부담해야 하는 주식 대금 4천만 원을 보유하고 있던 사무용 기기로 출자하기로 하고 이를 정관에 기재하였다.

2. 검 토

(1) 만일 C가 출자목적물인 사무용 기기들이 화재로 전소되었다는 이유로 이행을 하지 않고 있다면, 설립등기 전에 A는 어떤 법적 조치를 취할 수 있는가?

(2) 만일 C가 사무용 기기를 인도하여 출자의무를 이행하였으나, 법원이 선임한 검사인의 조사나 감정인의 감정 절차가 이행되지 아니한 상태로 설립등기가 이루어졌다면, C의 출자의 효력이나 A, B, C의 책임관계는 어떠한가?

Ⅱ. 주요법리

1. 공동기업조직의 선택

현행 민법과 상법상의 공동기업조직은 법인격 인정 여부에 따라 크게 조합형태와 회사형태로 나누어 볼 수 있다.[1] 조합형태로는 민법상 조합, 상법상 익명조합과 합자조합 등이 있고, 회사형태는 상법상 합명회사·합자회사·유한책임회사·유한회사·주식회사 등의 5가지 형태가 존재한다. 2011년 상법개정을 통해 상행위편

---

1) 전문직이나 특수목적을 위한 특별법상 특수법인[공인회계법상 회계법인, 세무사법상 세무법인, 변호사법상 법무법인·법무법인(유한) 등]이나 특수조합[중소기업창업지원법상 유한책임조합(중소기업창업투자조합), 변호사법상 법무조합] 등을 공동기업조직으로 함께 논의할 필요가 있으나, 본 장에서는 생략하기로 한다.

에 합자조합(86조의2~86조의9)이 도입되었고 회사편에 유한책임회사(287조의2~287조의45)가 규정되었다. 이 두 가지 공동기업형태의 창설은 미국의 다양한 공동기업조직 법제를 모델로 한 것인데, 유연하고 다양한 지배구조 설계가 가능한 기업조직을 도입하여 창업자들에게 더 나은 기업환경을 제공하기 위함이다. 창업자들이 자신들의 자본금의 규모나 사원의 결속력, 영업의 종류 등에 따라 적합한 기업형태를 선택할 수 있는 환경이 조성된다는 것은 회사법적으로 매우 유용하다.

다만 우리의 기업문화 속에서 이러한 상법상의 다양한 기업형태의 제공만으로 지금까지의 비정상적인 주식회사 편중현상이 개선될 수 있을지는 미지수이다. 자본금의 규모나 영업의 종류 그리고 공개성 여부 등과 상관없이 주식회사가 절대적으로 많이 이용되고 있는 우리의 현실은 기본적으로 주주의 유한책임의 원칙, 주식양도의 자유, 자금조달의 편의성, 독립성과 영속성의 보장 등의 주식회사제도의 전통적 속성에서 그 이유를 찾을 수도 있지만, 창업자들이 탈법적 방법을 동원해서라도 우리 사회가 주식회사라는 명칭에 부여하는 사회적·경제적 신용을 손쉽게 향유하고자 하는 의도도 적지 않기 때문이다. 따라서 주식회사 설립절차의 편의성 제고와 남용에 대한 효율적 규제라는 양날의 칼을 효과적으로 다듬는 동시에, 기업가들이 새로 도입되는 기업형태의 장점을 최대한 향유할 수 있도록 이들 기업형태에 대한 지속적인 실증 연구 및 세제 정비 등의 적절한 후속조치가 신속하게 이루어지는 것이 중요하다.

2. 주식회사 설립절차의 특색

회사설립을 위한 일정한 법정 요건을 구비하면 누구나 회사를 설립할 수 있다 (준칙주의).[1] 그렇지만 물적회사와 인적회사는 설립절차에 있어 크게 다르다. 인적회사에 있어서는 사원 전원이 작성하는 정관에서 실체형성이 이루어지고, 무한책임사원의 존재로 물적회사와는 달리 출자의 이행을 회사성립 전에 할 것을 요구하고 있지 않으므로 설립절차가 간단하다. 그러나 물적회사인 상법상 주식회사의 설립절차는 크게 정관작성에서 시작하여, 회사의 실체형성(주주의 확정·출자의 이행·기관구성)을 거쳐 설립등기에 의하여 종료한다. 회사채권자에 대하여 아무런 책임을 지지 않는 주주만으로 구성되는 주식회사에 있어서는, 원칙적으로 자본금이 회사채권자에 대하여 유일한 담보기능을 하므로 발기인의 정관작성으로 시작하여 설립

---

1) 회사설립과 특정 영업을 수행하기 위한 주무관청의 인가 또는 허가는 구분하여야 한다.

등기 전에 사원·자본금·기관의 구성절차를 마쳐야 한다. 특히 모집설립의 경우에는 주주의 모집, 주식의 청약·배정, 주금납입, 검사절차, 창립총회(이사·감사의 선임)를 거쳐 설립등기에 이르기까지 복잡한 절차가 요구된다. 또한 설립남용을 방지하기 위하여 발기인 등의 설립관여자에 대하여 설립에 관한 엄격한 책임이 부여되며, 일정한 경우 법원에 의한 감독도 이루어지고 있다.

3. 주식회사 설립절차의 개요

(1) 발기인조합

발기인 상호간에는 설립행위를 하기 이전에 설립될 회사의 내용, 각 발기인이 인수할 주식의 수, 설립절차를 집행할 자, 설립비용을 부담할 자와 그 내용, 정관의 내용 등을 정하는 조합계약이 존재하게 되는데(다만 발기인이 1인인 경우는 예외), 설립에 관한 발기인의 일련의 행위는 이 조합계약의 이행행위라고 볼 수 있다. 이 조합계약에 따라서 성립되는 것을 발기인조합이라고 하며, 그 성질은 민법상의 조합이다(통설).[1] 따라서 발기인조합에는 민법의 조합에 관한 규정이 준용되므로 설립사무의 업무집행은 원칙적으로 발기인의 과반수에 의하여 결정한다(민법 706조 2항).

발기인조합은 회사의 실체를 구비하고 설립등기를 하면(회사의 성립) 그 목적을 달성하였기 때문에 해산되지만, 회사의 불성립의 경우에는 설립절차를 재시도하거나 잔존사무가 있으므로 곧 해산되는 것은 아니다. 따라서 회사의 설립절차가 진행하는 동안에는 설립중의 회사와 발기인조합이 병존하게 된다.[2]

(2) 정관작성

1) 정관의 의의

정관이란 실질적으로는 회사의 조직·운영에 관한 근본규칙을 말하고, 형식적으로는 그 규칙을 기재한 서면을 말한다. 정관의 법적 성질을 계약으로 보는 입장도 있으나 통설과 판례는 자치법규라고 본다[주요판례 1].[3]

---

1) 홍복기·박세화, 157면.
2) 다만, 설립중의 회사는 성립 후 회사의 전신으로서 성립 후 회사와 직접적인 법적관계를 갖지만, 발기인조합은 설립중의 회사나 성립 후 회사와 직접적인 법적관계를 형성하지 않는다(이철송, 231면).
3) 대법원 2000. 11. 24. 선고 99다12437 판결; 김건식 외, 97면; 이철송, 100면; 홍복기·박세화, 165면.

2) 정관의 기재사항

(가) 개   요

정관의 기재사항은 ① 흠결이 있으면 정관 자체가 무효가 되는 절대적 기재사항(289조 1항), ② 기재 여부가 정관의 효력에 영향을 주지 않으나 상법상 기재하여야 효력이 발생하는 상대적 기재사항(상대적 기재사항은 일반적으로 변태설립사항과 기타 상대적 기재사항으로 분류함), ③ 절대적·상대적 기재사항 이외의 법의 강행규정이나 사회질서 또는 주식회사의 본질에 반하지 않는 사항으로 회사가 임의로 기재하는 임의적 기재사항 등으로 나누어 볼 수 있다.

(나) 절대적 기재사항

절대적 기재사항이란 정관에 반드시 기재하여야 할 사항으로서 아래와 같다(289조 1항). 이러한 기재사항에 흠결이 있으면 정관 자체가 무효로 되어 설립무효의 원인이 된다.

① **목   적**: 목적은 회사가 수행하고자 하는 사업을 말하는데, 업종을 알 수 있도록 구체적으로 기재하여야 한다.

② **상   호**: 상호는 주식회사라는 문자를 사용하여야 하며(19조), 보험·신탁·은행·증권의 경우에는 그 업종도 표시하여야 한다.

③ **회사가 발행할 주식의 총수**: 이는 발행예정주식총수(수권주식)를 말한다.

④ **액면주식을 발행하는 경우 1주의 금액**: 액면주식의 1주의 금액은 100원 이상이어야 하며, 균일하여야 한다(329조 3항·4항). 정관의 규정을 통해 무액면주식을 발행할 수 있으므로(329조 1항), 1주의 금액은 액면주식발행의 경우에만 기재하게 된다.

⑤ **회사가 설립시에 발행하는 주식의 총수**: 설립시 발행하는 주식의 총수는 발행예정주식 총수와의 비례적 제한이나 최소한의 금액 제한이 없으므로, 발기인이 자유롭게 설정할 수 있다.

⑥ **본점의 소재지**: 본점소재지는 회사의 주소가 되는데(171조), 주된 영업소의 최소행정구역(예: 서울 중구)을 표시하면 된다.[1]

⑦ **회사가 공고를 하는 방법**: 회사의 공고는 관보 또는 시사에 관한 사항을 게재하는 일간신문 중에서 특정하여 기재하여야 한다. 다만 회사는 정관으로 정하여 전자적 방법을 이용할 수 있다(289조 3항).

---

1) 지점의 설치·이전 또는 폐지는 이사회의 결의사항에 해당한다(393조 1항).

⑧ **발기인의 성명·주민등록번호 및 주소**: 설립과 관련한 책임의 소재를 분명하게 하기 위하여 발기인을 명확히 확정·파악하려는 것인데, 법인 발기인인 경우는 그 동일성을 인식할 수 있는 정도로 상호나 본점소재지에 관하여 기재해야 한다.

(다) **상대적 기재사항**

상대적 기재사항은 기재 여부가 정관의 효력에 영향을 주지 않으나 기재하여야 효력이 발생하는 사항을 말한다. 상대적 기재사항은 회사설립시에 있어서 변태설립사항과 개별적인 그 외의 상대적 기재사항으로 나눌 수 있다.

(a) **변태설립사항**

변태설립사항은 회사설립시 남용되는 경우 회사의 재산적 기초를 위태롭게 하여 일반주주와 회사채권자에게 불리한 결과를 가져올 수 있는 소위 위험사항을 말한다(290조). 이처럼 변태설립사항은 설립시 자본금충실 등과 관련하여 위험부담이 큰 사항이므로, 정관뿐만 아니라 주식청약서에도 기재하여야 하며(302조 2항 2호), 통상의 절차와는 다르게 법원선임의 검사인의 조사(299조, 301조)가 이루어지는 것이 원칙이고, 경우에 따라서는 법원 또는 창립총회가 이를 변경할 수 있다(300조, 314조).

(ㄱ) **발기인이 받을 특별이익과 이를 받을 자의 성명**(290조 1호)

발기인이 받을 특별이익이란 회사설립을 기획한 공로에 대한 대가로서, 잔여재산분배·신주인수권에 대한 우선권 또는 회사설비의 이용에 관한 특권 등이 그 예이다. 그러나 소유주식에 대한 확정이자의 지급, 주금액의 납입면제, 무상주·공로주의 교부 등은 주주평등의 원칙에 반하므로 인정할 수 없다. 또한 특별이익은 발기인이 회사설립의 노고에 대하여 그 대가로서 받는 보수(290조 4호)와는 구별된다. 특별이익은 발기인이었던 자에 대하여 인정하는 채권자적 권리로서, 주주의 지위와는 상관없으므로 정관에 다른 정함이 없는 한 특별이익만을 분리하여 양도 또는 상속할 수 있다.

(ㄴ) **현물출자**(290조 2호)

① 현물출자라 함은 금전 이외의 재산을 목적으로 하는 출자를 말한다. 주식회사에 있어서는 금전출자를 원칙으로 하나 회사가 필요한 특정재산을 미리 확보할 수 있고, 금전은 없으나 현물을 보유하고 있는 자의 편의 등의 장점으로 인하여 예외적으로 현물출자를 인정하고 있다. 현물출자는 특허를 얻은 발명품을 공업화하려는 경우 또는 기존의 개인기업을 주식회사로 변경하려는 경우에 특히 유익하다. 반면 무가치한 재산이 출자되거나 재산이 과대평가되어 부당하게 많은 수의 주식

이 배당되는 경우 자본금충실을 해할 염려가 있기 때문에 상법은 이를 변태설립사
항으로 규정하고 있는 것이다.

② 현물출자의 목적이 될 수 있는 재산은 금전 이외의 재산으로서, 대차대조표
의 자산의 부에 계상될 수 있는 것이면 무엇이든지 포함된다. 예컨대 동산, 부동산,
유가증권, 타회사의 출자지분, 영업의 전부 또는 일부, 광업권, 특허권·실용신안권
등 산업재산권, 컴퓨터 소프트웨어(software) 등이 모두 현물출자의 목적물이 될 수
있다. 또한 공업기술상의 지식·know-how, 거래처, 영업권(good-will) 등과 같은 사
실상의 것이라도 재산적 가치가 있는 것이면 출자의 목적이 될 수 있다.

③ 현물출자의 이행은 납입기일에 회사에 물권적으로 이전하는 것이다. 동산의
경우는 인도하여야 하고, 등기나 등록을 요하는 경우에는 이에 관한 서류를 완비하
여 교부하면 된다(295조 2항, 305조 3항). 유가증권이라면 배서·교부의 방법으로, 채
권이라면 통지·승낙의 대항요건까지 갖추어야 한다. 설립시의 현물출자된 재산권
은 일단 설립중의 회사에 귀속되었다가 회사성립 후 특별한 절차 없이 회사의 재산
이 된다. 현물출자가 납입기일까지 이행되지 않는 경우에는 민법상 채무불이행의
일반원칙에 의하며 강제집행하거나(민법 389조), 출자자에게 손해배상을 청구할 수
있다(민법 390조·544조·551조). 또한 정관을 변경하여 설립절차를 계속 진행할 수도
있다.[1)]

④ 만일 현물출자가 과대하게 평가된 경우에는 설립경과조사절차에 의하여 시
정될 수 있다. 만일 과대평가가 시정되지 않고 설립등기를 마친 경우에는 발기인·
이사의 손해배상책임(322조, 323조)의 추궁으로 해결하는 것이 원칙이나, 과대평가의
정도가 중대한 경우에는 현물출자 자체를 무효로 보아야 한다.[2)]

(ㄷ) **재산인수**(290조 3호)

① 재산인수는 발기인이 회사의 성립을 조건으로 하여 특정인(발기인·주식인수인
또는 제3자)으로부터 금전 이외의 재산을 회사가 매수할 것을 약정하는 계약을 말
한다. 재산인수의 경우의 양도인은 매매·도급 등의 계약에 의하여 특정재산을 양
도하고 대가를 받는 것이므로 원래는 개인의 거래법상의 문제이나, 현물출자에 대
한 규제를 회피하고 남용의 염려가 있으므로 이를 변태설립사항으로 본 것이다. 재
산인수의 효력 및 회사의 추인 여부 등의 상세한 내용은 다음 [2]에서 살펴본다.

---

1) 김건식 외, 121면; 이철송, 247면; 홍복기·박세화, 169면.

2) 송옥렬, 760면; 이철송, 246면.

② 재산인수는 회사가 현물을 확보하기 위한 수단이라는 점과, 변태설립사항으로 규제되고 있는 점에서는 현물출자와 같으나, 현물출자는 단체법상의 합동행위 또는 입사계약인 데 반해 재산인수는 개인법상의 거래행위라는 점, 현물출자의 대가는 주식으로서 현물출자자는 주주가 되나 재산인수의 대가는 금전인 점, 현물출자는 설립 자체를 위하는 것이나 재산인수는 설립될 회사를 위한 개업 준비행위의 하나인 점 등에서 본질적으로 다르다.

③ 상법은 현물출자와 재산인수에 관한 규정을 잠탈하는 경우를 예상하여 회사설립 후의 계약으로 회사가 성립 후 2년 내에 그 성립 전부터 존재하는 재산으로서 영업을 위하여 계속하여 사용하여야 할 것을 자본금의 20분의 1 이상에 해당하는 대가로 취득하는 계약을 하는 경우는 주주총회의 특별결의가 있어야 한다(375조)고 규정하고 있는데, 이를 사후설립이라 한다. 사후설립에 대한 규제는 유한회사의 설립과 자본금증가의 경우에도 이루어진다. 사후설립은 개인법상의 계약이라는 점에서는 재산인수와 같고 단체법상의 현물출자와 다르며, 회사의 성립 후에 회사의 대표이사가 회사를 위하여 하는 특정재산의 취득계약이라는 점이 설립 자체를 위한 현물출자와 다르다.

④ 현물출자와 재산인수 그리고 사후설립을 주요 쟁점별로 비교해 보면 다음과 같다.

	현물출자(290조 2호)	재산인수(290조 3호)	사후설립(375조)
주 체	일반 제 3 자 (자격제한 없음)	일반 제 3 자 (자격제한 없음)	일반 제 3 자 (자격제한 없음)
법적 성질	단체법상 유상·쌍무 출자계약	개인법상 계약	개인법상 계약
목 적 물	금전 이외의 재산	금전 이외의 재산	회사성립 전부터 존재하는 영업을 위하여 계속 사용하는 재산
행위성질	회사설립행위	개업준비행위	회사설립행위와는 직접적으로 무관한 영업행위
행위시기	• 회사설립시: 설립등기 전까지 • 신주발행시: 신주효력발생 전까지(납입기일 전까지)	회사설립등기 전	회사설립 후 2년 내
반대급부	주식	금전	금전(취득대가가 자본금의 1/20 이상)

규　제	① 정관에 기재 ② 검사인의 조사가 원칙 ③ 감정인의 감정 또는 면제 　(자본금의 5분의 1을 초 　과하지 않는 경우 등)	① 정관에 기재 ② 검사인의 조사가 원칙 ③ 감정인의 감정 또는 면 　제(자본금의 5분의 1을 　초과하지 않는 경우 등)	주주총회의 특별결의 필요

(ㄹ) 설립비용과 발기인이 받을 보수(290조 4호)

① 설립비용은 발기인이 설립중의 회사의 기관으로서 회사설립을 위하여 지출한 비용을 말하며, 정관작성·광고비·통신비·비품비·인건비·사무소임대비 등이 이에 속한다. 개업준비비용(예: 공장용토지구입자금)은 설립비용에 포함되지 않는다는 것이 통설과 판례이다[주요판례 3]. 또한 회사설립의 등록세와 같은 세금도 정관에 기재하지 않더라도 당연히 회사가 부담할 성질의 것이므로 포함되지 않는다.

② 설립비용은 회사의 설립에 필요한 비용이므로 회사가 당연히 부담하여야 할 것이나, 이를 무제한으로 인정하면 부당한 지출이나 낭비로 회사의 재산적 기초를 위태롭게 할 염려가 있으므로 상법은 설립비용을 변태설립사항으로 규정한 것이다. 따라서 설립비용은 대내적으로는 정관에 기재하고, 검사인의 조사·보고(또는 공증인의 조사·보고)와 법원 또는 창립총회에서 승인한 한도에서 회사가 부담하고, 정관에 기재하지 아니하였거나 정관에 기재하였더라도 정관 소정의 비용을 초과하였거나 법원 또는 창립총회의 승인을 얻지 못하였을 때에는 그 금액을 발기인이 부담하여야 한다. 다만 대외적인 부담관계, 즉 설립비용의 채권자가 자신의 채권을 행위자인 발기인에게 청구할 것인가, 아니면 회사에 청구할 것이냐의 문제에 대하여는 견해의 대립이 있다. 발기인부담설, 회사부담설, 회사·발기인분담설, 회사·발기인중첩책임설 등이 그것이다(각 견해의 상세한 내용은 [2]에서 후술함).

③ 발기인의 보수는 회사설립에 관한 노력의 대가로서 발기인의 특별이익과 구별되며 일시에 지급되는 것이 보통이다. 이러한 발기인의 보수 역시 과다하게 지급되면 자본금충실을 해할 염려가 있으므로 정관에 기재하도록 한 것이다.

(b) 개별적인 상대적 기재사항

상법에 사안별로 규정된 상대적 기재사항은, 종류주식의 발행(344조), 주식양도의 제한(335조), 주권불소지제도의 불채택(358조의2 1항), 주주총회에 의한 대표이사의 선임(389조), 보통결의요건의 변경(368조 1항), 주주총회에 의한 준비금의 자본금전입(461조 1항) 등이 있으며, '정관에 다른 규정이 없거나' 혹은 '정관에 다른 규정이 있는 경우를 제외하고'라는 표현을 사용함이 보통이다.

(라) 임의적 기재사항

임의적 기재사항은 절대적·상대적 기재사항 이외의 것으로, 법의 강행규정이나 사회질서 또는 주식회사의 본질에 반하지 않는 기재사항을 말한다. 예컨대 이사·감사의 수와 자격에 관한 사항, 주주총회의 소집시기, 회사의 영업연도 등이 이에 속한다.

3) 정관의 효력

정관은 위에서 살펴본 대로 회사의 자치법규로 보아야 하므로, 발기인뿐만 아니라 회사의 주주 및 기관을 구속하는 효력을 가지며, 주주총회의 특별결의를 거치지 않고는 변경할 수 없다(434조). 다만 정관은 회사 내부의 자를 구속하는 효력만을 가지는 것이 원칙이므로, 제 3 자를 직접적으로 구속하지는 못한다.[1] 회사의 설립시에 작성하는 원시정관은 공증인의 인증을 받아야 그 효력이 발생하는 것이 원칙이나, 자본금 총액이 10억 원 미만인 회사를 발기설립하는 경우에는 원시정관의 공증의무가 면제된다(292조).

(3) 설립시의 주식발행사항의 결정

회사설립시 주식발행에 관한 주요 사항은 정관에 기재하나, 설립시에 발행하는 '주식의 종류와 수'와 '액면 이상의 주식을 발행하는 때에는 그 수와 금액' 그리고 '무액면주식을 발행하는 경우에는 주식의 발행가액과 주식의 발행가액 중 자본금으로 계상하는 금액'에 관하여는 정관에 다른 정함이 없으면 발기인 전원의 동의로 이를 정하여야 한다(291조). 이 같은 결정이 적법하지 않으면 설립무효의 원인이 된다.

(4) 설립시 실체구성(사원, 자본금, 기관의 구성) 방법 및 절차

1) 개   요

주식회사의 실체구성방법은 회사설립시 발행하는 주식에 대하여 발기인만이 주식총수를 인수하는 발기설립과 발기인이 일부를 인수하고 나머지는 주주를 모집하는 모집설립의 두 가지가 있다. 이 두 가지 중 어느 방법에 의할 것인가의 문제는 발기인들이 합의에 의하여 결정하면 된다(정관기재사항 아님).

---

1) 재산인수처럼 정관규정에 제 3 자와의 관계가 정해져 있는 경우도, 그 정관규정의 내용이 회사와 제 3 자와의 계약내용이 되고 제 3 자가 그 계약내용에 의거하여 채권자적 지위를 갖게 되는 것이지, 정관의 직접적인 효력은 아니다(최준선, 170면).

2) 발기설립

(가) 발기설립은 1인 이상의 발기인이 정관을 작성하고 주식총수를 인수하여 회사를 설립하는 것을 말한다.[1] 이 경우 발기인은 지체 없이 인수가액 전액에 대하여 납입하여야 한다(전액납입주의, 295조 1항 전문). 발기인은 납입을 맡은 은행 기타 금융기관을 지정하여 그 장소에 납입하고(295조 1항 후단), 설립등기를 위하여 납입보관은행으로부터 납입보관증명서를 받아야 한다(318조 1항). 다만 모집설립과는 달리, 발기설립에서는 자본금 총액이 10억 원 미만인 회사는 납입보관증명서를 은행이나 그 밖의 금융기관의 잔고증명서로 대체할 수 있다(318조 3항). 현물출자를 하는 발기인도 납입기일에 출자의 목적인 재산을 인도하여야 함은 물론이다. 발기인이 납입의무를 이행하지 않을 때에는 모집설립의 주식인수인의 경우와는 달리 실권이란 제도(307조)가 없으므로 당해 발기인에 대하여 그 이행을 소구(訴求)하거나, 설립절차가 중단되어 회사불성립에 그치는 것이 보통이다.[2]

(나) 발기설립의 경우는 창립총회가 없기 때문에, 출자의 이행이 끝나면 발기인은 지체 없이 의결권의 과반수로 이사와 감사(감사위원회를 두는 경우에는 감사위원)를 선임하여야 한다(지분주의— 인수주식의 1주에 대하여 1개의 의결권, 296조). 선임된 이사들은 정관에 다른 정함이 없으면 이사회를 개최하여 대표이사나 대표집행임원을 선임하여야 한다(389조 1항, 317조 2항 9호). 선임된 이사와 감사(감사위원회가 설치되는 회사의 경우는 감사위원회)는 그때부터 설립중의 회사의 기관이 되므로 취임 후 지체 없이 회사의 설립에 관한 모든 사항이 법령 또는 정관의 규정에 위반되지 않는가의 여부를 조사하여 발기인에게 보고하여야 한다(298조 1항). 다만, 제290조가 열거하는 변태설립사항이 있는 경우에는 통상의 경우와 다른 조사절차를 밟아야 한다. 이사는 원칙적으로 법원에 검사인의 선임을 청구하여야 하고(289조 4항), 검사인은 소정의 조사를 하여 그 결과를 법원에 보고하여야 한다(299조 1항). 이 경우, 발기인의 특별이익과 설립비용 및 발기인의 보수에 관하여는 공증인의 조사·보고로(290조 1호·4호), 현물출자와 재산인수에 관하여는 공인된 감정인의 감정으로 갈음할 수 있

---

1) 회사를 설립함에 있어 모집설립의 절차를 갖추었다 하더라도, 발기인이 주식모집 전에 주식의 대부분을 인수하고 형식상 일반공중으로부터 주식을 모집함에 있어 발기인이 타인의 명의를 모용하여 주식을 인수하였다면 명의모용자가 주식인수인이라 할 것이어서 결국 주식 전부를 발기인이 인수한 결과가 된다 할 것이므로 이 같은 회사의 설립은 발기설립으로 보아야 한다 (대법원 1992. 2. 14. 선고 91다31494 판결).

2) 송옥렬, 765면.

다. 더 나아가 창업자들의 조사에 따른 부담을 경감시켜주기 위해, 현물출자 및 재산인수에 있어서도 자본금충실을 해할 염려가 적은 경우에는 검사인의 조사보고나 감정인의 감정을 일체 면제하고 있다.[1] 즉 ① 현물출자나 재산인수의 대상이 되는 재산의 총액이 자본금의 5분의 1을 초과하지 아니하고, 시행령으로 정한 금액(5,000만 원)을[2] 초과하지 않는 경우, 또는 ② 이들 대상재산이 거래소에서 시세가 있는 유가증권으로 정관에 적힌 가격이 시행령으로 정한 방법으로 산정된 시세를[3] 초과하지 아니하는 경우, ③ 그 밖에 이에 준하는 경우로서 시행령이 정하는 경우 등은 검사인의 조사대상에서 제외하였다(제외 사항만 있는 경우에는 법원에 검사인 선임 청구 자체를 할 필요가 없음). 이 같은 면제조치는 다음에 설명하는 모집설립에서도 동일하게 적용된다.

검사인의 조사보고서에 사실과 다른 사항이 있으면 발기인은 이에 대한 설명서를 법원에 제출할 수 있고(299조 4항), 법원은 조사보고서·감정결과·설명서를 심사하여 부당하다고 판단하는 경우 이를 변경하여 각 발기인에게 통고할 수 있다(300조 1항).

3) 모집설립

(가) 모집설립에는 1인 이상의 발기인이 정관을 작성하여 발행주식의 일부를 인수하고 주주를 모집한다. 주주모집은 공모이든 연고모집이든 그 방법에 제한이 없다. 다만, 50인 이상을 상대로 공모할 경우에는 자본시장법의 적용을 받게 되어 금융위원회에 증권신고를 하는 등의 절차를 이행해야 한다(자본시장법 9조 7항·9항, 119조 1항).

(나) 주주(모집주주)는 주식청약서에 의하여 청약을 하여야 하는데(주식청약서주의, 302조 1항), 이에 대하여 발기인은 모집주주의 청약수량에 구애받지 않고 그 범위 내에서 임의로 주식을 배정할 수 있다(배정자유주의).[4] 이러한 주식인수행위도 법

---

1) 이철송, 256~257면; 홍복기·박세화, 176면.

2) 상법시행령 제 7 조 제 1 항.

3) 상법시행령이 정한 방법으로 산정된 시세란 '상법 제292조의 정관 효력발생일로부터 소급한 거래소에서의 1개월 평균종가, 1주일 평균종가 및 효력발생일 직전 종가를 산술평균하여 산정한 금액'과 '상법 제292조의 효력발생일 직전 거래일의 종가' 중 낮은 금액을 말한다(시행령 7조 2항). 단 이 조항은 그 재산에 사용, 수익, 담보제공, 소유권 이전 등에 대한 물권적 또는 채권적 제한이나 부담이 설정된 경우는 적용하지 않는다(시행령 7조 3항).

4) 모집주주의 주식인수행위의 법적 성질을 설립중의 회사(또는 장래 성립할 회사)에의 입사계약으로 설명하는 통설·판례의 입장에 대하여 특별한 이설이 없다(이철송, 258면; 홍복기·박

률행위이므로 주식인수인이나 발기인(또는 회사)은 민법의 일반원리에 의하여 인수계약의 무효나 취소를 주장할 수 있는 것이 원칙이나, 상법은 단체법상의 특수한 계약임을 감안하여 민법 제107조 제 1 항 단서의 적용을 배제하고 있다(302조 3항). 즉 청약인의 주식청약이 진의가 아님을 발기인이 알았다 하더라도 주식청약은 유효하다. 주식인수계약이 성립하면, 발기인은 지체 없이 주식인수인에 대하여 인수가액의 전액을 납입시켜야 한다(305조 1항). 그런데 종전과는 달리 2011년 상법개정으로 주주의 회사에 대한 상계금지 규정인 제334조가 삭제되어 주금액 납입에 있어 주식인수인은 원칙적으로 상계를 주장할 수 있게 되었다.[1] 만일 주식인수인이 주금을 납입하지 않을 때에는, 발기인은 일정 기일을 정하여 그 기일 2주간 전에 실권예고부최고를 하고, 최고를 받은 주식인수인이 그 기일까지도 납입을 이행하지 않으면 그 주식을 인수할 새로운 주주를 모집하거나(실권절차, 307조), 발기인 스스로가 그 주식을 인수할 수 있다.

　(다) 출자의 이행, 즉 납입이 끝나면 발기인은 지체 없이 창립총회를 소집(308조 1항)한다. 창립총회는 주식인수인으로 구성되는 설립중의 회사의 의결기관이며, 주주총회의 전신이다. 창립총회의 소집·결의는 대체로 주주총회에 관한 규정이 준용되나(308조 2항), 그 결의방법은 엄격하여 출석한 주식인수인의 의결권의 3분의 2 이상이며, 동시에 인수된 주식총수의 과반수에 해당하는 다수로써 하여야 한다(309조). 창립총회에서 이사·감사를 선임하고, 설립경과의 조사 절차를 거쳐야 한다(310조~314조). 설립경과조사절차는 기본적으로 발기설립과 동일하고, 다만 부당 변태설립사항의 변경권이 법원에 있지만, 모집설립의 경우는 변태설립사항이 부당한 경우에 창립총회가 이를 변경할 수 있다(300조 1항, 314조 1항). 창립총회에서는 정관변경 또는 설립폐지의 결의를 할 수 있는데(316조 1항), 소집통지서에 이런 뜻의 기재가 없는 경우에도 가능하다(316조 2항). 다만 정관상 목적의 대폭적 변경이 가능한가의 여부에 대하여는 변경을 반대하는 견해도 있지만, 회사성립 후 주주총회의 특별결의로 창립총회보다 손쉽게 언제든지 목적변경이 가능하다는 측면을 고려할 때

세화, 178면; 대법원 2004. 2. 13. 선고 2002두7005 판결). 반면 발기인의 주식인수행위에 대하여는, 발기인의 주식인수가 설립행위이고 전체 발기인의 일방적 의사표시의 합치에 의하여 이루어진다는 점에 주목하여 합동행위로 파악하는 통설적 견해와(홍복기·박세화, 175면), 모집주주와 동일하게 설립중의 회사에의 입사계약으로 보는 견해가 대립되어 있다(이철송, 252면).

1) 다만 상계 주장의 폐해를 방지하기 위해, 신주인수인이 상계를 주장하려면 회사의 동의를 받도록 하는 보완규정을 함께 입법하였다(421조 2항).

허용하는 것이 합리적이라고 본다.

(5) 설립등기

1) 개   요

회사의 실체형성이 종료하면 회사는 최종절차인 설립등기에 의하여 성립한다. 설립등기는 발기설립의 경우는 설립경과조사(299조, 300조) 종료일부터, 모집설립의 경우는 창립총회종결일 또는 변태설립사항의 변경이 종료된 때부터 2주간 내에 본점소재지에서 상법 제317조 제 2 항의 규정된 사항의 등기를 신청하여야 한다(317조 1항).[1] 회사의 설립등기 후 등기사항의 변경이 있는 경우에도 본점소재지에서는 2주간 내에, 지점소재지에서는 3주간 내에 변경등기를 하여야 한다(317조 3항, 183조).

2) 설립등기의 효력

(가) 창설적 효력

주식회사는 본점소재지에서 설립등기를 함으로써 성립하며(172조) 법인격을 취득한다. 설립등기는 상업등기와는 달리 공고를 요하지 않으며, 제 3 자의 선의·악의가 문제되지 않는다. 회사의 성립에 따라 설립중의 회사를 위하여 형식적으로 발기인이 취득한 권리·의무는 당연히 회사에 귀속된다. 또한 주식인수인은 주주가 되며, 이사·감사들은 그 직무를 수행하게 된다.

(나) 부수적 효력

설립등기를 하면 아래와 같은 부수적 효력이 발생한다.

① 주식인수인은 주식청약서의 요건의 흠결을 이유로 그 인수의 무효를 주장하거나 사기·강박·착오를 이유로 그 취소를 주장하지 못한다(주식인수의 무효·취소 제한, 320조 1항). 따라서 설립등기 전에는 주식인수인이 주식청약서의 방식의 흠결 등을 이유로 주식인수계약의 무효를 주장할 수 있지만, 설립등기 후에는 무효의 주장을 할 수 없다(단, 주식인수인이 창립총회에서 그 권리를 행사한 경우에는 설립등기 전에도 무효의 주장을 할 수 없음, 320조 2항). 또한 ② 설립등기로 권리주 양도제한이 해제되며(319조 참조), ③ 주권발행이 강제되고(355조 1항), ④ 회사의 상호는 등기된 상호로서 보호되며(317조 2항 1호, 22조~23조), ⑤ 발기인의 자본충실책임이 성립하게 된다(321

---

1) 설립등기 신청서에는 정관, 주식인수 증명서면, 주식청약서, 조사보고서나 감정서류, 창립총회 의사록, 주금납입 담당 금융기관의 납입금보관증명서(소규모회사의 경우는 잔고증명서로 대체가능, 318조 3항) 등의 서류가 첨부되어야 한다(상업등기규칙 129조).

조 참조).

Ⅲ. 주요판례·문제해설

1. 주요판례

(1) 대법원 2000. 11. 24. 선고 99다12437 판결 — 정관의 법적 성질

사단법인의 정관은 이를 작성한 사원뿐만 아니라 그 후에 가입한 사원이나 사단법인의 기관 등도 구속하는 점에 비추어 보면 그 법적 성질은 계약이 아니라 자치법규로 보는 것이 타당하므로, 이는 어디까지나 객관적인 기준에 따라 그 규범적인 의미 내용을 확정하는 법규해석의 방법으로 해석되어야 하는 것이지, 작성자의 주관이나 해석 당시의 사원의 다수결에 의한 방법으로 자의적으로 해석될 수는 없다 할 것이어서, 어느 시점의 사단법인의 사원들이 정관의 규범적인 의미 내용과 다른 해석을 사원총회의 결의라는 방법으로 표명하였다 하더라도 그 결의에 의한 해석은 그 사단법인의 구성원인 사원들이나 법원을 구속하는 효력이 없다.

(2) 대법원 1989. 2. 14. 선고 87다카1128 판결 — 재산인수와 사후설립

회사의 성립 전에 회사의 발기인들에 의하여 이루어진 것인지, 그렇지 않으면 회사 성립 후에 대표이사에 의하여 이루어진 것인지 불분명하나, 전자의 경우라면 그 매매행위는 상법 제209조 제 3 호 소정의 재산인수라 할 것이고 후자의 경우라면 그것은 상법 제375조 소정의 사후설립으로 보아야 할 것이다. 따라서 매매행위의 유효 여부를 가리기 위하여는 먼저 그 매매행위가 언제, 누구에 의하여 이루어졌는지를 심리하여 그것이 재산인수인지 혹은 사후설립인지를 확정한 후에 그것이 유효여건을 갖추었는지 여부를 심리하여 그 유·무효를 판단하여야 할 것이다.

(3) 대법원 1965. 4. 13. 선고 64다1940 판결 — 설립비용과 개업준비행위

피고조합은 그 조합원의 가구의 공동생산, 공동가공, 공동소비를 목적으로 하여 설립된 조합인바 피고조합이 설립되기 전의 설립중인 피고조합 발기인들이 관청에서 하는 부당한 가구 등의 도급수의계약체결을 방지하는 데 공동노력하기로 하고 그에 필요한 비용을 차입한 금원은 특별한 사정이 없는 한 설립중인 위 조합의 설립자체를 위한 비용이라고 볼 수 없는 것을 그 조합의 목적사업을 위한 비용이라 하여 설립후의 조합에게 변제할 책임이 있다고 판단하였음은 설립중인 법인

의 행위에 대하여서의 설립후의 법인의 책임에 관한 법리를 오해한 위법이 있다고
할 것이다.

2. 문제해설

(1) C의 현물출자계약에 따른 이행이 이루어지지 않는 경우, 원칙적으로 강제
집행이 가능한데 강제집행이 이루어지지 못하는 상태라면, 이행불능상태(특정된 목
적물의 전소와 관련하여 C의 귀책사유가 존재하는 경우)이든 이행지체상태(목적물이 특정되지
않아 새로운 사무용 기기를 구입하여 이행하여야 함에도 이행하지 않는 경우)이든 A는 발기인
의 동의를 얻어 현물출자 부분과 관련된 정관규정을 변경하여 설립절차를 속행할
수 있고, 설립포기절차를 밟을 수도 있다. 또한 이와 별도로 A는 C에 대하여 주식
인수계약을 해제하고 채무불이행으로 인한 손해배상을 청구할 수 있다(민법 390조).

(2) 현물출자의 재산총액이 5천만 원을 초과하지 않았으나(시행령 7조 1항), 설
립자본금의 5분의 1을 초과하였으므로 검사인의 조사, 보고 면제 대상이 아니다
(299조 2항 1호). 따라서 C의 현물출자는 상법상 조사 및 보고절차를 밟아야 한다.
다만 현물출자의 조사 및 보고절차를 결여한 것은 절차적 문제로서 현물출자행위
자체의 효력에는 영향이 없다(대법원 1980. 2. 12. 선고 79다509 판결).

다만 발기인 A, B, C는 현물의 과대평가 등 부당성이 인정되는 경우 손해배상
책임을 부담할 수 있고(322조 1항, 2항), 그 부당성이 현저하여 치유가 불가능한 경우
에는 설립무효사유가 될 수 있다.

[2] 개업준비행위에 의한 채무 및 설립비용의 부담

I. 사   례

1. 사실관계

[사안 1]

A는 단독으로 甲주식회사의 설립을 기획하고, B로부터 설립사무소를 500만
원에 임차하고, 설립사무직원 C를 고용하여 보수로 300만 원을 지급하기로 약정하
였다. 甲주식회사의 정관에는 설립에 관한 비용으로 200만 원이 기재되어 있고, 설

립조사를 거쳐 설립등기를 마쳤는데, 설립등기시점까지 B와 C에게 일체의 금전지급이 없었다.

[사안 2]

D는 유통을 주 영업으로 하는 乙주식회사를 설립하려고 기획하였다. D는 다른 발기인 전원의 동의를 얻어 E와 토지를 설립등기 후 乙회사로 양도하기로 하는 계약을 체결하였다. 또한 동일한 형식으로 丙주식회사로부터 '24시간 연속유통의 know-how'를 2천만 원에 구입하는 계약도 체결하였다. 그런데 乙회사의 정관에는 위 두 가지의 계약에 대한 기재가 없다.

2. 검　　토

(1) B와 C는 甲회사에 대하여 각자의 채권 전액을 청구할 수 있는가?

(2) 甲회사가 B와 C에게 각각 100만 원씩만 변제하였다면, B는 400만 원 그리고 C는 200만 원을 A에게 직접 청구할 수 있는가?

(3) E는 乙회사에 토지대금을 청구할 수 있는가?

(4) 당해 토지의 지가가 상승하자, E는 乙회사와의 토지매매계약을 무효화하고자 한다. E의 무효주장은 회사법적으로 타당한 것인가?

(5) 乙회사는 성립 후에 丙회사와의 계약을 추인하였으나, 동일업종의 또 다른 丁회사가 4천만 원에 know-how를 구입하겠다고 丙회사에게 제안하자(乙회사와의 계약이 무효가 되어 乙회사가 '24시간 연속유통의 know-how'를 이용하지 못하게 되는 것을 조건으로), 丙회사는 기존 계약을 무효화하고자 한다. 乙회사와 丙회사와의 계약의 효력에 관하여 설명하시오.

Ⅱ. 주요법리

1. 발기인의 개업준비행위

(1) 발기인의 개념

주식회사의 설립에는 1인 이상의 발기인이 정관을 작성하여 일정 사항을 기재하고, 그 전원이 기명날인 또는 서명하여야 한다(289조 1항). 발기인은 실질적으로는 회사의 설립을 기획하고, 그 설립사무를 집행하는 자를 말한다고 보아야 할 것이

나, 상법상으로는 회사설립의 관여를 묻지 않고 형식적으로 정관에 기명날인 또는
서명한 자를 말한다. 이는 회사설립에 관한 책임을 명확하게 하기 위함이다. 다만
상법상 발기인이 아닌 자라도 회사설립에 관여한 경우 유사발기인으로서 책임을
지는 경우가 있다(327조).

발기인은 1주 이상의 주식을 인수하여야 하며(293조, 302조 2항 4호), 발기인의
자격은 제한이 없으므로 법인도 발기인이 될 수 있다.

이러한 발기인은 회사설립을 목적으로 하는 발기인조합의 구성원이며 설립중
의 회사의 기관이다.

(2) 발기인의 권한과 재산인수

1) 서   설

발기인은 설립중의 회사의 기관으로서 어떤 범주 내에서 행위를 할 수 있는
가? 이 같은 발기인의 권한 범위는 설립중의 회사의 행위능력의 범위로서, 발기인
의 설립중의 회사를 위한 행위의 효력이 성립 후의 회사에 당연히 귀속되는가의 문
제이기도 하다. 발기인의 권한 범위에 대하여는 크게 3가지 정도의 견해가 대립 된
다. 본장에서는 개업준비행위가 발기인의 권한에 포함되는가 그리고 개업준비행위
의 일종으로 볼 수 있는 재산인수에 관한 상법상 규정을 본질적으로 어떻게 파악할
것인가를 중심으로 각 견해의 입장을 정리해 보고자 한다.

2) 제 1 설

(가) 발기인은 정관의 작성, 주식의 인수 및 납입, 창립총회의 소집 등 회사설
립 자체를 직접적인 목적으로 하는 행위(법인격취득을 위한 행위)만을 할 수 있다는
견해이다. 제 1 설은 발기인의 권한을 가장 좁게 인정하는 입장으로, 발기인이 개업
준비행위를 원칙적으로 할 수 없다고 한다.[1]

(나) 발기인의 권한 범위를 매우 협소하게 설정하고 있는 제 1 설도, 예외적으
로 발기인이 상법의 규정에 의한 법정 요건(290조 3호, 299조, 310조)을 갖춘 방식으로
하는 경우에는 개업준비행위를 인정할 수밖에 없다. 따라서 예외적으로 정관에 기
재한 재산인수계약을 통하여 이루어지는 개업준비행위는 가능하다. 결국 제 1 설은
제290조 제 3 호를 회사가 필요한 경우 성립 후에 시간의 낭비 없이 사업을 수행할
수 있도록 하기 위하여, 예외적으로 정관의 기재를 조건으로 개업준비행위를 인정

---

1) 김건식 외, 94면; 이철송, 236면.

하는 조문으로 해석한다.

3) 제 2 설

(가) 발기인은 설립 자체를 위한 행위(제 1 설의 권한범위) 이외에도, 설립사무소의 임차, 설립사무원의 고용, 주식청약서 등 필요서류의 인쇄의 위탁, 주주모집의 광고의 위탁 등 회사설립을 위해 법률상·경제상 필요한 행위까지 할 수 있다는 견해이다.[1]

(나) 제 2 설은 제 1 설에 비하여 인정 범위가 넓지만, 발기인이 기본적으로 개업준비행위를 할 수 없다고 보는 것은 동일하기 때문에, 제 1 설과 동일하게 재산인수에 관한 제290조 제 3 호를 예외적 인정규정으로 파악한다.

4) 제 3 설

(가) 설립 자체나 법률상·경제상 필요한 행위뿐만 아니라(제 2 설의 권한 범위), 성립 후의 회사를 위한 토지·건물의 양수, 원료의 구입, 종업원의 채용 등 회사성립 후의 개업을 위한 준비행위도 발기인의 권한에 포함된다는 견해이다.[2]

제 1 설과 제 2 설은 설립에 필요한 행위와 개업준비행위의 구분이 실제적으로 가능할 때 그 논리의 타당성 검토가 의미를 가진다고 볼 수 있으므로, 양자의 구분이 현실적으로 어려운 점을 감안하면 개업준비행위는 기본적으로 발기인의 권한 범위 내로 보는 것이 합리적이다.

(나) 제 3 설은 발기인이 기본적으로 개업준비행위를 할 수 있다는 입장이므로, 제290조 제 3 호는 재산인수계약의 남용 위험성을 규제하기 위하여 입법된 주의적 규정이라고 설명한다.[3] 즉 발기인이 일반적으로 개업행위를 할 수 있는 권한이 있지만, 재산인수방식으로 개업준비행위를 하는 경우에는 정관에 기재를 하여 조사를 받아야 한다는 것이다.

(다) 다소 오래 되었고 판시내용상 명문으로 분명하게 확인되지는 않지만, 자동차운수사업을 목적으로 한 설립중의 회사의 발기인 대표가 체결한 자동차조립계약(개업준비행위)에 대하여 성립 후의 회사의 책임을 인정하고 있음에 비추어 볼 때, 판례는 제 3 설을 취하고 있는 것으로 보인다(대법원 1970. 8. 31. 선고 70다1357 판결).

---

1) 손주찬, 553면; 홍복기·박세화, 162면.
2) 송옥렬, 778면.
3) 최준선, 154면.

(3) 재산인수계약의 효력 및 회사의 추인

1) 재산인수계약의 정관기재 효력

발기인이 재산인수계약을 정관에 기재하고(변태설립사항), 검사인의 조사 또는 감정인의 감정 등 상법상 절차를 경유한 때는 설립중의 회사의 유효한 행위가 되어, 성립 후의 회사가 계약상 권리·의무의 주체가 된다.

그렇지만 정관에 기재가 없는 재산인수(그 외 발기인 권한 외의 행위도 마찬가지)는 무효이고, 이러한 무효는 회사뿐만 아니라 그 양도인도 주장할 수 있다[주요판례 1]. 다만 회사가 성립 후에 정관기재가 없는 재산인수계약을 추인할 수 있는지에 대하여는 견해가 대립한다.

2) 성립 후 회사의 추인

(가) 추인긍정설

정관에 기재하지 않은 재산인수계약은 일종의 무권대리행위로서 민법 제130조에 따라 추인할 수 있다고 보아야 하며, 성립 후의 회사가 추인하는 경우 상대방이 추인 전에 무효를 주장하지 않는 한 그 효과가 회사에 귀속한다고 설명한다.

추인긍정설을 취하는 경우에 성립 후의 회사는 어떠한 방법으로 추인할 수 있는가에 대하여는 논란이 있지만, 주로 사후설립규정을(375조) 유추적용하여 주주총회의 특별결의로써 이를 추인할 수 있다고 한다.[1]

(나) 추인부정설

추인부정설은 발기인의 권한 범위 외의 행위는 절대적인 무효이므로 성립 후의 회사가 이를 추인하지 못하며, 이 무효는 회사뿐만 아니라 양도인도 주장할 수 있다는 것을 강조한다. 부정설은 긍정설에 대하여 실정법상의 근거가 없는 주장일 뿐만 아니라, 현실적으로 탈법행위를 인정하는 결과가 되어 변태설립사항을 규정한 상법 제290조를 무력하게 할 수 있다고 비판한다.[2]

(다) 판례의 입장

판례는 정관기재 없는 재산인수는 무효지만 동시에 사후설립의 요건을 갖추는 경우에는 주주총회의 특별결의에 의하여 추인할 수 있다는 입장을 취하고 있다[주요판례 3].

---

1) 김건식 외, 123면; 정찬형, 673면.
2) 손주찬, 609면; 이철송, 249면.

(라) 결   어

생각건대 현행 상법은 거래행위의 일종인 재산인수를 변태설립사항으로 엄격히 규정하고 있기 때문에(정관과 주식청약서에 기재, 검사인의 조사) 소급효가 인정되는 추인을 인정하는 경우에는 설립위험사항의 규제에 관한 규정이 무의미하게 되므로 부정설이 타당하다. 특히 변태설립사항이 자본금충실에 관한 절차상의 규정임을 감안하면 더욱 그렇다. 따라서 발기인의 권한 범위 외의 행위 중에 회사에 필요한 행위가 있다면 상대방과 새로운 계약을 체결하여야 한다.

2. 설립비용의 부담

(1) 대내적 부담관계

설립비용은 앞에서 설명한 대로 상법 제290조 제 4 호 규정에 따라 정관에 기재하고 소정의 법정 절차를 밟은 경우에는 회사가 부담하고, 정관에 기재하지 아니하였거나 정관에 기재하였더라도 정관 소정의 비용을 초과하였거나 법원 또는 창립총회의 승인을 얻지 못하였을 때에는 그 금액은 회사가 부담하지 아니하고 발기인이 부담하여야 한다. 그러므로 발기인은 정관에 기재되지 않은 금액을 사무관리 또는 부당이득을 이유로 회사에 대하여 청구할 수 없고, 회사성립 후 정관변경으로도 이것을 회사의 부담으로 할 수 없다. 이것은 설립비용의 내부적 부담의 문제이다.

(2) 대외적 부담관계

위와 같이 설립비용은 변태설립사항으로서 적법하게 인정되는 경우에만 회사가 부담하게 되나, 한편 설립비용은 본래 회사의 설립에 필요한 비용이고, 설립중의 회사에 있어서 발기인의 권한 내에 속하는 행위는 성립 후의 회사에 귀속되는 것이 원칙이므로, 회사성립 후에 아직 지급되지 않은 설립비용은 대외적으로 누가 부담할 것이냐가 문제가 된다(회사불성립의 경우에 설립비용은 모두 발기인이 연대·무과실책임을 부담한다, 326조 1항). 즉 설립비용 채권자는 행위자인 발기인에게 채권을 청구할 것인가, 아니면 회사에 청구할 것이냐의 문제이다. 이러한 설립비용의 대외적 부담관계에 관하여는 발기인부담설, 회사부담설, 회사·발기인분담설, 회사·발기인 중첩책임설의 대립이 있다.

1) 발기인전액부담설

설립비용은 회사의 성립의 전후를 불문하고 대외적으로 항상 발기인이 부담하여야 한다고 보는 입장이다. 다만 발기인이 이미 설립비용의 채무를 이행한 때에는 정관에 기재되고 창립총회의 승인을 얻은 한도에서 회사에 대하여 구상할 수 있다.[1]

2) 회사전액부담설

설립비용은 정관의 기재의 여부, 창립총회의 승인의 여부를 불문하고 회사가 대외적 책임을 부담하나, 정관에 기재되지 아니한 금액이나 기재를 초과한 금액 또는 창립총회의 승인을 얻지 못한 금액에 대하여는 회사가 발기인에게 구상할 수 있다고 보는 입장이다.[2]

3) 회사·발기인 중첩책임설

일반적으로 법인격이 없는 사단에 있어서는 대외적으로 그 사단의 재산으로 책임짐과 동시에 그 대표자도 책임을 져야 한다는 기본 입장에서, 법인격이 없는 사단인 설립중의 회사의 채무는 그대로 성립 후의 회사에 귀속되지만 이로 인하여 설립중의 회사의 대표인 발기인의 책임이 면제되는 것은 아니라고 하여, 양자의 중첩적 책임을 인정하는 견해이다.[3]

4) 회사·발기인 분담설

설립비용은 대외적으로 정관의 기재와 창립총회의 승인을 얻은 부분은 회사가 부담하고, 그 이외는 발기인이 부담한다고 보는 입장이다. 일본 법원에서 채택한 입장이다.

5) 결   어

설립비용은 누가 설립행위를 하더라도 본래 회사의 설립을 위하여 예정되어 있는 비용이고, 설립비용 부담행위는 기본적으로 설립중의 회사의 기관인 발기인의 권한 내에 속하는 행위로 보는 것이 타당하므로 회사부담설이 타당하다. 따라서 대외적인 관계에서 설립비용은 회사가 부담하고, 다만 자본금충실을 위한 변태설립사항의 요건을 갖추지 아니한 설립비용은 발기인에 대하여 구상할 수 있다고 봄이 옳다.

---

1) 김건식 외, 124면.
2) 이철송, 249면.
3) 손주찬, 560면.

Ⅲ. 주요판례·문제해설

1. 주요판례

(1) 대법원 2015. 3. 20. 선고 2013다88829 판결 — 정관에 기재하지 않은 재산인수와 신의성실의 원칙

갑이 을이 장래 설립·운영할 병 주식회사에 토지를 현물로 출자하거나 매도하기로 약정하고 병 회사 설립 후 소유권이전등기를 마쳐 준 다음 회장 등 직함으로 장기간 병 회사의 경영에 관여해 오다가, 병 회사가 설립된 때부터 약 15년이 지난 후에 토지 양도의 무효를 주장하면서 소유권이전등기의 말소를 구한 사안에서, 위 약정은 상법 제290조 제3호에서 정한 재산인수로서 정관에 기재가 없어 무효이나, 갑이 토지 양도의 무효를 주장하는 것은 신의성실의 원칙에 반하여 허용될 수 없다고 하였다.

(2) 대법원 1994. 5. 13. 선고 94다323 판결 — 정관에 기재하지 않은 재산인수의 효력

상법 제290조 제3호 소정의 "회사성립 후에 양수할 것을 약정"한다 함은 회사의 변태설립의 일종인 재산인수로서 발기인이 설립될 회사를 위하여 회사의 성립을 조건으로 다른 발기인이나 주식인수인 또는 제3자로부터 일정한 재산을 매매의 형식으로 양수할 것을 약정하는 계약을 의미하므로, 당사자 사이에 회사를 설립하기로 합의하면서 그 일방은 일정한 재산을 현물로 출자하고, 타방은 현금을 출자하되, 현물출자에 따른 번잡함을 피하기 위하여 회사의 성립 후 회사와 현물출자자 사이의 매매계약에 의한 방법에 의하여 위 현물출자를 완성하기로 약정하고 그 후 회사설립을 위한 소정의 절차를 거쳐 위 약정에 따른 현물출자가 이루어진 것이라면, 위 현물출자를 위한 약정은 그대로 상법상 재산인수에 해당한다. 따라서 해당 약정이 정관에 기재되지 아니하는 한 무효이다.

(3) 대법원 1992. 9. 14. 선고 91다33087 판결 — 정관에 기재하지 않은 재산인수의 추인

재산인수는 발기인이 회사의 성립을 조건으로 다른 발기인이나 주식인수인 또는 제3자로부터 일정한 재산을 매매의 형식으로 양수할 것을 약정하는 계약을 의미한다고 할 것인데, 원시정관의 작성 전이어서 발기인의 자격이 없는 자가 장래

성립할 회사를 위하여 위와 같은 계약을 체결하고 그 후 그 회사의 설립을 위한 발기인이 되었다면 위 계약은 재산인수에 해당하고 정관에 기재가 없는 한 무효라고 할 것이다. 갑과 을이 공동으로 축산업 등을 목적으로 하는 회사를 설립하기로 합의하고 갑은 부동산을 현물로 출자하고 을은 현금을 출자하되, 현물출자에 따른 번잡함을 피하기 위하여 회사의 성립 후 회사와 갑간의 매매계약에 의한 소유권이전등기의 방법에 의하여 위 현물출자를 완성하기로 약정하고 그 후 회사설립을 위한 소정의 절차를 거쳐 위 약정에 따른 현물출자가 이루어진 것이라면, 위 현물출자를 위한 약정은 그대로 상법 제290조 제3호가 규정하는 재산인수에 해당한다고 할 것이어서 정관에 기재되지 아니하는 한 무효라고 할 것이다. 다만, 위와 같은 방법에 의한 현물출자가 동시에 상법 제375조가 규정하는 사후설립에 해당하고 이에 대하여 주주총회의 특별결의에 의한 추인이 있었다면 회사는 유효하게 위 현물출자로 인한 부동산의 소유권을 취득한다고 보아야 한다.

(4) 대법원 1989. 2. 14. 선고 87다카1128 판결 — 재산인수와 사후설립

회사의 성립 전에 회사의 발기인들에 의하여 이루어진 것인지, 그렇지 않으면 회사성립 후에 대표이사에 의하여 이루어진 것인지 불분명하나, 전자의 경우라면 그 매매행위는 상법 제209조 제3호 소정의 재산인수라 할 것이고 후자의 경우라면 그것은 상법 제375조 소정의 사후설립으로 보아야 할 것이다. 따라서 매매행위의 유효 여부를 가리기 위하여는 먼저 그 매매행위가 언제, 누구에 의하여 이루어졌는지를 심리하여 그것이 재산인수인지 혹은 사후설립인지를 확정한 후에 그것이 유효여건을 갖추었는지 여부를 심리하여 그 유·무효를 판단하여야 할 것이다.

2. 문제해설

(1) 설립사무소 임차료와 설립사무직원의 보수는 설립비용에 해당한다. 설립비용은 정관의 기재 여부에 상관없이 회사가 대외적으로 전액 부담하는 것이 타당하므로(회사전액부담설), 채권자 B, C는 甲 설립중의 회사에 대하여 전액을 청구할 수 있고, 설립등기 전에 완전히 변제되지 않는 경우에는 甲 성립 후 회사가 미변제부분에 대하여 지급책임을 부담한다. 사례의 경우에는 성립 후 甲회사가 B, C에 대하여 전액의 지급책임을 부담한다.

(2) 설립비용 부담에 관하여 회사전액부담설에 의할 경우, 설립비용 중 정관

미기재부분에 대하여 발기인이 직접 채권자에 대하여 지급책임을 부담하는 것이 아니고, 甲회사가 대외적으로 설립비용 채권자에 대하여 전액 부담하고, 정관에 기재되지 않은 부분에 대하여 발기인에게 구상함으로서 대내적인 부담문제를 해결하여야 한다. 따라서 B와 C는 A에게 각각 400만 원, 200만 원의 채권을 직접 청구할 수는 없다.

(3) D가 乙 설립중의 회사의 기관으로서 E와 토지매매계약을 체결하면서 설립등기 후 甲회사가 양수하기로 약정하였다면 재산인수계약에 해당하고, 이는 정관에 기재하여야만 그 효력이 있다. 정관에 기재하지 않은 재산인수계약은 무효로서 이 계약이 회사에 반드시 필요한 것이라면 새로이 계약을 체결하여야 한다(추인부정설). 이 같은 법리에 의하면, E는 乙회사에 토지대금을 청구할 수 없다. 그런데 판례는 정관상 기재되어 있지 않은 위법한 재산인수도 사후설립의 요건을 구비한 경우에는 주주총회의 특별결의에 의해 추인할 수 있다는 입장이다[주요판례 3].

(4) 정관기재 없는 재산인수계약은 무효인데, 무효 주장은 회사뿐만 아니라 토지 양도인인 거래 상대방 E도 주장할 수 있다.

(5) 변태설립사항인 재산인수의 목적은 재무상태표에 계상될 수 있는 재산적 가치가 있는 것이면 무엇이나 가능하므로, 사례와 같은 乙회사와 丙회사 사이의 'know-how'구입계약도 재산인수계약에 포함됨은 물론이다. 정관에 기재하지 않은 재산인수계약은 성립 후 회사가 추인할 수 없다고 보는 것이 타당하므로(추인부정설)(앞에서도 언급했다시피 판례는 정관에 기재하지 않은 재산인수계약도 사후설립의 요건을 갖추는 경우에는 주주총회의 특별결의에 의해 추인이 가능하다는 입장임), 乙회사의 추인의 의사표시 후에도 丙회사가 'know-how'계약의 무효를 주장할 수 있다.

[3] 설립중의 회사

Ⅰ. 사   례

1. 사실관계

A, B는 각각 1억 원씩 투자하여 甲주식회사를 설립하기로 약정하고 정관작성을 마쳤다. A는 甲회사에 대한 투자자금을 마련하기 위해 B의 보증을 받아 乙은행

으로부터 1억 원을 대출받았다. 한편 회사설립 과정에서 A는 B의 동의를 얻어 甲 설립중의 회사 명의로 C로부터 5억 원을 대출받아 공장부지를 매입하는 계약을 체결하였다.

2. 검 토

(1) 乙은행은 A가 채무변제를 하지 않는 경우, 설립중의 회사에 대하여 1억 원의 채권을 청구할 수 있는가?

(2) 성립 후 甲회사는 C에게 원금 5억 원과 이에 상당하는 이자를 지급해야 하는 채무를 부담하는가?

Ⅱ. 주요법리

1. 설립중의 회사의 의의 및 법적 성질

설립중의 회사라 함은 설립등기에 의하여 회사가 성립할 때까지 존재하는 미완성의 회사를 말한다. 설립중의 회사는 장기간 복잡하게 이루어지는 주식회사 설립단계에서 발기인이 회사설립을 위해 취득한 권리·의무를 발기인 등의 출자자에게 귀속시키지 않고 성립 후의 회사에게 귀속시키기 위해 설정한 강학상의 개념이다.

설립중의 회사의 법적 성질에 대하여는 두 견해의 대립이 있다. ① 설립중의 회사는 조합도 권리능력이 없는 사단도 아닌, 성립중의 법인이라는 특수한 형태로 파악하는 견해(소수설, 독일 다수설)와,[1] ② 권리능력 없는 사단이라고 보는 견해(다수설) 등이 그것이다.[2] 다수설인 권리능력 없는 사단설에 찬동한다.

설립중의 회사는 설립될 회사의 전신으로서 법인격만 취득하지 못했을 뿐, 사단의 실체인 구성원(주식인수인), 근본규칙(정관), 집행기관(발기인·창립총회 등) 등이 존재하므로, 설립중의 회사의 법적 성질을 무엇으로 파악하든지 모두 그 법률관계를 명확히 하기 위하여 일정 범위의 권리능력을 인정할 필요가 있다는 점에는 기본적으로 동의하지만, 이 문제와 관련하여 ②설(권리능력 없는 사단설)은 일반적으로 권

---

1) 최준선, 161면 참조.
2) 김건식 외, 92면; 이철송, 232면; 정찬형, 659~660면; 홍복기·박세화, 158면.

리능력이 없고 아주 예외적인 경우에만 인정할 수 있다고 설명하는 반면(negative 방식), ①설(성립중의 법인설 또는 특수단체설)은 일반적으로 권리능력이 인정되고 예외적으로 등기를 전제로 하는 일부규정만이 적용되지 아니한다는 입장(positive 방식)을 취하고 있는 점이 서로 다르다.[1]

2. 설립중의 회사의 성립시기

(1) 정관작성시설

정관작성시설은 설립중의 회사는 발기인이 정관을 작성한 때 성립한다고 보는 설로, 설립중의 회사의 기관인 발기인이 정관으로 확정되면 설립중의 회사의 성립을 인정할 수 있다는 것이다.[2] 정관작성시설은 설립중의 회사의 인정 실익(설립등기 전에 발생한 권리·의무가 설립 후 회사에 귀속하는 관계를 설명)을 감안할 때 가급적 조기에 설립중의 회사를 인정할 필요가 있다고 한다.

그런데 이 견해는 설립중의 회사가 단체로서 성립하기 위하여는 그 구성원인 사원의 일부가 확정되어야 하는데, 정관의 작성으로 발기인의 주식인수가 예정되어 있다고 하더라도 현실적인 주식인수 전에는 사원이라고 볼 수 없다는 점에서, 정관작성시를 설립중의 회사의 성립시기로 보는 것은 무리가 있다는 비판을 받고 있다.

(2) 발기인이 정관을 작성하고 1주 이상을 인수한 때라고 보는 설

발기인들이 정관을 작성한 후 각 발기인들이 1주 이상의 주식을 인수한 때에 설립중의 회사가 성립한다는 견해이다. 주식인수 없이 정관작성만으로는 사원의 일부도 확정되지 못하여 권리능력 없는 사단으로 인정하기 어렵고, 다른 한편으로 성립 후의 회사와는 달리 발행주식 전부가 인수될 필요도 없으므로, 발기인이 1주 이상 인수하여 사원의 일부나마 확정되는 시기를 설립중의 회사의 성립시기로 보는 것이 타당하다는 주장이다. 다수설과 판례의 입장으로,[3] 이 견해에 찬동한다[주요판례 3].

(3) 정관작성 후 설립시 발행하는 주식의 총수가 인수된 때라고 보는 설

설립시 발행되어야 하는 주식의 전부가 인수되어야 설립중의 회사의 성립을 인정할 수 있다는 견해이다. 이 견해는 발기인이 총주식을 인수하여야 회사가 창립

1) 최준선, 161~162면 참조.
2) 송옥렬, 776~777면; 이철송, 233~234면; 최준선, 163면.
3) 손주찬, 601면; 정찬형, 660~661면; 홍복기·박세화, 158면.

된다는 독일 주식법(Erichtung, §29 AktG)의 영향을 받은 것인데, 발기설립만 인정하고 있는 독일 주식법과 우리 상법은 기본 구조에서 차이가 있다는 점에서 비교법적 근거로서 문제가 있을 뿐만 아니라, 2009년 상법개정으로 최저자본금제도가 폐지되었으므로 상법상 최저자본금의 확정을 주요논거로 제시하는 이 견해는 더욱 더 설득력을 갖기 어렵게 되었다고 판단된다.

3. 설립중의 회사의 법률관계

(1) 내부관계

설립중의 회사의 업무집행기관인 발기인은 그의 권한 범위 내에서 회사설립에 필요한 모든 행위를 할 권리와 의무가 있다. 발기인이 수인인 경우에 그 업무집행은 원칙적으로 발기인의 과반수에 의하여 결정한다(민법 706조 2항). 다만 중요한 업무(291조) 또는 기본구조의 변경(예컨대 정관변경, 발기인 변경 등)은 발기인 전원의 동의에 의한다(통설). 모집설립시만 존재하는 창립총회는 회사의 설립에 관한 모든 사항을 결의할 수 있다(308조 2항은 361조를 준용하지 않음). 창립총회의 결의는 출석한 주식인수인의 의결권의 3분의 2 이상이며 인수된 주식총수의 과반수에 의한다(309조).

발기인의 설립중의 회사의 업무집행을 감사하는 기관은 발기인 또는 창립총회가 선임한 이사나 감사(또는 감사위원회)이다. 이들은 설립 업무를 조사하여 발기인(발기설립, 298조 1항)이나 창립총회(모집설립, 313조 1항)에 보고하여야 한다.

(2) 외부관계
1) 능   력

설립중의 회사는 형식상으로는 권리능력은 없지만, 발기인이 회사설립을 위해 수행한 행위로 인하여 일시적으로 권리·의무를 취득한다.[1] 예컨대 은행과의 예금거래능력, 어음행위능력 등은 인정되는 것이다.[2] 발기인이 설립중의 회사의 기관으로서 행할 수 있는 권한의 범위가 설립중의 회사의 권리능력 및 행위능력의 범위가 된다. 기타 민사소송법에서는 소송당사자능력을(52조), 부동산등기법에서는 등기능력을 인정하고 있다(30조).[3]

---

1) 설립중의 회사의 법적 성질을 민법상 권리능력 없는 사단으로 파악하여도, 설립중의 회사의 한시성과 제한적 목적성 때문에 대외적인 법률관계에 있어 민법상 권리능력 없는 사단의 법리가 그대로 적용될 수는 없다(이철송, 235~236면).
2) 최준선, 163~164면.
3) 설립중의 회사의 불법행위능력에 대하여는, 최협의설처럼 발기인의 설립중의 회사의 기관으

2) 대표기관

발기인이다. 발기인이 수인인 경우에는 대표발기인을 선임할 수 있다. 대표발기인을 선임한 경우에 대표권제한은 선의의 제 3 자에게 대항할 수 없다(209조 2항 유추적용).

3) 책임 구조

설립중의 회사의 채무부담과 관련하여, 설립중의 회사는 원칙적으로 법인격이 없으므로 채무부담능력도 없다. 상법상 법정되어 있는 변태설립사항인 설립비용도 그 이행책임은 성립 후 회사가 부담한다. 만일 회사가 불성립되면 설립중의 회사의 채무에 대하여 발기인 개인이 연대·무한책임을 부담한다(326조). 회사불성립이 확정되기 전에도 적법하게 성립 후의 회사로 이전되는 것이 아니면 발기인이 연대무한책임을 부담한다고 보아야 한다.

4. 설립중의 회사와 성립 후의 회사와의 관계

(1) 동일성설

설립중의 회사와 성립한 후의 회사는 실질적으로 동일한 존재이므로, 발기인이 설립중의 회사를 위하여 취득한 권리·의무는 성립 후의 회사에 그대로 귀속하게 된다. 설립중의 회사의 법적 성질을 권리능력이 없는 사단으로 보는 통설적 견해에서는, 설립중의 회사의 명의로 취득한 권리·의무는 설립중의 회사의 구성원에 총유(또는 준총유)의 형식으로 귀속하였다가(민법 275조, 278조) 성립 후의 회사에 별도의 절차 없이 이전하게 된다고 설명한다. 이 같은 논리는 대륙법계에서 설립중의 회사와 성립 후의 회사를 실질적으로 동일하게 보는 동일성설의 입장에 따른 것이다.

그러나 영미법계에서는 설립중의 회사의 개념을 인정하지 않고 회사성립 전에 발기인의 행위의 효력은 원칙적으로 성립 후의 회사에 미치지 않는다고 보고 있다. 다만 엄격한 영국과는 달리 미국에서는 성립 후 회사의 이사회 또는 임원이 발기인의 계약을 추인하거나 채택하는 것은 인정하고 있으며, 발기인의 행위를 회사에 귀속시키기 위한 이론으로, ① 추인(ratification), ② 승인(adoption), ③ 승낙(acceptance), ④ 신계약의 체결(formation of a new contract), ⑤ 경개(novation) 등이

로서의 권한범위를 설립 자체를 직접목적으로 하는 행위에 국한시키는 입장에서는 이를 부정하는 반면(이철송, 235면) 개업을 위한 준비행위까지도 발기인의 권한범위에 포함시키는 광의설은 이를 인정하는 입장을 취하고 있다(최준선, 154면).

논의되고 있다.[1]

(2) 권리이전의 요건

동일성설에 의하면 발기인의 행위의 효과가 그대로 성립 후의 회사로 귀속되기 때문에 발기인이 그 권한을 남용하면 회사는 설립 초부터 과도한 채무를 부담하는 결과가 되므로 회사와 주주의 이익을 해하는 문제가 있다. 이에 따라 동일성에 의하더라도 발기인의 행위의 효력이 성립 후의 회사로 이전되기 위해서는 다음의 요건이 구비되어야 한다.

(가) 설립중의 회사의 실체가 존재하여야 한다. 설립중의 회사로서의 실체가 있기 전에 한 발기인의 행위의 효과가 성립 후의 회사에 귀속되기 위해서는 권리양수나 채무인수 등의 특별한 이전절차가 필요하다. 판례도 동일한 입장이다(대법원 1998. 5. 12. 선고 97다56020 판결).

(나) 형식적인 면에서 발기인은 설립중의 회사의 명의로 행위를 하여야만 그 행위의 효력이 성립 후의 회사에 귀속한다. 만일 발기인이 자기 개인명의로 행위를 하는 경우에는 개인에게 그 효과가 귀속되며, 발기인조합의 명의로 행위를 한 경우에는 발기인조합에 귀속된다. 따라서 발기인 개인이나 발기인조합에 귀속된 권리·의무를 성립 후의 회사에 귀속시키기 위해서는 권리의 양수나 채무인수 등의 특별한 이전행위가 있어야 한다(통설). 발기인의 행위 중에 설립 중의 회사를 위한 것인지가 불분명한 경우에는 당사자의 의사에 의하여 판단하여야 할 것이다.

(다) 발기인은 설립중의 회사의 기관으로서 그의 권한 범위 내에서 행위를 하여야 그 행위의 효력이 성립 후의 회사에 귀속한다(발기인의 권한 범위에 관한 논의는 전술한 바 있음).

(3) 차액책임이론(회사채무초과의 문제)

차액책임이론은, 동일성설이 설립중의 회사와 설립된 회사의 동일성을 인정하면서도 발기인의 권한의 범위에 대하여 실질적·형식적 양면에서 제한을 가하여 설립중의 회사의 권리·의무 가운데서 성립 후의 회사에 귀속되는 것은 극히 일부에 지나지 않게 되는 것은 논리적으로 일관성이 없을 뿐 아니라, 거래 상대방에게 어느 범위 내에서 설립중의 회사의 권리·의무가 성립 후의 회사에 귀속되는가에 관하여 명확한 지침을 제공하지 못하였다는 등의 비판에서 출발한다. 차액책임이론

---

1) James D. Cox & Thomas Lee Hazen, Corporations(2002), p. 77.

의 핵심 내용은 설립중의 회사의 권리·의무는 모두 성립 후의 회사에 포괄승계되는 한편, 설립등기시에 회사의 자본금과 실제 재산 사이에 차이가 발생하는 경우에는 회사의 구성원(주주)이 그 차액에 대하여 지분의 비율에 따라 책임을 부담함으로써, 포괄승계에 따른 회사의 재산상태상의 위험을 보강하고자 하는 것이다. 우리나라에서도 상법 제321조(발기인의 자본금충실책임)와 제607조 제 4 항(유한회사의 주식회사로 조직변경시 이사·감사·사원의 순자산전보책임)을 근거로 주식회사에 적용하는 것이 가능하다고 주장한다.

그러나 차액책임이론은 원래 독일 연방대법원이 유한회사에 대하여 인정한 것을 필두로 이를 주식회사에 확대적용하자는 이론인데, 이를 우리나라에서 주장하는 것은 입법론은 별도로 하고 명확한 근거 규정 없이 주주의 유한책임을 배제하는 결과가 발생하기 때문에 현행법상 인정하기 어렵다고 볼 것이다.

Ⅲ. 주요판례·문제해설

1. 주요판례

(1) 대법원 2000. 1. 28. 선고 99다35737 판결 — 설립중의 회사와 불법행위책임
설립중의 회사가 성립하기 위해서는 정관이 작성되고 발기인이 적어도 1주 이상의 주식을 인수하였을 것을 요건으로 한다.

발기인 중 1인이 회사의 설립을 추진 중에 행한 불법행위가 외형상 객관적으로 설립 후 회사의 대표이사로서의 직무와 밀접한 관련이 있는 경우 회사는 불법행위책임을 부담하여야 한다.

(2) 대법원 1998. 5. 12. 선고 97다56020 판결 — 설립후 회사로의 권리·의무 귀속
설립중의 회사로서의 실체가 갖추어지기 이전에 발기인이 취득한 권리·의무는 구체적인 사정에 따라 발기인 개인 또는 발기인조합에 귀속되는 것으로서, 이들에게 귀속된 권리·의무를 설립 후의 회사에게 귀속시키기 위해서는 양수나 계약자지위인수 등의 특별한 이전행위가 있어야 한다.

(3) 대법원 1994. 1. 28. 선고 93다50215 판결 — 설립중의 회사의 성립시기
설립중의 회사라 함은 주식회사의 설립 과정에서 발기인이 회사의 설립을 위하여 필요한 행위로 인하여 취득하게 된 권리·의무가 회사의 설립과 동시에 그 설

립된 회사에 귀속되는 관계를 설명하기 위한 강학상의 개념으로서 정관이 작성되고 발기인이 적어도 1주 이상의 주식을 인수하였을 때 비로소 성립하는 것이고, 이러한 설립중의 회사로서의 실체가 갖추어지기 이전에 발기인이 취득한 권리·의무는 구체적 사정에 따라 발기인 개인 또는 발기인 조합에 귀속되는 것으로서 이들에게 귀속된 권리·의무를 설립 후의 회사에 귀속시키기 위해서는 양수나 채무인수 등의 특별한 이전행위가 있어야 한다.

2. 문제해설

(1) A의 乙은행으로부터의 금전차입행위는 A가 설립중의 회사의 기관으로서 행위를 한 것이 아니므로, 乙은행에 대한 A의 채무에 대하여는 설립중의 회사가 어떠한 책임도 부담하지 않는다. 본 질문의 논점은 아니지만 참고로 살펴보면, A의 대출행위가 동일성설이 요구하는 요건을 갖춘 경우에도 채권자가 설립중의 회사에 채무의 이행을 강제할 수는 없다(주식인수인의 주금납입에 의하여 형성된 재산은 설립중의 회사가 채무이행에 사용할 수 있는 재산이 아님). 채권자는 회사의 성립을 기다려 채권을 만족하여야 한다.

(2) 자금차입행위는 행위 자체의 성질로 보아서는 개업(영업)준비행위로 인정하기 어렵지만, 자금을 차입한 발기인 A의 주관적 의사가 개업에 사용하기 위한 것이었고, 상대방 C도 이를 인식한 경우(설립중의 회사명의로 계약했으므로 C가 A의 주관적 의도를 인식할 수 있는 상황이라고 볼 수 있음)에는, 자금차입행위도 개업(영업)준비행위로서 상법의 적용을 받는다(대법원 2012. 7. 26. 선고 2011다43594 판결).

甲 설립중의 회사와 C 사이의 금전차입계약은 개업준비행위로서, 동일성설이 요구하는 권리이전요건[설립중의 회사의 실체가 존재하고, 설립중의 회사명의로, 설립중의 회사기관으로서의 발기인의 권한범위 내(발기인이 원칙적으로 개업준비행위를 할 수 있는 권한이 있다는 판례의 견해에 따라 판단)의 행위일 것]을 갖춘 것이어서, 성립 후 甲회사는 원금 5억 원과 약정 이자를 지급하여야 한다.

[4] 가장납입

Ⅰ. 사 례

1. 사실관계

A와 B는 공동으로 설립자본금 10억 원의 甲주식회사를 발기설립하였다(A가 설립자본금의 60%, B가 설립자본금의 40%를 조달하였음). A는 자신이 부담해야 하는 6억 원의 주금액을 乙저축은행으로부터 차용하여 납입한 후, 설립등기 후 대표이사로 취임하여 6억 원 전액을 거래은행으로부터 인출하여 乙저축은행에 채무 변제하였다.

2. 검 토

B가 설립등기 후에 甲회사의 설립과 관련하여 취할 수 있는 회사법적 조치로는 무엇이 있겠는가?

Ⅱ. 주요법리

1. 가장납입의 의의

가장납입이란 실제 주금액의 납입 없이 납입된 것으로 가장하고 설립등기를 마친 경우를 말한다. 가장납입은 여러 가지 형태로 이루어질 수 있으나, 발기인이 주금납입은행과 통모하는 방식은 납입의 효력이 무효라는 데 이견이 없고, 납입금보관증명서 발급에 의해 증명한 보관금액에 대하여는 납입금보관금융기관이 납입의 부실 또는 그 금액의 반환의 제한이 있음을 이유로 회사에 대항하지 못한다는 상법규정(318조 2항) 때문에 현실적으로 이루어지기 어렵다. 따라서 ① 발기인이 타인으로부터 금전을 차입하여 납입하고 납입금보관증명서를 발급받아 설립등기를 마친 후, 납입금보관은행으로부터 해당 금액을 인출하여 변제하는 형태(가장 일반적인 가장납입으로 소위 견금(見金)이라 부름)와 ② 성립된 회사가 신주를 발행함에 있어서 회사의 임원이나 사원 등에게 신주인수권을 부여하고 그 납입자금을 회사가 반환의무 없이 융자하여 납입하도록 하는 위장납입의 형태가 회사법적으로 문제가 된다. 이러한 가장납입이 이루어진 경우, 이사·발기인 등 관계자에게 손해배상책임은 물론이고 형사제재까지 가하고 있지만(628조), 실무적으로 가장납입을 억제하는 것은 쉽지 않다.

2. 가장납입의 효력

(1) 유 효 설

가장납입의 경우도 일단 현실적인 금전의 이동에 의한 납입이 있었고, 단체법에서 발기인의 주관적 의도를 문제삼는 것은 타당하지 않다는 이유에서 유효한 납입이라는 입장이다.[1] 판례는 이 같은 유효설을 견지하고 있다(대법원 2016. 9. 23. 선고 2016두40573 판결)[주요판례 1]. 다만 판례는 회사가 신주발행을 하면서 실질적으로 자금을 회수할 의사 없이 제 3 자에게 상당의 주식인수대금을 대여하고 제 3 자도 그러한 회사의 의사를 전제도 그 대여금으로 주식인수대금을 납입한 경우에는 자본금충실을 해하는 경우로서 그 납입의 효력을 부인하고 있다(대법원 2003. 5. 16. 선고 2001다44109 판결). 그런데 이 같은 판례태도가 유효설을 취하는 기존 판례입장과 조화를 이룰 수 있는가에 대하여 논란이 있다.

(2) 무 효 설

가장납입은 자본금충실원칙을 실질적으로 침해하는 것이며, 출자 없이 주주권 행사를 가능하게 하는 것으로 납입의 효력을 인정할 수 없다는 입장이 학계의 대체적 견해이다.[2]

3. 가장납입에 있어 발기인의 책임과 회사설립의 효력

(1) 회사설립의 효력

판례나 소수설의 입장처럼 가장납입의 경우에도 납입의 효력을 인정하는 경우에는 형식적으로는 인수나 납입의 흠결이 존재하지 않기 때문에 원칙적으로 발기인의 자본금충실책임이나 회사설립 자체의 효력문제를 거론할 필요가 없다. 그렇지만 가장납입의 주금납입의 효력을 부정하는 무효설의 입장에서는 가장납입으로 납입의 흠결이 발생하므로 발기인의 자본금충실책임(321조)이 발생하거나 그것이 설립무효의 원인(328조)에 해당할 수 있다. 가장납입이 무효가 되어 납입이 없는 주식으로 된 수가 근소한 경우에는 설립무효의 사유로 보지 아니하고 발기인의 자본

---

1) 김건식 외, 109면; 송옥렬, 771~772면; 정찬형, 685면.
2) 이철송, 267면; 최준선, 197면.

금충실의 책임을 부과하는 것으로 해결하고(납입흠결이 경미한 경우에는 설립무효원인이 되지 않음), 그 수가 커서 흠결이 중대한 경우에만 설립무효의 원인이 되는 것으로 보는 것이 타당하다(흠결이 중대한 경우에 발기인의 자본금충실의 책임은 발생하지 않음)(발기인의 자본충실책임제도가 이미 이행된 설립절차가 무효로 됨에 따라 발생하는 국민경제상 손실을 구제하기 위한 것으로 보는 다수설의 입장을 전제로 해석함).[1]

(2) 발기인의 책임

가장납입을 주도한 발기인은 납입담보책임 이외에 상법 제322조의 요건을 충족하는 경우 회사에 대하여 손해배상책임을 부담하고 이에 가담한 이사들도 연대하여 회사에 대하여 손해배상책임을 부담한다(399조). 한편 가장납입은 유효라는 입장을 고수하고 있는 판례도, 납입금이 회사 내에 존재하지 않는 것은 사실이므로, 이런 경우 회사가 주주의 납입금을 체당한 것으로 보고 회사가 그 해당주주에게 상환청구할 수 있다고 판시하고 있다[주요판례 2].

또한 가장납입에 관여한 발기인, 이사, 집행임원 등은 납입가장죄(628조) 등의 형사책임을 부담한다. 단 납입가장죄가 구성되면 업무상횡령죄는 성립하지 않는다고 보는 것이 판례의 입장이다[주요판례 3].

Ⅲ. 주요판례·문제해설

1. 주요판례

(1) 대법원 2004. 3. 26. 선고 2002다29138 판결 — 가장납입의 효력

주식회사를 설립하면서 일시적인 차입금으로 주금납입의 외형을 갖추고 회사설립절차를 마친 다음 바로 그 납입금을 인출하여 차입금을 변제하는 이른바 가장납입의 경우에도 주금납입의 효력을 부인할 수는 없다고 할 것이어서 주식인수인이나 주주의 주금납입의무도 종결되었다고 보아야 할 것이다.

(2) 대법원 1985. 1. 29. 선고 84다카1823, 84다카1824 판결 — 회사의 가장납입 주주에 대한 체당납입금 상환청구

주금의 가장납입의 경우에도 주금납입의 효력을 부인할 수 없으므로 주금납입절차는 일단 완료되고 주식인수인이나 주주의 주금납입의무도 종결되었다고 보아

---

[1] 이철송, 271면; 최준선, 210면.

야 하나, 이러한 가장납입에 있어서 회사는 일시 차입금을 가지고 주주들의 주금을 체당납입한 것과 같이 볼 수 있으므로 주금납입의 절차가 완료된 후에 회사는 주주에 대하여 체당납입한 주금의 상환을 청구할 수 있다.

(3) 대법원 2004. 6. 17. 선고 2003도7645 전원합의체 판결 — 상법상 납입가장 죄의 성립

상법 제628조 제 1 항 소정의 납입가장죄는 회사의 자본충실을 기하려는 법의 취지를 유린하는 행위를 단속하려는 데 그 목적이 있는 것이므로, 당초부터 진실한 주금납입으로 회사의 자금을 확보할 의사 없이 형식상 또는 일시적으로 주금을 납입하고 이 돈을 은행에 예치하여 납입의 외형을 갖추고 주금납입증명서를 교부받아 설립등기나 증자등기의 절차를 마친 다음 바로 그 납입한 돈을 인출한 경우에는, 이를 회사를 위하여 사용하였다는 특별한 사정이 없는 한 실질적으로 회사의 자본이 늘어난 것이 아니어서 납입가장죄 및 공정증서원본부실기재죄와 부실기재 공정증서원본행사죄가 성립하고, 다만 납입한 돈을 곧바로 인출하였다고 하더라도 그 인출한 돈을 회사를 위하여 사용한 것이라면 자본충실을 해친다고 할 수 없으므로 주금납입의 의사 없이 납입한 것으로 볼 수는 없고, 한편 주식회사의 설립업무 또는 증자업무를 담당한 자와 주식인수인이 사전 공모하여 주금납입취급은행 이외의 제 3 자로부터 납입금에 해당하는 금액을 차입하여 주금을 납입하고 납입취급은행으로부터 납입금보관증명서를 교부받아 회사의 설립등기절차 또는 증자등기절차를 마친 직후 이를 인출하여 위 차용금채무의 변제에 사용하는 경우, 위와 같은 행위는 실질적으로 회사의 자본을 증가시키는 것이 아니고 등기를 위하여 납입을 가장하는 편법에 불과하여 주금의 납입 및 인출의 전과정에서 회사의 자본금에는 실제 아무런 변동이 없다고 보아야 할 것이므로, 그들에게 회사의 돈을 임의로 유용한다는 불법영득의 의사가 있다고 보기 어렵다 할 것이고, 이러한 관점에서 상법상 납입가장죄의 성립을 인정하는 이상 회사 자본이 실질적으로 증가됨을 전제로 한 업무상횡령죄가 성립한다고 할 수는 없다.

(4) 대법원 2003. 5. 16. 선고 2001다44109 판결 — 회사자금에 의한 가장납입의 효력

회사가 제 3 자에게 주식인수대금 상당의 대여를 하고 제 3 자는 그 대여금으로 주식인수대금을 납입한 경우에, 회사가 처음부터 제 3 자에 대하여 대여금 채권을 행사하지 아니하기로 약정되어 있는 등으로 대여금을 실질적으로 회수할 의사가 없었고 제3자도 그러한 회사의 의사를 전제로 하여 주식인수청약을 한 때에는, 그 제3자가 인수한 주식의 액면금액에 상당하는 회사의 자본이 증가되었다고 할 수 없으므로 위와 같은 주식인수대금의 납입은 단순히 납입을 가장한 것에 지나지 아니하여 무효이다.

2. 문제해설

판례나 소수설의 입장처럼 가장납입의 주금납입효력을 인정하면, 원칙적으로 가장납입 방식과 관련하여 발기인의 납입담보책임 인정 여부나(321조 2항) 설립무효사유 해당 여부(328조)를 논의할 필요가 없다. 다만 A가 납입가장죄(628조)에 처해지거나, 당해 회사의 이사가 손해배상책임(399조)을 부담할 수 있다.

그렇지만 다수설처럼 가장납입의 납입 효력을 인정하지 않으면, 발기인인 A, B는 자본금충실책임(납입담보책임)을 부담하게 되고 가장납입으로 흠결된 부분이 중대한 경우는 설립무효사유에 해당할 수 있다(설립무효구제설). 본 사례처럼 설립자본금 10억 원 중 6억 원이 가장납입된 경우를 중대한 흠결로 볼 것인가는 회사의 목적사업, 자본금 규모 등을 고려하여 종합적으로 판단해야 할 것이다. 사례에는 이러한 제반 사정이 주어지지 않았으나, 등기부상 설립자본금에 비할 때 납입결손액이 과중하여 설립무효사유에 해당될 가능성이 크다.

[5] 설립에 관한 책임과 설립무효

Ⅰ. 사　　례

1. 사실관계

A, B, C는 모집설립의 방법으로 甲주식회사를 설립하고자 기획하면서, 사업설명서와 주주모집광고문에 A, B, C뿐만 아니라 재력과 명망을 갖춘 D와 E도 발기인으로 함께 명기하였다(甲회사 정관에 발기인으로 기명날인 또는 서명한 사람은 A, B, D). A, B, C, D는 각각 1천만 원씩 출자하였고, A는 친척인 재력가인 F에게 10억 원을 출자하도록 하였다. 그런데 甲회사의 설립등기 후에 F의 주식인수계약은 F가 피한정

후견인이라는 이유로 취소되었고 결국 10억 원은 반환되었다. 또한 B는 설립등기 전에 G로부터 공장부지로 사용할 토지를 매입하는 계약을 체결하였으나, 정관에 기재하지 않아 계약이 무효화되었다.

2. 검   토

(1) D는 甲회사를 상대로 설립무효의 소를 제기하였다. D의 청구는 인용될 수 있는가?

(2) G에 대한 A, B, C, D, E의 상법상 책임을 설명하시오.

II. 주요법리

1. 발기인의 책임

(1) 개   요

주식회사는 설립 단계부터 자본금충실을 기할 필요가 있어 그 절차가 복잡하기 때문에 그 과정에 과오와 부정이 생기기 쉽고, 처음부터 사기의 목적으로 회사를 설립하는 경우도 적지 않다. 또한 주식회사의 부실설립은 다수의 이해관계인에 커다란 손해를 야기하기 때문에, 상법은 준칙주의의 폐해를 방지하기 위하여 발기인의 책임을 엄격하게 규정하고 있고, 형사책임(622조의 특별배임죄, 626조의 부실보고죄, 631조의 주식인수인의 수뢰죄 등 참조)과 행정벌인 과태료의 제재도 가하고 있다.

(2) 회사성립시의 발기인책임

1) 회사에 대한 책임

(가) 자본금충실책임

① 발기인은 회사설립시 발행하는 주식의 인수·납입에 대한 담보책임을 부담한다. 즉 회사설립시에 발행한 주식으로서 회사성립 후에 아직 인수되지 아니한 주식이 있거나(예컨대, 주식청약서의 흠결로 인하여 주식인수계약이 무효가 된 경우), 주식인수의 청약이 취소된 때에는(예컨대, 설립등기 후에는 무효·취소가 제한되는 것이 원칙이나, 제한능력을 원인으로 한 취소 등이 발생한 경우) 발기인이 이를 공동으로 인수한 것으로 본다(인수담보책임, 321조). 또한 회사성립 후 아직 납입을 완료하지 아니한 주식이 있는 때에는 발기인은 연대하여 그 납입을 하여야 한다(납입담보책임, 321조 2항).

② 발기인의 자본금충실책임은 주식회사설립에 있어서 자본금충실을 달성함으로써 채권자를 보호하고, 일부주식의 인수·납입의 흠결로 인한 회사설립의 무효를 방지하기 위한 것이다. 발기인의 자본금충실책임은 발기인 전원의 무과실·연대책임이다.

③ 금전출자 이외에 현물출자의 흠결의 경우도 발기인의 자본금충실책임이 성립되는가의 여부에 대하여, 다수설은 i) 상법은 납입과 현물출자를 구별하고 있는데, 제321조의 납입은 금전에 의한 납입만을 의미하며, ii) 현물출자는 개성적·통일적 성질을 갖고 있으므로 발기인의 자본금충실책임으로 보완될 수 없기 때문에, 발기인의 자본금충실책임은 성립되지 않고 설립절차를 다시 밟지 않는 한 회사설립무효의 원인이 된다고 한다.[1] 소수설은 현물출자의 목적물이 사업수행에 불가결한 경우에만 설립무효원인이 되고, 다른 주주와 회사채권자의 보호를 위하여 대체물이거나 회사목적달성에 지장이 없는 경우는 발기인의 자본금충실책임(전보배상책임, 현물출자의 가액을 회사에 지급)을 인정하는 것이 타당하다고 한다.[2]

④ 주의할 것은 인수담보책임의 경우는 발기인이 주식인수인으로서 의제되어 납입의무의 이행 있는 경우 주주가 되는 데 반하여, 납입담보책임의 경우는 발기인이 주식인수인의 납입의무를 대신 이행하여도 주주가 되는 것은 아니며 주식인수인에 대하여 구상하거나 회사로부터 주권을 교부받아 유치권을 행사할 수 있을 따름이다.

⑤ 발기인의 자본금충실책임규정(321조)과 설립무효(328조)와의 관계에 대하여는, 제321조는 인수나 납입의 흠결(미인수나 인수의 취소·무효가 발생하였거나, 가장납입 등이 발생한 경우)이 경미한 경우, 발기인에게 이행책임을 물어 설립이 무효가 되는 것을 구제하고자 하는 성격이 있다고 파악하는 것이 옳다. 따라서 흠결이 경미한 경우에는 발기인의 책임이행으로 치유하게 하여 회사의 존속을 보장하고, 흠결이 중대하여 발기인에게 전액 책임을 부담시키는 것이 현실적으로 불가능하거나 회사의 존속이 의미가 없는 경우에 설립무효사유가 된다(통설).[3] 흠결의 중대성 여부는 회사의 목적사업, 자본금 등을 참조로 구체적으로 결정되는데, 가장납입에 의한 중대한 납입의 흠결은 제321조에 의하여 구제되지 않는다고 본다. 다만 흠결이 중대하다 할지라도, 최종변론종결시에 발기인이 자본금충실책임을 이행하여 흠결부분

---

1) 김건식 외, 131면; 손주찬, 589~590면; 정찬형, 697~698면.
2) 이철송, 271~272면; 최준선, 209면; 홍복기·박세화, 783~784면.
3) 송옥렬, 780면; 정찬형, 696~697면; 최준선, 209면.

이 전보된다면 설립무효판결을 할 수 없다고 할 것이다.[1][2]

(나) 손해배상책임

① 발기인이 회사의 설립에 관하여 그 임무를 해태한 때에는 그 발기인은 회사에 대하여 연대하여 임무해태와 상당인과관계가 있는 모든 손해를 배상할 책임이 있다(322조 1항). 예를 들어, 공모하면 액면초과로 받을 수 있는 데도 자기 인척에게 주식을 배정한 때, 변태설립사항에 대한 판단을 그르치게 한 때 등이다.

② 발기인의 손해배상책임은, 발기인은 설립중의 회사의 기관으로서 선관주의 의무를 부담하나, 성립한 후의 회사와는 원칙적으로 계약관계가 없고 또한 위법성을 그 책임발생의 요건으로 하지 않는 점에서, 일반 불법행위책임과 구별되는 상법이 특별히 인정한 손해배상책임이라고 볼 수 있다.

③ 발기인의 회사에 대한 손해배상책임은 과실책임으로서 임무를 해태한 발기인들만이 연대하여 책임을 부담한다. 회사설립이 무효가 되어도 사실상의 회사가 존재하므로,[3] 그 범위 내에서 발기인은 손해배상책임을 부담하게 된다. 다만 회사 불성립의 경우는 발기인의 회사에 대한 손해배상책임이 성립하지 않는다.

(다) 책임의 추궁·면제

발기인의 자본금충실책임은 총주주의 동의로도 면제할 수 없으나(통설), 손해배상책임은 총주주의 동의로 면제될 수 있다(324조, 400조). 회사가 발기인의 인수·납입담보책임과 손해배상책임을 추궁하지 않을 때에는, 회사나 모회사의 소수주주(발행주식총수의 100분의 1 이상에 해당하는 주식을 가진 주주)가 회사를 위하여 대표소송을 제기할 수 있으며(324조, 403조, 406조의2), 발기인의 책임은 회사의 성립시부터 10년의 시효기간의 경과로 소멸한다(통설).

2) 제3자에 대한 책임

① 발기인이 악의 또는 중대한 과실로 인하여 그 임무를 해태한 때에는 그 발기인은 제3자에 대하여도 연대하여 손해를 배상할 책임이 있다(322조 2항). 예컨대

---

1) 이철송, 271면.
2) 판례는 가장납입에 대하여 주금납입의 효력을 원칙적으로 인정하고 있으므로, 발기인의 자본금충실책임이나 주금납입의 연대책임(332조 2항)을 인정하지 않는 것이 보통이다(대법원 2004. 3. 26. 선고 2002다29138 판결 참조).
3) 우리 상법이 설립무효의 판결에 있어 소급효를 제한하고 있기 때문에, 무효판결확정 전까지 마치 회사가 유효하게 존재하였던 것과 같은 법률상태가 발생하게 되는데 이를 일반적으로 사실상의 회사라 부른다.

사업설명서에 허위사실을 기재하거나 과장선전을 한 경우, 정관에 재산인수를 기재하지 않아 재산인수계약이 무효가 된 경우 등이다.

② 발기인의 제3자에 대한 책임은 그 발생원인이 설립중의 회사에 대한 악의 또는 중과실에 의한 임무해태라는 점에서 법정특별책임(통설)으로 볼 수 있다.[1]

③ 제3자는 회사 이외의 자를 말하며 주식청약인·주식인수인·주주·채권자가 포함된다고 보아야 한다. 주주의 간접손해(2차적 손해)는 발기인의 회사에 대한 책임에 의하여 회사가 보상을 받음으로써 간접적으로 보상되므로 제외된다고 보는 견해가 있으나, 실무상 직접손해와 간접손해의 구별기준이 명확치 않고 회사가 발기인의 책임을 적기에 추궁한다는 보장이 없으므로 제외설은 타당하지 않다.

(3) 회사불성립의 경우

회사가 성립하지 못한 경우에는[2] 발기인은 그 설립에 관한 행위에 대하여 연대하여 책임을 부담한다(326조 1항). 예컨대 주식인수인에 대한 금전·현물출자의 반환 등 원상회복의무이다. 또한 설립을 위하여 지출한 비용은 모두 발기인이 부담한다(326조 2항). 이는 발기인 전원의 연대책임이고, 무과실책임이다.

위 규정은 경솔한 설립행위를 방지하고, 주식인수인 등을 보호하기 위한 정책적 규정으로 볼 수 있다. 이와 다르게 회사불성립이면 설립중 회사가 처음부터 존재하지 않는 것이기 때문에 발기인이 권리·의무의 주체가 되는 것이 당연하다는 입장도 있다.

2. 기타 설립관여자의 책임

상법은 발기인 이외에, 이사·감사·검사인·유사발기인·납입금보관자 등 기타

---

1) 발기인의 제3자에 대한 책임의 법적 성질에 관하여는 전통적으로 2가지 견해가 대립한다. ① 법정특별책임설: 발기인은 설립중의 회사의 기관으로서 설립사무를 행하는 자이므로 본래는 회사가 제3자에 대하여 책임을 부담하는데, 이것만으로는 제3자 보호에 충분하지 않으므로 상법이 발기인에 대하여 불법행위책임과 무관하게 특별한 책임을 법정한 것이라는 견해이다. 즉 제322조는 상법이 인정한 별개의 손해배상책임의 발생원인이라는 것이다(송옥렬, 782면; 이철송, 274면; 홍복기·박세화, 185~186면). ② 특수불법행위책임설: 발기인의 제3자에 대한 책임을 본질적으로 불법행위책임으로 파악하는 견해이다. 다만 불법행위책임과 달리 당사자에 대한 권리침해, 위법성 등을 그 요건으로 하지 않는 점과 경과실에 의한 경우가 포함되지 않는 점에서 특수한 불법행위라는 것이다.

2) 회사의 불성립이라 함은 설립절차에 착수하였으나(최소한 정관작성은 이루어져야 함) 설립등기에 이르지 못한 경우를 의미한다. 따라서 설립등기 완료 후 설립무효판결이 내려진 경우는 회사성립의 경우를 전제로 한 발기인책임규정(321조, 322조)이 원칙적으로 적용된다.

설립관여자에게도 엄격한 민사책임을 인정하고 있다.

(1) 이사·감사·공증인·감정인의 책임

이사와 감사가 설립경과의 조사보고의무(313조 1항)를 해태하여 회사나 제3자에게 손해를 입힌 경우에는 연대하여 손해배상의 책임을 부담하며, 이 경우에 발기인도 책임을 질 때에는 이들 전원이 연대하여 손해배상책임을 부담한다(323조).

변태설립사항을 조사·평가하는 공증인이나 감정인이 고의·과실로 회사나 제3자에게 손해를 가한 경우에도, 회사에 대하여는 채무불이행책임을 제3자에 대하여는 손해배상책임을 부담한다고 보아야 한다(323조 유추적용).

(2) 검사인의 책임

법원이 선임한 검사인이 악의 또는 중대한 과실로 인하여 그 임무를 해태한 때에는 회사 또는 제3자에 대하여 손해를 배상할 책임이 있다(325조).

(3) 유사발기인의 책임

주식청약서 기타 주식모집에 관한 서면에 성명과 회사설립에 찬조하는 뜻을 기재할 것을 승낙한 자는 발기인과 동일한 책임을 진다(327조). 정관은 설립절차의 진행중에는 공시되지 않으므로 대외적으로 유사발기인이 발기인으로 오인될 가능성이 있으므로 금반언의 법리(the doctrine of estoppel) 또는 외관주의에 따라 책임을 인정한 것이다. 그러나 유사발기인은 발기인으로서의 직무권한이 없으므로 설립에 관한 임무의 해태로 인한 손해배상책임은 성립될 수 없기 때문에, ① 회사성립의 경우의 자본금충실책임(321조 1항·2항)과 ② 회사불성립의 경우에 인정되는 주식인수인에 대한 원상회복의무 및 설립비용에 관한 책임만을 부담한다.

3. 설립의 무효

(1) 설립무효의 원인

회사설립절차에 관하여 강행법규 위반이나 주식회사 본질에 반하는 객관적 하자가 있음에도 이를 간과하고 설립등기가 이루어진 경우에는 설립의 효력을 다툴 수 있다(주관적 하자는 설립무효 원인이 아님. 인적회사와의 차이).[1] 예를 들어, 발기인이

---

1) '회사설립의 하자'란 설립절차 후 설립등기를 하여 외형상 유효하게 성립하였으나 그 설립절차에 하자가 있는 것으로, 그 하자가 중대한 객관적 하자일 때 설립무효의 원인이 된다(따라서 설립절차에 착수했다가 설립등기를 하지 못한 경우인 '회사의 불성립'이나, 설립절차 없이

존재하지 않는 경우, 정관의 절대적 기재사항이 불비된 경우, 설립시 발행하는 주식 총수의 인수나 납입의 흠결이 현저하여 발기인의 자본금충실책임만으로 자본금 충실을 기할 수 없는 경우, 설립등기가 무효인 경우 등이 이에 해당한다.

(2) 설립무효의 소

설립무효의 소는 형성의 소로(소에 의하여 법률관계가 변동) 주주, 이사 또는 감사가 회사를 상대로, 회사성립일로부터 2년(제척기간) 내에 제기할 수 있다(328조 1항). 이처럼 설립무효는 소로써만 주장할 수 있는데, 원고가 승소한 경우 판결의 효력은 원고와 피고(회사)뿐만 아니라 제3자에 대하여도 미치지만(대세적 효력), 소급효는 없다(328조 2항, 190조).

법원은 설립무효를 구하는 원고의 주장에 이유가 있다고 하여도 원인이 된 하자가 보완되고 회사의 현황과 제반사정 참작하여 볼 때 많은 이해관계인의 피해가 예상되는 경우에는 원고의 청구를 재량으로 기각할 수 있다(328조 2항, 189조). 다만 판례는 상법이 재량기각의 조건으로 하자의 보완을 규정하고 있으나, 그 하자가 추후 보완될 수 없는 성질의 것이라면 그 하자가 보완되지 않았다하더라도 재량기각이 가능하다는 입장을 취하고 있다(대법원 2010. 7. 22. 선고 2008다37193 판결)[주요판례].

Ⅲ. 주요판례 · 문제해설

1. 주요판례

대법원 2010. 7. 22. 선고 2008다37193 판결 — 재량기각 요건으로서의 하자보완
상법 제530조의11 제1항 및 제240조는 분할합병무효의 소에 관하여 상법 제189조를 준용하고 있고 상법 제189조는 "설립무효의 소 또는 설립취소의 소가 그 심리 중에 원인이 된 하자가 보완되고 회사의 현황과 제반 사정을 참작하여 설립을 무효 또는 취소하는 것이 부적당하다고 인정한 때에는 법원은 그 청구를 기각할 수 있다"고 규정하고 있으므로, 법원이 분할합병무효의 소를 재량기각하기 위해서는 원칙적으로 그 소 제기 전이나 그 심리 중에 원인이 된 하자가 보완되어야 할 것이나, 그 하자가 추후 보완될 수 없는 성질의 것인 경우에는 그 하자가 보완되지 아

설립등기만 이루어진 '회사의 부존재'와는 구별됨. 김건식 외, 133면; 이철송, 275면; 최준선, 167면 참조).

니하였다고 하더라도 회사의 현황 등 제반 사정을 참작하여 분할합병무효의 소를
재량기각할 수 있다.

2. 문제해설

(1) F의 출자가 설립등기 후 취소로 소급하여 무효가 됨으로써, 설립자본금 10
억 4천만 원 중 10억 원의 흠결이 발생하였다. 10억 원의 흠결에 대하여는, 발기인
인 A, B, D의 자본금충실책임(인수담보책임)(321조 1항, 327조에 따라 유사발기인 C, E도
인수담보책임을 부담함)으로 해결하여야 하는가 아니면 설립무효사유에 해당하지는지
를 검토해 보아야 한다. 설립자본금 대비 결손금액이 과중하므로 설립무효사유에
해당한다고 보는 것이 합리적 판단이다(설립무효구제설).

(2) 발기인 B가 G와의 재산인수계약을 악의 또는 중대한 과실로 정관에 기재
하지 않았다면 B는 제 3 자 G에 대하여 손해배상책임을 부담한다(322조 2항). 발기
인 A와 D에게도 악의 또는 중과실이 있었다면 A와 D는 B와 연대책임을 부담한다.
다만 유사발기인인 C와 E는 임무해태로 인한 손해배상책임이 성립될 수 없으므로
G에 대하여 책임이 없다. 유사발기인인 C, E는 직무권한이 없어서 임무해태를 인
정할 여지가 없으므로 회사나 제 3 자에 대한 손해배상책임 문제는 발생할 여지가
없다.

제 3 장   주식회사의 자본구조

[1] 주식의 개념 및 종류

Ⅰ. 사   례

1. 사실관계

甲주식회사는 IT사업을 목적으로 하고 현재 자본금 50억 원인 상장회사이며, 액면주식 1주의 금액은 5,000원이다. 금융위기로 인하여 증자도 힘든 상태이고 주식거래가 활발하게 이루어지지 않아서 상장폐지위험의 상태에 있다. 甲회사의 이사회는 주식시장에서의 유동성 부족을 해결하고 거래를 활발하게 함으로써 이 위기를 벗어나고자 하고 있다.

2. 검   토

(1) 甲회사의 이사회는 발행주식의 1주 금액을 인하함으로써 유동성 부족을 해결하고자 한다. 상법상 주식의 액면가는 얼마까지 인하할 수 있는가?

(2) 만일 甲회사가 무액면주식제도를 도입하고자 한다면 상법상 어떤 절차를 밟아야 하는가?

Ⅱ. 주요법리

1. 주식의 개념

(1) 자본금의 구성단위

액면주식을 발행하는 경우에는 회사의 자본금은 발행주식의 액면총액이지만(451조 1항), 무액면주식을 발행하는 경우에는 발행가액의 2분의 1 이상의 금액으로서 이사회가 자본금으로 계상하기로 정한 금액이 자본금이 되며, 자본금으로 계상하지 아니한 금액은 자본준비금으로 계상된다(451조 2항). 액면주식의 1주 금액은 최저 100원 이상으로 균일하게 하여야 하며(329조 2항·3항), 액면가액 이상으로 발행하는 경우 액면을 초과한 금액은 자본준비금으로 된다(451조).

액면주식의 경우 예외적으로 상환주식의 상환(345조), 이사회의 결의에 따른 자기주식의 소각(343조)을 하게 되면 주식의 수는 줄어들지만, 이는 자본금감소의 절차에 따른 것이 아니므로 자본금은 감소되지 않고 자본금과 발행주식의 액면총액이 달라지기 때문에 상법 제451조 제1항의 예외가 발생하게 된다.

주식불가분의 원칙에 따라 1개의 주식을 분할하여 수인(數人)에게 소유시킬 수는 없으나, 1개의 주식을 수인이 공유하는 것은 가능하다. 이 경우에는 권리를 행사할 자 1인을 정하여야 한다(333조 2항).

(2) 주주권으로서의 주식

주식은 주주가 회사에 대하여 가지는 권리·의무, 즉 사원의 지위를 의미하는 주주권(社員權)을 말하며 주주권의 행사범위는 보유주식의 수를 단위로 하여 인정된다.[1] 주주는 그가 보유한 주식의 인수가액을 한도로 출자의무를 부담할 뿐이며(331조) 다른 의무는 없다. 이러한 출자의무는 주식을 취득하는 시점에 주식인수인으로서의 지위에서 이미 전액 이행되었고 주식을 보유하고 있는 동안에는 의무는 없고 권리만으로 구성된다 할 것이다.[2]

1) 공익권과 자익권

주주권은 권리행사의 목적에 따라 공익권(共益權)과 자익권(自益權)으로 나누는 것이 일반적이다. 전자는 회사운영에 참가하는 것을 목적으로 하거나 이와 관련하여 행사하는 권리를 말하고, 후자는 주주가 회사로부터 경제적 이익이나 기타 편익을 받는 것을 목적으로 하는 권리를 말한다. 공익권의 행사도 궁극적으로는 주주의 이익을 위한 것이므로 양자는 밀접한 관계에 있다.

자익권에는 명의개서청구권(337조), 전환주식전환청구권(346조), 주권교부청구권(355조), 반대주주의 주식매수청구권(374조의2), 신주인수권(418조), 준비금의 자본금전입시의 신주배정청구권(461조), 이익배당청구권(462조), 잔여재산분배청구권(538조) 등이 있다. 전환사채인수권(513조의2), 신주인수권부사채인수권(516조의2)은 회사가 주주에게 그러한 권리를 부여하기로 결정한 경우에 발생하는 권리이며, 주주의 주권불소지신고권(358조의2)은 정관에서 달리 정하고 있으면 발생하지 않는 권리이다.

---

1) 즉 인적회사의 경우와는 달리 이른바 지분복수주의(持分複數主義)가 인정되므로 지분의 수와 사원의 수가 일치하지 않는다.
2) 이철송, 322면.

공익권에는 주주총회소집청구권(366조), 설립무효의 소(訴)의 제기권(328조), 의결권(369조), 총회결의의 하자에 관한 각종 소의 제기권(376조, 380조, 381조), 대표소송의 제기권(403조), 이사의 위법행위유지청구권(402조), 신주발행무효의 소의 제기권(429조), 회계장부열람권(466조), 이사·감사의 해임청구권(385조, 415조), 감자무효의 소(445조), 회사의 업무 및 재산상태의 검사청구권(467조), 해산판결청구권(520조), 합병무효의 소의 제기권(529조) 등이 있다.

2) 단독주주권과 소수주주권

주주권은 그 행사요건에 따라서 1주만을 가진 주주에게도 인정되는 단독주주권과 일정 비율 이상의 주식을 가진 주주에게 인정되는 소수주주권으로 구분된다. 자익권은 모두가 단독주주권이며, 공익권은 단독주주권도 있고 소수주주권도 있다. 소수주주권의 행사는 1인이 그 소유요건을 충족하여도 되고 수인이 합하여 그 요건을 충족하여도 된다.

발행주식 총수의 100분의 1 이상의 소수주주권은 이사의 위법행위유지청구권(402조), 대표소송제기권(403조, 324조, 467조의2 4항), 다중대표소송제기권(406조의2)이 있고, 발행주식 총수의 100분의 3 이상의 소수주주권은 주주제안권(363조의2), 주주총회소집청구권(366조), 집중투표청구권(382조의2 1항), 이사·감사·청산인의 해임청구권(385조 2항, 415조, 539조 2항), 회계장부열람권(466조), 검사인선임청구권(467조)이 있다. 그리고 발행주식 총수의 100분의 10 이상의 소수주주권은 회사해산판결청구권(520조)이 있다.

한편 상장회사에 대한 상법상 특례규정에서는 소수주주권의 행사요건을 크게 완화하고 있으나, 그 대신 6개월의 보유기간을 요구하고 있다. 그러나 상장회사의 주주가 일반행사요건을 갖춘 경우에는 보유기간 요건을 충족할 필요는 없다(542조의6 10항). 주주총회소집청구권과 회사의 업무·재산상태조사를 위한 검사인선임청구권의 경우에는 1,000분의 15 이상(542조의6 1항), 주주제안권의 경우에는 의결권 없는 주식을 제외한 발행주식 총수의 1,000분의 10 이상(542조의6 2항),[1] 이사·감사·청산인의 해임청구권의 경우에는 발행주식 총수의 10,000분의 50 이상(542조의6 3항),[2]

---

1) 상법시행령에 따르면 최근 사업연도 말 자본금이 1천억 원 이상인 상장회사의 경우에는 1,000분의 5이다(시행령 32조).

2) 상법시행령에 따르면 최근 사업연도 말 자본금이 1천억 원 이상인 상장회사의 경우에는 10,000분의 25이다(시행령 32조).

회계장부열람권의 경우에는 발행주식의 총수의 10,000분의 10 이상(542조의6 4항),[1] 이사의 위법행위유지청구권의 경우에는 발행주식 총수의 10,000분의 50(542조의6 5항),[2] 대표소송의 경우에는 발행주식 총수의 10,000분의 1 이상(542조의6 6항), 다중 대표소송의 경우에는 발행주식 총수의 10,000분의 50 이상(542조의6 7항)으로 완화되어 있다.

2. 주식분류의 방법

주식은 주금액이 주권에 표시되는 액면주식과 그렇지 않은 무액면주식으로 구분할 수 있다. 주주명부에 주주의 이름이 표시되는지 여부에 따라 기명주식과 무기명주식으로 구분하는 방식은 2014년 개정상법에서 무기명주식 제도를 폐지함으로써 더 이상 의미가 없게 되었다.

(1) 액면주식과 무액면주식

액면주식(額面株式)은 주금액이 주권에 표시되고 정관에 기재되는 주식을 말한다. 액면주식에 있어서는 자본금과 주식의 관계가 필연적이고 자본금유지에 대한 대외적 신용이 확보되는 장점이 있으나, 주금액의 전액납입 후에는 권면액은 별다른 의미가 없으며, 오히려 주식시세와의 차이로 인하여 일반에게 오해를 일으킬 우려가 있다.

상법상 주식회사가 액면주식을 발행하는 경우에는 1주의 액면금액은 100원 이상으로 균일하여야 한다(329조 2항·3항). 이 경우 회사의 자본금은 발행주식의 액면총액으로 나타나고(451조), 액면초과금은 자본준비금으로 적립된다(459조 1호). 액면미달의 주식발행은 자본금충실의 원칙상 허용되지 아니하나, 신주발행의 경우에는 엄격한 요건하에 이를 인정한다(330조, 417조).[3]

무액면주식(無額面株式)은 주금액의 최저금액이 법정되지 않고, 권면액의 기재도 없으며, 주권에는 발행된 주식의 수만이 기재되는 주식이다. 따라서 주주는 전체 발행주식에 대한 자기 지분(持分)의 비율만 인식할 수 있을 뿐이다. 회사는 무액면주식

---

1) 상법시행령에 따르면 최근 사업연도 말 자본금이 1천억 원 이상인 상장회사의 경우에는 10,000분의 5이다(시행령 32조).
2) 상법시행령에 따르면 최근 사업연도 말 자본금이 1천억 원 이상인 상장회사의 경우에는 100,000분의 25이다(시행령 32조).
3) 회사가 성립 후 2년이 경과하고 특별결의를 거쳐서 법원의 인가를 얻으면 액면미달발행을 할 수 있다(417조 1항).

을 발행할 때마다 기업실체를 반영하는 주식시세에 따라 발행가를 정하게 되는데, 발행가액 중 일부를 자본금에 계상하게 된다.[1] 무액면주식은 자금조달의 기동성과 회사자본금의 탄력성, 그리고 때로는 주식발행세의 회피를 목적으로 이용된다.

2011년 상법개정시 무액면주식제도를 도입하였는데,[2] 정관으로 정하는 경우 주식 전부를 무액면주식으로 발행할 수 있으며 이 경우 액면주식은 발행하지 못한다(329조 1항). 회사는 정관에서 정함에 따라 발행된 액면주식을 무액면주식으로 전환하거나 무액면주식을 액면주식으로 전환할 수 있다(329조 4항).

(2) 무기명주식 제도의 폐지와 기명주식 제도로의 일원화

1963년에 시행되어 2014년에 개정되기 전까지 상법은 주식을 기명주식과 무기명주식으로 구분하여 규정하고 있었다. 주주의 성명이 주주명부와 주권에 기재되는 기명주식의 경우에는 회사가 그 주주를 인식하기 용이할 뿐만 아니라, 주주의 입장에서도 회사를 상대로 권리행사를 할 때에 편리한 점이 많다. 이와 달리 주주명부에 주주의 이름이 기재되지 않는 무기명주식의 경우에는 회사가 주주를 주권의 소지에 의하여 인식할 수밖에 없다. 그러다 보니 경영권의 안정을 염려하는 국내회사들은 무기명주식의 발행을 기피해 왔던 것이 사실이다. 실제로 무기명주식은 현재까지 발행된 사례가 없는 것으로 알려져 있다.

이처럼 무기명주식은 현실적으로 기업의 자본조달에 기여하지 못하고 있으며, 소유자 파악이 곤란하여 양도세 회피 등 과세사각지대의 발생 우려가 있다는 비판을 받아왔다. 비교법적으로도 프랑스·일본·미국·독일 등 주요 선진국들이 무기명주식 제도를 폐지하는 추세이다. 이에 2014년 개정상법은 무기명주식 제도를 더 이상 유지할 실익이 없다고 판단하여 이를 폐지하고 주식을 기명주식으로 일원화하였다. 이제 현행 상법에서 사용되는 주식이라는 용어는 구법상의 기명주식만을 의미하게 되었다.

3. 종류주식제도

(1) 개   요

2011년 개정상법은 종래의 이익배당·잔여재산의 분배에 관한 종류주식 이외

---

[1] 이사회(416조 단서의 경우에는 주주총회가 정한다)가 주식발행가액의 2분의 1 이상의 금액을 자본금으로 계상하여야 한다(451조 2항).

[2] 2011년 상법개정 이전에는 액면주식만 인정되었고, 예외적으로 자본시장법상 투자회사의 경우에는 무액면주식의 발행이 허용되었다(자본시장법 196조 1항).

에 주주총회에서의 의결권 배제 또는 제한, 상환 및 전환 등에 관한 종류주식을 발행할 근거를 마련하여, 회사로 하여금 정관으로써 주주권의 내용이 다른 종류의 주식(이하 '종류주식')을 발행할 수 있도록 허용하였다(344조 1항).[1] 즉 ① 제344조를 개정·보완하여 종류주식의 근거에 대한 총론적 규정을 두고(344조), ② 각론으로 기존에 인정되던 i) 이익배당·잔여재산분배에 관한 종류주식(344조의2) 이외에도, ii) 의결권의 배제 또는 제한에 관한 종류주식(344조의3), iii) 주식의 상환에 관한 종류주식(345조) 및 주식의 전환에 관한 종류주식(346조)을 규정하고 있다.

과거에는 상환주식, 전환주식, 의결권 없는 주식은 우선주에 부가되는 특수한 조건으로 보았으나, 현재는 주주권의 내용이 다른 종류주식의 일종으로 규정한 것이다.[2] 종류주식은 그 내용에 따라서는 기존 주주의 이해관계는 물론이고 회사의 자본구성에도 큰 영향을 미칠 수 있기 때문에 종류주식을 발행하기 위해서는 정관에 그 내용과 수에 대하여 정하도록 하고 있고(344조 2항), 등기부(317조 2항 3호)와 주식청약서, 주주명부, 주권의 기재를 통하여 공시하도록 하고 있다.

한편 2011년 개정상법은 다양한 종류주식의 발행을 허용하면서도 종류주식의 확대에 상응하여 종류주주의 이익보호라는 측면에서 종류주주총회의 권한을 강화하였다(344조 4항). 종류주주총회에 관한 법조문의 변화는 없지만, 다양한 유형의 종류주식을 인정함으로써 중요한 사항에 대하여는 종류주주총회의 의결을 요구하고 있기 때문에(435조 1항)[주요판례] 결국 종류주주총회의 권한이 상대적으로 강화된 것이라고 볼 수 있다. 종류주주총회의 결의는 출석주주의결권의 3분의 2 이상과 그 종류의 발행주식 총수의 3분의 1 이상의 수(435조 2항)로 하여야 한다.

종류주식을 발행하는 경우 정관에 다른 정함이 없는 경우에도 주식의 종류

---

1) 2011년 개정상법 이전의 주식제도에 있어서는 회사의 다양한 자금조달수요를 충족시키지 못하는 문제가 있었다. 따라서 자금조달수단의 다양화의 필요성 및 M＆A방어에 필요한 다양한 수단의 도입 등과 관련하여 국제적 기준에 부합하는 종류주식제도의 입법 필요성이 제기되어 왔다. 상법개정 논의의 초기에는 특정한 사항의 거부권에 관한 종류주식, 임원임면권에 관한 종류주식을 포함한 여러 가지 종류주식도 포함되어 있었으나, 주주간의 이해충돌이나 M＆A에 대한 경영권 방어수단으로서의 남용가능성 등의 우려로 인하여 다양한 종류주식의 도입이 무산되었다.

2) 우리 상법은 다양한 종류주식을 열거적으로 규정하여 비교적 엄격한 법적 제한을 가하고 있으니, 미국을 비롯한 영미법계 많은 국가들은 회사들이 정관자치를 통하여 자금조달수단으로서의 종류주식을 자유롭게 고안할 수 있는 것을 원칙으로 하고 있다. James D. Cox & Thomas L. Hazen, Corporations(2003), p. 805.

에 따라 신주의 인수, 주식의 병합, 분할, 소각 또는 합병, 분할로 인한 주식의 배정에 관하여 특수하게 정할 수 있는데(344조 3항), 이는 개정 전과 동일하다.[1]

(2) 보통주의 종류주식 여부

2011년 개정상법이 '수종의 주식'을 '종류주식'이라는 명칭으로 변경하고 4가지의 종류주식을 열거하는 형태로 규정하면서 보통주가 종류주식에 포함되는지 여부가 문제되었다. 보통주는 본래 법문상의 용어가 아니고 주로 이익배당에서 우선적 또는 열후적 지위를 정함에 있어서 기준이 되는 주식을 의미하는 것이므로 종류주식의 규정체계에 따라 달리 취급할 것은 아니라고 본다.

이와 같이 해석하는 경우에는 전환주식에 관하여 규정하고 있는 상법 제346조 제1항에서 "다른 종류주식으로 전환할 것을 청구할 수 있다"라고 규정하고 있기 때문에 보통주가 종류주식이 아니라면 종류주식을 보통주로 전환할 수 없다는 결과가 되기 때문에 문제라는 지적이 있다. 그러나 개정안의 입법취지에 그러한 내용을 발견할 수 없고 종전에도 보통주로 전환되는 것에 대하여 당연하게 해석되어 왔기 때문에 보통주를 종류주식으로 보지 않는다고 하여 제346조 제1항을 그렇게 해석할 것은 아니라고 보며 그것이 합리적인 해석방법이다.[2]

(3) 이익배당·잔여재산분배에 관한 종류주식
1) 의   의

2011년 개정상법은 이익배당과 관련하여 제463조(건설이자의 배당)를 삭제하고 자본금조달의 용이성을 확보하기 위해 이익배당 우선주에 대하여 정관으로 최저배당률을 정하도록 하는 규정(344조 2항)을 삭제하였다.[3] 또한 제344조의2를 마련하여 이익배당 및 잔여재산분배에 관한 종류주식을 규정하였다.

회사가 이익의 배당에 관하여 내용이 다른 종류의 주식을 발행하는 경우에는 정관으로 당해 종류의 주주에게 교부하는 배당재산의 종류, 배당재산의 가액의 결정방법, 이익을 배당하는 조건 등 이익배당에 관한 내용을 정하여야 한다(344조의2 1항).

1) 그리고 2011년 상법개정으로 현물배당이 가능하므로(462조의4) 종류주식에 대하여 금전배당, 주식배당, 현물배당이 가능하다.
2) 송옥렬, 794면; 이철송, 287면; 홍복기·박세화, 208면.
3) 따라서 과거 우선주로 인정될 수 없었던 이른바 '1% 우선주'의 경우 2011년 개정상법상 종류주식의 일종으로는 발행가능하게 되었다고 보고 있다. 이철송, 292면; 홍복기·박세화, 210면.

회사가 잔여재산분배에 관하여 내용이 다른 종류주식을 발행하는 경우에는 정관에 잔여재산의 종류, 잔여재산의 가액의 결정방법 기타 잔여재산분배에 관한 내용을 정하여야 한다(344조의2 2항).

2) 유 형

보통주(普通株)란 여러 가지 종류의 주식 중에서 이익의 배당이나 잔여재산의 분배와 같은 재산적 급여에 있어서 기준이 되는 주식을 말한다.[1] 보통주에 대한 이익배당은 재무제표를 승인하는 주주총회의 결의에 의하여서만 결정되는 것이 원칙이지만(462조 2항), 2011년 개정상법은 제449조의2 제1항에 따라 재무제표를 이사회가 승인하는 경우에는 이사회에 의한 이익배당이 가능하도록 하였다. 이익이 있어야만 배당이 이루어지지만, 이익이 있다고 하여서 반드시 배당하여야 하는 것은 아니며 주주가 배당을 청구할 당연한 권리가 있는 것도 아니다.

우선주(優先株)라 함은 보통주보다 우선적 지위가 인정된 주식을 말한다. 이러한 우선주는 영업이 부진한 회사에서 신주모집을 용이하게 하거나, 또는 설립시에 발기인을 우대하기 위하여 주로 이용된다. 이익배당에 있어서 우선주는 다시 우선배당의 참가방법에 따라 참가적 우선주와 비참가적 우선주, 그리고 누적적 우선주와 비누적적 우선주로 구분된다. 참가적 우선주는 소정률(所定率)의 우선배당을 받고 보통주의 배당에 다시 참가하는 것이며, 비참가적 우선주는 소정률의 우선배당을 받는 데 그치는 것이다.[2] 누적적 우선주는 특정 영업연도에 소정률의 우선배당을 받지 못하는 경우에[3] 그 미지급배당액을 다음 영업연도 이후 우선하여 보충·배당받는 것이며, 비누적적 우선주는 그 미지급배당액을 다음 영업연도 이후에 보충·배당받지 못하는 것이다.[4]

후배주(後配株)란 보통주보다 열후적 지위에 있는 주식을 의미하며, 열후주(劣後株) 또는 후취주(後取株)라고도 한다. 후배주는 회사경영이 유망하여 주식모집이 용이할 때에 발행된다.

---

1) 재산적 급여에 있어서 보통주의 주주는 회사채권자와 우선주의 주주가 권리행사를 하고 난 후 비로소 회사재산에 대하여 권리를 가진다는 의미에서 잔여재산권(residual claim)을 갖는다고 표현한다.
2) 이익이 소정률을 초과하는 경우에는 비참가적 우선주가 보통주보다 불리하므로 실제에 있어서 발행되는 예가 없다.
3) 일정률의 배당보장을 받은 우선주도 이익이 없으면 배당하지는 못한다(462조 1항).
4) 실제에 있어서 누적적 우선주가 많이 이용된다.

혼합주(混合株)란 보통주보다 어떤 면에서는 우선적 지위를 차지하고, 다른 면으로는 열후적 지위를 가지는 주식을 말한다.[1]

(4) 의결권의 배제·제한에 관한 종류주식
1) 의   의
2011년 개정상법은 의결권이 배제되는 주식 이외에 정관이 정하는 사항에 대해서는 의결권을 행사할 수 없는 의결권제한주식을 인정하고 있다.[2]

의결권이 배제되는 주식은 주주총회에서 의결권이 전혀 부여되지 않는 주식을 말한다. 원래 회사의 이익배당에만 관심을 가진 주주는 회사경영을 외면하는 것이 일반적인 현상이므로, 이들에게는 오히려 의결권을 박탈하고 그 대신에 이익배당에 관한 우선적 지위를 확보하여 주는 것이 그러한 주주의 이해관계에도 부합하여 회사의 자금조달을 용이하게 할 수 있는 장점이 있다. 이러한 의결권이 배제된 주식은 의결권이 전혀 없기 때문에 경영진주주가 비교적 소수의 의결권 있는 주식의 보유로 회사의 경영지배가 가능하게 되어 유리하다. 또 회사로서도 거의 총회출석을 기대할 수 없는 투기주주에 대한 총회소집통지를 비롯한 기타의 절차의 번잡함과 비용지출을 면할 수 있다.

의결권이 제한되는 주식은 예컨대 이사의 선임과 같은 일정한 사항에 관하여 의결권을 행사할 수 없는 주식을 말한다. 이러한 주식을 발행하는 경우에는 정관에 의결권을 행사할 수 없는 경우를 정하여야 한다.

2) 내용 및 발행한도
2011년 개정상법에서는 의결권의 부분적인 제한이 가능하므로 의결권의 행사에 관하여 다양한 내용을 가지는 종류주식의 발행이 가능하게 되었다. 의결권에 제한이 있는 종류주식에서 말하는 제한은 특정한 의안에 대하여 의결권이 없는 주식을 말하는 것으로 해석되며, 어떠한 의안에 대하여 의결권이 제한을 당하는지에 대하여 정관에 기재하여야 한다(344조의3 1항).

회사가 의결권이 없는 종류주식이나 의결권이 제한되는 종류주식을 발행하는

---

1) 이익배당에 있어서는 우선하나 잔여재산분배에 있어서는 열후하는 내용을 가진 주식을 생각할 수 있다.
2) 2011년 상법개정 이전에는 이익배당에 관한 우선적 내용이 있는 종류의 주식에 대해서만 의결권 없는 주식으로 할 수 있었다(구 상법 370조 1항). 그리고 이러한 의결권 없는 주식은 우선주에 부착된 특칙의 일종으로 보았으나, 2011년 개정상법은 종류주식의 일종으로 보고 있다.

경우에는 정관에 의결권을 행사할 수 없는 사항과, 의결권행사 또는 부활의 조건을
정한 경우에는 그 조건 등을 정하여야 한다(344조의3 1항).[1] 의결권을 배제·제한하
는 종류주식의 총수는 발행주식총수의 4분의 1을 초과하지 못하며, 이를 초과한 경
우 회사는 지체 없이 그 제한을 초과하지 않도록 필요한 조치를 하여야 한다(344조
의3 2항).[2]

3) 의결권 배제 또는 제한된 주식의 법적 지위

상법은 의결권 없는 주식의 주주는 의결권이 없기 때문에 총회소집의 통지를
받을 권한이 없다(363조 7항)고 규정하고 있다. 그러나 의결권의 존재를 전제로 하는
공익권이라 하더라도 주주로서의 이해관계는 가지기 때문에 의결권이 없는 주식의
경우에도 주주총회를 소집할 권리를 가지는가에 관한 논란은 있다. 한편 주식교환,
주식이전, 영업양도·양수·임대 등의 경우와 회사의 합병·분할·분할합병을 결의
할 경우 주식매수청구권을 행사할 수 있도록 하기 위하여 의결권 없는 주식을 소유
한 주주에게도 총회의 소집을 통지하여야 한다(363조 7항).

그 밖에도 정관변경이나 회사합병으로 무의결권주식을 가진 주주가 손해를 입
을 경우에는 무의결권주주총회(즉 종류주주총회)의 결의를 거쳐야 하므로 종류주주총
회에서는 무의결권주식의 주주도 의결권을 행사할 수 있으며(435조, 436조), 무의결
권주라고 하더라도 창립총회에서는 의결권을 행사할 수 있다고 본다.

의결권 없는 주식의 주주도 회사운영상의 일반적인 의결권 이외의 주주권은 가
진다. 즉 주식회사에서 유한회사로의 조직변경에는 총주주의 동의가 필요한데(604조
1항), 이는 일반적인 회사운영이라고 보기 힘들고 회사 전체의 이해관계에 관한 문
제이므로 이러한 경우에는 무의결권주의 주주도 의결권을 가진다고 보아야 한다.

(5) 주식의 상환에 관한 종류주식

1) 의의 및 발행

상환주식은 발행할 때부터 일정한 요건 하에 회사의 이익으로 소각할 것이 예

---

1) 2011년 개정상법 이전에는 의결권 없는 주식을 가지고 있는 주주는 의결권이 없으나 이는 우
   선적 배당에 대한 대가이므로 예외적으로 우선적 배당권을 가지지 못하는 범위 내에서는 의
   결권이 부활하도록 되어 있었다(370조 1항 단서). 즉 우선적 배당을 받지 아니한다는 결의가
   있는 총회의 다음 총회부터 우선적 배당을 받는다는 결의가 있는 총회의 종료시까지 의결권
   이 부활한다고 규정하였다.
2) 조치를 취한다고 하는 상법의 규정에 대하여는 한도를 초과하여 발행된 주식의 발행이 무효
   가 아니라고 해석하고 있다. 이철송, 297면.

정된 주식이며(345조), 따라서 원금이 상환된다는 점에서 상환주식은 사채적인 성질도 갖는 것으로 볼 수 있다.

2011년 개정상법은 회사가 정관에서 정하는 바에 따라 회사의 이익으로써 소각할 수 있는 종류주식을 발행할 수 있도록 규정하면서 상환청구권이 회사에게 부여되는 상환주식과 주주에게 부여된 상환주식의 발행을 인정하고 있다(345조). 즉 개정 전에는 회사만이 상환권을 가질 수 있었으나, 이제는 주주도 상환권을 가지는 주식을 발행할 수 있다. 상환주식은 상환과 전환에 관한 것을 제외하고는 종류주식에 한정하여 발행할 수 있다(345조 5항). 따라서 이익배당 또는 잔여재산분배에 관한 종류주식(344조의2)과 의결권의 배제 또는 제한에 관한 종류주식(344조의3)에 한하여 상환에 관한 종류주식을 발행할 수 있다.

상환주식의 발행에 있어서 이익으로써 소각할 수 있다는 뜻과 상환가액·상환기간·상환방법 등의 내용과 수를 정관에 정하여야 한다(345조 1항). 즉 정관의 규정에 의하는 한 이사회의 결의로 자유롭게 발행이 가능하다. 물론 이러한 상환주식의 발행은 발행예정주식 총수의 범위 내에서 이루어져야 한다.

상환에 대한 내용은 주식청약서뿐만 아니라(302조 2항 7호, 420조 2호) 주권에도 기재하고(356조 6호) 등기하여서(317조 2항 6호) 상환주식의 양수인이 이를 알 수 있도록 하여야 한다.

2011년 개정상법에 따르면 상환청구권이 회사에 부여되는 경우 회사는 정관에 상환가액, 상환기간, 상환의 방법과 상환할 주식의 수를 정하여야 하며 회사는 상환대상인 주식의 취득일로부터 2주 전에 그 사실을 그 주식의 주주 및 주주명부에 적힌 권리자에게 따로 통지 또는 공고를 하여야 한다(345조 1항·2항). 상환청구권이 주주에게 부여되는 경우 회사는 정관으로 주주가 회사에 대하여 상환을 청구할 수 있다는 뜻, 상환가액, 상환청구기간, 상환의 방법을 정하여야 한다(345조 3항).

2) 상　환
(가) 절　　차
상환은 반드시 이익으로써 하여야 하기 때문에 상환기간이 도래하였다 하더라도 이익이 없으면 이를 상환할 수 없다. 그러나 재원이 이익인 임의준비금으로 상환하는 것은 허용된다(통설). 2011년 개정상법은 상환주식의 취득의 대가로 현금 이외에 유가증권(다른 종류주식은 제외)이나 그 밖의 자산을 교부할 수 있도록 하여 대가 지급의 종류를 다양화하였다(345조 4항).

상환주식의 상환은 정관의 규정에 따라서 하는 한 별도의 절차가 없이 이사회의 결의만으로 할 수 있다.

(나) 효   과

상환주식을 상환하면 발행주식수는 감소하나 주주총회의 특별결의에 의한 자본금감소절차에 따른 것이 아니므로 자본금은 감소되지 않고, 따라서 자본금과 액면주식과의 필연적인 관련성이 절단된다. 즉 자본금감소절차(438조 이하)에 의한 것이 아니므로 자본금의 감소는 없지만 주식의 수는 감소되었기 때문에 "자본금은 발행주식의 액면총액으로 한다"는 제451조의 예외적인 현상이 나타나게 된다.[1][2]

회사가 상환주식을 취득한 후에 취득한 주식을 어떻게 처분하여야 하는가에 대하여 2011년 개정상법에는 직접적인 규정이 없다. 개정상법 전에는 자기주식의 취득과 처분에 관하여 주식을 소각하기 위하여 예외적으로 자기주식을 취득한 경우(개정 전 341조 1호)에 지체 없이 실효절차를 밟도록 하고 있었다(개정 전 342조).[3] 그런데 2011년 개정상법은 상환주식과 같이 주식소각이 예정되어 있는 경우는 자기주식의 예외적인 취득에서 제외하고 있다(341조 및 341조의2). 그리고 제342조에서는 자기주식의 처분에 관하여 정관에 규정이 없는 것은 이사회가 정하도록 되어 있다. 따라서 회사가 상환조건의 충족에 따라 상환주식을 취득한 경우에 원래 상환주식의 본질이 이익으로 상환하여 소각되는 것이므로 별다른 절차 없이 회사가 취득한 순간에 이미 소멸되었다고 볼 수도 있지만, 2011년 개정상법에서 기존의 실효절차가 삭제되었을 뿐만 아니라 자기주식을 처분할 방법을 정관에서 정하지 않은 경우 이사회가 정할 수 있도록 하였으므로 회사가 상환주식을 취득한 후에 이를 보유하다가 다시 발행할 수 있을 것인가 하는 의문이 생길 수 있다.

위와 같은 의문에 대하여, 상환주식의 본질이 소멸이 예정되어 있다고 하여서 회사가 취득하는 순간에 소멸된다고 보긴 어렵다. 왜냐하면 회사가 취득하는 시점에 곧 바로 물리적으로 파기를 하지 않는 이상 이것이 재유통되어 선의취득하는 경

---

1) 2011년 개정상법 이전에는 이러한 자기주식의 소멸로 인하여 만일 발행주식 총수가 발행예정 주식 총수의 4분의 1 미만(289조 2항)으로 되는 경우에는 상환주식의 상환으로 인한 예외적인 경우로 보기도 하였지만, 제289조 제 2 항이 2011년 개정으로 인하여 삭제됨으로써 이러한 해석은 의미가 없어지게 되었다.

2) 상환주식의 주주가 상환권을 행사했더라도 상환대금 전부를 지급받기까지는 주주의 지위를 유지한다(대법원 2020. 4. 9. 선고 2017다251564 판결).

3) 즉 상환주식은 이익으로 소각될 것이 예정된 주식이므로 주식을 취득하는 절차가 상법에 예정되어 있었다.

우도 생겨날 수 있기 때문이다.[1] 그렇다고 하여서 회사가 상환주식을 취득한 후에 미국법상 '금고주'(treasury stock)의 경우처럼 주식을 보유하는 것이 가능하다고 본다면 다시 재발행 내지 매각이 가능한 것으로 될 것이다. 그렇게 된다면 회사의 입장에서는 유연한 재무전략방법을 하나 더 가지게 되는 것이겠지만 상환주식이 상환되는 경우 발행주식의 액면총액이 자본금이라는 점의 예외가 된다고 하는 기존의 이해에도 혼란을 야기하고[2] 신주발행 방법 외의 자본금증가 방법이 인정되는 셈이 되어서 이 점은 쉽게 인정하기 어렵다.

이러한 논란은 2011년 개정상법이 명문의 규정을 세심하게 정리하지 못한 까닭이라고 본다. 즉 자기주식의 처분방법이 명문으로 존재하던 개정 전 상법의 경우 상환주식은 소각을 목적으로 취득하는 것이므로 지체 없이 실효절차를 밟아야 한다고 보는 데 전혀 무리가 없었다. 그런데 2011년 개정상법에서는 지체 없이 실효절차를 밟는다는 조문은 없어지고, 상환주식에 관한 제345조에서는 '소각할 수 있는'이라고만 되어 있고[3] 구체적인 처분방법에 관하여는 정하지 않았다. 물론 개정법 제342조에 따라서 상환주식의 경우 정관에서 미리 처분방법을 정하고 있으므로 의미 없는 문제의 제기라고 할 수도 있겠지만, 제342조는 회사가 '보유'하는 자기주식의 처분에 관한 것이고 상환주식은 '보유'의 개념이 아니라고 보아야 하므로 해석상 혼동을 줄 수 있기 때문이다. 요컨대 상환주식은 이익으로 소멸이 예정된 주식으로 보는 것이 타당하다고 본다. 그리고 상환주식의 발행시 상환조건과 처리방법을 사전에 정관에 정하고 있다고 보아야 하고(342조), 상환조건의 충족으로 상환주식을 취득할 때[4] 이미 정관에서 정한 처분방법으로(342조 3호) 처분절차가 지체 없이[5] 이루어져야 할 것이다.[6]

한편 형식적으로 볼 때에는 상환에 의하여 소각된 주식 수만큼 발행예정주식

---

1) 물론 현실적으로 발생할 가능성은 매우 낮을 것이다.
2) 2011년 도입된 무액면주식이 발행된 회사라고 한다면 이러한 우려는 별로 없을 것이다.
3) 물론 개정 전 상법에서도 '소각할 수 있는'이라고 되어 있으므로 이 점은 큰 비난의 대상은 아니다.
4) 이 점에서 2011년 개정상법 제342조 제 2 호에서 '납입기일'은 '지급기일'의 잘못된 표현으로 보인다.
5) 선의취득 등으로 인하여 이사의 책임 등이 발생할 여지를 없애기 위해서 필요한 해석이라고 본다.
6) 물론 이렇게 본다고 하여도 만일 상환주식의 발행 시 구체적인 처리절차와 방법을 정하지 않았다면 언급한 문제점이 발생할 수 있다.

총수 중 미발행주식수가 증가된 결과가 초래되었다고 볼 수 있는 여지가 있으나, 일단 소각된 상환주식은 재발행할 수 없다고 풀이하는 것이 타당하다. 왜냐하면 재발행을 허용하게 되면 발행할 주식의 수가 증가되며 그 결과 정관의 변경 없이 이사회의 결정만으로 이사회가 발행할 수 있는 수권자본의 범위가 증가되는 결과를 발생시킬 수 있기 때문이다. 또한 상환주식을 다시 발행하여 이를 상환하는 것은 보통주주에게 배당하여야 할 회사의 이익을 배당하지 않은 것이 되므로 결국 보통주주의 이익을 침해한 결과가 될 수 있기 때문에 소극적으로 본다.[1]

(다) 등   기

주식의 상환에 의하여 발행주식수가 감소되므로 이에 대한 변경등기를 하여야 한다(317조 2항 3호, 40조).

(6) 주식의 전환에 관한 종류주식

1) 의   의

전환주식이라 함은 종류주식을 발행하는 경우에 주주 또는 회사의 청구에 의하여 다른 종류의 주식으로 전환이 되는 주식을 말한다(346조). 개정 전에는 주주에게만 전환권이 인정되었으나, 2011년 개정상법은 회사도 일정한 사유가 발생하면 전환을 청구할 수 있도록 하였다(346조 2항). 회사에게 전환권이 인정되지 않았을 때에는 우선주식을 발행한 회사는 우선배당의 부담을 해소하기 어려웠다. 특히 기업공개 또는 기업구조개편 등의 경우 주식 종류의 단순화, 주주관리비용의 절감 등을 위하여 보통주식으로 전환할 필요성을 인정한 것이다.

한편 2011년 개정상법에서 종류주식의 유형이 매우 다양하게 인정되고 있고, 특히 의결권의 배제 또는 제한주식의 발행이 가능하다고 하는 점에서 회사가 전환주식제도를 다양하게 활용할 여지가 많아졌다고 할 수 있다. 즉 주주에게 다양한 유형의 주식을 제공함은 물론 회사가 전환권을 행사하여 여러 가지 형태의 주식으로 전환할 수 있게 되어 경영권 방어수단으로 활용하는[2] 등 다양한 용도로 종류주식제도를 이용할 수 있게 되었다는 점이 특징이다.

원래 특정주주권의 내용은 고정적이며 변할 수 없는 것이 원칙이지만, 다른 종류의 주식으로 전환할 수 있는 선택권을 주주에게 부여하는 것이 가능하다면 주주모집이 용이하고 회사의 자금조달에 편의를 도모할 수 있다는 장점이 있다. 전환주식에는 주식에 대한 재산적 급여의 내용에 있어서 현재 보유중인 주식보다 낮은 주식으로 전환할 수 있는 하향전환과 그 반대인 상향전환으로 구분되는데, 우선주를 보통주로 전환하도록 하는 하향전환이 일반적이다.

2) 발   행

전환주식을 발행하는 데 있어서는 전환을 청구할 수 있다는 취지, 전환조건, 전환청구기간, 전환으로 인하여 발행할 주식의 수와 내용을 정관으로 정하고(346조 1항) 이를 주식청약서 또는 신주인수권증서에도 기재하여야 한다(347조).

전환청구기간 내에 언제 전환청구가 될지 알 수 없으므로 전환청구기간 또는 전환의 기간 내에는 회사는 전환으로 인하여 발행할 주식의 수를 발행예정주식 총수 중에서 미발행분으로 보류하여 두어야 한다(346조 4항). 따라서 장래에 정관을 변경하여 발행예정주식수를 증가할 것을 예정하여 전환주식을 발행하는 것은 허용되지 않는다고 보아야 한다.

3) 전환의 청구 및 효력
(가) 전환청구의 절차

주주가 전환을 청구할 수 있는 전환주식을 발행하는 경우에는, 주주는 인수한 주식을 다른 종류의 주식으로 전환을 청구할 수 있음을 정관으로 정하여야 한다. 이 경우 전환의 조건, 전환의 청구기간과 전환으로 인하여 발행할 주식의 수와 내용을 정하여야 한다(346조 1항).

회사가 전환을 요구할 수 있는 전환주식을 발행하는 경우에는, 정관으로 정하는 일정한 사유가 발생하는 경우에 회사가 주주의 인수주식을 다른 종류의 주식으로 전환할 수 있음을 정하여야 하고, 이 경우 전환의 사유, 전환의 조건, 전환의 기간과 전환으로 인하여 발행할 주식의 수와 내용을 정하여야 한다(346조 2항 2문). 그리고 이사회는 전환할 주식, 일정한 기간(2주일 이상) 내에 그 주권을 회사에 제출하

인 주주에게 무의결권주를 발행해 두었다가 경영권 다툼시 이를 의결권 있는 주식으로 전환하는 방법을 활용할 수 있을 것이다(이철송, 306면).

여야 한다는 뜻, 그 기간 내에 주권을 제출하지 아니한 때에는 그 주권이 무효로
된다는 뜻을 그 주식의 주주 및 주주명부에 기재된 권리자에게 따로 통지하거나 공
고하여야 한다(346조 3항).

주식의 전환을 청구하는 자는 청구서 2통에 주권을 첨부하여 회사에 제출하여
야 하고 그 청구서에는 전환하고자 하는 주식의 종류, 수와 청구 연·월·일을 기재
하고 기명날인 또는 서명하여야 한다(349조 1항·2항). 따라서 주주가 회사에 대하여
구두로 한 전환청구는 그 효력이 생기지 아니한다.

(나) 효력발생시기

(a) 주주가 전환을 청구한 경우

주주가 전환을 청구한 경우에는 주주가 전환의 청구를 한 때에 그 효력이 생
긴다(350조 1항 본문). 미리 정한 전환조건에 부합한 전환청구가 있으면 회사는 당연
히 전환을 해 주어야 하며 회사가 전환 여부를 판단하여야 하는 문제가 아니라고
보아야 한다. 그리고 전환권의 행사 여부는 주주의 권리이며 행사가 의무인 것은
아니다. 전환권의 행사기간은 일정한 기간으로 특정하여야 하며 종기(終期)를 두지
아니한 전환권은 회사에게 불안정한 자금운용구조를 안겨주게 되므로 허용할 수
없다고 보아야 한다.

전환청구는 주주명부의 폐쇄기간중에도 할 수 있으나, 이 경우 주주는 신주식
을 가지고 의결권을 행사하지 못한다(350조 2항).

(b) 회사가 전환을 한 경우

회사가 전환주식의 전환을 한 경우에는 주주에게 통지 또는 공고된 주권제출
기간이 끝난 때에 그 효력이 발생한다(350조 1항, 346조 3항 2호).

(c) 전환과 이익배당

주주전환의 경우에는 전환청구를 한 때 또는 회사전환의 경우에는 주권제출기
간이 만료된 때에 자동적으로 전환의 효력이 발생하기 때문에 전환주식의 주주는
바로 전환된 신주식을 가지고 주주권을 행사할 수 있다. 결국 영업연도 중간에 전
환권을 행사하여 신주식이 발행되는 경우에는 당해 영업연도의 이익배당에 있어서
신주식을 기준으로 배당이 정해진다.[1]

(다) 신주의 발행가액

전환으로 인하여 발행되는 주식의 발행가액은 전환 전의 주식의 발행가액으로

---

1) 송옥렬, 808면; 이철송, 311면.

한다(348조). 전환 전후의 총발행가액이 동액(同額)이어야 한다는 것은 실질적으로 전환조건을 제한하는 의미가 있는데, 이는 회사가 자금을 모집하기 위해서 무리하거나 적법하지 않은 전환조건을 내세우지 못하도록 제한하는 매우 중요한 의미가 있다.1)

전환이 되면 전환조건이 1 : 1인 경우를 제외하면 자본금의 증감이 있게 된다. 자본금의 증가의 경우에는 액면가를 초과하는 금액이 있으면 준비금으로 적립하게 된다.

(라) 주식의 전환과 수권주식과의 관계

주식회사의 정관에는 회사가 발행할 주식의 총수(289조 1항 3호)를 기재하고, 종류주식을 발행하는 경우에는 정관으로 미리 발행되는 각종 주식의 내용과 수를 정하도록 하고 있다(344조 2항).

회사가 전환주식의 전환으로 신주를 발행한 때에는 전환주식이 속하는 종류의 주식은 소멸하여 그 총수가 감소하게 되는데, 이 경우 소멸된 주식이 그 종류주식의 수권주식으로 다시 살아나는지에 대하여는 이를 긍정하는 것이 통설이다. 상환주식의 경우와는 달리 전환주식의 전환으로 인하여 발행되는 주식은 이미 전환기간 중에 전환을 위해 준비되고 있었던 주식이었으므로, 소멸하는 주식의 수만큼 이사회의 신주발행의 권한의 범위 속에 포함되는 것으로 보아야 하기 때문이다. 그리고 이러한 주식은 회사의 자본금조달을 위하여 필요한 경우에 이사회의 결의에 따라 다시 발행될 수 있도록 하는 것이 타당하기 때문이다.

(마) 질권의 효력

전환주식에 질권의 담보가 설정된 때에는 전환으로 인하여 발행하는 신주식에 대하여도 그 질권을 행사할 수 있다(339조).

4) 전환의 등기

주식의 전환으로 인한 변경등기는 전환을 청구한 날이 속하는 달의 마지막 날부터 2주 내에 본점소재지에서 하여야 한다(351조).

---

1) 예를 들어 우선주 : 보통주＝1 : 1.2의 전환인 경우라고 가정한다면, 액면가 5,000원인 우선주 100주의 발행가를 600,000원(주당 발행가 6,000원)인 경우에 전환으로 인하여 발행되는 보통주는 120주(120×액면가 5,000원)를 넘지 못한다. 만약 120주를 넘게 되면 액면미달로 발행하는 것이 되므로 이는 예외적인 경우(예를 들어 액면미달발행의 경우)를 제외하고는 허용되지 않는 것이 상법의 규정이다.

Ⅲ. 주요판례·문제해설

1. 주요판례

대법원 2006. 1. 27. 선고 2004다44575, 44582 판결 — 종류주주총회 결의가 필요한 경우

상법 제435조 제1항의 취지는 주식회사가 보통주 이외의 수종의 주식을 발행하고 있는 경우에 보통주를 가진 다수의 주주들이 일방적으로 어느 종류의 주식을 가진 소수주주들에게 손해를 미치는 내용으로 정관을 변경할 수 있게 할 경우에 그 종류의 주식을 가진 소수주주들이 부당한 불이익을 받게 되는 결과를 방지하기 위한 것이므로, 여기서의 '어느 종류의 주주에게 손해를 미치게 될 때'라 함에는, 어느 종류의 주주에게 직접적으로 불이익을 가져오는 경우는 물론이고, 외견상 형식적으로는 평등한 것이라고 하더라도 실질적으로는 불이익한 결과를 가져오는 경우도 포함되며, 나아가 어느 종류의 주주의 지위가 정관의 변경에 따라 유리한 면이 있으면서 불이익한 면을 수반하는 경우도 이에 해당된다.

2. 문제해설

(1) 상법상 액면주식의 액면가는 100원 이상이어야 한다. 액면가는 정관의 절대적 기재사항이므로 액면가를 인하하기 위해서는 정관변경이 있어야 하고, 정관변경을 위한 절차, 즉 주주총회의 특별결의를 거쳐야 한다.

(2) 주식회사는 2011년 상법개정으로 인하여 정관으로 정한 경우에 주식의 전부를 무액면주식으로 발행할 수 있다. 그러나 액면주식과 무액면주식을 동시에 발행할 수는 없다. 주식회사가 무액면주식을 발행하기 위해서는 일단 정관에 무액면주식에 대한 발행근거가 있어야 하며, 발행된 액면주식을 무액면주식으로 전환하는 절차를 밟아야 한다. 정관에 근거규정이 없다면 정관변경절차를 먼저 밟아야 한다. 전환으로 인하여 회사의 자본금이 변경되는 것은 아니므로 채권자보호절차를 밟을 필요는 없으며, 1월 이상의 기간을 정하여 주권제출의 공고를 하고, 제출된 주권에 갈음하여 신주권(무액면주권)을 교부하여야 한다. 전환의 효력은 공고기간의 만료로 발생한다.

[2] 주주(주식)평등의 원칙

Ⅰ. 사   례

1. 사실관계

甲주식회사는 새로운 투자를 위한 자금마련의 방법으로 10억 원의 유상증자계획을 세웠다. 그런데 회사의 현 주가가 액면가에 미달하고 있어서 증자성공에 어려움이 있을 것으로 예상하여 유상증자에 회사의 임직원들의 참여를 적극적으로 유도하기로 하였다. 甲회사의 이사회는 유상증자에 참여하는 임직원들이 퇴직시 주식출자로 인한 손실을 입게 된다면 이를 전액보전해 주기로 결의하고, 이 같은 사실을 회사 내 임직원들에게 홍보하였다.

甲회사 영업상무 A는 손실보전약정에 고무되어 액면가로 甲회사의 신주 1천주를 취득하였다. 그런데, A는 3년 후 甲회사를 퇴사하면서 주식을 처분하게 되었는데, 퇴사 시점에 甲회사의 주가가 액면가보다 현저하게 저가로 되어 많은 손해를 보았다.

2. 검   토

(1) A가 甲회사에 대한 출자로 인한 손실보전을 청구하는 것에 대하여 甲회사는 지급의무를 부담하는가?

(2) 유상증자에 참여하는 직원들에 대하여 손실보전약정을 해 주기로 결정한 甲회사의 이사들에 대하여 A가 취할 수 있는 법적 조치는 무엇인가?

Ⅱ. 주요법리

1. 주주(주식)평등의 원칙

주식회사의 주주는 그가 가진 주식수에 따라서 평등한 취급을 받는데, 이는 인적회사와 달리 지분복수주의를 취한 결과이다. 즉 주주간의 평등은 절대적 평등이 아닌 상대적 평등을 말하며, 주주는 그의 소유주식수에 비례하여 권리를 부여받는다. 이러한 의미에서 주주평등의 원칙을 주식평등의 원칙이라고도 한다.

주주평등의 원칙은 단체법적인 특성을 지니는 상법의 원리이며, 민법상 신의 성실의 원칙에 비견될 수 있는 상법상 일반조항적인 최고원리라고도 할 수 있다. 이는 주주의 재산권을 보장하기 위한 강행규범의 성격을 지니므로 이에 반하는 정관규정이나 주주총회·이사회의 결의 또는 업무집행은 무효이다.[1]

주식의 평등이 상대적인 평등을 의미하는 결과, 다양한 권리·의무의 내용을 가지는 여러 종류의 주식의 발행이 가능하게 된다. 상법은 이익배당이나 잔여재산 분배, 의결권의 배제·제한, 그리고 주식의 상환·전환에 있어서 특별한 취급을 받는 종류주식을 허용하고 있는데(344조 이하 참조), 이러한 종류주식의 발행은 주식평등의 원칙의 예외라고도 할 수 있다. 이 밖에도 감사선임결의에 있어서 의결권 없는 주식을 제외한 발행주식 총수의 100분의 3을 초과하는 주식에 대한 의결권제한(409조 2항), 여러 가지 소수주주권의 행사, 주식병합에 있어서 단주처리(443조) 등도 그러한 예라고 할 수 있다.

2. 주주평등의 원칙과 주주 및 회사의 이익보호

(1) 다수결에 의한 주주차별

일본에서 공개매수의 표적이 된 회사가 이에 대항하여 특정한 매수자인 주주에게만 특히 불이익을 주는 신주예약권(poison pill)을 허용하는 정관변경을 한 사건에서, 최고재판소는 "주주평등의 원칙은 개개의 주주의 이익을 보호하기 위해 회사에 대해 주주를 그가 갖는 주식의 내용 및 수에 응하여 평등하게 취득할 의무를 지우는 것이지만, 개개의 주주의 이익을 일반적으로는 회사의 존립, 발전이 없이는 생각할 수 없는 것이므로 특정의 주주에 의한 경영지배권의 취득에 수반하여 회사의 존립, 발전이 저해될 염려가 생기는 등 회사의 기업가치가 훼손되고, 회사의 이익 나아가서는 주주의 공동의 이익이 침해되는 것과 같은 경우에는 그 방지를 위해 당해 주주를 차별적으로 취급하였더라도 그 취급이 형평의 이념에 반하거나 상당성을 결하는 것이 아닌 한, 이를 바로 주주평등의 원칙의 취지에 반하는 것이라고 할 수는 없다. 그리고 특정의 주주에 의한 경영지배권의 취득에 수반하여 회사의 기업가치가 훼손되는지, 회사의 이익 나아가서 주주의 공동의 이익이 훼손되는지 아닌지는 최종적으로는 회사의 이익의 귀속주체인 주주 자신에 의해 판단될 것이

---

1) 대법원 2020. 8. 13. 선고 2018다236241 판결; 대법원 2018. 9. 13. 선고 2018다9920, 9937 판결; 제주지법 2008. 6. 12. 선고 2007가합1636 판결.

므로 주주총회의 절차가 적정을 결하였다거나, 판단의 전제가 되는 사실이 실제로
는 존재하지 않았다거나, 허위였다는 등 판단의 적정성을 잃게 하는 중대한 하자가
존재하지 않는 한, 당해 판단은 존중되어야 한다"고 함으로써 다수결에 의한 주주
차별의 가능성을 인정하는 듯한 내용의 판결을 한 바 있다[日最高裁 2007. 8. 7. 결정
(불독소스 사건)].

(2) 지배주주의 충실의무

　미국 판례법에서는 이사에게 인정되는 신인의무(fiduciary duty)의 개념을 지배
주주에게도 부과하여 지배주주가 주식을 양도하는 경우에는 다른 주주의 이익
을 고려하여야 할 의무가 있다고 보고 있다.[1] 일반적으로 기업의 업무집행은 지
배주주의 영향을 받는 경우가 많고,[2] 특히 기업매수합병의 경우에는 더욱 지배주
주의 영향력이 크게 발휘되는 것이 사실이므로 다른 주주에게도 대등한 매수의 기
회를 줄 의무가 회사의 이사는 물론이고 지배주주에게 있다고 보고 있다.[3]

　사실 모든 주주에게는 지분에 따른 출자의무는 동일하므로 출자의무를 이행하
였다면 더 이상 어떠한 의무도 발생하지 않는다. 더욱이 주주들 간의 법률관계는
없기 때문에 대주주에게 지분이 많다고 하여 추가적인 의무를 부담시킬 수도 없다.
그러나 대주주는 상대적으로 다수의 주식을 가지고 있고 소액주주들은 회사경영에
무관심한 경우가 많기 때문에 대주주의 지배권은 불법행위는 아닐지라도 자신의
이익을 위하여 그 권한을 남용하여 회사경영에 영향력을 행사할 위험성이 있으며,
그 결과는 소액주주들의 이익을 희생시키는 결과가 될 수 있다.[4] 현대 회사법학의
중요한 과제는 이러한 대주주의 영향력이 부당하게 행사하지 않도록 하는 제도적
장치를 고민하는 것이지만, 법적으로 강제하기가 마땅치 않다는 점에서 어려움이
있다. 우리 상법은 1998년 업무집행지시자등의 책임(401조의2)을 도입한 것이 이와
관련된 입법적 노력이라고 평가할 수 있다.

---

1) James D. Cox, Corporations(2d ed. 2003), p. 252; Jones v. Harris Associates L.P., 130
   S.Ct. 1418, 1427(2010); Pepper v. Litton, 308 U.S. 295, 306(1939).
2) Crowley v. Communications for Hosps., Inc., 573 N.E.2d 996(Mass. App. Ct.), review
   denied, 577 N.E.2d 309(Mass. 1991).
3) Donahue v. Rodd Electrotype Co., Supreme Judicial Court of Mass., 367 Mass. 578, 328
   N.E.2d 505(1975).
4) 홍복기·박세화, 233, 238면.

(3) 주주평등의 원칙과 이익공여의 금지

상법은 회사가 주주의 권리행사와 관련하여 재산상의 이익을 공여하는 것을 금지하고 있다(467조의2 1항). 이 규정의 취지는 이른바 '총회꾼'에 대하여 회사의 부실경영이나 부정행위 등의 은폐, 회사임원의 원만한 선임 등을 위하여 주어지는 금품수수의 부조리를 제거하여 주주총회의 건전한 운영을 도모하고 주주의 정당한 권리행사를 보호하기 위한 것이다. 그런데, 주주의 권리행사와 관련하여 주주나 제 3 자에게 배당이나 기타 이익을 제공하는 경우는, 상법상 이익공여금지의 위반 여부와 더불어 주주평등의 원칙의 위반도 함께 검토될 필요가 있다.

(4) 신주발행시 손실보전약정과 주주평등의 원칙

회사가 신주발행시 직원들의 유상증자 참여에 대하여만 손실보전약정을 하는 것은 다른 주주들에게 인정하지 않는 권리를 부여하는 것이므로 주주평등의 원칙에 반한다[주요판례 1].

(5) 대소주주의 차등배당과 주주평등의 원칙

소액주주에게만 배당하고 대주주에게는 배당하지 않기로 하는 의안에 대하여는 대주주 스스로의 배당포기인 경우에는 유효하며 상법 제464조에 위반되지 않는다[주요판례 2].

Ⅲ. 주요판례·문제해설

1. 주요판례

(1) 대법원 2020. 8. 13. 선고 2018다236241 판결 — 주주평등의 원칙을 위반한 약정의 효력

주주평등의 원칙이란, 주주는 회사와의 법률관계에서는 그가 가진 주식의 수에 따라 평등한 취급을 받아야 함을 의미한다. 이를 위반하여 회사가 일부 주주에게만 우월한 권리나 이익을 부여하기로 하는 약정은 특별한 사정이 없는 한 무효이다. 회사가 신주를 인수하여 주주의 지위를 갖게 되는 자와 사이에 신주인수대금으로 납입한 돈을 전액 보전해 주기로 약정하거나, 상법 제462조 등 법률의 규정에 의한 배당 외에 다른 주주들에게는 지급되지 않는 별도의 수익을 지급하기로 약정한다면, 이는 회사가 해당 주주에 대하여만 투하자본의 회수를 절대적으로 보장함

으로써 다른 주주들에게 인정되지 않는 우월한 권리를 부여하는 것으로서 주주평
등의 원칙에 위배되어 무효이다.

(2) 대법원 2007. 6. 28. 선고 2006다38161, 38178 판결 — 주주평등의 원칙과 손실보전약정

회사가 직원들을 유상증자에 참여시키면서 퇴직 시 출자 손실금을 전액보전해
주기로 약정한 것은, 그것이 단체협약 또는 취업규칙의 성격을 겸하고 있다고 하더
라도, 주주로서의 지위로부터 발생하는 손실에 대한 보상을 주된 목적으로 한 이
상, 손실보상약정은 주주평등의 원칙에 위배되는 것으로 무효이다.

(3) 대법원 1980. 8. 26. 선고 80다1263 판결 — 주주평등의 원칙과 차등배당

주주총회에서 대주주에게는 30%, 소수주주에게는 33%의 이익배당을 하기로
결의한 것은 대주주가 자기들이 배당받을 몫의 일부를 떼 내어 소수주주들에게 고
루 나누어 주기로 한 것이니, 이는 주주가 스스로 그 배당받을 권리를 포기하거나
양도하는 것과 마찬가지여서 주주평등의 원칙에 위반되지 않는다.

2. 문제해설

(1) 판례는 직원들에 대하여 주주로서의 지위로써 발생하는 손실에 대한 보상
을 목적으로 하는 손실보전약정은 주주평등의 원칙에 위배되는 것으로 무효라고
본다[주요판례 2]. 이는 주주평등의 원칙이 회사법의 기본원칙이며 강행법규적 성질을
갖고 있음을 말해 주는 것이다. 따라서 위의 약정은 무효이며 회사가 이에 대하여
지급할 의무를 지는 것은 아니다. 물론 위의 약정이 무효라고 해서 원래의 주식인
수가 무효가 되는 것은 아니다.

(2) 위의 손실보전약정을 한 회사의 이사에 대하여는 이사의 고의 또는 중대
한 과실로 그 임무를 게을리한 것으로 연대배상책임을 물을 수 있겠으나(401조), 주
가하락으로 인한 손해에 대하여 간접손해로 보아 제401조의 대상이 아니라고 본
판례(대법원 1993. 1. 26. 선고 91다36093 판결)도 있고, 최근에는 직접손해로 보아 제401
조에 의한 손해배상이 가능하다고 본 판례(대법원 2012. 12. 13. 선고 2010다77743 판결)
도 있다.

[3] 주권의 발행 및 상실로 인한 재발행

Ⅰ. 사 례

1. 사실관계

A는 甲주식회사의 신주 1,000주를 인수하고, 2008년 5월 1일에 주금을 완전히 납입하였다. 그 후 A는 2008년 7월 1일에 B에게 甲회사 신주 1,000주를 양도하였다.

(1) 甲회사 주식을 입질하여 사업자금을 마련할 계획으로 주권발행을 기다리던 B는, 甲회사가 2008년 10월 1일에 주권을 발행한다는 소식을 듣고 甲회사에게 자신에게 직접 주권을 발행·교부하여 줄 것을 청구하였다. 주권청구 당시 甲회사는 B가 소지하고 있는 주금납입영수증을 확인하는 등 B를 주주로 인정하려는 태도를 취하였던 바, B는 이를 신뢰하고 사채업자로부터 높은 이자로 먼저 자금을 융통하였다.

그런데 甲회사는 신주의 주권을 발행하면서 B가 주주명부에 등재된 주주가 아니라는 이유로 주권을 교부해 줄 수 없다고 거부하여, B는 결국 큰 손해를 입었다.

(2) 한편 甲회사의 신주를 인수한 C는 2008년 10월 1일에 정상적으로 주권을 받았다. 그러나 주권보관에 위험이 따른다고 판단한 C는 주권수령 1주일 후, 甲회사(명의개서대리인)에 주권불소지신고를 하고 주권을 임치하였다. 그런데 甲회사는 C 소유의 주권을 보관하던 중 분실하였다. 분실된 주권을 취득한 D는 선의취득을 주장하고 있다.

2. 검 토

(1) B는 甲회사에 대하여 주권불발행을 근거로 손해배상을 청구할 수 있는가?
(2) C는 甲회사에게 즉시 주권을 재발행하여 줄 것을 청구할 수 있는가?

II. 주요법리

1. 주권의 의의 및 종류

(1) 주권의 의의

주권이란 주주의 지위, 즉 주주권(주식)을 표창하는 유가증권을 말한다. 즉 주권은 사원권적 유가증권으로서 그 소지에 의하여 회사의 주주임을 나타낼 수 있으며, 주권의 교부로 손쉽고 안전하게 주식을 양도할 수 있어서 주주의 투자회수를 보장하는 역할을 한다.

반면 주권의 상실은 권리상실의 위험을 증대시키게 되므로 상법은 주권불소지 제도를 마련해 두고 있다. 그리고 상장주식이 대량거래되는 거래소시장에서는 대체결제제도를 통해 현실적으로 주권의 교부 없이 주식의 양도가 가능하도록 하고 있다.

(2) 주권의 종류

주권은 표창하는 주식 수에 따라 분류할 수 있는데, 1주권에 1주식을 표창하는 단일주권과 1주권에 10, 50, 100 등의 복수의 주식을 나타내는 병합주권으로 나눌 수 있다.

이 같은 주권의 발행단위는 정관의 임의적 기재사항이므로 회사가 정관과 다른 발행단위의 주권을 발행하여도 무효가 아니다.

2. 주권의 발행 및 효력발생시기

(1) 주권의 발행

1) 주권의 기재사항

주권은 상법상 소정의 사항과 번호를 기재하여, 대표이사가 기명날인 또는 서명하여 발행한다(356조).[1] 다만 주권은 엄격한 요식증권은 아니므로 일부 법정기재사항이 흠결되었어도 주권의 효력에는 영향이 없으며[주요판례 1], 주권의 작성이나 발행에 의해서 주주권이 발생하는 것이 아니므로 어음이나 수표와 같은 설권증권

---

1) 1. 회사의 상호, 2. 회사의 성립연월일, 3. 회사가 발행할 주식의 총수, 4. 액면주식을 발행하는 경우 1주의 금액, 5. 회사의 성립 후 발행된 주식에 관하여는 그 발행연월일, 6. 종류주식이 있는 경우에는 그 주식의 종류와 내용, 6의2. 주식의 양도에 관하여 이사회의 승인을 얻도록 정한 때에는 그 규정.

은 아니다.[1)]

2) 주권의 발행의무 및 제한

주권은 회사성립(설립등기) 후 또는 신주의 납입기일 후 지체 없이 발행하여야
한다(주권발행의 강제, 355조 1항). 그러나 회사의 성립 전이나 신주의 납입기일 전에
는 주권을 발행하지 못하므로(355조 2항), 이에 위반하여 발행한 주권은 무효이며 발
행한 자에 대하여 손해배상을 청구할 수 있다(355조 3항). 주권발행시기를 위반한 회
사의 이사는 과태료의 제재를 받는다(635조 1항 19호).

주식·사채 등의 전자등록에 관한 법률(전자증권법)에 따라 전자등록방식으로
주식을 발행하는 경우, 주권의 실물발행이 금지되고 이를 위반하여 발행된 실물증
권은 무효이다(전자증권법 36조).

3) 주권발행·교부청구권

주주는 회사에 대하여 주권발행청구권 및 주권교부청구권을 갖는다. 만일 회
사가 주주의 정당한 교부청구권 행사에 대하여 주권발행을 게을리한 경우에는 이
사는 회사 및 주주에 대하여 손해배상책임을 진다(399조, 401조).

다만 회사성립 또는 신주의 납입기일 후 6월 이내에 주권 없이 이루어진 주식
양도의 양수인은 주권발행·교부청구권을 행사할 수 없다. 상법상 회사성립 또는
신주발행의 효력발생 후 6월이 경과하지 않은 경우에는 주권발행이 되지 않은 상
태에서 주식을 양도할 수 없는 것이 원칙이다(335조 2항 본문). 이 경우의 주식양도
는 회사에 대하여 효력이 없다. 따라서 주권발행 전의 주식양도의 당사자는 회사에
대하여 그 양도의 효력을 주장할 수 없고, 회사도 이를 승인할 수 없다. 회사가 이
를 승인하여 명의개서를 하였더라도 회사에 대하여 효력이 없다[주요판례 2]. 그러므
로 이후 회사가 주권을 발행하더라도 양수인은 회사에 대하여 주권교부를 청구할
수 없고 양도인의 채권자로서 회사에 대한 주권발행 및 교부청구권을 대위하여 행
사할 수 있을 뿐이다.

(2) 주권의 효력발생시기

주권의 효력발생시기에 대해서는 ① 회사가 주권을 작성한 때에 주권의 효력
이 발생한다는 작성시설(주주의 성명이 주권에 기재된 때), ② 회사가 작성한 주권을 그

---

1) 이철송, 330면.

의사에 따라 누구에게든(주주 이외의 자에게도) 교부하면 주권의 효력이 발생한다는
발행시설, ③ 회사가 주권을 작성하여 주주에게 교부한 때에(주주에게 도달한 때) 주
권의 효력이 발생한다는 교부시설의 대립이 있다. ①, ②설에 따르면 주권이 도난
되거나 분실되어 제3자가 선의취득한 경우에 주주는 주권을 한 번도 만져보지 않
은 채 주주권을 상실하는 단점이 있기 때문에 다수설과 판례는 교부시설(③설)을 취
하고 있다[주요판례 3].[1]

주권의 효력발생시기문제는 주식의 양도시기 및 선의취득 가능시기와 밀접한
관련이 있는 사항인데, 주권의 사단법적 특성을 감안할 때 권리의 유통보다도 진정
한 권리자의 보호에 더 중점을 둘 필요가 있으므로 판례의 입장과 같이 교부시설이
타당하다고 본다. 따라서 회사가 주식을 양수하지 않은 자에게 주권을 발행하더라
도 주주권이 창설되지 않고 선의취득의 대상도 되지 않는다.[2]

3. 명의와 실질의 상이

(1) 타인명의 주식인수인의 법률상 지위

1) 의   의

주식을 인수함에 있어서 자신의 명의로 하지 아니하고 타인의 명의로 하거나
가설인(假設人)의 명의로 하는 경우에는 실질적인 주식인수인에게 인수한 주식에 대
한 납입의무를 부과하고 있다(332조 1항). 그러나 타인의 승낙을 얻어서 그 명의로
주식을 인수한 경우에는 명의를 대여한 자와 주식인수인이 연대하여 납입할 의무
를 지게 된다(332조 2항).

2) 주주의 확정과 회사에 대한 관계

명의와 실질이 다른 경우에 누가 주금액을 납입할 것인지에 관해서는 상법에
서 정하고 있지만(332조), 누구를 권리자로 볼 것인지에 대하여는 명시적인 규정이
없다. 다만 명의개서를 하지 않으면 회사에 대항하지 못한다고(337조 1항) 하고 있기
때문에 회사는 누구를 주주로 취급하여야 하느냐의 문제가 발생한다. 즉 제337조
의 규정은 주주권 이전의 효력요건을 정한 것이 아니고 단지 주식 이전의 회사에
대한 대항요건일 뿐이며, 따라서 실질적인 자금의 공급자를 주주로 취급할 것인지
아니면 명의상 주식인수인을 주주로 취급할 것인지가 문제된다. 이는 제3자에게

 1) 손주찬, 633면; 송옥렬, 828면; 이철송, 333면; 정찬형, 745면; 최준선, 261면.
 2) 이철송, 330면.

주식이 양도되는 경우에 더욱 복잡한 문제를 야기시킨다.

실질설의 입장에서는 실질적인 주식인수인을 주주로 본다. 즉 명의와 관계없이 실질적으로 행위를 한 자가 의사주의(意思主義)의 원칙에 따라서 주주가 되어야 한다는 것이다. 그리고 제332조에서 실질적인 주식인수인이 납입의무의 주체가 되는 것으로 규정하고 있기 때문이라고 보기도 한다. 또한 같은 조 제 2 항에서 명의대여자에게 연대책임을 지게 하는 것은 명의대여에 대한 책임을 부담시키는 것이지 주주로서 권리를 가진다는 것을 규정하고 있지 않기 때문이라고 보기도 한다.[1]

형식설에서는 명의상의 주식인수인을 주주로 본다.[2] 회사법적 법률관계는 집단적·획일적으로 이루어지는 것이므로 법적 안정을 확보하기 위해서는 객관적으로 확인 가능한 방법으로 이루어져야 하며, 회사의 입장에서는 실질적인 주주인지의 여부에 대한 조사가 실질적으로 불가능하다는 이유를 들기도 한다. 주식의 유통성의 안전을 확보한다는 점에서도 명의주주를 주주로 보는 것이 적절하다.[3] 판례는 2017년 전원합의체 판결을 통하여 주주명부상 주주를 주주권을 행사할 자로 본다고 함으로써 실질설에서 형식설로 그 입장을 변경하였다[주요판례 4]. 한편 실제 출자자와 명의자가 서로 다른 경우에 누가 실제 권리자가 되는가에 대하여는 모두가 주식인수계약의 당사자로서 주식인수인이 될 수 있으나, 원칙적으로 주주명부에 기재된 명의자가 주식인수인으로서 되는 것이지만, 실제 출자자를 주식인수인으로 하기로 한 사실을 회사가 알고 이를 승낙하는 등의 특별한 사정이 있다면 실제 출자자에게도 주주의 지위를 인정할 수 있을 것이라고 하여 '특별한 사정'이 무엇인지에 관한 해석의 여지를 남겨두었다[주요판례 5].

(2) 명의개서 미필주주의 법적 지위

주주의 지위에 변동이 있음에도 불구하고 여러 가지 이유로 인하여 주주명부상의 명의개서를 하지 아니한 경우에 취득자의 법적 지위가 문제된다. 제337조 제 1 항의 반대해석에 의하여 명의개서를 하지 않더라도 회사 이외의 제 3 자와의 관계에서는 주주권을 주장할 수 있다. 그러나 회사에 대하여는 그러하지 않으므로 발생하는 여러 가지 문제점이 있다.

---

1) 최준선, 192면.
2) 손주찬, 574면.
3) 이철송, 327면.

1) 회사가 취득자의 권리를 인정할 것인지 여부

제337조 제1항은 명의개서미필주주가 회사에 대항하지 못한다고 되어 있는데, 이를 반대로 해석하여 회사는 명의개서미필주주를 실질적인 권리자로 인정하여 주주권행사를 인정해도 무방한가 하는 문제가 발생한다. 이에 대하여 취득자가 주주임을 주장할 수는 없지만 회사가 이를 인정하는 것은 무방하다고 하여 이를 긍정하는 견해(편면적 구속설, 다수설)가 있는가 하면, 취득자가 자신이 주주임을 주장하지 못함은 물론 회사도 이를 주주로 인정하지 못한다고 하여 이를 부정하는 견해(쌍방적 구속설)가 있다. 판례는[1] 2017년 전원합의체 판결을 통하여 "주주명부상의 주주만이 회사에 대한 관계에서 주주권을 행사할 수 있다는 법리는 주주에 대하여만이 아니라 회사에 대하여도 마찬가지로 적용되므로, 회사는 특별한 사정이 없는 한 주주명부에 기재된 자의 주주권 행사를 부인하거나 주주명부에 기재되지 아니한 자의 주주권 행사를 인정할 수 없다"고 함으로써 후자의 견해로 그 입장을 변경하였다.

편면적 구속설에서는, 주주명부의 기재로부터 발생하는 것은 권리의 추정력이므로 주주명부의 기재와 다른 주권의 점유자가 나타난다면 주주명부의 효력은 부정되는 것이 타당하다고 보고 있다.[2] 이에 반해 쌍방적 구속설에서는, 회사가 주주인정문제에 있어서 선택권을 갖는 것은 단체법상의 획일적인 법률처리에 역행하는 것이고, 극단적인 경우에는 회사가 주주명부상의 주주에게는 실질적인 주주가 아니라는 이유로 권리행사를 거부하고 실질적인 주주에게는 명의개서의 미필을 이유로 주주권의 행사를 거절할 수도 있다는 결과가 되어 이는 부당하다고 본다.[3]

2) 회사에 의한 명의개서의 부당거절

회사가 정당한 사유 없이 명의개서를 거절한 경우에는 취득자는 회사를 상대로 명의개서에 갈음하는 판결을 구하거나 주주지위확인의 가처분을 법원에 청구할 수도 있고 회사에 손해배상을 청구하는 등의 조치를 취할 수 있다. 또한 이사 등은 과태료의 제재를 받는다(635조 1항 7호). 그런데 명의개서를 부당하게 거절당한 주식취득자가 현실적으로 주주권을 행사할 수 있는가에 대하여는 이를 신의칙상 인정하여야 한다고 본다[주요판례 6].[4]

---

1) 대법원 2017. 3. 23. 선고 2015다248342 전원합의체 판결.
2) 송옥렬, 840면; 정찬형, 804면; 최준선, 286면.
3) 이철송, 376면.
4) 송옥렬, 841면; 이철송, 376면; 정찬형, 803면; 최준선, 284면.

3) 명의개서지체 중의 이익귀속문제

명의개서가 지체되고 있는 중에 이익배당이나 신주배정이 이루어지는 경우에는 회사는 주주명부의 기재에 따라 양도인에게 이를 하면 될 것이다. 그런데 양도인과 양수인간의 권리·의무의 정리에 관한 법적 근거에 대하여는 부당이득반환의 법리에 따라서 해결하자는 견해도 있고, 준사무관리에 의해서 해결하자는 견해도[1] 있다. 후자에 따라 해결하는 것이 주주권행사로 인한 이익뿐 아니라 주주권행사비용 등 유익비(有益費)도 반환받을 수 있다는 점에서 실질주주에게 유리할 것이다.

4. 주권불소지제도

(1) 의의 및 요건

주권불소지제도라 함은 주주가 주권의 소지를 하지 아니하겠다는 뜻을 회사에 신고함으로써 회사가 그 신고된 주식의 주권을 발행하지 아니하는 제도를 말한다(358조의2). 주권의 불소지는 정관에 주권불소지제도를 배제하는 규정이 없는 경우에만 인정된다. 주권불소지제도의 배제는 주주평등의 원칙에 반하지 않는 한 전면적 또는 부분적으로 할 수 있다.

(2) 절   차

1) 주권불소지의 신고

주주는 정관에 다른 정함이 있는 경우를 제외하고는 회사에 주권을 소지하지 아니하겠다는 뜻을 신고할 수 있다(358조의2 1항). 불소지신고는 그 시기나 방식에 제한이 없고, 주권발행 후에도 주권을 회사에 제출하면서 불소지의 신고를 할 수 있다(358조의2 3항).

2) 회사의 조치

주주의 불소지신고가 있으면 회사는 지체 없이 주권발행을 하지 아니하겠다는 뜻을 주주명부와 복본에 기재하고, 그 사실을 주주에게 통지해야 한다. 이 경우 회사는 주권을 발행할 수 없다(358조의2 2항). 이미 발행된 주권이 있는 때에는 이를 회사에 제출하여야 하며, 회사는 제출된 주권을 무효로 하거나 명의개서대리인에게 임치하여야 한다(358조의2 3항). 명의개서대리인에게 임치한 경우에는 주권이 유효한 상태로 유지되므로, 명의개서인의 보관중 주권이 유출되면 선의취득이 인정

---

1) 송옥렬, 842면; 이철송, 382면; 최기원, 396면.

될 가능성이 있다.

3) 신고주주의 주권발행청구

불소지신고를 한 주주는 주식의 양도와 입질 등의 필요가 있을 때 언제든지 회사에 대하여 주권반환을 청구하거나(회사에 주권을 제출하여 명의개서대리인에게 임치된 경우) 주권의 발행을 청구할 수 있다(주권발행 전에 불소지신고를 한 경우 또는 회사에 제출된 주권이 무효처리된 경우)(358조의2 4항). 발행청구는 방식의 제한이 없으며 주주명부 폐쇄기간에도 할 수 있다. 이는 정관에 의해서도 배제 또는 제한하지 못한다. 왜냐하면 주주가 주식을 양도하려면 주권이 필요하기 때문이다.

5. 주식의 전자등록제도

2011년 개정상법은 주식의 전자등록제도를 도입하였으며, 전자증권법이 2016년 제정되어 2019년부터 시행되었다. 전자등록제도라 함은 회사에서 주권을 실물로 발행하지 않고 전자등록기관에 주식을 등록하는 것을 말한다. IT기술의 발전과 유가증권의 무권화 추세에 따라 전자등록제도를 도입하면 전자등록기관에 등록된 증권의 경우 증권을 소지하지 않고서도 권리의 양도·담보설정·권리행사 등이 가능하다. 이러한 전자등록제도의 도입으로 회사는 실물 증권발행의 부담을 줄일 수 있을 것이며, 주주나 사채권자는 권리행사를 보다 쉽게 할 수 있을 것으로 기대된다.

회사는 정관에 따라 실물 주권을 발행하는 대신 지정된 전자등록기관의 전자등록부에 주식을 등록할 수 있도록 하고(356조의2 1항), 전자등록부에의 등록을 통하여서만 주식의 양도나 입질의 효력이 발생하도록 하였다(356조의2 2항). 전자등록부에 대한 주식의 등록에 대하여 권리추정적 효력을 인정함은 물론, 전자등록부를 선의·무중과실로 신뢰한 제3자가 주식의 양도·입질에 관한 전자등록을 마친 경우에는 그 권리의 적법한 취득을 인정하였다(356조의2 3항). 주식의 전자등록을 위한 절차·방법 및 효과, 전자등록기관의 지정·감독 등에 관하여 필요한 사항은 전자증권법으로 정하였다(356조의2 4항).

6. 주권의 점유, 선의취득과 제권판결

(1) 주권점유의 권리추정력

주주명부에 주주로 기재되어 있으면 회사에 대하여 자신의 권리를 증명할 필요 없이 단순히 주주명부상의 기재만으로 주주로서의 권리를 행사할 수 있다. 그러나 주주명부의 기재에 권리의 창설적 효력이 있는 것은 아니므로 실질적인 권리자가 자신의 권리를 증명하여 주주권을 행사할 수는 있다고 본다.[1]

한편 주권의 점유에 의하여 적법한 소지인으로 추정되는 것(336조 2항)과 주주명부의 기재에 대한 자격수여적 효력과는 구별하여야 한다. 전자는 주권의 점유상태가 적법한 것이라고 추정하는 것이며, 후자는 주주명부에 기재된 자는 주주권을 행사함에 있어서 실질적인 권리를 증명함이 없이 적법한 주주로 추정된다고 보는 것이다. 따라서 전자의 경우 주주권을 행사하기 위해서 주주명부의 명의개서를 청구할 수 있다.

(2) 제권판결과 선의취득과의 관계

주권이 멸실되거나 상실된 경우 이를 무효로 하기 위해서는 공시최고절차(민소법 492조 1항)를 거쳐야 하며, 공시최고기간 내에 신고가 없는 경우에는 제권판결을 선고하고, 신고가 있을 때에는 그 권리에 관한 재판의 확정시까지 공시최고절차를 중지하거나 그 권리를 유보하고 제권판결을 한다(민소법 485조). 이러한 제권판결이 있으면 주권은 그 효력을 상실하고(상법 360조 1항), 제권판결의 신청인은 회사에 대하여 주권에 의한 권리를 행사할 수 있다(민소법 497조). 그러나 제권판결은 단지 주권의 점유에 대신하는 효력을 부여함에 그치고 실체적 권리관계를 창설하는 것이 아니기 때문에 신청인이 정당한 소지인인지 여부는 별도의 소송으로 다투게 된다. 그리고 제권판결을 얻은 자는 회사에 대하여 주권의 재발행을 청구할 수 있으며(상법 360조 2항), 주권을 분실한 것이 주주가 아니고 그 발행회사라 하더라도 제권판결이 없는 이상 주권의 재발행을 할 수는 없다[주요판례 7].

공시최고에 의한 공고가 있어도 제권판결 전에는 주권의 선의취득이 가능하지만, 제권판결 이후에는 주권을 선의로 취득하여도 보호받을 수 없다. 즉 제권판결 이전에 주권을 선의취득한 자는 공시최고에 의해 악의나 중과실이 의제되는 것은 아니므로 권리신고에 의해 당연히 보호받으며, 따라서 회사는 공시최고가 있다고 하여 주권을 가지고 이루어지는 명의개서 청구를 거절할 수 없다.[2] 다만 제권판결 전에 주권에 대하여 선의취득을 하였으나 공시최고기간에 권리의 신고나 청구를 하지 않아 제권판결이 선고된 경우, 선의취득자와 제권판결취득자 중 누구를 우선적으로 보호할 것인가에 관하여는 견해의 대립이 있다. 즉 제권판결취득자우선보

---

1) 대법원 1989. 7. 11. 선고 89다카5345 판결.
2) 이철송, 333~334면.

호설(판례), 선의취득자우선보호설, 제권판결 이전에 명의개서한 선의취득자만 우선
보호한다는 절충설 등이 있다. 선의취득을 부정하기 위한 증명의 어려움이나 제권
판결취득 후 주권의 재발행을 통해 신주권이 유통된 경우에는 제 3 의 신주권 양수
인의 보호문제 등을 고려할 때 판례의 입장인 제권판결취득자우선보호설이 타당하
다[주요판례 8].

Ⅲ. 주요판례·문제해설

1. 주요판례

(1) 대법원 1996. 1. 26. 선고 94다24039 판결 ─ 주권의 유가증권성

대표이사가 주권발행에 관한 주주총회나 이사회의 결의 없이 주주명의와 발행
연월일을 누락한 채 단독으로 주권을 발행한 경우, 특별한 사정이 없는 한 주권의
발행은 대표이사의 권한이라고 할 것이고, 그 회사 정관의 규정상으로도 주권의 발
행에 주주총회나 이사회의 의결을 거치도록 되어 있다고 볼 근거도 없으며, 기명주
권의 경우에 주주의 이름이 기재되어 있지 않다거나 또한 주식의 발행연월일의 기
재가 누락되어 있다고 하더라도 이는 주식의 본질에 관한 사항이 아니므로, 주권의
무효사유가 된다고 할 수 없다. 설사 대표이사가 정관에 규정된 병합주권의 종류와
다른 주권을 발행하였다고 하더라도 회사가 이미 발행한 주식을 표창하는 주권을
발행한 것이라면, 단순히 정관의 임의적 기재사항에 불과한 병합주권의 종류에 관
한 규정에 위배되었다는 사유만으로 이미 발행된 주권이 무효라고 할 수는 없다.

(2) 대법원 1987. 5. 26. 선고 86다카982 판결 ─ 주권발행전 주식양도

주권발행 전에 한 주식의 양도는 회사가 이를 승인하여 주주명부에 그 변경을
기재하거나 후일 회사에 의하여 주권이 발행되었다 할지라도 회사에 대한 관계에
있어서는 그 효력이 없다.

(3) 대법원 2000. 3. 23. 선고 99다67529 판결 ─ 주권의 효력발생시기

상법 제355조의 주권발행은 같은 법 제356조 소정의 형식을 구비한 문서를 작
성하여 이를 주주에게 교부하는 것을 말하고 위 문서가 주주에게 교부된 때에 비로
소 주권으로서의 효력을 발생하는 것이므로 회사가 주주권을 표창하는 문서를 작
성하여 이를 주주가 아닌 제 3 자에게 교부하여 주었다 할지라도 위 문서는 아직

회사의 주권으로서의 효력을 가지지 못한다.

(4) 대법원 2017. 3. 23. 선고 2015다248342 전원합의체 판결 — 명의와 실질의 상이

주식을 양수하였으나 아직 주주명부에 명의개서를 하지 아니하여 주주명부에는 양도인이 주주로 기재되어 있는 경우뿐만 아니라, 주식을 인수하거나 양수하려는 자가 타인의 명의를 빌려 회사의 주식을 인수하거나 양수하고 타인의 명의로 주주명부에의 기재까지 마치는 경우에도, 회사에 대한 관계에서는 주주명부상 주주만이 주주로서 의결권 등 주주권을 적법하게 행사할 수 있다.

(5) 대법원 2017. 12. 5. 선고 2016다265351 판결 — 명의와 실질의 상이

타인의 승낙을 얻어 그 명의로 주식을 인수하기로 약정한 경우이다. 이 경우에는 계약 내용에 따라 명의자 또는 실제 출자자가 주식인수인이 될 수 있으나, 원칙적으로는 명의자를 주식인수인으로 보아야 한다. 명의자와 실제 출자자가 실제 출자자를 주식인수인으로 하기로 약정한 경우에도 실제 출자자를 주식인수인이라고 할 수는 없다. 실제 출자자를 주식인수인으로 하기로 한 사실을 주식인수계약의 상대방인 회사 등이 알고 이를 승낙하는 등 특별한 사정이 없다면, 그 상대방은 명의자를 주식인수계약의 당사자로 이해하였다고 보는 것이 합리적이기 때문이다.

(6) 대법원 1993. 7. 13. 선고 92다40952 판결 — 명의개서 부당거절

주식을 양도받은 주식양수인들이 명의개서를 청구하였는데도 회사의 대표이사가 정당한 사유 없이 그 명의개서를 거절한 것이라면 회사는 명의개서가 없음을 이유로 그 양도의 효력과 주식양수인의 주주로서의 지위를 부인할 수 없다.

(7) 대법원 1981. 9. 8. 선고 81다141 판결 — 주권분실의 효력

주권을 분실한 것이 주주가 아니고 그 발행회사라 하더라도 제권판결이 없는 이상 회사에 대하여 주권의 재발행을 청구할 수 없다. 주권발행 전의 주식의 양도는 회사에 대한 관계에 있어서는 효력이 없고, 주권발행·교부청구권은 주식과 일체로 되어 있어 이와 분리하여 양도할 수 없는 성질의 권리이므로 주권발행 전에 한 주식의 양도가 주권발행·교부청구권 이전의 효과를 생기게 하지 않는다. 따라서 주권발행 전의 주식양수인은 직접 회사에 대하여 주권발행·교부청구를 할 수 없고, 양도인을 대위하여 청구하는 경우에도 주식의 귀속주체가 아닌 양수인 자신에게 그 주식을 표창하는 주권을 발행·교부해 달라는 청구를 할 수는 없다.

(8) 대법원 1994. 10. 11. 선고 94다18614 판결 — 약속어음에 관한 제권판결의 효력

약속어음에 관한 제권판결의 효력은 그 판결 이후에 있어서 당해 어음을 무효로 하고 공시최고 신청인에게 어음을 소지함과 동일한 지위를 회복시키는 것에 그치는 것이고, 공시최고 신청인이 실질상의 권리자임을 확정하는 것은 아니나, 취득자(선의취득자)가 소지하고 있는 약속어음은 제권판결의 소극적 효과로써 약속어음으로서의 효력이 상실되는 것이므로 약속어음의 소지인은 무효로 된 어음을 유효한 어음이라고 주장하여 어음금청구를 할 수 없다.[1]

2. 문제해설

(1) 아직 신주납입의 효력발생 후 6월이 경과하지 않았고 주권도 없는 상태이므로 주식을 양도할 수 없고, 양도하더라도 당사자 간에만 유효한 양도이며 회사에 대하여 대항할 수 없다. 설령 회사가 양도를 인정하여 명의개서를 하더라도 회사에 대한 관계에 있어서는 효력이 없다[주요판례 2]. 결국 양수인 B는 회사에 대하여 자신이 주주임을 주장할 수 없으며 주권발행청구권도 가지지 못하므로 주권의 불발행으로 인한 손해배상을 청구할 수 없다.

(2) C는 乙회사에 대하여 상법의 규정에 따라 주권불소지신고를 하였는데, 주권발행회사인 甲에게 주권을 제출하였으면 주권이 무효로 된다. 그러나 사안에서는 명의개서대리인인 乙에게 임치하였으므로 여전히 유효한 주권이며, 이것이 분실된 경우에는 선의취득이 가능하다. 결국 분실된 주권을 취득한 D가 선의취득을 주장하고 있으므로 C는 제권판결을 신청하여 D와 다툴 수밖에 없다.

---

[1] 동지: 대법원 1993. 11. 9. 선고 93다32934 판결. 대법원 1994. 10. 11. 선고 94다18614 판결과 대법원 1993. 11. 9. 선고 93다32934 판결은 약속어음에 관한 것들이나, 선의취득과 제권판결에 관한 법리해석은 모든 유가증권에 있어 동일하게 적용된다고 볼 수 있으므로, 주권의 제권판결에 대한 대법원의 입장이라고 보아도 무방하다.

[4] 주주명부의 효력

I. 사   례

1. 사실관계

甲주식회사의 대표이사 A는 대학 동기 B와 甲회사의 증자에 공동으로 참여하기로 합의하였다. B는 세무상의 편의 때문에 C와 D의 명의를 차용하여 주식을 인수하였다.

甲회사는 2011년 5월 2일에 이사 E를 해임하기 위한 주주총회를 개최하면서, 주주명부상에 등재되어 있는 A, C, D에게만 소집통지하였고, 결국 그들만이 의결권을 행사하여 이사 E는 해임되었다.

2. 검   토

해임된 이사 E는 2011년 5월 2일 주주총회의 결의와 관련하여, 소집절차상의 하자를 이유로 C와 D의 의결권행사가 위법이라고 주장할 수 있는가?

II. 주요법리

1. 주주명부제도

(1) 주주명부, 주주명부의 복본, 전자주주명부의 개념
1) 주주명부
주주명부란 주주와 주권에 관한 사항을 명백히 하기 위하여 상법의 규정에 따라서 작성되는 장부를 말한다. 주주의 의결권행사나 이익배당 등의 권리행사에 있어서 주주명부의 성명과 기재가 권리자의 확인의 기초가 된다. 상장회사의 경우는 전자등록방식으로만 주식을 발행할 수 있고 전자등록기관이 작성하는 소유자명세를 이용하여 주주명부를 작성한다(전자증권법 37조 참조).

2) 주주명부의 복본
주주명부의 복본(複本)은 주주명부와 동일한 효력을 지니며, 명의개서대리인제도를 채택한 결과 도입된 것이다.[1] 주식이나 기명사채를 양수한 자가 복본에 그 성명과 주소를 기재한 경우에는 주주명부 또는 사채원부에 명의개서한 것과 동일한 효력이 생긴다(337조 2항, 479조 2항).

3) 전자주주명부

회사는 정관으로 정하는 바에 따라 전자문서로 주주명부를 작성할 수 있는데, 이를 전자주주명부라 한다(352조의2). 전자주주명부에는 기존 주주명부의 기재사항 외에 전자우편주소를 적어야 한다(352조의2 2항).

(2) 기재사항

주주명부에는 법정기재사항으로 ① 주주의 성명과 주소, ② 각 주주가 가지는 주식의 종류와 수, 주권의 번호, ③ 각 주식의 취득연월일을 기재하여야 한다(352조 1항). 그리고 전환주식을 발행한 경우에는 앞서 기술한 사항뿐만 아니라 제347조의 사항도 기재하여야 한다(352조 2항).

(3) 비치 및 공시

주주명부는 이사가 작성하여 회사의 본점에 비치해야 하며, 명의개서대리인을 둔 때에는 명의개서대리인의 영업소에 주주명부나 그 복본을 비치할 수 있다(396조 1항). 주주와 회사채권자는 영업시간 내에는 언제든지 주주명부를 열람 또는 그 등사를 청구할 수 있다(396조 2항).

2. 주주명부의 효력

(1) 자격수여적 효력(권리추정적 효력)

주주명부에 주주로 기재되어 있으면 회사에 대하여 자신의 권리를 증명할 필요 없이 단순히 주주명부상 기재만으로 주주로서의 권리를 행사할 수 있다[주요판례 1]. 그러나 주주명부의 기재에 권리의 창설적 효력이 있는 것은 아니므로 실질적인 권리자가 자신의 권리를 증명하여 주주권을 행사할 수는 있다고 본다[주요판례 2]. 그리고 주주명부에 주주로 등재되어 있는 자는 그 회사의 주주로 추정되기 때문에 이를 번복하기 위해서는 그 주주권을 부인하는 자가 증명책임을 부담한다[주요판례 3].

한편 주권의 점유에 의하여 적법한 소지인으로 추정되는 것(336조 2항)과 주주

---

[1] 주주명부의 원본을 명의개서대리인의 영업소에 두기로 한 때에는 회사는 원본을 본점에 비치하지 않아도 된다.

명부의 기재에 대한 자격수여적 효력과는 구별하여야 한다는 것은 전술한(위의 [3] Ⅱ. 6. (1) 참조) 바와 같다.

(2) 면책적 효력

회사가 주주 또는 질권자에 대하여 통지 또는 최고를 하는 경우에는, 주주명부에 기재한 주소 또는 그 자로부터 회사에 통지한 주소로 하면 설혹 주주명부상의 주주가 진정한 주주가 아닐지라도 회사는 면책된다(면책력, 353조 1항). 즉 회사는 주주명부에 주주로 기재되어 있는 자를 주주로 보고 주주의 의결권을 비롯한 이익배당청구권·신주인수권 등의 권리행사를 인정하면 된다.

(3) 주주권행사의 대항요건

주식의 취득자가 주식의 이전을 회사에 대항하기 위해서는 주주명부에 그의 성명과 주소를 기재해야 한다(337조 1항). 즉 주식의 양수인은 명의개서를 하여야 회사에 대항할 수 있으므로, 주주의 이름과 소유주식이 주주명부에 기재되는 것은 주주로서의 권리를 회사에 행사하기 위한 요건이 된다.

3. 주주명부를 통한 주주권 행사자의 확정

(1) 주주명부의 폐쇄

주주명부의 폐쇄란 회사가 의결권을 행사하거나 배당을 받을 자 기타 주주 또는 질권자로서 권리를 행사할 자를 정하기 위하여, 일정한 기간을 정하여 주주명부의 기재변경(명의개서)을 정지하는 제도이다(354조 1항). 다만 주주명부의 폐쇄는 소수주주권이나 소의 제기권과 같이 주주권의 행사 여부가 개별주주의 의사에 달려 있는 경우에 그 권리를 행사할 자를 확정하기 위해서는 인정되지 않는다.[1] 주주명부를 폐쇄하는 결정은 정관에 근거규정이 없어도 가능하지만, 주주권행사에 대한 사실상 제한이라고 볼 수 있으므로 상법상 주주명부 폐쇄기간은 3월을 초과하지 못한다(354조 2항). 회사가 정관에 주주명부 폐쇄기간을 정하고 있지 않는 한, 결정한 그 기간의 2주간 전에 이를 공고해야 한다(354조 4항).

주주명부 폐쇄기간중에는 회사가 주주나 질권자의 권리를 변동시키는 명의개서·질권의 등록·신탁재산표시 등의 일체의 기재를 할 수 없다. 그러나 권리변동과 무관한 주주의 주소·상호 변경이나 정정 등은 할 수 있고(통설), 전환주식 또는 전

---

[1] 이철송, 358~359면.

환사채의 전환청구나 신주인수권부사채권자의 신주인수권행사는 주주명부 폐쇄기간 동안이라도 가능하다.

주주명부 폐쇄기간중에 일부주주 또는 질권자의 청구를 받아 회사가 임의로 명의개서를 해 준 경우, 그 효력에 대하여는 학설의 대립이 있다. 이러한 회사의 임의적 명의개서는 무효라는 견해와[1] 명의개서 자체는 유효하고 다만 그 폐쇄기간중에는 그 효력이 발생하지 않는다는 견해가 있다.[2] 후자의 견해에 따르는 경우에도 주주와 회사에게 불이익을 끼치는 것이 아니므로 후자의 견해가 타당하다.

(2) 기 준 일

회사는 일정한 날을 정하여 그 날에 주주명부에 기재된 주주 또는 질권자를 권리행사자로 확정할 수 있다(354조 1항). 이를 등록일이라고도 한다. 기준일은 주주명부 폐쇄제도와는 달리 주주명부의 기재를 정지하지 않고도 주주를 확정할 수 있다는 장점이 있다.

기준일은 주주 또는 질권자로서 권리를 행사할 날에 앞선 3월 내의 날로 정해야 한다(354조 3항). 회사가 정관에 기준일을 정한 경우가 아니라면, 그날의 2주간 전에 이를 공고해야 한다(354조 4항).

(3) 주주명부의 폐쇄와 기준일의 병용

주주명부의 폐쇄와 기준일은 병용할 수 있다(예: 배당금을 결산기 현재의 주주에게 지급하기로 하고 주주총회종료일까지 주주명부를 폐쇄).

(4) 위법한 주주명부 폐쇄와 기준일의 효력

회사가 상법에 위반하여 주주명부를 폐쇄하였거나 기준일을 설정하였다면, 그 효력은 사항별로 합리적인 결론을 도출하는 것이 일반적이다. 예를 들어, 상법상 공고기간을 위반한 폐쇄나 기준일의 설정은 효력이 없으나, 통설은 주주명부의 법정폐쇄기간은 3월을 초과한 부분만 무효라고 보고 있으며, 만약 기준일이 권리를 행사할 날보다 3월 이전의 날로 정해진 경우에는 3월로 보면 될 것이다. 그러나 주주명부 폐쇄기간의 시기가 불분명하다면 전부 무효로 하여야 거래의 안전을 위해 바람직할 것이며, 이사회의 결의 없이 폐쇄하거나 기준일을 설정한 경우에도 무효로 하여야 한다.[3] 그러나 경미한 사안의 경우에는 무효로 볼 것은 아니라고 본다.[4]

---

1) 손주찬, 646면.
2) 송옥렬, 846면; 이철송, 359면; 정찬형, 760면; 최준선, 277면.

Ⅲ. 주요판례·문제해설

1. 주요판례

(1) 대법원 2010. 3. 11. 선고 2007다51505 판결 — 주주명부의 자격수여적 효력

주주명부에 주주로 등재되어 있는 자는 일응 그 회사의 주주로 추정되며, 이를 번복하기 위해서는 그 주주권을 부인하는 측에서 진정한 주주가 아님을 입증할 책임이 있다. 주주명부상의 주주임에도 불구하고 회사에 대한 관계에서 그 주식에 관한 의결권을 적법하게 행사할 수 없다고 인정하기 위하여는, 주주명부상의 주주가 아닌 제3자가 주식인수대금을 납입하였다는 사정만으로는 부족하고, 그 제3자와 주주명부상의 주주 사이의 내부관계, 주식인수와 주주명부 등재에 관한 경위 및 목적, 주주명부 등재 후 주주로서의 권리행사 내용 등에 비추어, 주주명부상의 주주는 순전히 당해 주식의 인수과정에서 명의만을 대여해 준 것일 뿐 회사에 대한 관계에서 주주명부상의 주주로서 의결권 등 주주로서의 권리를 행사할 권한이 주어지지 아니한 형식상의 주주에 지나지 않는다는 점이 증명되어야 한다.

(2) 대법원 1989. 7. 11. 선고 89다카5345 판결 — 주주명부의 자격수여적 효력의 한계

상법은 주권의 점유자를 적법한 소지인으로 추정하고 있으나(336조 2항), 이는 주권을 점유하는 자는 반증이 없는 한 그 권리자로 인정된다는 것, 즉 주권의 점유에 자격수여적 효력을 부여한 것이므로 이를 다투는 자는 반대사실을 입증하여 반증할 수 있다. 또한 기명주식의 이전은 취득자의 성명과 주소를 주주명부에 기재하여야만 회사에 대하여 대항할 수 있는바(337조 1항), 이 역시 주주명부에 기재된 명의상의 주주는 실질적 권리를 증명하지 않아도 주주의 권리를 행사할 수 있게 한 자격수여적 효력만을 인정한 것뿐이지 주주명부의 기재에 창설적 효력을 인정하는 것이 아니므로, 반증에 의하여 실질상 주식을 취득하지 못하였다고 인정되는 자가 명의개서를 받은 경우라고 입증된 경우에는 주주명부상 기재된 것만으로 주주의 권리를 행사할 수 있는 것은 아니다.

---

3) 이철송, 361면.
4) 이철송, 361면; 정찬형, 760면; 최준선, 277면.

(3) 대법원 2014. 12. 11. 선고 2014다218511 판결 ─ 주주명부상 주주명의의
    명의신탁관계에 관한 증명책임의 소재

주주명부에 주주로 등재되어 있는 자는 그 회사의 주주로 추정되며 이를 번복
하기 위하여는 그 주주권을 부인하는 측에 증명책임이 있으므로, 주주명부의 주주
명의가 신탁된 것이고 그 명의차용인으로서 실질상의 주주가 따로 있다고 하려면
그러한 명의신탁관계를 주장하는 측에서 이를 증명하여야 한다.

2. 문제해설

회사는 주주명부상 주주에 대하여 주주권을 행사할 주주로 취급하여야 하므로
주주명부상 주주인, A, C, D에게 주주총회 소집을 통지하고 의결권을 행사하게 하
였으므로 그 의결권행사는 적법하다.

[5] 주식의 소각·분할·병합

Ⅰ. 사   례

1. 사실관계

甲주식회사는 정기주주총회에서 회사 보통주식 3천 주를, 총취득가액 6천만
원 범위 내에서, 201☆년 5월 6일까지 매수하여 소각하기로 결의(특별결의)하였다.

2. 검   토

甲회사의 이사회는 총주주의 동의가 있음을 이유로 채권자보호절차를 거치지
아니하고 주식을 소각하기로 결의하였다. 이사회의 이 같은 결의는 적법한 것인가?

Ⅱ. 주요법리

1. 주식의 소각

(1) 의   의

주식의 소각이란 회사의 존속중에 특정한 주식을 절대적으로 소멸시키는 회사의 행위이다. 주식 전부의 소멸을 가져오는 회사의 해산의 경우와 다르며, 회사존속중의 유일한 주식소멸의 원인이다.

(2) 주식소각의 종류와 방법

1) 주식소각의 종류

2011년 개정상법은 이익소각제도를 자기주식의 소각 형태로서 규정하고 있다.[1] 즉 원칙적으로 주식은 자본금감소에 관한 규정에 의하여만 소각할 수 있도록 하되(343조 1항), 정관에 의한 주식소각제도(구 상법 343조 1항 단서)와 총회의 결의에 의한 주식소각제도(구 상법 343조의2)에 관한 규정은 삭제하였다. 다만, 이사회의 결의에 의하여 회사가 보유하고 있는 자기주식을 소각하는 경우에는 자본금감소에 관한 규정을 따를 필요가 없도록 하였다(343조 1항 단서).[2]

이사회의 결의로 자기주식을 소각하는 경우에는 주주총회의 특별결의와 채권자보호절차를 거칠 필요가 없고, 주주 등에 대한 통지절차(440조, 441조)도 거칠 필요가 없게 되었다(343조 2항).

한편 2011년 개정상법은 무액면주식제도를 도입하였는데, 무액면주식을 발행하는 경우 발행가의 일부 또는 전부가 자본금에 계상된 이후에는 자본금과 무관하

---

1) 2011년 개정상법 이전의 주식소각제도는 크게 '자본감소의 방법'으로 소각하는 경우(343조 1항 본문)와 주주에 배당할 '이익으로 소각'하는 경우(343조 1항 단서)가 있었다. 그리고 후자의 경우는 다시 상환주식의 소각(345조 1항), 정관의 규정에 따라 주주에게 배당할 이익으로 소각하는 것(343조 1항 단서), 그리고 주주총회의 특별결의로 주주에게 배당할 이익으로 소각하는 것(343조의2)의 3가지 유형이 있었다.

2) 이 외에도 무액면주식의 소각의 경우에는 자본금감소규정에 따라 소각하지 않으므로 2011년 개정상법하에서 주식소각의 유형은 4가지라고 보고 있다. 이철송(축조), 94면. 즉 액면주식의 소각은 자본금의 감소를 의미하므로 이사회결의만으로 할 수 없는 것이고, 무액면주식을 발행하는 경우 발행가 중 이사회가 정하는 금액을 자본금으로 계상하게 되는데(451조 2항), 계상한 후에는 자본금은 주식의 수와 연관성이 없으므로 자기주식을 소각하더라도 자본금에는 영향이 없다. 따라서 이사회의 결의로 소각하고 자본금감소규정에 따라 소각하지 않게 되는 것이다.

게 존재하므로, 무액면주식을 소각하면서 자본금감소의 절차를 별도로 밟지 않는
한 무액면주식을 소각한다고 하여서 액면주식의 소각에서와는 달리 자본금감소가
자동적으로 일어나지는 않는다. 따라서 상법 제343조 제1항에서 말하는 주식의
소각은 액면주식의 경우에만 해당되는 것으로 해석하여야 한다.[1] 그리고 자본금감
소절차가 없이 발생하는 무액면주식의 소각의 경우에는 자본금감소가 일어나지 않
으므로 채권자보호에 관한 규정(439조 2항)이 적용되지 않는다고 해석하여야 한다.

2) 주식소각의 방법

(가) 임의소각과 강제소각

임의소각(任意消却)은 특정한 주식의 소각에 있어서 주주의 동의를 얻어서 회
사가 자기주식을 취득하여 소각하는 방법이며, 그 전형적인 것은 매입소각의 방법
이다.

강제소각(强制消却)은 주주의 동의 없이, 또 회사가 주식을 취득하지 않고 소각
하는 경우이며, 추첨 등에 의하여 하는 방법이 이것이다. 강제소각을 하려면 회사
는 1개월 이상의 기간을 정하여 주식을 소각한다는 뜻과 그 기간 내에 주권을 회사
에 제출할 것을 공고하고 주주와 등록질권자에게도 개별적으로 통지하여야 한다
(343조 2항, 440조).

(나) 유상소각과 무상소각

유상소각(有償消却)은 소각의 대가가 주주에게 지급되는 경우이고 무상소각(無
償消却)은 대가의 지급 없이 소각하는 것이다.

2. 주식의 분할 및 병합

(1) 주식의 분할

1) 의의 및 입법이유

주식의 분할(share division)이란 회사의 자본금이나 자산의 변동 없이 주식을
세분화하여 발행주식 총수를 증가시키는 것을 말한다. 액면주식의 경우 주금액 5
천 원을 1천 원으로 인하하면서 구주식 1주에 대하여 5주의 신주를 발행하는 경우이
다. 즉 액면주식의 분할은 주금액의 인하를 필수적으로 동반한다. 이에 반해 무액
면주식의 경우 액면가가 없으므로 자본금과 관계없이 단지 발행한 주식의 수가 증
가하는 것이다.

---

1) 이철송, 455면.

주식분할은 회사자산의 변동 없이 무상의 신주가 발행된다는 점에서는 준비금의 자본금전입(461조) 또는 주식배당(462조의2)과 유사하나, 주식분할의 경우에는 자본금증가가 없는 반면 후자의 경우에는 자본금이 증가된다는 점에서 성질을 달리한다. 또한 액면주식의 분할에 있어서는 액면주식의 주금액의 인하가 수반되나, 준비금의 자본금전입이나 주식배당에 있어서는 주금액의 변동이 없다.[1]

2) 주식분할의 입법이유 및 경제적 효용

주식의 분할은 주가가 지나치게 높을 때 주식의 유통의 원활을 돕기 위하여 이용된다. 또는 주금액인하의 방법으로 회사합병이나 회사분할을 앞두고 합병비율을 맞추거나 주가조정·주식의 유동성을 확보하기 위해서 고가주의 시가조정, 신주발행이나 이익배당에 대비한 주가조정의 방법으로 이용되기도 한다.

3) 주식분할의 절차

(가) 주주총회의 특별결의와 정관변경

회사가 주식을 분할할 때에는 주주총회의 특별결의를 거쳐야 한다(329조의2 1항). 액면주식의 주식분할은 주금액의 인하가 수반되므로, 이에 관한 특별결의는 정관변경절차를 통하여 이루어져야 한다. 따라서 액면주식의 분할결의에서는 주식분할 및 주금액의 인하를 동시에 결의하여야 한다. 또한 주식분할 후의 발행주식총수가 정관상의 발행예정주식 총수(289조 1항 3호)를 초과하는 경우에는 이를 변경하는 결의도 하여야 한다. 무액면주식에는 액면이 존재하지 않으므로 주식분할시 액면의 변경을 위한 정관변경절차가 요구되지 않는다. 그러나 2011년 개정상법은 액면·무액면을 가리지 않고 주식분할시 주주총회 특별결의를 요구하고 있다.

(나) 주주 및 질권자에 대한 통지·공고

주식분할로 구주권 대신에 신주권이 발행되며, 분할 전의 주식에 대한 주권은 분할 후의 주식에도 그 효력이 미치므로(339조) 주주와 질권자에게 이를 알릴 필요가 있다. 따라서 회사는 1월 이상의 기간을 정하여 주식분할의 뜻과 그 기간 내에

---

[1] 한국의 통설과 일본의 다수설은 주식분할에 있어서는 주금액의 인하가 수반된다고 보고 있으나, 일본에서는 ① 주금액의 인하 없이 주식분할이 가능하다는 견해, ② 자본금액이 주금총액을 초과하는 경우에만(주식의 이익소각, 상환주식의 상환의 경우) 그 차액의 범위 내에서 주금액의 변동 없이 주식분할을 할 수 있다는 견해 등이 있다. 그러나 주식의 이익상환이나 상환주식의 상환에 있어서 상환부분에 해당하는 주식의 재발행을 금지하는 것이 우리나라의 다수설이라는 것을 고려하면 주금액인하가 수반되지 않은 주식분할은 거의 발생할 가능성이 없다고 본다.

주권을 회사에 제출할 것을 공고하고 주주명부에 기재된 주주와 질권자에 대하여
는 각별로 그 통지를 하여야 한다(329조의2 3항, 440조).

(다) 신주발행

주식분할로 발행주식수가 증가하므로 회사는 주주평등의 원칙에 따라 각 주주
에게 그 지주수에 비례하여 신주발행을 하여야 한다. 이는 주주의 종전의 지위를
동일하게 확보하기 위함이다. 회사가 종류주식을 발행한 경우에도 분할 후 신주는
분할 전 주식과 동종의 주식이어야 한다.

회사가 보유한 자기주식에 대하여는 학설의 대립이 있으나, 주식분할로 인한
신주배정은 주식의 실질적 가치의 유지라고 볼 수 있으므로 회사자산의 유지를 위
하여는 자기주식에 대하여 신주배정을 하여야 한다고 보는 것이 타당하다.

(라) 구주권의 제출과 신주권의 교부

주식분할로 신주권을 발행하게 되므로 회사는 주권교환의 절차를 밟아야 한
다. 구주권을 회사에 제출할 수 없는 자가 있는 때에는 회사는 그 자의 청구에 의
하여 3월 이상의 기간을 정하고 이해관계인에 대하여 그 주권에 대한 이의가 있으
면 그 기간 내에 제출할 뜻을 공고하고 그 기간이 경과한 후에 신주권을 청구자에
게 교부할 수 있다(329조의2 3항, 442조 1항). 이 경우의 비용은 청구자의 부담으로 한
다(442조 2항).

(마) 단주의 처리

예컨대 액면주식의 주금액을 5천 원에서 2천 원으로 인하하여 주식을 분할하
는 경우에는 구주 1주당 신주 2.5주를 배정하게 되므로 0.5의 단주가 발생하게 된
다. 이러한 경우에 상법은 주식의 병합과 마찬가지로 처리하고 있다. 즉 회사는 단
주에 대하여 발행한 신주를 경매하여 각 주수에 따라 그 대금을 종전의 주주에게
지급하여야 한다. 그러나 거래소의 시세 있는 주식은 거래소를 통하여 매각하고,
거래소의 시세 없는 주식은 법원의 허가를 받아 경매 외의 방법으로 매각할 수 있
다(329조의2 3항, 443조 1항).

주식의 분할이 입법되기 전에도 해석상 주식분할이 인정되었으나 단주가 발생
되지 않도록 액면가를 정수(整數)로 나누어야 한다고 해석하였다. 그러나 단주의 발
생을 허용하므로 액면가를 자유로이 인하할 수 있으며, 단주가 생긴 경우에는 제
443조의 규정에 따라 처리한다.

(바) 변경등기

주식분할로 주금액과 발행주식 총수가 변경되므로 회사는 주권제출기간종료일로부터 본점소재지에서는 2주간 내, 지점소재지에서는 3주간 내에 변경등기를 하여야 한다(317조 4항, 183조).

4) 제　한
(가) 최저액면가액의 제한

주식분할 후에도 1주의 액면최저가액은 100원 미만으로는 될 수 없다(329조 4항).
(나) 종류주식이 있는 경우

여러 가지 종류주식이 있는 경우에는 종류주주 상호간의 비율을 유지할 필요가 있으므로 분할 전의 주식과 동일한 종류의 주식이 발행되어야 한다. 예를 들어 종전의 주식이 우선주이면 분할 후의 주식도 우선주이어야 한다.
(다) 자기주식에 대한 처리

자기주식도 분할의 경우에는 동일하게 처리되어야 한다. 주식분할로 인한 신주배정은 이익배당이 아니고 실질적 가치의 유지이므로 다른 주식과 마찬가지로 동일하게 처리되어야 한다.

5) 주식분할의 효력

주식분할은 주식병합과 마찬가지로 주권제출기간이 만료한 때에 그 효력이 발생한다. 그러나 주식의 분할이 회사의 합병 또는 회사분할과 같이 진행되는 경우에는 채권자보호절차가 종료한 때에 그 효력이 발생한다(329조의2 3항, 441조). 또한 주식분할의 효력발생시기를 주주총회가 따로 정하거나 조건이 있는 경우에는 그에 따르게 된다.

(2) 주식의 병합
1) 의의 및 필요성

주식의 병합은 1인의 주주에게 속하는 수개의 주식을 합하여 보다 적은 수의 주식으로 하는 것이며, 그 결과 발행주식수가 감소되게 된다. 예컨대 1인이 가진 10개의 주식을 7개로 줄이는 것과 같은 것이다.

주식의 병합은 합병비율의 조정을 위해서 혹은 주가상승의 필요[1]에 의해 이루

---

1) 액면가상승으로도 동일한 효과를 가져올 수 있을 것이다.

어지는데, 필연적으로 단주를 발생시키게 되어 주주의 이해관계에 큰 영향을 가져올 수 있으므로 자본금감소(440조)[1]와 회사합병·분할(530조 3항, 530조의11 1항)의 경우에만 인정된다(제3편 제8장 [1] 참조).

2) 주식병합의 절차

회사는 1개월 이상의 기간을 정하여 주식병합을 한다는 것과 그 기간 내에 주권을 회사에 제출할 것을 공고하고, 주주명부에 기재된 주주와 질권자에 대하여는 개별로 그 통지를 하여야 한다(440조). 이러한 절차를 둔 이유는 신 주권을 수령할 자를 파악하고 실효되는 구 주권의 유통을 저지하기 위하여 회사가 미리 구 주권을 회수하려는 것이다.

3) 주식병합의 효력발생시기

원칙적으로 위의 기간이 만료한 때에 효력이 생기지만, 이 기간 내에 채권자보호절차(232조)가 끝나지 아니한 경우에는 그 절차가 종료한 때에 효력이 생긴다(441조).

4) 신주권의 교부

구주권을 회수하고 신주권을 교부하게 되나, 구주권을 제출할 수 없는 자는 회사가 그 자의 청구에 의하여 3개월 이상의 기간을 정하여 이해관계인에 대하여 그 주권에 대한 이의가 있으면 그 기간 내에 제출할 뜻을 공고하고, 그 기간이 경과한 후에 신주권을 청구자에게 교부할 수 있다. 이 경우의 공고비용은 청구자가 부담한다(442조).

5) 단주의 처리

단주에 대하여는 주주평등의 원칙에 따라 그에 대하여 발행한 신주를 경매하여 각 주수(株數)에 따라 그 대금을 종전의 주주에게 지급하도록 하고 있다(443조 1항 본문). 그러나 거래소의 시세 있는 주식은 거래소를 통하여 매각하고 거래소의 시세 없는 주식은 법원의 허가를 얻어 경매 외의 방법으로 매각할 수 있다(443조 1항 단서).

6) 주식병합의 효과

주금액의 인하를 가져오는 액면주식의 분할과 달리 액면주식의 병합은 주금액

---

1) 액면주식을 발행한 경우 자본금은 발행주식의 액면총액이므로 자본금감소는 액면가를 감액하거나 발행주식수를 감소시키는 방법으로 이루어진다.

의 상승을 가져오지 않는다. 따라서 액면주식의 병합은 자본금감소의 방법으로 사용되어지는 것이다.

발행주식수가 감소되므로 변경등기가 이루어진다. 질권의 물상대위에 관한 규정도 준용된다(339조).

Ⅲ. 주요판례·문제해설

1. 주요판례

대법원 2005. 12. 9. 선고 2004다40306 판결 ─ 주식병합의 효력

주식병합에 있어서 일정한 기간을 두어 공고와 통지의 절차를 거치도록 한 취지는 신 주권을 수령할 자를 파악하고 실효되는 구 주권의 유통을 저지하기 위하여 회사가 미리 구 주권을 회수하려는 데 있다 할 것인바, 사실상 1인회사에 있어서 주식병합에 관한 주주총회의 결의를 거친 경우에는 회사가 반드시 위와 같은 공고 등의 절차를 통하여 신 주권을 수령할 자를 파악하거나 구 주권을 회수하여야 할 필요성이 있다고 보기는 어려우므로, 주식병합에 관한 주주총회의 결의에 따라 그 변경등기가 경료되었다면 위와 같은 공고 등의 절차를 거치지 않았다고 하더라도 그 변경등기 무렵에 주식병합의 효력이 발생한다고 봄이 상당하다.

2. 문제해설

2011년 개정상법에 의하여 총회결의에 의한 주식소각제도는 삭제되었다. 따라서 현행법하에서는 총회결의조차 필요가 없으며 배당가능이익의 한도 내에서 이사회의 결의로 소각할 수 있다(341조).

[6] 주식의 양도와 명의개서

Ⅰ. 사　　례

1. 사실관계

201☆. 2. 25. 甲주식회사의 설립시 발행주식 총수는 10,000주이며, A와 B는

각각 5,000주의 주식을 인수하였다. 201☆. 8. 22. 대표이사인 A는 자기가 소유한 주식 5,000주에 해당하는 주권을 이사회의 결의 없이 발행한 후 이를 C에게 교부하였다. 201☆. 9. 1. C는 甲회사에 대하여 자신이 소지하고 있는 주식 5,000주에 대하여 명의개서를 청구하였으나 甲회사는 주권발행이 적법하지 않다는 이유로 이에 응하지 않고 있다.

한편 A는 위의 주식을 D에게 다시 양도하였고, 현재 D는 甲회사의 주주명부에 주주로 등재되어 있다.

2. 검 토

(1) A의 C에 대한 주권의 교부는 효력이 있는가?

(2) C는 甲회사에 대하여 주주권을 행사할 수 있는가?

(3) 만약 A가 회사의 주권이 발행되지 않았고, C와 D 모두에게 주권의 교부 없이 주식을 양도한 경우에는 누가 주주권을 행사할 수 있는가?

Ⅱ. 주요법리

1. 주식의 양도

(1) 주식양도자유의 원칙

주식회사는 인적회사에서의 사원의 퇴사제도와 같은 것이 없으므로 주식의 양도는 투자자에게 투하자본의 회수의 길을 열어주는 것으로서, 주식양도자유의 원칙은 주주유한책임의 원칙과 함께 주식회사의 기본원리이다.

주식의 양도라 함은 당사자 사이의 법률행위에 의하여 주주권을 이전하는 것을 말한다. 주주권의 취득은 주식을 인수하는 것에 의해서만 가능하며 당사자의 약정이나 정관의 규정으로도 다른 방법을 만들 수는 없으며, 주권이 멸실되거나 주권을 포기하는 의사표시를 한다고 해서 주주권이 상실되는 것이 아니다[주요판례 1]. 주주의 지위는 주식불가분의 원칙에 따라 자익권과 공익권을 분리하여 양도할 수 없다. 그러나 주주인 지위를 떠나서 구체적으로 확정된 배당금지급청구권과 잔여재산분배청구권 및 신주인수권은 주식과 분리되므로 특약이 없는 한 주식의 양도에 의하여 이전되지 않는다.

주식의 양도는 실제적으로 주권의 교부로 이루어진다(336조 1항)[주요판례 2]. 주식의 양도가 인정됨으로써 적은 수의 주식의 양도는 이익배당과 시세차익, 그리고 인적회사에서의 사원의 퇴사와 같이 투하자본의 회수를 가능하게 한다. 더 나아가 주식양도거래를 통하여 경영권의 장악이라는 목적을 이룰 수 있게 된다.

(2) 주식양도제한의 예외적 허용

주주들의 단체규약이라고 할 수 있는 정관에서 주식양도에 제한을 두기로 하였다면 이를 존중하는 것이 주주의 의사를 보호한다는 관점에서 타당하다. 현행 상법상 주식양도의 제한에는 정관에 의한 경우와 법령에 의한 경우의 2가지로 나누어진다.

2. 주식양도의 방법

(1) 주권발행 전의 양도방법

주권발행 전에 한 주식의 양도는 회사에 효력이 없으나(이 경우 당사자간에는 유효), 회사성립 후 또는 신주의 납입기일 후 6월이 경과하면 주권 없이도 양도가 가능하다(335조 3항). 이 경우에는 당사자간의 의사표시만으로 효력이 발생하기 때문에 회사에 대하여 유효한 주식양도를 할 수 있다.

한편 회사성립 후 또는 신주의 납입기일 후 6월이 경과하기 전 주권발행 전에 한 주식양도는 회사에 대하여 효력이 없으므로, 회사가 양도를 승인하고 명의개서를 하였다고 하더라도 이는 효력이 없다고 보며 따라서 양수인은 회사에 대하여 주권의 발행·교부를 청구할 수 없으며(대법원 1981. 9. 8. 선고 81다141 판결), 회사가 이러한 양수인에게 주권을 발행하더라도 이는 주권으로서의 효력이 없다(대법원 1987. 5. 26. 선고 86다카982 판결). 그러나 당사자간의 채권적 효력은 부정하지 않는 것이 통설의 견해이며, 따라서 양도인에게 발행된 주권에 대하여 양수인이 교부청구할 수 있다고 본다.

주권발행 전의 주식의 양도는 지명채권 양도의 일반원칙에 따르고, 신주인수권증서가 발행되지 아니한 신주인수권의 양도 또한 주권발행 전의 주식양도에 준하여 지명채권 양도의 일반원칙에 따른다고 보아야 하므로, 양수인이 회사와의 관계에서 대항력을 갖추기 위해서는 회사에 대하여 양도의 통지를 하거나 회사의 승낙을 얻어야 한다[주요판례 5]. 여기서 회사에 대한 대항력이란 적법한 양수인임을 주장하고 명의개서를 청구할 수 있음을 말한다.

회사 이외의 제3자에 대하여 주식양도를 대항하려면 확정일자 있는 증서에 의하여 회사에 양도를 통지하거나 양도에 관하여 회사의 승낙을 얻어야 한다. 또한 주식의 양도통지가 확정일자 없는 증서에 의하여 이루어짐으로써 제3자에 대한 대항력을 갖추지 못하였더라도 확정일자 없는 증서에 의한 양도통지나 승낙 후에 그 증서에 확정일자를 얻은 경우에는 그 일자 이후에는 제3자에 대한 대항력을 취득하는 것이지만, 그 대항력 취득의 효력이 당초 주식양도통지일로 소급하여 발생하는 것은 아니다[주요판례 5].

(2) 주권발행 후의 양도방법
1) 주권의 교부에 의한 양도

주식의 양도는 당사자간의 주식양도에 관한 의사표시의 합치와 주권의 교부에 의하여 그 효력이 발생한다(336조 1항)[주요판례 3]. 주권의 교부가 주식양도의 효력발생요건이다. 다만 상속(민법 1005조)이나 회사의 합병(235조)으로 인한 포괄승계의 경우에는 법률의 규정에 의한 물권변동으로서 주권의 교부 없이도 주식양도의 효력이 발생한다. 다만 이러한 경우에도 회사에 대하여 대항하기 위해서는 주주명부에 명의개서를 하여야 한다.1)

주식양도에 따라 주권의 교부를 하였다고 하더라도 만일 양도계약이 해제된 경우에는 양수인이 주권을 양도인에게 반환하지 않고 점유하고 있다 하더라도 주식양수인은 주주의 지위를 상실하며, 명의신탁계약이 해제된 경우에도 마찬가지이다[주요판례 7·8].

2) 전자증권의 양도

전자증권은 실물증권 없이 계좌간 대체를 통해 양도가 이루어진다. 즉 전자증권은 증권회사(계좌관리기관)를 통하여 거래된다. 전자증권을 양도하는 경우에는 계좌간 대체의 전자등록을 하여야 그 효력이 발생한다(356조의2 2항; 전자증권법 35조 2항).

3. 주식의 양도와 명의개서

주식의 양도는 위의 방법에 의해서 효력을 발생하나 그 양도는 회사와는 관계없이 이루어지므로, 양수인이 주식의 이전을 회사에 대항하기 위해서는 주주명부에 양수인의 성명과 주소를 기재하여야 하는데(337조 1항), 이를 명의개서라 한다.

---

1) 이철송, 368면.

(1) 명의개서의 청구

명의개서는 실질적으로 주식을 취득한 자가 단독으로 청구할 수 있다. 명의개서를 청구함에 있어서는 상속·합병과 같은 포괄승계의 경우나 유효한 주권발행 전의 주식양도의 경우를 제외하고는 회사에 대하여 주권을 제시하여야 하며, 단지 회사에 대하여 주식양수사실을 통지한 것만으로는 부족하다[주요판례 4].

주권의 점유자는 적법한 소지인으로 추정되므로(336조 2항), 주식을 양수하여 주권을 점유하고 있는 자는 실질적 권리자임을 증명하지 않고도 명의개서를 청구할 수 있다. 회사는 청구자가 진정한 주권을 점유하고 있는가에 대한 형식적 자격만을 심사하면 족하고(대법원 2019. 8. 14. 선고 2017다231980 판결), 회사는 주권소지인의 명의개서청구를 그가 무권리자임을 증명하지 못하는 한 거절할 수 없다. 그러나 주주명부 폐쇄기간 중에는 명의개서를 청구할 수 없다(354조).

(2) 명의개서의 효력

명의개서가 이루어지면 주식양수인은 실질적 권리를 증명하지 않고도 주주로서의 권리를 행사할 수 있다(주주명부의 추정력). 또한 회사는 주주명부상의 명의주주를 주주로서 취급하면 그 명의주주가 설사 진정한 권리자가 아니더라도 면책된다(주주명부의 면책력).

4. 실 기 주

(1) 의　　의

실기주(失期株)는 광의로는 양수인이 명의개서를 하지 않아 주주의 의결권, 신주인수권, 이익배당청구권 등을 행사하지 못한 주식을 말하며, 협의로는 신주발행의 경우 구주의 양수인이 신주배정일까지 명의개서를 하지 않아 주주명부상 주주로 여전히 기재되어 있는 구주의 양도인에게 배정된 신주를 말한다. 이를 실념주(失念株)라고도 한다.

(2) 실기주의 귀속관계

국내에서는 양수인이 실질적 권리자라고 봄이 통설이다. 명의개서가 없음을 이유로 양도인이 그 권리를 주장하는 것은 일종의 권리남용이요, 신의칙에 반하므로 통설의 견해가 타당하다.

(3) 반환청구의 근거

이에 대하여는 부당이득설, 사무관리설, 준사무관리설의 대립이 있다. 부당이득설은 신주 자체의 반환을 청구할 수 없는 난점이 있다. 사무관리설은 사무관리가 성립하기 위하여는 타인을 위한 의사가 있어야 하는데(민법 734조 1항) 양도인이 자신을 위하여 신주를 인수하고 주금을 납입하는 경우에는 사무관리가 성립하지 않는다는 문제가 있다. 준사무관리설은 민법학자들 간에도 확실하게 정립된 개념이 아니다. 이 경우에는 신의성실의 원칙 하에 사무관리의 규정을 유추적용하는 것이 가장 타당하다고 본다. 양수인은 양도인이 신주를 취득한 경우에는 양도인에 대하여 신주반환을 청구할 수 있으며, 이를 매각한 경우에는 그 대금을 청구할 수 있으며, 양수인은 유익비상환의무를 부담한다.

5. 주식의 이중양도

주권발행 전 주식의 양도인이 이중으로 주식을 양도한 경우 그 권리귀속관계는 민법상 지명채권양도의 법리(민법 450조 2항)에 따라 해결하는데, 확정일자 있는 증서에 의한 통지 또는 승낙을 기준으로 결정한다. 양도통지가 확정일자 없는 증서에 의하여 이루어짐으로써 제3자에 대한 대항력을 갖추지 못하였더라도 확정일자 없는 증서에 의한 양도통지나 승낙 후에 그 증서에 확정일자를 얻은 경우 그 일자 이후에는 제3자에 대한 대항력을 취득하며, 원본이 아닌 사본에 확정일자를 갖추었더라도 마찬가지이다[주요판례 6].

확정일자 있는 통지가 수개인 경우에는 회사에 먼저 도달한 통지가 우선하는데, 이중의 양수인이 모두 확정일자 없이 회사에 대한 통지·승낙의 요건을 구비한 경우에는 회사에 먼저 통지하거나 승낙을 받아 그 증서에 확정일자를 받은 자가 우선한다[주요판례 5]. 다만 확정일자 있는 통지나 승낙을 갖춘 이중양수인이라고 하더라도 그 이중양수인이 양도인의 배임행위에 적극 가담한 경우라면 그 이중양수인에 대한 양도행위는 사회질서에 반하는 법률행위로서 무효가 된다[주요판례 6]. 주권양도에 관한 우열을 판단함에 있어서 명의개서 여부가 영향을 미치지는 않는다. 즉 제1양수인이 확정일자 있는 문서에 의한 대항요건은 갖추지 못했지만 명의개서를 하였고, 제2양수인은 확정일자 있는 통지로 대항요건을 갖추었다면 제2양수인이 주주가 된다. 주권발행 전 주식의 양도인이 그 주식을 다시 제3자에게 이중으로 양도하고, 제2양수인이 주주명부상 명의개서를 받는 등으로 제1양수인이 회사에

대한 관계에서 주주로서의 권리를 제대로 행사할 수 없게 된 경우, 양도인이 제 1
양수인에 대하여 불법행위책임을 진다(대법원 2012. 11. 29. 선고 2012다38780 판결).

그러나 이중양도인이 양수인을 위하여 제 3 자에 대한 대항요건을 갖추어 주지
아니하고 주식을 다른 사람에게 처분하였다고 하여도 형법상 배임죄가 성립하지는
않는다(대법원 2020. 6. 4. 선고 2015도6057 판결).

Ⅲ. 주요판례·문제해설

1. 주요판례

(1) 대법원 2002. 12. 24. 선고 2002다54691 판결 — 예외적인 주식취득방법의 인정여부

주주권은 주식의 양도나 소각 등 법률에 정하여진 사유에 의하여서만 상실되
고 단순히 당사자간의 특약이나 주주권 포기의 의사표시만으로 상실되지 아니하며
다른 특별한 사정이 없는 한 그 행사가 제한되지도 아니한다(동지: 대법원 1999. 7. 23.
선고 99다14808 판결; 대법원 1967. 6. 13. 선고 67다302 판결).

(2) 대법원 1996. 6. 25. 선고 96다12726 판결 — 주권발행전 주식양도의 효력

상법 제335조 제 2 항 소정의 주권발행 전에 한 주식의 양도는 회사 설립 후
또는 신주의 납입기일 후 6월이 경과한 때에는 회사에 대하여 효력이 있는 것으로
서, 이 경우 주식의 양도는 지명채권의 양도에 관한 일반원칙에 따라 당사자의 의
사표시만으로 효력이 발생하는 것이고, 주권이 발행된 경우의 기명주식 양도의 절
차를 밟지 아니하였다고 하여 주식양도의 효력이 없다고 할 수 없다.

(3) 대구지법 경주지원 2002. 3. 29.자 2002카합1 결정 — 주식양도의 방법

현행 상법상 주식의 양도는 양도의 합의 외에 주권의 교부를 요하고, 이로써
족하도록 되어 있으며, 위 규정은 강행규정으로서 정관으로도 달리 정하지 못한다
할 것인바, 기명주식의 양도방법에 의하지 아니한 주식양도의 계약만으로는 주식
을 양도하기로 하는 채권적 효력밖에 없어 회사에 대하여 주식양도의 효력이 있다
고 주장할 수 없다 할 것이므로 그 양도행위는 무효이다.

(4) 대법원 1995. 7. 28. 선고 94다25735 판결 — 명의개서의 청구방법

기명주식을 취득한 자가 회사에 대하여 주주로서의 자격을 인정받기 위하여는

주주명부에 그 취득자의 성명과 주소를 기재하여야 하고, 취득자가 그 명의개서를 청구할 때에는 특별한 사정이 없는 한 회사에게 그 취득한 주권을 제시하여야 하므로, 주식을 증여받은 자가 회사에 그 양수한 내용만 통지한 사실만으로 회사에 명의개서를 요구한 것으로 보기는 어렵다.

(5) 대법원 2010. 4. 29. 선고 2009다88631 판결 — 이중양도의 효력

주권발행 전 주식이 양도된 경우 그 주식을 발행한 회사가 확정일자 있는 증서에 의하지 아니한 주식의 양도 통지나 승낙의 요건을 갖춘 주식양수인(이하 '제 1 주식양수인'이라 한다)에게 명의개서를 마쳐 준 경우, 그 주식을 이중으로 양수한 주식양수인(이하 '제 2 주식양수인'이라 한다)이 그 후 회사에 대하여 양도 통지나 승낙의 요건을 갖추었다 하더라도, 그 통지 또는 승낙 역시 확정일자 있는 증서에 의하지 아니한 것이라면 제 2 주식양수인으로서는 그 주식 양수로써 제 1 주식양수인에 대한 관계에서 우선적 지위에 있음을 주장할 수 없으므로, 회사에 대하여 제 1 주식양수인 명의로 이미 적법하게 마쳐진 명의개서를 말소하고, 제 2 주식양수인 명의로 명의개서를 하여 줄 것을 청구할 권리가 없다고 할 것이다. 따라서 이러한 경우 회사가 제 2 주식양수인의 청구를 받아들여 그 명의로 명의개서를 마쳐 주었다 하더라도 이러한 명의개서는 위법하므로 회사에 대한 관계에서 주주의 권리를 행사할 수 있는 자는 여전히 제 1 주식양수인이라고 봄이 타당하다.

(6) 대법원 2006. 9. 14. 선고 2005다45537 판결 — 이중양도의 효력

주권발행 전 주식의 양도는 당사자의 의사표시만으로 효력이 발생하고, 주권발행 전 주식을 양수한 사람은 특별한 사정이 없는 한 양도인의 협력을 받을 필요 없이 단독으로 자신이 주식을 양수한 사실을 증명함으로써 회사에 대하여 그 명의개서를 청구할 수 있지만, 회사 이외의 제 3 자에 대하여 양도 사실을 대항하기 위하여는 지명채권의 양도에 준하여 확정일자 있는 증서에 의한 양도통지 또는 승낙을 갖추어야 한다는 점을 고려할 때, 양도인은 회사에 그와 같은 양도통지를 함으로써 양수인으로 하여금 제 3 자에 대한 대항요건을 갖출 수 있도록 해 줄 의무를 부담한다. 따라서 양도인이 그러한 채권양도의 통지를 하기 전에 제 3 자에게 이중으로 양도하고 회사에게 확정일자 있는 양도통지를 하는 등 대항요건을 갖추어 줌으로써 양수인이 그 제 3 자에게 대항할 수 없게 되었고, 이러한 양도인의 배임행위에 제 3 자가 적극 가담한 경우라면, 제 3 자에 대한 양도행위는 사회질서에 반하는 법률행위로서 무효이다.

양도통지가 확정일자 없는 증서에 의하여 이루어짐으로써 제3자에 대한 대항력을 갖추지 못하였더라도 확정일자 없는 증서에 의한 양도통지나 승낙 후에 그 증서에 확정일자를 얻은 경우 그 일자 이후에는 제3자에 대한 대항력을 취득하는 것인바, 확정일자제도의 취지에 비추어 볼 때 원본이 아닌 사본에 확정일자를 갖추었다 하더라도 대항력의 판단에 있어서는 아무런 차이가 없다.

(7) 대법원 1994. 6. 28. 선고 93다44906 판결 — 주식양도계약 해제 후 주권점유의 효력

주식양도양수계약이 적법하게 해제되었다면 종전의 주식양수인은 주식회사의 주주로서의 지위를 상실하였으므로, 주식회사의 주권을 점유하고 있다고 하더라도, 주주로서의 권리를 행사할 수 있는 것은 아니다.

(8) 대법원 2013. 2. 14. 선고 2011다109708 판결 — 명의신탁 해지 후 주주권의 소재

주권발행 전 주식에 관하여 주주명의를 신탁한 사람이 수탁자에 대하여 명의신탁계약을 해지하면 그 주식에 대한 주주의 권리는 해지의 의사표시만으로 명의신탁자에게 복귀하는 것이고, 이러한 경우 주주명부에 등재된 형식상 주주명의인이 실질적인 주주의 주주권을 다투는 경우에 실질적인 주주가 주주명부상 주주명의인을 상대로 주주권의 확인을 구할 이익이 있다. 이는 실질적인 주주의 채권자가 자신의 채권을 보전하기 위하여 실질적인 주주를 대위하여 명의신탁계약을 해지하고 주주명의인을 상대로 주주권의 확인을 구하는 경우에도 마찬가지이고, 그 주식을 발행한 회사를 상대로 명의개서절차의 이행을 구할 수 있다거나 명의신탁자와 명의수탁자 사이에 직접적인 분쟁이 없다고 하여 달리 볼 것은 아니다.

2. 문제해설

(1) A의 C에 대한 주식양도 시점은 아직 6개월이 경과하지 않은 상태이므로 주권 없이 양도하는 것이 당사자간에만 가능하고 회사에 대하여는 대항하지 못한다. 그리고 주권의 발행은 이사회의 결의사항이 아니라 대표이사가 기명날인 또는 서명하는 것이므로 주권의 발행이 무효라고 하더라도 당사자간 효력은 여전히 있다고 보아야 할 것이다.

(2) 다만 명의개서를 청구한 시점이 6개월이 경과한 시점이므로 C는 甲회사에 대하여 주식양도사실을 증명하여 명의개서를 하여 주주권을 행사할 수 있다.

(3) 주권발행 전 주식의 양도인이 이중으로 주식을 양도한 경우 이중의 양수인이 회사에 대하여 대항하기 위해서는 통지·승낙이 확정일자 있는 증서에 의하여야 한다. 확정일자 있는 통지가 수개인 경우에는 회사에 먼저 도달한 통지가 우선하는데, 이중의 양수인이 모두 확정일자 없이 회사에 대한 통지·승낙의 요건을 구비한 경우에는 회사에 먼저 통지하거나 승낙을 받아 그 증서에 확정일자를 받은 자가 우선한다.

[7]　주식양도의 제한 및 강제

Ⅰ. 사　　례

1. 사실관계

A와 B는 고성능 전지의 제조·판매 및 연구개발을 위한 甲주식회사를 공동으로 설립하고자 한다. 설립될 甲회사의 출자비율은 A가 51%, B가 49%로 하고자 한다. A와 B가 함께 甲회사를 설립하는 이유는 A의 자본력 및 경영능력과 B의 고성능 전지에 대한 원천기술 때문이다. A와 B는 모두 다른 사람이 경영에 관여하는 것을 원하지 않아 회사설립 이후에도 설립 당시의 지분비율을 유지하기로 약정하면서 A와 B가 각각 소유하고 있는 주식을 다른 사람에게 양도하지 않도록 법적인 장치를 마련하고자 한다.

2. 검　　토

(1) A와 B가 주식양도를 절대적으로 금지하는 내용의 계약을 체결하는 경우, 그 계약의 효력은?

(2) 甲회사를 설립한 후 주주와 회사 간의 약정으로 주식양도를 위해서는 다른 주주 전원의 동의를 받도록 하여 A와 B의 주식양도를 제한할 수 있는가?

(3) A와 B는 주식양도를 금지하기 위해 甲회사가 주권을 발행하지 않기로 약속하였다. 이러한 경우 주식양도는 할 수 없는가?

Ⅱ. 주요법리

1. 정관의 규정에 의한 주식양도제한

(1) 양도제한의 요건
1) 정관의 규정과 공시

주식의 양도제한은 주주의 권리에 대한 중대한 구속이므로 정관에 이를 규정하고 투자자가 미리 알 수 있게 공시하여야 한다. 정관의 규정에 의하여 주식의 양도를 제한하기 위하여서는 우선 ① 정관에 주식의 양도에는 이사회의 승인을 얻어야 한다는 규정을 두고(335조 1항), ② 그 내용을 등기하여야 하며(317조 2항 3호의2, 317조 3항, 183조), ③ 주식청약서(302조 2항 5호의2), 주권(356조 6호의2), 전환사채·신주인수권부사채에 있어서 사채청약서·채권·사채원부(514조 1항 5호, 516조의4 4호), 신주인수권증권(516조의5 2항 5호)에 기재하여야 한다. 주식양도의 제한이 정관에 기재되지 않거나, 등기되지 않은 경우에는 선의의 제3자에게 대항하지 못한다(37조).

정관의 규정에 의한 양도제한 이상으로 주식양도를 전면적으로 금지하는 것은 허용될 수 없다[주요판례 1]. 상법이 정한 방법 이외에 다른 양도제한방법은 허용되지 않으므로 이사회 이외의 주주총회 또는 대표이사의 승인을 요한다는 정관의 규정도 무효이다. 판례도 동일한 입장이다[주요판례 2].

2) 양도제한 대상주식

회사가 발행하는 모든 주식에 대하여 양도제한이 가능하다. 회사가 종류주식을 발행한 경우에는 주식의 종류에 따라 다른 정함을 할 수 있으므로(344조 3항) 보통주 또는 우선주에 대해서만 양도제한이 가능하다.

3) 적용범위

주식양도의 제한은 법률행위에 의한 주식의 이전, 즉 특정승계인 주식의 양도에 한하고, 상속·합병 등과 같은 포괄승계에 의한 주식의 이전에는 적용되지 않는다.

정관에 의한 주식양도의 제한은 상장회사에게는 가능하지 않다. 상장회사는 주식의 자유로운 유통이 그 생명이므로 상장회사의 경우 거래소가 상장규정으로 정관에 의한 주식양도의 제한을 금지한다.

4) 주주평등의 원칙의 적용

양도제한의 내용은 주주평등의 원칙에 따라야 한다. 따라서 양도제한을 받는 주주를 특정인(예컨대 대주주, 종업원주주, 외국인주주)에 한정하는 것은 무효이다. 반대로 주식양수인(예컨대 외국인, 종업원 이외의 자)을 제한하는 규정은 주식양도제한의 입법취지에 부합하므로 허용된다고 보아야 할 것이다.

(2) 주주에 의한 양도승인의 절차

주식양도에 관하여 이사회의 승인을 얻어야 하는 경우에 주식을 양도하고자 하는 주주는 회사에 대하여 양도의 상대방 및 양도주식의 종류와 수를 기재한 서면으로 그 승인을 청구하여야 한다(335조의2 1항). 주주의 승인청구가 있는 경우에 회사는 청구가 있은 날로부터 1월 이내에 그 승인 여부를 서면으로 통지하여야 한다(335조의2 2항). 만일 회사가 이 기간 내에 거부의 통지를 하지 않은 경우는 주식양도에 관하여 이사회의 승인이 있는 것으로 본다(335조의2 3항).

주주가 회사로부터 주식양도승인에 대하여 거부의 통지를 받은 때에는 통지받은 날로부터 20일 내에 회사에 대해 양도의 상대방의 지정 또는 그 주식의 매수를 청구할 수 있다(335조의2 4항). 양도상대방의 지정청구와 주식매수청구는 주주가 선택적으로 행사할 수 있는 권리인지에 관해 견해의 대립이 있다. 즉 ① 제335조의2 제 4 항의 법문상 주주 측이 2가지 권리의 행사에 대한 선택권을 갖는다고 보는 견해와[1] ② 주주의 선택에 따라 만약 주식매수청구권만이 행사될 경우 주주가 자본금을 회수해 가는 수단으로 악용될 소지가 있어 자본금충실에 반하는 결과가 될 수 있다는 점에서 회사 측에 선택권이 있다고 보는 견해[2]가 있다. 정관에 의한 주식양도의 제한은 주주의 권리를 제약하는 의미를 가지기 때문에 구제수단의 선택에 관한 문제는 반대로 주주를 보호하는 방향으로 해석할 필요가 있다고 보아 주주가 선택권을 갖는 것으로 봄이 타당하다.

1) 양도상대방의 지정청구
(가) 이사회의 지정

주주가 양도상대방의 지정을 청구한 경우에는 이사회가 상대방을 지정하여 그 청구일로부터 2주간 내에 주주 및 지정된 상대방에게 서면으로 통지해야 한다(335

---

1) 송옥렬, 855면; 정찬형, 796면.
2) 이철송, 394~396면.

조의3 1항). 만일 이 기간 내에 주주에게 상대방지정통지를 하지 않은 경우에는 주식양도에 관하여 이사회의 승인이 있는 것으로 본다(이사회의 승인의제)(335조의3 2항).

(나) 지정된 자의 매도청구권

이사회에 의하여 양도의 상대방으로 지정된 자는 지정통지를 받은 날로부터 10일 이내에 지정청구를 한 주주에 대하여 그 주식을 자기에게 매도할 것을 서면으로 청구하여야 한다(335조의4 1항). 이사회에 의하여 지정된 자가 위 기간 내에 매도의 청구를 하지 않는 경우에는 이사회의 승인이 있는 것으로 본다(335조의4 2항).

(다) 매도가액의 결정

양도상대방으로 지정된 자가 매도를 청구한 경우에 주식의 매도가액은 주주와 매도청구인간의 협의에 의해서 결정한다(335조의5 1항). 그러나 매도청구를 받은 날부터 30일 이내에 협의가 이루어지지 않은 때에는 회사 또는 주식의 매수를 청구한 주주는 법원에 대하여 매수가액의 결정을 청구할 수 있다(335조의2 2항, 374조의2 4항). 법원이 주식의 매수가액을 결정하는 경우에는 회사의 재산상태 그 밖의 사정을 참작하여 공정한 가액으로 이를 산정하여야 한다(335조의2 2항, 374조의2 5항).

2) 주식의 매수청구

주주는 양도승인거부의 통지를 받은 날로부터 20일 내에 회사에 대하여 그 주식의 매수를 청구할 수 있다(335조의2 4항). 이러한 청구가 있는 경우에 회사는 2개월 이내에 주식을 매수해야 한다(335조의6, 374조의2 2항). 이 경우에 주식의 매수가액은 주주와 회사간의 협의에 의하여 결정한다. 회사가 매수청구를 받은 날부터 30일 이내에 협의가 이루어지지 않은 때에는 회사 또는 주식의 매수를 청구한 주주는 법원에 대하여 매수가액의 결정을 청구할 수 있다(335조의6, 374조의2 4항). 법원이 주식의 매수가액을 결정하는 경우에는 회사의 재산상태 그 밖의 사정을 참작하여 공정한 가액으로 이를 산정하여야 한다(335조의6, 374조의2 5항).

(3) 주식양수인에 의한 승인청구

1) 주식취득승인청구

주식의 양수인은 회사에 대하여 그 주식의 종류와 수를 기재한 서면으로 그 취득의 승인을 청구할 수 있다(335조의7 1항). 이 경우에는 회사는 1월 내에 서면으로 승인 여부를 통지하여야 하고, 위 기간 내에 거부통지가 없으면 승인한 것으로 본다(335조의7, 335조의2 2항·3항).

2) 양도상대방지정청구

회사가 승인을 거부한 경우에는 통지받은 날로부터 20일 내에 회사에 대하여 양도상대방의 지정 또는 회사에 대한 매수청구를 할 수 있다(335조의7 2항, 335조의2 4항).

양도상대방의 지정을 청구한 경우에는 이사회는 이를 지정하고 청구가 있은 날부터 2주 내에 주주 및 지정된 상대방에게 서면으로 통지하여야 한다(335조의7 2항, 335조의3 1항). 2주 내에 통지를 하지 않으면 이사회가 승인한 것으로 본다(335조의7 2항, 335조의3 2항). 회사에 의하여 지정된 상대방의 주식선매권(335조의4) 및 주식매수가액의 결정(335조의5) 등은 모두 주주가 양도승인거부통지를 받은 경우와 동일하다.

3) 회사에 대한 주식매수청구

주식양수인이 주식취득승인거부의 통지를 받은 때에는 위의 양도상대방지정청구와 선택적으로 회사에 대하여 그 주식의 매수를 청구할 수 있다(335조의7 2항, 335조의6). 이러한 주식매수청구권은 형성권으로서 회사의 승낙 여부와 관계없이 매매계약이 성립하게 되므로 주식을 취득하지 못한 양수인이 회사에 대하여 매수청구를 하더라도 아무런 효력이 없고 사후적으로 양수인이 주식취득의 요건을 갖추더라도 하자가 치유되지 않는다(대법원 2014. 12. 24. 선고 2014다221258 판결).

이 경우의 회사의 매수의무(374조의2 2항), 매수가액의 결정(374조의2 3항) 등은 모두 양도주주가 양도승인거부의 통지를 받은 경우의 매수청구의 경우와 동일하다(335조의7 2항, 335조의6).

(4) 이사회의 승인 없는 주식양도의 효력

정관의 규정에 위반하여 이사회의 승인 없이 주식을 양도한 경우는 회사에 대하여 효력이 없다(335조 2항). 회사에 대하여 효력이 없다는 의미는 주식양도의 효력을 회사에 대하여 주장하지 못하고, 또한 회사도 그 효력을 인정할 수 없다는 것을 의미한다. 당사자간의 사법상 효력은 유효하다.

이사회의 양도승인결의가 없거나, 그 결의에 하자가 있음에도 대표이사가 승인결의가 있었다고 당사자에게 통지한 경우에는 주식양수인이 선의이며 중대한 과실이 없는 경우에는 거래안전을 보호하기 위하여 유효하다고 보는 것이 타당하다.

2. 권리주의 양도제한

권리주란 회사성립 전 또는 신주발행 전의 주식인수인으로서의 지위(권리)를 말한다. 이러한 권리주의 양도는 당사자간에는 유효하나 회사에 대하여는 효력이 없다(319조, 425조). 이는 주식양도의 효력을 회사에 대하여 주장하지 못하고, 또한 회사도 그 양도를 승인할 수 없다는 것을 의미한다. 왜냐하면 사원의 지위는 회사의 설립등기 또는 신주발행의 효력이 생긴 다음에나 성립하기 때문이다. 회사가 권리주의 양도를 자발적으로 인정하는 것은 무방하다는 설도 있으나 이는 주식회사의 경우에 법률관계의 집단적인 처리와 주주평등의 원칙에 어긋난다고 본다. 판례도 동일한 입장이다[주요판례 3].

권리주의 양도를 제한하는 이유는 양도를 인정하는 경우 회사설립절차나 신주발행절차에 있어 사무처리가 번잡하고 투기행위가 발생할 우려가 있기 때문이다. 현실적인 이유로서는 상법상 주식의 양도방법은 주권의 교부로 규정하고 있는데, 권리주의 상태에서는 아직 주권이 발행되지 않고, 회사성립 후 또는 신주의 납입기일 후가 아니면 주권을 발행할 수 없기 때문이다(355조 1항·2항).

3. 주권발행 전의 주식양도제한

(1) 의   의

회사성립 또는 신주발행의 효력발생 후라도(권리주의 상태가 소멸) 주권발행 전의 주식양도는 회사에 대하여는 효력이 없다(335조 3항 본문). 이는 권리주가 아니고, 주식인수인이 주주의 지위를 취득한 후이므로 주식의 양도가 보장되어야 하지만 주권발행 전이기 때문에 사무처리의 번잡을 피하기 위한 기술적인 이유와 더불어, 회사에 대한 관계에 있어서 주식양도의 효력을 주장하려면 주주명부에 명의개서가 되어야 하는데 주권발행 전에는 보통 주주명부가 정비되어 있지 않으므로 주주명부에 명의개서를 할 수 없고, 주식의 양도는 원칙적으로 주권의 교부를 하여야 하므로 주권발행 전의 주식양도를 제한하는 것이다.

(2) 회사성립 또는 신주의 납입기일 후 6월 이내에 주권 없는 주식양도

이 경우 주식의 양도는 회사에 대하여 효력이 없다. 그러나 당사자간에는 효력이 있다(통설). 따라서 주권발행 전에 주식양도의 당사자는 회사에 대하여 그 양도의 효력을 주장할 수 없고, 회사도 이를 승인할 수 없다. 회사기 이를 승인하여 명의개서를 하였더라도 회사에 대하여 효력이 없다. 그러므로 이후 회사가 주권을 발행하더라도 양수인은 회사에 대하여 주권교부를 청구할 수 없고 양도인의 채권자로서 회사에 대한 주권발행 및 교부청구권을 대위하여 행사할 수 있을 뿐이다.

6월 경과 전에 주권 없이 주식을 양도하였지만, 회사가 6월이 경과하도록 주권을 발행하지 않았다면 회사에 귀책사유가 있고, 6월이 경과하면 주권 없이도 회사에 대하여 유효한 주식양도가 가능하기 때문에(335조 3항) 양도의 하자가 치유된다고 본다. 판례도 동일한 입장이다[주요판례 4].

(3) 회사성립 또는 신주의 납입기일 후 6월 경과 후 주권 없는 주식양도

회사성립 또는 신주의 납입기일 후 6월이 경과한 때에는 주권 없이 주식을 양도하여도 양도의 효력이 인정된다(335조 3항 단서). 이 경우 회사에 대하여 명의개서를 청구할 때 주권이 없으므로 권리양수의 사실을 증명하기 어려운 점이 있지만, 단독으로 권리양수의 사실을 증명한다면 명의개서를 하는 데 아무런 문제가 없다[주요판례 5]. 주권발행 전의 양도방법에 대해서는 상법에 규정이 없으나, 지명채권양도방법에 따라 당사자의 의사표시에 따라서 양도할 수 있다고 보는 것이 통설과 판례의[1] 입장이다.[2]

4. 특별법상 주식양도제한

주식의 양도(취득)는 여러 특별법에 의하여 제한되고 있다.

(1) 독점금지법에 의한 제한

「독점규제 및 공정거래에 관한 법률」은 시장경쟁을 제한하는 기업결합을 금지한다(독점금지법 7조). 이러한 기업결합행위에는 다섯 개 유형이 있는데 그중의 하나가 타회사주식의 취득이다. 즉 누구든지 직접 또는 계열회사나 특수관계인을 통하여 다른 회사의 주식을 취득 또는 소유하지 못한다(같은 법 7조 1항 1호). 독점금지법에서의 주식의 취득 또는 소유는 그 명의와 관계없이 실질적인 소유관계를 기준으

---

1) 대법원 1988. 10. 11. 선고 87누481 판결; 대법원 2003. 10. 24. 선고 2003다29661 판결.
2) 주식발행 전에는 주권이 없기 때문에 주권의 점유에 대하여 주어지는 적법성의 추정(336조 2항)의 효력을 향유할 수 없고, 따라서 주식의 양수인이 회사에 대하여 대항하기 위해서는 채권양도에 준하여 회사에 대한 통지 또는 회사의 승낙을 요하며, 2중의 양수인이나 양도인의 채권자와 같은 제3자에 대한 대항력을 구비하기 위해서는 통지·승낙이 확정일자 있는 증서에 의하여 이루어져야 한다(민법 450조 2항)고 본다. 이철송, 384면.

로 한다(같은 법 7조의2).

독점금지법에서는 자산총액 2조 원 이상인 기업집단(상호출자제한기업집단)에 속하는 회사는 일정한 예외를 제외하고는 계열회사와 상호출자하는 것을 금지하고 있다(같은 법 9조 1항). 이에 위반한 경우에는 주식의 처분 등 공정거래위원회에 의한 시정조치가 명하여지며(같은 법 16조 1항), 이 명령 후 법 위반상태가 해소되기까지는 당해 주식의 전부에 대하여 의결권을 행사하지 못한다(같은 법 18조 2항). 한편 상호출자금지위반에 대하여는 과징금을 부과할 수 있으며(같은 법 17조 1항), 벌칙이 적용된다(같은 법 66조 1항 5호).

(2) 자본시장법과 금융투자업에 관한 법률에 의한 제한

내부자거래의 제한(자본시장법 172조 이하)과 공공적 법인의 주식취득제한(같은 법 167조), 외국인의 증권 또는 장내파생상품거래의 제한(같은 법 168조) 등의 규제가 있다.

(3) 은행법에 의한 제한

동일인이 은행의 의결권 있는 발행주식 총수의 100분의 10을 초과하는 주식을 보유하는 것을 원칙적으로 금지하고 있다(은행법 15조 1항). 비금융주력자(산업자본)의 경우는 보유할 수 있는 한도가 100분의 4로 축소된다(같은 법 16조의2 1항).

5. 지배주주에 의한 소수주식의 전부취득과 소수주주의 매수청구권

(1) 개   요

2011년 개정상법은 지배주주가 소수주주를 축출할 수 있는 소수주식 강제매수제도(이른바 'freeze-out' 또는 'squeeze-out'제도)를 마련하였다. 즉 회사의 발행주식 총수의 100분의 95 이상을 자기의 계산으로 보유하고 있는 주주(이하 '지배주주'라 한다)는 회사의 경영상 목적을 달성하기 위하여 필요한 경우에는 회사의 다른 주주(이하 '소수주주'라 한다)에게 그 보유하는 주식의 매도를 청구할 수 있게 되었다(360조의24 1항). 또한 지배주주가 있는 회사의 소수주주도 언제든지 지배주주에게 그 보유주식의 매수를 청구할 수 있다(360조의25 1항).

(2) 지배주주의 판단기준

지배주주를 계산함에 있어서는 모회사와 자회사가 보유한 주식을 합산하고, 회사가 아닌 주주가 발행주식 총수의 100분의 50을 초과하는 주식을 가진 회사가 보유하는 주식도 그 주주가 보유하는 주식과 합산하여 계산한다(360조의24 2항).

자회사의 소수주주가 모회사에게 주식매수청구를 한 경우에 모회사가 지배주주에 해당하는지 여부를 판단함에 있어 자회사의 자기주식은 발행주식총수에 포함되어야 하며, 보유주식을 산정할 때에는 자회사가 보유하고 있는 자기주식은 모회사의 보유주식에 합산되어야 한다(대법원 2017. 7. 14.자 2016마230 결정).

(3) 요 건

지배주주가 소수주주를 축출하기 위해서는 ① 회사의 경영상 목적달성에 필요할 것, ② 주주총회의 사전승인, ③ 소수주식의 공정가액에 대한 공인 감정인의 평가 및 그 감정결과에 대한 공개의 요건을 충족하여야 한다.

특히 '경영상 목적 달성에 필요한 경우'의 해석이 문제되는데. 이와 관련하여 단순히 소수주주를 축출하고자 하는 의도만으로는 이를 충족하였다고 보기 어려우며, 다수의 소수주주로 인하여 과다한 관리비용이 발생하거나, 소수주주의 방해나 주주권 남용으로 회사의 원활한 운영이 곤란한 경우 등이 이러한 요건에 해당할 수 있을 것이다.

(4) 절 차

지배주주가 소수주주에게 매도청구를 함에 있어서는 미리 주주총회의 승인을 받아야 하며(360조의24 3항), 주주총회 소집통지서에는 법이 정하는 일정한 사항[1]을 적어야 하고 주주총회에서 그 내용을 설명하여야 한다(360조의24 4항).

지배주주는 매도청구의 날 1개월 전까지, 소수주주는 매매가액의 수령과 동시에 주권을 지배주주에게 교부하여야 한다는 뜻과 교부하지 않을 경우 매매가액을 수령하거나 매매가액을 공탁한 날에 당해 주권이 무효가 된다는 뜻을 공고하고, 이러한 사실을 주주명부에 적힌 주주와 질권자에게 따로 그 통지를 하여야 한다(360조의24 5항). 지배주주는 소수주주가 보유하는 주식 전부에 대하여 권리를 행사하여야 한다(대법원 2020. 6. 11. 선고 2018다224699 판결).

매도청구를 받은 소수주주는 매도청구를 받은 날부터 2월 내에 지배주주에게 그 주식을 매도하여야 한다(360조의24 6항). 매매가액은 소수주주와 지배주주간의 협

---

1) 다음의 사항을 말한다. 1. 지배주주의 회사주식의 보유 현황, 2. 매도청구의 목적, 3. 매매가액의 산정 근거와 적정성에 관한 공인된 감정인의 평가, 4. 매매가액의 지급보증이다(360조의24 4항 1호~4호).

의에 의해서 정하는 것이 원칙이지만(360조의24 7항), 매도청구를 받은 날부터 30일 내에 협의가 이루어지지 않으면 양 당사자는 법원에 매매가액의 결정을 청구할 수 있으며(360조의24 8항) 법원은 회사의 재산상태와 그 밖의 사정을 고려하여 공정한 가액으로 산정하게 된다(360조의24 9항).

소수주주가 지배주주에게 그 보유주식의 매수를 청구한 경우에도 이러한 절차가 동일하게 적용된다(360조의25 2항 내지 5항).

주식을 취득하는 지배주주가 매매가액을 소수주주에게 지급한 때에 주식이 이전된 것으로 본다(360조의26 1항). 매매가액을 지급할 소수주주를 알 수 없거나 소수주주가 수령을 거부하는 경우에는 지배주주는 그 가액을 공탁할 수 있으며, 이 경우 주식은 공탁한 날에 지배주주에게 이전된 것으로 본다(360조의26 2항). 매매가액은 지배주주가 일방적으로 산정하여 제시한 가액이 아니라 소수주주와 협의로 결정된 금액 또는 법원이 산정한 공정한 가액이다(대법원 2020. 6. 11. 선고 2018다224699 판결).

Ⅲ. 주요판례·문제해설

1. 주요판례

(1) 대법원 2008. 7. 10. 선고 2007다14193 판결 — 주식양도제한약정의 효력

주식의 양도를 제한하는 방법으로서 이사회의 승인을 요하도록 정관에 정할 수 있다는 상법 제335조 제 1 항 단서의 취지에 비추어 볼 때, 주주들 사이에서 주식의 양도를 일부 제한하는 내용의 약정을 한 경우, 그 약정은 주주의 투하자본회수의 가능성을 전면적으로 부정하는 것이 아니고, 공서양속에 반하지 않는다면 당사자 사이에서는 원칙적으로 유효하다고 할 것이다.

(2) 대법원 2000. 9. 26. 선고 99다48429 판결 — 주식양도제한의 효력

상법 제335조 제 1 항 단서는 주식의 양도를 전제로 하고, 다만 이를 제한하는 방법으로서 이사회의 승인을 요하도록 정관에 정할 수 있다는 취지이지 주식의 양도 그 자체를 금지할 수 있음을 정할 수 있다는 뜻이 아니기 때문에, 정관의 규정으로 주식의 양도를 제한하는 경우에도 주식양도를 전면적으로 금지하는 규정을 둘 수는 없다. 회사 발행주식의 양도제한에 관하여 "합작회사가 사전에 공개되는

경우를 제외하고 합작회사의 설립일로부터 5년 동안, 합작회사의 어느 주주도 합작회사 주식의 전부 또는 일부를 다른 당사자 또는 제 3 자에게 매각, 양도할 수 없다. 단 법률상 또는 정부의 조치에 의하여 그 주식의 양도가 강제되는 경우 또는 당사자들 전원이 그 양도에 동의하는 경우는 예외로 한다. … 그러나 이 사건 약정은, 그 내용 자체에 의하더라도 그 양도에 이사회의 승인을 얻도록 하는 등 그 양도를 제한하는 것이 아니라, 설립 후 5년간 일체 주식의 양도를 금지하는 내용으로, 이와 같은 내용은 위에서 본 바와 같이 정관으로 규정하였다고 하더라도 이는 주주의 투하자본회수의 가능성을 전면적으로 부정하는 것으로서 무효라고 할 것이다. 그러므로 그와 같이 정관으로 규정하여도 무효가 되는 내용을 나아가 회사나 주주들 사이에서, 혹은 주주들 사이에서 약정하였다고 하더라도 이 또한 무효라고 할 것이다. 그리고 이 사건 약정 가운데 주주 전원의 동의가 있으면 양도할 수 있다는 내용이 있으나, 이 역시 상법 제335조 제 1 항 단서 소정의 양도제한 요건을 가중하는 것으로서 상법규정의 취지에 반할 뿐 아니라, 사실상 양도를 불가능하게 하거나 현저하게 양도를 곤란하게 하는 것으로서 실질적으로 양도를 금지한 것과 달리 볼 것은 아니다.

(3) 대법원 1965. 12. 7. 선고 65다2069 판결 ─ 권리주양도제한의 효력

주식발행 전의 주식의 양도(335조 2항)나 신주발행에 의한 주식을 인수하였음으로 인한 권리의 양도(425조, 319조)가 회사에 대하여 효력이 없는 것(회사가 그 양도를 승인하는 경우에도 그 효력이 부정된다)이라 하여 회사와 주주 또는 신주인수인과의 사이에서 회사가 장차 발행할 주권의 교부에 관하여 미리 발행하는 주권보관증과 같은 특정의 증서(그 성질이 면책증권이었는가 자격증권 이었는가를 따질 필요 없다)를 소지하는 사람의 청구에 따라 그 증서와 상환으로써만 이를 교부하기로 하는 특약의 효력까지를 부정할 수는 없을 것이며 그러한 특약이 있은 경우에는 그 주권의 교부청구권자인 주주 또는 신주인수인이나 그들의 청구권을 압류한 채권자라 할지라도 그 증서와의 상환 없이는 회사에 대하여 주권의 교부를 청구할 수 없을 것이고 회사로서는 이러한 청구인들에 대한 주권의 교부를 그 증서의 적법한 소지인에게 대항할 수 없을 것이다.

(4) 대법원 2012. 2. 9. 선고 2011다62076 판결 ─ 주권없는 주식양도의 효력

주권발행 전에 한 주식의 양도가 회사성립 후 또는 신주의 납입기일 후 6월이 경과하기 전에 이루어졌다고 하더라도 그 이후 6월이 경과하고 그때까지 회사가 주권을 발행하지 않았다면, 그 하자는 치유되어 회사에 대하여도 유효한 주식양도가 된다.

(5) 대법원 2008. 10. 23. 선고 2007다72274, 72281 판결 ─ 주권 없는 주식양도의 효력

주권발행 전 주식의 양도는 당사자의 의사표시만으로 효력이 발생하고, 주권발행 전 주식을 양수한 사람은 특별한 사정이 없는 한 양도인의 협력을 받을 필요 없이 단독으로 자신이 주식을 양수한 사실을 증명함으로써 회사에 대하여 그 명의개서를 청구할 수 있다. 다만, 회사 이외의 제3자에 대하여 양도사실을 대항하기 위하여는 지명채권의 양도에 준하여 확정일자 있는 증서에 의한 양도통지 또는 승낙을 갖추어야 한다는 점을 고려할 때, 양도인은 회사에 그와 같은 양도통지를 함으로써 양수인으로 하여금 제3자에 대한 대항요건을 갖출 수 있도록 해 줄 의무를 부담하는바, 주권발행 전 주식의 매매에 있어서 매수인은 스스로 이행에 착수하거나 매도인이 회사에 대하여 주식의 양도사실을 통지하거나 통지하기 위하여 필요한 전제행위를 하기 전까지는 계약금을 포기하고 매매계약을 해제할 수 있다고 보아야 한다.

2. 문제해설

(1) 주식의 양도를 절대적으로 금지하는 특약은 무효로 본다.

(2) 주식양도에 대하여 제한을 하는 것은 상법상 이사회의 승인에 의한 방법만 인정되는 것으로 좁게 해석한다[주요판례 2].

(3) 주권의 발행 없이도 주식양도는 가능하며, 주식양도의 전면적 금지도 상법상 인정되지 않으므로 그러한 약정에도 불구하고 주식양도는 가능하다.

[8] 주식취득에 대한 규제

I. 사 례

1. 사실관계

甲주식회사의 대표이사 A는 회사주식이 저평가 되었다고 판단하고 회사가 자기주식을 취득하여 주가상승 효과를 얻고자 하였다. A는 당해 결산기에 배당가능이익이 발생할 것으로 예상하고 5천만 원에 상당하는 자기주식을 취득하였다. 그러나 갑작스러운 금융위기로 인해 당해 영업연도의 결산결과 1억 원의 영업손실이 발생하였다.

2. 검 토

(1) 甲회사는 자기주식을 취득할 수 있는가? 만약 취득할 수 있다면 회사의 어느 기관이 어떠한 내용을 결정하여야 하는가?

(2) A는 회사에 대하여 어떠한 책임을 부담하는가?

II. 주요법리

1. 자기주식취득의 의의와 규제의 원칙

자기주식의 취득이란 회사가 주식을 발행한 이후에 회사의 명의와 계산으로 발행주식을 취득하는 것을 말한다. 현행 상법상 회사는 자기의 명의와 계산으로 법령에서 정하는 방법에 따라 배당가능이익을 한도로 자기주식을 취득할 수 있다 (341조).

2011년 개정 전 상법은 원칙적으로 주식회사가 특정의 경우를 제외하고는 '자기의 계산'으로 자기주식을 취득하는 것을 금지하면서,[1] 자기주식취득을 인정하더라도 그 폐해가 없거나 법률상 필요한 경우 또는 해석상 예외만을 허용하였다[주요판례 1]. 취득을 허용하는 경우에도 지체 없이 또는 상당한 시기에 자기주식을 처분

---

[1] 따라서 자기주식 취득금지규정은 취득자의 명의를 불문하고 회사의 계산에 의한 취득금지이므로 제 3 자의 명의로 자기주식을 취득한 때에도 적용되었다.

하도록 하였다. 그러나 자기주식의 취득과 배당은 회사의 재산을 주주에게로 이전한다는 점에서 본질적으로 동일한 면도 있고, 자본금충실 염려가 없는 경우까지 이를 금지하는 것은 논리적으로 부당하다는 지적이 있었다.[1] 또한 상법상의 엄격한 규제와는 달리 자본시장법은 상장법인이 배당가능이익한도 내에서 자기주식을 취득하는 것을 이전부터 허용하고 있다(자본시장법 165조의3).

이에 2011년 개정상법은 자기주식취득의 원칙적 금지를 크게 완화하여 ① 배당가능이익을 한도로 법이 정하는 일정한 방법에 따라 자기주식의 취득이 자유로운 경우(일반적 자기주식취득)와 ② 배당재원의 규제 없이 특정목적에 의한 자기주식을 취득하는 경우(특정목적에 의한 자기주식취득)의 2가지 형태로 자기주식을 취득할 수 있도록 하였다.

2. 일반적 자기주식취득

(1) 자기의 명의와 계산

회사는 '자기(회사)의 명의와 계산'으로 자기주식을 취득할 수 있다(341조 1항 본문). 2011년 개정 전 상법이 자기주식취득의 개념을 '회사의 계산으로 자기의 주식을 취득하는 것'으로 하였으나, 개정법은 자본시장법과 같이 회사의 명의와 회사의 계산으로 자기주식을 취득하는 것으로 변경하였다. 따라서 일반적 자기주식취득의 경우 회사는 '타인의 명의와 회사의 계산'으로 자기의 주식을 취득할 수 없다. 즉 회사가 배당가능이익범위 내의 취득인 경우에도 타인명의로는 취득할 수 없는 것으로 보아야 한다.

2011년 상법개정 전에는 특별한 예외적인 경우를 제외하고는 자기주식취득을 전면적으로 금지하고 있었으므로, 회사가 타인명의로 회사의 계산으로 자기주식을 취득하는 편법을 막기 위해 '회사의 계산 여부'를 기준으로 하였다[주요판례 2]. 이에 반해 2011년 개정상법은 일반적 자기주식취득의 경우 '회사의 명의'로만 하도록 하고 있는데, 이것은 회사가 자기명의와 자기계산으로 하는 경우에는 자기주식취득을 허용하고 타인명의로 취득하는 것을 금지함으로써 자기주식취득에 관한 투명성을 확보하기 위함이다.

---

1) 권재열, "개정상법상 주식관련제도의 개선내용과 향후과제," 「선진상사법률연구」 제56호 (2011), 19면.

(2) 배당가능이익

회사는 직전 결산기의 대차대조표상의 순자산액에서 제462조 제1항 각호의 금액을 뺀 금액을 한도로 자기주식취득을 할 수 있다(341조 1항 단서). 회사는 결산기에 배당가능이익이 없을 우려가 있으면 일반적 자기주식취득을 하여서는 안 된다(341조 3항).

(3) 주주총회의 결의

일반적 자기주식취득을 하려는 회사는 미리 주주총회의 결의로 ① 취득할 수 있는 주식의 종류와 수, ② 취득가액 총액의 한도, ③ 1년을 초과하지 않는 범위에서 자기주식을 취득할 수 있는 기간을 정하여야 한다(341조 2항). 정관에서 이사회의 결의로 이익배당을 할 수 있도록 한 경우에는 이사회의 결의로 주주총회의 결의를 갈음할 수 있다(341조 2항 본문, 462조 2항 단서).

(4) 자기주식취득의 실행

주주총회(또는 이사회)의 결의가 있으면 회사는 총회결의에서 정한 기간 내에 자기주식을 취득할 수 있다. 자기주식취득 여부 및 시기는 경영판단에 따라 결정하게 된다. 자기주식은 주주총회가 정한 기간 내에 1회 또는 수차에 걸쳐 취득할 수 있다.

(5) 자기주식취득방법

일반적 자기주식취득은 배당가능이익을 재원으로 하므로 자본금충실이 저해되지 않으나 주주간의 불평등을 저해할 수 있다.[1] 따라서 상법은 일반적 자기주식취득의 경우 그 방법을 제한한다.

1) 거래소에서 취득

거래소에서 시세가 있는 주식의 경우에는 거래소에서 취득할 수 있다(341조 1항 1호). 이 경우는 객관적인 시세가 있다는 점에서 자본충실을 해칠 가능성이 적은 경우이기 때문이다.

2) 주주평등의 원칙에 따른 방법

상환에 관한 종류주식의 경우 외에는 각 주주가 가진 주식수에 따라 균등한

---

1) 이철송, 413면에서는 회사가 일부주주를 선정하여 자기주식을 취득함으로써 일부주주만 투자수익을 실현할 수 있는 기회를 주는 것을 예로 들고 있다.

조건으로 취득하는 것으로 시행령이 정한 방법에 따라야 한다(341조 1항 2호). 상법 시행령 제9조는 ① 자본시장법에 따른 공개매수의 방법과 ② 모든 주주에게 자기주식취득의 통지 또는 공고를 하여 주식을 취득하는 방법을 제시하고 있다.

(6) 이사의 책임

1) 차액배상책임

해당 영업연도의 결산기에 대차대조표상의 순자산액이 제462조 제1항 각 호의 금액의 합계액에 미치지 못함에도 불구하고 회사가 자기주식을 취득한 경우 이사는 회사에 대하여 연대하여 그 미치지 못한 금액을 배상할 책임이 있다(341조 4항 본문). 차액배상책임은 과실책임으로 이사가 배당가능이익 예측에 주의를 게을리하지 아니하였음을 증명한 경우에는 면책된다(341조 4항 단서).

다만, 자기주식취득에 따른 차액배상책임의 범위에 대하여는 제341조 제4항의 문언상 표현으로는 자기주식취득의 가액과 무관하게 결손금 전부에 대하여 책임을 지는 것으로 되어 있다. 그러나 이러한 이사의 차액배상책임은 중간배당 제한의 실효성을 확보하기 위해 이사에게 부과하는 책임과 유사하다(462조의3 4항). 따라서 자기주식취득에 따른 이사의 책임도 중간배당에 따른 차액배상책임의 경우와 마찬가지로 자기주식취득금액을 한도로 하여 결손금에 관하여 책임을 진다고 해석해야 한다.[1]

자기주식취득에 따른 차액배상책임은 집행임원에 준용되지 않는다(408조의9). 그러나 집행임원 설치회사의 경우 자기주식취득은 집행임원이 집행할 것이므로 집행임원의 경우도 이사의 차액배상책임이 준용되도록 하여야 할 것이다.

2) 손해배상책임 및 형사제재

이사가 차액배상책임을 이행했어도 회사에게 손해가 있는 경우에는 이사는 회사에 대하여 손해배상책임을 부담하여야 한다. 또한 이사가 배당가능이익범위 내에서 자기주식을 취득한 경우라 하더라도 ① 가격결정이 공정하지 아니한 경우나 ② 취득방법을 지키지 않아 주식평등의 원칙을 해한 경우라면 손해배상책임을 부담한다.

이사 등의 임원이 누구의 명의로 하거나를 불문하고 회사의 계산으로 부정하게 그 주식을 취득한 경우는 형사제재를 받는다(625조).

---

1) 이철송, 416면; 최준선, 312면.

3. 특정목적에 의한 자기주식취득

특정목적에 의한 자기주식취득은 재원규제(배당가능이익한도 내의 취득) 없이 허용된다. 또한 취득의 명의가 '회사'일 필요는 없고 '타인명의와 회사의 계산'으로 자기주식을 취득하는 것이 허용된다.

(1) 회사의 합병 또는 다른 회사의 영업전부의 양수로 인한 경우

흡수합병에서 소멸회사의 재산 중에 존속회사의 주식이 포함되어 있는 경우와, 영업양도에서 양도재산 중에 양수회사의 주식이 포함되어 있는 경우에는 존속회사 또는 양수회사가 자기주식을 취득하게 된다.

(2) 회사의 권리를 실행함에 있어서 그 목적을 달성하기 위하여 필요한 경우

회사가 채권의 실행을 위하여 강제집행을 하는 경우나 소송상 화해를 하는 경우, 그리고 자기주식을 대물변제로 받거나 그 주식이 경매될 때 경락받는 경우가 그 예이다. 채무자의 무자력은 자기주식취득을 주장하는 회사에게 증명책임이 있다[주요판례 3].

(3) 단주의 처리를 위하여 필요한 경우

신주를 발행하는 경우나 전환주식 혹은 전환사채의 전환 및 신주인수권부사채권자가 신주인수권을 행사한 경우의 신주발행의 경우에 주주가 단주를 취득하게 되는 경우에는 이를 환가하여 주주에게 현금으로 지급하기 위하여 회사가 단주를 취득하여야 한다. 그러나 자본금감소, 합병, 준비금의 자본금전입, 그리고 주식배당의 경우와 같이 단주의 처리방법이 법정되어 있는 경우에는 이에 해당되지 않는다.

(4) 주주가 주식매수청구권을 행사한 경우

주주가 회사에 대하여 주식매수청구권을 행사할 수 있는 경우는 ① 회사가 주식양도승인을 거부한 데 대하여 주주(혹은 주식양수인)가 자기가 가진 주식을 매수해 달라고 회사에 대하여 청구를 하는 경우(335조의6), ② 회사의 영업전부의 양도 등에 관한 주주총회의 특별결의사항에 반대하는 주주가 회사에 대하여 자기가 소유하고 있는 주식의 매수를 청구하는 경우(374조의2), ③ 회사의 합병에 반대하는 주주가 매수청구를 하는 경우(522조의3), ④ 회사분할합병의 반대주주가 매수청구를 하는 경우(530조의11 2항, 522조의3 2항), 그리고 ⑤ 주식의 포괄적 교환 및 이전의 경우(360조의5, 360조의22)가 있다.

4. 해석에 의한 자기주식취득 허용

해석상 다음의 경우에는 자기주식을 취득할 수 있다. ① 회사가 자기주식을 무상취득하는 경우[주요판례 4], ② 위탁매매인인 회사가 주선행위로써 자기주식을 취득하는 경우, ③ 신탁회사가 위탁자로부터 자기주식을 수탁받는 경우, ④ 채무이행의 담보로써 회사가 자기주식을 점유하는 경우(통설)이다.

5. 자기주식의 지위

회사가 자기주식을 보유하고 있는 동안에는 일반적으로 주주가 가지는 권리를 누리지 못한다. 회사는 자기주식에 대한 의결권을 행사할 수 없고(369조 2항), 소수주주권이나 각종 소의 제기권과 같은 공익권도 그 성질상 인정될 수 없다. 자익권에 대하여는 일체의 자익권을 인정할 수 없다는 전면적 휴지설(통설적 견해)과 자익권의 일부에 대하여는(준비금의 자본금전입에 의한 신주발행) 인정하는 부분적 휴지설의 대립이 있다.

6. 자기주식의 처분

2011년 개정 전 상법은 자기주식의 예외적 취득만 허용하면서 자기주식을 취득한 경우라고 하더라도 주식을 소각하기 위한 경우에는 지체 없이 주식실효의 절차를 밟아야 하고, 나머지의 경우는 상당한 시기에 주식의 처분을 하여야 하도록 규정하였다.

2011년 개정상법은 회사가 취득한 자기주식을 처분하는 것에 대하여 그 처분의 시기를 한정하고 있지 않으며 ① 처분할 주식의 종류와 수, ② 처분할 주식의 처분가액과 납입기일, ③ 주식을 처분할 상대방 및 처분방법에 관하여 정관에 규정이 없는 사항은 이사회가 결정하여 처분할 수 있도록 하고 있다(342조).

자기주식처분을 위해 이사회가 결정하여야 할 사항 중에서 중요한 것은 ② 처분가액과 ③ 처분의 상대방 결정이다. 처분가액의 결정은 가격의 공정성을 지켜야 하며 주식가치평가 또는 주식가액산정과 동일한 문제가 발생한다. 자기주식처분의 상대방을 결정하는 경우는 자기주식취득에서와 같이 주주평등의 원칙을 지켜야 하는지가 문제된다.

이사회가 자기주식처분을 결정할 때 기존주주의 비례적인 지분관계의 이익을 보호해야 하는지에 대해서는 ① 회사가 배당가능이익으로써 취득한 자기주식을 이사회결의만으로 특정한 주주 또는 제3자에게 매도함으로써 주주의 의사에 반하여 주주의 회사에 대한 지분비율에 변경을 초래하거나 회사의 지배구조에 변동을 가져오는 경우에는 자기주식매도행위는 사법상 무효이며 이사는 회사 및 매수인에게 손해배상책임을 부담한다는 견해[1]와 ② 회사가 취득한 자기주식은 그 처분에 있어서 주주평등의 원칙이 적용되지 않는 손익거래에 속하고 회사와 그 거래상대방간의 개인법적 영역이어서 처분권한은 이사회에 부여되고 이사회가 적법하게 취득한 자기주식을 적법한 절차에 따라 처분하기로 결정한 경우에는 원칙적으로 적법하다는 견해[2]가 있다. 하급심 판례도 자기주식처분에 신주발행의 법리를 유추적용하여 주주평등의 원칙이 지켜져야 한다는 판례[주요판례 5]와 신주발행의 법리를 유추적용할 수 없다는 판례[주요판례 6]로 나뉘었다.

2011년 개정상법 제342조의 문언 및 입법과정을[3] 보았을 때 개정상법은 회사가 자기주식처분을 자유로이 할 수 있음을 허용한 것으로 해석하여야 한다. 그러나 입법론적으로는 자기주식처분 상대방결정에 대한 제한이 필요하다고 본다.

7. 자기주식취득금지위반의 효과

2011년 개정 전 상법상 회사가 자기주식취득금지규정에 위반하여 자기주식을 취득한 경우에 그 취득행위의 법적 효력에 관하여 학설이 대립하였다.

① **절대적 무효설**[4]: 회사가 자기주식취득금지규정에 위반하여 자기주식을 취득하는 행위는 강행법규위반이고 자본금충실의 원칙에 명백히 반하므로 무효가 된다고 한다(자기주식취득금지는 강행법규). 판례도 절대적 무효설을 따른다[주요판례 1].

② **상대적 무효설**: 회사의 자기주식취득금지규정에 위반한 취득행위는 원칙적으로 무효이나, 거래안전을 고려하여 선의의 제3자에게 대항하지 못한다고 한다. 상대적 무효설에는 (i) 회사가 타인의 명의이나 회사의 계산으로 취득하는 경우에

---

1) 정찬형, "주식회사법 개정제안," 「선진상사법률연구」 제49호(2010), 8면.
2) 강희주, "적대적 M & A에 대한 방어전략으로서의 자사주의 취득 및 처분," 「상장」(한국상장회사협의회, 2007. 6), 23면.
3) 정부의 2006년 개정안에서는 자기주식을 처분하는 경우 신주발행절차의 일부규정을 준용하도록 하였으나(2006년 개정안 342조 2항), 2008년 개정안은 이를 삭제하였고 개정법은 2008년 개정안의 내용을 그대로 담고 있다.
4) 송옥렬, 870면; 정찬형, 778면; 최준선, 311면.

는 양도인에게 악의가 없는 한 유효로 보아야 한다는 견해와,[1] (ii) 자기주식 취득
은 양도인의 선의·악의를 묻지 않고 무효이나 선의의 전득자와 압류채권자 등에게
는 대항하지 못한다는 견해가 있다.[2]

③ **유 효 설**: 자기주식취득금지규정을 단속규정(명령규정)으로 보고, 이에 위반
한 자기주식취득행위는 사법상 유효하다고 한다.

2011년 개정상법이 자기주식취득을 폭넓게 허용하고 있으나, 배당가능이익이
없음에도 자기주식을 취득한 경우나 필요한 절차를 지키지 아니하고 자기주식취득
을 한 경우 또는 일반적 자기주식취득을 하면서 타인명의로 회사의 계산으로 자기
주식을 취득한 경우에는 자기주식취득금지위반의 효과와 같은 문제가 발생한다.

8. 자기주식의 질취제한

자기주식의 질취라 함은 회사가 질권의 목적으로 자기주식을 취득하는 것을
말한다. 회사는 발행주식 총수의 20분의 1을 초과하여 자기의 주식을 질권의 목적
으로 받지 못한다(341조의3). 상법이 자기주식의 질취를 수량적으로 제한하고 있는
이유는 자기주식을 담보취득한 경우 채권을 회수할 수 없게 되면, 회사의 재산상태
가 악화되기 때문에 이를 방지하고자 함이다. 다만 ① 회사의 합병 또는 다른 회사
의 영업 전부를 양수하는 경우, ② 회사의 권리를 실행함에 있어 그 목적을 달성하
기 위하여 필요한 경우에는 위의 한도를 초과하여 회사가 자기주식을 질권의 목적
으로 받을 수 있다(341조의3 단서).

9. 자회사의 모회사주식 취득의 제한

(1) 원칙(직접적인 모자관계)

A회사가 B회사의 발행주식 총수의 100분의 50을 초과하는 주식을 소유하는
경우 A회사를 모회사, B회사를 자회사라 한다. 모자회사관계가 성립하는 경우 자
회사(B회사)는 원칙적으로 모회사(A회사)의 주식을 취득할 수 없다(342조의2 1항).

(2) 의제자회사관계(擬制子會社關係)

A회사(모회사)와 B회사(자회사)가 모자관계이고, 다시 B회사가 C회사의 발행주
식 총수의 100분의 50을 초과하여 소유하는 경우(즉 C회사는 B회사의 자회사) C회사는

---

1) 손주찬, 659면.
2) 이철송, 403면.

A회사의 자회사(손회사)로 의제되어 A회사의 주식을 취득하지 못한다(342조의2 3항). 이 경우 C회사는, B회사와는 상법 제342조의2 제 1 항에 따라 모자관계로서 B회사의 주식취득이 금지되고, A회사와는 제342조의2 제 3 항에 따라 자회사로 의제되므로 A회사의 주식을 취득하지 못하게 된다(C회사는 A회사와 B회사 모두의 주식을 취득하지 못함).

(3) 공동자회사관계(共同子會社關係)

A회사(모회사)와 B회사(자회사)가 모자관계이고, A회사와 B회사가 합하여 C회사의 발행주식 총수의 100분의 50을 초과하여 주식을 소유하는 경우에 C회사(공동자회사)는 A회사의 자회사로 의제되어 A회사의 주식을 취득하지 못한다(342조의2 3항).

(4) 보유금지의 예외

자회사는 모회사의 발행주식을 취득하지 못하나, 예외적으로 ① 주식의 포괄적 교환, 주식의 포괄적 이전, 회사의 합병 또는 다른 회사의 영업전부의 양수로 인한 때, ② 회사의 권리를 실행함에 있어 그 목적달성을 위하여 필요한 때에는 주식취득이 가능하다(342조의2 1항). 그리고 합병대가가 모회사주식인 경우에도 자회사가 모회사주식을 취득하는 것이 허용된다(523조의2 1항).

위 경우에 자회사는 그 주식을 취득한 날로부터 6개월 이내에 모회사의 주식을 처분해야 한다(342조의2 2항).

(5) 자회사의 모회사주식보유금지위반의 효과

자회사가 모회사의 주식취득금지에 위반하여 모회사의 주식을 취득한 경우의 효력에 대해서는 ① (절대적)무효설,[1] ② 상대적 무효설,[2] ③ 유효설의 대립이 있다.

자회사의 이사가 상법 제342조의2 규정에 위반하여 모회사의 주식을 취득한 경우에는 회사 또는 제 3 자에 대하여 손해배상책임을 부담하는 외에 2,000만 원 이하의 벌금형의 제재를 받는다(625조의2).

---

1) 송옥렬, 877면; 정찬형, 788면; 최준선, 307면.
2) 손주찬, 667면; 이철송, 417면.

Ⅲ. 주요판례·문제해설

1. 주요판례

(1) 대법원 2006. 10. 12. 선고 2005다75729 판결— 자기주식취득금지규정의 취지
상법은 주식회사가 자기의 계산으로 자기주식을 취득하는 것을 원칙적으로 금지하면서, 예외적으로 일정한 경우에만 그 취득이 허용되는 것으로 명시하고 있다. 따라서 상법 제341조, 제341조의2, 제342조의2 또는 증권거래법 등이 명시적으로 이를 허용하고 있는 경우 외에는, 회사의 자본적 기초를 위태롭게 하거나 주주 등의 이익을 해한다고 할 수 없는 것이 유형적으로 명백한 경우가 아닌 한 자기주식의 취득은 허용되지 아니하고, 위와 같은 금지규정에 위반하여 회사가 자기주식을 취득하거나 취득하기로 하는 약정은 무효이다(대법원 2003. 5. 16. 선고 2001다44109 판결 등 참조).

(2) 대법원 2011. 4. 28. 선고 2009다23610 판결— 자기주식취득규제의 범위
회사가 직접 자기주식을 취득하지 아니하고 제3자의 명의로 회사주식을 취득한 경우에도 주식취득을 위한 자금이 회사의 출연에 의한 것이고 주식취득에 따른 손익이 회사에 귀속되는 경우라면 회사의 계산으로 자기주식을 취득한 것에 해당된다.

(3) 대법원 1977. 3. 8. 선고 76다1292 판결— 회사권리실행을 위한 자기주식취득
주식회사가 자기주식을 취득할 수 있는 경우로서 상법 제341조 제3호가 규정한 회사의 권리를 실행함에 있어서 그 목적을 달성하기 위하여 필요한 때라 함은 회사가 그의 권리를 실행하기 위하여 강제집행, 담보권의 실행 등에 당하여 채무자에 회사의 주식 이외에 재산이 없는 때에 한하여 회사가 자기주식을 경락 또는 대물변제 등으로 취득할 수 있다고 해석되며 따라서 채무자의 무자력은 회사의 자기주식취득이 허용되기 위한 요건사실로서 자기주식취득을 주장하는 회사에게 그 무자력의 입증책임이 있다.

(4) 대법원 1996. 6. 25. 선고 96다12726 판결— 해석에 의한 자기주식취득
회사는 원칙적으로 자기의 계산으로 자기의 주식을 취득하지 못하는 것이지만 (341조 참조), 회사가 무상으로 자기주식을 취득하는 때와 같이 회사의 자본적 기초

를 위태롭게 하거나 회사채권자와 주주의 이익을 해한다고 할 수가 없는 경우에는 예외적으로 자기주식의 취득을 허용할 수 있는 것이다.

(5) 서울서부지법 2006. 6. 29. 선고 2005가합8262 판결 — 신주발행에 관한 법리가 이 사건 자기주식처분에 적용될 수 있는지 여부

(a) 신주발행의 효과와 자기주식처분의 효과

비록 우리 상법 및 증권거래법이 자기주식처분에 대하여 신주발행에 관한 규정을 준용하고 있지 아니하고, 자기주식처분은 이미 발행되어 있는 주식을 처분하는 것으로서 회사의 총자산에는 아무런 변동이 없고, 기존주주의 지분비율도 변동되지 아니하여 형식적으로는 신주발행과 그 효과를 일부 달리하지만, 자기주식의 처분이 자본의 증가를 가져오는 것은 아니라 하더라도 회사가 보유중이던 자기주식일 때에는 상법 제341조에 의하여 이 주식은 의결권을 행사할 수 없으나 이 주식이 회사가 아닌 제3자에게 양도될 경우 이를 양도받은 제3자는 회사에 대하여 의결권을 행사할 수 있게 되어 회사의 의사결정기구인 주주총회에서 의결권을 행사할 수 있는 주식수가 증가한다는 점에서 기존주주들에게는 회사가 신주를 발행하는 것과 유사한 효과를 가져온다. 또한, 자기주식인 경우에는 회사가 자기주식에 대하여 배당금을 수령하더라도 이는 결국 회사의 재산이 배당금 수령으로 다시 그만큼 증가하게 되어 기존의 주주들이 그 주식 보유비율에 따라 추후 그 증가된 재산에 대하여 배당금을 추가로 수령할 수 있는 기회가 생기나 자기주식이 제3자에게 처분되면 새로운 배당금 수령권자가 생기는 점, 유상증자가 이루어질 경우 자기주식을 제외한 나머지 주식에 대해서만 그 지분비율별로 신주발행이 이루어지는데 자기주식이 제3자에게 처분되면 자기주식에 대한 신주발행이 이루어져 기존의 주주는 그만큼 배정받는 신주의 비율이 낮아지는 점 등으로 회사가 그 보유의 자기주식을 처분하는 행위는 그 처분으로 인하여 궁극적으로 보유주식의 비율에 따라 주주로서의 회사에 대한 권리나 지위가 변동하는 등 주주의 지위에 중대한 영향을 초래하게 되는데, 특히 자기주식을 일방적으로 특정주주들에게만 매각할 경우에는 매각으로 인해 초래되는 기존주주의 지분비율의 감소로 인해 신주발행의 경우와 동일한 결과를 가져옴으로써 신주발행에서와 마찬가지로 통제를 가할 필요성이 있고, 자기주식의 처분이 신주발행에 관한 여러 가지 규제를 잠탈하는 수단으로 악용되는 것을 방지할 필요성도 있다.

(b) 전환사채발행의 경우와 비교

전환사채 발행의 경우에도 주식회사의 물적 기초와 기존주주들의 이해관계에 영향을 미친다는 점에서 사실상 신주를 발행하는 것과 유사하여 신주발행무효의 소에 관한 상법 제429조를 유추적용하여, 그 무효원인으로서 법령이나 정관의 중대한 위반 또는 현저한 불공정이 있어 그것이 주식회사의 본질이나 회사법의 기본 원칙에 반하거나 기존주주들의 이익과 회사의 경영권 내지 지배권에 중대한 영향을 미치는 경우로서 전환사채와 관련된 거래의 안전, 주주 기타 이해관계인의 이익 등을 고려하더라도 도저히 묵과할 수 없는 정도라고 평가되는 경우에 한하여 전환 사채의 발행 또는 그 전환권의 행사에 의한 주식의 발행을 무효로 할 수 있다(대법 원 2004. 6. 25. 선고 2000다37326 판결 참조). 위와 같은 이유로, 자기주식 처분의 경우에 도 다른 주주들에게는 자기주식을 매수할 기회를 주지 않은 채 특정주주에게의 일 방적인 매도가 기존주주들의 이익과 회사의 경영권 내지 지배권에 중대한 영향을 미치는 경우로서 주식처분과 관련된 거래의 안전, 주주 기타 이해관계인의 이익 등 을 고려하더라도 도저히 묵과할 수 없는 정도라고 평가되는 경우에는, 이러한 자기 주식의 처분행위는 무효라고 하겠다.

(6) 수원지법 성남지원 2007. 1. 30.자 2007카합30 결정 — 자기주식 처분무효 의 소 인정 여부

자기주식 취득 및 처분에 관하여 규정하고 있는 증권거래법 제189조의2에서 는, 상법에서와 달리 주권상장법인 또는 코스닥상장법인이 이익배당을 할 수 있는 한도 내에서 장내매수 또는 공개매수 등의 방법으로 자기주식을 취득하는 것을 허용하고, 다만 자기주식을 취득하거나 이에 따라 취득한 자기주식을 처분하고자 하는 경우에는 대통령령이 정하는 요건·절차등 기준에 따라 자기주식의 취득 또는 처분관련사항을 금융감독위원회와 거래소에 신고할 의무만을 부과하고 있을 뿐, 자기주식의 취득 및 처분에 있어 정당한 목적이 있을 것을 요구하거나, 정당한 목적이 없는 경우에 무효가 될 수 있다는 점에 관하여는 규정하지 않고 있다.

한편 신주발행무효의 소의 경우, 주주·이사 또는 감사에 한하여 신주를 발행한 날로부터 6월내에 소만으로 이를 주장할 수 있고, 무효판결의 효력이 제 3 자에게도 효력이 있는 등 요건, 절차 및 효과에 있어서 특수성을 가지므로 명문의 규정 없이 이를 유추적용하는 것은 신중하게 판단하여아 할 것인바, 자기주식을 제 3 자에게 처분하는 경우 의결권이 생겨 제3자가 우호세력인 경우 우호지분을 증가시켜 신주발행과 일부 유사한 효과를 가질 수 있으나, 설령 그렇다고 하더라도 자기주식 처분은 이미 발행되어 있는 주식을 처분하는 것으로서 회사의 총 자산에는 아무런 변동이 없고, 기존 주주의 지분 비율도 변동되지 않는다는 점에서 신주발행과 구별되므로(한편, 전환사채발행의 경우 전환권을 행사함으로써 주식으로 전환될 수 있기 때문에 잠재적 주식의 성격을 갖는다는 점에서 신주발행과 유사하다), 이러한 점을 고려하면, 경영권 방어 목적으로 자기주식을 처분하는 경우에 신주발행의 소와 유사한 자기주식 처분무효의 소를 인정하기는 어렵다고 할 것이다(다만, 민법상 의사표시의 하자가 있는 경우와 같이 자기주식처분행위 자체에 무효사유가 있는 경우에는 거래당사자들 중 일방이 무효확인의 소를 제기할 수 있을 것이나, 신청인과 같이 자기주식처분의 거래당사자가 아닌 주주에게 무효확인의 이익을 인정하기는 어렵다고 할 것이다).

2. 문제해설

(1) 자기주식취득은 2011년 개정상법 이후 이사회의 결의로 배당가능이익의 한도 내에서 가능하게 되었다.

(2) A는 해당 영업연도의 결산기에 대차대조표상의 순자산액이 배당가능이익에 미치지 못함에도 불구하고 자기주식을 취득하였으므로 회사에 대하여 그 미치지 못한 금액에 대하여 연대배상책임이 있다. 다만 자신의 무과실을 증명하면 면책된다.

[9] 주식의 담보

I. 사   례

1. 사실관계

甲주식회사는 설립된 지 1년이 경과되었으나 주권을 발행하지 않고 있다. 甲회사 주주 A는 자신의 채무를 담보하고자 B에게 주식을 양도하기로 약정하였다.

2. 검   토

(1) A와 B 사이의 위와 같은 약정은 효력이 있는가?

(2) 위 약정에 A와 B는 당사자간의 합의로 위 주식에 관한 의결권을 비롯한 공익권은 A가 행사하기로 정할 수 있는가?

(3) 甲회사는 정관에 주주가 주식을 양도하기 위해서는 이사회의 승인을 얻도록 규정하고 있다면, B는 명의개서를 할 수 있는가?

Ⅱ. 주요법리

1. 질   권

주식은 재산적 가치를 가지므로 질권의 목적이 될 수 있다(341조의3). 질권자는 주식의 교환가치를 장악하는 것이고 주주권을 취득하는 것이 아니므로, 입질 후에도 주주는 여전히 의결권 등의 공익권을 행사할 수 있다. 따라서 주식에 대한 질권자는 의결권을 행사하지 못하며, 단지 주식으로부터 발생하는 재산적 권리 등에 있어서 물상대위에 의한 우선권 등을 가짐에 그친다.

(1) 주식의 입질방법

1) 약 식 질

약식질은 질권설정의 합의와 질권자에 대한 주권의 교부로써 성립한다(338조 1항). 질권자가 그 질권으로 회사나 제3자에게 대항하기 위해서는 주권을 계속하여 점유하여야 한다(338조 2항). 약식질은 단기나 또는 비밀을 요하는 금융에 이용되고 있다.

약식질에서의 주권의 교부방법은 현실의 인도뿐만 아니라 간이인도나 반환청구권의 양도에 의해서도 가능하지만,[1] 점유개정에 의한 인도는 민사질에 관해 이를 금지하는 민법(332조)에 의해 인정되지 않는다고 본다[2][주요판례 1].

2) 등 록 질

등록질이란 약식질의 요건 이외에 회사가 질권설정자인 주주의 청구에 의하여

---

1) 송옥렬, 894면; 이철송, 445면.
2) 이철송, 445면.

질권자의 성명과 주소를 주주명부에 부기하고 주권에 기재하는 경우를 말한다(340조 1항).[1] 회사가 명의개서대리인을 둔 경우에는 그 영업소에 비치된 주주명부나 그 복본에 질권자의 성명과 주소를 기재할 수 있다(337조 2항). 등록질의 경우는 회사에 대한 대항요건 및 효력요건이 주주명부에의 기재이므로, 등록질권자가 회사에 대하여 자기의 권리를 행사하기 위해서 주권의 제시나 기타 자기의 권리의 증명이 필요 없이 권리를 행사한다. 등록질의 경우에도 제3자에게 대항하기 위해서는 주권의 계속적 점유가 있어야 한다(338조 2항). 회사성립 후 또는 신주의 납입기일 후 6월이 경과한 경우에는 회사가 주권을 발행하기 전에도 질권의 설정이 가능하다고 본다[주요판례 2].[2]

(2) 질권의 효력

1) 약 식 질

질권자는 우선변제를 받을 권리(민법 329조)와 물상대위권(339조, 530조 4항)을 가진다. 상법은 "주식의 소각·병합·분할 또는 전환이 있는 때에는 이로 인하여 종전의 주주가 받을 금전이나 주식에 대하여도 종전의 주식을 목적으로 한 질권을 행사할 수 있다"고 규정하여 물상대위권에 관한 특칙(339조)을 두고 있다. 물상대위는 회사의 합병으로 인한 소멸회사의 주식을 목적으로 하는 질권의 경우에도 준용된다(530조 4항). 또한 신주발행무효판결이 확정된 때 회사로부터 신주의 주주에게 반환되는 납입금(432조 3항), 준비금의 자본금전입에 의하여 발행되는 주식(461조 7항), 잔여재산분배청구권, 주주의 주식매수청구권행사시(335조의6, 374조의2, 522조의3) 그 대금에 대해서도 질권의 효력이 미친다. 다만 약식질의 질권설정은 회사와는 관계 없이 이루어지는 것이므로 질권자는 그 권리를 행사함에 있어 그 목적물의 지급 또는 인도 전에 압류해야 한다(민법 342조 단서, 통설). 약식질권자에게 질취한 주식의 이익배당청구권이 있는가의 여부에 대해서는 학설이 대립되어 있는데, ① 이익배당을 과실에 준하는 것으로 보아 민법상의 질권의 일반적 효력에 따라 긍정하는 견해,[3] ② 약식질은 회사와 무관하게 설정되고 또 주식 자체의 재산적 가치만을 담보 목적으로 한 것이므로 이익배당청구권을 인정할 수 없다는 견해[4]가 있다. 만일 긍

---

1) 전자증권의 경우는 전자등록부에 등록하여야 한다(336조의2 2항; 전자증권법 31조).

2) 이철송, 447면.

3) 최준선, 331면.

4) 손주찬, 685면; 이철송, 448면.

정설을 따르게 되면 공시되지 아니한 권리를 가진 약식질권자가 일반채권자에 우선변제를 받게 되는 결과가 되는데 이는 채권자평등의 원칙에 반하는 결과가 된다.

2) 등 록 질

등록질권자에게는 약식질의 경우와 같이 물상대위가 인정되나, 약식질권자와는 달리 물상대위권행사에 있어서 목적물의 압류절차가 필요 없고, 회사로부터 직접 그 목적물을 지급받을 수 있다(340조 1항 후단). 즉 등록질권자는 회사로부터 입질된 주식에 대한 이익배당·주식배당·잔여재산의 분배 또는 물상대위에 의한 금전의 지급을 받아 다른 채권자에 우선하여 자기채권의 변제에 충당할 수 있다(340조 1항). 만일 등록질권자의 채권의 기한이 도래하지 않은 때에는 등록질권자는 회사로 하여금 그 금액을 공탁하게 할 수 있으며, 이 경우에 질권은 그 공탁금에 존재한다(340조 2항; 민법 353조 3항). 물상대위의 목적물이 주식인 경우에는 그 주식에 대한 주권의 교부를 회사에 대하여 직접 청구할 수 있다(340조 3항).

2. 양도담보

주식의 양도담보는 상법의 규정이 없고 관습법상 인정되는 제도인데, 채권을 담보하기 위하여 주권의 소유권을 채권자에게 이전하고 채무이행시 주권의 반환을 청구하는 제도이다. 채권담보나 집행에 있어 질권보다 채권자에게 유리하여 실제로는 질권보다 많이 이용되고 있다[주요판례 3].

주식의 양도담보에는 당사자간의 양도담보의 합의와 주권의 교부에 의해서 이루어지는 약식양도담보와 주주명부에 양도담보권자의 명의로 개서하는 등록양도담보가 있다. 주식의 양도담보시 회사나 제 3 자의 대항요건은 주권의 계속적 점유이다. 양도담보의 경우에도 주권이 필요하다는 점에서 입질의 경우와 동일하지만, 회사 성립 후 6월이 경과하였지만 주권의 발행이 아직 없다면 채권담보 목적으로 이루어진 주식양도약정은 바로 주식의 양도담보로서의 효력을 가진다[주요판례 4]. 양도담보권자의 권리는 질권자와 동일하다.

Ⅲ. 주요판례·문제해설

1. 주요판례

(1) 대법원 2012. 8. 23. 선고 2012다34764 판결 — 약식질의 설정방법

주권을 간접점유하고 있는 질권설정자가 반환청구권 양도에 의하여 주권의 점유를 이전하려면 질권자에게 자신의 점유매개자인 제3자에 대한 반환청구권을 양도하여야 하고, 이 경우 대항요건으로서 제3자의 승낙 또는 질권설정자의 제3자에 대한 통지를 갖추어야 한다. 그리고 이러한 법리는 제3자가 다시 타인에게 주권을 보관시킴으로써 점유매개관계가 중첩적으로 이루어진 경우에도 마찬가지로 적용되므로, 최상위 간접점유자인 질권설정자는 질권자에게 자신의 점유매개자인 제3자에 대한 반환청구권을 양도하고 대항요건으로서 제3자의 승낙 또는 제3자에 대한 통지를 갖추면 충분하며, 직접점유자인 타인의 승낙이나 그에 대한 질권설정자 또는 제3자의 통지까지 갖출 필요는 없다.

(2) 대법원 2000. 8. 16.자 99그1 결정 — 질권의 설정방법

주권발행 전의 주식에 대한 양도도 인정되고, 주권발행 전 주식의 담보제공을 금하는 법률규정도 없으므로 주권발행 전 주식에 대한 질권설정도 가능하다고 할 것이지만, 상법 제338조 제1항은 기명주식을 질권의 목적으로 하는 때에는 주권을 교부하여야 한다고 규정하고 있으나, 이는 주권이 발행된 기명주식의 경우에 해당하는 규정이라고 해석함이 상당하므로, 주권발행 전의 주식 입질에 관하여는 상법 제338조 제1항의 규정이 아니라 권리질권설정의 일반원칙인 민법 제346조로 돌아가 그 권리의 양도방법에 의하여 질권을 설정할 수 있다고 보아야 한다.

(3) 대법원 1993. 12. 28. 선고 93다8719 판결 — 담보목적의 양도담보

채권담보의 목적으로 주식이 양도되어 양수인이 양도담보권자에 불과하다고 하더라도 회사에 대한 관계에는 양도담보권자가 주주의 자격을 갖는다.

(4) 대법원 1995. 7. 28. 선고 93다61338 판결 — 담보목적의 양도담보

채권담보의 목적으로 이루어진 주식양도 약정 당시에 회사의 성립 후 이미 6개월이 경과하였음에도 불구하고 주권이 발행되지 않은 상태에 있었다면, 그 약정은 바로 주식의 양도담보로서의 효력을 갖는다.

주식양도담보의 경우 양도담보권자가 대외적으로 주식의 소유권자라 할 것이므로, 양도담보 설정자로서는 그 후 양도담보권자로부터 담보주식을 매수한 자에 대하여는 특별한 사정이 없는 한 그 소유권을 주장할 수 없는 법리라 할 것이고, 설사 그 양도담보가 정산형으로서 정산 문제가 남아 있다 하더라도 이는 담보주식을 매수한 자에게 대항할 수 있는 성질의 것이 아니다.

(5) 대법원 1992. 5. 12. 선고 90다8862 판결 — 담보목적의 주식취득과 의결권의 행사

갑이 을로부터 주식을 양수함에 있어 갑의 주식인수대금채무를 연대보증한 병이 갑 및 회사와 사이에 위 보증채무를 이행하게 됨으로써 취득하게 될 장래의 구상채권에 대한 담보의 목적으로 을의 위 주식과 아울러 갑의 보유주식을 취득하기로 하였고, 그 후 추가약정에 의하여 병은 담보목적으로 취득하는 위 주식에 관하여 위 주식인수대금의 잔금지급기일까지는 담보목적 이외의 권리 행사를 하지 않기로 약정한 점 등의 제반 사정을 참작하면 갑이 위 주식인수대금을 지급하지 않아 병이 그 대금을 대신 변제하기까지는 병이 담보목적으로 취득하기로 한 위 주식에 관하여 의결권을 비롯한 소위 공익권을 종전주주인 갑과 을에게 유보하기로 하는 약정이 갑, 을, 병 및 회사 사이에 되어 있었다고 인정함이 상당하고 따라서 병은 의결권을 행사할 수 있는 회사의 주주로서의 지위에 있지 않다.

2. 문제해설

(1) 담보의 목적으로 이루어지는 주식의 양도담보에 해당되는 것이며 설립 후 1년이 경과한 상태이므로 유효한 양도가 된다[주요판례 4].

(2) 담보목적으로 주식양도가 이루어진 경우 종전주주가 의결권을 비롯한 공익권을 행사하도록 하는 약정은 유효하다[주요판례 5].

(3) B는 약식양도담보권자이므로 주식양도를 전제로 하는 명의개서를 청구할 수는 없다.

제 4 장 주식회사의 지배구조

[1] 주주총회의 권한과 소집 등

I. 사 례

1. 사실관계

甲주식회사는 주주총회를 개최하여 10만 주의 신주발행 및 새로운 지배인의 선임에 대해 결의하고자 한다. 乙주식회사의 1인주주 A는 이사였던 B가 사임하자 임시주주총회에서 C를 새로운 이사로 선임한 것으로 주주총회 의사록을 작성하였다. 丙주식회사의 발행주식 총수는 100만 주이며 이 중 25만 주가 무의결권주인데, 丙회사의 의결권 있는 주식 1만 주를 보유하고 있는 주주 D와 1만 5천 주를 보유하고 있는 주주 E는 함께 이사회에 주주총회소집을 요구하였으나 거절당하였다.

2. 검 토

(1) 甲회사가 주주총회에서 신주를 발행하고 지배인을 선임하는 데 문제는 없는가?

(2) B는 乙회사의 주주총회가 개최된 사실 없이 이사가 선임되었음을 이유로 결의가 무효임을 주장할 수 있는가? 만약 A가 乙회사의 주식 98%를 가진 경우에는 어떠한가?

(3) 丙회사의 주주 D와 E는 법원에 주주총회 소집허가를 청구할 수 있는가?

II. 주요법리

1. 주주총회의 권한

(1) 주주총회의 의의

주주총회는 주주의 총의에 의하여 회사의 기본적인 의사를 결정하는 주식회사의 최고의사결정기관으로서 필요적 기관이다. 주주총회는 상법 또는 정관에 정해진 사항에 한해서만 결의할 수 있기 때문에(361조) 만능의 기관이라고 볼 수는 없다. 그렇지만 주주총회는 회사의 존폐와 관련된 중요한 기본적 사항에 관한 의사결정을 하며, 특히 이사와 감사의 선임·해임권과 정관변경권 등을 가지므로 최고기관성이 있다고 할 수 있다. 주주총회가 상설기관이냐의 여부에 대해서는 존재형식을 강조하여 상설기관이라는 견해와 활동형식을 강조하여 비상설기관이라는 견해가 있다.

　　주주총회의 결의가 필요함에도 그 결의가 처음부터 존재하지 않거나 하자로 인하여 사후적으로 무효·취소가 되었다면 해당 주주총회의 결의를 요하는 사항은 절대적으로 무효이고 선의의 제 3 자라도 보호받지 못한다. 예컨대 문제된 주주총회에서 이사로 선임된 자는 이사가 아니며, 영업을 양도했어도 그 양도행위는 무효이다. 일부 판례는 주주총회의 결의가 있는 것처럼 외관이 현출된 경우에는 선의의 제 3 자를 보호하는 취지로 판시하였으나(대법원 1992. 8. 18. 선고 91다14369 판결; 대법원 1993. 9. 14. 선고 91다33926 판결), 이는 특수한 사실관계에 근거한 것으로서 일반론으로 받아들이기는 곤란하다. 주주총회결의의 흠결은 회사의 의사가 결여된 것이기 때문이다.

(2) 주주총회의 권한

1) 결의사항의 법정

　　주주총회는 상법 또는 정관에 정해진 사항에 한해서 결의할 수 있다(361조). 상법에서 주주총회의 권한사항으로 규정한 것은 주주의 이익에 중대한 영향을 주는 사항이므로 정관 등을 통해서도 이사회 등의 다른 기관이나 개인에게 위임할 수 없는 것이 원칙이다[주요판례 1]. 종래 판례 중에는 지배주주 개인의 의사결정을 가지고 주주총회의 결의가 있은 것으로 의제·갈음할 수 있다는 취지로 판시한 것이 있다(대법원 1995. 9. 15. 선고 95누4353 판결). 반면, 지배주주의 약정이 있더라도 주주총회결의가 없는 이상 이러한 약정은 회사에 대하여 효력이 없다고 한 판례도 있다(대법원 1979. 11. 27. 선고 79다1599 판결). 전자의 판례에 의하면 지배주주가 존재하는 회사에서는 주주총회를 개최하지 않아도 된다는 결론에 이르므로 이는 허용할 수 없는 논리이다. 최근 대법원은 후자의 입장을 확인하는 내용으로 설시하였다[주요판례 2].

2) 정관에 의한 주주총회의 권한 확장

　　상법 제361조에 의하면 주주총회의 권한은 상법이 규정한 것 이외에도 정관규정에 의하여 확장될 수 있다. 그리고 상법의 여러 조항들이 명문으로 이사회의 권한사항이지만 주주총회의 권한으로 유보할 수 있음을 규정하고 있다(예컨대 신주발행에 관한 416조 단서). 문제는 이와 같은 명문의 유보조항이 없는 사항도 정관에 규정하여 주주총회의 권한으로 할 수 있는가이다. 주주총회의 최고기관성 또는 권한배분의 자율성을 이유로 이를 긍정하는 학설(확장설)과, 각 기관간의 권한배분에 관한 상법규정들은 유한책임제도하에서 회사의 독립적 기능을 확보하기 위한 강행규정이므로 명문규정 없는 권한확장을 부정하는 학설(제한설)이 대립한다. 판례는 "정관에 주주총회의 권한사항으로 정해져 있다는 등의 특별한 사정이 없는 한 이사회의 전결사항"이라는 표현을 사용함으로써 확장설을 지지하는 듯이 보인다[주요판례 3].

2. 주주총회의 소집권자

(1) 개   관

주주총회는 소집권자에 의하여 적법한 소집절차를 통해 소집되어야 하며, 그렇지 않은 경우는 주주총회결의의 하자원인이 된다. 다만 1인회사나 주주 전원이 총회의 개최에 동의하여 출석한 때에는(전원출석총회) 소집절차가 필요 없다는 것이 판례의 입장이다.

(2) 이사회(원칙)

주주총회는 원칙적으로 이사회가 일시·장소·안건 등을 결정하고, 대표이사가 구체적인 소집절차를 실행한다(362조).

(3) 소수주주

발행주식 총수의 100분의 3 이상에 해당하는 주식을 가진 소수주주는 회의의 목적사항과 소집의 이유를 기재한 서면 또는 전자문서를 이사회에 제출하여 임시총회의 소집을 청구할 수 있다(366조 1항). 상장회사의 경우에는 6개월 전부터 계속하여 발행주식 총수의 1,000분의 15 이상에 해당하는 주식을 보유한 자도 마찬가지의 권리를 가진다(542조의6 1항). 이사회가 소집청구를 받고도 지체 없이 소집절차를 밟지 않는 때에는 소집청구를 한 소수주주는 법원의 허가를 얻어 총회를 소집할 수 있는데, 이 경우 주주총회의 의장은 법원이 이해관계인의 청구나 직권으로 선임할 수 있다(366조 2항). 이 총회는 법원의 허가를 얻은 의제에 한하여 결의할 수 있으며, 회사의 업무상태와 재산상태의 조사를 위하여 검사인을 선임할 수 있다(366조 3항). 법원의 소집허가결정에 대하여는 불복하지 못하나, 민사소송법 제449조에 의한 특별항고는 허용된다. 소수주주의 소집권한은 소집목적에 비추어 상당한 기간 내에 소집이 이루어지지 않으면 소멸한다(대법원 2018. 3. 15. 선고 2016다275679 판결).

소수주주권의 존부의 기준이 되는 '발행주식 총수'와 '100분의 3'의 산정에 있어서는 무의결권주도 포함된다는 설[1]과, 회사의 자기주식과 무의결권주는 포함되지 않는다는 설[2]이 있다.

(4) 법   원

법원이 소수주주의 청구에 의하여 검사인을 선임한 경우(467조 1항)에 회사의 업무와 재산상태를 조사한 결과의 보고를 받고 필요하다고 인정한 때에는 대표이사에게 주주총회의 소집을 명할 수 있다(467조 3항). 이 경우에는 이사회의 결의를 요하지 않고 대표이사가 바로 소집해야 한다.

(5) 청산인회

청산회사의 경우에는 주주총회의 소집을 청산인회가 결정하고(542조 2항, 362조), 대표청산인이 소집절차를 진행한다.

(6) 감사 또는 감사위원회

감사 또는 감사위원회도 소수주주와 마찬가지로 회의의 목적사항과 소집의 이유를 기재한 서면을 이사회에 제출하여 임시총회의 소집을 청구할 수 있다(412조의3 1항, 415조의2 7항). 이러한 청구에 이사회가 지체 없이 소집절차를 이행하지 않는 경우에는 법원의 허가를 얻어 감사 또는 감사위원회가 직접 총회를 소집할 수 있다 (412조의3 2항).

3. 주주총회의 시기와 회의일시·소집장소

(1) 주주총회의 시기

주주총회는 정기총회와 임시총회로 나뉜다. 정기총회는 매 결산기에 1회 일정한 시기에 소집하여야 하는데, 결산기가 1년을 넘더라도 적어도 매년 1회는 반드시 소집해야 한다(365조 1항·2항). 임시총회는 필요한 경우에 수시로 소집할 수 있다 (365조 3항).

---

1) 송옥렬, 918면.
2) 손주찬, 702면; 이철송, 510면; 최준선, 360면.

(2) 회의일시와 소집장소

회의일시에 관한 상법규정은 따로 없으므로 주주의 편의를 고려하여 상식에 따라 정하면 되지만, 특별한 사정 없이 공휴일이나 참석이 어려운 시간에 소집하게 되면 현저하게 불공정한 소집절차가 될 수 있다(376조 1항).

소집장소와 관련해서 총회는 정관에 다른 정함이 없으면 본점소재지 또는 이에 인접한 지(地)에 소집하여야 한다(364조). 따라서 이러한 소집지를 벗어난 장소에서 소집하면 위법이며, 소집지 내라도 회의참석을 위해 비용부담이 수반되거나 위치 파악이 어려운 경우에는 소집절차가 현저하게 불공정한 경우에 해당할 수 있다(376조 1항).

4. 소집절차

(1) 소집의 통지

주주총회를 소집하기 위해서는 회의일을 정한 뒤 총회일의 2주 전에 총회일·총회장소·회의의 목적사항을 주주에게 서면 또는 전자문서로 통지하여야 한다(363조 1항·2항).

(2) 상장회사에 대한 특례

상장회사의 경우에 의결권 있는 주식총수의 100분의 1 이하를 가진 주주에 대하여는 회일 2주간 전에 총회소집의 뜻과 목적사항을 2개 이상의 일간신문에 각각 2회 이상 공고하거나 전자적 방법으로 공고함으로써 소집통지에 갈음할 수 있다(542조의4 1항).

또한 상장회사의 소집통지에서 다룰 내용에 관해서도 특칙이 있다. 우선 상장회사가 이사·감사의 선임에 관한 사항을 목적으로 하는 주주총회를 소집통지 또는 공고하는 경우에는 이사·감사 후보자의 성명, 약력, 추천인, 그 밖에 후보자와 최대주주의 관계 등 대통령령으로 정하는 후보자에 관한 사항을 통지 또는 공고하여야 한다(542조의4 2항, 시행령 31조 3항). 또한 상장회사는 사외이사 등의 활동내역과 보수에 관한 사항, 사업개요 등 대통령령으로 정하는 사항을 통지 또는 공고하여야 한다. 다만 통지 또는 공고에 갈음하여 이러한 사항을 회사의 인터넷 홈페이지에 게재하고 소정의 방법으로 일반인이 열람할 수 있도록 할 수 있다(542조의4 3항, 시행령 31조 4항·5항).

(3) 소집통지의 생략

소집의 통지는 생략할 수 있는 경우가 있다. 첫째, 의결권 없는 주주에게는 통지를 하지 않아도 된다(363조 7항). 여기서 의결권 없는 주주에는 무의결권 종류주식뿐만 아니라 자기주식이나 상호주를 보유한 주주도 포함된다. 특정 안건에 관해서만 의결권이 제한되는 종류주식의 경우에는 당해 주주총회에서 그 안건만 다루어지는지 여부에 따라 소집통지를 해야 하는지가 달라진다. 다만 의결권 없는 주주라도 총회 안건에 관하여 주식매수청구권을 갖는 경우에는 주식매수청구권 행사 여부에 관한 의사결정을 할 수 있도록 소집통지를 하여야 한다(363조 7항 단서).

둘째, 장기불참주주에게는 통지를 하지 않아도 된다. 주주의 주소변동시에는 주주가 새로운 주소를 회사에 통지할 것이 기대된다. 그러나 주주가 변동된 주소를 회사에 신고하지 않은 경우에도 회사로 하여금 계속하여 구 주소로 무익한 통지를 하도록 한다면 불합리하다. 상법은 이러한 주주관리상의 낭비를 제거하고자, 주주총회의 통지가 주주명부상 주주의 주소에 계속 3년간 도달하지 아니한 경우에는 회사는 해당주주에게 총회의 소집을 통지하지 아니할 수 있다고 규정한다(363조 1항 단서).

(4) 소규모회사의 소집통지방법

상법은 자본금 총액이 10억 원 미만인 소규모회사의 경우에는 관련 비용의 절감을 위해 간소한 방법으로 주주총회를 운영할 수 있도록 특칙을 두고 있다. 첫째, 소규모회사가 주주총회를 소집하는 경우에는 주주총회일의 10일 전에 통지를 발송할 수 있다(363조 3항). 둘째, 소규모회사는 주주 전원의 동의가 있을 경우에는 소집절차 없이 주주총회를 개최할 수 있다(363조 4항). 그러나 이는 새로운 특례로서의 의미는 적은데, 종래에도 주주 전원의 출석이 있으면 소집절차의 흠이 치유된다는 것이 판례의 입장인 까닭이다.

5. 회의의 목적사항

(1) 회의의 목적사항 및 의안의 요령

회의의 목적사항은 예컨대 '이사 선임의 건', '재무제표 승인에 관한 건' 등과 같이 총회에서 결의할 안건을 뜻한다. 회의의 목적사항은 주주가 회의 참석 여부의 의사결정을 하는 데 중요한 역할을 하므로 소집통지서에 이를 기재하여야 한다(363

조 2항). 회의의 목적사항은 실무에서 '의제'(議題)라고도 부른다.

정관변경이나 자본금감소, 회사합병 등 특별결의사항을 다룰 주주총회를 소집하는 경우에는 의안의 요령(의안의 주요내용)도 소집통지서에 기재하여야 한다(433조 2항·438조 3항·522조 2항). 의안의 요령이란 결의할 사항의 주된 내용을 말하는데, 예컨대 '정관의 일부변경의 건'은 회의의 목적사항이고, '정관의 제 몇 조를 어떻게 개정할 것인가의 요지'는 의안의 요령이다. 의안의 요령은 실무에서 단순히 '의안'(議案)이라고도 한다.

(2) 회의의 목적사항·의안의 요령과 결의의 범위

회의의 목적사항은 해당 주주총회에서 결의할 사항의 범위를 제약한다. 예컨대 재무제표 승인이 의제인 총회에서 이사를 선임하거나 정관을 변경하는 등 통지·공고된 의제 이외의 사항을 결의하면 위법한 결의로서 취소사유가 된다. 통지되지 않은 의제를 다룬다는 것은 해당 의제에 대하여 소집절차 없이 새로운 총회를 개최하는 셈인 까닭이다. 판례에 따르면 참석 주주 전원의 동의가 있더라도 목적 외의 결의는 허용될 수 없다(대법원 1979. 3. 27. 선고 79다19 판결).

이와 달리 의안의 요령은 당해 주주총회에서 바로 이를 변경하거나 새로 제안하는 것이 가능하다. 예컨대 이사회가 올린 이익배당 의안을 직접 주주가 감액하거나 증액하여 결의할 수 있고, A를 이사로 선임하는 의안에도 불구하고 주주총회에서 B를 이사로 선임하는 의안을 추가하여 결의하는 것이 가능하다. 다만 상장회사의 이사와 감사 선임시에는 통지·공고된 후보자 중에서만 선임할 수 있으므로(542조의4 2항·542조의5), 해당 총회에서 새로운 후보를 내세우는 의안을 추가하여 결의할 수는 없다.

6. 소집의 철회·변경 및 연기·속행

(1) 총회소집의 철회 및 변경

주주총회가 성립되기 전에 총회를 철회하거나 변경할 필요가 생길 수 있다. 주주총회의 문제를 직접 다룬 것은 아니지만 사단의 총회에 관한 판례를 참조해 보면, 주주총회가 개최되기 전에 당초 그 총회의 소집이 필요하거나 가능하였던 기초사정에 변경이 생길 경우에는 특별한 사정이 없는 한 소집권자는 소집을 철회·변경할 수 있다고 볼 것이다(대법원 2007. 4. 12. 선고 2006다77593 판결).

문제는 철회·변경의 통지방식인데, 민법상 사단의 총회소집 철회를 다룬 판례에서는 총회의 소집권자가 총회의 소집을 철회·변경하는 경우에는 반드시 총회의 소집과 동일한 방식으로 이를 주주들에게 통지하여야 할 필요는 없고 주주들에게 소집의 철회·변경결정이 있었음이 알려질 수 있는 적절한 조치가 취하여지는 것으로써 충분히 그 소집 철회·변경의 효력이 발생한다고 판시하였다(대법원 2007. 4. 12. 선고 2006다77593 판결). 그런데 이와 달리 주주총회의 철회를 다룬 판례에서는 보다 엄격한 입장을 취하고 있다. 즉 총회의 철회를 주주들에게 휴대폰 문자로 통지하고 철회공고문을 당초 예정된 총회장소에 게시한 사안에서, 소집을 철회하기 위해서는 소집의 경우에 준하여 이사회의 결의를 거쳐 대표이사가 그 뜻을 그 소집에서와 같은 방법으로 통지·공고해야 한다고 설시하면서 위 주주총회는 적법하게 철회되지 않았다고 보았다(대법원 2009. 3. 26. 선고 2007도8195 판결). 같은 취지의 판례로서, 임시주주총회 소집을 철회하기로 하는 이사회결의를 거친 후 주주들에게 소집통지와 같은 방법인 서면에 의한 소집철회통지를 한 이상 임시주주총회 소집이 적법하게 철회되었다고 본 것이 있다(대법원 2011. 6. 24. 선고 2009다35033 판결).

(2) 총회의 연기와 속행

주주총회의 연기란 총회성립 후 의안을 다루지 못한 상태에서 회일을 후일로 다시 정하는 것이고, 속행이란 의안의 심의에 착수하였으나 결의에 이르지 못하고 회일을 다시 정하여 동일의안을 계속 다루는 것을 말한다. 회의의 연기 또는 속행은 일단 성립된 주주총회에서 결의할 수 있으므로(372조 1항), 의장이나 이사회가 연기·속행을 결정할 수는 없다. 연기·속행에 따라 후일 다시 열리는 연기회·계속회는 그 결의를 한 총회의 연장으로서 동일성이 유지되므로 통지 등 별도의 소집절차를 요하지 않는다(372조 2항).

7. 주주제안권

(1) 의   의

주주제안권(right of shareholder proposal)이란 소수주주가 주주총회의 목적사항(의제)과 의안의 요령(의안)을 제안할 수 있는 권리를 말한다. 통상적으로 회의의 목적사항은 이사회가 주도적으로 상정하게 되므로, 상법은 일반주주들도 경영에서 소외시키지 않고 의제 및 의안을 제안할 기회를 주고자 주주제안제도를 두고 있다.

특정 의제나 의안을 주주총회에서 다루고자 하는 주주는 제366조에 따른 임시총회 소집청구권을 행사하여 그 목적을 달성할 수도 있으나, 그보다는 기왕에 개최되는 주주총회에 의제나 의안을 추가하는 것이 훨씬 간편하다.

(2) 제안자의 자격

주주제안의 남용을 방지하기 위하여 상법은 의결권 있는 발행주식 총수의 100분의 3 이상을 소유한 주주가 주주제안을 할 수 있다고 규정한다(363조의2 1항). 상장회사의 경우에는 이러한 지주요건이 100분의 1로 완화되며, 자본금이 1천억원 이상인 회사는 다시 1,000분의 5로 완화되는데, 다만 이상의 비율에 해당하는 주식을 6개월 전부터 보유하였어야 한다(542조의6 2항).

(3) 제안의 내용

주주제안권은 일정한 사항을 총회의 의제(목적사항)로 삼아달라고 청구할 수 있는 의제제안권(議題提案權, 363조의2 1항)과 총회의 의제에 대한 의안의 요령(구체적 결의안)을 제출할 수 있는 의안제안권(議案提案權, 363조의2 2항)을 포함하는 의미를 갖고 있다.

일반적으로 의안은 언제든지 주주총회에서 직접 추가 또는 변경할 수 있으므로 미리 제안할 실익이 크지 않을 수 있다. 그러나 상장회사의 이사나 감사선임의 경우에는 미리 후보자를 제안하지 않으면 선임할 수 없다는 제한이 있으므로(542조의5), 미리 주주제안을 할 필요가 있다.

(4) 제안내용의 제한

주주는 제안권행사시 그 제안의 필요성이나 합리성에 대하여 따로 소명할 필요가 없기 때문에 주주제안권은 자칫하면 남용될 가능성이 있다. 따라서 상법은 주주제안의 내용이 법령 또는 정관에 위반하는 경우와 그 밖에 시행령으로 정하는 경우에는 해당 제안을 이사회가 목적사항으로 하지 않을 수 있음을 규정하고 있다(363조의2 3항, 시행령 12조). 상법시행령에서는 이사회가 거부할 수 있는 사유로서 ① 주주총회에서 의결권의 100분의 10 미만의 찬성밖에 얻지 못하여 부결된 내용과 동일한 의안을 부결된 날부터 3년 내에 다시 제안하는 경우, ② 주주 개인의 고충에 관한 사항, ③ 주주가 권리를 행사하기 위해서 일정 비율을 초과하는 주식을 보유해야 하는 소수주주권에 관한 사항, ④ 상장회사의 경우 임기중에 있는 임원의 해임에 관한 사항, ⑤ 회사가 실현할 수 없는 사항 또는 제안이유가 명백히 거짓이거나 특정인의 명예를 훼손하는 사항 등을 두고 있다.

　　그러나 시행령이 정하는 제안거부사유 중의 일부는 주주의 권리를 부당히 침해한다는 점에서 삭제해야 한다는 비판이 있다. 특히 문제가 되는 것은 상장회사의 임원해임에 관한 부분이다. 상법 제385조가 주주총회에서 이사를 해임할 수 있도록 하고 있음에도 불구하고 이를 내용으로 하는 주주제안을 이사회가 거부할 수 있다는 것은 위임의 범위를 벗어난 것이며(헌법 75조), 상장회사에 국한해 특례를 두는 것은 평등원칙에 반한다(헌법 11조 1항).[1]

(5) 제안권행사의 절차

　　주주는 제안내용을 이사에게 주주총회일(정기주주총회의 경우 직전 연도의 정기주주총회일에 해당하는 그 해의 해당일)의 6주 전까지 서면 또는 전자문서로 제출하여야 한다(363조의2 1항). 그리고 주주가 의안제안을 할 경우에는 이사에게 주주총회일의 6주 전에 서면 또는 전자문서로 회의의 목적으로 할 사항에 추가하여 당해 주주가 제출하는 의안의 요령을 소집통지에 기재할 것을 청구할 수 있다(363조의2 2항).

(6) 제안에 대한 회사의 조치

　　이사는 주주제안이 있는 경우에는 이를 이사회에 보고하고, 이사회는 주주제안의 내용이 법령·정관을 위반하거나 시행령의 주주제안 제한사유에 해당하지 않는 한 주주총회의 목적사항으로 상정하여야 한다. 이때 주주제안을 한 자의 청구가 있는 때에는 주주총회에서 당해 의안을 설명할 기회를 주어야 한다(363조의2 3항).

(7) 주주제안의 부당거부에 대한 가처분

　　주주가 적법한 절차를 거쳐 주주제안을 하였고, 해당 제안이 법령상의 제안거부사유가 아님에도 불구하고 이사회가 이를 부당히 거부하는 경우가 있을 수 있다. 이 때 아직 주주총회가 개최되기 전이라면 그 제안을 상정할 것을 명하는 가처분이 가능할 것인가? 주주제안을 할 수 있는 주주와 요건을 같이 하는 소수주주는 임시주주총회 소집을 청구할 수 있으므로(366조), 이 제도에 의해 제안주주의 목적을 달성할 수 있기 때문에 보전의 필요성을 인정하기 어렵다는 견해가 있다.[2] 이와 달리 바로 주주총회의 의제 또는 의안으로 하라는 명령을 내릴 수 있음에도 불구하고 그 의제나 의안을 다룰 별개의 주주총회를 다시 소집하라고 하는 것은 비효율적이므

---

　1) 송옥렬, 928면; 이철송, 522면.
　2) 이철송, 525면.

로 바로 그러한 가처분을 명할 수 있다고 보아야 한다는 학설도 있다.[1]

판례는 하급심이기는 하지만 "임시주주총회 소집청구권은 주주제안권과 병행하는 별개의 권리이므로, 주주제안을 거부당한 주주가 임시주주총회 소집청구를 하지 아니한 채 주주제안권 자체의 실현을 위해서 거부당한 의안을 주주총회의 목적사항으로 상정시키는 형태의 가처분을 신청할 수 있다"고 판시한 것이 있다(서울북부지법 2007. 2. 28.자 2007카합215 결정).

(8) 주주제안을 무시한 결의의 효력

첫째, 회사가 정당한 사유 없이 단순히 주주의 의제제안을 무시하여 제안건이 목적사항으로 소집통지에 기재되지도 않고 아예 의제로 다루어지지 않은 경우가 있을 수 있다. 이때에는 주주가 제안한 의제와 대응한 어떠한 결의도 없었으므로 그 밖에 다른 의안을 결의한 해당 주주총회의 결의를 하자 있는 것으로 다툴 수는 없다고 본다(서울중앙지법 2015. 4. 9.자 2014가합529247 결정). 즉 해당 주주총회결의는 유효하며, 다만 이사에 대해 손해배상청구만 가능하다는 것이 다수의 학설이다. 상법은 의제제안을 부당하게 거절한 이사나 감사에 대하여 500만 원 이하의 과태료를 부과하고 있다(635조 1항 21호).

둘째, 회사가 주주의 의안제안을 부당하게 거절하고 이를 소집통지에 기재하지 않은 채, 주주총회에서 이와 상충하는 결의가 이루어진 경우가 있을 수 있다. 이때에는 결의방법에 하자가 있는 것으로 보아 결의취소의 소를 제기할 수 있다고 본다. 즉 회사가 제출한 의안에 대하여 주주가 반대제안·수정제안·추가제안을 하였음에도 회사가 이를 무시한 경우에는 총회의 소집절차·결의방법이 법령에 위반한 것이므로 주주총회결의취소의 소의 대상이 되는 것이다. 주주의 의안제안의 부당거절에 대하여도 이사에 대한 민사책임을 추궁할 수 있으나, 상법상 벌칙규정은 없다.

8. 소집절차상의 하자의 치유

소집절차를 흠결한 주주총회의 결의는 절차상 하자가 있는 것으로, 하자의 정도에 따라 후술할 결의취소 또는 부존재의 원인이 된다. 그러나 총주주가 주주총회의 개최에 동의하여 출석한 경우 또는 1인회사에서 1인주주가 동의한 경우 그 하자가 치유되어 총회의 결의가 유효할 수 있는지 문제된다.

통지절차에 관한 하자(통지기간 미준수, 미통지)의 경우에는 당해 주주의 동의로

---

1) 송옥렬, 929면.

치유된다는 점에 학설은 일치한다. 소집절차는 주주의 참석권을 보호하기 위한 것이므로 주주가 처분할 수 있는 이익인 까닭이다. 이와 달리 이사회의 주주총회 소집결의가 없거나 그 결의가 무효인 경우 주주의 동의로 하자가 치유될 수 있는가에 대해서는 학설이 나뉜다. 긍정설은 하자를 이유로 다시 주주총회를 소집하더라도 주주 전원 또는 1인주주의 의사대로 결의될 것이므로 하자치유가 가능하다고 본다.[1] 판례의 입장이기도 하다[주요판례 4]. 부정설은 소유와 경영의 분리라는 입장에서 주주의 이해와 이사회의 이해가 일치한다고 볼 수 없으므로 이러한 하자는 치유될 수 없다고 본다.[2]

Ⅲ. 주요판례·문제해설

1. 주요판례

(1) 대법원 2017. 3. 23. 선고 2016다251215 전원합의체 판결 ― 주주총회 권한의 위임불가

상법은 제361조에서 주주총회의 권한에 관하여 "주주총회는 본법 또는 정관에 정하는 사항에 한하여 결의할 수 있다"라고 규정하고 있는데, 상법에 정한 주주총회의 결의사항에 대해서는 정관이나 주주총회의 결의에 의하더라도 다른 기관이나 제3자에게 위임하지 못한다고 보아야 한다.

(2) 대법원 2020. 6. 4. 선고 2016다241515, 241522 판결 ― 의결정족수를 충족하는 주주들의 의사만으로 총회결의 갈음 불인정

1인회사가 아닌 주식회사에서는 특별한 사정이 없는 한, 주주총회의 의결정족수를 충족하는 주식을 가진 주주들이 동의하거나 승인하였다는 사정만으로 주주총회에서 그러한 내용의 결의가 이루어질 것이 명백하다거나 또는 그러한 내용의 주주총회 결의가 있었던 것과 마찬가지라고 볼 수는 없다.

(3) 대법원 2007. 5. 10. 선고 2005다4284 판결 ― 정관에 의한 주주총회의 권한 확장

이사와 회사 사이의 이익상반거래에 대한 승인은 주주 전원의 동의가 있다거

---

1) 송옥렬, 924면; 정찬형, 896면; 최준선, 369면.
2) 이철송, 528면.

나 그 승인이 정관에 주주총회의 권한사항으로 정해져 있다는 등의 특별한 사정이 없는 한 이사회의 전결사항이라 할 것이므로, 이사회의 승인을 받지 못한 이익상반 거래에 대하여 아무런 승인 권한이 없는 주주총회에서 사후적으로 추인 결의를 하였다 하여 그 거래가 유효하게 될 수는 없다.

(4) 대법원 2008. 6. 26. 선고 2008도1044 판결 — 주주전원참석총회

주식회사의 임시주주총회가 법령 및 정관상 요구되는 이사회의 결의 및 소집절차 없이 이루어졌다 하더라도, 주주명부상의 주주 전원이 참석하여 총회를 개최하는 데 동의하고 아무런 이의 없이 만장일치로 결의가 이루어졌다면 그 결의는 유효하다.

2. 문제해설

(1) 주주총회와 이사회의 권한배분을 어떻게 볼 것인가의 문제이다. 상법은 명문으로 신주발행은 이사회의 권한사항이지만 주주총회의 권한으로 유보할 수 있음을 규정하고 있다(416조 단서). 따라서 甲회사가 신주발행을 주주총회에서 결정하기로 정관에 정해 놓았다면 10만 주의 신주발행을 문제없이 할 수 있다. 이와 달리 지배인 선임은 이사회의 권한인데(393조 1항), 이를 주주총회의 권한으로 할 수 있다는 규정은 없다. 이처럼 명문의 유보조항이 없는 사항도 정관에 규정하여 주주총회의 권한으로 할 수 있는가에 대하여 학설 대립이 있다. 판례는 주주총회의 권한 확장을 지지하는 듯이 보이므로 甲회사가 지배인 선임을 주주총회권한으로 정해 놓았다면 지배인을 선임할 수 있다고 할 것이다.

(2) 1인회사의 총회 및 전원출석총회의 효력에 관한 문제이다. 다수설과 판례는 1인회사의 1인주주의 동의 혹은 주주전원의 동의로 총회소집절차의 하자가 치유되며, 나아가 실제로는 총회를 개최한 사실이 없더라도 1인주주가 참석하여 결의한 것으로 의사록이 작성되어 있거나 주주 전원의 위임을 받아 의사록이 작성되어 있다면 유효한 주주총회결의가 있는 것으로 본다(대법원 1993. 6. 11. 선고 93다8702 판결; 대법원 2008. 6. 26. 선고 2008도1044 판결). 이러한 학설 및 판례에 따르면 B의 주장은 이유 없다. 다만 주식수의 다소를 막론하고 일부가 소유자를 달리하는 경우에는 소집절차와 결의절차를 생략할 수 없다는 것이 판례의 입장이므로(대법원 2007. 2. 22. 선고 2005다73020 판결), A가 98%를 가진 주주라면 B의 입장에서 결의부존재를 주장

할 수 있을 것이다.

(3) 소수주주의 보유주식수 산정시 발행주식총수에 무의결권 주식도 포함되는가의 문제이다. 의결권 없는 주식도 계산시 포함된다는 학설에 의하면 사례에서 총회소집의 청구가 불가능하다. 이와 달리 소주주주의 의결권을 전제로 하는 소수주주권의 경우에는 그 요건으로서 상법이 규정하는 '발행주식총수'는 '의결권 있는 발행주식 총수'를 의미하는 것으로 읽어야 한다는 학설에 의하면, D와 E가 보유하고 있는 주식은 합하여 2만 5천 주인데 이는 무의결권주식 25만 주를 발행주식 총수에서 제외한 나머지 75만 주의 3%를 상회한다. 따라서 D와 E는 주주총회의 소집허가를 청구할 수 있다.

[2] 주주총회의 진행과 결의의 요건 및 방법

Ⅰ. 사 례

1. 사실관계

甲주식회사의 발행주식 100만 주 가운데 65%를 소유한 주주이자 대표이사인 A는 회사의 중요한 영업용 재산인 건물을 乙에게 매각하기로 하고 이를 위한 임시 주주총회를 개최하였다. 甲회사 주식 5주를 보유한 주주로서 총회에 참석한 B는 회의장 입장시 휴대한 캠코더의 반입을 회사측으로부터 저지당하였다. 이에 기분이 상한 B는 회의 도중 이사들의 개인생활에 관한 질문을 반복하는 등 의사를 방해하였다. 의장이자 대표이사인 A는 회의의 원만한 진행을 위하여 B의 퇴장을 명하였으나, 계속된 B의 난동으로 결국 총회는 연기되었다. 이후 A는 주주총회 특별결의를 받은 것처럼 의사록을 작성하였고, 乙은 이러한 의사록을 신뢰하고 건물을 양수하였다.

2. 검 토

(1) 주주총회의 의장이 캠코더 반입을 제한하고 퇴장을 명령한 것은 모두 적법한가?

(2) 甲회사는 이 건의 건물양도가 주주총회 특별결의를 거치지 않아 무효라고

주장하며 반환을 요구할 수 있는가?

Ⅱ. 주요법리

1. 의장과 총회의 질서유지

주주총회의 의사진행을 맡을 의장은 정관에서 정함이 없는 경우에는 총회에서 선임한다(366조의2 1항). 의장과 회사의 관계는 위임에 준하므로 총회가 언제든 의장을 해임할 수 있다(민법 689조 1항). 따라서 정관에 정해진 의장을 총회에서 불신임하고 총회에서 새로 선임할 수 있다.[1] 예외적으로 소수주주가 법원의 허가를 얻어 총회를 소집하는 경우에는 법원이 이해관계인의 청구나 직권으로 의장을 선임할 수 있다(366조 2항).

의장은 총회의 질서를 유지하고 의사를 정리(整理)한다(366조의2 2항). 의사의 정리란 주주들의 단체의사의 수렴을 위해 필요한 일체의 절차를 관장함을 말하는데, 상법은 의사진행에 관한 별도의 명문규정을 두고 있지 않으므로 관행과 일반원칙에 따라 의사의 운영이 이루어져야 한다. 의사진행이 합리적이고 공정한 방법으로 이루어지지 않은 경우 '결의방법이 현저하게 불공정한 때'에 해당되어 결의취소사유가 될 수 있다(376조 1항)[주요판례 1]. 판례는 결의에 반대가 예상되는 주주의 출석을 지연시키고 이를 틈타 안건을 가결시킨 경우는 현저히 불공정한 결의라고 판단하였다[주요판례 2].

총회의 의장은 고의로 의사진행을 방해하기 위한 발언·행동을 하는 등 현저히 질서를 문란하게 하는 자에 대하여 그 발언의 정지 또는 퇴장을 명할 수 있다(366조의2 3항). 이 경우 퇴장당한 주주의 의결권은 출석한 주주의 의결권의 수에 산입하지 아니한다고 본다(371조 2항 유추적용).[2] 그런데 발언의 정지는 회의의 일반원칙에 의해 허용된다 할 수 있지만, 의장에게 퇴장명령권을 부여하는 것은 재산권의 침해이며(헌법 23조 1항), 일반행동권의 제한(헌법 10조)으로서 위헌성이 명백하다는 견해가 있다.[3] 의장의 조치가 불가피한 것으로 볼 수 없고 부당한 때에는 주주가 결의취소의 소를 제기할 수 있다고 본다.[4]

---

1) 이철송, 560면.
2) 정찬형, 916면; 최준선, 395면.
3) 이철송, 562면.
4) 최준선, 395면.

2. 주주의 질문권과 임원의 설명의무

주주가 의결권을 합리적으로 행사하기 위해서는 회사의 업무에 대한 구체적인 정보를 필요로 하므로 총회에서 임원에 대해 일정 사항에 관한 설명을 요구할 수 있어야 한다. 이를 주주의 입장에서는 질문권(설명청구권), 이사·감사의 입장에서는 설명의무로 파악할 수 있다. 상법에는 이러한 설명청구권에 관한 명문규정이 없으나 이는 주주권에 내재하는 당연한 권리라는 점에 이견이 없다.

정당하게 행사된 주주의 설명청구를 무시한 채 이루어진 결의는 현저하게 불공정한 결의(376조 1항)로 볼 수 있으며, 해당주주는 관련 임원 및 회사에 대해 손해배상청구를 할 수 있다(수원지법 2004. 12. 14. 선고 2004가합2963 판결).

3. 결의의 요건

(1) 보통결의

총회의 결의는 상법 또는 정관에 다른 정함이 없으면 출석한 주주의 의결권의 과반수와 발행주식 총수의 4분의 1 이상의 수로써 하여야 한다(368조 1항). 보통결의사항은 상법이나 정관에서 특별결의사항이나 특수결의사항으로 정한 이외의 모든 사항이다(368조 1항). 여기에는 이사·감사·청산인의 선임과 그 보수결정에 관한 사항(382조 1항, 388조 1항, 409조, 415조, 542조 2항), 검사인의 선임(366조 3항, 367조, 542조 2항), 총회의 연기 또는 속행의 결정(372조), 청산인의 해임(539조 1항), 청산의 승인(540조 1항), 재무제표의 승인 및 이익의 배당과 배당금지급시기의 결정(447조 1항, 449조 1항, 464조의2), 주식배당의 결정(462조의2 1항) 등이 있다.

그런데 보통결의사항 가운데 본래는 이사회의 권한사항이나, 정관의 규정이나 주주총회의 결의로 주주총회의 권한사항으로 할 수 있는 사항이 있다. 대표이사의 선임(389조 1항), 신주발행의 결정(416조), 준비금의 자본금전입(461조 1항 단서), 전환사채·신주인수권부사채의 발행사항의 결정(513조 2항 단서, 516조의2 2항 단서)이 이에 속한다.

(2) 특별결의

특별결의는 출석한 주주의 의결권의 3분의 2 이상의 수와 발행주식 총수의 3분의 1 이상의 수로써 하여야 한다(434조). 상법이 정하고 있는 특별결의사항으로는 주식의 분할(329조의2), 주식의 교환 및 이전(360조의3 2항, 360조의16 2항), 정관변경(434조), 자본금감소(438조), 회사의 해산(518조), 회사의 계속(519조), 합병사항의 결정(522조), 회사분할승인결의(530조의3 1항·2항), 이사·감사의 해임(385조, 415조), 영업의 전부 또는 중요한 일부의 양도(374조 1항 1호), 영업전부의 임대 또는 경영위임, 타인과 영업의 손익 전부를 같이하는 계약 기타 이에 준하는 계약의 체결·변경 또는 해약(374조 1항 2호), 회사의 영업에 중대한 영향을 미치는 다른 회사의 영업 전부 또는 일부의 양수(374조 1항 3호), 사후설립(375조), 주식의 할인발행(417조), 주주 이외의 자에 대한 전환사채·신주인수권부사채의 발행(513조, 516조의2), 휴면회사의 계속(520조의2), 신설합병시 설립위원의 선임(175조 2항) 등이 있다.

(3) 특수결의

특수결의는 총주주의 동의에 의하여 성립한다. 주주 전원의 동의를 요하는 사항으로서 발기인·이사·감사 또는 청산인의 회사에 대한 책임의 면제(400조 1항, 415조, 324조), 주식회사의 유한회사로의 조직변경(604조 1항) 등이다.

(4) 정족수와 의결권의 계산

위에서 보았듯이 보통결의와 특별결의는 일정한 정족수를 채웠을 때 성립한다. 이때 의결권 배제·제한에 관한 종류주식, 회사가 가진 자기주식, 의결권 없는 상호주식과 같이 의결권이 없거나 제한된 주식은 발행주식의 총수에 산입되지 않는다(371조 1항). 즉 의결권 없는 주식은 주주총회결의에 있어서만큼은 마치 발행되지 않은 것처럼 간주하는 것이다.

그리고 특별이해관계인이 행사할 수 없는 의결권의 수, 감사·감사위원의 선임시 행사할 수 없는 의결권의 수는 출석주주의 의결권의 수에 산입하지 않는다(371조 2항). 즉 의안에 따라 의결권이 제한되는 주식은 발행된 것으로는 보나, 출석한 의결권의 수에는 넣지 않는다는 의미이다. 그러나 주주총회의 성립정족수 제도가 없어진 현행 상법하에서 발행주식 총수를 기준으로 하는 정족수와 출석한 의결권을 기준으로 하는 정족수를 따로 관리하는 것은 무의미할 뿐만 아니라 상황에 따라 결의 자체가 불가능해지는 모순이 생길 수 있다. 따라서 제371조 제 2 항은 입법착오로 보고, 특별이해관계 있는 주식, 감사선임에서 의결권이 없는 주식도 동조 제 1 항의 의결권 없는 주식과 마찬가지로 발행주식 총수에서 차감하는 뜻으로 해석하여야 옳다[주요판례 3].[1] 이러한 감사선임시 의결권 제한과 관련한 문제점을 고려하여, 2020년 개정상법은 전자투표를 실시하여 주주의 총회 참여를 제고한 회사의 경

---

1) 송옥렬, 955면; 이철송, 582면.

우에는 감사 및 감사위원회위원 선임시 주주총회 결의요건을 출석한 주주 의결권의 과반수로 완화함으로써 발행주식총수 4분의 1 이상의 결의요건을 적용하지 않도록 하였다(409조 3항, 542조의12 8항).

4. 결의의 방법

(1) 출석주주의 결의방법

주주총회의 의사표시인 '결의'는 주주들의 표결을 통해 형성된다. 그리고 총회의 '표결'이란 의안에 찬성하는 의결권의 수를 확인하는 것으로서, 반드시 출석주주 전원의 의사를 동시에 묻는 과정을 거쳐야 한다[주요판례 4]. 상법은 총회에서의 표결 방법에 관해 규정하고 있지 않으므로, 거수·기립·기명투표 등 찬반의 의결권 수를 산정할 수 있는 어떠한 방법도 가능하다고 할 것이다.[1]

(2) 서면투표

상법은 총회성립 및 의결권행사의 편의를 도모하고자 주주가 총회에 출석하지 않고 서면으로 의결권을 행사할 있는 제도를 마련하고 있다. 회사가 서면투표에 관하여 정관에 규정을 둔 경우에 주주는 총회에 출석하지 아니하고 서면에 의하여 의결권을 행사할 수 있다(368조의3 1항). 서면투표를 허용하더라도 주주가 의결권행사를 서면에 의할 것인지 출석에 의할 것인지 선택할 수 있으므로 총회의 소집과 실제 회의는 생략할 수 없다.

서면투표제를 채택한 회사는 총회의 소집통지서에 주주가 '의결권을 행사하는데 필요한 서면'과 '참고자료'를 첨부하여야 한다(368조의3 2항). 상장법인의 경우 100분의 1 이하의 소수주주들에게는 소집통지 대신 소집공고로 갈음할 수 있으나(542조의4), 서면투표를 채택한 경우에는 위 관련서류를 송부하여야 하므로 공고로 갈음할 수 없다. 이러한 관련서류를 송부하지 않는다면 법령위반으로서 결의취소 사유가 된다.

(3) 전자투표

상법은 서면투표 외에 주주가 총회에 출석하지 않고 의결권을 행사할 수 있는 또 다른 방법으로 전자투표제도를 두고 있다. 전자투표는 서면투표와 달리 정관의 규정이 없어도 이사회 결의만으로 채택할 수 있음이 특징이다(368조의4 1항).

---

1) 이철송, 574면; 정찬형, 918면.

회사가 전자투표를 채택할 경우 총회의 소집통지에 전자투표의 방법으로 의결권을 행사할 수 있음을 기재하여야 한다(368조의4 2항). 아울러 전자투표를 할 인터넷 주소, 전자투표를 할 기간, 기타 전자투표에 필요한 기술적인 사항도 소집통지·공고에 기재해야 한다(시행령 13조 2항). 회사 또는 전자투표 관리기관은 전자투표의 종료일 3일 전까지 주주에게 전자문서로 이러한 사항을 한 번 더 통지할 수 있고, 주주의 동의가 있으면 전화번호 등을 이용하여 통지할 수 있다(시행령 13조 6항). 또한 회사는 의결권행사에 필요한 양식과 참고자료를 주주에게 전자적 방법으로 제공하여야 한다(368조의4 3항).

전자투표를 하고자 하는 주주는 전자서명법에서 정하는 전자서명을 통하여 주주확인 및 전자투표를 하여야 한다(368조의4 3항, 시행령 13조 1항). 투표할 기간은 회사가 정하지만, 주주총회 전날까지 전자투표를 완료하도록 하여야 한다(시행령 13조 2항 2호). 전자투표를 한 주주는 그 의결권행사를 철회하거나 변경할 수 있다(철회·변경을 금지하던 종전 시행령 13조 3항이 2020년 삭제됨).

전자투표는 주주총회 전날까지 완료되므로 그 결과가 공개되면 총회에서의 표결의 공정성을 해할 수 있다. 따라서 회사 또는 전자투표를 관리하는 기관 및 전자투표의 운영을 담당하는 자는 주주총회에서의 개표시까지 전자투표의 결과를 누설하거나 직무상 목적 외에 이를 사용해서는 아니 된다(시행령 13조 5항).

회사가 서면투표와 전자투표를 동시에 허용하는 경우 동일한 주식에 관하여는 서면투표와 전자투표 중 어느 하나의 방법을 선택하여야 한다(368조의4 4항). 회사는 의결권행사에 관한 전자적 기록을 총회가 끝난 날부터 3개월간 본점에 갖추어 두어 열람하게 하고 총회가 끝난 날부터 5년간 보존하여야 한다(368조의4 5항).

(4) 소규모회사의 서면결의

원칙적으로 주주들의 의사결정을 위해서는 현실적인 회의를 거쳐야 하며, 서면투표제나 전자투표제를 채택하더라도 이는 마찬가지이다. 하지만 상법은 예외적으로 자본금 10억 원 미만의 소규모회사의 경우 서면에 의한 결의로써 주주총회의 결의를 갈음할 수 있도록 하였을 뿐만 아니라(363조 4항 전단), 나아가 주주 전원이 서면으로 동의를 한 때에는 서면에 의한 결의가 있는 것으로 보고 있다(363조 4항 후단). 이러한 서면에 의한 결의는 주주총회의 결의와 같은 효력이 있으며(363조 5항), 서면에 의한 결의에 대하여는 주주총회에 관한 규정을 준용한다(363조 6항).

5. 의 사 록

주주총회의 의사에는 의사록을 작성하여야 한다(373조 1항). 의사록에는 의사의 경과요령과 그 결과를 기재하고 의장과 출석한 이사가 기명날인 또는 서명하여야 한다(373조 2항). 이사는 주주총회의 의사록을 본점과 지점에 비치하여야 하며(396조 1항), 주주와 회사채권자는 영업시간 내에 언제든지 의사록의 열람 또는 등사를 청구할 수 있다(396조 2항). 의사록에 기재할 사항을 기재하지 아니하거나 또는 부실한 기재를 한 때에는 벌칙이 적용된다(635조 1항 9호).

의사록은 총회의 성립과 결의에 관한 사실의 기록으로서 증거문서의 일종에 불과하고 창설적 효력이 있는 것은 아니므로 결의의 효력에는 아무런 영향을 미치지 아니한다(통설).[1] 따라서 의사록이 부실하게 기재된 경우에는 증명을 하여 이와 다른 사실을 주장할 수 있다. 판례 중에는 일단 주주총회의 결의가 있은 것으로 의사록이 작성된 이상 결의의 외관을 현출한 것이므로 이를 믿고 거래한 제3자에 대해 주주총회의 결의가 없었음을 대항할 수 없다는 취지로 판시한 것이 있으나[주요판례 5], 이는 주주총회결의의 본질을 오해한 것이라 할 수 있다.[2] 주주총회결의의 흠결은 회사의 의사가 결여된 것이므로 그 결의를 요하는 사항은 절대무효이고 선의의 제3자라도 보호받지 못하는 것이 원칙이다(통설).

Ⅲ. 주요판례·문제해설

1. 주요판례

(1) 인천지법 2000. 4. 28.자 2000카합427 결정 — 불합리한 의사진행으로 인한 결의취소사유

주주들로서는 주주총회에 참석하여 충분한 토론을 통하여 자신의 입장과 의견을 개진하고 표결에 참가함으로써 의사를 표시하는 것이 회사의 의사결정과정에 있어 실질적으로 유일하게 보장된 권리로서 소액주주들의 이러한 권리가 실질적으로 보장될 수 있도록 원만한 회의진행을 위하여 사전 또는 회의 과정중에 의견을 조정하고 끈기 있게 설득과 대화를 하며 경우에 따라서는 회의를 연기하거나 회의

---

1) 최준선, 395면.
2) 이철송, 587면.

시간을 연장하여 발언과 의견제시 및 표결을 충분히 할 수 있도록 하는 등의 적극적인 노력 없이 위와 같은 비정상적인 방법에 의하여 안건 처리를 선언한 위 주주총회는 그 결의방법이 현저하게 불공정한 때에 해당한다.

(2) 대법원 1996. 12. 20. 선고 96다39998 판결 — 주주의 출석을 지연시키고 이루어진 결의의 불공정

피고 회사의 주주는 피고 회사의 대표이사인 소외 1, 소외 2, 소외 주식회사 ○○○와 원고 등 4인에 불과하고, 위 2와 위 주식회사 ○○○가 소유하고 있는 주식의 실제 소유자는 위 1로서 위 2와 위 회사는 위 1에 대한 명의대여자에 불과하여 실제 피고 회사의 주주는 실제 발행주식의 57%를 소유하는 위 1과 발행주식의 43%를 소유하는 원고뿐이며, 피고 회사의 1992년 정기 주주총회부터 이 사건 정기 주주총회 직전인 1994년 정기 주주총회에 이르기까지 원고는 동서인 소외 3에게 의결권 행사를 위임하여 위 3이 원고의 대리인으로서 주주총회에 참석하여 왔던 사실을 알 수 있으므로, 이 사건 주주총회 회의장이 있는 피고 회사의 건물 현관에서 위 주주총회에 참석하는 주주를 맞이하던 피고 회사의 총무과장인 소외 4로서는 위 3이 원고를 대리하여 주주총회에 참석하려고 피고 회사의 건물에 도착한 것임을 알고 있었다 할 것이나 위 건물 현관에서 피고 회사의 외부방문자에 대한 관행임을 이유로 외부인 방문일지에 성명 등 인적사항, 방문일자, 방문처 등을 기재하여 줄 것을 요구하여 위 3으로 하여금 이를 기재하게 하고 다시 원고의 위임장 제출을 요구하여 이를 제시받은 것이니, 위 3으로서는 마땅히 위와 같은 조치에 항의를 하였을 것임을 경험칙상 인정할 수 있는바, 위와 같은 위 4의 부당한 신원확인과 이에 대한 위 3의 항의로 시간이 지체되어 위 3이 위 외부인 방문일지에 기재한 시간이 10시 5분으로 늦어졌고, 이어 그가 위 건물 3층의 회의장 입구에서 다시 위임장 제시를 요구받아 이를 제시하고 회의장에 입장함으로써 주주총회 개최시각으로 통지된 10시보다 약 10분 정도 늦은 시각에 회의장에 입장하게 된 것으로 이 사건 주주총회의 4건의 결의사항 중 제 1 호 안건인 대차대조표 및 손익계산서 승인의 건, 제 3 호 안건인 임원 선임의 건, 제 4 호 안건인 감사인 선임의 건 등은 피고 회사 발행주식 총수의 과반수에 상당한 주식을 가진 주주의 출석과 출석주주가 가진 의결권의 과반수의 찬성으로 의결하나, 제 2 호 안건인 정관 일부 변경의 건은 발행주식 총수의 과반수에 상당한 주식을 가진 주주의 출석과 출석주주가 가진 의

결권의 3분의 2 이상의 찬성으로 의결하도록 되어 있으므로 피고 회사 발행주식의 43%를 소유하는 원고측의 의결권 행사 여부는 위 제1, 3, 4호 안건의 의결에 영향을 미치지 아니하나 위 제2호 안건의 의결에는 영향을 미치고 위 1은 자신이 위 주주총회의 의장이고 원고를 대리한 위 3이 위 주주총회의 개최시각 무렵에 피고 회사 건물에 도착하여 회의장 입장이 수분간 지체됨을 기화로 위 제2호 안건에 대한 원고의 의결권 행사의 기회를 봉쇄한 채 위 안건을 표결하여 가결처리하였으니, 위와 같이 피고 회사측이 위 3의 이 사건 주주총회 회의장 입장을 부당한 방법으로 지체시킨 점, 그 주주총회의 의사진행방식 내지 결의방식이 신의칙에 반하는 점 등을 종합하여 보면 이 사건 주주총회의 결의방법은 신의칙에 반하는 것으로서 현저하게 불공정한 것이라 할 것이다.

  (3) 대법원 2016. 8. 17. 선고 2016다222996 판결 — 정족수와 의결권 수의 계산
    주주총회에서 감사를 선임하려면 우선 '출석한 주주의 의결권의 과반수'라는 의결정족수를 충족하여야 하고, 나아가 그 의결정족수가 '발행주식총수의 4분의 1 이상의 수'이어야 하는데, 상법 제371조는 제1항에서 '발행주식총수에 산입하지 않는 주식'에 대하여 정하면서 상법 제409조 제2항의 의결권 없는 주식(이하 '3% 초과 주식'이라 한다)은 이에 포함시키지 않고 있고, 제2항에서 '출석한 주주의 의결권 수에 산입하지 않는 주식'에 대하여 정하면서는 3% 초과 주식을 이에 포함시키고 있다.
    그런데 만약 3% 초과 주식이 상법 제368조 제1항에서 말하는 '발행주식총수'에 산입된다고 보게 되면, 어느 한 주주가 발행주식총수의 78%를 초과하여 소유하는 경우와 같이 3% 초과 주식의 수가 발행주식총수의 75%를 넘는 경우에는 상법 제368조 제1항에서 말하는 '발행주식총수의 4분의 1 이상의 수'라는 요건을 충족시키는 것이 원천적으로 불가능하게 되는데, 이러한 결과는 감사를 주식회사의 필요적 상설기관으로 규정하고 있는 상법의 기본 입장과 모순된다. 따라서 감사의 선임에 있어서 3% 초과 주식은 위 제371조의 규정에도 불구하고 상법 제368조 제1항에서 말하는 '발행주식총수'에 산입되지 않는다고 보아야 한다. 그리고 이는 자본금 총액이 10억 원 미만이어서 감사를 반드시 선임하지 않아도 되는 주식회사라고 하여 달리 볼 것도 아니다.

  (4) 대법원 1989. 2. 14. 선고 87다카3200 판결 — 출석주주의 결의방법
    이 사건 정관변경안건은 계속회를 개최해야 할 만큼 복잡한 것이 아닐 뿐 아

니라 당초의 회의에서 출석주식의 1/3 이상인 주식수의 주주가 반대함으로써 부결
된 것인 데도 다시 계속회를 개최한 것은 위법하다는 것이나, 원심이 적법하게 확
정한 사실에 의하면 위 정관변경안건에 대하여 가부의 의결을 하지 못한 채 계속회
를 거듭하게 되었다는 것인바, 주주총회에서 토의된 안건에 관하여 가부의 의결을
하지 않은 이상 그 토의과정에서 주주들의 찬성 또는 반대의 의사표시가 있었다고
하더라도 이러한 사실만으로 가부의 결의가 있었던 것으로 볼 수 없다.

(5) 대법원 1993. 9. 14. 선고 91다33926 판결 — 의사록 작성을 통한 총회결의 갈음

임시주주총회의사록이 작성되고 위 부동산이 매각될 당시 위 ○○○, □□□는
그들이 법정대리인이 된 미성년 자녀들 주식을 포함하여 피고 회사의 발행주식 중
72% 남짓한 주식을 보유하고 있어 상법 제374조, 제434조에 정한 특별결의에 필요
한 의결권을 갖고 있으면서 특히 위 ○○○은 사실상 위 회사를 지배하고 있었던
터에 이들의 참석하에 위 임시주주총회의사록이 작성되어 이들이 위 주주총회결의
의 외관을 현출하게 하였다고 할 것인데 이와 같은 주주들이 그 특별결의 내용대로
의 의사결정을 하고 그와 같은 외관을 현출하기까지 하여 회사가 이에 관련된 것으
로 보아야 할 경우에는 비록 형식상 당해 회사의 주주총회결의의 존재를 인정할 수
없다 하더라도 그와 같은 회사 내부의 의사결정을 거친 회사의 외부적 행위를 유효
한 것으로 믿고 거래한 자에 대하여는 회사의 책임을 인정하는 것이 타당하다.

2. 문제해설

(1) 의장의 질서유지권의 한계를 어떻게 볼 것인가의 문제이다. 부산고법
2000. 9. 29. 선고 2000나4722 판결에서는 위험한 물건이나 의사의 진행에 방해되
는 물건의 반입을 제한한 것은 적법하다고 하면서 주주가 휴대한 사진기나 캠코더
의 반입을 제한할 수 있다고 판시하였다. 상법은 총회꾼에 의한 총회질서문란에 대
처하기 위해 제366조의2 제3항을 두고 있는데, 동 조항에서 퇴장을 명할 수 있게
한 것은 위헌적 여지가 있다는 비판이 있다.

(2) 주주총회 의사록의 법적 성격을 파악하는가의 문제이다. 주주총회 의사록
은 주주총회의 성립과 결의에 관한 중요한 증거자료가 되지만, 별도의 증명을 통하
여 의사록과 다른 진실을 주장할 수 있다는 것이 학설의 입장이다. 그렇다면 사례

에서 주주총회결의를 거치지 않은 중요자산의 양도는 무효이며, 이는 선의의 제3자에게도 주장가능한 것이 원칙이다. 하지만 판례 중에는 일단 주주총회의 결의가 있은 것으로 의사록이 작성된 이상 결의의 외관을 현출한 것이므로 이를 믿고 거래한 제3자에 대해 주주총회의 결의가 없었음을 대항할 수 없다는 취지로 판시한 것이 있다. 이러한 판례에 따르면 甲회사는 건물반환을 요구할 수 없다고 보겠지만, 이는 주주총회결의의 본질을 오해한 것이라는 비판을 받는다.

[3] 주주의 의결권행사

Ⅰ. 사   례

1. 사실관계

110년의 유구한 전통을 가진 甲주식회사의 주주인 A와 B는 고령으로 인하여 거동하기가 매우 불편한 상태이다. 이에 금년에 개최되는 정기주주총회에서 A는 자신이 보유한 주식의 30%는 자신이 직접 의결권을 행사하기로 하고 나머지 70%는 동 회사의 이사 C와 D를 대리인으로 선임하여 그들에게 각각 35%씩 의결권행사를 위임하였다. 한편, B는 자신의 아들 E에게 동 주주총회에서 제시되는 모든 사안에 대한 의결권행사를 위임하였다.

2. 검   토

(1) 甲회사는 A의 의결권행사의 대리인선임을 거절할 수 있는가?
(2) B의 E에 대한 의결권행사위임은 유효한가? 만약 B가 E에게 향후 주주총회에서 제시되는 모든 사안에 대해 의결권행사를 위임한 경우에는 어떠한가?

Ⅱ. 주요법리

1. 의결권의 의의와 성질

의결권이란 주주가 주주총회에 출석하여 결의에 참가할 수 있는 권리를 말한다. 의결권은 주주의 가장 중요한 공익권이며 고유권으로서, 법률에 다른 규정이 없는 한 정관이나 주주총회의 결의에 의하여 박탈하거나 제한할 수 없으며 주주 스스로도 주식과 분리하여 포기하지 못한다.

2. 의결권의 수

의결권은 1주마다 1개로 한다(369조 1항: 1주1의결권의 원칙). 이는 강행규정이므로 복수의결권 주식은 현행법상 인정되지 않는다. 총회결의가 가부동수인 경우에는 부결된 것으로 보아야 하므로 의장에게 결정을 일임한다거나 추첨에 의한 결정은 할 수 없다.

3. 의결권의 박탈 및 제한

(1) 의결권 배제·제한주식

의결권 배제·제한주식(344조의3 1항)의 경우에는 의결권이 전면적으로 제한되거나 또는 결의의 일부 안건에 관해 제한된다. 다만 정관으로 의결권의 행사 또는 부활의 조건 등을 정했다면 그에 따라 의결권을 행사할 수는 있다(344조의3 1항).

(2) 자기주식

회사가 가진 자기주식은 의결권이 없다(369조 2항). 회사의 계산으로 타인의 명의로 소유하는 주식이나 자회사가 가진 주식도 자기주식의 범주에 속하므로 의결권이 없다. 다만 자기주식이 제3자에게 매각되면 의결권은 되살아난다.

(3) 상 호 주

상호보유주식의 경우에도 의결권이 제한된다. 즉 ① 회사(A), ② 모회사(A1) 및 자회사(A2), ③ 자회사(A2)가 다른 회사(B)의 발행주식 총수의 10분의 1을 초과하는 주식을 가지고 있는 경우, 그 다른 회사(B)가 가지고 있는 회사(A) 또는 모회사(A1)의 주식은 의결권이 없다(369조 3항).

제369조 제3항의 해석과 관련하여 문제되는 점은 위의 예에서 B회사의 자회사는 조문상 고려하지 않고 있다는 것이다. 즉 법문상으로는 B회사의 자회사가 소유하는 A회사 또는 A1회사 주식의 의결권은 제한되지 않는다. 그렇지만 자회사의 주식에 관한 권리행사는 모회사의 지휘에 따르는 것이 통상적이다. 이처럼 모회사와 그 자회사는 일체를 이룬다는 점을 근거로 하여 B회사의 자회사가 소유하는 A회사나 A1회사의 주식도 제369조 제3항을 유추적용하여 의결권이 제한된다고 해석하

는 견해가 있다.[1] 이와 달리 의결권은 주주권의 본질적인 부분에 해당하므로 명문의 규정 없이 유추적용으로 의결권을 제한할 수는 없다고 보는 입장도 존재한다.[2]

만약 상호주를 보유하는 A회사와 B회사가 서로 발행주식 총수의 10분의 1을 초과하여 소유하는 경우에는 양쪽 모두 소유한 상대회사의 주식에 대하여 의결권이 없다. 더 나아가 A회사가 B회사의 주식을 50%를 초과하여 소유하게 되면 모자관계가 성립하여 B회사는 A회사의 주식을 취득할 수 없기 때문에(342조의2 1항) 상호주는 성립될 여지가 없다.

상호주 판단의 기준시점과 관련하여, 주식보유현황은 의결권행사 여부가 문제되는 주식을 발행한 회사의 주주총회일을 기준으로 판단해야 한다. 예컨대 B회사가 보유하는 A회사 주식의 의결권행사 여부는 A회사의 주주총회일이 그 기준이 된다는 것인데, 판례는 상호주 여부를 판단하는 주주총회의 시점에서 실제로 주식을 소유하고 있다면 명의개서가 이루어졌는지 여부와 상관없이 상호주가 성립하여 의결권이 없다고 한다[주요판례 1].

(4) 특별이해관계인의 보유주식

주주총회의 결의에 관하여 특별한 이해관계가 있는 자는 의결권을 행사하지 못한다(368조 3항). 특별이해관계가 무엇을 의미하는지에 대하여 여러 견해가 있으나, 특정한 주주가 주주의 입장을 떠나서 개인적으로 이해관계를 가지는 경우를 의미한다는 개인법설이 통설·판례이다.[3] 개인법설에 따르면 영업양도·영업양수·경영위임 등의 결의를 할 때의 거래상대방인 주주, 임원의 보수를 정할 때의 임원인 주주 등은 특별이해관계가 있다고 본다. 이들은 주주로서의 지위와 관계없이 개인적으로 이해관계를 가지는 까닭이다. 이와 달리 이사·감사의 선임이나 해임결의에서 당사자이며 주주인 이사·감사, 합병에서 일방당사자인 회사가 타방 회사의 주주인 경우에 그 회사는 특별이해관계인이라 할 수 없다. 이들은 주주의 지위에서 회사지배와 관련되는 결의에서 의결권을 행사하는 상황이기 때문이다. 다만 영업양도와 합병은 경제적 실질이 유사하다는 점에서 특별이해관계의 판단을 다르게 하는 것은 설득력이 없다는 시각이 있다.[4]

---

1) 이철송, 436면.
2) 송옥렬, 882면.
3) 송옥렬, 932면; 이철송, 538면.
4) 송옥렬, 932면.

결의에 관하여 특별이해관계가 있는 주주는 의결권을 대리의 방식으로도 행사할 수 없으며, 주주가 특별이해관계가 없더라도 대리인이 특별한 이해관계를 가지는 경우에는 대리인의 이해관계가 의결권행사에 반영될 수 있으므로 마찬가지로 의결권을 행사할 수 없다고 본다.[1] 특별한 이해관계가 있는 자가 의결권을 행사한 때에는 결의취소사유가 된다(376조 1항).

(5) 감사 및 감사위원 선임·해임시의 주식

감사를 선임하는 결의에서 의결권 없는 주식을 제외한 발행주식 총수의 100분의 3을 초과하는 수의 주식을 가진 주주는 그 초과하는 수의 주식을 가지고 의결권을 행사하지 못한다(409조 2항). 감사 선임에서 대주주의 영향력을 배제함으로써 감사의 독립성을 보장하기 위한 것이다. 감사의 해임 시에는 별다른 규정이 없으므로 의결권 제한 없이 특별결의에 의해 결정하게 되는데(415조 → 385조), 선임과 해임시 의결권 제한을 차별하는 것은 타당하지 않다.

상장회사의 경우에는 감사 또는 감사위원회위원(주주총회에서 선임하는 경우)을 선임하거나 해임할 때에 모두 의결권이 3%로 제한된다(542조의12 4항·7항). 다만 최대주주의 경우에는 감사 또는 사외이사가 아닌 감사위원회위원(사내감사위원)의 선임과 해임시 3%를 계산함에 있어 특수관계인이 보유하는 주식을 포함시키며, 또한 최대주주 또는 그 특수관계인이 타인으로부터 의결권행사를 위임받은 주식도 포함한다(542조의12 4항, 시행령 38조 1항 2호).

(6) 기   타

주주명부 폐쇄기간 중에 전환된 주식(350조 2항) 역시 의결권이 제한된다. 아울러 자산총액 2조원 이상인 상장회사는 집중투표제를 배제하기 위한 정관변경이 안건인 경우 감사선임과 같은 3% 의결권 제한이 있다(542조의7 3항).

특별법상 의결권이 제한되는 경우도 있다. ① 집합투자업자는 집합투자재산을 운용함에 있어 일정한 투자한도의 제한을 받고(자본시장법 81조 1항), 자기의 계열회사가 발행한 증권은 일정한 한도를 초과하여 취득하지 못하는데(자본시장법 84조 4항), 이러한 한도를 초과하여 취득한 주식은 그 의결권을 행사할 수 없다(자본시장법 87조 4항). ②「채무자 회생 및 파산에 관한 법률」에 의한 회생절차의 개시 당시 회사의 부채총액이 자산총액을 초과하는 때에는 주주는 의결권을 갖지 못한다(도산법

---

1) 송옥렬, 933면; 이철송, 539면.

146조). ③ 공정거래법상 대규모기업집단에 속하는 금융·보험회사는 자신이 소유하는 계열회사의 주식에 관해 의결권을 행사하지 못한다(공정거래법 11조).

4. 의결권의 행사절차·방법

주주는 그의 의결권을 자유로이 자신의 의사에 의하여 행사할 수 있다. 주주가 자연인인 경우에는 본인 또는 그 대리인이 행사할 수 있고 법인인 경우에는 대표기관 또는 법인의 대리인이 의결권을 행사한다. 주주가 의결권을 행사하기 위해서는 주주명부에 주주로 기재되어 있어야 하고, 기준일을 정한 경우에는 그 기준일 현재 주주로 기재되어 있어야 한다.

5. 의결권의 불통일행사

(1) 의의 및 요건

주주가 2개 이상의 의결권을 가지고 있는 경우 이를 통일하지 아니하고 행사할 수 있다(368조의2 1항). 이러한 불통일행사제도는 명의상의 주주 배후에 존재하는 다수의 실질주주의 의사를 반영하기 위한 것이다.

의결권의 불통일행사는 ① 주주가 주식의 신탁을 인수하였거나, ② 기타 타인을 위하여 주식을 가지고 있는 경우 외에는 회사가 이를 거부할 수 있다(368조의2 2항). 타인을 위하여 주식을 가지고 있는 경우란, 예컨대 위탁매매인인 증권회사가 위탁자인 고객의 주식을 가지고 있는 경우이다.

(2) 불통일행사의 절차

주주가 불통일행사를 하기 위해서는 회일의 3일 전에 회사에 대하여 서면 또는 전자문서로 그 뜻과 이유를 통지해야 한다(368조의2 1항). 이 통지는 3일 전에 회사에 도달해야 하는 것이 원칙이다[주요판례 2]. 이 통지는 총회 때마다 반드시 해야 한다는 견해가 있지만,[1] 포괄적으로 할 수 있다는 견해가 다수설이다.

주주가 통지 없이 불통일행사한 경우 회사가 이를 승인할 수 있는가의 문제가 있다. 회사의 재량을 허용하면 회사가 결의의 성부를 사후에 선택할 수 있게 되어 부당하므로 회사가 불통일행사를 승인할 수 없으며, 통지 없이 행한 불통일행사로 이루어진 결의는 하자 있는 결의가 된다고 보아야 한다. 그러나 불통일행사의 통지를 한 경우에도 의결권을 통일하여 행사하는 것은 무방하다.

---

1) 이철송, 543면.

(3) 회사의 불통일행사 거부

회사는 주주가 주식의 신탁을 인수한 경우나 기타 타인을 위하여 주식을 가지고 있는 경우 외에는 주주의 의결권의 불통일행사를 거부할 수 있다(368조의2 2항) [주요판례 3]. 거부는 총회의 결의 전에 하여야 하는데, 결의 후에 거부할 수 있다면 회사가 결의의 결과를 번복할 수 있게 되어 부당하기 때문이다.

6. 의결권의 대리행사

(1) 대리인에 의한 의결권행사

주주는 본인이 총회에 출석할 수 없는 경우에는 대리인으로 하여금 의결권을 행사하게 할 수 있다(368조 2항 전단). 의결권의 대리행사는 정관으로도 금지할 수 없다는 데 이견은 없다.

(2) 대리인의 자격과 수

대리인의 자격에 대해서는 제한이 없다. 따라서 제한능력자나 법인도 대리인이 될 수 있다. 다만 회사 자신은 주주의 의결권을 대리행사할 수 없는데, 이는 자기주식의 의결권이 휴지되는 것과 같은 이유이다. 대리인의 자격을 정관에 의하여 주주로 제한할 수 있을지의 여부에 대하여는 무효설[1]과 유효설[2] 및 제한적 유효설[3]이 대립되어 있다. 판례는 제한적 유효설의 입장이다[주요판례 4].

대리인의 수에 대해서는 상법상 명문의 규정이 없다. 이에 대해서는 수인의 대리인으로 하여금 공동으로 의결권을 행사하게 할 수 있지만 다수의 대리인은 선임할 수 없다는 설[4]과 회사가 1인의 대리인 이외에는 대리인의 의결권행사를 거절할 수 있다는 설[5]이 있다.

(3) 대리행사의 방식

대리인은 대리권을 증명하는 서면을 총회에 제출해야 한다(368조 2항 후문). 대리권을 증명하는 서면은 원본이어야 하고 사본이어서는 아니 되지만[주요판례 5], 대리인이 원본인 서면으로 대리권을 증명한 이상 그 외에 신분증의 제시나 기타 신원

---

1) 이철송, 546면.
2) 손주찬, 722면; 정찬형, 907면.
3) 최준선, 377면.
4) 이철송, 547면.
5) 손주찬, 721면.

확인을 요구하는 것은 위법하다[주요판례 6].

(4) 대리권 수권의 범위와 대리행사

대리권은 개별 의제별로 부여될 필요는 없으며 총회를 하나의 단위로 하여 부여될 수 있다는 것이 통설과 판례의 입장이다[주요판례 7].

더 나아가 대리인의 대리권이 총회별로 수여되고 증명되어야 하는지(증명서면인 위임장을 총회 때마다 제출해야 하는지), 아니면 1회의 대리권수여로 수회의 총회에 대한 포괄적인 대리권수여가 가능한지에 관하여 학설의 대립이 있다. 즉 총회별로 대리권을 수여해야 한다는 설(포괄적 위임불능설)[1]과 일정한 기간에 걸쳐 포괄적으로 대리권을 수여할 수 있다는 설(포괄적 위임가능설)[2]이 있다. 판례는 기본적으로 위임사항 뿐 아니라 기간에 관하여도 포괄적인 위임이 가능하다는 입장이다. 즉 회사에 거액의 대출을 해주고 대주주의 보유주식을 입질 받은 은행이 질권설정계약 체결 이후 개최되는 모든 주주총회에서 담보주식에 대한 일체의 의결권행사를 대주주로부터 포괄적으로 위임받은 것을 유효하다고 본 판례가 있다[주요판례 8]. 그 밖에 7년간 대리권수여를 유효하다고 전제한 판례가 있다(대법원 2002. 12. 24. 선고 2002다54691 판결).

대리인은 주주로부터 수권받은 대로 의결권을 행사하여야 하며, 이에 위반하여 기권하거나 주주의 명시된 의사와 달리 행사한다면 내부적으로 주주에 대해 손해배상책임을 지게 될 것이다. 그러나 주주총회의 결의의 효력에는 영향이 없다.

(5) 의결권대리행사의 권유 및 규제

의결권의 대리행사는 본인인 주주가 아닌 대리인의 목적달성을 위해 이루어질 수 있다. 예컨대 경영권을 쟁취하고자 하는 자가 주주들에게 의결권의 위임을 권유할 수 있으며, 회사의 입장에서도 총회정족수 유지를 위해 권유행위를 할 유인이 있다. 통상 다수의 주주를 상대로 이루어지는 의결권대리행사에 응할 것인가의 여부를 적절히 판단하기 위해서 주주의 입장에서는 권유자 및 권유의 목적에 관한 정보가 필요하다. 자본시장법은 상장법인의 의결권대리행사의 권유와 관련하여 주주 보호를 위한 다양한 장치를 마련하고 있다(자본시장법 152조 참조).

---

1) 이철송, 550면.
2) 손주찬, 722면; 정찬형, 909면; 최준선, 378면.

Ⅲ. 주요판례·문제해설

1. 주요판례

(1) 대법원 2009. 1. 30. 선고 2006다31269 판결 — 상호주 판단의 기준시점

상법 제369조 제3항은 … 모자회사 관계가 없는 회사 사이의 주식의 상호 소유를 규제하는 주된 목적은 상호주를 통해 출자 없는 자가 의결권 행사를 함으로써 주주총회결의와 회사의 지배구조가 왜곡되는 것을 방지하기 위한 것이다. 한편, 상법 제354조가 규정하는 기준일 제도는 일정한 날을 정하여 그날에 주주명부에 기재되어 있는 주주를 계쟁 회사의 주주로서의 권리를 행사할 자로 확정하기 위한 것일 뿐, 다른 회사의 주주를 확정하는 기준으로 삼을 수는 없으므로, 기준일에는 상법 제369조 제3항이 정한 요건에 해당하지 않더라도, 실제로 의결권이 행사되는 주주총회일에 위 요건을 충족하는 경우에는 상법 제369조 제3항이 정하는 상호 소유 주식에 해당하여 의결권이 없다. 이때 회사, 모회사 및 자회사 또는 자회사가 다른 회사 발행주식 총수의 10분의 1을 초과하는 주식을 가지고 있는지 여부는, 앞서 본 '주식 상호 소유 제한의 목적'을 고려할 때, 실제로 소유하고 있는 주식수를 기준으로 판단하여야 할 것이며 그에 관하여 주주명부상의 명의개서를 하였는지 여부와는 관계가 없다.

(2) 대법원 2009. 4. 23. 선고 2005다22701, 22718 판결 — 통지시한을 위반한 의결권 불통일행사의 허용

상법 제368조의2 제1항은 "주주가 2 이상의 의결권을 가지고 있는 때에는 이를 통일하지 아니하고 행사할 수 있다. 이 경우 회일의 3일 전에 회사에 대하여 서면으로 그 뜻과 이유를 통지하여야 한다"고 규정하고 있는 바, 여기서 3일의 기간이라 함은 의결권의 불통일행사가 행하여지는 경우에 회사측에 그 불통일행사를 거부할 것인가를 판단할 수 있는 시간적 여유를 주고, 회사의 총회 사무운영에 지장을 주지 아니하도록 하기 위하여 부여된 기간으로서, 그 불통일행사의 통지는 주주총회 회일의 3일 전에 회사에 도달할 것을 요한다. 다만, 위와 같은 3일의 기간이 부여된 취지에 비추어 보면, 비록 불통일행사의 통지가 주주총회 회일의 3일 전이라는 시한보다 늦게 도착하였다고 하더라도 회사가 스스로 총회운영에 지장이 없다고 판단하여 이를 받아들이기로 하고 이에 따라 의결권의 불통일행사가 이루어진 것이라면, 그것이 주주평등의 원칙을 위반하거나 의결권행사의 결과를 조작하기 위하여 자의적으로 이루어진 것이라는 등의 특별한 사정이 없는 한, 그와 같은 의결권의 불통일행사를 위법하다고 볼 수는 없다.

(3) 대법원 2001. 9. 7. 선고 2001도2917 판결 — 의결권 불통일행사의 거부

주주의 자유로운 의결권행사를 보장하기 위하여 주주가 의결권의 행사를 대리인에게 위임하는 것이 보장되어야 한다고 하더라도 주주의 의결권행사를 위한 대리인 선임이 무제한적으로 허용되는 것은 아니고, 그 의결권의 대리행사로 말미암아 주주총회의 개최가 부당하게 저해되거나 혹은 회사의 이익이 부당하게 침해될 염려가 있는 등의 특별한 사정이 있는 경우에는 회사는 이를 거절할 수 있다고 보아야 할 것이며, 주주가 자신이 가진 복수의 의결권을 불통일행사하기 위해서는 회일의 3일 전에 회사에 대하여 서면으로 그 뜻과 이유를 통지하여야 할 뿐만 아니라, 회사는 주주가 주식의 신탁을 인수하였거나 기타 타인을 위하여 주식을 가지고 있는 경우 외에는 주주의 의결권 불통일행사를 거부할 수 있는 것이므로, 주주가 위와 같은 요건을 갖추지 못한 채 의결권 불통일행사를 위하여 수인의 대리인을 선임하고자 하는 경우에는 회사는 역시 이를 거절할 수 있다.

(4) 대법원 2009. 4. 23. 선고 2005다22701, 22718 판결 — 의결권 대리행사자
    의 자격 제한

상법 제368조 제3항의 규정은 주주의 대리인의 자격을 제한할 만한 합리적인 이유가 있는 경우 정관의 규정에 의하여 상당하다고 인정되는 정도의 제한을 가하는 것까지 금지하는 취지는 아니라고 해석되는바, 대리인의 자격을 주주로 한정하는 취지의 주식회사의 정관규정은 주주총회가 주주 이외의 제3자에 의하여 교란되는 것을 방지하여 회사 이익을 보호하는 취지에서 마련된 것으로서 합리적인 이유에 의한 상당한 정도의 제한이라고 볼 수 있으므로 이를 무효라고 볼 수는 없다. 그런데 위와 같은 정관규정이 있다 하더라도 주주인 국가, 지방공공단체 또는 주식회사 등이 그 소속의 공무원·직원 또는 피용자 등에게 의결권을 대리행사하도록 하는 때에는 특별한 사정이 없는 한 그들의 의결권행사에는 주주 내부의 의사결정에 따른 대표자의 의사가 그대로 반영된다고 할 수 있고 이에 따라 주주총회가 교란되어 회사 이익이 침해되는 위험은 없는 반면에, 이들의 대리권행사를 거부하게 되면 사실상 국가, 지방공공단체 또는 주식회사 등의 의결권행사의 기회를 박탈하

는 것과 같은 부당한 결과를 초래할 수 있으므로, 주주인 국가, 지방공공단체 또는
주식회사 소속의 공무원·직원 또는 피용자 등이 그 주주를 위한 대리인으로서 의
결권을 대리행사하는 것은 허용되어야 하고 이를 가리켜 정관규정에 위반한 무효
의 의결권 대리행사라고 할 수는 없다.

(5) 대법원 2004. 4. 27. 선고 2003다29616 판결 — 대리권의 증명

상법 제368조 제 3 항의 규정은 대리권의 존부에 관한 법률관계를 명확히 하여
주주총회결의의 성립을 원활하게 하기 위한 데 그 목적이 있다고 할 것이므로 대리
권을 증명하는 서면은 위조나 변조 여부를 쉽게 식별할 수 있는 원본이어야 하고,
특별한 사정이 없는 한 사본은 그 서면에 해당하지 아니하고, 팩스를 통하여 출력
된 팩스본 위임장 역시 성질상 원본으로 볼 수 없다.

(6) 대법원 2009. 4. 23. 선고 2005다22701, 22718 판결 — 위임장의 진정성 확인

상법 제368조 제 3 항이 규정하는 '대리권을 증명하는 서면'이라 함은 위임장을
일컫는 것으로서 회사가 위임장과 함께 인감증명서, 참석장 등을 제출하도록 요구
하는 것은 대리인의 자격을 보다 확실하게 확인하기 위하여 요구하는 것일 뿐, 이
러한 서류 등을 지참하지 아니하였다 하더라도 주주 또는 대리인이 다른 방법으로
위임장의 진정성 내지 위임의 사실을 증명할 수 있다면 회사는 그 대리권을 부정할
수 없다. 한편, 회사가 주주 본인에 대하여 주주총회 참석장을 지참할 것을 요구하
는 것 역시 주주 본인임을 보다 확실하게 확인하기 위한 방편에 불과하므로, 다른
방법으로 주주 본인임을 확인할 수 있는 경우에는 회사는 주주 본인의 의결권행사
를 거부할 수 없다.

(7) 대법원 1969. 7. 8. 선고 69다688 판결 — 의결권 위임의 범위

주식회사에 있어서 주주권의 행사를 위임함에는 구체적이고 개별적인 사항에
국한한다고 해석하여야 할 근거는 없고 주주권행사를 포괄적으로 위임할 수 있다
고 하여야 할 것이며 포괄적 위임을 받은 자는 그 위임자나 회사 재산에 불리한 영
향을 미칠 사항이라고 하여 그 위임된 주주권행사를 할 수 없는 것이 아니다.

(8) 대법원 2014. 1. 23. 선고 2013다56839 판결 — 의결권의 포괄적 위임

이 사건 주식근질권 설정계약은 … 원고의 피고에 대한 지배권 내지 원고가 보
유하는 피고 주식을 담보로 제공하기 위한 목적으로 이루어진 것으로서, … 기한이

도래한 경우에는 피고 주식의 임의 처분 외에 위임받은 의결권에 기하여 주주총회를 개최하여 피고의 경영진을 교체할 수 있는 것을 담보권의 실행방법으로 약정한 것으로 보이고 … 상행위로 인하여 생긴 채권을 담보하기 위하여 주식에 대하여 질권이 설정된 경우에 질권자가 가지는 권리의 범위 및 그 행사 방법은 원칙적으로 질권설정계약 등의 약정에 따라 정하여질 수 있고, 위와 같은 질권 등의 담보권의 경우에 담보제공자의 권리를 형해화하는 등의 특별한 사정이 없는 이상 담보권자가 담보물인 주식에 대한 담보권실행을 위한 약정에 따라 그 재산적 가치 및 권리의 확보 목적으로 담보제공자인 주주로부터 의결권을 위임받아 그 약정에서 정한 범위 내에서 의결권을 행사하는 것도 허용될 것이다.

2. 문제해설

(1) 의결권 대리행사시 대리인을 복수로 선임할 수 있는가의 문제이다. 불통일행사의 요건을 구비하지 못한 상태에서 수인의 대리인을 선임하여 각자 대리하게 하는 것은 제368조의2에 위반된다는 것이 판례의 입장이므로[주요판례 3] 甲회사는 거절할 수 있다. 그러나 만약 A가 30%를 실질적으로 소유하고 나머지 70%는 실질주주 X와 Y의 신탁을 인수했거나 기타 이들을 위해 주식을 가지고 있는 경우라면 불통일행사의 요건을 구비한 것이므로 사례와 같은 대리인 선임이 가능할 것이다.

(2) 의결권의 포괄적 위임에 관한 문제이다. 판례는 특정총회에서 의결권행사를 포괄적으로 위임할 수 있다고 보므로, B의 의결권행사위임은 유효하다. 수회의 총회에 관한 포괄적 대리권 수여의 유효 여부는 학설에 따라 달라진다. 판례는 포괄위임을 허용하는 것으로 보인다[주요판례 8].

[4] 주요 특별결의사항

Ⅰ. 사 례

1. 사실관계

甲주식회사는 주주총회 특별결의를 통해 현재 500원인 주식의 액면가를 1,000원으로 인상하는 내용으로 정관을 변경하려고 한다. 그런데 발행주식의 5%를 보유한 주주 A는 이러한 정관변경에 반대하고 있다.

乙주식회사(대표이사 B)는 수중구조물 설치 및 해체를 주목적으로 B가 단독으로 설립한 직원 3명의 영세한 회사이다. B는 설립 후 뚜렷한 영업실적을 내지 못하자, 수중발파공법의 특허권자인 C로부터 특허권을 30억 원에 양수하고, C를 이사로 영입하였다. B는 특허권의 매입자금을 마련하기 위해, C의 특허권만 확보하면 유망한 벤처기업으로 등록가능할 뿐만 아니라 거액의 공사도 쉽게 수주할 수 있다고 선전하여 D, E로부터 30억 원의 투자를 받았다(신주발행을 통하였음). 그렇지만 특허권 확보 후에도 영업이 호전되지 않았고, 결국 B는 이사회의 동의를 얻어 특허권을 丙주식회사에 20억 원에 양도하였다.

2. 검   토

(1) 정관변경에 반대하는 주주 A의 의사를 무시하고 甲회사는 주금액을 인상할 수 있는가?

(2) 乙회사는 丙회사에 대하여 특허권 이전등록의 말소를 청구할 수 있는가?

(3) 만일 乙회사가 수중구조물 설치 및 해체 영업 이외에 항만건설 등 토목공사도 영업으로 하는 직원 100명을 보유한 중견기업이었다면 (2)의 경우와 어떠한 차이가 있는가?

Ⅱ. 주요법리

1. 서   설

앞서 보았듯이 주주총회의 특별결의사항에는 여러 가지가 있는데, 이곳에서는 정관변경(434조)과 영업의 양도 및 양수(374조)의 경우를 설명한다. 이와 관련하여 중요재산의 처분이 주주총회의 결의를 필요로 하는 사항인가의 쟁점도 살펴본다.

2. 정관변경

(1) 정관변경의 개념

정관변경이란 정관의 기재사항을 추가·삭제·수정하는 것을 말한다. 정관변경의 범위에는 제한이 없으므로, 원시정관에 정관변경을 불허하거나 특정규정만은 변경할 수 없다는 규정을 두었더라도 그 규정은 무효이다.[1]

(2) 정관변경의 절차

정관변경은 주주총회의 특별결의에 의하여야 한다(433조 1항, 434조). 정관변경을 위해 주주총회를 소집할 경우에는 정관변경에 관한 의안의 요령도 소집통지에 기재하여야 한다(433조 2항).

회사가 종류주식을 발행한 경우에 정관을 변경함으로써 어느 종류주식의 주주에게 손해를 미치게 될 때에는 주주총회의 결의 외에 그 종류주식의 주주의 총회의 결의가 있어야 한다(435조 1항). 종류주주총회의 결의는 출석한 주주의 의결권의 3분의 2 이상의 수와 그 종류의 발행주식 총수의 3분의 1 이상의 수로써 하여야 한다(435조 2항).

정관변경 자체는 등기할 필요가 없으나, 정관변경으로 등기사항이 변동된 때에는 변경등기를 하여야 한다(317조 4항, 183조).

(3) 정관변경의 효력발생

정관변경은 원칙적으로 주주총회의 결의로 즉시 효력이 발생한다(의장의 선언). 서면인 정관을 변경하는 것은 주주총회결의로 변경된 내용에 따라 문서를 다시 쓰는 사실행위에 불과하다. 자본금 10억 원 미만인 소규모회사를 제외한 회사의 설립시 원시정관은 공증인의 인증이 필요하나(292조), 정관변경시에는 공증인의 인증도 필요 없다[주요판례 1].

예외적으로 조건부·기한부로 정관을 변경하면 그 조건이 성취된 때나 기한이 도래한 때에 정관변경의 효력이 있다고 보는 견해와,[1] 정관규정의 효력발생을 시기부·종기부로 하는 것은 허용되지만 불확실한 사실의 발생을 정지조건·해제조건으로 하여 정관을 변경함은 관련 법률관계의 불안정을 초래하여 허용될 수 없다는 견해가[2] 있다.

(4) 정관변경에서의 특수문제

1) 주금액의 인상

액면주식을 발행하는 경우 1주의 금액은 정관의 절대적 기재사항이므로(289조 1항 4호), 주금액을 인상하기 위해서는 정관의 변경을 요한다. 그런데 주금액 자체

---

1) 이철송, 970면; 정찬형, 1191면.
1) 정찬형, 1192면.
2) 이철송, 972면.

를 인상한다면 인상분만큼 주주에게 추가로 주금을 납입하게 하여야 하는데 이러한 추가납입은 주주의 유한책임원칙에 반한다. 따라서 이 경우 단순한 정관변경절차를 밟는 것만으로는 부족하고 총주주의 동의를 받아야 한다(통설).

자본금감소를 위한 주식병합이 아닌, 주금액 인상을 위한 주식병합을 할 수도 있다. 이때 단주가 발생하게 되면 주식평등의 원칙에 반하므로 역시 총주주의 동의가 필요하다고 본다(통설).[1] 반면 단주가 발생하지 않는 주식병합의 경우 및 준비금을 자본금전입하여 무상신주를 발행하는 동시에 신주의 비율대로 신·구주를 병합하여 주금액을 인상하는 경우에는 단순한 정관변경절차를 밟는 것으로 충분하다고 본다(통설).

무액면주식을 발행하는 경우에는 주금액 인상의 문제가 발생할 여지가 없다.

2) 주금액의 인하

액면주식을 발행한 경우에 주금액을 인하하는 때에도 정관의 변경을 요한다. 주금액 인하와 함께 자본금이 감소된다면 자본금감소절차를 별도로 밟아야 한다.

주식분할(액면분할)과 같이 자본금변동 없이 주금액이 인하되는 경우에는 정관변경의 결의만으로 가능하지만, 액면가의 법정최저액인 100원 미만으로 주금액을 인하할 수는 없다(329조 3항).

무액면주식을 발행한 경우에는 주금액 인하를 논할 여지가 없다.

3. 영업의 양도와 양수

(1) 영업의 양도·양수시 특별결의의 요구

상법상 영업의 양도는 개인기업이나 법인기업을 불문하고 인정되고 있는데(41조), 특히 회사의 영업양도는 주주 전원의 이해가 걸린 중대한 구조변동이 된다. 예컨대 회사가 자회사를 만들고 그 자회사에게 영업을 양도하거나 현물출자를 하는 방법을 통하여, 또는 자회사를 설립하는 대신 기존의 회사를 인수하고 이에 일부 영업을 양도하는 방법 등을 통하여 구조조정이 가능하다. 또한 다른 회사의 영업을 양수하는 것은 회사합병과 실질적으로 동일한 효과를 거둘 수 있다.

상법은 회사영업의 전부 또는 중요한 일부를 양도하거나, 회사의 영업에 중대한 영향을 미치는 다른 회사의 영업 전부 또는 일부를 양수하는 경우에는 주주총회

---

1) 주식을 병합하여 주금액을 인상하는 경우에 단주가 발생하면 자본금감소의 경우의 단주처리 방법에 의하면 되므로 총주주의 동의를 요하지 않는다는 견해가 있다. 손주찬, 896면.

의 특별결의를 거치도록 하고 있다(374조 1항 1호·3호). 즉 영업양도·양수가 각 회사에 중요한 변화를 가져오는 경우에는 주주총회 특별결의가 필요하다는 것이다. 따라서 다른 회사의 영업 전부를 양수하여도 회사의 영업에 중대한 영향이 없는 경우에는 주주총회의 특별결의를 얻을 필요가 없다. 그러나 다른 '회사'의 영업을 양수하는 경우에만 주주총회결의가 문제되므로, 회사가 아닌 개인상인의 영업을 양수하는 경우에는 본 규정이 적용되지 않는다.

(2) 중요성 판단

상법 제374조에서는 주주총회 특별결의를 요하는 중요한 영업의 양수도에 대해 따로 기준을 제시하고 있지 않다. 그러다보니 '중요성'이 무엇을 뜻하는가라는 해석의 문제가 있다. 영업양도·양수가 회사에 중요함에도 불구하고 특별결의를 거치지 않게 되면 거래상대방이 선의라 하더라도 거래가 무효로 된다. 따라서 당사자들에게는 거래의 중요성을 사전에 확정하는 것이 중요함에도 불구하고 명확한 기준이 없어 실무상 많은 어려움을 야기하고 있다.

중요성의 판단과 관련하여 대법원 판례는 "양도대상 영업의 자산, 매출액, 수익 등이 전체 영업에서 차지하는 비중, 일부 영업의 양도가 장차 회사의 영업규모, 수익성 등에 미치는 영향 등을 종합적으로 고려하여 판단한다"(대법원 2014. 10. 15. 선고 2013다38633 판결)라는 일반적 기준을 제시하고 있을 뿐이다. 한편 자본시장법에서는 상장회사의 영업의 전부 또는 중요한 일부를 양도·양수할 경우에는 특별한 공시를 하도록 하는데, '중요한 일부'의 판단에 계량적 기준을 적용하고 있다. 즉 자산총액의 10% 이상, 또는 매출액의 10% 이상에 해당하는 영업의 양도는 중요한 일부의 양도로 본다(자본시장법 161조 1항 7호, 165조의4 1항 2호, 시행령 171조 2항 1호~3호).

(3) 간이영업양도

영업양수도 거래시 예컨대 양수회사 B가 양도회사 A의 주식을 대부분 보유하고 있다면 A회사의 주주총회가 개최되더라도 B회사의 의사가 그대로 반영될 것이 분명하므로 해당 총회를 거칠 필요성이 크지 않다. 아울러 이 경우 주주총회 특별결의를 요구한다면 A회사 주주총회에서 B회사는 특별이해관계인이 되어서 의결권을 행사할 수 없게 된다는 문제도 있다(368조 3항).

이러한 점을 고려하여 2015년 상법개정에서는 제374조의3을 신설하여 간이영업양도 등에 관한 규정을 도입하였다. 즉 영업양도 등의 행위를 하는 회사의 총주주의 동의가 있거나 그 회사의 발행주식총수의 90% 이상을 해당 행위의 상대방이 소유하고 있는 경우에 그 회사의 주주총회의 승인은 이를 이사회의 승인으로 갈음할 수 있도록 하고 있다(374조의3 1항). 상법 제527조의2에서 허용하는 간이합병(short form merger)의 논리를 그대로 도입한 것이다. 간이합병에서와 마찬가지로, 주주총회 특별결의가 없더라도 영업양도 등에 반대하는 소액주주에게는 중대한 이해관계가 있으므로 주식매수청구권이 인정되며(374조의3 3항), 이를 위하여 총주주의 동의가 있는 경우가 아니라면 회사는 주주에게 간이영업양도 사실을 통지하여야 한다(374조의3 2항).

(4) 특별결의를 거치지 않은 영업양도·양수의 무효 주장

영업을 양도한 회사 자신이 주주총회의 특별결의를 거치지 않았음을 이유로 영업양도의 무효를 주장할 수 있는지의 문제가 있다. 실제로 주주총회 특별결의 요건 이상에 해당하는 84% 지분을 가진 주주가 영업양도계약의 체결에 동의하였음에도 총회결의의 흠결을 이유로 양도계약의 무효를 주장하는 것이 신의칙에 반하여 허용되지 않는지 여부가 다투어진 사례가 있다. 판례는 강행규정의 취지를 몰각시키면서까지 신의칙을 관철할 수는 없다는 입장에서, 주주 전원이 영업양도 약정에 동의한 것으로 볼 수 있는 등 특별한 사정이 인정되지 않는다면 위와 같은 무효 주장이 신의성실 원칙에 반한다고 할 수는 없다고 판시하였다[주요판례 2].

4. 중요재산의 처분

(1) 의　　　의

상법 제374조 제 1 항은 '영업'의 양도나 양수를 주주총회 특별결의 대상으로 규정하고 있으며, 상법 제393조는 중요한 자산의 처분 및 양도가 이사회의 권한임을 명시적으로 규정하고 있다. 따라서 법문대로라면 영업 자체가 아닌 개별적 재산은 그 중요성이 크다 할지라도 주주총회의 결의사항이 아니라고 볼 수 있다.

그렇지만 개별재산이라고 할지라도 양도될 경우 영업이 폐지될 정도로 규모나 성격이 중대한 경우에는 영업 자체의 경우와 동일하게 해석하여 상법 제374조 제 1 항을 적용해야 한다는 해석이 가능하다. 따라서 중요재산의 처분이 주주총회의 결의를 필요로 하는 사항인가에 대한 논란이 있을 수 있다.

(2) 학설과 판례

1) 학   설

불요설은 아무리 중요한 재산이라고 할지라도 개별적인 재산의 양도는 주주총회의 특별결의를 요하지 않는다는 입장이다. 불요설은 ① 제374조의 영업양도와 제41조의 영업양도는 동일한 법전에 있는 만큼 동일한 의미로 이해하여야 하며, ② 회사 내부적 사정에 의하여 좌우되는 재산의 중요성 유무를 거래상대방이 인식하기 어려운 만큼 아래의 필요설에 의할 경우 거래안전을 해칠 우려가 크고, ③ 이사회의 권한 확대 경향을 고려한다면 중요한 재산의 양도권한을 이사회에 부여하는 것이 타당하다고 설명한다.

필요설은 중요재산의 처분도 영업양도와 같이 주주총회의 특별결의를 요한다는 입장이다. 필요설은 ① 제374조와 제41조는 입법목적이 다르므로 반드시 동일한 의미로 해석할 필요가 없고(374조의 영업의 범위에 중요재산이 포함되는 것으로 해석하는 것이 가능하다는 것), ② 회사 존립의 기초가 되는 중요재산의 양도를 이사회에 맡기는 경우 주주의 보호나 기업유지의 요청에 어긋날 가능성이 크며, ③ 중요재산의 양도와 같은 예외적인 현상의 경우는 거래의 안전보다 양도회사의 보호가 우선하는 것이 합리적이라는 주장을 한다.

그렇지만 최근의 학설은 소위 절충적 입장이라고 볼 수 있는 판례의 입장을 지지하는 방향으로 그 의견이 모아지고 있는 것으로 보인다.[1)

2) 판   례

판례는 기본적으로는 불요설의 입장을 취하고 있다. 그러나 예외적으로는 회사의 존속의 기초가 되는 중요한 영업재산의 양도는 사실상 영업양도라는 개념으로 제374조의 적용 대상으로 인정하여 주주총회의 특별결의를 요하도록 하고 있다[주요판례 3~8]. 결국 판례는 일종의 절충적 입장이라고 볼 수 있다. 다만 중요한 재산이라 할지라도 이미 법적 절차를 거쳐 영업을 폐지하거나 영업이 중단된 상태에서 양도하는 경우에는 주주총회의 결의가 필요 없다고 한다[주요판례 9~11]. 제374조의 적용 대상이 되는 사실상의 영업양도에 대한 판례는 비교적 풍부하게 집적되어 있어서, 이 문제는 판례를 정치(精緻)하게 검토하여 정리할 필요가 있다고 하겠다.

---

1) 이철송, 593면; 정찬형, 923면; 최준선, 400면.

(3) 영업상 중요한 재산의 담보제공

영업상 중요한 재산을 담보로 제공하는 경우에도 주주총회의 특별결의를 얻어야 하는가라는 문제에 대하여는, 상법이 양도만을 규정하고 있으므로 원칙적으로 담보설정을 하면서 주주총회의 특별결의를 얻을 필요는 없다고 하겠다.

그런데 판례 중에는 재산을 매도담보에 의해 양도한 경우에는 환매기간 내에 환매하지 못하면 영업의 전부 또는 중요부분을 폐업하게 되므로 주주총회의 특별결의를 요한다고 판시한 것이 있다[주요판례 12]. 반면, 재산에 근저당권을 설정하는 경우에는 비록 중요한 재산이라도 상법 제374조 제 1 항 어디에도 해당될 수 없어 주주총회의 특별결의를 요하지 않는다고 본 판례도 존재한다[주요판례 13].

Ⅲ. 주요판례·문제해설

1. 주요판례

(1) 대법원 2007. 6. 28. 선고 2006다62362 판결 — 정관변경의 효력발생

주식회사의 원시정관은 공증인의 인증을 받음으로써 효력이 생기는 것이지만 일단 유효하게 작성된 정관을 변경할 경우에는 주주총회의 특별결의가 있으면 그 때 유효하게 정관변경이 이루어지는 것이고, 서면인 정관이 고쳐지거나 변경 내용이 등기사항인 때의 등기 여부 내지는 공증인의 인증 여부는 정관변경의 효력발생에는 아무 소장이 없다.

(2) 대법원 2018. 4. 26. 선고 2017다288757 판결 — 영업양도의 무효 주장

강행법규를 위반한 자가 스스로 그 약정의 무효를 주장하는 것이 신의칙에 위배되는 권리의 행사라는 이유로 그 주장을 배척한다면, 이는 오히려 강행법규에 의하여 배제하려는 결과를 실현시키는 셈이 되어 입법 취지를 완전히 몰각하게 되므로, 달리 특별한 사정이 없는 한 위와 같은 주장이 권리남용에 해당되거나 신의성실 원칙에 반한다고 할 수 없다. … 상법 제373조 제 1 항 제 1 호는 … 강행법규라고 할 것이므로, 주식회사가 영업의 전부 또는 중요한 일부를 양도한 후 주주총회의 특별결의가 없었다는 이유를 들어 스스로 그 약정의 무효를 주장하더라도 주주 전원이 그와 같은 약정에 동의한 것으로 볼 수 있는 등 특별한 사정이 인정되지 않는다면 위와 같은 무효 주장이 신의성실 원칙에 반한다고 할 수는 없다.

[주주총회의 특별결의가 필요 없는 재산양도로 본 사례](3)~(6)

(3) 대법원 1997. 7. 25. 선고 97다15371 판결

주주총회의 특별결의가 있어야 하는 상법 제374조 제1호 소정의 '영업의 전부 또는 중요한 일부의 양도'라 함은 일정한 영업목적을 위하여 조직되고 유기적 일체로 기능하는 재산의 전부 또는 중요한 일부를 총체적으로 양도하는 것을 의미하는 것으로서 이에는 양수회사에 의한 양도회사의 영업적 활동의 전부 또는 중요한 일부의 승계가 수반되어야 하므로 단순한 영업용 재산의 양도는 이에 해당하지 않으나, 영업용 재산의 처분으로 말미암아 회사영업의 전부 또는 일부를 양도하거나 폐지하는 것과 같은 결과를 가져오는 경우에는 주주총회의 특별결의가 필요하다. 그런데 영업이 금속제품생산업인 회사가 온천개발사업을 계획중이던 부동산을 양도한 경우에는 단순한 영업용 재산의 양도로 주주총회의 특별결의를 요하지 않는다.

(4) 대법원 1999. 4. 23. 선고 98다45546 판결

회사의 주식을 그 소유자로부터 양수받아 양수인이 회사의 새로운 지배자로서 회사를 경영하는 경우에는 회사의 영업이나 재산은 아무런 변동이 없고 주식만이 양도될 뿐이므로 주주총회의 특별결의를 거칠 필요가 없다.

(5) 대법원 1997. 6. 27. 선고 95다40977, 40984 판결

회사가 그의 전세보증금 반환채권을 양도하더라도 임대차계약기간이 종료할 때까지는 그 목적물을 계속 사용할 수 있으며 그 임대차기간이 종료하였을 때 그 전세보증금 상당의 금전을 마련하여 다시 임대차계약을 체결할 수도 있으므로, 회사가 위 전세보증금 반환채권을 양도한 것 자체를 가리켜 회사영업의 전부 또는 중요한 일부를 양도하거나 폐지하는 것과 같은 결과를 가져오는 영업용 재산의 처분에 해당한다고 할 수 없고, 따라서 회사가 위 전세보증금 반환채권을 양도함에 주주총회의 특별결의를 요하지 않는다.

(6) 대법원 1994. 5. 10. 선고 93다47615 판결

피고 회사가 원고에게 매도하였다는 이 사건 공장건물은 피고 회사의 전체 자산에서 차지하는 비중이 그다지 큰 것이 아니고, 피고 회사로서는 공장건물을 이전하여 영업을 계속할 수도 있는 것이므로, 그 공장건물의 양도를 들어 상법 제374조 제1호 소정의 영업의 전부 또는 중요한 일부의 양도라고 보기는 어려울 것이고,

그 공장건물의 부지가 원고에게 매도된 이상 공장건물은 철거될 운명에 놓이게 되었다는 등 원심이 인정하는 사정을 고려하여 보면 이 사건 공장건물의 양도로 인하여 회사영업의 전부 또는 일부를 양도하거나 폐지하는 것과 같은 결과를 가져온 것으로 볼 수도 없다.

[회사 존속의 기초가 되는 중요재산의 양도로 주주총회의 특별결의가 필요하다고 본 사례](7)~(8)

(7) 대법원 2006. 6. 2. 선고 2004도7112 판결

일반택시운송사업을 주목적으로 하는 회사의 여객자동차운수사업면허 양도는 회사영업의 전부 또는 일부를 양도하거나 폐지하는 것과 같은 결과를 가져오는 것이므로 주주총회의 특별결의가 필요하다.

(8) 대법원 2004. 7. 8. 선고 2004다13717 판결

발명특허로 출원한 '사전 암반 절단공법'인 이 사건 특허권은 정황상 원고 회사의 가장 중요한 재산인 사실을 알 수 있는바, 사정이 이와 같다면, 이 사건 특허권의 양도는 원고 회사 영업의 전부 또는 일부를 양도하거나 폐지하는 것과 같은 결과를 가져오는 경우라고 보아야 할 것이므로, 이 사건 특허권의 양도에는 주주총회의 특별결의가 필요하다고 할 것이다.

[회사존속의 기초가 되는 중요재산이라도, 영업의 폐지나 중단 상태에서 양도했는가를 주요하게 판단한 사례](9)~(11)

(9) 대법원 1998. 3. 24. 선고 95다6885 판결

회사가 회사 존속의 기초가 되는 영업재산을 처분할 당시에 이미 영업을 폐지하거나 중단하고 있었던 경우에는 그 처분으로 인하여 비로소 영업의 전부 또는 중요한 일부가 폐지되거나 중단되기에 이른 것이라고 할 수 없으므로, 그와 같은 경우에는 주주총회의 특별결의를 요하지 않는다.

기록에 의하면 위 회사는 이 사건 토지를 처분할 당시 이미 영업의 폐지에 준하여 사실상 일체의 영업활동을 하지 아니하고 있는 상태여서 그 처분으로 인하여 비로소 영업의 전부 또는 일부가 중단되기에 이른 것이라고 할 수 없으므로, 위 토지의 처분에 관하여 주주총회의 특별결의를 요하지 않는다고 보는 것이 정당하다.

(10) 대법원 1996. 10. 11. 선고 95다1460 판결

원고가 그 영업종목 중에서 ○○방송 관련영업을 폐지한 후 ○○방송이 사용하던 부동산, 기자재 등 이 사건 재산 일체를 피고 공사에게 양도한 것이고, 피고 공사 역시 ○○방송으로부터 영업적 활동을 승계함이 없이 전파관리국으로부터 새로이 무선국허가를 받아 방송을 시작하면서 다만 ○○방송의 재산과 시설물 일체를 양수한 것이라면, 원고의 이 사건 재산양도계약은 이미 폐업한 ○○방송의 잔여재산을 양도하기 위하여 체결한 것에 불과하고 그로 인하여 원고가 방송업을 중단하거나 폐지하게 된 것으로 볼 수 없으므로 이 사건 재산양도계약은 상법 제374조 제1호 소정의 주주총회의 특별결의를 필요로 하는 영업의 전부 또는 중요한 일부의 양도에 해당한다고 볼 수 없다 할 것이다.

(11) 대법원 1992. 8. 18. 선고 91다14369 판결

'영업의 중단'이라고 함은 영업의 계속을 포기하고 일체의 영업활동을 중단한 것으로서 영업의 폐지에 준하는 상태를 말하고 단순히 회사의 자금사정 등 경영상태의 악화로 일시 영업활동을 중지한 경우는 여기에 해당하지 않는다. 따라서 거액의 부도가 발생하여 회사의 임원들이 부도수습에 전념하느라고 공장가동이 전면 중단되고 공원들이 임금을 받지 못하여 회사를 점령, 농성중에 있어서 그해 5. 20.까지 영업활동을 한 바 없었다고 하여도, 임원들의 부도수습노력은 악화된 자금상황의 타개를 위한 것으로서 영업의 계속을 전제로 한 것이라고 볼 수 있을 뿐 아니라 일시 노임체불로 인한 근로자들의 농성도 노임지급으로 해소될 수 있는 상황이라고 할 것이므로, 부도가 난 때부터 불과 3개월 정도의 경과가 경영상태의 악화로 인한 영업활동의 일시적 중지라고 볼 수는 있을지언정 영업의 폐지에 준하는 영업의 중단이라고 보기는 어렵다고 할 것이다.

(12) 대법원 1987. 4. 28. 선고 86다카553 판결 — 중요재산의 담보제공

소외 ○○흄관공업주식회사는 흄관의 제작판매를 업으로 하고 있는 회사이고 이 사건 흄관몰드(형틀)는 흄관제작에 없어서는 아니될 동 소외 회사소유의 영업용 재산의 거의 전부에 해당하는 것이라면 위의 흄관몰드 전부를 매도담보로 제공하는 행위는 위 소외 회사의 영업의 전부 또는 중요한 일부를 양도 내지 폐지하는 것과 동일한 결과를 초래하는 것으로서 주주총회의 특별결의를 거쳐야 할 사항이라고 할 것이다.

(13) 대법원 1971. 4. 30. 선고 71다392 판결 — 중요재산의 담보제공

원심이 주식회사 소유의 재산에 대하여 근저당권을 설정하는 행위가 상법 제374조 각호의 어느 행위에도 해당되지 않는다는 견해로써 원고회사의 본건 재산이 비록 동 회사의 중요한 재산이라 하더라도 동 근저당권 설정계약에 주주총회의 특별결의를 요하는 것이 아니라고 판단하였음은 정당하다.

2. 문제해설

(1) 정관의 절대적 기재사항인 액면가의 변경에 관한 문제이다. 정관의 절대적 기재사항인 주금액을 인상하려면 정관변경이 필요하다. 그런데 주금액이 인상되면 인상한 분만큼 주주에게 추가로 주금을 납입하게 해야 하는데, 이는 주주유한책임의 원칙에 반한다. 따라서 총주주가 동의해야만 주금액을 인상할 수 있다는 것이 통설적 입장이다. 따라서 A가 반대하면 甲회사는 주금액 인상을 목적으로 하는 정관변경을 할 수 없다.

(2) 중요한 재산의 처분에 대한 제374조의 적용 문제이다. 乙회사에게 특허권은 회사존속의 기초라고 보이므로 그 양도시 주주총회의 특별결의가 필요하다. 따라서 이사회 동의만을 얻은 사례의 특허권 양도계약은 효력이 없고, 乙회사는 이전등록의 말소를 청구할 수 있다.

(3) 이 경우는 (2)와는 달리 특허권의 양도로 영업의 중단 또는 폐지까지 초래되지 않을 것으로 판단되므로, 당해 특허권이 회사존속의 기초라고 보기 어려워 그 이전에 주주총회특별결의를 요한다고 할 수 없다. 그렇다면 乙회사가 양도계약의 무효에 기한 이전등록말소청구를 할 수 없을 것이다.

[5] 반대주주의 주식매수청구권

I. 사 례

1. 사실관계

甲주식회사는 주주총회특별결의를 통해 주식양도시 이사회의 승인을 받아야 한다는 내용으로 정관을 변경하려고 하는데, 발행주식의 5%를 보유한 주주 A는 이러한 정관변경에 반대하고 있다. 乙주식회사는 이사회에서 丙회사와 합병을 하기로 결의하였는데, 보통주 2만 주와 무의결권주 1만 주를 보유하고 있는 주주 B는 이러한 합병에 반대하고 있다.

2. 검   토

(1) 주주 A는 甲회사에 대하여 주식매수를 청구할 수 있는가?

(2) 이사회결의가 있은 후, 주주 B가 보통주 3만 주를 추가로 취득하였다면 乙회사에 매수를 청구할 수 있는 주식의 수는 얼마인가?

Ⅱ. 주요법리

1. 개   관

상법은 제374조에서 규정하고 있는 주주총회의 특별결의사항(영업양도 등)에 반대하는 주주에 대하여 회사에 대한 주식매수청구권을 인정하고 있다(374조의2). 주식매수청구권은 주주의 이해관계에 중대한 영향을 미치는 사안이 주주총회에서 결의되었을 때 그 결의에 반대했던 주주가 자신의 소유주식을 회사로 하여금 매수하게 할 수 있는 권리로서, 다수주주의 의사나 횡포로부터 소수주주의 권익을 보호하기 위한 제도이다.

상법은 제374조 제 1 항이 정하는 영업양도 등의 경우 이외에도 회사에 구조적 변화를 일으키는 특별결의사항 가운데 주식의 포괄적 교환 및 이전(360조의5, 360조의22)과 합병 및 분할합병(522조의3, 530조의11 2항)의 경우에도 반대주주에게 주식매수청구권을 인정한다. 주식양도제한의 경우에도 주식매수청구권이 인정되지만(335조의6), 이러한 매수청구권은 주식의 환가방법으로서 인정되는 것으로서 그 취지를 달리한다.

2. 주식매수청구의 요건과 절차

(1) 주주총회의 소집통지

주식매수청구권이 인정되는 주주총회의 경우, 회사는 그 소집의 통지에서 주식매수청구권의 내용 및 행사방법을 명시해야 한다(374조 2항). 공식적으로는 주주가 이러한 통지에 의해 비로소 영업양도 등이 추진되고 있음을 알게 되고 반대 여부를 결정한다. 이를 게을리한 때에는 벌칙이 적용된다(635조 1항 23호). 2015년 상법개정에서는 무의결권 주주도 주식매수청구권을 가짐을 분명히 하였고(374조의2 1항), 아울러 제363조 제7항 단서를 신설하여 주식매수청구권이 인정되는 사항이 포함된 안건은 무의결권 주주에게도 소집통지를 하여야 한다고 규정하고 있다.

(2) 반대의 통지

결의사항에 반대하는 주주는 먼저 주주총회 전에 회사에 대하여 서면으로 그 결의에 반대하는 의사의 통지를 한 경우에 주식매수청구를 할 수 있다(사전반대의 통지, 374조의2 1항 전단). 이처럼 주식매수청구권을 행사하려면 사전반대통지가 필수인데, 만약 회사가 주주에게 총회소집을 통지하면서 주식매수청구권의 내용 및 행사방법을 명시하지 않은 경우에는 이러한 사전반대가 어려울 수 있다. 이러한 경우에는 사전반대의 통지 없이도 주주가 주식매수청구권을 행사할 수 있다고 보아야 한다[주요판례 1].

주식매수청구권을 행사하기 위하여는 총회에 참석하여 당해 결의에 반대하는 방향으로 의결권을 행사하여야 하는가의 문제가 있다. 주식매수청구권은 총회에서 반대한 것의 대가로 주어지는 것이 아니고, 단순히 회사의 결정을 따르고 싶지 않은 주주에게 회사관계에서 탈퇴할 수 있도록 한 것이다. 또한 상법이 주식매수청구권의 행사요건으로 사전반대의 통지만을 요하고 총회에 출석하여 반대할 것을 명시적으로 요구하지 않는다. 이러한 측면에서 반대주주는 반드시 총회에 출석하여 반대의 투표를 할 필요는 없다는 것이 통설적 입장이다.

또 다른 문제로, 주주가 반대의 통지를 한 다음 총회에 출석하지 않은 경우 이를 어떻게 처리할 것인가의 쟁점이 있다. 반대주주가 출석하지 않더라도 결의시에 의결권 있는 주주의 의결권은 반대표에 가산해야 한다는 입장이 있다.[1] 이 견해에서는 만약 그렇지 않으면 반대자가 더 많은데도 의안이 가결되는 모순이 발생할 가능성이 있다는 점을 제시한다. 이와 달리 주식매수청구권 행사는 의결권행사의 방법이 아니므로 결의요건상 출석한 주식수나 반대한 주식수로 계산될 수 없다는 견해도 있다.[2] 이러한 입장에서는 현실적으로 주주에게는 실제 의사와 상관없이 주식매수청구권을 행사할 수 있는 여지를 남기기 위해 일단 반대의 통지를 할 인센티브가 있다는 점, 또한 반대통지를 한 주주를 반대표에 가산하게 되면 일부 주주에

---

1) 이철송, 604면.
2) 송옥렬, 959면.

대하여만 절차에 따르지 않고 서면투표를 인정하게 된다는 점 등을 지적한다.

(3) 매수청구

반대의 통지를 한 주주는 그 총회결의일로부터 20일 이내에 주식의 종류와 수를 기재한 서면으로 회사에 대하여 자기가 소유하고 있는 주식을 매수해 줄 것을 청구할 수 있다(서면청구, 374조의2 1항 후단). 이 기한이 지나면 매수청구를 할 수 없다.

소유주식 중 일부만을 매수청구하여도 무방하다. 주식매수청구권은 주주의 권리이고, 그 일부나 전부의 포기는 주주의 자유인 까닭이다. 주주는 일부의 매수청구, 일부의 포기에 의해 분산투자의 효과를 거둘 수도 있다.[1]

합병계획 등이 공표된 후에 주식을 취득한 주주도 주식매수청구권을 행사할 수 있는가의 문제가 있다. 상장회사는 합병 등 주요 경영사항에 관한 이사회의 결의가 있으면 시장에 공시를 하는데, 자본시장법은 이러한 공시가 있은 후에 주식을 취득한 주주에게는 매수청구권을 인정할 필요가 없다고 보아 원칙적으로 이사회의 결의가 있은 사실이 공시되기 이전에 취득하였음을 증명하는 주주에 한해 매수청구권을 인정한다(자본시장법 165조의5 1항). 단기적 차익을 목적으로 뒤늦게 주식을 취득하는 자는 보호할 필요가 없다는 것이다. 이와 유사하게, 비상장회사의 경우에도 이사회에서 합병 등이 결의되고 그 계획이 공표된 후에 주식을 취득한 주주에게는 주식매수청구권을 부여해서는 안 된다는 해석론이 주장될 수 있다. 그러나 계획의 공표라는 것이 명문에 의해 정형화된 공시방법으로 인정되지 않는 한 그에 의해 모든 주주가 합병계획을 안다고 의제할 수 없으므로 이 같은 예외를 인정할 수는 없다.[2] 다만 사전반대 단계와 매수청구 단계에서 변동 없이 동일성이 인정되는 주주만이 주식매수를 청구할 수 있다고 보는 입장에 따르면,[3] 위와 같은 견해의 다툼은 주주가 반대의사를 통지하기 이전의 상황에서 의미를 가질 것이다. 왜냐하면 해당 입장에 의하면 반대의사를 통지한 후 주식을 추가로 취득한 경우에는 증가된 부분에 대하여 매수청구권이 인정되지 않는 까닭이다.

---

1) 이철송, 605면.
2) 송옥렬, 958면; 이철송, 603면.
3) 이철송, 605면; 정찬형, 933면. 이와 달리 반대통지를 한 주주로부터 주식을 매수한 주주라도 이를 증명할 수 있다면 주식매수청구권을 행사할 수 있다고 보는 견해도 있다. 주식매수청구권을 행사할 수 있는 주주가 자신의 지위를 그대로 양도하는 것을 허용할 필요가 있다는 것이다. 김건식 외, 862면.

3. 회사의 매수의무

회사는 20일의 매수청구기간이 종료하는 날로부터 2개월 이내에 그 주식을 매수하여야 한다(374조의2 2항). 상장회사의 경우에는 매수청구기간이 종료하는 날부터 1개월 이내에 매수하여야 한다(자본시장법 165조의5 2항). 회사가 반대주주의 주식을 매수하는 것은 특정목적에 의한 자기주식취득의 한 경우가 된다(341조의2 4호).

주주의 매수청구권은 형성권의 일종이기 때문에 회사가 별도로 매수의 의사표시를 할 필요는 없다. 즉 주주가 매수청구를 하면 회사의 승낙 여부와 상관없이 주주와 회사 사이에 매매계약이 체결되고, 그 결과 회사는 2개월 이내에 계약을 이행(매수대금의 지급)하여야 한다[주요판례 2]. 아래에서 보듯이 원칙적으로 매수가격은 주주와 회사간의 협의로 결정되는데, 협의가 실패하면 매수가격이 2개월(상장회사의 경우 1개월) 내에 결정되지 않을 수 있다. 그렇더라도 가액만 확정되지 않았을 뿐 대금지급의무는 법정기한인 2개월을 기한으로 하여 부담하는 것이므로, 이 기한이 도래한 때로부터 회사는 지체책임을 진다. 따라서 법원에서 매수가액이 결정되면 그 지연손해금은 법정기한인 2개월 또는 1개월이 경과한 시점부터 계산한다[주요판례 3].

매수가액에 관한 비송사건이 진행되어 가액확정이 늦어지는 경우, 회사 측이 나름의 매수가액을 공탁하여 그 부분 지연책임을 면하고자 하는 경우가 있다. 그러나 대법원은 일부 공탁은 반대주주가 이를 수령하지 않는 한 변제의 효력이 없고,[1] 반대주주가 매수가액 확정 이후 회사에 그 전체에 대한 지연책임을 묻더라도 신의성실 원칙에 반하지 않는다고 본다(대법원 2020. 4. 9. 선고 2016다32582 판결 참조). 결국 회사는 고율의 지연이자를 부담할 수밖에 없으므로 입법적으로 회사와 주주간의 다툼이 없는 부분에 대하여는 일부 공탁을 허용할 필요가 있다.[2]

4. 매수가액의 결정

주식매수청구에 있어서 매수가격의 결정이 주주보호를 위한 가장 핵심적 문제이다. 만약 매수가격이 적절하지 않다면 결국 소수주주를 부당히 축출하는 수단이

---

1) 채무자가 변제공탁을 하여 그 채무를 면하려면 채무액 전부를 공탁해야 하므로, 일부공탁은 일부의 채무이행이 유효하다고 인정될 수 있는 특별한 사정이 있는 경우를 제외하고는 채권자가 일부공탁을 수락하지 않는 한 채무의 일부 소멸 효과도 주장할 수 없다(대법원 1983. 11. 22. 선고 83다카161 판결).

2) 김건식 외, 862면; 송옥렬, 962면.

되는 까닭이다.

(1) 협의에 의한 결정

주식의 매수가액은 원칙적으로 주주와 회사간의 협의에 의해서 결정한다(374조의2 3항). 협의는 회사가 개개 주주와 개별적인 약정에 의해 정하는 것이지만, 실제로는 회사가 제시한 가격에 대해 주주들이 개별적으로 수락 여부를 결정하게 될 것이다.

(2) 법원에 의한 결정

회사가 주식매수의 청구를 받은 날부터 30일 내에 매수가액에 관한 협의가 이루어지지 아니한 경우에는 회사 또는 주식의 매수를 청구한 주주는 법원에 대하여 매수가액의 결정을 청구할 수 있다(374조의2 4항). 법원이 주식의 매수가액을 결정하는 경우에는 회사의 재산상태 그 밖의 사정을 참작하여 공정한 가액으로 이를 산정하여야 한다(374조의2 5항). 법원은 매수가액의 결정을 비송사건으로 처리한다.

주식의 시가가 존재하는 상장회사의 경우에는 자본시장법이 채용하는 가격결정방법이 일응의 기준이 될 수 있다. 즉 자본시장법은 이사회 결의일 이전에 증권시장에서 거래된 주식의 일정기간 평균가격을 매수가액으로 할 수 있다고 규정한다(자본시장법 165조의5 3항, 시행령 176조의7 3항 1호). 비상장주식의 매수가격을 결정하는 경우에는 법원은 시장가치·순자산가치·수익가치 등을 종합적으로 활용하되, 당해 회사의 상황이나 업종의 특성 등을 종합적으로 고려하는 입장을 취하고 있다 [주요판례 4].

5. 매수의 효력발생 및 매수대금 지급전 주주권의 행사

상법은 매수의 효력발생시기에 관해 명문의 규정을 두고 있지 않다. 지배주주가 소수주주의 주식을 매수하는 경우에는 매수대금을 지급하는 시기에 주식이 이전되는 것으로 보고 있는 제360조의26 제 1 항을 유추적용하여, 회사가 반대주주에게 매수대금을 지급하는 때에 동시이행적으로 주식이 회사에 이전된다고 보아야 한다.[1]

이와 관련하여 반대주주가 실제로 매수대금을 수령하기 전까지는 계속 주주로서의 권리를 행사할 수 있는지의 문제가 있다. 반대주주는 이미 회사를 탈퇴할 의

---

1) 송옥렬, 961면; 이철송, 609면.

사를 확정적으로 표시하고 대금정산만 남았음에도 불구하고 주주로서의 권리를 행
사하는 것은 타당하지 않다는 입장이 있지만,[1] 판례는 주식매수청구권을 행사한
주주도 회사로부터 그 주식의 매매대금을 지급받지 아니하고 있는 동안에는 주주
로서의 지위를 여전히 가지므로 원칙적으로 회계장부열람·등사권을 가진다고 본다
[주요판례 5].

Ⅲ. 주요판례·문제해설

1. 주요판례

(1) 대법원 2012. 3. 30.자 2012마11 결정; 원심 서울고법 2011. 12. 9.자 2011 라1303 결정 — 소집통지하지 않은 주식매수청구권 행사

상법 제374조 제2항은 회사가 그 주주총회의 소집통지를 하면서 제374조의2
제1항 및 제2항의 규정에 의한 주식매수청구권의 내용 및 행사방법을 명시하여
야 한다고 규정하고 있는바, ① 위 규정은 합병 등에 반대하는 소수주주를 보호하
기 위한 규정으로서 신청인과 같은 일반 주주의 입장에서는 회사가 주주총회의 소
집통지를 하면서 위와 같은 주식매수청구권의 행사방법(주주총회 전에 서면으로 반대의
의사를 통지하여야 하고 총회 결의일로부터 20일 이내에 서면으로 주식매수를 청구하여야 한다는
점) 등을 사전에 고지하여 주지 아니할 경우 사실상 주식매수청구권을 행사하지 못
하게 될 가능성이 클 것으로 보이는 점(회사가 위 규정을 준수하지 아니한 경우에도 반대
주주는 무조건 주주총회 전에 반대의 의사를 통지하여야만 주식매수청구권을 행사할 수 있다고
해석한다면 이는 소수주주의 주식매수청구권을 사실상 형해화하는 결과를 초래할 수 있다), ②
상법에서 반대주주로 하여금 주주총회 전에 회사에 대하여 서면으로 그 결의에 반
대하는 의사를 통지하도록 하고 있는 취지는, 합병을 추진하는 회사로 하여금 반대
주주의 현황을 미리 파악하여 총회결의에 대비할 수 있게 하기 위함이라고 봄이 상
당한데, 이 사건의 경우에는 어차피 합병 전 사건본인 회사가 오향관광 주식의
85.04%(=14,823/17,430×100)를 보유하고 있어 합병결의의 정족수를 채우는 데 아무
런 문제가 없었던 점 등을 고려하여 볼 때, 오향관광이 상법 제374조 제2항에 따
른 주식매수청구권의 내용 및 행사방법에 대한 통지를 하지 아니한 이상, 신청인이

---

1) 김건식 외, 863면; 송옥렬, 961면.

이 사건 총회 전에 서면으로 그 합병결의에 반대한다는 의사를 통지하지 아니하였다고 하더라도 신청인은 주식매수청구권을 행사할 수 있다고 봄이 상당하다.

(2) 대법원 2011. 4. 28. 선고 2010다94953 판결 — 회사의 매수의무

영업양도에 반대하는 주주(이하 '반대주주'라 한다)의 주식매수청구권에 관하여 규율하고 있는 상법 제374조의2 제 1 항 내지 제 4 항의 규정 취지에 비추어 보면, 반대주주의 주식매수청구권은 이른바 형성권으로서 그 행사로 회사의 승낙 여부와 관계없이 주식에 관한 매매계약이 성립하고, 상법 제374조의2 제 2 항의 '회사가 주식매수청구를 받은 날로부터 2월'은 주식매매대금 지급의무의 이행기를 정한 것이라고 해석된다. 그리고 이러한 법리는 위 2월 이내에 주식의 매수가액이 확정되지 아니하였다고 하더라도 다르지 아니하다.

(3) 대법원 2011. 4. 28. 선고 2009다72667 판결 — 매수의무 지체책임

원고들이 2001. 5. 16. 피고에게 주식매수청구권을 행사하였음에도 피고가 2월의 매수기간 내에 주식대금을 지급하지 않았으므로, 피고는 2001. 7. 17. 이후에는 이행지체로 인한 지연손해금을 지급하여야 한다 … 피고가 대법원의 최종 결정으로 확정된 주식매수가액에 따른 매매대금의 원금채무가 있음을 인정하면서도 이를 이행하지 않고 응소한 이상, 그 원금채무에 대한 지연손해금은 피고가 존재와 액수를 다투지 않는 원금채무의 불이행으로부터 발생하는 것이므로, 이로 인한 소장 송달 다음 날부터의 지연손해금은 「소송촉진 등에 관한 특례법」이 정한 법정이율에 의하여야 하고, 대법원의 최종 결정 이전의 지연손해금 발생 여부에 관하여 다툼이 있다고 하더라도 위 원금채무로부터 발생하는 소장 송달 이후의 지연손해금에 관하여는 위 「소송촉진 등에 관한 특례법」 제 3 조에서 정한 법정이율이 적용되어야 한다.

(4) 대법원 2006. 11. 23.자 2005마958, 959, 960, 961, 962, 963, 964, 965, 966 결정 — 매수가액의 결정기준

회사의 합병 또는 영업양도 등에 반대하는 주주가 회사에 대하여 비상장주식의 매수를 청구하는 경우, 그 주식에 관하여 객관적 교환가치가 적정하게 반영된 정상적인 거래의 실례가 있으면 그 거래가격을 시가로 보아 주식의 매수가액을 정하여야 할 것이나, 그러한 거래사례가 없으면 비상장주식의 평가에 관하여 보편적으로 인정되는 시장가치방식, 순자산가치방식, 수익가치방식 등 여러 가지 평가방법을 활용하되, 비상장주식의 평가방법을 규정한 관련법규들은 그 제정 목적에 따

라 서로 상이한 기준을 적용하고 있으므로, 어느 한 가지 평가방법(예컨대, 구 「증권거
래법」 시행령 84조의7 1항 2호의 평가방법이나 「상속세 및 증여세법」 시행령 54조의 평가방법)이
항상 적용되어야 한다고 단정할 수는 없고, 당해 회사의 상황이나 업종의 특성 등
을 종합적으로 고려하여 공정한 가액을 산정하여야 한다. 한편, 비상장주식에 관하
여 객관적 교환가치가 적정하게 반영된 정상적인 거래의 실례가 있더라도, 거래 시
기, 거래 경위, 거래 후 회사의 내부사정이나 경영상태의 변화, 다른 평가방법을 기
초로 산정한 주식가액과의 근접성 등에 비추어 위와 같은 거래가격만에 의해 비상
장주식의 매수가액으로 결정하기 어려운 경우에는 위와 같은 거래가액 또는 그 거
래가액을 합리적인 기준에 따라 조정한 가액을 주식의 공정한 가액을 산정하기 위
한 요소로 고려할 수 있다.

영업양도 등에 반대하는 주주의 주식매수청구에 따라 비상장주식의 매수가액
을 결정하는 경우, 특별한 사정이 없는 한 주식의 가치가 영업양도 등에 의하여 영
향을 받기 전의 시점을 기준으로 수익가치를 판단하여야 하는데, 이때 미래에 발생
할 추정이익 등을 고려하여 수익가치를 산정하여야 한다. 그러나 당해 사건에서 미
래의 수익가치를 산정할 객관적인 자료가 제출되어 있지 않거나, 수익가치가 다른
평가방식에 의한 요소와 밀접하게 연관되어 있어 별개의 독립적인 산정요소로서
반영할 필요가 없는 경우에는 주식매수가액 산정시 수익가치를 고려하지 않아도
된다.

시장가치, 순자산가치, 수익가치 등을 종합적으로 반영하여 비상장주식의 매수
가액을 산정하는 경우, 당해 회사의 상황이나 업종의 특성, 개별 평가요소의 적정
여부 등 제반 사정을 고려하여 그 반영비율을 정하여야 한다.

(5) 대법원 2018. 2. 28. 선고 2017다270916 판결 — 매수대금 지급전 반대주주의 지위

주식매수청구권을 행사한 주주도 회사로부터 그 주식의 매매대금을 지급받지
아니하고 있는 동안에는 주주로서의 지위를 여전히 가지고 있으므로 특별한 사정
이 없는 한 주주로서의 권리를 행사하기 위하여 필요한 경우에는 위와 같은 회계장
부열람·등사권을 가진다. 주주가 주식의 매수가액을 결정하기 위한 경우뿐만 아니
라 회사의 이사에 대하여 대표소송을 통한 책임추궁이나 유지청구, 해임청구를 하
는 등 주주로서의 권리를 행사하기 위하여 필요하다고 인정되는 경우에는 특별한

사정이 없는 한 그 청구는 회사의 경영을 감독하여 회사와 주주의 이익을 보호하기 위한 것이므로, 주식매수청구권을 행사하였다는 사정만으로 청구가 정당한 목적을 결하여 부당한 것이라고 볼 수 없다.

2. 문제해설

(1) 반대주주의 주식매수청구권의 인정 사유에 정관변경이 포함되는가의 문제이다. 어떠한 경우에 주식매수청구권을 인정하는가는 입법정책의 문제로서, 상법은 정관변경에 반대하는 주주에게는 주식매수청구권을 인정하지 않는다. 따라서 A는 주식매수를 청구할 수 없다.

(2) ① 무의결권주식을 가진 주주의 매수청구권 인정 여부 및 ② 매수청구의 대상이 되는 주식의 확정 방법에 관한 문제이다. 과거 의결권 없는 주식을 가진 주주의 매수청구권을 부정하는 견해도 있었으나, 2015년 상법개정을 통해 무의결권 주주도 주식매수청구권을 가진다는 것이 분명해졌다. 그리고 비상장회사의 경우 이사회에서 합병 등이 결의되고 그 계획이 공표된 후에 주식을 취득한 주주에게 주식매수청구권을 부여할 것인가에 대해서는 견해가 나뉜다. 결국 주주 B는 원래 보유하던 보통주 2만 주와 무의결권주 1만 주에 대하여는 매수청구가 가능하며, 추가로 취득한 3만 주에 대한 매수청구 여부는 학설에 따라 달라질 수 있다.

[6]   종류주주총회

I. 사   례

1. 사실관계

甲주식회사는 보통주 이외에도 "5년 후에 보통주로 전환할 수 있는 무의결권 우선주"를 발행하였다. 이후 甲회사의 보통주주만이 모인 정기주주총회에서 우선주의 보통주로의 전환에 필요한 기간을 10년으로 연장하는 내용으로 정관을 변경하는 결의를 하였다.

2. 검   토

(1) 우선주주인 A는 甲회사의 주주총회결의로 인해 자신에게 손해가 발생하였다는 이유로 해당 총회결의의 하자를 다투는 소를 제기할 수 있는가?

(2) 우선주주 A가 손해를 입었다는 주장에 대해, 甲회사는 주주총회결의로 인해 우선주주들이 5년이 아닌 10년간 고율의 이익배당을 받게 되어 오히려 이익이 되므로 종류주주총회가 불필요하다고 항변하고 있다. 타당한가?

Ⅱ. 주요법리

1. 종류주주총회의 의의

회사가 종류주식을 발행한 경우 수적으로 우세한 종류의 주주가 주주총회의 결의를 지배함으로써 이해를 달리하는 종류의 주주에게 손해가 발생할 수 있다. 따라서 상법은 주주총회의 특별결의사항 중 일부에 관해서 주주총회의 결의 외에 손해를 입을 염려가 있는 종류의 주주들만의 결의를 요구하는데, 이 결의를 위하여 소집되는 것이 종류주주총회이다. 종류주주총회는 주주총회의 부가적인 결의요건에 불과할 뿐 회사의 기관은 아니다. 종류주주총회의 소집과 운영 등에 관하여는 주주총회의 규정이 준용된다(435조 3항).

2. 종류주주총회가 필요한 경우

(1) 정관변경으로써 어느 종류의 주주에게 손해를 미치게 될 때(435조 1항)

예컨대 우선주에 대한 배당률을 낮추거나, 참가적 우선주를 비참가적 우선주로 하는 경우 등이다. 창립총회에서 정관을 변경하는 경우도 이에 해당할 수 있다(308조 2항). 정관변경으로 인하여 같은 종류의 주주들에게 어느 면에서는 유리하고 어느 면에서는 불리하다면 이는 종류주주총회의 결의를 요하는 사안이라는 것이 판례의 입장이다[주요판례].

(2) 상법 제344조 제3항에 의하여 주식의 종류에 따라 특수한 정함을 하는 경우 그 결과가 어느 종류의 주주에게 손해를 미치게 될 때(436조 전단)

회사가 종류주식을 발행하는 때에는 정관에 다른 정함이 없는 경우에도 주식의 종류에 따라 신주의 인수, 주식의 병합·분할·소각 또는 회사의 합병·분할로 인한 주식의 배정에 관하여 특수한 정함을 할 수 있다(344조 3항). 이에 따라서 어느 종류의 주주에게 불리한 결과를 초래하는 경우(예를 들어, 우선주보다 보통주에게 더 많은 신주배정을 하는 경우)이다.

(3) 회사의 분할 또는 분할합병, 주식교환·이전 및 회사의 합병으로 인하여 어느 종류의 주주에게 손해를 미치게 되는 경우(436조 후단)

3. 결의요건

종류주주총회의 결의는 출석한 주주의 의결권의 3분의 2 이상의 수와 그 종류의 발행주식 총수의 3분의 1 이상의 수의 찬성으로 이루어진다(435조 2항). 종류주주총회에서는 의결권 없는 종류주식도 의결권을 가진다(435조 3항).

4. 결의의 하자

종류주주총회결의 자체의 하자에 대해서는 주주총회의 결의하자에 관한 규정이 준용된다는 설[1]과 종류주주총회의 결의하자는 별개의 소로써 주장하지 못하고 주주총회결의의 하자로 다루면 된다는 설[2]이 있다.

5. 종류주주총회 흠결의 효과

종류주주총회의 결의가 필요한 데도 주주총회결의만으로 결의한 경우 그 효력이 어떠할 것인가의 문제가 있다. 일부 학설은 일반주주총회는 완전한 효력을 발생하지 못하고 부동적인 상태(불발효)에 있다고 한다. 이를 부동적 무효론이라고 하는데, 이는 독일 판례에서 인정된 것으로 주주총회결의 자체에는 아무런 하자가 없으나 주주총회결의 단독으로는 소기의 목적을 달성할 수 없고 여기에 다른 결의나 법적 행위가 있어야만 비로소 완전한 효력을 발생하는 경우를 말하는 것이다. 따라서 불완전한 결의는 무효도 아니고 취소할 수 있는 것도 아니며, 추가로 필요한 결의나 행위가 거절되는 경우에 확정적으로 무효가 된다고 한다.[3]

그러나 판례는 '불발효'라는 개념을 인정하지 않고, 예컨대 정관변경에 필요한 요건이 구비되지 않았음을 이유로 하여 단지 그 정관변경이 무효라는 민사소송법

---

1) 손주찬, 739면.
2) 이철송, 655면.
3) 정찬형, 938면.

상의 확인의 소를 제기하면 족하다고 한다[주요판례]. 즉 판례는 종류주주총회가 일반주주총회결의 자체의 효력을 발생시키기 위한 추가적 요건이라고 보고 있지 않다. 판례의 입장에 찬성하여 불발효론을 인정하지 않으면서도 종류주주총회를 결한 것은 주주총회결의의 취소사유(376조)로 보아야 한다는 학설도 존재한다.[1]

Ⅲ. 주요판례·문제해설

1. 주요판례

대법원 2006. 1. 27. 선고 2004다44575, 44582 판결 — 종류주주의 손해 판단 및 종류주주총회 흠결의 효과

상법 제435조 제1항은 "회사가 수종의 주식을 발행한 경우에 정관을 변경함으로써 어느 종류의 주주에게 손해를 미치게 될 때에는 주주총회의 결의 외에 그 종류의 주주의 총회의 결의가 있어야 한다"고 규정하고 있는바, 위 규정의 취지는 주식회사가 보통주 이외의 수종의 주식을 발행하고 있는 경우에 보통주를 가진 다수의 주주들이 일방적으로 어느 종류의 주식을 가진 소수주주들에게 손해를 미치는 내용으로 정관을 변경할 수 있게 할 경우에 그 종류의 주식을 가진 소수주주들이 부당한 불이익을 받게 되는 결과를 방지하기 위한 것이므로, 여기서의 '어느 종류의 주주에게 손해를 미치게 될 때'라 함에는, 어느 종류의 주주에게 직접적으로 불이익을 가져오는 경우는 물론이고, 외견상 형식적으로는 평등한 것이라고 하더라도 실질적으로는 불이익한 결과를 가져오는 경우도 포함되며, 나아가 어느 종류의 주주의 지위가 정관의 변경에 따라 유리한 면이 있으면서 불이익한 면을 수반하는 경우도 이에 해당된다고 할 것이다.

이 사건 정관변경으로 인하여, 기존의 우선주주들이 무상증자 등에 의하여 향후 새로 배정받게 될 우선주의 내용에만 차이가 생기는 것일 뿐이고 그 외에는 아무런 차이가 없는데, 차이가 생기는 부분인 향후 배정받게 될 우선주의 내용은 구 우선주와 달리 10년 후에도 보통주로 전환할 수 없는 것이므로, 보통주로의 전환에 의한 의결권의 취득을 바라고 있던 우선주주의 지위에서는 정관변경이 불리한 반면, 의결권의 취득에는 관심이 적고 그보다는 이익배당에 더 관심이 있던 우선주주

---

1) 이철송, 656면.

의 지위에서는 특정 비율 이상의 우선배당권이 10년의 제한을 받지 아니하고 언제까지나 보장되는 것이어서 유리하다. 정관을 변경함으로써 우선주주 각자의 입장에 따라 유리한 점과 불리한 점이 공존하고 있을 경우에는 우선주주들로 구성된 종류주주총회의 결의가 필요하다.

상법 제435조 제 1 항의 문언에 비추어 보면, 어느 종류주주에게 손해를 미치는 내용으로 정관을 변경함에 있어서 그 정관변경에 관한 주주총회의 결의 외에 추가로 요구되는 종류주주총회의 결의는 정관변경이라는 법률효과가 발생하기 위한 하나의 특별요건이라고 할 것이므로, 그와 같은 내용의 정관변경에 관하여 종류주주총회의 결의가 아직 이루어지지 않았다면 그러한 정관변경의 효력이 아직 발생하지 않는 데에 그칠 뿐이고, 그러한 정관변경을 결의한 주주총회결의 자체의 효력에는 아무런 하자가 없다고 할 것이다.

정관의 변경결의의 내용이 어느 종류의 주주에게 손해를 미치게 될 때에 해당하는지 여부에 관하여 다툼이 있는 관계로 회사가 종류주주총회의 개최를 명시적으로 거부하고 있는 경우에, 그 종류의 주주가 회사를 상대로 일반 민사소송상의 확인의 소를 제기함에 있어서는, 정관변경에 필요한 특별요건이 구비되지 않았음을 이유로 하여 정면으로 그 정관변경이 무효라는 확인을 구하면 족한 것이지, 그 정관변경을 내용으로 하는 주주총회결의 자체가 아직 효력을 발생하지 않고 있는 상태(이른바 불발효 상태)라는 관념을 애써 만들어서 그 주주총회결의가 그러한 '불발효 상태'에 있다는 것의 확인을 구할 필요는 없다. 특정 외국의 학설이나 판례가 그 나라의 법체계와 법규정에 근거하여 설정하거나 발전시켜 온 이론을, 그와 다른 법체계하에 있는 우리나라의 소송사건에 원용하거나 응용하는 것은, 꼭 그렇게 하여야 할 이유가 있는 경우에 한하여 필요한 범위 안에서 신중하게 하여야 할 것이다.

2. 문제해설

(1) 종류주주총회가 흠결된 경우 주주총회의 효력을 다툴 수 있는가의 문제이다. 결의불발효설에 따르면 A는 민사소송법상의 확인의 소로써 주주총회결의 불발효 확인의 소를 제기하여야 할 것이고, 취소설에 의하면 제376조의 결의취소의 소를 제기할 수 있을 것이다. 판례에 의하면 A는 주주총회결의 자체의 하자를 다툴 수는 없고, 정관변경이 무효임을 구하는 확인의 소를 제기하여야 한다.

(2) 종류주주에게 손해를 미치는 상황이 무엇인가의 문제이다. 판례는 정관의

변경에 따라 어느 종류의 주주의 지위가 유리한 면과 불리한 면을 함께 수반하는 때에도 불이익한 결과를 가져오는 경우라고 본다. 사례의 경우 정관변경의 결과 우선주주가 10년간 고율의 우선배당을 받게 되는 이익도 있지만, 반면 의결권을 얻을 수 있는 기회를 잃는 손해도 수반되므로 우선주주의 종류주주총회가 필요하다. 따라서 甲회사의 주장은 타당하지 않다.

[7] 주주총회결의의 하자

Ⅰ. 사 례

1. 사실관계

甲주식회사의 정기주주총회에서는 다음 임시총회를 30일 이후에 개최하기로 결정하고 그 소집을 결의하였다. 乙주식회사는 주주총회의 소집권한이 없는 전무이사가 주주총회를 소집하여 새로운 감사를 선임하였다.

2. 검 토

(1) 다음 주주총회의 소집결의를 甲회사 주주총회에서 하는 것은 주주총회의 정당한 권한사항이 아니라는 점을 이유로 들어 소를 제기하고자 하는데, 누가 어떤 종류의 소를 제기하여야 하는가?

(2) 乙회사 주주총회는 주주총회 소집권한이 없는 자에 의하여 주주총회가 소집되었다는 점을 이유로 소를 제기하고자 하는데, 누가 어떤 종류의 소를 제기하여야 하는가?

Ⅱ. 주요법리

1. 총 설

주식회사의 최고의사결정기관인 주주총회는 단지 주주가 모여서 결의를 하였다는 것만으로는 적법한 주주총회가 될 수 없다. 주주가 적법한 소집절차에 의해 모이고, 결의내용도 정관이나 법령에 적합하여야 한다. 총회의 결의가 외형상 성립한 경우에도 주주총회의 소집절차나 결의방법, 결의내용이 정관이나 법령에 위반하는 경우에는 그 결의에 법적인 하자가 있다. 결의의 하자가 있는 경우에는 그 효력을 그대로 인정할 수 없다. 하지만 이것을 일반원칙에 따라 무효·취소로 처리한다면 다수 이해관계인이 존재하는 주식회사에 있어서 법률관계의 안정을 기할 수 없게 된다.

그리하여 상법은 주주총회의 결의의 하자를 다투는 소의 방법으로 ① 총회의 소집절차 또는 결의방법이 법령 또는 정관을 위반하거나 현저하게 불공정한 경우와 결의의 내용이 정관에 위반한 경우에 결의취소의 소(376조), ② 총회의 결의내용이 법령에 위반한 경우, 즉 결의의 실질적 하자를 이유로 한 결의무효확인의 소(380조), ③ 총회의 소집절차 또는 결의방법에 총회결의가 존재한다고 볼 수 없을 정도의 중대한 하자가 있는 것을 이유로 한 결의부존재확인의 소(380조), ④ 특정주주가 총회의 의안에 대하여 특별이해관계가 있기 때문에 의결권을 행사할 수 없었던 경우에 나머지 주주들이 현저하게 부당한 결의를 하였음을 이유로 한 부당결의취소·변경의 소(381조) 등 4종의 소를 규정하여 일정의 절차에 따라 결의의 효력을 부정하도록 하고 있다.

2. 결의취소의 소

(1) 취소의 원인

총회의 소집절차 또는 결의방법이 법령 또는 정관에 위반한 경우, 위법한 것은 아니지만 현저하게 불공정한 경우, 그 결의의 내용이 정관에 위반한 때에 결의취소의 소를 제기할 수 있다. 결의취소의 소는 결의의 형식적 하자를 그 소의 원인으로 하는 것이 원칙이었으나, 1995년 상법개정을 통해 결의내용이 정관에 위반하는 경우에도(내용상의 하자) 결의취소의 소의 원인으로 추가적으로 규정하고 있다(376조 1항). 정관이란 구성원인 주주들의 합의에 의해 정해진 규범이고, 주주총회결의 역시 주주들의 합의의 성격을 갖는 것이다. 만약 정관에 위반한 주주총회결의에 대해 구성원들이 이의를 제기하지 않는다면 마치 결의내용에 따라 정관을 변경한 것으로 볼 여지가 있다. 그런데 결의 내용이 정관에 위반한 경우를 무효사유로 한다면 구성원들의 주장유무에 불구하고 치유되지 않는 하자가 된다. 이는 하자의 성격상 비경제적인 효과이므로 상법은 하자의 성격에 부합하는 효과를 주기 위해 정관위반을 취소사유로 바꾼 것이다.

소집절차의 법령·정관위반이라 함은 주주총회를 소집하기로 하는 이사회결의가 없거나 그 결의가 무효인 경우, 이사회 소집결의는 있었으나 소집권한이 없는 자에 의하여 소집된 경우[주요판례 1·2], 소집통지의 기재내용이 불비한 경우, 통지기간(회일의 2주 전)이 부족한 경우, 일부주주에 대한 소집통지가 누락된 경우 등이 이에 해당한다[주요판례 3]. 결의방법의 법령 또는 정관위반의 경우란 정족수가 미달된 경우, 주주 아닌 자가 총회에 참석하여 결의에 참가한 경우나 주주권을 행사할 수 없는 자가 참석한 경우(예: 의결권 없는 주주의 참여), 이사의 출석이 불가능한 상태에서 개의한 경우 등이다.

소집절차 또는 결의방법이 현저하게 불공정한 경우에는 총회당일에 회의장을 변경한 경우, 폭행 또는 협박 등에 의하여 결의를 성립시킨 경우, 의장이 주주의 발언을 부당하게 제한하거나 퇴장시키거나 하는 등의 편파적 의사진행행위 등이 포함된다.

결의의 내용이 정관에 위반한 때라 함은 정관에서 정한 이사·감사의 수를 넘거나, 회사목적에 위반하는 경우 등을 들 수 있다.

(2) 소의 성질 및 주장방법

결의취소의 소는 형성의 소이므로, 소의 방법으로만 취소주장이 가능하다. 따라서 결의는 판결에 의해 취소되기 전까지는 유효하므로 소에 의하지 아니하고 취소사유를 다른 청구의 공격·방어방법으로 주장할 수 없다. 예컨대, 취소원인이 있는 결의에 의해 이사로 선임된 자가 지급받은 보수를 반환시키고자 한다면, 우선 결의취소소송을 제기하여 이사선임결의취소의 확정판결을 받은 이후 그에 따라 보수의 반환을 청구하여야 한다. 처음부터 선임결의에 취소사유가 있다는 것을 이유로 보수의 반환을 청구할 수는 없다.

(3) 소의 절차

1) 제소권자와 피고

취소원인이 발생하면 주주·이사 또는 감사가 소송을 제기할 수 있다(376조 1항). 취소의 소를 제기할 수 있는 주주는 제소 당시의 주주로서 단독주주라도 가능하다. 의결권 없는 주주는 취소의 소를 제기할 수 없다는 견해[1]가 종래 있었지만, 결의취소의 소는 결의의 적법성과 공정성을 확보하는 장치이며 아울러 주주라면 누구나 회사 구성원으로서 총회의 적정한 운영에 이익을 가지므로 의결권 없는 주

---

1) 손주찬, 742면.

주도 제소 가능하다는 것이 현재 통설이다.[1] 소를 제기한 주주·이사·감사는 변론 종결 시까지 계속 그 자격을 유지하여야 하며, 소송계속 중 그 지위를 상실한 때에는 당사자적격의 상실로 소가 각하된다.[2] 소제기 이후 주식의 포괄적 교환이 이루어져 원고가 피고회사의 주주에서 그 모회사의 주주로 지위가 바뀐 경우와 같이 원고 자신의 의사에 반하여 주주의 지위를 상실하였더라도, 원고는 더 이상 피고회사의 주주가 아니므로 소를 각하하여야 한다[주요판례 4].

상법상 명문의 규정이 없으나 회사가 소의 피고로 된다. 이때에는 통상 대표이사가 회사를 대표해 소송을 수행한다. 대표이사가 취소소송의 대상인 주주총회결의에서 선임된 자라 하더라도 회사를 대표할 권한이 있다(대법원 1983. 3. 22. 선고 82다카1810 전원합의체 판결). 다만 이사가 취소의 소를 제기한 경우는 감사가 회사를 대표해서 수행하여야 한다(394조).

2) 소제기의 공고와 제소기간

결의취소의 소는 결의가 있은 날로부터 2월 내에 회사본점소재지의 지방법원에 제기하여야 한다(376조 1항). 이 기간은 제척기간이다. 소가 제기된 때에는 회사는 지체 없이 이를 공고해야 한다(376조 2항, 187조).

3) 소의 병합심리·담보제공

수개의 결의취소의 소가 제기된 때에는 법원은 병합심리해야 한다(376조 2항, 188조). 이는 동일한 법원에 수개의 결의취소의 소가 제기된 경우에 법원의 모순 없는 통일된 판단을 확보하기 위한 것이다.

주주가 취소의 소를 제기한 경우에 회사는 주주가 악의임을 소명하여 주주의 담보제공을 청구할 수 있으며, 법원은 이에 따라 주주에게 상당한 담보의 제공을 명할 수 있다(377조 1항·2항). 여기서 '악의'란 취소사유가 없음을 알고 소를 제기한 것을 뜻한다. 주주가 이사·감사인 경우에는 담보제공의무가 없다(377조 1항 단서).

4) 화해의 가능성

취소의 소의 당사자는 화해할 수 없다. 회사관계소송의 성질상 소의 이익이 당

---

1) 이철송, 620면; 정찬형, 943면; 최준선, 424면.
2) 이사가 그 지위에 기하여 주주총회결의 취소의 소를 제기하였다가 소송 계속 중에 사망하였거나 사실심 변론종결 후에 사망하였다면, 그 소송은 이사의 사망으로 중단되지 않고 그대로 종료된다(대법원 2019. 2. 14. 선고 2015다255258 판결).

사자가 임의로 처분할 수 있는 것이 아니기 때문이다[주요판례 5].

5) 재량기각인정

결의취소의 소가 제기된 경우에도 결의의 내용, 회사의 상황과 제반사정을 참작하여 그 취소가 부당하다고 인정한 때에는 법원은 그 청구를 기각할 수 있다(379조). 이 제도의 취지는 회사의 기존의 법률관계의 안정을 보호하기 위함이다. 재량기각은 결의취소의 소에서만 인정되는 것으로 무효확인의 소나 부존재확인의 소 등에서는 인정되지 않는다.

당사자의 주장이 없더라도 법원은 직권으로 재량에 의하여 그 청구를 기각할 수 있다는 것이 판례의 입장이다(대법원 2003. 7. 11. 선고 2001다45584 판결). 재량기각은 다른 회사법상의 소에서도 인정되지만 그 경우에는 하자의 보완을 요건으로 하고 있다(189조). 반면 결의취소의 소에서는 하자의 보완을 요하지 않는다는 점에서 차이가 있다.

(4) 판결의 효력

1) 원고가 승소한 경우

원고가 승소하여 결의취소판결이 확정되면 그 효력은 소송당사자 이외의 주주와 이사 기타 제 3 자에 대해서도 미친다(376조 2항, 190조 본문). 이와 같이 일반 민사소송법의 원칙(소송당사자 사이에만 판결의 기판력이 미친다는 대인적 효력)과 달리 대세적 효력을 인정하는 것은, 총회결의에 대하여 이해관계 있는 모든 당사자에 대하여 결의의 효력을 획일적으로 발생하게 함으로써 법률관계의 안정을 도모하기 위함이다. 그 결과 누구도 새로이 결의의 유효를 주장하지 못한다. 또한 대세적 효력이 인정되므로 청구의 인락(認諾)·소송상 화해는 인정될 수 없다. 그러나 원고가 청구를 포기하거나 취하하는 것은 가능하다.

결의취소가 확정되면 결의는 총회결의시까지 소급하여 효력을 잃게 된다. 설립무효(328조), 신주발행의 무효(429조), 합병무효(529조) 등 회사법상의 형성의 소에서는 예외 없이 판결이 소급효를 갖지 않는 것과 달리, 결의취소 등 판결은 예외적으로 소급효를 갖는다. 종래에는 상법 제376조 제 2 항이 제190조 단서를 준용함으로써 판결이 확정되어도 판결 전에 발생한 회사와 사원 및 제 3 자와의 법률관계에는 영향을 미치지 않는 불소급효를 인정하고 있었다. 그러나 1995년 상법개정으로 제190조 단서의 준용규정이 삭제되어 소급효가 인정되게 되었다.

결의취소 등의 판결에 일률적으로 소급효를 인정한 결과 결의의 유효를 전제로 축적된 과거의 법률관계가 일시에 무너지게 된다. 예컨대 이사를 선임한 결의에 대해 취소 등 판결이 내려질 경우 그 이사들이 선임한 대표이사 역시 소급하여 대표이사의 자격을 상실하고, 따라서 그 대표이사가 행한 대외적 거래가 전부 무효가 된다. 이로 인한 거래상대방의 보호문제는 별도의 법리로 해결하게 된다. 부실등기의 주장을 제한하는 상법 제39조와 표현대표이사의 책임을 인정하는 제395조의 원용이 그것이다. 즉 취소된 결의에서 선임된 자를 대표이사로 등기한 것은 고의 또는 과실로 인하여 사실과 상위한 사항을 등기한 셈이므로 회사는 그 상위를 선의의 제3자에게 대항하지 못한다(39조). 또한 취소된 결의에서 선임된 대표이사는 대표이사가 아니면서 회사를 대표할 권한이 있는 것으로 인정될 만한 명칭을 사용하여 거래한 셈이므로 회사는 선의의 제3자에 대하여 그 책임을 진다(395조). 다만 회사의 책임이 발생하려면 표현대표이사로서의 행위가 대표이사의 권한 내의 행위이어야 한다. 따라서 주주총회·이사회의 결의 등 일정한 절차를 거쳐야 하는 것이 명백한 행위에 있어서는 표현대표이사의 행위에 해당한다는 것만으로는 상대방이 보호받지 못한다.

2) 원고가 패소한 경우

원고가 패소한 경우에는 민사소송법의 일반원칙에 따라 판결의 효력은 대세적 효력이 없고 소송당사자 사이에서만 발생한다. 따라서 다른 제소권자는 제소기간 이내에는 새로이 소를 제기할 수 있다. 원고가 패소한 경우에 원고가 악의 또는 중과실이 있는 때에는 회사에 연대하여 손해를 배상할 책임을 진다(376조 2항, 191조). 이는 주주들의 남소를 방지하기 위한 것이다.

3. 결의무효확인의 소

(1) 무효의 원인

주주총회의 결의내용이 법령을 위반한 경우에는 결의무효확인의 소를 제기할 수 있다(380조). 결의내용이 주주총회의 권한사항이 아닌 경우(예: 다음 총회소집의 결의), 강행법규나 선량한 풍속 기타 사회질서에 반하는 경우(예: 분식결산), 주주평등의 원칙에 반하는 경우(예: 주주에 따라 배당을 달리하는 결의), 주식회사 본질에 반하는 경우(예: 유한책임의 원칙을 위반한 결의·회사채권자의 이익에 반하는 결의 등) 등이 무효의 원인에 해당한다. 결의내용이 정관에 위반한 경우는 결의취소의 소의 원인임은 앞서 언급하였다.

(2) 소의 성질 및 주장방법

무효확인의 소의 성질에 대하여는 확인소송설과 형성소송설이 대립한다. 실제에 있어서 양설의 중요한 차이는 결의무효의 주장을 소만으로써 할 수 있다고 보느냐(형성소송설), 소 이외의 방법 예컨대 타 소송에서의 청구원인이나 항변으로도 주장할 수 있다고 보느냐(확인소송설)이다.

1) 확인소송설

내용상의 실질적인 하자는 처음부터 당연히 무효라서 누구나, 언제든지, 소송만이 아니라 어떠한 방법에 의해서도 결의의 무효를 주장할 수 있으므로 결의무효확인의 소는 확인의 소라고 보는 입장이다. 상법의 관련 조문도 결의무효확인소송의 경우 취소소송과 달리 제소권자나 제소기간에 제한을 두지 않고 있다. 상법학자들의 다수견해이며[1] 판례의 입장이다(대법원 1992. 9. 22. 선고 91다5365 판결; 대법원 2011. 6. 24. 선고 2009다35033 판결). 이 견해에 따르면 무효확인의 소에 대하여 대세적 효력이 인정되는 것은 법률관계의 획일적 확정을 위한 특별규정으로 본다.

2) 형성소송설

결의무효확인의 소를 그 명칭과 관계없이 형성의 소라고 보는 입장이다. 대부분의 민사소송법학자와 소수의 상법학자들의 입장이다.[2] 기판력이 당사자간에만 인정되는 일반의 확인판결과 달리, 결의무효확인의 소에 대하여 판결의 대세적 효력과 소급효라는 형성판결과 같은 강력한 효력을 인정하고 있다는 것을 그 근거로 들고 있다. 이 견해에 따르면 사단의 법률관계에 있어서는 법률관계를 획일적으로 처리할 필요가 있다는 점을 이유로 하여 상법 제380조에 규정된 결의의 무효 또는 부존재는 반드시 소송만으로 주장할 수 있다고 본다.

(3) 제소권자·제소기간

결의무효확인의 소는 제소권자에 아무런 제한이 없으므로 소의 이익이 있는 자는 누구나 소를 제기할 수 있다. 주주는 물론 이사·감사 또는 회사채권자와 제

---

1) 손주찬, 748면; 정찬형, 951면; 최준선, 435면.
2) 이철송, 628면.

3자까지도 소를 제기할 수 있다. 제소기간에도 제한이 없으므로 언제나 제기할 수 있다.

(4) 피   고

무효확인의 소에 있어서도 회사가 피고로 된다.

(5) 준용규정

판결의 효력(대세적 효력, 190조 본문), 패소원고의 책임(191조), 제소자의 담보제공(377조), 전속관할(186조), 소의 병합심리(188조) 등의 경우는 모두 결의취소의 소의 경우와 같다(380조). 여기서 주의할 점은 무효확인의 판결의 효력에 있어서도 취소소송과 마찬가지로 소급효가 인정되어 무효판결은 법률행위시까지 소급하여 효력이 발생한다. 무효확인의 소에는 법원의 재량기각이 인정되지 않는다.

4. 결의부존재확인의 소

(1) 의   의

주주총회의 소집절차나 결의방법에 총회결의가 존재한다고 볼 수 없을 정도의 중대한 하자가 있는 경우에 결의부존재확인의 소가 인정된다(380조). 현행 상법상 결의부존재확인의 소는 절차상의 하자를 그 사유로 하는 점에서 내용상의 하자를 그 사유로 하는 결의무효확인의 소와 구별된다. 결의부존재확인의 소는 무효확인의 소와 소의 원인에 있어서만 다르고 그 밖에는 모두 무효확인의 소와 같다(같은 조문에 규정). 결의취소와 결의부존재는 절차상의 하자의 경우에 하자의 중대성 여부에 따라 구분한다. 그리고 아래에서 살펴보듯 결의의 부존재사유가 판례가 인정하는 표현결의에 해당하면 아예 회사법상의 소의 대상이 되지 않는다.

실무상 결의부존재확인의 소가 결의의 하자에 관한 소송 중에서 다수를 점하고 있다. 그 이유는 우리나라의 주식회사에 있어서 대부분이 주주총회가 실제로 열리지 않음에도 회사의 중요 의사결정은 총회를 거쳐야 하므로 형식적으로 의사록에 주주총회가 개최된 것으로 꾸미는 경우가 많은 까닭이다. 그리고 결의부존재확인의 소는 제소권자와 제소기간의 제한이 없어 확인의 이익만 있으면 누구라도 언제나 제기할 수 있기 때문이다.

(2) 소의 성질 및 주장방법

상법은 결의부존재확인의 소에 대하여 취소소송과 달리 제소권자, 제소기간,

주장방법 등에 관한 규정을 두지 않고 있다. 그러나 한편으로 결의취소소송의 전속 관할(186조), 소제기의 공고(187조), 소의 병합심리(188조), 패소원고의 책임(191조), 제소주주의 담보제공의무(377조), 판결의 등기(378조)에 관한 규정을 준용하고, 아울러 판결의 효력에 있어서도 대세적 효력과 소급효를 인정하고 있다(380조에 의하여 190조 본문만 준용됨). 따라서 결의부존재확인의 소의 법적 성질에 대하여도 결의무효확인의 소에서와 마찬가지로 확인소송설과 형성소송설이 대립하고 있다.

(3) 부존재 원인
1) 결의부존재의 의의 및 유형

결의취소의 원인이 되는 절차적 하자의 정도가 심하여 총회결의가 존재한다고 볼 수 없을 정도에 이른 경우가 결의부존재 사유라 할 수 있다. 어느 경우가 '중대한 하자'인가의 여부는 실제로 구분하기 어려우므로 결의부존재에 관한 판례와 학설을 유형화하는 것이 필요하다.

(가) 총회 불개최나 결의가 없었던 경우

총회의 소집절차가 전혀 없거나 총회가 개최되었더라도 결의를 한 사실이 전혀 없음에도 허위로 의사록을 작성한 경우 등은 결의부존재 사유이다(대법원 1969. 9. 2. 선고 67다1705, 1706 판결).

(나) 소집절차의 위반

① 소집권한 없는 자가 소집한 경우: 주주총회의 소집은 이사회가 결정하고, 이 결정에 따라 대표이사가 구체적인 소집절차를 행하는 것이 원칙이다. 이사회의 소집결정도 없고, 또한 소집권이 없는 자에 의하여 개최된 총회에서의 결의는 부존재한 것으로 본다(대법원 2010. 6. 24. 선고 2010다13541 판결).

대표이사가 이사회의 결의를 거치지 아니하거나 하자 있는 결의에 기하여 주주총회를 소집한 경우는 학설이 대립된다. 주주총회의 소집은 이사회의 전권사항이므로 이 경우 주주총회의 성립을 인정할 수 없고 그 결의도 부존재라고 보는 견해가 있다.[1] 반면 다수설과 판례의 입장은 이사회의 결의란 외부에서 알 수 없는 회사의 내부관계의 문제이므로 이 경우 주주총회결의의 취소사유로 보고 있다(대법원 1989. 5. 23. 선고 88다카16690 판결).[2] 이사회결의를 거쳤으나 대표이사가 아닌 이사가 소집한 주주총회의 결의도 부존재가 아니라 취소사유에 해당한다.

---

1) 이철송, 613면.
2) 손주찬, 741면; 정찬형, 940면; 최준선, 421면.

② **소집통지의 현저한 누락**: 주주총회의 소집통지가 일부주주에게 누락된 경우에는 원칙적으로 취소사유가 되고, 소집통지의 누락이 현저한 경우에는 결의부존재사유가 된다(대법원 1978. 11. 14. 선고 78다1269 판결). 다만, 어느 정도의 누락이 결의부존재사유에 해당하는지에 관하여는 정설이 없어 구체적으로 결정하여야 한다. 누락된 주식수가 발행주식 총수에 대하여 차지하는 비율(객관적 사유), 누락의 고의성(주관적 사유) 등을 종합적으로 판단하여야 한다.

③ **결의장소의 이탈과 기타 하자**: 총회의 회의장이 아닌 곳에서의 결의, 회의장이 수습할 수 없을 정도로 혼란에 빠진 경우와 같이 회의장으로 볼 수 없는 곳에서 이루어진 결의는 결의부존재의 사유가 된다. 주주총회가 적법하게 연기되었음에도 불구하고 결의가 이루어졌거나, 주주총회의 의사일정 종결 후 일부주주가 남아서 결의한 경우도 부존재에 해당한다. 또한 주주 또는 대리인이 아닌 자가 주주총회에 출석하여 결의한 경우는 통상 결의취소의 사유가 되지만, 총회결의에서 주주 아닌 자가 대부분인 경우에는 부존재에 해당한다(대법원 1968. 1. 31. 선고 67다2011 판결). 주주총회의 소집통지서에는 '회의의 목적사항'을 기재해야 하나, 기재되지 않은 사항에 대하여 결의를 하더라도 이는 단순히 소집절차에 하자가 있는 것에 불과하므로 취소사유가 된다.

2) 표현결의·비결의

과거 판례는 상법 제380조가 규정하는 부존재와 구분하여 '주주총회의 의사결정 자체가 존재하지 않는 경우'를 별도로 인정하고, 이 경우에는 상법 제380조가 적용되지 않으므로 민사소송법상 일반적인 확인의 소로서 부존재확인의 소를 제기할 수 있다고 판시하였다. 이러한 유형의 결의를 학자에 따라서 '표현결의'(表見決議)[1] 또는 '비결의'(非決議)라[2] 부른다.

이러한 표현결의의 개념은 1995년 상법개정 전에 제380조가 제190조를 모두 준용함으로써 부존재확인판결에 대해서도 소급효가 제한되던 시절에 의미가 있었다. 부존재확인의 판결을 받더라도 소급효가 부정되면 그 결의에 의해 이루어진 후

---

1) 이철송, 633면.
2) 최준선, 450면; 정찬형, 953면에서는 총회의 결의라고 볼 만한 실체가 사실상 존재하지만 총회의 소집절차 또는 결의방법에 중대한 하자가 있어서 법률상 결의가 존재하지 않는다고 평가되는 경우를 표현결의로, 결의의 사실이 물리적으로 부존재하는 경우를 비결의로 부르면서, 전자에만 상법 제380조가 적용되고 후자에는 제380조가 적용되지 않는다고 한다.

속행위의 효력을 부인할 수 없다. 그렇지만 표현결의는 민사소송법상의 일반적인 확인의 소로 제기할 수 있으므로 그 판결은 소급효가 제한되지 않아 후속행위의 효력을 아울러 부인할 수 있게 되는 것이다.

그러나 표현결의에 해당하는 사유들은 사실상 제380조의 부존재사유의 유형에 해당하는 것이다. 그리고 현행법은 제190조 단서의 준용을 배제함으로써 결의 하자에 관한 판결에 소급효를 인정하므로 표현결의라는 개념을 인정할 실익은 크게 줄었다고 할 수 있다.

(4) 부존재확인의 소의 요건과 절차

1) 당 사 자

결의부존재확인에 대하여 법률상 이익을 가지는 자는 모두 소를 제기할 수 있는 것이 원칙이므로, 결의취소의 소송과 달리 제소권자가 주주·이사·감사에 한정되지 않는다. 총회결의가 제 3 자간의 법률관계의 성립 또는 효력요건으로 되어 있는 경우 또는 총회결의의 존부가 제 3 자의 권리 또는 이익에 영향을 미치는 경우에는 제 3 자에게도 확인의 이익이 있으므로 결의부존재확인의 소를 제기할 수 있다. 원고주주가 소송계속 중 주주지위를 상실한 경우 기존 결의부존재확인의 소는 각하되는데, 판례는 원고주주가 주식의 포괄적 교환으로 인해 피고회사의 완전모회사 주주로 바뀐 경우에는 부존재확인을 구할 법률상 이익이 없다고 본다[주요판례 4]. 피고는 다른 소와 마찬가지로 회사이며, 제소기간의 제한은 없다.

2) 준용규정

판결의 효력(대세적 효력, 190조 본문), 패소원고의 책임(191조), 제소자의 담보제공(377조), 전속관할(186조), 소의 병합심리(188조) 등의 경우는 모두 결의취소의 소의 경우와 같다(380조). 결의부존재확인의 소에서도 법원의 재량기각은 인정되지 않는다.

5. 부당결의취소·변경의 소

(1) 의   의

부당결의취소·변경의 소는 총회의 결의에 관하여 특별한 이해관계가 있음으로 말미암아 의결권을 행사할 수 없었던 주주가 그 결의의 부당함을 이유로 결의의 취소 또는 변경을 구하는 소이다(381조 1항). 예컨대 이사인 주주가 특별이해관계인으로서 참여하지 않은 주주총회에서 나머지 주주들이 그 이사의 보수를 부당하게 낮게 정한 경우, 해당 이사이자 주주가 부당결의 취소·변경의 소를 제기할 수 있다. 이 소의 법적 성질은 형성의 소이다.

(2) 요 건

첫째, 결의에 특별한 이해관계가 있는 주주가 의결권을 행사하지 못하였어야 한다(368조 3항). 둘째, 총회의 결의가 현저하게 부당한 경우이어야 한다. 결의의 내용이 법률이나 정관에 위반하지 않았더라도, 사회통념상 이해관계자의 이익을 현저하게 해한다고 볼 수 있는 경우이다. 그리고 셋째, 특별한 이해관계가 있는 주주가 의결권을 행사하였더라면 결의를 저지할 수 있었던 경우이어야 한다.

(3) 제소권자·제소기간·피고

특별한 이해관계가 있어 의결권을 행사할 수 없었던 자만이 제소할 수 있고, 결의일로부터 2월 내에 제기하여야 한다(381조 1항). 피고는 회사이다.

(4) 준용규정

전속관할(186조), 소제기의 공고(187조), 소의 병합심리(188조), 판결의 효력(190조 본문), 원고패소의 책임(191조), 제소자의 담보제공(377조), 결의취소의 등기(378조) 등의 경우는 모두 결의취소의 소의 경우와 같다(381조 2항). 그러나 법원의 재량기각은 인정되지 않는다.

6. 소의 종류와 소송물

제소자가 청구취지를 그르친 경우 부적합한 소로서 각하하여야 하는지, 아니면 가능한 범위에서 청구취지의 동일성을 인정할 것인지의 문제가 있다. 아울러 제소자가 특정 종류의 소송을 제기하며 다른 종류의 청구를 예비적 청구로 한 경우 이를 어떻게 취급할 것인지도 문제가 된다. 이들은 결국 취소의 소, 무효확인의 소, 부존재확인의 소의 소송물이 서로 같은지 여부의 문제이다. 신소송물 이론의 입장에서 이들 소송은 모두 하자 있는 결의의 효력을 대세적으로 해소시키고자 하는 점에서 소송목적, 나아가서는 소송물을 같이 한다고 본다. 이러한 견해에 따르면 예컨대 취소의 소가 제기되었더라도 법원은 무효확인 또는 부존재확인의 판결을 할 수 있고, 반대로 무효확인의 소가 제기되었더라도 취소의 판결을 할 수 있다고 본다.

판례는 일반적으로 구소송물이론을 취하지만 주주총회결의의 하자에 관한 소송에서는 다음과 같은 다양한 입장을 취하고 있다. 첫째, 판례는 무효확인의 청구취지를 부존재확인의 의미로 해석함으로써, 무효확인과 부존재확인의 소의 소송물은 동일하다고 보는 것으로 짐작된다[주요판례 6]. 그렇다면 역으로 무효원인이 있는데 부존재확인을 구한 경우 이를 무효확인을 구하는 취지로 볼 수도 있을 것이다.[1)

둘째, 판례 중에는 부존재원인이 있는데 취소소송을 제기한 것을 부적법하다고 하여 각하함으로써, 부존재확인청구와 취소청구의 소송물은 동일하지 않다고 본 것이 있다[주요판례 7]. 그렇지만 부존재원인은 당연히 취소원인에 포함되므로(하자의 양적 차이만 존재) 이 경우에는 취소판결을 내리는 것이 타당하다는 견해가 있다.[2) 취소사유만 있는 결의에 대하여 부존재확인의 소를 제기한 경우에도 취소의 판결을 하는 것이 아니라 부존재사유가 없다는 이유로 기각판결을 하는 것이 보통이다[주요판례 8].

최근 부존재확인청구를 하였다가 제 1 심에서 기각되자 제 2 심에서 동일한 하자를 이유로 취소청구를 예비적으로 추가한 사안에서, 부존재확인소송을 취소소송의 제소기간 내에 제기한 이상, 그 기간이 경과된 후에 취소의 소로 변경하거나 새로 취소의 소를 추가한 경우에는 소급하여 제소기간을 준수한 것으로 본 것이 있다[주요판례 9].

7. 다른 소송과의 관계

주주총회의 결의에 기초하여 이루어지는 후속행위에 대해 별도로 그 효력을 다투는 소가 마련된 경우가 있다. 예컨대 자본금감소무효의 소, 합병무효의 소, 분할무효의 소, 주식의 포괄적 교환·이전무효의 소, 주주총회가 신주발행을 결의하는 경우 신주발행무효의 소 등이 그것이다. 이때 주주총회의 결의에 하자가 있는 경우에는 결의취소·무효·부존재의 사유도 되지만 아울러 합병 등 후속행위의 무효사유도 된다. 여기서 어느 소를 제기하여야 하느냐와 관련하여 학설이 대립하나, 합병결의 등은 합병 등의 절차의 한 부분에 불과하므로 총회결의의 하자는 후속행위의 하자로 흡수되는 것으로 볼 수 있다. 결국 합병 등 후속행위의 효력발생 후에는 이들의 무효를 주장하는 소만을 제기할 수 있고, 총회의 하자를 다투는 소는 독립하여 주장할 수 없다고 볼 것이다.[3) 판례도 합병·신주발행·자본금감소에 관하

---

1) 이철송, 645면.
2) 송옥렬, 978면; 이철송, 645면.
3) 이철송, 646면; 최준선, 420면.

여 같은 입장을 취하고 있다(대법원 1993. 5. 27. 선고 92누14908 판결; 대법원 2004. 8. 20. 선고 2003다20060 판결; 대법원 2010. 2. 11. 선고 2009다93599 판결).

이와 관련하여 만약 합병의 무효를 주장하는 이유가 주주총회결의의 절차적 하자인데, 총회결의일 이후 2개월이 도과하여 결의취소의 소를 제기할 수 없게 된 경우에도 아직 합병등기 후 6개월 이내라면 주주총회의 절차적 문제점을 들어 합병무효의 소를 제기할 수 있는가의 문제가 있다. 이는 총회결의일 후 2개월이 도과함으로써 해당 결의의 취소사유가 절대적으로 치유되는지의 문제라고도 할 수 있다. 취소사유가 있는 결의의 하자로 인한 분쟁은 조기에 종결해야 한다는 취지를 강조하여 반드시 2개월 내에 어떤 형태로든 소가 제기되어야 한다고 보는 견해가 있지만,[1] 합병을 다투는 주주 등의 이익을 고려할 때 합병무효의 소를 제기할 수 있다고 볼 것이다. 판례도 분할합병에 관하여 이와 같은 입장을 취하고 있는 것으로 보인다(대법원 2010. 7. 22. 선고 2008다37193 판결).

Ⅲ. 주요판례·문제해설

1. 주요판례

(1) 대법원 1987. 4. 28. 선고 86다카553 판결 — 결의취소 사유

정당한 소집권자에 의하여 소집된 주주총회가 아니라면 그 결의는 당연무효라고 할 것이나 그렇지 아니하고 정당한 소집권자에 의하여 소집된 주주총회의 결의라면 설사 주주총회의 소집에 이사회의 결의가 없었고 그 소집통지가 서면에 의하지 아니한 구두소집통지로서 법정소집기간을 준수하지 아니하였으며 또한 극히 일부의 주주에 대하여는 소집통지를 빠뜨렸다 하더라도 그와 같은 주주총회 소집절차상의 하자는 주주총회결의의 단순한 취소사유에 불과하다 할 것이다.

(2) 대법원 1993. 9. 10. 선고 93도698 판결 — 결의취소 사유

대표이사 아닌 이사가 이사회의 소집 결의에 따라서 주주총회를 소집한 것이라면 위 주주총회에 있어서 소집절차상 하자는 주주총회결의의 취소사유에 불과하고 그것만으로 바로 주주총회결의가 무효이거나 부존재가 된다고 볼 수 없다.

---

1) 송옥렬, 980면.

(3) 대법원 1993. 10. 12. 선고 92다21692 판결 — 결의취소 사유

정당한 소집권자에 의하여 소집된 주주총회에서 정족수가 넘는 주주의 출석으로 출석주주 전원의 찬성에 의하여 이루어진 결의라면, 설사 일부주주에게 소집통지를 하지 아니하였거나 법정기간을 준수하지 아니한 서면통지에 의하여 주주총회가 소집되었다 하더라도 그와 같은 주주총회소집절차상의 하자는 주주총회결의의 부존재 또는 무효사유가 아니라 단순한 취소사유에 불과하다.

(4) 대법원 2016. 7. 22. 선고 2015다66397 판결 — 취소소송과 부존재확인소송
의 원고적격

주주총회결의 부존재 확인의 소는 제소권자의 제한이 없으므로 결의의 부존재의 확인에 관하여 정당한 법률상 이익이 있는 자라면 누구나 소송으로써 그 확인을 구할 수 있으나(대법원 1980. 10. 27. 선고 79다2267 판결 등 참조), 확인의 소에 있어서 확인의 이익은 원고의 권리 또는 법률상의 지위에 현존하는 불안·위험이 있고 그 불안·위험을 제거함에는 확인판결을 받는 것이 가장 유효·적절한 수단일 때에만 인정된다(대법원 2011. 9. 8. 선고 2009다67115 판결 등 참조). 그리고 주식회사의 주주는 주식의 소유자로서 회사의 경영에 이해관계를 가지고 있다고 할 것이나, 회사의 재산관계에 대하여는 단순히 사실상, 경제상 또는 일반적, 추상적인 이해관계만을 가질 뿐, 구체적 또는 법률상의 이해관계를 가진다고는 할 수 없다(대법원 2001. 2. 28.자 2000마7839 결정 등 참조). … 이 사건 주주총회결의가 부존재하는 것으로 확인이 되어 이 사건 주주총회결의에 근거한 배당액이 모두 피고에게 반환됨으로써 피고의 완전모회사인 하나금융지주에 이익이 된다고 하더라도, 이로 인하여 하나금융지주의 주주인 원고들이 갖는 이익은 사실상, 경제상의 것에 불과하다고 할 것이므로, 원고들은 이 사건 주주총회결의 부존재의 확인을 구할 법률상 이익을 가진다고 할 수 없다. … 주주총회결의 취소소송의 계속 중 원고가 주주로서의 지위를 상실하면 원고는 상법 제376조에 따라 그 취소를 구할 당사자적격을 상실하고(대법원 2011. 2. 10. 선고 2010다87535 판결 등 참조), 이는 원고가 자신의 의사에 반하여 주주의 지위를 상실하였다 하여 달리 볼 것은 아니다.

(5) 대법원 2004. 9. 24. 선고 2004다28047 판결 — 취소소송의 화해 불가

주주총회결의의 부존재·무효를 확인하거나 결의를 취소하는 판결이 확정되면 당사자 이외의 제3자에게도 그 효력이 미쳐 제3자도 이를 다툴 수 없게 되므로,

주주총회결의의 하자를 다투는 소에 있어서 청구의 인낙이나 그 결의의 부존재·무효를 확인하는 내용의 화해·조정은 할 수 없고, 가사 이러한 내용의 청구인낙 또는 화해·조정이 이루어졌다 하여도 그 인낙조서나 화해·조정조서는 효력이 없다.

(6) 대법원 1983. 3. 22. 선고 82다카1810 전원합의체 판결 — 무효확인의 소와 부존재확인의 소의 소송물의 동일성

회사의 총회결의에 대한 부존재확인청구나 무효확인청구는 모두 법률상 유효한 결의의 효과가 현재 존재하지 아니함을 확인받고자 하는 점에서 동일한 것이므로 법률상 부존재로 볼 수밖에 없는 총회결의에 대하여 원고들이 그 결의의 무효확인을 청구하고 있다고 하여도 이는 부존재확인의 의미로 무효확인을 청구하는 취지라고 풀이함이 타당하다.

(7) 대법원 1978. 9. 26. 선고 78다1219 판결 — 부존재사유가 있는 결의에 대하여 취소를 구한 소송의 각하

주주총회결의취소의 소가 제기된 경우에 상법 제379조에 의하여 법원이 재량기각을 함에 있어서는 먼저 주주총회결의의 자체가 법률상 존재함이 전제가 되어야 할 것이므로 주주총회소집이 이사회의 결정 없이 소집된 경우에는 주주총회결의 자체가 법률상 존재하지 않은 경우로서 상법 제379조를 적용할 여지가 없다.

(8) 대법원 1989. 5. 23. 선고 88다카16690 판결 — 취소사유만 있는 결의에 대하여 부존재확인을 구한 소송의 기각

임시주주총회가 정관상 요구되는 이사회의 결의 없이 소집되었고, 주주인 원고를 제외한 나머지 주주들에게만 소집통지를 하여 원고의 참석 없이 결의가 이루어졌더라도, 당시 원고 앞으로 주주명부상의 명의개서가 되어 있지 않았고 원고에 대한 주식양도의 효력 자체가 다투어져 원고에 의해 주주권확인소송이 제기되어 계속 중이었다면 그와 같은 하자는 주주총회결의 취소사유가 될 수 있을지언정 무효 또는 부존재사유는 되지 않는다.

(9) 대법원 2003. 7. 11. 선고 2001다45584 판결 — 소의 변경·추가를 통한 제소기간의 준수

주주총회결의 취소의 소는 상법 제376조에 따라 결의의 날로부터 2월 내에 제기하여야 할 것이나, 동일한 결의에 관하여 부존재확인의 소가 상법 제376조 소정의 제소기간 내에 제기되어 있다면, 동일한 하자를 원인으로 하여 결의의 날로부터 2월이 경과한 후 취소소송으로 소를 변경하거나 추가한 경우에도 부존재확인의 소 제기시에 제기된 것과 동일하게 취급하여 제소기간을 준수한 것으로 봄이 상당하다.

2. 문제해설

(1) 주주총회의 소집권한과 주주총회결의의 하자를 다투는 소에 대한 이해를 묻는 문제이다. 사례에서는 주주총회가 권한사항이 아닌 것을 결의하였으므로 결의내용이 법령에 위반한 경우이고, 결의무효확인의 소를 제기할 수 있다. 무효확인 소송은 소의 이익이 있는 자는 누구나 제기 가능하다.

(2) 결의취소의 소와 결의부존재확인의 소의 차이점을 파악하는 문제이다. 판례는 소집권한 없는 자에 의한 소집은 결의취소 또는 결의부존재의 원인으로 보고 있다. 사례의 경우는 하자가 경미한 경우로 보아 주주, 이사, 감사가 결의취소의 소를 제기할 수 있다고 하겠다. 그러나 이사회결의도 없이 소집권한 없는 자가 주주총회를 소집하였다면 그 하자가 중대한 경우로 보아 결의부존재의 원인이 될 수도 있다.

[8] 이사의 선임과 종임

Ⅰ. 사   례

1. 사실관계

甲주식회사는 대규모회사로서 20인의 이사를 두고 있다. 동 회사는 이사 A의 경우에는 그의 임기를 정하지 않았으며, 이사인 B는 알콜중독으로 인하여 회사경영업무를 수행하기가 곤란한 상태이다. 이사 C는 이사회 및 주주총회의 승인 없이 甲회사와 동종영업을 하는 乙주식회사를 설립하고 대표이사로 취임하여 영업준비작업을 하다가 영업활동개시 전에 乙회사의 이사 및 대표이사직을 사임한 바 있다. 甲회사의 주주총회에서 A, B, C를 해임하는 내용의 결의를 하였다. D는 자신의 임기가 만료되어 이사직을 퇴임하였다.

2. 검 토

(1) A, B, C는 각각 자신이 정당한 이유 없이 해임되었다는 이유로 회사에 대하여 손해배상을 청구할 수 있는가?

(2) D는 甲회사에 대하여 새로 선임된 이사가 취임할 때까지 이사로서의 권리·의무가 있다고 주장하는데, 이러한 주장이 적법한가?

Ⅱ. 주요법리

1. 이사의 법적 지위

'이사'라 함은 이사회의 구성원으로서 이사회의 업무집행에 관한 의사결정에 참여하고, 다른 이사의 업무집행을 감독할 권한을 갖는 자를 가리킨다. 이사는 회사에 대하여 위임관계에 있을 뿐 주주총회나 주주의 대리인이 아니다.

이사가 주식회사의 기관인지의 여부에 관해 학설이 나뉜다. 긍정설은 이사가 주주총회에 출석하여 의사록에 기명·날인하며(373조 2항), 주주총회결의취소의 소 (376조), 신주발행무효의 소(429조), 자본금감소무효의 소(445조), 합병무효의 소(529조), 설립무효의 소(328조)를 제기할 수 있으며, 이사의 경업금지의무(397조), 자기거래금지의무(398조), 임무를 해태함으로 인한 책임(399조)을 부담하는 것 등은 이사회와 관계없이 직접 회사기관인 지위를 차지하고 있는 결과 인정된 권리·의무라고 할 수 있으므로 개별 이사도 회사의 기관으로 보아야 한다는 견해[1]이다. 반대로 이사는 원칙적으로 업무집행기관인 이사회의 구성원으로서 대표이사로 선출될 수 있는 자격을 가지는 데 불과하다는 견해[2]도 있다. 즉 1962년 이전의 의용상법에서는 개별 이사라 하더라도 각자 회사의 기관이었으나 현행 상법하에서는 대표이사처럼 기관으로 선출되지 아니한 개별 이사는 기관이 아니라 기관인 이사회의 구성원과 기관인 대표이사가 될 수 있는 자격을 가지는 데 지나지 않는다는 것이다.

생각건대, 이사의 권리·의무를 포함하여 그 지위가 상법상 명문화되어 있으므로 기관긍정설이든 기관부정설이든 현실적인 차이는 없다. 이사로 선임된 이상 대표이사이건 아니건, 업무담당을 하건 안 하건, 사용인을 겸하건 안 하건, 또는 상근

---

1) 이철송, 659면.
2) 손주찬, 756면; 최준선, 455~456면; 홍복기·박세화, 408면.

이사이건 비상근이사이건, 나아가 사내이사이건 사외이사이건 묻지 아니하고 이사
로서의 법적 지위를 가지는 것은 동일하다.

2. 이사의 종류와 자격

(1) 이사의 종류

상법은 주식회사의 설립시에 등기하여야 할 사항으로서 사내이사, 사외이사,
그 밖에 상무에 종사하지 아니하는 이사의 성명과 주민등록번호를 제시하고 있어
(317조 2항 8호), 상법이 염두에 두는 이사는 3종류이다. 상법은 주식회사의 업무집
행기관으로서 이사회와 대표이사를 두고 있으나, 이사회는 회사의 업무집행에 관
한 의사결정권, 대표이사 선정권, 대표이사의 업무집행에 대한 감독권 등을 갖는
점에서 주식회사의 경영감독기관(389조, 393조)으로 볼 수 있다.

이사회가 경영감독기관으로서 역할을 제대로 수행하기 위해서는 무엇보다도
이사회의 구성원이면서 업무집행자인 이사로부터의 독립성 여부가 중요하다. 따라
서 이사회의 구성원인 이사는 그 독립성 유무에 의하여 사내이사(inside director)와
사외이사(outside director)로 구별된다. 이사회를 구성함에 있어서는 어떠한 자격, 능
력, 이해관계 등을 갖는 이사들로 충원할 것인지가 중요하지만, 이는 간단한 문제
가 아니다. 만약 경영상의 능률을 중시하여 이사회를 거의 전부 사내이사만으로 구
성한다면 이사회는 형해화(形骸化)될 우려가 있어 경영자지배의 체제가 확고히 확립
될 필요가 있다. 경영자지배체제에서는 경영자에 의한 '자기심사'가 충분히 이루어
지지 않고, 오히려 이사회가 경영자의 독주를 합리화시켜주는 요식적인 존재로 전
락되는 경향이 목격되곤 한다. 이에 경영자지배의 폐단을 제거하기 위하여 사외이
사제도가 마련되었다. 즉 사외이사가 편견 없이 폭넓은 시야를 가지고 객관적인 입
장에서 회사의 업무집행에 관한 의사결정에 참가하고, 경영자로부터 독립된 지위
에서 (경우에 따라서는) 비판적인 시각에서 회사의 업무집행을 감독함으로써 이사회
에 있어서 중요한 역할을 수행할 것을 기대하는 것이다.

'그 밖에 상무에 종사하지 아니하는 이사'라 함은 상무에 종사하지 않는 이사
이면서 사외이사가 아닌 자로 정의된다. 이는 기업실무에서 사외이사와 관련 없이
비상근이사 등의 명칭으로 상무에 종사하지 않는 이사를 두어 왔는데, 이러한 기업
실무를 상법이 수용한 것이다.[1]

---

1) 이철송, 659면.

(2) 이사의 자격

1) 법률과 정관에 의한 제한

사내이사의 자격은 상법상 제한이 없으므로 주주 여부, 국적, 연령, 성별 등에 의하여 제약을 받지 아니한다. 그러나 상법에 의한 이사자격의 제약이 없다는 것이 정관에 의한 자격제한까지 금지하는 것은 아니다. 정관으로 이사의 자격을 제한하더라도 사회상규에 위배되거나 주식회사의 본질에 반하거나 주주총회의 이사선임권을 불합리하게 제한하지 않는 한 유효하다[주요판례 2]. 정관으로 이사가 가질 주식의 수를 정하거나, 국적을 한국인으로 국한하거나 행위능력자로 제한하는 것 등은 모두 무방하다. 다만, 정관으로 이사가 가질 주식의 수를 규정함으로써 이사를 주주로 제한할 수 있는데(자격주), 이때에는 이사가 그 수의 주권을 감사에게 공탁해야 한다(387조).

사외이사의 경우에는 회사로 부터의 독립성을 확보하기 위한 차원에서 상법에서 그 자격을 엄격하게 규정하고 있다. 상법상 사외이사가 될 수 없는 자로서는 ① 회사의 상무에 종사하는 이사·집행임원 및 피용자 또는 최근 2년 이내에 회사의 상무에 종사한 이사·감사·집행임원 및 피용자, ② 최대주주가 자연인인 경우 본인과 그 배우자 및 직계 존속·비속, ③ 최대주주가 법인인 경우 그 법인의 이사·감사·집행임원 및 피용자, ④ 이사·감사·집행임원의 배우자 및 직계 존속·비속, ⑤ 회사의 모회사 또는 자회사의 이사·감사·집행임원 및 피용자, ⑥ 회사와 거래관계 등 중요한 이해관계에 있는 법인의 이사·감사·집행임원 및 피용자, ⑦ 회사의 이사·집행임원 및 피용자가 이사·집행임원으로 있는 다른 회사의 이사·감사·집행임원 및 피용자이다. 만약 현재 사외이사인 자가 위의 ①부터 ⑦까지에 열거한 자에 해당하게 되는 경우에도 그 직을 상실한다(382조 3항).

상장회사의 사외이사의 경우에는 위의 요건 이외에도 ① 미성년자, 피성년후견인 또는 피한정후견인, ② 파산선고를 받고 복권되지 아니한 자, ③ 금고 이상의 형을 선고받고 그 집행이 끝나거나 집행이 면제된 후 2년이 지나지 아니한 자, ④ 대통령령으로 별도로 정하는 법률을 위반하여 해임되거나 면직된 후 2년이 지나지 아니한 자, ⑤ 상장회사의 주주로서 의결권 없는 주식을 제외한 발행주식 총수를 기준으로 본인 및 그와 대통령령으로 정하는 특수한 관계에 있는 자(이하 '특수관계인'이라 함)가 소유하는 주식의 수가 가장 많은 경우 그 본인 및 그의 특수관계인, ⑥ 누구의 명의로 하든지 자기의 계산으로 의결권 없는 주식을 제외한 발행주식 총수의 100분의 10 이상의 주식을 소유하거나 이사·집행임원·감사의 선임과 해임 등 상장회사의 주요 경영사항에 대하여 사실상의 영향력을 행사하는 주주 및 그의 배우자와 직계 존속·비속, ⑦ 그 밖에 사외이사로서의 직무를 충실하게 수행하기 곤란하거나 상장회사의 경영에 영향을 미칠 수 있는 자로서 대통령령으로 정하는 자에 해당되지 아니하여야 하며, 이에 해당하게 된 경우에는 그 직을 상실한다(542조의8 2항).

2) 법   인

법인이 이사가 될 수 있는지에 관하여는 긍정설과 부정설이 대립하고 있다. 긍정설은 법인이 회사의 발기인이 될 수 있으므로 법인도 이사가 될 수 있다고 본다.[1] 그러나 이사는 인적 신뢰관계를 기초로 하여 선임될 뿐만 아니라 이사회의 구성원으로서 그 능력과 개성을 전제로 하여 선임되는 까닭에 자연인이어야 하므로 법인은 이사가 될 수 없다고 풀이하여야 한다는 입장[2]도 있다.

생각건대, 위임계약에서는 그 성질상 상대방(수임인)의 인격, 식견, 지능, 기량 등을 신뢰하는 정신적 요소를 중요하게 고려하여야 한다. 이에 이사는 인적 신뢰관계를 기초로 하여 선임되어야 함은 물론이고 이사회의 구성원으로서 그 능력과 개성을 전제로 하여 선임되어야 한다. 특히 1인의 이사를 두는 소규모 회사에서 법인을 그 이사로 선임한다면 그 법인이 대표까지 겸하여야 하는데(383조 6항), 법인이 이사로서 회사의 상무(常務)를 담당하는 것과 법인이 회사를 대표하는 것도 수용하기 곤란하다. 게다가 법인이 이사가 된 경우를 가정할 때 거래상대방이 그 법인과 거래하려면 어느 자와 어떠한 방식으로 거래하여야 할 것인지가 불분명한 까닭에 오히려 거래의 신속성을 해칠 수 있다. 이와 같이 1인 이사를 둔 소규모 회사의 운영에 비추어 볼 때 부정설이 긍정설에 비하여 쉽게 납득이 간다.

3) 제한능력자·파산자

자연인이라면 행위능력이 없어도 의사능력만 있으면 이사가 될 수 있다는 설[3]과 제한능력자(무능력자)[4]는 이사가 될 수 없다는 설이 있다. 앞의 견해에 따르면

---

1) 원칙적으로 법인은 이사가 될 수 없지만 예외적으로 의무를 담당하지 않는 이사의 경우에는 법인도 이사가 될 수 있다는 견해가 있다. 손주찬, 759면.
2) 이철송, 661면; 최준선, 463면.
3) 손주찬, 759면; 최준선, 463면.
4) 2013년 7월 1일 시행된 개정민법에서는 '무능력자'라는 용어에 부정적인 어감이 들어 있다는

상법이 이사의 행위능력에 관한 규정을 두고 있지 않으므로 제한능력자라 하더라도 이사로 취임하는 데에 있어서는 제한이 없다(민법 117조 참조). 다만 이 견해에서도 성년후견개시의 심판을 받은 경우는 위임관계의 법정종료사유가 되므로(민법 690조 후문) 피성년후견인은 이사가 될 수 없다고 본다.[1] 이에 대하여 이사는 전문적인 판단을 요하는 각종 법률행위를 하고 회사나 제3자에 대하여 책임을 지므로 제한능력자는 이사가 될 수 없다고 주장하는 견해[2]도 있다. 참고로 상업등기의 실무에 있어서는 미성년자도 의사능력이 있는 한 이사선임등기를 수리하고 있다.

파산선고를 받은 자는 이사가 될 수 없다. 왜냐하면 그러한 자는 이사로서 회사와 제3자에 대하여 엄중한 책임을 부담할 능력이 없기 때문이다.

4) 겸직제한

감사는 직무의 성질상 회사 및 자회사의 이사 또는 지배인 기타 사용인의 직무를 겸하지 못한다(411조). 지배인 기타의 상업사용인은 영업주의 허락이 없으면 다른 회사의 이사가 되지 못하며(17조 1항), 대리상이나 합명·합자회사의 무한책임사원도 본인 또는 다른 사원의 허락이 없으면 동종영업을 목적으로 하는 회사의 이사가 되지 못한다(89조, 198조 1항, 269조). 유한회사의 업무집행자도 동종영업을 목적으로 하는 다른 회사의 이사가 될 수 없다(287조의10 1항). 주식회사와 유한회사의 이사도 이사회나 사원총회의 승인이 없는 한 동종영업을 목적으로 하는 다른 회사의 이사가 되지 못한다(397조 1항, 567조). 이는 상업사용인·대리상·무한책임사원·이사 등의 경업금지의무에 바탕을 둔 이사취임제한이다.

3. 이사의 선임

(1) 주주총회(창립총회)의 선임결의

이사의 선임은 회사설립시에는 발기설립의 경우 발기인이 의결권의 과반수로 선임하거나, 모집설립의 경우 창립총회에서 출석한 주식인수인의 의결권의 3분의 2 이상이며, 인수된 주식의 총수의 과반수에 해당하는 다수로써 선임한다(296조 1항, 312조). 회사성립 후에는 주주총회에서 이사를 선임하며(382조 1항), 보통결의사항이

이유로 이를 더 이상 사용하지 않고 있다. 그 대안으로 채택한 것이 '제한능력자'이다(민법 15조~17조).
1) 홍복기·박세화, 410면.
2) 이철송, 661면.

어서 출석한 주주의 과반수의 찬성과 발행주식 총수의 4분의 1 이상의 찬성이 요구된다[주요판례 1]. 상법은 주주총회의 성립에 관한 의사정족수를 따로 정하고 있지는 않지만, 보통결의 요건을 정관에서 달리 정할 수 있음을 허용하고 있으므로, 정관에 의하여 의사정족수를 규정하는 것은 가능하다(대법원 2017. 1. 12. 선고 2016다217741 판결).

상장회사가 이사를 선임하려는 경우에는 상법이 정한 상장회사에 대한 주주총회 소집통지 또는 공고의 방법(542조의4 2항)에 따라 통지하거나 공고한 후보자 중에서 선임하여야 한다(542조의5). 최근 사업연도 말 현재의 자산총액이 2조 원 이상인 상장회사는 사외이사 후보를 추천하기 위하여 '사외이사 후보추천위원회'를 설치하여야 한다. 이 경우 사외이사 후보추천위원회는 사외이사가 총위원의 과반수가 되도록 구성되어야 한다(542조의8 4항). 또한 그러한 상장회사는 주주총회에서 사외이사 후보추천위원회의 추천을 받은 자 중에서 사외이사를 선임하여야 한다. 이 경우 사외이사 후보추천위원회가 사외이사 후보를 추천할 때에는 상장회사에서의 주주제안권, 상장회사에서의 주주총회소집청구권, 상장회사의 업무·재산상태를 조사하기 위한 검사인선임청구권을 행사할 수 있는 요건을 갖춘 주주가 주주총회일(정기주주총회의 경우 직전연도의 정기주주총회일에 해당하는 해당 연도의 해당일)의 6주 전에 추천한 사외이사 후보를 포함시켜야 한다(542조의8 5항).

이사선임결의에 있어서 이사후보자인 주주도 의결권을 행사할 수 있는지가 문제된다. 주주총회결의에 관하여 특별한 이해관계가 있는 자는 의결권을 행사하지 못하도록 되어 있으나(368조 3항), 주주의 입장을 떠나 개인적으로 이해관계를 가지는 경우(대법원 2007. 9. 6. 선고 2007다40000 판결)라 볼 수 없는 까닭에 이사·감사의 선임·해임결의에 있어서는 의결권을 행사할 수 있다. 임원의 선임·해임결의 등 회사지배와 관련되는 결의에 관하여 후보자인 주주가 의결권을 행사하지 못한다면 대주주가 회사지배권을 장악할 수 없다는 모순이 나타나기 때문이다.

이사의 선임은 주주총회의 전속적 결의사항이므로 이사선임권을 대표이사나 이사회 등 회사의 다른 기관에 위임하거나 제3자에게 부여하는 것은 인정되지 않는다. 이사의 선임은 오로지 주주총회의 결정에 의하여야 하며, 원시정관에 의하여 그 효력발생을 창업주 등 제3자의 승인에 의하는 것도 가능하지 않다. 회사의 정관으로 이사선임에 필요한 결의요건을 가중할 수는 있지만, 완화할수는 없다.

이사의 지위는 단체법적 성질을 가지므로 이사로 선임된 자와 대표이사 사이에 체결되는 계약에 따르는 것은 아니다. 주주총회에서 새로운 이사를 선임하는 것은 기존 경영진을 교체하는 의미를 가지기도 한다는 점에 비추어 이사를 선임하는 결의가 있었음에도 불구하고 퇴임하는 대표이사가 임용계약의 청약을 하지 않으면 이사로서의 지위를 취득하지 못하는 것으로 풀이하는 경우 주주로서는 효과적인 구제책이 없다. 따라서 이사의 지위는 주주총회의 선임결의가 있고 선임된 사람의 동의가 있으면 취득된다(대법원 2017. 3. 23. 선고 2016다251215 전원합의체 판결).

(2) 단순투표제에 의한 이사선임

결의의 방법은 집중투표제에 의하지 않는 한 단순투표제에 따른다. 즉 각 주주는 선출할 각 이사에 대하여 1개의 의결권을 가지고 이를 각 이사별로 1개씩 행사하여야 한다. 결의방법에는 제한이 없다보니 이사후보자를 한 사람씩 개별적으로 투표 처리하거나 후보자 전원을 한데 묶어 일괄적으로 투표 처리하는 것도 가능하다. 이사후보자전형위원회에서 추천한 전원을 한꺼번에 의결하는 실무관행도 적법하다.

(3) 집중투표제에 의한 이사선임

1) 의   의

상법은 "2인 이상의 이사의 선임을 목적으로 하는 총회의 소집이 있을 때에는 의결권 없는 주식을 제외한 발행주식 총수의 100분의 3 이상에 해당하는 주식을 가진 주주는 정관에서 달리 정하는 경우를 제외하고는 회사에 대하여 집중투표의 방법으로 이사를 선임할 것을 청구할 수 있다"고 규정하고 있다(382조의2 1항). 이상과 같은 집중투표제도(cumulative voting)는 소수주주의 이익을 보호하고 투명한 기업경영을 유도하기 위하여 이사의 선임시에 소수주주의 의사가 반영되도록 미국의 경우를 모델로 삼아 도입된 것이다.

집중투표제는 2인 이상의 이사를 선임할 때 1주에 대하여 선임될 이사의 수와 동수(同數)의 의결권을 주고, 각 주주는 그 의결권을 집중적으로 행사할 수 있게 하는 투표제도로서 최고득표자로부터 순차로 이사가 선임된다. 예컨대 甲 회사가 100주를 발행하였는데, 그 중에서 주주 A가 30주, 주주 B가 70주를 보유하고 있는 경우, 이사 3인을 집중투표의 방법으로 선임한다고 하면, 소수주주인 A가 1인에 대하여 90주(30×3)를 집중적으로 행사할 수 있게 되어 소수주주가 지지하는 자를 이사로 선임할 가능성이 열리게 되는 것이다.[1] 이 경우 정관에 의사정족수에 관한

---

1) 집중투표가 실시되는 경우 이사로 선임되기 위하여 확보하여야 할 주식수는 다음의 방정식에

규정을 두었다면 이사의 선임을 집중투표의 방법으로 하는 경우에도 정관에 규정한 의사정족수는 충족되어야 하는 것은 당연하다(대법원 2017. 1. 12. 선고 2016다217741 판결).

집중투표제는 소수주주가 추천하는 자를 이사로 선임할 수 있기 때문에 다수파주주가 이사선임을 완전히 장악할 수 있는 단순투표제의 단점을 보완할 수 있는 반면에 소수파와 다수파간의 이해관계가 첨예하게 대립되는 경우 회사경영의 원활화를 기할 수 없다는 폐단도 제기되고 있다. 그러나 상법이 회사의 정관의 규정에 따라 집중투표제를 전면적으로 배제할 수 있도록 규정(382조의2 1항)하고 있어, 실무상 한국의 많은 상장회사가 정관을 변경하여 집중투표제를 시행을 배제하고 있어 집중투표제 도입의 실효성이 반감되고 있다.

2) 집중투표의 법적 성질
(가) 1주1의결권의 원칙(one-share-one-vote rule)과의 관계

집중투표는 1주마다 선임할 이사수와 동수의 의결권이 부여되는 것이므로 1주 1의결권의 원칙과의 관계가 문제된다. 집중투표는 2인 이상의 이사선임을 일괄하여 1개의 결의사항으로 처리한 것에 불과하므로, 1주1의결권의 원칙의 예외가 아니라 의결권의 행사방법이 통상의 선임방법과 다른 경우이다.

(나) 의결권의 불통일행사와의 관계

집중투표에 있어서 주주는 자신의 의결권을 1인의 이사후보에게 집중하여 행사하거나, 아니면 2인 이상의 후보에게 분산하여 행사할 수 있다. 후자의 경우에도 이사선임이라는 통일적 의사를 표현한 것으로 볼 수 있으므로 의결권의 불통일행사(368조의2)에 해당되지 않는다. 따라서 집중투표는 1주1의결권의 원칙의 예외도 아니고, 의결권의 불통일행사도 아니다.

3) 집중투표의 절차
(가) 집중투표의 청구

집중투표의 청구는 동일한 주주총회에서 2인 이상의 이사를 선임하는 경우에만 인정된다. 또한 집중투표의 청구는 총회소집의 통지·공고에 이사 2인 이상의

따른다. $x=[a*b/c+1]+1$(x＝확보하여야 할 주식수, a＝선임을 원하는 이사의 수, b＝의결권 있는 주식수, c＝선임될 이사총수를 의미). [ ]에서 산출된 소수점은 버린다. James D. Cox & Thomas Lee Hazen, Corporation(2002), p. 349.

선임이 명시된 경우에 가능하다. 따라서 소수주주는 선임될 이사의 원수를 보고 집 중투표 여부를 결정하므로 주주총회에서 총회소집의 통지·공고에 명시된 수보다 많은 수 또는 적은 수의 이사의 선임은 허용되지 않는다. 이를 위반한 경우에는 주 주총회결의취소의 사유가 된다.

집중투표청구는 의결권 없는 주식을 제외한 발행주식 총수의 100분의 3 이상 에 해당하는 주식을 가진 소수주주만이 행사할 수 있다(382조의2 1항). 소수주주의 주식보유기간의 제한은 없으나, 지주요건(3%)은 그 청구시부터 선임결의를 할 때까 지 유지되어야 한다. 단, 집중투표제의 회피를 방지하기 위하여, 상장회사의 경우 집중투표를 청구할 수 있는 요건을 의결권 있는 발행주식 총수의 100분의 1로 낮 추고, 집중투표를 배제하기 위해 정관변경을 하는 경우에는 발행주식 총수의 100 분의 3을 초과하는 주식을 보유한 주주의 의결권을 100분의 3까지로 제한하고 있 다(542조의7 2항·3항).

집중투표의 청구는 서면으로 총회 회일의 7일 전까지 이루어져야 한다(382조의 2 2항). 집중투표를 청구한 소수주주는 투표 전까지 이를 철회할 수 있다. 집중투표 를 청구한 소수주주 전원이 총회에 출석하지 않은 경우에는 철회한 것으로 보아야 한다. 상장회사에 대하여 집중투표의 방법으로 이사를 선임할 것을 청구하는 경우 주주총회일(정기주주총회의 경우에는 직전 연도의 정기주주총회일에 해당하는 그 해의 해당일) 의 6주 전까지 서면 또는 전자문서로 회사에 청구하여야 한다(542조의7 1항).

(나) 집중투표의 실시

회사는 소수주주가 집중투표를 청구한 서면을 총회종결시까지 회사본점에 비 치하여야 하며, 영업시간 내에는 주주가 열람할 수 있도록 하여야 한다(382조의2 6 항). 총회의 의장은 의결에 앞서 그러한 청구가 있다는 취지를 총회에 알려야 한다 (382조의2 5항). 이를 위반한 경우에는 주주총회결의취소의 사유가 된다.

집중투표를 행함에 있어서 각 주주는 의결권을 1인의 이사후보자에게 집중적 으로 행사하거나 또는 복수의 후보자에게 분산하여 행사하는 것이 가능하므로(382 조의2 3항) 집중투표에 있어서는 출석주주를 확인하여 그 의결권의 수를 산정하고, 이사후보자별로 투표를 집계하여야 하므로 집중투표가 가능한 용지를 사용하여 이 사선임을 하여야 한다.

(다) 집중투표에 의한 결정

집중투표의 방법으로 복수의 이사를 선임하는 경우에는 투표의 최다수를 얻은 자부터 순차적으로 이사로 선임되는 것으로 한다(382조의2 4항). 득표수가 동일한 경우에 선임할 이사수를 초과하지 않는다면 동일득표자 전원을 이사로 선임하여야 한다. 만약 초과한다면 정관 또는 총회의 결의에 의한 정함이 있으면 그에 따르고, 없는 경우에는 결선투표를 하여야 할 것이다. 결선투표도 집중투표에 의하여 행하여져야 한다.

4) 집중투표의 배제

위에서 언급한 바와 같이 회사는 정관에 의하여 집중투표를 배제할 수 있다(382조의2 1항). 상법 제382조의2 제 1 항에서 '정관에서 달리 정하는 경우를 제외하고'라는 의미는 정관규정에 의하여 집중투표를 전면적으로 배제할 수 있을 뿐만 아니라, 소수주주의 지주요건인 '100분의 3'을 완화할 수 있고, 나아가 단독주주권으로 할 수 있다는 것이다.

5) 집중투표의 회피

집중투표가 인정된 회사가 이사의 법정수를 줄이거나, 소위 '시차적 이사임기제'를 활용하면 한 번에 선임될 이사의 수를 줄임으로써 집중투표를 사실상 회피할 수 있다. 이것은 정관의 근거규정에 따라 이루어진다면 금지되지 않는다. 그러나 소수주주의 집중투표에 의한 이사선임을 봉쇄할 목적으로 시간적으로 연속된 별도의 총회에서 1인씩의 이사를 선임하는 것은 총회의 의안제출방법 내지 결의방법에 위법성이 있는 탈법행위로 보아야 할 것이므로 주주총회결의취소의 사유가 된다.

4. 이사의 원수·임기

이사는 3인 이상이어야 한다(383조 1항). 다만, 자본금이 10억 원 미만인 회사는 1인 또는 2인으로 할 수 있다(383조 1항 단서).

상장회사는 자산 규모 등을 고려하여 대통령령으로 정하는 경우를 제외하고는 이사 총수의 4분의 1 이상을 사외이사로 하여야 한다. 다만, 최근 사업연도 말 현재의 자산총액이 2조 원 이상인 상장회사의 사외이사는 3명 이상으로 하되, 이사 총수의 과반수가 되도록 하여야 한다(542조의8 1항, 시행령 34조 2항). 만약 어느 상장회사에서 사임·사망 등의 사유로 인하여 사외이사의 수가 상장회사 이사회의 구성요건에 미달하게 되면 그 사유가 발생한 후 처음으로 소집되는 주주총회에서 그 구성요건에 합치되도록 사외이사를 선임하여야 한다(542조의8 3항).

이사의 임기는 3년을 넘지 못한다(383조 2항). 정관으로 그 임기중의 최종의 결산기에 관한 정기주주총회의 종결에 이르기까지 연장할 수 있다(383조 3항)[주요판례 3]. 따라서 상법은 이사의 임기를 3년의 확정기간 또는 불변기간으로 규정한 것이 아니라 임기의 최고한도만을 법정한 데 불과하다. 정관에서 이사의 임기를 2년이나 1년으로 정한 경우에는 그것이 이사의 임기가 된다.

이사의 임기를 3년으로 정한 회사에서 임기도중에 퇴임한 이사를 보충하기 위하여 새로 선임된 이사의 임기는 취임시로부터 3년이며, 전임자의 잔여임기로 당연하게 한정되는 것은 아니다. 만약에 보결이사의 임기를 전임자의 잔여임기로 하여 전임자의 본래의 퇴임시기와 맞추려면 정관에 이에 관한 규정을 두어야한다. 이사의 임기는 3년을 초과할 수는 없으나 재선되거나 연임되는 것은 무방하다[주요판례 6].

5. 이사의 종임

(1) 일반적 종임사유

이사는 회사에 대하여 위임관계에 있으므로(382조 2항), 위임계약의 약정종료사유인 이사의 사임에 의하거나 법정종료사유인 이사의 사망·파산·성년후견개시의 심판, 회사의 해산·파산에 의해서 종료된다[주요판례 5]. 이 밖에 임기만료, 정관소정의 자격상실 등에 의하여도 종임된다.

(2) 주주총회의 해임결의

회사는 주주총회의 특별결의에 의하여 언제든지 이사를 해임할 수 있다. 이사의 임기를 정한 경우에 정당한 이유 없이 해임하였다면 회사는 그 이사에 대하여 손해배상책임이 있다(385조 1항) '정당한 이유'의 존부에 관한 증명책임은 손해배상을 청구하는 이사가 부담한다(대법원 2006. 11. 23. 선고 2004다49570 판결)[주요판례 7]. 주주총회에서 정당한 이유없이 이사를 해임하여 회사가 손해배상책임을 지는 경우의 손해배상책임은 채무불이행책임 또는 불법행위책임이 아니라 법정책임의 성격을 지닌 것으로 보아야 한다. 그 책임의 발생에 있어서 고의·과실을 요건으로 하지 않는다. 다만, 손해의 공평·타당한 분담이라는 원리에 따라 손해배상의 범위는 원칙적으로 남은 임기동안 받을 수 있었던 보수에 한한다. 주주총회의 적법한 행위로 인하여 해임당한 이사가 재산적 손해의 배상만으로는 회복가능하지 않는 정신적 고통을 입었다는 특별한 사정을 인정하기 어려운 까닭에 위자료는 배상범위에 포함되지 않는다(서울고법 1990. 7. 6. 선고 89나46297 판결).

손익상계가 허용되는지와 관련하여 대법원 판례는 감사의 경우 그 해임된 잔여임기 동안에 다른 직장에서 근무하여 수입을 얻은 경우 그 수입이 해임으로 위임사무를 면하게 된 것과 상당인과관계가 인정된다면 이를 공제하는 것이 공평의 관념에 부합한다는 입장이다[주요판례 8]. 이 판례에 따른다면 이사가 그 잔여임기에 대응하는 기간 동안 다른 직장에서 얻은 중간수입은 잔여임기 동안의 보수에서 이를 공제하여 손해배상액을 산정하여야 한다. 그러나 이 판례에 따르는 경우 그 전(前)의 회사에서의 해임으로 인하여 위임사무처리를 면하게 된 것과 다른 직장에서의 고용 내지 임용계약에 의한 중간수입 사이에 상당인과관계를 인정하기 어려울 뿐만 아니라 해임된 이사가 다른 직장에 근무하여 중간수입을 취득한 것으로 인하여 손해배상의 규모가 줄어들어 오히려 그 전의 회사가 이익을 누리게 되는 모순이 발생한다는 비판을 면하기 어렵다.

(3) 소수주주의 해임청구

주주의 정당한 이익을 보호하기 위해 이사를 해임하는 것이 필요하다고 가정하자. 이 때문에 주주총회에서의 결의가 필요함에도 불구하고 자본다수결의 원칙이 적용됨에 따라 이사해임을 이끌어 낼 수 없는 경우가 발생할 수 있다. 이러한 상황에 대비하여 상법은 소수주주에게 이사의 해임청구권을 부여하고 있다.[1] 이 경우의 소수주주는 발행주식총수의 100분의 3 이상에 해당하는 주식을 가진 주주를 의미한다. 만약 주주 1인으로서 이 요건을 갖추지 못하는 때에는 2인 이상의 자가 공동으로 그 요건을 갖추어 소를 제기할 수 있다.

소수주주는 이사나 감사가 직무에 관하여 부정행위 또는 법령이나 정관에 위반한 중대한 사실이 있음에도 불구하고 주주총회에서 그 해임이 부결된 때에 그 이사 또는 감사의 해임을 법원에 청구할 수 있다(385조 2항, 415조). 여기서 '직무에 관하여'라는 것은 직무 그 자체뿐만 아니라 직무에 간접으로 관련되는 경우도 포함한다. '부정행위'는 이사가 그 의무에 위반하여 회사에 손해를 생기게 하는 고의의 행위를 뜻한다. 회사의 재산을 함부로 소비하는 행위가 아마도 전형적인 예가 될 것이다.

---

1) 양동석, "대주주와 소수주주간의 법률문제," 「비교사법」 제 5 권 2호(한국비교사법학회, 1998), 521면.

법령이나 정관에 위반한 행위의 여부는 각 경유의 구체적인 사실에 의하여 결정될 사항이다. 대법원의 판례에 따르면 회사의 이사가 회사와 동종영업을 목적으로 하는 다른 회사를 설립하고 다른 회사의 이사 겸 대표이사가 되어 영업준비작업을 하여 오다가 영업활동을 개시하기 전에 다른 회사의 이사 및 대표이사직을 사임하였다고 하더라도 이는 상법 제397조 제 1 항 소정의 경업금지의무를 위반한 행위로서 특별한 다른 사정이 없는 한 이사의 해임에 관한 제385조 제 2 항 소정의 '법령에 위반한 중대한 사실'이 있는 경우에 해당한다[주요판례 10]. 이사의 납입가장행위도 제385조 제 2 항에 규정된 '그 직무에 관하여 부정행위 또는 법령에 위반한 중대한 사실'이 있는 경우에 해당한다(대법원 2010. 9. 30. 선고 2010다35985 판결).

이 경우 '부결'은 해임의 의안을 적극적으로 부결한 경우는 물론이고 주주총회의 유회와 같이 해임을 가결치 아니한 경우까지도 포함한다. 대법원 판례도 "이사해임의 건을 상정하여 소집한 임시주주총회가 유회되어 그 해임을 부결한 때에 해당한다는 이유로 피고에 대한 이사해임을 구하는 청구는 이유 있다"고 판시하였다(대법원 1993. 4. 9. 선고 92다53583 판결).

이사해임의 소는 주주총회의 결의가 있은 날부터 1개월 이내에 본점소재지 관할의 지방법원에 제기하여야 한다(385조 2항·3항).

(4) 직무집행정지와 직무대행자의 선임

이사선임결의의 무효나 취소 또는 이사해임의 소가 제기된 경우에는 법원은 당사자의 신청에 의하여 가처분으로써 이사의 직무집행을 정지하거나 또는 직무대행자를 선임할 수 있으며, 급박한 사정이 있는 경우에는 본안소송제기 전이라도 그 처분을 할 수 있다(407조 1항). 이는 이사선임의 하자에 따른 직무집행정지가처분제도이고, 이로 인한 업무집행의 공백을 막기 위해 대신 선임된 자가 직무대행자이다. 그러나 주식회사의 이사를 "피신청인으로 하여 그 직무집행을 정지하고 직무대행자를 선임하는 가처분이 있는 경우 가처분결정은 이사 등의 직무집행을 정지시킬 뿐 이사 등의 지위나 자격을 박탈하는 것이 아니므로, 특별한 사정이 없는 한 가처분결정으로 인하여 이사 등의 임기가 당연히 정지되거나 가처분결정이 존속하는 기간만큼 연장된다고 할 수 없다"(대법원 2020. 8. 20. 선고 2018다249148 판결).

가처분의 신청자는 본안소송의 원고가 될 수 있는 자이다. 즉 이사의 선임결의의 취소의 경우는 원고인 주주·이사·감사이고, 이사해임의 소인 경우는 소수주주

이며, 원고의 제한이 없는 이사선임결의무효확인의 소 등의 경우는 누구든지 신청
가능하다. 피신청인은 당해 이사이다. 법원은 당사자의 신청에 의하여 위의 가처분
의 변경 또는 취소를 할 수 있다(407조 2항). 위의 가처분이나 그 변경·취소가 있는
경우에는 본점과 지점의 소재지에서 등기를 하여야 한다(407조 3항)[주요판례 13].

    직무대행자는 잠정적으로 선임되는 것이므로 가처분명령에 다른 정함이 있는
경우 외에는 회사의 상무에 속하는 행위만을 할 수 있다(408조 1항). 그러나 법원의
허가가 있으면 그러하지 아니하다(408조 1항 단서). 법원이 당해 상무외 행위를 허가
할 것인지 여부는 일반적으로 당해 상무외 행위의 필요성과 회사의 경영과 업무 및
재산에 미치는 영향 등을 종합적으로 고려하여 결정하여야 한다(대법원 2008. 4. 14.자
2008마277 결정). 직무대행자가 정기주주총회를 소집함에 있어서도 그 안건에 이사회
의 구성 자체를 변경하는 행위나 상법 제374조의 특별결의사항에 해당하는 행위
등 회사의 경영 및 지배에 영향을 미칠 수 있는 것이 포함되어 있다면 그 안건의
범위에서 정기총회의 소집이 상무에 속하지 않는다고 할 것이고, 직무대행자가 정
기주주총회를 소집하는 행위가 상무에 속하지 아니함에도 법원의 허가 없이 이를
소집하여 결의한 때에는 소집절차상의 하자로 결의취소사유에 해당한다(대법원
2007. 6. 28. 선고 2006다62362 판결). 직무대행자가 그 권한을 초과하여 행위를 한 경우
에도 회사는 선의의 제 3 자에 대하여 책임을 진다(408조 2항).

  (5) 결원의 경우
    법률 또는 정관이 정한 이사의 원수를 결한 경우에는 임기의 종료 또는 사임
으로 퇴임한 이사는 새로 선임된 이사가 취임할 때까지 계속하여 이사로서의 권리·
의무를 가진다. 필요하다고 인정되는 경우 법원은 이사·감사 기타의 이해관계인의
청구에 의하여 일시이사의 직무를 행할 자[이를 '일시이사'(一時理事), '가이사'(假理事),
'임시이사'(臨時理事)라 함]를 선임할 수 있다(386조 2항 1문). 이 경우에는 본점의 소재
지에서 등기해야 한다(386조 2항 2문).

    일시이사는 정식의 신임이사가 선임될 때까지의 일시적인 기관이다. 정식의
신임이사가 선임된 경우에는 그 권한은 당연히 소멸된다. 신임이사의 선임으로 이
사의 결원 전부가 보충되지 못한 경우라 하더라도 새로 선임된 이사들만으로 정상
적인 회사활동이 가능하다면 임시이사의 권한은 소멸하는 것으로 풀이하여야 한다.

Ⅲ. 주요판례·문제해설

1. 주요판례

(1) 대법원 2003. 9. 26. 선고 2002다64681 판결 — 이사의 선임 결의

상법상 이사와 감사는 주주총회의 선임 결의를 거쳐 임명하고(상법 제382조 제1항, 제409조 제1항) 그 등기를 하여야 하며, 이사와 감사의 법정 권한은 위와 같이 적법하게 선임된 이사와 감사만이 행사할 수 있을 뿐이고 그러한 선임절차를 거치지 아니한 채 다만 회사로부터 이사라는 직함을 형식적·명목적으로 부여받은 것에 불과한 자는 상법상 이사로서의 직무권한을 행사할 수 없다.

(2) 대법원 2007. 12. 28. 선고 2007다31501 판결 — 이사선임결의의 무효

법인의 정관에 이사가 갖추어야 할 자격을 규정하고 있을 뿐 그 자격이 흠결된 경우의 효과 내지 취급에 관하여 아무런 규정도 두고 있지 아니하다면, 이사회의 적법한 결의를 거쳐 선임된 이사가 정관에서 정한 자격을 흠결한 것으로 사후에 밝혀진다고 하더라도, 이를 이유로 그 이사를 해임함은 별론으로 하고, 그러한 사정만으로는 그 이사선임결의가 무효로 되거나 이미 선임된 이사가 그 지위를 당연히 상실하게 되는 것이라고 할 수 없다고 할 것이다.

(3) 대법원 2010. 6. 24. 선고 2010다13541 판결 — 이사 임기의 연장

상법 제383조 제3항은 이사의 임기는 3년을 초과할 수 없도록 규정한 같은 조 제2항에 불구하고 정관으로 그 임기 중의 최종의 결산기에 관한 정기주주총회의 종결에 이르기까지 이를 연장할 수 있다고 규정하고 있는바, 위 규정은 임기가 만료되는 이사에 대하여는 임기 중의 결산에 대한 책임을 지고 주주총회에서 결산서류에 관한 주주들의 질문에 답변하고 변명할 기회를 주는 한편, 회사에 대하여는 정기주주총회를 앞두고 이사의 임기가 만료될 때마다 임시주주총회를 개최하여 이사를 선임하여야 하는 번거로움을 덜어주기 위한 것에 그 취지가 있다. 위와 같은 입법 취지 및 그 규정 내용에 비추어 보면, 위 규정상의 '임기 중의 최종의 결산기에 관한 정기주주총회'라 함은 임기 중에 도래하는 최종의 결산기에 관한 정기주주총회를 말하고, 임기 만료 후 최초로 도래하는 결산기에 관한 정기주주총회 또는 최초로 소집되는 정기주주총회를 의미하는 것은 아니므로, 위 규정은 결국 이사의 임기가 최종 결산기의 말일과 당해 결산기에 관한 정기주주총회 사이에 만료되는 경우에 정관으로 그 임기를 정기주주총회 종결일까지 연장할 수 있도록 허용하는 규정이라고 보아야 한다.

(4) 서울고법 2010. 11. 15.자 2010라1065 결정 ― 주주총회 소집통지

이사 선임에 있어 집중투표를 정관으로 배제하지 않은 주식회사는 이사 선임에 관한 주주총회의 통지와 공고에 선임할 이사의 원수를 반드시 기재하여야 한다. 왜냐하면 주주는 선임될 이사의 원수에 따라 회사에 대한 집중투표의 청구 여부를 결정할 것이기 때문이다(예컨대, 5인의 이사를 선임한다면 자신의 보유 지분에 의하여 이사 선임에 영향력을 미칠 수 있지만, 2인의 이사를 선임할 경우에는 별다른 영향력을 행사할 수 없는 주주는 선임될 이사의 원수에 따라 집중투표의 청구 여부를 달리 결정할 것이다). 따라서 정관에 의하여 집중투표를 배제하지 않은 주식회사가 주주총회의 소집통지에서 회의의 목적사항으로 '이사선임의 건'이라고 기재하였다면 이는 단수이사의 선임으로 보아야 하고, 복수이사의 선임을 할 경우에는 반드시 '이사 ○인 선임'의 건으로 그 인원수를 표기하여야 한다.

상법 기타 관련 법령에서 주주총회의 소집통지를 함에 있어 선임할 이사를 사내이사·사외이사·기타 비상무이사로 구별하여 통지하도록 규정하지 않고 있는 점, 상장회사에 관해서는 임원 선임을 위한 주주총회에 앞서 해당 후보자를 개별적으로 특정하도록 하는 특례 규정이 있지만(542조의4 2항, 542조의5), 비상장회사에 관해서는 그에 관한 별도의 규정이 없는 점을 감안하면, 비상장회사의 주주총회 소집통지 단계에서 선임할 이사 후보를 사내이사·사외이사·기타 비상무이사로 구분하여 통지할 의무는 없다. 상법 제317조 제2항 제8호에 의하면 주식회사는 설립등기를 함에 있어 '사내이사, 사외이사, 그 밖에 상무에 종사하지 아니하는 이사, 감사의 성명과 주민등록번호'를 등기하도록 규정하고 있으나, 위 규정은 회사가 이사를 위와 같이 구분하여 선임하였을 경우에 등기 방법에 관해 규정한 것이지, 위 규정으로 말미암아 주주총회 소집통지에 있어서 사내이사, 사외이사, 기타 비상무이사로 구별하여 통지할 의무가 발생한다고 볼 수는 없다.

(5) 대법원 2017. 3. 23. 선고 2016다251215 전원합의체 판결 ― 이사의 선임

이사·감사의 지위가 주주총회의 선임결의와 별도로 대표이사와 사이에 임용계약이 체결되어야만 비로소 인정된다고 보는 것은, 이사·감사의 선임을 주주총회의 전속적 권한으로 규정하여 주주들의 단체적 의사결정 사항으로 정한 상법의 취지에 배치된다. 또한 상법상 대표이사는 회사를 대표하며, 회사의 영업에 관한 재판상 또는 재판 외의 모든 행위를 할 권한이 있으나(389조 3항, 209조 1항), 이사·감사의 선임이 여기에 속하지 아니함은 법문상 분명하다. 그러므로 이사·감사의 지위는 주주총회의 선임결의가 있고 선임된 사람의 동의가 있으면 취득된다고 보는 것이 옳다.

(6) 대법원 2009. 5. 14. 선고 2008도11040 판결 — 이사의 사임

법인의 이사가 사임하는 행위는 상대방 있는 단독행위라 할 것이어서 그 의사표시가 상대방에게 도달함과 동시에 그 효력을 발생하는 것이고(대법원 2006. 6. 15. 선고 2004다10909 판결), 통상 이사가 사임하면 그 즉시 이사로서의 지위를 상실하므로 자신의 이름을 회사의 이사인 것처럼 사용하도록 허락한 사람이 사임의 의사표시를 하는 경우 그 의사표시에는 명의사용에 대한 기존의 승낙이나 동의를 더 이상 유지하지 않는다는 의사도 포함된 것이고 상대방도 이러한 의사를 인식하였다고 보는 것이 일반적이라고 할 것이므로 그 이후에는 더 이상 그 명의를 사용할 수 없다고 할 것이다. 그러나 사임으로 인하여 필요한 이사의 수에 결원이 생기는 등의 사유가 있는 경우에는 명의사용을 곧바로 금지한 것이고 상대방인 1인 회사의 대표이사도 그 금지의 의사를 인식하였다고 단정할 수는 없다. 그러므로 이사가 사임한 경우에 더 이상의 명의사용을 금지한 것인지 여부 및 상대방이 이를 인식하였는지 여부는 당초 이사로 선임된 동기, 사임으로 인한 이사 정원의 미달 여부, 사임의 동기, 이사와 회사 및 1인주주와의 관계, 사임 이후의 명의사용에 대하여 이의를 제기하였는지 여부 등의 사정을 종합하여 살펴보아야 할 것이다. 원심은 피고인 ○○○이 △△음료의 이사인 공소외 11, 감사인 공소외 12뿐만 아니라 사임의 의사를 표시하였던 이사 공소외 13 등 3인 명의로 이사회의사록을 작성하고 이를 △△음료에 비치하거나 □□종합건설 주식회사 대표이사 공소외 14에게 교부한 행위가 사문서위조 및 위조사문서행사죄에 해당하지 아니한다고 하였는바, 위에서 본 법리 및 기록에 비추어 보면 원심의 판단은 정당하고 거기에 검사의 상고이유 주장과 같은 사문서위조 및 위조사문서행사에 관한 법리오해의 위법은 없다.

(7) 대법원 2001. 6. 15. 선고 2001다23928 판결 — 이사의 임기

상법 제385조 제 1 항에 의하면 "이사는 언제든지 주주총회의 특별결의로 해임할 수 있으나, 이사의 임기를 정한 경우에 정당한 이유 없이 그 임기만료 전에 이를 해임한 때에는 그 이사는 회사에 대하여 해임으로 인한 손해의 배상을 청구할 수 있다"고 규정하고 있는바, 이때 이사의 임기를 정한 경우라 함은 정관 또는 주주총회의 결의로 임기를 정하고 있는 경우를 말하고, 이사의 임기를 정하지 않은 때에는 이사의 임기의 최장기인 3년을 경과하지 않는 동안에 해임되더라도 그로 인한 손해의 배상을 청구할 수 없다고 할 것이고, 회사의 정관에서 상법 제383조 제2항과 동일하게 "이사의 임기는 3년을 초과하지 못한다"고 규정한 것이 이사의 임기를 3년으로 정하는 취지라고 해석할 수는 없다.

(8) 대법원 2004. 10. 15. 선고 2004다25611 판결 — 이사의 해임

상법 제385조 제1항에 규정된 '정당한 이유'란 주주와 이사 사이에 불화 등 단순히 주관적인 신뢰관계가 상실된 것만으로는 부족하고, 이사가 법령이나 정관에 위배된 행위를 하였거나 정신적·육체적으로 경영자로서의 직무를 감당하기 현저하게 곤란한 경우, 회사의 중요한 사업계획 수립이나 그 추진에 실패함으로써 경영능력에 대한 근본적인 신뢰관계가 상실된 경우 등과 같이 당해 이사가 경영자로서 업무를 집행하는 데 장해가 될 객관적 상황이 발생한 경우에 비로소 임기 전에 해임할 수 있는 정당한 이유가 있다고 할 것이다.

(9) 대법원 2013. 9. 26. 선고 2011다42348 판결 — 이사 해임시의 손해배상액

채무불이행이나 불법행위 등으로 인하여 손해를 입은 채권자 또는 피해자 등이 동일한 원인에 의하여 이익을 얻은 경우에는 공평의 관념상 그 이익은 손해배상액을 산정함에 있어서 공제되어야 하고, 이와 같이 손해배상액의 산정에 있어 손익상계가 허용되기 위해서는 손해배상책임의 원인이 되는 행위로 인하여 피해자가 새로운 이득을 얻었고, 그 이득과 손해배상책임의 원인인 행위 사이에 상당인과관계가 있어야 한다. 임기가 정하여져 있는 감사가 임기만료 전에 정당한 이유 없이 주주총회의 특별결의로 해임되었음을 이유로 상법 제415조, 제385조 제1항에 의하여 회사를 상대로 남은 임기 동안 또는 임기 만료 시 얻을 수 있었던 보수 상당액을 해임으로 인한 손해배상액으로 청구하는 경우, 당해 감사가 그 해임으로 인하여 남은 임기 동안 회사를 위한 위임사무 처리에 들이지 않게 된 자신의 시간과 노력을 다른 직장에 종사하여 사용함으로써 얻은 이익이 해임과 사이에 상당인과관계가 인정된다면 해임으로 인한 손해배상액을 산정함에 있어서 공제되어야 한다.

(10) 대법원 2001. 12. 6.자 2001그113 결정 — 임시이사의 선임

상법 제386조가 규정한 '임시이사선임이 필요하다고 인정되는 때'라 함은 이사가 사임하거나 장기간 부재중인 경우와 같이 퇴임이사로 하여금 이사로서의 권리·의무를 가지게 하는 것이 불가능하거나 부적당한 경우를 의미하는 것으로서 그의 필요성은 임시이사제도의 취지와 관련하여 사안에 따라 개별적으로 판단되어야 하는 것이며, 한편, 비송사건절차법 제84조에 의하여 이사와 감사의 진술을 할 기회를 부여한 이상 법원은 그 진술 중의 의견에 기속됨이 없이, 그 의견과 다른 인선을 결정할 수도 있는 터이어서 이해관계를 달리하는 이사나 감사가 있는 경우 각 이해관계별로 빠짐없이 진술의 기회를 주지 않았다고 하여 그 사정이 재판의 결과에 영향을 주게 되는 것은 아니다.

(11) 대법원 1990. 11. 2.자 90마745 결정 — 이사의 해임

상법 제397조 제 1 항이 이사의 경업금지의무를 규정한 취지는 이사가 그 지위를 이용하여 자신의 개인적 이익을 추구함으로써 회사의 이익을 침해할 우려가 큰 경업을 금지하여 이사로 하여금 선량한 관리자의 주의로써 회사를 유효적절하게 운영하여 그 직무를 충실하게 수행하지 않으면 안 될 의무를 다하도록 하려는 데 있는 것이므로 아직 영업을 개시하지 못한 채 공장의 부지를 매수하는 등 영업의 준비 작업을 추진하고 있는 회사라고 하여 경업이 금지된 위 법조항에 규정된 "동종영업을 목적으로 하는 다른 회사"가 아니라고 볼 것이 아니다.

甲주식회사의 이사가 주주총회의 승인이 없이 그 회사와 동종영업을 목적으로 하는 乙회사를 설립하고 乙회사의 이사 겸 대표이사가 되었다면 설령 乙회사가 영업활동을 개시하기 전에 乙회사의 이사 및 대표이사직을 사임하였다고 하더라도, 이는 분명히 상법 제397조 제 1 항 소정의 경업금지의무를 위반한 행위로서 특별한 다른 사정이 없는 한 이사의 해임에 관한 상법 제385조 제 2 항 소정의 "법령에 위반한 중대한 사실"이 있는 경우에 해당한다.

(12) 대법원 1988. 3. 22. 선고 85누884 판결 — 임기만료된 이사의 업무수행권

민법상의 법인에 있어 이사의 전원 또는 일부의 임기가 만료되었음에도 불구하고 그 후임인사의 선임이 없는 경우에는 그 임기만료된 구 이사로 하여금 법인의 업무를 수행케 함이 부적당하다고 인정할 만한 특단의 사정이 없는 한 구 이사는 신임이사가 선임될 때까지 그의 종전의 직무를 수행할 수 있다 할 것이나 위와 같이 임기만료된 이사의 업무수행권은 어디까지나 법인은 그 기관을 구성하는 이사에 의하여서만 행위를 할 수 있음에도 불구하고 그 이사에 결원이 있음으로써 법인의 정상적인 활동을 할 수 없는 사태를 방지하는 데 그 취지가 있다 할 것이므로 이사 중의 일부에 임기가 만료되었다 하더라도 아직 임기가 만료되지 않은 다른 이사들로써 정상적인 법인의 활동을 할 수 있는 경우에는 구태여 임기만료된 이사로 하여금 이사로서의 직무를 계속 수행케 할 필요는 없다고 해석하여야 할 것이므로 위와 같은 경우에는 임기만료로서 당연히 퇴임하는 것으로 풀이된다.

(13) 대법원 2007. 6. 19.자 2007마311 결정 — 퇴임이사의 권리·의무

대표이사를 포함한 이사가 임기의 만료나 사임에 의하여 퇴임함으로 말미암아 법률 또는 정관에 정한 대표이사나 이사의 원수(최저인원수 또는 특정한 인원수)를 채우지 못하게 되는 결과가 일어나는 경우에, 그 퇴임한 이사는 새로 선임된 이사(후임이사)가 취임할 때까지 이사로서의 권리·의무가 있는 것인바(386조 1항, 389조 3항), 이러한 경우에는 이사의 퇴임등기를 하여야 하는 2주 또는 3주의 기간은 일반의 경우처럼 퇴임한 이사의 퇴임일부터 기산하는 것이 아니라 후임이사의 취임일부터 기산한다고 보아야 하며, 후임이사가 취임하기 전에는 퇴임한 이사의 퇴임등기만을 따로 신청할 수 없다고 봄이 상당하다.

(14) 대법원 2014. 3. 27. 선고 2013다39551 판결 — 직무대행자의 선임

주식회사 이사의 직무집행을 정지하고 직무대행자를 선임하는 가처분은 성질상 당사자 사이뿐만 아니라 제 3 자에 대한 관계에서도 효력이 미치므로 가처분에 반하여 이루어진 행위는 제 3 자에 대한 관계에서도 무효이므로 가처분에 의하여 선임된 이사직무대행자의 권한은 법원의 취소결정이 있기까지 유효하게 존속한다. 또한 등기할 사항인 직무집행정지 및 직무대행자선임 가처분은 상법 제37조 제 1 항에 의하여 이를 등기하지 아니하면 위 가처분으로 선의의 제 3 자에게 대항하지 못하지만 악의의 제 3 자에게는 대항할 수 있고, 주식회사의 대표이사 및 이사에 대한 직무집행을 정지하고 직무대행자를 선임하는 법원의 가처분결정은 그 결정 이전에 직무집행이 정지된 주식회사 대표이사의 퇴임등기와 직무집행이 정지된 이사가 대표이사로 취임하는 등기가 경료되었다고 할지라도 직무집행이 정지된 이사에 대하여는 여전히 효력이 있으므로 가처분결정에 의하여 선임된 대표이사 및 이사직무대행자의 권한은 유효하게 존속하고, 반면에 가처분결정 이전에 직무집행이 정지된 이사가 대표이사로 선임되었다고 할지라도 그 선임결의의 적법 여부에 관계없이 대표이사로서의 권한을 가지지 못한다.

2. 문제해설

(1) A는 자신의 이사로서의 임기가 정해지지 않았기에 자신의 해임에 대하여 손해배상청구는 할 수 없다[주요판례 7].

B는 알콜중독으로 인한 경영능력의 현저한 저하는 전형적인 정당한 이유에 해당하므로 손배배상청구는 가능하지 않다[주요판례 8].

C는 경업금지의무를 위반하였으며, 경업금지의무위반은 해임의 전형적인 사유이다[주요판례 11]. 그러므로 자신의 해임에 대한 손해배상청구는 가능하지 않다. 설령 이사가 영업활동개시 전에 겸직상태를 해소하였다고 하더라도 마찬가지이다.

(2) 정관상 일부정원을 결하더라도 회사운영에 장애가 없다면 새로 선임된 이사가 취임할 때까지 이사로서의 권리·의무가 있다는 주장은 할 수 없다[주요판례 12]. 그러므로 설령 甲회사의 정관상 이사의 수가 정원을 충족하지 못한다고 하더라도 甲회사가 정상적인 법인으로서의 활동이 가능한 경우에는 D의 주장은 적법하지 않다.

[9] 이사의 보수와 주식매수선택권

I. 사   례

1. 사실관계

비상장법인인 甲주식회사의 정관에는 이사의 보수에 관하여 주주총회의 결의로 정한다고 규정하고 있다. 甲회사는 이사 A와 다음과 같은 내용을 포함하는 이사 선임계약서를 작성하였다.

제 9 조   회사는 이사 A가 퇴직하는 경우 월 급여액의 6개월분을 퇴직위로금으로 지급하기로 한다.

甲회사는 이사 B와 다음과 같은 내용을 포함하는 고용계약서를 작성하였다.

> 제8조   회사가 이 계약 기간 중 일방적으로 피고용인과의 고용관계를 종료하는
> 경우 또는 피고용인이 회사의 주주총회에서 해임을 당하거나(회사의 지분변동
> 또는 회사의 지배관계를 변동시키는 지주회사의 지배관계 변동에 관계없이), 회
> 사의 이사회로부터 사임요구를 받아 사임하는 경우를 포함하여 비자발적으로 이
> 사직에서 해임되는 경우에는 피고용인은 다음을 제공받는다.
> ① 사전 통지를 대신한 6개월 간의 급여
> ② 현재 주거에서 6개월 간 추가로 거주하거나 또는 6개월 간의 임대료
> ③ 해직보상금으로 미화 500,000달러에 해당하는 원화
> ④ 해직일까지 발생한 보너스
> ⑤ 회사에서 정한 퇴직수당

甲회사의 주주총회는 이사 C에 대하여 주식매수선택권을 부여하기로 결의하
였다.

2. 검   토

(1) A가 퇴직한 후에 이사선임계약서에 따라 퇴직위로금을 청구할 수 있는가?

(2) 甲회사의 주주총회에서 임기가 남아 있는 이사 B를 해임한 경우 B가 고용
계약서 제8조에서 규정한 금원을 제공받을 수 있는가?

(3) 이사 C가 2년 이상의 재임요건을 충족하지 못한 경우에 주식매수선택권을
행사할 수 있는가?

Ⅱ. 주요법리

1. 이사의 보수

(1) 상법상 규제의 내용

이사의 보수란 이사의 직무집행의 대가로서 회사로부터 지급받는 재산상의 이
익을 의미하며, 정관에 그 액을 정하지 아니한 때에는 주주총회의 결의로 정하여야
한다(388조). 이사보수를 책정하고 결정하는 일은 본래 이사회나 대표이사의 업무에
속할 수 있는 사항이기는 하지만 그 결정에 있어서 회사의 이익과 이사의 개인적
이익이 충돌할 우려가 있기 때문에 상법 제388조는 아예 이를 정책적으로 정관 또
는 주주총회의 결의사항으로 한 것이다[주요판례 1]. 이처럼 이사의 보수결정권은 주

주총회에 있기 때문에, 이사회나 대표이사가 이를 결정하는 것은 위법하므로 무효이다. 다만 정관이나 주주총회에서 결정된 보수총액에 대하여 개인별 지급금액을 결정하는 것을 이사회에 위임할 수는 있다. 이사의 보수에 관한 사항을 이사회에 포괄적으로 위임하는 것은 허용되지 아니한다. 그리고 주주총회에서 이사의 보수에 관한 구체적 사항을 이사회에 위임한 경우에도 이를 주주총회에서 직접 정하는 것도 상법이 규정한 권한의 범위에 속하는 것으로서 가능하다(대법원 2020. 6. 4. 선고 2016다241515, 241522 판결).

명칭여하를 불문하고 이사의 직무집행의 대가로 지급되는 것은 모두 보수에 해당하므로 봉급·상여금 등은 이사의 보수에 해당한다(대법원 2020. 4. 9. 선고 2018다 290436 판결). 사용인 겸무이사의 경우 사용인으로서 받는 보수가 상법 제388조에 따른 보수에 포함되는지에 관해서는 논란이 있다. 과연 이사가 정관이나 주주총회에서 정한 보수 이외에 추가적으로 사용인으로서의 보수를 수령할 수 있는지가 문제된다. 이와 관련하여 사용인으로서의 급여분은 근로계약의 대가로서의 성격을 지니므로 이사의 보수와는 차별된다는 점에서 전자는 후자에 포함되지 않는다는 불포함설,[1] 이사의 보수를 주주의 통제하에 두어야 한다는 상법의 취지를 살펴볼 때 과도한 보수책정을 방지한다는 차원에서 사용인으로서의 급여분도 이사의 보수에 포함되어야 한다는 포함설,[2] 이 밖에 불포함설을 기본으로 하되 보수의 결정시 사용인으로서의 급여분을 주주총회에 보고하여야 한다는 이른바 절충설[3]이 제시되어 있다. 생각건대, 상법이 이사의 보수에 대한 결정권을 정관 또는 주주총회의 권한으로 정하도록 한 취지가 회사와 이사와의 이익충돌을 사전에 방지하려는 데 있다는 점을 고려한다면 이사가 받는 보수는 그것이 사용인으로서의 급여이든 아니든 무조건 이사의 보수에 포함시키는 것이 타당하다. 따라서 포함설에 찬동한다.

퇴직위로금도 그 재직중에 있어서의 직무 집행의 대가로서 보수의 후불적 성격이 강하기 때문에 통상의 경우 주주총회의 승인을 받아야 한다[주요판례 6].

(2) 보수의 유형

1) 금액확정형

금액확정형은 많은 회사에서 선택하고 있는 보수의 유형으로서, 보수의 규모

---

1) 최준선, 474면.
2) 이철송, 683면.
3) 권기범, 909면.

를 사전에 미리 확정하는 방법이다. 이는 다시, "이사 A의 보수는 연 8천만원으로 한다"는 식으로 이사 개개인의 보수액을 각각 결정하는 방법과 이사 전원의 보수 총액의 최고 한도액만을 정한 후 구체적인 배분은 이사회 또는 대표이사에 맡기는 방법이 있는데, 실제 후자가 많이 사용된다.

2) 금액불확정형

이는 보수를 실적에 연동하는 유형이다. 구체적인 방법은 예컨대, "이사 전원의 연간보수 총액은 전 영업연도의 경상이익의 20%로 한다"는 식으로 정하는 경우이다[주요판례 2].

3) 비금전형

직접 보수액을 이사에게 현금으로 지급하는 것 이외의 방법으로 보수를 정하는 유형이다. 예컨대, 월세가 300만 원인 아파트를 무상으로 제공하는 경우 그 월세에 해당하는 300만 원은 이사의 보수로 되며, 이사가 거주하는 주택에서 근무하는 경비원의 임금을 회사가 부담하는 경우 그 임금도 이사의 보수에 속한다[주요판례 3].

2. 주식매수선택권

(1) 의   의

주식매수선택권(stock option)이라 함은 임직원 등에게 근로의욕을 고취시키고, 회사로서는 우수한 인력의 확보를 통해 기술혁신 및 생산성향상을 도모하여 회사의 성장과 함께 주가차익을 나눠가질 수 있는 주식에 근거한 보상(stock-based compensation)을 말한다(340조의2 1항 본문). 즉, "주식매수선택권 제도는 회사의 설립·경영과 기술혁신 등에 기여하거나 기여할 수 있는 임직원에게 장차 주식매수로 인한 이득을 유인동기로 삼아 직무에 충실하도록 유도하기 위한 일종의 성과보상제도"인 것이다(대법원 2018. 7. 26. 선고 2016다237714 판결). 경우에 따라서는 주식매수선택권의 행사가액이 주식의 실질가액보다 낮은 경우에 회사는 그 차액을 금전으로 지급하거나 그 차액에 상당하는 자기의 주식을 양도할 수 있다(340조의2 1항 단서). 상장회사의 경우에는 별도의 특례규정을 두고 있다(542조의3).

(2) 유형 및 그 대체방법

상법이 인정하고 있는 주식매수선택권의 유형으로는 ① 신주발행형, ② 자기주식매수형이 있으며, 예외적으로 ③ 미리 정한 주식매수선택청구권의 행사가격이 주

식의 실질가격보다 낮은 경우에 회사는 그 차액을 금전으로 지급하거나 그 차액에
상당하는 자기주식을 양도할 수 있다(340조의2 1항).

신주발행형은 임직원 등이 주식매수선택권의 행사가격으로 신주를 인수할 수
있는 권리를 부여하는 것으로서 정관의 규정과 주주총회의 특별결의를 거쳐 주식
매수선택권부여계약의 체결에 의하여 확정된다. 자기주식매수형은 임직원 등에게
신주발행에 갈음하여 회사가 이미 취득하여 보유하거나 주식매수선택권을 부여할
목적으로 취득한 자기주식에 대한 매수권을 부여하는 것이다. 이상의 유형에 대한
대체방안으로서 소위 주가차액지급방법(Stock Appreciation Rights; SAR)을 상법이 마련
하고 있다. 이는 신주발행형 또는 자기주식매수형에 갈음하여 주식의 실질가액과
행사가액의 차액을 정산하는 방법이다. 이상의 유형 중 어느 것을 선택할지는 주주
총회의 특별결의에 의한다(340조의2 1항).

(3) 부여대상자

1) 비상장회사의 경우

주식매수선택권을 부여받을 수 있는 자는 회사의 설립, 경영과 기술혁신 등에
기여하였거나 기여할 수 있는 회사의 이사, 집행임원, 감사 또는 피용자로서 그 자
격요건은 정관에 규정되어야 한다(340조의3 1항 3호). 또한 정관에 규정된 자격자 중
구체적으로 누구에게 주식매수선택권을 부여하느냐는 주주총회의 특별결의에 의하
여 결정한다(340조의3 2항 1호). 그러나 ① 의결권 없는 주식을 제외한 발행주식 총수
의 100분의 10 이상의 주식을 소유한 주주, ② 이사, 집행임원, 감사의 선임과 해임
등 회사의 주요경영사항에 대하여 사실상 영향력을 행사하는 주주, ③ 위에 규정된
주주의 배우자와 직계존속·비속에 대하여는 주식매수선택권을 부여할 수 없다(340
조의2 2항). 이는 회사의 대주주 등이 주식매수선택권제도를 남용하여 그의 지배력
을 강화시키거나, 회사재산을 빼돌리지 못하도록 하기 위함이다.

2) 상장회사의 경우

상장회사의 경우 비상장회사에서의 주식매수선택권의 부여대상자 이외에도 대
통령령으로 정하는 관계회사의 이사, 집행임원, 감사 또는 피용자에게 주식매수선
택권을 부여할 수 있다(542조의3 1항 본문). 이 경우 대통령령으로 정하는 관계회사는
① 해당 회사가 총출자액의 100분의 30 이상을 출자하고 최대출자자로 있는 외국
법인, ② ①의 외국법인이 총출자액의 100분의 30 이상을 출자하고 최대출자자로

있는 외국법인과 그 법인이 총출자액의 100분의 30 이상을 출자하고 최대출자자로
있는 외국법인, ③ 해당 회사가 금융지주회사법에서 정하는 금융지주회사인 경우
그 자회사 또는 손자회사 가운데 상장회사가 아닌 법인을 말한다. 다만, ①과 ②의
법인은 주식매수선택권을 부여하는 회사의 수출실적에 영향을 미치는 생산 또는
판매업무를 영위하거나 그 회사의 기술혁신을 위한 연구개발활동을 수행하는 경우
에 한한다(시행령 30조 1항).

　다만, ① 상장회사의 주주로서 의결권 없는 주식을 제외한 발행주식 총수를 기
준으로 본인 및 그와 대통령령으로 정하는 특수한 관계에 있는 자(이하 '특수관계인'
이라 함)가 소유하는 주식의 수가 가장 많은 경우 그 본인 및 그의 특수관계인, ②
누구의 명의로 하든지 자기의 계산으로 의결권 없는 주식을 제외한 발행주식 총수
의 100분의 10 이상의 주식을 소유하거나 이사·감사의 선임과 해임 등 상장회사의
주요 경영사항에 대하여 사실상의 영향력을 행사하는 주주 및 그의 배우자와 직계
존속·비속에게는 주식매수선택권을 부여할 수 없다(542조의3 1항 단서).

(4) 행사가격

　주식매수선택권의 가장 중요한 요소는 그 행사가격이다. 동 행사가격은 ① 신
주를 발행하는 경우에는 주식매수선택권의 부여일을 기준으로 한 주식의 실질가격
과 주식의 권면액 중 높은 금액, ② 자기주식을 양도하는 경우에는 주식매수선택권
의 부여일을 기준으로 한 주식의 실질가액 이상이어야 한다(340조의2 4항). 신주발행
시 주식의 실질가격과 권면액 중 고가로 한 것은 액면미달의 주식발행을 제한함으
로써 자본금충실의 원칙을 달성하기 위함이다. 다만, 무액면주식을 발행한 경우에
는 자본금으로 계상되는 금액 중 1주에 해당하는 금액을 권면액으로 본다(340조의2
4항 1호 단서).

(5) 부여한도

　주식매수선택권의 부여로 발행하게 될 신주 또는 양도할 자기주식은 회사의
발행주식 총수의 100분의 10을 초과할 수 없다(340조의2 3항). 이는 회사의 임직원에
게 과도한 주식매수선택권을 부여하는 것은 주주의 이익이 침해될 가능성이 높기
때문에 이를 방지하기 위함이다. 이 같은 부여한도의 제한은 정관에 주식매수선택
권을 규정할 당시는 물론이고 부여시점에도 동일하게 적용된다. 예컨대, 발행주식
총수가 100,000주인 회사가 정관에 10,000주를 부여한도로 정하였지만 그 후 자본

금감소를 거치는 바람에 부여시점에서의 실제 발행주식 총수가 50,000주로 줄어든 경우에는 주식매수선택권의 부여한도가 5,000주로 감소한다.

상법은 상장회사에 대해서는 추가적인 제한을 마련하고 있다. 즉, 상장회사는 발행주식 총수의 100분의 15에 해당하는 주식수를 초과하여 주식매수선택권을 부여할 수 없다(542조의3 2항, 시행령 30조 3항). 만약 정관으로 정하는 바에 따라 최근 사업연도 말 현재의 자본금이 3천억 원 이상인 법인의 경우에는 발행주식 총수의 100분의 1에 해당하는 주식수를 한도로, 최근 사업연도 말 현재의 자본금이 3천억 원 미만인 법인의 경우에는 발행주식 총수의 100분의 3에 해당하는 주식수를 한도로 하여 이사회가 주식매수선택권의 부여와 관련한 사항(340조의3 2항)을 결의함으로써 해당 회사의 집행임원·감사 또는 피용자 및 관계 회사의 이사·집행임원·감사 또는 피용자에게 주식매수선택권을 부여하였다면 그렇게 부여한 주식매수선택권을 포함해서 계산하여 이상의 한도를 충족하였는지를 판단한다(542조의3 3항, 시행령 30조 3항·4항).

(6) 부여절차

주식매수선택권을 부여하기 위하여 회사의 정관에 그 근거규정이 있어야 하며, 이에 의한 이사, 집행임원, 감사, 피용자에 대한 구체적인 부여행위는 주주총회의 특별결의를 거쳐야 한다. 이후 회사가 당사자와 주식매수선택권부여계약을 체결함으로써 그 내용이 개별적으로 확정된다.

1) 정관의 규정

주식매수선택권을 부여하기 위해서는 정관에 ① 일정한 경우 주식매수선택권을 부여할 수 있다는 뜻, ② 주식매수선택권의 행사로 발행하거나 양도할 주식의 종류와 수, ③ 주식매수선택권을 부여받을 자의 자격요건, ④ 주식매수선택권의 행사기간, ⑤ 일정한 경우 이사회결의로 주식매수선택권의 부여를 취소할 수 있다는 뜻을 기재하여야 한다(340조의3 1항).

2) 주주총회의 특별결의

임직원 등에게 주식매수선택권을 부여하면 주가상승과 이익배당이라는 과실을 기존 주주와 주식매수선택권자가 나눠 가져야 하므로 주주총회의 결의가 요구된다. 주주총회는 ① 주식매수선택권을 부여받을 자의 성명, ② 주식매수선택권의 부여방법, ③ 주식매수선택권의 행사가액과 그 조정에 관한 사항, ④ 주식매수선택권의 행사기간, ⑤ 주식매수선택권을 부여받을 자 각각에 대하여 주식매수선택권의 행사로 발행하거나 교부할 주식의 종류와 수를 특별결의로 정하여야 한다(340조의3 2항).

3) 주식매수선택권부여계약의 체결

회사는 주주총회의 결의에 의하여 주식매수선택권을 부여받는 자와 주식매수선택권부여계약을 체결하고 상당한 기간 내에 그에 관한 계약서를 작성하여야 한다(340조의3 3항). 상법은 주식매수선택권부여계약서에 기재할 내용을 명시하고 있지 않으므로 당사자들은 법률에 반하지 않는 한 그 내용을 자율적으로 정할 수 있다.

통상 주식매수선택권의 행사가격과 그 조정에 관한 사항, 주식매수선택권의 행사기간, 주식매수선택권의 행사방법 및 절차, 주식매수선택권부여의 취소에 관한 사항, 주식매수선택권의 양도 및 담보제공의 제한 등이 기재된다. 회사는 동 계약서를 주식매수선택권의 행사기간이 종료할 때까지 본점에 비치하고 주주로 하여금 영업시간 내에 이를 열람할 수 있도록 하여야 한다(340조의3 4항).

(7) 행   사

1) 행사기간

주식매수선택권자는 주식매수선택권을 주주총회결의일부터 2년 이상 재임 또는 재직하여야 행사할 수 있다(340조의4 1항). 주식매수선택권을 행사함으로 인하여 회사에 자기주식의 양도 또는 신주발행 내지 이에 갈음하는 차액정산의 의무를 발생시키므로 주식매수선택권의 행사는 그 성질을 형성권의 행사로 풀이한다.[1] 본인의 귀책사유가 아닌 사유로 퇴임 또는 퇴직하게 되더라도 퇴임 또는 퇴직일까지 '2년 이상 재임 또는 재직' 요건을 충족하지 못한다면 주식매수선택권을 행사할 수 없다[주요판례 7].

예외적으로 상장회사의 주식매수선택권을 부여받은 자는 주식매수선택권을 부여하기로 한 주주총회 또는 이사회의 결의일부터 2년 이상 재임하거나 재직하여야 주식매수선택권을 행사할 수 있다(542조의3 4항). 다만, 상장회사의 주식매수선택권을 부여받은 자가 사망하거나 그 밖에 본인의 책임이 아닌 사유로 퇴임하거나 퇴직한 경우에는 이상의 요건을 갖추지 않더라도 주식매수선택권을 행사할 수 있다. 정

---

1) 이철송, 694면.

년에 따른 퇴임이나 퇴직은 본인의 책임이 아닌 사유에 포함되지 않는다(시행령 30
조 5항).

2) 양도금지

주식매수선택권은 양도될 수 없다. 주식매수선택권 자체가 임직원의 경영성과
를 제고하는 유인을 제공한다는 점을 고려할 때 양도제한은 당연한 사항이다. 양도
가 제한되므로 입질이나 압류도 할 수 없다. 그러나 주식매수선택권을 행사할 수
있는 자가 사망한 경우에는 그 상속인이 이를 행사할 수 있다(340조의4 2항).

3) 신주발행의 특칙

주식매수선택권자가 주식매수선택권을 행사함으로써 회사가 자기주식을 양도
하는 경우에는 그는 회사에 매수대금을 납부하고 주권을 교부받은 때에 주주가 된
다(336조 1항). 그러나 주식매수선택권의 행사로 신주를 인수하는 경우에는 청약서
의 작성, 청약서의 기재사항, 납입은행, 납입금보관자의 증명과 책임 등에 관하여
신주인수권부사채권자의 신주인수권행사에 관한 절차규정이 준용된다(340조의5, 516
조의9 1·3·4항 및 516조의10 전단). 따라서 신주인수권자인 주식매수선택권자는 청약
서 2통을 회사에 제출하고, 신주의 발행가액의 전액을 납입하여야 하며(340조의5,
516조의9 1항), 신주인수대금을 납입한 때 주주가 된다(340조의5, 516조의10 전단).

신주를 발행하는 경우, 주주명부폐쇄기간 중에 주식매수선택권을 행사한 자는
그 기간 중의 총회의 결의에 관하여 의결권을 행사할 수 없다(340조의5, 350조 2항).
신주에 대한 이익이나 이자배당에 관하여는 정관이 정하는 바에 따라 그 주식매수
청구를 한 때가 속하는 영업연도의 직전영업연도 말에 신주를 발행한 것으로 할 수
있다(340조의5, 350조 3항 후단).

(8) 공　시

회사가 설립 시 주식매수선택권을 부여하도록 정한 때에 이에 관한 규정은 설
립등기사항 중의 하나이며(317조 2항 3의3호), 이후 그 변경이 있는 경우에는 변경등
기를 하여야 한다(317조 4항, 183조). 또한 주식매수선택권의 행사로 인하여 회사가
신주를 발행하는 경우에는 자본금이 증가하므로 회사는 주식매수선택권을 행사한
날이 속하는 달의 말일부터 2주간 내에 본점소재지에서 소정사항의 변경등기를 하
여야 한다(340조의5, 351조).

Ⅲ. 주요판례·문제해설

1. 주요판례

(1) 대법원 2016. 1. 28. 선고 2014다11888 판결 — 이사의 보수

회사에 대한 경영권 상실 등으로 퇴직을 앞둔 이사가 회사에서 최대한 많은 보수를 받기 위하여 그에 동조하는 다른 이사와 함께 이사의 직무내용, 회사의 재무상황이나 영업실적 등에 비추어 지나치게 과다하여 합리적 수준을 현저히 벗어나는 보수 지급 기준을 마련하고 지위를 이용하여 주주총회에 영향력을 행사함으로써 소수주주의 반대에 불구하고 이에 관한 주주총회결의가 성립되도록 하였다면, 이는 회사를 위하여 직무를 충실하게 수행하여야 하는 상법 제382조의3에서 정한 의무를 위반하여 회사재산의 부당한 유출을 야기함으로써 회사와 주주의 이익을 침해하는 것으로서 회사에 대한 배임행위에 해당하므로, 주주총회결의를 거쳤다 하더라도 그러한 위법행위가 유효하다 할 수는 없다.

(2) 대법원 2010. 12. 9. 선고 2009다59237 판결 — 이사의 보수

회사는 2002. 5. 9. 임시주주총회를 열어 정관을 개정하면서 다음 규정을 신설하였다.

제 4 장 이사, 감사, 이사회 및 임원

제27조[보수]

27.2 2002. 1. 1.부터 2006. 12. 31.까지 대표이사의 보수 한도는, 기본급은 첫 사업연도는 3억 원으로 하고, 다음 사업연도부터는 이사회의 결의로 하며, 추가로 라이선스 체결·유지·관리 및 창업에 대한 공로의 대가로 매 결산기 세전이익의 11%씩을 각각의 대표이사에게 지급한다.

정관규정에 따른 실적급은 원고와 소외인이 피고 회사의 대표이사로 재직하면서 그 직무집행의 대가로 받는 보수의 성격을 가진 것이어서 대표이사의 지위를 전제로 지급되는 것으로 봄이 상당하다.

(3) 대법원 2007. 10. 11. 선고 2007다34746 판결 — 동아그룹 회장 사건

○○건설산업 주식회사(이하 '○○건설'이라 한다)의 이사 내지 대표이사이자 ○○

건설 등이 속한 ○○그룹의 회장 등으로 재직하던 피고 1의 사저에서 근무한 근무자들의 업무 내용은 사저의 수리·보수, 경비, 위 피고의 가족들을 위한 운전 등 주로 위 피고와 그의 가족들을 위한 노무의 제공을 목적으로 한 것이고, 위 사저 근무자들이 ○○건설의 업무를 수행하였다고 볼 수 없고, 따라서 위 피고가 개인적으로 지급의무를 부담하여야 할 사저 근무자들에 대한 급여를 ○○건설의 자금으로 지급하였다. 위 피고에 대한 위와 같은 금전적 이익의 제공은 결국 위 피고에 대한 특별한 보수에 해당한다.

(4) 대법원 2006. 11. 23. 선고 2004다49570 판결 — 이사의 해직보상금

주식회사와 이사 사이에 체결된 고용계약에서 이사가 그 의사에 반하여 이사직에서 해임될 경우 퇴직위로금과는 별도로 일정한 금액의 해직보상금을 지급받기로 약정한 경우, 그 해직보상금은 형식상으로는 보수에 해당하지 않는다 하여도 보수와 함께 같은 고용계약의 내용에 포함되어 그 고용계약과 관련하여 지급되는 것일 뿐 아니라, 의사에 반하여 해임된 이사에 대하여 정당한 이유의 유무와 관계없이 지급하도록 되어 있어 이사에게 유리하도록 회사에 추가적인 의무를 부과하는 것인바, 보수에 해당하지 않는다는 이유로 주주총회 결의를 요하지 않는다고 한다면, 이사들이 고용계약을 체결하는 과정에서 개인적인 이득을 취할 목적으로 과다한 해직보상금을 약정하는 것을 막을 수 없게 되어, 이사들의 고용계약과 관련하여 그 사익 도모의 폐해를 방지하여 회사와 주주의 이익을 보호하고자 하는 상법 제388조의 입법 취지가 잠탈되고, 나아가 해직보상금액이 특히 거액일 경우 회사의 자유로운 이사해임권 행사를 저해하는 기능을 하게 되어 이사선임기관인 주주총회의 권한을 사실상 제한함으로써 회사법이 규정하는 주주총회의 기능이 심히 왜곡되는 부당한 결과가 초래되므로, 이사의 보수에 관한 상법 제388조를 준용 내지 유추적용하여 이사는 해직보상금에 관하여도 정관에서 그 액을 정하지 않는 한 주주총회 결의가 있어야만 회사에 대하여 이를 청구할 수 있다.

(5) 대법원 2006. 5. 25. 선고 2003다16092, 16108 판결 — 이사의 퇴직금

회사가 정관에서 퇴직하는 이사에 대한 퇴직금액의 범위를 구체적으로 정한 다음, 다만 재임 중 공로 등 여러 사정을 고려하여 이사회가 그 금액을 결정할 수 있도록 하였다면, 이사회로서는 퇴직한 이사에 대한 퇴직금액을 정하면서, 퇴임한 이사가 회사에 대하여 배임 행위 등 명백히 회사에 손해를 끼쳤다는 등의 특별한

사정이 없는 한, 재임 중 공로의 정도를 고려하여 정관에서 정한 퇴직금액을 어느 정도 감액할 수 있을 뿐 퇴직금 청구권을 아예 박탈하는 결의를 할 수는 없으므로, 이사회가 퇴직한 이사에 대한 퇴직금을 감액하는 등의 어떠한 결의도 하지 않았을 경우 회사로서는 그와 같은 이사회 결의가 없었음을 이유로 퇴직한 이사에 대하여 정관에 구체적으로 정한 범위 안에서의 퇴직금 지급을 거절할 수는 없다.

(6) 대법원 2001. 2. 23. 선고 2000다61312 판결 — 이사의 보수

주식회사의 업무집행권을 가진 이사 등 임원은 회사로부터 일정한 사무처리의 위임을 받고 있는 것이므로(382조 2항 참조) 사용자의 지휘·감독 아래 일정한 근로를 제공하고 소정의 임금을 지급받는 고용관계에 있는 것이 아니며, 따라서 일정한 보수를 받는 경우에도 이를 근로기준법 소정의 임금이라 할 수 없고, 회사의 규정에 의하여 이사 등 임원에게 퇴직금을 지급하는 경우에도 그 퇴직금은 근로기준법 소정의 퇴직금이 아니라 재직중의 직무집행에 대한 대가로 지급되는 보수의 일종이다.

(7) 대법원 2011. 3. 24. 선고 2010다85027 판결 — 주식매수선택권

상법 제340조의4 제 1 항과 구 증권거래법(2007. 8. 3. 법률 제8635호「자본시장과 금융투자업에 관한 법률」부칙 2조로 폐지, 이하 '구 증권거래법'이라 한다) 및 그 내용을 이어받은 상법 제542조의3 제 4 항이 주식매수선택권 행사요건에서 차별성을 유지하고 있는 점, 위 각 법령에서 '2년 이상 재임 또는 재직' 요건의 문언적인 차이가 뚜렷한 점, 비상장법인, 상장법인, 벤처기업은 주식매수선택권 부여 법인과 부여 대상, 부여 한도 등에서 차이가 있는 점, 주식매수선택권 제도는 임직원의 직무 충실로 야기된 기업가치 상승을 유인동기로 하여 직무에 충실하게 하고자 하는 제도인 점, 상법의 규정은 주주, 회사의 채권자 등 다수의 이해관계인에게 영향을 미치는 단체법적 특성을 가지는 점 등을 고려하면, 상법 제340조의4 제 1 항에서 정하는 주식매수선택권 행사요건을 판단할 때에는 구 증권거래법 및 그 내용을 이어받은 상법 제542조의3 제 4 항을 적용할 수 없고, 정관이나 주주총회의 특별결의를 통해서도 상법 제340조의4 제 1 항의 요건을 완화하는 것은 허용되지 않는다고 해석하여야 한다. 따라서 본인의 귀책사유가 아닌 사유로 퇴임 또는 퇴직하게 되더라도 퇴임 또는 퇴직일까지 상법 제340조의4 제 1 항의 '2년 이상 재임 또는 재직' 요건을 충족하지 못한다면 위 조항에 따른 주식매수선택권을 행사할 수 없다.

(8) 대법원 2018. 7. 26. 선고 2016다237714 판결— 이사의 주식매수선택권 행사

주식매수선택권 부여에 관한 주주총회 결의는 회사의 의사결정절차에 지나지 않고, 특정인에 대한 주식매수선택권의 구체적 내용은 일반적으로 회사가 체결하는 계약을 통해서 정해진다. 주식매수선택권을 부여받은 자는 계약에서 주어진 조건에 따라 계약에서 정한 기간 내에 선택권을 행사할 수 있다.

상법은 주식매수선택권을 부여하기로 한 주주총회 결의일(상장회사에서 이사회결의로 부여하는 경우에는 이사회 결의일)부터 2년 이상 재임 또는 재직하여야 주식매수선택권을 행사할 수 있다고 정하고 있다(340조의4 1항, 542조의3 4항, 시행령 30조 5항). 이와 같이 상법은 주식매수선택권을 행사할 수 있는 시기(始期)만을 제한하고 있을 뿐 언제까지 행사할 수 있는지에 관해서는 정하지 않고 회사의 자율적인 결정에 맡기고 있다. 따라서 회사는 주식매수선택권을 부여받은 자의 권리를 부당하게 제한하지 않고 정관의 기본 취지나 핵심 내용을 해치지 않는 범위에서 주주총회 결의와 개별 계약을 통해서 주식매수선택권을 부여받은 자가 언제까지 선택권을 행사할 수 있는지를 자유롭게 정할 수 있다고 보아야 한다.

나아가 주식매수선택권을 부여하는 주주총회 결의에서 주식매수선택권의 부여 대상과 부여방법, 행사가액, 행사기간, 주식매수선택권의 행사로 발행하거나 양도할 주식의 종류와 수 등을 정하도록 한 것은 이해관계를 가지는 기존 주주들로 하여금 회사의 의사결정 단계에서 중요 내용을 정하도록 함으로써 주식매수선택권의 행사에 관한 예측가능성을 도모하기 위한 것이다. 그러나 주주총회 결의 시 해당 사항의 세부적인 내용을 빠짐없이 정하도록 예정한 것으로 보기는 어렵다. 이후 회사가 주식매수선택권 부여에 관한 계약을 체결할 때 주식매수선택권의 행사기간 등을 일부 변경하거나 조정한 경우 그것이 주식매수선택권을 부여받은 자, 기존 주주 등 이해관계인들 사이의 균형을 해치지 않고 주주총회 결의에서 정한 본질적인 내용을 훼손하는 것이 아니라면 유효하다고 보아야 한다.

2. 문제해설

(1) 이사에 대한 퇴직위로금은 그 직에서 퇴임한 자에 대하여 그 재직 중 직무집행의 대가로 지급되는 보수의 일종으로서 제388조에 규정된 보수에 포함되므로, 甲회사의 정관 등에서 이사의 보수 또는 퇴직금에 관하여 주주총회의 결의로 정한다고 규정되어 있는 경우에 한하여 그 금액·지급방법·지급시기 등에 관한 주주총

회의 결의가 있었음을 인정할 증거가 없는 한 A의 보수나 퇴직금청구권을 행사할 수 없다([주요판례 5]; 대법원 2004. 12. 10. 선고 2004다25123 판결).

(2) 고용계약서 제 8 조에 규정된 금원 중 보너스와 퇴직수당(임원퇴직위로금지급규정에 따른 퇴직위로금)은 이사의 직무수행의 대가인 상법 제388조 소정의 보수로 봄이 상당하지만, 나머지 금원, 즉 원고들이 구하는 위 각 금원은 원고들이 비자발로 이사직에서 해임된 경우 받게 되어 있는 해직보상금으로서 퇴직 후 직무수행의 대가로 지급하는 퇴직위로금과는 그 성질이 다르지만 이사의 보수에 관한 상법 제 388조를 준용 내지 유추적용하여 이사는 해직보상금에 관하여도 정관에서 그 액을 정하지 않는 한 주주총회의 결의가 있어야만 회사에 대하여 이를 청구할 수 있다 [주요판례 4]. 따라서 제 8 조에 규정된 금원이 결과적으로 정관에 그 액이 정해져 있거나 주주총회의 결의가 있는 경우에 한하여 B는 고용계약서 제 8 조에 규정한 금원을 제공받을 수 있다.

(3) C가 본인의 재임요건을 충족하지 못한 데 대하여 본인의 귀책사유가 있는 경우에는 당연히 주식매수선택권을 행사할 수 없다. 본인의 귀책사유가 아닌 사유로 퇴임 또는 퇴직하게 되더라도 퇴임 또는 퇴직일까지 '2년 이상 재임 또는 재직' 요건을 충족하지 못한 경우에도 주식매수선택권을 행사할 수 없다[주요판례 7].

[10] 이사회와 그 운영

I. 사   례

1. 사실관계

甲주식회사의 이사회는 중요자산의 처분을 결의하고자 한다. 총이사 20명 중 17명이 이사회에 출석하였으며, 출석한 이사 중 15명이 중요자산의 처분에 찬성하는 결의를 하였다.

2. 검   토

(1) 甲회사 이사회의 결의사항을 주주총회의 결의로 번복할 수 있는가?

(2) 甲회사의 이사 중 1인이 이사회소집통지를 받지 못하였다면, 동 회사 이사

회결의의 효력은 어떠한가?

　(3) 甲회사가 정관에다가 이사회의 결의요건을 이사 3분의 1 이상의 출석과 출석이사의 과반수의 찬성이 있어야 한다고 규정하였다면, 이 규정은 유효한가?

　(4) 甲회사가 정관에다가 이사회의 결의요건을 이사 전원의 과반수로 하되 가부동수인 경우에는 이사회 회장의 결정에 의하도록 규정하였다면 이 규정은 유효한가?

Ⅱ. 주요법리

1. 이사회의 의의

(1) 주식회사의 필요·상설기관

　이사의 수를 1인 또는 2인으로 할 수 있는 자본금 총액이 10억 원 미만인 주식회사를 제외한다면(383조 1항 단서) 이사회는 이사 전원으로 구성되고, 회사의 업무집행에 관한 의사결정 및 이사의 직무집행의 감독을 행하는 주식회사의 필요·상설의 법정기관이다. 따라서 이사회는 그 설치가 강제되며, 정기 또는 임시의 회의 형식으로 활동함에도 불구하고 그 존재 자체는 상설적 성질을 지니고 있다.

　상법은 이사회의 권한을 확대하는 이사회중심주의를 취하고 있다. 이사회는 고유권한을 가진 독립기관이므로, 그 권한에 의하여 결의한 사항을 주주총회의 결의로 번복하거나 무효화할 수 없다[주요판례 2].

　이사회는 회사의 이사 전원으로 구성되며, 이사는 별도의 절차 없이 당연히 이사회의 구성원이 된다. 여기에서 이사란 주주총회에서 선임된 법률상의 이사만을 의미하며(382조 1항), 기업 내부에서 법정절차에 의하지 아니하고 이사로 인정하는 이른바 이사대우 등은 포함되지 아니한다. 이사 아닌 자가 이사회의 구성원이 될 수 없기 때문이다.

　감사나 이사대우가 이사회의에 참석하거나 임의기관인 임원회의(사장단회의)의 구성원이 되는 것은 무방하다. 이사 전원으로 구성되는 이사회는 업무집행에 관한 의사결정권과 이사의 직무집행에 대한 감독권을 가지므로 이사 전원을 대표이사나 업무담당이사 또는 사용인겸무이사로 하는 것은 위법은 아니라 하더라도 부당하다. 따라서 이사회가 그 본래의 기능을 실효성 있게 수행할 수 있도록 보장하기 위하여 이사회의 구성에 적절한 수(數)의 사외이사 또는 독립된 이사를 참여하게 하는 것이 바람직하다.

(2) 이사회의의 비상설성

이사회의는 업무집행기관인 이사회가 그 권한을 행사하기 위하여 모이는 회의를 말한다. 법정의 필요·상설기관인 이사회는 합의제기관이므로 그 권한을 행사하기 위해서는 반드시 회의를 개최하고 의사결정을 하여야 한다. 상법은 이사회(board of directors)와 이사회의(meeting of the board of directors)라는 용어를 구분하여 쓰고 있는 것은 아니다. 예를 들어, 상법 제390조 내지 제391조의3에서 이사회로 규정한 것은 '이사회의'의 의미로 사용된 것이다. 그러나 이사회와 이사회의는 다음과 같은 이유에서 개념적으로는 구별된다.

이사회는 이사 전원으로 구성되는 필요·상설적 법정기관이나 그 존재형식만이 관념적으로 상설적일 뿐이다. 따라서 이사회는 현실적으로 그 의사를 결정하기 위하여 정기 또는 임시의 모임을 가질 필요가 있으며, 이와 같이 개최되는 이사회의 활동형식인 이사회의는 비상설적 성격을 띠게 된다. 이사회는 이사 전원으로 구성되나 이사회의에는 이사가 아닌 감사에게도 참석권이 부여되며(391조의2), 그 밖에 이사대우 기타 사용인도 참석할 수 있다. 다만 감사나 이사대우 기타 사용인은 이사회의에서 의결권을 가지지는 못한다.

이사회의는 이사 전원의 의견교환과 토의를 거쳐 이사의 총력을 결집하는 회의이므로 이사가 함께 모여 회의를 개최하고 충분히 의논하도록 보장되어야 한다. 이에 상법은 이사회의의 소집절차나 결의방법에 관하여 명시적으로 규정하고 있다(390조, 391조, 391조의3, 392조). 현실적인 이사회의의 개최가 없는 서면결의나 지참결의는 이사 전원의 동의가 있다 하더라도 이사회결의로 인정하여서는 안 된다. 그러나 일정한 조건을 충족한 원격통신수단에 의한 다자간 화상회의는 인정된다.

2. 이사회의 소집

이사회는 필요에 따라 각 이사가 소집할 수 있음이 원칙이다. 그러나 이사회의 결의로 특정이사만을 소집권자로 정할 수 있다(390조 1항). 소집권자로 지정되지 않은 다른 이사는 소집권자인 이사에게 이사회소집을 요구할 수 있으며, 소집권자인 이사가 정당한 이유 없이 이사회 소집을 거절하는 경우에는 다른 이사가 이사회를 소집할 수 있다(390조 2항).

　　이사회를 소집함에는 회일을 정하고 그 1주 전에 각 이사와 감사에 대하여 통지를 발송하여야 한다. 이 기간은 정관으로 단축이 가능하다(390조 3항). 다만, 통지기간을 단축한다고 하더라도 적어도 이사와 감사가 통지를 받고 이사회에 출석할 기회가 보장될 수 있어야 한다.

　　소집통지에는 소집일시와 장소가 기재되어야 한다. 그러나 주주총회와 달리 통지를 서면으로 하지 않고 구두로 하여도 무방하다. 주주총회의 소집통지와는 달리 이사회 소집통지에는 목적사항을 기재할 필요가 없다. 그 이유로서는 첫째, 이사는 이사로 재임하는 동안에 이사회에 출석하여야 하는 의무를 부담하기 때문이다. 둘째, 급격하게 변화하는 경제환경 속에서 소집통지를 하는 시점과 실제 이사회가 개최되는 시점 사이에 이사회의 결의가 필요한 목적사항이 새롭게 대두될 수 있는데, 이러한 변화에 효율적으로 대응하기 위해서는 소집통지에 목적사항을 기재할 필요가 없다. 따라서 이사회 소집통지를 할 때에는, 회사의 정관에 이사들에게 회의의 목적사항을 함께 통지하도록 정하고 있거나 회의의 목적사항을 함께 통지하지 아니하면 이사회에서의 심의·의결에 현저한 지장을 초래하는 등의 특별한 사정이 없는 한, 주주총회 소집통지의 경우와 달리 회의의 목적사항을 함께 통지할 필요는 없다(대법원 2011. 6. 24. 선고 2009다35033 판결).

　　이사 및 감사 전원의 동의가 있으면 이사회의 소집절차를 생략하고 언제든지 회의를 할 수 있다(390조 4항). 또한 자본금이 10억원 미만이고 이사가 1인 또는 2인인 소규모 주식회사인 경우에는 상법상의 이사회가 존재하지 않으므로 이러한 절차는 적용되지 않는다(383조 5항).

3. 이사회의 권한

(1) 업무집행에 관한 회사의 의사결정

　　이사회는 상법이나 정관에 의하여 주주총회의 권한으로 되어 있는 사항을 제외하고는 회사의 모든 업무집행에 관한 의사결정을 할 수 있다(393조 1항).

　　상법에서 이사회의 결의사항으로 규정하고 있는 사항으로는 주주총회의 소집(362조), 대표이사의 선정과 공동대표의 결정(389조), 중요한 자산의 처분 및 양도·대규모 재산의 차입(393조), 지배인의 선임과 해임(393조), 지점의 설치 또는 폐지(393조), 신주발행(416조), 준비금의 자본금전입(461조), 회사와 이사간의 거래승인

(398조), 재무제표와 영업보고서의 승인(447조, 447조의2), 사채발행, 주주에 대한 전환사채 및 신주인수권부사채의 발행(513조, 516조의2) 등이 있다[주요판례 1].

(2) 이사의 직무집행에 대한 감독권

이사회는 대표이사와 기타 이사의 직무집행을 감독한다(393조 2항). 집행임원을 둔 경우에는 그의 업무집행을 감독한다(408조의2 3항 2호). 이사회는 적법성은 물론이고 타당성도 감사할 수 있다. 이사회의 감독권을 제대로 수행하기 위해서는 독립적인 지위를 갖는 사외이사를 포함하여 이사회를 구성하는 것이 바람직하다.

상법은 이사회의 감독권의 실효성을 확보하기 위하여 이사에게 대표이사로 하여금 다른 이사 또는 피용자의 업무에 관하여 이사회에 보고할 것을 요구할 수 있는 권리(393조 3항)를 부여함으로써 이사의 회사의 업무에 관한 정보접근권을 인정하고 있다. 이와 아울러 이사는 3월에 1회 이상 업무의 집행상황을 이사회에 보고하여야 한다(393조 4항).

개별이사가 다른 이사의 업무에 대하여 보고를 요구할 수 있는지에 관하여 한때 논란이 있었다. 그러나 현행 상법에서는 감사위원회의 위원인 이사에게 회사 및 자회사의 업무와 재산 상태에 대한 보고요구권과 조사권이 인정되고 있고(415조의2, 412조, 412조의4), 업무를 담당하지 않은 이사들도 감시의무를 부담하며, 만약 이를 게을리한 때에는 회사와 제 3 자에 손해배상책임을 부담한다. 이 같은 정보접근권은 기업 활동의 투명성을 높이는 데 기여한다. 이와 아울러 회사의 회계장부 등 기밀사항에까지 이사의 정보접근이 용이하게 됨에 따라 회사의 기밀을 보호하기 위한 차원에서 이사·감사의 비밀유지의무를 규정하고 있다(382조의4).

4. 이사회의 의사록과 공시

이사회의 의사에 관하여는 의사록을 작성해야 하고, 의사의 안건, 경과요령, 그 결과, 반대하는 자와 그 반대이유를 기재하고 출석한 이사와 감사가 기명·날인 또는 서명해야 한다(391조의3). 결의에 참가한 이사로서 이의를 한 기재가 의사록에 없는 자가 찬성한 것으로 추정되어 불이익을 입는 것을 피하기 위해서(399조 3항) 그 이의를 기재하여야 한다. 따라서 이사회의사록은 이사의 책임을 추궁하는 데 있어서 가장 중요한 자료가 된다.

이사회의사록은 본점에 비치하여야 한다(396조). 주주는 영업시간 내에 이사회의사록의 열람 또는 등사를 청구할 수 있다(391조의3 3항). 의사록은 회사의 영업기밀과 관련된 중요서류이므로 회사의 비밀을 보호하기 위하여 회사는 정당한 이유가 있는 경우 주주의 열람 또는 등사를 거절할 수 있다. 이 경우 주주는 법원의 허가를 얻어 이사회의사록을 열람 또는 등사할 수 있다(391조의3 4항).

5. 이사회의 결의

(1) 결의방법

이사회의 결의는 이사 과반수의 출석과 출석이사의 과반수로써 하여야 한다(391조 1항). 이 결의요건은 정관으로 가중할 수 있지만 완화는 할 수 없다(391조 1항 단서)[주요판례 4]. 예외적으로 이사가 이용하는 회사의 사업기회에 대한 이사회의 승인과 이사의 자기거래에 대한 이사회의 승인의 경우는 이사 총수의 3분의 2 이상으로 하여야 하며(397조의2 1항, 398조), 감사위원회의 위원의 해임에 관한 이사회의 결의는 이사 총수의 3분의 2 이상의 결의로 하여야 한다(415조의2 3항).

이사와 회사간의 거래에 있어서 그 당해이사처럼 결의에 특별한 이해관계를 가진 이사는 의결권을 행사하지 못한다(391조 3항, 368조 3항). 이사회의 결의시 가부동수인 경우에 특정이사(대표이사 등)에게 결정권을 주도록 한 정관규정의 효력은 무효이다. 이사회는 소수의 구성원으로 이루어지고 최선의 결론을 도출하기 위하여 이사간의 의견교환과 토의가 중요하다보니 주주총회와는 달리 서면결의나 의결권의 대리행사가 허용되지 않는다.

상법은 오늘날 정보통신수단의 발달로 소재지를 달리하는 다수인간에 동시적인 의견교환이 가능하게 된 현실을 반영하여 그 운영방법을 획기적으로 개선하여 다자간 통신회의를 인정한다. 즉 정관에서 달리 정하는 경우를 제외하고 이사회는 이사의 전부 또는 일부가 직접 회의에 출석하지 아니하고 모든 이사가 동시에 서로 들을 수 있는 통신수단에 의하여 회의에 참가하는 것을 허용할 수 있다. 이 경우 당해이사는 이사회에 직접 출석한 것으로 본다(391조 2항).

(2) 결의의 하자
1) 원   칙

상법은 주주총회의 결의하자와는 달리 이사회의 결의하자에 관하여는 규정을 두지 않고 있다. 이에 이사회의 결의하자는 민법과 민사소송법의 일반원칙, 그리고 회의체의 일반이론에 따라 처리할 수밖에 없다. 즉 이사회의 결의는 그 내용이 법령이나 정관에 위반된 경우는 물론 그 소집의 절차 또는 결의의 방법에 하자가 있는 경우에도 당연히 무효가 되며, 주주총회의 결의에 있어서와 같이 결의의 성립과정에 있어서의 하자(376조)와 결의 내용상의 하자(380조)를 구별하여 달리 처리하지 않는다.

　　이사회의 결의하자에 있어서는 그 하자의 사유 여하에 불구하고 결의는 언제나 당연무효이다. 무효의 주장방법에도 아무 제한이 없다. 따라서 누구든지, 언제나, 어떠한 방법에 의하여도 그 무효를 주장할 수 있으며, 필요한 경우에는 결의무효확인의 소를 제기할 수도 있다. 소의 방법에 의하여 무효를 주장하는 경우에는 제소권자, 관할법원, 소의 병합 등에 관하여 아무 제한이 없고, 판결에도 대세적 효력이 인정되지 아니하고 기판력의 일반원칙(민사소송법 218조)에 따라 그 효력이 발생한다.

2) 결의하자의 태양(態樣)

　　이사회의 결의하자는 ① 소집권자에 의한 소집절차가 없는 경우, ② 소집절차에 하자가 있는 경우, ③ 결의방법에 하자가 있는 경우, ④ 권한 외의 사항을 결의한 경우, ⑤ 결의내용에 하자가 있는 경우 등 다섯 가지의 유형으로 구분할 수 있다.

　　먼저 소집권자에 의하지 아니한 이사회에는 일부이사가 모여 이사회라고 칭하며 결의를 하거나, 소집권이 부여된 특정이사 이외의 자가 소집절차를 밟는 것 등이 해당된다. 소집절차에 하자가 있는 경우로서는, 소집통지발송기간을 준수하지 않았거나, 이사·감사의 일부에 소집통지를 게을리하였거나, 정관상 서면통지나 목적사항의 기재가 규정되었음에도 불구하고 이에 위반한 것 등을 그 예로 들 수 있다. 결의방법에 하자가 있는 경우로서는, 정족수 또는 결의요건을 충족하지 못하거나, 특별이해관계 있는 이사가 결의에 참가하거나[주요판례 5], 이사가 아닌 자 또는 대리인이 의결권을 행사하는 것 등이 있다. 권한 외의 사항을 결의한 경우로서는, 주주총회의 법정권한에 속하는 사항을 결의하거나 정관에 의하여 주주총회의 권한으로 규정된 사항을 결의하거나, 정관상 회의의 목적사항을 통지하도록 되었음에도 불구하고 소집통지에 포함되지 아니한 사항을 결의하는 것 등이 포함된다. 결의내용에 하자가 있는 경우로서는, 주주평등의 원칙에 위반한 결의나 주주총회와 모순된 결의 등이 있다.

소집절차나 결의방법상의 하자가 경미하여 결의의 성립결과에 아무런 영향도 미치지 못할 것이 명백한 경우에도 그 결의를 무효로 할 것인지가 문제이다. 결의에 관하여 특별이해관계를 가진 이사가 의결권을 행사하였거나, 또는 일부이사가 전화로 의결권을 행사한 경우에 그 이사 전원의 과반수로써 결의요건을 충족한다면 그 결의는 유효로 보아야 한다. 그러나 일부이사에 대한 소집통지가 결여되어 이사회에 출석하지 못한 경우에는 나머지 이사만 가지고 결의요건이 충족되었다 하더라도 그 결의는 무효로 보아야 한다[주요판례 3]. 그 이유는 소집통지의 결여로 출석하지 못한 이사가 출석한 것을 가정할 때 그의 의견진술이 다른 이사의 의결권 행사에 영향을 미칠 가능성을 감안한다면 무효일 수밖에 없기 때문이다.

3) 하자 있는 결의에 기한 행위의 효력

이사회의 결의하자로 무효가 된 결의에 기한 행위의 효력에 관하여는 상법상 규정이 없다. 결국 이는 이사회의 결의를 요구하는 법의 취지와 거래의 안전보호를 비교형량하여 결정할 수밖에 없다. 그러므로 이사회의 하자 있는 결의에 따라 대표이사가 제3자와 법률행위를 한 경우에는 상대방이 선의·무중과실인 한 그 무효를 주장할 수 없다. 이는 이사회의 결의와 대표이사의 행위를 적법한 것으로 믿는 제3자의 신뢰가 보호되어야 하기 때문이다. 반면 거래의 안전보호를 고려할 필요가 없는 회사의 내부적 사항에 관하여는 이사회의 결의하자로 말미암아 그 행위도 당연히 무효이다. 전자에 해당되는 것으로서는 매매·대차 등 통상적 거래행위 등을 들 수 있으며, 지배인의 선임·해임(393조), 대표이사의 선임(389조 1항), 이사와 회사 간의 거래승인(398조) 등은 후자에 속한다.

하자 있는 이사회결의에 의한 후속행위의 효력을 다투는 별도의 소가 인정되는 경우에는 이사회결의의 하자는 그 후속행위의 하자로 흡수되어 그 행위 자체의 효력을 다투는 것으로 해결된다. 예를 들어, 하자 있는 이사회의 결의에 의한 신주발행의 경우는 신주발행무효의 소에 의하여 다투어야 한다.

6. 이사회 내 위원회

(1) 위원회의 의의

이사회는 회의체이지만, 현실적으로 이사회의를 빈번히 개최하기가 어렵고, 그 규모나 회의시간을 볼 때 회의에 있어서 만족할 만한 성과를 얻는다는 것은 용이하지 않다. 그동안 우리나라 기업운영의 실제에 있어서는 대표이사를 중심으로 하여 업무담당이사만으로 구성되는 이른바 상무회(常務會)의 제도를 이용하는 경우가 많았다. 상무회는 이사회소집절차상의 번잡성이나 원격지에 있는 이사의 출석곤란 등을 극복하여 이사회의 비기동성을 배제할 수 있을 뿐만 아니라 이사회와 같이 의사록의 작성·비치·공시의무(391조의3, 396조)가 없으므로 회사영업상의 기밀을 보호할 수도 있었다. 또 경우에 따라서는 대표이사의 독주를 방지하기 위하여 상무회제도를 활용하기도 하였다. 그러나 상무회의 법률적인 지위와 효과가 분명하지 않았다는 단점이 있었다. 이에 위원회제도를 활성화하여 이사회의 효율적 운영을 도모하기 위한 차원에서 상법은 위원회 일반에 관하여 "이사회는 정관이 정하는 바에 따라 위원회를 설치할 수 있다"고 규정함으로써 그간의 위원회를 법적인 기관으로 도입하고 있다(393조의2).

위원회의 설치, 설치될 위원회의 종류 및 위원회의 권한과 구성방법, 그리고 운영방법 등은 정관에 근거를 두어야 한다. 상법이 위원회의 설치 여부에 관하여 정관에 근거를 두도록 한 것은 위원회의 설치가 회사 경영조직에 중대한 변화를 가져오게 되므로 주주들의 의사를 반영하기 위한 것이며, 회사의 자율에 따라 감사위원회나 경영위원회 등과 같은 위원회의 종류를 선택하도록 한 것이다.

상법 제383조 제 1 항 단서는 자본금 총액이 10억 원 미만인 소규모주식회사는 이사의 수를 1인 또는 2인으로 할 수 있도록 규정하고 있으므로 이러한 회사의 경우에는 위원회를 설치할 수 없고, 그럴 필요도 없다.

(2) 위원회의 구성

이사 중 누구를 위원회의 구성원으로 할 것인지는 위원회의 설치권한을 갖는 전체 이사회의 결의사항에 해당한다. 위원회는 회의체인 만큼 이론적으로 3인 이상의 이사로서 구성되는 것이 바람직하지만 상법은 자본금 총액이 10억 원 이상인 회사의 경우 이사의 수를 3인 이상으로 법정하고 있다는 현실을 반영하여 위원회는 2인 이상의 이사로 구성하는 것으로 규정하고 있다(393조의2 3항). 위원회가 2인으로 구성된 경우에는 위원회의 결의방법에 이사회의 결의방법이 준용되기 때문에(391조) 이사 전원의 출석과 전원의 찬성으로 결의가 이루어진다.

위원회의 위원수가 법률 또는 정관에 정한 인원수를 결한 경우에는 임기의 만료 또는 사임으로 인하여 퇴임한 위원은 새로 선임한 위원이 취임할 때까지 위원의 권리·의무가 있다(386조 1항, 393조의2 5항). 이사회 위원회의 위원 임명과 해임은 정관 또는 상법에서 정한 이사회결의방법에 의하나, 감사위원회 위원의 해임에 관한 이사회의 결의는 이사총수의 3분의 2 이상의 결의로 하여야 한다(415조의2 3항). 이는 감사위원회의 독립성을 보장하기 위한 장치이다.

(3) 위원회의 권한과 위원회에 대한 권한위임의 한계

위원회의 권한범위는 위원회를 설치하는 이사회가 결정하는 것이 원칙이다. 따라서 이사회의 고유한 기능에 관련된 사항으로서 ① 주주총회의 승인을 요하는 사항의 제안, ② 대표이사의 선임 및 해임, ③ 위원회의 설치와 그 위원의 선임 및 해임, ④ 정관에서 정하는 사항에 대하여는 위원회에 위임할 수 없다(393조의2 2항).

(4) 위원회의 소집 및 결의방법

위원회의 소집, 결의방법 등에 대해서는 원칙적으로 이사회에 관한 규정이 개별적으로 준용된다(393조의2 5항). 위원회는 소집할 이사를 따로 정한 경우를 제외하고는 각 위원이 소집한다. 위원회를 소집함에는 회일을 정하고 원칙적으로 그 1주간 전에 각 위원에 대하여 통지를 발송하여야 한다. 이 기간은 정관으로 단축할 수 있다. 위원회는 위원 전원의 동의가 있는 때에는 언제든지 회의할 수 있다(390조, 393조의2 5항).

위원회의 결의는 위원 과반수의 출석과 출석위원의 과반수로 하여야 한다. 그러나 정관으로 그 비율을 높게 정할 수는 있다. 위원회결의에 대하여 특별이해관계가 있는 위원은 의결권이 제한되며, 의결권이 제한되는 경우 출석정족수에는 산입되지 않는다(391조, 393조의2 5항). 위원회의 의사에 관하여는 의사록을 작성하여야 하며, 의사록에는 의사의 경과요령과 그 결과를 기재하고 출석한 위원이 기명·날인 또는 서명하여야 한다(391조의3, 393조의2 5항). 이사회와 마찬가지로 위원회의 연기·속행이 인정된다(392조, 393조의2 5항). 위원회제도로 인하여 이사회가 형해화되는 것을 방지하기 위하여 위원회는 그 결의사항을 각 이사에게 통지하도록 하여야 한다(393조의2 4항).

(5) 위원회결의의 효력

위원회결의의 효력은 위원회제도의 실효성을 보장하기 위하여 이사회결의와 동등한 효력이 인정된다. 다만 위원회는 그 성질상 이사회의 하부기관이므로 전체 이사회는 그 결의로 위원회결의사항을 번복할 수 있다.

7. 소규모회사에서의 특칙

(1) 의   의

주식회사의 이사는 3인 이상을 원칙으로 하나(383조 1항 본문), 자본금 총액이 10억 원 미만인 주식회사는 이사의 수를 1인 또는 2인으로 할 수 있다(383조 1항 단서). 중소기업에 있어서 명목적으로만 선임되는 이사가 다수이며, 이사회가 실제 거의 개최되지 않고 서류상으로만 형식적으로 존재할 뿐 형해화된 채 운영된다는 실정에 비추어 볼 때 상법 제383조 제 1 항 단서는 법과 현실의 괴리를 메우고 중소기업의 경영조직상의 편의를 도모한 특례규정으로서 의미가 있다. 우리나라에서는 자본금 10억 원 미만의 회사가 대다수를 차지하고 있으므로 그 적용대상회사의 범위가 매우 넓고 위의 특칙을 이용할 회사가 많다. 이 때문에 주식회사는 이사가 3인 이상인 경우와 그렇지 않은 경우로 구분되어 상법상 이사회구성과 이사회규정의 적용이 다르다. 이사가 3인 이상의 경우에는 종전과 마찬가지로 상법의 규정이 그대로 적용된다. 그러나 이상과 같은 특칙은 상법제정 당시부터 주주총회중심에서 벗어나 이사회중심주의를 취하고 있는 상법의 기본적인 입장에 역행한다는 비판을 피하기 어렵다.

(2) 이사의 수가 1인 또는 2인인 회사

1인 또는 2인의 이사만을 둔 주식회사에 있어서는 법률상의 기관인 이사회를 둘 필요가 없어 상법상 이사회에 관한 규정이 적용되지 않는다. 이에 상법은 그러한 유형의 회사에 대하여 별도로 규정하고 있다. 그러한 특칙규정을 간단히 살펴보면 다음과 같다.

첫째, 각 이사가 회사대표권과 단독결정권을 갖는 경우이다. 즉 1인 또는 2인의 이사를 둔 경우 그가 회사를 대표하며, 주식소각 결의(343조 1항 단서), 전환주식의 발행에 관련하여 권리자에 대한 통지(346조 3항), 주주총회의 소집(362조), 주주제안권(363조의2 3항), 소수주주에 의한 주주총회소집청구(366조 1항), 전자적 방법에 의한 의결권행사의 결정(368조의4 1항), 업무집행 등의 의사결정(393조 1항), 감사의 주주총회소집청구(412조의3 1항), 중간배당의 결정(462조의3 1항)에 규정된 이사회의 기능을 담당한다(383조 6항).

둘째, 이사회의 권한을 주주총회의 권한으로 하는 경우가 있다. 즉 주식양도의 제한시 주식양도의 승인에 관련된 사항(302조 2항 5호의2, 317조 2항 3호의2, 335조 1항 단서·2항, 335조의2 1항·3항, 335조의3 1항·2항, 335조의7 1항, 356조 6호의2), 이사의 경업행위의 승인 및 개입권의 행사(397조 1항·2항), 이사와 회사간의 거래의 승인(398조), 신주발행사항의 결정(416조 본문), 무액면주식발행시 자본금으로 계상할 총액의 결정(451조 2항), 준비금의 자본금전입(461조 1항 본문·3항), 중간배당의 결정(462조의3 1항, 464조의2 1항), 사채의 모집(469조), 전환사채의 발행(513조 2항 본문), 신주인수권부사채의 발행[516조의2 2항 본문(준용되는 경우 포함)] 중 '이사회'는 이를 각각 '주주총회'로 보아 이사회의 권한사항을 주주총회의 권한사항으로 하고 있다. 따라서 자본금 총액이 10억 원 미만으로 이사가 1명 또는 2명인 회사의 이사가 자기 또는 제3자의 계산으로 회사와 거래를 하기 전에 주주총회에서 해당 거래에 관한 중요사실을 밝히고 주주총회의 승인을 받지 않았다면, 특별한 사정이 없는 한 그 거래는 무효라고 보아야 한다(대법원 2020. 7. 9. 선고 2019다205398 판결). 또한 합병반대주주의 주식매수청구의 전제가 되는 '이사회의 결의가 있는 때'(522조의3 1항)를 '제363조 1항의 규정에 의한 주주총회의 소집통지가 있는 때'로 하여 반대주주가 반대의사를 밝힐 수 있도록 하고 있다(383조 4항). 상법은 이상과 같이 1인 또는 2인의 이사가 권한을 남용할 우려가 있는 사항은 그의 단독결정으로 하지 않고, 법규정상의 이사회결의를 주주총회로 대체하고 있다. 다만 주의하여야 할 점은 기존의 1인 또는 2인의 이사에 이사가 추가로 선임되는 경우에는 이사회의 성립이 가능하므로 특칙의 적용은 배제된다.

    셋째, 이사회에 관한 규정을 적용하지 않는 경우가 있다. 즉 1인 또는 2인의 이사만 있어 법률상의 이사회가 구성되지 않는 경우에는 이사회의 소집(390조), 결의방법(391조), 감사의 이사회출석·의견진술권(391조의2), 이사회 의사록의 작성(391조의3), 이사회의 연기·속행(392조), 이사의 직무집행의 감독(393조 2항), 이사회결의에 찬성한 이사의 책임(399조 2항)에 관한 규정을 적용하지 않는다. 집행임원 설치회사에서의 이사회에 관련된 규정(408조의2 3항·4항, 408조의3 2항, 408조의4 2호, 408조의5 1항, 408조의6, 408조의7), 감사의 이사회소집청구(412조의4), 재무제표 등에 대한 이사회의 승인(449조의2), 이사회의 이익배당결의(462조 2항 단서)에 관한 규정도 적용되지 않는다. 이 밖에 회사합병과 관련하여 흡수합병의 보고총회에 갈음하는 이사회의 공고(526조 3항), 신설합병의 창립총회에 갈음하는 이사회의 공고(527조 4항), 소멸회사의 승인을 이사회의 승인으로 갈음하는 간이합병(527조의2), 존속회사의 총회의 승인을 이사회의 승인으로 갈음하는 소규모합병(527조의3 1항), 합병시 채권자보호

규정과 관련하여 간이합병 및 소규모합병에 있어서 이사회의 승인결의를 총회의 승인결의로 보는 규정(527조의5 2항)도 적용하지 않는다(383조 5항).

Ⅲ. 주요판례·문제해설

1. 주요판례

(1) 대법원 2005. 7. 28. 선고 2005다3649 판결 — 중요한 자산의 처분

상법 제393조 제1항은 주식회사의 중요한 자산의 처분 및 양도는 이사회의 결의로 한다고 규정하고 있는바, 여기서 말하는 중요한 자산의 처분에 해당하는가 아닌가는 당해 재산의 가액, 총자산에서 차지하는 비율, 회사의 규모, 회사의 영업 또는 재산의 상황, 경영상태, 자산의 보유목적, 회사의 일상적 업무와 관련성, 당해 회사에서의 종래의 취급 등에 비추어 대표이사의 결정에 맡기는 것이 상당한지 여부에 따라 판단하여야 할 것이고, 중요한 자산의 처분에 해당하는 경우에는 이사회가 그에 관하여 직접 결의하지 아니한 채 대표이사에게 그 처분에 관한 사항을 일임할 수 없는 것이므로 이사회규정상 이사회 부의사항으로 정해져 있지 아니하더라도 반드시 이사회의 결의를 거쳐야 한다.

(2) 대법원 1991. 5. 28. 선고 90다20084 판결 — 이사회의 권한

주식회사가 이사회결의에 의하여 공장을 3개월여 이내에 이전하고 공장으로 사용하여 온 부동산은 2개월 이내에 매매하여 매도대금 중 공장이전비용을 초과하는 금액을 위 부동산을 양도한 주주에게 지급하기로 약정한 경우, 위 약정은 상법 제374조 소정의 주주총회의 특별결의를 필요로 하는 행위가 아니고, 위 약정 후에 주주총회에서 위 이사회결의를 무효로 하는 결의를 하였다 하더라도 위 약정의 효력이 상실되지 아니한다.

(3) 대법원 1992. 7. 24. 선고 92다749 판결 — 이사회결의의 무효

민법상 비영리 재단법인의 정관에 이사회를 개최하기에 앞서 미리 일정한 기한을 두고 회의 안건 등을 기재한 소집통지서를 발송하도록 하고 있음에도 불구하고 이러한 소집통지에 관한 절차를 거치지 아니한 관계로 그 소집통지를 받지 못한 이사가 참석하지 아니하였고, 이사회를 개최하지도 아니 하였으면서 일부이사들이 이를 개최한 양 의사록만 작성하거나 일부이사들만이 모여 이사회를 개최하였다면 이러한 이사회의 결의는 존재하지 아니하는 것이거나 당연무효라고 보아야 할 것이며, 이 경우 적법한 소집통지를 받지 못한 이사가 출석하여 반대의 표결을 하였다 한들 이사회결의의 성립에 영향이 없었다고 하더라도 그 이사회결의가 당연무효라고 하는 결론에 지장을 주지 아니한다.

(4) 대법원 1995. 4. 11. 선고 94다33903 판결 — 이사회 결의의 무효

상법 제391조 제1항의 본문은 "이사회의 결의는 이사 과반수의 출석과 출석이사의 과반수로 하여야 한다"고 규정하고 있는바, 강행규정인 위 규정이 요구하고 있는 결의의 요건을 갖추지 못한 이사회결의는 효력이 없는 것이라고 할 것이다. 재적 6명의 이사 중 3인이 참석하여 참석이사의 전원의 찬성으로 이 사건 각 연대보증을 의결하였다면 위 각 이사회의 결의는 과반수에 미달하는 이사가 출석하여 상법상의 의사정족수가 충족되지 아니한 이사회에서 이루어진 것으로 무효라고 할 것이고, 소론과 같이 위 정리회사의 정관에 이사회의 결의는 이사 전원의 과반수로 하되 가부동수인 경우에는 이사회 회장의 결정에 의하도록 규정되어 있고, 위 각 이사회결의에 참석한 이사 중에 이사회 회장이 포함되어 있다고 하여도 마찬가지라고 할 것이다.

(5) 대법원 1992. 4. 14. 선고 90다카22698 판결 — 특별이해관계인의 의결권행사

특별이해관계가 있는 이사는 이사회에서 의결권을 행사할 수는 없으나 의사정족수 산정의 기초가 되는 이사의 수에는 포함되고 다만 결의성립에 필요한 출석이사에는 산입되지 아니하는 것이므로 회사의 3명의 이사 중 대표이사와 특별이해관계 있는 이사 등 2명이 출석하여 의결을 하였다면 이사 3명 중 2명이 출석하여 과반수 출석의 요건을 구비하였고 특별이해관계 있는 이사가 행사한 의결권을 제외하더라도 결의에 참여할 수 있는 유일한 출석이사인 대표이사의 찬성으로 과반수의 찬성이 있는 것으로 되어 그 결의는 적법하다.

2. 문제해설

(1) 주식회사에서 기관이 분화되어 있지만 주주총회의 최고기관성을 바탕으로 하여 이사회의 결의를 번복할 수 있는지가 문제된다. 주주총회의 권한확장은 정관의 규정이 있는 경우에 한하여 그 가부간에 관해 의견이 나누어지고 있다. 甲회사의 정관에 중요자산의 처분을 주주총회의 권한사항으로 하는지에 관해서는 분명하

지 않다. 하지만, 그러한 명시적인 규정이 없는 상황에서 이사회가 결의한 사항에 대하여 사후적으로 이를 주주총회가 번복하는 것은 주식회사의 기관분화라는 취지에서 수용할 수 없다[주요판례 2].

(2) 일부 이사에 대한 소집통지가 결여되어 이사회에 출석하지 못한 경우에는 나머지 이사만 가지고 결의요건이 충족되었다 하더라도 그 결의는 무효로 보아야 한다. 이사회는 소수의 구성원으로 운영되고 의결권의 대리행사도 인정되지 않는 회의체이다. 그러므로 1인의 이사에 대한 소집통지의 결여가 없었다면 당해이사의 출석과 의견진술이 다른 이사의 의결권행사에 영향을 미칠 가능성이 있기 때문이다.

(3) 상법상 이사회의 결의는 이사 과반수의 출석과 출석이사의 과반수로써 하여야 한다(391조 1항). 이 결의요건은 정관으로 가중할 수 있으나 완화는 할 수 없다(동조 1항 단서).

(4) 이사회의 결의는 1인 1의결권원칙을 내용으로 하는 두수주의(頭數主義)에 의한다. 그러므로 이사회의장에게 최종적인 결정권을 부여하는 것은 결과적으로 특정인에게 복수의결권을 부여하는 것과 차이가 없을 뿐만 아니라 이는 두수주의에 바탕을 둔 다수결의 일반원칙에 반하므로 무효로 보는 것이 타당하다. 다만, 이사회에는 주주총회의 결의에 요구되는 주주평등의 원칙을 군이 강조할 필요가 없다는 점에서 특정인에게 결정권을 부여하는 것이 가능하다는 견해가 있기는 하지만, 법률상 명시적인 허용규정이 없는 상황에서 결의에 관한 일반적인 원칙에 따르는 것으로 해석하는 것이 바람직하다.

[11] 대표이사의 대표권제한 및 대표권남용

Ⅰ. 사   례

1. 사실관계

甲주식회사의 정관은 100억 원 이상에 해당하는 구매계약을 하는 경우에는 이사회의 결의를 요구하고 있다. 그럼에도 불구하고 동 회사의 대표이사 A는 이사회의 결의 없이 乙주식회사로부터 150억 원 상당의 토지를 구입하는 계약을 체결하였다.

丙주식회사의 대표이사 B는 자신의 개인채무를 변제하기 위하여 회사 명의로 어음을 발행하였다.

丁주식회사는 C와 D가 공동으로써만 회사를 대표하도록 하고 있는데, C가 일신상의 사유를 들어서 자신의 대표권을 D에게 포괄적으로 위임하였다.

2. 검 토

(1) 甲회사의 토지구입계약은 유효한가?

(2) 丙회사의 대표이사인 B의 어음발행행위의 효력은?

(3) 丁회사의 공동대표이사인 C의 포괄적 위임은 유효한가?

Ⅱ. 주요법리

1. 대표이사의 의의

대표이사는 대외적으로 회사를 대표하고, 대내적으로는 업무집행을 담당하는 이사로서 주식회사의 필요·상설기관이다. 대표이사란 명칭은 회사대표의 권한을 가진다는 것으로부터 비롯되었다. 그러나 회사의 대표행위는 대내적으로 보면 업무집행에 해당되므로 대표이사는 업무집행기관인 동시에 대외적 업무집행에 관하여는 회사를 대표하는 기관이기도 하다.

이사회는 업무집행에 관한 의사결정기관이지만 회사대표기관은 아니다. 대표이사가 필요·상설기관으로 설치된 이유는 다음과 같다. 첫째, 이사회는 법률이나 정관으로 정한 주주총회결의사항을 제외하고(361조) 회사의 내부에 있어서 업무집행에 관한 중요사항을 결정하는 기관이다(393조 1항). 그러나 이사회가 회의체로서의 성질을 가지고 있어 어쩔 수 없이 회사를 대표하고 결의를 집행하는 기관이 별도로 필요한 것이다. 둘째, 효율적이고 기동성 있는 기업경영을 위해서는 회사의 영업에 관한 행위 중 통상적으로 반복·계속되는 업무사항을 전결·집행할 기관을 필요로 한다. 따라서 대표이사는 회의체인 주주총회와 이사회의 결의를 집행하고, 회사영업에 관한 경상적 업무(상무)의 전결·집행권을 가지는 기관으로서의 성질을 가진다.

기업실무에서는 회장·사장·부사장·전무이사·상무이사 등의 명칭을 사용하는 것이 일반적인 관행으로 되어 있으나 이러한 명칭의 이사가 법률상의 대표이사가 되기 위해서는 반드시 대표이사로 선정되어야 하며, 사장 등의 명칭을 사용하고 있는 이사가 법률상 당연히 회사대표의 권한을 가지게 되는 것은 아니다. 따라서 사장과 대표이사는 법률상 별개의 개념이라 할 수 있다. 대외거래에서 사장 등의 명칭을 사용함에도 불구하고 회사대표권을 부여하지 않은 경우에 상법은 선의의 제 3 자를 보호하기 위하여 표현대표이사(395조)를 규정하고 있다.

2. 대표이사의 법적 지위

(1) 법정기관 여부

이사회는 이사 전원으로 구성되는 합의체의 기관으로서 회사의 업무집행을 결정하는 동시에 대표이사를 감독할 권한을 가지고 있다(393조). 대표이사는 회사를 대표할 뿐만 아니라(389조 1항) 회사영업에 관하여는 재판상 재판외의 모든 행위를 할 권한을 가지고(389조 3항, 209조) 이사회와 함께 회사의 업무집행을 담당하는 필요·상설의 법정기관을 이루고 있다.

(2) 이사회와의 관계

주식회사의 업무집행기관은 이사회와 대표이사로 분화되어 있기 때문에 양 기관의 상호관계에 관하여 논의가 있다. 이와 관련하여 대표이사는 이사회와 독립적이고 병렬적인 대등한 관계에 있다고 보는 독립기관설과, 이사는 이사회에서 임면되고 이사회의 감독을 받으므로 이사회의 하부기관이라고 보는 파생기관설로 나누어진다.

파생기관설은 회사의 본래의 업무집행권한은 이사회에 속하므로 업무집행의 의사결정을 비롯하여 이를 집행할 권한도 이사회가 가지지만 이사 전원이 공동하여 업무를 집행하는 것이 사실상 곤란하므로 이사회가 대표이사를 선임하여 업무의 집행권한만을 위임한 것이라고 보는 견해[1]이다. 파생기관설에 의하면 대표이사에 그의 권한으로 위임할 사항은 이사회가 결의하여야 하며, 이사회결의에 의하여 대표이사의 권한에 제한을 가할 수 있음은 물론이다. 또한 이 견해에 따르면 대표이사의 선임과 해임은 이사회의 고유한 권한에 속하며, 정관에 의하여도 그 권한을 주주총회 기타 기관에 부여할 수 없다. 이 때문에 파생기관설은 정관에 의하여 주주총회에서 대표이사를 선정할 것을 정할 수 있다는 상법 제389조 제 1 항 단서규

---

1) 손주찬, 783면.

정을 제대로 설명할 수 없는 한계가 있다.

독립기관설에 의하면 주식회사의 업무집행기관은 업무집행의 의사결정기관으로서의 이사회와 집행·대표기관으로서의 대표이사가 분화되어 있으며, 따라서 대표이사는 이사회와 독립적·병존적 관계에 있다고 한다.[1] 독립기관설에 의하면 업무집행의 의사결정권은 이사회에, 그리고 업무의 집행과 대표의 권한은 대표이사에게 각각 분속하지만, 업무집행에 관한 의사결정이라 하더라도 일상적 사항은 이사회가 대표이사에게 위임할 수 있다. 독립기관설에서는 대표이사의 선임·해임이 이사회의 고유권한이 아니므로 주주총회가 직접 대표이사를 선임·해임할 수 있다고 본다. 그러므로 독립기관설은 상법 제389조 제 1 항 단서를 무리 없이 해석할 수 있다.

학계에서는 독립기관설이 다수설로 되어 있으나, 양 학설대립의 실익은 별로 없다. 왜냐하면 이상의 견해 중에서 어느 입장에 따르더라도 대표이사는 주주총회와 이사회에서 결의된 사항을 집행할 권한을 가지며, 기타 일상적인 사항에 관해서도 독자적으로 업무집행의 의사결정을 할 수 있기 때문이다.[2]

3. 대표이사의 선임

대표이사는 원칙적으로 이사 중에서 이사회의 결의로 선임한다. 그러나 정관에 의하여 주주총회에서 선임하게 할 수 있다(389조 1항). 대표이사의 선임권을 정관에 의하여 주주총회에 유보할 수 있도록 한 것은 대표이사가 법률상 이사회의 대표기관이 아니라 회사의 대표기관이며, 주주총회의 권한은 정관에 의하여 확장할 수 있어(361조), 이른바 정관자치에 속하는 사항이기 때문이다.

대표이사의 자격과 원수에 대하여는 아무런 제한이 없으므로 1인 또는 수인이라도 무방하다. 기업운영의 실제에 있어서도 정관에 의하여 업무담당이사를 규정하고 그 전부 또는 일부를 대표이사로 하는 경우가 많다.

복수의 대표이사가 선임되어도 공동대표이사가 아니라면 각 대표이사는 단독으로 회사를 대표하고 업무집행을 행한다. 대표이사를 선임한 경우에는 등기하여야 한다(317조 2항 9호).

---

1) 최준선, 497면.
2) 이철송, 724면.

4. 대표이사의 종임

(1) 기본사항

대표이사는 이사의 지위를 전제로 하므로 이사의 자격을 상실하면 종임되고, 회사는 언제든지 이사회의 결의에 의하여 대표이사의 지위만을 해임할 수 있다. 대표이사는 언제든지 그 직을 사임할 수 있다. 대표이사가 종임한 경우에도 등기하여야 한다(317조 2항 9호, 183조). 대표이사의 종임으로 법률이나 정관상의 원수를 결한 경우는 필요에 따라 법원에 가(假)대표이사의 선임을 청구할 수 있다(389조 3항, 386조).

(2) 대표이사의 해임시 상법 제385조 제 1 항 단서의 유추적용가부

이사의 해임과 관련해서는 상법 제385조 제 1 항 단서에서 임기만료 전에 정당한 이유없이 이루어진 이사의 해임에 대해 당해 이사는 손해배상청구를 할 수 있다고 규정하고 있지만 대표이사의 경우에는 그러한 규정이 없다. 이 때문에 상법 제385조 제 1 항 단서가 대표이사의 해임의 경우에도 유추적용되는지가 문제된다. 이와 관련하여 학설은 나누어져 있다. 구체적으로 보면 대표이사도 회사와 위임의 관계에 있을 뿐만 아니라 대표이사의 임기제와 이사의 보수청구권 보장의 취지를 고려할 때 상법 제385조 제 1 항 단서가 유추적용되어야 한다는 긍정설[1]이 있지만 대법원 판례는 대표이사의 경우 이사와는 달리 그 업무집행에 있어서 집행임원의 성격이 강하므로 그 유추적용에 반대하는 입장에 서 있다[주요판례 1].

생각건대, 대표이사를 주주총회에서 정당한 이유없이 해임하는 경우 민법상 위임해지의 일반원칙(민법 689조 2항)에 따라 손해배상을 청구할 수 있는 길이 열려져 있는 만큼 굳이 명문의 규정이 없는 상황에서 상법 제385조 제 1 항 단서를 대표이사의 해임의 경우까지 유추적용하는 것은 바람직하지 않다. 따라서 부정설과 판례의 태도가 타당하다.

5. 대표이사의 권한

(1) 개   관

대표이사는 주주총회 또는 이사회에서 결정된 사항을 집행하고, 그 업무집행

---

1) 이철송, 720~721면.

을 위하여 대외적으로 회사를 대표한다. 다만, 상법에서는 대표이사의 일반적 권한
으로서 대표이사는 회사의 영업에 관한 재판상 또는 재판외의 모든 행위를 할 권한
이 있고, 이에 대한 제한으로 선의의 제 3 자에게 대항하지 못한다(389조 3항, 209조)
고 규정하여 회사대표권만을 명시하고 있을 뿐이다. 그러나 회사대표는 대내적으
로 보면 업무집행이 되며, 회사대표의 권한은 동시에 업무집행의 권한에 의하여 뒷
받침되어야 한다. 따라서 대표이사의 대표권을 정하는 상법의 규정은 대표이사가
원칙적으로 회사의 영업에 관한 모든 집행권을 가진다는 것을 전제로 하여 그 업무
집행이 대외관계를 수반하는 경우의 회사대표권에 관하여 특히 규정한 것이다.

(2) 업무집행권

대표이사는 이사회의 결의에 따라 대내적으로 업무를 집행하고 이 밖에 이사
회에서 특정하여 위임한 업무도 결정하고 실행한다. 대표이사는 주주총회·이사회
에서 결정된 사항을 집행할 뿐만 아니라 법률·정관 또는 이사회결의에 의하여 이
사회의 결정사항으로 유보되지 아니한 업무집행사항에 관하여는 스스로 의사결정
까지 하고 집행할 수 있다.

상법은 대표이사의 권한사항을 명시적으로 정한 것도 있으나, 이사의 권한으
로 규정한 사항 중에서 실질적으로 대표이사의 직무로 볼 사항이 많다. 예컨대 정
관·주주명부·사채원부·주주총회와 이사회의 의사록의 비치(396조), 재무제표·동
부속명세서·영업보고서의 작성·제출·비치·공고, 주식·사채청약서의 작성(420조,
474조 2항), 신주인수권증서·신주인수권증권의 기명날인 또는 서명(420조의2 2항, 516
조의5 2항) 등이 이에 해당한다.

(3) 대 표 권

1) 대표권의 범위

대표이사는 회사의 영업에 관하여 재판상 또는 재판외의 모든 행위에 대하여
회사를 대표할 포괄적 권한이 있으며, 이 권한에 제한을 가하더라도 선의의 제 3 자
에게 대항하지 못한다(389조 3항, 209조). 따라서 대표이사의 대표권은 회사의 권리능
력의 범위와 일치한다. 대표는 능동대표뿐만 아니라 수동대표도 포함한다.

대표이사의 대표행위는 그대로 회사 자체의 행위가 되므로, 대리의 경우 처럼
그 행위의 효과만이 본인인 회사에 귀속되는 것은 아니다. 이와 같이 대표와 대리
는 그 성격이 완전히 다른 것이어서 사실행위나 불법행위에도 대표행위의 효력이

인정된다. 그러나 상법에서는 대표행위를 따로 규정하지 아니하므로 성질에 반하지 않는 한 대리에 관한 규정이 대표이사의 행위에 준용되고 있다(민법 59조 2항).

영업에 관한 행위라 함은 영업의 목적인 행위뿐만 아니라 영업을 위하여 하는 행위, 즉 회사의 권리능력의 범위 내의 행위를 말한다. 이는 경상성(經常性)과 반복성을 특질로 하고 회사의 영업의 계속을 전제로 한다. 재판행위는 소송상의 모든 행위를 말하며, 재판외의 행위라 함은 소송상의 행위 외의 영업의 범위 내에 있는 법률행위와 사실행위를 말한다.

복수의 대표이사가 있는 경우에도 '공동대표'가 아닌 한 각 대표이사는 단독으로 회사를 대표하고 업무집행을 행한다. 대표이사는 회사의 대외적 업무집행에 있어서 업무담당이사나 다른 이사 또는 사용인 기타 제3자를 복대리인으로 선임할 수 있으며, 이 경우 단순히 특정사항이나 일정종류의 사항뿐만 아니라 회사영업에 관한 광범위한 포괄적 대리권을 위임할 수도 있다. 다만 그 범위는 한정되어야 하므로 대표이사의 대표권 전부를 완전히 포괄위임할 수는 없다. 만약 정관이나 내규 또는 이사회결의에 의하여 대표권의 위임을 금지한다면 복대리인의 선임이 불가능하다.

대표이사는 그의 인장을 보관·사용시키고 대표자명의로 어음행위 등을 할 수 있는 권한을 수여하는 것도 가능하다. 이러한 권한을 기명·날인의 대행권이라 한다. 기명·날인의 대행권은 고유한 대표권이 없는 업무담당이사뿐만 아니라 각자 대표권을 가지고 다른 대표이사에게도 위임할 수 있다. 수인의 대표이사가 있는 경우에 특정 대표이사가 다른 대표이사의 명의로 직접 회사를 대표할 권한은 없지만, 다른 대표이사로부터의 권한위임이 있다면 기명·날인의 대행이 가능하다. 특정 대표이사가 다른 대표이사의 수권에 의하여 기명·날인을 대행하는 것도 복대리인적 지위의 권한행사로 보아야 한다.

2) 대표권의 제한
(가) 법적 제한

대표이사의 대표권은 법률에 의하여 제한되는 경우와 정관·이사회규칙 등에 의하여 내부적으로 제한되는 경우가 있다. 법률상의 제한으로서 첫째는, 이사와 회사간의 소(訴)에 있어서 대표이사가 회사를 대표하지 아니하고 감사가 회사를 대표한다(394조). 이는 회사가 이사에 대하여 또는 이사가 회사에 대하여 소를 제기하는 경우에, 회사가 원고·피고인지의 여부에 상관없이 대표이사를 회사의 대표로 한다면 공정하지 못하고 회사의 이익이 침해될 우려가 있기 때문이다. 즉, 이사와 회사 사이의 소에 있어서는 이사와 회사 양자 간에 이해의 충돌이 있기 쉬우므로, 그 충돌을 방지하고 공정한 소송수행을 확보하기 위한 것이다(대법원 2018. 3. 15. 선고 2016다275679 판결).

둘째는, 대표이사의 대표행위에 주주총회나 이사회의 결의를 요건으로 하는 경우이다. 영업의 전부 또는 중요한 일부의 양도(374조 1항), 사후설립(375조), 이사의 자기거래(398조), 신주발행(416조), 사채모집(469조) 등에 관하여는 대표이사가 주주총회나 이사회의 결의 없이 회사를 대표할 수 없다.

(나) 내부적 제한

정관이나 이사회 규칙을 예로 들어 대표권의 내부적 제한을 살펴보자면, 대표이사를 사장·부사장·전무이사·상무이사 등으로 구별하여 지휘통솔관계를 규정하거나 업무를 분장하여 대표이사 각자의 권한을 특정의 영업이나 영업소로 한정한다든가, 또는 일정한 대표행위에는 이사회의 결의를 요건으로 하는 경우 등이 있다. 대표이사는 정관이나 이사회 규칙 등에 의한 대표권의 내부적 제한에 따라야 하지만, 이러한 대표권의 내부적 제한은 선의의 제3자에게 대항하지 못한다(389조 3항, 209조 2항). 이는 거래의 안전을 도모하기 위한 것이다. 판례는 거래행위의 상대방인 제3자가 상법 제209조 제2항에 따라 보호받기 위하여 선의 이외에 무과실까지 필요하지는 않지만, 중대한 과실이 있는 경우에는 제3자의 신뢰를 보호할 만한 가치가 없다고 보아 거래행위가 무효라고 해석한다(대법원 2021. 2. 18. 선고 2015다45451 전원합의체 판결). 상대방의 악의·중과실에 대한 증명책임은 회사가 부담한다.

(4) 대표권위반행위의 효력

1) 위법한 행위(전단적 행위)

대표이사는 회사의 영업에 관하여 재판상·재판외의 모든 행위를 할 수 있으므로, 대표이사의 업무집행행위는 경우에 따라 회사의 운명에 영향을 미칠 수 있어 이에 대한 견제를 확실히 하고 대표이사의 권한행사를 신중하게 하도록 하여 회사의 이익을 보호할 필요가 있다. 실무에서도 대표이사의 권한행사에 대하여는 법령 혹은 회사 내부의 정관이나 이사회규칙에 따라 사전에 주주총회 혹은 이사회의 결의를 요구하는 경우가 있다.

법령·정관 또는 이사회규칙에서 주주총회나 이사회결의를 필요로 하는 사항
에 대하여 그 결의를 거치지 않은 경우에 대표이사의 위법한 행위의 효력을 어떻게
볼 것인지에 관하여 학설이 나누어진다. 말하자면, 이른바 대표이사의 위법한 대표
행위 혹은 전단적(專斷的) 행위로 논하여지는 것이다.

이에 관하여는 상법에 명문의 규정이 없어 주주총회나 이사회의 결의를 필요
로 하는 행위의 종류에 따라 많은 견해가 대립되어 있다. 일반적으로는 주주총회나
이사회의 결의에 의하여 확보하려는 회사의 이익과, 대표이사의 당해 행위가 적법
한 이사회의 결의에 따른 것이라고 신뢰한 제3자의 이익을 비교형량하여 구체적
으로 결정한다고 보고 있다. 법률에 의하여 영업양도, 사후설립, 영업의 전부 또는
중요한 일부의 양도, 합병, 자본금감소 등 주주총회의 특별결의를 요하는 규정이
있는 경우(374조, 375조 등)에는 그 규정은 강행규정이며, 회사 또는 주주의 이익을
위하여 중대한 사항이다. 게다가 제3자도 이를 미리 예견할 수 있으므로 이와 같
은 경우에는 제3자보다는 회사 또는 주주를 보호하는 것이 이익형량의 면에서 타
당하다. 따라서 법률상 주주총회의 결의를 요하는 사항임에도 불구하고 그러한 결
의를 결여한 대표이사의 행위는 원칙적으로 무효이다. 준비금의 자본금전입, 정관
변경 등과 같이 회사 내부의 문제는 거래안전의 보호와 관계없으면 무효로 보아야
한다. 회사 내부만의 문제에 그치지 않고 재산권 이전을 수반하여 거래안전을 보호
할 필요성이 큰 대외적인 거래행위, 예컨대 대표이사가 이사회의 결의 없이 주식이
나 사채를 발행한 경우 등은 수많은 이해관계인들의 이해가 걸려 있어 단체법적으
로 획일적 처리를 할 필요가 있어 언제나 유효하다. 그 이외의 경우 중에서 이사회
의 결의없이 이루어진 대표이사의 행위에 대해 회사는 상대방이 선의·무중과실이
라면 그에게 무효를 주장할 수 없다[주요판례 2].

2) 대표권남용행위

대표권남용행위는 대표이사가 객관적으로는 그 대표권의 범위에 속하는 행위
를 하였으나 주관적으로 자기 또는 제3자를 위하여 한 대표행위를 말한다. 예컨
대, 대표이사가 자기의 개인적 채무를 변제하기 위하여 회사의 명의로 약속어음을
발행하거나, 대표이사가 자기 또는 타인이 발행한 어음의 지급을 담보하기 위하여
회사와 아무런 관련이 없음에도 불구하고 회사명의로 배서하는 경우 등이다.

대표권남용행위는 객관적으로 대표권의 범위 내의 행위인 이상 주관적으로는

배임의 의사가 있어 형사처벌이 가능하다고 하여도, 거래안전보호를 위하여 그 대
외적 효력은 인정된다. 따라서 대표권남용행위라 하더라도 선의의 제3자에게는
그 무효를 주장할 수 없다. 그러나 대표권남용의 사실을 알고 있는 악의의 제3자
에 대하여도 회사가 그 대표행위의 효력을 부인할 수 없다고 볼 수는 없다. 그러나
그 이론구성에 관하여는 학설이 대립되고 있다.

① **비진의표시설**(심리유보설): 대표권남용행위는 원칙적으로 유효하지만 제3
자가 이를 알았거나 알 수 있었을 때에는 민법 제107조 제1항 단서를 유추적용하
여 무효라고 보는 입장이다. 이 입장은 다수의 대법원 판결(대법원 1988. 8. 9. 선고 86
다카1858 판결; 대법원 2004. 3. 26. 선고 2003다34045 판결 등)에 의하여 지지되고 있다[주요
판례 3].

② **권리남용설**: 대표이사의 권한남용행위에 대하여 상대방이 악의인 경우에도
행위 자체는 유효하지만, 대표권의 남용을 알고서 권리를 주장하는 것은 신의칙위
반이고 권리남용에 해당한다고 보는 입장[1]이다. 이 입장을 취한 대법원 판례도 있
다[주요판례 4].

③ **이익교량설**(상대적 무효설): 대표권은 회사를 위하여 행사하여야 하는 까닭에
대표자 개인이나 제3자의 이익을 위하여 행사한 경우에는 원칙적으로 무효이지만
거래안전보호를 위하여 선의의 제3자에 대해서 그 무효를 주장하지 못한다는 입
장이다. 만약 제3자에게 악의 또는 중과실이 있다면 본래의 원칙대로 무효가 된다.

④ **대표권제한설**: 대표권의 제한에 관한 상법 제389조 제3항을 적용하여 대
표권남용의 경우도 선의의 제3자에게는 대항할 수 없으나, 악의의 제3자에 대하
여는 대항할 수 있다는 견해이다. 이 견해에 따르면 선의인 이상 제3자는 과실의
정도를 묻지 않고 보호된다. 요컨대, 대표권을 남용하여 행사할 수 없다는 것은 대
표권의 당연한 제한으로 보고 선의의 제3자에 대하여는 과실의 유무를 묻지 않고
유효하나 악의의 제3자에 대하여는 무효를 주장할 수 있다고 한다. 즉 대표권에는
"본인의 이익을 위하여 행사되어야 한다"는 내재적 제한이 있는 것으로 보는 입장
이다.

이상의 학설을 각각 검토하면 다음과 같다. 비진의표시설(심리유보설)을 비판하
자면 첫째, 민법의 개인의 의사표시에 관한 규정을 단체법상의 법률관계에 적용하
는 것은 무리이다. 둘째, 심리유보는 진의와 표시가 불일치하는 경우인데, 대표권

---

1) 손주찬, 786면; 이철송, 730면; 최준선, 508면.

남용은 대표이사의 의도(동기)가 문제가 될 뿐 의사와 표시는 완전히 일치하므로 심리유보와 대표권남용은 그 기초원리가 다르다는 비판이 가해진다. 단지 의도(동기)에 흠이 있을 뿐인 대표권의 남용행위를 의사와 표시간의 불일치를 전제로 하는 민법 제107조에 터잡아 풀이하는 것은 납득하기가 곤란하다는 것이다. 셋째, 알 수 있었을 경우까지(즉 단순과실이 있어도) 무효로 하는 것은 거래안전의 보호의 이념에서 볼 때 많은 문제점이 있다.

이익교량설은 외견상 아무런 하자 없이 이루어지는 대표행위를 합리적인 근거 없이 원칙적으로 무효로 보는 결점이 있다. 대표권남용행위는 객관적인 대표권의 범위 내의 행위이지 대표권제한의 문제가 아니라는 점에서 대표권제한설을 수용하기 곤란하다. 그러므로 대표권의 남용은 객관적으로 대표권의 범위에 해당되는 행위이므로 대표이사의 주관적 의사와 관계없이 그 효력을 인정할 수밖에 없다. 다만, 대표이사의 권한남용사실에 관하여 알고 있는 악의의 제3자가 그 효력을 주장하는 것은 신의칙위반 또는 권리남용에 해당된다고 보는 것이 타당하다.

3) 대표이사의 불법행위

대표이사가 업무집행에 있어서 타인에게 손해를 끼친 경우에는 회사와 그 대표이사는 연대하여 손해를 배상할 책임이 있다(389조 3항, 210조).

(가) 회사의 불법행위책임

대표이사가 그 업무집행으로 인하여 타인에게 손해를 가한 때에는 회사는 대표이사와 연대하여 배상할 책임이 있다(389조 3항, 210조). 이는 대표이사의 직무수행 중 불법행위가 있는 경우에 회사가 불법행위책임을 지도록 한 것이며, 비영리법인의 이사 기타 대표자가 불법행위를 한 경우 법인의 손해배상책임을 인정하는 민법 제35조 제1항과 그 취지를 같이 한다. 상법 제389조 제3항에 의하여 준용되는 상법 제210조는 회사와 피해자와의 관계만을 규정한 것이므로 불법행위를 한 대표이사 자신의 책임은 면제되지 않는다. 회사와 불법행위자인 대표이사는 부진정연대책임의 관계에 서게 되며 각자 손해전액의 배상책임을 지게 된다.

회사에 대한 손해배상청구권은 피해자가 손해의 발생 및 대표이사가 가해자임을 안 날로부터 3년의 시효에 의하여 소멸하며(민법 766조 1항), 대표이사가 불법행위를 한 날로부터 10년을 경과한 때에도 소멸한다(민법 366조 2항). 불법행위의 요건인 고의 또는 과실도 당해 대표이사의 업무집행에 관하여 존재하여야 하며, 당해 대표이사의 가해행위와 손해 사이에는 인과관계를 필요로 한다.

(나) 회사의 사용자책임과의 관계

사용인겸무이사가 상업사용인으로서 행한 업무집행과 관련한 불법행위에 대해서는 민법 제756조가 적용되어 회사는 사용자로서의 책임을 부담한다. 민법 제756조에 따른 회사의 사용자책임과 상법 제210조에 의한 회사의 손해배상책임은 타인의 불법행위의 효과가 회사에게 귀속한다는 점에서 구조적으로는 동일하다. 그러나 상법 제210조의 책임은 회사의 대표이사가 하는 불법행위에 대한 것이지만 민법 제756조의 사용자책임은 대표기관 이외의 피용자가 하는 불법행위에 대한 것이라는 점에서 상호 구분이 된다. 사용자책임의 경우에는 피용자의 행위가 사용자 자신의 행위로 동일시되지 않으므로 사용자가 상당한 주의를 한 때 또는 상당한 주의를 하여도 손해가 있을 경우에는 면책된다(민법 756조 1항). 사용자책임이 인정되는 경우 피용자는 불법행위의 당사자로서 불법행위책임을 부담하며, 이 경우 사용자책임과 피용자책임은 부진정연대채무관계에 있다.

(다) '업무집행으로 인하여'의 의의

상법 제389조 제3항에 의하여 준용되는 상법 제210조의 '업무집행으로 인하여'란 민법 제35조 제1항에 규정된 '직무에 관하여'와 같은 뜻으로서 업무집행으로부터 생기는 모든 것을 말한다. 그러므로 업무집행 그 자체는 물론 행위의 외형상 대표이사의 직무에 속하는 행위와의 상당한 견련관계로 말미암아 사회통념상 회사의 목적을 달성하기 위하여 필요한 것으로 인정되는 행위를 포함한다. 바꾸어 말하면, 대표이사의 행위가 객관적·외형적으로는 그 권한 내의 행위로 보이지만 기본적·현실적으로 업무상의 행위가 아니라면 회사의 불법행위로 되어 손해배상의 책임을 부담해야 한다. 따라서 대표이사의 행위가 권한남용이라 하더라도 그것이 적법행위인 경우에는 회사의 법률행위로 인정되나, 불법행위인 경우에는 회사의 불법행위로 책임을 지게 된다. 회사의 불법행위가 되는 대표이사의 불법행위의 예로서는 회사의 공해방지설비를 게을리 한 경우, 위조의 창고증권이나 화물상환증을 발행한 경우, 창고증권을 회수하지 아니하고 임치물을 출고하여 질권자에게 손해를 입힌 경우, 위조주권을 발행한 경우, 수표를 위조하여 거래은행에 손해를 입힌 경우, 회사의 배당자금을 충당하기 위하여 제3자를 기만하여 어음할인을 받은 경우, 다른 대표이사 명의로 어음을 발행하여 제3자에게 손해를 입힌 경우 등을 들 수 있다.

6. 공동대표이사제도

(1) 제도의 취지

상법은 대표이사가 1인인 경우는 물론 수인인 경우에도 단독집행주의와 단독대표주의를 원칙으로 하고 있다. 대표이사가 수인인 경우에는 그 업무집행의 통일성을 대외적으로 확보하고 나아가 대표권의 남용·오용을 방지하기 위하여, 대표이사를 선임한 이사회·주주총회의 결의로 수인의 대표이사가 공동으로 회사를 대표할 것을 정할 수 있다(389조 2항). 이처럼 수인의 대표이사가 공동으로만 회사를 대표하는 것을 공동대표라 하고, 그 수인의 대표이사를 공동대표이사라고 하며, 이는 단독 대표주의의 원칙에 대한 예외이다. 공동대표이사를 정한 경우에 그 내용을 등기해야 한다(317조 2항 10호).

위에서 언급한 바대로 공동대표이사제도는 대표권의 행사방법에 대한 규제를 가하여 업무집행의 통일성을 대외적으로 확보하고 나아가 대표권의 남용을 방지하려는 데서 그 취지를 찾을 수 있다. 그러나 기업운영의 실제에 있어서는 이러한 목적을 달성하기 위하여 공동대표제 이외에도 여러 가지 방법이 강구되고 있다. 첫째로, 대표이사가 다른 업무담당이사와 합의제로 회사를 운영하는 경우가 있다. 둘째로, 대표이사간에 업무분담을 정하고 그 담당범위 내에서만 각자 단독으로 집행·대표권을 행사하는 업무분담제를 운영하는 경우도 있다. 셋째로, 회사업무를 통할하기 위하여 상하통솔관계를 정하는 경우, 즉 대표이사 사장은 업무를 총괄하고 대표이사인 부사장이나 전무이사 등은 회장을 보좌하도록 하는 경우도 있다. 이러한 방법들은 정관이나 이사회결의 또는 업무규칙 등을 근거로 사실상 공동대표제와 동일한 목적을 달성하기는 하나 법률상으로 볼 때에는 대표이사의 권한에 대한 내부적 제한에 불과하므로 선의의 제3자에게 이를 대항할 수 없다.

(2) 효   과

공동대표의 정함이 있는 경우에는 대표이사가 공동으로 회사를 대표하여야 하며, 단독으로는 회사대표의 효력이 발생하지 않는다(대법원 2017. 7. 11. 선고 2014다89355 판결). 단독대표행위는 무권한 내지 초권적 대표행위로서 회사에 대하여 그 효력이 없거나 적어도 무권대표행위에 준하는 효력밖에 없다. 단독대표행위를 무권대리로 본다면 추인에 의하여 소급적으로 그 효력이 발생하게 된다(민법 130조,

133조).

수인의 공동대표이사가 그 1인에 회사대표를 위임할 수 있는지의 문제는 경우를 나누어 살펴보아야 한다. 수인의 대표이사가 공동적으로 가지는 대표권의 행사를 그 1인에게 일반적·포괄적으로 위임하는 포괄위임은 실질적으로 단독대표와 다름이 없고 대표권행사의 공동을 요소로 하는 공동대표제의 취지와 본질에 어긋나므로 인정될 여지가 없다.

특정행위 또는 일정 사항에 관한 대표권의 행사를 1인의 대표이사에게 개별적·구체적으로 위임하는 것에 관해서는 이를 인정하는 적극설과 소극설로 대립되어 있지만 거래의 신속성 확보와 조직의 효율적 운영 등 현실적인 필요성을 고려할 때 적극설이 타당하다. 그러므로 공동대표이사가 다른 공동대표이사에게 공동대표권의 행사를 일반적·포괄적으로는 위임할 수 없지만 개별적·구체적으로는 위임할 수 있다. 그러나 공동대표이사 중 1인이 단독대표권이 있는 듯한 명칭을 사용하고 회사가 이를 승인한 상태에서 이루어진 단독대표행위는 표현대표행위(395조)로서 회사가 그 책임을 져야 한다.

공동대표에 있어서 제3자의 회사에 대한 의사표시, 즉 수동대표는 공동대표이사 등의 1인에 대하여 함으로써 그 효력이 발생한다(389조 3항, 208조 2항). 이는 소송서류의 송달에 있어서도 마찬가지이다. 어떠한 사실의 지(知)·부지(不知), 즉 선의·악의가 법률행위의 효력에 영향을 미치는 경우에도 공동대표이사의 1인의 지·부지만을 선의·악의를 판단하는 기준으로 삼는다.

공동대표제에 있어서는 대내적인 업무집행도 이를 공동으로 하는 것이 원칙이다. 그러나 회사의 업무를 내부적으로 분장(分掌)하여 공동대표이사 각자가 분담업무를 분할·집행하는 것은 무방하다.

Ⅲ. 주요판례·문제해설

1. 주요판례

(1) 대법원 2004. 12. 10. 선고 2004다25123 판결 — 대표이사의 해임시 상법 제385조 제1항 단서의 유추적용 부정

상법 제385조 제1항은 주주총회의 특별결의에 의하여 언제든지 이사를 해임

할 수 있게 하는 한편, 임기가 정하여진 이사가 그 임기 전에 정당한 이유 없이 해임당한 경우에는 회사에 대하여 손해배상을 청구할 수 있게 함으로써 주주의 회사에 대한 지배권 확보와 경영자 지위의 안정이라는 주주와 이사의 이익을 조화시키려는 규정이고, 이사의 보수청구권을 보장하는 것을 주된 목적으로 하는 규정이라 할 수 없으므로, 이를 이사회가 대표이사를 해임한 경우에도 유추 적용할 것은 아니고, 대표이사가 그 지위의 해임으로 무보수, 비상근의 이사로 되었다고 하여 달리 볼 것도 아니다.

(2) 대법원 2021. 2. 18. 선고 2015다45451 전원합의체 판결— 전단적 대표행위

대표권이 제한된 경우에 대표이사는 그 범위에서만 대표권을 갖는다. 그러나 그러한 제한을 위반한 행위라고 하더라도 그것이 회사의 권리능력을 벗어난 것이 아니라면 대표권의 제한을 알지 못하는 제3자는 그 행위를 회사의 대표행위라고 믿는 것이 당연하고 이러한 신뢰는 보호되어야 한다. 일정한 대외적 거래행위에 관하여 이사회 결의를 거치도록 대표이사의 권한을 제한한 경우에도 이사회 결의는 회사의 내부적 의사결정절차에 불과하고, 특별한 사정이 없는 한 거래 상대방으로서는 회사의 대표자가 거래에 필요한 회사의 내부절차를 마쳤을 것으로 신뢰하였다고 보는 것이 경험칙에 부합한다. 따라서 회사 정관이나 이사회 규정 등에서 이사회 결의를 거치도록 대표이사의 대표권을 제한한 경우(이하 '내부적 제한'이라 한다)에도 선의의 제3자는 상법 제209조 제2항에 따라 보호된다.

거래행위의 상대방인 제3자가 상법 제209조 제2항에 따라 보호받기 위하여 선의 이외에 무과실까지 필요하지는 않지만, 중대한 과실이 있는 경우에는 제3자의 신뢰를 보호할 만한 가치가 없다고 보아 거래행위가 무효라고 해석함이 타당하다. 중과실이란 제3자가 조금만 주의를 기울였더라면 이사회 결의가 없음을 알 수 있었는데도 만연히 이사회 결의가 있었다고 믿음으로써 거래통념상 요구되는 주의의무를 현저히 위반하는 것으로, 거의 고의에 가까운 정도로 주의를 게을리하여 공평의 관점에서 제3자를 구태여 보호할 필요가 없다고 볼 수 있는 상태를 말한다. 제3자에게 중과실이 있는지는 이사회 결의가 없다는 점에 대한 제3자의 인식가능성, 회사와 거래한 제3자의 경험과 지위, 회사와 제3자의 종래 거래관계, 대표이사가 한 거래행위가 경험칙상 이례에 속하는 것인지 등 여러 가지 사정을 종합적으로 고려하여 판단하여야 한다. 그러나 제3자가 회사 대표이사와 거래행위를 하

376 제3편 제4장 주식회사의 지배구조

면서 회사의 이사회 결의가 없었다고 의심할 만한 특별한 사정이 없다면, 일반적으로 이사회 결의가 있었는지를 확인하는 등의 조치를 취할 의무까지 있다고 볼 수는 없다.

(3) 대법원 1988. 8. 9. 선고 86다카1858 판결 — 비진의표시설

대표이사의 행위가 대표권한의 범위내의 행위라 하더라도 회사의 이익 때문이 아니고 자기 또는 제3자의 개인적인 이익을 도모할 목적으로 그 권한을 행사한 경우에 상대방이 대표이사의 진의를 알았거나 알 수 있었을 때에는 회사에 대하여 무효가 되는 것이다.

(4) 대법원 2016. 8. 24. 선고 2016다222453 판결 — 권리남용설

주식회사의 대표이사가 대표권의 범위 내에서 한 행위는 설사 대표이사가 회사의 영리 목적과 관계없이 자기 또는 제3자의 이익을 도모할 목적으로 권한을 남용한 것이라도 일응 회사의 행위로서 유효하다. 그러나 행위의 상대방이 그와 같은 정을 알았던 경우에는 그로 인하여 취득한 권리를 회사에 대하여 주장하는 것이 신의칙에 반하므로 회사는 상대방의 악의를 입증하여 행위의 효과를 부인할 수 있다.

(5) 대법원 1989. 5. 23. 선고 89다카3677 판결 — 공동대표이사

주식회사에 있어서의 공동대표제도는 대외관계에서 수인의 대표이사가 공동으로만 대표권을 행사할 수 있게 하여 업무집행의 통일성을 확보하고, 대표권행사의 신중을 기함과 아울러 대표이사 상호간의 견제에 의하여 대표권의 남용 내지는 오용을 방지하여 회사의 이익을 도모하려는 데 그 취지가 있으므로 공동대표이사의 1인이 그 대표권의 행사를 특정사항에 관하여 개별적으로 다른 공동대표이사에게 위임함은 별론으로 하고, 일반적·포괄적으로 위임함은 허용되지 아니한다.

(6) 대법원 1996. 10. 25. 선고 95누14190 판결 — 공동대표이사

회사의 공동대표이사 2인 중 1인이 단독으로 동의한 것이라면 특별한 사정이 없는 한 이를 회사의 동의라고 볼 수 없으나, 다만 나머지 1인의 대표이사가 그로 하여금 건물의 관리에 관한 대표행위를 단독으로 하도록 용인 내지 방임하였고 또한 상대방이 그에게 단독으로 회사를 대표할 권한이 있다고 믿은 선의의 제3자에 해당한다면 이를 회사의 동의로 볼 수 있다.

2. 문제해설

(1) 甲회사의 정관에 의한 대표이사의 대표권의 내부적 제한은 선의의 제 3 자에게 대항하지 못한다(389조 3항, 209조 2항). 대표이사가 내부적 제한을 위반하여 대표행위를 하였다 하더라도 상대방이 대표권에 대해 그러한 제한이 있었다는 것을 알지 못한 것에 대하여 선의·무중과실이라면 회사가 거래의 무효를 주장할 수 없다. 따라서 甲회사가 동 회사에서의 이사회결의가 없었지만 거래상대방인 乙회사가 甲회사의 대표이사의 대표권에 대한 제한을 선의·무중과실로 알지 못한 경우에는 그 거래의 무효를 주장할 수 없으며, 그 결과 甲회사의 토지구입계약은 다시 다툴 수가 없는 까닭에 유효하다.

(2) 객관적으로 대표권의 범위 내의 행위인 이상 주관적으로는 배임의 의사가 있어 형사처벌이 가능하다고 하여도 대외적으로는 거래안전보호를 위하여 유효하다. 따라서 대표권남용행위의 경우 선의의 제 3 자에게는 그 무효를 주장할 수 없는 것은 당연하다. 예외적으로 대표권남용의 사실을 알고 있는 악의의 제 3 자에 대하여 회사가 그 대표행위의 효력을 부인할 수 있다. 丙회사의 대표이사인 B의 어음발행행위의 효력도 이상과 같은 기준에 의하여 판단하여야 한다.

(3) 수인의 대표이사가 공동적으로 가지는 대표권의 행사를 그 1인에게 일반적·포괄적으로 위임하는 포괄위임은 실질적으로 단독대표와 다름이 없고 대표권행사의 공동을 요소로 하는 공동대표제의 취지와 본질에 어긋나므로 인정될 여지가 없다[주요판례 4]. 그러므로 J회사의 공동대표이사인 C의 포괄적 위임은 유효하지 않다.

[12] 표현대표이사

I. 사   례

1. 사실관계

5년 동안 A는 甲주식회사의 부사장이자 대표이사로서 회사의 명의로 회사의 영업에 필요한 자재를 구입하는 일을 담당하였다. 작년 초 A는 주주총회의 해임결의로 인하여 이사직을 그만둔 뒤 퇴임등기까지 마쳤다. 그러나 여전히 부사장으로 행세하면서 甲회사의 대표이사인양 乙주식회사를 비롯하여 다른 회사들로부터 자재구입업무를 수행하였으며, 甲회사는 자재구입대금을 제때 지급하였다. 그러다가 갑자기 금년 초부터 甲회사는 A가 乙회사로부터 구입한 자재에 대하여 대금지급을 하지 않고 있다.

2. 검   토

(1) 乙회사는 甲회사에 대하여 A가 구입한 자재의 대금 지급을 청구할 수 있는가?

(2) 만약에 A가 자재구입행위를 자신의 이름으로 하지 않고 진정한 대표이사인 B의 이름으로 하였다면 乙회사는 甲회사에 대하여 A가 구입한 자재의 대금의 지급을 청구할 수 있는가?

II. 주요법리

1. 표현대표이사제도의 의의

(1) 제도의 취지

주식회사는 정관 또는 업무규칙에 의하여 사장·부사장·전무·상무 등의 직제를 정하고, 이사회의 결의로 이사 중 일부에게 사장·부사장·전무·상무 등의 직함을 부여하여 대내적인 업무집행권한을 부여하는데, 이를 업무담당이사라고 한다. 회사는 업무담당이사 중의 1인 또는 수인을 대표이사로 선정함으로써 대외적인 업무집행권을 부여하는 것이 보통이다. 그 결과 업무담당이사 중에는 회사를 대표할 권한이 없는 이사가 존재하게 된다. 즉, 사장·부사장·전무이사·상무이사 등의 명칭은 법률상의 명칭이 아니라 회사 내부의 직제상의 명칭에 지나지 않으므로 이러한 명칭을 갖는 자가 당연히 대표권한을 갖는 것은 아니다.

주식회사에 있어서 회사의 대표권은 대표이사에게 있고 대표이사의 성명은 등기사항이므로(317조 2항 8호·9호), 회사가 등기부에 나타난 대표이사의 행위에 대하여서만 책임을 진다면, 회사가 업무담당이사를 활용하면서도 거래결과가 불리할 때는 상대방이 등기부를 보지 않았다는 이유로 그 책임을 회피하는 구실을 주게 되며, 이는 신속함을 요하는 상거래의 안전을 해하게 된다. 이 같은 이유로 사장·부사장·전무·상무 기타 회사를 대표할 권한을 갖고 있다고 볼 수 있는 명칭을 사용한 이사의 행위에 대하여는 그 이사가 회사를 대표할 권한이 없는 경우에도 회사는 선의의 제 3 자에게 책임을 부담할 필요가 있는데, 이를 표현대표이사(395조)라고 한다. 표현대표이사제도는 유한회사에 준용된다(567조, 395조).

(2) 근거법리

표현대표이사제도는 대표이사가 아니면서도 회사를 대표할 권한이 있는 것으로 인정될 만한 명칭을 사용하여 행위를 한 경우에 회사에 표현책임을 인정하는 것으로서, 거래안전의 보호를 위한 독일법상의 권리외관이론(Rechtsscheintheorie) 내지 영미법상의 금반언의 법리(estoppel by representation)를 반영하고 있다. 표현대표이사에 관한 요건과 적용범위에 관하여 판례는 주로 권리외관이론에 따라 설명하고 있는데, 이는 상법상의 제도가 주로 독일법계의 속하기 때문에 그 영향으로 인한 것이다. 금반언의 법리는 영미 계약법상의 독특한 약인이론(doctrine of consideration)에 결부되고 있는 까닭에 제 3 자의 보호는 자기의 표시에 반하는 주장의 금지라는 당사자의 항변제한의 반사적 효과로서 인정되고 있다. 그 결과 금반언의 법리에 따르는 것이 외관이론에 의하는 경우보다 그 보호범위가 협소하다. 따라서 거래안전의 보호차원에서 우리 법원이 표현대표이사를 상당히 넓게 인정하는 경향을 감안한다면 외관법리에 좀 더 긴밀하게 연계되어 있다고 할 것이다.

(3) 상업등기와의 관계

이사의 성명·주소와 대표이사의 성명은 등기사항이고(317조 2항 8호·9호), 상법 제37조 제 1 항은 "등기할 사항은 등기와 공고 후가 아니면 선의의 제 3 자에게 대항하지 못한다"고 규정하고 있다. 따라서 제37조 제 1 항의 반대해석으로서 이사와 대표이사를 등기한 후에는 그 사항을 선의의 제 3 자에도 대항할 수 있으므로(제 3 자의 악의 의제), 회사는 대표이사로 등기된 자 이외에는 대표이사가 아니라고 주장할 수 있다. 그런데 상법은 대표이사의 등기 여부와는 관계없이 표현대표이사의 제도를 규정하고 있으므로 표현대표이사와 상업등기의 효력의 관계가 문제된다.

이에 대하여 학설은 ① 표현대표이사는 상업등기의 일반적 효력에 대한 예외규정이라고 보는 예외규정설[1]과, ② 표현대표이사와 상업등기의 일반적 효력에 대하여 후자는 상인과 거래상대방인 제 3 자의 쌍방의 이익조정을 위하여 공시주의에

---

1) 손주찬, 790~791면; 최준선, 525면.

의하여 효력을 정한 것이나, 전자는 선의의 제3자를 보호하기 위하여 회사의 표현책임을 정한 것으로서 양자는 각기 그 차원 혹은 법익을 달리하는 제도라고 보는 이차원설1)로 나누어져 있으며 대법원 판례는 이차원설을 취하고 있다(대법원 1979. 2. 13. 선고 77다2436 판결).

　생각건대, 이상의 견해 중에서 표현대표이사제도와 상업등기제도가 각각 그 차원 혹은 법익을 달리하는 제도로 보는 이차원설은 납득하기 어렵다. 왜냐하면 외관은 법률행위·사실행위뿐만 아니라 등기에 의하여서도 발생할 수 있는 까닭에 상법상 양자는 별개의 제도가 아니라 상호관련을 맺으므로 동일차원의 것으로 볼 수 있고, 거래안전이라는 관점에서도 동일한 법익을 보호한다고 볼 수 있기 때문이다. 예컨대 사임한 대표이사가 등기하지 않은 경우 사임한 이사가 현재도 회사등기부상으로는 대표이사라는 외관이 존재하는 것으로 볼 수 있으며(물론 이 경우 37조 1항에 따른 해결이 가장 간편한 방법이다), 대표이사로 선임되어 등기된 전무이사가 사임하여 사임등기가 이루어졌음에도 회사가 여전히 전무이사의 명칭을 사용하도록 허락한 경우라면 대표권이 있는 것과 같은 외관이 있으므로 이를 알지 못하는 선의의 제3자에 대해 회사가 책임을 진다고 볼 수 있다. 따라서 표현대표이사와 상업등기의 효력과의 관계에 대하여는 대표이사의 선임·해임의 사실이 등기되었다면 제37조 제1항에 따라 회사는 이를 제3자에게 대항할 수 있으나, 예외적으로 권리외관에 대한 귀책사유가 있다면 제395조에 따른 책임을 인정한다고 풀이하여야 한다.

2. 상법 제395조의 적용요건

　표현대표이사의 행위에 대하여 회사가 책임을 부담하기 위한 요건으로는 권리외관이론의 적용의 경우와 마찬가지로 일반적으로 ① 대표권이 없는 이사가 회사를 대표할 권한이 있는 것으로 인정될 만한 명칭을 사용하고(외관의 존재), ② 회사가 이러한 명칭의 사용을 허락하였으며(외관에 대한 귀책사유), ③ 제3자가 선의이어야 한다(외관의 신뢰).

(1) 외관의 존재
1) 대표권이 인정될 만한 명칭사용

　표현대표이사로 인정되기 위해서는 우선 어느 자가 대표권이 인정될 만한 명칭을 사용하여 행위를 할 것을 요한다. 그러한 명칭으로서 상법 제395조는 사장·

---

1) 이철송, 739면.

부사장·전무이사·상무를 들고 있으나, 법문에서 "사장·부사장·전무·상무 기타 회사를 대표할 권한이 있는 것으로 인정될 만한 명칭"이라는 표현을 사용하고 있는 것으로 보아 그러한 명칭은 예시적인 것에 지나지 않는다. 기타 회사를 대표할 권한이 있는 것으로 인정될 만한 명칭으로는 회장·부회장·총재·이사회 의장·대표이사권한대행 등의 명칭을 들 수 있다.

2) 진정한 대표이사의 명칭을 사용한 경우

상법 제395조는 표현대표이사가 자기의 명칭을 사용하여 한 행위에 대하여 적용되는 것이 원칙이지만, 표현대표이사가 다른 진정한 대표이사의 명칭을 사용하여 행위(위조)를 한 경우에도 회사의 책임을 인정할 것인지가 문제된다. 이에 대하여는 제395조의 적용을 부정하고 민법상 표현대리에 관한 규정을 유추적용하여 해결하여야 한다는 입장(부정설)[1]과 제395조의 적용을 긍정하는 견해(긍정설)[2]로 나누어지고 있다.

생각건대, 긍정설에 따르면 제3자는 표현대표이사가 대표권이 있는 것으로 오인하는 것은 물론이고 다른 대표이사의 대리권까지 있는 것으로 오인하는 것마저 보호되는 문제점[3]이 있기는 하지만, 표현대표이사제도가 거래안전을 보호하기 위한 권리외관이론의 제도적 반영인 이상 상대방이 표현대표이사의 외관을 신뢰하고, 그 표현대표이사가 다른 대표이사의 명의로 할 권한이 있다고 믿은 경우에는 제395조의 적용을 인정하는 것이 타당하다.

3) 이사자격의 요부

표현대표이사로 인정되기 위해서는 당해회사의 이사여야 하는지 또는 사용인 기타의 자이어도 허용되는지가 문제된다. 제395조는 '명칭을 사용한 이사'라고 규정하고 있기 때문에 확장해석은 허용되지 않는다고 풀이하면 해당회사의 정식의 이사인 경우에 한하여 동조의 적용을 인정하는 것이 된다.

그러나 표현대표이사제도는 권리외관이론에 따라 제3자의 신뢰를 보호하여 거래의 안전을 도모하려는 데 주된 취지를 두고 있기 때문에 행위자가 누구인지는 중요하지 않다고 보아야 하므로 오로지 등기된 이사에 한정하지 않는 것이 타

---

1) 이철송, 746면.
2) 홍복기·박세화, 474면.
3) 이철송, 746면.

당하다. 판례에서도 이사가 아닌 자의 행위에 대하여 제395조의 유추적용이 인정
된다.

4) 공동대표이사가 단독으로 한 대표행위의 경우

공동대표이사 중의 1인이 단독으로 회사를 대표하여 행위를 하는 경우에 만약
그 상대방이 공동대표의 정함이 있다는 것을 모르고 그 대표이사를 신뢰하여 거래
를 하였다면 그 상대방은 과연 표현대표이사의 규정에 의하여 보호될 것인가? 이에
대하여는 부정설(소수설)과 긍정설(통설·판례)[1]의 대립이 있다.

부정설은 표현대표이사의 행위에 대한 회사의 책임을 규정한 상법 제395조는
대표이사가 아닌 자에게 대표권이 있다고 오인할 만한 명칭을 부여한 경우에 이를
신뢰한 자를 보호하는 것을 목적으로 하는 규정이지, 공동대표의 정함이 있는 경우
에 그 1인을 대표이사라고 신뢰한 자를 보호하는 것을 목적으로 하는 규정은 아니
라는 입장이다. 그러나 표현대표이사제도의 입법취지는 표현대표이사라는 명칭을
사용한 자를 신뢰하여 거래를 한 자는 회사의 귀책사유가 있는 한 설령 등기를 열
람하지 않은 경우라도 보호된다는 것인데, 부정설에 의하면 이러한 제도의 취지는
공동대표의 정함이 있는 경우에는 달성될 수 없다. 대표이사가 아닌 자의 행위임에
도 불구하고 사용된 명칭에서 대표권이 있다고 신뢰한 자를 보호하는 이상, 대표권
이 제한되는 것에 지나지 않는 공동대표이사의 행위에 대하여서도 그 자를 대표이
사로 신뢰하여 거래한 자를 보호하는 것이 균형 있는 해석이라고 판단된다.

따라서 표현대표이사에 관한 상법 제395조의 규정은 공동대표이사의 정함이
있는 경우에도 유추적용되어야 하며, 그 결과 공동대표이사의 1인이 단독으로 대표
이사의 명칭을 사용하여 대외적인 법률행위를 한 것을 다른 대표이사 전원이 묵인
하는 등의 사실이 있다면 당해 단독대표이사의 행위에 대하여도 회사는 선의의 제
3자에 대하여 책임을 부담하지 않으면 안 된다.

상법 제395조의 유추적용의 범위에 관하여는 견해가 나누어지고 있다. 그 가
운데 공동대표이사가 단독으로 대표권을 행사할 수 있는 외관을 가진 경우(예컨대,
사장 혹은 대표이사 사장으로서 행동한 경우)에만 제395조의 적용을 인정하는 견해가 있
다(한정설). 그러나 회사의 대표는 단독대표가 원칙이고 공동대표는 예외적인 현상
이며, 또한 거래의 실정을 보더라도 상업등기부를 거래 전에 조사하거나 등기부등

---

1) 손주찬, 792면; 이철송, 744~745면.

본의 제출을 요구하는 것은 아니기 때문에 상법 제395조의 적용을 제한할 필요가 없다. 따라서 '사장' 등과 같이 단독으로 대표권을 행사할 수 있다는 명칭 이외에 단순한 '대표이사'라는 명칭을 사용한 경우에도 적용된다. 이 때문에 회사가 공동대표이사를 둔 취지를 제대로 살리기 위해서는 공동대표이사에 '공동대표이사'라는 명칭을 반드시 사용하게 하여 공동대표임을 분명히 밝힌 채 거래행위를 하게 할 필요가 있다.

(2) 외관에 대한 회사의 귀책

표현대표이사의 행위에 대해 회사가 책임을 부담하기 위해서는 회사에 귀책사유가 있어야 한다. 이에 회사가 표현적 명칭을 사용하는 것을 허락하여야만 표현대표이사의 행위에 대하여 책임을 진다. 즉 회사가 어느 자에게 표현대표이사의 명칭을 사용하는 것을 적극적으로 허락한 경우뿐만 아니라 어느 자가 모용하고 있는 것을 알고 적절한 수단(그 사용을 금지하거나 계속적인 거래 상대방에 대하여 그 뜻을 통지하는 등)을 취하지 않고 묵인하는 경우 등에 회사가 책임을 부담한다[주요판례 2·4·5]. 이처럼 대표이사 또는 이사회의 결의에 기한 명시의 허락에 한정되지 않으므로 이사가 가령 부사장의 명칭을 사용하는 것을 다른 이사 전원이 묵인한 경우라든지, 또한 대표이사의 명칭 사용에 대하여 이사의 과반수가 허용하였든지, 또는 이를 알고 방치한 경우에도 제395조가 적용된다. 회사와 관계없는 자가 멋대로 위와 같은 명칭을 사용한 경우에는 적용되지 않는다. 행방불명된 대표이사를 제외한 전체 이사의 승인으로 일시적으로 대표권을 행사하는 것이 인정된 경우에도 제395조의 적용이 있다.

(3) 외관의 신뢰

상대방은 선의의 제3자임을 요한다. 제395조의 제3자에는 표현대표이사의 행위의 직접적인 상대방은 물론이고 그러한 표현적 명칭을 신뢰하고 거래한 모든 제3자를 포함한다. 어음관계에 있어서는 그 어음의 권리자의 지위에 있는 자도 포함되므로 표현대표이사가 발행한 어음을 취득한 제3자도 보호를 받는다.

제3자는 선의, 즉 그 이사의 대표권 없음을 모른다는 것으로 족하고 그 과실의 유무는 묻지 않는다. 예컨대, 회사의 전무이사인지의 여부에 관하여 등기의 열람 또는 회사에 조회하는 것을 게을리 하였더라도 반드시 이것만으로 표현대표이사규정이 적용되지 않는 것은 아니다. 왜냐하면 표현대표이사규정은 회사가 대표권한이 있다고 믿을 만한 명칭을 부여한 회사의 귀책사유에 기하여 거래안전상 회

사의 책임을 중시하고 있기 때문이다. 이 경우 제 3 자의 선의여부에 대한 증명책임
은 회사가 부담한다. 말하자면, 회사가 제 3 자의 악의를 증명하여야 하는 것이다(대
법원 1971. 6. 29. 선고 71다946 판결). 만약 제 3 자의 중과실이 있다면 이는 악의가 있는
것과 마찬가지이므로 제 3 자의 정당한 신뢰를 보호하는 취지를 가진 제395조가 적
용되지 않아 회사는 그 책임을 면한다.

3. 상법 제395조의 적용범위

상법 제395조의 적용이 있는 행위는 회사대표자가 할 수 있는 권한 내의 행위
에 한정되고, 사법상의 법률행위에 한한다. 예컨대, 회사성립 전에 납입금을 수령
하는 권한은 대표이사의 행위가 아니기 때문에 제395조가 적용되지 않는다. 표현
대표이사의 불법행위의 경우에는 제 3 자가 표현대표이사의 대표권을 신뢰한다는
것을 상상할 수 없어 거래안전을 보호할 필요가 없으므로 상법 제395조가 적용되
지 않는다고 보는 것이 통설의 입장[1]이다. 상법 제14조 제 1 항 단서가 재판상의
행위에 대해서는 표현지배인이 인정되지 않는 것으로 규정하고 있다는 점을 고려
할 때 소송행위에 대해서는 제395조가 적용되지 않는 것으로 풀이하여야 한다.

4. 다른 제도와의 관계

(1) 민법상의 표현대리와의 관계

표현대표이사에 관한 상법 제395조는 민법의 표현대리에 관한 제125조, 제126
조, 제129조의 특칙으로 볼 수 있으나, 표현대표이사가 성립되지 않는 경우에도 민
법의 표현대리의 규정의 적용이 배제되지 않으므로 상대방은 민법상의 표현대리의
규정에 따라 보호받을 수 있다. 그러나 실제로는 상법 제395조에 의하여 보호되는
범위가 민법에 의한 경우보다 넓기 때문에 표현대표이사가 성립되지 않는 경우에
민법상의 표현대리가 성립될 여지가 거의 없을 것으로 예상된다.[2]

회사가 대표이사의 퇴임등기를 한 경우에는 제 3 자에 정당한 사유가 없는 한
선의의 제 3 자에 대하여도 회사는 대표권의 소멸로서 대항할 수 있으므로(37조), 그
경우에는 민법이 상법의 일반법이라 하더라도 대표권소멸 후의 표현대리에 관한
민법 제129조를 적용할 여지가 없다(대법원 2009. 12. 24. 선고 2009다60244 판결). 상법

---

1) 이철송, 725면; 최준선, 514면.
2) 최준선, 523면.

제395조가 적용되는 경우에는 민법상의 무권대리에 관한 규정의 적용이 배제되나, 어음행위의 경우에는 본인인 회사가 상법 제395조에 따른 책임을 지는 때에도 표현대표이사는 어음법 제8조에 의한 무권대리인의 책임을 면하지 못한다.

(2) 주주총회결의하자의 소와의 관계

대표이사나 표현대표이사인 이사를 선임한 주주총회의 결의에 하자가 있어 그 선임결의에 대한 주주총회결의취소의 소, 무효확인의 소, 부존재확인의 소, 부당결의취소변경의 소가 제기된 경우 원고가 승소판결을 받는 경우에는 판결의 효력이 소급되므로(376조 2항, 380조, 381조 2항, 190조) 확정판결 전에 한 이사(사실상의 이사)의 거래행위는 무효가 된다. 이 경우에는 회사의 귀책원인이 있는 이상 선의의 제3자를 보호하기 위하여 제395조를 유추적용할 필요가 있다.

주주총회를 개최함이 없이 허위로 의사록만 작성하여 대표이사를 선임한 경우에는 (비결의)주주총회결의의 하자의 소와 관계없이 처음부터 무효이나, 의사록 작성으로 대표자격의 외관이 현출된 데에 대하여 회사가 귀책사유가 인정되는 경우에는 상법 제395조가 유추적용될 수 있다.

대표이사를 선임한 이사회결의가 무효가 되는 경우에는 사실상의 대표이사의 행위는 무효가 된다. 이 경우에도 제395조가 본래 예정하고 있는 형태의 표현대표이사는 아니나 대표자격의 외관이 나타난 것에 대하여 회사의 귀책사유가 인정되는 한 그 상대방을 보호할 필요가 있기 때문에 제395조의 유추적용을 인정할 수 있다. 위의 경우 대표이사가 등기되어 있다면 회사의 과실로 사실과 상위한 사항을 등기하였다고 볼 수 있으므로 대표이사와 거래한 제3자는 제39조에 의하여도 보호된다.

(3) 부실등기와의 관계

상법 제395조와 제39조는 모두 표시에 의한 금반언의 법리를 바탕으로 한다. 판례도 이러한 사실을 확인하고 있다. 어느 회사의 대표이사였던 甲이 고의로 乙을 그 회사의 대표이사로 하는 부실등기를 경료하고, 그 후 丙은 乙을 그 회사의 대표이사로 믿고 乙과 근저당권설정등기계약을 체결한 사안에서, 대법원은 丙이 위 등기를 신뢰한 데에 중과실이 있지 않으므로 부실등기의 공신력 또는 표현대표이사의 행위책임에 관한 법리에 따라 그 회사와 丙사이의 근저당권설정계약은 여전히 유효하다고 한 원심을 정당하다고 판시한 것(대법원 2001. 9. 28. 선고 2001다15330 판결)

도 제395조와 제39조 모두가 제 3 자의 신뢰에 대한 "회사의 귀책사유"를 바탕으로 하여 회사의 책임을 인정한다는 사실을 확인하고 있다. 다만, 표현대표이사 법리에서 외관의 대상은 "명칭"인 반면에, 부실등기의 효력과 관련하여 제39조에서 외관의 대상은 "등기"이므로 양자는 차이가 있다. 또한 표현대표이사의 책임에 관하여는 제 3 자가 선의라고 하더라도 중과실이 있다면 회사가 면책되지만, 부실등기의 효력과 관련해서는 제39조가 부실등기의 요건으로서 등기당사자의 고의·과실을 요구하고 있는 까닭에 제 3 자의 과실·중과실을 불문하고 선의이기만 하면 보호된다.

　　사실상 대표이사의 성명이 등기되어 있다고 하더라도 외관을 신뢰한 제 3 자를 보호하는 제도로서 제395조와 제39조는 그 요건을 달리한다. 그러므로 제 3 자는 회사에 대하여 각조의 요건을 갖춘다면 제395조 또는 제39조의 책임을 묻는 것이 가능하다.

(4) 전단적 대표행위 내지 대표권남용행위와의 관계

　　표현대표이사의 행위와 대표이사의 전단적 행위는 모두 본래는 회사가 책임을 질 수 없는 행위들이기는 하지만 거래의 안전과 외관이론에 비추어 보아 그 행위를 신뢰한 제 3 자를 보호할 필요가 있다는 점에서 공통된다. 그러나 제 3 자의 신뢰의 대상이 전자의 경우 대표권의 존재이지만 후자에 있어서는 대표권의 범위이므로 제 3 자가 보호받기 위한 구체적인 요건이 반드시 서로 같다고 할 수 없다. 그러므로 표현대표이사의 행위로 인정이 되는 경우라고 하더라도 만일 주식회사의 정관이나 이사회 규정 등에서 이사회 결의를 거치도록 대표이사의 대표권을 제한하고 있음에도 불구하고 거래의 상대방인 제 3 자가 그 이사회 결의가 결여된 것에 대하여 선의·무중과실이 있는 경우가 아니라면 회사로서는 그 행위에 대한 책임을 면한다(대법원 2021. 2. 18. 선고 2015다45451 전원합의체 판결).

　　대표이사가 대표권의 범위 내에서 한 행위라도 회사의 영리목적과 관계없이 자기 또는 제 3 자의 이익을 도모할 목적으로 그 권한을 남용한 것이고, 그 행위의 상대방이 대표이사의 진의를 알았거나 알 수 있었을 때에는 회사에 대하여 무효가 된다는 대표권남용의 법리는 특별한 사정이 없는 한 상법 제395조에서 정한 표현대표이사가 회사의 영리목적과 관계없이 자기 또는 제 3 자의 이익을 도모할 목적으로 그 권한을 남용한 경우에도 마찬가지로 적용된다(대법원 2013. 7. 11. 선고 2013다5091 판결).

5. 적용효과

표현대표이사의 행위에 대하여는 회사가 선의의 제 3 자에 대하여 책임을 부담한다(395조). 표현대표이사가 특히 대표권이나 대리권을 수여받지 않았음에도 불구하고 회사를 위하여 법률행위를 하는 경우 회사는 행위의 상대방에 대하여 그 자가 대표권을 갖지 않았다는 것을 이유로 책임을 면할 수 없다. 그러나 행위의 상대방이 당해 표현대표이사가 회사를 대표하거나 대리할 권한이 없다는 것을 안 경우에는 예외적으로 그 표현대표이사의 행위에 대하여 아무런 책임도 부담하지 않는다.

III. 주요판례 · 문제해설

1. 주요판례

(1) 대법원 2003. 2. 11. 선고 2002다62029 판결 — 표현대표이사에 대한 회사의 책임요건

상법 제395조에 정한 표현대표이사의 행위로 인한 회사의 책임이 성립하기 위하여는 회사의 대표이사가 아닌 이사가 외관상 회사의 대표권이 있는 것으로 인정될 만한 명칭을 사용하여 거래행위를 하여야 하고, 그와 같은 명칭이 표현대표이사의 명칭에 해당하는지 여부는 사회 일반의 거래통념에 따라 결정하여야 한다.

(2) 대법원 1998. 3. 27. 선고 97다34709 판결 — 표현대표이사에 대한 회사의 책임요건

상법 제395조가 회사를 대표할 권한이 있는 것으로 인정될 만한 명칭을 사용한 이사의 행위에 대한 회사의 책임을 규정한 것이어서, 표현대표이사가 이사의 자격을 갖출 것을 요건으로 하고 있으나, 이 규정은 표시에 의한 금반언의 법리나 외관이론에 따라 대표이사로서의 외관을 신뢰한 제 3 자를 보호하기 위하여 그와 같은 외관의 존재에 대하여 귀책사유가 있는 회사로 하여금 선의의 제 3 자에 대하여 그들의 행위에 관한 책임을 지도록 하려는 것이므로, 회사가 이사의 자격이 없는 자에게 표현대표이사의 명칭을 사용하게 허용한 경우는 물론, 이사의 자격이 없는 사람이 임의로 표현대표이사의 명칭을 사용하고 있는 것을 회사가 알면서도 아무런 조치를 취하지 아니한 채 그대로 방치하여 소극적으로 묵인한 경우에도 위 규정이 유추적용되는 것으로 해석함이 상당하다.

상법 제395조는 표현대표이사가 자기의 명칭을 사용하여 법률행위를 한 경우는 물론이고 자기의 명칭을 사용하지 아니하고 다른 대표이사의 명칭을 사용하여 행위를 한 경우에도 적용된다.

상법 제395조 소정의 '선의'란 표현대표이사가 대표권이 없음을 알지 못한 것을 말하는 것이지 반드시 형식상 대표이사가 아니라는 것을 알지 못한 것에 한정할 필요는 없다.

표현대표이사의 행위와 이사회의 결의를 거치지 아니한 대표이사의 행위는 모두 본래는 회사가 책임을 질 수 없는 행위들이지만 거래의 안전과 외관이론의 정신에 입각하여 그 행위를 신뢰한 제 3 자가 보호된다는 점에 공통되는 면이 있으나, 제 3 자의 신뢰의 대상이 전자에 있어서는 대표권의 존재인 반면, 후자에 있어서는 대표권의 범위이므로 제 3 자가 보호받기 위한 구체적인 요건이 반드시 서로 같다고 할 것은 아니고, 따라서 표현대표이사의 행위로 인정이 되는 경우라고 하더라도 만일 그 행위에 이사회의 결의가 필요하고 거래의 상대방인 제 3 자의 입장에서 이사회의 결의가 없었음을 알았거나 알 수 있었을 경우라면 회사로서는 그 행위에 대한 책임을 면한다.

(3) 대법원 2003. 9. 26. 선고 2002다65073 판결 — 표현대표이사의 어음행위

회사를 대표할 권한이 없는 표현대표이사가 다른 대표이사의 명칭을 사용하여 어음행위를 한 경우, 회사가 책임을 지는 선의의 제 3 자의 범위에는 표현대표이사로부터 직접 어음을 취득한 상대방뿐만 아니라, 그로부터 어음을 다시 배서양도 받은 제 3 취득자도 포함된다. 상법 제395조가 규정하는 표현대표이사의 행위로 인한 주식회사의 책임이 성립하기 위하여 제 3 자의 선의 이외에 무과실까지도 필요로 하는 것은 아니지만, 그 규정의 취지는 회사의 대표이사가 아닌 이사가 외관상 회사의 대표권이 있는 것으로 인정될 만한 명칭을 사용하여 거래행위를 하고, 이러한 외관이 생겨난 데에 관하여 회사에 귀책사유가 있는 경우에 그 외관을 믿은 선의의 제 3 자를 보호함으로써 상거래의 신뢰와 안전을 도모하려는 데에 있다 할 것인바, 그와 같은 제 3 자의 신뢰는 보호할 만한 가치가 있는 정당한 것이어야 할 것이므로, 설령 제 3 자가 회사의 대표이사가 아닌 이사에게 그 거래행위를 함에 있어 회사를 대표할 권한이 있다고 믿었다 할지라도 그와 같이 믿음에 있어서 중대한 과실

이 있는 경우에는 회사는 그 제 3 자에 대하여는 책임을 지지 아니하고, 여기서 제 3 자의 중대한 과실이라 함은 제 3 자가 조금만 주의를 기울였더라면 표현대표이사의 행위가 대표권에 기한 것이 아니라는 사정을 알 수 있었음에도 만연히 이를 대표권에 기한 행위라고 믿음으로써 거래통념상 요구되는 주의의무에 현저히 위반하는 것으로서, 공평의 관점에서 제 3 자를 구태여 보호할 필요가 없다고 봄이 상당하다고 인정되는 상태를 말한다.

(4) 대법원 2011. 7. 28. 선고 2010다70018 판결 ─ 표현대표이사에 대한 회사의 책임요건

상법 제395조에 의하여 회사가 표현대표이사의 행위에 대하여 책임을 지기 위하여는 표현대표이사의 행위에 대하여 그를 믿었던 제 3 자가 선의이어야 하고, 또한 회사가 적극적 또는 묵시적으로 표현대표를 허용한 경우에 한한다. 여기서 회사가 표현대표를 허용하였다고 하기 위하여는 진정한 대표이사가 이를 허용하거나, 이사 전원이 아닐지라도 적어도 이사회결의의 성립을 위하여 회사의 정관에서 정한 이사의 수, 그와 같은 정관의 규정이 없다면 최소한 이사 정원의 과반수 이사가 적극적 또는 묵시적으로 표현대표를 허용한 경우이어야 한다.

(5) 대법원 1991. 11. 12. 선고 91다19111 판결 ─ 표현대표이사에 대한 회사의 책임요건

이사자격이 없는 자에게 회사가 표현대표이사의 명칭을 사용하게 한 경우이거나 이사자격 없이 그 명칭을 사용하는 것을 회사가 알고 용인상태에 둔 경우에는 회사는 상법 제395조에 의한 표현책임을 면할 수 없다 할 것이고, 이러한 이치는 회사가 단지 공동대표이사에게 대표이사라는 명칭 사용을 용인 내지 방임한 경우에도 마찬가지라고 하여야 할 것이다.

2. 문제해설

(1) A와 乙회사의 거래에서는 A가 비록 이사는 아니지만 대표이사의 대표권이 인정될 만한 외관이 존재하고, 甲회사가 A의 거래에 대하여 그간 대금을 지급한 것으로 보아 甲회사의 귀책사유도 인정된다. 따라서 乙회사가 선의인 경우 A는 표현대표이사의 요건을 충족하게 되므로 그 경우에 한하여 지급청구가 가능하다.

(2) 표현대표이사가 다른 대표이사의 명칭을 사용한 경우 제395조의 적용을

부정하고 민법상 표현대리에 관한 규정을 유추적용하여 해결하여야 한다는 입장과 제395조의 적용을 긍정하는 견해로 나누어지고 있다. 대법원 판례는 제395조의 적용을 긍정하고 있다[주요판례 2]. 제395조의 적용을 부정하는 견해에서는 A가 표현대표이사의 나머지 요건을 모두 충족하더라도 乙회사는 甲회사에 대하여 대금지급청구는 불가능하다. 그러나 제395조의 적용을 긍정하는 견해와 대법원 판례에 따르는 경우에는 A는 표현대표이사로서의 요건을 충족할 수 있으므로 乙회사는 甲회사에 대하여 대금지급청구를 할 수 있다.

[13] 집행임원

Ⅰ. 사   례

1. 사실관계

A는 1998년 甲금융회사에 입사하여 2008년 이사대우로 승진한 다음 수도권본부장을 거쳐 201☆년 甲회사의 이사회결의를 통하여 집행임원(상무)으로 선임되어 그때부터 서울시 강남지역본부장으로 근무하고 있다. B는 1995년 甲금융회사에 입사하여 2006년 이사로 승진한 다음 강북본부장을 거쳐 201☆년 甲회사의 이사회결의를 통하여 집행임원(부사장)으로 선임되어 그때부터 서울시 총괄본부장으로 근무하고 있다. 그러나 甲회사는 예금보험공사와 체결한 경영정상화계획을 이행하기 위하여 구조조정을 반드시 이행해야 하는 상황에 처함에 따라 201△년 이사회결의를 통하여 B를 해임하였다.

2. 검   토

(1) 甲회사와 A와의 법률관계는 어떠한가?

(2) 甲회사는 대표이사를 둘 수 있는가?

(3) 甲회사의 이사회는 A에 대하여 지배인의 선임에 관한 의사결정을 위임할 수 있는가?

(4) B는 자신의 해임이 정당한 사유 없이 이루어졌다는 것을 이유로 하여 甲회사에 대하여 손해배상을 청구한 경우 법원이 이를 인용할 것인가?

II. 주요법리

1. 집행임원제도의 도입배경과 그 필요성

(1) 이사회의 감독기능 강화

2011년 개정상법은 이사회의 감독기능을 활성화하는 방안의 하나로 집행임원제도(executive officer system)를 도입하여, 업무집행은 집행임원에게 맡기고 이사회에 중요한 전략적 의사결정과 업무집행에 대한 경영감독기능만을 담당시켜, 업무집행과 경영감독을 제도적으로 분리하였다. 이는 상법과 구 증권거래법이 사외이사제도, 위원회제도, 감사위원회제도를 도입하였음에도 업무집행기능과 감독기능간의 분리를 제도적으로 구현하지 못하였기에, 이를 보완하여 지배구조의 투명성과 경영의 효율성을 제고하기 위함이다. 회사의 업무집행기능과 업무감독기능을 상호분리하는 현상은 오늘날 기업지배구조(corporate governance)의 세계적인 추세라고 볼 수 있다.

(2) 사외이사제도의 파행적 운영

1997년 말 외환위기 이후 구 증권거래법 등에서 상장회사를 비롯한 금융회사에게 사외이사를 의무적으로 두도록 하였으나, 사외이사제도를 운영하는 과정에서 여러 문제점이 드러났다. 기업들은 사외이사를 최소화할 목적으로 등기이사의 수를 대폭 축소한 것이다. 이는 사외이사의 수의 증가에 따른 비용문제, 의사결정의 지연, 기업정보의 유출에 대한 우려 때문이었다. 또한 기업은 등기이사를 대폭 줄이는 동시에 정관이나 내규 등으로 집행임원(비등기임원)이라는 직위를 신설하여 과거에 등기이사가 수행하던 직무를 담당하게 하였고, 보수 기타 각종 대우를 등기이사에 준하여 운영하고 있다. 비등기를 전제로 하는 사실상의 집행임원제도는 초기에 은행 등 금융기관을 중심으로 도입되었으나, 이제는 대부분의 상장회사에서 도입, 활용되고 있다.

(3) 법적 지위의 명확화

위와 같이 실무상 전체 임원의 과반수를 차지할 정도로 많이 이용되고 있는 집행임원은 사실상 종래의 등기이사에 상응하는 권한을 행사하면서도 상법은 관련 규정을 마련하지 않았기 때문에 법적 지위와 권한 및 책임이 명확하지 않다는 문제점이 발생하였다.

회사의 정관이나 내부규정은 집행임원의 선임절차와 임기·보수 등 회사와 집행임원간의 내부적인 관계를 규율하고 있을 뿐 집행임원의 대외적 권한이나 책임에 대하여는 전혀 규정하지 않는 경향을 노정하였다. 따라서 책임경영체제의 확립을 위해서는 이들 비등기임원 중 주요 임원에 대해서도 이사와 마찬가지로 직무권한 부여 및 이에 상응한 책임추궁의 근거를 법적으로 명확히 할 필요성이 있었다.

2011년 상법개정을 통하여 법률상 집행임원제도가 도입되기 이전의 대법원 판례는 집행임원의 지위는 위임계약에 의한 임원이 아니라 고용계약에 의한 근로자라고 판시함으로써[주요판례 1·2] 회사가 이러한 집행임원을 실적부진 등을 이유로 해임한 경우 노동법상 부당해고라 하여 회사와 집행임원간에 분쟁이 발생하였다. 각 기업에서는 이러한 문제를 해결하기 위하여 집행임원의 임기를 1년으로 정하고 임기가 만료될 때마다 해임 여부를 결정하려는 경우가 많았는데, 이는 집행임원들로 하여금 단기실적에 집착하게 하여 장기경영계획의 수립과 집행에 방해가 되는 실정이었다. 2011년 개정상법은 기존에 관행적으로 인정되었던 집행임원의 지위·임기 등을 명확히 규정함으로써 집행임원 스스로가 지위상의 불안에서 벗어나 안심하고 경영활동을 할 수 있게 되었다. 또한 상법은 이러한 집행임원을 등기하여 공시하도록 하고 의무·책임 등을 규정함으로써 회사 및 제3자의 손해를 방지할 수 있다.

2. 집행임원의 의의와 설치방식

(1) 설치의 임의성

상법은 기존의 기업관행을 존중하여 집행임원제도를 각 회사의 필요에 따라 자율적으로 도입할 수 있도록 하기 위하여 집행임원의 설치와 그 운영에 관한 규정을 임의규정의 형식을 취하였다(408조의2 1항 1문). 집행임원을 두는 경우에 그 설치근거에 관해서 별다른 제한이 없다. 통상 정관에 근거규정을 두겠지만, 주주총회 또는 이사회결의로도 설치가능하다. 집행임원을 두는 경우에는 이사회가 집행임원 및 대표집행임원을 선임·해임한다(408조의2 3항 1호).

(2) 집행임원의 의의와 설치회사

집행임원은 이사회에 의하여 선임되며, 그 위임에 따라 회사의 업무집행과 의사결정을 하는 기관이다. 그러나 상법은 집행임원의 의의와 종류에 관한 규정을 두고 있지 않다. 그 이유는 회사의 경영조직은 회사마다 천태만상이며, 수시로 기업환경의 변화에 따라 변할 수 있기 때문이다. 따라서 회사는 자율적으로 집행임원의 종류와 수를 결정할 수 있다.[1]

상법은 이사의 집행임원 겸직금지를 규정하지 않고 있으므로 이사가 집행임원을 겸할 수 있다. 동일인이 두 개 이상의 집행임원을 겸하는 것도 가능하다. 그러나 집행임원은 사외이사가 될 수 없기 때문에(382조 3항), 이사 중 사외이사의 선임이 일정비율 강제되고 있는 회사의 경우에는 사실상 겸직이 제한된다.

집행기관의 중복으로 인한 혼란을 방지하기 위해서 회사가 집행임원을 둔 경우에는 대표이사를 두지 못한다(408조의2 1항). (대표)집행임원은 이사·감사와 같이 등기사항이다(317조 2항 8호·9호·10호).

3. 집행임원과 이사회와의 관계

(1) 이사회 권한

회사가 집행임원을 두는 경우에는 통상의 업무집행은 집행임원에게 맡기고 이사회가 중요한 전략적 의사결정과 업무집행에 대한 경영감독기능만을 수행하도록 하여, 업무집행과 경영감독을 제도적으로 분리할 필요가 있다. 이에 따라 상법은 집행임원 설치회사의 이사회는 ① 집행임원 및 대표집행임원의 선임·해임, ② 집행임원의 업무집행에 대한 감독, ③ 집행임원과 회사와의 소에서 회사를 대표할 자의 선임, ④ 집행임원에 대하여 업무집행에 관한 의사결정의 위임(상법에서 이사회 권한사항으로 정한 경우는 제외함), ⑤ 집행임원이 여러 명인 경우 집행임원의 직무분담 및 지휘·명령관계 기타 집행임원의 상호관계에 관한 사항, ⑥ 정관 또는 주주총회의 승인이 없는 경우 집행임원의 보수결정의 권한을 갖는다고 규정하고 있다(408조의2 3항). 반면에 이사회는 집행임원의 선임·해임권, 집행임원의 업무집행에 대한 감독, 집행임원의 보수결정권을 가짐으로써 집행임원의 상위기관으로서 집행임원에 대한 감시·감독기능을 수행한다.

이사회는 상법에서 이사회의 권한사항으로 정한 것은 집행임원에게 위임할 수 없다. 위임이 불가능한 권한사항으로는 신주발행의 결정(416조 본문), 경업의 승인(397조), 재무제표의 승인(447조), 사채발행의 결정(469조) 등이 있다. 특히 상법 제

---

1) 미국회사에 있어서 최고집행임원(chief executive officer), 사장(president), 부사장(vice president), 재무담당임원(treasurer) 또는 총무담당임원(secretary) 등은 전통적인 명칭이다. 대규모 회사의 경우에는 다수의 부사장을 두기도 하며, 부사장간에 서열을 나타나기 위하여 집행부사장(executive vice president)이나 선임부사장(senior vice president)과 같은 명칭을 사용하기도 한다. 또한 부사장보(assistant vice president), 재무담당임원보(assistant treasurer), 총무담당임원보(assistant secretary) 등을 두고 있다.

393조 제1항에 열거된 중요한 자산의 처분 및 양도, 대규모 재산의 차입, 지배인의 선임 또는 해임과 지점의 설치·이전 또는 폐지 등 회사의 업무집행은 대표이사에게 위임할 수 없는 것으로 풀이하고 있는 견해[1]와 대법원 판례(대법원 2011. 4. 28. 선고 2009다47791 판결 등)를 고려할 때 그러한 이사회의 권한사항을 집행임원에게 위임하는 것마저 허용되지 않는다.

(2) 이사회 의장의 선임

집행임원 설치회사는 이사회의 회의를 주관하기 위하여 이사회 의장을 두어야 한다. 이사회 의장은 정관의 규정이 없으면 이사회결의로 선임한다(408조의2 4항). 상법은 집행임원이 이사회 의장을 겸직하는 것을 명시적으로 금지하지 않고 있어 대표집행임원이 이사회 의장을 겸할 수 있는 것으로 해석될 수 있지만, 이사회의 집행임원에 대한 업무감독의 실효성과 독립성을 보장하기 위해서는 어느 집행임원이든 간에 이사회 의장을 겸직하는 것은 바람직하지 않다.

4. 집행임원제도의 운영

(1) 집행임원의 지위와 기관성

회사와 집행임원과의 관계는 회사와 이사와의 관계와 동일하게 위임관계이다(408조의2 2항). 집행임원의 선임기관은 이사회이며, 이사의 선임기관은 주주총회이지만, 양자 모두 회사와 위임관계가 있기 때문에 회사에 대하여 선량한 관리자의 주의의무를 부담한다는 점은 동일하다. 또한 집행임원은 이사와 마찬가지로 회사에 대하여 충실의무를 부담한다(382조의3, 408조의9).

집행임원이 1인인 경우에는 그 집행임원이 대표집행임원이 되고, 2인 이상의 집행임원이 선임된 경우에는 이사회의 결의로 회사를 대표할 대표집행임원을 선임하여야 한다(408조의5 1항). 대표집행임원에 대하여는 대표이사에 관한 상법의 규정이 준용되므로(408조의5 2항) 대표집행임원의 법적 지위는 대표이사의 지위와 거의 동일하다. 따라서 대표집행임원은 이사회에서 결정된 사항을 집행하고, 그 업무집행을 위하여 대외적으로 회사를 대표하는 기관이다.

대표집행임원이 아닌 일반집행임원의 회사 기관성에 대하여는 논란이 있을 수 있으나, 회사가 집행임원을 둔 경우에는 대표이사를 두지 못하며(408조의2 1항), 집

---

[1] 예컨대, 이철송, 861면.

행임원은 ① 회사의 업무집행(408조의4 1호), ② 정관 또는 이사회의 결의에 의하여 위임받은 업무집행에 관한 의사결정권을 가지므로(408조의4 2호) 회사의 업무집행기관으로 이해된다. 다만, 이사회가 다른 기관에 대하여 위임할 수 없는 사항에 한해서는 정관으로 집행임원에게 위임하는 것(408조의4 2호)은 가능하지 않다.

실제에 있어서는 사장·전무·상무 등의 명칭을 가진 집행임원 중 대표집행임원에 속하지 않는 자를 일반집행임원이라 한다. 일반집행임원은 정관의 규정 또는 이사회의 결의 또는 이에 의한 업무규칙(내규)에 의하여 대외관계를 수반하지 않는 대내적인 업무집행을 담당한다. 집행임원이 수인인 경우에는 정관·이사회의 결의 또는 이에 의한 내규로서 상하의 통솔 또는 업무분담을 정하게 될 것이다.

요컨대, 집행임원은 정관의 정함에 기하여 이사회에서 선임되고 이사회에서 결정한 기본 방침을 집행하는 권한을 가지므로 회사의 기관에 해당한다. 또한 집행임원의 선임근거와 그 권한은 이사회의 결의에 의하므로 집행임원은 이사회의 하위기관이다.

(2) 집행임원의 임기

집행임원의 임기는 정관에 달리 정한 바가 없으면 2년을 초과하지 못한다. 위의 임기는 정관으로 그 임기 중의 최종의 결산기에 관한 정기주주총회가 종결한 후 최초로 소집하는 이사회의 종결시까지로 할 수 있다(408조의3 2항). 이와 같은 집행임원의 임기연장은 이사의 경우와 그 취지가 동일하다(383조 2항).

이사회는 집행임원의 임기가 있더라도 언제든지 해임할 수 있기 때문에 집행임원의 임기를 법정한 것은 집행임원의 신분보장을 의미하는 것은 아니다. 더구나 상법 제408조의9는 이사의 해임에 있어 회사의 손해배상책임에 관한 상법 제385조를 준용하지 않고 있어 해임된 집행임원은 이사와 달리 회사에 대하여 이사의 해임에 준하여 손해배상을 청구할 수 없다. 다만, 정당한 사유 없이 집행임원을 해임한 것이 민법 제689조 제 2 항이 규정한 위임관계에 있어서 당사자일방이 부득이한 사유 없이 상대방의 불리한 시기에 계약을 해지한 경우에 해당한다면 민법에 의하여 그 손해를 배상하여야 한다.[1]

---

1) 김태진, "개정 상법하의 집행임원제 운용을 위한 법적 검토,"「상사법연구」제30권 제 2 호 (2011), 360면.

(3) 집행임원의 권한

집행임원은 ① 회사의 업무집행, ② 정관 또는 이사회의 결의에 의하여 위임받은 업무집행에 관한 의사결정을 할 권한을 가진다(408조의4). 대표집행임원은 회사를 대표할 권한을 가진다(408조의5). 또한 집행임원은 필요시 회의의 목적사항과 소집이유를 기재한 서면을 이사회 의장에게 제출하여 이사회의 소집을 청구할 수 있다(408조의7 1항). 예컨대, 사채발행을 위하여 이사회의 결의가 필요하거나 영업양도를 위한 선행절차로서 이사회의 주주총회소집결의를 구할 필요가 있는 때에는 집행임원이 이사회의 소집을 청구할 수 있을 것으로 보인다. 이러한 이사회소집청구권을 부여한 것은 업무집행의 실행력을 확보하기 위한 것이다.[1] 만약 이사회 의장이 지체 없이 이사회의 소집절차를 밟지 아니한 때에는 소집을 청구한 집행임원은 법원의 허가를 얻어 이사회를 소집할 수 있다(408조의7 2항).

(4) 집행임원의 의무

회사와 집행임원과의 관계는 이사와 동일하게 위임관계이므로 집행임원은 선량한 관리자의 주의의무를 부담하며, 충실의무를 부담한다(408조의9, 382조의3). 집행임원에 대하여는 이사의 비밀유지의무(382조의4), 이사의 정관 등의 비치·공시의무(396조), 이사의 경업금지의무(397조), 이사의 자기거래금지(398조)에 관한 규정 등이 준용된다(408조의9).

집행임원은 3개월에 1회 이상 업무의 집행상황을 이사회에 보고하여야 하고(408조의6 1항), 이 외에도 이사회의 요구가 있는 때에는 언제든지 이사회에 출석하여 요구한 사항을 보고하여야 한다(408조의6 2항). 이사는 대표집행임원으로 하여금 다른 집행임원 또는 피용자의 업무에 관하여 이사회에 보고할 것을 요구할 수 있다(408조의6 3항).

회사의 감사는 집행임원의 업무집행을 감사할 수 있으며, 이를 위하여 언제든지 영업에 관한 보고를 요구하거나 회사의 재산상태를 조사할 수 있다. 또한 집행임원은 회사에 현저하게 손해를 미칠 염려가 있는 사실을 발견한 때에는 즉시 감사에게 이를 보고하여야 한다(408조의9, 412조, 412조의2).

(5) 집행임원의 책임

집행임원의 책임구조는 이사와 동일하게 회사에 대한 책임 및 제 3 자에 대한

---

1) 이철송, 861면.

책임을 부담한다. 즉 집행임원이 고의 또는 과실로 법령 또는 정관에 위반한 행위를 하거나 그 임무를 게을리한 경우에는 그 집행임원은 회사에 대하여 손해를 배상할 책임이 있다(408조의8 1항). 집행임원이 고의 또는 중대한 과실로 인하여 그 임무를 게을리한 경우에는 그 집행임원은 제 3 자에 대하여 손해를 배상할 책임을 진다(408조의8 2항).

수인의 집행임원이 회사 또는 제 3 자에 대하여 손해를 배상할 책임이 있는 경우에는 그러한 수인의 집행임원은 연대하여 배상할 책임이 있으며 이사 또는 감사도 그 책임이 있는 때에는 이러한 집행임원은 이사 또는 감사와 연대하여 배상할 책임이 있다(408조의8 3항).

이사의 책임감면 및 감경에 관한 규정도 집행임원에 준용된다(400조, 408조의9). 이 밖에 제401조의2(업무집행지시자 등의 책임), 제402조(이사의 위법행위 유지청구권), 제403조 내지 제408조(주주의 대표소송, 대표소송과 소송참가·소송고지, 제소주주의 권리·의무, 대표소송과 재심의 소, 직무집행정지·직무대행자 선임, 직무대행자의 권한), 제412조의2(이사의 보고의무)의 규정이 준용된다(408조의9). 하지만 정기주주총회에서의 재무제표 승인에 의한 이사의 책임해제규정(450조)은 집행임원에게 준용되지 않는다.

Ⅲ. 주요판례·문제해설

1. 주요판례

(1) 대법원 2003. 9. 26. 선고 2002다64681 판결 — 비등기임원의 근로자성

상법상 이사와 감사는 주주총회의 선임 결의를 거쳐 임명하고(382조 1항, 409조 1항) 그 등기를 하여야 하며, 이사와 감사의 법정 권한은 위와 같이 적법하게 선임된 이사와 감사만이 행사할 수 있을 뿐이고 그러한 선임절차를 거치지 아니한 채 다만 회사로부터 이사라는 직함을 형식적·명목적으로 부여받은 것에 불과한 자는 상법상 이사로서의 직무권한을 행사할 수 없다 할 것인데, ○○주식회사의 등기임원은 상법의 선임요건을 갖춘 이사 또는 감사에 해당하고 비등기임원은 형식적·명목적으로 명칭만을 부여받은 이사임이 명백하므로, ○○주식회사의 등기임원과 비등기임원 사이에 있어서 업무수행권한의 차이가 없다고 단정할 수 없다.

근로기준법의 적용을 받는 근로자에 해당하는지 여부는 계약의 형식에 관계없이 그 실질에 있어서 임금을 목적으로 종속적 관계에서 사용자에게 근로를 제공하였는지 여부에 따라 판단하여야 할 것이므로, 회사의 이사 또는 감사 등 임원이라고 하더라도 그 지위 또는 명칭이 형식적·명목적인 것이고 실제로는 매일 출근하여 업무집행권을 갖는 대표이사나 사용자의 지휘·감독 아래 일정한 근로를 제공하면서 그 대가로 보수를 받는 관계에 있다거나 또는 회사로부터 위임받은 사무를 처리하는 외에 대표이사 등의 지휘·감독 아래 일정한 노무를 담당하고 그 대가로 일정한 보수를 지급받아 왔다면 그러한 임원은 근로기준법상의 근로자에 해당한다할 것이다.

(2) 대법원 2005. 5. 27. 선고 2005두524 판결 — 집행이사의 근로자성

원고 회사 이사회의 결의를 통하여 집행이사로 선임되어 본부장 또는 강서지역본부장으로 근무한 피고보조참가인(이하 '참가인'이라 한다)이 근로기준법 소정의 근로자인지의 여부에 관하여, 그 채용 증거들에 의하여 판시와 같은 사실을 인정한 다음에, 법인등기부에 등재되는 이사와 달리 참가인 업무의 내용은 집행이사제운영규정, 직제규정 등 원고 회사가 마련한 규정에 의하여 정해질 뿐 아니라 징계에 있어서도 직원에 준하여 행해지며, 보수 및 퇴직금에 관하여도 원고 회사의 규정을 적용받게 되는 점, 집행이사제운영규정에 의하여 집행이사는 임원이 아님을 명백히 하고 있고, 인사규정에서 본부장은 직원으로 명시되어 있는 점(원심의 인정 사실에 의하면, 참가인이 집행이사로 선임된 후 근무한 본부장·지역본부장은 이사대우, 1급 또는 2급 직원 중에서도 임명될 수 있다), 참가인은 원고 회사의 대표이사에 의하여 근무 장소를 지정받고 근무 시간에 대하여도 제한을 받고 있을 뿐 아니라 대표이사의 지휘·감독을 받는 점(원심의 인정 사실에 의하면, 참가인은 강서지역본부장으로서 자신보다 하위 직급인 1급 상당인 개인사업본부장의 지휘·감독도 받아 그 업무를 수행하였다), 참가인 근무의 사무실 및 그 비품 등에 관한 권리가 원고 회사에게 있는 점, 원고 회사가 참가인에 대하여 고용보험에 가입한 점 등에 비추어 볼 때, 원고가 주장하는 것처럼 집행이사가 취업규정상 원고 회사의 직원에 포함되지 아니할 뿐 아니라 보수 및 처우에 있어서도 임원과 유사하게 대우받고 있고, 참가인이 본부장으로 재임할 당시에는 경영협의회에 참여하여 소관 업무에 관한 집행권을 행사하는 부분이 있다 하더라도 실질적으로 임원과 동등한 지위와 권한을 부여받은 것은 아닐 뿐만 아니라, 이러한 권한 및 직무는 모두 원고 회사의 규정에서 정한 소관 업무에 한정되고 대표이사의 지휘·감독을 받고 있다 할 것이므로 참가인은 그 실질에 있어 사업 또는 사업장에 임금을 목적으로 종속적인 관계에서 사용자에게 근로를 제공하는 근로기준법 소정의 근로자에 해당한다.

2. 문제해설

(1) A는 甲금융회사의 집행임원이다. 甲회사와 집행임원과의 관계는 이사와 동일하게 위임관계이며(408조의2 2항), A는 甲회사에 대하여 선량한 관리자의 주의의무를 부담한다.

(2) 대표집행임원은 이사회에서 결정된 사항을 집행하고, 그 업무집행을 위하여 대외적으로 회사를 대표하는 기관이다. 상법은 회사가 집행임원을 둔 경우에는 대표이사를 두지 못하도록 규정하고 있으므로(408조의2 1항), 甲회사는 대표이사를 둘 수 없다.

(3) 제393조 제 1 항에 열거된 이사회의 권한사항은 집행임원에게 위임하는 것이 허용되지 않는다. 따라서 甲회사의 이사회는 A에 대하여 지배인의 선임에 관한 의사결정을 위임할 수 없다.

(4) 이사회는 집행임원의 임기가 있더라도 언제든지 해임할 수 있다. 제408조의9는 제385조를 준용하고 있지 않고 있어 해임된 집행임원은 이사와 달리 회사에 대하여 이사의 해임에 준하여 손해배상을 청구할 수 없다. 다만, 정당한 사유 없이 집행임원을 해임한 것이 민법 제689조 제 2 항이 규정한 위임관계에 있어서 당사자 일방이 부득이한 사유 없이 상대방의 불리한 시기에 계약을 해지한 경우에 해당한다면 민법에 의하여 그 손해를 배상할 것을 청구할 수 있다. 결국 법원이 B의 청구를 인용할지의 여부는 甲회사의 구조조정이 정당한 사유에 해당하는지의 여부가 관건이 될 것이다.

[14] 준법통제기준 및 준법지원인 제도

I. 사 례

1. 사실관계

식품을 제조·판매하는 甲주식회사의 대표집행임원 A는 이사회의 승인을 얻어 B를 준법지원인으로 선임하고 B가 총괄하는 준법지원부서를 설치하였다.

B는 甲회사가 제조·판매한 두부를 먹고 5명이 집단 식중독에 걸렸다는 사실을 영업부로부터 보고받고, A에게 중앙행정기관에 보고하고 신속하게 제품을 수거할 것을 건의하였다. 그럼에도 A는 자신이 피해자를 만나 합의하고 이 문제를 원만하게 해결할테니 더 이상 문제삼지 말고 이사회에도 보고하지 말 것을 지시하였다. B가 A의 지시를 받고 적시의 보고 및 적절한 조치를 취하지 않은 동안, 동일한 시기에 제조된 두부를 먹고 C를 비롯한 많은 사람들이 식중독에 걸려 피해를 입었다.

2. 검 토

(1) 甲회사는 소비자기본법상 제품결함정보 보고의무의 위반으로 과태료처분을 받았다. 이를 근거로 甲회사는 B에게 손해배상을 청구할 수 있는가?

(2) C는 직접 B에게 손해배상을 청구할 수 있는가?

II. 주요법리

1. 준법통제에 관한 일반론적 논의

(1) 준법통제의 개념 및 내부통제와의 관계

준법통제시스템(compliance system)이란 일반적으로 회사의 임직원이 업무관련 제 법률이나 각종 규범을 준수하면서 건전하고 적정하게 담당업무를 수행하도록 하기 위해 고안된 통제 및 정책 시스템이라고 정의할 수 있다.[1] 따라서 준법통제시스템은 소극적인 감시나 견제가 아니라 지속적인 준법교육 및 점검, 그리고 재발방

---

[1] Miriam Hechler Baer, Governing Corporate Compliance, 50 B.C. L. Rev. 949, 958 (2009).

지 등의 예방적이고 사전적인 조치에 초점이 있다.

이러한 준법통제시스템은 회사의 업무상 관리체제 속에서 이해되어야 하기 때문에, 자연스럽게 준법통제시스템은 내부통제시스템의 일부이자 하위개념으로 취급된다. 내부통제시스템에 관하여는, 미국의 COSO(Committee of Sponsoring Organization of the Treadway Commission)보고서에서 설명하고 있는 내부통제의 정의가 우리나라를 비롯하여 영국, 일본 등 여러 나라의 입법과 관련 지침마련에 큰 영향을 끼쳤고, 특히 내부통제를 전사적(全社的) 리스크 관리-통합 프레임워크(Enterprise Risk Management; ERM)의 틀 속에서 설명하고 있는 2004년 COSO 보고서의 내용은 글로벌 스탠다드로서의 기능을 하고 있다고 해도 과언이 아니다.[1] 2004년 COSO 보고서는, 내부통제를 '회사의 모든 계층이 참여하여 회사에 영향을 주는 잠재적 사건을 식별하고 해당 리스크를 리스크 선호도 내에서 관리할 수 있도록 설계된, 전체적이고 진행형의 프로세스'로 설명하고 있다.[2] 따라서 내부통제시스템을 이 같은 COSO 보고서상의 정의에 따라 인식할 경우, 준법통제시스템은 내부통제시스템을 구성하는 하나의 주요한 구성라인으로서(회사의 위험 중 법적 위험을 관리하는 체제임), 이사회가 적절한 수준의 준법통제시스템을 구축하여 운용하지 않을 경우 이사들은 선관주의의무 위반을 구성할 수 있다[주요판례 1].

(2) 우리나라 내부통제(준법통제) 관련 법제

우리나라의 내부통제 관련 법제를 정리해 보면 다음과 같다. 내부통제제도의 법제화는 금융관계법에 내부통제기준 및 준법감시인제도가 도입되면서 시작되었다. 금융회사(은행, 금융투자회사, 보험회사 등)은 내부통제기준을 만들고 내부통제기준 사항을 점검하고 위반 여부를 조사하여 보고하는 것을 업무로 하는 준법감시인을 1명이상 의무적으로 두어야 하며, 이와는 별도로 자산운용 등의 위험을 전문적으로 관리하기 위하여 위험관리기준을 마련하고 이 기준에 따라 직무를 수행하는 위험관리책임자를 1명이상 반드시 선임하도록 하고 있다(금융회사의 지배구조에 관한 법률 24조~30조). 또한 2018년 11월부터 시행된 「주식회사 등의 외부감사에 관한 법률」(이하에서 '외부감사법'이라 함)에 의하면, 외부감사법이 적용되는 회사는 회계정보의

---

1) 박세화, "준법지원인제도의 안정적이고 효율적인 운용을 위한 법적 과제," 「상사법연구」 제30권 제 2 호(2011), 255~259면 참조.
2) COSO Report 2004, Committee of Sponsoring Organization of the Treadway Commission, Enterprise Risk Management-Integrated Framework.

작성과 공시를 위하여 회계정보의 검증방법, 회계 관련 임직원의 업무분장 등을 정한 내부회계관리제도를 갖추어야 하고, 감사인은 회사에 대한 감사업무를 수행하는 경우 내부회계관리제도의 운영실태 등을 검토하여 종합의견을 감사보고서에 표명하여야 한다(외부감사법 8조). 또한 회사의 대표자가 내부회계관리제도 운영실태 등을 직접 주주총회 등에 보고하도록 하고 상장법인의 경우 내부회계관리제도에 대한 인증수준을 '검토'에서 '감사'로 상향하였을 뿐만 아니라(외부감사법 8조 4항·6항), 내부신고자의 신분 등에 관한 비밀을 누설하거나 내부신고자에게 불이익한 대우를 하는 경우에는 행정·형사적 처벌을 가할 수 있는 근거를 규정하는(외부감사법 41조·43조·47조) 등 종전 외부감사법보다 강화된 내부통제 사항을 담고 있다.[1] 이제 우리나라의 내부통제 법제는 상법에 준법통제기준 및 준법지원인제도가, 금융관계법에는 내부통제기준(및 위험관리기준)과 준법감시인(및 위험관리책임자)제도가, 외부감사법에는 내부회계관리제도가 각각 존재하는 형식이 되었다.

2. 상법상 준법통제제도

(1) 개   요

2011년 개정상법에 의하면, 일정규모 이상의 상장법인은[2] 법령을 준수하고 회사경영을 적정하게 하기 위하여 임직원이 그 직무를 수행할 때 따라야 할 준법통제에 관한 기준 및 절차를 마련하고, 이러한 준법통제기준을 준수하는지를 점검해야 하는 준법지원인을 1인 이상 반드시 두어야 한다(542조의13 1항·2항).

(2) 준법통제기준

준법통제기준이란 임직원이 직무수행시 준수해야 하는 준법통제에 관한 기준이나 절차를 의미하는데, 이는 실질적으로 준법지원인의 업무 범위를 결정하는 중요한 기준으로 필수적인 사항은 시행령에서 정하고 있다(시행령 40조). 기업들이 현실적으로 제정하는 준법통제기준은 시행령이 정하고 있는 필수사항을 기본으로 하여 각 기업의 특유사항을 자율적으로 첨가하게 된다. 단지 상법상의 준법통제기준은 포괄적인 상위개념인 내부통제기준이 아니기 때문에 법령 및 제반 규범의 준수

---

1) 홍복기·박세화, 606면.
2) '최근 사업연도 말을 기준으로 자산총액 5천억 원 이상의 상장법인'이 적용대상이다. 단 다른 법률에 의하여 내부통제기준 및 준법감시인을 설치한 회사는 면제된다(금융회사의 지배구조에 관한 법률의 적용을 받는 금융기관이 이에 해당함)(시행령 39조).

에 관한 사항을 중심으로 정해지는 것이 원칙이다.[1)]

(3) 준법지원인

1) 회사와의 관계

준법지원인의 고유한 직무 및 업무범위는 상법에 의하여 결정되지만, 회사의 선임에 의하여 그 지위가 주어지므로 준법지원인과 회사와의 관계는 위임관계이다(민법 680조). 상법도 준법지원인이 선량한 관리자의 주의의무로 그 직무를 수행해야 한다고 명문으로 규정하여 이를 확인하고 있다(542조의13 7항).

2) 선임(자격 포함)과 종임

준법지원인은 이사회의 결의로 임면된다(542조의13 4항). 즉 이사회가 준법지원인의 선임을 비롯한 준법통제시스템의 구축 및 운용에 대한 의무를 부담하고 이에 대한 종국적 책임을 부담한다. 준법지원인이 될 수 있는 사람은 변호사자격이 있는 사람, 고등교육법 제 2 조에 따른 학교의 법률학 조교수 이사의 직을 5년 이상 근무한 사람, 기타 법률적 지식과 경험이 풍부한 사람으로 대통령령으로 정하는 사람에[2)] 한한다(542조의13 5항).

---

1) 상법시행령에서 정하고 있는 준법통제기준은 "1. 준법통제기준의 제정 및 변경의 절차에 관한 사항, 2. 준법지원인의 임면절차에 관한 사항, 3. 준법지원인의 독립적 직무수행의 보장에 관한 사항, 4. 임직원이 업무수행과정에서 준수해야 할 법규 및 법적 절차에 관한 사항, 5. 임직원에 대한 준법통제기준 교육에 관한 사항, 6. 임직원의 준법통제기준 준수 여부를 확인할 수 있는 절차 및 방법에 관한 사항, 7. 준법통제기준을 위반하여 업무를 집행한 임직원의 처리에 관한 사항, 8. 준법통제에 필요한 정보가 준법지원인에게 전달될 수 있도록 하는 방법에 관한 사항, 9. 준법통제기준의 유효성 평가에 관한 사항" 등이다(시행령 40조 1항). 한국상장회사협의회에서는 기업들의 준법통제기준 설계에 도움을 주고자 「상장회사 표준준법통제기준」을 제정하여 발표하였다. 이 표준준법통제기준은 상법과 동 시행령이 요구하는 법정요건을 구체화한 최소한의 기본 모델이라고 할 수 있다.

2) ① 시행령에서 정하고 있는 "기타 법률적 지식과 경험이 풍부한 자"란 '1. 상장회사에서 감사·감사위원·준법감시인 또는 이와 관련된 법무부서에서 근무한 경력이 합산하여 10년 이상인 사람, 2. 법률학 석사학위 이상의 학위를 취득한 사람으로서 상장회사에서 감사·감사위원·준법감시인 또는 이와 관련된 법무부서에서 근무한 경력이 합산하여 5년 이상인 사람"을 말한다(시행령 41조).
② 준법지원인의 자격과 관련하여 외국의 변호사자격이나 외국 교육기관 및 외국 기업들을 국내의 경우와 동일하게 취급할 수 있는지 문제될 수 있다. 우리 상법과 시행령의 입법태도로 볼 때 법령에 이를 인정하는 규정이 없는 한 부정할 수밖에 없다(다만 학력이나 자격인정에 있어 국내·외를 동일하게 취급하는 다른 법령이 있다면 이를 근거로 긍정적인 해석이 가능함).
③ 준법지원인은 당해회사의 감사나 감사위원의 지위를 겸할 수 없다(상장회사 표준준법통제

그리고 준법지원인은 회사와 위임관계에 있으므로, 위임의 일반적인 종료사유로 퇴임하게 됨은 물론이다. 준법지원인은 언제나 본인의 선택으로 사임할 수 있고 (민법 689조), 이사회가 준법지원인의 해임권을 갖는다고 보아야 한다. 다만 준법지원인은 그 업무의 특성상 독립적 직무수행의 보장이 매우 중요하므로(542조의13 9항), 이사회의 준법지원인에 대한 해임권과 면직권을 해석함에 있어서는 신중한 태도가 필요하다.[1] 만일 이사회가 정당한 사유 없이 임기만료 전에 준법지원인을 해임한다면, 해임된 준법지원인이 회사에 대하여 손해배상을 청구할 수 있다고 보아야 한다(385조 유추적용).[2]

3) 임기와 신분보장

준법지원인의 임기는 3년으로 규정되어 있는데(542조의13 6항), 그 표현방식으로 보아 3년보다 단기의 임기로 준법지원인의 임기를 정할 수 없다고 보아야 한다. 상법이 "준법지원인에 관하여 다른 법률에 특별한 규정이 있는 경우를 제외하고는 이 법에서 정하는 바에 따른다. 다만, 다른 법률의 규정이 준법지원인의 임기를 제6항보다 단기로 정하고 있는 경우에는 제6항을 다른 법률에 우선하여 적용한다"(542조의13 11항)고 정하고 있어서, 다른 법률에서 이보다 단기로 정하여도 상법에 의해 준법지원인의 임기는 3년으로 된다. 이에 대하여 초규범적 조항으로 다른 법률에서 그 필요에 의하여 임기를 단기로 정한다면 무슨 근거로 이를 금지시킬 수 있는지 의문이라는 주장도 있고, 특별법보다 상법이 우선하게 되는 해괴한 결론에 이른다는 등의 부정적 견해가 있으나,[3] 상법상 준법지원인의 임기규정은 그 독립적 직무수행과 연관지어 평가하거나 해석할 필요가 있다. 즉 준법지원인의 임기를 최소한 3년 이상 보장하여, 경영진의 악의적 순환보직발령을 일정기간 동안 원천적으로 봉쇄하고 지속적인 독립적 직무수행이 가능하도록 한 것이다. 그리고 이러한 상법의 엄격하고 강제적인 임기규정은, 다른 특별법에서 준법지원인의 임기규정을 입법하는 경우가 발생하면 그 임기를 3년 이상으로 할 것을 요구하는 메시지를 담고 있는 것이 아닌가 한다.

기준 6조 참조). 다만 당해회사의 이사(감사위원 이사 제외)의 직은 겸할 수 있다고 보아야 한다.
1) 상장회사 표준준법통제기준 7조 참조.
2) 동지: 이철송, 897면.
3) 최준선, 621~622면.

또한 준법지원인의 신분보장과 관련하여, 상법은 회사가 준법지원인이었던 사람에 대하여 그 직무수행과 관련된 사유로 부당한 인사상의 불이익을 주어서는 안 된다고 정하고 있다(542조의13 10항). 이 규정은 준법지원인이었던 자가 다른 업무를 담당하는 임직원으로 전환되는 경우 인사상의 불이익 등의 부당한 대우를 받지 않도록 배려한 것이다.

4) 직무수행과 임직원의 협력

준법지원인의 기본적 직무는 앞에서 설명한 바와 같이 '준법통제기준에 관한 사항의 준수 여부를 점검하고 이를 이사회에 보고하는 것'이다(542조의13 1항·3항). 그런데 개정상법이 '회사의 경영을 적정하게 하기 위하여'라는 문구를 사용함으로써, 대표이사(또는 대표집행임원) 등의 경영판단의 권한(업무집행의 합목적성과 효율성 추구)과 중복 또는 충돌할 여지가 있다는 주장이 있으나,[1] 준법통제시스템이 회사의 전사적 위험관리시스템(내부통제시스템) 속에 화학적 결합상태로 존재한다고 보아야 하기 때문에, 경영상 위험을 총괄하는 경영진의 업무집행 권한과 준법지원인의 준법 여부 점검의 권한을 성질이나 범위 면에서 명확하게 구분하는 것은 현실적으로 쉽지 않다. 준법지원인의 준법점검 권한이 대표이사의 권한과 이론적·피상적으로는 분명하게 구별될 수 있지만, 준법지원인은 종전의 자문변호사나 고문변호사와는 달리 이사회나 대표이사(또는 대표집행임원)의 경영판단 과정에서 그 전제가 되는 준법업무가 상시적이고[2] 유기적으로 작동하도록 고안된 프로세스에 참여하는 자이므로 그 경계선을 설정하는 것은 의미도 없고 실무상 가능하지도 않은 것이다 (특히 준법통제기준으로 기업윤리에 관한 점검도 준법지원인의 직무로 한다면 적정성의 문구를 부적절하다고만 말하기 어려움).[3] 입법권자의 정확한 의도는 모르겠으나 상법의 위 문구는 이러한 경계의 불명확성과 준법업무의 간접적 영향력을 염두에 둔 표현이 아닌가 한다.

회사는 위에서도 언급한 바와 같이 준법지원인이 그 직무를 독립적으로 수행할 수 있도록 체제를 구축하여야 함은 물론이고, 임직원은 준법지원인이 그 직무를 수행할 때 자료나 정보의 제출을 요구하는 경우 이에 성실하게 응하여야 한다(542조의13 9항).

---

1) 이철송, 897면.
2) 준법지원인은 상근으로 선임하여야 한다(542조의13 6항).
3) 상장회사 표준준법통제기준 1조 참조.

5) 의   무

준법지원인은 앞에서 설명한 대로 기본적으로 직무수행에 있어 선량한 관리자의 주의의무를 부담해야 하며, 그 외에 영업상 비밀의무도 부담한다. 즉 준법지원인은 재임중뿐만 아니라 퇴임 후에도 직무상 알게 된 회사의 영업상 비밀을 누설하여서는 아니 된다(542조의13 8항).

6) 책   임

준법지원인의 책임에 대하여는 개정상법이 명문의 규정을 두고 있지 않다. 그렇지만 준법지원인이 직무수행에 있어 선량한 관리자의 주의의무를 위반하여 회사가 손해를 입은 경우에는, 회사가 준법지원인에게 손해배상을 청구할 수 있음은 물론이다. 다만 이사나 집행임원과 같은 회사나 제 3 자에 대한 손해배상책임에 관한 명문의 규정이 없어, 손해배상의 요건이나 제 3 자에 대한 직접적인 책임인정 여부에 관한 논란이 예상된다. 추후 보완입법으로 해결해야 할 것으로 보인다.

(4) 준법통제시스템을 구축·운용하는 회사에 대한 인센티브

상법이 요구하고 있는 형식대로 준법통제시스템을 성실하게 구축·운용하는 상장회사는, 회사가 주요주주나 이사 등에게 제542조의9를 위반하여 신용공여를 함으로써 부과받은 (회사의) 벌금형(634조의3 본문)이 면제된다(634조의3 단서). 특정 벌금형에 국한된 제한적 조치이기는 하지만, 이러한 양벌 면제규정은 기업들이 자율적으로 합리적 수준의 준법통제시스템을 구축하여 운용하도록 유도하기 위한 입법적 조치라고 볼 수 있다.

(5) 준법통제시스템 관련 규정의 위반의 효과

상법이 정하고 있는 체제의 구축과 준법지원인의 선임을 강제한 회사가 이를 위반한 경우에는, 별도의 벌칙규정은 없으나 법령(강행규정)위반이기 때문에 그 회사의 이사들은 회사나 제 3 자에 대하여 손해배상책임을 부담하거나 해임청구소송의 대상이 된다고 하겠다.[1] 또한 이사회의 지침에 따라 성실하게 준법통제시스템을 구축·운용해야 하는 대표이사나 대표집행임원이 이를 게을리한 경우에 그들이 회사나 제 3 자에 대하여 손해배상책임을 부담하는 것은 물론이다.

또한 상법상의 준법통제체제는 대상회사가 갖추어야 하는 최소한의 기본적인

---

1) 동지: 이철송, 898면; 최준선, 623면.

법적 위험관리프레임이므로, 기업에 따라서는 상법상의 체제를 구축하여 운용한 것만으로 해당 기업 이사들이 선관의무나 충실의무 위반의 책임으로부터 완전하게 자유로울 수 없다(이사들은 자신의 기업들의 규모와 영업 종류 및 형태에 적합한 수준의 적정한 준법통제체제를 구축할 의무를 부담한다고 보아야 함).

Ⅲ. 주요판례·문제해설

1. 주요판례

(1) 대법원 2008. 9. 11. 선고 2006다68636 판결 — 이사의 감시의무와 내부통제체제

이사의 감시의무의 구체적인 내용은 회사의 규모나 조직, 업종, 법령의 규제, 영업상황 및 재무상태에 따라 크게 다를 수 있는바, 고도로 분업화되고 전문화된 대규모의 회사에서 공동대표이사와 업무담당이사들이 내부적인 사무분장에 따라 각자의 전문 분야를 전담하여 처리하는 것이 불가피한 경우라 할지라도 그러한 사정만으로 다른 이사들의 업무집행에 관한 감시의무를 면할 수는 없고, 그러한 경우 무엇보다 합리적인 정보 및 보고시스템과 내부통제시스템을 구축하고 그것이 제대로 작동하도록 배려할 의무가 이사회를 구성하는 개개의 이사들에게 주어진다는 점에 비추어 볼 때, 그러한 노력을 전혀 하지 아니하거나, 위와 같은 시스템이 구축되었다 하더라도 이를 이용한 회사 운영의 감시·감독을 의도적으로 외면한 결과 다른 이사의 위법하거나 부적절한 업무집행 등 이사들의 주의를 요하는 위험이나 문제점을 알지 못한 경우라면, 다른 이사의 위법하거나 부적절한 업무집행을 구체적으로 알지 못하였다는 이유만으로 책임을 면할 수는 없고, 위와 같은 지속적이거나 조직적인 감시 소홀의 결과로 발생한 다른 이사나 직원의 위법한 업무집행으로 인한 손해를 배상할 책임이 있다.

(2) 대법원 2005. 10. 28. 선고 2003다69638 판결 — 이사의 손해배상책임액 산정과 내부통제체제

이사가 법령 또는 정관에 위반한 행위를 하거나 그 임무를 해태함으로써 회사에 대하여 손해를 배상할 책임이 있는 경우에 그 손해배상의 범위를 정함에 있어서는, 당해 사업의 내용과 성격, 당해 이사의 임무위반의 경위 및 임무위반행위의 태양, 회사의 손해 발생 및 확대에 관여된 객관적인 사정이나 그 정도, 평소 이사의 회사에 대한 공헌도, 임무위반행위로 인한 당해 이사의 이득 유무, 회사의 조직체계의 흠결 유무나 위험관리체제의 구축 여부 등 제반 사정을 참작하여 손해분담의 공평이라는 손해배상제도의 이념에 비추어 그 손해배상액을 제한할 수 있다.

2. 문제해설

(1) 준법지원인은 직무수행에 있어 선량한 관리자의 주의의무를 다해야 하므로(542조의13 7항, 회사와 위임관계), 이 같은 선량한 관리자의 주의의무를 다하지 않은 경우 회사에 대하여 손해배상책임을 부담하여야 한다.

(2) 준법지원인 B가 직무수행에 있어 선량한 관리자의 주의의무를 다하지 아니한 경우, B는 그로 인하여 손해를 입은 제3자 C에 대하여 직접 손해배상책임을 부담하는가를 검토하여야 한다. 준법지원인은 원칙적으로 회사의 의사결정에 직접 참여하는 지위에 있지 않고 이사회의 지원조직에 불과하여, 제3자에게 직접 책임을 부담하는 지위에 있지 아니하므로 제3자에 대한 손해배상책임을 규정하지 않고 있는 상법의 입장에 문제가 없다는 견해도 있으나, 준법지원인이 회사업무의 준법상태를 점검함에 있어 선량한 관리자의 주의의무를 다하지 아니한 결과 제3자가 손해를 입었다면, 제3자를 두텁게 보호하기 위하여 준법지원인의 제3자에 대한 직접 책임을 인정할 필요가 있기 때문에 입법적으로 근거규정을 마련할 필요가 있다는 견해도 있다(이사의 제3자에 대한 책임규정을 준법지원인에게 준용하는 무리한 해석을 하지 않는 한, 현행 상법하에서는 C가 준법적 판단을 최종적으로 내리지 못한 이사의 임무해태를 직접 문제삼거나 준법지원인에 대한 이사의 감독의무를 문제삼아 이사를 상대로 손해배상을 청구할 수밖에 없음).

[15] 이사의 의무와 책임

I. 사 례

1. 사실관계

A는 甲주식회사의 대표이사, B는 동 회사의 내부조직상 일정한 업무분장하에

회사의 일상적인 무역 업무를 집행하는 업무집행이사, 그리고 C는 평이사(平理事)이다. 이 가운데 A는 여러 차례 회계담당 과장에게 분식회계를 할 것을 지시한 바가 있으며, B는 그러한 사실을 알고 있었다. 얼마 지나지 않아 甲회사의 분식회계(粉飾會計)가 들통나는 바람에 동 회사의 주가가 폭락하였다.

2. 검   토

(1) A는 甲회사의 분식회계로 인한 주가폭락에 대하여 주주 D에 대하여 배상책임을 부담하는가?

(2) B와 C가 부담하는 주의의무는 그 정도에 있어서 어떠한 차이가 있는가?

Ⅱ. 주요법리

1. 이사의 선관주의의무

(1) 의   의

이사와 회사는 위임관계에 있으므로(382조 2항; 민법 681조), 이사는 그 직무를 행사함에 있어서 선량한 관리자의 주의로써 하여야 한다고 보는 것이 일반적이다. 이사와 회사와의 관계에 관하여 위임이라고 규정하고 있는 법규정의 문언에 기초하여 위임관계에서 발생하는 수임인의 의무의 범위를 넓게 보면 이사는 자신의 직무를 수행함에 있어서 법령을 준수함은 물론 회사의 이익을 위하여, 그리고 회사에 이익이 되는 방향으로 직무를 수행하여야 할 의무를 진다. 이사의 선관주의의무는 그 이사가 가진 구체적 능력을 묻지 않고 그 직업의 사회적·경제적 지위에 있어서 일반적으로 요구되는 정도의 주의의무를 말하며, 보수와 무보수를 불문하고 동일하다. 이사는 회사경영에 있어서 전문가로서의 역할이 기대된다.[1]

그런데 개인법적 법률관계를 전제로 하는 위임관계를 단체법적 법률관계를 전제로 하는 회사에 있어서의 이사와 회사의 관계에 적용시키는 것이 과연 타당한가의 문제가 있다. 즉 이사는 개인에 대한 위임사무를 처리하는 것이 아니라 주주단체로부터 수임받는 지위에 있기 때문에 일 대 일의 관계에 있어서보다 더 무거운 의무를 부담하여야 하지 않을까 하는 것이다. 이러한 취지에서 이사와 회사의 관계

---

1) 이러한 점에서 추상적 경과실, 구체적·주관적·주의능력을 문제삼는 '자기재산과 동일한 주의'와는 구별된다.

를 영미법상 신탁의 법률관계로 보아야 할 필요성도 인정되는데, 이와 관련하여서
는 후술하는 충실의무와 연결하여 살펴보기로 한다.

(2) 감시의무

이사의 감시의무는 이사회의 구성원으로서의 이사가 대표이사를 비롯한 업무
집행을 행하는 다른 이사의 직무위반행위를 방지하기 위하여 인정되는 업무집행에
대한 감시의무를 말한다. 이사의 감시의무는 업무를 집행하고 회사를 대표하는 대
표기관으로서의 대표이사나 업무담당이사가 하급사용인에 대하여 경영조직상으로
가지는 감독권과는 구별된다. 업무집행이사는 업무집행을 전혀 담당하지 않는 평
이사에 비하여 높은 주의의무를 부담한다[주요판례 1]. 그리고 대표이사의 경우에는
다른 대표이사를 비롯한 업무담당이사의 업무집행을 전반적으로 감시할 의무가 있
으며, 대규모 회사에서 고도로 분업화되고 내부적인 사무분장에 따라 각자의 전문
분야를 전담하여 처리하는 경우라고 하더라도 다른 이사들의 업무집행을 감시할
의무가 있고 합리적인 정보 및 보고시스템과 내부통제시스템을 구축하고 효율적인
작동이 이루어지도록 할 의무가 인정된다[주요판례 1].

사외이사(평이사)가 이사회에 상정된 사항에 관하여 대표이사의 직무집행을 감
시하는 의무를 부담하는 점에 대하여는 이론이 없다. 문제는 이사회에 상정되지 않
은 사항에까지 감시의무(능동적 감시의무)를 부담하느냐는 점이다. 이에 대하여 종전
에는 부정설이 유력하였는데, 그 논거로서 ① 평이사는 이사회에 나타난 사실에 기
하여서만 감시의무를 부담하는 것이어서 일반적 감시의무를 부담할 수 없다는 것
과, ② 제399조 제 2 항에 의하면 이사가 임무를 게을리한 것이 이사회의 결의에 의
한 경우 그 결의에 찬성한 이사도 책임을 진다고 규정하고 있으므로, 그 반대해석
으로서 이사회의 결의에 기하지 않는 대표이사의 직무위반행위에 대하여는 책임이
없다고 보아야 한다는 것 등이 제시되었다.

그러나 위의 견해에 대하여는 이사회 구성원으로서의 임무란 단순히 회의에
상정된 의안에 대하여 수동적인 판단을 내리는 것에 그치는 것이 아니고 적극적으
로 회사의 업무집행상황을 파악하는 것이라는 반론도 있다. 이러한 입장에 따르면
평이사가 대표이사의 위법행위를 안 경우에 이사회의 소집 또는 그 소집의 청구를
하고, 그것을 의제로 상정하는 등의 행위를 하지 않는다면 악의로 임무를 게을리한
것으로서 책임을 부담하게 된다. 더 나아가 이사회에 출석하지 않은 것으로 책임을

회피하는 부당한 결과를 피하기 위해서라도 감시의무를 인정하여야 한다는 주장도 제시되었다. 판례는 업무담당 이사의 업무집행이 위법하다고 의심할 만한 사유가 있음에도 불구하고 평이사가 감시의무를 위반하여 이를 방치한 때에는 이로 말미암아 회사가 입은 손해에 대하여 배상책임을 면할 수 없다고 한다[주요판례 2].

생각건대, 이사회가 가지는 업무감독권의 효율적 행사라는 측면에서 이 문제를 접근해야 한다고 본다. 예컨대 업무집행자의 위법행위 혹은 부당한 행위가 은폐되는 등 회사에 손해가 발생할 가능성이 있는 경우에는 적극적으로 이사회에 보고되어 이에 대한 시정조치를 취하는 것이 이사에게 주어진 법적 지위에 맞는 일이다. 그리고 이사회에 대한 보고가 불충분하거나 부정확한 것이라면 이사회로서는 업무감독을 위하여 필요한 수단을 확보할 수 없게 된다. 물론 대표이사에 의한 이사회에 대한 업무보고의무가 이러한 기능을 발휘할 수 있는 중요한 수단이 되겠지만, 개개의 이사들도 선량한 관리자로서의 주의의무에 기하여 적극적인 감시의욕과 의무감을 갖는 것이 강하게 요청된다. 상법이 이사회의 업무감독기능의 충분한 발휘를 기대하기 위하여 각 이사에게 이사회의 소집권과 각종의 소제기권을 부여하고 있지만, 이사로서는 이사회의 구성원으로서 단순히 회의에 상정된 사항에 대하여 수동적인 판단을 하는 것만으로는 충분하지 않고 이사회의 업무감독기능이 유효·적절히 발휘되도록 적극적으로 행동하는 것도 그 의무내용으로서 요구된다.

2. 이사의 충실의무

(1) 내   용

1998년 개정상법은 이사의 충실의무를 신설하여(382조의3), 이사로 하여금 법령과 정관의 규정에 따라 회사를 위하여 그 직무를 충실하게 수행하도록 요구하고 있다. 이러한 내용은 영미법상 신탁(trust)에서 기원하는 신인의무(fiduciary duty)의 개념을 성문적으로 표현해 놓은 것이라고 할 수 있는데, 이러한 추상적인 문구만으로는 그 입법의 취지를 정확히 알기가 어렵다. 기존에 규정된 위임관계에 근거하여 이사의 의무를 모두 포괄할 수 있다면 영미법상 신인의무의 개념을 도입할 필요성이 없지만, 이사의 의무의 범위를 확장하기 위한 필요에서는 이사와 회사의 법적 관계에 대한 새로운 접근이 필요하다. 이러한 논란으로부터 충실의무와 선관주의의무와의 동일성 여부에 관하여 견해의 대립이 발생한다.

(2) 선관주의의무와의 동일성 여부에 관한 학설의 대립

1) 동 질 설

동질설(同質說)에서는 제382조의3에서 규정하고 있는 충실의무의 규정이 선관주의의무를 구체적 혹은 주의적으로 규정한 것이라고 보고 있으며, 판례의 입장도 그렇다.[1] 즉 회사이익에 반하는 이사의 행위를 회사와의 관계에서 금지하기 위한 것은 선관주의의무의 법리로도 충분하기 때문에 구분의 실익이 없다고 보고 있다.[2] 상법상 충실의무와 주의의무가 동질적인 내용이라고 보는 견해의 논거는 다음과 같다. 첫째, 상법의 명문의 규정상(382조 2항) 이사와 회사의 관계가 위임관계라고 하고 있고, 수임인은 항상 위임자의 이익을 위하여 행동할 것이 요구되므로 충실의무라는 규정이 생겼다고 하여서 주의의무에 관한 민법의 규정과 다른 효과를 인정할 필요가 없다는 것이다.[3] 둘째, 이사가 회사의 이익에 반하는 행위를 하지 못하도록 금지하는 취지에서 독립적인 충실의무의 존재가 필요하다고 주장하는 견해에 대한 비판으로서, 충실의무의 내용이 선량한 관리자의 주의의무에 대한 해석에서도 충분히 도출되는 결과라고 반박한다.[4] 셋째, 주의의무의 내용은 항상 동일하게 정형화되는 것이 아니라 기업의 종류와 규모, 경기상황, 업무의 내용에 따라서 변화하는 것이라는 점을 주장하기도 한다.[5]

2) 이 질 설

선관주의의무는 이사가 그 직무를 수행함에 있어서 준수하여야 할 주의의 정도에 관한 규정이고, 충실의무는 이사가 그 지위를 이용하여 회사의 이익을 고려하지 않고 자기 또는 제 3 자의 이익을 추구하여서는 안 된다는 것을 그 내용으로 하는 의무라는 점에서 차이가 있다고 보는 입장이다. 이질설(異質說)의 입장에 따르면 상법상 이사의 의무를 특별한 상황에서 규정하고 있는 경업피지의무(397조), 이사에 의한 회사기회의 유용금지(397조의2), 이사와 회사간의 거래(398조), 이사의 보수(388조)와 같은 것들이 바로 충실의무의 내용이 된다.

이질설의 입장에서는 선관의무위반에는 고의 또는 과실이 필요하지만 충실의

---

1) 대법원 1985. 11. 12. 선고 84다카2490 판결; 대법원 2006. 7. 6. 선고 2004다8272 판결.
2) 최준선, 527면.
3) 손주찬, 793면.
4) 손주찬, 793면.
5) 최기원, 660면.

무위반은 결과책임이므로 이러한 것이 필요 없다고 본다. 그리고 선량한 관리자의 주의의무위반의 경우에는 책임의 범위가 회사가 입은 손해액의 범위로 제한되지만, 충실의무위반의 경우에는 회사가 입은 손해액의 배상에 그치지 않고 이사가 얻은 모든 이득을 회사에 반환해야 한다고 주장한다.[1]

이사의 충실의무라는 개념이 기존에 인정되는 주의의무의 개념과 구별되어야 한다고 주장하는 이질설의 입장이 확립되기 위해서는 이사의 회사법상 지위가 민법상 일반적인 위임의 법률관계에서 인정되던 것과는 다르다는 것을 밝혀야 한다.[2] 즉 충실의무라고 하는 독자적인 영역을 인정하기 위해서는, 비록 상법에서 회사와 이사의 관계는 위임에 관한 규정을 준용한다고 되어 있지만(382조 2항), 이사라는 지위가 통상적인 수임인의 지위와는 다르며, 민법상 위임의 법률관계로서 해결되지 아니하는 영역이 존재한다는 것을 밝혀야만 한다는 것이다.[3] 기존에 존재하는 주의의무와 구별되어야 하는 충실의무의 독자적 영역을 인정하는 견해의 논거는 다음과 같다.

첫째, 민법상의 위임관계에서 수임인은 무보수인 것이 원칙인데(민법 686조) 상법상 이사는 보수를 받는 것이 일반적이라는 점에서, 무보수의 수임인이 위임과 관계없는 개인적인 사항에 관하여 위임인의 이익을 우선시키고 자신의 이익을 무시하여야 할 의무를 부담한다고 보기에는 무리가 있다는 것이다. 둘째, 일반적으로 개인과 개인간에 발생하는 일반 사법상 위임의 법률관계를 다수의 주주와 소수의 이사간에 발생하는 단체적인 법률관계에 적용하여 양자를 동일하게 처리하는 것도 합리적이지 않은 면이 있다는 것이다.[4] 셋째, 다수의 주주의 이익과 회사의 이익을 보호한다는 측면에서도 회사경영과 관련하여 강력한 수권을 받은 이사에 대하여 회사의 이익을 더 우선시켜야 한다고 요청하는 것은 무리가 아닐 것이라고 본다. 그리고 이사의 보수는 이사회의 결의사항이 아니고 주주총회의 결의사항이라는 점도(388조) 들고 있다.[5] 최근 대법원은 이사의 보수의 적정성의 기준과 관련하여 이사의 직무

1) 미국판례법은 경영판단의 원칙이 충실의무위반에는 적용되지 않는다고 보고 있다.
2) 김병연, "이사의 충실의무와 영미법상 신인의무(fiduciary duty)," 「상사법연구」 제24권 제3호(2005), 64면.
3) 이렇게 독립적인 관계를 설정하게 되면 현행 상법 제382조 제 2 항에서 명시하는 민법상 위임에 관한 규정의 의미를 어떻게 새겨야 하는지도 문제가 된다. 즉 해석상 독립적인 관계를 인정하는 것이 법이론적으로나 실정법적으로 문제가 없는지, 아니면 동조를 폐지하여 개선하는 입법론의 방향으로 처리를 하여야 하는 것인지에 대한 판단을 하여야 할 것이다.
4) 김병연, 앞의 논문, 65면.
5) 김영선, "이사의 충실의무,"「인천법학논총」제 2 집(1999), 85면.

내용, 회사의 재무상황이나 영업실적 등에 비추어 지나치게 과다하게 합리적인 수준을 현저히 벗어나는 이사의 보수에 대하여 상법상 충실의무(382조의3)에서 정한 의무를 위반한 것이라고 함으로써 충실의무의 영역이라고 보아왔던 보수에 관하여 상법 제382조의3을 언급한 것은 매우 의미있는 것이라고 할 수 있다[주요판례 3].

3) 소   결

주의의무와 충실의무가 분리되어야 한다는 주장은 상법상 이사와 회사와의 관계가 통상적인 민사관계에서의 위임과는 다르다는 전제하에 출발한다.[1] 이러한 구분점에 관하여 법규정에서 명시적으로 밝히고 있지는 않지만, 실제로 여러 가지 면에서 두 가지 의무는 차별성이 있다.

먼저 개념적으로 살펴보았을 때 주의의무는 회사의 업무결정과 관련되면서도 이사의 개인적인 이해관계와 충돌이 없는 경우에 적용되는 개념이며, 충실의무는 회사의 업무결정과 이사의 개인적인 이해관계의 충돌이 일어나는 경우에 적용되는 개념으로 보는 것이 일반적이다.[2] 즉 주의의무는 합리적인 신중한 사람이 유사한 상황에서 행사할 정도의 주의를 회사의 업무집행과 관련하여 이사에게 요구하는 것이며, 충실의무는 자기거래(self-dealing)를 금지하는 상황과 같이 이익의 충돌이 일어나는 것과 관련이 있다.[3] 따라서 두 개념은 분리하여 처리하는 것이 타당하다고 본다.

영미법에서는 주의의무와 충실의무의 구분에 대하여 보다 더 실질적인 면에서 접근하여 구분하고 있다. 즉 의무위반의 경우에 각각 그 책임을 추궁하는 장치의 면에서 차이가 있다고 보는 것인데, 주의의무의 위반이 이사의 건전한 경영판단에서 벗어난 결과로써 야기되었다면 법원이 관여하지 않더라도 여러 가지 방법으로[4] 경영진에게 책임추궁이 가능하지만, 충실의무의 위반에 대하여는 이사의 경영판단과는 직접적으로 관련이 없는 자기거래의 경우에 발생하기 때문에 주의의무위반과 같은 책임을 추궁하기가 쉽지 않다는 문제점이 있다.[5] 또한 소송수행의 면에 있어

---

1) 김병연, 앞의 논문, 65면.
2) Alan R. Palmiter, Reshaping the Corporate Fiduciary Model: A Director's Duty of Independence, 67 Tex. L. Rev. 1351, 1358~66(1989).
3) Norlin Corp. v. Rooney, Pace Inc., 744 F.2d 255, 264(2d Cir. 1984).
4) 예컨대 경영부실에 대한 주주총회에서의 문책과 경질, 경영부실로 인한 주가의 하락에 대한 책임의 추궁 등이 있다.
5) Charles W. Murdock, Corporate Governance — The Role of Special Litigation Committee,

서도, 주의의무위반의 경우에는 이사가 경영판단의 원칙(business judgment rule)에 의하여 업무를 수행했다는 추정(presumption)을 받기 때문에[1] 원고가 이사의 의무위반 사실을 증명하여야 한다.[2] 따라서 주의의무위반의 경우에는 경영판단의 원칙의 작용으로 말미암아 충실의무위반의 경우보다 원고인 주주의 부담이 증가된다. 결국 주의의무와 충실의무는 그 성격이 다르고 법률적 고려가 달라지기 때문에 상이한 원칙을 설정하여야 할 필요가 있다.[3]

3. 이사의 보고의무

이사는 회사에 현저하게 손해를 미칠 염려가 있는 사실을 발견한 때에는 즉시 감사에게 이를 보고하여야 한다(412조의2). 사실상 이것은 이사의 선량한 관리자의 주의의무의 내용이라고 할 수 있으므로 주의적인 규정으로 볼 수 있다.

이사가 이러한 의무를 게을리하여 회사에 손해가 발생한 경우에는 제399조 제1항에 의하여 회사에 대하여 손해배상책임을 진다. 물론 감사는 언제든지 이사에 대하여 영업에 관한 보고를 요구하거나 회사의 업무와 재산상태를 조사할 수 있지만(412조 2항), 적극적인 이사의 보고를 유도하고 감사의 효율적인 업무감사를 돕기 위한 규정이라 할 수 있다. 보고의무자는 손해발생의 사실을 발견한 이사이며, 감사가 2인인 경우에는 1인에게만 보고하면 된다.

4. 이사의 비밀유지의무

이사는 재임중뿐만 아니라 퇴임 후에도 직무상 취득한 회사의 영업상 비밀을 누설하여서는 안 된다(382조의4). 이 의무는 감사에게도 적용된다(415조, 382조의4).

재임중에는 이사의 선량한 관리자의 주의의무나 충실의무의 부과만으로도 이러한 효과를 거둘 수 있지만, 퇴임 후에는 이사와 회사와의 관계가 종료되기 때문에 주의의무나 충실의무의 적용이 어려운 점이 있으며, 또한 사외이사제도의 도입

---

68 Wash. L. Rev. 79, 101(1993).

1) Smith v. Van Gorkom, 488 A.2d 858, 872(Del. 1985); Aronson v. Lewis, 473 A.2d 805, 812(Del. 1984); Patrick J. Ryan, Strange Bedfellows: Corporate Fiduciaries and the General Law Compliance Obligation in Section 2.01(A) of the American Law Institute's Principles of Corporate Governance, 66 Wash. L. Rev. 413, 444~45(1991).

2) Charles W. Murdock, Corporate Governance — The Role of Special Litigation Committees, 68 Wash. L. Rev. 79, 85(1993); Aronson v. Lewis, 473 A.2d 805, 812(Del. 1984).

3) 김병연, 앞의 논문, 66면.

으로 인하여 회사기밀의 누출가능성이 높아졌기 때문이다.[1)]

5. 이사의 책임 및 책임제한

(1) 회사에 대한 책임

1) 손해배상책임

(가) 특   징

이사가 고의 또는 과실로 법령 또는 정관에 위반한 행위를 하거나 그 임무를 게을리한 경우에는 회사에 대하여 손해를 배상할 책임이 있다(399조 1항). 이사와 회사와의 관계는 위임관계를 기본으로 하므로 이사는 수임인으로서 회사에 대하여 선량한 관리자의 주의의무를 다하여야 할 뿐만 아니라(382조 2항; 민법 681조), 회사의 이익과 이사의 이익이 충돌하는 경우에는 회사의 이익을 우선시켜야 하는 충실의무(382조의3)를 부담한다. 따라서 이사가 선관주의의무에 위반한 때에는 채무불이행을 이유로 한 손해배상의 책임을 부담하고(민법 390조), 불법행위의 요건을 구비한 때에는 불법행위로 인한 손해배상의 책임을 져야 하는 것은 당연하며(민법 750조), 이사가 충실의무를 부담하는 등 이사의 광범위한 권한과 중요한 지위에 비추어 볼 때 민법상의 일반책임만으로서는 불충분하므로 상법이 이사의 특별책임을 규정한 것이다. 그러므로 회사에 대한 이사의 손해배상책임에 관한 제399조의 규정은 민법의 일반책임을 강화한 것이라고 할 수 있다.

(나) 책임원인과 성질

(a) 이사가 고의 또는 과실로 법령 또는 정관에 위반한 행위를 한 경우

법령에 위반한 행위로서는 경업금지의무에 위반하여 거래를 한 경우(397조), 회사기회 및 자산의 유용금지(397조의2), 이사회의 승인 없이 자기거래를 한 경우(398조), 자기주식취득제한에 위반한 경우(341조), 위법배당의안을 총회에 제출한 경우(462조 1항), 주주의 권리행사와 관련하여 재산상의 이익을 공여한 경우(467조의2) 등 상법에 위배되는 경우뿐만 아니라 특별법이나 법규명령에 위반하는 경우까지 모두 포함한다. 정관에 위반하는 경우로서는 임의준비금을 적립하지 아니하고 이익배당의안을 작성하거나, 신주·사채발행한도를 초과하거나, 정관에 규정된 주식의 종류와 수를 위반하여 주식을 잘못 발행하는 것 등이다.

법령·정관의 위반은 이사가 단독으로 행위를 하였거나 또는 이사회결의에 따

---

1) 손주찬, 795면. 대리상의 영업비밀준수의무(92조의3)도 동일한 입법취지라고 할 수 있다.

라 행위를 하였거나 간에 상관이 없다. 대표이사나 업무담당이사가 업무집행이나 대표행위로 법령·정관에 위반한 경우가 포함됨은 물론이다.

법령·정관위반으로 인한 이사의 손해배상책임은 '고의 또는 과실로' 인한 것이므로 과실책임이다. 한편 이사가 법령·정관위반행위를 하는 경우에는 과실의 존재가 추정된다고 보아 이사가 무과실의 증명책임을 부담한다고 이해하는 것이 제399조의 입법취지상 타당하다고 본다.

(b) 임무를 게을리한 경우

임무를 게을리하였다는 것은 이사가 선량한 관리자로서의 주의의무를 게을리한 것을 말한다. 임무를 게을리한 것은 회사의 업무를 집행하는 과정에서 발생하므로 대표이사나 업무담당이사가 이 책임을 부담하는 것이 보통이겠지만, 이사의 주의의무에는 적극적인 작위의무뿐만 아니라 손해를 방지할 소극적 부작위의무도 포함되므로, 예컨대, 사외이사가 업무담당이사의 위법행위에 대한 감시의무를 다하지 않은 것도 임무를 게을리한 경우에 해당된다.

이사의 주의의무의 정도는 그 이사가 가진 구체적 능력을 묻지 않고 그 직업의 사회적·경제적 지위에 있어서 일반적으로 요구되는 정도의 주의의무를 말한다. 즉 이사는 통상의 분별 있는 회사의 이사가 동일한 상황하에서 합리적으로 생각하여 회사에 최선의 이익이 되도록 취했을 동일한 방법으로 성실하게 사무를 처리할 것이 요구된다. 그러므로 이사가 기울여야 할 주의는 통상인의 그것보다는 훨씬 높다. 다만 이사의 주의의무는 회사의 영업종류나 영업규모에 따라 그 종류를 달리하므로 상대적인 성질을 띠게 된다[주요판례 4]. 또한 이사의 손해배상책임범위와 관련하여, 당해 사업의 내용과 성격, 당해이사의 임무위반의 경위 및 임무위반행위의 태양, 회사의 손해 발생 및 확대에 관여된 객관적 사정이나 그 정도, 평소 이사의 회사에 대한 공헌도, 임무위반행위로 인한 당해이사의 이득 유무, 회사의 조직체계의 흠결 유무나 위험관리체제의 구축 여부 등 여러 사정을 참작하여 손해분담의 공평이라는 손해배상제도의 이념에 비추어 그 손해배상액을 제한할 수 있고, 나아가 책임감경사유에 관한 사실인정이나 그 비율을 정하는 것은 그것이 형평의 원칙에 비추어 현저히 불합리하다고 인정되지 않는 한 사실심의 전권사항에 속한다고 보는 것이 판례의 입장이다[주요판례 5].

결과적으로 회사에 손해가 발생하였다 하더라도 이사가 상당한 주의를 다하여 알 수 있는 정보와 자료를 근거로 하여 경영상의 결정이 이루어졌고, 이사의 경영판단과정에 위법이나 불성실 또는 사익추구가 개재되지 않았다면 주의의무위반으로 보지 말아야 될 것이다. 예컨대, 통상적으로 예견할 수 없었던 불황을 예측하지 못하고 시설투자를 하였다든가, 유행을 잘못 예견하고 신상품을 개발한 경우 등에는 이사가 임무를 게을리한 것으로 보는 것에는 신중할 필요가 있다.

이사가 위임규정에 따라 선량한 관리자의 주의의무를 다하지 아니한 경우로서 일본 판례에 나타난 구체적 사례를 보면, 매매의 목적물을 조사하지 않은 경우, 이사의 감독불충분으로 지배인이 회사재산을 낭비한 경우, 어음금의 추심을 게을리한 경우, 회사의 자산·능력을 고려하지 않고 조사가 불충분한 사업에 다액의 투자를 하여 회사의 파탄을 초래한 경우 등을 열거할 수 있다. 일본 하급법원의 판례로서는 전무이사의 배임행위를 사전에 방지하지 않았을 뿐 아니라 사후에도 지체 없이 간파하지 못한 경우, 은행의 이사가 당좌대월계약의 한도액을 초과하여 대출한 경우 등이 있다.

임무를 게을리한 것으로 인한 손해배상책임은 위임계약의 불이행에 따른 책임으로서 과실책임이며, 이 점에 관하여는 학설상 다툼이 없다. 임무를 게을리한 것으로 인한 손해배상책임을 추궁하는 경우에는 일반원칙에 따라 임무를 게을리하였음을 주장하는 자가 이를 증명하여야 한다(대법원 1996. 12. 23. 선고 96다30465, 30472 판결).

(c) 책임을 부담할 이사

회사에 대하여 손해배상의 책임을 부담하는 이사는 고의 또는 과실로 법령·정관에 위반한 행위를 하거나 그 임무를 게을리한 이사 자신이다. 책임질 이사가 수인인 때에는 연대책임이 되고 감사와 집행임원도 책임을 지는 경우에는 그 감사·이사·집행임원이 연대책임을 지게 된다(399조 1항, 408조의8 3항, 414조 3항). 이러한 연대책임은 모두 부진정연대책임이다.

법령·정관위반행위 또는 임무를 게을리한 행위가 이사회결의에 의한 경우에는 그 결의에 찬성한 이사도 회사에 대하여 연대책임을 부담한다(399조 2항). 이는 이사의 의결권행사 자체도 주의의무의 범주 속에 들어가는 직무수행이기 때문이다. 결의에 찬성한 이사가 책임을 지는 것은 결의사항 자체가 법령·정관에 위반하거나 임무를 게을리한 경우에 해당되는 경우에 국한되며, 결의사항 자체에는 그러한 하자가 없으나 이사의 업무집행과정에서 법령·정관위반이나 임무를 게을리한 경우가 있는 데 불과한 경우에는 찬성한 이사에게 책임을 물을 수 없다.

이사회결의에 참가한 이사로서 이의를 한 기재가 의사록에 없는 자는 그 결의에 찬성한 것으로 추정한다(399조 3항). 이사가 결의에 찬성하였는가의 여부는 사실문제로서 그 증명이 어려우므로 찬반사실에 대한 증명책임을 이사에게 전가시킨 것이다. 그러므로 이사는 결의에 참가하지 아니한 사실 또는 반대한 사실을 증명하여 책임을 면할 수 있다. 기권한 것으로 이사회 의사록에 기재된 경우는 찬성한 것으로 추정되지 않는다(대법원 2019. 5. 16. 선고 2016다260455 판결).

(d) 이사책임의 추궁·면제·경감·해제

회사에 대한 이사의 손해배상책임은 회사 스스로 이를 추궁할 수도 있고, 소수주주가 대표소송의 방법에 의하여 이를 추궁할 수도 있다(403조 이하).

회사에 대한 이사의 손해배상책임을 면제하려면 총주주의 동의가 있어야 한다(400조 1항). 여기에서 말하는 총주주에는 의결권이 없는 주주까지 포함된다. 총주주의 동의는 반드시 주주총회의 결의로 하여야 하는 것은 아니며, 개별적인 동의라도 무방하다.

2011년 개정 전 상법은 이사의 책임을 총주주의 동의로만 면제할 수 있도록 하고 있어 실효성이 별로 없었다. 이사의 과도한 책임부담은 무한경쟁시대에서 전문경영인의 적극적인 기업경영을 어렵게 하는 요인이 되었고 이에 대한 시정의 목소리가 있어 왔고, 법원[1]도 그 필요성을 인정한 바 있다. 이러한 문제점을 개선하기 위해서 이사의 책임감면제도를 도입하기에 이르렀다. 이사의 책임감면제도는 이사의 회사에 대한 책임에만 적용되고 제 3 자에 대한 책임에는 적용되지 아니한다(400조 1항).

2011년 개정상법에서는 일정한 범위를 초과하는 금액에 대하여는 이사책임을 면제하는, 실질적인 책임의 감경제도를 도입하였다. 즉 주주 전원의 동의에 의한 이사책임의 면제는 기존과 같이 제400조 제 1 항에서 유지하면서, 이사의 책임을 일부 감경하는 경우로서 이사의 회사에 대한 배상책임 중 최근 1년간의 보수액(상여금 및 주식매수선택권의 행사로 인한 이익 포함)의 6배(사외이사의 경우 3배)를 초과하는 부분에 대해서는 정관의 규정으로 면제할 수 있도록 하였다(400조 2항). 그러나 이사의 고의·중과실로 인한 경우와 경업금지(397조), 회사기회유용금지(397조의2), 자기거래금지(398조) 규정을 위반하는 경우에는 책임을 감면하지 못하도록 하였다(400조 2항 단서). 이사의 책임감면제도는 미국의 델라웨어주, 뉴욕주 등과 독일 및 일본 등

---

1) 대법원 2005. 10. 28. 선고 2003다69638 판결.

선진국에서 널리 인정되고 있다.

한편 정기총회에서 재무제표의 승인을 한 후 2년 내에 다른 결의가 없으면 부정행위가 있는 경우를 제외하고 회사는 이사의 책임을 해제한 것으로 본다(450조). 여기서 2년은 시효기간이 아니고 제척기간이다.

(e) 시   효

이사의 회사에 대한 책임은 채권의 일반원칙(민법 162조 1항)에 따라 10년이 경과함으로써 소멸시효가 완성한다[주요판례 2].

2) 자본금충실의 책임(인수담보책임)

(가) 개   요

신주발행시 이사는 회사에 대하여 자본금충실의 책임을 진다. 즉 신주의 발행으로 인한 변경등기가 있은 후에 아직 인수되지 아니한 주식이 있거나 주식인수의 청약이 취소된 때에는 이사가 이를 공동으로 인수한 것으로 본다(428조 1항). 이는 신주발행으로 인한 변경등기 후 인수흠결의 주식이 있는 경우에 이를 신뢰한 제3자를 보호하고 등기의 신뢰성을 확보하기 위하여 이사에게 자본금충실의 책임을 인정한 것이다.

회사설립시 발기인의 자본금충실책임의 경우와 달리 신주발행시 이사의 경우 납입담보책임이 아닌 인수담보책임만 부담하게 한다. 왜냐하면 실권예고부납입최고절차(307조)가 인정되는 회사설립시의 경우와는 달리 신주발행의 경우에는 인수되지 아니한 주식이 있거나 인수청약이 취소된 때에는 이사들이 이를 공동으로 인수한 것으로 보기 때문이다.

(나) 법적 성질

이사의 인수담보책임은 무과실책임이며, 총주주의 동의로도 면제하지 못한다. 왜냐하면 주식회사의 자본금은 회사채권자를 위한 담보의 기능을 하고 있기 때문이다. 또한 이사의 인수담보책임은 법률의 규정에 의한 법정인수에 해당되므로 인수시 주식청약서에 의할 필요는 없다.

한편 이사가 인수담보책임을 지는 경우에도 회사의 이사에 대한 손해배상청구에는 영향이 없다(428조 2항). 이는 이사가 회사에 부담하는 일반적인 손해배상책임(399조)을 인수담보책임과의 관련에서 주의적으로 규정한 것에 불과하다.

(다) 신주의 인수흠결

이사의 인수담보책임은 신주발행으로 인한 변경등기 후 인수흠결주식이 있는 때에 발생하므로 신주발행시 회사의 실체를 과장하기 위하여 이사가 주식청약서를 위조하여 신주의 인수·납입을 가장하거나, 변경등기 이전에 주식인수가 취소된 신주가 변경등기에 포함되거나, 납입가장에 의하여 무효화된 신주에 대하여 변경등기를 한 경우에는 이사가 인수담보책임을 부담하여야 한다. 제한능력의 경우에는 언제나, 그리고 사기·강박·착오의 경우에도 변경등기 후 1년 내에는 주식청약을 취소할 수 있으므로(427조) 변경등기 후의 주식청약의 취소로 인하여 인수흠결이 된 신주에 대하여도 이사의 자본금충실책임이 부과된다.

현물출자자의 인수흠결주식에 대하여도 이사의 인수담보책임을 인정하여야 할 것이다. 그러나 현물출자의 경우에는 대체성이 없으므로 이사의 인수담보책임이 아니라 현물출자자의 손해배상책임(423조 3항)으로 처리하여야 한다는 견해도 있다.

(라) 이사의 신주인수 시기

법정인수의 시기는 신주발행의 효력발생일인 납입기일의 다음 날(423조 1항)로 보아야 할 것이나, 신주발행으로 인한 변경등기일로 보아야 한다는 주장도 있다. 다만, 변경등기 후 주식청약이 취소된 경우 이사의 법정인수시기는 주식인수의 취소시로 보아야 할 것이다.

(마) 이사의 연대납입의무

이사의 자본금충실책임은 인수흠결주식에 대하여 모든 이사가 공동으로 인수한 것으로 의제하는 제도이므로 이사 전원은 인수주식에 대하여 공유자가 되며, 연대하여 납입할 의무를 부담한다(333조 1항). 이사 중 1인이 납입의무를 이행한 경우에는 다른 이사에게 구상권을 행사할 수 있으며, 각 이사의 부담부분은 균등하다. 인수담보책임을 부담하는 이사는 변경등기 당시의 이사만을 말하며 변경등기 후 이사가 된 자는 포함되지 아니한다.

소수주주는 회사가 이사에 대하여 책임을 추궁하지 않는 경우 대표소송(403조)을 제기할 수 있다.

(2) 제 3 자에 대한 책임

1) 개 요

이사가 고의 또는 중대한 과실로 인하여 그 임무를 게을리한 때에는 그 이사는 제3자에 대하여 연대하여 손해를 배상할 책임이 있다(401조 1항). 원래 대표이사가 그 업무집행으로 인하여 제3자에게 손해를 가한 때에는 회사와 대표이사가 연대하여 이를 배상할 책임이 있다(389조 3항, 210조). 그러나 대표이사가 아닌 이사가 제3자에게 손해를 입힌 경우에는 특별규정이 없으므로 이사의 행위에 대하여 회사가 제3자에게 책임을 질 뿐 이사가 제3자에게 책임을 지지는 아니 한다.[1] 이와 같이 대표이사를 제외한 이사의 행위에 대하여 회사만이 책임을 지게 되는 경우에는 제3자의 보호가 불충분할 수 있으므로 제401조는 이사의 제3자에 대한 손해배상책임을 따로 규정하고 있다.

제401조가 폐쇄회사에서 법인격부인의 대체적 기능으로서의 효과를 발휘할 수 있다고 보는 견해도 있다. 즉 지배주주가 이사를 겸하는 경우에는 법인격부인론에 의하여 주주책임을 추궁하는 방법보다는 제401조에 의하여 이사책임을 추궁하는 방법이 훨씬 더 수월하고 확실한 면이 있다는 것이다.

2) 법적 성질

제401조에서 규정하고 있는 이사의 제3자에 대한 손해배상책임의 성질에 관하여는 상법이 회사의 경영에 대한 광범위한 권한을 갖는 이사에 대하여 엄중한 책임을 물어 제3자를 보호하기 위한 것이라고 보는 견해(법정책임설)와 일종의 불법행위책임으로 보는 견해가 대립되어 있으며, 후자는 다시 일반불법행위의 특칙으로 보는 견해(불법행위특칙설)와 특수한 불법행위책임으로 보는 견해(특수불법행위설)로 나뉜다. 이러한 학설의 대립은 ① 고의·중과실이 회사에 대한 이사의 임무를 게을리함에 관한 것인지 아니면 제3자의 손해에 관한 것인지, ② 민법상의 불법행위책임과의 경합을 인정할 것인지, ③ 이사가 부담할 책임범위가 직접손해에 한정되는지, 간접손해에 한정되는지 또는 양자를 모두 포함하는지, ④ 제3자에는 주주를 포함하는지, ⑤ 이사에 대한 제3자의 손해배상청구권의 소멸시효기간은 10년인지, 3년인지 하는 문제에 관하여 견해를 달리 한다.

(가) 법정책임설

이사는 제3자에 대하여 아무런 법률관계가 없는 것이 원칙이므로 제3자에 대하여 책임을 부담하는 것은 아니다. 그러나 이 견해는 주식회사가 경제사회에 있어서 중요한 지위를 차지하고 있고, 주식회사의 활동이 이사의 업무집행에 의존하

---

1) 이사가 제3자에게 민법상의 불법행위책임요건을 갖춘 경우 그로 인한 손해배상의 책임을 지게 되는 것은 별문제이다.

므로 상법이 이사의 광범위한 권한확대를 규정하고 있음에 따라 제 3 자를 보호할 필요성이 있기 때문에 일반불법행위와는 별도로 이사의 제 3 자에 대한 손해배상책임을 인정한 것이라고 보는 입장이다. 이 설은 일반불법행위의 고의·과실은 제 3 자의 손해에 대하여 존재하여야 되고, 이를 제 3 자가 입증할 책임을 부담하게 되나, 제401조의 고의·중과실은 임무를 게을리한 것에 대하여 존재하면 족하고, 위법성을 그 요건으로 하지 않으므로 결과적으로 제 3 자를 보호하게 된다는 입장이다.[1]

　　법정책임설에 따르면 이사 개인의 행위가 민법상의 불법행위의 요건을 충족하지 않는 경우에 있어서도, 본조의 요건을 충족시킨다면 이사가 책임을 부담하게 되며, 또한 본조의 책임과 민법상의 불법행위책임과는 경합된다고 보게 된다. 법정책임설에서는 제 3 자의 손해는 직접손해이든 간접손해이든 불문하며 제 3 자에는 주주도 포함시키며, 소멸시효기간은 일반채권과 같이 10년으로 본다. 법정책임설이 다수설이며 판례(대법원 2008. 1. 18. 선고 2005다65579 판결)의 입장도 동일하다.

　(나)　특수불법행위책임설

　　특수불법행위책임설에 의하면 상법 제401조의 책임은 본질적으로 불법행위책임이나, 민법상의 일반불법행위요건(민법 750조)으로 규율할 수 없는 경우에 제 3 자를 보호하기 위하여 이사의 책임을 강화한 특수불법행위이며, 이는 민법에서 규정하고 있는 여러 가지의 특수한 불법행위(민법 755조 내지 759조)의 일종이라고 본다. 특수불법행위책임설에 의하면 고의·중과실은 이사의 임무를 게을리한 것에 관하여 존재하면 충분하고, 직접손해·간접손해를 묻지 않으며, 민법상의 불법행위책임과의 경합을 인정하고, 제 3 자에 주주를 포함시키며, 소멸시효기간은 3년으로 본다.

　(다)　불법행위특칙설

　　불법행위특칙설은 이사의 제 3 자에 대한 손해배상책임을 본질적으로 불법행위책임으로 파악하고 있다. 이 설은 상법 제401조의 입법취지를 이사의 직무가 광범위하고 그 내용이 복잡하므로 경과실에 대하여는 면책을 인정하여 이사를 보호하기 위한 규정으로 보고 있다.

　　불법행위특칙설에서는 고의·중과실은 제 3 자의 손해에 관하여 존재할 것을 요구하고, 손해의 범위는 직접손해에 국한되며, 민법상의 일반불법행위책임과의 청구권경합은 인정되지 아니하고, 제 3 자에는 주주를 포함시키며, 소멸시효기간을 3

---

1) 손주찬, 809면; 이철송, 816면; 정찬형, 1074면; 최준선, 561면.

년으로 본다.

(라) 검   토

위와 같이 학설은 제401조의 성질에 대하여 서로 다른 입장에서 파악하고 있으나, 본조의 적용이 문제되는 것은 주로 기업이 도산하여 그 대외적 책임을 이행할 수 없는 경우이기 때문에 회사의 책임을 묻는 것은 실제상 무의미하고, 제3자에 대하여 손해를 끼친 이사의 위법행위를 보호하는 것은 부당하기 때문에 법정책임설이 타당하다. 또한 이사의 직무가 복잡하다는 것을 이유로 책임을 경감하는 것은 회사에 대한 책임에서 인정될 것이지, 제3자에 대하여서까지 인정될 수는 없을 것이다.

3) 책임사유

이사의 제3자에 대한 책임은 고의 또는 중대한 과실로 회사에 대한 임무를 게을리하여 제3자에게 손해를 발생시켰을 경우의 책임이다. 즉 상법 제401조 제1항의 성립요건인 이사의 고의·중과실은 제3자에 대한 가해행위에 있는 것이 아니라 회사에 대한 임무를 게을리한 것에 있다면 족하다고 본다. 이와 같이 해석하는 것이 '고의 또는 중대한 과실로 그 임무를 게을리한 때에는'이라는 문언과 합치되는 해석이고, 무엇보다도 제3자의 보호를 위하여 이사의 책임을 강화하고자 하는 제401조의 입법취지에도 부합하기 때문이다.

이사가 임무를 게을리하여 제3자에게 손해배상책임을 부담한 구체적 사례를 일본 판례에서 살펴보면, 대표이사가 스스로 회사재산을 횡령·착복하거나 다른 이사의 횡령을 간과하여 방치한 경우, 어음발행 당시의 회사의 자산·영업상태 등에 비추어 만기에 지급가능성이 없는 어음을 대표이사가 발행한 경우, 대표이사가 회사의 자산능력을 고려하지 아니하고 충분한 조사 없이 특정사업에 과다한 투자를 하여 파탄을 초래한 경우, 대표이사가 사용인이나 다른 이사에 의한 어음남발행위나 임치물의 망실(亡失)을 방지하지 못하여 제3자가 손해를 입은 경우, 대표이사가 이사, 다른 대표이사 또는 다른 사람에게 회사업무를 일임하고 이들의 부정행위를 간과한 경우 등이 있다.

그러나 통상의 거래활동으로 인하여 부담하는 회사의 채무가 이행지체로 인하여 상대방인 채권자에 대하여 손해를 끼친 사실만으로는 이사가 제401조의 책임을 부담하지 않는다.

4) 책임부담이사

제401조에 의하여 제3자에게 손해배상책임을 부담하는 이사는 고의 또는 중과실로 임무를 게을리한 이사이며, 책임을 질 이사가 수인인 때에는 연대책임을 진다. 책임을 질 이사의 행위가 이사회결의에 의한 것인 때에는 그 결의에 찬성한 이사도 연대책임을 지며, 이사회결의에 참가한 이사로서 이의를 한 기재가 의사록에 없는 자는 그 결의에 찬성한 것으로 추정하여(401조 1항, 399조 2항·3항) 연대책임을 부담한다.

대표이사나 업무담당이사뿐만 아니라 사외이사도 대표이사나 업무담당이사의 업무집행에 관하여 감시의무를 소홀히 한 경우에는 임무를 게을리한 것에 해당되고[주요판례 6], 문제된 업무집행의 내용이 이사회에 상정된 사항인지는 상관이 없다. 그러므로 사외이사가 대표이사에게 회사업무의 일체를 위임하고 대표이사가 어음을 남발한 결과 회사가 도산한 경우에는 사외이사의 감시의무위반으로 제401조에 의한 책임을 부담하여야 한다.

5) 손해의 범위

이사가 회사에 대한 임무를 게을리한 것으로 인하여 제3자가 입은 직접손해뿐만 아니라, 회사에 손해가 발생한 결과 제3자가 회사로부터 채무이행을 받지 못하여 입은 간접손해도 포함되는가에 대해 견해가 나뉜다. 여기서 직접손해란 이사의 임무를 게을리한 행위로 회사가 손해를 입었는가를 묻지 않고, 제3자가 직접 제1차적으로 입는 손해를 말하고, 간접손해란 회사가 제1차적으로 손해를 입고 제3자는 제2차적으로 손해를 입은 경우를 말한다. 허위의 주식청약서나 재무제표를 믿고 주식을 인수한 제3자의 손해는 직접손해이고, 회사재산의 막대한 횡령 등으로 인한 회사재산의 감소로 채권회수가 불가능하게 된 회사채권자의 손해는 간접손해이다[주요판례 7].

(가) 간접손해포함설

법조문상 손해의 종류를 한정하고 있지 않으므로 제3자를 보호하기 위해서는 양자를 구별할 필요가 없다는 입장이다. 또한 직접손해에 한정한다면 양자를 구별하는 것이 현실적으로 곤란하므로 법적용의 안정성을 해한다는 입장이다.[1]

---

1) 손주찬, 809~810면; 송옥렬, 1093면; 이철송, 818면.

(나) 직접손해한정설

간접손해에 대하여 채권자는 채권자대위권(민법 404조)에 의하여 회사에 손해를 회복시킬 수 있는 수단이 있기 때문에, 이로써 채권자는 자신의 손해를 회복할 수 있으므로 직접손해에 한정한다는 입장이다.

(다) 검   토

제401조의 입법취지가 제 3 자의 보호를 강화하고자 하는 것이기 때문에 손해배상의 범위를 넓게 해석하여 이사가 제 3 자에 대하여 직접적으로 끼친 직접손해뿐만 아니라 임무를 게을리한 행위와 상당인과관계가 있는 한, 회사가 손해를 입고 그 결과로써 제 3 자가 입은 손해인 간접손해도 포함한다고 보는 것이 타당하다. 그러나 판례는 주주의 경우는 직접손해에 한정하고 있다[주요판례 7].

한편 회사의 재산을 횡령한 이사가 고의 또는 중과실로 부실공시를 하여 재무구조가 악화된 사실이 증권시장에 알려지지 아니함으로써 회사 발행주식의 주가가 정상주가보다 높게 형성되고, 주식매수인이 그러한 사실을 알지 못한 채 그 주식을 취득하였다가 그 후 그 사실이 증권시장에 공표되어 주가가 하락하여 손해를 입은 경우에는 직접손해에 해당되어 제401조 제 1 항이 적용된다[주요판례 8].

6) 제 3 자의 범위

제 3 자의 범위에는 회사채권자는 물론 주주 및 주식인수인도 포함된다고 보는 것이 통설이다.[1] 이에 대하여는 직접손해에 대하여는 주주가 포함되나, 간접손해에 대하여는 주주를 제외하는 입장(제한설)이 있다[주요판례 7].[2] 이 설에 따르면 회사가 입은 손해로 주주가 간접적으로 손해를 받은 경우에는 회사가 손해를 배상받음으로써 주주의 손해는 간접적으로 보상받을 수 있고, 주주를 제 3 자에 포함시킨다면 주주가 회사채권자에 대하여 우선하여 변제를 받는 불합리한 결과가 생기고 주주의 간접손해는 대표소송 등으로 구제될 수 있기 때문이라고 한다.

그러나 간접손해에 대하여 주주가 대표소송(401조)에 의하여 구제될 수 있다고 하지만 대표소송은 소수주주권자만이 제기할 수 있고, 또한 담보제공 등으로 주주가 현실적으로 보호되기는 어려우므로 간접손해에도 주주가 포함된다고 보는 것이 바람직하다.

---

1) 예컨대, 손주찬, 810면; 이철송, 818면; 정찬형, 1075면.
2) 최준선, 566면.

7) 불법행위책임과의 관계

제401조에 의한 이사의 임무를 게을리한 것이 동시에 민법 제750조의 불법행위의 요건을 충족하는 경우에는 양자의 책임이 경합된다. 또한 대표이사가 업무집행으로 인하여 제 3 자에게 손해를 가한 때에는 회사도 연대하여 배상할 책임이 있다(389조 3항, 210조).

6. 업무집행지시자 등의 책임

(1) '업무집행지시자 등'의 개념

현실적으로 이사의 직에 있지 않으면서도 회사의 업무집행에 영향력을 행사하여 정상적인 회사운영을 왜곡하는 경우가 있는데, 이러한 자를 법률상 이사에 대칭되는 개념으로서 사실상 이사(de facto director)라고 부르기도 한다.

회사에 대한 자신의 영향력을 이용하여 회사의 배후에서 사실상 영향력을 행사하는 자에 대하여는 일반적인 이사의 책임을 부과하기 힘들다. 왜냐하면 제399조나 제401조에 의한 이사의 책임을 묻기 위해서는 이사의 직에 있어야 하기 때문이다. 따라서 이에 대한 책임을 물을 필요성이 제기되어 왔으며, 책임을 물을 수 있는 근거인 업무집행지시자 등의 책임(401조의2)이 1998년 상법개정에서 신설되었다. 업무집행지시자 등의 책임은 이른바 '사실상의 이사'를 제399조·제401조 및 대표소송에 관한 제403조의 적용에 있어서 이사로 보며(401조의2 1항), 따라서 회사 또는 제 3 자에 대하여 대표소송(403조)의 절차에 따라 그 책임을 추궁당하게 되는 것이다.

(2) '업무집행지시자 등'의 유형

제401조의2에 의하여 책임을 부담하는 자는 3가지 형태로 분류되는데, ① 회사에 대한 자신의 영향력을 이용하여 이사에게 업무집행을 지시한 자, ② 이사의 이름으로 직접 업무를 집행한 자, 그리고 ③ 이사가 아니면서 명예회장·회장·사장·부사장·전무·상무·이사 기타 회사의 업무를 집행할 권한이 있는 것으로 인정될 만한 명칭을 사용하여 회사의 업무를 집행한 자이다. 그런데 ①과 ②의 경우는 일반적으로 배후이사(shadow director)라고 부르기도 하며 ③의 경우는 표현이사라고 부르기도 한다.[1]

---

1) 손주찬, 813면 이하; 송옥렬, 1097~1099면; 이철송, 823~828면; 정찬형, 1062면 이하. 최준선, 568면에서는 ①의 경우를 업무집행지시자, ②의 경우를 무권대행자(無權代行者), 그리고 ③의 경우를 표현이사라고 부르고 있다. 다만 이철송 교수는 이를 총칭하여 '업무집행관여자'

회사경영에 대하여 부당한 영향력을 행사할 수 있는 지위는 주식의 소유관계
에서만 나오는 것도 아니며, 제401조의2에서 규정하는 일정한 직함의 존재에서 나
오는 것만도 아니다. 지배(control)의 개념에 대하여, 미국 증권거래위원회(SEC)의 규
정은 증권의 소유, 계약 등을 통하여 직접 혹은 간접적으로 어떠한 자의 결정의 방
향에 영향력을 행사할 수 있는 힘으로 해석한다.[1]

1) 업무집행지시자(業務執行指示者)

회사의 대한 자신의 영향력을 이용하여 이사에게 업무집행을 지시한 자는 그
지시한 업무에 관하여는 이사로 본다(401조의2 1항 1호). 여기에서 말하는 업무집행
을 지시한 자에는 지배주주의 경우가 전형적인 예가 되겠지만, 회사채권자도 포함
될 수 있으며,[2] 자연인뿐만 아니라 법인인 지배회사도 이에 해당될 수 있다고 본다
[주요판례 9].

자신의 영향력을 행사하여 업무집행에 대한 지시가 있다고 하더라도 회사에게
손해발생의 여부를 묻지 아니하고 책임을 묻는 것은 아니다. 즉 손해가 발생하지
않은 경우에는 청구를 인정할 실질적인 이유가 없기 때문이다. 따라서 업무집행에
대한 지시를 받고 이사가 수행한 업무수행이 임무를 게을리한 것에 해당되고 회사
에 손해가 발생하는 등 제399조와 제401조의 요건을 구비하여야 책임을 묻는 것이
가능할 것이다.

2) 이사의 이름으로 직접 업무를 집행한 자(無權代行者)

제401조의2 제 1 항 제 2 호의 규정에서는 '영향력의 행사'라는 표현이 없지만,
영향력이 없이 이러한 것이 가능한 경우는 거의 없을 것이므로 사실상 자신의 영향
력을 행사하여 이사가 아닌 자가 이사의 이름으로 업무를 집행할 때 책임이 발생할
것이다. 그런데 이사가 아닌 자가 임무를 게을리한 책임을 부담한다고 하는 것은
타당하지 아니하므로, 이 규정은 사실상 불법행위책임을 규정한 것이라고 보아야
할 것이다.[3]

라고 부르고 있고, 정찬형 교수와 최준선 교수는 그냥 법조문대로 '업무집행지시자 등'이라고
부르고 있다.
1) 미국 증권거래위원회와 판례법상 영향력의 개념과 유형에 대하여는 김병연, "미국 증권법상
부실공시에 대한 지배력을 가진 자(controlling person)의 책임,"「상사법연구」제19권 제 2 호
(2000), 679~683면 참조.
2) 이철송, 805면에서는 공법적이거나 정치적으로 우월한 힘을 가진 자도 본조의 적용대상이 된
다고 보고 있다.

3) 표현이사

이사가 아니면서 명예회장·회장·사장·부사장·전무·상무·이사 기타 회사의 업무를 집행할 권한이 있는 것으로 인정될 만한 명칭을 사용하여 회사의 업무를 집행한 자는 제399조와 제401조의 적용에 있어서 이사로 본다는 것인데,[1] 무권대행자의 경우에서와 마찬가지로 업무집행권한이 없는 자이므로 임무해태라는 것은 없고 불법행위책임으로 보아야 할 것이다.

(3) 문 제 점

업무집행지시자 등의 책임의 적용대상은 이사가 아닌 자인데, 이들에 대하여 제399조와 제401조의 임무를 게을리한 책임을 지운다는 것은 법리상 맞지 않다. 이는 입법의 기술적 미비라고 본다. 이에 대하여 사실상 불법행위책임으로 처리하여야 한다고 해석하는 견해[2]도 있다.

한편 제401조의2 제 1 항 제 3 호에서 규정되어 있는 표현이사는 흡사 제395조의 표현대표이사의 경우와 유사하게 보이지만 그 본질과 요건이 다르다. 즉 제401조의2에 의한 사실상 이사에 관한 규정은 제395조의 표현대표이사의 경우처럼 대표권으로 오인할 만한 외관형성에 대한 책임을 회사에게 부담시키는 것이 아니다. 표현이사의 경우는 제 3 자에 대한 책임뿐만 아니라 회사에 대한 책임도 부담시키는 것일 뿐 아니라 회사대표에 관한 외관형성이 아니라 업무집행이 있는 것으로 보이는 외관형성이 문제되는 경우라는 점에서도 차이가 있다. 즉 사실상 이사에 의한 책임을 묻기 위해서는 업무집행권한이 있는 것으로 인정될 만한 명칭의 사용을 회사가 승인하였는지의 여부나 손해배상청구를 하는 자가 이를 신뢰하였는가의 여부는 문제되지 아니한다.[3]

---

3) 이철송, 827면.

1) 표현이사의 경우 직명 자체에 업무집행권이 표상되어 있기 때문에 그에 더하여 회사에 대해 영향력을 가진 자일 것까지 요건으로 하지는 않는다(대법원 2009. 11. 26. 선고 2009다39240 판결).

2) 이철송, 827면.

3) 최기원, 711면.

Ⅲ. 주요판례·문제해설

1. 주요판례

(1) 대법원 2008. 9. 11. 선고 2007다31518 판결 — 이사의 감시의무의 정도

상법 제401조는 이사가 악의 또는 중대한 과실로 인하여 그 임무를 해태한 때에는 그 이사는 제3자에 대하여 연대하여 손해를 배상할 책임이 있다고 규정하고 있는바, 원래 이사는 회사의 위임에 따라 회사에 대하여 수임자로서 선량한 관리자의 주의의무를 질 뿐 제3자와의 관계에 있어서 위 의무에 위반하여 손해를 가하였다 하더라도 당연히 손해배상의무가 생기는 것은 아니지만, 경제사회에 있어서의 중요한 지위에 있는 주식회사의 활동이 그 기관인 이사의 직무집행에 의존하는 것을 고려하여 제3자를 보호하고자 이사의 악의 또는 중대한 과실로 인하여 위 의무에 위반하여 제3자에게 손해를 입힌 때에는 위 이사의 악의 또는 중과실로 인한 임무해태행위와 상당인과관계에 있는 제3자의 손해에 대하여 그 이사가 손해배상의 책임을 진다는 것이 위 법조의 취지이고(대법원 1985. 11. 12. 선고 84다카2490 판결 등 참조), 한편 이사의 임무는 단지 이사회에 상정된 의안에 대하여 찬부의 의사표시를 하는 데에 그치지 않으며 대표이사를 비롯한 업무담당이사의 전반적인 업무집행을 감시할 수 있는 것이므로, 대표이사나 다른 업무담당이사의 업무집행이 위법하다고 의심할 만한 사유가 있음에도 악의 또는 중대한 과실로 인하여 감시의무를 위반하여 이를 방치한 때에는 이로 말미암아 제3자가 입은 손해에 대하여 배상책임을 면할 수 없으며, 일정한 업무분장하에 회사의 일상적인 업무를 집행하는 업무집행이사는 회사의 업무집행을 전혀 담당하지 아니하는 평이사에 비하여 보다 높은 주의의무를 부담한다고 보아야 한다.

한편, 감시의무의 구체적인 내용은 회사의 규모나 조직, 업종, 법령의 규제, 영업상황 및 재무상태에 따라 크게 다를 수 있는바, 고도로 분업화되고 전문화된 대규모의 회사에서 공동대표이사 및 업무담당이사들이 내부적인 사무분장에 따라 각자의 전문 분야를 전담하여 처리하는 것이 불가피한 경우라 할지라도 그러한 사정만으로 다른 이사들의 업무집행에 관한 감시의무를 면할 수는 없고, 그러한 경우 무엇보다 합리적인 정보 및 보고시스템과 내부통제시스템을 구축하고 그것이 제대로 작동하도록 배려할 의무가 이사회를 구성하는 개개의 이사들에게 주어진다는 점에 비추어 볼 때, 그러한 노력을 전혀 하지 아니하거나 위와 같은 시스템이 구축되었다 하더라도 이를 이용한 회사운영의 감시·감독을 의도적으로 외면한 결과 다른 이사의 위법하거나 부적절한 업무집행 등 이사들의 주의를 요하는 위험이나 문제점을 알지 못한 경우라면, 다른 이사의 위법하거나 부적절한 업무집행을 구체적으로 알지 못하였다는 이유만으로 책임을 면할 수는 없고, 위와 같은 지속적이거나 조직적인 감시 소홀의 결과로 발생한 다른 이사나 직원의 위법한 업무집행으로 인한 손해를 배상할 책임이 있다고 보아야 한다.

(2) 대법원 1985. 6. 25. 선고 84다카1954 판결 ─ 평이사의 주의의무

주식회사의 업무집행을 담당하지 않는 평이사는 이사회의 일원으로서 이사회를 통하여 대표이사를 비롯한 업무담당이사의 업무집행을 감시하는 것이 통상적이긴 하나 평이사의 임무는 단지 이사회에 상정된 의안에 대하여 찬부의 의사표시를 하는데에 그치지 않으며 대표이사를 비롯한 업무담당이사의 전반적인 업무집행을 감시할 수 있는 것이므로, 업무담당이사의 업무집행이 위법하다고 의심할 만한 사유가 있음에도 불구하고 평이사가 감시의무를 위반하여 이를 방치한 때에는 이로 말미암아 회사가 입은 손해에 대하여 배상책임을 면할 수 없다… 주식회사의 이사 또는 감사의 회사에 대한 임무해태로 인한 손해배상책임은 일반불법행위 책임이 아니라 위임관계로 인한 채무불이행 책임이므로 그 소멸시효기간은 일반채무의 경우와 같이 10년이라고 보아야 한다.

(3) 대법원 2016. 1. 28. 선고 2014다11888 판결 ─ 이사의 주의의무의 정도와 판단기준

상법이 정관 또는 주주총회의 결의로 이사의 보수를 정하도록 한 것은 이사들의 고용계약과 관련하여 사익 도모의 폐해를 방지함으로써 회사와 주주 및 회사채권자의 이익을 보호하기 위한 것이므로, 비록 보수와 직무의 상관관계가 상법에 명시되어 있지 않더라도 이사가 회사에 대하여 제공하는 직무와 지급받는 보수 사이에는 합리적 비례관계가 유지되어야 하며, 회사의 채무 상황이나 영업실적에 비추어 합리적인 수준을 벗어나서 현저히 균형성을 잃을 정도로 과다하여서는 아니 된다. 따라서 회사에 대한 경영권 상실 등으로 퇴직을 앞둔 이사가 회사에서 최대한 많은 보수를 받기 위하여 그에 동조하는 다른 이사와 함께 이사의 직무내용, 회사의 재무상황이나 영업실적 등에 비추어 지나치게 과다하여 합리적 수준을 현저히 벗어나는 보수 지급 기준을 마련하고 지위를 이용하여 주주총회에 영향력을 행사함으로써 소수주주의 반대에 불구하고 이에 관한 주주총회결의가 성립되도록 하였다면, 이는 회사를 위하여 직무를 충실하게 수행하여야 하는 상법 제382조의3에서 정한 의무를 위반하여 회사재산의 부당한 유출을 야기함으로써 회사와 주주의 이익을 침해하는 것으로서 회사에 대한 배임행위에 해당하므로, 주주총회결의를 거쳤다 하더라도 그러한 위법행위가 유효하다 할 수는 없다.

(4) 대법원 2002. 3. 15. 선고 2000다9086 판결 — 이사의 주의의무의 판단기준

금융기관인 은행은 주식회사로 운영되기는 하지만, 이윤추구만을 목표로 하는 영리법인인 일반의 주식회사와는 달리 예금자의 재산을 보호하고 신용질서 유지와 자금중개 기능의 효율성 유지를 통하여 금융시장의 안정 및 국민경제의 발전에 이바지해야 하는 공공적 역할을 담당하는 위치에 있는 것이기에, 은행의 그러한 업무의 집행에 임하는 이사는 일반의 주식회사 이사의 선관의무에서 더 나아가 은행의 그 공공적 성격에 걸맞는 내용의 선관의무까지 다할 것이 요구된다 할 것이다. 따라서 금융기관의 이사가 위와 같은 선량한 관리자의 주의의무에 위반하여 자신의 임무를 해태하였는지의 여부는 그 대출결정에 통상의 대출담당임원으로서 간과해서는 안 될 잘못이 있는지의 여부를 금융기관으로서의 공공적 역할의 관점에서 대출의 조건과 내용, 규모, 변제계획, 담보의 유무와 내용, 채무자의 재산 및 경영상황, 성장가능성 등 여러 가지 사항에 비추어 종합적으로 판정해야 할 것이다.

(5) 대법원 2008. 12. 11. 선고 2006다5550 판결 — 이사의 회사에 대한 책임

이사가 법령 또는 정관에 위반한 행위를 하거나 그 임무를 해태함으로써 회사에 대하여 손해를 배상할 책임이 있어 그 손해배상의 범위를 정할 때에는 당해 사업의 내용과 성격, 당해 이사의 임무위반의 경위 및 임무위반행위의 태양, 회사의 손해 발생 및 확대에 관여된 객관적 사정이나 그 정도, 평소 이사의 회사에 대한 공헌도, 임무위반행위로 인한 당해 이사의 이득 유무, 회사의 조직체계의 흠결 유무나 위험관리체제의 구축 여부 등 여러 사정을 참작하여 손해분담의 공평이라는 손해배상제도의 이념에 비추어 그 손해배상액을 제한할 수 있고, 나아가 책임감경 사유에 관한 사실인정이나 그 비율을 정하는 것은 그것이 형평의 원칙에 비추어 현저히 불합리하다고 인정되지 않는 한 사실심의 전권사항에 속한다.

(6) 대법원 2008. 9. 11. 선고 2006다68636 판결 — 대표이사의 제 3 자에 대한 책임

대표이사는 이사회의 구성원으로서 다른 대표이사를 비롯한 업무담당이사의 전반적인 업무집행을 감시할 권한과 책임이 있으므로, 다른 대표이사나 업무담당 이사의 업무집행이 위법하다고 의심할 만한 사유가 있음에도 악의 또는 중대한 과실로 인하여 감시의무를 위반하여 이를 방치한 때에는 그로 말미암아 제 3 자가 입은 손해에 대하여 배상책임을 면할 수 없다.

(7) 대법원 2003. 10. 24. 선고 2003다29661 판결 — 간접손해의 범위

주식회사의 주주가 이사의 악의 또는 중대한 과실로 인한 임무해태행위로 직접 손해를 입은 경우에는 이사에 대하여 상법 제401조에 의하여 손해배상을 청구할 수 있으나, 이사가 회사재산을 횡령하여 회사재산이 감소함으로써 회사가 손해를 입고 결과적으로 주주의 경제적 이익이 침해되는 손해와 같은 간접적인 손해는 상법 제401조 제 1 항에서 말하는 손해의 개념에 포함되지 아니하므로 이에 대하여는 위 법조항에 의한 손해배상을 청구할 수 없다.

(8) 대법원 2012. 12. 13. 선고 2010다77743 판결 — 부실공시와 직접손해

회사의 재산을 횡령한 이사가 악의 또는 중대한 과실로 부실공시를 하여 재무구조의 악화 사실이 증권시장에 알려지지 아니함으로써 회사 발행주식의 주가가 정상주가보다 높게 형성되고, 주식매수인이 그러한 사실을 알지 못한 채 그 주식을 취득하였다가 그 후 그 사실이 증권시장에 공표되어 주가가 하락한 경우에는, 그 주주는 이사의 부실공시로 인하여 정상주가보다 높은 가격에 주식을 매수하였다가 그 주가가 하락함으로써 직접 손해를 입은 것이므로, 그 이사에 대하여 상법 제401조 제 1 항에 의하여 손해배상을 청구할 수 있다고 할 것이다.

(9) 대법원 2006. 8. 25. 선고 2004다26119 판결 — 업무집행지시자의 책임

상법 제401조의2 제 1 항 제 1 호의 '회사에 대한 자신의 영향력을 이용하여 이사에게 업무집행을 지시한 자'에는 자연인뿐만 아니라 법인인 지배회사도 포함되나, 나아가 상법 제401조의 제 3 자에 대한 책임에서 요구되는 '고의 또는 중대한 과실로 인한 임무해태행위'는 회사의 기관으로서 인정되는 직무상 충실 및 선관의무 위반의 행위로서 위법한 사정이 있어야 하므로, 통상의 거래행위로 부담하는 회사의 채무를 이행할 능력이 있었음에도 단순히 그 이행을 지체하여 상대방에게 손

해를 끼치는 사실만으로는 임무를 해태한 위법한 경우라고 할 수 없다.

2. 문제해설

(1) 이사의 제3자에 대한 손해배상책임에서 주주는 제3자에는 포함되지만, 주가폭락으로 인한 손해는 간접손해로 보아 책임추궁에 부정적인 것이 판례[주요판례 7]의 입장이었지만, 최근 회사의 재산을 횡령한 이사가 고의 또는 중과실로 부실공시를 하여 재무구조가 악화된 사실이 증권시장에 알려지지 아니함으로써 회사발행주식의 주가가 정상주가보다 높게 형성되고, 주식매수인이 그러한 사실을 알지 못한 채 그 주식을 취득하였다가 그 후 그 사실이 증권시장에 공표되어 주가가 하락하여 손해를 입은 경우에는 직접손해에 해당되어 상법 제401조 제1항이 적용된다고 본 판례가 있다[주요판례 8].

(2) 모든 이사는 다른 이사에 대하여 감시의무를 부담하며, 담당하는 업무의 내용에 따라서 주의의무의 정도는 차이가 있다[주요판례 1].

[16] 이사의 충실의무의 구체화

I. 사   례

1. 사실관계

甲회사는 자동차를 제조하는 주식회사이다. 甲회사의 이사들은 자동차와 그 부품 등을 운반하기 위하여 운송주선을 포함한 운송 내지 물류 업무를 담당하는 통합물류회사를 설립하려고 사전준비를 하고 있었다. 甲회사의 지배주주이자 대표이사인 A는 甲회사의 이사회 승인 없이 통합물류회사인 乙을 설립하고 A와 그의 아들이 모든 주식을 인수하였다. 乙회사는 甲회사가 제조한 자동차 및 자동차 부품을 대부분 운송하여 막대한 이익을 얻었고 乙회사의 주가는 회사설립 당시에 비해 40배로 상승하였다. 이에 甲회사의 소수주주들은 A와 그의 아들이 주가 상승으로 얻은 이득을 甲회사로 반환받기 위해 대표소송을 제기하였다.

2. 검   토

(1) A이사의 행위는 경업금지위반 또는 자기거래금지위반에 해당하는가?

(2) 甲회사의 현재의 사업은 자동차 제조업이고 A이사가 이용한 사업기회는 물류회사를 설립할 기회이다. 회사의 사업과 이용한 기회는 어느 정도의 관련성이 있어야 하는가?

(3) 이사가 이러한 회사의 사업과 관계있는 기회를 이용할 수 있는 요건은 무엇인가?

Ⅱ. 주요법리

1. 이사의 경업금지의무

(1) 개   관

이사는 이사회의 승인이 없으면 자기 또는 제 3 자의 계산으로 회사의 영업부류에 속한 거래를 하거나, 동종영업을 목적으로 하는 다른 회사의 무한책임사원이 되지 못한다(397조 1항). 이러한 이사의 의무를 경업금지의무 또는 경업피지의무(競業避止義務)라 한다. 이사의 경업금지의무에는 경업거래의 금지의무와 특정지위의 취임금지의무가 있다.

(2) 경업거래의 금지의무

이사는 이사회의 승인이 없으면 자기 또는 제 3 자의 계산으로 회사의 영업부류에 속한 거래를 하지 못한다(397조 1항 전단). 회사의 영업부류에 속하는 거래란 회사가 경영하는 사업과 경합하는 거래를 말한다. 따라서 정관에 규정된 목적사업이라 하더라도 완전히 폐업한 사업이나 아직 시행계획이 없는 사업은 포함되지 않는다. 회사의 목적사업의 유지·편익을 위한 보조적 행위도 제외된다. 또한 회사의 정관에 규정되지 않았다 하더라도 실제적으로 경영하는 사업이나, 일시적으로 휴지(休止)하고 있는 사업 또는 개업 준비에 착수하고 있는 사업은 모두 경업거래로서 금지된다(대법원 1993. 4. 9. 선고 92다53583 판결).

경업거래금지는 그 거래에 영리성이 있는 경우로 국한된다. 따라서 자동차회사의 이사가 영리의 목적이 없이 가사용으로 차량을 구입하는 것은 회사의 영업부류에 속하는 거래라고 볼 수 없다. 이는 거래가 영리적으로 행하여지는 경우에만 회사와 이사간의 이해관계가 충돌되기 때문이다. 반면 영리성이 있으면 단 1회의 우연한 거래라 하더라도 금지의 범위에 들어간다.

경업거래는 자기 또는 제3자의 계산으로 하는 경우 모두가 금지된다. 여기에서 계산이란 거래로 인한 경제적 이익을 말하며, 경업거래에 의한 이익이 이사에게 귀속되는 경우뿐만 아니라 제3자에게 귀속되는 경우라 하더라도 금지의 범위에 당연히 포함된다. 그러므로 경업거래에 있어서 형식상의 명의당사자나 거래로 인한 권리·의무의 귀속주체는 문제가 되지 아니하며, 경제적 손익의 귀속만을 기준으로 경업거래 여부를 판단하게 된다.

(3) 특정지위취임금지

이사는 이사회의 승인이 없으면 동종영업을 목적으로 하는 다른 회사의 무한책임사원이나 이사가 되지 못한다(397조 1항 후단). 여기에서 무한책임사원이란 합명·합자회사의 무한책임사원을 말하며, 이사란 주식·유한회사의 이사를 가리킨다. 회사의 영업과 동종의 영업을 목적으로 하여야 하므로 영업목적이 다른 경우에는 무한책임사원이나 이사로 취임함에 있어 지장이 없다. 이 경우의 영업목적이란 경업거래와는 달리 현실적인 영업목적뿐만 아니라 정관상의 영업목적까지 동종인 것을 모두 포함하는 것으로 해석하여야 한다. 왜냐하면 정관상의 영업목적이 현실적으로 수행되지 않고 있다 하더라도 이사 또는 무한책임사원으로 활동하는 동안 시행될 가능성은 충분히 있기 때문이다. 따라서 현실적으로나 정관상으로나 회사의 영업과 동종의 영업을 목적으로 하는 경우에 한하여 다른 회사의 무한책임사원이나 이사가 되지 못하며, 영업종목을 달리하는 경우에는 다른 회사의 이사로 취임하거나 무한책임사원이 되는 데에 지장이 없다. 예를 들면, 영업종목이 다른 계열회사의 이사가 되는 데에는 이사회의 결의가 불필요하다.

판례는 경업 대상회사의 지배주주가 되어 그 회사의 의사결정과 업무집행에 관여할 수 있게 된 경우에도 이사회의 승인이 필요하다고 한다[주요판례 1].

(4) 이사회의 승인

이사의 경업금지의무는 회사의 이익을 보호하기 위한 제도이므로 회사의 승인이 있는 경우에는 그 의무가 면제된다. 승인기관은 이사회이며 승인은 사전에 하여야 하는 것이 원칙이다. 사후승인이 허용되는가에 대하여는 ① 사후승인을 인정하면 경업금지의무위반으로 인한 이사의 회사에 대한 책임면제에 총주주의 동의를 얻도록 한 제400조의 취지가 몰각되기 때문에 사후승인을 인정할 수 없다는 견해와 ② 사후승인이 있다고 하여 반드시 이사의 손해배상책임이 면제되는 것은 아니므로 사후승인을 허용할 수 있다는 견해가 있다.

이사회가 이사의 경업을 승인하는 결의를 함에 있어서는 이사와 회사간의 중요한 이해관계를 이사회에 알려야 한다. 즉 거래의 상대방, 내용, 가액, 수량, 시기, 조건 등과 이사나 무한책임사원으로 취임하는 회사의 영업상태 등 이사회가 승인여부를 결정하는 데에 있어서 중요한 사항을 이사회에 진술하여야 한다. 이에 위반하는 경우에는 회사에 대한 이사의 충실의무를 위반한 것이 된다.

(5) 경업금지의무위반의 효과

이사가 경업금지의무에 위반하여 거래를 한 때에도 그 거래 자체는 유효하며, 이는 상대방이 그 거래에 관하여 이사회의 승인이 없다는 것을 안 경우에도 마찬가지이다. 그러나 회사가 그 거래로 인하여 손해를 입었을 경우에는 그 이사에 대하여 손해배상의 청구를 할 수 있고(399조), 이사를 해임할 수도 있다(385조). 이사가 특정지위취임금지의무에 위반한 경우에도 같다.

이사가 경업거래금지의무에 위반한 경우에는 회사의 손해배상청구권과 이사해임권 이외에 개입권까지 인정되고 있다. 여기에서 개입권이란 회사의 일방적 의사표시에 의하여 경업행위를 한 이사가 그 거래로 인하여 얻은 경제적 효과를 회사에 귀속시키는 권리를 말한다. 즉 회사는 이사의 경업거래가 자기의 계산으로 한 것인 때에는 이를 회사의 계산으로 한 것으로 볼 수 있고, 제3자의 계산으로 한 것인 때에는 그 이사에 대하여 이로 인한 이득의 양도를 청구할 수 있다. 다만 이러한 개입권의 행사는 이사회결의에 의하여야 한다(397조 2항). 이러한 개입권은 회사가 부담하는 손해액의 증명책임을 경감하는 동시에 회사의 거래처관계를 유지하고자 함에 있다.

개입권은 형성권이므로 이사회결의에 의한 회사의 일방적 의사표시만으로 그 효력이 발생한다. 다만 개입권행사의 효력은 물권적이 아니라 채권적이기 때문에 이사와 제3자간의 거래관계는 여전히 유효하고 이사가 경업거래의 경제적 효과를 모두 회사에 귀속시킬 의무를 부담하게 될 따름이다. 즉 회사가 개입권을 행사하더라도 거래의 상대방에 대하여 당연히 직접적인 당사자가 되는 것은 아니며, 이사가 경업거래로 인하여 취득한 물건의 소유권이나 채권을 회사에 인도 내지 이전할 의무를 부담하게 된다. 반면 회사도 이사가 경업거래로 인하여 부담한 채무나 비용을 이사에게 변제하여야 한다. 이와 같이 개입권의 행사는 간접대리의 현상을 발생시킨다. 이사의 경업거래가 제 3 자의 계산으로 이루어진 때에는 회사는 이사에 대하여 그로 인한 이득의 양도만을 청구할 수 있다.

회사의 개입권은 거래가 있은 날로부터 1년 이내에 행사하지 아니하면 그 권리가 소멸되며(397조 3항), 그 기간은 제척기간이다.

2. 이사 등의 자기거래의 제한

(1) 자기거래의 의의

자기거래란 본래 이사가 자기 또는 제 3 자와의 계산으로 회사와 거래하는 것을 말한다. 예를 들어, 이사가 회사와 물품공급계약이나 금전차용계약 등을 맺는 행위이다. 자기거래를 제한하는 이유는 이를 인정할 경우 이사가 회사의 이익을 희생시키면서 사리도모를 할 우려가 크기 때문이다. 이사의 자기거래금지의무는 경업금지의무와 같이 이사와 회사 간의 이해충돌을 방지하기 위한 부작위의무이다.

2011년 개정상법은 자기거래에 해당하는 대상을 확대하여 실질적으로 이사의 자기거래에 해당하나 형식적으로 회피할 수 있는 거래를 자기거래에 포함시킨다. 즉 이사·집행임원과 주요주주 및 그와 밀접한 관계에 있는 사람 또는 이들이 개인적으로 설립한 개인회사 등이 회사와 거래하는 것을 자기거래라 한다.

(2) 자기거래제한의 대상범위

1) 이사·집행임원

자기거래제한에 해당하는 이사는 거래 당시의 이사로 사내이사, 사외이사, 기타 비상임이사 등 모든 이사가 포함된다. 또한 이사에 준하는 퇴임이사(386조 1항), 일시이사(386조 2항), 직무대행자(407조 1항)가 포함된다. 집행임원도 거래당시의 집행임원을 말하며 직무대행자(408조의9, 407조 1항)가 포함된다.

2) 주요주주

자기거래제한에 해당하는 주요주주는 제542조의8 제 2 항 제 6 호에 따른 주요주주이다. 법문언상 상장회사의 주요주주로 한정되는 것으로 되어 있어서 비상장회사의 주요주주도 포함되는지가 문제된다. 주요주주의 범위를 모든 주식회사의 주요주주를 포함시키려는 입법취지와는 달리 상장회사에 적용되는 개념을 차용한 입법상 오류가 있기 때문이다. 이러한 입법상 오류에 대하여 ① 입법취지를 고려하여 상장회사뿐만 아니라 비상장회사의 주요주주도 포함되는 것으로 해석하여야 한다는 견해와[1] ② 입법상 오류라는 이유로 법문상 해석을 달리할 수 없다는 견해로 나뉘고 있다.[2]

3) 이사·집행임원 및 주요주주의 배우자 및 직계존비속/이사·집행임원 및 주요주주 배우자의 직계존비속

이사·집행임원·주요주주의 배우자 및 직계존비속이나 배우자의 직계존비속에 해당하는지는 제382조 제 3 항(사외이사 결격사유)이나 제542조의8 제 2 항 제6 호(상장회사 주요주주의 배우자와 직계존비속)와 동일하게 법률상 배우자 또는 직계존비속으로 해석하여야 한다.

4) 자기거래규제대상 회사

제398조 제 4 호와 제 5 호는 이사·집행임원·주요주주 및 이들과 밀접한 관계가 있는 사람이 소유·지배하는 회사를[3] 자기거래의 주체에 포함시킨다. 따라서 다음에 해당하는 회사는 자기거래규제를 받게 된다.

① 이사, 집행임원, 주요주주, 이들의 배우자, 이들의 직계존비속, 또는 이들의 배우자의 직계존비속이 단독으로 의결권 있는 발행주식 총수의 100분의 50 이상을 가진 회사 및 그 자회사

② 이사, 집행임원, 주요주주, 이들의 배우자, 이들의 직계존비속, 또는 이들의 배우자의 직계존비속과 위 ①에 해당하는 회사(회사 및 그 자회사)와 합하여 의결권 있는 발행주식 총수의 100분의 50 이상을 가진 회사

③ 여러 명의 이사, 여러 명의 집행임원, 여러 명의 주요주주, 이사와 집행임원, 이사와 주요주주, 집행임원과 주요주주, 이사와 집행임원과 주요주주가 공동으로 가지고 있는 의결권 있는 발행주식 총수가 100분의 50 이상이 되는 회사 및 그 자회사

④ 위 ③에서 열거한 사람들과 위 ③에 해당하는 회사(회사 및 그 자회사)와 합하여 의결권 있는 발행주식 총수의 100분의 50 이상을 가진 회사

---

1) 송옥렬, 1060면; 이철송, 779~780면; 홍복기, "개정상법상 자기거래규제의 범위와 이사회결의," 「증권법연구」 제14권 제 2 호(2013), 215면.

2) 최준선, 544면.

3) 지배구조의 왜곡이나 자본금충실상 문제가 될 수 있기 때문에 규제하는 자회사의 모회사 주식취득 금지에서와는 상이하게 소유·지배의 기준을 '100분의 50 이상'으로 정하고 있다.

⑤ 여러 명의 이사·집행임원·주요주주 등과 그들의 배우자 및 직계존비속 그리고 그들의 배우자의 직계존비속이 공동으로 의결권 있는 발행주식 총수가 100분의 50 이상이 되는 회사 및 그 자회사

⑥ 위 ⑤에서 열거한 사람들과 위 ⑤에 해당하는 회사(회사 및 그 자회사)와 합하여 의결권 있는 발행주식 총수의 100분의 50 이상을 가진 회사

⑤와 ⑥에 해당하는 경우는 문언상 자기거래의 규제범위에 포함되는 것으로 해석할 수 있으나 그 범위가 너무 확대될 수가 있다는 문제점을 가지고 있다.

(3) 자기거래의 범위

이사 등의 자기거래제한의무는 이사 등과 회사간의 이해충돌을 방지하여 회사의 손해를 방지하자는 데에 그 목적이 있으므로 회사에 불이익을 미칠 염려가 있는 재산상의 법률행위는 모두 자기거래에 포함된다. 그러므로 이사가 회사의 제품 기타 재산을 양수하는 행위, 이사가 자기의 제품 기타 재산을 회사에 양도하는 행위, 회사로부터 금전의 대부를 받는 행위, 회사가 이사로부터 금전을 차용하는 행위 등이 모두 자기거래에 해당된다. 그러나 자기거래라 할지라도 회사에 불이익이 발생할 염려가 없는 경우에는 제한되지 않는다. 예컨대, 채무의 이행행위, 회사에 대한 무이자·무담보의 금전대여, 회사에 대한 부담 없는 증여, 운송·보험·예금계약과 같이 보통거래약관에 의한 거래, 채권·채무를 상계하는 행위 등은 이사회의 승인을 요하지 않는다(통설).

1) 어음·수표행위

자기거래에 해당하는 어음행위가 이사회의 승인을 요하는 행위인가에 대해서는 긍정설(통설)과 부정설의 대립이 있다.

부정설(소수설)은 어음·수표행위가 원인행위와 절단되어 있고, 거래의 수단에 지나지 않는 채무이행적 성질을 가지고 있으므로 그 자체는 이해충돌을 일으키는 행위가 아니므로 상법 제398조의 적용이 없는 것으로 보고 있다. 따라서 어음·수표관계 자체는 전체적으로 유효하고 다만 원인관계에 관하여 이사회의 승인이 없으면 이를 인적항변사유로 삼을 수 있을 뿐이라고 한다.

그러나 어음·수표행위자는 어음·수표행위에 의하여 원인관계와는 다른 새로운 어음·수표상의 채무를 부담하게 되고, 어음·수표채무는 항변의 절단과 증명책임의 전환에 의하여 원인관계상의 채무보다 엄격하고 불리하여 이해관계의 충돌을

초래할 우려가 있으므로 자기거래에 해당되어야 한다. 그러므로 회사가 이사를 수취인으로 하여 약속어음을 발행하는 경우나 회사가 이사를 피배서인으로 하여 약속어음에 배서하는 경우 이사회의 승인을 얻어야 한다.

어음·수표행위가 자기거래에 해당된다고 보더라도 회사가 어음채무를 부담하지 아니하고, 회사에 불이익이 없는 경우에는 상법 제398조의 규제대상이 되지는 아니한다. 예컨대, 이사가 회사에 대하여 어음을 발행하거나 배서하는 경우에는 상법 제398조의 거래에 해당되지 아니한다.

2) 간접거래

회사와 이사 등 사이의 직접거래가 상법 제398조의 규제대상이 되고 있음은 논의의 여지가 없으나, 회사와 이사 등 사이의 간접거래가 상법 제398조의 규제대상이 되는지는 문제이다. 예컨대, 이사 개인이 제3자에 대하여 부담하는 채무에 관하여 회사가 연대보증을 하거나 채무인수를 한 경우와 같이 거래가 형식적으로는 회사와 이사 이외의 제3자간에 이루어진다 하더라도 실질적으로는 회사와 이사 사이에 이해관계의 충돌을 일으키는 것을 간접거래라 하며, 우리나라의 통설은 간접거래도 상법 제398조의 적용대상으로 보고 있다.

3) 1인주주인 이사의 거래

회사의 주식을 모두 가지고 있는 소위 '1인주주'가 이사의 직을 겸하는 경우, 1인주주와 회사의 이해관계는 동일하므로 이익충돌의 염려가 없고 따라서 이사회의 승인을 요하지 않는다고 보는 견해가[1] 있는가 하면, 회사의 재산은 모든 회사채권자에 대한 책임재산이 되므로 1인주주와 회사의 이해관계가 일치하는 것이 아니므로 제398조의 예외가 될 수 없다고 보는 견해도[2] 있다.

4) 겸임이사

A가 甲회사와 乙회사의 대표이사를 겸임하면 甲과 乙회사의 모든 거래는 두 회사 모두의 이사회 승인을 얻어야 한다[주요판례 2]. A가 甲회사의 대표이사이고 乙회사의 이사인 경우 甲회사와 乙회사의 거래에 대하여는 乙회사의 이사회 승인만이 필요하다는 견해와[3] 두 회사 모두의 이사회 승인이 필요하다는 견해가[4] 대립한다.

---

1) 송옥렬, 1065면; 최준선, 550면.

2) 이철송, 783면; 정찬형, 1058면.

3) 송옥렬, 1059면.

(4) 이사회의 승인

이사 등 자기거래 제한의 대상이 되는 자는 이사회의 승인이 있는 경우에만 자기 또는 제3자의 계산으로 회사와 거래를 할 수 있다(398조).

1) 공정성 요건

(가) 사전에 중요사실을 밝힐 의무

이사 등 자기거래대상에 해당하는 자가 이사회에서 자기거래의 승인을 받기 위해서는 해당 거래에 관한 중요사실을 밝혀야 한다. 중요사실에는 직접 또는 간접 이익의 성질과 범위가 포함될 것이다.

(나) 거래 내용과 절차의 공정성

제398조는 거래의 절차적 공정성과 실질적 공정성을 요구하고 있다. 이사회의 승인만으로 자기거래에 따른 이사의 책임이 없어지는 것은 아니다.

2) 승인시기

이사회의 승인은 사전에 이루어져야 한다. 2011년 개정상법은 이사회의 승인이 사전에 이루어져야 함을 명문으로 하고 있다.

사후승인을 허용할 것인가에 대해서는 경업금지의무의 경우와 동일하게 이를 부정하는 견해와 긍정하는 견해로 나뉘고 있다. 2011년 개정 전 상법에 대한 판례는 추인을 긍정하였다[주요판례 3].

3) 승인방법

자기거래의 승인은 원칙적으로 개개의 거래에 대하여 개별적으로 이루어져야 한다. 다만 반복되는 동종거래에 관하여는 그 종류·기간·금액·한도 등 합리적 범위를 정하여 포괄적으로 승인하여도 무방하다.

4) 결의요건

자기거래승인결의는 '이사 3분의 2 이상의 수'로써 한다(398조). 이러한 결의 요건은 상법상 이사회의 결의의 일반적 요건인 이사 과반수의 출석과 출석이사의 과반수에 대한 중대한 예외를 규정한 것이다.[1]

---

4) 이철송, 780면.

1) 은행법, 자본시장과 금융투자업에 관한 법률, 보험업법과 같은 금융업법에서는 일정 금액이상의 대주주에 대한 신용공여나 대주주가 발행한 지분증권의 취득시 이사회결의요건을 재적이사 전원으로 하고 있다.

'이사 3분의 2 이상'의 의미가 ① 재적 이사의 3분의 2 이상을 말하는 것인지 ② 재적인원에서 특별이해관계를 가진 이사를 제외한 나머지 이사의 3분의 2 이상 이어야 한다고 해석하여야 하는 것인지 문제가 된다. 특별이해관계가 있는 이사가 3분의 1을 넘는 경우는 자기거래를 승인을 할 수 없는 문제가 있다는 점에서 ②와 같은 해석이 합리적이다.[1]

5) 이사·집행임원의 책임

이사와 집행임원은 ① 이사회의 승인 없이 자기거래를 하거나 ② 이사회의 승인이 있는 경우에도 해당 거래에 대한 중요사실을 밝히지 않은 경우 또는 그 거래의 내용과 절차가 공정하지 못한 경우에는 회사에 대한 손해배상책임과 제3자에 대한 손해배상책임을 진다.

(5) 이사회의 승인 없는 자기거래행위의 효력

통설과[2] 판례는 이사와 회사간의 거래는 대내적으로 당사자간에는 무효이나, 선의의 제3자에 대하여는 유효라고 본다. 제3자의 중과실은 악의와 같은 것으로 보며 제3자의 악의 또는 중과실에 대한 증명책임은 자기거래의 무효를 주장하는 회사에 있다(대법원 2014. 6. 26. 선고 2012다73530 판결). 거래의 무효는 회사만이 주장할 수 있고 이사, 거래상대방, 제3자는 무효를 주장하지 못한다(대법원 2012. 12. 27. 선고 2011다67651 판결).

3. 회사기회유용금지

(1) 회사기회유용금지의 개념

1) 의   의

회사기회유용금지는 이사, 임원, 지배주주가 회사에 속한 사업 기회를 회사의 동의 없이 취득하거나 유용하는 것을 금지하는 미국판례법상의 원칙이다. 우리나라에서는 회사기회유용금지의무를 2011년 개정상법이 이사와 집행임원에게 부여하고 있다(397조의2, 408조의9).[3]

---

1) 김건식 외, 445면.
2) 손주찬, 801면; 이철송, 786면; 정찬형, 1062면; 최준선, 550~551면.
3) 우리나라 회사기회유용의 입법 이전에 논의와 찬반론에 관하여는 이윤석, "회사기회유용금지에 관한 법적 연구," 연세대학교 박사학위논문(2008), 165~187면. 회사기회유용의 입법과정과 개정법의 검토에 관하여는 이윤석, "회사기회유용의 입법과 해석에 관한 연구," 「YGBL」

2) 구별 개념

(가) 경업금지의무와 구별

상법은 이사의 충실의무의 한 유형으로서 경업금지의무를 규정하고 있다(397조). 이사에게 회사와 이익이 상충되는 행위를 하지 못하게 하는 점에서 경업금지의무와 회사기회유용금지는 공통적인 성격을 가지고 있다.[1] 그러나 경업금지의무는 회사의 '영업부류에 속하지 않는 거래'에 대해서는 적용될 수 없고, 일정재산의 취득이나 권리의 취득 또는 예약 등은 경업금지의무가 규제하고 있는 '거래'에 포함되지 않는다.[2] 이에 대하여 회사기회유용금지의 법리는 현재 회사의 영업부류에 속하지 않는 거래, 거래 이외의 행위로 인한 이익의 취득, 이사의 경업행위의 준비 내지 예비단계 등을 규제할 수 있다.

(나) 자기거래제한과 구별

이사의 자기거래는 이사가 회사와 서로 상대방이 되어 거래행위가 있는 곳에서 적용되는 것이고 회사의 기회유용은 이사는 회사와는 어떤 거래행위도 없고 오히려 회사의 거래기회를 침탈하여 회사와 거래하려던 상대방과 거래행위를 하는 경우에 적용되는 것이다. 즉 이사의 자기거래는 하지 말아야 했던 거래를 했던 것에 대하여 이사 또는 임원의 충실의무에 대한 책임이 문제되는 반면에 회사기회유용금지는 회사가 해야 했던 거래를 하지 못한 것에 대하여 이사 등의 책임이 문제되는 것이다.[3]

(2) 사업기회의 범위에 관한 미국 판례법상 기준

회사의 사업기회와 직무관련성에 관하여 사업기회의 범위를 어느 정도까지 인정하여야 하는지에 관하여는 미국 판례법상 여러 기준이 제시되었다.[4] 이 중 ① 현존이익 또는 기대 기준(Interest or expectancy test)은 회사가 어떤 특정한 기회에 대하여 법에 의하여 보호할 만한 이익 내지 기대를 가지고 있는 경우에는 그 기회는 회

제 3 권 제 1 호(2011), 135~146면.

1) 이러한 유사성으로 인하여 상법개정 이전에 우리나라에서 회사기회유용의 규제는 경업금지규정을 확대해석 또는 유추하여 적용하면 족하다는 견해가 있었다. 권재열, "회사기회의 법리: 2007년 2월 조정된 상법개정안의 비교법적 검토," 「상사법연구」 제25권 제 4 호(2007), 104면; 최준선, "회사기회유용금지이론에 관한 고찰," 「저스티스」 통권 제95호(2006), 132면.

2) 김정호, "회사기회유용금지의 법리," 「경영법률」 제17권 제 2 호(2007), 147면.

3) Davis v. Dorsy, 495 F.Supp.2d 1162, 1176(M.D.Ala. 2007).

4) 회사기회유용의 판단기준에 관한 자세한 논의는 이윤석, "회사기회유용의 적용요건과 입법에 대한 검토," 「비교사법」 제17권 제 2 호(2010), 74~92면.

사의 기회에 속한다고 한다. 이 기준은 1900년 회사기회유용금지에 대한 최초의 판례인 Lagarde v. Anniston Lime & Stone Co. 판결[1])에서 처음 소개되었다. 이 기준에 대하여는 회사가 재산 또는 기존 권리에 대해서 현존 이익 또는 기대가 있을 때만이 회사기회유용이 인정되므로 회사기회에 관한 가장 협소한 기준이고 수탁자인 이사 등에게 지나치게 관대한 기준이라는 비판이 있다.[2]) ② 공정성 기준(fairness test)은 수탁자가 당해 회사의 기회를 사적으로 이용하는 것이 정당한가를 판단하여 공정성이 부정되는 경우에는 이사가 사적으로 이용한 기회를 당해 회사의 기회로 보는 것이다. 공정성 기준은 Durfee v. Durfee & Canning 판결[3])에서 채택되었다. 이 기준에 대하여는 '공정성'이라는 개념 자체가 불명확한 윤리적인 용어를 사용하여 회사기회의 범위에 대하여 혼란을 주고 있다는 비판이 있다.[4]) ③ 사업범위기준 (line of business test)은 현재 또는 장래 회사의 활동에 밀접하게 관련되어 있는 기회를 사업기회로 보고 이런 사업기회는 회사에 우선적으로 기회가 제공되어야 하는 것으로 보고 있다. 현재 Guth 판례[5])에서 최초로 적용되었던 사업범위기준(Guth 기준)이 그 기준의 명확성과 다른 기준의 단점에 의하여 다수 판례의 지지를 받고 있다.[6])

(3) 회사기회유용금지의 요건

상법은 이사가 이사회의 승인 없이 현재 또는 장래에 회사의 이익이 될 수 있는 특정한 회사의 사업기회를 자기 또는 제3자의 이익을 위하여 이용하는 것을

---

1) Lagarde v. Anniston Lime & Stone Co., 126 Ala. 496, 28 So. 199(1900).
2) Eric Talley, Turning Servile Opportunities to Gold: A Strategic Analysis of Corporate Opportunity Doctrine, 108 Yale Law Journal 292(1998).
3) Durfee v. Durfee & Canning, 323 Mass. 187, 80 N.E.2d 522, 529(1948).
4) David J. Brown, When Opportunity Knocks: An Analysis of The Brudney and Clark and ALI Principles of Corporate Governance Proposals for Deciding Corporate Opportunity Claims, Journal of Corporation Law, 259(winter, 1986).
5) Guth v. Loft, Inc., 23 Del. Ch. 255, 5 A.2d 503, 514(1939).
6) 미국법률가협회(American Law Institute; ALI)의 회사지배구조원칙(Principles of Corporate Governance) 5.05조도 Guth 판례의 사업범위기준을 채택하고 있다. 동조는 회사기회의 의의에 대하여 (1) 이사 또는 상급집행임원이 알게 된 사업기회로서 (A) 자신의 직무수행과 관련하여 또는 제3자로부터 이를 알게 되었을 때 해당 기회를 제공한 자가 확실히 회사에게 이를 제공한 것이라고 이사 또는 상급집행임원이 합리적으로 신뢰할 수 있거나 (B) 회사의 정보나 재산을 이용하여 알게 되었고 그 결과 해당 기회가 회사에 이익이 된다고 이사 또는 상급집행임원이 합리적으로 신뢰할 수 있었던 기회와 (2) 상급집행임원이 알게 된 사업기회로서 회사의 현재 또는 미래의 사업 활동과 밀접하게 연관된 것으로 인지될 수 있는 기회라고 하고 있다.

금지하고 있다(397조의2 1항).

1) 회사의 이익가능성

상법은 회사기회유용금지의 대상을 현재 또는 장래에 회사의 이익이 될 수 있
는 기회로 한정하고 있다. 따라서 회사의 이익이 될 수 없는 기회는 회사의 사업기
회라 할 수 없고 이사의 이용이 금지되지 않는다. 회사에 이익이 된다는 것은 회사
의 영리추구의 대상이 될 수 있는 기회이면 족하고, 회계적으로 회사에 이익을 가
져올 수 있을 것을 요하지 않는다.[1] 예컨대, 회사가 이용을 포기한 기회 또는 당해
회사에게 금지된 기회는 회사에 이익이 되지 않는 거래라고 볼 수 있다.

2) 회사의 사업기회

(가) 직무를 수행하는 과정에서 알게 되거나 회사의 정보를 이용한 사업기회

회사의 직무수행 중 취득한 정보 또는 회사의 정보를 이용한 사업기회는 회사
의 사업과의 직무관련성을 묻지 않고 회사기회유용금지의 대상이 된다. 따라서 회
사의 비용에 의하여 취득한 기회는 모두 회사에 귀속한다는 취지의 규정이지만 지
나치게 광범위하게 해석될 여지가 있다. 다만 전술한 회사의 이익가능성 요건에 의
하여 범위가 제한된다. 직무수행 중 취득한 정보인지 여부는 평균적인 일반인의 합
리적인 판단을 기준으로 하여야 한다. 따라서 회사에 제공되는 정보라는 것을 이사
본인은 인식하지 못하였더라도 합리적인 제3자는 인식할 수 있었다면 회사의 사
업기회로 보아야 할 것이다.[2]

(나) 회사가 수행하거나 수행할 사업과 밀접한 관계에 있는 사업기회

우리 상법상 '회사가 수행하고 있거나 수행할 사업과 밀접한 관계가 있는 사업
기회'라는 사업기회의 범위는 미국법상의 사업범위기준과 유사하다. 사업기회의 직
무관련성에 관한 우리법과 미국법상의 공통된 중요한 쟁점은 현재 또는 장래의 사
업과 '밀접한 관계에 있는 사업기회'가 무엇인가에 관한 것이다. 이와 관련하여 회
사가 '수행할 사업'과 '수행할 사업과 밀접한 관계가 있는 사업기회'를 구별하기 위
하여 수행할 사업과 밀접한 관계에 있는 장래의 사업은 '내부적으로 사업착수를
결정하고 이를 위한 준비 작업을 한 사업'이라고 해석하는 견해가 있다.[3] 그러나

---

1) 이철송, 732면.
2) 임재연, 388면.
3) 임재연, 388면.

이러한 해석은 장래의 사업의 범위를 지나치게 제한하는 해석이라고 본다. 동 조항의 해석의 문제는 현재 또는 장래의 사업과 밀접한 관계에 있는 사업이 회사의 정관상 목적의 범위와 일치하는지의 여부와 정관상 목적의 범위와 일치하지 않는다면 구체적인 판단기준이 무엇인지의 문제로 나누어 볼 수 있다. 우선 정관상 목적의 범위와 회사의 현재 또는 미래의 활동은 일치할 수도 있지만 많은 경우에 정관상 목적의 범위가 더 광범위하다. 그리고 현재 또는 장래의 사업과 밀접한 관계에 있는 사업을 정관상 목적의 범위로 하는 경우 회사는 회사에게 특별한 가치가 없는 많은 기회를 정관에 포함하여 모든 기회를 회사의 것으로 하는 결과를 초래할 수 있다. 따라서 사업기회의 범위는 정관상 목적의 범위와는 별도로 판단하여야 한다고 본다. 다음으로 회사의 사업의 범위를 정관상 목적의 범위와 별도로 판단하는 경우 구체적인 판단기준이 문제된다. 이에 관한 미국 판례는 기회에 대한 회사의 필요,[1] 회사가 이전에 특정 또는 유사한 기회에 관심을 표현했는가 여부[2]와 회사가 기회를 이용할 실제적 능력[3] 등을 고려하여 판단하고 있다. 상법상 기회가 회사의 사업과 밀접한 관련성이 있는가 여부를 판단함에 있어서도 재산에 대한 회사의 필요, 기회를 개발하기 위한 재정적·실무적 능력, 기회를 이용하면서 수탁자가 회사의 재산을 사용하였는가 여부 등의 요소에 기초하여 판단하여야 한다고 본다.

3) 자기 또는 제 3 자의 이익을 위한 기회의 이용

회사기회유용에 있어서 자기 또는 제 3 자의 이익은 경업금지(397조)에 있어서 자기 또는 제 3 자의 계산과 같은 의미이다.

4) 이사회 승인의 결여

상법은 회사의 사업기회에 해당한다고 하더라도 이사 3분의 2 이상의 승인이 있으면 이사가 그 기회를 이용할 수 있도록 하고 있다(397조의2 1항 단서). 2011년 개정상법은 자기거래의 승인을 이사 전원의 3분의 2 이상의 찬성으로 강화하면서 회

---

1) 기회로 취득하는 재산이 회사에 본질적인 경우에, 법원은 기회를 회사의 것으로 보는 경향이 있다. 예를 들면 Fayes, Inc. v. Kline, 136 F.Supp. 871, 874(S.D. N.Y. 1955).

2) Morad v. Coupounas, 361 So.2d 6, 9(Ala. 1978)(opportunity to expand to area pre-viously discussed by directors).

3) Alexander & Alexander of New York, Inc. v. Fritzen, 147 A.D.2d 241, 542 N.Y.S.2d 530(1st Dep't 1989), Peterson Welding Supply Co., Inc. v. Cryogas Products, Inc., 126 Ill.App.3d 759, 81 Ill. Dec. 946, 467 N.E.2d 1068(1st Dist. 1984)은 "전 지역의 판매권을 얻는 것이 소매상인 회사에 불가능했던 경우에는 회사기회가 아니다"라고 판결하였다.

사기회유용의 승인도 같은 결의요건을 적용하고 있다.[1] 여기서 '이사 3분의 2 이상'이란 재적이사 중에서 이해관계가 있어 결의에 참석할 수 없는 이사(391조 3항, 368조 3항)를 제외한 나머지 재적이사의 3분의 2 이상을 의미한다고 해석된다. 이 승인의 전제로서 동조는 이사회 보고의무를 명시하고 있지는 않지만, 해석상 이사회 승인을 받기 위한 전제로서 제공받은 사업기회를 사전에 이사회에 공개하여야 한다고 본다. 다만 이사의 업무수행 중에 얻은 모든 기회를 공개해야 하는 것이 아니라 회사기회의 범위 내로 볼 수 있는 기회만을 회사에 공개하면 된다고 본다.

　이사회의 승인은 개별적인 사업기회마다 하여야 하고, 포괄적인 승인은 원칙적으로 허용되지 않는다.[2] 사후추인을 허용할 것인가에 대하여는 자기거래에서 사전승인만을 허용하는 것(398조)과 달리 논쟁의 여지가 있지만 사전승인에 한하고 사후추인은 허용되지 않는다고 보아야 할 것이다. 사후의 추인은 일종의 책임면제와 같은 효과를 초래하므로 상법 제400조에서 이사의 책임면제에 총주주의 동의를 요하는 것과 대비하여 균형이 맞지 않기 때문이다. 이사가 기회를 회사에 제공하였으나 회사가 기회에 대하여 통상의 기간 내에 찬성 또는 반대도 하지 않은 경우에 묵시적 승낙으로 보아야 할 것인지에 관하여 긍정설[3]과 부정설[4]이 있다. 회사가 의도적으로 결의를 지연하는 경우 이사가 기회를 이용할 기회를 상실할 우려가 있다는 점에서 긍정설이 타당하다고 본다.[5]

(4) 회사기회유용금지 위반의 효과
1) 거래의 효력

　이사회의 승인이 없는 이사의 자기거래의 사법적 효력에 대하여는 상대적 무효설이 통설·판례이지만 회사기회유용을 위반한 거래의 경우에는 그 법률효과는

---

1) 경업금지의무위반의 경우에는 종전과 같이 일반적인 이사회 승인결의요건을 요하고 있다. 이에 대하여 경업이든 회사기회유용이든 회사의 영리기회를 탈취한다는 점에서 회사에 주는 손해의 위험성은 동질적이므로 승인결의의 요건을 차별함은 납득하기 어렵다는 견해가 있다. 이철송, 730면.

2) 임재연, 396면.

3) 김홍기, "회사기회의 법리와 우리나라의 해석론, 입법방안에 대한 제안,"「상사판례연구」제21집 제 2 권(2008), 117면.

4) 회사가 결의를 하지 않는 것 자체가 사업기회를 포기하지 않은 것이므로 묵시적 승인은 인정할 수 없다고 한다. 천경훈, "개정상법상 회사기회유용 금지규정의 해석론 연구,"「상사법연구」제30권 제 2 호(2011), 193면.

5) 이사의 자기거래에 대한 이사회의 승인은 묵시적 방법에 의하여 가능하다는 판례에 비추어 묵시적 승인도 가능하다는 견해가 있다. 임재연, 397면.

경업행위와 같이 유효로 보아야 한다. 왜냐하면 회사기회유용이나 경업행위의 경우에는 자기거래와 달리 거래로 인한 이득의 귀속이 불공정할 뿐 거래당사자에게는 거래의 효력을 좌우할 어떤 하자도 없기 때문이다.[1]

2) 손해배상책임

회사기회유용의 회사에 대한 효과에 있어서 실질적인 구제를 위하여는 금지위반행위자가 그로 인하여 얻은 이익을 회사에 모두 반환하도록 하는 것이 타당할 것이다. 따라서 회사기회유용금지의 효과로 손해배상청구 이외에 개입권을 인정할 필요성이 있다. 그러나 상법은 회사기회유용금지를 위반하여 회사에 손해를 발생시킨 이사 및 승인한 이사에게 손해배상책임을 인정할 뿐 회사의 개입권이나 이익을 반환받을 수단을 인정하고 있지 않다. 다만 회사가 기회유용으로 인한 손해를 실제적으로 측정하기 어려우므로 회사기회유용으로 이사 또는 제 3 자가 얻은 이익은 손해로 추정하는 규정(397조의2 2항)을 두고 있다.

3) 승인한 이사의 손해배상책임

상법은 회사에 손해를 발생시킨 이사뿐 아니라 회사기회유용을 승인한 이사도 연대하여 손해배상책임을 부담하도록 하고 있다(397조의2 2항). 즉 이사회 승인 없이 회사기회유용을 한 이사와 회사기회유용을 승인한 이사가 손해배상책임의 주체가 된다. 따라서 이사가 이사회 승인을 받아 기회를 이용하였으나, 회사에 손해가 발생한 경우 승인해 준 이사는 회사에 손해배상책임이 있다. 이 경우 승인을 받아 기회를 이용한 이사는 책임이 없는데 승인해 준 이사만 책임을 부담하는 것은 부당하므로 승인을 얻어 기회를 이용한 이사도 동 조항에 따라 책임을 부담한다고 해석하는 것이 타당하다는 견해가 있다.[2] 그러나 회사기회유용금지는 본래 영미법상 공시의 원칙을 준수하도록 하는 것에 입법 목적이 있으므로 이사회의 승인을 얻은 이상 회사의 손해발생 여부에 의하여 효과가 달라질 수는 없다. 따라서 이사가 이사회의 승인을 얻었으나 회사에 손해가 발생한 경우에는 이사의 회사에 대한 일반책임규정(399조)에 의하여 해결하여야 할 것으로 본다.

---

1) 이철송, 732면; 임재연, 402면.
2) 이철송, 733~734면. 이에 대하여 회사에 손해를 발생시킨 이사와 승인한 이사가 연대책임을 진다는 제397조의2 제 2 항의 규정은 이사들이 위법한 승인결의를 한 경우에만 적용된다는 견해가 있다. 임재연, 399~400면.

4. 상장회사에 대한 특례

상장회사는 ① 주요주주(542조의8 2항 6호) 및 그의 특수관계인, ② 이사, 업무집행지시자 등, 집행임원, ③ 감사를 상대방으로 하거나 이들을 위하여 신용공여를 하여서는 안 된다(542조의9 1항). 신용공여는 금전 등 경제적 가치가 있는 재산의 대여, 채무이행의 보증, 자금지원 성격의 증권매입, 그 밖에 거래상의 신용위험이 따르는 직접적·간접적 거래로서 시행령이 정하는 거래를 말한다. 회사의 경영건전성을 해칠 우려가 없는 경우는 제외된다(542조의9 2항, 시행령 35조 2항).

자산규모 2조 원 이상인 대규모 상장회사는 최대주주, 그의 특수관계인, 또는 상장회사의 특수관계인을 상대방으로 하거나 그들을 위하여 소정규모 이상의 거래(시행령 35조 6항·7항)를 하려는 경우는 이사회의 승인을 받아야 하며(542조의9 3항), 이후 처음으로 소집되는 정기주주총회에 거래목적, 상대방, 거래내용 등을 보고하여야 한다(542조의9 4항).

III. 주요판례·문제해설

1. 주요판례

(1) 대법원 2013. 9. 12. 선고 2011다57869 판결 ― 신세계 주주대표소송 사건 ― 특정지위취임금지의 범위

상법이 제397조 제1항으로 "이사는 이사회의 승인이 없으면 자기 또는 제3자의 계산으로 회사의 영업부류에 속한 거래를 하거나 동종영업을 목적으로 하는 다른 회사의 무한책임사원이나 이사가 되지 못한다"고 규정한 취지는, 이사가 그 지위를 이용하여 자신의 개인적 이익을 추구함으로써 회사의 이익을 침해할 우려가 큰 경업을 금지하여 이사로 하여금 선량한 관리자의 주의로써 회사를 유효적절하게 운영하여 그 직무를 충실하게 수행하여야 할 의무를 다하도록 하려는 데 있다(대법원 1993. 4. 9. 선고 92다53583 판결 참조). 따라서 이사는 경업 대상 회사의 이사, 대표이사가 되는 경우뿐만 아니라 그 회사의 지배주주가 되어 그 회사의 의사결정과 업무집행에 관여할 수 있게 되는 경우에도 자신이 속한 회사 이사회의 승인을 얻어야 하는 것으로 볼 것이다. 한편 어떤 회사가 이사가 속한 회사의 영업부류에 속한 거래를 하고 있다면 그 당시 서로 영업지역을 달리하고 있다고 하여 그것만으로 두 회사가 경업관계에 있지 아니하다고 볼 것은 아니지만, 두 회사의 지분소유 상황과 지배구조, 영업형태, 동일하거나 유사한 상호나 상표의 사용 여부, 시장에서 두 회사가 경쟁자로 인식되는지 여부 등 거래 전반의 사정에 비추어 볼 때 경업 대상 여부가 문제되는 회사가 실질적으로 이사가 속한 회사의 지점 내지 영업부문으로 운영되고 공동의 이익을 추구하는 관계에 있다면 두 회사 사이에는 서로 이익충돌의 여지가 있다고 볼 수 없고, 이사가 위와 같은 다른 회사의 주식을 인수하여 지배주주가 되려는 경우에는 상법 제397조가 정하는 바와 같은 이사회의 승인을 얻을 필요가 있다고 보기 어렵다.

(2) 대법원 1996. 5. 28. 선고 95다12101, 12118 판결 — 자기거래와 두 회사의 대표이사를 겸임하는 경우

갑, 을 두 회사의 대표이사를 겸하고 있던 자에 의하여 갑 회사와 을 회사 사이에 토지 및 건물에 대한 매매계약이 체결되고 을 회사 명의로 소유권이전등기가 경료된 경우, 그 매매계약은 이른바 "이사의 자기거래"에 해당하고, 달리 특별한 사정이 없는 한 이는 갑 회사와 그 이사와의 사이에 이해충돌의 염려 내지 갑 회사에 불이익을 생기게 할 염려가 있는 거래에 해당하는데, 그 거래에 대하여 갑 회사 이사회의 승인이 없었으므로 그 매매계약의 효력은 회사에 대한 관계에 있어서 무효이다.

(3) 대법원 2007. 5. 10. 선고 2005다4284 판결 — 자기거래에 대한 사후승인 인정

상법 제398조 전문이 이사와 회사 사이의 거래에 관하여 이사회의 승인을 얻도록 규정하고 있는 취지는, 이사가 그 지위를 이용하여 회사와 거래를 함으로써 자기 또는 제3자의 이익을 도모하고 회사, 나아가 주주에게 불측의 손해를 입히는 것을 방지하고자 함에 있는 바, 이사회의 승인을 얻은 경우 민법 제124조의 적용을 배제하도록 규정한 상법 제398조 후문의 반대해석상 이사회의 승인을 받지 아니하고 회사와 거래를 한 이사의 행위는 일종의 무권대리인의 행위라 볼 수 있고 무권대리인의 행위에 대하여 추인이 가능한 점에 비추어 보면, 상법 제398조 전문이 이사와 회사 사이의 이익상반거래에 대하여 이사회의 사전승인만을 규정하고 사후승인을 배제하고 있다고 볼 수는 없다.

(4) 대법원 2017. 9. 12. 선고 2015다70044 판결 — 회사기회유용금지와 이사의 의무

이사는 회사에 대하여 선량한 관리자의 주의의무를 지므로, 법령과 정관에 따라 회사를 위하여 그 의무를 충실히 수행한 때에야 이사로서의 임무를 다한 것이 된다. 이사는 이익이 될 여지가 있는 사업기회가 있으면 이를 회사에 제공하여 회사로 하여금 이를 이용할 수 있도록 하여야 하고, 회사의 승인 없이 이를 자기 또는 제 3 자의 이익을 위하여 이용하여서는 아니 된다. 그러나 회사의 이사회가 그에 관하여 충분한 정보를 수집·분석하고 정당한 절차를 거쳐 의사를 결정함으로써 그러한 사업기회를 포기하거나 어느 이사가 그것을 이용할 수 있도록 승인하였다면 의사결정과정에 현저한 불합리가 없는 한 그와 같이 결의한 이사들의 경영판단은 존중되어야 할 것이므로, 이 경우에는 어느 이사가 그러한 사업기회를 이용하게 되었더라도 그 이사나 이사회의 승인 결의에 참여한 이사들이 이사로서 선량한 관리자의 주의의무 또는 충실의무를 위반하였다고 할 수 없다.

2. 문제해설

(1) A이사는 자신이 대표이사로 있는 甲회사가 준비 중인 영업의 목적과 동일한 乙회사를 설립하고 자신과 자신의 아들이 모든 주식을 인수하였고, 乙회사는 甲회사와 거래하여 막대한 이익을 얻었다. 이는 상법상 경업행위(397조)에 해당되는데 이사회의 승인이 없었으므로 경업금지 위반행위에 해당된다. 또한 乙회사는 상법 제398조 제 4 호에 해당되어 甲회사와 乙회사간의 거래는 자기거래에도 해당되기 때문에 자기거래금지위반에도 해당된다.

(2) 회사기회 및 자산의 유용금지규정(397조)에 의하면 甲회사는 현재의 사업이 자동차제조업이지만 통합물류회사를 설립하려고 준비를 하고 있었으므로 이것은 제397조 제 1 항 제 2 호에 해당된다. 따라서 A이사는 자신이 이사로 있는 甲회사의 사업기회를 유용한 것에 해당된다. 동조 위반이 되기 위한 회사의 사업기회와의 관련성 판단기준에는 여러 가지가 있으나 사업범위기준(line of business test)이 적절하며 우리 상법의 태도라고 보여진다.

(3) 회사의 사업기회를 이용하기 위해서는 이사 3분의 2 이상의 수로써 이루어지는 이사회의 승인이 있어야 한다.

[17] 위법행위유지청구권 및 주주대표소송

I. 사 례

1. 사실관계

甲주식회사는 대표이사인 A가 관계회사의 부도를 막기 위하여 독자적인 판단하에 대규모의 금액을 지원하였다가 막대한 손실을 입게 되었다. 甲회사가 발행한 주식 총수의 1%를 보유한 B는 수차에 걸쳐 甲회사에 대하여 A의 책임을 추궁하라고 요구하였으나 받아들여지지 않고 있다.

2. 검 토

B는 A에 대하여 대표소송을 제기하고자 하는데, 가능한가? 가능하다면 그 요건과 절차는?

II. 주요법리

1. 위법행위유지청구권

(1) 의 의

위법행위유지청구권은 이사가 법령 또는 정관에 위반한 행위를 한 때에는 회사에 대하여 손해배상책임을 부담하지만(399조), 이러한 사후적인 조치를 기다리지 않고 행위를 하기 전에 미리 방지하기 위한 것이다. 위법행위유지청구권제도는 영미법상의 유지명령(injunction)을 도입한 것인데, 우리나라의 가처분제도와 비슷하다.

(2) 내용 및 요건

이사가 법령 또는 정관에 위반한 행위를 하여 이로 인하여 회사에 회복할 수 없는 손해가 생길 염려가 있는 경우에는 감사(감사위원회를 두는 경우에는 감사위원회) 또는 발행주식 총수의 100분의 1 이상에 해당하는 주식을 가진 주주는 회사를 위하여 이사에 대하여 그 행위를 유지(留止)할 것을 청구할 수 있다(402조). 여기에서의 주주에는 의결권 없는 주식의 주주도 포함된다고 하는 것이 통설의 입장이다.

유지청구의 대상이 되는 행위는 불법행위는 물론 법률행위나 준법률행위, 그리고 사실행위도 포함된다. 또한 유지청구가 회복할 수 없는 손해를 방지하려는 비상수단으로 인정되는 만큼 제3자와의 관계에서 채무불이행으로 인한 손해배상의 위험성이 있다고 하더라도 무효인 법률행위는 물론이고 유효인 경우에도 유지청구를 인정할 필요가 있다. 왜냐하면 일단 이행이 되고 나면 회복이 어렵게 될 수 있기 때문이며, 그러한 결과는 유지청구의 목적에 맞지 않기 때문이다. 또한 유지청구의 대상이 되는 행위는 법령 또는 정관에 위반하면 족하고, 이사의 고의·과실을 묻지 않는다.

유지청구는 일종의 보전행위(保全行爲)라는 점에서 제407조의 직무집행정지제도와 그 목적이 비슷하지만, 유지청구는 반드시 소송에 의하지 않아도 무방하고 또 직무집행정지의 경우처럼 이사의 권한을 일반적으로 정지시키는 것이 아니라 이사의 개별적인 법령·정관의 위반행위를 저지시킨다는 점에서 서로 다르다.

회복불가능의 의미는 법률적으로 불가능한 경우뿐만 아니라 회복을 위한 비용이 막대하여 회복이 곤란한 경우도 포함된다고 본다.

(3) 유지청구권자

발행주식 총수의 100분의 1 이상에 해당하는 주식을 가진 주주(소수주주)이다. 상장법인의 경우에는 6월 이상 계속하여 발행주식 총수의 10만분의 50(자본금 1,000억 원 이상인 경우에는 10만분의 25)을 보유한 자가 유지청구를 할 수 있다. 무의결권주식의 주주도 여기에 포함된다.[1] 유지청구할 당시에만 소수주주의 요건을 충족시키면 된다고 보는 견해도 있으나, 발행주식을 전혀 보유하지 아니하게 된 경우는 제외하여야 할 것이다. 회사가 이사의 위법행위를 방지하여야 하겠으나 이사와의 특수관계에서 이를 소홀히 할 수 있기 때문에 주주로 하여금 사전조치를 취할 수 있게 한 것이다.

감사(감사위원회)도 이사의 위법행위에 대하여 유지청구를 할 수 있다(402조).

유지청구의 상대방은 회사가 아니라 법령·정관에 위반한 행위를 하는 이사이다.

(4) 유지청구절차

감사(감사위원회) 및 소수주주권자는 이사에 대하여 직접 그 행위를 유지할 것을 청구할 수 있으며, 회사에 연락할 필요는 없다. 유지청구는 소송을 제기하여서

---

1) 송옥렬, 1103면.

도 할 수 있지만 반드시 소송에 의할 필요는 없으며, 이 점에서 대표소송과 다르다고 할 수 있다.

　유지청구와 더불어 가처분으로써 그 행위를 중지하게 할 수 있다. 즉 이사가 주주의 유지청구를 받고도 그 행위를 중지하지 않으면 주주는 그 이사를 피고로 하여 소송을 제기하고 또 가처분을 신청하여 그 행위를 중지시킬 수 있다(민사집행법 300조).

(5) 신주발행유지청구권과의 관계

　회사가 법령 또는 정관에 위반하거나 현저하게 불공정한 방법에 의하여 신주를 발행함으로 인하여 주주가 불이익을 받을 염려가 있는 경우에는 그 주주는 회사에 대하여 그 발행을 유지할 것을 청구할 수 있다(424조).

　이것은 주주가 자기의 이익을 위하여 주식발행을 유지하는 것인데, 개별 주주가 혼자서 행사할 수 있는 점에서 이사의 위법행위에 대한 유지청구와 구별된다. 따라서 경우에 따라서는 양자가 병행될 수도 있을 것이다.

2. 주주대표소송

(1) 일 반 론

1) 주주대표소송의 연혁

　미국에서의 '주주의 대표소송'은 본래 신탁(trust)이라는 개념을 바탕으로 하였다. 즉 주주는 자신의 최고의 이익을 위하여 회사를 경영하도록 이사에게 회사경영권을 신탁한 것으로 간주되었다. 미국에서 대표소송의 초기판례에서도 마찬가지로 이사와 주주간의 신탁관계에 초점을 두고 사건을 풀어나가고 있었다.[1] 예컨대, 대표소송의 존재를 확인한 초기판례 중의 하나인 1832년의 Robinson v. Smith 사건[2]에서 뉴욕주 법원은 회사의 자본금을 유용한 이사에 대한 3인의 소수주주가 제기한 소송을 인정하였다. 이와 유사한 취지의 연방판례로는 1855년의 Dodge v. Woolsey 사건[3]이 있다. 동 사건에서 주주 1인이 주세부과를 위헌이라고 주장을 하였지만 이사는 주세납부에 대하여 아무런 이의를 제기하지 않았다. 연방대법원은 이사도 주주의 주장대로 주세부과가 위헌이라고 판단하였음에도 불구하고 주세를

---

1) DeMott, Shareholder Derivative Actions: Law and Practice §1.05(1987).
2) 3 Paige Ch. 222(N.Y. 1832).
3) 59 U.S. 331(1855).

납부한 것은 주주에 대한 경영상의 약속(managerial promise)을 저버린 것으로 판시하면서 주주의 대표소송을 인정하였다. 미국의 법원은 대표소송이 점차 발전함에 따라 대표소송의 중요한 요소로 회사가 피해당사자라는 인식을 갖게 되었다. 또한 법원은 회사가 입은 피해에 대한 제소권은 주주에 속하는 것이 아니라 회사에 속하는 것으로 인정하였다. 그리하여 실무적으로 대표소송은 회사의 손실을 회복하기 위하여 주주가 대신 제소하는 형식으로 자리잡게 되었다.

우리나라는 1962년 상법을 제정하면서 미국법상 주주의 대표(대위)소송제도(derivative suit)를 도입하였다. 당시 대표소송을 계수한 이유는 상법이 이사회에게 강력한 권한을 부여하는 반면에 주주총회의 권한을 축소시키는 지배구조를 취하였기에, 주주가 회사의 운영에 관한 감독과 시정할 수 있는 권한을 가지도록 하여 궁극적으로 주주의 지위를 강화할 필요성이 있었기 때문이다. 과거 대표소송에 관한 판결은 우리나라의 경우 거의 없었는데, 한보철강의 도산으로 제일은행의 무분별한 대출에 대한 책임에 대하여 참여연대가 소송을 제기하여 각 이사에게 400억 원의 손해배상을 명하는 판결이 있었고,[1] 점차적으로 증가하는 추세에 있다.

2) 주주대표소송과 그 제기권의 성격

이사는 회사에 대해 업무집행에 있어서 선량한 관리자로서의 주의를 다할 의무(선관의무)를 부담함과 동시에 법령·정관을 준수하고 회사를 위해 충실히 직무를 수행할 의무(충실의무)를 진다. 만일 이사가 이러한 의무를 위반하고, 그로 인해서 회사에 손해를 입혔다고 한다면, 해당이사는 회사에 대해 손해배상책임을 져야 한다. 본래 회사에 대한 이사의 책임은 회사 자신이 추궁하는 것이 당연하다. 그러나 현실적으로 회사가 그러한 책임을 추궁할 가능성은 크지 않다. 왜냐하면 회사가 소에 의하여 책임을 추궁하는 경우 원칙적으로 감사가 회사를 대표하여 소의 제기를 결정하여야 하는 위치에 있기는 하나(394조) 이사와 회사간의 특수한 관계 때문에 회사가 적극적으로 이사의 책임을 추궁하는 것은 사실상 기대하기 어렵기 때문이다. 따라서 회사의 이익 — 궁극적으로 주주의 이익 — 이 침해되는 것을 방지하기 위하여 소수주주가 회사를 위하여 스스로 이사의 책임을 추궁하기 위한 소송을 제기할 수 있는 상법상의 제도가 바로 주주의 대표소송이다. 대표소송에 있어서 주주가 승소하기 위해서는 ① 이사가 고의·과실에 의해 선관주의의무 또는 충실의무에

---

1) 최초 대표소송판례: 서울지법 1998. 7. 24. 선고 97가합39907 판결.

위반(임무해태)한 사실 및 ② 그 결과 회사에 손해가 발생한 것(의무위반과 손해간의 상응하는 인과관계)을 주장·증명하는 것이 요구된다. 대표소송에 의하여 추궁할 수 있는 이사의 책임에 대하여는 이사로서의 손해배상책임(399조)과 이사의 인수담보책임(428조)뿐만 아니라 이사가 회사에 대하여 부담하는 모든 채무를 포함한다고 해석하는 것이 타당하다(통설, 이설 있음).

이러한 종류의 소송에서 주주는 한편으로 실질상 회사의 대표기관적 지위에 있기 때문에 '대표소송'(representative suit)적 성격을 가지고 있으며 다른 한편으로는 주주의 대표소송의 수행은 회사가 가지고 있는 권리로부터 유래하기 때문에 '대위소송,' '전래소송' 또는 '파생소송'(derivative suit)이라고 할 수 있다. 결국 주주대표소송은 대표소송성과 대위소송성의 양 측면을 가지고 있는 제도로 볼 수 있다.

소수주주에게 인정된 대표소송제기권의 성격은 대체적으로 공익권으로 보고 있다. 즉 우리나라의 통설은 소수주주가 가진 대표소송의 제기권은 회사가 제대로 운영되는가를 감독·시정하기 위하여 주주에게 인정되는 권리이므로 이를 공익권이라고 풀이하고 있다. 특히 주주대표소송이 대표소송적 성격과 대위소송적 성격을 동시에 가지고 있으므로 이러한 종류의 소송을 제기할 수 있는 권리를 순수한 자익권으로 보기는 쉽지 않다.

3) 당 사 자
(가) 원   고
우리나라 상법은 대표소송을 제기할 수 있는 자를 지주수를 기준으로 정하고 있는데 발행주식 총수의 100분의 1 이상에 해당하는 주식을 가진 자만이 원고적격을 가진다(403조 1항). 주주대표소송은 남용의 가능성이 있기 때문에 우리 상법에서는 회사가 발행한 주식의 일정 수 이상을 가져야만 행사할 수 있는 소수주주권으로 규정하고 있다. 6개월 전부터 계속하여 상장회사 발행주식 총수의 1만분의 1 이상에 해당하는 주식을 보유한 자는 대표소송제기권을 행사할 수 있다(542조의6 6항). 물론 1인의 주주가 이러한 요건을 충족하여도 되고 여러 명의 주주가 공동으로 이 요건을 충족시켜도 상관이 없다. 그리고 수인의 주주가 대표소송을 제기한 후 일부 원고가 주식을 전혀 보유하지 않게 된 경우에는 그 자만이 당사자적격을 상실한다 [주요판례 1]. 이처럼 소수주주만이 제소권자가 될 수 있도록 규정한 것은 남소를 방지하기 위한 것이다. 그러나 주주의 개인적인 동기는 제소자격에는 아무런 문제가 되지 않는다. 그 결과 소의 취하를 빌미로 부당한 이익을 얻기 위하여 제기하는 이른바 위협소송 또는 착취소송(strike suit)이 제기될 가능성이 있다.

앞에서 본 바와 마찬가지로 대표소송을 제기하기 위해서는 당연히 주주라는 요건을 충족시켜야 한다. 상법상 주식을 취득한 후 명의개서를 한 주주(337조)는 대표소송을 제기할 수 있음은 당연하다. 그런데 파산절차에 있는 회사의 경우 파산관재인이 당사자적격을 가지게 되므로(회생법 359조) 주주는 대표소송을 제기할 수 없다[주요판례 2].

이 밖에 주식의 질권자도 주주대표소송의 원고적격을 가지는가의 여부에 대해서도 논의가 있다. 주식에 대하여 질권을 설정하여 질권자가 주주명부에 이를 등록하고 주권에 그 성명을 기재한 경우에는 질권자는 회사로부터 이익이나 이자의 배당을 받을 수 있을 뿐만 아니라 잔여재산의 분배 또는 주식의 소각·병합·전환으로 인하여 주주가 받을 금전이나 주식을 지급받을 수 있다(340조). 따라서 경제적인 효과면에서 주식의 질권자는 사실상의 주주와 차이가 없기 때문에 이사의 책임 있는 사유로 인하여 질권자의 권리가 침해되었다면 질권자도 주주와 동일하게 대표소송의 원고가 될 수 있다고 해석되고 있다.

(나) 피 고

대표소송의 피고는 임무를 게을리한 이사 또는 이사였던 자이다.[1] 이사가 재임중에 임무를 게을리한 행위에 대해서는 퇴임 후에도 대표소송을 제기하여 책임을 추궁할 수 있다. 제403조 제 1 항이 "회사에 대하여 이사의 책임을 추궁할 소의 제기를 청구할 수 있다"고 규정한 것으로 보아 회사를 피고로 하는 것을 요구하지 않는 것으로 보아야 한다. 대표소송이 '이사'의 책임추궁을 목적으로 하기 때문에 회사 외부의 제 3 자를 피고로 할 수 없다.

(2) 주주대표소송의 절차

1) 제소 전 절차: 회사에 대한 제소청구

주주대표소송의 경우 정식으로 제소하기 전에 회사에 대한 소제기청구를 필요로 한다. 다시 말하자면 주주가 대표소송을 제기하기 위해서는 원칙적으로 먼저 회사에 대하여 이유를 기재한 서면으로 이사의 책임을 추궁할 소의 제기를 청구하여야 한다. 이러한 요건을 소위 'demand requirement' 또는 'demand rule'이라고 한

---

1) 손주찬, 822면; 송옥렬, 1109면; 이철송, 839면; 정찬형, 1084면; 최준선, 579면.

다. 물론 제소청구권은 소수주주에게만 인정(403조 1항·2항)되므로 소수주주는 이 경우에 감사가 회사를 대표한다는 상법의 규정(394조)에 따라 감사에 대해서 소의 제기를 청구하여야 한다. 이처럼 소제기 전의 절차를 두고 있는 이유는, 첫째, 회사가 대표소송의 주된 이해관계자이라는 사실 때문이고, 둘째, 제소를 하느냐 마느냐의 문제는 본래 이사의 경영판단의 범위 내에 속하는 것이고, 셋째, 제소청구를 통하여 회사로 하여금 본격적인 소송의 단계에 들어가기 전에 이사의 행동을 적정하게 하거나 제소청구권자와의 화해를 조장하여 소송의 필요성을 줄일 수 있으며, 넷째, 소제기 전 절차는 주주들의 남소로부터 이사를 보호하고, 더 나아가 주주들의 위협소송 또는 착취소송을 억제하게 하는 기능을 하기 때문이다.

감사가 소제기청구를 받은 날로부터 30일 이내에 제소하지 아니할 때에야 비로소 제소를 청구하였던 소수주주는 직접 소를 제기할 수 있다(394조, 403조 3항). 이 경우 소를 제기하지 않은 이유가 무엇인가를 묻지 않는다. 그러므로 상법에서 정하여진 30일이라는 기간이 경과하기 전에 대표소송이 제기된 경우에는 법원은 그 소를 부적합한 것으로 보아 각하하여야 한다.

만약 30일이라는 기간이 경과된 후에 소를 제기한다면 회사에 회복할 수 없는 손해가 발생할 염려가 있는 경우에는 즉시 제소할 수 있다(403조 4항). 따라서 이사가 회사의 재산을 은닉하거나 무자력으로 되는 경우 또는 이사에 대하여 가지는 회사의 채권이 시효로 소멸되거나 회사에 대한 이사의 책임이 해제(450조)될 경우 등은 회사에 회복할 수 없는 손해가 발생할 염려가 있다고 보아 즉시 제소가 가능하다. 또한 전체 이사의 과반수가 이사의 문제된 행위에 관련되어 있거나 이사회에서 이미 문제된 행위를 추인한 경우 등과 같이 회사가 이사에 대한 책임추궁을 위한 소송의 제기를 기대할 수 없는 때에도 제소청구요건을 법률상 강제하는 것은 의미가 없을 뿐만 아니라 일종의 시간낭비이므로 이는 궁극적으로 주주의 이익을 해하는 것이 된다. 따라서 이 경우에는 제소청구가 없어도 즉시 대표소송을 제기할 수 있다.

2) 소송절차
(가) 관   할

법률관계의 획일적 처리와 참가인의 소송참가를 용이하게 하기 위하여 주주의 대표소송은 회사의 본점소재지의 지방법원의 관할에 전속한다(403조 7항, 186조).

(나) 담보의 제공

상법은 소수주주가 대표소송을 제기한 경우에는 피고인 이사는 원고주주가 악의로 소제기를 하였다는 것을 소명하고 주주에게 상당한 담보를 제공할 것을 법원에 청구할 수 있고, 법원은 이에 따라 상당한 담보의 제공을 원고주주에게 명할 수 있다(403조 7항, 176조 3항·4항). 여기서의 악의라 함은 이사에 대한 악의로서 피고이사를 해한다는 것을 아는 것으로 족하고 굳이 부당하게 피고이사를 해할 의사가 있는 것까지를 요하지는 않는다. 만약 원고주주가 법원이 명한 담보제공을 하지 아니한 때에는 법원은 변론 없이 판결로 소를 각하할 수 있다(민사소송법 124조).

담보제공이라는 제도를 둔 목적은 위협소송 또는 착취소송의 방지를 통하여 회사를 보호하려는 데 있으며, 직접적으로는 피고인 이사가 원고주주에 대하여 가질 수 있는 손해배상청구권을 담보하는 기능을 한다. 그러므로 담보권자는 피고이사이다. 그러나 담보제공제도는 위협소송뿐만 아니라 법원의 판단이 요구되는 소송까지도 함께 억제하는 역효과를 낳을 수 있다.

(다) 소송고지

주주가 대표소송을 제기한 때에는 지체 없이 회사에 대하여 소송의 고지를 하여야 할 법률상 의무를 부담한다(404조 2항). 이 소송고지에 의하여 회사는 소수주주의 소제기사실을 알게 되고 소송에 참가할 수 있는 기회를 가지게 된다. 주주가 이러한 의무를 이행하지 아니한 경우에는 회사에 대하여 손해배상책임을 진다.

(라) 소송참가

회사는 주주의 대표소송에 참가할 수 있다(404조 1항). 이러한 회사의 소송참가는 주주의 대표소송제기 고지의 유무에 불구하고 인정되며, 다른 주주의 소송참가도 인정된다고 본다. 그리고 원고주주가 제소요건을 결하여 각하판결이 내려지기 전에 회사가 공동소송참가를 하는 것도 가능하다[주요판례 3]. 회사 또는 다른 주주의 소송참가를 인정하고 있는 이유는 첫째, 회사를 위하여 제기된 주주의 대표소송에 관한 별소를 제기할 수 없고, 둘째, 대표소송이 원고주주와 피고이사간의 금품 등의 수수에 따라 공모소송으로 되는 것을 방지할 수 있고, 셋째, 원고주주의 회사경영에 관한 정보의 부족으로 인한 소송수행상의 어려움을 회사의 직접적인 소송참가를 통하여 해결할 수 있기 때문이다. 그러나 현실적으로는 회사의 소송참가는 주주의 회사에 대한 제소청구를 하지 않고 바로 대표소송을 제기하는 경우 이외에는 그다지 큰 의미가 없다. 왜냐하면 주주의 제소청구를 거부하여 제기된 대표소송에 회사의 소송참가를 다시 인정한다는 것은 현실성이 없기 때문이다.

(마) 재　심

소수주주가 제기한 대표소송에서 소송의 양당사자인 원고와 피고의 공모로 인하여 소송의 목적인 회사의 권리를 사해(詐害)하는 경우를 생각할 수 있다. 이에 대하여 상법은 따로 조문을 두어 그 확정된 종국판결에 대하여 재심의 소를 제기할 수 있는 권리를 회사나 주주에게 부여하고 있다(406조 1항). 재심의 소를 인정하는 주요한 목적은 소송참가를 허용하는 이유와 마찬가지로 대표소송에 있어서 원고주주와 피고이사간의 공모로 인한 공모소송, 모해소송, 담합소송을 방지하는 데 있다. 따라서 단순히 원고의 태만이나 경솔 기타 불성실로 회사의 권리가 침해된 경우에는 재심의 소가 인정되지 않는다.

재심의 소의 제기권자는 회사 또는 주주이다. 사해판결에서 공모자는 당연히 재심의 소의 제기권을 가질 수 없다. 또한 이 경우에는 회사에 대한 소제기청구권 등과 같은 제소 전의 절차를 거칠 필요가 없으며 소수주주권이 없는 단독주주도 재심의 소를 제기할 수 있다. 이 밖의 사항은 민사소송법의 일반적 적용을 받는다. 그러나 상법 제405조에 규정된 소송비용상의 특칙은 재심의 소에 여전히 적용된다.

(바) 벌　칙

대표소송에 관하여 부정한 청탁을 받고 재산상의 이익을 수수, 요구 또는 약속한 자는 1년 이하의 징역 또는 300만 원 이하의 벌금에 처한다(631조 1항 2호).

3) 소송의 종결
(가) 소의 취하, 화해 또는 청구의 포기와 인낙

대표소송을 제기하고 진행하는 절차는 간단하지 않을 뿐만 아니라 많은 시간과 노력 그리고 기타 비용을 필요로 하기 때문에 소의 취하, 화해 또는 청구의 포기는 소송을 단축시켜 비용을 절약할 수 있다는 점에서 매우 경제적이다. 사실 원고의 제소능력이나 소송수행의욕의 결여와 같은 구체적인 사정을 고려하지 않은 채 일단 소를 제기하였으면 계속하여 소송을 진행하도록 강요하는 것은 가혹한 것이기 때문에 소의 취하 또는 화해 등이 허용된다. 하지만 원고주주와 피고이사 간의 야합에 따른 부당한 화해 또는 취하 등을 하는 경우에는 회사와 다른 주주의 이익이 침해된다. 이 때문에 소의 취하 또는 화해, 청구의 포기, 인낙(認諾)을 할 수 없다고 하였다(403조 6항). 그런데 이러한 우려는 회사가 직접 이사를 상대로 소송을 수행하는 경우에도 마찬가지로 발생하기 때문에(예컨대 소송수행자인 감사와 이사의 통모로 인한 경우) 회사도 화해 등의 금지대상에 포함된다.[1]

(나) 판결의 효력

소송법상 일반적으로 승소한 본안판결에 의해 보호받을 수 있는 실제적 이익이 귀속되는 주체는 스스로 자신의 권리를 주장한 원고이다. 그러나 대표소송의 경우 승소할 경우 그 소송의 결과로써 발생한 손해의 회복은 소송의 성질상 당연히 회사에 귀속된다. 즉 주주의 대표소송은 주주가 실질적으로는 회사의 대표기관적 지위에 서서 수행하는 것이며 소송의 형식적 측면에서는 주주가 회사의 대표자로서 소송을 하는 것은 아니며 타인인 회사의 이익을 위하여 원고로서 이사를 피고로 소송을 하여 판결을 받을 수 있는 자격권능이 인정된 경우로서 이른바 제 3 자의 소송담당의 한 형태이다. 이는 제403조 제 3 항이 "회사를 위하여 소를 제기할 수 있다"라고 규정한 것에서 더욱 명확해진다. 이러한 이유 때문에 원고주주가 받은 판결은 본래의 실질적 이익주체로서의 회사 자신이 판결을 받은 것과 동일한 효력을 가지게 되어 다른 주주는 중복하여 동일한 주장을 할 수 없게 된다. 왜냐하면 원고주주가 받은 판결은 승소 또는 패소의 여하와는 상관없이 그 기판력이 회사에 미치며 원고주주 이외의 다른 주주에게도 일종의 반사적 효력이 미치는 것으로 해석되기 때문이다.

(다) 소송비용의 부담

(a) 원고가 승소한 경우

대표소송을 제기한 원고주주가 승소한 때에는 민사소송법에 따라 패소한 피고이사가 소송비용을 부담하게 된다(민사소송법 98조). 이 경우 원고주주는 상법에 따라 회사에 대하여 소송비용 외의 소송으로 인한 지출한 비용 중 상당한 금액의 지급을 청구할 수 있다(405조 1항). 여기서의 승소한 경우라 함은 전부승소는 물론이고 일부승소를 포함하는 개념이다.

(b) 원고가 패소한 경우

대표소송의 원고주주가 패소한 경우에는 스스로가 소송의 비용을 부담하여야 한다(민사소송법 98조). 만약 이 경우 주주가 악의인 경우에는 회사에 대하여 손해를 배상할 책임을 진다(405조 2항). 여기서의 악의라 함은 '회사를 해할 것을 알고 부적당한 소송을 수행한 경우'를 말한다.

---

1) 이철송, 841면.

3. 다중대표소송

(1) 의　　의

자회사의 이사가 임무를 게을리함으로 인해 자회사에 손해가 발생한 경우 모회사의 주주가 자회사의 이사를 상대로 대표소송을 제기하는 것을 다중대표소송 (multiple derivative suit) 또는 이중대표소송(double derivative suit)이라고 하여 미국에서는 오래전부터 판례에 의해 이를 인정해 왔는데, 우리나라에서는 2004년 대법원이 이를 인정하지 않은 바 있으나,[1] 2020년 개정상법은 이를 '다중대표소송'이라는 이름으로 도입하였다.

(2) 소제기의 요건

모회사 발행주식총수의 100분의 1 이상에 해당하는 주식을 가진 주주는 자회사에 대하여 자회사 이사의 책임을 추궁할 소의 제기를 청구할 수 있다(406조의2 1항). 이 청구를 받고도 자회사가 30일 내에 소를 제기하지 아니하면 그 청구를 한 주주는 즉시 자회사를 위하여 소를 제기할 수 있으며(406조의2 2항), 이 기간의 경과로 인하여 회사에 회복할 수 없는 손해가 생길 염려가 있는 때에는 회사에 소제기를 청구하지 않고 즉시 다중대표소송을 제기할 수 있다(406조의2 3항, 403조 4항).

다중대표소송의 대상이 되는 자회사의 범위는 상법 제342조의2에 따라야 한다. 상법 제342조의2 제3항은 자회사에의 범위에 손자회사도 포함하고 있으므로 다중대표소송의 대상은 자회사의 이사뿐만 아니라 손자회사의 이사도 포함된다. 증손회사 이하의 회사를 자회사에 포함할 것인지에 대해서는 견해가 나뉘고 있다.

모회사의 주주가 대표소송 제기를 위한 청구를 한 후에 모회사가 보유한 자회사의 주식이 자회사 발행주식총수의 100분의 50 이하로 감소한 경우에도 제소의 효력에는 영향이 없으나(406조의2 4항), 발행주식을 1주도 보유하지 않게 되는 경우에는 청구는 각하된다.

한편, 6개월 전부터 계속하여 상장회사 발행주식총수의 1만분의 50(0.5%) 이상

---

1) 대법원은 "지배회사와 종속회사는 상법상 별개의 법인격을 가진 회사이고, 대표소송의 제소자격은 책임추궁을 당하여야 하는 이사가 속한 당해 회사의 주주로 한정되어 있으므로, 종속회사의 주주가 아닌 지배회사의 주주는 제403조, 제415조에 의하여 종속회사의 이사 등에 대하여 책임을 추궁하는 이른바 이중대표소송을 제기할 수 없다"고 하면서(대법원 2004. 9. 23. 선고 2003다49221 판결) 모회사 주주의 원고적격을 부인하면서 다중대표소송을 인정한 원심을 인정하지 않았다.

에 해당하는 모회사의 주식을 보유한 자는 자회사의 이사에 대하여 다중대표소송
을 제기할 수 있다(542조의6 7항). 또한 2020년 개정상법은 이러한 상장회사의 주주
는 상법 제542조의6에 의한 소수주주권 행사요건과 일반규정에 따른 소수주주권
행사요건을 선택적으로 주장하는 것도 가능하도록 하였다(542조의6 10항).

(3) 절   차

다중대표소송은 자회사의 본점소재지의 지방법원의 관할에 속한다(406조의2 5
항). 다중대표소송의 다른 절차적인 부분은 대표소송의 경우와 동일하다. 즉 남소의
억제를 위해서 자회사의 이사는 대표소송을 제기한 주주의 악의를 소명하여 상당
한 담보를 제공하도록 할 수 있고(406조의2 3항, 176조 3항·4항), 제소주주가 자회사에
소송고지를 하여야 하므로 자회사도 다중대표소송에 소송참가가 가능하며(406조의
2 3항, 404조), 다중대표소송은 법원의 허가 없이 소의 취하, 청구의 포기·인락·화해
가 불가능하다(406조의2 3항, 403조 6항). 그리고 제소주주가 승소하면 자회사에 대하
여 소송비용을 청구할 수 있고(406조의2 3항, 405조), 원고의 피고의 공모로 회사의
권리를 사해할 목적으로 다중대표소송의 판결을 하게 한 때에는 회사 또는 주주는
종국판결에 대하여 재심의 소를 제기할 수 있는 것도(406조의2 3항, 406조) 일반적인
대표소송의 경우와 동일하다.

4. 직무집행정지 및 직무대행자

이사가 가지는 회사법상 지위의 중요성에 비추어본다면 이사의 지위에 다툼이
있어 당해 이사의 지위가 그 지위를 상실할 수 있음에도 불구하고 계속 그 직무를
수행하도록 두는 것은 향후 거래당사자간 권리의무의 복잡성 등을 야기할 문제가
있으므로 이사의 직무집행을 일시적으로 중단시킬 수 있는 제도적 장치가 필요하
다. 이에 상법은 이사직무집행정지가처분(민사집행법 300조)과 직무대행자의 선임(407
조 1항)에 관한 규정에 의하여 해결하고 있다. 법원은 당사자의 신청에 의하여 가처
분을 변경 또는 취소할 수 있다(407조 2항).

직무대행자는 가처분명령에 다른 정함이 있거나 법원의 허가가 있는 경우 외
에는 상무(常務)에 속하지 아니한 행위를 하지 못한다[주요판례 4].

Ⅲ. 주요판례·문제해설

1. 주요판례

(1) 대법원 2013. 9. 12. 선고 2011다57869 판결 — 신세계 주주대표소송사건

여러 주주들이 함께 대표소송을 제기하기 위하여는 그들이 회사에 대하여 이사의 책임을 추궁할 소의 제기를 청구할 때와 회사를 위하여 그 소를 제기할 때 보유주식을 합산하여 상법 또는 구 증권거래법이 정하는 주식보유요건을 갖추면 되고, 소 제기 후에는 보유주식의 수가 그 요건에 미달하게 되어도 무방하다. 그러나 대표소송을 제기한 주주 중 일부가 주식을 처분하는 등의 사유로 주식을 전혀 보유하지 아니하게 되어 주주의 지위를 상실하면, 특별한 사정이 없는 한 그 주주는 원고적격을 상실하여 그가 제기한 부분의 소는 부적법하게 되고, 이는 함께 대표소송을 제기한 다른 원고들이 주주의 지위를 유지하고 있다고 하여 달리 볼 것은 아니다.

(2) 대법원 2002. 7. 12. 선고 2001다2617 판결 — 파산시 대표소송 당사자

상법 제399조, 제414조에 따라 회사가 이사 또는 감사에 대하여 그들이 선량한 관리자의 주의의무를 다하지 못하였음을 이유로 손해배상책임을 구하는 소는 회사의 재산관계에 관한 소로서 회사에 대한 파산선고가 있으면 파산관재인이 당사자 적격을 가진다고 할 것이고(파산법 제152조), 파산절차에 있어서 회사의 재산을 관리·처분하는 권리는 파산관재인에게 속하며(파산법 제 7 조), 파산관재인은 법원의 감독하에 선량한 관리자의 주의로써 그 직무를 수행할 책무를 부담하고 그러한 주의를 해태한 경우에는 이해관계인에 대하여 책임을 부담하게 되기 때문에(파산법 제154조) 이사 또는 감사에 대한 책임을 추궁하는 소에 있어서도 이를 제기할 것인지의 여부는 파산관재인의 판단에 위임되어 있다고 해석하여야 할 것이고, 따라서 회사가 이사 또는 감사에 대한 책임추궁을 게을리 할 것을 예상하여 마련된 주주의 대표소송의 제도는 파산절차가 진행 중인 경우에는 그 적용이 없고, 주주가 파산관재인에 대하여 이사 또는 감사에 대한 책임을 추궁할 것을 청구하였는데 파산관재인이 이를 거부하였다고 하더라도 주주가 상법 제403조, 제415조에 근거하여 대표소송으로서 이사 또는 감사의 책임을 추궁하는 소를 제기할 수 없다고 보아야 할 것이며, 이러한 이치는 주주가 회사에 대하여 책임추궁의 소의 제기를 청구하였지만 회사가 소를 제기하지 않고 있는 사이에 회사에 대하여 파산선고가 있은 경우에

도 마찬가지이다.

(3) 대법원 2002. 3. 15. 선고 2000다9086 판결 — 회사의 공동소송참가

주주의 대표소송에 있어서 원고 주주가 원고로서 제대로 소송수행을 하지 못하거나 혹은 상대방이 된 이사와 결탁함으로써 회사의 권리보호에 미흡하여 회사의 이익이 침해될 염려가 있는 경우 그 판결의 효력을 받는 권리귀속주체인 회사가 이를 막거나 자신의 권리를 보호하기 위하여 소송수행권한을 가진 정당한 당사자로서 그 소송에 참가할 필요가 있으며, 회사가 대표소송에 당사자로서 참가하는 경우 소송경제가 도모될 뿐만 아니라 판결의 모순·저촉을 유발할 가능성도 없다는 사정과, 상법 제404조 제1항에서 특별히 참가에 관한 규정을 두어 주주의 대표소송의 특성을 살려 회사의 권익을 보호하려한 입법 취지를 함께 고려할 때, 상법 제404조 제1항에서 규정하고 있는 회사의 참가는 공동소송참가를 의미하는 것으로 해석함이 타당하고, 나아가 이러한 해석이 중복제소를 금지하고 있는 민사소송법 제234조에 반하는 것도 아니다. 비록 원고 주주들이 주주대표소송의 사실심 변론종결시까지 대표소송상의 원고 주주요건을 유지하지 못하여 종국적으로 소가 각하되는 운명에 있다고 할지라도 회사인 원고 공동소송참가인의 참가시점에서는 원고 주주들이 적법한 원고적격을 가지고 있었다고 할 것이어서 회사인 원고 공동소송참가인의 참가는 적법하다고 할 것이고, 뿐만 아니라 원고 주주들의 주주대표소송이 확정적으로 각하되기 전에는 여전히 그 소송계속 상태가 유지되고 있는 것이어서, 그 각하판결 선고 이전에 회사가 원고 공동소송참가를 신청하였다면 그 참가 당시 피참가소송의 계속이 없다거나 그로 인하여 참가가 부적법하게 된다고 볼 수는 없다.

(4) 대법원 1991. 12. 24. 선고 91다4355 판결 — 직무대행자의 행위

직무대행자는 가처분명령에 다른 정함이 있는 경우 외에는 회사의 상무(常務)에 속하지 아니한 행위를 하지 못한다. 법원의 허가가 있는 경우에는 상무에 속하지 아니한 행위라 하더라도 할 수 있다. 대법원판례는 상무를 "회사의 영업을 계속함에 있어 통상의 업무 범위 내의 사무, 즉 회사의 경영에 중요한 영향을 미치지 않는 보통의 업무"라고 정의한다.

2. 문제해설

사안의 핵심은 A의 행위가 상법상 이사의 책임을 물을 수 있는 행위에 해당하는가이다. A에게 책임을 묻기 위해서는 A의 행위로 인하여 회사에 손해가 발생하여야 하는데, A가 고의 또는 과실로 법령 또는 정관에 위반한 행위를 하거나 그 임무를 게을리하였어야 한다. 우선 법령 또는 정관에 위반한 행위를 한 것으로 보이지 않으므로, 결국 임무를 게을리하였느냐를 판단하여야 한다. 대표이사가 이사회의 논의를 거치지 아니하고 독자적인 판단으로 대규모의 금액을 지원하였다면 주의를 다하지 못했다고 볼 수 있을 것이다(물론 후술하는 경영판단의 원칙의 적용대상이 될 수도 있을 것이다). 이와 같이 A의 행위가 제399조에 해당되면 B는 발행주식 총수의 100분의 1 이상을 가진 주주에 해당되므로 회사에 대하여 A에 대한 대표소송의 제기를 청구할 수 있는 자격이 있다. 이러한 청구를 함에 있어서는 그 이유를 기재한 서면으로 하여야 하며, 청구가 있은 날로부터 30일 내에 소를 제기하지 않으면 주주는 직접 회사를 위하여 소를 제기할 수 있다. 30일의 기간의 경과로 인하여 회사에 회복할 수 없는 손해가 생길 염려가 있는 경우에는 즉시 소를 제기할 수 있다.

[18]   경영판단의 원칙

Ⅰ. 사   례

1. 사실관계

甲주식회사는 대표이사인 A가 관계회사의 부도를 막기 위하여 독자적인 판단 하에 대규모의 금액을 지원하였다가 막대한 손실을 입게 되었다. 甲회사가 발행한 주식 총수의 1%를 보유한 B는 수차에 걸쳐 甲회사에 대하여 A의 책임을 추궁하라고 요구하였으나 받아들여지지 않고 있다.

2. 검   토

B의 주주대표소송에 대하여 A는 경영판단의 원칙을 이유로 자신이 책임이 없다는 주장을 할 수 있는가?

II. 주요법리

1. 경영판단의 원칙

(1) 의   의

경영판단의 원칙(business judgment rule)은 19세기 후반부터 미국 판례법에 의하여 발전하여 온 이론으로서 통상 다음과 같이 정의되고 있다. 즉 이사가 회사 및 그 자신의 권한 내에서 경영상의 결정을 내린 경우에는 그 결정에 합리적인 근거가 있고 또 그가 회사의 최선의 이익으로 된다는 것을 정직하게 믿은 것 이외에는 아무런 영향을 받지 않고 그 자신의 독자적인 재량과 판단의 결과로써 그 결정을 내린 것이라면 법원은 이사의 행위를 금지·취소하거나 또는 결과적으로 발생한 손해에 대하여 이사에게 배상책임을 과하기 위하여 내부적 경영에 간섭하거나 이사의 판단에 갈음하여 스스로 판단할 수 없다는 것이다.

미국 판례에 의하여 이러한 이론이 발전되어 온 것은 기업경영자인 이사에 대하여 넓은 자유재량을 부여하여 이사를 경영상의 실패에 의한 법적 책임이라는 정신적 부담감에서 해방시킴으로써 기업의 발전을 기대할 수 있다는 이유와 이사는 주주들에 의하여 회사를 경영하는 데 있어 가장 좋은 적임자로 선임되었기 때문에 복잡한 사실관계가 따르는 기업경영에 관한 판단에 대하여 법원이 사후적으로 개입한다는 것은 적절하지 못하다는 데 있다. 따라서 경영판단의 원칙은 이사의 의무위반을 결정함에 있어서 고려하여야 할 원칙으로서 업무집행의 결과에 대한 이사의 책임을 구제하는 수단으로 활용될 수 있는 것이다.

(2) 근   거

경영판단의 원칙의 근거로서 몇 가지를 들면 다음과 같다.

첫째, 기업 및 경영판단의 특성에 기인한다. 자유경쟁 하에 있는 기업경영을 성공시키기 위해서는 적어도 타기업에 앞서는 독창적인 기획, 진중한 예측, 과감한 실행이 불가결하지만 이것은 당연히 위험(risk)을 수반한다. 이사가 소극적인 안전책만을 강구한다면 경영의 활력을 잃게 되고 회사의 존립마저도 위태로울 수 있기 때문에 이사는 회사에 이익을 가져다주는 위험 가운데 어느 것을 인수할 것인가를 판단하여 단행하지 않으면 안 된다. 그러나 이사가 판단할 때의 자료는 그 당시에 입수한 것에 국한되기 때문에 만약 법원이 사후적인 자료를 근거로 하여 이사가 내린 경영판단을 심사한다면 이사는 적극적인 경영을 행하지 못할 것이다. 따라서 경영판단의 원칙은 경영자의 수완을 발휘시키고 사기업을 발전하게 하기 위하여 불가결하다.

둘째, 이사는 회사의 경영을 위임받았지만 경영을 반드시 성공시킬 것까지 인수하거나 수탁받은 것은 아니다. 이사가 최선을 다하여도 판단의 잘못은 있을 수 있고 이로 인하여 회사가 손해를 입을 수 있기 때문에 이사가 그 지위에 취임한 이상은 경영의 성공을 보증하여야만 한다는 것은 결국 이사직에 합당한 인재를 구할 수 없게 된다.

셋째, 주주는 원래 공동기업의 출자자로서 기업상의 위험을 인수하여 스스로 이사를 선임하고 이에 경영의 전권(全權)을 위임한 것이다. 따라서 주주 자신조차도 실패할지 모르는 기업경영을 제3자인 이사에게 위임한 이상은 경영의 완전한 성공을 요구할 자격은 없고 스스로 선임한 자의 경영수완에 대하여는 주주 자신이 책임을 부담하여야 한다.

넷째, 경영판단은 각 이사의 경영수완이라는 주관적 요청에 의하여 좌우된다. 주주는 이사 각인의 개성을 신뢰하여 경영을 위임한 것이지 법원에 대하여 경영을 위임한 것은 아니다. 이사가 내린 경영판단이 판단 당시에 있어 타당한가의 여부를 법원이 판정하고 법원의 사후적인 경영판단으로써 이사의 경영판단에 갈음한다는 것을 인정한다면 법원을 초(超)이사회로서의 지위에 두는 것인데 이와 같은 것은 회사법의 구조상 허용될 수 없는 것이고 법원 자체도 이러한 직무를 담당하는 데 적합한 기관이라고 말할 수 없다.

끝으로 회사는 주주 전체의 이익을 위하여 경영되어야 한다. 구체적인 경영정책의 선택에 관하여 개개의 주주가 이사들의 판단이 잘못되었다 하여 해당주주의 판단을 채택할 것을 청구할 수 있다고 하면 회사의 경영에 대하여 불만을 가진 주주로부터의 소송에 의하여 회사경영이 혼란에 빠진다는 것은 분명하다. 회사간의 생존경쟁은 더욱 극심해지고 있고, 개인의 판단이나 가치관이 다양한 상황에서 방대한 자료와 정보를 소화하여 단시간 내에 정확하게 경영방침을 결정하는 것은 용이한 일이 아니다. 이사의 경영판단은 개개의 주주에 대하여 설사 인기가 없더라도 경우에 따라서는 강행시킬 필요가 있기 때문에 주주의 남소를 방지하기 위하여서도 경영판단의 원칙을 활용하는 것은 중요한 과제인 것이다.

2. 경영판단의 원칙과 주의의무 및 충실의무와의 관계

경영판단의 원칙을 우리 상법에서 인정한다면 임무를 게을리함으로 인한 이사의 책임요건으로서 과실의 개념과 어떻게 결부되느냐가 관건이다. 만약 경영판단의 원칙이 단순히 과실이 없는 또는 합리적이라고 생각되는 판단을 이사가 내렸으나 결과적으로 잘못된 판단이었을 경우에 그 판단을 내린 이사는 책임을 부담하지 않는다는 것을 의미하는 것이라면 경영판단의 원칙에 대하여 우리 상법상 특별한 의의를 부여할 것이 없다.

그러나 경영판단의 원칙은 이사가 상당한 주의를 다하여 알 수 있는 정보와 자료를 근거로 하여 경영상의 결정을 내린 경우에 한하여 결정의 결과로부터 이사를 보호하는 원칙에 지나지 않는 것이지, 이사가 문제된 거래와 관련되는 충분한 자료와 정보의 수집에 대하여 상당한 노력을 하지 않더라도 경영상의 판단이라는 이유로 이사를 보호하자는 것은 아니다[주요판례 1]. 이사가 회사에 미칠 것으로 예상되는 이익 및 불이익의 정도 등에 관하여 합리적으로 이용 가능한 범위 내에서 필요한 정보를 충분히 수집·조사하고 검토하는 절차를 거친 다음, 이를 근거로 회사의 최대 이익에 부합한다고 합리적으로 신뢰하고 신의성실에 따라 경영상 판단을 내렸고, 그 내용이 현저히 불합리하지 않은 것으로서 통상의 이사를 기준으로 할 때 합리적으로 선택할 수 있는 범위 안에 있는 것이라면 비록 사후에 회사가 손해를 입는 결과가 발생하였다고 하더라도 이는 허용되는 경영판단의 범위 안에 드는 것이어서 회사에 대하여 손해배상책임을 부담하는 것은 아니다[주요판례 2]. 또 경영판단의 과정을 살펴보면 사전에 정보와 자료 등을 준비하는 부분과 이러한 정보와 자료를 근거로 하여 의사결정을 하는 부분으로 대별할 수 있는데 과실, 즉 주의의무위반이 문제되는 것은 전자로 볼 수 있다. 왜냐하면 전자에 있어서는 합리적인 기업인으로서 어느 정도의 조사와 준비를 할 수 있는가를 객관적으로 결정할 수 있으나 후자, 즉 의사결정(판단) 자체에 있어서는 어느 정도의 투기성과 기업위험을 수반하는 수많은 선택 중에서 어느 것을 결정하느냐는 이사 개인이 경영능력을 발휘하여야 할 분야이고 매우 개성적인 행위이므로 일반기업인의 평균적인 판단으로써 평가하여 단순히 주의의무의 문제로서 처리할 수 없기 때문이다. 오히려 이러한 부분에 대하여는 이사의 독자적인 재량에 맡기어 설사 이사의 경영판단이 잘못되어 회사에 손해를 끼쳤다 하더라도 법원이 이에 간섭하지 않는 것이 이사의 창의와 기업가정신을 위축시키지 않고 경영활력을 가져다 줄 수 있다. 따라서 경영판단의 원칙은 주의의무와 같이 책임기준에 관한 것이거나 이사의 면책을 목적으로 하는 것이 아니라, 이사의 경영판단에 대한 법원의 심사범위를 판단에 이르기까지의 준비절차에 한정한다.

3. 경영판단의 원칙의 적용배제

이사의 행위가 법령에 위반한 경우에는 그 행위 자체가 회사에 대한 채무불이행이 된다. 제399조 제1항의 법령위반은 임무를 게을리함을 추정가능하게 하는 전형적인 경우이다. 이에 대법원은 그로 인하여 회사에 손해가 발생하였다면 특별한 사정이 없는 한 손해배상책임을 면할 수 없으므로 그러한 법령위반행위에 대해서는 당초부터 경영판단의 원칙의 적용을 배제하는 입장을 취하고 있다[주요판례 3]. 그러나 이사의 임무를 게을리함이 추정될 법령위반행위에서의 법령의 범위를 제한하지 않는다면 이사의 책임이 부당하게 넓게 인정될 위험이 있다. 이에 대법원은 제399조 제1항에서의 '법령'이라 함은 "일반적인 의미에서의 법령, 즉 법률과 그 밖의 법규명령으로서의 대통령령, 총리령, 부령 등"을 의미하고[주요판례 3], 구체적으로는 "이사로서 임무를 수행함에 있어서 준수하여야 할 의무를 개별적으로 규정하고 있는 상법 등의 제 규정과 회사가 기업활동을 함에 있어서 준수하여야 할 제 규정"을 뜻하는 것으로 설시하고 있다.[1] 그리하여 예컨대, 상법상 자기주식의 취득금지규정(341조, 622조, 625조 2호)을 비롯하여[2] 뇌물공여를 금지하는 형법규정과[3] 구 보험업법상 보험계약자 또는 피보험업자에 대한 특별이익의 제공금지규정은 경영판단의 원칙의 적용이 배제되는 법령에 해당한다.[4]

이와는 달리 종합금융회사 업무운용지침,[5] 외화자금거래취급요령, 외국환업무·외국환은행신설 및 대외환거래계약체결 인가공문, 외국환관리규정, 종합금융회사 내부의 심사관리규정 등은 제399조 제1항의 법령에 포함되지 않는다. 그러므로 설령 이사가 이들 규정을 위반하더라도 경영판단의 원칙이 적용될 여지가 있어 그 결과 선량한 관리자의 주의의무위반으로 인해 임무를 게을리함이 인정되지 않

---

1) 대법원 2005. 10. 28. 선고 2003다69638 판결; 대법원 2007. 9. 20. 선고 2007다25865 판결.
2) 대법원 2007. 7. 26. 선고 2006다33609 판결; 대법원 2007. 7. 26. 선고 2006다33685 판결.
3) 대법원 2005. 10. 28. 선고 2003다69638 판결.
4) 대법원 2006. 7. 6. 선고 2004다8272 판결.
5) 대법원 2004. 9. 24. 선고 2004다3796 판결; 대법원 2005. 1. 14. 선고 2004다34349 판결.

을 수도 있다.[1]

Ⅲ. 주요판례·문제해설

1. 주요판례

(1) 대법원 2005. 5. 27. 선고 2004다8128 판결 — 선관주의의무위반과 경영판단

주식회사의 이사는 회사를 둘러싼 복잡하고 유동적인 여러 상황 아래에서 그 임무를 수행하기 위하여 전문적인 지식과 경험에 기초하여 여러 가지 사정들을 고려하여 경영상의 판단을 하여야 하고, 이와 같은 이사의 경영상 판단에는 그 성질상 폭넓은 재량이 인정되어야 하는 것이므로, 이사의 어떠한 판단이 결과적으로 회사에 대하여 손해를 초래하였다고 하더라도 그것만으로 곧바로 이사에게 선관주의의무위반이 있었다고 단정할 수는 없는 것이고, 이사에 의한 직무수행이나 경영판단의 특수성을 충분히 배려하고 가혹한 책임의 위협에 의하여 회사경영을 부당하게 위축시키지 않도록 하는 한편 이사가 적당한 견제를 받도록 하여 이사에게 경영자로서의 합리적인 재량을 확보할 수 있도록 구체적인 사안에서 회사의 규모, 사업내용, 문제가 된 거래나 사업계획의 내용과 필요성, 당해이사의 지식경험과 담당업무, 당해 사업계획 등에 관여한 정도 그 밖에 여러 가지 사정을 종합적으로 고려하여 이사에게 선관주의의무위반이 있는지 여부를 개별적·구체적으로 판단하여야 한다.

(2) 대법원 2007. 10. 11. 선고 2006다33333 판결 — 관계회사 지원과 경영판단

회사의 이사가 법령에 위반됨이 없이 관계회사에게 자금을 대여하거나 관계회사의 유상증자에 참여하여 그 발행신주를 인수함에 있어서, 관계회사의 회사영업에 대한 기여도, 관계회사의 회생에 필요한 적정 지원자금의 액수 및 관계회사의 지원이 회사에 미치는 재정적 부담의 정도, 관계회사를 지원할 경우와 지원하지 아니할 경우 관계회사의 회생가능성 내지 도산가능성과 그로 인하여 회사에 미칠 것으로 예상되는 이익 및 불이익의 정도 등에 관하여 합리적으로 이용 가능한 범위 내에서 필요한 정보를 충분히 수집·조사하고 검토하는 절차를 거친 다음, 이를 근거로 회사의 최대 이익에 부합한다고 합리적으로 신뢰하고 신의성실에 따라 경영

---

1) 대법원 2006. 11. 9. 선고 2004다41651, 41668 판결.

상의 판단을 내렸고, 그 내용이 현저히 불합리하지 않은 것으로서 통상의 이사를 기준으로 할 때 합리적으로 선택할 수 있는 범위 안에 있는 것이라면, 비록 사후에 회사가 손해를 입게 되는 결과가 발생하였다 하더라도 그 이사의 행위는 허용되는 경영판단의 재량범위 내에 있는 것이어서 회사에 대하여 손해배상책임을 부담한다고 할 수 없다. 그러나 회사의 이사가 이러한 과정을 거쳐 이사회결의를 통하여 자금지원을 의결한 것이 아니라, 단순히 회사의 경영상의 부담에도 불구하고 관계회사의 부도 등을 방지하는 것이 회사의 신인도(信認度)를 유지하고 회사의 영업에 이익이 될 것이라는 일반적·추상적인 기대하에 일방적으로 관계회사에 자금을 지원하게 하여 회사에 손해를 입게 한 경우 등에는, 그와 같은 이사의 행위는 허용되는 경영판단의 재량범위 내에 있는 것이라고 할 수 없다.

(3) 대법원 2006. 11. 9. 선고 2004다41651, 41668 판결 — 경영판단의 원칙의 적용 한계

이사가 임무를 수행함에 있어서 법령을 위반한 행위를 한 때에는 그 행위 자체가 회사에 대하여 채무불이행에 해당하므로, 그로 인하여 회사에 손해가 발생한 이상 손해배상책임을 면할 수 없고, 위와 같은 법령을 위반한 행위에 대하여는 이사가 임무를 수행함에 있어서 선량한 관리자의 주의의무를 위반하여 임무해태로 인한 손해배상책임이 문제되는 경우에 고려될 수 있는 경영판단의 원칙은 적용될 여지가 없다. 다만, 여기서 법령을 위반한 행위라고 할 때 말하는 '법령'은 일반적인 의미에서의 법령, 즉 법률과 그 밖의 법규명령으로서의 대통령령, 총리령, 부령 등을 의미하는 것인바, 종합금융회사 업무운용지침, 외화자금거래취급요령, 외국환업무·외국환은행신설 및 대외환거래계약체결 인가공문, 외국환관리규정, 종합금융회사 내부의 심사관리규정 등은 이에 해당하지 않는다.

2. 문제해설

판례는 단순히 회사의 경영상의 부담에도 불구하고 관계회사의 부도 등을 방지하는 것이 회사의 신인도를 유지하고 회사의 영업에 이익이 될 것이라는 일반적·추상적인 기대하에 일방적으로 관계회사에 자금을 지원하게 하여 회사에 손해를 입게 한 경우에는 허용되는 경영판단의 재량범위 내에 있는 것이라고 할 수 없다고 보고 있다[주요판례 2].

[19] 감사 및 감사위원회

Ⅰ. 사   례

1. 사실관계

A는 금융업을 영위하는 甲주식회사의 사실상의 1인주주이면서 동시에 섬유제조업을 하는 乙주식회사와 건설업을 하는 丙주식회사에도 사실상의 1인주주로 되어 있었다. B는 금융업 및 금융회사의 운영에 관해서는 전혀 전문지식을 가지지 못하였음에도 불구하고 A의 절친한 친구라는 이유 때문에 甲회사의 감사로 선임되어 근무하였다.

乙회사는 자금이 필요하다는 서류를 제출하여 甲회사에 대출을 신청하였고, 甲회사의 대표이사인 C는 乙회사가 甲회사에 대하여 부실한 담보를 제공하였음에도 불구하고 乙회사에 대출하게 하였다. B는 乙회사가 甲회사에 대하여 담보를 제공하였다는 사실을 알고는 있었으나 전문지식의 부족으로 담보가 부실한지의 여부를 제대로 파악하지는 못한 상황이었다. 乙회사의 변제자력 부족으로 甲회사가 그 대출금 중 225억 원을 변제받지 못하게 되어 손해를 입게 되었다.

2. 검   토

(1) 甲회사는 B의 주의의무위반으로 인하여 손해를 입었다는 이유로 손해배상청구소송을 제기할 수 있는가?

(2) B는 자신이 경영판단의 원칙에 의하여 보호받기 때문에 책임이 없다고 항변할 수 있는가?

(3) B가 甲회사에 대하여 부담하는 손해배상책임은 A의 동의로 면제할 수 있는가?

Ⅱ. 주요법리

1. 감사제도 일반

(1) 의   의

주식회사에 있어서 기관조직의 기본원리는 의사결정기관·업무집행기관·감사

기관을 분리·독립시켜 기관 상호간의 견제를 통하여 주식회사의 운영을 합법적·
합리적·합목적적으로 운영하도록 하기 위함이다. 따라서 주식회사의 기관들이 제
대로 활동하여야 건전하게 회사가 발전되고, 투자자인 주주는 물론 채권자의 이익
이 보호되는 것이다. 이 중에서 감사기관의 역할은 공정하고 엄중한 업무감사와 회
계감사를 통하여 기업경영의 부실화를 방지함으로써 회사·주주·종업원 기타 이해
관계인의 이익을 보호함에 있으며, 주식회사의 여러 감사기관 중 가장 중요한 기관
은 무엇보다도 감사이다. 주식회사의 감사는 본래 회사의 업무 및 회계의 감사를
주된 임무로 하는 주식회사의 필요·상설기관이기 때문이다.

　　1999년 개정상법은 회사는 정관이 정한 바에 따라 감사에 갈음하여 이사회 내
의 위원회의 하나로서 감사위원회를 설치할 수 있다(415조의2 1항 1문)고 규정하고
감사위원회를 두는 경우에는 감사와의 권한충돌이 필연적으로 발생하므로 감사위
원회를 설치한 경우에는 감사를 둘 수 없다고 규정하고 있다(415조의2 1항). 또한
2009년 5월 개정상법은 자본금 총액이 10억 원 미만인 회사의 경우에 감사 선임을
회사가 자율적으로 선택할 수 있도록 하였다(409조 4항).

　　아무튼 현행법상 감사는 자본금 10억 원 미만인 회사를 제외하고 회사의 회계
및 업무의 감사를 주된 임무로 하는 주식회사의 필요적 상설기관이다. 주식회사의
감사는 필요적 기관이라는 점에서 임의기관인 유한회사의 감사와 다르며, 상설기
관이라는 점에서 임시적 기관인 검사인과 다르다. 또한 주주총회나 이사회가 회의
체를 구성하여 업무집행에 대한 감독권을 행사하는 데 반하여, 감사는 수인인 경우
에도 개별적·독립적으로 그 권한을 행사하는 점에서 차이가 있다.

(2) 선임·자격

1) 선　　임

　　감사는 주주총회에서 보통결의로써 선임된다(409조 1항). 감사선임과 관련한 의
결권 제한에 따른 문제점을 고려하여 회사가 전자투표를 실시하는 경우에는 출석
한 주주의 의결권의 과반수로써 감사의 선임을 결의할 수 있도록 한다(409조 3항).
회사설립시에는 이사와 마찬가지로 발기설립의 경우에는 주식인수인이 갖고 있는
의결권의 과반수로 선임하며(296조), 모집설립의 경우는 창립총회에서 출석한 주식
인수인의 의결권의 3분의 2 이상이며 인수된 주식의 총수의 과반수에 해당하는 다
수로써 선임한다(312조, 309조). 이사와 달리 감사는 집중투표의 대상이 아니며, 설

사 정관에 집중투표를 허용하는 규정을 두더라도 1주1의결권 원칙에 반하여 무효이다(대구지법 2014. 8. 19. 선고 2014가합3249 판결). 단, 대주주가 감사선임에 부당하게 개입하는 것을 막기 위한 의결권제한규정에 따라 발행주식의 100분의 3을 초과하는 주식을 보유하고 있는 주주는 그 초과 부분에 대한 의결권을 행사하지 못한다(409조 2항). 이는 감사선임에 있어서 대주주의 영향력을 배제하여 감사의 독립성을 확보하기 위한 제도라고 볼 수 있다. 회사는 정관으로 이 비율보다 낮은 비율은 정할 수 있으나 높은 비율은 정할 수 없다(409조 3항). 100분의 3 여부를 판단함에 있어서 의결권행사를 위임받은 주식도 포함하는지 여부에 관하여 상법은 상장회사의 경우 감사위원회위원의 선임시에 최대주주의 의결권수를 계산할 때 위임받은 주식도 포함시키고 있다(542조의12 3항, 시행령 38조 1항). 감사선임에 있어서 의결권제한은 다른 입법례에서는 찾아보기 힘든 우리 상법의 특색으로 볼 수 있다. 감사를 선임한 때에는 그 성명과 주소를 등기해야 한다(317조 2항 8호).

한편 상장법인으로서 대통령령이 정하는 법인(현재 자산총액 1,000억 원 이상인 법인)은 소정의 자격을 가진 1인 이상의 상근감사를 두거나, 이에 대체하여 감사위원회를 두어야 한다(542조의10 1항, 시행령 36조 1항).

감사는 법원에 의하여 선임되는 경우가 있다. 즉 ① 감사가 퇴임으로 인하여 결원이 생긴 경우, ② 감사선임결의의 무효나 취소 또는 감사해임의 소가 제기된 경우에 법원은 당사자의 신청에 의하여 가처분으로써 감사의 직무집행을 정지할 수 있고, 또는 감사의 직무를 대행할 자를 선임할 수 있다. 급박한 사정이 있는 때에는 본안소송의 제기 전에도 가처분을 할 수 있다(415조, 386조, 407조). 이에 관하여는 이사에 관한 규정이 준용된다.

2) 감사선임결의의 하자

감사선임결의의 하자가 있는 경우에 그 감사의 직무집행정지와 직무대행자선임의 가처분제도는 이사의 경우와 동일하다(415조, 407조 1항·2항).

3) 자   격

감사의 자격에는 제한이 없으나, 회사 및 자회사의 이사·지배인 기타의 사용인은 감사의 직무를 겸하지 못한다(411조). 이는 감사가 감독기관인 성질상 그 임무수행의 독립성과 공정성을 확보하려는 취지이다. 즉 감사가 이사와의 겸임을 금지하는 이유는 감사에 의한 감사의 대상이 이시의 직무집행의 감사이므로(412조 1항),

그 겸임을 인정하는 것은 감사자와 피감사자가 동일하게 되어(자기감사) 감사의 본질상 허용될 수 없기 때문에 명문의 규정이 없더라도 당연하다. 또한 감사가 지배인 기타의 사용인의 직무를 겸하지 못하는 것은 감사는 필요에 따라서 지배인 등 사용인의 행위를 감사대상으로 하는 경우가 있어 자기감사를 피하는 동시에, 지배인 등은 회사의 업무집행에 있어서 통상 이사의 지시와 감독을 받으므로 그 겸임을 인정하는 것은 이사에 대한 감사의 독립성으로 유지하기 어렵기 때문이다. 또 감사가 자회사의 이사·지배인·기타의 사용인을 겸하지 못하게 한 이유는 자회사는 모회사(지배회사)의 지배하에 있어, 모회사의 감사가 자회사의 이사직 등을 겸하는 경우에는 결과적으로 모회사의 이사의 지배를 받아 사실상 모회사의 이사의 직무집행을 감사할 수 없기 때문이다. 그러나 모회사의 감사가 자회사의 감사를 겸하는 것은 모자회사 상호간 업무집행에 있어서 관련이 있는 것이 일반적이고, 감사의 독립성에 영향이 없으므로 허용할 수 있다.

여기서 말하는 '사용인'이란 상업사용인만을 말하는 것이 아니라, 공장장·기사 등의 사용인뿐만 아니라 회사를 위한 특수한 업무, 예컨대 회장이나 고문과 같이 회사경영에 지도적인 영향을 미치는 사람, 변호사로서 소송이나 법률상의 사무처리, 건축가로서 건축의 설계를 맡고 있는 경우와 같이, 사용인에 준하는 계속적인 관계가 인정되는 경우에는 감사의 독립성에 문제가 있기 때문에 그러한 사람도 감사로 될 수 없다고 보아야 한다.

이사 또는 지배인 기타의 사용인이 회사의 감사로 선임되거나 또는 이와 반대로 감사가 그 회사의 이사 또는 지배인 기타의 사용인으로 선임된 때에는 그 선임은 각각 선임 당시의 현직을 사임하는 것을 정지조건으로 하여 효력을 가진다고 보는 것이 타당하므로 피선임자가 새로 선임된 지위에 취임하는 것을 승낙한 때에는 종래의 직위를 사임하는 의사표시를 한 것이라고 해석하여야 한다. 따라서 사용인이 감사로 선임된 후 여전히 사실상 사용인으로서 직무를 담당하고 있는 경우에도 그 감사를 당연무효로 볼 수는 없고, 그 감사의 공정성이 문제되면 감사의 임무해태로 인한 책임(414조)이 발생한다. 이에 반하여 감사가 이사로 선임되었음에도 사실상 감사의 직무를 행하는 경우에는 그 감사는 효력이 없다.

그런데 이사 등이 영업연도의 도중에 감사로 된 경우에는 자기가 행한 업무집행에 관하여 스스로 회계감사를 행하는 것으로 된다. 이는 제411조에서 직접 금지되고 있지는 않으나, 적어도 종임하게 된 이사는 그 책임해제 전에는 감사가 될 수 없다.

(3) 감사의 수와 임기

감사의 원수에는 제한이 없으며, 수인의 감사가 있어도 각자 독립적으로 업무를 수행한다. 감사의 임기는 취임 후 3년 내의 최종의 결산기에 관한 정기총회의 종결시까지로 한다(410조). 여기서 3년은 최장기인 동시에 최단기를 의미하므로 정관으로도 연장하거나 단축할 수 없다. 감사의 임기의 종료시점은 '취임 후 3년 내의'의 '최종의 결산기에 관한 정기총회의 종결 시까지'이므로 취임시기와 정기총회의 개최시기에 따라 3년보다 다소 길어지거나 단축될 수 있다. 감사는 제한 없이 재선이 가능하다.

(4) 종 임

감사와 회사와의 관계는 민법의 위임에 관한 규정이 준용되므로(415조, 382조 2항), 감사는 이사와 마찬가지로 위임관계의 종료사유로 종임된다. 다만 이사와 달리 회사의 해산으로 당연히 종임되지 않고, 청산중의 회사의 감사가 된다. 또한 감사는 주주총회의 특별결의에 의하여 언제든지 해임될 수 있다. 다만 감사의 임기가 정하여진 경우에 정당한 이유 없이 그 임기만료 전에 해임된 때에는 그 감사는 회사에 대하여 해임으로 인한 손해배상을 청구할 수 있다(415조, 385조 1항). 감사가 그 직무에 관하여 부정행위 또는 법령이나 정관에 위반한 중대한 사실이 있음에도 불구하고 주주총회에서 그 해임을 부결한 때에는 발행주식 총수의 100분의 3 이상에 해당하는 주식을 가진 주주는 총회의 결의가 있은 날로부터 1월 내에 그 감사의 해임을 법원에 청구할 수 있다(415조, 385조 2항).

감사의 종임에 의하여 법률 또는 정관에서 정한 감사의 최저 인원수를 결한 때에는 지체 없이 주주총회를 소집하여 후임감사를 선임하여야 한다(635조 1항 8호 참조). 이 경우 임기만료 또는 사임으로 인하여 퇴임한 감사는 새로 선임된 감사가 취임할 때까지 감사의 권리·의무가 있다(415조, 386조 1항). 그러나 퇴임감사가 감사의 권리·의무를 갖지 않거나 또는 이를 가지는 것이 부적당한 경우에는(예컨대, 사망·해임 등) 법원은 이해관계인의 청구에 의하여 일시 감사의 직무를 행할 자(임시감사 또는 가감사)를 선임할 수 있다(415조, 386조 2항 참조).

주주총회에서 감사의 해임결의를 함에 있어서 감사는 그 의견을 진술할 수 있는 권리를 가진다(409조의2). 이는 감사에게 자기의 해임의 부당성에 관하여 의견을 진술할 기회를 부여함으로써 해임결의의 적정을 기하고, 아울러 감사의 독립성을 보장하여 감사의 지위를 안정·강화시키기 위함이다. 본조의 규정에 의하여 의견을 진술할 수 있는 감사는 당해 주주총회 당시에 감사로 재직하고 있는 자이다. 해임결의의 대상이 된 본인은 물론이고 다른 감사를 해임하는 경우에도 동료감사가 자신의 의견을 진술할 수 있다. 그러나 감사가 아닌 자는 감사를 대리하여 그 의견을 진술할 수 없다.

감사가 주주총회에서 감사의 해임에 관하여 의견진술을 요구한 경우에는 의장은 감사의 의견진술을 인정하여야 한다. 정당한 이유가 없음에도 감사에게 의견진술의 기회를 주지 않고 감사의 해임결의가 이루어진 때에는 주주총회결의취소의 사유가 된다.

2. 감사의 직무권한

(1) 업무 및 회계감사권

감사는 이사의 직무의 집행을 감사한다(412조 1항). 이는 감사의 권한이자 의무이다. 감사의 감사대상은 제한이 없으므로 회계감사를 포함한 이사의 업무집행 전반에 대하여 감사할 권한과 직무를 가지는 것을 의미한다. 한편, 감사의 업무감사권의 범위에 관하여는 이사회의 이사의 업무집행에 대한 감독권(393조 2항)과 관련하여 학설이 대립된다. 이사회는 이사의 직무집행의 적법성 및 타당성·합목적성 등 업무집행 전반을 감사하고, 감사는 업무집행의 적법성을 감사한다는 점에서는 이론이 없으나, 감사가 이사의 직무집행의 타당성까지 감사할 수 있는가에 관하여는 의견이 일치되지 않는다.

이에 대하여는 ① 감사의 의견과 이사의 의견이 다른 경우에는 업무집행을 할수 없고, 감사가 타당성을 감사한다면 대안을 제시하여야 하는데, 이는 이사의 고유권한이므로 감사의 권한은 원칙적으로 적법성의 감사에 한하고, 다만 명문의 규정이 있는 경우에만(413조, 447조의4 2항 5호·8호) 타당성감사를 할 수 있다는 견해,[1] ② 업무집행에 있어서 적법성과 타당성을 구별하기 어렵고, 또한 감사의 역할을 다하기 위해서는 감사의 권한은 업무집행의 적법성감사뿐만 아니라 타당성감사에도 미친다고 보는 견해, ③ 감사의 권한은 원칙적으로는 적법성의 감사에 한하나, 명문으로 타당성감사를 인정한 경우는 물론(413조, 447조의4 2항 5호·8호) 업무집행이

---

1) 손주찬, 831~832면; 송옥렬, 1126면; 이철송, 874면; 정찬형, 1095면; 최준선, 602면.

현저하게 부당한 경우에는 타당성감사를 할 수 있다는 견해의 대립을 예상할 수 있다.

생각건대 이사회의 업무감독은 국외자로서의 비판적인 감독이 아니라, 효율적인 회사경영을 위한 자기감독적 작용(self-control)으로 볼 수 있어 업무집행의 합목적성·타당성까지 감사할 수 있는데 반하여, ① 감사는 업무집행의 의사결정에 직접 참여하는 것이 아니라 어디까지나 제 3 자적 입장에서 감사를 하는 것이므로 업무집행의 타당성의 여부에 대하여 판단하는 것은 문제가 있고, ② 업무집행에 참여하지 않은 감사가 사후적으로 타당성에 대하여 적절한 판단을 할 수 있을지는 의문이며, 또한 ③ 이사들의 회사경영에 대하여 지나친 간섭이 있을 수 있다는 점에서 감사의 업무감사는 원칙적으로 적법성의 감사에 있다.

그러나 상법이 명문의 규정으로(413조, 447조의4 2항 5호·8호) 타당성감사를 할 수 있는 경우를 인정하고 있고, 이사회의 출석·의견진술권을 감사에게 인정하고 있는 점(391조의2 1항), 대표이사의 권한이 광범위하여 재량권의 남용이나 이탈이 발생할 수 있다는 점, 또한 회사에 현저하게 손해를 미칠 염려가 있는 사실을 발견한 때에는 즉시 이사가 감사에게 보고하여 이를 확인하게 한 점(412조의2 참조) 등을 고려한다면 이사의 업무집행이 위법성을 띨 정도로 현저히 부당한 경우에는 회사의 손해를 사전에 방지하기 위한 예방책을 강구할 것이 기대되고 있으므로 감사에게 타당성감사를 인정하는 것이 타당하다.

(2) 영업보고요구권 · 재산상태조사권

감사권행사를 위하여 감사는 언제든지 이사에 대하여 영업에 관한 보고를 요구하거나 회사의 업무와 재산상태를 조사할 수 있다(412조 2항). 이 조사권은 이른바 상시감사에 속하며 감사의 권한을 효율적으로 수행하기 위한 1차적인 자료를 얻게 되는 것이다. 따라서 감사는 그 직무의 수행을 위하여 회사의 경영목표(정책), 업무집행의 상황, 매출액, 자본금의 수익성, 회사재산 등을 조사할 수 있으며, 회사의 회계장부와 서류를 열람·복사할 수 있다. 회계장부와 서류에는 회사의 업무와 재산상태와 관련되는 모든 계약서, 영수증, 서류, 예금통장, 유가증권 등이 포함된다.

감사의 영업에 관한 보고청구는 이사에 대하여서뿐만 아니라 지배인 기타의 사용인에 대하여도 할 수 있다고 본다. 감사는 감사를 위하여 필요한 경우에는 구체적인 사항과 관련하여 공인회계사·감정사 등 전문적 지식을 겸비한 보조자를 사용할 수 있고, 감사업무 충실화를 도모하기 위해 회사의 비용으로 전문가의 도움을 받을 수 있다(412조 3항).

감사의 보고청구나 조사에 대하여 이사 또는 사용인은 정당한 사유 없이 이를 거절할 수 없으며, 이사 등이 협력하지 않거나 방해하였기 때문에 감사를 위하여 필요한 조사를 할 수 없었던 경우에는 그 뜻과 이유를 감사보고서에 기재하여야 한다(447조의4 3항). 영업에 관한 보고는 그 방식에 제한이 없으며, 서면 또는 구두로 할 수 있다.

감사의 이사에 대한 영업보고청구권에 따른 이사의 의무는 감사의 요구가 있을 때 하는 소극적인 보고의무이므로 감사의 효율성에 문제가 있고, 회사의 손해를 사전에 방지하기 어렵다. 그러므로 제412조의2는 "이사는 회사에 현저하게 손해를 미칠 염려가 있는 사실을 발견한 때에는 즉시 감사에게 이를 보고하여야 한다"라고 규정하여 이사의 능동적인 보고의무를 명정하고 있다. 회사에 현저한 손해를 미칠 염려가 있는 사실은 예컨대, 회사의 중요한 거래선이나 투자선이 도산하였거나 하려 하는 사실, 공장·영업소 등이 화재로 소실된 사실, 회사재산에 대한 횡령, 회사의 제품에 대한 피해 등이다. '현저한 손해'는 '회복할 수 없는 손해'(402조)와는 다르며, 회사에 현저한 손해를 입힐 염려가 있는 사실이라면 그것이 이사의 위법행위에 기초한 것인가 여부를 묻지 않는다. 보고의무가 있는 이사는 회사에 현저한 손해를 미칠 염려가 있는 사실을 발견한 이사이며, 그 이사는 즉시 감사에게 보고하여야 한다. 이를 보고받은 감사는 사실을 확인하고, 만약 그 사실이 이사의 법령 또는 정관위반행위에 기인하는 경우에는 이사회에 이를 보고하여야 하며(391조의2 2항), 필요한 때에는 주주총회의 소집을 요구할 수 있다(412조의3 1항). 또한 이사의 행위에 의하여 회사에 회복할 수 없는 손해가 발생할 염려가 있는 때에는 당해이사에 대하여 그 행위의 유지(留止)를 청구할 수 있으며(402조), 회사를 대표하여 이사에 대하여 소를 제기할 수 있다.

(3) 자회사에 대한 조사권

상법은 감사의 자회사에 대한 조사권을 인정하고 있다(412조의5). 이는 분식결산의 사례에서 보는 바와 같이 모회사 또는 그 이사가 자회사에 대하여 가공의 매상을 계상하여 가공의 이익을 산출하거나, 모회사의 불량채권을 자회사에 인수시키는 등의 방법으로 자회사에 대한 지배관계를 악용하여 위법행위를 할 염려가 크기 때문이다.

이에 따라 모회사의 감사는 그 직무를 수행하기 위하여 필요한 때에는 자회사에 대하여 영업의 보고를 요구할 수 있으며, 자회사가 보고를 하지 않거나 보고의 내용을 확인할 필요가 있는 때에는 차회사의 업무와 재산상태를 조사할 수 있다. 이와 같은 영업보고요구권은 자회사를 위한 감사가 아니고 모회사에 대한 효과적인 감사를 위해 인정되는 것이므로 모회사의 직무수행을 위한 필요성이 소명되어야 한다. 자회사는 정당한 이유가 없는 한 보고 또는 조사를 거부하지 못한다(412조의5 3항). 정당한 이유라 함은 예컨대, 영업상의 비밀의 유지상 조사에 응하기 어렵다는 것이 객관적으로 증명된 경우를 말하며, 정당한 이유에 대한 증명책임은 자회사에 있다. 이유의 여하를 묻지 않고 자회사에 대한 조사를 거부당한 모회사의 감사는 감사보고서에 그 뜻을 기재할 수 있다(447조의4 3항).

(4) 이사회출석·의견진술권

감사는 이사회에 출석하여 의견을 진술할 수 있다(391조의2 1항). 따라서 이사회의 소집통지는 감사에게도 발송하여야 한다(390조 2항). 이사회의 소집절차를 생략함에도 이사와 감사의 동의를 받아야 한다(390조 3항). 이는 이사회에서 업무집행에 관한 의사결정을 하는 단계에서 법령 또는 정관에 위반한 결의나 현저하게 부당한 결의가 성립되는 것을 사전에 방지하기 위함이다. 감사는 의견을 진술할 수 있을 뿐만 아니라 필요한 경우에는 이사회에서 설명을 요구할 수 있다. 그러나 감사는 의결권이 없으므로 의안에 대한 찬반의사를 표시할 수는 없다.

감사는 이사회출석권이 있을 뿐만 아니라 선량한 관리자의 주의로써 직무를 수행할 의무가 있으므로(415조, 382조 2항; 민법 681조) 감사의 이사회출석권은 권리인 동시에 의무라고 보는 견해가 있다. 그러나 감사의 이사회출석·의견진술권은 감사의 효율적인 수행을 위해 필요한 경우에 인정된 권한이므로 이사회의 의안이 감사의 직무와 아무런 관련이 없는 경우까지 이사회출석을 강제할 필요는 없고, 또한 감사는 원래 이사회의 구성원이 아니고 의결권이 없으므로 이론상 출석의무를 인정할 수 없다고 본다. 다만 감사가 이사회에 출석하지 않아 회사의 업무상황을 파악하지 못하여 업무감사를 제대로 하지 못하여 회사에 손해가 발생하였다면 감사의 임무해태에 의한 손해배상책임에 관한 일반규정인 상법 제414조에 따른 책임을 부담한다.

만일 감사에게 이사회소집통지를 하지 않았다거나 감사가 소집통지를 받고도 출석하지 않은 경우에 감사가 출석했더라면 이사의 위법행위유지청구 등을 통하여 이사회의 위법·부당한 결의를 저지하는 조치를 취했을 수도 있기 때문에 이사회소집절차에 하자가 있는 것으로 보아야 한다는 견해[1]도 있으나, 감사가 이사회결의에 참여하지는 않기 때문에 결의하자로 보기 어렵다[주요판례 1].[2] 다만 감사의 임무해태는 문제될 상황일 것이다.

(5) 이사회소집청구권

2011년 개정상법은 감사에게 이사회소집청구권을 인정하고 있다. 2011년 개정상법 이전에는 감사에게 주주총회소집청구권은 인정되었지만(412조의3) 이사회소집청구권은 인정되지 않았기 때문에 손해를 미연에 방지함에 부족함이 있었다. 또한 감사는 이사가 법령 또는 정관에 위반하거나 또는 위반할 염려가 있다고 인정한 때에는 이를 이사회에 보고할 의무가 있는데(391조의2 2항), 이사회소집청구권이 없었기 때문에 보고의무 수행에 장애가 있었다. 감사의 이사회소집청구권은 이와 같은 문제점들을 해결하고 감사의 직무수행의 실효성을 높이기 위한 제도이다.

이에 의하면 감사는 필요한 경우 회의의 목적사항과 소집이유를 서면으로 적어 소집권자인 이사에게 제출하여 이사회소집을 청구할 수 있으며(412조의4 1항), 만일 청구를 받은 이사가 지체 없이 이사회를 소집하지 아니하면 직접 이사회를 소집할 수 있다(412조의4 2항). 여기에서 '필요한 경우'라고 함은 감사가 제391조의2에 의하여 이사회에 의견을 진술하거나 이사회에 보고하기 위해서 필요한 경우를 말한다.[3]

한편 집행임원도 이사회소집청구권이 있는데, 집행임원의 소집청구에 대하여 이사가 지체 없이 소집을 하지 않는 경우 법원의 허가를 얻어서 이사회를 소집할 수 있으나(408조의7 2항), 감사는 직접 이사회를 소집할 수 있다는 점에서 차이가 있다.

(6) 이사의 위법행위에 대한 유지청구권

이사가 법령 또는 정관에 위반한 행위를 하여 그로 인하여 회사에 회복할 수 없는 손해가 생길 염려가 있는 경우에는 소수주주와 더불어 감사도 회사를 위하여

1) 권기범, 1000면.
2) 송옥렬, 1126면; 이철송, 876면.
3) 이철송, 877면.

당해이사에 대하여 그 행위를 유지(留止)할 것을 청구할 수 있다(402조). 이는 이사가 이사회결의 없이 또는 그 결의에 반하여 업무를 집행하거나 또는 이사회의 결의가 법령·정관에 위반한다는 사실을 감사가 지적하였으나 이사가 이를 무시하고 업무집행을 하는 경우, 사후감사만으로 회사의 이익을 보호할 수 없기 때문에 사전에 이사의 위법행위 등을 저지할 수 있는 수단을 감사에게 인정한 것이다.

유지청구의 방법은 아무런 제한이 없으므로 구두 또는 서면으로 할 수 있고, 그래도 이사가 그 행위를 중지하지 않을 때에는 이사를 피고로 하여 유지청구소송을 제기하고, 이 소에 기한 가처분으로 이사의 행위를 유지시킬 수 있다(민사집행법 300조). 유지청구소송에 관하여는 상법상 대표소송과 같은 규정이 없으나 이를 유추적용하여야 한다(통설).

(7) 주주총회소집청구권

감사는 회의의 목적사항과 소집의 이유를 기재한 서면을 이사회에 제출하여 임시총회의 소집을 청구할 수 있다(412조의3 1항). 감사의 청구가 있은 후 지체 없이 이사회가 주주총회의 소집절차를 밟지 않는 때에는 감사는 법원의 허가를 얻어 주주총회를 소집할 수 있다(412조의3 1항, 366조 2항). 이는 유지청구와 더불어 감사의 조사나 이사의 보고에 따라 감사가 이사회에 적절한 조치를 촉구하여도 이사회에서 받아들여지지 않을 경우에 감사가 직접 임시총회의 소집을 이사회에 청구하여 대책을 강구할 수 있도록 한 것이다.

(8) 회사대표권

회사가 이사에 대하여 또는 이사가 회사에 대하여 소를 제기하는 경우나 회사가 이사의 책임을 추궁하는 대표소송의 청구를 받은 경우에는 감사가 그 소에 관하여 회사를 대표한다(394조). 이는 원래 회사의 대표권은 대표이사에게 있으나, 회사가 이사를 상대로 한 소송에서는 공정한 소송수행을 기대하는 것이 어려우므로 중립적인 지위에 있는 감사로 하여금 회사를 대표하게 한 것이다. 감사의 소 대표권에 위반하여 대표이사가 회사를 대표하여 행한 소송행위는 무효이나[주요판례 2], 회사의 이사로 등기되어 있던 사람이 회사를 상대로 사임을 주장하면서 이사직을 사임한 취지의 변경등기를 구하는 소에서 회사를 대표할 사람은 감사가 아니라 대표이사이다[주요판례 3]. 감사위원회의 위원이 소의 당사자인 경우에는 감사위원회 또는 이사는 법원에 회사를 대표할 자를 선임하여 줄 것을 신청하여야 한다(394조 2항).

여기서 감사가 회사를 대표한다는 의미는 회사가 이사를 당사자로 한 제소나 응소를 모두 포함하며, 소송의 개시 여부, 진행 및 집행을 모두 감사가 결정한다는 의미이다. 따라서 주주가 회사에 대하여 이사의 책임을 추궁하는 소의 제기를 청구하는 경우에는 대표이사에 대하여 청구할 것이 아니라 감사에 대하여 청구하여야 한다.

감사가 수인인 경우에는 수인의 감사가 공동으로 대표할 필요는 없고, 그 중 1인이 회사를 대표하면 되고 어느 감사가 대표할 것인가의 여부는 감사의 협의에 의하여 결정한다.

(9) 각종의 소권

감사는 각종의 회사법상의 소송에 있어서 원고가 될 수 있다. 즉 상법은 감사가 주주 및 이사와 더불어 회사설립무효의 소(328조)·주주총회결의취소의 소 (376조)·신주발행무효의 소(429조)·감자무효의 소(445조)·회사합병무효의 소(529조)를 제기할 수 있음을 규정하고 있다. 감사에게 각종의 소권을 인정하고 있는 것은 감사가 회사의 업무를 감사하고 조사할 수 있는 지위에 있기 때문에 회사나 주주의 이익보호를 위하여 그 권한행사와 책임을 완수하도록 하기 위함이다.

3. 감사의 의무

감사도 이사와 마찬가지로 회사의 수임인이므로(415조, 382조 2항) 그 직무를 수행함에 있어서 선량한 관리자의 주의의무를 부담한다(민법 681조)[주요판례 4]. 그러나 감사는 업무집행기관이 아니고 이사의 충실의무(382조의3)와 그 관련규정의 준용이 없다는 이유로 경업금지의무(397조), 회사기회유용금지(397조의2))나 회사와의 거래를 제한하는 규정(398조)의 적용이 없다고 보는 것이 통설의 입장이다.

(1) 주주총회에 대한 조사보고의무

감사는 이사가 주주총회에 제출할 의안 및 서류를 조사하여 법령 또는 정관에 위반하거나 현저하게 부당한 사항이 있는지의 여부에 관하여 주주총회에 그 의견을 진술하여야 한다(413조). 이 경우에 감사는 주주총회의 의안뿐만 아니라 모든 서류를 조사하여 보고하여야 하며, 회사의 회계와 업무에 대하여 적법성뿐만 아니라 타당성도 조사하고 중요한 사항에 대하여는 보고하여야 한다. 의안 등의 조사는 감사의 의무인 동시에 권한이다.

수인의 감사가 있는 경우에 감사간에 의견이 상이한 때에는 이를 명백히 하여 보고하는 것이 필요하다. 감사의 감사는 각자가 독립적으로 수행하는 것이므로 의견이 일치된 때에는 1인이 보고하여도 지장이 없으나, 의견이 일치되지 않을 때에는 이를 명백히 하여두는 것이 필요하다. 이는 총회에 출석한 주주의 주의를 환기시키고 각 감사의 책임을 명확히 하기 위함이다.

(2) 이사회에 대한 보고의무

감사는 이사가 법령 또는 정관에 위반한 행위를 하거나 그 행위를 할 염려가 있다고 인정한 때에는 이사회에 이를 보고하여야 한다(391조의2 2항). 이는 이사에 대한 감독권한을 갖고 있는 이사회에 대하여 이사의 위법행위를 저지하기 위한 권한발동을 촉구하는 의미를 갖고 있다. 예컨대, 문제된 행위에 대하여 다시 이사회에서 심의토록 하거나, 또는 이사회로 하여금 이사의 대표권을 박탈하거나 이사의 해임을 위한 주주총회의 소집 등을 결정하는 것이다. 감사의 이사회소집청구권은 감사의 이사회에 대한 보고의무의 실효성을 확보하는 것이다.

(3) 감사록 작성의무 및 이사회 의사록 기명날인 또는 서명의무

감사는 감사에 관하여 감사록을 작성하여야 하며, 감사록에는 감사의 실시요령과 그 결과를 기재하고, 감사를 실시한 감사가 기명·날인 또는 서명하여야 한다(413조의2). 감사록은 감사실시의 일지로서 후에 감사의 직무수행의 성실성과 적정성을 판단하는 자료가 된다.

한편 이사회의사록에는 의사의 경과요령과 그 결과를 기재하고 출석한 이사와 감사가 기명날인 또는 서명하여야 한다(391조의3 2항). 이는 이사회의 구성원이 아닌 감사로 하여금 의사록의 정확·진정을 확인하게 하기 위함이다.

(4) 감사보고서의 작성·제출의무

감사는 이사로부터 정기총회 회일의 6주 전에 재무제표와 그 부속명세서(447조) 및 영업보고서(447조의2)의 제출을 받아 이를 받은 날로부터 4주 내에 감사보고서를 이사에게 제출하여야 한다(447조의4 1항). 감사보고서에는 감사방법의 개요 등 회계감사와 업무감사에 관한 사항을 기재하여야 한다(447조의4 2항). 그러나 상법에 규정된 법정기재사항은 한정적인 것이 아니므로 주주들에게 주지시킬 필요가 있는 참고사항에 대하여는 추가로 기재할 수 있다. 감사록 및 감사보고서에 기재할 사항을 기재하지 아니하거나 부실한 기재를 한 때에는 과태료의 제재를 받는다(635조 1

항 9호).

(5) 비밀유지의무

감사는 재임중뿐만 아니라 퇴임 후에도 직무상 알게 된 회사의 영업상 비밀을 누설하여서는 아니 된다(415조, 382조의4).

4. 감사의 책임

(1) 의   의

감사가 그 임무를 위반한 경우에는 회사에 대하여 민법상의 채무불이행 또는 불법행위에 기하여 손해배상책임을 지고, 또한 제 3 자에 대하여는 불법행위에 기한 손해배상책임을 부담하는 경우가 있다. 그러나 상법은 그 이외에도 감사의 회사 및 제 3 자에 대한 특별규정을 두어 감사의 책임을 가중하고 있다.

본조의 책임은 위임계약에 기한 채무불이행책임의 성질을 갖고 있으므로 감사의 회사에 대한 손해배상책임이 인정되기 위하여서는 감사에게 고의 또는 과실을 필요로 한다. 그러나 채무불이행책임에 관한 일반원칙에 따라 회사가 감사의 책임을 묻는 데 있어서는 감사의 임무해태와 손해발생의 사실을 증명하여야 한다.

감사가 재무제표에 관하여 무성의하게 건성으로 조사만을 해 본 데 지나지 않다든가, 이사가 주주총회에 제출한 각종 서류에 관하여 그 내용의 당부를 조사하지 않는 것과 같은 경우는 당연히 감사로서 임무해태가 인정된다. 또한 감사가 처음부터 자신에게 감사능력이 없었기 때문에 감사가 부실하게 되었다는 이유로 면책될 수 없다. 감사가 일반적으로 요구되는 주의를 다하여 조사를 하였지만 장부가 아주 교묘하게 작성되어 허위나 은닉된 사실이 판명될 수 없었던 경우에는 감사에게 책임이 없다.

감사의 책임에 관한 상법규정은 주주와 회사채권자 기타 제 3 자의 보호를 목적으로 하는 강행규정이므로 정관 또는 회사와의 계약으로 그 책임 내지 주의의무의 정도를 완화할 수 없다.

(2) 감사의 회사에 대한 책임

1) 책임원인

감사가 그의 임무를 해태한 때에는 회사에 대하여 연대하여 손해를 배상할 책임이 있다(414조 1항). 여기서 임무해태라 함은 감사의 직무수행에 있어서 위임관계에 따른 선량한 관리자의 주의의무를 다하지 않는 것을 말한다. 대규모 상장기업에서 중요한 재무정보에 대한 감사의 접근이 조직적·지속적으로 차단되는 경우라면 감사의 주의의무는 더욱 가중된다[주요판례 5].

민법상 위임관계에 있어서 수임인이 수인인 경우에 각 수임인의 책임은 개별적인 것인 원칙이나, 상법은 수인의 감사에게 임무해태가 있는 경우에는 연대책임으로 하여 그 책임을 가중하였다. 예컨대, 회사에 이른바 상임감사를 두는 경우 비상임감사가 감사의 업무를 모두 상임감사에게 맡기고 그 임무를 방임하거나 다른 감사를 감독하지 못한 경우에는 감사 모두가 회사에 대하여 연대하여 손해배상책임을 부담한다[주요판례 6]. 연대책임을 부담하는 감사 상호간에는 그 임무해태의 정도에 따라 부담부분이 결정되며 자기의 부담부분을 넘어 회사에 배상한 감사는 초과부분에 대하여 다른 감사에게 구상권을 행사할 수 있다(민법 425조). 임무해태의 정도를 판명하기 어려운 경우는 책임을 균등하게 부담한다(민법 424조). 감사의 손해배상책임은 채권의 일반시효의 원칙상 10년의 시효에 의하여 소멸한다(민법 162조 1항)[주요판례 7].

2) 책임의 추궁·면제

감사가 회사에 대하여 손해배상책임을 부담함에도 불구하고 그 책임을 추궁하지 않는 경우 발행주식 총수의 100분의 1 이상에 해당하는 주식을 가진 주주는 회사에 대하여 감사의 책임을 추궁할 소의 제기를 청구할 수 있다(415조, 403조 이하). 상장회사의 경우 6개월 전부터 계속하여 그 회사 발행주식 총수의 1만분의 1 이상에 해당하는 주식을 보유한 자는 책임추궁을 위한 소제기권을 가진다(542조의6 6항). 감사의 회사에 대한 책임은 총주주의 동의로만 면제할 수 있다(415조, 400조). 정기총회에서 재무제표의 승인을 한 후 2년 내에 다른 결의가 없으면 감사에게 부정행위가 있는 경우를 제외하고 그 책임이 면제된다(450조)[주요판례 6].

(3) 감사의 제3자에 대한 책임

1) 책임의 성질

감사가 악의 또는 중대한 과실로 인하여 그 임무를 해태한 때에는 제3자에 대하여도 연대하여 손해배상책임을 부담한다(414조 2항). 감사가 회사 또는 제3자에 대하여 손해를 배상할 책임이 있는 경우에 이사도 그 책임이 있는 때에는 그 감사와 이사는 연대하여 배상할 책임이 있다(414조 3항).

그런데 본래 감사는 회사와는 위임관계가 있으나 채권자 기타 제 3 자와의 사이에는 아무런 직접적인 관계가 없으므로 감사자격과 관계없이 일반불법행위상의 책임이 성립되는 경우를 제외하고는 그 책임이 없다. 따라서 감사의 제 3 자에 대한 책임의 성질이 문제되며 이에 대하여는 이사의 제 3 자에 대한 책임과 마찬가지로 법정책임설과 불법행위책임설의 대립이 있다.

2) 책임원인

감사가 악의 또는 중대한 과실로 인하여 그 임무를 해태하여 제 3 자에게 손해가 발생한 때에는 연대하여 배상책임을 부담한다. 악의는 임무해태가 있음을 알고 있는 경우를 말하며, 중과실은 알 수 있음에도 불구하고 현저한 부주의로 알지 못한 경우를 말한다[주요판례 8 · 9]. 임무해태가 경과실에 의한 경우에는 감사는 회사에 대하여서만 책임을 부담하고, 불법행위의 요건이 구비되지 않는 한 제 3 자에 대하여는 책임이 없다.

또한 제414조 제 1 항의 성립요건인 감사의 악의·중과실은 제 3 자에 대한 가해행위에 있어서가 아니라 회사에 대한 임무해태에 있다면 족하다고 본다(통설).

3) 손해배상의 범위

감사는 제 3 자가 입은 직접손해뿐만 아니라 간접손해에 대하여도 임무해태행위와 상당인과관계가 있는 한 그 책임을 부담한다(통설).

4) 제 3 자의 범위

감사가 책임을 부담하는 '제 3 자'는 회사와 책임을 부담하는 감사 이외의 자를 말한다. 주주도 제414조의 제 3 자의 범위에 포함된다는 것이 다수설의 입장이다.

이에 대하여는 직접손해에 대하여는 주주가 포함되나, 간접손해에 대하여는 주주를 제외하는 입장(제한설)이 있다. 이 설에 따르면 회사가 입은 손해로 주주가 간접적으로 손해를 받은 경우에는 회사가 손해를 배상받음으로써 주주의 손해는 간접적으로 보상받을 수 있고, 주주를 제 3 자에 포함시킨다면 주주가 회사채권자에 대하여 우선하여 변제를 받는 불합리한 결과가 생기고 주주의 간접손해는 대표소송 등으로 구제될 수 있기 때문이라고 한다.

그러나 간접손해에 대하여 주주가 대표소송(401조)에 의하여 구제될 수 있다고 하지만 대표소송은 소수주주권자만이 제기할 수 있고, 또한 담보제공 등으로 주주가 현실적으로 보호되기는 어려우므로 간접손해에도 주주가 포함된다고 보아야 한다.

5. 감사위원회

(1) 감사위원회의 의의

회사는 정관이 정한 바에 따라서 감사에 갈음하여 이사회 내의 위원회(393조의 2)로서 감사위원회를 둘 수 있다. 감사위원회를 둔 경우에는 감사를 둘 수 없다(415 조의2 1항). 그리고 상법상 감사위원회는 최근 사업연도 말 현재 자산총액이 2조 원 이상인 상장회사가 의무적으로 설치하여야 하는 엄격 감사위원회(542조의11)와 정관이 정하는 바에 따라 감사에 갈음하여 설치하는 일반 감사위원회(415조의2)로 구분된다. 엄격 감사위원회의 구성과 관련하여서는 이른바 '3% rule'(의결권 있는 주식 3% 를 초과하여 보유하는 주주의 경우 초과분에 대하여 감사위원회위원 선임 등과 관련한 의결권을 행사하지 못하도록 제한하는 rule)이 적용되나, 일반 감사위원회에서는 배제된다.

(2) 감사위원의 자격 및 구성

비상장회사의 경우에는 사외이사가 감사위원의 3분의 2 이상이 되어야 한다는 것(415조의2 2항) 외에는 감사위원의 자격에 특별한 제한이 없다. 감사위원회는 위원회가 2인 이상의 이사로 구성될 수 있다고 규정하고 있는 제393조의2 제 3 항에도 불구하고 반드시 3인 이상의 이사로 구성되고 사외이사가 감사위원의 3분의 2가 되어야 한다(415조의2 2항). 상장회사의 경우에는 회사의 자산총액 규모에 따라 그 구성방법에 차이가 있다.

자산총액 2조원 이상이 되는 상장회사의 경우에는 감사위원회는 의무적으로 두어야 하며 감사위원 가운데 최소한 1명은 회계 또는 재무전문가이어야 하고 감사위원회의 대표는 사외이사로 하여야 한다(542조의11 2항). 그리고 이 경우에는 감사위원을 선임하는 경우에 소위 '분리선출방식'으로 하여야 한다. 감사위원의 선출방식은 2가지가 가능한데, 일단 이사를 선임하고 난 다음 그 가운데에서 다시 감사위원을 선임하는 '일괄선출방식'과 감사위원이 될 이사를 처음부터 주주총회에서 구분하여 선임하는 '분리선출방식'이 있다. 전자의 방식은 이사를 선임한 다음 감사위원을 선임하는 것이므로 이사 선임단계에서 3% 의결권 제한이 적용되지 않고, 후자의 방식은 처음부터 감사위원이 될 이사를 구분하여 선임하므로 3% 의결권 제한이 적용되어 감사위원인 이사가 선임된다는 점에서 지배주주의 영향력이 약화된다. 2020년 개정상법은 일단 일괄선출방식을 채택하면서도 최소한 감사위원회위원 중 1명, 정관으로 정하는 경우에는 2명 이상에 대하여 분리선출방식을 적용하도록 함으로써(542조의12 2항) 지배주주의 영향력에 관한 2가지 견해의 절충을 시도하였다. 그러나 3% 의결권 제한도 입법례를 찾아보기 힘든 제도이고 감사위원의 독립성을 의결권 제한으로 접근하는 것보다는 사외이사의 독립성을 높이는 방향으로 가는 것이 합리적이라는 지적도 있다.[1]

다음으로 자산총액 2조원 미만 1천억원 이상인 경우 상근감사를 두어야 하지만, 제542조의11의 감사위원회를 설치하는 것으로 대신할 수도 있다(542조의10 1항). 자산총액 1천억원 미만의 상장회사는 제409조의 감사 또는 제415조의2의 감사위원회 중에서 선택하면 되므로 위의 엄격감사위원회에 관한 규정이 적용되지 않는다.

(3) 감사위원의 선임과 해임

비상장회사와 최근 사업연도 말 자산총액이 1천억원 미만인 상장회사의 경우 감사위원은 이사회의 결의로 선임하고 해임은 이사 총수의 3분의 2 이상의 결의로 한다(415조의2 2항·3항).

자산총액이 1천억 원 이상 2조 원 미만인 상장회사와 자산총액 2조 원 이상의 상장회사의 경우[2] 주주총회가 감사위원을 보통결의로 선임하고 특별결의로 해임한다(542조의12 1항·3항). 전자투표를 실시하면 출석한 주주 의결권의 과반수로 감사위원회위원을 선임할 수 있다(542조의12 8항). 감사위원회위원을 선임 또는 해임하는 경우 의결권없는 주식을 제외한 발행주식총수의 100분의 3(정관에서 더 낮은 비율을 정할 수 있음)을 초과하는 수의 주식을 가진 주주는 그 초과하는 주식에 관하여 의결권을 행사하지 못한다. 최대주주는 사외이사가 아닌 감사위원을 선임 또는 해임하는 경우 특수관계인 등의 주식을 포함하여 의결권이 100분의 3으로 제한된다(542조의12 4항). 이러한 최대주주에 대한 의결권행사의 특례의 적용을 최대주주가 아닌 주주에게까지 확장하는 정관규정은 1주 1의결권 원칙에 위반되어 무효라고 보는 것이 법원의 입장이다[주요판례 10]. 소유주식의 합산은 주주가 직접 소유하는 주식뿐만 아니라 의결권행사를 위임받은 주식까지 포함한다(시행령 38조 1항).

---

1) 송옥렬, 1130면.
2) 이 두 가지 종류의 회사의 차이는, 전자의 회사는 감사와 감사위원회를 선택할 수 있고, 감사를 둘 경우에는 상근감사이어야 하고(542조의10 1항), 감사위원회를 둘 경우에는 후자의 회사와 같은 절차에 의하여야 한다(542조의10 1항 단서)는 것이고, 후자의 회사는 반드시 상법 제542조의11에서 정하는 감사위원회를 두어야 한다는 점에서 차이가 있다.

일반적으로 감사위원은 해임되더라도 이사의 직을 유지하므로, 감사해임에 관한 주주총회에서 감사가 의견을 진술할 수 있는 것과 같은 기회는 부여되지 아니한다. 그러나 제542조의12 제 2 항 단서에 따라 분리선출방식으로 선출된 감사위원회위원은 주주총회의 특별결의로 해임되는 경우에 이사와 감사위원회위원의 지위를 모두 상실한다(542조의12 3항).

(4) 감사위원회의 운영

감사위원회는 감사와 달리 회의체기관이므로 권한행사는 위원회의 결의를 통하여 한다. 감사위원회의 소집이나 결의방법 등 감사위원회의 운영은 제393조의2가 정하는 이사회 내 위원회의 운영방법에 따라야 한다(393조의2 4항 전단·5항). 다만 운영에 있어 일반 위원회와 다른 점은 대표위원을 선정하여야 하는 점이다(415조의2 4항). 감사위원회의 대표는 위원회의 결의로 선정한다(415조의2 4항 전단). 이 경우 수인의 위원이 공동으로 위원회를 대표할 것을 정할 수 있다(415조의2 4항 후단). 운영에 있어 일반 위원회와 다른 것은 대표위원을 선정하여야 하는 것과 결의사항을 통지받은 이사가 이사회를 소집하여 감사위원회의 결정을 번복할 수 없다는 것이다.

감사위원회의 감사업무 집행을 위해 필요할 경우 회사의 비용부담하에 법률전문가나 회계전문가 기타 감사대상이 된 사안에 관한 전문가의 자문이나 감정을 구할 수 있다(415조의2 5항).

(5) 감사위원의 책임

감사위원은 감사의 역할을 대신하는 것이므로 감사의 책임에 관한 규정도 감사위원에게 그대로 적용되는 것이 타당하다. 그런데 상법은 감사의 책임에 관한 규정(414조)을 감사위원이 아니라 감사위원회에 준용하고 있다(415조의2 7항). 그러나 감사위원은 이미 이사의 지위를 가지고 있는 자이므로 이사의 책임에 관한 제399조에 따라서 그 책임을 묻는 것이 더 타당하다고 본다.[1]

감사위원의 책임을 면제하기 위해서는 총주주의 동의를 요하며(415조의2 7항 및 400조), 감사위원의 신분에 관한 소가 제기될 경우에는 직무집행정지가처분을 신청할 수 있다(415조의2 7항 및 407조).

---

1) 이철송, 888~889면에서도 이러한 점을 지적하고 있다.

6. 검 사 인

(1) 의   의

검사인은 회사의 계산의 정부(正否), 또는 업무의 적법 여부를 조사하는 권한을 가지는 임시기관이다. 즉 회사의 설립절차 또는 업무와 재산상태에 관한 발기인이나 이사 등의 조치가 적법한가의 여부 및 계산의 정부의 조사를 임무로 한다.

검사인은 그 성질상 자연인에 한하나 그 자격이나 인원수에는 제한이 없다. 그리고 그 성질상 당해 회사의 이사나 감사 및 사용인은 검사인이 될 수 없다.

(2) 선임기관과 직무권한

1) 법원에 의해서 선임되는 경우

(가) 발기설립에서 변태설립사항이 있을 때

발기설립의 경우 정관기재사항에 변태설립사항(290조)이 있는 경우 이를 조사하게 하기 위하여 이사는 취임 후 지체 없이 검사인의 선임을 법원에 청구하여야 한다(298조 4항).

(나) 모집설립에서 변태설립사항이 있는 경우

모집설립의 경우에도 변태설립사항이 있는 경우 이의 조사를 위해서 발기인은 검사인의 선임을 법원에 청구하여야 한다(310조).

(다) 회사성립 2년 후 액면미달발행을 하는 경우

주주총회의 특별결의와 법원의 허가를 얻어야 하고, 이 경우에 총회의 결의에서 최저발행가액을 정하고 법원은 이 발행가액을 변경하여 인가할 수 있고, 이때 회사의 재산상태를 조사하게 하기 위하여 법원은 직권으로 검사인을 선임할 수 있다(417조 1항·2항·3항).

(라) 신주발행시 현물출자하는 경우

이사는 신주발행시 현물출자가 있는 경우(416조 4호) 이를 조사시키기 위하여 검사인의 선임을 법원에 청구하여야 한다(422조 1항).

(마) 기타의 경우

회사의 업무집행에 관하여 부정행위 또는 법령이나 정관에 위반한 중대한 사실이 있음을 의심할 사유가 있는 때에는 소수주주, 즉 발행주식의 100분의 3 이상에 해당하는 주식을 가진 주주는 회사의 업무와 재산상태를 조사시키기 위하여 검사인의 선임을 법원에 청구할 수 있다(467조 1항).

2) 주주총회에서 선임하는 경우[1]

(가) 소수주주(100분의 3)에 의하여 소집된 임시주주총회

회사의 업무와 재산상태를 조사하게 하기 위하여 검사인을 선임할 수 있다(366조 3항).

(나) 주주총회 제출서류를 조사하기 위한 경우

주주총회는 이사가 제출한 서류와 감사의 보고서를 조사하기 위하여 검사인을 선임할 수 있다(367조).

(다) 청산중의 주식회사의 총회의 경우

청산인이 제출한 서류와 감사의 보고서를 조사하게 하기 위하여 역시 검사인의 선임을 청구할 수 있다(542조 2항, 367조).

(3) 검사인의 보수·종임·책임

검사인이 선임되는 어느 경우이든 검사인의 선임에는 등기가 필요 없다.

주주총회의 선임에 의해 선임된 검사인은 선량한 관리자의 주의(위임관계)를 해태하여 회사에 손해를 발생시킨 경우에는 당연히 책임을 진다고 보아야 하며, 총회의 결의로써 해임시킬 수도 있다.

법원이 선임한 경우에는 법원이 해임권과 보수결정권을 가진다. 설립경과를 조사하게 하기 위해 법원이 선임한 검사인이 악의 또는 중과실로 인하여 임무를 해태한 경우 회사 또는 제3자에게 손해배상책임을 지는 경우가 있다(325조).

7. 외부감사제도

「주식회사 등의 외부감사에 관한 법률」은 외부감사의 대상을 정하고 있다(외부감사법 4조). 상장회사를 포함한 외감대상회사는 외부감사를 받기 위하여 재무제표를 정기총회 6주일 전에 외부감사인에게 제출하여야 한다. 한국채택국제회계기준을 적용하는 회사의 경우에는 연결재무제표를 정기주주총회 4주일 전에 외부감사인에게 제출하여야 한다(외부감사법 6조 2항, 시행령 8조 1항). 한국채택국제회계기준을 적용하는 회사의 외부감사인은 정기주주총회 1주일 전에 감사보고서를 회사(감사 또는 감사위원회를 포함), 증권선물위원회와 한국공인회계사회에 제출하여야 한다(외부감사법 23조 1항, 시행령 27조 1항).

---

1) 설립절차를 조사시키기 위한 경우(구 상법 313조 3항)에는 창립총회에서 검사인이 선임되었으나 1995년 상법개정시 삭제되었다.

외부감사보고서에서 감사의견은 적정의견, 한정의견, 부적정의견, 또는 의견거절로 표시된다. 상장회사의 경우 외부감사보고서의 감사의견에 따라 관리종목지정 또는 상장폐지가 된다.

Ⅲ. 주요판례·문제해설

1. 주요판례

(1) 부산고법 2004. 1. 16. 선고 2003나12328 판결 — 감사의 불출석과 이사회 결의하자

감사는 이사회 결의시 의견을 진술할 권한이 있을 뿐 의결권은 없어 그에 대한 소집통지가 되지 않아 감사가 출석하지 않은 상황에서 주주총회 소집을 의결하는 이사회 결의가 되었다고 하더라도 그 이사회의 의사형성에 결정적인 영향을 미쳤다고 보기 어려워, 이사회 결의가 무효라고 볼 수 없고, 그 후 이사회가 다시 소집되어 주주총회 소집을 재의결하면서 비록 정관에서 정한 통지기일보다 하루가 늦었지만 이사회가 개최되기 6일 전에 감사에 대한 이사회 소집통지가 되었고, 이에 따라 감사가 서면으로 자신의 의견을 진술하기도 하였다면 최초 이사회 소집통지의 절차상 하자가 치유되어 주주총회 결의를 취소할 수 없다.

(2) 대법원 1990. 5. 11. 선고 89다카15199 판결 — 감사의 소대표권

피고 회사의 이사인 원고가 피고 회사에 대하여 소를 제기함에 있어서 상법 제394조에 의하여 그 소에 관하여 회사를 대표할 권한이 있는 감사를 대표자로 표시하지 아니하고 대표이사를 피고 회사의 대표자로 표시한 소장을 법원에 제출하고, 법원도 이 점을 간과하여 피고 회사의 대표이사에게 소장의 부본을 송달한 채, 피고 회사의 대표이사로부터 소송대리권을 위임받은 변호사들에 의하여 소송이 수행되었다면, 이 사건 소에 관하여는 피고 회사를 대표할 권한이 대표이사에게 없기 때문에 소장이 피고에게 적법유효하게 송달되었다고 볼 수 없음은 물론 피고 회사의 대표이사가 피고를 대표하여 한 소송행위나 피고 회사의 대표이사에 대하여 원고가 한 소송행위는 모두 무효이다.

(3) 대법원 2013. 9. 9.자 2013마1273 결정 — 사임이사의 소 제기시 회사대표자

회사의 이사로 등기되어 있던 사람이 회사를 상대로 사임을 주장하면서 이사

직을 사임한 취지의 변경등기를 구하는 소에서 상법 제394조 제1항은 적용되지
아니하므로 그 소에 관하여 회사를 대표할 사람은 감사가 아니라 대표이사라고 보
아야 한다. 그 이유는 다음과 같다. 이러한 소에서 적법하게 이사직 사임이 이루어
졌는지는 심리의 대상 그 자체로서 소송 도중에는 이를 알 수 없으므로 법원으로서
는 소송관계의 안정을 위하여 일응 외관에 따라 회사의 대표자를 확정할 필요가 있
다. 그런데 위 상법 규정이 이사와 회사의 소에서 감사로 하여금 회사를 대표하도
록 규정하고 있는 이유는 공정한 소송수행을 확보하기 위한 데 있고, 회사의 이사
가 사임으로 이미 이사직을 떠난 경우에는 특별한 사정이 없는 한 위 상법 규정은
적용될 여지가 없다. 한편 사임은 상대방 있는 단독행위로서 그 의사표시가 상대방
에게 도달함과 동시에 효력이 발생하므로 그에 따른 등기가 마쳐지지 아니한 경우
에도 이로써 이사의 지위를 상실함이 원칙이다. 따라서 이사가 회사를 상대로 소를
제기하면서 스스로 사임으로 이사의 지위를 상실하였다고 주장한다면, 적어도 그
이사와 회사의 관계에서는 외관상 이미 이사직을 떠난 것으로 보기에 충분하고, 또
한 대표이사로 하여금 회사를 대표하도록 하더라도 공정한 소송수행이 이루어지지
아니할 염려는 거의 없기 때문이다.

(4) 대법원 2008. 9. 11. 선고 2007다31518 판결 — 감사의 주의의무

감사의 구체적인 주의의무의 내용과 범위는 회사의 종류나 규모, 업종, 지배구
조 및 내부통제시스템, 재정상태, 법령상 규제의 정도, 감사 개개인의 능력과 경력,
근무 여건 등에 따라 다를 수 있다 하더라도, 이 사건 당시 감사가 주식회사의 필
요적 상설기관으로서 회계감사를 비롯하여 이사의 업무집행 전반을 감사할 권한을
갖는 등 위에서 본 바와 같은 상법상의 권한 또는 의무와 기타 법령이나 정관에서
정한 권한과 의무를 가지고 있는 점에 비추어 볼 때, 피고 4가 감사로 재직하였던
대우중공업과 같은 대규모 상장기업에서 일부 임직원의 전횡이 방치되고 있었다거
나 중요한 재무정보에 대한 감사의 접근이 조직적·지속적으로 차단되고 있는 상황
이라면, 감사의 주의의무는 피고 4의 주장과 같이 경감되는 것이 아니라, 오히려
현격히 가중된다고 보아야 한다.

(5) 대법원 2008. 9. 11. 선고 2006다68636 판결 — 감사의 주의의무의 정도

감사는 상법 기타 법령이나 정관에서 정한 권한과 의무를 선량한 관리자의 주
의의무를 다하여 이행하여야 하고, 악의 또는 중과실로 선량한 관리자의 주의의무

에 위반하여 그 임무를 해태한 때에는 그로 인하여 제 3 자가 입은 손해를 배상할 책임이 있는바, 이러한 감사의 구체적인 주의의무의 내용과 범위는 회사의 종류나 규모, 업종, 지배구조 및 내부통제시스템, 재정상태, 법령상 규제의 정도, 감사 개개인의 능력과 경력, 근무 여건 등에 따라 다를 수 있다 하더라도, 감사가 주식회사의 필요적 상설기관으로서 회계감사를 비롯하여 이사의 업무집행 전반을 감사할 권한을 갖는 등 상법 기타 법령이나 정관에서 정한 권한과 의무를 가지고 있는 점에 비추어 볼 때, 대규모 상장기업에서 일부 임직원의 전횡이 방치되고 있거나 중요한 재무정보에 대한 감사의 접근이 조직적·지속적으로 차단되고 있는 상황이라면, 감사의 주의의무는 경감되는 것이 아니라 오히려 현격히 가중된다.

(6) 대법원 2007. 12. 13. 선고 2007다60080 판결 — 감사의 책임해제

상법 제450조에 따른 이사, 감사의 책임해제는 재무제표 등에 그 책임사유가 기재되어 정기총회에서 승인을 얻은 경우에 한정되는 것이다.

상법이 감사를 상임 감사와 비상임 감사로 구별하여 비상임 감사는 상임 감사에 비해 그 직무와 책임이 감경되는 것으로 규정하고 있지도 않을 뿐 아니라, 우리나라의 회사들이 비상임 감사를 두어 비상임 감사는 상임 감사의 유고시에만 감사의 직무를 수행하도록 하고 있다는 상관습의 존재도 인정할 수 없으므로, 비상임 감사는 감사로서의 선관주의의무 위반에 따른 책임을 지지 않는다는 주장은 허용될 수 없다.

(7) 대법원 1985. 6. 25. 선고 84다카1954 판결 — 감사책임의 소멸시효

감사인 피고는 가공위탁업체인 동양모직주식회사와 신방모방공업사의 경영에 관여한 자들로서 소외 회사가 수탁가공·반출하고 신고를 은폐한 사실을 능히 알수 있는 지위에 있어 회계감사권의 발동으로 이를 밝힐 수 있었는데도 위 감독의무를 위반한 사실이 넉넉히 인정되며, 주식회사의 감사의 회사에 대한 임무해태로 인한 손해배상책임은 일반불법행위책임이 아니고 위임관계로 인한 채무불이행책임이므로 그 소멸시효기간은 일반채무의 경우와 같이 10년이라고 보아야 할 것이다.

(8) 대법원 2008. 7. 10. 선고 2006다39935 판결 — 감사의 주의의무

신용협동조합의 감사가 분식결산 등과 관련하여 그 임무를 해태한 데 중대한 과실이 있는지 여부는 분식회계의 내용, 분식의 정도와 방법, 그 노출의 정도와 발견가능성, 업무수행의 실태 등 여러 가지 사항을 고려하여 종합적으로 판단하여야 하고, 감사가 당해 분식결산 등의 행위를 알았거나 조합의 장부 또는 회계관련서류 상으로 분식결산임이 명백하여 조금만 주의를 기울였다면 이를 알 수 있었을 것임 에도 그러한 주의를 현저히 게을리 한 경우에는 감사로서의 임무를 해태한 데 중대 한 과실이 있다고 할 것이며, 감사의 지위가 비상근·무보수의 명예직으로 전문가 가 아니고 형식적이었다 하더라도 그러한 사정만으로 위와 같은 주의의무를 면할 수는 없다.

(9) 대법원 2008. 2. 14. 선고 2006다82601 판결 — 감사의 제3자에 대한 책임
주식회사의 감사가 실질적으로 감사로서의 직무를 수행할 의사가 전혀 없으면 서도 자신의 도장을 이사에게 맡기는 등의 방식으로 그 명의만을 빌려줌으로써 회 사의 이사로 하여금 어떠한 간섭이나 감독도 받지 않고 재무제표 등에 허위의 사실 을 기재한 다음 그와 같이 분식된 재무제표 등을 이용하여 거래 상대방인 제3자 에게 손해를 입히도록 묵인하거나 방치한 경우, 감사는 악의 또는 중대한 과실로 인하여 임무를 해태한 때에 해당하여 그로 말미암아 제3자가 입은 손해를 배상할 책임이 있다.

(10) 대법원 2009. 11. 26. 선고 2009다51820 판결 — 감사선임시 의결권제한
상법 제369조 제1항에서 주식회사의 주주는 1주마다 1개의 의결권을 가진다 고 하는 1주 1의결권의 원칙을 규정하고 있는바, 위 규정은 강행규정이므로 법률에 서 위 원칙에 대한 예외를 인정하는 경우를 제외하고, 정관의 규정이나 주주총회의 결의 등으로 위 원칙에 반하여 의결권을 제한하더라도 효력이 없다.

상법 제409조 제2항·제3항은 '주주'가 일정 비율을 초과하여 소유하는 주식 에 관하여 감사의 선임에 있어서 그 의결권을 제한하고 있고, 구 증권거래법(2007. 8. 3. 법률 제8635호 자본시장과 금융투자업에 관한 법률 부칙 제2조로 폐지) 제191조의11은 '최대주주와 그 특수관계인 등'이 일정 비율을 초과하여 소유하는 주권상장법인의 주식에 관하여 감사의 선임 및 해임에 있어서 의결권을 제한하고 있을 뿐이므로, '최대주주가 아닌 주주와 그 특수관계인 등'에 대하여도 일정 비율을 초과하여 소 유하는 주식에 관하여 감사의 선임 및 해임에 있어서 의결권을 제한하는 내용의 정 관 규정이나 주주총회결의 등은 무효이다.

2. 문제해설

(1) 감사도 이사와 마찬가지로 회사에 대한 수임인의 지위를 가지므로 이사와 동일한 주의의무를 부담한다. 단순히 친분관계로 감사의 직에 있었다고는 하나 그러한 이유만으로 주의의무를 면할 수는 없다고 하겠다. 따라서 甲회사는 손해배상청구소송을 제기할 수 있을 것이다.

(2) 감사는 경영을 담당하는 자가 아니므로 경영판단의 원칙을 이유로 책임을 면할 수는 없다. 다만 이사가 경영판단의 원칙을 주장하여 책임을 면한다면 감사도 연대책임을 지는 자이므로 실질적으로는 경영판단의 원칙으로 인하여 책임을 면하는 결과가 될 수 있을 것이다.

(3) 원래 감사의 책임도 총주주의 동의로 면제되는 것이지만, 만일 A가 책임을 부담하게 되면 B도 연대책임을 지는 것이고, 따라서 A가 주주로서의 지위를 이용하여 책임을 면제하는 것은 자기책임을 면제하는 것을 허용하는 것이나 다름없으므로 인정할 수 없다. 이는 1인회사의 경우 배임죄의 성립을 인정하는 것과 유사한 취지로 이해할 수 있을 것이다.

제 5 장   신주발행(자기자본)

[1]   신주인수권

I. 사   례

1. 사실관계

[사안 1]

甲주식회사는 회사 경영진과 주식 25%를 소유하고 있는 주주 A 사이에 경영에 관한 의견이 불일치하여 분쟁이 계속되고 있었다. 甲회사는 이사회결의를 통해 기발행된 주식의 30%에 해당하는 신주를 주주 아닌 B에게 배정하였고, 주식을 인수한 B는 甲회사 주식의 23%를 보유한 최대주주가 되었다.

[사안 2]

乙주식회사의 주주 C와 D는 각각 회사주식 51%와 40%를 나누어 가지고 있는 주주이다. 乙회사 이사회는 주주 D로부터 업무용 건물을 현물출자로 받고 D에게 乙회사의 보통주식 17만 주를 배정하기로 결의하였다. 그 결과 C와 D의 보유주식 비율은 40%와 51%로 역전되었다.

2. 검   토

(1) A는 甲회사가 제 3 자 B에게 한 신주발행은 재무구조 개선이나 신기술도입을 위해 이루어진 것이 아니라 현 경영진의 경영권을 방어할 목적으로 이루어진 것이라 주장하며 신주발행무효의 소를 제기할 수 있는가?

(2) C는 乙회사의 신주발행이 자신의 신주인수권을 침해한 것이고 또 주주총회특별결의를 거치지 아니한 절차상 중대한 흠결이 있다는 이유로 신주발행무효의 소를 제기하여 승소할 수 있는가?

Ⅱ. 주요법리

1. 신주발행

신주발행에는 통상의 신주발행과 특수한 신주발행이 있다. 통상의 신주발행이란 회사성립 후에 자금조달의 한 방법으로 발행예정주식 총수의 범위 내에서 미발행주식을 발행하는 것이다. 신주를 발행하면 주금납입으로 회사의 자산이 증가하고, 기존 주주가 실권한 주식을 제 3 자가 인수하면 주주의 수도 증가할 수 있다. 특수한 신주발행이란 통상의 신주발행 이외에 회사가 자금조달을 목적으로 하지 않고 신주를 발행하는 것을 말한다. 전환주식의 전환(346조 이하), 준비금의 자본금 전입(461조), 전환사채의 전환(513조), 주식배당(462조의2) 등으로 인해 신주가 발행되는 것이 그 예인데, 이 경우에는 주식이 발행되어도 순자산이 증가하지 않는다.

2. 신주인수권의 의의

신주인수권이란 신주를 발행하는 경우에 이를 다른 사람보다 우선하여 인수할 수 있는 권리를 말한다. 특수한 신주발행의 경우에는 인수권자가 법정되어 있으므로 신주인수권 귀속의 문제는 주로 통상의 신주발행과 관련하여 논의된다. 통상의 신주발행에 있어 신주인수권은 원칙적으로 주주에게 인정되며(418조 1항), 예외적으로 회사의 경영상 목적을 달성하기 위하여 제 3 자에게 부여할 수 있다(418조 2항).

3. 주주의 신주인수권

(1) 의   의

주주의 신주인수권이란 주주가 그의 주식수에 비례하여 우선적으로 신주의 배정을 받을 수 있는 권리를 말한다(418조 1항). 신주인수권은 주주의 지위에 기하여 법률상 당연히 인정되는 권리로 주주평등의 원칙에 따라야 한다. 신주인수권은 인수에 우선할 권리일 뿐 발행가액이나 기타 인수조건에서 우대받을 수 있는 권리는 아니다.

신주인수권에는 주주의 자격에 기하여 인정되는 추상적 신주인수권과 이사회의 신주발행결정에 따라 신주배정일에 확정된 구체적 신주인수권이 있다. 추상적 신주인수권과 달리, 구체적 신주인수권은 주식과 분리하여 양도 또는 처분할 수 있으며 포기할 수 있다. 따라서 구체적인 신주인수권을 가진 주주가 실제로 신주를 인수할 것인가의 여부는 그의 의사에 달려 있다.

(2) 신주인수권의 중요성과 주주평등의 원칙

주주의 신주인수권은 다음과 같이 두 가지 점에서 출자의 비례적 가치를 보전하게 함으로써 주주의 보호를 도모한다. 첫째, 신주를 타인이 인수하게 되면 주주가 주주총회에서 갖는 의결권의 비율이 감소할 수 있으므로(회사지배력의 희석화, voting dilution), 신주인수권은 주주가 회사에 대해 가지고 있던 회사지배권을 유지시켜 준다. 둘째, 특정인에게 시가보다 낮은 가액으로 주식을 발행하게 되면 신주와 구주가 혼합되어 형성되는 주식의 가치는 종전보다 낮아지게 되므로(주식가치의 희석화, value dilution), 신주인수권은 주주가 보유한 주식가치를 유지시켜 줄 수 있다.

주주에게 신주인수권을 부여하든 제한하든 어느 경우나 주주평등의 원칙에 따라야 함은 당연하다. 다만 회사가 갖는 자기주식과 자회사가 갖는 모회사의 주식에는 신주인수권이 없으며(통설), 회사가 종류주식을 발행한 때에는 주식의 종류에 따라 신주의 인수에 관하여 특수하게 정할 수 있는 예외가 인정된다(344조 3항).

(3) 법령 및 정관에 의한 신주인수권의 제한

주주의 신주인수권은 법령이나 정관에 의하여 제한될 수 있다. 법령으로 주주의 신주인수권이 배제되는 경우로는 상법상 전환사채의 전환이나 신주인수권부사채의 신주인수권 행사와 같이 신주인수권자가 구체적으로 미리 특정되어 있거나, 자본시장법에서 우리사주조합에 신주를 우선배정하는 경우 등을 들 수 있다(자본시장법 165조의7). 정관으로 주주의 신주인수권을 제한할 수도 있는데, 이를 위해서는 신기술의 도입이나 재무구조의 개선 등 회사의 경영상의 목적이 필요하다(418조 2항). 주주의 신주인수권이 제한되면 그 범위에서 제 3 자에게 신주인수권이 주어진다.

신주인수권의 '제한'에 신주인수권의 '완전박탈 또는 배제'가 포함되느냐에 대하여는 학설이 대립되고 있다. 통설은 주주의 신주인수권은 고유권이 아니므로 수권자본제도를 취한 현행 상법하에서 회사의 자금조달의 편리성을 기하기 위하여 완전박탈이 가능하다고 보고 있다. 반면, 명문의 규정이 없는 이상 신주인수권의 기능에 비추어 원칙적으로 완전박탈은 부정하여야 한다는 견해가 있다. 또한 신주인수권은 주주권의 본질적인 내용의 하나이므로 신주인수권의 제한의 경우는 물론 박탈의 경우에도 합리적인 이유가 있어야만 허용된다고 보는 견해도 있다.

(4) 신주인수권과 현물출자

상법 제416조 제4호는 현물출자에 관하여 이사회가 현물출자자의 성명과 그 목적재산의 종류·수량·가액, 이에 부여하는 주식의 종류와 수를 결정하도록 하고 있다. 이처럼 신주발행시 현물출자를 받는 경우에는 특정인으로부터 특정재산을 취득하는 것이다 보니 해당 현물출자자에게만 신주를 배정하는 것이 일반적이다. 그러나 이렇게 되면 주주의 신주인수권을 침해할 가능성이 있다. 이와 관련하여 (i) 정관에 별도 규정 없이 이사회의 결의만으로 현물출자를 받을 수 있다는 견해, (ii) 정관규정 또는 이에 갈음하는 주주총회의 특별결의를 거쳐야 현물출자에 의한 신주배정을 받을 수 있다는 견해, (iii) 정관에 규정이 없더라도 현물출자를 통한 제3자 배정이 가능하지만 상법 제418조 제2항 단서에서 정하는 경영상 목적이 요구된다는 견해 등이 대립한다.

기존의 대법원 판례는 현물출자자에 대하여 발행하는 신주에 대하여는 일반주주의 신주인수권이 미치지 않는다고 보고 있다[주요판례 1]. 그런데 최근 하급심 판례에서 기존 대법원 판결은 현물출자에 따른 신주발행에 관한 쟁점을 다룬 것으로 인용하기는 적절하지 않다고 하면서, 현물출자에 의한 신주발행의 경우 정관에 규정이 없더라도 제3자 배정이 가능하지만 이때에도 상법 제418조 제2항 단서에서 말하는 경영상 목적이 요구된다는 취지로 판시하고 있다[주요판례 2].

4. 제3자의 신주인수권

제3자의 신주인수권이란 주주 이외의 제3자가 신주를 인수할 수 있는 권리를 말한다. 주주의 경우에도 주주의 자격을 떠나 추가적으로 신주인수권을 가지는 경우 제3자가 된다. 제3자에게 신주인수권을 부여하기 위해서는 앞서 언급하였듯이 법률이나 정관에 근거규정이 있어야 한다.

정관규정에 의하여 제3자에게 신주인수권을 부여하는 경우(418조 2항), 당해 정관규정은 주주에게 예측가능성을 부여할 정도로 구체적이어야 한다. 따라서 단순히 제3자에게 신주인수권을 부여한다는 식의 백지위임은 무효이다. 그러나 제3자를 반드시 특정할 필요는 없고 그 범위가 명확하면 된다. 그리고 상법 제418조 제2항은 신기술의 도입, 재무구조 개선 등을 예시하고 경영상 목적이라는 가치개념을 요건으로 함으로써 제3자 배정의 합리성을 요구하고 있다. 경영권 분쟁상황에서 지배권 방어를 목적으로 하는 제3자 배정은 주주의 신주인수권을 침해하므로 무효라는 것이 판례의 입장이다[주요판례 3].

정관규정에 의한 제3자의 신주인수권의 법적 성질에 대해서는 ① 제3자가 정관의 규정만으로 당연히 신주인수권을 취득하는 것이 아니라 회사와의 구체적인 계약이 있어야 하므로 제3자의 신주인수권은 계약상의 권리라는 견해와[1] ② 정관규정만으로 취득한다는 견해가 있다.[2]

제3자배정은 기존주주의 이해관계에 중요한 영향을 미치므로 회사는 제3자 배정시 신주의 종류와 수 등 신주발행의 요점을 미리 주주에게 통지 또는 공고하여야 한다(418조 4항). 이에 따라 주주는 미리 제3자배정의 조건을 알 수 있게 되고, 그 발행이 불공정할 때에는 신주발행의 유지를 청구할 수 있게 된다. 이러한 통지·공고를 게을리한 경우에는 주주의 신주발행유지청구권의 행사기회를 박탈한 것으로 보아 원칙적으로 해당 신주발행은 무효라고 해석한다.[3] 다만 상장회사는 제3자배정 또는 일반공모증자시 신주발행사항을 주요사항보고를 통해 금융위원회와 거래소에 공시한 경우에는 통지 또는 공고요건의 적용이 배제된다(자본시장법 165조의9). 이러한 정형화된 공시를 통해 주주에 대한 공시도 충분히 이루어진다고 보는 까닭이다.

5. 상장법인에 대한 특례

자본시장법은 상장법인의 경우 주주 이외의 제3자에게 신주인수권을 부여할 수 있는 특례를 정하고 있다. 첫째, 상장법인은 주주의 신주인수권을 배제하고 경영상 목적도 갖추지 않은 채 일반공모증자의 방식으로 신주를 발행할 수 있다(자본시장법 165조의6 1항 3호, 4항). 일반공모증자란 불특정 다수인에게 신주인수의 청약을 할 기회를 부여하고 이에 따라 청약을 한 자에게 신주를 배정하는 것을 말한다(자본시장법 165조의6 1항 3호).

둘째, 상장법인은 주주의 신주인수권을 배제하고 우리사주조합원에게 발행신주의 20%를 원칙적으로 우선배정하여야 한다(자본시장법 165조의7). 우리사주조합이란 상장법인의 근로자가 당해 법인의 주식을 취득·보유함으로써 근로자의 경제·사회적 지위향상과 노사협력 증진을 도모하기 위하여 조직한 단체를 말한다(근로복

---

1) 손주찬, 860면; 정찬형, 1147면; 최준선, 645면.
2) 이철송, 922면.
3) 송옥렬, 1141면; 이철송, 929면.

지기본법 32조). 통상적인 종업원지주제도(employee stock ownership plan: ESOP)가 우리나라에서는 우리사주조합에 의하여 시행되고 있다.

Ⅲ. 주요판례·문제해설

1. 주요판례

(1) 대법원 1989. 3. 14. 선고 88누889 판결 ─ 신주인수권과 현물출자

주주의 신주인수권은 주주가 종래 가지고 있던 주식의 수에 비례하여 우선적으로 인수의 배정을 받을 수 있는 권리로서 주주의 자격에 기하여 법률상 당연히 인정되는 것이지만 현물출자자에 대하여 발행하는 신주에 대하여는 일반주주의 신주인수권이 미치지 않는다.

(2) 서울남부지법 2010. 11. 26. 선고 2010가합3538 판결 ─ 신주인수권과 현물출자

제3자로부터 현물출자를 받고 그에 대하여 신주배정을 하는 경우에도 기존주주가 보유한 주식의 가치하락이나 회사에 대한 지배권 상실 등의 불이익을 끼칠 우려는 여전히 존재하는데, 단지 그 방식이 현물출자라는 이유만으로 기존 주주의 신주인수권에 대한 보호가 약화된다고 볼 근거가 없고, 상법 제416조 제4호의 규정만으로 현물출자에 의한 신주발행에는 상법 제418조가 배제된다고 해석할 수도 없는 것이므로, 현물출자에 의한 신주발행의 경우에도 상법 제418조 제2항의 요건을 갖추어야 한다고 봄이 상당하다. 대법원 1989. 3. 14. 88누889 판결은 증여세를 과세한 처분의 적법성이 쟁점이 된 사안으로서 이 사건에 인용하기는 적절하지 않다.

(3) 대법원 2009. 1. 30. 선고 2008다50776 판결 ─ 경영권방어 목적의 제3자 배정의 무효

주식회사가 신주를 발행함에 있어 신기술의 도입, 재무구조의 개선 등 회사의 경영상 목적을 달성하기 위하여 필요한 범위 안에서 정관이 정한 사유가 없는 데도, 회사의 경영권 분쟁이 현실화된 상황에서 경영진의 경영권이나 지배권 방어라는 목적을 달성하기 위하여 제3자에게 신주를 배정하는 것은 상법 제418조 제2항을 위반하여 주주의 신주인수권을 침해하는 것이다.

2. 문제해설

(1) 신주의 제 3 자배정에 필요한 요건에 관한 문제이다. 상법은 신주를 발행할 경우 원칙적으로 기존주주에게 이를 배정하고 제 3 자에 대한 신주배정은 정관이 정한 바에 따라서만 가능하도록 하면서, 그 사유도 기업 경영의 필요상 부득이한 예외적인 경우로 제한한다. 판례는 회사의 경영권 분쟁이 현실화된 상황에서 경영진의 경영권이나 지배권 방어라는 목적을 달성하기 위하여 제 3 자에게 신주를 배정하는 것은 주주의 신주인수권을 침해하는 것으로 무효라고 한다. 결국 A는 신주발행무효의 소를 제기하여 甲회사의 신주발행을 무효화할 수 있다.

(2) 주주의 신주인수권을 배제한 채 정관에 별도 규정 없이 이사회결의만으로 현물출자를 받고 이에 상응하는 신주발행을 할 수 있는가의 문제이다. 기존의 대법원 판례는 현물출자자에 대하여 발행하는 신주에 대하여는 일반주주의 신주인수권이 미치지 않는다고 보고 있다. 그런데 최근 하급심 판례에서는 기존 대법원 판결은 현물출자와 신주발행에 관한 쟁점을 다룬 것으로 인용하기는 적절하지 않다고 하면서, 현물출자에 의한 신주발행의 경우 정관에 규정이 없더라도 제 3 자배정이 가능하지만 이때에도 제418조 제 2 항 단서에서 말하는 경영상 목적이 요구된다는 취지로 판시하고 있다. 따라서 기존 판례에 따르면 C는 신주발행의 무효를 주장할 수 없겠지만, 하급심 판례에 따르면 경영상 목적이 있었는가에 따라 신주발행무효를 주장할 수도 있을 것이다.

[2]   신주발행의 절차

I. 사   례

1. 사실관계

[사안 1]

甲주식회사는 주주배정방식으로 액면가인 5천 원을 발행가액으로 하여 신주발행을 시도하였으나, 최대주주 A는 불투명한 주가전망으로 인해 주식인수를 꺼렸다. 그러자 甲회사는 인수주식을 3년간 계속 보유한 뒤에도 주가가 하락하여 손실이 발생한다면 이를 회사가 보전해 주겠다고 약속하였고, A는 이를 믿고 신주를 인수하였다.

[사안 2]

乙주식회사는 이사회를 열어 주주배정방식으로 신주를 발행하기로 결의하였다. 그런데 청약 결과 97%에 달하는 주식이 실권되자 乙회사는 이사회를 개최하여 실권된 주식 모두를 B에게 배정하기로 결정하였다. 신주를 배정받은 B는 청약 및 인수대금납입을 완료하고 乙회사의 주주가 되었다.

2. 검 토

(1) 3년 뒤 주가가 인수가액을 하회한 경우 A는 약정에 따라 손실금을 甲회사에 청구할 수 있는가? 만약 甲회사가 A를 포함한 모든 주주들을 상대로 손실보전약정을 한 경우라면 어떠한가?

(2) 乙회사가 실권주를 이사회결의로 B에게 임의로 배정한 것은 타당한가? 만약 乙회사가 현재 주가보다 현저히 낮은 가격으로 신주의 발행가액을 정하여 주주배정을 하였고, 실권 후에도 동일한 저가로 B에게 배정하였다면 어떠한가?

II. 주요법리

1. 신주발행사항의 결정

회사가 그 성립 후에 신주를 발행하는 경우 정관에 규정이 없는 것은 이사회가 다음의 사항을 결정한다. 회사는 정관으로 이를 주주총회에서 결정하기로 정할 수 있다(416조). 이사의 수를 1인 또는 2인으로 한 자본금 총액이 10억 원 미만인 소규모회사의 경우는 주주총회가 결정한다(383조 4항).

(1) 신주의 종류와 수(416조 1호)

정관으로 종류주식의 발행이 예정된 경우(344조), 미발행주식의 범위 내에서 어떤 주식을 몇 주 발행하는가를 정하여야 한다.

(2) 신주의 발행가액·자본금 계상금액과 납입기일(416조 2호·2의2호)

주식의 발행가액은 당해 신주에 대해서 균등하여야 한다.[1] 무액면주식을 발행

---

1) 이철송, 905면.

하는 경우에는 신주의 발행가액 중 자본금으로 계상하는 금액도 이사회가 결정하여야 한다.

신주를 인수하여 주주의 지위를 갖게 될 자에게 주식의 매각에 따른 손실을 전액 보전해 주기로 하는 내용의 손실보전약정은 강행법규의 성질을 가지는 주주평등의 원칙에 위반되어 무효이다. 그러나 신주인수까지 무효로 본다면 신주를 인수한 자가 그 인수대금에 해당하는 금원을 부당이득으로 반환받을 수 있어 다른 주주와는 달리 투하자본의 회수를 보장하여 주는 결과를 가져오므로 신주인수까지 무효로 하지는 않는다[주요판례 1].

납입기일은 그날까지 납입 또는 현물출자를 이행하여야 하는 날을 말한다. 주식인수인은 납일기일의 다음 날로부터 주주가 되나(423조 1항), 이행하지 않으면 실권주가 발생한다.

(3) 신주의 인수방법(416조 3호)

이는 주식의 공모 여부, 청약단위, 청약증거금의 징수, 납입금취급은행의 결정, 단주 및 실권주의 처리방법 등을 말하며, 이사회는 법률이나 정관에 다른 규정이 없으면 주주에게 신주배정을 하여야 한다(418조 1항).

(4) 현물출자에 관한 사항(416조 4호)

현물출자를 하는 자가 있는 경우에 그 성명과 그 목적인 재산의 종류·수량·가액과 이에 대하여 부여할 주식의 종류와 수를 결정해야 한다. 회사설립시에는 현물출자에 관한 사항이 변태설립사항으로 정관의 상대적 기재사항이나(290조 2항), 신주발행시에는 이사회의 결정사항이다.

(5) 주주가 가지는 신주인수권을 양도할 수 있는 것에 관한 사항(416조 5호)

상법은 구체적 신주인수권은 양도할 수 있는 것으로 보아 신주발행시 발행사항의 하나로 정할 수 있게 한다. 회사는 신주인수권이 양도되는 것을 원하지 않을 경우 이를 정하지 않을 수 있다고 보는 것이 통설이지만, 판례는 회사가 신주인수권의 양도에 관한 사항을 결정하지 아니하였더라도 주주는 이를 양도할 수 있으며, 그 양도방법이나 효력은 지명채권양도의 원칙에 따른다고 본다.

(6) 주주의 청구가 있는 때에만 신주인수권증서를 발행한다는 것과 그 청구 기간(416조 6호)

신주인수권을 양도할 수 있게 하는 경우 그 양도는 신주인수권증서에 의하여야 하므로(420조의3 1항) 회사는 신주인수권증서를 발행해야 한다(420조의2 1항). 그러나 모든 주주가 신주인수권을 양도하지는 않을 것이므로 상법은 회사가 그 발행을 청구하는 주주에게만 신주인수권증서를 발행할 수 있도록 하고 있다. 그리고 이때에는 그 청구기간도 함께 정하여야 한다.

2. 배정기준일의 공고

(1) 배정일의 지정 및 신주인수권 내용의 공고

주주가 신주인수권을 갖는 때에는 회사는 일정한 날, 즉 배정일을 정하여 그 날에 주주명부에 기재된 주주가 그의 주식수에 따라서 신주의 배정을 받을 권리를 가진다는 뜻과 신주인수권을 양도할 수 있는 경우에는 그 뜻을 배정일의 2주 전에 공고하여야 한다(418조 3항 본문). 그러나 배정일이 주주명부의 폐쇄기간중인 경우에는 그 기간의 초일의 2주 전에 공고해야 한다(418조 3항 단서). 이렇게 공고를 하는 이유는 명의개서를 하지 않은 실질주주에게 명의개서를 할 수 있는 시간을 주기 위함이다.

주주 외의 자에게 신주를 배정하는 경우 회사는 ① 신주의 종류와 수, ② 신주의 발행가액과 납입기일, ③ 무액면주식의 경우에는 신주의 발행가액 중 자본금으로 계상하는 금액, ④ 신주인수방법, ⑤ 현물출자하는 자의 성명과 목적인 재산의 종류, 수량, 가액과 이에 대하여 부여할 주식의 종류와 수 등 신주발행에 관한 사항을 납입 기일의 2주 전까지 주주에게 통지하거나 공고하여야 한다(418조 4항). 이는 신주의 제 3 자 배정시 일정한 사항에 대하여 기존주주들에 대한 사전공시의무를 부과함으로써 기존주주에게 불리한 신주발행을 막을 수 있는 기회를 주고자 하는 것이다. 따라서 이러한 통지·공고를 게을리한 경우에는 해당 신주발행은 무효라고 본다.[1] 다만 상장회사는 제 3 자배정 또는 일반공모증자의 경우 이러한 통지 또는 공고요건이 배제되는데(자본시장법 165조의9), 신주발행사항을 금융위원회와 거래소에 공시하는 것으로 주주에 대한 보호가 충분하다고 보는 까닭이다.

---

1) 송옥렬, 1141면; 이철송, 929면.

(2) 배정일의 성격과 실기주

신주배정일은 지정·공고된 일정한 날을 기준으로 주주명부에 기재된 명의주주를 주주권(신주인수권)을 행사할 주주로 보는 제도이므로 기준일(354조 1항)의 일종이다. 이와 관련하여 실기주의 문제가 있다. 실기주(失期株)란 신주배정일까지 명의개서를 하지 않은 주식을 말한다. 실기주의 법률관계에 있어서 회사로서는 주주명부상의 주주에게 신주를 배정하면 면책되므로 아무런 문제가 없고, 주식양도인(명의주주)과 명의개서를 하지 않은 양수인(실질주주)간의 신주 귀속 여부는 회사법적 문제가 아닌 개인법적 문제로 해결된다.

3. 신주인수권자에 대한 최고

(1) 실권예고부최고

신주인수권자가 확정되면 회사는 그 자에 대하여 신주인수권을 가지는 주식의 수와 청약기일까지 주식인수의 청약을 하지 아니하면 신주인수권을 잃게 된다는 뜻을 청약기일로부터 2주 전까지 통지하여야 한다(419조 1항·2항). 이를 실권예고부최고(失權豫告附催告)라고 한다. 또한 주주의 신주인수권의 양도를 인정한 때에는 그 뜻, 주주의 청구가 있는 때에만 신주인수권증서를 발행한다는 것과 그 청구기간의 정함이 있는 경우에는 그 내용도 함께 통지하여야 한다(419조 1항).

(2) 실권주와 그 처리

위의 실권예고부통지가 있음에도 불구하고 그 기일까지 신주인수의 청약을 하지 않으면 인수권자는 당연히 신주인수권을 상실한다(419조 3항). 이처럼 주주배정에 의한 신주발행에서 인수되지 않은 주식을 실권주(失權株)라고 한다. 이러한 실권주는 신주인수인이 납입기일에 납입하지 아니함으로써도 생긴다(423조 2항). 실무적으로는 청약단계에서 증거금을 예납받고 이를 납입기일에 납입금으로 충당하므로 실권주는 대부분 주주가 청약을 포기한 경우에 발생한다.

회사설립시와는 달리 신주발행시에는 자본금의 전액확정을 요하지 않으므로 실권주는 미발행부분으로 유보하여도 되고, 이사회의 결의로 제3자에게 배정할 수도 있다(대법원 2012. 11. 15. 선고 2010다49380 판결). 실권주를 이사회의 결의로 제3자에게 배정하는 경우, 그 발행가액이 시가보다 저가라면 기존주주의 지분가치가 희석되는 문제가 생긴다. 그러나 판례는 주주배정 절차에서 주주의 97%가 실권하자 발행조건을 변경하지 않고 이를 동일한 저가로 제3자에게 처분한 사안에서, 처음부터 저가로 제3자배정이 이루어진 것이 아니라 주주배정에서 실권된 주식을 제3자에게 처분한 것이라면 이는 이사의 임무위배가 아니라고 보았다. 그 근거로 (i) 주주배정 절차에서 발생한 실권주를 제3자에게 처분하면서 그 조건을 변경한다면 오히려 이는 제3자배정과 다를 바 없으므로 실권주의 처분조건은 당초의 발행조건과 동일해야 한다는 점, (ii) 신주발행시 회사가 기존주주들에게 지분비율대로 신주를 인수할 기회를 우선적으로 부여하였음에도 주주들이 그 인수를 포기한 것이라면 설사 실권주를 제3자에게 배정할 때 그 발행가액이 시가보다 낮아 기존주주들이 보유한 주식가치가 희석되더라도 그로 인한 불이익은 기존주주들 자신의 선택에 의한 것이라는 점 등을 든다[주요판례 2].

　　그러나 판례의 입장에 따라 이사회결의를 통해 제3자배정방식으로 실권주를 처리하게 되면, 처음부터 제3자배정방식으로 신주를 발행하는 것과는 달리 제418조 제2항 단서의 경영상 목적에 따른 제한뿐만 아니라 발행가액에 대한 제한을 회피하는 방향으로 이용될 수 있음이 지적된다. 이러한 문제점을 인식하여 2013년 개정된 자본시장법에서는 명문의 규정을 두어 상장법인의 신주배정시 실권주가 발생하는 경우에는 원칙적으로 동 실권주에 대한 발행을 철회하도록 하고 있다(자본시장법 165조의6 2항). 따라서 상장법인이 동 실권주에 대한 발행을 철회한 이후에 실권주 해당 금액을 주식발행을 통해 다시 조달하려면 원칙적으로 새로운 신주발행 절차를 거쳐야 한다. 이러한 부담을 고려하여 자본시장법은 주주들의 이익침해의 여지가 적은 일정한 경우에는 상장법인의 효율적 자금조달을 위해 예외적으로 실권주에 대한 발행 철회 없이 계속 신주발행절차를 진행할 수 있도록 하고 있다. 그러한 예외로는 금융위원회 고시에서 정하는 가격 이상으로 신주를 발행하는 경우로서 ① 상장법인과 계열회사 관계에 있지 아니한 투자매매업자가 실권주 전부를 인수하기로 하는 경우, ② 주주배정방식에 한하여 실권주 발생시 미리 초과청약을 합의한 주주에게 우선적으로 그 실권주를 배정하기로 하는 경우(이 경우 실권주배정의 수량은 그 주주가 원래 신주인수의 청약에 따라 배정받을 주식수에 100분의 20을 곱한 주식 수를 초과할 수 없음), ③ 그 밖에 증권신고서를 제출하지 않는 소액공모의 경우와 우선배정을 받지 않은 우리사주조합원에 대하여 실권주를 배정하기로 하는 경우 등이 있다(자본시장법 165조의6 2항, 시행령 176조의8). 한편 실권주 처리에 대한 이상의 규제는 주권 관련 사채권의 발행시에도 준용된다(자본시장법 165조의10).

4. 주식인수의 청약

주식인수를 청약하고자 하는 자는 회사가 법정사항을 기재하여 작성한 주식청약서 2통에 인수할 주식의 종류와 수 및 주소를 기재하여 기명날인 또는 서명하여야 한다(425조, 302조 1항).

신주인수권증서를 발행한 경우는 신주인수권증서에 의하여 청약을 한다(420조의4 1항). 신주인수권증서를 상실한 자는 주식청약서에 의하여 주식의 청약을 할 수 있다. 그러나 그 청약은 신주인수권증서에 의한 청약이 있는 때에는 그 효력을 잃는다(420조의4 2항).

5. 신주의 배정(주식인수의 성립)

신주의 청약에 대하여 대표이사가 배정을 하면 주식인수가 성립한다. 신주발행의 경우는 회사설립과는 달리 신주발행예정주식수 전체에 대한 청약이 없더라도 배정을 할 수 있다. 회사는 신주인수권이 있는 자의 청약에 대하여는 배정의무를 부담하나, 신주인수권 없는 자에 대하여는 자유로이 배정할 수 있다.

주식인수의 법적 성질은 주식인수의 청약과 배정에 의하여 성립하는 입사계약(入社契約)이다. 신주가 배정된 주식인수인의 지위, 즉 권리주의 양도는 당사자간에는 효력이 있으나 회사에 대하여는 효력이 없다(425조, 319조).

6. 출자의 이행

(1) 납   입

주식인수인은 소정의 납입기일에 납입장소(주식청약서 또는 신주인수권증서에 기재된 장소)에서 인수가액의 전액을 납입하여야 한다(421조 1항). 2011년 개정상법은 "주주는 납입에 관하여 상계로써 회사에 대항하지 못한다"고 규정하는 제334조를 삭제하고, 제421조 제2항에 "신주의 인수인은 회사의 동의 없이 신주인수 가액의 납입채무와 주식회사에 대한 채권을 상계할 수 없다"고 규정하였다. 결과적으로 주주는 회사의 동의를 받으면 회사에 대하여 가지는 채권으로 납입채무와의 상계가 가능하게 되었다. 반대로 회사가 상계를 할 때에는 인수인의 동의를 필요로 하지 않는다고 보는 것이 상계의 성질과 제421조 법문에 부합한다.[1]

---

1) 이철송, 931면.

현물출자자는 목적재산 전부의 인도를 하고 등기·등록 기타 권리설정 또는 이전을 요할 경우에는 이에 관한 서류를 완비하여 교부하여야 한다(425조, 305조 3항, 295조 2항). 납입을 하지 않거나 현물출자의 이행을 하지 아니한 경우에는 회사설립시(307조)와는 달리 실권절차를 밟을 필요 없이 납입기일의 경과로 당연히 실권한다(423조 2항). 실권한 주식인수인에 대하여는 손해배상을 청구할 수 있다(423조 3항).

납입금의 보관자나 납입장소를 변경할 때에는 법원의 허가를 얻어야 한다(425조 1항, 306조).

(2) 현물출자의 검사

현물출자가 있는 경우에는 이사는 현물출자사항을 조사시키기 위하여 법원에 검사인의 선임을 청구하여야 하며, 검사인의 조사는 공인된 감정인의 감정으로 갈음할 수 있다(422조 1항). 법원은 검사인의 보고서 또는 감정인의 감정결과를 심사하여 현물출자가 부당하다고 인정한 때에는 이를 변경하여 이사와 현물출자를 한 자에게 통고할 수 있다(422조 3항). 현물출자자는 법원의 변경처분에 불복하여 그 주식의 인수를 취소할 수 있다(422조 4항). 법원의 통고 후 2주간 내에 취소가 없으면 이사회에서 정한 현물출자사항은 법원의 통고에 따라 변경된 것으로 본다(422조 5항).

2011년 상법개정 전에는 현물출자시 적용되는 위와 같은 일괄적인 검사인의 검사 및 법원에 대한 보고로 인하여 거래의 불확실성과 거래시간 및 거래비용이 불필요하게 증대된다는 비판이 있었다. 이에 따라 2011년 개정상법에서는 ① 현물출자의 목적인 재산가액이 자본금의 5분의 1을 초과하지 아니하고 대통령령으로 정한 금액을 초과하지 않는 경우, ② 현물출자의 목적인 재산이 거래소의 시세 있는 유가증권인 경우로서 정관이나 이사회에서 결정된 가격이 대통령령으로 정한 방법으로 산정한 시세를 초과하지 아니하는 경우, ③ 변제기가 돌아온 회사에 대한 금전채권을 출자의 목적으로 하는 경우로서 그 가액이 회사장부에 적혀 있는 가액을 초과하지 아니하는 경우, ④ 그 밖에 ①부터 ③까지의 규정에 준하는 경우로서 대통령령으로 정하는 경우에는 조사절차를 거치지 않아도 되도록 예외를 인정하였다(422조 2항 1호·2호·3호·4호).

7. 신주발행의 효력발생

(1) 효력발생시기

주식인수인이 이사회에서 결정한 납입기일에 납입 또는 현물출자의 이행을 한 때에는 납입기일의 다음 날로부터 주주가 된다(423조 1항). 이에 따라 신주인수인의 지위, 즉 권리주의 상태가 종식된다(425조 1항, 319조). 이후 주식의 양도가 가능하지만, 주권을 발행하기 전에는 회사에 대하여 효력이 없다(335조 3항).

(2) 이익배당

납입기일의 다음 날부터 신주의 효력이 발생하는 결과, 그 날이 속하는 영업연도의 이익배당에 신주도 참여한다. 2020년 개정전 상법에서는 영업연도 중에 신주가 발행되는 경우 신주발행일로부터 영업연도 말까지의 일수가 영업연도 전체의 일수 중 차지하는 비율을 계산하여 구주의 배당액에 그 비율만큼만 배당받는 것(차등배당)이 원칙임을 전제로 정관에 규정을 두어 신구주를 균등하게 배당할 수 있도록 하였다(구법 423조 1항 후단, 350조 3항 후단). 그러나 2020년 개정상법은 신구주간에 차등을 두지 않는 것을 원칙으로 하여 제350조 제 3 항을 삭제하고, 제423조 제 1 항에서 제350조 제 3 항 후단을 준용하는 규정을 삭제하였다.[1]

8. 등기 및 기타 관련 사항

(1) 변경등기

신주발행의 효력이 발생하면 발행주식 총수와 자본금 총액이 증가되므로 본점소재지에서는 2주간 내에, 지점소재지에서는 3주간 내에 각각 변경등기를 하여야 한다(317조 2항 2호·3호, 같은 조 4항, 183조). 주의할 점은 위의 변경등기는 이미 발생한 신주발행의 효력을 공시하는 것에 불과하지 신주발행의 효력발생요건이 아니다.

(2) 인수의 무효·취소의 제한

신주의 발행으로 인한 변경등기를 한 날로부터 1년을 경과한 후에는 신주를 인수한 자는 주식청약서 또는 신주인수권증서의 요건의 흠결을 이유로 하여 그 인수의 무효를 주장하거나 사기·강박 또는 착오를 이유로 하여 그 인수를 취소하지 못한다. 그 주식에 대하여 주주의 권리를 행사한 때에도 같다(427조, 320조와 비교).

(3) 이사의 인수담보책임

신주발행으로 인한 변경등기가 있은 후에 아직 인수되지 않은 주식이 있거나 주식인수의 청약이 취소된 때에는 이사가 이를 공동으로 인수한 것으로 본다(428조

---

1) 이철송, 937면, 34면.

1항). 이는 일단 인수가 이루어진 것같이 등기된 이상 그 공시에 부합하는 자본금충실을 기하기 위하여 이사에게 지우는 담보책임이다. 따라서 회사의 모든 이사는 연대하여 납입할 책임을 부담하게 된다(333조 1항). 또한 회사에 손해가 있으면 배상책임을 진다(428조 2항).

Ⅲ. 주요판례·문제해설

1. 주요판례

(1) 대법원 2007. 6. 28. 선고 2006다38161, 38178 판결 — 주주평등원칙의 위반과 손실보전약정의 무효

회사가 직원들을 유상증자에 참여시키면서 퇴직시 출자 손실금을 전액 보전해 주기로 약정한 경우, 그러한 내용의 '손실보전합의 및 퇴직금 특례지급기준'은 유상증자에 참여하여 주주의 지위를 갖게 될 회사의 직원들에게 퇴직시 그 출자 손실금을 전액 보전해 주는 것을 내용으로 하고 있어서 회사가 주주에 대하여 투하자본의 회수를 절대적으로 보장하는 셈이 되고 다른 주주들에게 인정되지 않는 우월한 권리를 부여하는 것으로서 주주평등의 원칙에 위반되어 무효이다. 비록 그 손실보전약정이 사용자와 근로자의 관계를 규율하는 단체협약 또는 취업규칙의 성격을 겸하고 있다고 하더라도, 주주로서의 지위로부터 발생하는 손실에 대한 보상을 주된 목적으로 한다는 점을 부인할 수 없는 이상 주주평등의 원칙의 규율 대상에서 벗어날 수는 없을 뿐만 아니라, 그 체결 시점이 위 직원들의 주주자격 취득 이전이라 할지라도 그들이 신주를 인수함으로써 주주의 자격을 취득한 이후의 신주매각에 따른 손실을 전보하는 것을 내용으로 하는 것이므로 주주평등의 원칙에 위배되는 것으로 보아야 하고, 위 손실보전약정 당시 그들이 회사의 직원이었고 또한 시가가 액면에 현저히 미달하는 상황이었다는 사정을 들어 달리 볼 수는 없다.

회사가 직원들을 유상증자에 참여시키면서 퇴직시 출자 손실금을 전액 보전해 주기로 약정한 경우, 직원들의 신주인수의 동기가 된 위 손실보전약정이 주주평등의 원칙에 위배되어 무효라는 이유로 신주인수까지 무효로 보아 신주인수인들로 하여금 그 주식인수대금을 부당이득으로써 반환받을 수 있도록 한다면 이는 사실상 다른 주주들과는 달리 그들에게만 투하자본의 회수를 보장하는 결과가 되어 오히려 강행규정인 주주평등의 원칙에 반하는 결과를 초래하게 될 것이므로, 위 신주인수계약까지 무효라고 보아서는 아니 된다.

(2) 대법원 2009. 5. 29. 선고 2007도4949 전원합의체 판결 — 에버랜드 전환사채 발행 사건(이사회결의를 통한 실권주의 처리)

신주 등의 발행에 있어서 주주배정방식과 제 3 자배정방식을 구별하는 기준은 회사가 신주 등을 발행함에 있어서 주주들에게 그들의 지분비율에 따라 신주 등을 우선적으로 인수할 기회를 부여하였는지 여부에 따라 객관적으로 결정되어야 할 성질의 것이지, 신주 등의 인수권을 부여받은 주주들이 실제로 인수권을 행사함으로써 신주 등을 배정받았는지 여부에 좌우되는 것은 아니다. 회사가 기존 주주들에게 지분비율대로 신주 등을 인수할 기회를 부여하였는 데도 주주들이 그 인수를 포기함에 따라 발생한 실권주 등을 제 3 자에게 배정한 결과 회사 지분비율에 변화가 생기고, 이 경우 신주 등의 발행가액이 시가보다 현저하게 낮아 그 인수권을 행사하지 아니한 주주들이 보유한 주식의 가치가 희석되어 기존 주주들의 부가 새로이 주주가 된 사람들에게 이전되는 효과가 발생하더라도, 그로 인한 불이익은 기존 주주들 자신의 선택에 의한 것일 뿐이다. 또한 회사의 입장에서 보더라도 기존 주주들이 신주 등을 인수하여 이를 제 3 자에게 양도한 경우와 이사회가 기존 주주들이 인수하지 아니한 신주 등을 제 3 자에게 배정한 경우를 비교하여 보면 회사에 유입되는 자금의 규모에 아무런 차이가 없을 것이므로, 이사가 회사에 대한 관계에서 어떠한 임무에 위배하여 손해를 끼쳤다고 볼 수는 없다.

그리고 상법상 전환사채를 주주배정방식에 의하여 발행하는 경우에도 주주가 그 인수권을 잃은 때에는 회사는 이사회의 결의에 의하여 그 인수가 없는 부분에 대하여 자유로이 이를 제 3 자에게 처분할 수 있는 것인데(513조의3, 419조 4항, 469조), 단일한 기회에 발행되는 전환사채의 발행조건은 동일하여야 하므로, 주주배정으로 전환사채를 발행하는 경우에 주주가 인수하지 아니하여 실권된 부분에 관하여 이를 주주가 인수한 부분과 별도로 취급하여 전환가액 등 발행조건을 변경하여 발행할 여지가 없다. 주주배정의 방법으로 주주에게 전환사채인수권을 부여하였지만 주주들이 인수청약하지 아니하여 실권된 부분을 제 3 자에게 발행하더라도 주주의 경우와 같은 조건으로 발행할 수밖에 없고, 이러한 법리는 주주들이 전환사채의 인수청약을 하지 아니함으로써 발생하는 실권의 규모에 따라 달라지는 것은 아니다.

2. 문제해설

(1) 회사가 주주의 출자손실에 대하여 보전약정을 한 경우 그 효력에 관한 문제이다. 판례에 따르면 투하자본의 회수를 절대적으로 보장하는 甲회사의 손실보전합의는 다른 주주들에게 인정되지 않는 우월한 권리를 자본금 증자에 참여한 주주 A에게만 부여하는 것이어서 주주평등원칙의 위반으로서 무효이다. 따라서 A는 손실금청구를 할 수 없다. 그렇다면 모든 주주들을 상대로 하는 손실보전약정은 유효한가? [주요판례 1]의 1심 및 2심 판결에서는 손실보전약정이 주주평등원칙을 위반하였음과는 별도로 자기주식취득금지의 위반 여부를 판단하고 있다. 즉 손실보전합의를 체결함으로써 그 주식취득에 따른 손익은 결국 발행회사에 귀속하게 되므로, 이는 결국 발행회사가 자기의 계산으로 자기가 발행하는 신주를 인수한 것과 같은 결과를 초래한다는 것이다. 요컨대 신주인수인이 주가하락으로 인해 출자손실을 입을 경우 이를 주식발행회사가 보전해 주기로 하는 이른바 손실보전약정은 무효이다. 손실보전약정이 특정 주주만을 대상으로 이루어짐으로써 주주평등원칙에 반하기 때문에 무효가 될 수도 있지만, 만약 모든 주주들을 대상으로 손실보전약정이 이루어져서 주주평등원칙의 위반이 없더라도 당해 손실보전약정은 자기주식취득(또는 가장납입)을 야기하여 자본금충실에 반하므로 여전히 무효라 할 것이다.

(2) 실권주 처리의 문제이다. 신주발행시에는 자본금의 전액확정을 요하지 않으므로 실권주는 미발행 부분으로 유보하여도 되고, 이사회의 결의로 제3자에게 배정할 수도 있다고 본다. 따라서 B에게 임의배정한 것은 일응 타당하다. 다만 실권주를 이사회의 결의로 제3자에게 배정하는 경우, 그 발행가액이 시가보다 저가라면 기존주주의 지분가치가 희석화되는 문제가 생길 여지가 있다. 그러나 에버랜드 사건에서 대법원은 신주발행시 회사가 기존주주들에게 지분비율대로 신주를 인수할 기회를 부여하였다면, 주주들이 그 인수를 포기함에 따라 발생한 실권주를 제3자에게 배정할 때 그 발행가액이 시가보다 낮아 기존주주들이 보유한 주식가치가 희석되더라도 그로 인한 불이익은 기존주주들 자신의 선택에 의한 것이므로 문제될 것이 없다고 보았다. 따라서 사례에서 乙회사의 이사가 주주배정 후 그 발행가액을 변경하지 않고 저가로 B에게 실권주를 배정하더라도 임무위배는 없다고 볼 수 있다.

[3] 신주의 발행가액

Ⅰ. 사   례

1. 사실관계

甲주식회사는 증권업을 영위하는 회사로 정관에 1주의 금액을 5,000원으로 정하고 있다. 甲회사는 현재 거래처인 A의 부도로 인해 250억 원의 채무를 부담하게 되었다. 이로 인해 甲회사는 영업용 순자본이 규제기준에 미달하여 대규모 인출사태가 염려되고 있으며 감독기관으로부터 경영개선명령을 받게 될 가능성이 있다. 甲회사는 자금조달을 위해 신주를 발행하고자 하였으나 시장상황이 좋지 않아 1주당 발행가액을 1,500원으로 하여 발행하고자 한다.

2. 검   토

(1) 甲회사가 위와 같은 신주발행을 하기 위해서는 어떠한 요건과 절차가 필요한가?

(2) 甲회사의 채권자 乙은행은 甲회사에게 1억 원을 대출해 주었으나, 甲회사가 이를 변제할 자금이 없어 자신이 가지고 있는 위 채권을 출자하고 신주를 발행받고자 한다. 이 경우 상법상 신주발행이 가능한가?

Ⅱ. 주요법리

1. 액면주식과 무액면주식의 선택발행

2011년 상법개정으로 주식회사는 정관으로 정한 때에 주식의 전부를 무액면주식으로 발행할 수 있게 되었다(329조 1항). 다만 하나의 회사가 액면주식과 무액면주식을 함께 발행하면 생각하지 못한 혼란을 가져올 수 있으므로 2011년 개정상법은 무액면주식을 발행하는 회사는 액면주식을 발행할 수 없도록 하였다(329조 1항 단서).

그리고 회사는 정관으로 정하는 바에 따라 발행된 액면주식을 무액면주식으로 전환하거나 무액면주식을 액면주식으로 전환할 수 있다(329조 4항). 이 경우 액면주식과 무액면주식간에 자본금계상의 차이로 인하여 자본금의 변경이 있을 수도 있지만, 2011년 개정상법은 양자의 상호 전환에 따른 자본금의 변경을 금지하고 있다 (451조 3항).

2. 액면주식의 액면미달발행

(1) 의   의

회사가 액면주식을 발행하는 경우 신주의 액면총액만큼 자본금이 늘어나므로 (451조 1항) 자본금충실의 요청상 이사회는 신주의 발행가액을 액면가액 또는 그 이상으로 정하여야 한다. 신주의 발행가액은 종전의 가액과 회사의 자산상태, 수익력을 고려하여 공정하게 결정되어야 한다(실질적인 주주평등의 원칙의 보장). 그러나 회사의 원만한 자금조달을 위하여 상법은 엄격한 요건하에 예외적으로 주식의 액면미달발행(할인발행)을 허용하고 있다(417조).

(2) 요   건

액면미달발행의 요건은 ① 회사성립 후 2년을 경과하여야 하며, ② 주주총회의 특별결의가 있어야 하고(이 결의에서는 최저발행가액까지 정하여야 한다), ③ 법원의 인가를 얻어야 한다(417조). 이 경우에 법원은 회사의 현황과 제반사정을 참작하여 최저발행가액을 변경하여 인가할 수 있으며, 회사의 재산상태 기타 필요한 사항을 조사하기 위하여 검사인을 선임할 수 있다. 상장법인의 경우에는 법원의 인가를 생략할 수 있는 특례가 있다(자본시장법 165조의8). ④ 신주는 법원의 인가를 얻은 후 1월 내에 발행해야 한다. 이 기간은 법원의 인가로 연기가 가능하다(417조 4항).

(3) 액면미달발행의 조건과 미상각액의 공시

액면미달발행을 한 경우에는 추후 신주발생시 청약자에 대한 공시를 위해 주식청약서와 신주인수권증서에 액면미달발행의 조건과 미상각액을 기재해야 한다 (420조 4호, 420조의2 2항 2호). 또한 주식의 발행으로 인한 변경등기에는 미상각액을 등기하여야 한다(426조).

3. 무액면주식의 발행

무액면주식의 경우에는 액면가가 존재하지 않으므로 액면주식의 발행시에 적용되던 발행가액에 관한 제한이 적용될 여지가 없다. 2011년 개정상법은 회사설립시 무액면주식을 발행하는 경우에는 주식의 발행가액을 정관으로 정하거나 발기인 전원의 동의로 정하도록 규정한다(291조). 그리고 회사설립 후에 무액면주식을 신주로 발행하는 경우에는 이사회(또는 주주총회)가 자유로이 발행가액을 정할 수 있다 (416조 2의2호). 주주배정방식으로 발행할 경우에는 주주의 지분율에 따라 배정하는 한, 현 주식가치보다 저가로 발행하더라도 구주의 희석화로 인한 손해는 저가발행으로 인해 얻는 이득과 상계되므로 문제가 없다. 제 3 자 배정의 경우에는 기존주주의 비례적 이익을 해치지 않도록 공정한 가격으로 발행가액을 결정하여야 할 것이며, 발행가가 불공정할 경우에는 이사의 책임추궁(401조), 신주발행유지청구(424조), 신주발행무효의 소(429조) 등의 원인이 된다.

이와 관련하여 무액면주식의 발행시 자본금은 어떻게 정하는가의 문제가 있다. 자본금은 배당가능이익 산정시 공제항목의 하나로서(462조 1항 1호), 회사내에 유보되어야 할 자산액의 기준을 정하는 기능을 한다. 다시 말하면 자본금이라는 것은 채권자보호를 위해 회사재산 가운데 주주가 임의로 가져갈 수 있는 몫을 정하기 위한 도구라고 할 수 있다. 액면주식을 발행한 경우에는 이러한 자본금의 기준이 발행주식의 액면총액으로 정하여지므로(451조 1항), 신주발행으로 늘어난 자본금에 해당하거나 이를 초과하는 순자산이 회사로 유입되도록 하기 위해 액면미달발행을 엄격히 제한하는 것이다.

그런데 무액면주식을 발행하는 경우에는 자본금의 균등한 구성단위로서의 기준이 되는 액면이 존재하지 않으므로 액면총액으로 자본금의 크기를 정하는 방법은 사용할 수 없다. 이와 관련하여 2011년 개정상법은 회사설립시 무액면주식을 발행하는 경우에는 주식의 발행가액과 함께 그 발행가액 중 자본금으로 계상하는 금액을 정관으로 정하거나 발기인 전원의 동의로 이를 정하도록 규정한다(291조). 그리고 회사설립 후에 무액면주식을 발행하는 경우에는 이사회(또는 주주총회가 주식발행사항을 결정하는 경우에는 주주총회)가 자본금적립의 재량권한을 가지고 발행가액의 전부 또는 일부를 적립하도록 하고 있다. 이때 주식발행가액 중 2분의 1 이상의 금액을 반드시 자본금으로 적립하도록 함으로써 재량권의 남용을 방지하고 있다. 그리고 주식의 발행가액 중 자본금으로 계상하지 아니하는 금액은 자본준비금으로 계상하도록 하고 있다(451조 2항).

Ⅲ. 주요판례·문제해설

1. 주요판례

서울고법 1996. 11. 29. 선고 95나45653 판결 — 발행가액의 불공정성

상법상 주식의 액면미달발행은 원칙적으로 금지되고 있으나(330조) 신주발행의 경우에는 자본조달의 기동성과 편의를 위하여 일정한 요건하에서 이를 허용하고 있다는 점(417조), 회사가 불공정한 발행가액으로 신주발행을 하는 경우 공정한 가액으로 발행한 경우에 얻을 수 있는 이익(차액) 상당에 관하여 그 이사는 회사에 대하여 임무의 해태로 인한 손해배상책임을 질 뿐만 아니라(399조 1항), 신주의 인수인이 이사와 통모하여 현저하게 불공정한 발행가액으로 주식을 인수한 때에는 회사에 대하여 공정한 발행가액과의 차액에 상당한 금액을 지급할 의무가 있고(424조의2 1항) 이 경우 발행주식 총수의 5/100 이상에 해당하는 주식을 가진 주주는 대표소송으로 그 이사 또는 신주의 인수인의 책임을 추궁하는 소를 제기할 수 있는 점(403조, 424조의2 2항) 등에 비추어 볼 때 가사 이 사건 신주의 발행가액이 불공정하다고 하더라도 그것이 액면에 미달되거나 또는 그 발행조건이 주주들에게 불균등하여 회사의 지배구조에 영향을 미치지 아니하는 이상 이러한 사유만으로는 신주발행 무효의 원인이 되는 이른바 '현저하게 불공정한 신주발행'에 해당한다고는 볼 수 없다고 할 것인바(대법원 1995. 2. 28. 선고 94다34579 판결 참조), 피고 회사가 원고들을 비롯한 주주들에게 신주배정일을 기준으로 하여 그 주식수에 비례하여 신주를 배정한다는 공고를 하고 그 신주의 청약을 최고하는 등 상법 제418조 제 1 항 소정의 주주의 신주인수권을 배제한 바 없는 반면에 피고 회사가 원고들을 비롯한 소수주주들에게 부당한 방법으로 신주의 청약을 하지 못하도록 방해하였다고 단정할 증거가 없는 이 사건에서 위 주장과 같이 피고 회사가 신주발행을 통한 증자의 필요성이 없었다거나 또는 피고 회사가 신주발행으로 인한 주식인수대금을 위 ○○○에 대한 채무변제에 사용하였다는 등의 사유는 상법상 신주발행의 무효사유에 해당한다고 볼 수 없다.

2. 문제해설

(1) 액면주식의 액면미달발행에 관한 문제이다. 제417조, 제420조 제 4 호, 제420조의2 제 2 항 제 2 호, 제426조 등의 참조가 필요하다.

(2) 채권의 출자전환에 관한 문제이다. 회사가 신주를 발행할 때 회사의 채권자가 회사에 대해 가지는 채권을 출자하는 것을 출자전환이라 하는데, 제421조 제2항에 따라 회사의 동의가 있는 경우 출자전환이 가능하다. 채권의 출자전환은 현물출자방식에 의하는데, 이사회의 신주발행결의, 감정평가, 감정평가의 법원보고와 심사, 해당 채권의 양도, 신주발행에 따른 등기 등의 절차로 진행된다. 제422조에 의하면 현물출자시에는 원칙적으로 검사절차를 거쳐야 하나, 변제기가 돌아온 회사에 대한 금전채권을 출자의 목적으로 하는 경우로서 그 가액이 회사장부에 적혀 있는 가액을 초과하지 않는 경우에는 출자가액의 평가가 불공정해질 염려가 없다고 보아 검사를 면제한다.

[4] 신주인수권의 양도

Ⅰ. 사 례

1. 사실관계

甲주식회사는 자본금을 100% 증자하고자 한다. 2011년 4월 15일에 甲회사 이사회는 기존주주들의 주식보유비율에 따라 신주를 배정하고 납입기일은 같은 해 4월 30일로 정하는 결의를 하였다.

2. 검 토

(1) 甲회사의 정관에는 신주를 발행할 때 주주가 가지는 신주인수권을 양도할 수 있는지 여부에 관하여 아무런 규정이 없고, 위 이사회결의시에도 이에 대한 아무런 결정을 하지 않았다. 甲회사 주주 A는 자신의 신주인수권을 B에게 양도할 수 있는가?

(2) A의 신주인수권양도가 가능한 경우라면 A는 어떠한 절차에 따라 이를 양도하여야 하는가?

(3) 신주인수권증서는 어떠한 형식과 절차에 따라 발행되어야 하며, 발행과 관련된 책임은 무엇인가?

Ⅱ. 주요법리

1. 신주인수권의 양도성

(1) 주주의 신주인수권

주주의 구체적 신주인수권은 독립된 채권적 권리로서 양도가 가능하다. 주주에게 의무적으로 신주를 인수하게 한다면 주주유한책임의 원칙에 반하는 것이므로 주주는 신주인수를 포기할 수 있다. 이때 주주가 주식과 분리하여 자신의 채권적 권리를 양도할 수 있도록 하는 것이 가능할 것이다.

통상적으로 구체적 신주인수권은 정관의 규정이나 이사회의 결의(또는 정관에 따라 주주총회의 결정)로 양도할 수 있음을 정하게 된다(416조 5호). 그러나 주주의 신주인수권을 양도할 수 있음을 정관에서 정하지 않고 이사회도 이를 결의하지 아니한 경우에 양도할 수 있는지에 대해서는 견해가 나뉘고 있다.

1) 회사가 승인하여도 회사에 대하여 효력이 없다는 견해

정관이나 이사회의 신주발행결의에서 주주의 신주인수권의 양도에 관한 정함이 없는 경우에도 주주가 임의로 양도할 수 있다고 하면, ① 제416조 제5호의 규정이 무의미하게 되며, ② 양도의 효력과 관련하여 이것을 제416조에 열거된 다른 신주발행사항과 함께 효력규정으로 보아야 하고, ③ 신주인수권의 양도방법을 정한 제420조의3은 강행규정이기 때문에 회사에 대하여 효력이 없다고 한다.[1]

2) 회사가 승인하면 회사에 대하여 효력이 있다는 견해

신주인수권을 양도할 수 있도록 하는 이유는 주주의 비례적 이익을 보호하기 위함이고, 제416조에서 이사회의 결의로 신주인수권을 양도할 수 있음을 정할 수 있다고 한 것은 이사회에게 신주인수권의 양도성을 창설할 수 있도록 한 것이 아니라, 회사의 편의에 따라 신주인수권의 양도를 신주인수권증서의 발행에 의해 정형적으로 규율할 수도 있고 그렇게 하지 않을 수도 있다는 뜻으로 읽는다. 따라서 이사회의 결의 없이도 채권양도의 방법과 효력으로써 이를 양도할 수 있다고 본다.[2]

---

[1] 손주찬, 862면; 정찬형, 1142면.
[2] 이철송, 924면; 최준선, 643면.

3) 판   례

판례는 신주인수권의 양도에 관한 이사회의 정함이 없더라도 신주인수권을 양
도할 수 있으며, 이 경우 신주인수권증서가 없으므로 지명채권양도의 방법과 효력
으로 신주인수권을 양도할 수 있다고 한다[주요판례].

(2) 제 3 자의 신주인수권

제 3 자의 신주인수권의 양도에 대해서는 상법의 규정이 없다. 그러나 이에 대
하여는 ① 제 3 자의 신주인수권을 양도할 수 없다는 견해,[1] ② 계약상의 권리이므
로 양도할 수 있다는 견해,[2] ③ 회사가 승인한 경우에만 양도가 가능하다는 견해가
대립되어 있다.

2. 신주인수권 양도의 방법

(1) 통상의 절차 — 신주인수권증서에 의한 양도

1) 발   행

정관의 규정 또는 이사회의 결의(또는 주주총회의 결의)로 신주인수권의 양도성
을 인정한 때에는 신주의 청약일(419조 1항)의 2주간 전에 회사는 신주인수권증서를
원칙적으로 반드시 발행하여야 한다(420조의2 1항). 그러나 모든 주주에게 신주인수
권증서를 발행해야 하는 부담을 덜기 위해 원하는 주주에게만 발행하도록 정할 수
도 있는데(416조 6호), 이처럼 주주의 청구가 있을 때에만 신주인수권증서를 발행한
다는 것이 정하여진 경우에는 그 청구기간에 주주의 청구를 받아 발행하면 된다
(420조의2 1항).

신주인수권증서는 청약기일 전 2주간 동안 유통되는 주주의 신주인수권을 표
창하는 유가증권이므로, 이를 상실한 경우에도 공시최고절차에 따라 제권판결을
받는 것이 아니라 상법 제420조의5 제 2 항에 따라 처리한다. 신주인수권증서에는
소정사항을 기재하고 이사가 기명날인 또는 서명하여야 한다(420조의2). 신주인수권
증서의 방식에는 법률상 제한이 없으므로 기명식 또는 무기명식으로 발행할 수 있다.

2013년에 개정된 자본시장법은 상장법인이 주주배정방식으로 신주발행을 하

는 경우에는 주주의 청구와 상관없이 신주인수권증서를 의무적으로 발행하도록 하고 있다(자본시장법 165조의6 3항 전단). 아울러 신주인수권증서 발행시에는 유통성 확보를 통해 증자의 성공률을 높이면서 특혜소지를 차단하기 위하여 ① 신주인수권을 상장시키거나 ② 복수의 금융투자업자를 통하여 신주인수권의 매매·중개·주선·대리업무가 이루어지도록 하는 의무도 부과하고 있다(자본시장법 165조의6 3항 후단, 동법 시행령 176조의8 4항). 이러한 조치들은 추가출자에 참여하기 어려운 주주의 이익을 보장함과 동시에 기업의 실권 위험을 줄여 자금조달을 원활화하기 위한 것이라 할 수 있다.

2) 효   력

(가) 신주인수권의 양도방법

신주인수권증서를 발행한 경우 신주인수권의 양도는 신주인수권증서의 교부에 의하여서만 이루어진다(420조의3 1항). 신주인수권증서의 유통보호를 위하여 상법은 증서의 점유자를 적법한 소지인으로 추정하며(권리추정력), 소지인으로부터 악의·중대한 과실 없이 증서를 양수받은 경우에는 선의취득을 인정하고 있다(420조의3 2항, 336조 2항; 수표법 21조).

(나) 주식인수의 청약

신주인수권증서가 발행된 경우에는 신주인수권증서에 의하여 주식(신주)의 청약을 하여야 한다(420조의5 1항 전단). 신주인수권증서를 상실한 자가 있는 경우에는 예외적으로 주식청약서에 의해 청약을 할 수 있다(420조의5 2항 본문). 그러나 후에 누군가가 신주인수권증서를 가지고 신주의 청약을 하면 주식청약서에 의한 청약은 그 효력을 상실한다(420조의5 2항 단서).

(2) 신주인수권증서가 발행되지 아니한 경우

판례는 신주인수권증서가 발행되지 아니한 경우에는 주권발행 전의 주식양도와 같이 지명채권양도의 일반원칙에 따라야 한다고 한다[주요판례].

Ⅲ. 주요판례·문제해설

1. 주요판례

대법원 1995. 5. 23. 선고 94다36421 판결 — 이사회결의 없는 신주인수권의 양도
상법 제416조 제5호에 의하면, 회사의 정관 또는 이사회의 결의로 주주가 가
지는 신주인수권을 양도할 수 있는 것에 관한 사항을 결정하도록 되어 있는바, 신
주인수권의 양도성을 제한할 필요성은 주로 회사측의 신주발행사무의 편의를 위한
것에서 비롯된 것으로 볼 수 있고, 또 상법이 주권발행 전 주식의 양도는 회사에
대하여 효력이 없다고 엄격하게 규정한 것과는 달리 신주인수권의 양도에 대하여
는 정관이나 이사회의 결의를 통하여 자유롭게 결정할 수 있도록 한 점에 비추어
보면, 회사가 정관이나 이사회의 결의로 신주인수권의 양도에 관한 사항을 결정하
지 아니하였다 하여 신주인수권의 양도가 전혀 허용되지 아니하는 것은 아니고, 회
사가 그와 같은 양도를 승낙한 경우에는 회사에 대하여도 그 효력이 있다. 주권발
행 전의 주식의 양도는 지명채권양도의 일반원칙에 따르고, 신주인수권증서가 발
행되지 아니한 신주인수권의 양도 또한 주권발행 전의 주식양도에 준하여 지명채
권양도의 일반원칙에 따른다고 보아야 한다.

2. 문제해설

(1) 주주의 구체적 신주인수권의 양도 가능성과 요건에 관한 문제이다. 정관에
신주인수권을 양도할 수 있는지에 대한 정함이 없고 이사회가 이를 결정하지도 아
니한 경우 주주가 자신이 가지는 구체적 신주인수권을 양도할 수 있는지에 대해서
견해가 나뉜다. 판례는 신주인수권의 양도는 주주의 고유한 권리이므로 이사회의
정함이 없더라도 지명채권양도의 방법과 효력으로 신주인수권을 양도할 수 있다고
본다. 따라서 A가 신주인수권을 양도할 수 있는지는 각 견해 및 판례에 따라 결론
이 달라질 것이다.

(2) 주주의 구체적 신주인수권의 양도에 대한 정함이 없는 경우 신주인수권의
양도방법에 관한 문제이다. 신주인수권증서가 발행되지 아니한 신주인수권의 양도
는 주권발행 전의 주식양도에 준하여 지명채권양도의 일반원칙에 따른다. 따라서
A와 B의 양도합의만으로 신주인수권의 양도효력이 발생하며, 회사에 통지를 하거
나 회사의 승낙을 받으면 회사에 대하여도 그 효력을 주장할 수 있다. 제3자에 대

해서도 양도의 효력을 주장하려면 확정일자 있는 증서에 의한 양도통지 또는 회사의 승낙이 필요하다.

(3) 신주인수권증서의 발행절차에 관한 문제이다. 이사회가 주주의 신주인수권을 양도할 수 있음을 결정한 경우에는 주주의 청구가 있으면 신주인수권증서를 발행하여야 한다. 신주인수권증서가 발행된 경우 신주인수권의 양도는 신주인수권증서의 교부에 의해서만 이루어지며, 주식의 청약은 신주인수권증서에 의하여만 가능하다. 따라서 신주인수권을 발행할 시기에 발행하지 아니한 경우나 신주인수권에 부실기재가 있는 경우에는 이사가 회사, 주주 및 제 3 자에 대하여 손해배상책임을 진다.

[5] 신주발행의 불공정 및 하자

Ⅰ. 사   례

1. 사실관계

甲주식회사의 정관에는 발행예정주식 총수가 50만 주로 기재되어 있다. 甲회사는 임시주주총회를 개최하여 발행예정주식 총수를 100만 주로 변경하는 정관변경을 결의하고 A, B, C, D, E 등 5인을 이사로 선임하였다. 위 이사들은 이사회를 개최하여 甲회사의 대주주인 A를 대표이사로 선임하였다.

2. 검   토

(1) 대표이사 A는 다른 이사와 합의하여 신주를 발행하기로 결정하고 신주발행을 준비 중에 있다. 甲회사 주주 F가 신주발행을 하지 않을 것을 A에게 청구할 수 있는 경우로는 어떠한 것이 있는가?

(2) A가 F의 위와 같은 청구에도 불구하고 신주를 발행한 경우에 그 신주발행은 유효한가?

(3) 甲회사의 자금사정이 좋지 않아 A는 자신의 주식에 대해 질권을 설정해 주었고 질권이 실행될 경우 A는 자신의 지배권을 상실할 가능성이 있다. 甲회사는 경영상 어려움에 처해 있어 신주를 발행하는 경우에도 대부분의 주주가 신주를 인

수하지 않으려 하였다. A가 자신의 회사에 대한 지배력을 유지하기 위해 회사의 자금을 횡령한 후 그 자금으로 乙주식회사를 설립하고 乙회사로 하여금 甲회사가 발행하는 신주 모두를 인수케 한 경우 그 신주발행은 유효한가?

(4) 위 주주총회가 당시 대표이사가 아니었던 A가 이사회의 결의도 없이 소집하여 결의한 것이라면 그 후에 한 신주발행의 효력은 어떠한가?

Ⅱ. 주요법리

1. 신주발행의 의미와 불공정발행에 대한 조치

상법은 회사자금조달의 기동성을 위하여 수권자본주의를 취하고 신주발행의 권한을 이사회에 부여하였다. 그러나 일부 또는 특정주주를 배제하고 신주를 발행한다면 그의 주주총회에서의 의결권의 비율은 감소하고, 신주발행 전에 행사할 수 있었던 소수주주권을 행사할 수 없는 경우도 발생한다. 나아가서는 상대적으로 보다 많은 주식을 취득한 주주가 있게 되어 회사의 지배권의 변동을 가져오며 회사의 경영권에 관한 다툼이 발생하게 되는 원인을 제공한다. 또한 특정인에게 시가보다 훨씬 낮은 불공정한 가액으로 주식을 발행하거나 또는 현물출자의 과대평가에 의한 주식발행은 회사자산에 대한 비율적 지위로서의 주식의 가치를 감소시켜 주가의 하락, 이익배당률의 감소 등의 경제적 손실을 가져와 회사나 주주의 이익을 해할 우려가 있다.

상법은 이에 대한 시정조치로서 따라서 다음의 세 가지 방법을 인정하고 있다. 첫째, 사전적 조치로서 모든 주주는 회사가 법령 또는 정관에 위반하거나 현저하게 불공정한 방법에 의하여 주식을 발행함으로써 불이익을 받을 염려가 있는 경우에는 신주발행유지청구를 할 수 있다(424조). 둘째, 이사와 통모하여 현저하게 불공정한 가액으로 주식을 인수한 자(통모인수인)는 회사에 대하여 공정한 발행가액과의 차액에 상당한 금액을 지급할 의무가 있다(424조의2). 셋째, 주주·이사·감사는 사후적인 조치로서 신주발행무효의 소를 제기할 수 있다(429조).

위와 병행하여 주주는 악의 또는 중과실로 그 임무를 게을리하여 위법하게 신주발행을 한 이사에 대하여 손해배상을 청구할 수 있고(401조), 회사에 대해서도 불법행위를 원인으로 손해배상을 청구할 수 있다(389조, 210조). 제3자의 신주인수권은 계약상의 권리이기 때문에 회사가 이를 무시하고 신주발행을 한 경우에 회사는 제 3 자에 대하여 채무불이행으로 인한 손해배상책임을 진다(통설).

2. 주주의 신주발행유지청구권

(1) 의   의

주주의 신주인수권을 무시하고 제 3 자에게 배정한 경우나 주주간에 불공평하게 주식을 배정한 경우와 같이 회사가 법령 또는 정관에 위반하거나 현저하게 불공정한 방법에 의하여 주식을 발행함으로써 주주가 불이익을 받을 우려가 있는 경우에는 그 주주는 회사에 대하여 신주발행을 유지할 것을 청구할 수 있다(424조).

(2) 유지청구권자

신주발행유지청구를 할 수 있는 자는 신주발행으로 불이익을 입을 우려가 있는 주주이다. 단독주주라도 무방하다. 피청구권자는 회사이다.

(3) 유지청구의 요건

회사가 법령 또는 정관에 위반하거나(수권주식수를 초과한 발행, 이사회의 결의 없는 발행, 정관에 의하지 아니한 신주인수권의 무시 등) 현저하게 불공정한 방법(현물출자의 과대평가 등)에 의하여 주식을 발행하여 주주가 불이익을 받을 염려가 있어야 한다(424조).

(4) 행사방법

유지청구의 행사방법은 상법상 특별한 규정이 없으므로 소에 의할 수도 있고, 소 이외의 의사표시에 의해서도 할 수 있다. 유지청구는 사전적 조치이므로 신주발행의 효력이 발생하기 전, 즉 납입기일까지 행사해야 한다.

(5) 효   과

주주의 신주발행유지청구가 있게 되면 회사(이사회)는 위법 또는 불공정 여부를 심사하여 그 유지 여부를 결정해야 한다.

위법·불공정함에도 신주발행을 완료한 경우 대표이사 등에게 중과실이 있다고 해야 할 것이므로, 이를 이유로 주주는 회사를 상대로 손해배상을 청구하거나 제401조에 따른 이사의 제 3 자에 대한 책임을 물어 손해배상을 청구할 수 있다. 이로 인해 회사에 손해가 생겼다면 제399조에 따라 대표이사 등이 회사에 대하여 손해배상책임을 져야 한다.

회사가 재판 외의 유지청구에 응하지 아니하고 신주발행을 강행한 경우 그 자체로는 신주발행의 효력에 영향을 미치지 않는다는 것이 통설이다. 개별주주의 유지청구는 단지 그 주주의 주장에 불과한 것으로서 이사를 구속하지는 않기 때문이다. 즉 회사가 단순히 주주의 유지청구를 무시하였다는 것만 가지고는 신주발행무효의 소를 제기할 수 없으며, 다만 이사의 책임(401조)이 발생하는 것으로 볼 수 있다.

그러나 신주발행유지청구의 소가 제기되어 법원이 이에 기한 유지판결(留止判決)이나 가처분을 내렸음에도 불구하고 회사가 이를 무시하고 강행한 신주발행의 효력에 대해서는 다음과 같이 견해가 대립한다. 우선 소극설의 입장에서는 신주발행유지의 판결 또는 가처분명령은 유지청구의 당사자 사이에서만 효력이 있다고 본다. 따라서 이러한 판결 등을 위반한 것만으로는 제3자와의 관계에서 신주발행을 일체로써 무효로 하는 신주발행 무효의 소의 원인이 되지 아니한다고 본다. 즉 신주발행의 유지에 의하여 보호되는 주주의 개인적 이익을 위하여 신주를 취득하려는 제3자의 이익을 무시할 수는 없다는 것이다. 대법원은 일반적인 상사 가처분을 위반한 회사의 행위에 대하여는 그 위반행위 자체로 하자가 있다고 보기 어렵다고 설시하는데[주요판례 1], 소극설은 이러한 대법원의 입장과 일맥상통한다.

이와 달리 적극설의 입장에서는 신주발행유지의 판결이나 가처분이 있음에도 불구하고 이를 무시한 채 신주발행이 강행되었다면 해당 신주발행은 무효의 소의 대상이 된다고 본다.[1] 가처분명령 등에 위반하여 신주를 발행하여도 이사의 책임만이 문제가 될 뿐 그 신주발행 자체의 효력에 영향이 없다고 하면, 법이 유지청구를 하나의 권리로서 인정하는 의미가 없게 된다는 것이다. 따라서 가처분 위반은 신주발행의 무효사유로 보게 된다[주요판례 2].

3. 이사와 통모한 주식인수인의 책임

(1) 책임의 내용

이사와 통모하여 현저하게 불공정한 발행가액으로 주식을 인수한 자는 회사에 대하여 공정한 발행가액과의 차액에 상당한 금액을 지급할 의무가 있다(424조의2 1항). 이사가 특정주주 또는 제3자에게 불공정한 발행가로 주식을 인수시킨다면 자본금충실을 해하고 다른 주주의 순자산가치를 희석시키기 때문이다.

---

1) 송옥렬, 1157면.

(2) 책임발생의 요건

1) 현저하게 불공정한 발행가액

'현저하게 불공정하다'라는 판단은 신주발행을 전후로 하여 발행회사의 주가·자산상태·수익력·사업전망 등을 종합적으로 참작하여 결정하여야 할 것이다.

이사회가 결정한 발행가액이 현저하게 불공정한 경우에도 실제의 인수가액이 공정한 경우에는 본조가 적용되지 않는다. 그러나 이사회가 정한 발행가액이 공정한데 실제로 이루어진 주식의 인수가액이 불공정한 경우에 본조가 적용될 것인가에 대하여는, ① 자본금충실의 원칙에 정면으로 위배되므로 신주발행무효의 원인이 된다는 견해와,[1] ② 이 경우에도 실제 발행가액이 액면 이하가 아닌 한 본조를 적용하여 그 차액을 지급하도록 함으로써 자본금충실을 기해야 한다는 견해가 있다.[2]

2) 주식인수인과 이사의 통모

본조는 이사와 통모한 인수인에 대해서만 인정되므로 이사와 통모가 없었으면 발행가액이 현저하게 불공정하여도 주식인수인은 책임을 지지 않는다.

(3) 책임의 성질과 주체

이사와 통모한 인수인의 책임은 실질적으로는 회사의 자본금충실을 위한 추가출자의무로서의 성질을 가지고 있으므로 주주유한책임의 원칙(331조)의 예외가 된다고 볼 수 있다. 통모인수인의 의무는 인수인 개인의 책임이므로 주식을 양도하여도 당연히 이 책임이 양수인에게 이전되는 것이 아니다.

이 제도는 제3자가 신주를 인수하거나 특정의 주주가 신주인수권에 기하지 않고 제3자적 지위에서 인수할 때(제3자배정) 적용되고, 발행주식 전부를 주주가 신주인수권에 기해 인수할 때(주주배정)에는 적용되지 않는다.

(4) 이사의 책임과의 관계

현저하게 불공정한 발행가액으로 신주를 발행한 이사는 회사에 대하여 손해배상책임을 지게 된다(399조). 이사의 손해배상책임과 통모인수인의 책임은 부진정연대책임의 관계에 있다고 보는 견해와,[3] 양자는 상호 독립된 책임이라고 보는 입장

---

1) 이철송, 942면.
2) 손주찬, 875면; 정찬형, 1163면; 최준선, 662면.
3) 손주찬, 876면; 정찬형, 1164면.

이 있다.[1]

(5) 차액의 회계처리

통모인수인이 지급해야 할 차액은 출자의 성격이 있으므로 회사의 동의 없는 상계, 지급의무의 면제, 지급금의 환급, 대물변제가 금지된다. 또한 그 차액은 회사의 회계처리에 있어 자본준비금으로 적립하여야 할 것이다.

(6) 대표소송

이사와 통모한 인수인의 책임추궁에 있어서는 소수주주에 의한 대표소송이 인정된다(424조의2 2항, 403조~406조).

4. 신주발행의 무효

(1) 의   의

신주발행의 무효란 신주발행의 절차나 내용에 하자가 있는 경우 이미 발행된 주식의 전부를 무효로 하는 것을 말한다. 신주발행이 개별적인 주식인수행위로 이루어지지만, 신주는 동일한 이사회 또는 주주총회의 결의로 발행되며, 발행가액·납입기일 등 신주발행조건이 동일하며(416조), 동일내용의 주식청약서 또는 신주인수권증서에 의하여 주식의 청약(420조, 420조의4)이 이루어지는 등 모든 발행절차는 일체의 관계에 있다. 따라서 발행된 신주 전체에 대하여 그 효력에 영향을 미치는 하자가 있는 경우에는 그 효력도 일률적으로 결정하는 것이 적절하다.

그러나 상법은 신주발행의 무효에 대하여 무효에 관한 일반원칙에 대한 특칙을 규정하고 있다. 즉 민법에 의하면 법률행위의 무효는 누구나, 언제나, 소 또는 소 이외의 방법으로 제한 없이 주장할 수 있으나, 신주발행의 무효는 주주·이사 또는 감사에 한하여 신주를 발행한 날로부터 6월 내에 소만으로 주장할 수 있으며(429조), 무효의 소의 승소판결의 효력에 대하여는 소급효를 배제하고(431조 1항) 대세적 효력(제 3 자적 효력)을 인정하고 있다(430조, 190조 본문). 이는 무효원인이 있는 신주발행이더라도 이를 기초로 한 이익배당, 주주총회에서의 의결권행사, 주식양도 등의 효력을 존중함으로써 회사 내의 법률관계의 안정을 기하고 이를 획일적으로 처리하기 위함이다. 또한 상법은 위와 같은 이유로 주식발행 전체를 취소하는 것을 인정하지 않고 있다.

---

1) 이철송, 944면; 최준선, 663면.

(2) 구별개념

1) 신주발행의 부존재

주식의 인수나 납입과 같은 신주발행의 실체가 전혀 존재하지 않고, 변경등기만이 있는 경우에는 신주발행의 부존재가 된다[주요판례 3~5]. 또한 회사의 대표권이 없는 자가 주식인수인 명의의 주권을 발행한 경우는 주권의 위조로서 신주발행의 부존재와 구별된다. 따라서 위와 같은 경우에는 일반원칙에 따라 누구라도, 언제든지, 소에 의하지 않고도 신주발행의 부존재 또는 주권의 무효를 주장할 수 있다. 소로써 주장 시에는 일반 확인의 소로써 부존재확인의 소를 제기할 수 있으며, 그 판결의 효력은 신주발행무효판결과 달리 대세적 효력이 없고 소급효가 제한되지 않는다[주요판례 3].

2) 개별적인 주식인수의 무효·취소

신주발행의 무효는 신주발행이 법령이나 정관에서 정한 절차나 내용에 위반한 하자가 있는 경우에 이미 발행된 주식의 전부를 일괄하여 무효로 하는 것을 말하므로 개별적인 주식인수의 무효와 취소, 예컨대 의사무능력자에 의한 주식인수의 무효나, 신주인수의 청약에 사기·강박·착오 또는 제한능력을 이유로 한 취소와 구별된다. 또한 상법은 개별적인 주식인수의 무효·취소에 제한을 가하여 "신주의 발행으로 인한 변경등기를 한 날로부터 1년을 경과한 후에는 신주를 인수한 자는 주식청약서 또는 신주인수권증서의 요건의 흠결을 이유로 하여 그 인수의 무효를 주장하거나 사기·강박 또는 착오를 이유로 하여 그 인수를 취소하지 못한다. 그 주식에 대하여 주주의 권리를 행사한 때에도 같다"(427조)고 규정하고 있다.

(3) 법적 성질

신주발행에 있어서 무효원인인 하자가 있더라도 무효판결이 있을 때까지는 당해 신주발행은 유효하며, 누구도 그 효력을 부정할 수 없다. 신주발행무효의 판결은 일반적인 무효와 달리 소급적 효력이 인정되지 않는다. 또한 대세적 효력(제3자적 효력)이 인정되므로 신주발행무효의 소의 법적 성질은 기존의 법률관계를 변경하여 새로운 법률관계를 창설하는 '형성의 소'라고 봄이 타당하다(통설).

(4) 신주발행의 무효원인

상법은 신주발행무효의 원인에 대하여 명시적으로 규정하고 있지 않다. 따라서 무효원인은 학설·판례에 의한 해석에 위임되었다고 볼 수 있다. 일반적으로는 신주발행에 있어서 준수하여야 할 법령 또는 정관에 위반한 중대한 하자가 있어야 한다고 보고 있다. 그러나 신주발행이 완료되면 납입금의 유입과 그 사용, 신주식의 유통, 주주총회에서의 의결권의 행사 등에 의하여 수많은 법률관계가 새로이 형성될 수 있기 때문에, 법령 또는 정관에 위반한 모든 신주발행의 하자를 무효원인으로 할 수는 없다.

따라서 법령 또는 정관의 입법취지와 내용을 바탕으로 하자의 정도, 회사·구주주·신주주·제 3 자의 이익을 형량하여 거래안전을 보호할 필요성이 강한 경우에는 무효원인을 가능한 한 좁게 해석하고, 신주발행유지청구의 대상으로 할 수 있거나(424조) 이사의 손해배상책임(399조, 401조) 등에 의하여 해결할 수 있는 경우에는 신주발행무효를 인정하지 않는 것이 법적 안정성을 위하여 바람직하다. 신주발행유지청구나 이사에 대한 손해배상책임추궁에 있어서는 신주발행무효의 소와 달리 법령·정관에 위반된 모든 행위가 그 대상이 된다.

신주발행의 무효원인이 될 수 있는 경우는 다음의 유형들이 있다.

1) 수권주식수와 종류의 위반

정관 소정의 발행예정주식 총수(수권주식)를 초과하여 신주를 발행한 경우 또는 정관에 규정이 없는 종류의 주식의 발행은 무효원인이 된다고 봄이 통설이다. 전환주식·전환사채 또는 신주인수권부사채에 있어서 권리행사에 대비하여 유보되어 있는 범위를 초과하여 주식을 발행한 경우에도 마찬가지이다.

수권주식의 수가 초과된 경우 초과부분만이 무효인가 아니면 신주발행 전체가 무효인가의 문제가 있으나, 어느 신주가 수권주식을 초과하였는가를 특정할 수 없으므로 신주발행의 전부가 무효가 된다고 봄이 타당하다. 그러나 구주의 주주만이 참석한 주주총회에서 정관변경절차에 의하여 문제된 수권주식수를 증가시키거나 종류의 주식을 인정한 때에는 무효원인이 치유된다고 본다.

2) 액면미달발행의 하자

법정의 절차를 거치지 아니한 주식의 할인발행은 주식회사의 자본금충실의 원칙에 위반되는 중대한 하자로서 무효원인으로 봄이 통설이다. 다만 미달금액이 근소한 액면 미만의 가액으로 발행된 경우에 이사의 손해배상책임으로 전보될 수 있는 경우에는 유효라고 보는 견해와, 액면미달의 발행은 회사의 자본금충실을 해하고 주가의 형성에 민감하게 영향을 미쳐 현재의 출자자인 주주와 장래의 투자자에게 중대한 사실이기 때문에 예외 없이 주식발행 선부가 무효라고 보는 견해가 있다.

3) 신주인수권의 무시

(가) 주주의 신주인수권의 무시

주주의 신주인수권을 무시한 신주발행은 원칙적으로 무효라고 봄이 통설이나, 주주의 신주인수권의 일부만을 무시한 경우에 그 효력에 대하여는 다툼이 있다. ① 전부무효설은 신주인수권은 정관에 다른 정함이 없는 한 주주의 고유권적 자익권이므로 그 무시의 정도나 지배권을 결부시킬 필요 없이 무효원인이 된다고 한다. ② 절충설은 주주의 신주인수권의 전부 또는 대부분을 무시한 경우에는 무효원인이 되지만, 근소한 일부만이 무시된 경우에는 무효로 되지 않고, 이사의 손해배상책임만이 발생할 뿐이라고 한다. ③ 지배권설은 주주의 신주인수권을 무시한 정도가 어떠하든지간에 그러한 무시가 회사지배에 대한 영향력에 변동을 줄 정도이면 무효이고, 그렇지 않은 경우에는 유효라고 본다.

신주발행시 대부분의 신주인수권자에게 관련 통지(419조)를 하지 않은 경우에는 신주인수권의 행사는 물론 위법한 신주발행에 대한 신주발행유지청구권을 행사할 기회도 주지 않았으므로, 주주보호의 필요성이 강하게 요청되는 상황이라고 보아 무효원인이 된다고 할 것이다. 일부의 자에 대하여서만 통지를 하지 않은 경우에는 무효원인이 되지는 않으나, 특정주주의 회사지배에 대한 영향력을 축소·배제하기 위하여 고의적으로 누락시킨 경우에는 무효원인이 된다고 본다.

(나) 제 3 자의 신주인수권의 무시

제 3 자의 신주인수권은 회사가 이를 무시하더라도 발생한 경제적 손실은 이사 또는 회사의 손해배상책임의 대상일 뿐 신주발행무효의 원인이 되지 않는다.

4) 현저히 불공정한 방법에 의한 신주발행

특정인에 대한 신주의 집중배정, 소수파를 축출하기 위한 신주발행(freeze-out), 이사가 경영권을 유지·강화할 목적으로 자기 또는 지지자에 대한 헐값의 주식발행, 현물출자의 부당한 평가에 의한 신주발행, 시가보다 현저히 높은 발행가로 다량의 실권주 발생을 유도하는 경우와 같이 현저하게 불공정한 방법으로 신주가 발행된 경우에는 유효설과 무효설의 대립이 있다. 유효설은 현저히 불공정한 신주발행은 주주의 유지청구와 이사의 손해배상책임으로 해결할 것이지, 신주발행 자체는 유효하다고 본다. 그러나 현저히 불공정한 방법으로 신주를 발행하는 것은 결과

적으로 주주의 신주인수권을 침해하게 되므로, 위에서 설명한 주주의 신주인수권
침해와 마찬가지로 회사지배에 대한 영향을 끼친 경우에는 무효원인이 된다고 보
는 것이 타당하다고 본다[주요판례 6].[1]

5) 이사회 또는 주주총회의 결의 없는 신주발행

대표이사가 이사회의 결의 없이 또는 이를 무시하고 신주를 발행한 경우 그
효력에 대하여는 유효설, 무효설, 절충설의 대립이 있다. 유효설은 상법이 수권자
본주의를 취하고 있기 때문에 회사의 신주발행을 회사의 자금조달을 위한 업무집
행에 준하는 행위로 보아 거래의 안전을 중시하여 대표권을 신뢰한 상대방의 보호
와 법률관계의 획일적 처리를 강조하는 입장이다.[2] 무효설은 신주발행은 거래법상
의 행위인 사채발행과는 달리 조직법상의 행위이고, 상법이 수권자본제도를 도입
하면서 회사의 자본금조달권한의 신중한 처리를 위하여 합의제인 이사회의 결의를
요구하고 있기 때문에 이사회결의 없는 신주발행은 무효라고 보는 견해이다.[3] 절
충설(상대적 무효설)은 원칙적으로 유효설의 입장을 따르면서 거래안전의 보호가 필
요 없는 경우, 즉 최초의 인수인 또는 그 자로부터 취득한 악의의 양수인이 소지하
는 신주는 무효라고 보는 견해이다. 절충설은 일본 학설로서 우리나라에서는 이 견
해를 취하는 학자가 없다. 판례는 유효설의 입장에 있다[주요판례 7].

6) 현물출자의 검사흠결

현물출자에 있어서 검사인의 선임 등 검사절차(422조)를 거치지 않고 한 신주
발행의 효력에 대하여는 무효설과 유효설의 대립이 있다. 무효설은 검사절차는 회
사의 자본금충실을 도모하기 위한 강행법규에 의한 절차이므로 이를 흠결하면 무
효원인이 된다고 본다. 그러나 검사절차의 위반 자체가 자본금충실에 반하는 것이
아니라 출자재산을 과대하게 평가하여 신주를 발행한 경우에 비로소 자본금충실에
반하는 결과가 될 수 있으므로 이러한 사정이 없는 한 신주발행이 무효라고 보기는
어려울 것이다[주요판례 8].[4] 따라서 현물출자의 검사절차가 없는 신주발행은 유지청
구나 이사의 손해배상책임, 과태료의 제재(635조 1항 3호)로 해결하는 것이 타당하다.

---

1) 정찬형, 1166면; 최준선, 666면.
2) 최준선, 667면.
3) 이철송, 945면.
4) 이철송, 946면; 정찬형, 1167면.

7) 신주발행유지청구권의 무시

주주의 신주발행유지청구를 무시하고 신주발행을 강행한 경우, 소 이외의 방법으로 한 유지청구를 무시한 신주발행은 무효가 되지 않고 이사의 책임(401조)이 발생할 뿐이라는 것이 통설의 입장이다. 그러나 신주발행유지청구의 소가 제기되어 이에 기한 유지판결(留止判決)이나 가처분이 있음에도 불구하고 강행된 신주발행의 효력에 대해서는 앞의 주요법리 2.(5)에서 살펴본 바와 같이 유효설과 무효설이 대립한다.

(5) 신주발행무효의 소

1) 주장방법

신주발행의 무효는 반드시 소에 의해야 한다. 따라서 소의 방법에 의하지 않고 구두 또는 항변의 형태로 신주발행의 무효를 주장할 수 없다.

2) 소제기권자·제소기간

주주·이사·감사에 한하여 소송을 제기할 수 있고, 제소기간도 6월 내로 제한된다.

3) 기   타

소의 관할, 소제기의 공고, 소의 병합심리, 하자 등의 보완과 청구의 기각, 패소원고의 책임, 무효판결의 등기 등에 관하여는 설립무효의 소의 경우와 동일하며(430조), 제소주주의 담보제공(377조)은 결의취소의 소에 관한 규정이 준용된다(430조).

(6) 판결의 효력

1) 비소급효(非遡及效)

신주발행무효의 판결이 확정되면 하자가 있었지만 유효한 것으로 취급되었던 신주발행이 장래에 대하여 그 효력을 상실한다(431조 1항). 즉 무효판결의 효력은 소급되지 않는다. 따라서 확정판결까지 신주발행을 기초로 이루어진 행위, 예컨대 주주총회의 소집, 의결권의 행사, 이익배당, 주식의 양도·입질 등은 무효판결에 의하여 영향을 받지 않는다. 이는 무효판결 이전에 발행된 신주의 사실상의 존재를 인정한 것으로 볼 수 있다.

2) 대세적 효력

신주발행무효의 판결이 확정되면 소송당사자 이외에 제 3 자에게도 판결의 효력이 미친다(430조, 190조 본문). 신주발행을 기초로 한 법률관계의 획일적 확정을 위함이다.

3) 재량기각

신주발행무효의 소의 그 심리중에 원인이 된 하자가 보완되고 회사의 현황과 제반사정을 참작하여 신주발행을 무효로 하는 것이 부적당하다고 인정한 때에는 법원은 그 청구를 기각할 수 있다(430조, 189조).

4) 무효판결 후의 조치

신주발행무효판결이 확정되면 회사는 지체 없이 신주실효의 뜻과 일정기간(3개월 이상) 내에 신주의 주권을 회사에 제출할 것을 공고하고, 주주명부상의 주주와 질권자에게 개별적으로 통지해야 한다(431조 2항).

또한 회사는 신주의 주주에 대하여 납입한 금액, 현물출자이면 그 평가액을 반환하여야 한다(432조 1항). 반환되는 금액이 판결확정시의 회사의 재산상태에 비추어 현저하게 부당한 때에는 법원은 회사 또는 신주주의 청구에 의하여 그 금액의 증감을 명할 수 있다(432조 2항). 실효된 신주의 질권자는 물상대위권을 갖는다(432조 3항, 339조, 340조 1항·2항).

주식이 실효됨에 따라 증가한 발행주식수는 발행 전으로 돌아가게 되고, 미발행부분이 부활되어 다시 신주발행이 가능하게 된다.

(7) 신주발행무효의 소와 다른 소와의 관계

신주발행을 위한 이사회의 결의가 무효이거나, 또는 주주총회의 결의에 부존재·취소·무효의 원인이 있는 경우에는 위의 결의의 하자를 다투는 소를 제기할 수 있는 동시에 신주발행무효의 원인이 되기도 한다. 따라서 이사회결의 또는 주주총회의 결의의 하자를 다투는 소송과 신주발행의 무효의 소가 병존하게 되어, 양소(兩訴)의 관계가 문제가 된다. 이에 대하여는 ① 흡수설, ② 양소병존설, ③ 취소소송설 등의 대립이 있다. 흡수설은 신주발행효력발생 전에는 결의의 하자를 다툴 수 있으나, 그 이후에는 결의의 하자는 신주발행의 무효원인으로 흡수되어 신주발행무효의 소만을 제기할 수 있다고 본다. 양소병존설(兩訴倂存說)은 당사자는 양소를 임의로 선택할 수 있고, 결의무효 또는 취소판결로 신주발행의 효력은 상실되므로 신주발행의 무효의 소는 불필요하다고 본다. 취소소송설은 결의의 하자를 이유로 신주발행의 무효를 주장하기 위하여는 반드시 결의무효 또는 취소의 소를 제기하여야 하며, 그 판결로써 신주발행이 무효가 된다고 한다.

생각건대 신주발행을 위한 이사회의 결의 또는 주주총회의 결의에 하자가 있는 경우 신주발행의 효력이 발생하기 전에는 이러한 결의를 다투는 소를 제기할 수 있으나, 신주발행의 효력이 발생한 후에는 위의 결의는 신주발행절차의 일부이므로 결의의 하자는 신주발행무효의 소에 흡수된다고 보는 것이 소송경제상 바람직하며 타당하다고 볼 것이다(통설).

그러나 신주발행절차 중의 하나가 아니라 수권주식 총수의 증가를 위한 정관변경결의와 같이 전제요건의 하자가 있는 경우에는 신주발행의 무효원인에 흡수될 수 없으므로 신주발행효력의 발생 후에도 두 가지 소를 각각 제기하여야 한다. 양자는 병합심리(倂合審理)가 가능하다.

(8) 특수한 신주발행과 신주발행무효의 소의 유추적용

상법상 인정되는 특수한 신주발행 예컨대, 준비금의 자본금전입(461조), 전환주식의 전환(346조, 349조), 주식배당(462조의2), 전환사채의 전환, 주식분할 등에 있어서 신주발행의 하자가 있는 경우에는 그 구제방법으로 상법에 명문의 규정이 없다. 따라서 수권주식수의 위반, 신주인수권의 무시, 이사회 또는 주주총회의 결의 없는 신주발행 등에 대하여는 신주발행무효의 소에 관한 상법의 규정이 유추적용되어야 할 것이다.

III. 주요판례·문제해설

1. 주요판례

(1) 대법원 2010. 1. 28. 선고 2009다3920 판결 — 가처분 위반행위의 효력

가처분결정 또는 가처분사건에서 이와 동일한 효력이 있는 강제조정 결정에 위반하는 행위가 무효로 되는 것은 형식적으로 그 가처분을 위반하였기 때문이 아니라 가처분에 의하여 보전되는 피보전권리를 침해하기 때문인데, 이 사건 가처분의 본안소송에서 가처분의 피보전권리가 없음이 확정됨으로써 그 가처분이 실질적으로 무효임이 밝혀진 이상 이 사건 주식에 의한 의결권 행사는 결국 가처분의 피보전권리를 침해한 것이 아니어서 유효하고, 따라서 이 사건 주주총회 결의에 가결정족수 미달의 하자가 있다고 할 수 없다.

(2) 서울고등법원 1977. 4. 7. 선고 76나2887 제7 민사부판결 — 가처분을 위반한 신주발행의 무효

원고가 같은 해 4. 26. 본건 신주의 발행에 앞서 피고에게 그 발행의 유지를 청구하는 통지를 한 사실은 이를 인정할 수 있으나 한편 상법 제424조의 규정에 의하여 주주가 회사에 대하여 신주의 발행을 유지할 것을 청구하였음에도 신주가 발행된 경우의 효력에 관하여는 그 유지청구가 단순한 재판외의 청구가 아니라 적어도 유지를 구하는 가처분 신청 또는 제소에 의하여 법원으로부터 그 유지 청구를 인용하는 가처분 또는 판결이 선고됨으로써 유지 이유에 관한 공권적 판단이 내렸음에도 불구하고 이에 반하여 신주가 발행되었을 때에 한하여 그 발행을 무효로 볼 수 있는 것으로 해석함이 상당하다 할 것으로서 원고의 위 가처분 신청이 기각되어 받아들여지지 않고 본건 신주 발행이 이루어진 것임은 원고가 자인하고 있는 이상 앞에서 본 바와 같이 단지 재판외에서 원고가 유지의 청구를 하였다는 점만으로 이에 반하여 이루어진 본건 신주 발행을 무효라고 할 수는 없다 할 것이다.

(3) 대법원 1989. 7. 25. 선고 87다카2316 판결 — 신주발행의 부존재

주주들에게 통지하거나 주주들의 참석 없이 주주 아닌 자들이 모여서 개최한 임시주주총회에서 발행예정주식 총수에 관한 정관변경결의와 이사선임결의를 하고, 그와 같이 선임된 이사들이 모인 이사회에서 대표이사 선임 및 신주발행결의를 하였다면 그 이사회는 부존재한 주주총회에서 선임된 이사들로 구성된 부존재한 이사회에 지나지 않고 그 이사들에 의하여 선임된 대표이사도 역시 부존재한 이사회에서 선임된 자이어서 그 이사회의 결의에 의한 신주발행은 의결권한이 없는 자들에 의한 부존재한 결의와 회사를 대표할 권한이 없는 자에 의하여 이루어진 것으로서 그 발행에 있어 절차적·실체적 하자가 극히 중대하여 신주발행이 존재하지 않는다고 볼 수밖에 없으므로 회사의 주주는 위 신주발행에 관한 이사회결의에 대하여 상법 제429조 소정의 신주발행무효의 소의 제기기간에 구애되거나 신주발행무효의 소에 의하지 않고 부존재확인의 소를 제기할 수 있다.

(4) 대법원 2006. 6. 2. 선고 2006도48 판결 — 신주발행의 부존재

이 사건 신주발행은 주주가 아니면서도 위조된 주권을 소유한 자들이 대다수 참석하여 개최된 주주총회에서 새로이 선임된 이사들로 구성된 이사회의 결의에 의한 것으로 신주발행의 절차적·실체적 하자가 극히 중대하여 신주발행의 실체가 존재하지 않는 이른바 신주발행의 부존재에 해당한다고 볼 여지가 있다.

(5) 대법원 2006. 6. 2. 선고 2006도48 판결 — 신주발행의 부존재와 납입가장죄

상법 제628조 제 1 항의 납입가장죄는 회사의 자본충실을 기하려는 법의 취지를 해치는 행위를 단속하려는 것인바, 회사가 신주를 발행하여 증자를 함에 있어서 신주발행의 절차적·실체적 하자가 극히 중대한 경우 즉, 신주발행의 실체가 존재한다고 할 수 없고 신주발행으로 인한 변경등기만이 있는 경우와 같이 신주발행의 외관만이 존재하는 소위 신주발행의 부존재라고 볼 수밖에 없는 경우에는 처음부터 신주발행의 효력이 없고 신주인수인들의 주금납입의무도 발생하지 않으며 증자로 인한 자본충실의 문제도 생기지 않는 것이어서 그 주금의 납입을 가장하였더라도 상법상의 납입가장죄가 성립하지 아니한다.

(6) 대법원 2003. 2. 26. 선고 2000다42786 판결 — 현저히 불공정한 신주발행의
    무효

원심은 위 인정된 사실에다가, 피고 회사가 루시아 석유회사의 지분을 매도하고 해외에 은닉한 자금의 규모가 위 신주발행자금과 거의 비슷한 점, 위 은닉자금의 마지막 송금처는 싱가포르이었는데 이 사건 신주를 인수한 사우스 아시아 걸프 코퍼레이션의 신주인수대금은 싱가포르에 가까운 말레이시아에서 납입된 점, 위 신주발행 당시 피고 회사는 한보그룹의 부도로 인하여 매우 어려운 사정에 처해 있어 피고 회사에 대하여 신규로 300억 원 이상의 자금을 투자할 만한 외국회사가 있다고 보기 어려운 점, 사우스 아시아 걸프 코퍼레이션이 신주인수과정에서 피고 회사에 대한 경영실사 등을 하지 아니하였으며 신주인수대금의 집행과정에도 참여하지 아니한 점, 위 신주발행으로 인하여 사우스 아시아 걸프 코퍼레이션이 피고 회사의 과반수 이상의 주식을 취득한 대주주가 되었는데 외국인이나 외국투자가에게 이러한 경영권의 양도까지 가능하게 하는 신주인수는 통상 이루어지기 어려운 점, 위와 같은 경위로 발행된 이 사건 신주는 위 ○○○ 일가가 설립한 유령회사인 사우스 아시아 걸프 코퍼레이션이 전부 인수하여 보유하고 있으므로 이 사건 신주발행이 무효가 되더라도 거래의 안전을 해할 염려가 없는 점 등 모든 사정을 종합하여 보면, 이 사건 신주발행은 1997년 초에 발생한 이른바 한보사태로 한보그룹의 대출금상환 또는 국세납부 능력이 의심스러워졌고 이에 한보그룹에 대한 대출금융기관인 원고 은행이 대출금에 대한 담보제공을 요구하자 위 ○○○, □□□ 등은

그들이 보유하고 있던 피고 회사의 주식 200만 주에 질권을 설정하여 주고, 나머지 400만 주는 한보그룹의 체납국세에 대한 담보로 국세청에 압류당하여 장차 위 주식들에 대한 질권이나 체납처분이 실행될 경우 피고 회사에 대한 지배권을 상실할 염려가 있었으므로 이러한 경우에도 피고 회사에 대한 지배권을 계속 보유하기 위한 수단으로 피고 회사의 해외 자산을 처분한 다음 당국에 외환관리법에 따른 신고를 이행하지 아니하고 자산매각대금을 횡령한 후 유령회사인 사우스 아시아 걸프 코퍼레이션을 설립하고 위와 같은 은닉자금을 이용하여 위 회사 명의로 피고 회사의 신주를 인수한 것으로 보이므로, 이 사건 신주발행은 ○○○ 일가의 범죄행위를 수단으로 하여 행하여진, 선량한 풍속 기타 사회질서에 반하는 현저히 불공정한 방법으로 이루어진 신주발행으로서 무효로 보아야 한다고 판단하였다.

원심이 채용한 증거들을 기록에 비추어 살펴보면, 원심이 이 사건 신주발행이 선량한 풍속 기타 사회질서에 반하여 현저히 불공정한 방법으로 이루어진 것으로서 무효라고 판단한 조치를 수긍할 수 있고, 거기에 채증법칙 위반으로 인한 사실오인이나 불공정한 법률행위 및 신주발행의 무효에 관한 법리오해 등의 위법이 있다고 볼 수 없다. 이 부분 상고이유의 주장도 이유 없다.

(7) 대법원 2007. 2. 22. 선고 2005다77060, 77077 판결 — 이사회결의 없는 신주발행의 효력

주식회사의 신주발행은 주식회사의 업무집행에 준하는 것으로서 대표이사가 그 권한에 기하여 신주를 발행한 이상 신주발행은 유효하고, 설령 신주발행에 관한 이사회의 결의가 없거나 이사회의 결의에 하자가 있더라도 이사회의 결의는 회사의 내부적 의사결정에 불과하므로 신주발행의 효력에는 영향이 없다.

(8) 대법원 1980. 2. 12. 선고 79다509 판결 — 검사절차를 거치지 않은 현물출자에 의한 신주발행의 효력

주식회사의 현물출자에 있어서 이사는 법원에 검사역의 선임을 청구하여 일정한 사항을 조사하도록 하고, 법원은 그 보고서를 심사하도록 되어 있으나, 이와 같은 절차를 거치지 아니한 신주발행 및 변경등기가 당연무효사유가 된다고는 볼 수 없다.

2. 문제해설

(1) 신주발행에 하자가 있는 경우 신주발행 완료 전에 주주가 취할 수 있는 방법에 관한 문제이다. 회사가 법령 또는 정관에 위반하거나 현저하게 불공정한 방법에 의하여 주식을 발행함으로써 불이익을 받을 염려가 있는 경우 주주 F는 사전적 조치로서 제424조에 따른 신주발행유지청구를 할 수 있다.

(2) 신주발행유지청구권의 효과에 관한 문제이다. 주주의 신주발행유지청구가 있게 되면 회사(이사회)는 위법 또는 불공정 여부를 심사하여 그 유지 여부를 결정해야 한다. 주주의 신주발행유지청구를 무시하고 신주발행을 강행한 경우에, 소 이외의 방법으로 한 유지청구를 무시한 신주발행은 무효가 되지 않고 제401조에 따른 이사의 책임이 발생할 뿐이라는 것이 통설의 입장이다. 신주발행유지청구의 소가 제기되어 이에 기한 유지판결이나 가처분이 있음에도 불구하고 강행된 신주발행은 신주발행무효의 소의 대상이 된다고 보는 견해와 그렇지 않다는 견해가 있다.

(3) 현저하게 불공정한 방법에 의한 신주발행의 효력에 관한 문제이다. 사례의 경우는 선량한 풍속 기타 사회질서에 반하여 현저히 불공정한 방법으로 이루어진 신주발행으로 볼 수 있다. 현저히 불공정한 방법으로 이루어진 신주발행의 효력에 대해서는 유효설과 무효설(판례)이 대립된다.

(4) 주주총회 소집절차의 하자와 신주발행의 효력에 관한 문제이다. 사례에서의 이사선임에 관한 주주총회결의는 취소소송이나 부존재확인소송으로 다툴 수 있다. 그리고 주주총회결의가 취소되거나 무효가 된다면 A, B, C, D, E는 이사의 자격이 없으며, 대표이사로 선임된 A 역시 대표이사가 아니다. 그렇다면 이사회의 결의도 없이 대표이사도 아닌 자가 신주를 발행한 셈이 되므로 해당 신주발행은 무효라 할 것이다. 다만 해당 주주총회결의는 신주발행절차의 일부를 이룬다고 볼 수 있으므로 주주총회결의의 하자는 신주발행무효의 원인으로 흡수되어 신주발행무효의 소만을 제기할 수 있다고 할 것이다.

[6] 준비금의 자본금전입

I. 사   례

1. 사실관계

甲주식회사의 주식발행사항과 재무상황은 다음과 같다.

- 회사가 발행할 주식의 총수: 100만 주
- 회사가 발행한 주식의 총수: 10만 주
- 1주의 금액: 10,000원
- 자기주식: 1만 주
- 자본준비금: 1억 원, 이익준비금: 2억 5천만 원, 임의준비금: 2억 원

甲회사 이사회는 2011년 1월 17일을 배정일로 하여 무상증자를 하고자 한다. 주주 A는 2011년 1월 3일에 자기가 소유하고 있던 甲회사 주식을 B에게 양도하였다. B는 2011년 1월 31일에 명의개서를 하였다.

2. 검   토

(1) 甲회사 이사회가 위 무상증자를 하기 위해 결정하여야 할 사항은 무엇인가?

(2) B는 위 무상증자에 따라 발행되는 신주에 대하여 권리를 주장할 수 있는가?

(3) 甲회사가 자기주식을 보유한 상태에서 주식발행초과금으로 자본금전입하여 신주를 발행하는 경우, 자기주식지분에 대하여 무상으로 교부될 신주에 해당하는 만큼의 주식을 다른 주주에게 초과배정할 수 있는가?

II. 주요법리

1. 준비금의 자본금전입

준비금의 자본금전입이란 법정준비금계정의 금액 전부 또는 일부를 자본금계정으로 이체하여 자본금을 증가시키는 것을 말한다. 준비금의 자본금전입을 하게 되면 사내유보의 규범적 기준이 상향되므로 순자산의 사외유출이 억제되어 회사채

권자를 보호할 수 있으며, 준비금이 자본금과 비교하여 지나치게 많아(자본준비금의 적립한도는 없다) 자본금구성면에서 바람직하지 않은 경우에도 준비금의 자본금전입을 통해 양자의 불균형을 시정할 수 있다. 또한 주식의 시가가 너무 높은 경우 준비금의 자본금전입으로 주식수를 늘려 주가를 조정할 수 있다.

(1) 액면주식을 발행한 경우

액면주식을 발행한 회사의 경우에는 자본금이 발행주식의 액면총액으로 결정된다(451조 1항). 따라서 준비금의 자본금전입으로 인하여 자본금이 증가하면 이에 상응하여 증가된 자본금을 액면가로 나눈 수의 신주가 발행될 필요가 있다. 이렇게 발행된 신주는 종전의 주주에게 지주수에 비례하여 무상으로 교부되기 때문에 실무에서는 이를 통상 '무상증자'라고 부른다.

(2) 무액면주식을 발행한 경우

무액면주식을 발행한 회사가 준비금의 자본금전입으로 인해 증가한 자본금에 해당하는 신주를 발행하고자 했을 때에는 전입된 금액을 나눌 기준이 되는 액면가가 존재하지 않는다. 사실 준비금의 자본금전입으로 인해 자본금이 증가하더라도 회사의 순자산에는 변동이 없으며 단지 계정만 다시 재분류될 뿐이다. 주주의 입장에서도 준비금의 자본금전입시 신주가 발행되어 각자의 지주수에 따른 보유주식수가 증가되건, 신주가 발행되지 않아 보유주식수가 변하지 않건, 전체 발행주식에 대한 각자의 지분비율은 변하지 않는다. 이렇게 보면 무액면주식 발행회사의 경우에는 준비금의 자본금전입이 있더라도 굳이 신주를 발행할 필요는 적지만, 주식수를 늘려 주가를 조정할 목적으로 자본금전입을 하는 경우에는 신주발행이 필요할 수도 있다.

2011년 개정상법은 이전 법과 다름없이 준비금의 자본금전입시 "주주에 대하여 그가 가진 주식의 수에 따라 주식을 발행하여야 한다"고 규정함으로써(461조 2항) 무액면주식을 발행한 회사 역시 준비금의 자본금전입에 따라 반드시 신주발행을 해야 하는 것으로 읽힌다. 그러나 앞서 언급하였듯이 무액면주식을 발행한 경우에는 준비금의 자본금전입시 신주를 반드시 발행할 필요는 없기 때문에 입법으로 이를 명확히 할 필요가 있다.

2. 자본금전입의 대상

자본금전입할 수 있는 준비금은 법정준비금(자본준비금 및 이익준비금)에 한정된다(다수설). 왜냐하면 임의준비금은 정관 또는 주주총회의 결의에 의하여 적립되고 그 처분도 이에 따르는데 이사회가 처분한다면 모순이고, 임의준비금은 주주총회의 결의로 이익배당이나 주식배당의 재원으로 할 수 있는데 이를 자본금으로 전입하면 주주의 이익을 해치게 되기 때문이다.

3. 자본금전입의 절차

(1) 결의기관

준비금의 자본금전입에는 이사회의 결의를 요한다(461조 1항 본문). 그러나 정관으로 주주총회에서 결정하기로 정한 경우에는 이사회가 전입결의를 하지 못한다(461조 1항 단서). 이는 준비금의 자본금전입은 주주의 배당가능이익을 감소시키는 요인이 되므로 이사회가 아닌 주주들 스스로 전입 여부를 결정할 수 있게 하기 위함이다. 이사회는 언제든지 자본금전입의 결의를 할 수 있으며, 그 결의에 있어서는 이익준비금 또는 자본준비금의 어느 것을 전입한다는 것을 전입액과 더불어 구체적으로 정하여야 한다.

(2) 신주배정일의 지정·공고

이사회가 준비금의 자본금전입결의를 한 때에는 회사는 일정한 날, 즉 신주배정일을 정하여 그날에 주주명부에 기재된 주주가 신주의 주주가 된다는 뜻을 그날(신주배정일)의 2주간 전에 공고하여야 한다. 그러나 그날(신주배정일)이 주주명부 폐쇄기간중인 때에는 그 기간의 초일의 2주간 전에 공고하여야 한다(461조 3항). 이것은 통상의 신주발행의 경우의 배정일의 지정·공고와 같은 것이며, 이 공고에 따라 이사회의 결의를 즉시 알 수 없는 주주에게 자본금전입이 예고됨으로써 명의개서의 기회가 부여되고 관련 당사자들이 주식의 양수도에 주의를 기울이게 된다.

주주총회에서 결의할 경우에는 총회소집통지에 의해 주주에게 자본금전입이 예고되므로 배정일은 별도로 정할 필요가 없으며, 주주총회의 결의일에 신주의 주주가 된다.

4. 전입의 효과

(1) 신주발행

회사는 준비금을 자본금으로 전입하는 경우에는 주주에 대하여 그가 가진 주식의 수에 따라 신주를 발행하여야 하고(461조 2항 전단), 이에 따라 주주는 별도의 인수절차 없이 자신이 가진 주식의 수에 따라 신주의 주주가 된다. 액면주식을 발행한 회사는 전입에 따라 증가하는 자본금액을 액면가로 나눈 수의 신주를 발행하므로, 신주의 발행가액은 액면가액이며 액면미달발행이나 액면초과발행은 있을 수 없다.

무액면주식을 발행한 회사의 경우에는 신주발행시 이사회(또는 주주총회)가 발행가액 중 자본금으로 계상하는 금액을 결정한다는 규정(416조 2의2호)을 참조하여, 준비금의 자본금전입시에도 이사회(또는 주주총회)가 발행될 신주의 총수를 결정하여 이를 종전의 주주에게 그가 가진 주식수에 비례하여 발행할 수 있다고 볼 것이다.

준비금의 자본금전입은 내부유보자금을 액면가로 환산하여 신주를 무상으로 발행하는 것이므로 보통주주에게나 우선주주에게나 모두 보통주식으로 발행한다. 원래 우선주란 특정시기에 자본조달을 위해 별도의 발행가와 우선배당율 등 특정의 조건에 따라 발행하는 것인데, 준비금의 자본금전입은 내부의 유보자금을 액면가로 환산하여 신주를 무상으로 발행하는 것인 만큼 우선주로 발행할 동기가 없는 까닭이다.[1]

신주발행시에 1주 미만의 단주가 생긴 경우에는 이것을 모아 경매하여 그 대금을 지주수에 따라서 지급하여야 한다. 거래소의 시세가 있는 주식은 거래소를 통하여 매각하고, 시세가 없는 주식은 법원의 허가를 받아 경매 이외의 방법으로 매각할 수 있다(461조 2항 후단, 443조 1항).

(2) 신주의 효력발생시기

신주의 효력발생시기와 관련하여, 이사회가 결의에 의한 때에는 이사회가 정한 신주배정일이 효력발생일이 되고(461조 3항)[주요판례 1], 주주총회가 결의한 때에는 그 결의가 있은 날이 효력발생일이 된다(461조 4항).

---

1) 이철송, 997면.

(3) 통지 및 질권의 효력

신주의 주주가 확정되면, 이사는 신주를 받을 주주와 주주명부에 기재된 질권자에 대하여 지체 없이 그 주주가 받을 주식의 종류와 수를 통지하여야 한다(461조 5항). 종전의 주식을 목적으로 하는 질권은 등록질이건 약식질이건 신주 및 단주의 매득금에 대해서 물상대위가 인정된다(461조 7항, 339조).

(4) 구주와 신주의 관계

자본금전입으로 발행되는 주식은 기준일 또는 주주총회결의일에 귀속이 확정되고 구주식의 과실이나 종물이 아니므로 구주식이 양도되더라도 그에 수반하지 않는다[주요판례 2].

5. 등   기

신주발행의 효력이 발생하면 등기사항인 자본금과 발행주식의 총수가 증가하므로 변경등기를 하여야 한다(317조 4항, 183조).

Ⅲ. 주요판례·문제해설

1. 주요판례

(1) 대법원 1988. 6. 14. 선고 87다카2599, 2600(반소) 판결 — 준비금의 자본금전입으로 인해 발행된 신주의 효력발생시기

상법 제461조에 의하여 주식회사가 이사회의 결의로 준비금을 자본에 전입하여 주식을 발행할 경우에는 회사에 대한 관계에서는 이사회의 결의로 정한 일정한 날에 주주명부에 주주로 기재된 자만이 신주의 주주가 된다고 할 것이다.

(2) 대법원 1974. 6. 25. 선고 74다164 판결 — 준비금의 자본금전입으로 인해 발행된 신주와 구주와의 관계

원래 원·피고간의 이 건 주식매매계약은 그 매매대금을 일시에 치르는 것이 아니라 계약 후 8년에 걸쳐 분할하여 치르게 되어 있는 연부매매계약으로서 매수인인 원고가 대금을 완급할 때까지는 매도인인 피고에게 주식의 소유권, 즉 주주권이 그대로 유보되어 있고, 오히려 원고에게는 신규로 발행되는 주권에 대한 청구권을 배제하고 있으니 원고가 주식매매대금을 완급하지 않고 있는 사이에 자본증가로 인하여 생긴 위 유상주(제3신주)나 자본전입에 의하여 생긴 위 무상주(제4신주 및 제5신주)는 당연히 주주권을 그대로 유보하고 있는 피고에게 귀속되는 것이다.

2. 문제해설

(1) 무상증자의 절차에 관한 문제이다. 준비금의 자본금전입을 위해서는 ① 신주배정일, ② 전입할 준비금 계정(이익준비금 또는 자본준비금), ③ 전입액, ④ 1주당 배당할 주식의 수 등을 결정하여야 한다.

(2) 신주배정일까지 명의개서하지 아니한 실질주주의 지위에 관한 문제이다. 이사회가 신주발행을 결의하는 경우에는 신주배정일에 주주명부에 주주로 기재된 자가 신주의 주주가 된다. 따라서 甲회사에 대한 관계에서는 배정일인 2011. 1. 17. 에 주주명부에 주주로 기재된 A가 신주의 주주가 된다. 그러나 명의주주 A와 실질주주 B간에는 실질주주 B에게 주식이 귀속되어야 한다.

(3) 자기주식에 대한 무상증자의 가능성 여부에 관한 문제이다. 일부 학설은 신주발행 또는 준비금의 자본금전입시 회사가 자기주식의 가치를 유지해야 한다는 이유에서 두 경우 모두 회사가 신주인수권을 갖는다고 보기도 하고, 일부 학설은 준비금의 자본금전입으로 인한 신주발행시에만 회사의 권리를 인정하기도 한다. 그러나 이를 인정한다면 자기주식의 증대를 초래하고, 준비금의 자본금전입은 그 실질이 이익배당과 같이 잉여금의 처분이므로 어느 것도 허용해서는 안 된다. 회사가 신주인수 및 준비금의 자본금전입으로 인한 무상주 교부에 참가하지 못함으로 인해 일실하는 이익은 주주들에게 비례적으로 귀속한다고 보아야 한다.

[7] 자본금의 감소

Ⅰ. 사   례

1. 사실관계

甲주식회사는 2011. 10. 26. 임시주주총회를 개최하여 출석주주 전원의 찬성으로 주주인 乙주식회사가 보유하고 있는 甲회사주식 1백만 주를 소각하여 발행주식수를 감소시키는 방법으로 감자(減資)를 하되 乙회사에게 주당 7,000원의 주식소각

대금을 지급하기로 하는 내용의 유상감자결의를 하였다. 위 임시주주총회에는 발행주식 총수의 95%에 해당하는 주주가 참석하였다. 甲회사는 그 다음 날인 2011. 10. 27. 채권자의 이의기간을 2011. 11. 27.까지로 공고하는 등의 채권자보호절차를 밟았으나, 위 이의기간 내에 이의를 제기한 채권자는 없었다.

2. 검   토

(1) 甲회사의 위와 같은 자본금감소절차에는 하자가 없는가?

(2) 만약 위 절차에 하자가 없다면 甲회사의 주식소각은 언제 효력이 발생하는가?

II. 주요법리

1. 자본금감소의 의의와 방법

자본금감소란 회사의 자본금을 축소시키는 것을 말한다. 자본금감소는 자본금이 감소함에 따라 순자산도 감소하는지 여부를 기준으로 실질적 자본금감소와 명목적 자본금감소로 구분한다. 자본금감소와 더불어 일정 금액을 주주들에게 지분 비율에 따라 지급함으로써 실질적으로 자산 규모도 줄어드는 것이 실질적 자본금감소인데, 주주들에게 보상 또는 환급한다는 점에서 유상감자라고도 한다. 이러한 실질적 자본금감소는 매각이나 합병을 용이하게 하기 위하여 기업자산규모를 줄이기 위한 방편이나 또는 주주가 출자금을 회수하는 수단으로 주로 활용된다. 이에 반하여 명목적 자본금감소는 명목상으로만 자본금이 줄어들고 실제의 자산 총액은 변함이 없는 것으로, 주주들에게 아무런 보상 또는 환급을 하지 않는다는 점에서 무상감자라고도 한다. 이러한 명목적 자본금감소는 주로 부실기업 재건방법의 일환으로써 활용되는데, 회사의 누적 결손금이 큰 경우에 자본금규모를 줄여서 회계상의 손실을 털어내고 자본금을 순자산에 접근시키는 것이다.

2011년 개정 전 상법은 실질적 자본금감소와 명목적 자본금감소를 구분하지 않고 어느 경우에나 주주총회의 특별결의 및 채권자보호절차를 요구하고 있었다. 자본금은 회사의 자산확보를 위한 기준이 되고 회사신용의 기초이므로 그 감소에는 엄격한 절차가 필요하다고 보았던 까닭이다. 그러나 명목적 자본금감소의 경우에는 명목상으로만 자본금이 줄어들고 회사의 순자산을 유출시키지 않으므로 채권자의 이익을 직접 침해하지 않아 채권자보호절차는 불필요함에도 불구하고 굳이 이를 거치도록 하여 시간과 비용이 낭비된다는 비판이 꾸준히 제기되어 왔다. 2011년 개정상법에서는 이러한 비판을 반영하고 외국의 입법례를 고려하여 결손의 보전(補塡)을 위한 명목적 자본금감소에 있어서는 채권자보호절차를 면제하도록 하는 규정을 신설하였다(439조 2항 단서). 아울러 2011년 개정상법에서는 결손의 보전을 위한 자본금감소는 주주총회의 특별결의가 아닌 보통결의에 의하도록 하여 결의요건을 완화하였다(438조 2항).

2. 자본금감소의 절차

(1) 주주총회의 결의

자본금감소는 주주총회의 특별결의를 요하며, 이를 위한 총회의 소집통지에는 회의의 목적사항 이외에 의안의 주요내용도 기재하여야 한다(438조 1항·3항). 그러나 예외적으로 결손의 보전을 위한 자본금의 감소는 주주총회의 보통결의에 의할 수 있다(438조 2항). 따라서 자본금결손 상태에 있는 회사의 경우 일부 주주들의 반대가 있더라도 좀 더 용이하게 무상감자를 할 수 있지만, 소수주주의 보호라는 관점에서는 일부 비판의 여지가 있을 수 있다.

자본금감소의 결의에서는 그 감소의 방법을 정하여야 한다(439조 1항). 액면주식을 발행한 회사가 액면가를 낮추는 방법으로 자본금의 감소를 하는 경우에는 정관변경을 요하므로 이를 위한 주주총회의 특별결의가 필요하다. 결손의 보전을 위한 자본금의 감소시에는 정관변경을 위한 특별결의를 별도로 거쳐야 하나, 그 밖의 경우에는 자본금감소의 특별결의로 이를 갈음할 수 있다고 본다.

(2) 채권자보호절차

자본금감소는 회사채권자의 담보의 기준을 줄이는 것이므로 채권자보호절차가 중요하다. 회사는 자본금감소의 결의일로부터 2주간 내에 회사채권자에 대하여 1월 이상의 일정한 기간 내에 이의를 제출할 것을 공고하고, 알고 있는 채권자에 대하여 채무이행기의 도래와 관계없이 최고해야 한다(439조 2항 본문, 232조 1항). 사채권자가 이의를 제기하려면 사채권자집회의 결의가 있어야 하며, 이 경우 법원은 이해관계인의 청구에 의하여 이의기간을 연장할 수 있다(439조 3항). 그러나 예외적으로 결손의 보전을 위하여 자본금을 감소하는 경우에는 이상의 채권자보호절차를 거치지 않아도 된다(439조 2항 단서). 이러한 자본금감소시에는 책임재산의 부족을 야기하는 자산의 사외유출이 없기 때문이다.

이의제출기간 내에 이의를 제출하지 않은 채권자는 자본금감소를 승인한 것으로 보고(439조 2항, 232조 2항) 자본금감소절차를 속행한다. 만약 이의채권자가 있으면 회사는 이에 대하여 변제 또는 상당한 담보를 제공하거나, 또는 이를 목적으로 상당한 재산을 신탁회사에 신탁하여야 한다(439조 2항, 232조 3항).

(3) 액면주식 발행회사의 자본금감소의 방법 및 절차

액면주식을 발행한 회사의 경우 발행주식수를 줄이는 방법과 주식의 액면가를 낮추는 방법, 그리고 양자를 병용하는 방법으로 자본금감소를 할 수 있다. 발행주식수를 줄여 자본금을 감소하는 방법은 다시 주식의 병합과 주식의 소각으로 구분할 수 있다. 어느 경우에나 주식평등의 원칙이 지켜져야 한다.

1) 주식병합의 절차

주식의 병합은 여러 주식을 합하여 그보다 적은 수의 주식을 발행하는 방법이다. 주식병합은 기술적으로 어려운 문제가 많고 주주의 이익을 해할 염려가 크므로 상법은 이에 관한 구체적 절차를 규정한다.

(가) 주권제출을 위한 공고·통지

주식을 병합할 경우에는 회사는 1월 이상의 기간을 정하여 그 뜻과 그 기간 내에 주권을 회사에 제출할 것을 공고하고, 주주명부에 기재된 주주와 질권자에 대하여는 각별로 그 통지를 하여야 한다(440조).

(나) 병합의 효력발생시기

주식의 병합은 주권제출기간이 만료한 때에 그 효력이 생긴다(441조 본문). 그러나 채권자의 이의기간 및 이의에 따른 변제 등 후속절차가 종료하지 아니한 때에는 그 기간 또는 절차가 종료한 때에 효력이 생긴다(441조 단서). 주주의 주권제출 여부에 관계없이 주식병합의 효력은 발생하여 구주식은 소멸하고 구주권 역시 실효된다[주요판례 1]. 주식병합의 효력이 발생한다고 함은 자본금이 감소되는 효력이 발생함을 뜻한다.

(다) 신주권의 교부

주권을 제출한 주주에게 신주권을 교부한다. 구주권을 회사에 제출할 수 없는 자가 있는 때에는 회사는 그 자의 청구에 의하여 3월 이상의 기간을 정하고 이해관계인에 대하여 그 주권에 대한 이의가 있으면 그 기간 내에 제출할 뜻을 공고하고 그 기간이 경과한 후에 신주권을 청구자에게 교부할 수 있다(422조 1항). 이때 공고의 비용은 청구자의 부담으로 한다(442조 2항). 단주의 금액을 배분할 경우에도 주권을 제출할 수 없는 자가 있을 때에는 같은 절차에 의한다(443조 2항, 442조).

(라) 단주의 처리

병합에 적당하지 아니한 수의 주식이 있는 때에는 그 병합에 적당하지 아니한 부분에 대하여 발행한 신주를 경매하여 그 대금을 각 주식수에 따라 종전의 주주에게 지급하여야 한다(443조 1항 본문). 그러나 거래소의 시세 있는 주식은 거래소를 통하여 매각하고, 거래소의 시세 없는 주식은 법원의 허가를 받아 경매 외의 방법으로 매각할 수 있다(443조 1항 단서).

(마) 주권불제출의 효과

주권이 제출되지 않더라도 주주명부에 근거하여 주주별 주식병합이 가능하다. 따라서 이후에 주주명부상의 주주가 주권과 교환으로 계산된 신주식과 단주금액을 받을 수 있다.

2) 주식소각의 절차

주식소각이란 발행주식 중 일부를 소멸시키는 방법이다. 주식소각의 절차에 관해서 상법은 따로 규정을 두지 않고 주식병합절차에 관한 규정을 준용한다(343조 2항, 440조, 441조).

3) 액면가의 감액

액면가를 감액하는 경우에는 주권을 제출시켜 신주권과 교환해야 하며, 그 절차와 효력발생 등은 주식병합의 경우와 같다(440조, 441조, 442조).

(4) 무액면주식 발행회사의 자본금감소의 방법 및 절차

액면주식을 발행한 회사는 발행주식의 액면총액이라는 기계적 계산을 통해 자본금이 산출되므로(451조 1항), 자본금의 감소시에는 반드시 발행주식수의 감소나 액면가의 감액, 또는 양자의 병용이 수반된다.

이와 달리 무액면주식을 발행한 회사의 경우에는 액면이 없으므로 액면가의 조정에 의한 자본금감소가 있을 수 없다. 또한 무액면주식발행 이후에는 주식과 자본금의 관계가 단절되므로, 발행주식수를 줄이지 않고도 주주총회결의만으로 자본금을 감소시킬 수 있다. 즉 무액면주식의 경우 주식을 발행하여 발행가의 일부 또는 전부를 자본금으로 계상한 후에는 주식의 수량은 자본금과 관련하여 하등의 구속을 받지 않으므로, 자본금을 감소시킴에 있어 반드시 주식수의 감소를 수반할 필요가 없다는 것이다. 따라서 무액면주식을 발행한 회사의 자본금감소시에는 주주총회에서 감소될 자본금의 크기 및 자본금감소의 효력발생일을 정하여 특별결의(실질적 자본금감소의 경우) 또는 보통결의(결손보전을 위한 자본금감소의 경우)를 거치면 된다. 다만 주주총회가 정한 효력발생일에 아직 채권자보호절차가 종료되지 않았다면 제441조 단서를 유추적용하여 채권자보호절차가 종료한 때에 자본금감소의 효력이 생긴다고 본다.[1]

　　이처럼 무액면주식 발행회사는 발행주식수를 줄이지 않고도 자본금감소를 할 수 있지만, 경우에 따라서는 이를 계기로 주식을 병합·소각하여 주식수를 감소시킬 수도 있다. 이때에는 주식병합이나 주식소각에 관한 상법 규정의 적용을 받는다고 하겠다.[2] 주의할 것은 이러한 경우에도 자본금감소와 주식의 병합·소각이라는 별개의 현상이 병행하는 것일 뿐이지, 주식의 병합·소각에 따른 주식수의 감소로 인해 자본금이 감소되는 것은 아니라는 점이다.

(5) 감자차익의 적립

　　자본금의 감소액이 주주에게 환급하는 금액보다 클 때, 그 차액에 상당하는 금액을 흔히 감자차익이라 부른다. 이러한 감자차익은 자본거래에서 발생하는 잉여금의 하나로서, 대통령령으로 정하는 바에 따라 자본준비금으로 적립하여야 한다(459조 1항).

(6) 등　　기

　　자본금감소로 인해 등기사항에 변동이 생기므로(317조 2항 2호) 변경등기가 필요하다(317조 4항, 183조). 자본금감소의 효력은 주식의 소각·병합 절차가 종료함으로써 발생하는 것이지 등기에 의해 발생하는 것이 아니다.

3. 자본금감소의 무효

　　자본금감소는 회사·주주·채권자 등에 중대한 영향을 미치게 되므로 법률관계

---

1) 이철송, 964면.
2) 이와 관련하여 무액면주식의 경우 단주를 발생시키는 주식의 병합이나 주식의 분할은 인정하지 않을 필요가 있다는 견해가 있다. 정순형, "주식회사의 자본조달 편의성 제고를 위한 방안: 무액면주식제도의 도입론을 중심으로," 조선대학교 대학원 박사학위논문(2006), 121면.

의 신중한 처리를 위하여 소만으로 주장할 수 있다.

(1) 무효의 원인

자본금감소의 절차 또는 내용에 중대한 하자가 있는 경우에 자본금감소 무효 원인이 된다. 예컨대 채권자보호절차를 거치지 않았거나, 주주평등의 원칙을 준수하지 않은 경우이다.

(2) 무효의 소

자본금감소의 무효는 주주·이사·감사·청산인·파산관재인 또는 자본금의 감소를 승인하지 아니한 채권자만이 자본금감소로 인한 변경등기가 된 날부터 6개월 내에 소만으로 주장할 수 있다(445조). 피고는 회사이다. 그 밖에 관할, 소제기의 공고, 병합심리, 하자의 보완과 청구의 기각, 패소원고의 책임, 제소자의 담보제공의무 등은 신주발행무효의 소에서와 같다(446조).

(3) 무효판결의 효과

신주무효의 소에서와 같이 원고 승소판결의 경우 소송당사자는 물론이고 제 3 자에게도 판결의 효력이 미친다(446조, 190조 본문). 소급효의 문제에 대해서는 견해가 대립한다. 우선 제446조는 제190조의 단서를 제외하고 본문만을 준용하고 있으므로 감자무효판결에 소급효를 인정하는 견해가 있다.[1] 이와 달리 제446조가 제190조의 본문만을 준용하고 있는 것은 입법의 실수로 보면서, 감자무효판결에 소급효를 준다면 매우 큰 혼란이 생기므로 감자무효판결은 소급효가 제한된다고 해석하는 견해가 있다.[2]

Ⅲ. 주요판례·문제해설

1. 주요판례

(1) 대법원 2005. 12. 9. 선고 2004다40306 판결 — 주식병합의 효력발생시기

주식병합의 효력발생을 위해 주권을 제출토록 공고하게 하는 취지는 신주권의 수령권자를 파악하고 구주권의 유통을 방지하고자 함이다. 따라서 1인회사와 같이

---

1) 정찬형, 1189면.
2) 이철송, 968면.

이러한 필요를 인정하기 어려운 회사의 경우라면 공고가 없이 감자등기를 하였더라도 그 등기시에 주식병합의 효력이 발생한 것으로 보아야 한다.

(2) 대법원 2004. 4. 27. 선고 2003다29616 판결 — 감자무효의 소의 재량기각

법원이 감자무효의 소를 재량 기각하기 위해서는 원칙적으로 그 소제기 전이나 그 심리중에 원인이 된 하자가 보완되어야 한다고 할 수 있을 것이지만, 하자가 추후 보완될 수 없는 성질의 것으로서 자본감소결의의 효력에는 아무런 영향을 미치지 않는 것인 경우 등에는 그 하자가 보완되지 아니하였다 하더라도 회사의 현황 등 제반 사정을 참작하여 자본감소를 무효로 하는 것이 부적당하다고 인정한 때에는 법원은 그 청구를 기각할 수 있다.

주주총회의 감자결의에 결의방법상의 하자가 있으나 그 하자가 감자결의의 결과에 아무런 영향을 미치지 아니하였고, 감자결의를 통한 자본감소 후에 이를 기초로 채권은행 등에 대하여 부채의 출자전환 형식으로 신주발행을 하고 수차례에 걸쳐 제 3 자에게 영업을 양도하는 등의 사정이 발생하였다면, 자본감소를 무효로 할 경우 부채의 출자전환 형식으로 발행된 신주를 인수한 채권은행 등의 이익이나 거래의 안전을 해할 염려가 있으므로 자본감소를 무효로 하는 것이 부적당하다고 볼 사정이 있다.

2. 문제해설

(1) 주식의 소각과 주식평등원칙에 관한 문제이다. 사례가 임의소각인 경우라면 주주인 乙회사의 동의가 반드시 필요한데, 乙의 동의 여부가 명백하지 않다. 또한 소각하여야 할 주식보다 소각을 희망하는 주식이 더 많을 수도 있는데, 사례에서 주식평등의 원칙에 따라 소각을 원하는 주식수에 비례하여 결정이 이루어졌는지도 불분명하다. 사례가 강제소각인 경우라면 주식평등의 원칙에 따라 당연히 주주의 소유주식에 비례하여 소각해야 하므로 乙의 주식만을 소각할 수는 없다(추첨에 의한 강제소각이 가능한가에 대해서는 통설은 이를 긍정하나 이를 부정하는 견해도 있다).

(2) 주식소각의 효력발생시기에 관한 문제이다. 주식소각절차에 대해 상법은 따로 규정을 두지 않고 주식병합절차에 관한 규정을 준용한다. 따라서 주식의 강제소각의 경우 주권제출기간이 종료한 때에 소각의 효과가 발생하나, 채권자보호절차를 종료하지 아니한 때에는 채권자보호절차가 종료한 때에 소각의 효력이 발생

한다. 주식의 임의소각의 경우에도 모든 주주에게 기회를 주어야 한다는 점에서 주주에 대해 그 뜻을 통지해야 하고, 채권자보호절차 역시 밟아야 하므로 강제소각과 동일한 시점에 소각의 효력이 발생한다. 사례에서는 이의를 제기한 채권자가 없으므로 주권제출기간이 만료한 때에 소각의 효력이 발생한다.

제 6 장 사채(타인자본)

[1] 사채의 발행과 유통

Ⅰ. 사   례

1. 사실관계

甲주식회사는 운영자금을 마련하기 위해 1,000억 원 규모의 무보증 공모사채를 다음과 같이 발행하고자 한다.

- 원금상환방법과 기한: 사채발행일로부터 2년 만기 일시상환
- 이자지급방법과 기한: 사채 발행일로부터 원금 상환기일 전일까지 이자를 계산하며, 매 3개월마다 이자를 후급함
- 인수회사: 乙증권회사
- 사채의 등록기관: 한국예탁결제원

2. 검   토

(1) A는 甲회사가 업무상 구입하고자 하는 건물을 소유하고 있다. 이 건물의 평가액은 10억 원이다. A는 사채를 인수하고 위 건물을 현물로 납입할 수 있는가?

(2) 甲회사는 위 사채의 만기 이전에 500억 원에 해당하는 사채에 대하여 조기상환을 할 수 있는가? 조기상환이 가능한 경우라면 그 방법은 무엇인가?

Ⅱ. 주요법리

1. 사채의 의의

(1) 의   의

사채(社債)란 주식회사가 불특정의 일반공중으로부터 비교적 장기의 자금을 집단적·대량적으로 조달하기 위하여 유가증권인 채권(債券)을 발행하거나 전자등록기관의 전자등록부에 채권(債權)을 등록하여 부담하는 채무를 말한다. 국가나 지방단체가 발행하는 공채(公債)와는 발행주체에서 구별된다.

상법은 사채발행회사에 대하여 주식회사만 규정하고 있다. 유한회사는 주식회사와의 합병이나 조직변경시 사채의 상환을 완료하여야 한다는 규정(600조 2항, 604조 1항)과 유한회사의 폐쇄성에 비추어 볼 때 사채를 발행할 수 없다고 봄이 통설이다. 유한책임회사의 경우도 폐쇄성을 가지고 있으며 주식회사가 유한책임회사로 조직변경하는 경우 사채의 상환을 완료하여야 한다는 규정이 준용되므로 사채를 발행할 수 없다(287조의44). 인적회사의 경우 금지규정은 없지만 사채가 발행되고 있지 않다.

(2) 사채계약의 법적 성질

사채를 발행하면 회사와 인수인간에 사채계약이 성립된다. 이 사채계약의 법적 성질에 대하여는 ① 소비대차설, ② 소비대차와 유사한 무명계약설, ③ 채권매매설, ④ 매출발행의 경우에는 채권매매이고 그 밖의 경우는 소비대차에 유사한 무명계약이라는 구분설이 있다.

(3) 사채와 주식의 비교
1) 유 사 점

사채와 주식은 회사의 자금조달방법으로 다음과 같은 유사점을 가지고 있다.

① 원칙적으로 회사의 장기자금조달을 목적으로 발행된다. ② 유통성을 높이기 위하여 유가증권을 발행하거나 전자등록기관의 전자등록부에 등록한다. ③ 발행결정기관이 원칙적으로 이사회이며 인수방식(사채청약서와 주식청약서의 이용)이 유사하다. ④ 공모로 발행하는 경우 모집액이 일정규모를 초과하면 자본시장법의 규제를 받는다. ⑤ 주식과 기명사채의 경우 회사에 대한 대항요건이 정하여져 있다(337조, 479조). ⑥ 다수의 권리자가 집단적 의사결정을 할 수 있는 제도를 두고 있다(사채권자집회와 주주총회).

2) 차 이 점

사채와 주식은 다음의 차이점을 가지고 있다.

① 주식발행은 자기자본을 조달하는 방법이고 사채발행은 타인자본을 조달하는 방법이다. ② 따라서 주주는 회사 구성원으로 의결권 등을 통하여 회사경영에 참여하고 감독권한을 가지나, 사채권자는 회사에 대한 금전채권자로서의 지위를 가진다. ③ 주식은 출자 이후 주금액을 원칙적으로 상환할 수 없으나 사채는 상환기한이 도래하면 상환된다. ④ 회사해산으로 청산하는 경우에는 사채에 대한 상환

을 한 후에 주식에 대한 잔여재산 분배를 한다. ⑤ 주식은 액면미달발행이 원칙적으로 금지되고 전액납입이 요구되나 사채는 액면미달발행과 분할납입이 허용된다. ⑥ 주식은 현물출자가 가능하지만 사채는 금전납입만 인정된다.

3) 사채와 주식의 접근

사채와 주식은 법적으로 여러 가지 차이점이 존재하지만 서로 경제적·제도적으로 접근하는 현상을 보이고 있다. ① 일부 주주는 회사의 경영에 관여하지 않고 주가 차익만을 추구하고 있으며, 회사는 각종 준비금제도를 활용하여 이익배당의 평균화를 도모하고 있다. ② 법제도상으로도 주식의 사채화와 사채의 주식화가 이루어지고 있다. 주식의 사채화로는 무의결권주식, 비참가적 우선주, 상환주식 등이 있으며, 사채의 주식화로는 전환사채, 신주인수권부사채, 이익참가부사채 등이 있다.

2. 사채의 구분

(1) 기명사채·무기명사채

채권(債券)에 사채권자의 성명이 기재되어 있는 것을 기명사채라 하며 기재가 없는 것을 무기명사채라 한다. 양자는 이전과 입질의 대항요건이 다르다. 양자 사이에는 상호전환이 인정된다(480조).

(2) 무담보사채·담보부사채

사채를 위하여 물상담보권이 설정되어 있지 않은 사채를 무담보사채라 하고 물상담보권이 설정된 사채를 담보부사채라 한다. 상법은 무담보사채를 규정하고 있으며, 담보부사채는 담보부사채신탁법의 규율을 받는다.

(3) 현물사채·전자등록사채

사채를 전자등록기관에 등록하지 않고 현실로 채권(債券)이 발행되는 사채를 현물사채(現物社債)라 하며, 주식·사채 등의 전자등록에 관한 법률(전자증권법)에 따라 전자등록기관에 등록한 사채를 등록사채라 한다. 등록사채는 채권(債券)이 발행되지 않으며 이미 발행된 경우에 채권(債權)을 등록하고자 하는 경우에는 그 채권(債券)을 회수하여야 한다.

3. 사채종류의 다양화

사채권자에게 특수한 권리가 부여된 사채를 특수사채라 하며, 특수한 권리가 부여되지 아니한 사채를 일반사채라 한다. 2011년 개정 전 상법은 제469조에서 사채발행에 관한 일반적 규정을 두고, 제513조 이하와 제516조의2 이하에서 각각 전환사채와 신주인수권부사채에 관한 규정을 두고 있었다. 상법에 명시적으로 규정하고 있는 사채 이외의 다양한 종류의 사채를 발행할 수 없다는 금지규정은 없었으나 실무에서는 다양한 종류의 사채발행을 허용하는 명시적 규정 없이는 사채발행 이후의 법적 확실성을 확보할 수 없기 때문에 사채에 관한 규정을 비탄력적으로 해석하여 상법이 명시적으로 허용하는 사채만을 발행하였다. 따라서 상법에 규정이 없으나 자본시장에서 발행수요가 있는 경우에는 자본시장법에 발행근거를 두었다.

2011년 개정상법은 이러한 문제를 해결하기 위해서 제469조 제2항을 신설하였다. 제469조 제2항은 사채의 종류에 신종사채인 이익참가부사채, 교환사채, 상환사채, 파생결합사채를 포함하는 것으로 하고 이러한 신종사채가 하나의 예시임을 명확히 하고 있다. 따라서 이 조항은 상법이 예시하지 않은 다른 종류의 사채도 발행할 수 있다는 추상적 근거규정이다. 자본시장법은 정관으로 정하는 바에 따라 이사회결의로 사채 발행 당시 객관적이고 합리적인 기준에 따라 미리 정한 사유가 발생하는 경우 주식으로 전환되거나 그 사채의 상환과 이자지급의무가 감면된다는 조건이 붙은 조건부자본증권을 주권상장법인이 발행하는 것을 허용한다(자본시장법 165조의11).

(1) 이익참가부사채

이익참가부사채는 사채권자가 이익배당에 참가할 수 있는 사채를 말한다. 이익참가부사채의 내용에 필요한 사항은 시행령으로 정하도록 하고 있는데 상법시행령은 사채의 이율에 따른 이자를 받는 것을 요건으로 하지 않고 이익배당에 참가할 수 있는 사채로 넓게 규정하고 있다(시행령 21조).

이익참가부사채가 발행되면 사채권자가 이익배당을 받으므로 이익참가부사채의 발행은 주주의 이해관계에 중대한 문제가 된다. 따라서 전환사채와 신주인수권부사채와 같이 주주가 이익참가부사채의 인수권을 갖는 것이 원칙이며 제3자에게 발행하는 경우에는 정관의 규정 또는 주주총회의 특별결의가 있어야 한다(그러나 상법 418조 2항 단서는 준용하지 않음). 발행절차도 전환사채와 같다.

(2) 교환사채

교환사채는 사채권자에게 발행회사가 소유하는 주식이나 그 밖의 다른 유가증

권으로 교환을 청구할 수 있는 권리(콜옵션)가 부여된 사채이다(시행령 22조). 교환의
대상은 일반적으로 발행회사가 소유하고 있는 다른 회사의 주식이나 사채 등 유가
증권이다. 만약 발행회사가 자기주식을 교환대상으로 하는 경우에는 전환사채와
유사하다. 전환사채는 전환권을 행사하면 신주가 발행되지만 교환사채의 교환권을
행사하면 자기주식을 이전하게 되는 점에 차이가 있게 된다. 교환사채는 정관의 규
정이나 주주총회의 특별결의 없이 이사회의 결의로 발행할 수 있다.

(3) 상환사채

상환사채는 주식이나 그 밖의 유가증권과 같은 현물로 상환하거나 회사의 선
택에 따라 만기 전에 현물로 상환할 수 있는 사채를 말한다(시행령 23조). 상환사채
는 상환의 권리를 회사가 가진다는 점에서 교환사채와 차이가 있다. 상환대상을 자
기주식으로 하면 전환사채와 유사하나 전환권을 회사가 보유한다는 점이 다르게
된다. 상환사채도 정관의 규정이나 주주총회의 특별결의 없이 이사회의 결의로 발
행할 수 있다.

(4) 파생결합사채

파생결합사채는 자본시장법상의 파생결합증권(자본시장법 4조 7항)을 원용한 것
으로 유가증권이나 통화 또는 시행령이 정하는 자산이나 지표 등의 변동과 연계하
여 미리 정하여진 방법에 따라 상환 또는 지급금액이 결정되는 사채이다(시행령 24
조). 파생결합사채는 자본시장법이 정하는 내용과 절차에 따라 발행한다.

4. 사채의 발행

(1) 사채발행의 자유

사채발행은 원칙적으로 자유이다. 사채는 대량적·집단적으로 발행되기 때문에
채권자보호가 필요하다는 이유를 근거로 한 발행총액(470조), 재모집(471조), 사채금
액(472조), 권면액초과상환(473조)에 대한 제한은 2011년 상법개정에서 삭제되었다.
투자자보호와 관련하여서는 자본시장법이 적용된다.

주권상장법인이 주식관련 사채(전환사채, 신주인수권부사채, 교환사채, 상환사채, 주식
으로 전환되는 조건이 붙은 조건부자본증권)를 발행하는 경우에는 자본시장법상 주식의
발행 및 배정에 관한 특례와 주주에 대한 통지 또는 공고의 특례가 준용된다(자본시
장법 165조의10 1항).

(2) 사채발행의 방법

사채발행에는 주식과 같이 주주배정·제 3 자 배정에 의한 방법은 없으므로 모두 모집의 방법에 의한다. 모집의 방법으로는 공모(직접모집, 위탁모집, 인수모집), 총액인수, 매출발행 등의 방식이 있다.

직접모집은 발행회사(기채회사) 자신이 직접 일반공중으로부터 사채를 모집하는 방법이다. 위탁모집(모집주선)은 발행회사가 금융전문가인 수탁회사에 사채의 발행을 위탁하는 방법이다(476조 2항). 인수모집(잔액인수)은 수탁회사가 위탁모집을 통하여 사채모집을 한 결과 응모액이 사채총액에 달하지 않는 때에는 스스로 그 부족액을 인수하는 방법이다(474조 2항 14호, 475조 2문). 이 방법이 현실적으로 가장 많이 이용되고 있다. 총액인수는 특정인이 발행회사와의 단일계약으로 사채총액을 일괄하여 인수하는 방법이다(475조 1문). 매출발행은 사채의 총액을 확정하지 않고 일정한 매출기간을 정하여 처음부터 완성된 사채권을 일반공중에게 개별적으로 매출하는 방법으로 직접발행의 일종이다. 매출발행은 특수은행에만 인정된다.

5. 사채의 발행절차

(1) 이사회의 발행결정

사채를 발행하기 위해서는 이사회의 결의가 있어야 한다(469조 1항). 이사회의 결의에서는 사채의 총액, 종류, 이율, 발행가액, 상환방법과 기한 등 사채의 주요내용을 정하여야 한다. 이사가 1인 또는 2인인 소규모회사의 경우는 주주총회가 결정한다(383조 4항).

이사회는 정관이 정하는 바에 따라 대표이사에게 사채의 금액 및 종류를 정하여 1년을 초과하지 아니하는 기간 내에 사채를 발행할 것을 위임할 수 있다(469조 4항). 사채의 금액이란 당해 위임기간 내에 발행할 수 있는 사채의 총액을 말하며, 사채의 종류는 반드시 1개 종류로 한정할 필요는 없고 다수의 사채종류를 지정할 수 있다고 본다. 사채발행의 위임을 받은 대표이사는 이사회가 정한 사항의 범위 내에서 구체적인 사채발행 내용을 정한다.[1] 사채의 발행결정은 이

---

1) 이에 대하여 사채금액은 통상 거액에 달하여 상법 제393조가 정하는 대규모 재산의 차입에 해당하여 사채발행사항은 이사회가 정하는 것이 원칙이므로, 이사회가 대표이사에 위임을 함에는 사채의 발행사항에 관해 구체적이고 명확한 범위를 설정하여야 하기 때문에 법에서 정한 사채의 금액과 종류 및 발행기간뿐만 아니라 이율, 사채 상환기간, 발행방법 등에 관해서도 구체적인 범위의 설정이 필요하다는 견해가 있다(이철송, 1046면).

사회가 하지만 발행결정을 대표이사에게 위임할 수 있도록 한 이유는 시장상황의 변화에 따른 사채발행의 기동성을 보다 더 확보하기 위한 것이다.

이사회의 결의 없이 또는 결의내용에 위반하여 대표이사가 사채를 발행한 경우나 이사회의 위임범위를 벗어나 사채를 발행한 경우에도 거래의 안전을 위해 사채발행은 유효한 것으로 보아야 한다.

(2) 사채계약의 성립

공모발행(公募發行)인 직접모집, 위탁모집, 인수모집의 경우는 사채청약서가 필요하다. 사채의 모집에 청약하고자 하는 자는 직접모집의 경우에는 발행회사의 이사가, 위탁모집의 경우에는 수탁회사가 법정사항을 기재하여 작성한 사채청약서 2통에 인수할 사채의 수와 주소를 기재하고 기명날인 또는 서명하여야 한다(474조, 476조 2항). 이 청약에 대하여 발행회사 또는 수탁회사가 배정을 함으로써 사채계약이 성립한다. 사채청약서에 의하지 않은 사채청약은 무효이고, 중요한 기재사항을 누락한 사채청약서에 의한 청약도 무효이다.[1]

총액인수, 인수모집 중 수탁회사가 인수하는 부분, 매출발행의 경우는 사채청약서가 필요 없다(475조).

사채발행시 응모총액이 발행총액에 미달한 경우에도 응모총액에 대하여 사채발행의 효력이 생긴다.[2] 이는 신주발행에서 이사회가 정한 신주의 종류와 수에 대한 전부 인수가 없어도 인수·납입된 부분에 대해서만 신주발행의 효력이 발생하는 것과의 균형을 고려하여 사채발행의 일체성보다는 차입금으로서의 자금조달인 사채발행도 응모가 있는 범위 내에서 사채발행의 효력이 발생한다고 보는 것이 옳기 때문이다.

(3) 사채금액의 납입

사채모집이 완료되면 이사 또는 수탁회사는 지체 없이 인수인에 대하여 각 사채의 전액 또는 제1회의 납입을 시켜야 한다(476조). 따라서 사채의 납입은 전액납입 또는 분할납입의 어느 방법이라도 무방하다. 또한 납입지체에 대한 회사설립에 있어서의 주식인수인의 실권절차(307조)나 주금납입에 대한 납입장소의 제한(305조 2항)이 없다. 납입은 현금납입이 원칙이지만 상계나 상환되는 구사채로 신사채의

---

1) 손주찬, 966면; 정찬형, 1268면; 최준선, 678면.
2) 손주찬, 967면; 이철송, 1047면; 정찬형, 1268면; 최준선, 679면.

납입에 충당할 수 있다. 사채의 경우 현물납입은 인정되지 않는다.

(4) 사채등기의 불요

일반사채의 발행은 등기를 요하지 않는다. 그러나 전환사채와 신주인수권부사채의 경우는 등기를 하여야 한다(514조의2, 516조의8 2항). 상법 제469조 제 2 항에서 예시한 신종사채의 경우를 포함하여 새로운 유형의 사채를 등기하도록 할 것인가는 법정책적 문제이다. 사채와 관련해서는 주주와 사채권자의 이해관계를 조정할 필요가 있는데 사채발행으로 인해 주주의 이익이 침해될 가능성이 있는 경우에는 등기하도록 하여야 한다. 따라서 이익참가부사채의 경우는 등기가 필요하다(시행령 21조 10항·11항).

6. 사채의 유통

(1) 채권(債券)

사채의 유통성을 강화하기 위하여 법은 채권의 발행을 인정하고 있다. 채권은 기명식과 무기명식의 두 가지로 발행할 수 있으며, 양자 사이에는 전환이 인정된다. 그러나 회사는 어느 한쪽만을 발행할 수 있다(480조). 실무상으로는 무기명식발행이 선호되고 있다.

채권은 사채의 전액이 납입이 된 후에 발행된다(478조 1항). 2011년 개정상법은 주식의 전자등록제도와 같은 취지로 사채의 전자등록제도를 마련하였다(478조 3항). 전자증권법에 의하여 등록된 사채에 대하여는 채권을 발행하지 않는다.

(2) 사채원부

사채원부(社債原簿)는 사채 및 사채권자에 관한 사항을 명백히 하기 위한 회사의 장부이며, 주주명부에 상응하는 것이다. 사채원부의 기재사항은 법정되어 있으며(488조), 이사는 이를 작성하여 본점에 비치하고 주주나 채권자가 언제든지 열람할 수 있게 하여야 한다(396조). 사채원부에의 기재는 기명사채의 이전의 대항요건이며(479조), 사채권자에 대한 통지·최고는 사채원부에 기재된 주소로 하면 회사는 면책된다(489조 1항, 353조).

(3) 사채의 양도와 입질

1) 기명사채

(가) 사채의 양도

기명사채는 지명채권의 일종이므로 당사자간의 이전의 의사표시와 채권의 교부가 양도의 효력발생요건이다. 그러나 기명사채의 이전은 취득자의 성명과 주소를 사채원부에 기재하고 그 성명을 채권에 기재하여야 회사 기타 제3자에게 대항할 수 있다(479조). 회사가 명의개서 대리인을 둔 때에는 그 영업소에 비치된 사채원부 또는 그 복본에 대리인이 취득자의 성명·주소를 기재하면 동일한 대항력이 발생한다(479조 2항, 337조 2항).

(나) 사채의 입질

기명사채의 입질에 관하여는 상법에 규정이 없으므로 민법에 따라서 당사자간의 질권설정의 의사표시와 채권의 교부가 효력발생요건이다(민법 347조). 회사 기타 제3자에게 대항하기 위해서는 회사에 대하여 질권설정의 사실을 통지하거나 회사가 이를 승낙하여야 한다(민법 349조).

2) 무기명사채

무기명사채의 양도와 입질에 관하여는 상법의 규정이 없으므로 민법의 규정에 따라서 양수인에게 채권을 교부하여야 그 효력이 발생한다(민법 523조). 입질은 채권을 질권자에게 교부함으로써 그 효력이 발생하고(민법 351조), 질권자가 제3자에게 대항하기 위해서는 채권을 계속 점유하여야 한다.

3) 전자등록사채

채권을 발행하는 대신에 전자증권법에 따라 사채 전자등록제도를 이용하는 경우에는 전자등록부에 등록하여야 양도나 입질의 효력이 발생한다(478조 3항, 356조의2 2항~4항).

7. 사채의 이자지급과 상환

(1) 이자의 지급

사채에 대하여는 이자가 지급될 수 있으며 이율·지급방법과 시기는 사채계약에서 정하여진다. 이자지급은 사채원부에 기재된 사채권자에 지급되며, 무기명사채에 있어서 이권(利券)이 발행된 경우에는 그 소지인에게 이권과 상환하여 지급한다.

따라서 이권은 이자지급청구권을 표창하는 유가증권이다. 이권이 있는 무기명식의 사채를 상환하는 경우에 이권이 흠결된 경우에는 그 이권에 상당하는 금액을 상환액으로부터 공제한 금액을 상환한다(486조 1항). 이권은 사채와 독립하여 유통이 가능한 유가증권이기 때문이다. 지급시기가 도래한 이권이 흠결된 경우는 회사가 사채상환액과는 별도로 이의 지급의무를 부담하고 있으므로 회사가 그 금액을 사채원금에서 공제할 이유가 없다. 따라서 제486조 제1항은 사채를 조기상환하는 경우에 이자지급시기가 도래하지 아니한 이자에 대한 이권에 대해서만 적용된다.[1] 이권의 소지인은 언제든지 그 이권과 상환하여 공제액의 지급을 청구할 수 있다(486조 2항). 이자지급청구권의 소멸시효는 5년이다(487조 3항). 이자에 대한 지연손해금은 사채의 이자와 마찬가지로 5년간 행사하지 아니하면 소멸시효가 완성한다(대법원 2010. 9. 9. 선고 2010다28031 판결).

(2) 사채의 상환

사채의 상환이란 발행회사가 사채권자에 대하여 채무를 변제하여 사채의 법률관계를 종료시키는 것을 말한다. 사채의 상환방법·상환기간은 이사회의 사채발행결의에서 정하여지며(469조), 사채의 상환은 채권과 교환으로 한다. 사채의 상환액은 채권의 권면액을 원칙으로 하지만, 권면액을 초과할 것을 정할 수 있다[할증상환(割增償還)]. 사채의 상환청구권은 10년간 행사하지 아니하면 소멸시효가 완성한다(487조 1항). 사채의 상환청구권에 대한 지연손해금은 사채의 상환청구권과 마찬가지로 10년간 행사하지 아니하면 소멸시효가 완성한다(대법원 2010. 9. 9. 선고 2010다28031 판결).

사채의 상환과 동일한 결과를 가져오는 것으로 회사에 의한 매입소각의 방법이 있다. 사채에는 자기사채취득금지가 없기 때문에, 사채의 시장가격이 하락되었을 때 발행회사가 경제적으로 자기사채를 취득하여 사채를 소멸시키는 것이다.

8. 사채관리회사

(1) 의의 및 지위

1) 사채관리회사

사채를 발행하는 회사는 사채관리회사를 정하여 변제의 수령, 채권의 보전, 그

---

1) 이철송, 1051면; 정찬형, 1275면.

밖에 사채의 관리를 위탁할 수 있다(480조의2). 2011년 개정 전 상법은 수탁회사에게 사채권자의 이익보호를 위하여 특별한 직무권한을 인정하였으나 발행회사를 위한 업무와 사채권자를 위한 업무를 동시에 수행할 지위를 가진다는 것은 상호 대립되는 이해관계를 가지는 발행회사와 사채권자 양자를 위해 업무를 수행하는 것으로 이익충돌의 문제가 있어서 바람직하지 아니하다는 지적이 있었다. 특히 보증사채가 관행화되었던 1997년 금융위기 이전에는 사채권자 보호가 거의 문제되지 않았지만 현재에는 무보증사채의 발행이 대부분이기 때문에 사채권자의 이익보호가 중요하게 되었다. 따라서 사채관리회사는 위탁회사와는 구별되어 사채권자를 위하여 사채관리를 담당하는 지위를 가진다.

2) 자 격

사채관리회사가 될 수 있는 자는 은행, 신탁회사 또는 시행령으로 정하는 자로 한정된다(480조의3 1항, 시행령 26조). 또한 사채관리회사는 사채권자의 이익을 보호할 지위를 가지므로 인수인은 그 사채의 사채관리회사가 될 수 없으며 발행회사와 특수이해관계를 가진 자 중 시행령이 정하는 자도 사채관리회사가 될 수 없다(480조의3 2항·3항, 시행령 27조). 인수인은 상법상 수탁회사와는 구별되는 지위로 자본시장법상 인수인을 말한다(자본시장법 9조 11항·12항). 인수인은 발행회사와의 거래관계 지속을 위하여 발행회사 이익을 우선할 가능성이 있으며, 발행회사와 사채관리회사가 일정한 이해관계가 있는 경우에는 사채관리회사가 사채권자의 이익보다 발행회사의 이익을 우선시킬 우려가 있기 때문이다.

3) 선임과 해임

사채관리회사는 발행회사가 선임한다. 사채관리회사의 선임은 강제되지 않으며 발행회사가 선택적으로 할 수 있다.

사채관리회사는 발행회사와의 위임계약에 의하여 그 직무를 수행하게 되나, 사채관리회사는 사채의 관리·상환에 관하여 중요한 임무를 가지므로 그 사임과 해임이 제한된다. 즉 사채관리회사는 발행회사와 사채권자집회의 동의를 얻은 때와 부득이한 사유가 있어 법원의 허가를 얻은 때에만 사임할 수 있다(481조). 그리고 사채관리회사가 그 사무를 처리함에 적임이 아니거나 그 밖에 정당한 사유가 있는 때에 한하여 발행회사 또는 사채권자집회의 청구에 의하여 법원만이 해임할 수 있다(482조). 사임 또는 해임에 의하여 사채관리회사가 없게 된 때에는 발행회사는 그 사무를 승계할 사채관리회사를 정하여 사채권자를 위하여 사채관리를 위탁하여야 하며 이 경우 발행회사는 지체 없이 사채권자집회를 소집하여 동의를 받아야 한다. 부득이한 사유가 있는 때에는 이해관계인은 법원에 사무승계자의 선임을 청구할 수 있다(483조).

(2) 직무권한과 의무

1) 변제의 수령 및 채권의 실현 보전

사채관리회사는 사채권자를 위하여 사채에 관한 채권을 변제받거나 채권의 실현을 보전하기 위하여 필요한 재판상 또는 재판외의 모든 행위를 할 법정권한이 있다(484조 1항). 사채관리회사가 둘 이상 있을 때에는 그 권한에 속하는 행위를 공동으로 하여야 한다(485조 1항). 사채에 관한 채권은 사채의 상환청구권과 이자지급청구권을 말한다.

사채관리회사가 변제를 받으면 지체 없이 이를 공고하고 알고 있는 사채권자에게 통지하여야 한다(484조 2항). 이 경우 사채권자는 사채관리회사에게 사채 상환액 및 이자지급을 청구할 수 있다. 채권이 발행된 때에는 채권과 상환하여 상환액 지급청구를 하고 이권(利券)과 상환하여 이자지급청구를 하여야 한다. 사채관리회사가 둘 이상 있는 때에는 사채권자에 대하여 연대하여 변제액을 지급할 의무가 있다(485조 2항).

사채관리회사가 가지는 법정대리권은 사채권자를 보호하기 위한 제도이므로 사채관리회사가 대리권을 가진다고 해서 사채권자의 개별적인 권리가 소멸되는 것은 아니다.[1] 따라서 사채권자는 사채관리회사와 별개로 자신의 권리를 행사할 수 있다. 그러나 사채관리회사가 변제를 받으면 사채권자의 발행회사에 대한 청구권은 소멸하고 사채관리회사에 대해서만 청구할 수 있다.

2) 사채권자집회와의 관계

사채권자의 이해에 중대한 영향을 미치는 사항은 사채권자집회에서 결정하여야 하지만 사채관리의 신속성이 필요한 경우에는 사채관리회사가 사채권자집회의 결정이나 동의 없이 단독으로 권한을 행사할 필요가 있다. 상법은 사채관리회사가 사채권의 완전한 만족을 얻는 행위는 단독으로 할 수 있도록 하면서 사채권자의 중요한 이해를 보호하기 위하여 다음과 같은 경우에는 사채권자집회의 결의를 얻도

---

1) 이철송, 1056면.

록 하고 있다(484조 4항). ① 해당 사채 전부에 대한 지급의 유예, 그 채무의 불이행으로 발생한 책임의 면제 또는 화해의 경우와 ② 해당 사채 전부에 관한 소송행위 또는 채무자회생 및 파산에 관한 절차에 속하는 행위는 사채권자집회의 결의에 의하여만 사채관리회사가 할 수 있다. 다만, 발행회사는 ②의 행위를 사채관리회사가 사채권자집회결의에 의하지 아니하고 할 수 있음을 정할 수 있다. 이 경우 사채관리회사가 사채권자집회의 결의에 의하지 아니하고 ②의 행위를 한 때에는 지체 없이 이를 공고하고 알고 있는 사채권자에게는 따로 통지하여야 한다.

3) 발행회사의 업무와 재산상태 조사권

사채관리회사는 그 관리를 위탁받은 사채에 관하여 변제의 수령 및 채권의 실현 보전에 필요한 재판상 또는 재판외의 행위(484조 1항), 사채권자집회의 결의를 얻어서 하는 사채권의 처분행위 또는 사채 전부에 관한 소송행위, 채무자회생 및 파산에 관한 행위(484조 4항)를 위하여 필요하면 법원의 허가를 받아 발행회사의 업무와 재산상태를 조사할 수 있다(484조 7항).

4) 발행회사의 현저한 불공정 행위에 대한 취소의 소제기권

발행회사가 어느 사채권자에게 한 변제, 화해, 그 밖의 행위가 현저하게 불공정한 때에는 사채관리회사는 소(訴)만으로 그 행위의 취소를 청구할 수 있다. 취소의 소는 사채관리회사가 취소의 원인인 사실을 안 때부터 6개월, 행위가 있은 때부터 1년 내에 제기하여야 한다(511조).

5) 사채권자집회와 관련한 직무

사채관리회사는 사채권자집회를 소집할 수 있고(491조 1항), 이에 대표자를 출석시키거나 의견을 제출할 수 있으며(493조 1항), 사채권자집회의 의결을 집행할 권한이 있다(501조).

6) 사채관리회사의 의무와 책임

2011년 개정상법은 사채관리회사의 의무와 책임을 명확히 하여 적절한 사채관리를 하도록 하고 있다. 사채관리회사는 사채권자를 위하여 공평하고 성실하게 사채를 관리하여야 하며, 사채권자에 대하여 선량한 관리자의 주의로 사채를 관리하여야 한다. 사채관리회사가 상법이나 사채권자집회결의를 위반한 행위를 한 때에는 사채권자에 대하여 연대하여 이로 인하여 발생한 손해를 배상할 책임이 있다

(484조의2).

(3) 보수와 비용

사채관리회사에게 줄 보수와 그 사무처리에 필요한 비용은 발행회사와의 계약에 약정된 경우 외에는 법원의 허가를 받아 사채를 발행한 회사로 하여금 부담하게할 수 있으며, 사채관리회사는 사채에 관한 채권을 변제받은 금액에서 사채권자보다 우선하여 보수와 비용을 변제받을 수 있다(507조).

9. 사채권자집회

(1) 의　　의

사채권자집회는 동일한 종류의 사채권자에 의하여 구성되고, 상법에 규정된사항과 사채권자에게 이해관계가 있는 사항에 관하여 의사를 결정하는 사채권자단체의 임시적 기관이다.

(2) 소　　집

사채권자집회는 발행회사 또는 사채관리회사가 소집한다(491조 1항). 사채의 종류별로 해당 종류의 사채 총액(상환받은 액은 제외)의 10분의 1 이상에 해당하는 사채를 가진 소수사채권자는 회의 목적인 사항과 소집 이유를 적은 서면 또는 전자문서를 발행회사 또는 사채관리회사에 제출하여 사채권자집회의 소집을 청구할 수 있다(491조 2항). 위의 청구를 받고도 회사가 소집하지 않는 경우에는 청구한 사채권자가 법원의 허가를 얻어 직접 소집할 수 있다(491조 3항). 소집은 필요에 따라 수시로하며 소집지에 관한 특별한 제한은 없다. 사채권자집회의 소집절차는 주주총회에관한 규정을 준용한다(510조 1항).

(3) 권　　한

사채권자집회는 법정권한사항과 사채권자의 이해에 관계가 있는 사항에 관하여 결의할 수 있다(490조). 법정권한사항은 자본금감소 · 합병의 이의제기(439조 3항, 530조 2항), 사채관리회사의 사임동의(481조) · 해임청구(482조) · 사무승계자 선임동의(483조 1항), 발행회사 대표자의 출석청구(494조), 사채권자집회의 대표자 및 결의집행자의 선임과 해임 및 위임사항 변경(500조 1항, 501조, 504조), 사채권자집회의연기(510조 1항, 372조), 발행회사의 불공정한 행위를 취소하기 위한 소제기(512조) 등이다.

상법개정 전에는 사채권자집회에서 다수결로 소수자의 이익을 침해할 수 있다는 점을 우려하여 법정결의사항 이외에 사채권자의 이해관계가 있는 사항은 법원의 허가를 얻은 경우에 한하여 결의할 수 있었으나, 오히려 법원의 허가절차로 인한 부담증가와 지연으로 인해 적절한 사채관리의 기회를 상실할 수 있다는 지적이 있었다. 2011년 개정상법은 다수자에 의한 소수자의 이익침해는 결의인가절차(498조 1항)에 의해 방지될 수 있다는 점을 고려하여 법원의 허가요건을 삭제하였다.

(4) 결 의

1) 의 결 권

각 사채권자는 잔존채권액(해당 종류의 사채금액의 합계액에서 상환받은 금액을 제외한 금액)에 따라 의결권을 가진다(492조 1항). 무기명식의 사채권자는 회일로부터 1주 전에 채권을 공탁하여야만 의결권을 행사할 수 있다(492조 2항).

의결권의 대리행사, 회사가 소유하는 자기사채의 의결권행사의 제한, 특별이해관계인의 의결권행사의 제한, 정족수 및 의결권 수의 계산 등은 주주총회의 경우와 같다. 서면투표와 전자투표도 인정된다.

2) 결의방법

사채권자집회의 결의요건은 주주총회의 특별결의에 준하나, 비교적 경미한 사안인 사채관리회사의 사임·해임, 사무승계자의 선임 동의, 발행회사의 대표자 출석청구는 출석한 사채권자의 의결권의 과반수에 의한다(495조 2항, 481조~483조, 494조).

3) 결의의 효력발생

사채권자집회의 결의는 결의한 날로부터 1주 내에 법원에 인가를 청구하여야 하며(496조) 법원의 인가를 얻음으로써 그 효력이 발생한다(498조 1항). 사채권자집회의 결의는 그 종류의 사채를 가진 모든 사채권자에게 그 효력이 있다. 사채권자집회의 결의에 대하여 법원의 인가 또는 불인가의 결정이 있은 때에는 발행회사는 지체 없이 공고하여야 한다(499조).

(5) 대표자와 결의의 집행

사채권자집회는 해당 종류의 사채총액(상환받은 금액은 제외)의 500분의 1 이상을 가진 사채권자 중에서 1인 또는 수인의 대표자를 선임하여 그 결의사항의 결정을 위임할 수 있다(500조 1항). 대표자가 수인인 경우에 그 결정은 과반수로 한다(500조 2항).

사채권자집회의 결의는 사채관리회사가 집행하고 사채관리회사가 없는 경우에는 대표자가 집행한다(501조). 사채권자집회는 결의로 따로 집행자를 선임할 수도 있다(501조 단서). 사채권자집회는 언제든지 대표자나 집행자를 해임하거나 위임한 사항을 변경할 수 있다(504조).

Ⅲ. 문제해설

(1) 주식발행에서는 현물출자가 인정되나 사채발행의 경우는 금전출자만 인정하는 것으로 해석한다.

(2) 사채는 만기 전에 상환할 수 있다. 그러나 사채권자의 이익(잔존기간 동안의 이자)을 해하지 못하는 문제 등으로 인해 회사는 자기사채를 취득하여 이를 소멸시키는 방법을 이용할 수 있다.

[2]   전환사채

Ⅰ. 사   례

1. 사실관계

A는 甲주식회사의 최대주주이며 대표이사이고, B는 2대 주주이다. A와 B 사이에 경영권분쟁이 시작되어 A는 500억 원 규모의 전환사채를 발행하여 이를 통해 경영권방어를 할 수 있는 방안을 알아보고 있다.

2. 검   토

(1) 甲회사가 전환사채를 발행하기 위해 정관에 전환사채의 발행과 관련한 규정을 두고자 한다. 어떠한 내용을 얼마만큼 구체적으로 정하여야 하는가?

(2) 甲회사는 A와 평소 친분이 있는 C에게 제3자배정 방식으로 전환사채를

발행할 수 있는가?

(3) 甲회사는 전환사채의 발행을 위한 모든 요건과 법적 절차를 거친 후에 전환사채를 발행하였다. 전환사채를 인수한 A는 D에게 차용한 5억 원을 乙은행에 전환사채의 납입금으로 보관·예치하여 같은 날 위 은행으로부터 전환사채 납입금 전액이 납입되었다는 취지의 전환사채금 납입대금 보관증명서를 발급받은 후 상업등기소에서 무보증 전환사채의 발행에 대한 등기를 경료하였고, 다음날 위 은행에서 위 사채금 전액을 자기앞수표 여러 장으로 나누어 인출해서 D에게 상환하였다. A는 상법상 납입가장죄로 처벌될 수 있는가?

(4) 전환사채권자는 전환권을 포기할 수 있는가?

Ⅱ. 주요법리

1. 전환사채의 의의

전환사채(Convertible Bond; CB)란 사채권자에게 발행회사의 주식으로 전환할 수 있는 권리, 즉 전환권이 인정된 사채를 말한다. 전환사채는 사채인 동시에 잠재적 주식으로서의 성질을 가지며, 사채의 확실성과 주식의 투자성을 겸하기 때문에 자금조달을 용이하게 한다. 전환사채는 잠재적 주식이므로 기존주주의 보호가 고려되어야 한다[주요판례 3].

2. 전환사채의 발행

(1) 발행사항의 결정
1) 주주에게 발행하는 경우

회사가 주주에게 전환사채를 발행하는 경우에는 발행사항으로서 정관에서 정함이 있거나 주주총회에서 결정하기로 한 경우를 제외하고는 이사회가 결정한다(513조 2항)[주요판례 1]. 전환사채의 발행을 신주발행의 경우와 같이 이사회가 정할 수 있도록 한 것은 회사의 타인자본조달을 용이하게 하기 위함이다.

이사회가 결정할 발행사항은 ① 전환사채의 총액, ② 전환의 조건, ③ 전환으로 인해 발행할 주식의 내용, ④ 전환을 청구할 수 있는 기간, ⑤ 주주에게 전환사채의 인수권을 준다는 뜻과 인수권의 목적인 전환사채의 액 등이다(513조 2항).

2) 제 3 자에게 발행하는 경우

주주 이외의 제 3 자에게 전환사채를 발행하는 경우에는 정관에 규정이 없으면 주주총회의 특별결의로써 전환사채발행사항인 전환사채의 액, 전환의 조건, 전환으로 인해 발행할 주식의 내용과 전환청구기간에 관하여 정하여야 한다(513조 3항)[주요판례 2]. 그러나 전환사채를 제 3 자에게 발행하는 경우는 신기술의 도입, 재무구조의 개선 등 회사의 경영상 목적을 달성하기 위하여 필요한 경우에 한한다(513조 3항 후단, 418조 2항 단서).

위 결의를 위한 주주총회의 소집에 관한 통지에는 전환사채의 발행에 관한 의안의 요령을 기재하여야 한다(513조 4항).

전환사채는 주식으로 전환될 수 있기 때문에 사실상 신주발행과 유사하여 기존주주의 지배권 변동 문제와 주식가치의 희석화가 발생할 수 있다. 따라서 주주 이외의 제 3 자에게 전환사채를 발행하기 위해서는 위와 같이 정관규정 또는 주주총회의 특별결의를 요구하는데 그 내용이 어느 정도로 구체적이어야 하는지가 문제된다. 정관규정 또는 주주총회의 결의 내용이 제 3 자 배정의 기준이나 위임방식으로 지나치게 추상적이거나 포괄적이면 무효이다. 그러나 상법은 회사에게 자금수요가 있는 경우 이사회가 다양한 방안 중에서 자금조달 당시의 시장상황 등을 고려하여 가장 회사에게 유리한 방법으로 신속하게 자금조달을 할 수 있도록 하고 있으므로, 제513조 제 3 항이 요구하는 것은 최소한도의 기준 또는 위임방식을 정하면 되고 그에 따라 실제로 발행할 전환사채의 구체적인 전환조건 등은 발행시에 이사회에서 결정하도록 하여야 한다. 판례는 "전환가액은 주식의 액면금액 또는 그 이상의 가액으로 사채발행시 이사회가 정한다"는 정관규정(상장회사 표준정관 14조 3항 참조)은 상법이 요구하는 최소한도의 요건을 충족한다고 한다[주요판례 3].1)

(2) 발행절차

1) 배정일의 지정·공고

주주에게 전환사채의 인수권을 주기로 정한 경우에는 그 인수권을 가진 주주는 그가 가진 주식의 수에 따라서 전환사채의 배정을 받을 권리가 있다. 그러나 각

---

1) 이에 대하여 시장의 사정에 맞는 전환조건을 정하기 위하여 어느 정도는 이사회에 위임하는 것은 허용하여야 하지만, 제417조에 따라 주식의 액면가 이하로의 전환은 허용되지 않으므로 "액면가 이상으로 이사회가 정한다"는 식의 수권은 사실상 백지위임에 다름없다는 비판이 있다(이철송, 1067면).

전환사채의 금액 중 최저액에 미달하는 단수는 제외한다(513조의2 1항). 따라서 회사는 배정일을 정하여 그날에 주주명부에 기재된 주주가 전환사채의 인수권을 가진다는 뜻을 그 배정일의 2주 전에 공고하여야 한다. 그러나 배정일이 주주명부의 폐쇄기간중인 때에는 그 기간의 초일의 2주 전에 공고하여야 한다(513조의2 2항, 418조 3항).

2) 실권예고부최고(失權豫告附催告)

주주가 전환사채의 인수권을 가진 경우에는 위의 배정일에 확정된 주주에 대하여 그 인수권을 가지는 전환사채의 액, 발행가액, 전환의 조건, 전환으로 인하여 발행할 주식의 내용, 전환을 청구할 수 있는 기간과 일정한 기일까지 전환사채의 청약을 하지 않으면 그 권리를 잃는다는 뜻(실권예고부최고)을 2주 전에 통지하여야 한다(513조의3 1항). 위의 통지에도 불구하고 주주가 그 기일까지 전환사채의 청약을 하지 않은 경우에는 인수권자는 그 권리를 상실한다(513조의3, 419조 3항).

3) 인수와 납입

전환사채의 인수와 납입절차는 일반사채의 경우와 같다[주요판례 4]. 전환사채의 사채청약서에는 전환사채와 관련한 주요내용을 기재하여야 한다(514조). 실질적으로 전환사채 인수대금이 납입되지 않았음에도 전환사채를 발행한 경우는 납입가장죄가 적용되지 않고 업무상배임죄가 된다(대법원 2015. 12. 10. 선고 2012도235 판결).

4) 수권주식과의 관계

전환사채는 주식으로 전환될 것이 예정되어 있으므로 발행예정주식 총수에 미발행부분이 있어야 전환사채를 발행할 수 있고, 이 부분은 전환청구기간 동안 발행이 보류되어야 한다(516조 1항, 346조 4항).

5) 발행가액의 제한

전환사채의 총발행가액과 전환으로 인하여 발행할 신주식의 총발행가액은 같아야 한다(516조 2항, 348조).

(3) 발행의 공시

전환사채에 관하여는 사채청약서·채권·사채원부에 ① 사채를 주식으로 전환할 수 있다는 뜻, ② 전환의 조건, ③ 전환으로 인하여 발행할 주식의 내용, ④ 전환을 청구할 수 있는 기간, ⑤ 주식의 양도에 관하여 이사회의 승인을 얻도록 정한 때에는 그 규정을 기재해야 한다(514조 1항).

(4) 전환사채의 불공정한 발행

신주발행과 마찬가지로 회사가 법령 또는 정관에 위반하거나 현저한 불공정한 방법에 의해 전환사채를 발행하게 됨으로써 주주가 불이익을 받을 염려가 있는 경우에는 주주는 회사에 대하여 그 발행유지청구권을 행사할 수 있다(516조 1항, 424조). 유지청구권은 사전적 구제수단이므로 전환사채발행의 효력이 발생하기 전, 즉 전환사채의 납입기일까지 행사하여야 한다[주요판례 5].

이사와 통모하여 현저하게 불공정가액으로 전환사채를 인수한 자는 회사에 대하여 공정한 발행가액과의 차액에 상당한 금액을 지급할 의무가 있다(516조 1항, 424조의2 1항). 전환사채인수인의 차액지급의무에 대하여는 소수주주에 의한 대표소송이 인정된다(516조 1항, 424조의2 2항). 인수인의 차액지급의무와 대표소송의 제기는 이사의 회사 또는 주주에 대한 손해배상책임에 영향이 없다(516조 1항, 424조의2 3항).

(5) 전환사채의 등기

전환사채를 발행한 때에는 납입을 완료한 날로부터 2주 내에 본점의 소재지에서 등기하여야 한다(514조의2 1항).

3. 전환사채의 전환

(1) 전환의 청구

전환사채는 사채권자가 전환을 청구함으로써 주식으로 전환된다. 전환권은 형성권의 일종이다. 전환청구는 전환기간중에는 언제든지 할 수 있으며, 2통의 청구서에 전환하고자 하는 사채와 청구연월일을 기재하고 기명날인 또는 서명하여 채권을 첨부하여 청구한다(515조). 전환사채를 전자등록기관의 전자등록부에 등록하여 발행한 경우에는(478조 3항), 전환청구를 할 때 그 채권을 증명할 수 있는 자료를 첨부하여 회사에 제출하여야 한다(515조 1항 단서). 전환청구는 주주명부폐쇄기간중에도 가능하다. 전환권은 전환청구기간 전에 포기할 수 있다[주요판례 6].

(2) 전환의 효력발생

전환은 그 청구를 한 때에 효력이 발생하며, 사채권자는 주주가 되고 사채에 대신하여 주식이 발행된다. 주주명부폐쇄기간중에 전환된 경우 신주의 주주는 그 기간중의 주주총회결의에 대하여는 의결권을 행사할 수 없다(516조 2항, 350조 2항).

(3) 질권의 물상대위

전환사채에 질권이 설정된 경우에는 전환으로 인하여 사채권자가 받을 주식에 대해서 질권을 행사할 수 있다(516조 2항, 339조).

(4) 전환의 등기

전환의 효력이 생기면 등기사항인 전환사채의 총액이 감소하고, 발행주식 총수와 자본금액이 증가하므로 전환을 청구한 날이 속하는 그달의 말일부터 2주 내에 변경등기를 하여야 한다(516조 2항, 351조).

4. 전환사채발행의 무효

전환사채발행에 무효원인이 있는 경우에는 신주발행무효의 소의 규정(429조)을 유추적용한다[주요판례 3·7]. 상법은 신주발행의 유지청구권과 불공정한 가액으로 주식을 인수한 자의 책임을 전환사채의 경우에 준용하면서(516조 1항) 신주발행무효의 소는 명문으로 전환사채에 준용되는 것으로 규정하지 않고 있다. 그러나 전환사채는 전환권의 행사에 의하여 장차 주식으로 전환될 수 있는 권리가 부여된 사채로서 전환사채의 발행은 주식회사의 물적 기초와 기존주주들의 이해관계에 영향을 미친다는 점에서 사실상 신주를 발행하는 것과 유사하므로 전환사채발행의 경우에도 신주발행무효의 소에 관한 상법 제429조가 유추적용된다. 따라서 이사회결의나 주주총회결의의 하자로 인해 전환사채발행에 하자가 생겼어도 전환사채발행의 효력을 부인하기 위해서는 전환사채발행무효의 소에 의해서만 다투어야 한다[주요판례 5].

전환사채발행무효의 원인은 신주발행무효의 원인과 같다. 판례는 무효원인을 가급적 엄격하게 해석하여 법령이나 정관의 중대한 위반 또는 현저한 불공정이 있어 그것이 주식회사의 본질이나 회사법의 기본원칙에 반하거나 기존주주들의 이익과 회사의 경영권 내지 지배권에 중대한 영향을 미치는 경우로서 전환사채와 관련된 거래의 안전, 주주 기타 이해관계인의 이익 등을 고려하더라도 도저히 묵과할 수 없는 정도라고 평가되는 경우에 한하여 전환사채의 발행 또는 그 전환권의 행사에 의한 주식의 발행을 무효로 할 수 있을 것으로 본다[주요판례 3·8·9].

Ⅲ. 주요판례·문제해설

1. 주요판례

(1) 대법원 1999. 6. 25. 선고 99다18435 판결 ─ 전환사채발행과 주주총회 특별
결의

회사의 정관에 신주발행 및 인수에 관한 사항은 주주총회에서 결정하고 자본
의 증가 및 감소는 발행주식 총수의 과반수에 상당한 주식을 가진 주주의 출석과
출석주주가 가진 의결권의 2/3 이상의 찬성으로 의결하도록 규정되어 있는 경우,
전환사채는 전환권의 행사에 의하여 장차 주식으로 전환될 수 있어 이를 발행하는
것은 사실상 신주발행으로서의 의미를 가지므로, 회사가 전환사채를 발행하기 위
하여는 주주총회의 특별결의를 요한다.

(2) 대법원 2007. 2. 22. 선고 2005다73020 판결 ─ 상법에서 정하지 아니한 방
법과 절차에 의한 신주발행 또는 주식전환을 예정하는 계약의 효력 ─ 무효

상법은 주식회사가 그 성립 후에 주식을 발행하는 경우 신주의 종류와 수 등
의 발행사항으로서 정관에 규정이 없는 것은 이사회가 이를 결정하도록 하고, 주주
의 신주인수권을 보호하기 위하여 정관의 규정이 있는 경우에 한하여 제 3 자에게
신주인수권을 부여할 수 있도록 하는 등 신주발행의 방법과 절차를 규정하고 있고
(416조 내지 423조), 또한 회사가 주주 이외의 자에 대하여 전환사채를 발행하는 경우
에는 그 발행사항에 관하여 정관에 규정이 없으면 주주총회의 특별결의로써 정하
도록 규정하고 있다(513조 3항). 그런데 주식회사가 타인으로부터 돈을 빌리는 소비
대차계약을 체결하면서 "채권자는 만기까지 대여금액의 일부 또는 전부를 회사주
식으로 액면가에 따라 언제든지 전환할 수 있는 권한을 갖는다"는 내용의 계약조항
을 둔 경우, 달리 특별한 사정이 없는 한 이는 전환의 청구를 한 때에 그 효력이
생기는 형성권으로서의 전환권을 부여하는 조항이라고 보아야 할 것이고, 신주의
발행과 관련하여 특별법에서 달리 정한 경우를 제외하고 신주의 발행은 앞서 본 상
법이 정하는 방법 및 절차에 의하여만 가능하다는 점에 비추어 볼 때, 위와 같은
전환권 부여조항은 상법이 정한 방법과 절차에 의하지 아니한 신주발행 내지는 주
식으로의 전환을 예정하는 것이어서 효력이 없다고 할 것이다.

(3) 대법원 2004. 6. 25. 선고 2000다37326 판결 ─ 삼성전자 전환사채발행 사건

상법은 제516조 제1항에서 신주발행의 유지청구권에 관한 제424조 및 불공정한 가액으로 주식을 인수한 자의 책임에 관한 제424조의2 등을 전환사채의 발행의 경우에 준용한다고 규정하면서도 신주발행무효의 소에 관한 제429조의 준용 여부에 대해서는 아무런 규정을 두고 있지 않으나, 전환사채는 전환권의 행사에 의하여 장차 주식으로 전환될 수 있는 권리가 부여된 사채로서, 이러한 전환사채의 발행은 주식회사의 물적 기초와 기존주주들의 이해관계에 영향을 미친다는 점에서 사실상 신주를 발행하는 것과 유사하므로, 전환사채의 발행의 경우에도 신주발행무효의 소에 관한 상법 제429조가 유추적용된다고 봄이 상당하고, 이 경우 당사자가 주장하는 개개의 공격방법으로서의 구체적인 무효원인은 각각 어느 정도 개별성을 가지고 판단할 수밖에 없는 것이기는 하지만, 전환사채의 발행에 무효원인이 있다는 것이 전체로서 하나의 청구원인이 된다는 점을 감안할 때 전환사채의 발행을 무효라고 볼 것인지 여부를 판단함에 있어서는 구체적인 무효원인에 개재된 여러 위법 요소가 종합적으로 고려되어야 한다.

구 상법(2001. 7. 24. 법률 제6488호로 개정되기 전의 것) 제513조 제3항은 주주 외의 자에 대하여 전환사채를 발행하는 경우에 그 발행할 수 있는 전환사채의 액, 전환의 조건, 전환으로 인하여 발행할 주식의 내용과 전환을 청구할 수 있는 기간에 관하여 정관에 규정이 없으면 상법 제434조의 결의로써 이를 정하여야 한다고 규정하고 있는바, 전환의 조건 등이 정관에 이미 규정되어 있어 주주총회의 특별결의를 다시 거칠 필요가 없다고 하기 위해서는 전환의 조건 등이 정관에 상당한 정도로 특정되어 있을 것이 요구된다고 하겠으나, 주식회사가 필요한 자금수요에 대응한 다양한 자금조달의 방법 중에서 주주 외의 자에게 전환사채를 발행하는 방법을 선택하여 자금을 조달함에 있어서는 전환가액 등 전환의 조건을 그때그때의 필요자금의 규모와 긴급성, 발행회사의 주가, 이자율과 시장상황 등 구체적인 경제사정에 즉응하여 신축적으로 결정할 수 있도록 하는 것이 바람직하다 할 것이고, 따라서 주주총회의 특별결의에 의해서만 변경이 가능한 정관에 전환의 조건 등을 미리 획일적으로 확정하여 규정하도록 요구할 것은 아니며, 정관에 일응의 기준을 정해 놓은 다음 이에 기하여 실제로 발행할 전환사채의 구체적인 전환의 조건 등은 그 발행시마다 정관에 벗어나지 않는 범위에서 이사회에서 결정하도록 위임하는 방법을 취하는 것도 허용된다.

정관이 전환사채의 발행에 관하여 "전환가액은 주식의 액면금액 또는 그 이상의 가액으로 사채발행시 이사회가 정한다"라고 규정하고 있는 경우, 이는 구 상법 (2001. 7. 24. 법률 제6488호로 개정되기 전의 것) 제513조 제 3 항에 정한 여러 사항을 정관에 규정하면서 전환의 조건 중의 하나인 전환가액에 관하여는 주식의 액면금액 이상이라는 일응의 기준을 정하되 구체적인 전환가액은 전환사채의 발행시마다 이사회에서 결정하도록 위임하고 있는 것이라고 할 것인데, 전환가액 등 전환의 조건의 결정방법과 관련하여 고려되어야 할 특수성을 감안할 때, 이러한 정관의 규정은 같은 법 제513조 제 3 항이 요구하는 최소한도의 요건을 충족하고 있는 것이라고 봄이 상당하고, 그 기준 또는 위임방식이 지나치게 추상적이거나 포괄적이어서 무효라고 볼 수는 없다.

상법 제429조는 신주발행의 무효는 주주·이사 또는 감사에 한하여 신주를 발행한 날로부터 6월 내에 소만으로 이를 주장할 수 있다고 규정하고 있는바, 이는 신주발행에 수반되는 복잡한 법률관계를 조기에 확정하고자 하는 것이므로, 새로운 무효사유를 출소시간의 경과 후에도 주장할 수 있도록 하면 법률관계가 불안정하게 되어 위 규정의 취지가 몰각된다는 점에 비추어 위 규정은 무효사유의 주장시기도 제한하고 있는 것이라고 해석함이 상당하고, 한편 상법 제429조의 유추적용에 의한 전환사채발행무효의 소에 있어서도 전환사채를 발행한 날로부터 6월의 출소기간이 경과한 후에는 새로운 무효사유를 추가하여 주장할 수 없다고 보아야 한다.

신주발행무효의 소에 관한 상법 제429조에도 무효원인이 규정되어 있지 않고 다만, 전환사채의 발행의 경우에도 준용되는 상법 제424조에 '법령이나 정관의 위반 또는 현저하게 불공정한 방법에 의한 주식의 발행'이 신주발행유지청구의 요건으로 규정되어 있으므로, 위와 같은 요건을 전환사채발행의 무효원인으로 일응 고려할 수 있다고 하겠으나 다른 한편, 전환사채가 일단 발행되면 그 인수인의 이익을 고려할 필요가 있고 또 전환사채나 전환권의 행사에 의하여 발행된 주식은 유가증권으로서 유통되는 것이므로 거래의 안전을 보호하여야 할 필요가 크다고 할 것인데, 전환사채발행유지청구권은 위법한 발행에 대한 사전 구제수단임에 반하여, 전환사채발행무효의 소는 사후에 이를 무효로 함으로써 거래의 안전과 법적 안정성을 해칠 위험이 큰 점을 고려할 때, 그 무효원인은 가급적 엄격하게 해석하여야 하고, 따라서 법령이나 정관의 중대한 위반 또는 현저한 불공정이 있어 그것이 주식회사의 본질이나 회사법의 기본원칙에 반하거나 기존주주들의 이익과 회사의 경영권 내지 지배권에 중대한 영향을 미치는 경우로서 전환사채와 관련된 거래의 안전, 주주 기타 이해관계인의 이익 등을 고려하더라도 도저히 묵과할 수 없는 정도라고 평가되는 경우에 한하여 전환사채의 발행 또는 그 전환권의 행사에 의한 주식의 발행을 무효로 할 수 있을 것이며, 그 무효원인을 회사의 경영권 분쟁이 현재 계속중이거나 임박해 있는 등 오직 지배권의 변경을 초래하거나 이를 저지할 목적으로 전환사채를 발행하였음이 객관적으로 명백한 경우에 한정할 것은 아니다.

전환사채의 인수인이 회사의 지배주주와 특별한 관계에 있는 자라거나 그 전환가액이 발행시점의 주가 등에 비추어 다소 낮은 가격이라는 것과 같은 사유는 일반적으로 전환사채발행유지청구의 원인이 될 수 있음은 별론으로 하고 이미 발행된 전환사채 또는 그 전환권의 행사로 발행된 주식을 무효화할 만한 원인이 되지는 못한다.

(4) 대법원 2008. 5. 29. 선고 2007도5206 판결 — 전환사채 납입가장 – 납입가장죄 불성립

상법 제628조 제 1 항의 납입가장죄는 회사의 자본에 충실을 기하려는 상법의 취지를 해치는 행위를 처벌하려는 것인바, 전환사채는 발행 당시에는 사채의 성질을 갖는 것으로서 사채권자가 전환권을 행사한 때 비로소 주식으로 전환되어 회사의 자본을 구성하게 될 뿐만 아니라, 전환권은 사채권자에게 부여된 권리이지 의무는 아니어서 사채권자로서는 전환권을 행사하지 아니할 수도 있으므로, 전환사채의 인수 과정에서 그 납입을 가장하였다고 하더라도 상법 제628조 제 1 항의 납입가장죄는 성립하지 아니한다고 보아야 할 것이다.

(5) 대법원 2004. 8. 16. 선고 2003다9636 판결 — 전환사채발행 유지청구권의 행사 기한

전환사채발행유지 청구는 회사가 법령 또는 정관에 위반하거나 현저하게 불공정한 방법에 의하여 전환사채를 발행함으로써 주주가 불이익을 받을 염려가 있는 경우에 회사에 대하여 그 발행의 유지를 청구하는 것으로서(516조 1항, 424조), 전환사채 발행의 효력이 생기기 전, 즉 전환사채의 납입기일까지 이를 행사하여야 할 것이고, 한편 전환사채권자가 전환 청구를 하면 회사는 주식을 발행해 주어야 하는데, 전환권은 형성권이므로 전환을 청구한 때에 당연히 전환의 효력이 발생하여 전환사채권자는 그때부터 주주가 되고 사채권자로서의 지위를 상실하게 되므로(516조, 350조) 그 이후에는 주식전환의 금지를 구할 법률상 이익이 없게 될 것이다.

(6) 서울지법 1999. 2. 4. 선고 98가합69295 판결 — 전환권의 포기

전환사채를 주식으로 전환할 수 있는 전환권은 전환을 청구한 때에 그 효력이 생기고 별도로 회사의 승낙을 필요로 하지 아니하는 형성권이라 할 것인데, 위 이자채권은 전환청구권 행사기간 내에 전환권을 행사하지 아니한 사채에 한하여 인정되는 것이므로 위 이자채권에 대한 정리채권 확인을 구하는 원고들의 주장은 그 전제로서 위 사채에 기한 전환권을 포기하는 의사를 포함하고 있다고 할 것이고, 위와 같은 전환권 포기의 의사표시가 담긴 소장이 1998. 9. 2. 피고에게 송달됨으로써 위 전환권 포기의 효력이 발생하였다고 봄이 상당하다. 따라서 위 전환권 포기에 의하여 위 전환사채는 전환권이 인정되지 아니하는 사채로 확정되었다 할 것이고, 또한 위 이자채권의 발생원인은 정리절차개시 전에 생긴 것이며 위 전환권 포기가 정리절차개시 후에 이루어졌다고 하더라도 그와 같은 사정만으로 위 발생원인을 달리 볼 수는 없다 할 것이므로, 원고들은 위 각 사채 원금에 대한 이자채권에 대하여 정리채권의 확인을 구할 수 있다 할 것이다.

(7) 대법원 2004. 8. 20. 선고 2003다20060 판결 — 전환사채발행에 대한 신주발행무효의 소 유추적용 및 전환사채발행부존재 확인의 소

전환사채발행의 경우에도 신주발행무효의 소에 관한 상법 제429조가 유추적용되나(대법원 2004. 6. 25. 선고 2000다37326 판결), 전환사채발행의 실체가 없음에도 전환사채발행의 등기가 되어 있는 외관이 존재하는 경우 이를 제거하기 위한 전환사채발행부존재 확인의 소에 있어서는 상법 제429조 소정의 6월의 제소기간의 제한이 적용되지 아니한다.

전환사채발행유지청구는 회사가 법령 또는 정관에 위반하거나 현저하게 불공정한 방법에 의하여 전환사채를 발행함으로써 주주가 불이익을 받을 염려가 있는 경우에 회사에 대하여 그 발행의 유지를 청구하는 것으로서(516조 1항, 424조), 전환사채발행의 효력이 생기기 전, 즉 전환사채의 납입기일까지 이를 행사하여야 할 것이다.

(8) 서울서부지법 2006. 6. 29. 선고 2005가합8262 판결 — 전환사채발행 무효원인

전환사채발행의 경우에도 주식회사의 물적 기초와 기존주주들의 이해관계에

영향을 미친다는 점에서 사실상 신주를 발행하는 것과 유사하여 신주발행무효의
소에 관한 상법 제429조를 유추적용하여, 그 무효원인으로서 법령이나 정관의 중
대한 위반 또는 현저한 불공정이 있어 그것이 주식회사의 본질이나 회사법의 기본
원칙에 반하거나 기존주주들의 이익과 회사의 경영권 내지 지배권에 중대한 영향
을 미치는 경우로서 전환사채와 관련된 거래의 안전, 주주 기타 이해관계인의 이익
등을 고려하더라도 도저히 묵과할 수 없는 정도라고 평가되는 경우에 한하여 전환
사채의 발행 또는 그 전환권의 행사에 의한 주식의 발행을 무효로 할 수 있다.

(9) **서울고법 1997. 5. 13.자 97라36 결정** — 경영권분쟁과 전환사채발행 무효원인
전환사채의 발행이 경영권 분쟁 상황하에서 열세에 처한 구 지배세력이 지분
비율을 역전시켜 경영권을 방어하기 위하여 이사회를 장악하고 있음을 기화로 기
존주주를 완전히 배제한 채 제 3 자인 우호세력에게 집중적으로 '신주'를 배정하기
위한 하나의 방편으로 채택된 것이라면, 이는 전환사채제도를 남용하여 전환사채
라는 형식으로 사실상 신주를 발행한 것으로 보아야 하며, 그렇다면 그러한 전환사
채의 발행은 주주의 신주인수권을 실질적으로 침해한 위법이 있어 신주발행을 그
와 같은 방식으로 행한 경우와 마찬가지로 무효로 보아야 하고, 뿐만 아니라 그 전
환사채발행의 주된 목적이 경영권 분쟁 상황하에서 우호적인 제 3 자에게 신주를
배정하여 경영권을 방어하기 위한 것인 점, 경영권을 다투는 상대방인 감사에게는
이사회 참석 기회도 주지 않는 등 철저히 비밀리에 발행함으로써 발행유지가처분
등 사전 구제수단을 사용할 수 없도록 한 점, 발행된 전환사채의 물량은 지배 구조
를 역전시키기에 충분한 것이었고, 전환기간에도 제한을 두지 않아 발행 즉시 주식
으로 전환될 수 있도록 하였으며, 결과적으로 인수인들의 지분이 경영권 방어에 결
정적인 역할을 한 점 등에 비추어, 그 전환사채의 발행은 현저하게 불공정한 방법
에 의한 발행으로서 이 점에서도 무효라고 보아야 한다.

2. 문제해설

(1) 제513조 제 2 항과 제 3 항에 의하면 주주 아닌 제 3 자에게 발행하는 경우
가 아닌 한 회사가 전환사채의 발행을 할 수 있다는 근거규정을 정관에 규정하여야
만 발행할 수 있는 것은 아니다. 전환사채 발행사항의 구체적 내용을 반드시 정관
에 규정할 필요도 없다.

(2) 전환사채를 제 3 자에게 발행하는 경우는 신기술의 도입, 재무구조의 개선 등 회사의 경영상 목적을 달성하기 위하여 필요한 경우에 한한다(513조 3항 후단, 418조 2항 단서). 따라서 위와 같은 사유가 없는 한 단순히 최대주주이며 대표이사인 A와 친분이 있다는 이유로 제 3 자배정 방식으로 C에게 전환사채를 발행할 수는 없다.

(3) 납입가장죄는 자본금충실원칙을 확보하기 위한 제도이므로 사채인 전환사채에는 납입가장죄가 적용되지 않는다[주요판례 4].

(4) 전환권은 전환사채권자의 선택에 따라 행사 여부가 정해지므로 전환사채권자는 전환권을 포기할 수 있다[주요판례 6].

[3] 신주인수권부사채

Ⅰ. 사   례

1. 사실관계

甲주식회사는 자금조달을 위해 유상증자 또는 사채발행을 고려하고 있다. 현재 甲회사의 주가는 액면가 또는 그보다 약간 적은 금액으로 거래되고 있다.

2. 검   토

(1) 유상증자를 하면서 실권방지를 위해 유상증자에 참여한 주주에 한해서 신주 1주당 신주인수권부사채 1매의 권리를 주기로 하고, 신주인수권부사채 1매당 행사가격 5,000원(甲회사 주식의 액면가와 같음)에 신주 2주를 받을 수 있는 권리를 표시하면서 10원에 발행하고자 한다. 이러한 발행은 유효한가?

(2) 신주인수권부사채를 비분리형으로 발행한 경우, 신주인수권부사채를 소유하고 있는 사람이 신주인수권만을 분리하여 양도할 수 있는가?

Ⅱ. 주요법리

1. 신주인수권부사채의 개념

(1) 의   의

신주인수권부사채(Bond with Warrants; BW)는 사채권자에게 신주를 인수할 권리가 부여된 사채를 말한다. 신주인수권부사채의 신주인수권은 주주가 가지는 추상적 신주인수권과는 달리 일종의 형성권으로 신주인수권을 행사하면 발행회사는 당연히 신주를 발행할 의무가 있다.

신주인수권부사채는 경제적 기능에 있어서 전환사채와 마찬가지로 사채의 확실성과 주식의 투자성이 병존하여 회사의 자금조달을 용이하게 하는 기능을 갖고 있다. 그러나 전환사채의 경우에는 전환권행사에 의하여 사채가 소멸되나, 신주인수권부사채의 경우에는 신주인수권을 행사하더라도 현실납입에 의하는 경우 반드시 소멸되는 것은 아니라는 점에서 근본적인 차이가 있다. 또한 신주발행과 관련하여 전환사채의 경우에는 현실적인 자금조달의 기능이 없으나, 신주인수권부사채의 경우에는 신주의 발행가액이 전액납입되어야 하므로 자금조달의 기능이 있다(대용납입에 의하는 경우는 전환사채와 유사). 그 밖에 전환사채의 경우에는 전환으로 인하여 발행되는 신주의 발행가액은 전환사채의 사채총액과 일치해야 되나, 신주인수권부사채의 경우 신주의 발행가액은 신주인수권부사채의 사채총액을 초과하지 않는 범위 내에서 자유로이 결정될 수 있다(516조의2 3항). 또 전환사채의 경우 신주의 효력발생시기는 사채권자가 전환권을 행사한 때이나, 신주인수권부사채의 경우는 신주의 발행가액을 전액납입한 때이다(대용납입의 경우에는 신주발행의 청구서와 채권을 회사에 제출한 때).

신주인수권부사채도 전환사채와 같이 잠재주식으로서의 성질을 가지므로 기존주주의 신주인수권 보호가 고려되어야 한다. 따라서 신주인수권부사채의 경우도 제 3 자에 대한 발행의 제한이나 불공정발행에 대한 구제수단 등이 전환사채와 같다.

(2) 종   류

신주인수권부사채에는 1매의 채권(債券)에 사채와 신주인수권을 함께 표창하여 양자를 분리하여 양도할 수 없는 비분리형과, 사채권(社債權)과 별도로 신주인수권을 표창하는 신주인수권증권을 발행하여 각각 독립하여 양도할 수 있는 분리형의 두 가지가 있다.

상법은 신주인수권만을 양도할 수 있음을 정관으로 정하거나 이사회가 정하는 경우에 채권과 함께 신주인수권증권을 발행하도록 규정하고 있으므로(516조의2 2항 4호, 516조의5 1항) 비분리형을 원칙으로 하고 있다. 자본시장법은 주권상장법인이 분리형 신주인수권사채를 사모의 방법으로 발행하는 것을 금지한다(자본시장법 165조의 10 2항).

2. 신주인수권부사채의 발행

(1) 발행사항의 결정

1) 주주에게 발행하는 경우

회사가 주주에게 신주인수권부사채를 발행하는 경우에는 발행사항으로서 정관에서 정함이 있거나 주주총회에서 결정하기로 한 경우를 제외하고는 이사회가 결정한다(516조의2 2항).

이사회가 결정할 발행사항은 ① 신주인수권부사채의 총액, ② 각 신주인수권부사채에 부여된 신주인수권의 내용, ③ 신주인수권을 행사할 수 있는 기간, ④ 신주인수권만을 양도할 수 있는 것에 관한 사항, ⑤ 신주인수권을 행사하려는 자의 청구가 있는 때에는 신주인수권부사채의 상환에 갈음하여 그 발행가액으로 신주의 납입이 있는 것으로 본다는 뜻(代用納入), ⑥ 주주에게 신주인수권부사채의 인수권을 준다는 뜻과 인수권의 목적인 신주인수권부사채의 액 등이다(516조의2 2항).

2) 제 3 자에게 발행하는 경우

주주 이외의 제 3 자에게 신주인수권부사채를 발행하는 경우에는 정관에 규정이 없으면 주주총회의 특별결의로써 발행할 수 있는 신주인수권부사채의 액, 신주인수권의 내용, 신주인수권을 행사할 수 있는 기간을 정하여야 한다(516조의2 4항). 그러나 신주인수권부사채를 제 3 자에게 발행하는 경우는 신기술의 도입, 재무구조의 개선 등 회사의 경영상 목적을 달성하기 위하여 필요한 경우에 한한다(516조의2 4항 후단, 418조 2항 단서). 정관규정 또는 주주총회의 특별결의 내용이 어느 정도로 구체적이어야 하는지의 문제는 전환사채의 경우와 같다.

위 결의를 위한 주주총회의 소집에 관한 통지 또는 공고에는 신주인수권부사채의 발행에 관한 의안의 요령을 기재하여야 한다(516조의2 5항, 513조 4항).

(2) 발행절차

1) 배정일의 지정·공고

주주에게 신주인수권부사채의 인수권을 주기로 정한 경우에는 그 인수권을 가진 주주는 그가 가진 주식의 수에 따라서 신주인수권부사채의 배정을 받을 권리가 있다. 그러나 각 신주인수권부사채의 금액 중 최저액에 미달하는 단수는 제외한다(516조의11, 513조의2 1항). 따라서 회사는 배정일을 정하여 그날에 주주명부에 기재된 주주가 신주인수권부사채의 인수권을 가진다는 뜻을 그 배정일의 2주 전에 공고하여야 한다. 그러나 배정일이 주주명부의 폐쇄기간중인 때에는 그 기간의 초일의 2주 전에 공고하여야 한다(516조의11, 513조의2 2항, 418조 3항).

2) 실권예고부최고

주주가 신주인수권부사채의 인수권을 가진 경우에는 위의 배정일에 확정된 주주에 대하여 그 인수권을 가지는 신주인수권부사채의 액, 발행가액, 신주인수권의 내용, 신주인수권을 행사할 수 있는 기간, 일정한 기일까지 신주인수권부사채의 청약을 하지 않으면 그 권리를 잃는다는 뜻(실권예고부최고)을 2주 전에 통지하여야 한다(516조의3 1항). 이 경우 신주의 인수권만을 양도할 수 있다는 것(분리형) 또는 대용납입의 정함이 있는 때에는 그 내용도 통지하여야 한다(516조의3 1항). 위의 통지에도 불구하고 주주가 그 기일까지 신주인수권부사채의 청약을 하지 않은 경우에는 인수권자는 그 권리를 상실한다(516조의3, 419조 3항).

3) 인수와 납입

인수와 납입절차는 일반사채의 경우와 같다. 신주인수권부사채의 사채청약서에는 신주인수권부사채와 관련한 주요내용을 기재하여야 한다(516조의4).

4) 수권주식과의 관계

신주인수권부사채를 발행하는 경우에는 수권주식의 수 가운데 신주인수권의 행사에 따라 발행하게 될 주식의 수를 유보하고 있어야 한다(516조의11, 516조 1항, 346조 4항).

5) 신주발행가액의 제한

신주인수권부사채의 경우 신주의 인수권의 행사로 인하여 발행할 주식의 발행가액의 합계액은 신주인수권부사채의 총액을 초과할 수 없다(516조의2 3항). 이는 사채액에 비하여 과대한 신주인수권을 부여하는 것을 방지함으로써 기존주주의 이익을 보호하기 위한 것이다.

(3) 발행의 공시

신주인수권부사채에 관하여는 사채청약서·채권·사채원부에 ① 신주인수권부사채라는 뜻, ② 각 신주인수권부사채에 부여된 신주인수권의 내용, ③ 신주인수권을 행사할 수 있는 기간, ④ 신주인수권만을 양도할 수 있는 것에 관한 사항, ⑤ 신주인수권을 행사하려는 자의 청구가 있는 때에는 신주인수권부사채의 상환에 갈음하여 그 발행가액으로 신주의 납입이 있는 것으로 본다는 뜻(대용납입), ⑥ 주금납입은행과 납입장소, ⑦ 주식의 양도에 관하여 이사회의 승인을 얻도록 정한 때에는 그 규정을 기재해야 한다(516조의4). 그러나 분리형에 따라 신주인수권증권을 발행할 때에는 채권에 이를 기재하지 않는다(516조의4 단서).

(4) 신주인수권부사채의 불공정한 발행

전환사채의 경우와 마찬가지로 주주는 회사에 대하여 발행유지청구권을 행사할 수 있다. 이사와 통모하여 불공정가액으로 전환사채를 인수한 자는 회사에 대하여 공정한 발행가액과의 차액에 상당한 금액을 지급할 의무가 있고, 소수주주에 의한 대표소송이 인정된다(516조의11, 516조 1항, 424조의2).

(5) 신주인수권부사채의 등기

신주인수권부사채를 발행한 때에는 납입을 완료한 날로부터 2주 내에 본점의 소재지에서 법정사항을 등기하여야 한다(516조의8).

3. 신주인수권의 양도

(1) 비분리형의 경우

신주인수권부사채가 비분리형으로 발행된 경우 채권은 채권과 신주인수권 모두를 표창하고 있으므로 채권의 교부로 신주인수권이 양도된다.

(2) 분리형인 경우

신주인수권부사채가 분리형으로 발행된 경우 회사는 채권과 더불어 신주인수권증권을 발행하여야 되며(516조의5), 신주인수권의 양도는 신주인수권증권의 교부만에 의하여 행하여진다(516조의6 1항). 신주인수권증권의 점유자는 적법한 권리자로 추정되며(516조의6 2항, 336조 2항), 악의 또는 중대한 과실 없이 신주인수권증권을 취득한 자는 선의취득이 인정된다(516조의6 2항; 수표법 21조). 또한 신주인수권증권을 상실한 자는 공시최고에 의한 제권판결을 얻어야만 증권의 재발행을 청구할 수 있다(516조의6 2항, 360조).

4. 신주인수권의 행사

(1) 행사권자

비분리형인 신주인수권부사채의 경우는 채권을 소지하고 있는 사채권자이고, 분리형인 신주인수권부사채의 경우는 신주인수권증권의 소지인이다.

(2) 행사방법

신주인수권을 행사하려는 자는 기간 내에 청구서 2통에 인수할 주식의 종류와 수와 주소를 기재하고 기명날인 또는 서명하여 회사에 제출하여야 한다(516조의9 1항·4항, 302조 1항). 청구서 제출시 분리형의 경우는 신주인수권증권을 첨부하고, 비분리형인 경우는 채권을 제시하여야 한다(516조의9 2항). 채권(債券)이나 신주인수권증권을 발행하는 대신에 전자등록기관의 전자등록부에 채권(債權)이나 신주인수권을 등록한 경우에는 그 채권이나 신주인수권을 증명할 수 있는 자료를 첨부하여 회사에 제출하여야 한다(516조의9 2항 단서).

신주인수권은 행사기간 내에 행사하여야 한다. 주주명부폐쇄기간중에도 신주인수권행사가 가능하나 그 기간중의 주주총회결의에 대하여는 의결권을 행사할 수 없다(516조의10, 350조 2항).

(3) 납   입

신주인수권을 행사한 자는 신주의 발행가액 전액을 납입하여야 한다(516조의9 1항 후단). 납입은 채권 또는 신주인수권증권에 기재된 은행 기타 금융기관의 납입장소에서 하여야 한다(516조의9 3항). 납입금 보관자와 납입장소의 변경, 납입금 보관자의 증명과 책임은 모집설립의 경우와 같다(516조의9 4항, 306조, 318조).

대용납입은 신주의 발행가액을 납입하는 대신에 상환할 사채금액으로 갈음하는 제도로서 정관의 규정이 없으면 이사회가 결정한다(516조의2 2항 5호). 대용납입의 경우에는 분리형이든 비분리형이든 신주발행청구서에 채권을 첨부하여 신주인수권을 행사한다.

(4) 신주발행의 효력발생시기

신주인수권은 형성권이므로 회사의 승낙이 필요 없다. 따라서 신주인수권을 행사한 자는 신주의 발행가액의 전액을 납입한 때에 주주가 된다(516조의10). 대용 납입이 인정되는 경우에는 현실적인 주금납입이 없으므로 신주발행청구서와 채권을 회사에 제출한 때이다.

주주명부 폐쇄기간 중에 신주인수권이 행사된 경우 신주의 주주는 그 기간중의 주주총회결의에 대하여는 의결권을 행사할 수 없다(516조의10, 350조 2항). 이익배당에 관한 상법상 제한은 2020년 개정법에 따라 삭제되었다.

(5) 변경등기

신주인수권의 행사가 있으면 등기사항인 발행주식 총수와 자본금의 총액이 증가되므로 납입을 한 날이 속하는 그달의 말일부터 2주 내에 변경등기를 하여야 한다(516조의11, 351조).

5. 신주인수권부사채발행의 무효

전환사채와 마찬가지로 신주인수권부사채의 경우도 발행무효에 관한 규정은 없으나 전환사채무효의 소와 동일하게 신주발행무효의 소의 규정을 유추적용한다. 신주인수권부사채발행무효의 원인도 신주발행무효나 전환사채발행무효와 같다.

Ⅲ. 주요판례·문제해설

1. 주요판례

대법원 2009. 5. 29. 선고 2008도9436 판결 — 삼성SDS 신주인수권부사채발행 사건

이 사건 신주인수권부사채를 현저하게 낮은 가액으로 발행함으로 인하여 회사가 입은 손해는 이 사건 신주인수권부사채의 공정한 신주인수권 행사가격과 실제 신주인수권 행사가격과의 차액에 신주인수권 행사에 따라 발행할 주식수를 곱하여 산출된 액수에 의하여 산정하여야 할 것이고, 이 경우 공정한 신주인수권 행사가격이라 함은 기존주식의 시가 또는 주식의 실질가액을 반영하는 적정가격과 더불어 회사의 재무구조, 영업전망과 그에 대한 시장의 평가, 금융시장의 상황, 신주의 인

수가능성 등 여러 사정을 종합적으로 고려하여 합리적으로 인정되는 가격을 의미한다고 할 것인바, 원심이 위와 같이 공소사실에 기재된 위 가격에 발행하여 인수되었을 개연성을 인정하기 어렵다는 이유만으로 이 사건 신주인수권부사채의 공정한 신주인수권 행사가격이 얼마인지에 관하여 심리·판단하지 아니한 채 이 사건 신주인수권부사채의 저가발행과 관련하여 손해가 발생하지 아니하였다고 단정한 것은 배임죄에서의 손해산정에 관한 법리오해에 기한 것이라 하지 않을 수 없다.

2. 문제해설

(1) 신주인수권부사채를 주주에게 발행하는 경우에는 주주평등의 원칙을 지켜야 한다. 위 사안은 먼저 신주를 인수하는 주주에게만 신주인수권부사채를 발행한다고 해석한다면 주주 평등원칙에 반하는 발행이 된다. 또한 신주인수권부사채 1매의 인수가액이 10원인 경우는 상법 제516조의2 제3항 위반이 되지만 사채권면액을 10,000원으로 하고 10원으로 할인발행하는 것으로 한다면 상법을 직접적으로 위반하는 것은 아니라고 볼 수는 있다.

(2) 신주인수권부사채가 비분리형으로 발행된 경우 채권(債券)은 채권과 신주인수권 모두를 표창하고 있으므로 채권의 교부로 신주인수권이 양도된다. 신주인수권을 행사하기 위해서는 채권(債券)을 제시하여야 하므로 비분리형 신주인수권부사채의 경우 신주인수권만을 따로 분리하여 양도하는 것은 허용되지 않는다.

제7장 주식회사의 회계 및 배당

[1] 회계기준

Ⅰ. 사 례

1. 사실관계

A는 甲주식회사 발행주식 총수의 5%를 소유하고 있다. A는 甲회사가 경쟁관계에 있는 乙주식회사와 전략적 관계를 수립하여 공동으로 신제품을 개발·판매할 것을 회사에 제안하였으나 甲회사의 이사회는 이를 거부하였다. A는 자신의 제안을 이사회가 받아들이도록 압박하고자 甲회사 이사회 의사록과 회계장부 전체의 열람과 등사를 청구하였다.

2. 검 토

A의 청구는 정당한가?

Ⅱ. 주요법리

1. 주식회사 회계의 중요성

주식회사에는 주주·채권자·경영자·사용인·국가 등 많은 이해관계인이 있다. 주주는 보다 많은 이익배당을 원하고, 채권자는 회사재산이 유일한 담보이기 때문에 회사재산의 보전을 바란다. 경영자인 이사는 경영상의 실적을 과장하기 위하여 분식결산을 하기도 하며, 이익배당·세금 등을 줄이기 위하여 실적을 은폐하기도 한다. 또한 사용인은 보다 많은 임금을 요구한다. 따라서 이와 같은 이해관계인의 대립을 조정하기 위한 전제로서 회사의 회계를 명확히 하고 공정을 기할 필요가 있으며, 이는 기업의 합리적 경영을 위한 계산적 기초를 제공하게 된다. 그러므로 상법은 주식회사의 회계규정을 강행규정으로 하고, 주주·채권자·경영자의 이해관계를 조정하고 있으며, 사용인에게는 고용관계상의 보호를 위하여 우선변제권을 인정하고 있다(468조).

2. 회계기준

회사회계는 회사의 재산상태와 손익 등을 인식하고 평가하기 위한 것으로 객관적인 기준을 마련하고 이에 따라 회계처리를 하는 것이 중요하다. 회계기준은 상법상 회계규정과 「주식회사 등의 외부감사에 관한 법률」에 근거하여 마련된 기업회계기준이 있다.[1] 기업회계는 복잡하고 계속적으로 발전하고 있기 때문에 기업회계기준은 이에 따라 개선되고 있다. 2011년부터는 국제회계기준위원회(IASB)가 작성한 국제회계기준(IFRS)이 상장회사에 전면적으로 적용되어, 우리나라는 한국채택국제회계기준(K-IFRS)을 제정하였다. 2011년 개정 전 상법의 회계규정은 회계기준의 변화에 대응하지 못하여 상법과 기업회계기준과의 차이가 점점 더 벌어져 상법의 규범력이 상실되었다. 이에 따라 2011년 개정상법은 변화하는 회계관행에 적절히 대응할 수 있도록 기존의 회계규정을 대폭 삭제하고 원칙규정만을 두고 있다.

상법 제29조 제 2 항은 모든 기업의 회계원칙으로 상업장부(회계장부와 대차대조표)를 작성할 때 상법에 규정한 것을 제외하고는 일반적으로 공정·타당한 회계관행에 의하도록 한다. 이에 비하여 제446조의2는 주식회사 회계의 경우는 상법과 시행령으로 규정한 것을 제외하고는 일반적으로 공정하고 타당한 회계관행에 따르도록 한다. 제446조의2는 주식회사에 적용되는 회계의 원칙을 강조하기 위한 일종의 주의적 규정 내지 확인적 규정이라기보다는 제29조 제 2 항에 대한 특별규정으로 주식회사 회계에 관한 원칙적인 사항만을 상법에 규정해 두고 구체적인 기준은 시행령에 위임할 수 있도록 한 것이라고 이해하여야 한다.[2]

상법시행령은 ① 국제회계기준위원회의 국제회계기준을 채택하여 정한 회계처리기준(한국채택국제회계기준; K-IFRS), ②「주식회사 등의 외부감사에 관한 법률」제 5 조 제 1 항 제 2 호에 따른 회계처리기준(일반기업회계기준), ③「공공기관의 운영에 관한 법률」에 따른 공기업·준정부기관 회계규칙은 회계기준으로 명시적으로 지정하면서 ④ 중소회사에 적용될 회계기준의 경우는 법무부장관이 지정하도록 하고 있다

---

1) 「주식회사의 외부감사에 관한 법률」은 2017년 「주식회사 등의 외부감사에 관한 법률」(외부감사법)로 전부개정되어 2018년 11월 1일 시행되었다. 외부감사법은 회계처리기준을 금융위원회가 증권선물위원회의 심의를 거쳐 정하도록 하고(같은 법 5조 1항), 금융위원회가 이 업무를 전문성을 갖춘 민간법인이나 단체에 위탁할 수 있도록 한다(같은 법 5조 4항). 현재 기업회계기준은 한국회계기준원에서 정한다.

2) 권재열, "개정상법 제446조의2의 의의," 「상사법연구」 제30권 제 3 호(2011) 참조.

(시행령 15조). 법무부는 중소기업에 흔히 발생하는 거래를 중심으로 일반기업회계기준 내용을 단순화한 「중소기업회계기준」을 고시하여 2014년 1월 1일 이후 최초로 시작되는 회계연도부터 적용하도록 하였다.

3. 재무제표 및 영업보고서

(1) 의의와 종류

재무제표란 가장 핵심적인 재무보고 수단으로서 회사의 재무상태, 경영성적(손익상황), 이익 또는 손실의 처리를 명확히 하기 위하여 작성되는 회사의 계산에 관한 장부이다. 재무제표에는 대차대조표와 손익계산서가 포함되며, 그 밖에 회사의 재무상태와 경영성과를 표시하는 것으로서 시행령이 정하는 서류가 있다(447조 1항). 시행령에서는 자본변동표와 이익잉여금 처분계산서(또는 결손금 처리계산서)를 정하고 있다. 시행령은 회사가 자본변동표와 이익잉여금 처분계산서(또는 결손금 처리계산서) 모두를 작성하도록 요구하는 것은 아니고, 회사의 편의에 따라 두 가지 서류 중 하나만 작성하면 되도록 한다(시행령 16조 1항).

「주식회사 등의 외부감사에 관한 법률」(외부감사법) 제 4 조에 따른 외부감사 대상 회사의 경우에는 자본변동표, 이익잉여금 처분계산서(또는 결손금 처리계산서), 현금흐름표, 주석을 모두 작성하여야 한다(시행령 16조 1항). 외부감사법상 재무제표는 재무상태표, 손익계산서 또는 포괄손익계산서, 그 밖에 대통령령으로 정하는 서류(자본변동표, 현금흐름표, 주석)로 구성된다(외부감사법 2조 2호, 동법 시행령 2조). 외부감사법은 재무제표의 작성에 관하여만 규정하고 있을 뿐 작성한 재무제표의 승인은 상법에 따르는 것이므로, 외감대상 회사의 경우 외부감사법상 작성이 요구되는 재무제표를 상법에 따라 승인을 받도록 하기 위해서 상법시행령은 비외감대상 회사에 비하여 외감대상 회사의 재무제표 종류를 추가하여 정하고 있다. 외부감사법 제 4 조에 따른 외부감사 대상회사 중에서 지배회사에 해당하면 연결재무제표도 작성하여야 한다(447조 2항).

영업보고서는 위의 재무제표와는 달리 계산적이 아니고 특정영업연도의 영업상황을 문장식으로 기재한 보고서이다.

1) 대차대조표[1]

대차대조표란 일정시점(대차대조표일)에 있어서 기업의 재무상태를 명확히 표시하기 위하여 재산을 자산·부채 및 자본으로 나누어 보고서 또는 계정식으로 작성하는 서류이다. 회사는 성립한 때와 매 결산기에 회계장부에 의한 유도법에 의하여 대차대조표를 작성한다(30조 2항). 그 밖에 주식의 포괄적 교환(360조의4), 주식의 포괄적 이전(360조의17), 합병(522조의2), 분할(530조의7), 청산(533조)의 경우에도 대차대조표를 작성하게 된다.

대차대조표는 정보이용자들이 기업의 유동성, 재무적 탄력성, 수익성, 위험 등을 평가하는 데 유용한 정보를 제공한다.

2) 손익계산서

손익계산서는 특정영업연도의 기업의 영업성적을 명백하게 하기 위하여 투입된 비용과 그 수익을 일람표시한 서류를 말한다. 손익계산서는 기업의 미래현금흐름과 수익창출능력 등의 예측에 유용한 정보를 제공한다.

3) 자본변동표·이익잉여금처분계산서(또는 결손금처리계산서)

자본변동표는 자본의 크기와 그 변동에 관한 정보, 즉 자본을 구성하고 있는 자본금, 자본잉여금, 자본조정, 기타포괄손익누계액, 이익잉여금(또는 결손금)의 변동에 대한 정보를 제공한다. 이익잉여금처분계산서(또는 결손금처리계산서)는 이익잉여금의 처분사항(또는 결손금의 처리사항)을 명확히 보고하기 위해 작성한다.

4) 현금흐름표

현금흐름표는 기업의 현금흐름을 나타내는 표로서 현금의 변동내용을 명확하게 보고하기 위한 것으로 특정영업연도에 속하는 현금의 유입과 유출내용을 표시한다. 현금흐름표는 부채상환능력이나 배당금지급능력을 추정할 때 유용한 서류이다.

5) 주   석

주석은 재무제표 작성 근거와 구체적인 회계정책의 요약 및 그 밖의 설명으로

---

1) 2009년 2월 개정된 「주식회사의 외부감사에 관한 법률」은 대차대조표에서 재무상태표로 용어를 변경하였다. 이에 따라 상법상의 용어와 차이가 발생하여 부칙 제 8 조에 재무상태표 또는 포괄손익계산서를 상법에 따른 대차대조표 또는 손익계산서로 간주하는 규정을 두었다. 한국채택국제회계기준(K-IFRS)에서도 대차대조표를 재무상태표로 표시한다.

구성되어 각 구성 서류에 표시하는 정보에 추가하여 제공된 정보를 말한다. 주석은 재무제표에 표시된 항목을 구체적으로 설명하거나 세분화하고, 재무제표 인식요건을 충족하지 못하는 항목에 대한 정보를 제공한다.

6) 재무제표부속명세서

재무제표부속명세서는 재무제표의 중요한 항목에 관한 명세를 기재한 서류를 말한다. 이는 대차대조표 및 손익계산서의 기재만으로 불충분한 것을 보조하는 기능을 갖고 있다.

7) 연결재무제표

연결재무제표(consolidated financial statements)란 단일 경제적 실체의 재무제표로 표시되는 연결실체의 재무제표를 말한다. 즉 지배·종속관계에 있는 회사들 전체를 하나의 기업실체로 보아 작성하는 재무제표이다. 연결재무제표는 정보이용자에게 유용성을 주기 위해 지배·종속관계에 있는 회사들의 경우 지배회사와 종속회사는 단일의 법적 실체가 아니지만 단일의 경제적 실체를 형성하여 하나의 회계단위로 인정한다.

상법상 연결재무제표를 작성하여야 할 주식회사의 범위는 시행령에 위임하고 있다(447조 2항). 상법시행령은 연결재무제표를 작성하여야 하는 회사의 범위를 외부감사법에서 규정한 지배회사로 한다(시행령 16조 2항). 국제회계기준에서는 원칙적으로 모든 지배기업은 연결재무제표를 작성하도록 한다. 국제회계기준은 종속기업을 일반기업과 특수목적기업으로 구분하고 각각에 대한 지배력 판단 고려요소를 규정하고 있다. 일반기업회계기준도 지배기업은 연결재무제표를 작성하도록 한다.

연결재무제표를 구성하는 구체적인 서류를 상법은 정의하고 있지는 않다. 그러나 연결재무제표는 외부감사법 제4조에 따른 외부감사의 대상이 되는 회사 중 외부감사법 제2조 제3호에 규정된 지배회사가 작성하는 것이고 주식회사의 회계는 상법과 시행령에 규정한 것을 제외하고는 일반적으로 공정하고 타당한 회계관행에 따른다고 정한 상법 제446조의2 입법취지를 본다면 외부감사법이 정하는 연결재무제표의 정의에 따라야 할 것이다. 즉 연결재무제표는 연결대차대조표(연결재무상태표), 연결손익계산서 또는 연결포괄손익계산서, 연결자본변동표, 연결현금흐름표, 주석으로 구성된다.

연결재무제표를 작성하는 회사의 경우에도 회사의 법적 실체에 대한 개별(별도)재무제표(separate financial statements)는 지배회사 자체의 이익배당, 세금계산, 기타 정보의 제공의 목적으로 계속 필요하다. 따라서 연결대상 종속회사가 있는 지배회사는 연결재무제표와 함께 개별(별도)재무제표를 작성하여야 한다. 한국채택국제회계기준은 연결재무제표를 작성하는 지배회사의 개별재무제표를 별도재무제표라 부른다. 종속회사가 없는 회사는 개별재무제표를 작성하여야 한다. 따라서 연결재무제표와 개별재무제표는 종속회사 유무의 차이일 뿐 회계처리방법이 동일한 반면 별도재무제표만 일부 회계처리방법에 차이가 있다.

8) 영업보고서

영업보고서는 특정영업연도의 영업상황을 문장식으로 기재한 보고서이다. 영업보고서의 기재사항은 대통령령이 정하는 바에 의하여 영업에 관한 중요한 사항을 기재하여야 한다(447조의2, 시행령 17조). 영업보고서는 기업의 경리와는 직접적인 관계가 없으므로 상법은 재무제표에서 영업보고서를 제외하고(447조), 또한 정기총회의 승인을 요하는 서류에서도 제외하고 있으며(449조 1항), 그 대신 이사가 이사회의 승인을 얻은 후 정기총회에 제출하여 그 내용을 보고하도록 한다(447조의2 1항, 449조 2항).

(2) 재무제표 등의 작성과 제출

주식회사의 이사는 매 결산기에 재무제표와 그 부속명세서 및 영업보고서를 작성하여 이사회의 승인을 얻어야 한다(447조, 447조의2). 이사회의 승인을 얻은 후 이사는 정기총회회일의 6주간 전에 위의 서류를 감사에게 제출하여야 한다(447조의3). 법문에서는 이사가 재무제표 등의 작성과 제출을 하는 것으로 하였으나 이는 대표이사의 업무집행사항으로 대표이사가 하여야 한다. 집행임원 설치회사의 경우에는 대표집행임원이 하여야 한다.

(3) 감사에 의한 감사

회사의 재무제표는 감사 또는 감사위원회의 감사를 받아야 한다. 감사는 재무제표 등의 서류를 받은 날로부터 4주 내에 감사보고서를 이사에게 제출하여야 한다(447조의4 1항). 상장회사의 감사 또는 감사위원회는 감사보고서를 주주총회일의 1주 전까지 이사에게 제출할 수 있다(542조의12 6항). 이것은 외부감사인이 감사보고서를 주주총회 1주 전까지 제출하도록 한 외부감사법상 규정을 감안한 것이다. 감사보고서의 기재사항은 법정되어 있다(447조의4 2항).

감사보고서는 회계감사에 관한 사항과 업무감사에 관한 사항이 포함된다. 감사가 감사를 하기 위하여 필요한 조사를 할 수 없었던 경우에는 감사보고서에 그 뜻과 이유를 적어야 한다(447조의4 3항). 감사보고서는 감사의 회계감사권에 관한 내용이 주를 이루나 이사의 업무집행 전반에 대한 '업무감사권'에 기한 판단도 기재된다. 또한 외부감사 대상 회사의 재무제표에는 주석이 포함되는데 주석은 재무제표에 표시된 항목을 구체적으로 설명하거나 세분화하고, 재무제표 인식요건을 충족하지 못하는 항목에 대한 정보를 제공하는 서류이므로 감사보고서에 주석에 대한 감사의 내용도 포함되는 것으로 보아야 한다.

(4) 재무제표 등의 비치·공시

이사는 정기총회회일의 1주간 전부터 재무제표와 그 부속명세서 및 영업보고서와 감사보고서를 본점에 5년간, 그 등본을 지점에 3년간 비치하여야 한다(448조 1항). 이 비치의무 위반에 대하여는 과태료의 제재가 있다(635조 1항 24호). 주주와 회사채권자는 영업시간 내에 언제든지 위의 비치서류를 열람할 수 있으며, 회사가 정한 비용을 지급하고 그 서류의 등본이나 초본의 교부를 청구할 수 있다(448조 2항).

(5) 재무제표의 승인과 대차대조표의 공고

이사는 재무제표를 정기총회에 제출하여 그 승인을 요구하여야 하며, 영업보고서는 정기총회에 제출하여 그 내용을 보고하여야 한다(449조 1항·2항).

감사는 이사가 주주총회에 제출한 재무제표 및 영업보고서를 조사하여 법령 또는 정관에 위반하거나 현저하게 부당한 사항이 있는지의 여부에 관하여 주주총회에 그 의견을 진술하여야 한다(413조). 또한 총회는 필요한 경우에 이사가 제출한 서류와 감사보고서를 조사하게 하기 위하여 검사인을 선임할 수 있다(367조).

재무제표의 승인은 주주총회의 보통결의에 의하며, 그 승인이 있으면 당해 연도의 재무제표는 확정된다. 따라서 재무제표 중에 포함된 이익처분안이 효력을 발생하여 주주는 회사에 대하여 구체적인 이익배당금지급청구권을 갖게 된다. 승인시 수정결의도 가능하다.

재무제표의 승인주체는 주주총회가 원칙이지만 전문적이고 매우 기술적인 회계처리에 따라 작성한 재무제표를 주주가 판단하기 쉽지 않기 때문에 그 승인이 매우 형식적일 수 있다는 문제점이 있다. 상법은 회계의 정당함을 담보할 수 있는 경우에는 재무제표를 이사회가 승인하고 주주총회에 보고할 수 있도록 하고 있다. 회사는 정관의 정함에 따라 ① 재무제표와 그 부속명세서가 법령 및 정관에 따라 회사의 재무상태 및 경영상태를 적정하게 표시하고 있다는 외부감사인의 의견이 있고 ② 감사(감사위원회 설치회사의 경우는 감사위원회) 전원의 동의가 있으면 이사회의 결의로 재무제표와 그 부속명세서를 승인할 수 있다(449조의2 1항). 이사회가 재무제표를 승인한 경우에는 각 서류의 내용을 주주총회에 보고하여야 한다(449조의2 2항).

승인이 필요한 서류는 상법 제447조의 각 서류이다(449조 1항). 따라서 재무제표는 승인이 필요한 기본적인 서류이다. 연결재무제표를 작성하는 경우에는 연결재무제표와 개별(별도)재무제표 모두를 주주총회에서 승인받아야 한다.[1] 이에 대하여 입법론으로 연결재무제표는 주주총회의 승인이 필요 없다는 견해도 있다.[2] 상장회사를 포함한 외감대상회사의 경우에는 현금흐름표와 주석이 재무제표에 포함되므로(시행령 16조) 현금흐름표와 주석도 주주총회의 승인을 받아야 한다.

영업보고서는 주주총회의 승인이 필요한 것은 아니며, 이사회의 승인을 얻은 후 주주총회에 제출하여 내용을 보고하면 된다. 감사보고서는 본점과 지점에 비치하면 되고 정기총회에 제출하거나 보고할 필요는 없다.

이사는 재무제표의 승인 후 지체 없이 대차대조표를 공고하여야 한다(449조 3항). 연결재무제표를 작성하는 경우에는 (별도)대차대조표와 연결대차대조표 모두를 공고하여야 한다.

(6) 재무제표 승인에 의한 책임해제

정기주주총회가 재무제표의 승인을 한 후 2년 내에 다른 결의가 없으면 부정행위가 있는 경우를 제외하고 회사는 이사와 감사의 책임을 해제한 것으로 본다(450조).

이사 또는 감사가 부정행위로 인하여 손해배상책임을 부담하는 경우뿐만 아니라 재무제표의 승인을 구함에 있어서 부정한 행위를 한 경우도 상법 제450조 단서에 따라 책임이 해제되지 않는다. 판례에서 부정행위로 인정된 경우는 ① 이사가 회사가 보유하고 있는 비상장주식을 매도하면서 그 매도에 따른 회사의 손익을 제대로 따져보지 않은 채 당시 시행되던 상속세법 시행령에만 근거하여 주식의 가치를 평가함으로써 적정가격보다 현저히 낮은 가액으로 거래가액을 결정한 경우(대법원 2005. 10. 28. 선고 2003다69638 판결)와 ② 대표이사가 자신 소유의 토지를 회사에 매

---

1) 법무부, 「상법 회사편 해설」(법무부, 2012), 309면.

2) 송옥렬, 1205면.

도하면서 자신의 이익만을 도모하기 위하여 적정한 시가를 확인하지 않고 시가의 2배가 넘는 가격으로 매매대금을 결정한 경우(서울고법 1977. 1. 28. 선고 75나2885 제 5 민사부 판결) 등이다.

이사와 감사의 회사에 대한 책임해제 규정은 이사와 감사의 제 3 자에 대한 책임에 대하여는 적용되지 않는다.

2년의 기간은 제척기간이다. 책임해제의 효력이 미치는 범위는 재무제표에 기재되었거나 재무제표로부터 알 수 있는 사항에 한하며, 책임해제의 증명책임은 이사와 감사가 진다[주요판례 2].

이사와 감사의 책임해제는 감사위원에게 준용되나(415조의2 7항) 집행임원에는 준용되고 있지 않다(408조의9 참조). 상법은 집행임원제도를 도입하면서 집행임원의 회사와 제 3 자에 대한 손해배상책임을 규정하고 다른 집행임원·이사 또는 감사와 연대책임을 정하고 있고, 제400조를 준용하여 이사와 같이 책임면제 또는 제한이 가능하도록 하고 있다. 집행임원의 손해배상책임은 이사의 손해배상책임과 그 내용을 같이 하므로 책임해제의 경우도 집행임원에 준용되어야 할 것이다.

4. 준 비 금

(1) 총   설

1) 준비금의 의의

준비금은 회사의 순자산액이 자본금액을 초과함에도 불구하고 그 초과액 전부를 이익으로서 주주에게 배당하지 않고 일정한 목적을 위하여 회사 내에 유보해 둔 계산상의 금액을 말한다.

회사에 잉여금이 발생한 경우에 그 전부를 이익배당한다면 회사에 손실이 발생한 경우에 전보가 용이하지 않으며, 이는 회사뿐만 아니라 채권자·주주를 위하여도 바람직하지 않다. 따라서 준비금제도는 회사의 자본금충실을 유지·강화하기 위한 제도라고 볼 수 있다.

2) 준비금의 성질

준비금은 계산상의 금액으로서 대차대조표상의 자본의 부(部)에 자본금과 함께 기재되고, 이익을 산정함에 있어서 순자산액으로부터 자본금과 함께 공제되는 항목이다. 따라서 준비금은 자본금과 함께 그에 해당하는 회사의 재산을 보유하도록 구속하는 역할을 한다. 즉 준비금은 보유해야 할 금액을 의미하므로 특별한 명목으로 실제 보관되어 있는 것이 아니라, 준비금의 액에 상당하는 재산이 회사에 보유되기만 하면 어떠한 형태로서 존재하든 상관없다.

그러므로 준비금을 적립한다는 것은 금전을 현실적으로 적립하는 것이 아니라, 대차대조표상의 자본의 부에 기재할 준비금의 액을 증가하는 것을 의미하고, 준비금을 사용한다는 것은 일정한 금전을 현실적으로 지출하는 것이 아니라 준비금의 액을 감소하는 데 지나지 않는다.

3) 준비금의 종류

준비금에는 법률의 규정에 의하여 적립이 강제되는 법정준비금과 회사가 자치적으로 정관 또는 주주총회의 결의에 의하여 적립하는 임의준비금이 있다. 법정준비금은 그 재원에 따라 이익준비금과 자본준비금으로 나누어진다.

(2) 법정준비금

1) 의   의

법정준비금은 상법의 규정에 의하여 적립이 강제되는 준비금이며, 그 처분이 자본금의 결손보전과 자본금전입으로 제한되어 있다. 그 재원에 따라 이익준비금과 자본준비금으로 나누어진다.

2) 종   류

(가) 이익준비금

영업거래에 의한 이익잉여금을 재원으로 하여 그 일부를 적립하는 준비금이다. 회사는 그 자본금의 2분의 1에 달할 때까지 매 결산기 이익배당액의 10분의 1 이상의 금액을 이익준비금으로 적립하여야 한다(458조). 배당을 하는 이상 그 이익배당액의 재원이 당기의 이익에 한하지 않는다. 즉 전기이월이익금이나 임의준비금을 헐어서 이익배당을 하는 경우에도 그 배당액의 10분의 1 이상을 적립하여야 한다. 배당 여부에 불구하고 자본금의 2분의 1에 달할 때까지는 이익준비금을 적립할 수 있으며, 배당을 하지 않는다고 하여 이것이 임의준비금이 되는 것은 아니다.[1] 이익준비금 적립이 필요한 이익배당은 금전배당 및 현물배당의 경우이다. 주식배당은 배당가능이익을 재원으로 하며 회사재산이 외부로 유출되지 않는다. 따

---

1) 재정경제부 유권해석: 증권 22325-57(1986. 2. 4).

라서 주식배당의 경우는 이익준비금의 적립대상이 아니다.

이익준비금의 적립한도는 자본금액이 증감함에 따라 증감한다. 자본금의 2분의 1을 초과하는 액은 임의준비금의 성격을 가진다.

(나) 자본준비금

자본준비금이라 함은 영업이익 이외의 재원에서 생긴 자본의 증가분, 즉 자본잉여금을 바탕으로 하여 적립하는 준비금이다. 이익준비금은 영업상의 손익거래에서 나타난 잉여금을 재원으로 하는 반면에, 자본준비금은 영업활동 이외의 자본거래(주주와 회사간의 거래)에서 나타난 잉여금을 재원으로 한다.

자본잉여금은 영업과는 관계없이 발생한 것으로서 주주에게 배당할 수 있는 성질의 것이 아니므로 발생시기에 관계없이 그 전부를 적립하여야 하며 적립의 상한선이 없다.

기업회계기준에서는 자본잉여금에 주식발행초과금, 자기주식처분이익, 감자차익 등을 포함시키며, 주식발행초과금과 기타자본잉여금으로 구분하여 표시하도록 한다.[1]

3) 법정준비금의 사용

법정준비금은 자본금의 결손보전에 충당하고 자본금전입을 하는 경우 이외에는 사용하지 못한다(460조, 461조 1항).

(가) 자본금의 결손보전

회사의 순자산액이 자본금과 법정준비금의 합계액보다 적은 경우를 자본금의 결손이라고 한다. 다만 손실이 발생하더라도 임의준비금을 헐어 전보할 수 있는 경우는 자본금의 결손으로 보지 않는다. 또한 자본금의 결손이 있는 경우에 반드시 법정준비금으로써 전보할 의무가 있는 것은 아니다. 즉 이월결손금으로써 처리하여도 지장이 없다.

자본금의 결손보전에 이익준비금을 먼저 사용하고 부족한 경우 자본준비금을 사용하도록 한 법정준비금의 사용 순서상의 제약은 2011년 상법개정에서 삭제되었다.

(나) 자본금전입

법정준비금은 전부 또는 일부를 자본금계정으로 이체하여 자본금을 증액할 수

---

1) 한국회계기준원, 일반기업회계기준 제 2 장: 재무제표의 작성과 표시 I, 문단 2.30, 2.37.

있다(제3편 제5장 [6] 참조).

4) 준비금의 감소

회사는 적립된 자본준비금 및 이익준비금의 총액이 자본금의 1.5배를 초과하는 경우에 주주총회의 결의에 따라 그 초과한 금액 범위에서 자본준비금과 이익준비금을 감액할 수 있다(461조의2). 감액의 순서에 대한 제한은 없다. 상법은 준비금 감소의 경우 채권자보호절차를 요구하지 않는다.

준비금 제도는 자본금충실의 원칙에 따라 배당가능이익 산출시 준비금을 공제하여 회사재산의 사외유출을 억제하며 채권자를 보호하는 기능을 가지고 있지만, 자본준비금은 한도 없이 계속 적립하여야 하므로 과도하게 적립될 수밖에 없다는 점, 준비금의 용도가 자본금의 결손보전과 자본금전입으로 매우 좁게 제한된다는 점, 금융기관과 같은 주요 회사채권자는 회사에 자금을 대여할 때 그 회사의 자본금이나 준비금 적립상황에 크게 의존하지 않고 실제로 담보제공이나 대출계약상의 채무제한 특약과 같은 다른 수단에 의해 자신의 이익을 보호하고 있다는 점 등에서 준비금의 효용에 문제점이 있다. 상법은 법정준비금의 감액을 인정하여 감액한 금액은 배당 등의 용도로 사용할 수 있도록 한다. 이는 자원의 효율적 배분의 측면에서 주주가 출자한 재원이라도 회사내부에서 투자기회를 찾지 못하면 주주에게 배분하여 주주가 다른 투자기회를 찾도록 함이 보다 더 효율적이라고 생각하기 때문이다.

(3) 임의준비금

임의준비금은 정관 또는 주주총회의 결의에 의하여 적립되는 준비금이다. 임의준비금은 이익준비금을 공제한 잔여이익에서 적립되며, 사용목적(예: 사업확장)이 미리 정하여져 있는 것과, 그렇지 않은 별도적립금이 있다. 임의준비금의 사용과 폐지·변경은 정관 또는 주주총회의 결의내용에 따른다.

상법 이외의 다른 법에 따른 적립이 강제되는 준비금도 상법상 임의준비금에 속한다.

(4) 준비금의 승계

합병이나 분할 또는 분할합병의 경우 소멸 또는 분할되는 회사의 이익준비금이나 그 밖의 법정준비금은 합병·분할·분할합병 후 존속되거나 새로 설립되는 회사가 승계할 수 있다(459조 2항). 준비금의 승계는 자본준비금은 자본준비금으로 이

익준비금을 이익준비금으로 승계되는 것을 말한다.[1]

Ⅲ. 주요판례·문제해설

1. 주요판례

(1) 대법원 2007. 11. 30. 선고 2006다19603 판결 — 분식회계에 대한 책임

기업회계기준에 의할 경우 회사의 당해 사업연도에 당기순손실이 발생하고 배당 가능한 이익이 없는데도, 당기순이익이 발생하고 배당 가능한 이익이 있는 것처럼 재무제표가 분식되어 이를 기초로 주주에 대한 이익배당금의 지급과 법인세의 납부가 이루어진 경우에는, 특별한 사정이 없는 한 회사는 그 분식회계로 말미암아 지출하지 않아도 될 주주에 대한 이익배당금과 법인세 납부액 상당을 지출하게 되는 손해를 입게 되었다고 봄이 상당하고, 상법상 재무제표를 승인받기 위해서 이사회결의 및 주주총회결의 등의 절차를 거쳐야 한다는 사정만으로는 재무제표의 분식회계 행위와 회사가 입은 위와 같은 손해 사이에 인과관계가 단절된다고 할 수 없다.

(2) 대법원 1969. 1. 28. 선고 68다305 판결 — 책임해제의 범위와 증명책임의 소재

주식회사의 이사가 구상법 제284조의 규정에 의하여 그 책임을 해제한 것으로 간주되려면, 동법 제283조의 규정에 의하여, 동법 제281조에 규정된 서류를 정기 주주총회에 제출하여 그 승인을 받아야 하는 것이고 그 서류에 기재 되지 아니한 사항에 대하여는 책임이 해제되지 아니한다고 하여야 할 것인바 기록에 의하여 피고들의 전입증을 검토하여 보아도 원고 회사 주주총회에 제출된 제22기 영업 보고서와 제31기 영업보고서에 소외 ○○상사 주식회사로부터 중석매매 계약금으로 금 25,000,000환(구화)과 7,261,000환이 수입되었다고 기재된 명세표가 있을 뿐이고 본 건에 있어서 피고들의 임무 해태가 있다고 한 생산 실적으로는 따를 수 없는 과다한 양의 흑 중석 매매 계약을 피고들이 위 소외 회사와 체결하고 그로 인하여 원고 회사에게 손해 배상을 하여야 한다는 점이나 그 배상액을 지출하였다는 점에 대하여 원고 회사의 정기 주주총회에 제출한 서류에 기재되어 있다고 인정할 수 있는

---

[1] 이철송, 994면.

자료를 찾아볼 수 없으므로 위 각 영업 보고서에 기재된 수입금에 대해서는 위 총회의 승인을 얻었다고 할 것이나 그 각 보고서에 기재되지 아니한 사유나 지출에 대하여 위 총회의 승인이 있었다고는 할 수 없는 것이니 그와 같은 취지로 판단한 원판결은 정당하다 하여야 할 것이고 위와 같이 각 영업 보고서에 그 수입금이 기재되었으니 그에 관한 모든 계약 사항이 승인된 것이라는 취지의 주장은 받아들일 것이 못되며 "책임 해제를 주장하는 주식회사의 이사는 그 회사의 주주총회에 제출 승인된 서류에 그 책임 사유가 기재되어 있다는 것을 입증할 책임을 져야 한다고 할 것이니" 본 건에 있어서는 주주총회에 피고들의 책임 사항에 관한 서류를 제출하고 승인을 받았다는 사실의 입증 책임이 피고들에게 있다고 하여야 할 것이므로 원판결에 소론과 같이 입증 책임의 분배에 관한 법리 오해가 있다고 할 수 없어 논지 이유 없다.

(3) 대법원 2007. 1. 11. 선고 2005다28082 판결 — 분식회계를 밝히지 못한 외부감사인의 책임

기업체의 재무제표 및 이에 대한 외부감사인의 회계감사 결과를 기재한 감사 보고서는 대상 기업체의 정확한 재무상태를 드러내는 가장 객관적인 자료로서 증권거래소 등을 통하여 일반에 공시되고 기업체의 신용도와 상환능력 등의 기초자료로서 그 기업체가 발행하는 회사채 및 기업어음의 신용등급평가와 금융기관의 여신 제공 여부의 결정에 중요한 판단근거가 된다. 따라서 대규모 분식회계에 의한 재무제표의 감사와 관련하여 외부감사인에게 중요한 감사절차를 수행하지 아니하거나 소홀히 하여 그 주의의무를 위반한 감사상의 과실이 있었다면, 분식회계사실을 밝히지 못한 그와 같은 과실의 결과로써 기업체가 발행하는 기업어음이 신용평가기관으로부터 적정한 신용등급을 얻었고 그에 따라 금융기관이 위 기업어음을 매입하는 방식으로 여신을 제공하기에 이르렀다고 봄이 상당하고, 위와 같은 재무상태가 제대로 밝혀진 상황에서라면 금융기관이 여신을 제공함에 있어서 고려할 요소로서 '재무제표에 나타난 기업체의 재무상태' 외의 다른 요소들, 즉 상환자원 및 사업계획의 타당성, 채권의 보전방법, 거래실적 및 전망, 기업체의 수익성, 사업성과, 기업분석 및 시장조사 결과 등도 모두 극히 저조한 평가를 받을 수밖에 없으므로, 이러한 '재무제표에 나타난 기업체의 재무상태' 외의 요소들이 함께 고려된다는 사정을 들어 여신 제공 여부의 판단이 달라졌으리라고 볼 수 없다.

(4) 대법원 1999. 12. 21. 선고 99다137 판결 — 회계장부열람등사청구권

상법 제466조 제1항 소정의 소수주주의 회계장부 및 서류의 열람, 등사청구권이 인정되는 이상 그 열람·등사청구권은 그 권리행사에 필요한 범위 내에서 허용되어야 할 것이지, 열람 및 등사의 회수가 1회에 국한되는 등으로 사전에 제한될 성질의 것은 아니다.

(5) 대법원 1988. 6. 14. 선고 87다카2599, 2600(반소) 판결 — 준비금의 자본전입으로 발행된 신주의 경우 회사에 대한 관계에서 소유권의 귀속(명의주주)

상법 제461조에 의하여 주식회사가 이사회의 결의로 준비금을 자본에 전입하여 주식을 발행할 경우에는 회사에 대한 관계에서는 이사회의 결의로 정한 일정한 날에 주주명부에 주주로 기재된 자만이 신주의 주주가 된다고 할 것이므로 갑이 병 주식회사의 기명주식을 실질적으로 취득하였으나 병 주식회사의 이사회가 신주를 발행하면서 정한 기준일 현재 갑이 기명주주의 명의개서를 하지 아니하여 을이 그 주주로 기재되어 있었다면 병 주식회사에 대한 관계에서는 신주의 주주는 을이라 할 것이다.

2. 문제해설

주주의 이사회 의사록 열람·등사청구권은 단독주주권이므로 A는 이를 행사할 요건을 갖추었다(391조의3 3항). 회계장부열람권은 소수주주권으로 행사요건은 일반적인 경우(466조)와 상장회사인 경우(542조의6 4항)가 같지 않다. 甲회사가 비상장회사인 경우 A는 요건을 갖추었다. 甲회사가 상장회사인 경우 A가 주식을 소유한 기간이 6개월 미만이라도 보유기간요건을 갖추지 못하였지만 제446조의 요건을 갖추었으므로 회계장부열람권을 행사할 수 있다(542조의6 10항).

A가 위 열람권 행사요건을 갖추었다고 해도 법원은 열람권의 행사에 정당한 목적이 없는 등 부당한 경우라면 A의 열람·등사청구를 인정하지 않는다.

[2] 이익배당

I. 사   례

1. 사실관계

[사안 1]

甲주식회사는 정기주주총회에서 발행주식 총수의 1% 이상을 가진 주주는 액면가의 30%를, 발행주식 총수의 1% 미만을 가진 주주는 액면가의 40%의 이익배당을 하기로 결의하였다. 이 주주총회는 적법한 소집절차를 거쳤으며 발행주식 총수의 1% 이상을 가진 주주 전원이 참석하였다. 총출석주주는 발행주식 총수의 70%였다. 위 결의안은 출석주주 전원일치에 의하여 가결되었다.

[사안 2]

乙주식회사는 자본금이 50억 원이며 보통주식만 발행한 회사이다. 乙주식회사 주주 A, B, C는 각각 발행주식 70%, 20%, 10%를 소유하고 있다. 乙주식회사의 대표이사는 A이다. 乙주식회사의 2010 회계연도 결산결과 100억 원의 배당가능이익이 산출되었다.

2. 검   토

(1) 甲회사의 이익배당에 관한 주주총회 결의는 유효한가?

(2) A가 주도하고 있는 乙회사 이사회에서 이익배당을 전혀 하지 않기로 결정하고 정기주주총회에서 무배당결의안을 통과시키고자 한다. C는 이에 반대하여 이익배당을 요구할 수 있는가?

(3) 乙회사의 결산에 과오가 있어 실질적인 배당가능이익은 80억 원이었으나, 회사가 100억 원을 배당한 경우, 乙회사 채권자 D는 어떠한 권리를 행사할 수 있는가?

Ⅱ. 주요법리

1. 이익배당의 의의

주식회사는 영리법인이므로(169조) 그 사원인 주주에게 이익을 분배하여야한다. 따라서 이익배당청구권은 주주의 고유권으로서 주주의 동의 없이는 이를 박탈하거나 제한하지 못한다. 한편 주식회사는 보유재산만이 회사신용의 기초가 되는 자본단체이므로 채권자의 이익을 보호하고 운영자금의 감소로 회사의 영업활동을 위축시키는 것을 방지하기 위하여 이익배당의 요건을 정하고 있다. 상법에서 이익배당이란 정기배당을 의미한다.

2. 이익배당의 요건

(1) 배당가능이익의 존재(실질적 요건)

이익배당을 함에는 실질적 요건으로서 배당가능이익이 존재하여야 한다. 배당가능이익은 대차대조표상의 순자산액으로부터 ① 자본금의 액, ② 그 결산기까지 이미 적립된 자본준비금과 이익준비금의 합계액, ③ 그 결산기에 적립하여야 할 이익준비금의 액, ④ 시행령으로 정하는 미실현이익을 공제한 잔액이다(462조 1항).

배당가능이익은 일정한 시점에 회사에 존재하는 이익을 의미하는 것으로 일정기간(당해 영업연도) 동안 발생한 이익을 의미하는 것이 아니다.[1] 따라서 당해 영업연도에 손실이 발생하였어도 그동안 적립한 임의준비금으로 이익배당을 할 수 있다.

상법은 일반적으로 주식회사의 회계기준을 기업회계기준을 따르도록 한다. 기업회계기준은 공정가액회계를 도입하여 자산의 평가시 시가주의를 기준으로 한다. 기업회계기준에 따르는 경우 당기순이익에 미실현이익(유동항목에 대한 미실현이익)이 포함되는데 이러한 미실현이익을 배당가능이익으로 인정하게 되면 추후 자산의 처분으로 이익이 실현될 때에 종전에 계상되었던 미실현이익액과 실현된 이익액(손실이 발생할 수도 있다)과는 상당한 차이가 존재할 수 있기 때문에 이 미실현이익을 그대로 배당가능이익으로 인정할 수는 없다. 따라서 배당가능이익에서 시행령이 정하는 미실현이익을 제외한다. 배당가능이익에서 제외되는 미실현이익을 결정할 때는 주주의 이익배당청구권과 회사채권자의 보호를 고려하여야 한다. 2011년 개정

---

1) 송옥렬, 1201면.

상법은 자본준비금과 이익준비금의 사용용도 순서를 폐지하고 자본금의 150%를 초과하는 법정준비금을 배당재원으로 할 수 있도록 허용하는 등 이익배당을 보다 손쉽게 이루어지도록 하고 있으므로 배당가능이익의 산정에서는 엄격한 요건을 설정하여 회사에게는 배당압력의 부담을 완화시키고 자본금충실을 확보하며 회사채권자를 보호할 필요가 있다.

미실현이익은 크게 (포괄)손익계산서의 당기순이익에 반영되는 미실현이익과 당기순이익에 반영되지 않는 미실현이익(기타포괄손익누계액)으로 구분된다. 기타포괄손익누계액의 원천이 되는 기타포괄손익으로는 재평가잉여금의 변동, 확정급여제도에 대한 보험수리적손익, 해외 사업장의 재무제표 환산으로 인한 손익, 매도가능금융자산의 재측정(평가)손익, 현금흐름위험회피의 위험회피수단의 평가손익 중 효과적인 부분 등이 있다. 당기순이익에 반영되는 미실현이익에는 당기손익인식금융자산(부채)평가이익, 지분법평가이익, 당기손익으로 인식한 손상차손의 환입액, 파생상품평가이익, 외화환산이익 등이 있다.

상법시행령에 미실현이익은 기타포괄손익에 반영되는 미실현이익과 당기순손익에 반영되는 미실현이익 모두를 말하며 미실현손실과 상계할 수 없도록 한다(시행령 19조 1항). 다만 업종의 성격상 위험관리를 위하여 파생상품 계약 및 외환거래를 적극적으로 실시하는 금융기관과 글로벌 제조기업 등의 경우 현물에서 발생하는 잠재적 손실을 회피(hedge)하기 위해 파생상품 계약을 하는데 헷지전략이 성공적으로 수행되었을 때 현물과 선물에서 유사한 규모의 미실현이익과 미실현손실이 각각 발생하게 되므로, 배당가능이익 계산시 연계된 두 거래의 미실현손익을 상계한 후 잔액기준의 미실현이익을 차감하는 것이 경제적 실질에 보다 부합한다. 따라서 상법시행령은 헷지거래를 하는 경우 각각 서로 직접적으로 연계가 되어있는 경우에만 상계를 허용하여 연계된 거래에 발생한 미실현이익과 미실현손실은 상계 후 순액기준으로 미실현손익 규모를 판단하도록 한다(시행령 19조 2항).

배당가능이익은 이익배당의 최고한도액을 의미하며, 그 밖에 정관 또는 주주총회의 결의로 임의준비금을 적립하기로 한 때에는 그 금액, 자산재평가적립금도 공제된다. 이미 적립된 임의준비금은 이를 이익배당에 사용한다는 결정을 하지 않는 한 이익배당에 사용할 수 없다.

(2) 이익배당의 결정(절차적 요건)

1) 주주총회

이익배당의 형식적 요건으로서 주주총회의 결의가 있어야 한다(449조 1항). 주주총회는 이사회가 제출한 이익배당안을 수정·변경하여 결정할 수 있다. 주주총회에서 이익배당을 결의하면 주주는 회사에 대하여 구체적인 이익배당금지급청구권을 갖는다.

2) 이 사 회

재무제표 승인과 배당결정권을 주주총회의 권한으로 하는 것은 이익처분을 회사의 소유자인 주주가 스스로 결정하도록 하는 것이다. 그러나 전문적이고 기술적인 회계기준에 기초하여 작성한 재무제표를 주주가 판단하는 것이 쉽지 않고 그 승인도 매우 형식적이며 배당기준일 이후 주주총회에서 배당결정시까지 상당한 시간적 간격이 있어(12월 말 결산 회사의 경우 일반적으로 다음 해 3월에 개최되는 주주총회에서 배당액이 결정된다) 그동안 주식의 시세가 공정하게 형성되지 못하고 배당관련정보도 불확실성을 가지고 있다는 문제가 있다. 상법은 일정한 경우 이사회에서 배당결정을 할 수 있도록 하여 배당절차의 단축과 유연한 의사결정을 할 수 있도록 한다.

원칙적으로 재무제표 확정의 승인과 배당결정은 주주총회의 권한이나 제449조의2 제 1 항에 따라 이사회가 재무제표의 승인을 하는 경우에는 이익배당의 결정도 이사회가 한다(462조 2항 단서).

3) 추상적 이익배당청구권과 이익배당의 요구

주주는 배당가능이익 한도 내에서 이익배당을 받을 수 있으며 이익배당청구권은 일종의 기대권을 내용으로 하는 추상적 권리이므로 배당가능이익이 존재하여도 주주총회나 이사회의 이익배당결의가 없으면 주주는 이익배당을 강요할 수 없고 따라서 이익배당강제소송도 인정되지 않는다[주요판례 1].

3. 이익배당의 기준

(1) 주주평등의 원칙과 예외

이익배당은 주주평등의 원칙에 의하여 각 주주의 지주수에 따라서 지급한다(464조 본문). 회사가 종류주식을 발행하는 경우에는 정관의 정함에 따라 차별취급을 할 수 있다(464조 단서, 344조 1항). 이 경우도 같은 종류의 주식간에는 주주평등원칙

이 지켜져야 한다. 따라서 특정한 주주에 대한 금액지급약정은 주주평등의 원칙에
위반된다. 실무상으로는 차등배당이 문제가 되는데, 소수주주보다 대주주가 저율의
배당을 받기로 결의하는 경우는 대주주의 이익배당청구권의 일부포기로서 유효하
다고 볼 수 있으나[주요판례 2], 그 반대의 경우에는 주주평등의 원칙에 위반된다고
봄이 통설이다. 왜냐하면 대주주는 주주총회의 의결을 지배할 수 있는데 반하여 소
수주주는 그렇지 않기 때문이다. 이익배당의 지급은 금전으로 함이 원칙이지만 주
식이나 현물로 배당할 수도 있다(462조의2, 462조의4).

(2) 일할배당·동액배당

영업연도의 중간에 신주가 발행된 경우에 신주의 주주는 결산기의 이익배당에
있어서 구주의 주주와 동액의 배당을 받는가(동액배당), 아니면 신주의 발행일로부
터 결산기까지의 일수에 따라서 계산한 금액의 배당을 받는가(일할배당)라는 문제가
있다. 이에 대하여는 ① 실질적 평등에 따라 일할배당을 할 것인가, 형식적 평등에
따라 동액배당을 할 것인가는 회사의 자유라고 하는 입장(다수설)과 ② 유상주와 무
상주를 구별하여 전자는 일할배당, 후자는 동액배당을 하여야 한다고 하는 설이 있
었다. 2020년 개정 상법은 신주의 이익배당 기준에 관한 제350조 제3항과 같은
항 후단을 준용하도록 하는 규정을 모두 삭제하였다. 따라서 회사는 자유롭게 배당
방법을 선택할 수 있다.

4. 이익배당금의 지급

(1) 배당금지급청구권

주주의 이익배당청구권은 추상적 이익배당청구권과 구체적 이익배당청구권으
로 나눌 수 있다. 주주총회나 이사회에서 이익배당을 결의하면 추상적 이익배당청
구권에서 구체적인 확정액의 이익배당청구권이 발생한다. 청구권자는 주주명부 폐
쇄제도에 의하여 결산기 현재 주주명부에 기재된 주주가 배당을 받게 된다. 구체적
이익배당청구권은 주주의 지위와는 독립하여 양도·입질·압류가 가능하며, 전부명
령의 대상이 될 수 있다.

(2) 배당금지급시기

주주총회나 이사회에서 이익배당을 결의한 날로부터 1월 이내에 배당금을 지
급하여야 한다(464조의2 1항). 그러나 주주총회 또는 이사회에서 배당금의 지급시기

를 따로 정한 경우에는 그에 의한다(464조의2 1항 단서).

구체적인 이익배당금지급청구권은 시효기간이 5년이다(464조의2 2항). 소멸시효는 이익배당결의시가 아니라 제464조의2 제1항에서 정하는 1개월 또는 주주총회 또는 이사회에서 따로 정한 기한이 경과한 때로부터 기산한다.

5. 위법배당의 효과

(1) 위법배당의 의의

위법배당이라 함은 법령·정관에 위반한 이익배당을 말한다. 이익배당의 요건(462조 1항)이나 주주평등의 원칙을 위반한 경우와 배당절차 등에 하자가 있는 경우가 포함된다.

(2) 위법배당액의 반환청구권

1) 배당가능이익 없는 배당

회사가 배당가능이익이 없음에도 불구하고 배당을 하거나, 이를 초과한 이익배당은 무효이다. 따라서 회사는 주주에 대하여 부당이득으로 인한 위법배당액 전부의 반환을 청구할 수 있다(민법 741조). 이 경우에 주주는 선의·악의를 불문하고 반환의무를 부담한다. 또한 회사채권자는 이를 회사에 반환할 것을 청구할 수 있다(462조 3항). 채권자는 이익배당 당시에 채권자인가를 불문하며, 자기의 채권액에 한정되지 않고 위법배당된 금액 전부에 대하여 반환청구권을 행사한다.

2) 기타 절차나 내용이 위법한 배당

배당가능이익의 범위 내에서 배당이 이루어졌어도 배당절차나 내용이 법령이나 정관에 위반한 경우에는 위법배당으로 그 효력이 부정된다. 이 경우 회사채권자는 반환청구권을 가지지 않는다. 회사의 책임재산에 대한 침해가 없어 회사채권자가 이익배당의 효력을 다툴 법상의 이익을 갖지 않기 때문이다.[1]

(3) 반환청구의 주장방법

배당가능이익 없이 이루어진 배당의 경우 반환청구의 방법은 반드시 소만에 의하여 주장할 필요는 없으나, 주주에 대하여 반환청구를 하기 위해서는 위법배당을 결의한 주주총회결의의 무효확인의 소를 경유하여야 하는가에 관하여는 무효확인의 소의 성질이 무엇인가에 따라 학설이 대립된다. ① 무효확인의 소를 확인소송

---

1) 이철송, 1024면.

으로 보면 무효확인의 소를 제기하지 않고도 직접 반환청구가 가능하며, ② 형성소송으로 보면 주주총회결의 무효확인판결 이후에만 위법배당액의 반환을 청구할 수 있다. ③ 무효확인소송의 성질을 형성소송으로 보면서도 위법배당의 경우는 결의무효확인의 소의 성질론과는 무관하게 직접 부당이득반환을 청구할 수 있다는 견해도 있다.[1]

배당가능이익의 범위 내에서 배당이 이루어졌어도 그 밖의 절차나 내용이 위법한 배당의 경우는 주주총회의 배당결의에 무효사유가 있으면 위와 같이 주주총회결의의 무효확인 소를 경유하여야 하는지가 문제된다. 배당결의에 취소사유가 있는 경우에는 먼저 주주총회결의 취소의 소를 제기하여 취소판결을 받아야만 한다.

(4) 이사·감사의 책임

위법배당안을 작성·집행하거나 위법배당결의에 찬성한 이사는 회사에 대하여 연대하여 손해배상의 책임을 지며(399조), 악의 또는 중대한 과실로 인한 때에는 회사채권자 등의 제3자에 대하여도 책임을 진다(401조). 감사도 재무제표의 감사시 임무해태가 있거나, 허위의 감사보고를 한 감사는 회사 또는 제3자에 대하여 손해배상의 책임을 진다(414조). 또한 이사 등이 위법배당을 한 때에는 회사재산을 위태롭게 한 죄로서 형벌에 의한 제재를 받게 된다(625조 3호).

6. 중간배당

(1) 의   의

중간배당(interim dividend)은 연 1회의 결산기를 정한 회사가 영업연도중 1회에 한하여 이사회의 결의로 일정한 날(기준일)을 정하여 그날의 주주에 대하여 이익을 배당하는 것을 말한다. 2011년 개정상법은 중간배당의 방법이 금전배당으로 한정되었던 것을 폐지하였다. 개정상법의 본래의 목적은 현물배당제도를 도입하면서 중간배당도 금전 이외에 현물배당이 가능하도록 한 것이다. 그러나 제462조의3 제1항의 문언상 중간배당의 방법으로 주식배당도 허용한 것인지는 명확하지 않다. 상장회사의 경우 자본시장법 제165조의12는 분기배당(사업연도 개시일로부터 3월, 6월, 9월 말일 기준)을 허용하면서 금전배당만을 인정한다.

중간배당제도는 회계연도중 1회 배당에 따른 회사의 자금압박을 덜어주고 주

---

1) 이철송, 1024면.

주에 대한 배당을 증가시켜 주식투자의 의욕을 높이기 위하여 도입되었다. 중간배당은 결정기관이 주주총회가 아니라 이사회이고, 배당재원을 직전 결산기의 대차대조표에 의하므로 당해연도의 이익을 기준으로 하지 않는다는 점에서 통상의 이익배당과 다르다.

(2) 중간배당의 요건과 한도

중간배당은 연 1회의 결산기를 정한 회사에 있어서, 정관에서 이를 허용하는 경우에 이사회결의를 통하여 이루어져야 한다. 중간배당은 연 1회에 한하여 가능하다. 중간배당의 기준일에 대해서는 ① 정관에 일정한 날을 규정하여야 한다는 견해와[1] ② 이사회에서 정할 수 있다는 견해가[2] 있다. 상장회사 표준정관은 정관으로 기준일을 정하도록 한다(상장회사 표준정관 45조의2 참조).

중간배당액의 한도는 직전 결산기의 대차대조표상의 순자산액에서 ① 직전 결산기의 자본금의 액, ② 직전 결산기까지 적립된 자본준비금과 이익준비금의 합계액, ③ 직전 결산기의 정기총회에서 이익으로 배당하거나 또는 지급하기로 정한 금액, ④ 중간배당에 따라 당해 결산기에 적립하여야 할 이익준비금을 공제한 액을 한도로 한다(462조의3 2항). 다만 회사는 당해 결산기의 대차대조표상의 순자산액이 상법 제462조 제 1 항 각 호의 금액의 합계액에 미치지 못할 우려가 있는 때에는 중간배당을 할 수 없다(462조의3 3항). 당해 결산기에 이익이 예상되어야 중간배당을 할 수 있도록 하는 것은 이익 없이 배당을 한 결과가 되어 자본금충실을 해치기 때문이다.

(3) 법적 성질

중간배당의 법적 성질에 대하여는 ① 전 결산기에 발생한 이익의 후급이라는 견해(전기이익후급설)와[3] ② 당기에 발생한 이익의 선급(가지급)이라고 보는 견해(당기이익선급설)가[4] 대립하고 있다. 전기이익후급설은 배당재원이 전기의 재무상태를 기준으로 한다는 점과 중간배당은 이사회의 결의만으로 정하므로 이익배당의 절차적 요건(주주총회의 결의)을 갖추지 못한다는 점을 근거로 한다. 이에 대하여 당기이익선

---

[1] 손주찬, 939면; 이철송, 1008면.
[2] 정찬형, 1244면; 최준선, 755면.
[3] 이철송, 1009면; 정찬형, 1244면.
[4] 송옥렬, 1219면; 최준선, 754면(중간배당은 이익배당의 선급이지만, 기말에 가서 배당액이 조정되거나 정산되는 일이 없기 때문에 가지급은 아니라고 봄).

급설은 상법이 직전 결산기의 이익을 중간배당의 한도로 정하고 있으나(462조의3 2
항) 이는 중간배당액을 결정하기 위한 기준에 불과하다는 점, 당해 영업연도 말에
손실이 발생할 우려가 있는 경우에는 중간배당을 할 수 없고(462조의3 3항) 예상과
달리 연도 말에 손실이 생긴 경우에 이를 결정한 이사가 손해배상책임을 진다는
(462조의3 4항) 점을 근거로 한다.

(4) 중간배당의 절차

중간배당은 정관의 규정에 따라서 이사회의 결의에 의한다. 정관에 배당기준
일을 정한 경우에는 그날의 주주명부에 기재된 주주에게 배당을 하게 되나, 정함이
없는 경우에는 이사회의 결의로 기준일을 따로 정하여야 한다.[1] 이사가 1인 또는
2인인 소규모회사에는 이사회가 없으므로 주주총회가 중간배당의 결정을 한다(383
조 4항).

중간배당금은 기준일의 주주명부상의 주주에게 이사회에서 그 지급시기를 따
로 정한 경우를 제외하고는 이사회의 결의가 있은 날로부터 1월 이내에 지급하여
야 한다(464조의2).

(5) 위법중간배당의 효과
1) 위법중간배당액의 반환청구권

소정의 한도액을 초과한 중간배당은 위법배당으로서 무효이므로 회사채권자는
이를 회사에 반환할 것을 청구할 수 있으며(462조의3 6항, 462조 3항·4항), 이를 받은
주주는 부당이득을 한 것이므로 회사에 반환하여야 한다(민법 741조).

2) 이사의 책임

이사는 당해 결산기 대차대조표상의 순자산액이 상법 제462조 제1항 각 호의
금액의 합계액에 미치지 못함에도 불구하고 중간배당을 한 경우 회사에 대하여 연
대하여 그 차액(배당액이 그 차액보다 적을 경우에는 배당액)을 배상할 책임이 있다. 다
만, 이사가 재원 부족의 우려가 없다고 판단함에 있어 주의를 게을리하지 아니하였
음을 증명한 때에는 그러하지 아니하다(462조의3 4항). 즉 이사가 무과실에 대한 증
명책임을 지도록 하여 이사의 회사에 대한 제399조의 손해배상책임보다는 이사의
책임을 가중한다. 이사가 위의 책임을 지는 경우에 이사회의 결의에 참가한 이사로

---

[1] 이에 비하여 자본시장법이 인정하는 분기배당의 경우에는 배당기준일이 "사업연도 개시일부
터 3월, 6월 및 9월 말일"로 정해져 있다(자본시장법 165조의12 1항).

서 이의를 한 기재가 의사록에 없는 자는 그 결의에 찬성한 것으로 추정한다(462조
의3 6항, 399조 3항). 이사가 위의 책임을 면제받기 위해서는 총주주의 동의를 요한
다. 정관으로 이사의 책임을 제한한 경우에는 책임이 경감될 수 있다(462조의3 6항,
400조).

(6) 준용규정

중간배당은 영업연도 말의 결산절차에 따른 이익배당은 아니지만 상법은 중간
배당에 관하여 이익배당에 관한 규정을 준용하고 있다.

① 중간배당도 주주평등의 원칙을 지켜야 하며, 이익배당에 관하여 내용이 다
른 종류주식을 발행한 경우에는 차등배당을 할 수 있다(464조). ② 영업연도 중간에
전환 또는 신주가 발행된 경우에는 정관규정에 따라 이익배당에 관하여는 직전영
업연도 말에 전환 또는 신주발행의 효력이 발생하는 것으로 하여 동액배당을 할 수
있다(350조 3항, 423조 1항, 516조 2항, 516조의10). ③ 중간배당을 할 때에도 그 10분의
1 이상에 해당하는 금액을 이익준비금으로 적립하여야 한다(458조). ④ 등록질권자
는 입질된 주식에 대해 물상대위권을 행사할 수 있다(340조 1항).

7. 주식배당

(1) 총   설

1) 의의·기능

주식배당이란 회사가 이익배당을 새로이 발행하는 주식으로서 하는 것을 말한
다. 따라서 회사가 보유하고 있는 자기주식을 주주에게 나눠주는 것은 현물배당에
해당하지 주식배당이 아니다. 이 제도는 본래 영미법상의 제도인데 1984년 개정상
법에 도입한 것이다.

주식배당은 ① 현금의 사내유보, ② 주식가격이 높은 경우 주식가격의 인하를
통한 주식의 시장성 확보, ③ 주가가 높은 경우 주주에게 유리하다는 등의 장점이
있다.

2) 법적 성질

주식배당의 법적 성질에 관하여는 이익배당설과 주식분할설의 대립이 있다.
이익배당설의 논거는 ① 주식배당은 현금배당과 마찬가지로 배당가능이익의 존재
가 필요하며, ② 주식배당은 회사가 현금배당을 하지 않는 만큼 회사재산이 증가하

므로, 회사재산의 변동 없이 주식수만 증가하는 주식의 분할과는 다르다는 등이다.[1] 주식분할설의 논거는 주식배당의 전후에 있어서 실질적인 회사재산의 증가는 없으므로 주식배당은 배당가능이익의 자본금전입에 의한 신주의 무상교부에 지나지 않고, 이는 법정준비금의 자본금전입에 의한 신주의 무상교부가 주식분할인 것과 동일하게 보아야 된다는 입장이다.[2]

주식배당은 이익배당으로 이해하는 것이 타당하다. 따라서 ① 종류주식을 발행한 경우에는 같은 종류주식을 비례적으로 발행(우선주에는 우선주를 보통주에는 보통주를 발행)하여 주주에게 배당할 것이 요구되지 않고 일률적으로 동일종류의 주식으로써 주식배당을 할 수 있고, ② 자기주식에는 주식배당을 할 수 없으며, ③ 주식을 약식입질한 경우에 약식질의 효력이 이익배당청구권에 효력이 미치지 않는다는 견해에 따르면 배당되는 주식에 대해서는 질권의 효력이 미치지 않는다.

상법은 회사가 종류주식을 발행한 때에는 각각 그와 같은 종류의 주식으로 할 수 있도록 허용한다(462조의2 2항).

(2) 주식배당의 요건

주식배당을 하기 위하여는 배당가능이익이 있어야 한다. 여기서 이익은 당기이익뿐 아니라 이월이익 또는 기존 임의준비금을 처분한 것도 포함한다. 주식배당은 이익배당총액의 2분의 1에 상당하는 금액을 초과하지 못한다(462조의2 1항 단서). 상장법인은 주식의 시가가 액면가 이상이면 이익배당총액의 전부를 주식으로 배당할 수 있다(자본시장법 165조의13 1항).[3]

또한 주식배당은 발행예정주식 총수 중에서 미발행주식의 범위 내에서 신주발행을 하는 것이므로 수권주식이 남아 있어야 한다.

주식배당의 경우는 회사재산이 유출되지 않기 때문에 이익준비금을 적립하지 않는다(458조 단서).

(3) 주식배당의 절차

1) 주주총회의 결의

회사가 주식배당을 하는 경우에는 주주총회의 결의가 있어야 한다(462조의2 1

---

1) 손주찬, 944면; 이철송, 1017면; 정찬형, 1233면; 최준선, 747면.
2) 송옥렬, 1224면.
3) 상법이 주식배당의 총액을 제한하는 취지는 주주를 보호하기 위함이므로 비상장회사의 경우도 총주주가 동의하면 전액 주식배당을 할 수 있다는 견해가 있다(이철송, 1019면).

항). 총회결의에서는 주식배당을 한다는 것과 신주의 종류와 수를 정하여야 한다. 액면미달이나 액면초과의 발행은 인정되지 않는다(462조의2 2항 참조).

주식배당의 경우도 주주평등원칙이 지켜져야 한다. 일부 주식에는 현금배당을 하고 다른 주주에게는 주식배당을 할 수 없으며, 주식의 종류에 따라 현금배당과 주식배당을 다르게 하는 차별을 할 수도 없다.

2) 종류주식이 발행된 경우

회사가 종류주식을 발행하고 있는 경우에는 각각 그와 같은 종류의 주식으로 할 수 있다(462조의2 2항). 예컨대 보통주의 주주에게는 보통주를 우선주의 주주에게 는 우선주를 배당할 수 있다. 또한 일률적으로 동일종류의 주식으로써도 할 수 있다.

상법 제462조의2 제 2 항에 대한 해석으로는 회사가 종류주식을 발행한 경우, ① 주식배당은 단일한 종류의 주식으로 배당하거나 기존의 주식과 같은 종류의 주식으로 배당할 수 있다는 견해,[1] ② 기존의 주식과 같은 종류의 주식으로만 배당하여야 한다는 견해, ③ 단일한 주식을 배당하는 경우 보통주주의 입장에서는 우선주주에게 발행되는 보통주는 제 3 자배정과 같은 효과를 가져 오기 때문에 제 3 자배정에 필요한 정관규정 및 경영상 목적이 인정되는 경우에만 보통주를 배정할 수 있고 모두 우선주를 배당하는 경우나 의결권이 배제 또는 제한되는 종류주식을 배당하는 경우는 제 3 자배정과 같은 효과가 제한적이므로 가능하다는 견해[2]가 있다.

3) 단주의 처리

주식으로 배당할 이익의 금액 중 주식의 권면액에 미달하는 단주가 있는 때에는 그 부분에 대하여는 자본금감소의 경우의 주식병합에서와 같이 그 주식을 경매하여 그 대금을 지급하여야 한다. 그러나 거래소의 시세가 있는 주식은 거래소를 통하여 매각하고, 시세 없는 주식은 법원의 허가를 얻어 경매 이외의 방법으로 매각할 수 있다(462조의2 3항, 443조 1항).

4) 무액면주식과 주식배당

주식배당은 본래 액면주식제도에서 인정된 것이지만 무액면주식에도 주식배당이 가능한 것인지에 대한 논의가 있다. ① 부정설은 무액면주식에는 주식배당이 허

---

1) 이철송, 1020면; 정찬형, 1235면.
2) 송옥렬, 1226면.

용될 수 없다고 한다.[1] 주식배당은 주식의 권면액으로 한다는 상법 제462조의2 제 2항을 근거로 하여 권면액이 존재하지 않는 무액면주식에는 적용할 수 없다고 설명한다. 이에 대하여 ② 무액면주식의 경우도 주식배당을 할 수 있다는 긍정설은 제462조의2 제2항은 액면주식의 경우 주식배당 총액을 액면으로 나눈 수의 주식을 발행할 수 있다는 기준을 규정한 것이지 무액면주식의 주식배당을 불허하는 근거로 볼 수 없다고 설명하거나, 회사가 주식배당을 할 수 있음은 제462조의2 제1항을 근거로 하는 것이며 제462조의2 제2항은 무액면주식의 경우도 적용 또는 유추적용되는 것이므로 배당가능이익을 자본금으로 전입하면서 몇 주의 주식을 발행할 것인지를 정한 것으로 설명한다.[2]

(4) 신주발행의 실행과 그 효력

1) 신주배당의 통지·공고

주주총회가 주식배당을 결의한 때에는 이사는 지체 없이 배당을 받을 주주와 주주명부에 기재된 질권자에게 그 주주가 받을 주식의 종류와 수를 통지하여야 한다(462조의2 5항).

2) 신주발행의 효력발생시기

주식배당을 받은 주주는 주식배당결의가 있은 주주총회가 종결한 때부터 신주의 주주가 된다(462조의2 4항). 이익배당에 관하여는 회사가 자유로이 정할 수 있다.

3) 질권자의 물상대위

주식의 등록질권자는 주주가 받을 주식배당의 경우의 신주에 대하여 질권을 가지며, 질권자는 회사에 대하여 신주의 주권의 교부를 청구할 수 있다(462조의2 6항, 340조 3항).

(5) 등   기

주식배당에 의한 신주발행으로 회사의 발행주식 총수와 자본금이 증가되어 등기사항의 변동이 발생한다. 그러므로 총회가 종결한 때부터 소정의 기간 내에 본점

---

1) 이철송, 1016면.
2) 김홍기, "2011년 개정상법 및 동법시행령상 회사재무분야의 주요쟁점과 해석 및 운용상의 과제," 「기업법연구」 제26권 제1호(2012), 113면; 송옥렬, 1227면; 송종준, "상장회사의 자기자본질서의 변화와 법적 과제 ─ 개정 상법과 자본시장법 개정안상 몇 가지 쟁점을 중심으로 ─," 「상사법연구」 제31권 제2호(2012), 151면.

과 지점에 변경등기를 하여야 한다(317조 4항, 183조).

(6) 위법한 주식배당의 효과

1) 이익배당요건을 위반한 경우

회사가 배당가능이익이 없거나 또는 그 한도를 넘어서 주식배당을 한 경우에 주식의 효력에 대하여는 유효설과 신주발행의 무효의 원인이 된다는 설(무효설)로 나누어진다. ① 통설인 무효설은 배당가능이익이 없음에도 불구하고 주식배당을 한 경우 결과적으로 액면미달발행 또는 납입이 없는 신주발행과 같으므로 자본금충실의 원칙에 반한다고 한다.[1] ② 유효설은 주식배당에 따른 신주를 발행한 경우 이를 무효로 하더라도 무효의 소를 제기할 수 있는 자는 주주, 이사 또는 감사에 한하기 때문에 채권자보호에 도움이 될 수 없고 신주발행을 유효라고 해도 자본금이 증가하였을 뿐 회사의 재산이 유출되거나 감소한 것이 아니므로 채권자에게 불리할 것이 없다고 한다.

배당가능이익이 없음에도 불구하고 주식배당을 하는 경우 현금배당의 경우와 같이 회사채권자의 반환청구권이 인정되는지도 문제된다. ① 긍정설은 주식배당도 일종의 이익배당이므로 위법배당의 경우에 회사채권자는 직접 주주에 대하여 위법배당한 주식을 회사에 반환할 것을 청구할 수 있다고 한다.[2] ② 부정설은 회사재산이 현실로 주주에게 유출되지도 않았기 때문에 채권자보호와 무관하므로 회사채권자가 제462조 제3항에 의한 반환청구권을 행사할 수 없다고 본다.[3] ③ 이에 대하여 소에 의하여 위법주식배당에 의한 신주발행의 무효가 다투어졌는가의 여부에 따라 소에 의하여 다투어지지 아니한 경우는 발행된 신주를 유효로 하고 그 주식의 대가를 회사에 납입케 하여야 하며(이 경우 회사채권자는 직접 주주에 대하여 위법배당한 주식의 대가를 회사에 납입할 것을 청구할 수 있다고 한다) 위법배당이 소에 의하여 무효로 된 경우에는 회사가 신주의 실효절차를 취하고 자본금전입을 무효화시켜야 하므로 주주에게 아무런 이익이 없어서 이익반환청구권이 문제될 여지가 없다는 절충적 견해가 있다.[4]

배당가능이익이 없거나 그 한도를 넘어서 주식배당을 한 경우에는 무효로 보

---

1) 손주찬, 949면; 정찬형, 1240면; 최준선, 751면.
2) 정찬형, 1241면.
3) 손주찬, 949면; 송옥렬, 1228; 이철송, 1025면.
4) 최준선, 752면.

아 신주발행무효의 소의 원인이 된다고 보아야 한다. 신주발행이 무효가 되어도 주
금납입이 없었으므로 주주에 대한 환급의 문제(432조)는 생기지 않으며 회사가 주
주에게 금전지급을 하지 않았으므로 회사채권자의 반환청구권도 인정될 수 없다.
회사도 주주에 대하여 부당이득으로 인한 위법배당액의 반환을 청구할 수 없다고
본다.

2) 신주발행요건을 위반한 경우

주식배당으로 정관에 정함이 없는 종류의 주식을 발행하거나 정관상의 수권주
식 총수의 한도를 넘어서 발행한 경우 또는 총회의 결의에 하자가 있는 경우에는
신주발행무효의 소의 대상이 된다.

8. 현물배당

현물배당이란 금전 외의 재산으로 이익배당을 하는 것을 말한다. 상법은 배당
재산 유형의 다양화를 위해 현물배당을 명시적으로 허용하였다. 회사는 정관으로
현물배당을 할 수 있음을 정할 수 있다. 배당가능한 현물의 범위는 제한이 없다. 현
물배당은 정기배당은 물론 중간배당의 경우도 가능하다.[1]

현물배당을 하는 경우 회사는 주주가 회사에 대하여 현물 대신 금전배당을 청
구할 수 있도록 정할 수 있다(462조의4 2항 1호). 또한 회사는 일정 수 미만의 주식을
보유한 주주에 대해서는 현물대신 금전으로 지급할 수 있다(462조의4 2항 2호). 현물
배당에서는 현물의 가치평가가 중요한데 주주의 금전배당청구권은 회사가 정한 경
우에만 가능할 뿐 회사의 정함이 없는 경우에는 금전배당을 청구할 수 없고 회사가
소수주주에게 금전배당을 할 것으로 정한 경우에도 소수주주는 현물배당을 청구할
수 없기 때문에 소수주주의 이익보호에 미흡한 점이 있다.

모회사가 영업의 일부를 현물출자하여 완전자회사를 설립한 후 모회사가 자회
사 주식을 현물배당하면 모회사와 자회사 관계가 없어지고 두 회사가 병렬적으로
존재하게 된다. 이는 인적분할을 한 것과 같은 효과를 가져온다.

이러한 동일한 효과에 대하여 상이한 규제가 적용되는 문제점이 지적되고 있
다.[2] 즉 인적분할은 주주총회의 특별결의, 신설회사의 분할 전 분할회사의 채무에

---

1) 2011년 개정 전 상법은 중간배당의 경우 금전으로 한정하였으나 2011년 개정법은 중간배당
의 경우에도 금전 외에 현물로 배당할 수 있도록 하였다.
2) 송옥렬, 1216~1217면.

대한 연대책임, 연대책임배제를 위한 채권자보호절차 등의 규제가 있는 반면에 현물배당의 경우는 완전자회사 설립시 현물출자에 대한 검사절차와 현물배당시 배당가능이익 규제가 적용된다.

Ⅲ. 주요판례·문제해설

1. 주요판례

(1) 서울고법 1976. 6. 11. 선고 75나1555 판결 — 주주의 이익배당청구권의 성질

주주의 이익배당청구권은 주주의 고유권으로 이를 함부로 박탈하거나 제한할 수 없는 것이므로 주주평등의 원칙에 반하는 이익배당결의는 무효라 할 것이다. 그러나 주주의 이익배당청구권은 주주총회의 배당결의 전에는 추상적인 것에 지나지 않아 주주에게 확정적인 이익배당청구권이 없으며 배당결의가 없다 하여 상법상 회사의 채무불이행이나 불법행위가 될 수 없다.

(2) 대법원 1980. 8. 26. 선고 80다1263 판결 — 배당받을 권리의 포기

원판결이유에 의하면 원심은 1979. 2. 26. 피고회사의 제28기 정기주주총회에서 제 2 호 의안인 이익잉여금 처분안 승인의 건에 관하여 그 판시와 같이 피고회사 발행주식의 1% 이상을 가진 소위 대주주에게는 30%, 1% 미만을 가진 소위 소액주주에게는 33%의 이익배당을 하기로 결의한 사실 등 주주총회는 적법한 소집절차를 거쳐 같은 날 원고은행 대강당에서 발행주식 총 6,780,000주, 총주주 577명 중 총 4,368,990주, 117명이 참석하여 출석주주 전원일치에 의하여 위 의안이 가결된 사실, 위 결의에 의하여 불이익을 받은 발행주식의 1% 이상을 가진 위 대주주는 개인 13명, 법인(위탁주 포함) 9명으로서 위 총회에 전원 출석하여 결의에 찬성한 사실, 위 결의를 함에 있어서, 위 결의안의 제안 동기는 소액주주보호와 증권거래의 활성화를 위하여 정부당국과 증권감독원의 권유로 대주주 측에서 발의한 것이고, 법인세법 제22조 제 3 항 제 2 호의 규정을 참작하여 발행주식의 1%를 기준으로 대주주, 소액주주로 구분한 사실 등을 인정하고, 그렇다면 위 대주주가 참석하여 당해 사업연도 잉여이익 중 자기들이 배당받을 몫의 일부를 스스로 떼내어 소액주주들에게 고루 나눠주기로 한 것이니 이는 주주가 스스로 그 배당받을 권리를 포기하거나, 양도하는 것과 마찬가지로서 상법 제464조의 규정에 위반된다고 할 수 없

다고 판단하고 있는바, 원심이 위와 같은 사실인정에 있어 거친 증거의 취사과정을 기록에 비추어 살펴보아도 정당하고 거기에 소론과 같이 채증법칙을 위반한 위법이 없고, 위 주주총회의 결의에 있어, 위와 같이 법인세법 제22조 제 3 항 제 2 호의 규정을 참작하여 대소주주를 구분한 것이 동법시행령 제67조의3의 제 3 항의 규정이 있다고 해서 위 주주총회의 결의가 무효로 될 수 없다 할 것이므로 같은 취지의 원판결은 정당하고 거기에 소론과 같이 이유모순의 위법이 없으며 또 위 주주총회의 결의에 있어 그 대주주들이 그 배당될 액이나 배당률을 산정하여 알아보지 않았다고 해서 그 주주총회의 결의가 무효가 될 수 없다 할 것이어서, 같은 취지의 원판결에 소론과 같이 이유모순, 이유불비, 심리미진의 위법이 있다 할 수 없으므로 논지는 모두 이유 없다.

2. 문제해설

(1) 이익배당에는 주주 평등원칙이 적용되나 대주주가 이익배당청구권의 일부를 포기하고 저율배당을 받는 것은 허용된다.

(2) 주주의 이익배당청구권은 주주의 고유권이나 이익배당의 결정은 주주총회의 권한이므로 정기주주총회에서 무배당결의안이 통과되면 C는 이익배당을 받을 수 없다.

(3) 회사가 배당가능이익을 초과하여 한 이익배당은 무효이다. 따라서 회사채권자는 주주에 대하여 회사에 위법배당액을 반환할 것을 청구할 수 있다.

제 8 장 주식회사의 구조조정 및 소멸

[1] 주식회사의 합병

Ⅰ. 사 례

1. 사실관계

[사안 1]

甲주식회사(대표이사 A)는 전국에 물류창고를 가지고 있는 총발행주식 200만 주의 유통업을 주목적으로 하는 회사이다. 甲회사는 충청지역의 중소규모 업체인 乙주식회사의 총발행주식 10만 주 중 60%를 소유하고 있다. 乙회사의 나머지 지분은 乙회사의 창업자인 B가 20%, B의 아들 C가 10%, 기타 소액주주들이 10%를 소유하고 있다.

甲회사는 乙회사의 경영상태가 나빠지자, 2011년 5월 10일에 乙회사를 흡수합병하기로 하는 합병계약을 체결하였다. 합병계약서상 합병비율은 乙회사 주식 1천 주에 甲회사 주식 1주를 할당하는 것으로 하였다(합병계약서 작성 당시 甲회사의 주식가치는 10만 원 정도, 乙회사 주식가치는 1만 원 정도로 평가되었음). 2011년 6월 5일에 합병 승인을 위해 개최된 乙회사의 임시주주총회에서 B, C는 격렬하게 반대하였지만, 결국 甲회사와 일부 소액주주들의 찬성으로 합병이 승인되었다. 존속회사인 甲회사의 주주총회에서도 이의 없이 합병을 승인하였고, 甲회사와 乙회사의 합병은 회사법상 채권자보호절차를 거쳐 2011년 8월 15일에 합병등기가 이루어졌다(甲회사와 乙회사는 모두 비상장회사이고, 자기주식을 보유하고 있지 않다고 전제함).

[사안 2]

丙주식회사(대표이사 D)와 丁주식회사(대표이사 E)는, 2011년 6월 10일 丙회사를 존속회사로 하고 丁회사를 소멸회사로 하는 합병계약을 체결하였다. 그런데 E가 2011년 7월 20일에 丁회사 소유의 건물을 F에게 매각하는 계약을 체결했다(이 당시 F는 합병계약체결사실을 알지 못했음). 동 건물이 F에게로 등기가 이전되지 않은 상태에서, 丙과 丁 두 회사는 각각 임시주주총회에서 합병승인이 결의되었고, 회사법상

채권자보호절차도 적법하게 거쳐, 2011년 9월 20일에 합병등기가 이루어졌다.

2. 검   토

(1) 합병에 반대한 B가 乙회사의 합병결의 후 취할 수 있는 법적 조치는 무엇
인가? B가 만일 2011년 10월에 법적 조치를 취하려 한다면 가능한 방법으로 무엇
이 있겠는가?

(2) 만일 乙회사가 합병 당시 실질적으로 채무초과상태였고, A가 이를 인식하
고 있었음에도 사업 확장에만 몰입하여 합병을 강행하였다고 하면, 甲회사와 乙회
사 사이의 합병계약의 효력발생에 문제의 소지는 없는가?

(3) F는 丙회사에게 토지의 소유권을 주장할 수 있는가?

(4) 丙회사는 합병 후에 丁회사의 근로자들에게 일방적으로 丙회사의 근로조건
을 적용하겠다고 통보하였다. 이러한 丙회사의 조치는 타당한가?

Ⅱ. 주요법리

1. 회사합병의 의의

회사의 합병이란 2개 이상의 회사가 상법의 규정에 따라 청산절차를 거치지 않
고 계약을 통해 한 회사로 합하여지는 것을 말한다. 회사의 합병은 경제적으로는 경
쟁회피·시장 확장·경영합리화·도산회사구제·국제경쟁력 강화 등을 위하여 행하여
지는 것이기 때문에 그 시대의 경제환경에 민감하게 반응한다.[1] 법적으로는 소멸회
사가 청산절차를 거치지 않고, 그 재산이 포괄적으로 존속회사 또는 신설회사로 이
전되어서 소멸회사의 조직과 영업 등을 그대로 이용할 수 있다는 장점이 있다.

---

[1] 2000년대에 들어오면서 우리나라에서도 기업인수·합병(M&A)에 대한 관심이 증대되었고 비
교적 활발한 움직임이 있어 왔지만, 2008년 예기치 못했던 글로벌 금융위기가 닥치면서 상장
사들이 활발한 M&A에 나서지 못하고 있는 것으로 나타났다. 증권예탁결제원에 따르면
2008년 M&A를 완료했거나 진행중인 상장사는 모두 107개사로 2007년 124개사에 비해
13.7% 감소했다. 사유별로는 합병(91개사)이 가장 많았고 이어 영업양수·도(13개사), 주식교
환·이전(3개사) 등 순이었다. 최근 들어 중견기업들이 새로운 사업을 발굴하기 위하여 인수
합병을 시도하고 있고(통계연보에 따르면 2019년 한 해 연매출 1조 원 이상인 기업 2개를 포함
하여 79개의 중견기업들이 신사업 발굴을 위하여 다른 중견기업이나 중소벤처기업과 인수합병
을 한 것으로 나타나고 있음), 대기업들도 위기상황 극복을 위한 사업재편을 위하여 인수합병
에 적극적인 태도를 보이고 있다. 2016년부터 2020년 8월까지 국내 500대 기업 중 152개 기업
이 모두 59조 2,599억 원을 기업결합에 투입한 것으로 나타나고 있다(한겨레신문, 2020. 9. 16).

합병은 기업합동의 가장 완전한 형태이므로 수개의 기업이 법률상 각각 독립성을 보유하는 Kartell·Konzern 등과 구별된다. 또한 합병은 경제적 기능이 유사하나 합병에 관한 상법의 규정에 따르지 않은 영업양도·기업매수·회사의 해산에 의한 재산이전 등의 사실상의 합병과도 구별된다고 하겠다.[1]

2. 합병의 종류

상법상 합병의 방법으로는 흡수합병과 신설합병의 두 가지 형태가 있다. 흡수합병(merger)은 당사회사 중 1회사가 소멸하고 다른 회사는 존속한다. 이 경우에 존속회사는 정관변경을 하고, 다른 회사는 해산하게 된다. 신설합병(consolidation)은 당사회사 전부가 소멸하고 신회사를 설립하는 경우이다. 신설합병의 경우에는 신주권의 발행, 영업에 관한 주무관청의 인·허가, 주식상장절차를 다시 밟아야 하는 등의 절차와 비용이 수반되고 기존회사조직을 활용할 수 없기 때문에 실무에서는 흡수합병이 주로 이용된다.

3. 합병의 법적 성질

상법은 "회사는 합병할 수 있다"고 추상적으로 규정하고 있을 뿐(174조 1항) 합병의 개념이나 성질 등에 대하여 구체적 설명을 하고 있지 않아 합병의 본질 내지 성질에 대하여 학자간의 다양한 논의가 있다.

① 합병은 두 개 회사 이상의 법인격의 합일을 목적으로 하는 행위로서, 인격합일의 결과로서 해산회사 재산의 포괄승계와 사원의 수용이 이루어진다는 인격합일설(통설적 견해),[2] ② 합병은 본질적으로 해산회사의 영업 전부를 현물출자로 하는 존속회사의 신주발행(자본금증가, 흡수합병의 경우) 또는 신회사의 설립(신설합병의 경우)이라고 파악하는 현물출자설, ③ 합병은 사단법적 동기인 주주의 합일과 재산법적

---

1) 회사가 존속중 특정 목적을 위하여 회사의 기구나 구조를 변경하는 것에 관한 규정으로는, 상법상 ① 영업의 동일성을 유지하면서 영업재산의 일체를 이전하는 영업양도(41조~45조), ② 성질이 유사한 다른 종류의 회사로 전환하는 조직변경(242조~244조, 269조, 604조~608조), ③ 두 개 이상의 회사가 하나의 회사로 합쳐지는 합병(174조, 175조, 230조~240조, 269조, 522조~530조, 598조~603조), ④ 하나의 회사가 둘 이상으로 분리되는 분할(530조의2~530조의12), ⑤ 기타 자본금참가에 의한 기업결합(342조의2, 369조 3항) 등의 조항이 있고, 자본시장법에는 상장법인의 기업매수 및 경영권 분쟁을 규율하기 위한 공개매수제도(자본시장법 133조~146조), 대량주식보유보고의무(5% rule, 자본시장법 147조~151조) 등이 규정되어 있다.
2) 이철송, 122~123면; 정찬형, 510면; 최준선, 762면.

동기로서 재산의 합일이라는 양 측면이 모두 존재하는 것으로, 무증자합병 등과 같이 소멸회사의 주주의 전부 또는 일부가 수용되지 않는 경우가 있는 반면, 재산의 경우는 적극재산이나 소극재산의 구별 없이 포괄승계 되므로 합병의 본질은 두개 회사 이상의 재산을 합일하는 행위라고 보는 재산합일설 등이 있다.

생각건대 합병의 법적 성질에 대한 논의는 구체적이고 실증적인 실익이 있다고 보기 어렵다.[1] 둘 이상의 회사가 하나로 합쳐 전부 또는 그 일부가 해산하여 청산절차 없이 신설 또는 존속하는 회사에 해산회사의 재산이 포괄적으로 이전되며, 해산회사의 사원도 원칙적으로 수용하는 회사법상의 특유한 제도라고 파악하는 것이 적절하고 간명한 해석이라고 본다. 또한 회사법에 규정되고 있지 않은 합병에 따르는 개별적인 문제는 위의 학설이 아니라 주식회사의 기본원리인 자본금충실의 원칙, 주주평등의 원칙, 공정성의 원리에 따라 해결되어야 할 것이다.

4. 합병의 자유와 그 제한

회사의 합병은 주로 주식회사에서 이용되지만 어떤 종류의 회사와도 자유로이 합병할 수 있음이 원칙이다(174조 1항). 다만 상법상 ① 합병을 하는 회사의 일방 또는 쌍방이 주식회사, 유한회사 또는 유한책임회사인 경우에는 합병 후에 존속회사 또는 신설회사는 주식회사, 유한회사 또는 유한책임회사이어야 하고(174조 2항), ② 주식회사와 유한회사가 합병하는 경우에 존속회사 또는 신설회사가 주식회사인 경우에는 법원의 허가를 받아야 하며(600조 1항), 존속회사 또는 신설회사가 유한회사인 경우에는 주식회사의 사채상환이 완료되어야 한다(600조 2항). ③ 또한 해산 후의 회사는 존립중의 회사를 존속회사로 하는 경우에 한하여 합병할 수 있다(174조 3항).

5. 합병절차

(1) 합병계약

합병은 당사회사의 대표기관에 의하여 합병의 조건과 비율(예를 들어 흡수합병의 경우 소멸회사 주주에게 소멸회사 주식 1주당 교부되는 존속회사 주식의 수), 존속회사 또는 신설회사의 정관의 내용 등을 정하는 합병계약에 의하여 그 절차가 진행된다. 상법은 합병계약서의 형식에 대하여 존속회사 또는 신설회사가 인적회사인 경우에는 아무런 제한을 두고 있지 않으나, 주식회사나 유한회사인 경우는 기재사항이 법정

---

1) 김건식 외, 769면; 홍복기·박세화, 78면.

된 합병계약서를 작성하여야 한다(522조 1항, 523조, 524조, 525조, 603조).

　흡수합병의 합병계약서에 담겨야 하는 법정 사항은, ① 존속하는 회사가 합병으로 인하여 그 발행할 주식의 총수를 증가하는 때에는 그 증가할 주식의 총수, 종류와 수, ② 존속하는 회사의 자본금 또는 준비금이 증가하는 경우에는 증가할 자본금 또는 준비금에 관한 사항(존속회사가 액면주식을 발행하는 경우는 존속회사가 발행하는 신주의 총수이고 무액면주식을 발행하는 경우에는 존속회사가 승계하는 소멸회사의 순자산가액 중 2분의 1 이상 자본금으로 계상한 금액), ③ 존속하는 회사가 합병을 하면서 신주를 발행하거나 자기주식을 이전하는 경우에는 발행하는 신주 또는 이전하는 자기주식의 총수, 종류와 수 및 합병으로 인하여 소멸하는 회사의 주주에 대한 신주의 배정 또는 자기주식의 이전에 관한 사항, ④ 존속하는 회사가 합병으로 소멸하는 회사의 주주에게 ③에도 불구하고 그 대가의 전부 또는 일부로서 금전이나 그 밖의 재산을 제공하는 경우에는 그 내용 및 배정에 관한 사항, ⑤ 각 회사에서 합병의 승인결의를 할 사원 또는 주주의 총회의 기일, ⑥ 합병을 할 날, ⑦ 존속하는 회사가 합병으로 인하여 정관을 변경하기로 정한 때에는 그 규정, ⑧ 각 회사가 합병으로 이익배당을 할 때에는 그 한도액, ⑨ 합병으로 인하여 존속하는 회사에 취임할 이사와 감사 또는 감사위원회의 위원을 정한 때에는 그 성명 및 주민등록번호 등이다.[1]

　그런데 2011년 상법개정으로 흡수합병의 합병계약서에 '존속하는 회사가 합병으로 소멸하는 회사의 주주에게 그 대가의 전부 또는 일부로서 금전이나 그 밖의 재산을 제공하는 경우에는 그 내용 및 배정에 관한 사항'을 기재할 수 있다는 것을 명문화함으로써, 그동안 통설과 판례가 부정적 입장을 취해 왔던 합병대가의 상당 부분 또는 전부를 현금으로 지급하는 교부금합병이 가능하게 되었다.[2] 또한 합병대가로

---

1) 신설합병의 합병계약서에는 "1. 설립되는 회사에 대하여 제289조 제 1 항 제 1 호부터 제 4 호까지에 규정된 사항과 종류주식을 발행할 때에는 그 종류, 수와 본점소재지, 2. 설립되는 회사가 합병당시에 발행하는 주식의 총수와 종류, 수 및 각 회사의 주주에 대한 주식의 배정에 관한 사항, 3. 설립되는 회사의 자본금과 준비금의 총액, 4. 각 회사의 주주에게 제 2 호에도 불구하고 금전이나 그 밖의 재산을 제공하는 경우에는 그 내용 및 배정에 관한 사항, 5. 각 회사에서 합병의 승인결의를 할 사원 또는 주주의 총회의 기일, 합병을 할 날, 6. 합병으로 인하여 설립되는 회사의 이사와 감사 또는 감사위원회의 위원을 정한 때에는 그 성명 및 주민등록번호" 등이 기재되어야 한다(524조).

2) 2011년 상법개정 전에는 합병대가의 상당부분 이상을 현금으로 지급하는 교부금합병은 허용되지 않는다고 보는 것이 통설적 견해였고, 판례도 부정적 입장을 견지해 왔다(대법원 2003. 2. 11. 선고 2001다14351 판결). 그렇지만 2011년 상법개정으로 현금이나 모회사의 주식에 의한 합병이 법률에 근거하여 가능해짐으로써, 소멸회사의 소수파주주들을 현금지급의 방법

현금뿐만 아니라 사채 등의 기타 재산을 이용할 수 있도록 합병대가를 다양화 하였다. 그리고 제523조의2를 신설하여, 모회사의 주식을 합병교부금으로 지급할 수 있도록 허용함으로써, 합병교부금의 용도로 사용하기 위한 모회사 주식의 취득은 예외적으로 허용되게 되었다(523조의2). 다만 2015년 개정상법은 존속하는 회사가 취득한 모회사의 주식을 합병 후에도 계속 보유하고 있는 경우에는 합병의 효력이 발생한 날로부터 6개월 이내에 그 주식을 처분하여야 한다고 규정하고 있다(523조의2 2항).

또한 2015년 상법개정으로 주식의 포괄적 교환 시에 모회사의 주식을 지급할 수 있도록 하는 삼각주식교환제도가 도입됨으로써(360조의3 4호), 이러한 삼각주식교환을 통한 역삼각합병이 가능하게 되었다. 예를 들어 甲회사와 乙회사가 모자관계이고 甲회사가 丙회사와의 합병효과를 원하는 경우, 乙회사(甲의 자회사)가 丙회사와 주식의 포괄적 교환을 하면서 교환대가로 丙회사의 주주에게 모회사의 주식인 甲회사의 주식을 교부하고, 다음 단계로 乙회사와 丙회사가 丙회사를 존속회사로 하는 흡수합병을 하는 것이다. 이러한 역삼각합병은 甲회사가 丙회사를 실질적으로 합병하는 효과를 얻으면서도 합병당사자가 아니므로 엄격한 합병절차를 밟을 필요가 없고 반대주주의 주식매수청구권 행사의 여지도 발생하지 않으며 대상회사(丙회사)가 존속됨으로써 그 회사 보유의 인허가권 등을 그대로 살릴 수 있는 등의 경제적 장점이 있다.

(2) 합병결의

(가) 합병계약이 체결되면 각 당사회사는 합병결의를 하여야 한다. 인적회사에 있어서는 총사원의 동의(230조, 269조, 287조의41), 주식회사는 주주총회의 특별결의(522조 3항), 유한회사는 사원총회의 특별결의(598조)로 합병승인결의가 있어야 한다.

① 다만 주식회사의 흡수합병에 있어서 소멸회사의 총주주의 동의가 있거나 존속회사가 소멸회사의 발행주식 100분의 90 이상을 소유하는 경우에는 소멸회사

으로 축출하면서 흡수합병하거나(squeeze out merger), 타회사를 실질적으로 통합하고자 하는 회사가 자신의 자회사를 합병당사자(존속회사)로 하는 흡수합병을 성사시키는 소위 삼각합병[triangular merger, 예를 들어, 다른 회사(丙)를 자회사화하고자 하는 회사(甲)가 그 회사(甲)의 자회사(乙)를 합병당사자회사로 하여 그 다른 회사(丙)를 흡수하게 하는 방식]이 우리나라에서도 가능하게 되었다. 특히 삼각합병을 이용하면 모회사(甲)는 소멸회사(丙)의 법률상의 권리·의무나 책임을 승계하지 않으면서도 그 회사와 실질적인 경제적 통합목적을 달성할 수 있고, 만약에 모회사(甲)가 상장법인인 경우라면 소멸회사(丙)의 주주는 우회상장과 같은 효과도 얻을 수 있다.

의 주주총회의 승인을 이사회의 승인으로 갈음할 수 있다(간이합병제도, 527조의2 1항). 간이합병의 소멸회사는 합병계약서를 작성한 날부터 2주 내에 주주총회의 승인을 얻지 아니하고 합병을 한다는 뜻을 공고하거나 주주에게 통지하여야 한다. 다만 총주주의 동의가 있는 때에는 그러하지 아니한다.

　　② 흡수합병에 있어서 존속회사가 합병으로 인하여 발행하는 신주 및 이전하는 자기주식의 총수가 발행주식 총수의 100분의 10을 초과하지 아니하는 경우에는 존속회사의 주주총회의 승인은 이를 이사회의 승인으로 갈음할 수 있도록 하고 있다. 다만, 합병으로 인하여 소멸하는 회사의 주주에게 제공할 금전이나 그 밖의 재산을 정한 경우에 그 금액 및 그 밖의 재산의 가액이 존속하는 회사의 최종 대차대조표상으로 현존하는 순자산액의 100분의 5를 초과하는 때에는 주주총회의 승인을 얻어야 한다(소규모합병, 527조의3 1항). 소규모합병의 경우에 존속회사의 합병계약서에는 주주총회의 승인을 얻지 아니하고 합병을 한다는 뜻을 기재하여야 한다(527조의3 2항). 또한 존속회사는 합병계약서를 작성한 날부터 2주 내에 소멸하는 회사의 상호 및 본점의 소재지, 합병을 할 날, 주주총회의 승인을 얻지 아니하고 합병을 한다는 뜻을 공고하거나 주주에게 통지하여야 한다(527조의3 3항). 그러나 합병 후 존속하는 회사의 발행주식 총수의 100분의 20 이상에 해당하는 주식을 소유한 주주가 위의 규정에 의한 공고 또는 통지를 한 날부터 2주 내에 회사에 대하여 서면으로 소규모합병에 반대하는 의사를 통지한 때에는 소규모합병의 규정에 의한 합병을 할 수 없다(527조의3 4항).

　　(나) 또한 합병으로 인하여 어느 종류의 주주에게 손해를 미치게 되는 경우에는 그 종류주주총회의 결의가 있어야 한다(436조).

　　(다) 합병계약이 체결되었더라도 합병결의가 성립되지 못하면 합병계약은 효력을 상실하게 된다.

(3) 합병반대주주의 주식매수청구권

　　(가) 합병에 관하여 이사회의 결의가 있는 때에 그 결의에 반대하는 주주는 주주총회 전에 회사에 대하여 서면으로 그 결의에 반대하는 의사를 통지한 경우에는 그 총회의 결의일로부터 20일 이내에 주식의 종류와 수를 기재한 서면으로 회사에 대하여 자기가 소유하고 있는 주식의 매수를 청구할 수 있다(522조의3, 530조 2항, 374조 2항, 374조의2 2항~4항). 2015년 개정상법은 의결권이 없거나 제한되는 주주도 주

식매수청구권이 있음을 명문으로 규정하고 있다(522조의3 1항). 주식매수청구권은 이사회가 합병·영업양도·영업전부의 양수 등을 선언함으로써 발생할 수 있는 주가하락 등의 불이익으로부터 주주를 보호하는 제도이다.

(나) 간이합병 시에도 반대주주에게 주식매수청구권을 인정하고 있으나(522조의3 2항), 소규모합병의 경우에는 합병반대주주에 대하여 주식매수청구권이 인정되지 않는다(527조의3 5항). 그 이유는 소규모합병은 존속회사의 자본금의 20분의 1 이하에 해당하는 작은 회사와 합병하는 것으로 존속회사에 미치는 영향이 매우 미미하기 때문이다.

(4) 채권자보호절차

합병은 회사재산의 변동을 초래하는 등 채권자의 이익의 중대한 영향을 미치므로 채권자보호절차를 필요로 한다.

1) 합병결의 전의 조치(합병대차대조표의 공시)

합병당사회사가 물적회사인 경우에는 이사는 합병결의를 위한 총회의 회일의 2주 전부터 합병계약서·신주의 배정 또는 자기주식의 이전에 관한 이유 기재서면, 각 회사의 최종의 대차대조표와 손익계산서를 합병을 한 날 이후 6개월이 경과하는 날까지 본점에 비치하여야 하며, 주주·사원 및 채권자가 영업시간 내에는 언제든지 이를 열람하거나, 회사가 정한 비용을 지급하고 그 등본 또는 초본의 교부를 청구할 수 있도록 하여야 한다(522조의2, 603조).

2) 합병결의 후의 조치

모든 회사는 합병의 결의가 있은 날로부터 2주 내에 회사채권자에 대하여 합병에 이의가 있으면 1월 이상의 기간 내에 이를 제출할 것을 공고하고, 알고 있는 채권자에 대하여는 개별적으로 최고하여야 한다. 만일 채권자가 이 기간 내에 이의를 제출하지 아니한 때에는 합병을 승인한 것으로 보며, 이의를 제출한 채권자가 있는 때에는 회사는 변제 또는 상당한 담보를 제공하거나 이를 목적으로 하여 상당한 재산을 신탁회사에 신탁하여야 한다(232조, 269조, 527조의5, 603조). 위의 절차를 어기면 합병무효의 원인이 되며, 과태료에 의한 제재를 받는다(635조 1항 14호).

(5) 주식의 병합과 주권의 제출

흡수합병의 경우에는 소멸회사의 주주에게 존속회사의 주식이 합병비율에 따라 배정되는데, 합병비율에 따라서는 주식수가 감소할 수 있다. 이러한 경우 신주의 배정을 위해 주식을 병합할 수 있는데, 자본금감소시의 주식의 병합 절차가 준용된다(530조 3항, 440조~443조).

(6) 합병등기

회사가 합병을 한 때에는 주주총회 또는 창립총회가 종결한 날로부터 본점소재지에서는 2주 내, 지점소재지에서는 3주 내에 존속회사는 변경등기, 소멸회사는 해산등기, 신설회사는 설립등기를 하여야 한다(233조, 269조, 528조 1항, 603조). 합병등기는 합병의 효력발생요건이다(234조, 269조, 529조 2항, 603조).

(7) 합병에 관한 서류의 사후공시

합병을 한 후 주식회사의 이사는 채권자보호절차의 경과, 합병을 한 날, 소멸회사로부터 승계한 재산의 가액과 채무액 기타 합병에 관한 사항을 기재한 서면을 합병을 한 날로부터 6월간 본점에 비치하여야 하며, 주주와 회사채권자는 영업시간 내에는 언제든지 위의 서류의 열람 및 등·초본의 교부를 청구할 수 있다(527조의6 1항, 522조의2 2항).

6. 합병의 효과

흡수합병의 경우에는 존속회사를 제외한 모든 당사회사가, 신설합병의 경우에는 모든 당사회사가 소멸한다(227조). 합병 후 존속한 회사 또는 합병으로 인하여 설립된 회사는 합병으로 인하여 소멸된 회사의 권리·의무를 포괄적으로 승계하며 (235조, 269조, 530조 2항, 603조),[1][주요판례 3] 소멸회사의 사원은 존속회사 또는 신설회사의 사원이 되는 것이 원칙이다. 주식회사에 있어서 흡수합병의 경우에는 대개 존속회사의 신주발행이나 정관변경이 행해지고 소멸회사의 주주는 합병비율에 따라 존속회사의 주식을 부여받게 된다.

합병은 해산사유이나(227조 4호, 269조, 517조 1호, 609조 1항 1호), 청산절차를 거치지 않음은 이미 설명한 바 있다.

---

1) 동산·부동산·유가증권 등이 이전됨에 있어 인도·등기·교부 등이 없어도 권리이전의 효력이 발생한다. 다만, 부동산을 제 3 자에게 처분하기 위해서는 등기가 이루어져야 하고, 주식이나 기명채권의 경우에는 소정의 법정 대항요건을 갖추어야 제 3 자나 회사에 대항할 수 있다고 보아야 한다.

7. 합병의 무효

상법은 법률관계의 안정과 획일적인 확정을 위하여 민법의 일반원칙을 수정하여 합병의 무효에 관하여 특별한 규정을 두고 있다.

(1) 무효의 원인

1) 해석에 의한 무효원인

무효의 원인에 대하여는 상법이 규정되고 있지 않으나, 해석상 ① 합병에 관한 제한규정(174조 2항·3항, 600조)의 위반, ② 합병계약의 하자 혹은 합병계약서의 법정요건의 흠결, ③ 상법상 합병절차의 무시(예: 합병결의, 채권자보호절차, 창립총회 또는 보고총회의 생략), ④ 합병비율이 현저하게 불공정한 경우 등은 무효원인이 된다고 하겠다.

2) 합병비율의 공정성

무효의 원인 중 해석상 논란이 많고, 합병계약서의 기재사항 중 주주들에게 가장 이해관계가 큰 것이 합병비율의 문제이다.[1] 합병비율이라 함은 합병시에 소멸회사의 주주에 대하여 존속회사 또는 신설회사가 발행하는 신주의 배정비율을 의미하는 것이 보통인데(합병비율은 통상 존속회사의 1주당 가액과 소멸회사의 1주당 가액의 비율로 표시됨), 자본금충실의 원칙상 합병신주의 액면총액은 승계하는 순자산액을 초과할 수 없다. 이러한 합병비율의 산정은 당사회사의 재산적 가치를 고려하여 공정하게 평가되어야 하고 합병비율이 공정하지 못할 경우 합병의 무효원인이 된다.

합병비율을 산정함에 있어서는 당사회사들의 자산 및 수익가치 등을 고려하여 1주당의 가치를 분석하고 이를 근거로 배정비율을 결정하게 된다. 합병비율의 산정에 대하여 상법에는 별다른 규정이 없고, 자본시장법에 합병비율의 산정요령이 규정되어 있다[주요판례 2].[2]

이 같이 중요한 합병비율은 대표이사가 합병계약의 내용으로 합의하고 이사회

---

1) 합병에 의하여 영향 받는 주주의 이해를 세 가지 정도로 나누어 정리해 볼 수 있다. 합병이 이루어지는 경우, 첫째는 주주가 출자할 당시 예측하지 못한 기업위험을 인수해야 하는 점이 문제이고, 둘째로 각 주주 지분의 희석화 문제, 그리고 셋째로 합병대가의 문제를 들 수 있다 (이철송, 1119~1120면 참조).

2) 자본시장법은 ① 상장법인간 합병의 경우는 주식의 시가를 기준으로 합병비율을 정하도록 하고, ② 상장법인이 비상장법인과 합병할 때는 상장법인은 시가를 원칙적 기준으로, 비상장법인은 순자산가치와 수익가치를 기준으로 합병비율을 산정하도록 규정하고 있다(자본시장법 165조의4, 동 시행령 176조의5 1항).

와 주주총회의 승인을 얻게 되므로 합병비율의 공정성 확보는 당사자회사 이사의
선관의무에 해당한다[주요판례 1]. 따라서 합병비율이 불공정한 경우 그 것이 결정되
고 승인되는 과정에서 이사들은 임무해태를 구성할 수 있고 그럴 경우 회사나 제
3자에 대하여 손해배상책임을 부담할 수 있다(399조, 401조)(다만 경영판단의 원칙이 적
용될 수 있음).

(2) 합병무효의 소

합병무효의 주장은 소만으로 주장할 수 있으며, 이는 형성의 소이다. 합병무효
에 관하여 상법에 별도의 규정이 있는 경우를 제외하고는 설립무효의 소에 관한 규
정이 준용된다(240조, 186조~191조, 530조 2항, 603조).

1) 당 사 자

① 원고(제소권자)는 인적회사에서는 각 회사의 사원·청산인·파산관리인 또는
합병을 승인하지 아니한 회사채권자에 한하며(236조 1항, 269조), 물적회사에서는 각
회사의 주주·이사·감사·청산인·파산관재인 또는 합병을 승인하지 아니한 채권자
에 한정된다(529조 1항, 603조). 「독점규제 및 공정거래에 관한 법률」 위반시는 공정
거래위원회도 합병무효의 소를 제기할 수 있다(독점금지법 16조 2항).[1)]

② 피고는 존속회사 또는 신설회사이다.

2) 제소기간

합병등기가 있은 날로부터 6월 내이다(236조 2항, 269조, 529조 2항, 603조). 공정
거래위원회가 제기하는 합병무효의 소는 제소기간의 제한이 없다(독점금지법 16조 2항).

3) 담보제공

채권자가 합병무효의 소를 제기한 경우 법원은 회사의 청구에 의하여 상당한
담보를 제공할 것을 명할 수 있다. 회사가 담보제공을 요구하는 경우에는 채권자의
청구가 악의임을 소명하여야 한다(237조, 176조 3항·4항, 269조, 530조 2항, 603조).

4) 합병무효판결의 효력

① 합병무효의 판결이 확정된 때에는 본점과 지점의 소재지에서 존속회사는

---

1) 공정거래위원회는, 독점규제 및 공정거래에 관한 법률 제7조(기업결합의 제한) 제1항, 같은
법 제8조의3(채무보증제한기업집단의 지주회사 설립제한), 같은 법 제12조(기업결합의 신
고) 제7항의 규정에 위반한 회사의 합병 또는 설립이 있는 때에는, 당해 회사의 합병무효 또
는 설립무효의 소를 제기할 수 있다.

636 제3편 제8장 주식회사의 구조조정 및 소멸

변경등기, 소멸회사는 회복등기, 신설회사는 해산등기를 하여야 한다(238조, 269조, 530조 2항, 603조). 즉 소멸회사는 부활하고 신설회사는 소멸한다.

② 합병무효(원고승소)의 판결의 효력은 제3자에 대하여도 그 효력이 있으나 판결확정 전에 생긴 존속회사 또는 신설회사와 그 사원 및 제3자간의 권리·의무에 영향을 미치지 아니한다(240조, 190조, 269조, 530조 2항, 603조).

③ 따라서 합병무효판결확정 전의 존속회사 또는 신설회사의 권리·의무의 처리가 문제되는데(합병 후부터 무효판결 시까지 존속회사 또는 신설회사는 '사실상의 회사'로서 존재함), 상법은 채무에 대하여는 합병당사회사가 연대하여 변제할 책임이 있다고 규정하고, 취득한 재산은 합병을 한 회사들의 공유로 규정하고 있다. 이 경우에 각 회사의 협의로 그 부담부분 또는 지분을 정하지 못한 때에는 법원은 청구에 의하여 합병 당시의 각 회사의 재산상태 기타의 사정을 참작하여 이를 정한다(239조, 190조, 269조, 530조 2항, 603조).

Ⅲ. 주요판례·문제해설

1. 주요판례

(1) 대법원 2015. 7. 23. 선고 2013다62278 판결 — 충북방송 사건

흡수합병 시 존속회사가 발행하는 합병신주를 소멸회사의 주주에게 배정·교부함에 있어서 적용할 합병비율을 정하는 것은 합병계약의 가장 중요한 내용이고, 만일 합병비율이 합병할 각 회사의 일방에게 불리하게 정해진 경우에는 그 회사의 주주가 합병 전 회사의 재산에 대하여 가지고 있던 지분비율을 합병 후에 유지할 수 없게 됨으로써 실질적으로 주식의 일부를 상실하게 되는 결과를 초래하므로, 비상장법인 간 흡수합병의 경우 소멸회사의 주주인 회사의 이사로서는 합병비율이 합병할 각 회사의 재산 상태와 그에 따른 주식의 실제적 가치에 비추어 공정하게 정하여졌는지를 판단하여 회사가 합병에 동의할 것인지를 결정하여야 한다.

(2) 대법원 2009. 4. 23. 선고 2005다22701, 22718 판결 — 국민은행·한국주택 은행 합병무효의 소

현저하게 불공정한 합병비율을 정한 합병계약은 사법관계를 지배하는 신의성실의 원칙이나 공평의 원칙 등에 비추어 무효이고, 따라서 합병비율이 현저하게 불공정한 경우 합병할 각 회사의 주주 등은 상법 제529조에 의하여 소로써 합병의 무효를 구할 수 있다. 다만, 합병비율은 자산가치 이외에 시장가치, 수익가치, 상대가치 등의 다양한 요소를 고려하여 결정되어야 할 것인 만큼 엄밀한 객관적 정확성에 기하여 유일한 수치로 확정할 수 없고, 그 제반요소의 고려가 합리적인 범위 내에서 이루어진 것이라면 결정된 합병비율이 현저하게 부당하다고 할 수 없다. 따라서 합병당사회사의 전부 또는 일부가 주권상장법인인 경우 증권거래법과 그 시행령 등 관련법령이 정한 요건과 방법 및 절차 등에 기하여 합병가액을 산정하고 그에 따라 합병비율을 정하였다면 그 합병가액산정이 허위자료에 의한 것이라거나 터무니없는 예상 수치에 근거한 것이라는 등의 특별한 사정이 없는 한, 그 합병비율이 현저하게 불공정하여 합병계약이 무효로 된다고 볼 수 없다.

(3) 대법원 2004. 7. 8. 선고 2002두1946 판결 — 합병의 효력

회사합병이 있는 경우에는 피합병회사의 권리·의무는 사법상의 관계나 공법상의 관계를 불문하고 그의 성질상 이전을 허용하지 않는 것을 제외하고는 모두 합병으로 인하여 존속한 회사에게 승계되는 것으로 보아야 할 것이고, 공인회계사법에 의하여 설립된 회계법인간의 흡수합병이라고 하여 이와 달리 볼 것은 아니다.

(4) 대법원 2004. 5. 14. 선고 2002다23185, 23192 판결 — 합병에 있어 피합병 회사 근로자의 지위

복수의 회사가 합병되더라도 피합병회사와 그 근로자 사이의 집단적인 근로관계나 근로조건 등은 합병회사와 합병 후 전체 근로자들을 대표하는 노동조합과 사이에 단체협약의 체결 등을 통하여 합병 후 근로자들의 근로관계 내용을 단일화하기로 변경·조정하는 새로운 합의가 있을 때까지는 피합병회사의 근로자들과 합병회사 사이에 그대로 승계되는 것이고, 합병회사의 노동조합이 유니언 숍의 조직형태를 취하고 있었다고 하더라도 위에서 본 바와 같은 피합병회사의 근로자들까지 아우른 노동조합과 합병회사 사이의 새로운 합의나 단체협약이 있을 때까지는 피합병회사의 근로자들이 자동적으로 합병회사의 노동조합의 조합원으로 되는 것은 아니다.

(5) 대법원 1994. 3. 8. 선고 93다1589 판결 — 합병과 근로자의 퇴직금 관계의 승계

회사의 합병에 의하여 근로관계가 승계되는 경우에는 종전의 근로계약상의지

위가 그대로 포괄적으로 승계되는 것이므로 합병 당시 취업규칙의 개정이나 단체
협약의 체결 등을 통하여 합병 후 근로자들의 근로관계의 내용을 단일화하기로 변
경·조정하는 새로운 합의가 없는 한 합병 후 존속회사나 신설회사는 소멸회사에
근무하던 근로자에 대한 퇴직금관계에 관하여 종전과 같은 내용으로 승계하는 것
이라고 보아야 한다.

2. 문제해설

(1) B는 합병무효의 소의 제기를 고려해 볼 수 있다. 사례의 내용으로 보아 소
제기권, 제소기간 등에 있어서는 문제가 없고, 합병비율 불공정이 합병무효사유가
되는지, 된다면 어느 정도의 불공정성이 요구되는지가 논의의 초점이 된다. 상법은
합병무효사유를 구체적으로 정하지 않고 있고, 합병비율의 산정요령에 관한 규정
도 없어서 해석에 의한 해결이 필요하다. 따라서 비상장법인의 경우는 보통 자산
및 수익가치를 고려한 1주당 가치를 산정하고 이를 근거로 배정비율을 정하는데,
이러한 해석상 배정비율 산정기준을 고려할 때 본 사례의 경우는 합병비율이 현저
하게 불공정한 경우로 합병비율의 산정에 있어 터무니없는 예상수치나 허위자료에
의존했다고 볼 수 있는 여지가 크다. 이처럼 허위자료나 무리한 예상에 의하여 합
병비율이 현저하게 불공정하게 책정된 경우는 합병무효사유에 해당한다고 보는 것
이 판례의 입장이다[주요판례 2].

(2) 흡수합병에서 채무초과회사를 소멸회사로 하는 합병을 인정할 수 있는가
에 대하여는 상법상 규정이 없으나, 자본금충실의 원칙·존속회사의 주주 및 채권
자의 보호 등의 관점에서 보면 인정하기 어렵다(대법원 상업등기선례 1-237 참조).

또한 주주총회의 합병결의 과정에서 A가 대상 소멸회사에 대하여 허위보고를
하는 등 임무해태의 사실이 인정된다면 A는 甲회사나 제3자(주주 등)에 대하여 손
해배상책임을 면할 수 없음은 물론이다(399조, 401조).

(3) 흡수합병의 소멸회사인 丁회사의 모든 권리·의무가 별도의 이전절차 없
이도 존속회사인 丙회사로 승계되는 것이 원칙이므로, 丁회사와 적법한 거래를 한
당사자 F는 丙회사에 대하여 토지소유권등기의 이전을 청구할 수 있다.

(4) (합병으로 통합된 노동조합과 존속회사 사이에 새로운 단체협약이 체결될 때까지 합병
계약상의 별다른 합의가 없는 한) 소멸회사인 丁회사의 근로조건이 합병 후에도 丁회사
의 근로자였던 사람들에게 그대로 이어진다고 보는 것이 타당하다. 따라서 합병으

로 소멸회사 근로자들이 자동적으로 존속회사의 노동조합의 조합원이 된다거나 존속회사의 근로조건을 적용받는 것은 아니다[주요판례 4].

[2] 주식회사의 분할

Ⅰ. 사   례

1. 사실관계

甲전자주식회사는 컴퓨터 조립사업과 모니터(LCD)제조 사업을 영위하던 회사이다. 甲회사는 乙주식회사를 신설하여 모니터(LCD)제조 부문을 출자하는 방식으로 회사분할을 단행하였다. 甲회사의 주주총회에서는, "신설되는 乙회사는 甲회사로부터 출자 받은 모니터(LCD)제조사업과 관련된 분할 전 甲회사의 채무만을 승계한다"는 내용의 분할계획서가 특별결의로 승인되었다.

2. 검   토

(1) 丙주식회사는 회사분할 전에 甲회사에 LCD의 핵심부품을 공급하고 대금채권을 보유하고 있었는데, 甲회사로부터 회사분할에 대한 개별적 최고를 받지 못하였다. 丙회사는 변제기에 채권청구를 시도하면서 회사분할 사실을 알고, 甲회사와 乙회사 양자 모두에 대하여 채권청구를 하였다. 甲회사의 분할의 효력 및 丙회사와 甲·乙회사 사이의 채권·채무관계에 대하여 설명하시오.

(2) 甲회사는 회사분할 전부터 LCD제조 과정에서 발생하는 오염물질을 정화하지 않고 인근 하천으로 배출하고 있었다. 하천 주변에서 무농약 청정야채를 재배하는 A는 甲회사가 회사분할을 완료할 때까지도 이 같은 오염배출사실을 모르고 있었다. 그러던 중 A는 무농약 인증을 위한 정기 조사를 통해 우연히 야채에서 인체에 해로운 성분이 검출되었다는 판정을 받고, 이것이 甲회사가 배출한 오염물질 때문이라는 것을 알았다. A는 乙회사를 상대로 불법행위로 인한 손해배상을 청구할 수 있는가?

Ⅱ. 주요법리

1. 회사분할의 의의와 경제적 작용

넓은 의미에서의 회사분할은 한 회사가 영업재산의 일부분을 단독으로 또는
다른 회사의 영업재산의 일부 또는 전부와 결합하여 분리·독립시키는 일체의 법적
현상이라고 볼 수 있다. 상법상 (협의의)회사분할제도 이외에도, 자회사의 설립·영
업양도·현물출자·재산인수·사후설립 등의 방법을 통하여, 회사가 주체가 되어 영
업재산의 양도 또는 출자의 대가로서 금전 또는 주식을 받는 형식으로 사실상 회사
가 물적으로 분리될 수 있다.[1]

이 같은 광의의 개념에 대하여 협의(상법상)의 회사분할은 한 회사(분할회사)의
영업재산이 분리되어 기존 또는 신설회사(인수회사)에 포괄승계 되는 동시에 분할회
사의 주주는 인수회사의 주식을 취득하여 그 회사의 주주가 되는 제도를 말한다.
협의의 회사분할의 본질은 ① 분할회사의 재산의 일부분이 인수회사에 포괄적으로
양도되며, ② 재산양도의 대가로서 분할회사의 주주가 인수회사에 주식(지분)을 부
여받는 데에 있다.[2]

회사의 분할은 특정사업부문의 전문화 또는 불요사업부문(부진사업, 적자사업)의
분리에 의한 경영의 효율화(기업구조의 재조정), 이익분산에 의한 절세 등을 목적으로
행하는 것이 대부분이다. 그 밖에 지주회사의 설립이나 실정법에 의해 규제되는 사
업부문을 그렇지 않은 사업부문으로 분리하는 방법, 어느 회사의 주주들간에 이해
관계가 첨예하게 대립될 때(상속 등) 이를 소극적으로 해결하는 수단이 될 수 있다.

---

1) 회사분할 이외에도 현행 상법상의 제도 중에는 회사분할과 유사한 경제적 기능을 할 수 있는
   방법이 몇 가지 존재해 왔다. 기존회사의 영업양도, 자회사의 설립과 영업의 양도, (사업겸영)
   지주회사로의 전환, 우회적 회사분할, 사실상의 회사분할방법인 현물출자·재산인수·사후설
   립 등이 그것이다. 이 같은 사실상의 회사분할 방법 중 현물출자나 재산인수의 방법에 의하
   는 경우는 법원이 선임한 검사인의 조사나 감정인의 감정이 필요하지만, 사후설립은 이러한
   것이 필요가 없으므로 실제로는 사후설립의 방법이 많이 이용되어 왔다.
2) 2015년 상법개정으로 정리된 회사분할에 관한 용어는 다음과 같다. ① 분할회사란 회사의 분
   할시 분할하는 해당 회사를 말한다. ② 단순분할신설회사란 분할로 인하여 신설되는 회사를
   말한다. ③ 분할승계회사란 분할흡수합병을 하는 경우(분할된 일부가 다른 회사에 흡수되는
   방식의 경우) 그 상대방 회사로서 존속하는 회사를 말한다. ④ 분할신설회사란 분할신설합병
   을 하는 경우(분할합병을 하면서 분할합병의 상대방회사도 소멸하면서 다른 회사를 신설하
   는 경우) 새로 설립되는 회사를 말한다.

2. 회사분할의 종류

(1) 단순분할·분할합병·혼합분할합병

분할당사회사가 단수인가 복수인가에 따른 구별로서 상법이 규정한 회사 분할의 기본적 유형이다. 단순분할의 경우에는 분할회사가 단독으로 분할에 의하여 1개 또는 수개의 회사를 설립함으로써 2개 이상의 회사로 되는 것을 말하며(530조의2 1항), 분할합병은 분할회사가 분할에 의하여 1개 또는 수개의 기존회사와 계약에 의하여 합병하는 경우를 말한다(530조의2 2항). 혼합분할합병은 단순분할과 분할합병을 병행하여, 분할한 영업재산의 일부로 회사를 설립하고, 다른 일부는 기존회사와 합병하는 경우를 말한다(530조의2 3항).

(2) 완전분할·불완전분할

회사분할은 분할회사가 분할 후 소멸되는가의 여부에 따라 완전분할과 불완전분할로 분류된다. 완전분할과 불완전분할에 있어서 모두 전술한 단순분할·분할합병·혼합분할의 형태의 회사분할이 가능하여 회사분할의 유형은 매우 다양하게 전개될 수 있다.

완전분할이란 분할회사의 영업재산 전부가 분리되어 둘 이상의 다른 기존 또는 신설회사(인수회사)에 포괄승계 되는 동시에 분할회사의 법인격은 청산절차 없이 소멸하고, 분할회사의 주주는 다른 회사의 주식을 취득하여 그 회사의 주주가 되는 경우를 말한다.

불완전분할은 분할회사가 영업재산의 일부를 기존 또는 신설회사에 포괄적으로 양도하고 분할회사의 주주는 기존 또는 신설회사의 주식을 취득하는 형태이다. 우리나라 거래계에서의 회사분할형태는 불완전분할이 대부분일 것으로 예상된다.

(3) 물적분할

분할회사가 영업재산의 일부를 기존 또는 신설회사(법인)에 포괄승계의 방법으로 양도하고, 그 대가로서 분할회사가 기존 또는 신설회사의 주식(사원권)을 부여받는 경우이다.

이러한 물적분할은 영업재산의 양도의 대가인 주식(사원권)이 분할회사의 주주가 아니라 분할회사에게 부여된다는 점에서 소위 인적분할과 구별된다.

다만 상법은 분할회사가 분할 또는 분할합병으로 인하여 설립되는 회사의 주식의 총수를 취득하는 형태의 물적분할만을 규정하고 있다(530조의12).

물적분할에 있어 예상되는 문제점으로 지배회사·종속회사에 있어서 주주·채권자의 보호문제가 제기된다. 지배회사의 소수주주들은 물적분할의 대상인 영업부문에 대한 영향력을 상실한다. 지배회사가 취득한 주식의 의결권을 행사하는 것은 지배회사의 이사이므로 소수주주들은 지배회사의 중요한 의사결정에서 완전히 소외될 가능성이 큰 것이다. 또한 지배회사의 이사가 자회사의 이사와 겸직·결탁하거나, 또는 자회사의 이사에 대한 압력을 통하여 자신에게 유리하게 회사정보를 은닉·조작할 수 있으므로 지배회사의 주주의 이익보다도 자신의 이익을 우선시킬 염려가 있다. 한편 지배·종속관계를 이용하여 지배·종속회사간의 분식결산과 회계장부의 조작, 회사회계정보의 공개가 철저하지 못한 비공개의 자회사나 관련회사를 이용한 재산은닉 등의 행위가 자행될 가능성이 크기 때문에 지배회사나 종속회사의 채권자의 권리가 침해될 위험이 매우 크다.[1]

그러나 지배회사·종속회사에 있어서 주주·채권자의 보호문제는 회사법상 일반적으로 제기되는 문제로서 물적분할을 인정하기 때문에 비로소 제기되는 문제는 아니며, 다른 회사분할에 있어서도 유사하게 제기될 수 있는 문제이다.

(4) 신설분할·흡수분할

완전분할·불완전분할·물적분할은 인수회사가 신설될 회사이냐 아니면 기존의 회사인가에 따라, 신설분할과 흡수분할의 두 가지로 나누어질 수 있다.

흡수분할은 다시 분할회사의 분할부분이 기존의 회사에 흡수되는 경우(소위 '흡수분할합병')와 분할회사의 분할부분과 기존의 회사가 영업재산을 출자한 것을 합하여 새로운 회사를 성립시키는 경우(소위 '신설분할합병')로 구분할 수 있다.

(5) 혼합분할

인적분할과 물적분할이 결합하여 이루어지는 회사분할의 방법을 생각할 수 있

---

1) 이러한 경우 현행법상으로 채권자는 상법 제401조의 이사의 제 3 자에 대한 책임, 이사의 충실의무, 법인격부인이론 등을 근거로 지주회사나 지배주의 책임을 물을 수 있으나, 이 같은 책임제도는 그 유용성 측면에서 여전히 의심받고 있어 완전한 해결책이라고 보기 어렵다. 이에 관한 영미에서의 자세한 논의는 Phillip I. Blumberg, The Law of Corporate Groups-Statutory Law(1989), pp. 3~80; Clive M. Schmitthoff & Frank Wool-dridge, Groups of Companies(1991); Eddy Wymeersch, Groups of Companies in the EEC(1993); Phillip I. Blumberg, The Multinational Challenge to Corporation Law(1993) 참조.

다. 예컨대 한 회사가 물적분할의 방법에 의하여 취득한 자회사의 주식을 불완전분할에 의하여 다른 회사에 양도하고 그 대가로서 취득한 다른 회사의 주식을 주주에게 분배하는 경우이다.

※ 다양한 회사분할 형태를 상법규정에 따라 정리하면 다음과 같다.

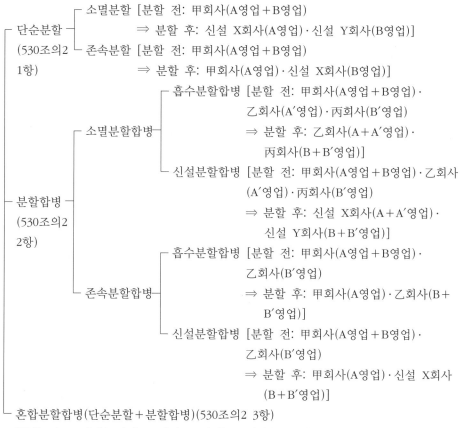

┌ 단순분할 ─┬─ 소멸분할 [분할 전: 甲회사(A영업＋B영업)
│ (530조의2 │　　　⇒ 분할 후: 신설 X회사(A영업)·신설 Y회사(B영업)]
│ 1항) └─ 존속분할 [분할 전: 甲회사(A영업＋B영업)
│　　　⇒ 분할 후: 甲회사(A영업)·신설 X회사(B영업)]
│
│　　　　　　　　　┌─ 흡수분할합병 [분할 전: 甲회사(A영업＋B영업)·
│　　　　　　　　　│　　　乙회사(A′영업)·丙회사(B′영업)
│　　　　　┌ 소멸분할합병 ─┤　　　⇒ 분할 후: 乙회사(A＋A′영업)·
│　　　　　│　　　　　　　│　　　丙회사(B＋B′영업)]
│　　　　　│　　　　　　　└─ 신설분할합병 [분할 전: 甲회사(A영업＋B영업)·乙회사
│　　　　　│　　　　　　　　　(A′영업)·丙회사(B′영업)
├ 분할합병 ─┤　　　　　　　　　⇒ 분할 후: 신설 X회사(A＋A′영업)·
│ (530조의2 │　　　　　　　　　신설 Y회사(B＋B′영업)]
│ 2항)　　　│　　　　　　　　　┌─ 흡수분할합병 [분할 전: 甲회사(A영업＋B영업)·
│　　　　　│　　　　　　　　　│　　　乙회사(B′영업)
│　　　　　└ 존속분할합병 ─┤　　　⇒ 분할 후: 甲회사(A영업)·乙회사(B＋
│　　　　　　　　　　　　　│　　　B′영업)]
│　　　　　　　　　　　　　└─ 신설분할합병 [분할 전: 甲회사(A영업＋B영업)·
│　　　　　　　　　　　　　　　乙회사(B′영업)
│　　　　　　　　　　　　　　　⇒ 분할 후: 甲회사(A영업)·신설 X회사
│　　　　　　　　　　　　　　　(B＋B′영업)]
└ 혼합분할합병(단순분할＋분할합병)(530조의2 3항)
　[분할 전: 甲회사(A영업＋B영업＋C영업)·乙회사(B′영업)
　⇒ 분할 후: 甲회사(A영업)·乙회사(B＋B′영업)·신설 X회사(C영업)]

3. 회사분할의 적용범위 및 대상

상법은 주식회사에 한하여 회사분할을 인정하고 있다. 또한 해산 후의 회사는

존립중의 회사를 존속하는 회사로 하거나 새로 회사를 설립하는 경우에 한하여 분할 또는 분할합병할 수 있다(530조의2 4항).

이러한 상법의 입장과 관련하여, 다른 종류회사에서도 분할제도를 인정할 수 있을까에 대한 이론적·실무적 검토가 필요하다. 인적회사의 경우에는 무한책임사원이 존재하므로 회사분할로 인한 사원의 책임문제가 따른다. 합명회사와 합자회사가 같은 종류의 회사형태로 분할한다면 이러한 문제는 해결될 수 있지만, 현실적으로 분할제도의 필요성이나 동종 형태로의 분할가능성이 매우 낮아서 현행 상법처럼 회사분할의 적용대상에서 제외시켜도 큰 문제가 없다고 판단된다. 물적회사인 유한회사의 경우는 주식회사의 분할제도를 준용하여도 이론적으로 큰 무리가 없다. 다만 아직은 현실적 필요성이 크지 않아 분할제도의 적용대상에서 제외되어 있지만, 향후 유한회사들의 분할수요가 증가하여 분할제도의 적용 필요성이 높아진다면 입법적 조치가 이루어질 것으로 예상된다.

또한 상법은 분할의 대상과 관련하여 분명한 언급을 하고 있지 않다. 제530조의3 제1항에서는 회사를 '분할'한다는 표현을 하고 있을 뿐 무엇을 분할하는 것인지에 대한 구체적 언급이 없다. 다만 분할계획서의 기재사항이나 분할 후 회사의 책임에 관한 조항에서 '재산'이라는 용어를 사용하고 있을 뿐이다(530조의5 1항 6호·7호, 530조의9 2항·3항). 이와 관련하여, 회사의 개별재산의 이전이 아니라 회사의 영업목적을 위해 조직화된 유기적 일체로서의 재산의 전부 또는 일부, 즉 제41조가 규정하는 영업(재산)이 분할의 대상이라고 보는 것이 타당하다.[1]

그리고 2015년 상법 개정으로 분할도 합병과 같이 대가의 다양화가 이루어졌는데(530조의6 1항 4호), 분할승계회사가 분할회사의 주주에게 자신의 모회사의 주식을 분할합병의 대가로 교부하기 위한 모회사 주식취득이 가능해짐으로써(530조의6 4항) 삼각분할합병이 가능하게 되었다. 삼각분할합병제도란 예를 들어 甲회사(분할회사)가 분할되어 그 일부가 乙회사(분할승계회사)와 합병되는 경우에 乙회사가 자신의 모회사인 A회사의 주식을 甲회사의 주주에게 제공하는 것으로써, 분할합병 후에도 A회사와 乙회사가 모자관계를(완전모자의 지주회사 관계 등) 그대로 유지할 수 있는 등의 장점이 있다.[2] 단 분할승계회사가 분할합병을 위하여 취득한 모회사의 주식을

---

1) 이철송, 1137·1138면 참조.
2) 만일 위의 사례에서 A회사와 乙회사가 완전모자회사 관계인 상태에서 乙회사(분할승계회사)가 다른 회사와 분할합병하면서 그 대가로 자신의 자기주식을 교부한다면 A회사와 乙회사는

분할합병 후에도 계속 보유하고 있는 경우에는 분할합병의 효력발생 일로부터 6개월 이내에 그 주식을 처분하여야 한다(530조의6 5항).

4. 회사분할의 절차

(1) 분할계획서 또는 분할합병계약서의 작성

회사분할에 있어서는 이전될 재산의 범위, 주주에게 배정할 주식 등 구체적인 내용이 사전에 결정되어야 한다. 이를 위하여 단순분할의 경우에는 분할계획서를, 분할합병의 경우에는 당사회사의 대표기관에 의하여 분할합병계약서를 작성하여 주주총회의 승인을 얻어야 한다(530조의3 1항·2항).

분할계획서 또는 분할합병계약서는 주주총회의 특별결의에 의한 승인을 얻어야 하는데, 의결권이 배제되는 종류주식(344조의3 1항)의 주주도 의결권을 행사할 수 있다(530조의3 3항). 분할이 구조의 중요한 변화라는 점을 고려한 입법으로 보이나, 향후 합병 등 다른 구조변경제도와의 형평성 문제가 논의될 필요가 있다.

(2) 분할계획서 및 분할합병계약서의 기재내용

분할계약의 상대방이 없는 단순분할의 경우는, ① 분할에 의하여 회사를 설립하는 경우에는 단순분할신설회사에 관한 사항을 기재한 분할계획서가 작성되어야 하고(530조의5 1항),[1] ② 분할 후 회사가 존속하는 경우에는 존속회사에 관한 사항이 기재된 분할계획서가 작성되어야 한다(530조의5 2항). 분할회사가 존속하면서 신회사를 설립하는 경우에는 ①, ② 모두를 기재하여야 한다.

분할합병에 있어서는 분할계약의 상대방이 존재하므로 상법은 ① 분할합병의 상대방회사(분할승계회사)에 관한 사항(530조의6 1항),[2] ② 분할회사의 일부가 다른 회사 또는 다른 회사의 일부와 합하여 회사를 설립하는 경우에는 신설회사(분할합병신

더 이상 완전모자회사관계를 유지할 수 없게 된다. 따라서 A회사와 乙회사가 乙회사의 분할합병 후에도 완전모자관계를 유지하기를 원한다면 삼각분할합병과 같이 乙회사가 분할합병하면서 자신의 모회사인 A회사의 주식을 교부하는 것이 유용한 방안이 된다.

1) 2015년 개정상법은 분할에 의하여 설립되는 회사를 단순분할신설회사로 용어 정리하면서, 분할계획서의 기재사항으로 '분할을 할 날'을 추가하고, 분할회사의 주주에게 단순분할신설회사의 주식 뿐만 아니라 금전이나 그 밖의 재산을 제공할 수 있음을 분명히 하고 있다(530조의5 1항 5호, 8의2호).

2) 2015년 개정상법은 분할승계회사가 분할합병을 하면서 분할회사의 주주에게 신주 발행, 자기주식의 이전이 가능할 뿐만 아니라 금전이나 그 밖의 재산의 제공이 가능함을 분명히 하고 있다(530조의6 1항 3호, 4호).

설회사)에 관한 사항(530조의6 2항), ③ 분할당사회사에 있어서 분할합병을 하지 않은 부분에 관한 사항(530조의6 3항)으로 나누어 그 기재사항을 법정하고 있다. 분할회사가 존속하면서 그 일부가 다른 회사 또는 다른 회사의 일부와 합하여 신회사를 설립하는 경우에는 ①, ②, ③ 모두를 기재하여야 한다. 이러한 분할합병계약서의 법적 성질은 주주총회의 결의를 정지조건으로 하는 예약으로 볼 수 있다.

(3) 분할대차대조표 등 분할정보의 공시

분할회사의 이사는 제530조의3 제1항의 규정에 따른 주주총회의 회일의 2주 전부터 분할의 등기를 한 날 또는 분할합병을 한 날 이후 6개월간, ① 분할계획서 또는 분할합병계약서, ② 분할회사의 분할되는 부분의 대차대조표, ③ 분할합병의 경우 분할합병의 상대방회사의 대차대조표, ④ 분할되는 회사의 주주에게 발행할 주식의 배정 또는 자기주식의 이전에 관하여 그 이유를 기재한 서면 등을 본점에 비치하여야 한다(530조의7 1항).

또한 분할승계회사의 이사는 분할합병을 승인하는 주주총회의 회일의 2주 전부터 분할합병의 등기를 한 후 6개월간, ① 분할합병계약서, ② 분할회사의 분할되는 부분의 대차대조표, ③ 분할회사의 주주에게 발행할 신주의 배정 또는 자기주식의 이전에 관하여 그 이유를 기재한 서면 등을 본점에 비치하여야 한다(530조의7 2항).

주주 및 회사채권자는 영업시간 내에는 언제든지 위의 서류의 열람을 청구하거나, 회사가 정한 비용을 지급하고 그 등본 또는 초본의 교부를 청구할 수 있다(530조의7 3항, 522조의2 2항).

(4) 주주총회의 분할승인결의

분할은 합병 못지않게 중요한 사안이므로 분할계획서가 작성되거나, 분할계약이 체결되면, 앞에서 언급한 대로 각 당사회사는 주주총회를 소집하여 특별결의에 의한 승인을 받아야 한다(530조의3 1항·2항). 다만 합병과 마찬가지로 회사분할로 소멸하는 회사의 총주주의 동의가 있거나 존속회사가 소멸회사의 발행주식 100분의 90 이상을 소유하는 경우에는 소멸회사의 주주총회의 승인을 이사회의 승인으로 갈음할 수 있다(간이분할합병, 530조의11 2항, 527조의2). 또한 소규모의 분할합병을 하는 경우에는 존속회사가 분할로 인하여 발행하는 신주의 총수가 발행주식 총수의 100분의 10을 초과하지 아니하는 때에는 존속회사의 주주총회의 승인은 이를 이사회의 승인으로 갈음할 수 있다(소규모분할합병, 530조의11 2항, 527조의3). 그 밖에 간이분할과 소규모분할에 관한 절차와 내용은 간이합병과 소규모합병의 경우와 같다.

분할계획서 또는 분할합병계약서의 승인을 위한 주주총회의 소집통지에는 분할계획 또는 분할합병계약의 요령을 기재하여야 한다(530조의3 4항).

제344조의3 제 1 항에 의하여 의결권이 배제되는 주주도 분할승인결의에 있어서는 의결권을 가진다(530조의3 3항). 또한 분할로 인하여 어느 종류의 주주에게 손해를 미치게 되는 경우에는 그 종류주주총회의 특별결의가 있어야 한다(436조).

회사의 분할 또는 분할합병으로 인하여 분할 또는 분할합병에 관련되는 각 회사의 주주의 부담이 가중되는 경우에는 주주총회와 종류주주총회의 승인결의 외에 그 주주 전원의 동의가 있어야 한다(530조의3 6항). 여기서 부담의 가중이란 예컨대 주주유한책임을 벗어난 추가출자 이외에도 주식병합, 주식소각 등으로 인한 주주의 손실도 포함한다고 보아야 할 것이다.

분할계약이 체결되었거나 분할계획서가 작성되었더라도 분할승인결의가 성립되지 못하면 그 분할은 효력이 없다.

5. 채권자보호와 그 절차

(1) 원   칙

회사분할에 있어서는 채권자의 보호가 합병의 경우보다 더 중요하다. 왜냐하면 합병에 있어서는 책임재산과 권리·의무가 모두 존속회사 또는 신설회사에 포괄적으로 이전되는 반면에 회사분할의 경우에는 현 경영진에 의하여 자의적으로 중요재산을 자회사 또는 신설회사 등에 이전하는 등 채권자의 권리를 해할 가능성이 대단히 크기 때문이다.

여기서 채권자들이 어느 회사로 배속되느냐에 따라 장차 채권의 만족도에 차이가 있을 수 있다. 상법이 회사 분할에 있어 채권자보호절차(232조, 527조의5에서 정하는 절차)를 주의 깊게 다루는 것이나 분할회사에서 다른 정함이 없으면 회사분할 전에 성립한 채무에 대하여는 분할 후 설립되거나 존속하는 당사회사들이 연대하여 책임지도록 하는 것 모두 채권자보호를 위한 것이라고 볼 수 있다(530조의9).

(2) 책임제한과 채권자이의

1) 단순분할에 대한 채권자이의

단순분할에 있어서 단순분할신설회사가 분할회사의 분할 전의 채무를 분할회사와 연대하여 변제할 책임을 지는 경우에는 채권자가 손해를 볼 염려가 없기 때문에 채권자의 이의권을 인정할 필요가 없다. 그러나 분할회사가 단순분할신설회사는 분할회사의 채무 중에서 일정한 채무만을 승계하는 것으로 정한 경우에는 연대책임이 배제되므로 분할회사의 채권자가 불이익을 받을 염려가 있기 때문에 채권자의 이의권을 인정할 필요가 있다(530조의9 4항). 즉 채권자보호를 위한 이의권 보장 절차는 단순분할의 모든 경우에 강제되는 것이 아니고 분할로 설립된 회사가 분할회사의 채무를 제한적으로 승계한 경우에만 강제된다.[1]

2) 분할합병에 대한 채권자이의

분할합병의 경우에는 분할합병신설회사가 연대책임을 부담하든, 분할합병계약서상 승계하기로 한 채무로 책임이 제한되든 상관없이 분할합병의 절차로서 언제나 당사회사의 모든 채권자의 이의가 보장되어야 한다. 왜냐하면 분할합병의 경우에는 피분할회사와 분할합병의 상대방회사가 연대책임을 지는 경우라도 상대방회사의 재산 상태나 채무액에 따라서는 분할합병 전보다 채권자에게 불리할 수 있기 때문이다(합병과 동일함).

(3) 채권자보호를 위한 절차

채권자의 이의권을 보장하기 위하여 회사는 분할계획서 또는 분할합병계약서에 대한 주주총회의 승인결의가 있은 날부터 2주 내에 채권자에 대하여 분할 또는 분할합병에 이의가 있으면 1월 이상의 기간 내에 이를 제출할 것을 공고하고 알고 있는 채권자에 대하여는 따로따로 이를 최고하여야 한다(530조의9 4항, 530조의11 2항, 527조의5). 채권자가 위 기간 내에 이의를 제출하지 아니한 때에는 분할 또는 분할합병을 승인한 것으로 본다(527조의5, 232조 2항). 이의를 제출한 채권자가 있는 때에는 회사는 그 채권자에 대하여 변제 또는 상당한 담보를 제공하거나 이를 목적으로 하여 상당한 재산을 신탁회사에 신탁하여야 한다(527조의5, 232조 3항).

사채권자가 이의를 함에는 사채권자집회의 결의가 있어야 한다. 이 경우에는

---

1) 그 외에도 단순분할을 계기로 교부금을 지급하는 경우에는 자본금감소에 준하는 것으로 보아 채권자보호절차(439조)를 준용해야 한다는 주장이 있다(이철송, 1155면).

법원은 이해관계인의 청구에 의하여 사채권자를 위하여 이의의 기간을 연장할 수 있다(530조의9 4항, 530조의11 2항, 439조 3항).

6. 분할합병반대주주의 주식매수청구권

단순분할에 있어서 단순분할신설회사의 주식이 분할회사의 주주평등의 원칙에 의하여 배정되는 경우에는 주주의 지위에 변함이 없으므로 주식매수청구권이 인정되지 않는다. 그러나 분할합병의 경우에는 분할회사나 분할승계회사의 주주들은 모두 당사회사의 재무상황, 경영상태에 따라서 불리한 지위에 놓일 수 있으므로 주식매수청구권이 인정된다(530조의11 2항, 522조의3). 매수청구권의 행사요건, 절차, 효과 등에 관하여는 합병의 경우와 동일하다.

7. 분할 또는 분할합병에 의하여 회사를 설립하는 경우의 특칙(설립사무의 간이화)

분할 또는 분할합병에 의하여 회사를 설립하는 경우에는 회사분할에 관하여 특별한 규정이 없는 한 주식회사의 설립에 관한 상법의 규정(제3편 제4장 제1절)이 준용된다(530조의4 1항).

단순분할의 경우에는 대표이사가, 분할합병에 의하여 회사를 설립하는 경우에는 분할회사와 분할승계회사의 대표이사가 설립위원이 되어 정관의 작성 등 설립사무를 진행한다(530조의11 1항 후단). 또한 기존의 회사가 다른 회사의 분할된 부분을 흡수하여 존속하는 경우에는 합병보고총회, 분할 또는 분할합병에 의하여 신회사가 설립되는 경우에는 창립총회를 개최하여야 하는 것이 원칙이나, 이들 총회는 합병과 마찬가지로 이사회의 공고로써 갈음할 수 있다(530조의11 1항, 526조, 527조). 그리고 분할회사의 출자만으로 회사를 설립하는 경우에는 현물출자에 관한 검사인의 조사·보고(299조)를 적용하지 아니한다(530조의4 후단). 이 같은 조사생략은 현물출자에 대한 규정으로 그 밖의 변태설립사항이 있는 경우에는 조사절차를 생략할 수 없다고 보아야 한다.[1]

8. 분할 또는 분할합병의 등기와 사후공시

회사분할의 효력은 분할 또는 분할합병의 등기에 의하여 발생한다. 회사가 분

---

1) 동지: 이철송, 1148면.

할을 한 때에는 신설회사의 창립총회 또는 분할합병의 경우의 보고총회가 종결한 날부터 본점소재지에서는 2주 내, 지점소재지에서는 3주 내에 분할 후 존속하는 회사에 있어서는 변경의 등기, 합병으로 인하여 소멸하는 회사에 있어서는 해산의 등기, 분할로 인하여 설립된 회사에 있어서는 상법 제317조에 정하는 설립등기를 하여야 한다(530조의11 1항, 526조 1항, 527조 1항, 528조 1항).

분할 후 존속하는 회사 또는 설립된 회사가 분할로 인하여 전환사채 또는 신주인수권부사채를 승계한 때에는 제528조 제1항의 등기와 동시에 사채의 등기를 하여야 한다(528조 2항).

그리고 분할 또는 분할합병 후 존속하는 회사의 이사는 합병의 경우와 마찬가지로 채권자보호절차의 경과 후 분할 또는 분할합병한 날로부터 6개월간, 소멸회사로부터 승계한 재산의 가액과 채무액 기타 분할 또는 분할합병에 관한 사항을 기재한 서면을 본점에 비치하여야 한다(530조의11 1항, 527조의6 1항).

9. 회사분할의 효력

분할 또는 분할합병의 효력의 내용은 분할계획서 또는 분할합병계약서에서 정하여진 바에 의하여 결정된다. 분할회사는 완전분할의 경우는 해산되나 청산절차를 거치지 않고 소멸되며, 불완전분할의 경우에는 자본금과 영업목적 등이 변경될 수 있다. 또한 분할회사의 출자에 의하여 신회사가 설립되는 경우도 있고, 분할합병의 경우에는 출자를 받는 회사는 자본금과 영업목적이 증가된 회사로 변경되어 존속하는 것이 일반적인 모습이다.

(1) 권리·의무의 승계

분할 또는 분할합병으로 인하여 설립되는 회사 또는 존속하는 회사는 분할회사의 권리와 의무를 분할계획서 또는 분할합병계약서가 정하는 바에 따라서 승계한다(530조의10). 법률규정에 의한 재산이전이므로 개별적인 재산의 이전절차나 채권자의 승낙이 요구되지 않는다[주요판례 7].

(2) 주주자격의 취득

분할회사의 주주는 분할계획서 또는 분할합병계약서에서 정하는 바에 따라 신설회사 또는 분할출자를 받는 기존회사의 주식을 취득한다. 물적분할의 경우에는 분할회사가 분할 또는 분할합병으로 인하여 설립되는 회사의 주식의 총수를 취득한다.

(3) 연대책임의 발생

1) 연대책임의 원칙

분할 또는 분할합병에 있어서 분할회사, 단순분할신설회사, 분할승계회사 또는 분할합병신설회사는 분할 또는 분할합병 전의 회사채무에 관하여 연대하여 변제할 책임이 있는 것이 원칙이다(530조의9 1항). 판례는 이 연대책임을 부진정연대책임으로 보고 있다(대법원 2010. 8. 26. 선고 2009다95769 판결). 이 같이 분할회사와 분할승계회사 등은 부진정연대채무를 부담하기 때문에, 채권자가 분할이나 분할합병 후에 분할회사를 상대로 소송을 제기하거나 확정판결을 받아 시효의 중단이 발생하여도 그 효과가 분할승계회사의 채무에 영향을 미치지 않는다. 다만 이러한 분할회사의 채무와 분할승계회사의 채무는 기본적으로 동일하게 보아야 하므로 분할승계회사의 채무도 분할회사의 원래 채무를 기준으로 시효의 기간 및 기산점이 결정된다. 판례도 이 같은 논지에 따라 원고가 분할승계회사의 연대책임을 추궁하면서 그 채권의 소멸시효 기산일은 분할합병등기일이라고 주장하는 것을 배척하고, 분할승계회사에 대한 채권의 시효기산점도 분할회사에 대한 채권 즉 원래 채권의 시효 기산점과 동일하다고 판단하였다.[주요판례 8] 그리고 여기서 회사채무란 분할 전에 분할회사에 발생한 채무를 말하는데, 분할 전에 채무가 발생하였고 그 이행기가 분할 후에 도래한 채무도 이에 포함된다[주요판례 4]. 그렇지만 분할 후 신설회사나 승계회사에 새로이 부담하는 채무는 그 대상이 아니며, 분할 전 채무를 발생시킬 수 있는 가능성이 있는 사실만 생겨나고, 분할 후에 비로소 법적 채무로 확정되었다면 이 역시 연대책임의 대상이 아니다[주요판례 2].

2) 책임의 제한

① 연대책임이 원칙이나, 분할회사는 주주총회의 특별결의로 분할에 의하여 회사를 설립하는 경우 단순분할신설회사가 분할회사의 채무 중에서 분할계획서에 승계하기로 정한 채무만을 부담할 것을 정할 수 있는데, 이 경우 분할회사가 분할 후에 존속하는 때에는 단순분할신설회사가 부담하지 아니하는 채무만을 부담한다(530조의9 2항). 예컨대 甲회사가 존속분할의 방식으로 전기영업을 출자하여 乙회사를 신설하면서, 甲회사의 주주총회 특별결의로 乙회사가 전기영업의 채무만을 승계하는 것으로 정한 분할계획서를 승인하였다면, 기존 채무중에서 乙회사는 전기

영업의 관련 채무만을 부담하고 甲회사는 乙회사가 부담하지 아니하는 채무만을 부담하는 분할채무관계가 된다. 또한 분할합병의 경우에도 분할회사는 주주총회의 특별결의로 분할합병에 따른 출자를 받는 분할승계회사 또는 분할합병신설회사가 분할회사의 채무 중에서 분할합병계약서에 승계하기로 정한 채무에 대한 책임만을 부담할 것을 정할 수 있다(530조의9 3항).

　　② 연대책임이 배제되어 분할채무관계로 되는 경우 어떤 채무가 단순분할신설회사나 분할승계회사·분할신설회사로 이전되는지가 중요하게 된다. 2015년에 상법 제530조의9 제2항과 제3항을 개정하면서 '분할계획서나 분할합병계약서에 승계하기로 정한 채무만을 부담하도록 할 수 있다'고 표현함으로써 분할회사가 분할로 승계되는 영업이나 재산과 상관없이 이전채무를 자유롭게 배정할 수 있다고 보아야 한다(배정자유의 원칙).[1][2] 이 같이 분할당사자 회사의 의사를 존중하는 입장을 취한 것은 분할시 발생할 수 있는 채무부담 주체의 불확실성을 감소시켜 기업의 구조조정의 활성화를 도모하려는 취지로 해석된다.

　　③ 이처럼 채무자의 지위에 있는 분할회사가 일방적으로 연대책임을 제한하는 것은 채권자보호측면에서는 문제의 소지가 크므로 채권자보호절차를 밟아야 함은 물론이다. 분할합병의 경우는 연대책임 배제와 무관하게 언제나 채권자보호절차가 강제되어 별도의 논의가 실제적으로 불필요하지만(530조의11 2항, 527조의5, 439조 3항), 단순분할의 경우에는 연대책임이 배제되는 경우에만 채권자보호절차가 강제되므로 주의하여야 한다(530조의9 4항). 채권자보호절차란 분할회사는 주주총회 승인일로부터 2주 내에, 채권자에 대하여 분할이나 분할합병에 이의가 있으면 1월 이상의 기간 내에 이를 제출할 것을 공고하고, 알고 있는 채권자(대표이사 개인이 알고 있는 채권자도 포함)에 대하여는 개별적으로 이를 최고하여야 한다[주요판례 1]. 어느 경우에도 사채권자가 이의를 하려면 상법 제439조 제3항에 따라 사채권자집회의 결의가 있어야 한다(530조의9 4항, 530조의11 2항). 만일 이의를 제출한 채권자가 있는 경우에는 분할회사는 그 채권자에게 변제 또는 상당한 담보를 제공하거나 이를 목적으로 상당한 재산을 신탁하여야 한다(527조의5, 232조 3항).

---

1) 송옥렬, 1281면; 홍복기·박세화, 120~121면.
2) 2015년 상법개정 전의 대법원 판례는 분할회사의 채무 중 신설회사나 승계회사에 출자된 재산에 관한 채무에 관하여는 연대책임 배제절차를 밟아도 신설회사나 승계회사가 책임을 면할 수 없다는 입장이었다(대법원 2010. 8. 19. 선고 2008다92336 판결).

④ ③과 같은 채권자보호절차에 흠결이 있는 경우 어떤 효과가 발행하는가? 단순분할의 경우에는 채권자보호절차에 하자가 있는 경우 연대책임이 부활한다는 것이 판례의 입장이다[주요판례 5]. 다만 판례는 회사분할제도의 실효성을 감안하여 개별최고의 흠결의 경우에 연대책임 부과와 관련하여 완화된 해석을 하고 있다. 즉 채권자가 회사분할에 관여되어 있고 회사분할을 미리 알고 있는 지위에 있으며, 사전에 회사분할에 대한 이의제기를 포기하였다고 볼만한 사정이 있는 등 예측하지 못한 손해를 입을 우려가 없다고 인정되는 경우에는 개별적인 최고를 누락하였다고 하여 연대책임이 되살아난다고 할 수 없다고 판시하고 있다[주요판례 3]. 결론적으로 법원은 단순분할의 경우 채권자보호절차의 흠결에 대하여 분할자체의 효력에는 영향이 없고 연대책임의 부활 문제로 처리하면 된다고 보고 있다. 한편 분할합병에서는 채권자보호절차가 분할합병의 필수적 절차이므로 이에 대한 하자는 분할합병 무효의 원인이 될 수 있다는 해석이 가능하다.[1] 향후 법원이 분할합병에서의 연대책임 배제 시 채권자보호절차를 게을리 한 경우 단순분할과 동일하게 연대책임의 문제로 풀어갈 것인가? 아니면 분할합병무효의 사유가 될 수 있다는 측면에서 접근할 것인가? 주목해볼 필요가 있다.

10. 분할잉여금 계산

분할 또는 분할합병으로 인하여 발생한 분할잉여금은 대통령령이 정하는 바에 따라 자본준비금으로 적립되는 것이 원칙이나(459조 1항), 초과금액 중 소멸 또는 분할되는 회사의 이익준비금 기타 법정준비금은 분할·분할합병 후 존속 또는 설립되는 회사가 이를 승계할 수 있다. 이는 회사합병의 경우와 마찬가지이다.

11. 경업피지의무

회사의 분할에 의하여 영업이 양도되는 경우, 상법 제41조의 영업양도인의 의무규정을 적용하여 분할회사는 신설회사에 이전한 영업에 관하여 경업피지의무를 부담한다고 보아야 할 것이다.[2]

---

1) 노혁준, 회사의 분할, 주식회사법대계 Ⅲ (2판), 상사법학회, 법문사, 551면.
2) 동지: 이철송, 1160면.

12. 회사분할의 무효

분할 또는 분할합병무효의 소에 대하여는 합병무효의 소에 관한 규정이 준용된다(530조의11 1항, 529조).

분할무효의 주장은 소만으로 주장할 수 있으며, 각 회사의 주주·이사·감사·청산인·파산관재인 또는 분할을 승인하지 아니한 채권자에 한하여 소를 제기할 수 있다. 이는 형성의 소이다. 분할무효에 관하여는 합병과 마찬가지로 설립무효의 소에 관한 상법규정이 준용된다(240조, 186조~191조, 269조, 530조 2항 등 참조).

분할무효의 판결이 확정된 때에는 본점과 지점의 소재지에서 존속회사는 변경등기, 소멸회사는 회복등기, 신설회사는 해산등기를 하여야 한다(530조의11 1항, 529조, 238조). 즉 소멸회사는 부활하고 신설회사는 소멸한다. 분할무효(원고승소)의 판결의 효력은 제3자에 대하여도 그 효력이 있으나 판결확정 전에 생긴 존속회사 또는 신설회사와 그 사원 및 제3자간의 권리·의무에 영향을 미치지 아니한다(530조의11 1항, 529조, 240조, 190조 단서).

따라서 분할무효판결확정 전의 존속회사 또는 신설회사의 권리·의무의 처리가 문제된다. 상법은 위 경우 당사회사가 연대하여 변제할 책임이 있다고 규정하고, 취득한 재산은 합병을 한 회사의 공유로 규정하고 있다. 이 경우에 각 회사의 협의로 그 부담부분 또는 지분을 정하지 못한 때에는 법원은 청구에 의하여 분할당시의 각 회사의 재산상태 기타의 사정을 참작하여 이를 정한다(530조의11 1항, 529조, 239조 3항).

분할무효의 소를 제기한 자가 패소한 경우에 악의 또는 중대한 과실이 있는 때에는 회사에 대하여 연대하여 손해배상의 책임을 부담한다(530조의11 1항, 529조, 240조, 191조).

Ⅲ. 주요판례·문제해설

1. 주요판례

(1) 대법원 2011. 9. 29. 선고 2011다38516 판결 — 대표이사 개인이 알고 있는 채권자에 대한 연대책임 배제의 개별적 최고

분할되는 회사와 수혜회사가 분할 전 회사의 채무에 대하여 연대책임을 지지 않는 경우에는 채무자의 책임재산에 변동이 생기게 되어 채권자의 이해관계에 중대한 영향을 미치므로 채권자 보호를 위하여 분할되는 회사가 알고 있는 채권자에게 개별적으로 이를 최고하도록 규정하고 있는 것이고, 따라서 분할되는 회사와 수혜회사의 채무관계가 분할채무관계로 바뀌는 것은 분할되는 회사가 자신이 알고 있는 채권자에게 개별적인 최고절차를 제대로 거쳤을 것을 요건으로 하는 것이라고 보아야 하며, 만약 그러한 개별적인 최고를 누락한 경우에는 그 채권자에 대하여 분할채무관계의 효력이 발생할 수 없고 원칙으로 돌아가 수혜회사와 분할되는 회사가 연대하여 변제할 책임을 지게 된다.

분할 또는 분할합병으로 인하여 회사의 책임재산에 변동이 생기게 되는 채권자를 보호하기 위하여 상법이 채권자의 이의제출권을 인정하고 그 실효성을 확보하기 위하여 알고 있는 채권자에게 개별적으로 최고하도록 한 입법 취지를 고려하면, 개별 최고가 필요한 '회사가 알고 있는 채권자'란 채권자가 누구이고 채권이 어떠한 내용의 청구권인지가 대체로 회사에게 알려져 있는 채권자를 말하는 것이고, 회사에 알려져 있는지 여부는 개개의 경우에 제반사정을 종합적으로 고려하여 판단하여야 할 것인데, 회사의 장부 기타 근거에 의하여 성명과 주소가 회사에 알려져 있는 자는 물론이고 회사 대표이사 개인이 알고 있는 채권자도 이에 포함된다고 봄이 타당하다.

(2) 대법원 2011. 5. 26. 선고 2008두18335 판결 — 연대책임 대상 채권의 범위

회사 분할 시 신설회사 또는 존속회사가 승계하는 것은 분할하는 회사의 권리와 의무이고, 분할하는 회사의 분할 전 법 위반행위를 이유로 과징금이 부과되기 전까지는 단순한 사실행위만 존재할 뿐 과징금과 관련하여 분할하는 회사에 승계 대상이 되는 어떠한 의무가 있다고 할 수 없으므로, 특별한 규정이 없는 한 신설회사에 대하여 분할하는 회사의 분할 전 법 위반행위를 이유로 과징금을 부과하는 것은 허용되지 않는다.

(3) 대법원 2010. 2. 25. 선고 2008다74963 판결 — 채권자보호절차 흠결에 대한 완화된 해석

회사가 분할되는 경우 분할로 인하여 설립되는 회사 또는 존속하는 회사는 분할전 회사채무에 관하여 연대하여 변제할 책임이 있으나(30조의9 1항), 분할되는 회사가 상법 제530조의3 제 2 항에 따라 분할계획서를 작성하여 출석한 주주의 의결

권의 3분의 2 이상의 수와 발행주식총수의 3분의 1 이상의 수로써 주주총회의 승인을 얻은 결의로 분할에 의하여 회사를 설립하는 경우에는 설립되는 회사가 분할되는 회사의 채무 중에서 출자한 재산에 관한 채무만을 부담할 것을 정하여(530조의9 2항) 설립되는 회사의 연대책임을 배제할 수 있고, 이 경우 분할되는 회사가 '출자한 재산'이라 함은 분할되는 회사의 특정재산을 의미하는 것이 아니라 조직적 일체성을 가진 영업, 즉 특정의 영업과 그 영업에 필요한 재산을 의미하는 것으로 해석된다.

분할되는 회사와 신설회사가 분할 전 회사의 채무에 대하여 연대책임을 지지 않는 경우에는 채무자의 책임재산에 변동이 생기게 되어 채권자의 이해관계에 중대한 영향을 미치므로 채권자의 보호를 위하여 분할되는 회사가 알고 있는 채권자에게 개별적으로 이를 최고하고 만약 그러한 개별적인 최고를 누락한 경우에는 그 채권자에 대하여 신설회사와 분할되는 회사가 연대하여 변제할 책임을 지게 된다고 할 것이나, 채권자가 회사분할에 관여되어 있고 회사분할을 미리 알고 있는 지위에 있으며, 사전에 회사분할에 대한 이의제기를 포기하였다고 볼만한 사정이 있는 등 예측하지 못한 손해를 입을 우려가 없다고 인정되는 경우에는 개별적인 최고를 누락하였다고 하여 그 채권자에 대하여 신설회사와 분할되는 회사가 연대하여 변제할 책임이 되살아난다고 할 수 없다.

(4) 대법원 2008. 2. 14. 선고 2007다73321 판결— 변제기 미도래 채무의 연대책임 인정

상법 제530조의9 제1항에 따라 주식회사의 분할 또는 분할합병으로 인하여 설립되는 회사와 존속하는 회사가 회사채권자에게 연대하여 변제할 책임이 있는 분할 또는 분할합병 전의 회사채무에는, 회사분할 또는 분할합병의 효력발생 전에 발생하였으나 분할 또는 분할합병 당시에는 아직 그 변제기가 도래하지 아니한 채무도 포함된다.

(5) 대법원 2006. 11. 23. 선고 2005두4731 판결— 연대책임의 부활

분할되는 회사와 신설회사가 분할 전 회사의 채무에 대하여 연대책임을 지지 않는 경우에는 채무자의 책임재산에 변동이 생기게 되어 채권자의 이해관계에 중대한 영향을 미치므로 채권자의 보호를 위하여 분할되는 회사가 알고 있는 채권자에게 개별적으로 이를 최고하도록 규정하고 있고(상법 제530조의9 제4항, 제527조의5

제1항), 따라서 분할되는 회사와 신설회사의 채무관계가 분할채무관계로 바뀌는 것은 분할되는 회사가 자신이 알고 있는 채권자에게 개별적인 최고절차를 제대로 거쳤을 것을 요건으로 한다고 보아야 하며, 만약 그러한 개별적인 최고를 누락한 경우에는 그 채권자에 대하여 분할채무관계의 효력이 발생할 수 없고 원칙으로 돌아가 신설회사와 분할되는 회사가 연대하여 변제할 책임을 지게 된다고 해석함이 상당하다.

(6) 대법원 2004. 8. 30. 선고 2003다25973 판결 — 연대책임의 부활

상법은 회사가 분할되고 분할되는 회사가 분할 후에도 존속하는 경우에는 특별한 사정이 없는 한 회사의 책임재산은 분할되는 회사와 신설회사의 소유로 분리되는 것이 일반적이므로 분할 전 회사의 채권자를 보호하기 위하여 분할되는 회사와 신설회사가 분할 전의 회사채무에 관하여 연대책임을 지는 것을 원칙으로 하고, 이 경우에는 회사가 분할되더라도 채권자의 이익을 해할 우려가 없으므로 알고 있는 채권자에 대하여 따로 이를 최고할 필요가 없도록 한 반면에, 다만 만약 이러한 연대책임의 원칙을 엄격하게 고수한다면 회사분할제도의 활용을 가로막는 요소로 작용할 수 있으므로 연대책임의 원칙에 대한 예외를 인정하여 신설회사가 분할되는 회사의 채무 중에서 출자받은 재산에 관한 채무만을 부담할 것을 분할되는 회사의 주주총회의 특별결의로써 정할 수 있게 하면서, 그 경우에는 신설회사가 분할되는 회사의 채무 중에서 그 부분의 채무만을 부담하고, 분할되는 회사는 신설회사가 부담하지 아니하는 채무만을 부담하게 하여 채무관계가 분할채무관계로 바뀌도록 규정하였다고 해석된다.

분할되는 회사와 신설회사가 분할 전 회사의 채무에 대하여 연대책임을 지지 않는 경우에는 채무자의 책임재산에 변동이 생기게 되어 채권자의 이해관계에 중대한 영향을 미치므로 채권자의 보호를 위하여 분할되는 회사가 알고 있는 채권자에게 개별적으로 이를 최고하도록 규정하고 있는 것이고, 따라서 분할되는 회사와 신설회사의 채무관계가 분할채무관계로 바뀌는 것은 분할되는 회사가 자신이 알고 있는 채권자에게 개별적인 최고절차를 제대로 거쳤을 것을 요건으로 하는 것이라고 보아야 하며, 만약 그러한 개별적인 최고를 누락한 경우에는 그 채권자에 대하여 분할채무관계의 효력이 발생할 수 없고 원칙으로 돌아가 신설회사와 분할되는 회사가 연대하여 변제할 책임을 지게 되는 것이라고 해석하는 것이 옳다.

(7) 대법원 2002. 11. 26. 선고 2001다44352 판결 — 분할과 소송의 승계

법인의 권리·의무가 법률의 규정에 의하여 새로 설립된 법인에 승계되는 경우에는 특별한 사유가 없는 한 계속중인 소송에서 그 법인의 법률상 지위도 새로 설립된 법인에 승계된다고 보아야 하기 때문에, 한국전력공사가 존속회사로부터 신설회사가 분할되어 새로 설립되는 방식으로 발전회사들을 상법상 회사분할의 방식에 의하여 분할한 경우 존속회사인 한국전력공사에 관하여 진행중인 소송에서 신설된 분할회사인 발전회사에게로 소송의 당연승계가 이루어진다.

(8) 대법원 2017. 5. 30. 선고 2016다34687 판결 — 연대책임에 있어 소멸시효 기간·기산점과 시효중단·시효이익의 포기

분할 또는 분할합병으로 인하여 설립되는 회사 또는 존속하는 회사가 채권자에게 연대하여 변제할 책임을 부담하는 채무는 분할 또는 분할합병 전의 회사가 채권자에게 부담하는 채무와 동일한 채무이다. 따라서 수혜회사(존속회사)가 채권자에게 부담하는 연대채무의 소멸시효 기간과 기산점은 분할 또는 분할합병 전의 회사가 채권자에게 부담하는 채무와 동일한 것으로 봄이 타당하다.

수혜회사(존속회사)와 분할 또는 분할합병 전의 회사는 분할 또는 분할합병 전의 회사채무에 대하여 부진정연대책임을 진다. 부진정연대채무에서는 채무자 1인에 대한 이행청구 또는 채무자 1인이 행한 채무의 승인 등 소멸시효의 중단사유나 시효이익의 포기가 다른 채무자에게 효력을 미치지 않는다. 따라서 채권자가 분할 또는 분할합병이 이루어진 후에 분할회사를 상대로 분할 또는 분할합병 전의 분할회사 채무에 관한 소를 제기하여 분할회사에 대한 관계에서 시효가 중단되거나 확정판결을 받아 소멸시효 기간이 연장된다고 하더라도 그와 같은 소멸시효 중단이나 연장의 효과는 다른 채무자인 분할 또는 분할합병으로 인하여 설립되는 회사 또는 존속하는 회사에 효력이 미치지 않는다.

2. 문제해설

(1) 단순분할을 하는 甲회사(분할회사)의 주주총회에서 "乙회사는 甲회사의 채무 중에서 乙회사에 출자한 재산에 관한 채무만을 승계한다"는 분할계획서 승인의 특별결의가 있었다면, 丙회사(乙회사에 출자한 재산에 관한 채권자)에 대한 甲회사와 乙회사의 연대책임은 배제되고 분할채무관계로 전환된다(530조의9 2항). 이 같이 연대

책임이 제한되어 분할채무관계에 있음을 주장하기 위하여는 이를 주장하는 자가
乙회사가 甲회사의 채무 중에서 乙회사에 출자한 재산에 관한 채무만을 부담한다
는 취지가 기재된 분할계획서가(530조의5 8호) 甲회사의 주주총회에서 승인되었음을
증명하여야 한다. 다만, 甲회사가 연대책임의 제한과 관련하여 사례와 같이 소정의
채권자보호절차를 밟지 않았다면, 책임제한의 분할계획서의 승인을 위한 주주총회
결의가 있었어도 甲회사와 乙회사는 연대책임을 진다(그렇지만 채권자보호절차와 관련
하여 개별최고의 누락은 있었지만 만일 丙회사가 회사분할에 관여되어 있고 사전에 회사분할에
대한 이의제기를 포기하였다고 볼만한 사정이 있는 등 예측하지 못한 손해를 입을 우려가 없다고
인정되는 경우라면, 甲회사와 乙회사의 연대책임이 되살아난다고 할 수 없음)[주요판례 3]. 단순
분할에 있어 연대책임의 배제 절차를 밟으면서 채권자보호절차를 이행하지 않은 경
우에도 분할의 효력에는 영향이 없으므로, 甲회사의 분할의 효력에는 문제가 없다.

　(2) 불법행위사실인 오염행위는 분할 전부터 있었지만(채무발생가능성 존재), 그
로 인한 법적 채무인 손해배상책임의 확정이 분할 후에 확정된 경우는, 분할로 신
설되는 회사가 존속하는 회사와 연대하여 부담하여야 하는 책임 대상이 아니다. 결
국 A는 甲회사에 대하여만 불법행위로 인한 손해배상을 청구할 수 있다.

[3]　주식의 포괄적 교환과 이전

Ⅰ. 사　례

1. 사실관계

(1) 다음 신문기사를 읽고 사안을 검토하시오.

1) 신한금융지주회사가 27일 임시이사회를 개최하고 "신한생명보험 주식을
100% 인수해 자회사로 편입한다"고 밝혔다. 신한생명의 주식 가치는 1주당 1만
5,300원으로 책정돼, 1주당 3만 4,923원인 신한지주 주식과 1 대 0.4382주로 교환될
예정이다. 인수금액은 교환가격 기준으로 따져 총 6,120억 원에 달한다(조선일보,
2005. 9. 27).

2) SC제일은행은 27일 이사회를 열어 금융지주사 설립을 위한 주식이전 계획
을 결의했다고 밝혔다. 주식이전비율은 1 대 1로 결의했다. SC제일은행은 이날 결

의에 따라 며칠 내 금융위원회에 지주사 설립을 위한 예비인가 신청을 할 예정이다
(연합뉴스, 2008. 11. 27).

(2) 사   안

甲주식회사는 골프채만 전문으로 생산하는 회사이다. 甲회사는 향후 10년 내
에 지주회사를 설립하여 그 산하에 골프용품제조, 골프의류, 골프장 사업 등을 자
회사 형태로 구성하는 장기 경영계획을 발표하였다.

2. 검   토

(1) 甲회사가 자신이 지주회사가 되고, 골프의류회사인 乙주식회사를 완전자
회사로 하는 방법을 선택하였다면, 이 계획을 달성하기 위한 회사법상 적절한 방안
은 무엇인가?

(2) 甲회사가 같은 업종인 丙주식회사와 공동으로 지주회사인 丁주식회사를
신설하고, 甲과 丙 두 회사가 丁회사의 완전자회사가 되는 방안을 채택하였다. 甲
회사의 주주인 A는 이 같은 계획의 승인 결의에 반대하여, 甲회사에 대하여 자신의
주식을 매수할 것을 청구하였다. 그런데 A와 甲회사간 주식매수가액에 관한 합의
가 되지 않아서 매수청구기간 종료일로부터 1년 후에야 법원의 결정으로 주식매매
대금이 확정되었다. 甲회사는 A에 대하여 주식매매대금의 지급일까지의 지연손해
금을 지급할 의무를 부담하는가?

II. 주요법리

1. 총   설

2001년 개정상법은 지주회사제도를 통한 기업의 구조조정을 촉진시키기 위하
여 주식의 포괄적 교환과 포괄적 이전 제도를 신설하였다(이하에서 '주식의 교환', '주식
의 이전'이라고 함). 이 두 가지 제도가 없어도 지주회사를 신설하거나 기존회사를 지
주회사로 전환하는 방법이 없었던 것은 아니지만, 주식의 교환·이전제도는 다른
방법에 비하여 저비용으로 매우 강력한 모자관계를 창설할 수 있는 수단이라는 점
에서 유용성이 뛰어나다.[1]

---

1) 김건식 외, 835~836면; 이철송, 1175~1176면; 홍복기·박세화, 314~315면 참조.

상법상의 주식의 교환과 이전은 모두 어느 회사의 발행주식 총수를 소유하는 완전모회사를 만들기 위한 방법으로 기업결합의 한 형태라고 볼 수 있다.[1] 그러나 주식교환은 기존회사간에 완전모자회사관계가 설정되는 반면에, 주식이전은 기존회사가 새로이 완전모회사를 신설하여 완전자회사가 되는 점에서 차이가 있다.

주식의 교환과 이전은 기본적으로 기업의 물적 조직은 그대로 둔 채 인적조직만 이전시키기 위한 것으로서, 완전모자회사관계인 순수지주회사의 설립을 염두에 둔 상법상 제도라는 데 큰 의미가 있다. 또한 해당 회사에서 주주총회의 특별결의로 주식의 교환·이전에 대하여 승인하는 경우에(360조의3 2항, 360조의16 2항), 이를 반대하는 주주는 주식매수청구권을 행사하든가(360조의5, 360조의22), 주주총회의 결의에 따라야 하므로 일정한 강제성도 지니고 있다고 볼 수 있다. 다만 주식의 교환과 이전은 「독점규제 및 공정거래에 관한 법률」이 허용하는 범위 내에서만 인정된다.

이 같은 주식의 교환 및 이전의 법적 성질에 대하여는 현물출자나 흡수·신설합병의 법리와 연관하여 분석하는 경우가 있으나, 이는 주식교환이나 이전의 일부 특징만을 가지고 이에 대한 법적 성질을 논하고 있다는 비판을 면하기 어렵다. 따라서 주식교환·이전은 회사의 인적 조직을 별개 회사에 이전·흡수시켜 회사조직의 변경을 가져오는 조직법상의 특수한 행위로 파악하는 것이 타당할 것으로 생각한다.

2. 주식의 포괄적 교환

(1) 의   의

주식의 교환은 회사(甲회사)가 다른 회사(乙회사)의 주주로부터 그 회사(乙)의 주식의 전부를 포괄적으로 취득하여 완전모회사가 되고, 그 대가로서 자사(甲)의 주식

---

1) 주식의 포괄적 교환이나 포괄적 이전을 완전모자관계의 형성에 의한 기업결합의 방법으로 보면 합병과 유사한 기능을 가진다고 볼 수 있다. 다만 합병은 당사자 회사의 일부 또는 전부가 소멸하여 대규모 조직으로 재편되는 것으로 경영상 위험이 집중되고 다양한 업종이 하나의 경영체제로 통합되는 경우 경영상 비효율이 발생할 우려가 있는 등의 문제점이 발생할 수 있다. 반면에 주식의 교환이나 이전은 당사자 회사의 법인격이 유지되는 상태로 진행되기 때문에 실질적인 경영통제의 목적을 달성하면서도, 위험집중현상이 제한적이고 불필요한 규모확대가 발생하지 않는 등의 장점이 있다. 참고로 주식의 교환과 합병을 법적 이슈별로 비교해 보면 다음과 같다. i) 양자의 공통적 요소로, ① 기업결합의 수단, ② 주주의 흡수, ③ 반대주주에 대한 주식매수청구권 인정, ④ 회사간의 계약, 계약서의 기재사항의 유사, ⑤ 소규모·간이 등의 간소화 절차의 인정, ⑥ 분쟁해결절차의 유사 등을 들 수 있고, ii) 양자의 상이한 요소로는, ① 당사회사의 소멸 여부, ② 재산의 승계 여부, ③ 채권자보호절차의 유무 등이 있다.

을 상대방회사(乙)의 주주에게 교부하는 것을 말한다. 여기서 甲은 완전모회사가 되며, 乙은 완전자회사가 된다. 완전자회사가 되는 회사는 복수가 될 수 있다. 乙회사의 주주의 입장에서 보면 乙의 주식을 甲에게 이전하고 그 대신 甲의 주식을 받게 되므로 양 회사의 주식을 교환하는 것이 된다. 이 경우 甲은 乙의 주주에게 신주를 배정하거나 자기주식을 이전하게 된다(360조의2 2항).

따라서 주식교환은 주식의 포괄적 교환에 의하여 기존회사들간에 완전모자회사관계가 설정되어야 하므로, 기존회사의 주주간의 단순한 주식교환이나 주식일부의 취득은 상법상의 주식교환이 아니다.

그런데 2015년 자회사를 활용한 기업 인수 및 합병의 구조를 마련하여 기업 인수 및 합병 시장의 확대 및 경제활성화를 도모한다는 취지에서 주식의 포괄적 교환에 대한 개정도 이루어졌다. 2015년 개정상법은 완전자회사가 되는 회사의 주주에게 그 대가의 전부 또는 일부로서 금전이나 그 밖의 재산을 제공할 수 있도록 하였고(360조의3 3항 4호) 주식의 포괄적 교환 시에 완전모회사가 되는 회사의 모회사의 주식을 교환대가로 지급하는 삼각주식교환이 가능하도록 하였다(360조의3 6항). 예를 들어 甲회사와 乙회사가 주식의 포괄적 교환을 하면서 乙회사의 주주에게 甲회사의 모회사(A회사) 주식을 교부할 수 있게 되었고,[1] 이러한 삼각주식교환이 이루어진 다음 甲회사(A회사의 자회사)를 소멸회사로 하고 乙회사(甲회사의 완전자회사)를 존속회사로 하는 흡수합병을 하게 되면, 당초 매수대상회사 였던 乙회사의 법인격을 남겨둘 수 있게 되어 역삼각합병과 동일한 조직개편이 가능하게 된다. 단 완전모회사가 되는 회사는 주식교환 후에도 그 회사의 모회사의 주식을 계속 보유하고 있는 경우에는 주식교환의 효력이 발생하는 날부터 6개월 이내에 그 주식을 처분하여야 한다(360조의3 7항).

(2) 주식교환의 절차

1) 주식교환계약서의 작성과 계약체결

주식교환은 모회사가 될 회사와 자회사가 될 회사가 이사회의 승인을 얻어 주식교환계약서를 작성하고 주식교환계약을 체결하는 것에서부터 시작한다. 자회사가 될 회사는 2개 회사 이상일 수 있다. 주식교환계약서에는 다음의 사항을 적어야

---

[1] 삼각주식교환이 이루어지면, A회사와 甲회사는 종전의 모자관계에 변함이 없고, 乙회사의 주주였던 자는 A회사의 주주가 되며, 甲회사와 乙회사 사이에는 완전모자회사 관계가 형성된다.

한다(360조의3 3항). ① 완전모회사가 되는 회사가 주식교환으로 인하여 정관을 변경하는 경우에는 그 규정, ② 완전모회사가 되는 회사가 주식교환을 위하여 신주를 발행하거나 자기주식을 이전하는 경우에는 발행하는 신주 또는 이전하는 자기주식의 총수·종류, 종류별 주식의 수 및 완전자회사가 되는 회사의 주주에 대한 신주의 배정 또는 자기주식의 이전에 관한 사항(주식교환비율), ③ 완전모회사가 되는 회사의 자본금 또는 준비금이 증가하는 경우에는 증가할 자본금 또는 준비금에 관한 사항, ④ 완전자회사가 되는 회사의 주주에게 제 2 호에도 불구하고 그 대가의 전부 또는 일부로서 금전이나 그 밖의 재산을 제공하는 경우에는 그 내용 및 배정에 관한 사항, ⑤ 각 회사가 주식교환승인결의를 할 주주총회의 기일, ⑥ 주식교환을 할 날, ⑦ 각 회사가 주식교환을 할 날까지 이익배당을 할 때에는 그 한도액, ⑧ 완전모회사가 되는 회사에 취임할 이사와 감사 또는 감사위원회의 위원을 정한 때에는 그 성명 및 주민등록번호 등이 그것이다.

2) 주식교환계약서 등의 사전공시

이사는 주주총회의 회일의 2주 전부터 주식교환의 날 이후 6월이 경과하는 날까지 ① 주식교환계약서, ② 완전모회사가 되는 회사가 주식교환을 위하여 신주를 발행하거나 자기주식을 이전하는 경우에는 완전자회사가 되는 회사의 주주에 대한 신주의 배정 또는 자기주식의 이전에 관하여 그 이유를 기재한 서면(주식교환비율의 이유서), ③ 주주총회의 회일 전 6월 내의 날에 작성한 주식교환을 하는 각 회사의 대차대조표 및 손익계산서 또는 최종의 대차대조표 및 손익계산서를 본점에 비치하여야 한다(360조의4 1항). 주주는 영업시간 내에 이들 서류의 열람 또는 등사를 청구할 수 있다(360조의4 2항, 391조의3 3항).

주식교환은 완전모회사와 자회사의 주주구성의 변동을 가져올 뿐 회사의 재산에는 영향을 미치지 않으므로 채권자에게는 위의 열람청구권이 인정되지 않는다.

3) 반대주주의 주식매수청구권

주식교환계약서의 승인을 위한 주주총회의 소집에 관한 이사회의 결의가 있고, 그 결의에 반대하는 주주는 주식매수청구권을 행사할 수 있다. 2015년 개정상법은 의결권이 없거나 제한되는 주주도 주식매수청구권을 행사할 수 있음을 분명하게 하고 있다(360조의5 1항). 주식교환에 의하여 완전모회사와 완전자회사가 되는 회사의 주주 등은 주식교환의 조건, 상대방회사의 재무상태에 따라 불이익을 받을 염려가 있기 때문이다.

주식매수청구를 할 주주는 주주총회 전에 먼저 회사에 대하여 서면으로 그 결의에 반대하는 의사를 통지하여야 한다. 이후 주식교환계약서가 주주총회에서 특별결의로 통과되면 총회의 결의일로부터 20일 이내에 주식의 종류와 수를 기재한 서면으로 회사에 대하여 자기가 소유하고 있는 주식의 매수를 청구할 수 있다(360조의5 1항). 주식매수가액의 결정은 합병·영업양도의 경우와 같다(360조의5 3항, 374조의2 2항~5항). 후술하는 간이주식교환에 있어서는 반대주주의 주식매수청구권이 인정되나, 소규모주식교환에 있어서는 그렇지 않다(360조의10 7항). 간이주식교환의 경우 제360조의9 제 2 항의 공고나 통지일로부터 2주 내에 회사에 서면으로 주식교환에 반대하는 의사를 통지한 주주는 그 기간 경과한 날로부터 20일 이내에 주식의 종류와 수를 기재한 서면으로 회사에 주식의 매수를 청구할 수 있다(360조의5 2항).

4) 주주총회의 승인

회사가 주식교환을 함에는 위의 주식교환계약서를 작성하여 주주총회의 특별결의에 의한 승인을 얻어야 한다(360조의3 1항·2항). 총회의 소집통지에는 ① 주식교환계약서의 주요내용, ② 주식교환을 반대하는 주주의 주식매수청구권의 내용 및 행사방법, ③ 일방회사의 정관에 주식의 양도에 관하여 이사회의 승인을 요한다는 뜻의 규정이 있고 다른 회사의 정관에 그 규정이 없는 경우 그 뜻을 기재하여야 한다(360조의3 4항).

주식교환으로 종류주주에게 손해를 미칠 염려가 있는 경우에는 그 종류주주총회의 승인을 얻어야 한다(436조, 435조).[1]

또한 주식교환으로 인하여 주식교환에 관련되는 각 회사의 주주의 부담이 가중되는 경우에는 위의 승인 외에도 그 주주 전원의 동의가 있어야 한다(360조의3 5항).[2]

---

1) 주식교환에 있어서는 양당사자 어느 회사에도 채권자보호절차를 요하지 않는다. 완전자회사가 되는 회사는 자산의 변동이 없고, 완전모회사가 되는 회사는 자회사의 주식이 이전되어 오히려 재산이 증가하기 때문이다.

2) 인적회사를 모회사로 하고 주식회사를 자회사로 하여 이들의 지분을 교환하는 경우라면 주식의 교환으로 주주의 부담이 가중되는 경우를 싱정해 볼 수 있으나, 주식회사민을 적용대상으로 하는 우리 상법상 교환제도에서는 주주의 부담을 가중하는 주식교환을 상상하기 어렵기 때문에, 동 규정의 입법에 실질적 의미를 찾기 어렵다는 주장이 있다(이철송, 1184면).

5) 완전모회사의 자본금의 한도액

완전모회사가 되는 회사의 자본금은 주식교환의 날에 완전자회사가 되는 회사에 현존하는 순자산액에서, ① 완전자회사가 되는 회사의 주주에게 제공할 금전이나 그 밖의 재산의 가액과 ② 제360조의3 제 3 항 제 2 호에 따라 완전자회사가 되는 회사의 주주에게 이전하는 자기주식의 장부가액의 합계액을 공제한 금액을 초과하여 증가시킬 수 없다(360조의7 1항).

그러나 완전모회사가 되는 회사가 주식교환 이전에 완전자회사가 되는 회사의 주식을 이미 소유하고 있는 경우에는 완전모회사가 되는 회사의 자본금은 주식교환의 날에 완전자회사가 되는 회사에 현존하는 순자산액에 그 회사의 발행주식 총수에 대한 주식교환으로 인하여 완전모회사가 되는 회사에 이전하는 주식의 수의 비율을 곱한 금액에서 위 ①과 ②의 금액을 공제한 금액의 한도를 초과하여 이를 증가시킬 수 없다(360조의7 2항). 예컨대 완전모회사가 되는 회사가 완전자회사가 되는 회사의 주식 10%를 소유하고 있는 경우에는 주식교환에 의하여 90%에 해당하는 주식이 완전모회사에 이전하게 되므로, '자회사의 순자산액×90%'가 기준액이 되며, 여기서 위의 ①과 ②의 금액을 공제한 금액이 자본증가액의 한도액이 되는 것이다. 이는 자본금충실의 원칙을 준수하기 위함이다.

이상에서 보는 바와 같이 주식교환에 의하여 완전모회사의 자본금증가의 최대한도는 자회사의 순자산액이므로, 채무초과상태인 자회사를 대상으로 한 주식교환은 허용되지 않는다.

6) 주권의 실효절차

주식교환에 의하여 완전자회사가 되는 회사는 주주총회에서 주식교환계약서에 대한 승인을 한 때에는, ① 주주총회가 승인을 한 뜻, ② 주식교환의 날의 전날까지 주권을 회사에 제출하여야 한다는 뜻, ③ 주식교환의 날에 주권이 무효가 된다는 뜻을 주식교환의 날 1월 전에 공고하고, 주주명부에 기재된 주주와 질권자에 대하여 개별적으로 그 통지를 하여야 한다(360조의8 1항). 구주권을 회사에 제출할 수 없는 자가 있는 때에는 회사는 그 자의 청구에 의하여 3월 이상의 기간을 정하고 이해관계인에 대하여 그 주권에 대한 이의가 있으면 그 기간 내에 제출할 뜻을 공고하고 그 기간이 경과한 후에 신주권을 청구자에게 교부할 수 있다(360조의8 2항, 442조).

주식교환일까지 제출되지 않은 주권은 주권으로서의 효력은 없지만, 그 소지인은 완전자회사에 대하여 완전모회사가 발행하는 신주권의 교부를 청구할 수 있다고 해석된다.

7) 단주처리, 질권

주식교환비율에 따라 단주가 발생한 경우에는 이에 대하여 발행한 신주를 경매하여 각 주수에 따라 그 대금을 주주에게 지급하여야 한다. 그러나 거래소의 시세 있는 주식은 거래소를 통하여 매각하고, 거래소의 시세 없는 주식은 법원의 허가를 받아 경매 외의 방법으로 매각할 수 있다(360조의11 1항, 443조).

완전자회사가 되는 회사의 주식을 목적으로 하는 질권이 설정되어 있는 경우, 질권자는 주식교환으로 인하여 완전자회사가 되는 회사의 주주가 받을 금전이나 주식에 대하여도 종전의 주식을 목적으로 한 질권을 행사할 수 있다(360조의11 2항, 339조). 주식에 대하여 등록질이 설정된 경우 질권자는 회사에 대하여 위의 주식에 대한 주권의 교부를 청구할 수 있다(360조의11 2항, 340조 3항).

(3) 간이주식교환

완전자회사가 되는 회사의 총주주의 동의가 있거나 그 회사의 발행주식 총수의 100분의 90 이상을 완전모회사가 되는 회사가 소유하고 있는 때에는 완전자회사가 되는 회사의 주주총회의 승인은 이를 이사회의 승인으로 갈음할 수 있다(360조의9 1항). 이를 간이주식교환이라고 한다. 간이주식교환의 경우에 완전자회사가 되는 회사는 주식교환계약서를 작성한 날부터 2주 내에 주주총회의 승인을 얻지 아니하고 주식교환을 한다는 뜻을 공고하거나 주주에게 통지하여야 한다. 다만, 총주주의 동의가 있는 때에는 그러하지 아니하다(360조의9 2항).

(4) 소규모주식교환

완전모회사가 되는 회사가 주식교환을 위하여 발행하는 신주 및 이전하는 자기주식의 총수가 그 회사의 발행주식 총수의 100분의 10을 초과하지 아니하는 경우에는 그 회사에서의 주주총회의 승인(360조의3 1항)은 이를 이사회의 승인으로 갈음할 수 있다(360조의10 1항 본문). 이를 소규모주식교환이라 한다.

소규모주식교환에 있어서는 완전모회사가 되는 회사의 주주에게 미치는 영향이 경미하므로 소규모합병(527조의3)과 마찬가지로 그 절차를 간소화하기 위함이다. 다만, 완전자회사가 되는 회사의 주주에게 제공할 금전이나 그 밖의 재산을 정한 경우에 그 금액 및 그 밖의 재산의 가액이 최종 대차대조표(360조의4 1항 3호)에 의하여 완전모회사가 되는 회사에 현존하는 순자산액의 100분의 5를 초과하는 때에는 주주총회의 승인을 얻어야 한다(360조의10 1항 단서).

소규모주식교환의 경우에는 주식교환계약서에 완전모회사가 되는 회사에 관하여는 주주총회의 승인을 얻지 아니하고 주식교환을 할 수 있는 뜻을 기재하여야 한다. 그러나 완전모회사가 되는 회사의 정관변경사항은 주식교환계약서에 이를 기재하지 못한다(360조의10 3항). 정관변경은 주주총회의 전속권한에 속하는 사항이기 때문이다.

완전모회사가 되는 회사는 주식교환계약서를 작성한 날부터 2주 내에 완전자회사가 되는 회사의 상호와 본점, 주식교환을 할 날 및 주주총회의 승인을 얻지 아니하고 주식교환을 한다는 뜻을 공고하거나 주주에게 통지하여야 한다(360조의10 4항). 이때 완전모회사가 되는 회사의 발행주식 총수의 100분의 20 이상에 해당하는 주식을 가지는 주주가 위에서 기술한 동조 제4항에 따라 공고 또는 통지를 한 날로부터 2주 내에 회사에 대하여 서면으로 소규모주식교환에 반대하는 의사를 통지한 때에는 소규모주식교환을 할 수 없다(360조의10 5항).

또한 이사는 위의 공고 또는 통지의 날부터 주식교환의 날 이후 6월이 경과하는 날까지 ① 주식교환계약서, ② 완전모회사가 되는 회사가 주식교환을 위하여 신주를 발행하거나 자기주식을 이전하는 경우에는 완전자회사가 되는 회사의 주주에 대한 신주의 배정 또는 자기주식의 이전에 관하여 그 이유를 기재한 서면(주식교환비율의 이유서), ③ 공고 또는 통지의 날 전 6월 내의 날에 작성한 주식교환을 하는 각 회사의 대차대조표 및 손익계산서 또는 최종의 대차대조표 및 손익계산서를 본점에 비치하여야 한다(360조의10 6항, 360조의4 1항).

소규모주식교환에 있어서는 반대주주의 주식매수청구권이 인정되지 않는다(360조의10 7항).

(5) 주식교환의 효력

주식교환은 주식교환계약서에서 기재된 주식교환일(360조의3 3항 6호)에 그 효력이 발생한다(360조의2 2항). 합병, 분할이 등기에 의하여 효력이 발생하는 것과 다른 점이다.

주식교환의 효력은 구체적으로, ① 완전자회사가 되는 회사의 주주가 가지는 그 회사의 주식은 완전모회사가 되는 회사에 포괄적으로 이전됨으로써 완전모회사관계가 창설되고, ② 완전자회사가 되는 회사의 주주는 그 완전모회사가 되는 회사가 주식교환을 위하여 발행하는 신주의 배정을 받거나 자기주식을 이전 받음으로써 완전모회사의 주주가 되며(360조의2 2항), ③ 주식교환서에 기재된 정관변경, 자본금증가 등 주식교환의 성립을 정지조건으로 한 사항들의 효력이 발생하는 것이 그것이다.

또한 주식교환에 의하여 완전모회사가 되는 회사의 이사 및 감사로서 주식교환 전에 취임한 자는 주식교환계약서에 다른 정함이 있는 경우를 제외하고는 주식교환 후 최초로 도래하는 결산기에 관한 정기총회가 종료하는 때에 퇴임한다(360조의13). 이는 완전자회사가 되는 회사의 주주가 완전모회사의 주주가 되었기 때문에 주주 전체의 의사를 묻기 위함이다.

그리고 이사는 ① 주식교환의 날, ② 주식교환의 날에 완전자회사가 되는 회사에 현존하는 순자산액, ③ 주식교환으로 인하여 완전모회사에 이전한 완전자회사의 주식의 수, ④ 그 밖의 주식교환에 관한 사항을 기재한 서면을 주식교환의 날부터 6월간 본점에 비치하여야 한다(360조의12 1항). 주주는 영업시간 내에 이들 서류의 열람 또는 등사를 청구할 수 있다(360조의12 2항, 391조의3 3항).

그런데 완전자회사가 되는 회사가 주식교환 이전에 전환사채·신주인수권부사채를 발행하거나 주식매수선택권을 이사·감사 등에 부여한 경우에, 위의 권리자들이 주식교환일 이후에 그 권리를 행사한다면 완전자회사는 주식을 발행하여야 되므로 완전모자회사관계가 유지될 수 없는 문제가 발생한다. 이에 관하여 상법은 아무런 규정을 두고 있지 않으므로 완전자회사가 주식교환일 이전에 위의 권리를 상환 또는 행사하게 하든가, 주식교환일 이후에 발행된 주식을 개별적으로 매수하는 방법을 취하여야 할 것이다.

(6) 주식교환의 무효

주식교환의 무효는 각 회사의 주주·이사·감사·감사위원회의 위원 또는 청산인에 한하여 주식교환의 날부터 6월 내에 소만으로 이를 주장할 수 있다(360조의14 1항). 주식교환의 경우는 합병과 달리 채권자의 권리에 영향이 없으므로 회사채권자와 파산관재인은 제소권자가 아니다.

상법은 주식교환의 무효원인을 정하고 있지 않으나, 해석상 주식교환계약서의 기재사항의 흠결, 승인결의의 부존재 또는 하자, 사전 및 사후 공시의무의 해태 등 주식교환의 법정요건이나 절차를 위반한 경우 등이 무효원인에 해당한다고 볼 수 있다.

주주총회의 주식교환승인결의의 하자는 주식교환의 무효원인이 되기 때문에 주주총회결의의 부존재, 취소 또는 무효확인의 소와 동시에 주식교환의 무효의 소를 제기할 수 있으므로 이들 소의 상호관계가 문제된다. 이 경우에는 주식교환의 효력이 발생하기 이전까지는 주주총회결의의 하자로 다투고, 그 이후에는 주식교환무효의 소에 흡수된다고 보는 것이 타당할 것이다.

주식교환무효의 소는 완전모회사가 되는 회사의 본점소재지의 지방법원의 관할에 전속한다(360조의14 2항).

주식교환을 무효로 하는 판결이 확정된 때에는 주식의 소유관계가 교환 전 상태로 환원되어야 하므로 완전모회사가 된 회사는 주식교환을 위하여 발행한 신주 또는 이전한 자기주식의 주주에 대하여 그가 소유하였던 완전자회사가 된 회사의 주식을 이전하여야 한다(360조의14 3항). 완전모회사의 완전자회사 주식의 이전 상대방은 교환당시 자회사의 주주(양도인)가 아니고, 자회사의 주주에게 발행한 신주 또는 자기주식을 무효판결 확정시에 소유하고 있는 자(양수인)이다.[1] 이 같은 해석이, 비소급효의 효력과 조화되는 것이다.[2] 이전주식에 대하여는 질권의 물상대위가 인정된다(360조의14 4항, 339조, 340조 3항).

그 밖에 소제기의 공고(187조), 병합심리(188조), 하자의 보완 등과 법원의 재량기각(189조), 판결의 효력(원고승소의 경우 대세적 효력, 190조 본문), 패소원고의 책임(191조), 설립무효의 등기(192조) 등 회사설립무효의 소에 관한 규정이 준용되며, 제소주주의 담보제공의무(377조), 신주발행무효판결의 효력(불소급효, 431조)의 규정이 주식교환무효의 소에 준용한다(360조의14 4항).

3. 주식의 포괄적 이전

(1) 의   의

주식이전은 현존하는 회사(甲)가 별도의 완전모회사(乙)를 설립하는 동시에, 甲회사의 주주가 가진 주식 전부를 완전모회사의 발행주식의 배정을 대가로 완전모회사에 이전함으로써 완전자회사가 되는 제도이다. 따라서 주식이전에 의하여 甲

---

1) 김건식 외, 846면.
2) 이철송, 1192~1193면.

은 乙의 완전자회사가 되며, 甲회사의 주주는 乙회사의 주주가 된다. 주식이전은 원칙적으로 하나의 회사에 의하여 수행되나, 둘 이상의 회사가 공동으로 완전모회사를 설립할 수도 있다(360조의16 1항 8호).

(2) 주식이전의 절차

1) 주주총회에 의한 주식이전의 승인

주식이전을 하고자 하는 회사는 이사회결의를 거쳐 주식이전계획서를 작성하여 주주총회의 특별결의에 의한 승인을 얻어야 한다(360조의16 1항·2항, 434조). 또한 주식의 교환과 마찬가지로 주식의 이전으로 각 회사의 주주의 부담이 가중되는 경우에는 주주총회와 종류주주총회의 승인(436조, 435조) 외에도 그 주주 전원의 동의가 있어야 한다(360조의16 4항). 총회의 소집통지와 공고에는 ① 주식이전계획서의 주요내용, ② 주식이전을 반대하는 주주의 주식매수청구권의 내용 및 행사방법, ③ 일방회사의 정관에 주식의 양도에 관하여 이사회의 승인을 요한다는 뜻의 규정이 있고 다른 회사의 정관에 그 규정이 없는 경우 그 뜻을 기재하여야 한다(360조의16 3항, 360조의3 4항). 주식이전계획서에는, ① 설립하는 완전모회사의 정관의 규정, ② 설립하는 완전모회사가 주식이전에 있어서 발행하는 주식의 종류와 수 및 완전자회사가 되는 회사의 주주에 대한 주식의 배정에 관한 사항, ③ 설립하는 완전모회사의 자본금 및 자본준비금에 관한 사항, ④ 완전자회사가 되는 회사의 주주에게 금전이나 그 밖의 재산을 제공하는 경우에는 그 내용 및 배정에 관한 사항, ⑤ 주식이전을 할 시기, ⑥ 완전자회사가 되는 회사가 주식이전의 날까지 이익배당을 할 때에는 그 한도액, ⑦ 설립하는 완전모회사의 이사와 감사 또는 감사위원회의 위원의 성명 및 주민등록번호, ⑧ 회사가 공동으로 주식이전에 의하여 완전모회사를 설립하는 때에는 그 뜻 등이 기재되어야 한다(360조의16 1항).

2) 주식이전계획서 등의 사전공시

이사는 주주총회의 회일의 2주 전부터 주식이전의 날 이후 6월이 경과하는 날까지 ① 주식이전계획서, ② 완전자회사가 되는 회사의 주주에 대한 주식의 배정에 관하여 그 이유를 기재한 서면(주식이전비율에 관한 이유서), ③ 주주총회의 회일 전 6월 이내의 날에 작성한 완전자회사가 되는 회사의 최종 대차대조표 및 손익계산서를 본점에 비치하여야 한다(360조의4 1항). 주주는 영업시간 내에 이들 서류의 열람 또는 등사를 청구할 수 있다(360조의17 2항, 391조의3 3항). 주식교환과 마찬가지로 채권자에게는 열람청구권이 인정되지 않는다.

3) 반대주주의 주식매수청구권

주식이전계획서의 승인을 위한 주주총회의 소집에 관한 이사회의 결의가 있고, 그 결의에 반대하는 주주는 주식매수청구권을 행사할 수 있다. 주식매수청구의 절차, 주식매수가액의 결정 등은 주식교환의 경우와 동일하다(360조의22, 360조의5).

4) 완전모회사의 자본금의 한도액

설립하는 완전모회사의 자본금은 주식이전의 날에 완전자회사가 되는 회사에 현존하는 순자산액에서 그 회사의 주주에게 제공할 금전 및 그 밖의 재산의 가액을 뺀 액을 초과하지 못한다(360조의18).

5) 주권의 실효절차

주식이전에 의하여 완전자회사가 되는 회사는 주주총회에서 주식이전계획서에 대한 승인을 한 때에는, ① 주주총회가 결의를 한 뜻, ② 1월을 초과하여 정한 기간 내에 주권을 회사에 제출하여야 한다는 뜻, ③ 주식이전의 날에 주권이 무효가 된다는 뜻을 공고하고, 주주명부에 기재된 주주와 질권자에 대하여 따로따로 그 통지를 하여야 한다(360조의19 1항). 구주권을 회사에 제출할 수 없는 자가 있는 때에는 회사는 그 자의 청구에 의하여 3월 이상의 기간을 정하고 이해관계인에 대하여 그 주권에 대한 이의가 있으면 그 기간 내에 제출할 뜻을 공고하고 그 기간이 경과한 후에 신주권을 청구자에게 교부할 수 있다(360조의19 2항, 442조).

6) 단주처리, 질권

주식이전비율에 따라 단주가 발생한 경우에는 이에 대하여 발행한 신주를 경매하여 각 주수에 따라 그 대금을 주주에게 지급하여야 한다. 그러나 거래소의 시세 있는 주식은 거래소를 통하여 매각하고, 거래소의 시세 없는 주식은 법원의 허가를 받아 경매 외의 방법으로 매각할 수 있다(360조의22, 360조의11 1항, 443조).

완전자회사가 되는 회사의 주식을 목적으로 하는 질권이 설정되어 있는 경우, 질권자는 주식교환으로 인하여 완전자회사가 되는 회사의 주주가 받을 금전이나 주식에 대하여도 종전의 주식을 목적으로 한 질권을 행사할 수 있다(360조의22, 360조의11 2항, 339조). 주식에 대하여 등록질이 설정된 경우 질권자는 회사에 대하여 위의 주식에 대한 주권의 교부를 청구할 수 있다(360조의22, 360조의11 2항, 340조 3항).

7) 주식이전의 등기

주식이전을 한 때에는 설립한 완전모회사의 본점의 소재지에서는 2주 내에, 지점의 소재지에서는 3주 내에 제317조 제 2 항에서 정하는 사항(설립등기사항)을 등기하여야 한다(360조의20).

(3) 주식이전의 효력

주식이전은 이로 인하여 설립한 완전모회사가 그 본점소재지에서 제360조의20의 규정에 의한 등기를 함으로써 그 효력이 발생한다(360조의21). 주식교환이 주식교환계약서에서 기재된 주식교환일(360조의3 3항 6호)에 그 효력이 발생하는 것(360조의2 2항)과 다른 점이다. 주식이전의 효력이 발생하면, ① 완전자회사가 되는 회사의 주주가 소유하는 그 회사의 주식은 완전모회사가 되는 회사에 포괄적으로 이전됨으로써 완전모회사관계가 창설되고, ② 완전자회사가 되는 회사의 주주는 그 완전모회사가 되는 회사가 주식이전을 위하여 발행하는 신주의 배정을 받음으로써 완전모회사의 주주가 된다(360조의15 2항).

그리고 이사는 ① 주식이전의 날, ② 주식이전의 날에 완전자회사가 되는 회사에 현존하는 순자산액, ③ 주식이전으로 인하여 완전모회사에 이전한 완전자회사의 주식의 수, ④ 그 밖의 주식이전에 관한 사항을 기재한 서면을 주식이전의 날부터 6월간 본점에 비치하여야 한다(360조의22, 360조의12 1항). 주주는 영업시간 내에 이들 서류의 열람 또는 등사를 청구할 수 있다(360조의22, 360조의12 2항, 391조의3 3항).

(4) 주식이전의 무효

주식이전의 무효는 각 회사의 주주·이사·감사·감사위원회의 위원 또는 청산인에 한하여 주식이전의 날부터 6월 내에 소만으로 이를 주장할 수 있다(360조의23 1항). 주식이전무효의 소는 완전모회사가 되는 회사의 본점소재지의 지방법원의 관할에 전속한다(360조의23 2항).

주식이전을 무효로 하는 판결이 확정된 때에는 완전모회사가 된 회사는 주식이전을 위하여 발행한 주식의 주주에 대하여 그가 소유하였던 완전자회사가 된 회사의 주식을 이전하여야 한다(360조의23 3항). 또한 질권의 물상대위가 인정된다(360조의23 4항, 339조, 340조 3항). 주식이전무효의 판결이 확정된 경우에 설립된 완전모회사는 해산의 경우에 준하여 청산절차가 개시된다(360조의23 4항, 193조).

그 밖에 소제기의 공고(187조), 병합심리(188조), 하자의 보완 등과 법원의 재량기각(189조), 판결의 효력(원고승소의 경우 대세적 효력·불소급효, 190조), 패소원고의 책임(191조), 설립무효의 등기(192조), 제소주주의 담보제공의무(377조)의 규정들은 주식이전무효의 소에 각각 준용한다(360조의23 4항).

Ⅲ. 문제해설

(1) 甲회사는 乙회사의 주주로부터 乙회사 주식 전부를 포괄적으로 취득하고, 乙회사 주주에게 甲회사의 신주나 자기주식을 교부하는, 주식의 포괄적 교환제도를 이용하면 된다.

(2) 2015년 상법개정으로 甲회사는 매수청구기간(총회결의일로부터 20일이내) 종료일로부터 2개월 내에 주식을 매수할 의무를 부담하는데(360조의22, 360조의5, 374조의2 2항)(만일 甲회사가 상장회사라면 1월내에 주식을 매수하여야 함, 자본시장법 165조의5 2항), 甲회사가 이 기간이 도래해도 주식의 대금을 지급하지 않은 경우에는, 주식매수가액의 합의가 되지 않아 지연된 경우에도, 매수청구기간 종료일로부터 2월이 경과한 후부터는 이행지체로 인한 지연손해금을 주식매수를 청구한 반대주주에게 지급하여야 한다(대법원 2011. 4. 28. 선고 2009다72667 판결 참조, 2015년 상법개정전의 판결이어서 주식대금 지체책임의 기산점에 차이가 있을 수밖에 없으나 매수의무를 부담하는 회사의 지체책임에 대한 기본입장은 향후에도 계속 유지될 것으로 예상됨).

[4] 주식회사의 해산

Ⅰ. 사   례

1. 사실관계

甲주식회사는 1980년에 설립된 회사인데, 甲회사 정관에는 만 30년의 존속기간이 정하여져 있다. 甲회사는 형제인 A와 B가 각각 30%와 20%의 지분을 소유하고 있는데, A가 대표이사로서 경영권을 행사하고 있다.

2. 검 토

(1) A의 경영스타일에 불만을 품은 B는 만 30년이 되어 가자, 甲회사 해산 후 그 잔여재산의 분배를 받아 새로운 사업을 하고자 하였다. A는 이 같은 B의 의도를 저지하기 위하여 정관상의 존속기간규정을 삭제하는 방책을 궁리하였지만, 자신의 경영에 대한 주주들의 불만이 많은 것을 파악하고 주주총회를 정식으로 소집할 수 없었다. 결국 A는 주주총회를 소집하지 않고 총회의사록을 조작하여 존속기간조항 삭제의 정관변경등기를 하였다.

이러한 정관변경 사실을 모르고 있던 B는 만 30년의 기간이 경과한 후에 A에게 신속하게 청산절차에 들어갈 것을 요구하였으나 거절당했다. B는 어떤 회사법적 조치를 취할 수 있는가?

(2) 1998년 10월에 존속기간규정을 삭제하는 정관변경안이 주주총회 특별결의로 통과되었다고 가정하자. 그런데 이와 관련한 정관변경등기가 이루어지지 않은 상태에서 만 30년이 경과하자, B가 甲회사의 해산을 주장한다면, A가 정관상 존속기간규정의 부재를 이유로 이에 대항할 수 있는가?

Ⅱ. 주요법리

1. 주식회사의 해산

(1) 해산의 의의 및 효과

회사의 해산이라 함은 회사의 법인격소멸의 원인이 되는 법률요건을 말한다. 그러나 해산은 회사의 소멸 자체를 가져오는 법률요건은 아니므로, 해산사유가 발생된 후에는 청산절차가 개시되어 회사는 청산의 목적 범위 내에서는 존속한다. 따라서 회사의 법인격은 청산이 종료된 때에 소멸한다. 청산중의 회사는 영업활동을 할 수 없으며, 청산인이 회사의 대표기관이다.

회사가 해산된 때에는 합병과 파산의 경우 외에는 그 해산사유가 있는 날로부터 본점소재지에서는 2주간 내, 지점소재지에서는 3주간 내에 해산등기를 하여야 한다(228조, 269조, 521조의2, 613조 1항).

(2) 해산사유

주식회사의 해산사유는 ① 존립기간의 만료 기타 정관으로 정한 사유의 발생, ② 파산, ③ 법원의 해산명령 또는 해산판결 등이 해산사유이고(517조), ④ 회사의 합병, 분할 또는 분할합병(517조 1호의2), 그리고 ⑤ 주주총회의 특별결의에 의하여도 해산할 수 있으며(518조), ⑥ 장기간 휴면상태에 있는 회사는 일정한 절차를 밟아 해산한 것으로 의제한다(520조의2).

이처럼 주식회사의 해산사유는 기본적으로 합명회사의 해산사유(227조)를 준용하면서도, 합명회사와는 다르게 i) 주주가 1인으로 되어도 해산사유가 성립하지 아니하며(1인회사의 인정), ii) 회사의 분할 또는 분할합병에 의하여 해산되고, iii) 주주총회의 특별결의에 의하여도 해산할 수 있다. 또한 iv) 휴면회사의 해산의제(520조의2)라는 특유의 해산의제제도도 인정된다. 그리고 v) 채무자 회생 및 파산에 관한 법률에 따르면, 채무자가 회생계획에 해산의 뜻과 시기를 정하고 법원이 이를 허가하면 회사가 해산한다(같은 법 216조, 275조).

회사는 위와 같은 해산사유가 발생하면 당연히 해산하고, 해산등기(제3자에 대한 대항요건)가 없어도 청산중의 회사로 해석되어야 한다[주요판례 7]. 회사는 적법한 해산절차 및 청산의 종결로만 법인격이 소멸하므로, 부채과다로 사실상 파산지경이고 대표이사 등이 없어 업무수행이 어려운 상태라 할지라도 청산종결시까지 권리능력이 소멸하지 아니한다[주요판례 1].

2. 법원의 해산명령

(1) 의   의

해산명령이란 공익상 회사의 존속을 허용할 수 없는 일정한 경우에 법원이 이해관계인이나 검사의 청구에 의하여 또는 직권으로 회사의 해산을 명하는 재판이다(176조 참조).[1] 해산명령은 특히 회사의 반사회성이 나타날 때, 회사설립에 관하여 준칙주의의 폐단을 시정하기 위한 제도이다. 이러한 해산명령제도는 부실기업에 대한 정리 대책의 일종으로 고안되었지만, 부실기업의 판단상 어려움이나 과도한 비용문제 때문에 잘 활용되고 있지 않다.

---

1) 회사의 해산명령은 회사법 통칙에 규정되어 있으나(176조), 해산판결은 각 종류 회사마다 개별적 규정으로 되어 있다(241조, 269조, 287조의42, 520조, 613조 1항).

(2) 해산명령사유

① 회사의 설립목적이 불법인 때, ② 회사가 정당한 사유 없이 설립 후 1년 이내 영업을 개시하지 않거나 1년 이상 영업을 휴지하는 때(부당한 개업지연·영업휴지), ③ 이사 또는 회사의 업무를 집행하는 사원이 법령 또는 정관에 위반하여 회사의 존속을 허용할 수 없는 행위를 한 때(업무집행기관의 불법행위)이다(176조 1항). 이 같은 해산명령사유는 회사에 대한 손해배상책임 발생사유이기도 하다.

(3) 해산명령의 절차

법원은 이해관계인이나 검사의 청구에 의하여 또는 직권으로 회사의 해산을 명할 수 있다(176조 1항). 해산명령을 구하는 재판의 절차는 비송사건절차법(90조 이하)에 의한다. 해산명령의 청구가 있는 때에는 법원은 해산을 명하기 전이라도 이해관계인이나 검사의 청구에 의하여 또는 직권으로 관리인의 선임 기타 회사재산의 보전에 필요한 처분을 할 수 있다(176조 2항). 또 이해관계인이 해산명령의 청구를 한 때에 회사가 악의로 인한 것임을 소명하여 한 경우에는 법원은 상당한 담보를 제공할 것을 명할 수 있다(176조 3항·4항).

(4) 해산명령의 효과

해산명령의 재판의 확정에 의하여 회사는 해산한다(227조 6호, 269조, 517조 1항, 609조 1항 1호). 해산을 명하는 재판에 대하여 회사·이해관계인·검사는 즉시항고를 할 수 있으며, 항고는 집행정지의 효력이 있다(비송사건절차법 91조).

3. 해산판결

(1) 의   의

회사의 해산판결은 사원의 이익을 보호하기 위하여 사원의 청구에 의하여 법원의 판결로써 회사를 해산시키는 제도이다. 해산명령은 공익을 위하여, 비송사건절차에 의한 결정으로 이루어지지만, 해산판결은 회사가 자치능력을 상실하는 등 부득이한 경우에 사원의 이익을 보호하기 위하여 인정된 제도로서 소송사건이다.

(2) 해산판결의 사유 및 청구권자

1) 해산판결사유의 개요

인적회사(합명·합자회사)와 유한책임회사의 사원은 부득이한 사유가 있을 때에는 법원에 해산을 청구할 수 있고(241조 1항, 269조, 287조의42), 물적회사(주식·유한회사)의 경우에는 ① 회사의 업무가 현저한 정돈(停頓)상태를 계속하여 회복할 수 없는 손해가 생긴 때 또는 생길 염려가 있는 때, 또는 ② 회사재산의 관리 또는 처분의 현저한 실당(失當)으로 인하여 회사의 존립을 위태롭게 한 때에, 부득이한 사유가 있으면 해산청구가 가능하다(520조, 613조 1항). 이처럼 주식회사의 경우는 인적회사의 해산판결사유보다 협소하여, 이사간의 심각한 불화로 정상적인 경영활동이 어려워 회사에 막대한 손해가 발생할 염려가 있거나, 대표이사가 회사재산을 부당하게 유용하거나 처분하는 경우 등 회사경영진에 원인을 둔 경영정체가 심각한 경우에만 해산판결을 인정한다.

2) 주식회사의 해산판결청구권자

발행주식 총수의 100분의 10 이상의 주식을 가진 단독주주 혹은 복수주주이다(520조 1항). 이 경우 자기주식은 발행주식 총수에서 제외된다.

(3) 해산판결청구의 절차

피고는 회사이며, 본점소재지를 관할하는 지방법원의 전속관할에 속한다(241조 2항, 186조, 269조, 287조의42, 520조 2항, 613조 1항). 해산판결청구사건은 소송사건으로 그 재판은 판결에 의하며, 형성의 소이다.

(4) 해산판결의 효과

원고승소의 해산판결이 확정되면 회사는 해산하여 청산절차에 들어간다. 원고패소의 경우 원고가 악의 또는 중대한 과실이 있으면 회사에 대하여 연대하여 손해배상책임을 부담한다(241조 2항, 191조, 269조, 287조의42, 520조 2항, 613조 1항).

4. 휴면회사의 해산의제

(1) 의   의

휴면회사란 영업을 폐지하였음에도 불구하고 해산등기를 하지 않아 등기부상에만 존재하는 회사를 말한다. 휴면회사는 등기와 그 실체가 불일치하고, 타인의 상호사용의 방해, 회사범죄의 수단으로 활용되는 등 많은 부작용이 있기 때문에, 주식회사에 대하여서만 회사제도남용방지책의 일환으로 인정되는 제도이다.

(2) 휴면회사의 해산의제

법원행정처장이 본점의 소재지를 관할하는 법원에 아직 영업을 폐지하지 아니하였다는 뜻의 신고를 할 것을 관보로써 공고한 경우에, 그 공고한 날에 이미 최후의 등기 후 5년을 경과한 회사로서 공고한 날로부터 2월 이내에 대통령령이 정하는 바에 의하여 신고를 하지 아니한 때에는 그 회사는 그 신고기간이 만료된 때에 해산한 것으로 본다(520조의2 1항). 이 경우에 법원은 해당회사에 대하여 그 공고가 있었다는 뜻의 통지를 발송하여야 하며, 신고기간 내에 등기를 한 회사에 대하여는 해산이 의제되지 않는다(520조의2 2항·3항).

(3) 휴면회사의 청산의제

해산이 의제된 회사가 3년 이내에 회사계속의 결의(434조)에 의하여 회사를 계속하지 않는 한 그 회사는 해산의제일 이후 3년이 경과한 때에 청산이 종결된 것으로 본다(520조의2 3항·4항). 이때 회사의 법인격은 완전히 소멸된다.

5. 회사의 계속

회사의 계속이라 함은 일정한 사유로 인하여 해산된 회사가 다시 해산 전의 회사와 동일하게 복귀하는 것으로, 기업유지이념이 제도화된 것이다. 회사의 계속제도는 회사의 해산사유가 발생하여 청산절차에 들어간 회사의 사원들이 회사의 존속을 바라는 경우에 그 필요성이 있다. 주식회사의 경우 ① 존립기간의 만료 기타 정관으로 정한 사유의 발생이나, ② 주주총회의 특별결의에 의하여 해산된 경우에는 주주총회의 특별결의에 의하여 회사를 계속할 수 있다. 또한 해산이 의제된 휴면회사가 신고기간 후 3년 이내에는 주주총회의 특별결의에 의하여 회사를 계속할 수 있다(520조의2 3항). 회사의 계속의 경우에 이미 회사의 해산등기를 하였을 때에는 본점소재지에서는 2주간 내, 지점소재지에서는 3주간 내에 회사의 계속등기를 하여야 한다(229조 3항, 269조, 285조 3항, 530조 1항, 611조).

Ⅲ. 주요판례·문제해설

1. 주요판례

(1) 대법원 1985. 6. 25. 선고 84다카1954 판결 ― 회사의 권리능력 소멸시기

회사가 부채과다로 사실상 파산지경에 있어 업무도 수행하지 아니하고 대표이사나 그 외의 이사도 없는 상태에 있다고 하여도 적법한 해산절차를 거쳐 청산을 종결하기까지는 법인의 권리능력이 소멸한 것으로 볼 수 없다.

(2) 대법원 1980. 3. 11.자 80마68 결정 — 해산명령과 주무관청의 인가

자동차운수사업법 제30조의 취지는 자동차운송사업을 하는 법인이 스스로 해산결의를 하거나 총사원의 동의로써 해산을 하는 경우에는 교통부장관(현 국토해양부장관)의 인가를 얻어야 한다는 것으로 풀이되니 본건과 같이 상법 제176조의 규정에 따라 법원이 해산명령을 하는 경우에는 교통부장관의 인가를 필요로 하는 것이 아니다.

(3) 대법원 1995. 9. 12.자 95마686 결정 — 해산명령을 청구할 수 있는 이해관계인

상법 제176조 제 1 항에 의하여 법원에 회사의 해산명령을 청구할 수 있는 이해관계인이란 회사 존립에 직접 법률상 이해관계가 있는 자라고 보아야 한다. "○○랜드"라는 명칭의 빌딩을 소유하고 같은 명칭의 서비스표 및 상표 등록을 한 자가 그 상호를 "○○랜드주식회사"로 변경하려고 하는데, 휴면회사인 "○○랜드판매주식회사"로 인하여 상호변경등기를 할 수 없다는 사실만으로는 이해관계인이라 보기 어렵다.

(4) 대법원 1979. 1. 31.자 78마56 결정 — 해산명령과 영업 휴지의 정당한 사유

회사의 기본재산인 동시에 영업의 근간이 되는 부동산의 소유권귀속과 등기절차 등에 관련된 소송이 계속되었기 때문에 부득이 영업을 계속하지 못하였다 하여 회사해산명령결정을 다투는 경우에 위 소송이 부당하게 제기한 것이었다면, 그 영업휴지는 상법 제176조 제 1 항 제 2 호 소정의 영업휴지에 정당한 사유가 있는 경우에 해당되지 아니한다.

(5) 대법원 1978. 7. 26.자 78마106 결정 — 해산명령과 영업의 휴지

시장경영 목적의 회사가 시장건물 신축중 그 소유권을 둘러싼 분쟁으로 수년간 그 기능을 사실상 상실하고 정상적인 업무수행을 하지 못하다가 그 후 확정판결에 기하여 정상적인 업무수행을 할 수 있게 된 경우는 상법 제176조 제 1 항 제 2 호 후단 소정의 회사해산명령사유인 "회사가 정당한 사유 없이 1년 이상 영업을 휴지하는 때"에 해당한다고 볼 수 없다.

(6) 대법원 1968. 4. 22.자 67마659 결정 — 청산사무와 영업행위

주식회사는 그 존속기간의 정함이 있는 경우 그 기간이 만료되면 해산되고, 회사가 해산하면 청산사무만 할 수 있는 것이지, 종전의 사업을 그대로 계속할 수는 없는 것이므로, 사건 본인 회사는 설립등기일인 1943. 5. 11.부터 만 20년이 되는 1963. 5. 11.이 경과한 익일부터는 청산사무는 할 수 있어도, 종전의 영업행위를 그대로 계속할 수는 없는 것이라 할 것이다.

(7) 대법원 1964. 5. 5.자 63마29 결정 — 해산등기의 효력

회사해산등기의 효력에 대하여는 회사설립등기와 같은 특별규정이 없는 이상 상법총칙규정에 의하여 이는 제3자에 대한 대항요건에 불과하다고 할 것이므로 해산결의가 있고 청산인선임결의가 있다면 그 해산등기가 없어도 청산중인 회사이다.

2. 문제해설

(1) A의 정관변경등기와 상관없이 존속기간 정관규정의 삭제시도는 무효이므로, 甲회사는 존립기간 30년의 경과로 당연히 해산하여야 하며, A는 정관에 다른 정함이 없는 한 당연히 청산인이 된다. 그렇지만 A가 청산업무에 부적임하거나 중대한 임무위반행위를 하는 경우에는 3% 이상을 보유한 소수주주인 B는 법원에 청산인의 해임을 청구할 수 있다. 이러한 과정에서 청산인이 부재하는 사태가 발생하면 B는 법원에 청산인을 선임해 줄 것을 청구할 수 있다.

한편 해산사유가 발행하였음에도 A가 해산공시 및 청산절차에 돌입하지 않아 주주의 이익이 심각하게 침해되고 있는 경우에 B는 해산판결을 청구할 수 있는가? B의 주식보유비율이 10% 이상이므로 일단 해산판결청구권자에는 해당하나, 사례에서 제시된 사유만으로는 제520조 제1항의 해산판결 사유에 해당한다고 볼 수 없다.

(2) 정관변경의 효력은 주주총회결의시에 즉시 발생하므로, 甲회사의 정관상 존속기간 규정은 1998년 10월 주주총회결의시에 삭제되어 소멸된 것으로 보아야 한다. 따라서 A는 정관변경등기 여부와 상관없이 B의 해산주장에 대하여 존속기간을 정한 정관규정의 삭제를 이유로 하여 대항할 수 있다.

[5]　주식회사의 청산

Ⅰ. 사　　례

1. 사실관계

甲주식회사는 대주주 A를 중심으로 주주 B, C가 모여 만든 회사로, A가 대표이사를 맡아 경영권을 행사하였다. 甲회사는 한때 호황을 맞이하여 많은 순이익을 얻기도 했지만, 국내외 경제 환경이 불황으로 전환되면서 손해가 발생하기 시작하자, 甲회사는 주주총회에서 해산을 결의를 하고 청산절차에 돌입하였다. 甲회사는 해산 전 이사 A, D, E 3명이 청산인으로 청산업무를 수행했으나, E는 청산등기 직전 임기가 종료되었다. 甲청산회사는 청산 후 잔여재산이 없어서 주주인 A, B, C는 잔여재산 분배를 한 푼도 받지 못했다. 그런데 청산등기 후 B, C가 회사의 재산상태를 조사해 보니 甲주식회사가 乙주식회사에 대하여 1억 원의 채권이 존재하고 있다는 것과 A와 감사 F가 乙주식회사에게 일정 금액을 제공받고 고의로 채무자명단에서 乙주식회사를 제외했다는 사실을 알게 되었다.

2. 검　　토

(1) B, C는 잔여재산의 재분배를 청구할 수 있는가? B, C가 잔여재산의 재분배를 청구할 수 있다면, 甲청산회사에 채권이 잔존한다는 증명책임은 누가 부담하는가?

(2) A와 F의 법적 책임은 무엇인가?

Ⅱ. 주요법리

1. 회사청산의 의의

회사의 청산이라 함은 회사가 해산한 경우에 그 법률관계를 정리하여 회사의 법인격을 소멸시키는 절차를 말한다. 단, 합병 또는 파산의 사유로 해산한 경우에는 청산절차가 필요 없다. 회사의 청산은 법원의 감독을 받는다(비송사건절차법 118조 1항).

해산 후 청산중에 있는 회사를 청산회사라고 하며, 영업활동을 할 수는 없으나 청산의 목적 범위 내에서는 권리능력이 존속하게 된다(245조, 269조, 287조의45, 542조 1항, 613조 1항)[주요판례 1]. 따라서 청산목적 이외의 행위는 당연히 무효가 된다. 또한 민사소송상 당사자 능력이나 형사소송상 피고가 될 수 있는 당사자 능력도 있다.

주식회사의 청산절차에 관하여도 합명회사의 청산규정이 준용되나(542조 1항), 회사채권자 보호를 위하여 임의청산은 인정되지 않고 청산절차의 공정성이 강조된다.

2. 주식회사의 청산방법

회사의 청산방법에는 임의청산과[1] 법정청산의 방법이 있으나, 주식회사의 경우는 법정절차에 구속되는 법정청산이 강제된다(531조 이하).

3. 주식회사 청산인

(1) 취임·종임

주식회사에 있어서 회사가 해산한 때에는 합병·분할·분할합병 또는 파산의 경우를 제외하고 이사가 청산인이 된다(531조 1항). 다만 법원의 해산판결로 해산되는 경우에는 이사가 당연히 청산인이 되는 것은 아니다[주요판례 2].

주주총회나 감사는 그대로 존속하며 검사인도 선임할 수 있다. 청산인은 그 전원으로 청산회사의 업무집행기관인 청산인회를 구성하며, 청산인회는 그 결의로 청산사무를 집행하고 청산회사를 대표할 대표청산인을 선임하여야 한다(542조 2항). 주식회사의 청산인의 수에 대하여는 제한이 없으므로 1인이라도 상관없으며 그 경우에는 그 1인 청산인이 대표청산인이 된다. 청산인·청산인회·대표청산인의 지위와 의무에 관하여는 이사·이사회·대표이사에 관한 규정이 준용된다(542조).

청산인은 민법상 위임 종료사유(민법 690조)나 사임(민법 689조) 등에 의하여 퇴임하며, 법원이 청산인을 선임한 경우 외에는 주주총회의 보통결의로 언제든지 해임할 수 있다(539조 1항). 또한 청산인이 그 업무를 집행함에 있어 현저하게 부적임하거나 중대한 임무 위반행위를 한 경우에는 소수주주가 법원에 청산인의 해임을 청구할 수 있다(539조 2항).

---

1) 임의청산이란 정관 또는 총사원의 동의로 회사재산처분방법을 정하는 것을 말한다. 이 경우에는 해산사유가 있는 날로부터 2주간 내에 청산재산목록과 대차대조표를 작성하여야 한다. 인적회사가 해산한 경우에는 임의청산의 방법에 의하는 것이 원칙이다(247조 1항·2항).

(2) 청산사무

청산인이 하는 주된 사무의 내용은 ① 현존사무의 종결, ② 채권의 추심과 채무의 변제, ③ 재산의 환가처분, ④ 잔여재산의 분배이다(542조 1항, 254조 1항 4호). 그 밖에 ⑤ 법원에 대한 신고(532조), ⑥ 회사재산의 조사보고의무(533조), ⑦ 주주총회의 소집(542조 2항, 362조), ⑧ 대차대조표 등의 제출·감사·비치의무(534조) 등이 있다.

청산인은 취임일로부터 2월 내에 회사채권자에게 일정한 기간 내에 그 채권을 신고할 것과 신고하지 않으면 청산에서 제외된다고 하는 뜻을 2회 이상의 공고로써 최고해야 한다(535조 1항 본문). 다만 소송이 제기된 채무의 채권자와 같이[주요판례 5], 회사가 알고 있는 채권자의 경우에는 신고를 하지 아니한 경우에도 청산에서 제외하지 못한다(535조 2항).

청산인은 변제기에 이르지 아니한 회사채무에 대하여도 이를 변제할 수 있다(542조 1항, 259조). 또한 청산인은 회사의 채무를 완제한 후가 아니면 회사재산을 사원에게 분배하지 못한다. 그러나 다툼이 있는 채무에 대하여는 그 변제에 필요한 재산을 유보하고 잔여재산을 분배할 수 있다(542조 1항, 260조).

4. 청산의 종결

청산이 종료한 때에는 청산인은 지체 없이 계산서(결산보고서)를 제출하여 주주총회의 승인을 얻은 후 청산종결의 등기를 하여야 한다(542조 1항, 264조). 청산사무의 종결로 회사의 법인격은 소멸되나, 청산종결의 등기를 하였더라도 실제로 청산이 종결되지 않았거나 회사의 잔여재산이 남았으면 회사의 법인격은 소멸되지 않는다[주요판례 3]. 다만 청산종결등기가 이루어지면 청산사무의 종결에 의하여 회사가 소멸한 것으로 추정된다.[1]

회사의 장부와 영업 및 청산에 관한 중요서류는 본점소재지에서 청산종결의 등기를 한 후 10년간 이를 보존하여야 한다. 다만 전표 또는 이와 유사한 서류는 5년간 이를 보존하여야 한다(541조).

---

1) 최준선, 832면.

Ⅲ. 주요판례·문제해설

1. 주요판례

(1) **대법원 2001. 7. 13. 선고 2000두5333 판결** — 청산사무의 종결과 법인격 소멸
상법 제520조의2의 규정에 의하여 주식회사가 해산되고 그 청산이 종결된 것
으로 보게 되는 회사라도 어떤 권리관계가 남아 있어 현실적으로 정리할 필요가 있
으면 그 범위 내에서는 아직 완전히 소멸하지 아니한다.

(2) **대법원 1991. 11. 22. 선고 91다22131 판결** — 해산판결에 의한 해산과 청산인
주식회사가 법원의 해산판결로 해산되는 경우에 그 주주는 여전히 소정의 권
리를 보유하지만 이사의 지위는 전혀 다른바, 그것은 상법상 이사는 당연히 청산
인으로 되는 게 아니라 법원이 임원 기타 이해관계인 또는 검사의 청구에 의하여
또는 직권으로 청산인을 선임하도록 규정하고 있고, 청산법인에서는 이사에 갈음
하여 청산인만이 회사의 청산사무를 집행하고 회사를 대표하는 기관이 되기 때문
이다.

(3) **대법원 2001. 7. 13. 선고 2000두5333 판결** — 청산종결등기와 회사 권리능력
의 소멸
주식회사가 해산되고 그 청산이 종결된 것으로 보게 되는 회사라도 어떤 권리
관계가 남아 있어 현실적으로 정리할 필요가 있으면 그 범위 내에서는 (권리능력이)
아직 완전히 소멸하지 아니하였다고 할 것이다.

(4) **대법원 1989. 9. 12. 선고 87다카2691 판결** — 청산인의 수(1인 청산인)
주식회사의 청산인의 수에 대하여는 제한이 없으므로 1인이라도 상관없으며
그 경우에는 1인 청산인이 당연히 대표청산인이 된다.

(5) **대법원 1968. 6. 18. 선고 67다2528 판결** — 청산등기와 청산의 종료
청산결과의 등기를 하였더라도 채권이 있는 이상 청산은 종료되지 않으므로
그 한도에서 청산법인은 당사자 능력이 있다.

2. 문제해설

(1) 청산종결등기가 이루어진 경우에도 회사의 잔여재산이 남아 있음이 확인

된 경우에는 회사의 법인격이 완전히 소멸했다고 볼 수 없으므로[주요판례 3], B, C는 잔여재산의 재분배를 청구할 수 있다. 단 청산종결등기가 이루어지면 청산사무종결로 회사의 법인격이 소멸한 것으로 추정되므로, 채권의 잔존사실(잔여재산의 존재)은 B, C가 증명하여야 한다.

    (2) 회사나 제3자에 대한 청산인의 손해배상책임은 이사의 책임규정이 준용되므로, 본 사례의 경우 A는 甲회사와 주주 B, C에 대하여 손해배상책임을 부담한다(542조). 감사 F도 甲회사나 제3자인 B, C에 대하여 손해배상책임을 부담하는데(414조), 이때에 감사 F는 청산인 A와 연대책임관계에 있다(542조, 414조 3항).

제 9 장   지배권경쟁 및 경영권방어

[1]   적대적 M & A의 기능

Ⅰ. 사 례

1. 사실관계

(1) 면도기와 건전지, 만년필 등의 제품에서 세계적인 브랜드를 가지고 있는 질레트(Gillette)사는 1980년대 초부터 경영상의 어려움에 직면하다가 1980년대 중반에는 그 정도가 심각하게 되었다. 1981년 1억 2,000만 달러에 달했던 순이익이 1986년에는 회계상 적자만 면하는 정도로 경영이 부실하게 된 것이었다. 그러자 화장품 회사인 레블론(Revlon)사가 1986년 질레트 주식을 대상으로 하여 40억 달러 규모로 공개매수를 시도하였다. 질레트는 그러한 적대적 M & A에 대항하기 위하여 5억 5,800만 달러를 투입하였다. 이러한 홍역을 치른 후 질레트는 인적구성원의 효율성을 높이기 위하여 고위경영진을 재편한 것을 비롯하여 종업원의 해고를 통한 구조조정을 단행하였으며, 공장의 현대화와 이전을 통하여 비용절감을 도모하였다. 이 밖에도 수익이 저조한 소규모 사업부를 매각하고 새로운 기술의 개발을 위하여 노력하게 되었다.[1)]

(2) 1997년 신동방그룹의 미도파백화점에 대한 공개매수에서 공격하는 측과 방어하는 측을 모두 합하여 1,000억 원대 이상의 막대한 자금을 사용하는 바람에 신동방과 미도파는 치명적인 손실을 입었다. 신동방의 공개매수는 전국경제인연합회가 공동으로 미도파를 원조하는 바람에 실패로 돌아갔다. 그러나 미도파는 방어비용으로 자산을 과도하게 소진하는 바람에 부도 후 법정관리에 들어갔으며, 미도파가 속해있었던 대농그룹 역시 공중분해되었다.[2)]

---

1) "$124.3 Million Loss for Gillette," The New York Times, February 23, 1987 at Page 2, Section D; "A New Razor For Gillette," The New York Times, September 30, 1989, Page 33, Section 1.
2) 정규재, 「기업 최후의 전쟁 M & A」(한국경제신문사, 1997), 162~215면.

2. 검   토

(1) 공개매수는 어떤 방법으로 이루어지는가?

(2) 적대적 M & A의 기능은 어떠한가?

Ⅱ. 주요법리

1. 적대적 M & A의 개념

(1) M & A의 개념

M & A라는 용어는 법학보다는 경영·경제학에서 자주 이용되고 있어법적으로 정확한 개념정의가 없는 형편이다. 실무에서는 '인수·합병', '매수·합병', '기업인수', '매수' 등 다양한 용어로 사용되고 있다. 그러나 대체적으로는 기업의 경영권 취득을 목적으로 하는 거래의 총체라고 이해되며, 구체적으로는 합병을 뜻하는 'Merger'와 인수를 뜻하는 'Acquisition'의 약자로 이루어진 것으로 인식되고 있다. 이 중에서 합병은 독립적인 2 이상의 기업이 하나의 기업으로 합해지는 경우이며, 인수는 어떤 기업이 다른 기업, 즉 대상기업 혹은 대상기업의 영업이나 자산을 매입하는 경우이다.

합병은 크게 흡수합병과 신설합병으로 나누어진다. 전자는 어느 기업이 다른 기업을 흡수하여 그 결과 다른 기업의 존재가 사라지는 것을 말하는데, 이는 대상기업을 완전히 지배하는 경우에 해당한다. 후자는 어느 2 이상의 기업이 합병을 위해 해체 후 새로운 기업을 설립하는 경우를 뜻한다.

인수의 방법에도 크게 다음의 2가지가 있다. 먼저 주식인수는 주식의 상당부분을 매수함으로써 경영권을 취득하는 경우이며, 자산인수는 대부분의 자산을 매입하여 실제적인 기업을 인수하는 경우이다. 대상기업의 중요한 영업용재산을 양도받는 것도 당해기업을 지배한 것과 같은 경제적 효과를 얻을 수 있는 까닭에 영업의 양수1)도 M&A의 중요한 유형이다.2)

---

1) 영업양수 내지 영업양도라 함은 어느 회사가 계약에 의하여 다른 회사의 영업재산의 전부 또는 중요한 일부에 대한 소유권을 이전받거나 그 회사에게 이전하는 것을 의미한다. 이처럼 영업양수 내지 영업양도는 개별자산의 단순매매와는 달리 일정한 영업목적에 의하여 조직화된 유기적 일체로서의 기능적 재산, 즉 영업재산을 이전하는 것으로서 양수(양도)후에도 그 영업의 동일성이 유지되어야 하는 것을 특징으로 한다.

(2) 적대적 M & A의 정의

M & A를 대상회사(subject firm) 내지 표적기업(target firm)의 경영진의 거래의사 또는 동의 여부를 기준으로 하여 우호적 M & A와 적대적 M & A, 중립적 M & A로 분류할 수 있다. 우호적 M & A(friendly M & A)는 인수희망기업(acquiring firm) 내지 인수희망자(acquirer)가 대상회사와 합의하에 M & A를 하는 경우이다. 적대적 M & A(hostile M & A)는 대상회사의 현 경영진의 의사에 반하여 그 경영진을 교체하려는 목적을 가지고 대상회사의 경영권을 획득하는 것을 말한다. 중립적 M & A(neutral or unopposed M & A)는 대상회사의 경영진이 인수희망자에게 M & A에 관해 찬성도 반대도 하지 않는 경우를 말한다.

2. 적대적 M & A의 기능

(1) 적대적 M & A의 순기능

적대적 M & A의 순기능으로는 부정직하거나 무능한 경영진을 정직하고 효율적으로 회사를 경영할 자로 교체함으로써 일종의 징계효과가 있어 경영상의 효율성을 제고할 수 있다는 점, 회사라는 자원이 보다 효율적인 경영인에게 이전되므로 사회의 부(富)를 증대시킨다는 점, 경영에 참여가 봉쇄된 소수주주도 주식의 시장가격을 상회하는 프리미엄을 지급받을 수 있어 주주의 부(富)가 증대한다는 점 등을 들 수 있다.

(2) 적대적 M & A의 역기능

모든 적대적 M & A가 기업경영의 효율성 향상을 초래한다고는 단언할 수 없다. 경우에 따라서는 적대적 M & A가 비효율적인 경영진에게 별다른 징계효과를 가지지 못하기도 한다. 단적인 예로서 인수희망자는 비효율적인 경영진을 가진 기

---

2) 영업양수(양도)는 합병에 뒤지지 않는 유력한 M&A의 수단이기는 하지만, 다음과 같은 중요한 차이점이 있다. 첫째, 합병에서는 당사회사 중 적어도 어느 일방의 법인격이 소멸하게 되는 반면에 영업양수에 있어서는 양도회사의 법인격이 소멸되지 않는다. 둘째, 합병은 그 자체로서 모든 권리 의무가 포괄적으로 승계되지만, 영업양수의 경우에는 영업재산의 이전을 위해서 개개 재산에 대한 별도의 양도절차(예컨대, 부동산의 경우 소유권이전등기, 증권의 경우 교부, 지명채권의 경우 채무자에 대한 통지 또는 승낙 등)를 밟아야 하는 번거로움이 있다. 셋째, 합병은 합병등기를 요하고 이에 의하여 합병의 효력이 발생하지만, 영업양수의 경우 그 자체의 등기는 없다. 넷째, 합병의 경우 상법 제527조의 5의 규정에 의한 채권자보호절차를 요하지만, 영업양수의 경우 명시적인 채권자보호절차를 요하지 않는다. 권기범,「기업구조조정법」제4판(삼지원, 2011), 61~62면.

업보다는 효율적으로 경영되는 기업 및 기업의 소유·지배구조 등과 같은 경영외적인 요인을 고려하여 대상회사를 선정하는 경우도 있다. 심지어는 비효율적인 경영진에 대한 징계보다는 지지와 격려를 보내는 것이 경영의 효율성을 제고하는 데 오히려 더 도움이 될 수도 있으며 회사 내부에서의 통제가 적대적 M & A에 의한 외부통제보다 신속성·비용면에서 더 유리할 수도 있다. 게다가 적대적 M & A의 잠재적 위협으로 인하여 경영진이 회사의 장기적인 발전보다 단기적인 업적에 매달리는 경향을 보이게 된다. 또한 보유한 현금이 많은 기업은 적대적 M & A의 표적이 될 염려가 크므로 경영진은 의도적으로 회사의 현금을 보유하기보다는 지출하려는 성향을 나타내게 된다.

　　적대적 M & A를 통해 대상회사를 인수한 자가 만약 인수과정에서 부채가 증가하였다면 피인수된 기업마저 그 부채를 공동으로 부담하게 될 가능성이 있어 오히려 경쟁력이 악화될 수도 있다. 만약에 인수희망자와 대상회사간의 공격과 방어가 격화되어 막대한 인수시도비용과 방어비용을 투입한다면 인수희망자 및 대상회사가 공멸할 우려도 있다.

3. 적대적 M & A의 수단

(1) 주식의 취득에 의한 적대적 M & A

1) 개 관

　　적대적 M & A의 가장 기본적인 수단은 대상회사의 주식을 취득하는 것이다. 주식취득의 구체적인 방법으로는 공개시장에서 주식을 매집하거나 공개적으로 매수하는 것이 있다. 이 밖에도 주식취득을 할 수 있는 기타의 수단으로는 영업양도, 회사분할, 주식교환, 제 3 자 신주배정 등을 들 수 있지만, 대상회사 경영진의 협력 없이 이루어지는 적대적 M & A의 주된 수단은 주식취득이다.

2) 공개시장에서의 주식매집(시장매집)

　　공개시장에서의 주식매집(open market purchase) 내지 시장매집(market sweep)이라 함은 주식시장을 통해 대상회사의 주식을 비공개적으로 장기간에 걸쳐 지속적으로 매수하여 목표지분을 확보해 나가는 전략이다. 이러한 시장매집은 공개매수의 전 단계(前 段階)에서 이루어질 수도 있으며, 대상회사의 주가에 따라 상대적으로 낮은 가격대에서 주식을 매수할 수 있는 장점이 있다. 다만, 시장매집에는 비교적으로 상당한 기간이 소요될 수 있으므로 만약에 대상회사가 주식이 매집당하고 있다는 사실을 알고 조기에 대응수단을 행사하게 되면 적대적 M&A가 어려워질 수 있다.

3) 공개매수

공개매수(tender offer, take over bid)라 함은 인수희망자가 대상회사의 불특정 다수를 상대로 장외에서 일정기간 유가증권을 특정가격으로 매수청약 또는 매도청약을 권유하여 당해 유가증권을 대량으로 매수하는 것을 말한다. 이는 일정기간 일정한 가격으로 원하는 수량의 주식을 매수하는 합법적인 주식매수방법으로서 선진국에서는 적대적 M&A를 위하여 널리 이용되는 수단이며 현실적으로 적대적 M&A를 위한 가장 강력한 기법으로 평가되고 있다.[1]

공개매수는 관련법령에 따라 대상회사의 주주를 상대로 매수기간, 매수가격, 매수량 등을 미리 공시하고 장외에서 주식을 매수하는 절차를 밟기 때문에 취득하고자 하는 주식의 양을 비교적 짧은 기간에 취득할 수 있고 구체적인 매수대금을 예측할 수 있다는 이점이 있다. 게다가 매수가격이 시가(market price)보다 높게 책정되어야만 성공적인 매수를 할 가능성이 크다는 점에서 소수주주들의 이익보호에도 소홀하지 않다. 다만, 인수희망자의 입장에서는 적대적 M&A를 성공으로 이끌기 위해서는 대상회사의 주식을 시장가격보다 높은 가격으로 매수할 수밖에 없으므로 인수희망자는 대상회사의 내재가치보다 비싼 가격으로 기업을 인수하게 될 부담도 질 수 있다. 더구나 대상회사가 강력한 방어행위를 하거나 경쟁매수자가 나타날 경우 높은 비용이 들거나 실패할 수도 있다. 또한 공개매수가 '기업의 성장 전략'이 아닌 '경영권 탈취 행위'로 인식되는 부작용이 발생할 수 있으며, 기업매수가 실패한다면 인수희망자의 이미지가 손상될 우려도 있다.

공개매수를 개시하기 전에 대상회사의 경영진에게 매도압력을 가하는 시도를 하기도 하는데, 이를 '곰의 포옹'(bear hug)이라 한다.[2] 즉 인수희망자가 대상회사를 직접적인 공개매수를 할 것이라는 의사를 밝힘으로써 대상회사의 경영진에 대하여 압력을 가하는 것이다. 이처럼 곰의 포옹의 대표적인 유형은 매수제안의 유효기간

---

1) 유영일, "적대적 공개매수에 대한 방어행위와 그 적법성에 관한 연구 ― 미국법을 중심으로 ―,"
「사회과학논집」제3권 제1호(울산대학교, 1993), 25면.
2) '곰의 포옹'이라는 용어는 인수희망자가 사나운 곰이 대상회사의 뒤에서 몰래 껴안는 것과 같은 공포분위기를 조성하는 것으로부터 유래하였다.

을 짧게 한정하고 만약 매수제안이 수용되지 않으면 그 제안 자체를 일반에게 공개하겠다는 내용의 문서를 대상회사에 보내는 방식으로 강한 압력을 가하는 경우이다.

곰의 포옹은 만약에 인수희망자가 제시하는 매수가액이 고액이고 대상회사의 주주에게 유리한 제안이라는 사실이 명백한 경우임에도 불구하고 대상회사의 이사(회)가 매수제안의 수용에 소극적이어서 이를 거절한다면 이사는 주주대표소송에 노출될 위험에 직면하게 되므로 그 이사(회)는 매수제안을 진지하게 검토할 수밖에 없다는 것을 이용한 전술이다. 그러므로 이는 인수희망자가 대상회사의 경영권을 확보할 의사를 공식화하면서 지분의 규모를 늘릴 것을 암시하고 퇴로를 차단함으로써 대상회사의 경영진이 방어행위를 할 수 있는 여유를 빼앗아 스스로 경영권을 포기하게 만드는 일종의 심리전술에 해당한다.

이처럼 곰의 포옹은 그 성격상 적대적 M&A의 목적으로 시도되지만 인수희망자의 의사가 대상회사의 경영진에 의하여 수용될 경우에는 우호적 M&A로 종결된다. 따라서 곰의 포옹은 성공할 경우 시장매집·공개매수나 위임장 대결보다 돈이 적게 든다는 장점이 있다. 하지만 이 방법은 대상회사의 대주주가 소수주주의 반대를 피하기 위하여 못이기는 척 경영권을 넘기려는 경우 또는 대상회사의 주가를 상승시키려는 목적으로 이용될 우려도 있다.

(2) 위임장대결에 의한 적대적 M&A

위임장대결(proxy fight) 내지 위임장경쟁(proxy contest)이라 함은 지배권을 획득하기 위한 수단으로써 의결권대리행사를 위해 의결권 위임장을 차지하려는 행위를 의미한다. 시장매집이나 공개매수는 대상회사의 주식을 대량으로 획득하여 최대주주로서의 권리를 확보하는 수단이다. 그러나 주주총회에서 최대주주 정도로 의결권을 행사하기 위해서는 반드시 의결권 있는 주식을 실제로 보유할 필요는 없다. 대상회사의 주요주주 또는 일반주주에 대한 설득과 권유를 통해 주주의 의결권행사를 위임받는다면 막대한 자금이 드는 직접적인 주식매수가 없어도 주주총회에서 최대주주로서의 권리를 확보할 수 있다. 즉 대상회사의 다수주주가 적대적 M&A를 시도하는 자에게 협조한다면 주식을 대량보유하지 않더라도 기존의 경영진을 표결에 의해 교체하고, 경영권을 확보할 수도 있다. 이처럼 적대적 M&A를 추진하는 자는 주주총회에서 영향력을 행사할 수 있는 최소한의 지분을 확보한 후 주주를 설득하여 의결권의 과반수에 상당할 정도로 위임장을 확보할 수 있다면 기존의 경

영진을 교체할 수 있다. 이와 같이 주식의 직접적인 소유보다는 다수의 주주로부터
주주총회에서의 의결권행사에 대한 위임장을 확보하여 M & A를 추진하는 전략을
위임장대결이라 한다.

위임장대결은 대주주가 보유한 주식의 지분율이 낮거나 분산이 양호한 기업이
나 지분분쟁이 진행중인 기업을 대상으로 할 경우 쉽게 성공할 수 있다. 특히 경영
자가 무능하여 실적이 악화되어 주가가 낮거나 기타 시장에서의 경쟁에서 뒤진 경
우에는 대상회사의 경영자에 대해 불만이 있는 주주로부터의 협력을 유도하기가
쉽다. 그러나 위임장대결을 통해 경영권을 취득하기에는 시장매집이나 공개매수보
다 상대적으로 장기간이 소요되며, 대상회사의 지배 및 소유구조에 대한 확실한 정
보를 바탕으로 주주의 호응을 얻어낼 수 있는 전략을 제대로 갖추어야만 위임장대
결에서 승리할 수 있다.

Ⅲ. 주요판례·문제해설

1. 주요판례

(1) 대법원 2014. 7. 21.자 2013마657 결정 — 열람·등사 청구

적대적 인수·합병을 시도하는 주주의 열람·등사청구라고 하더라도 목적이 단
순한 압박이 아니라 회사의 경영을 감독하여 회사와 주주의 이익을 보호하기 위한
것이라면 허용되어야 하는데, 주주가 회사의 이사에 대하여 대표소송을 통한 책임
추궁이나 유지청구, 해임청구를 하는 등 주주로서의 권리를 행사하기 위하여 이사
회 의사록의 열람·등사가 필요하다고 인정되는 경우에는 특별한 사정이 없는 한
그 청구는 회사의 경영을 감독하여 회사와 주주의 이익을 보호하기 위한 것이므로,
이를 청구하는 주주가 적대적 인수·합병을 시도하고 있다는 사정만으로 청구가 정
당한 목적을 결하여 부당한 것이라고 볼 수 없고, 주주가 회사의 경쟁자로서 취득
한 정보를 경업에 이용할 우려가 있거나 회사에 지나치게 불리한 시기를 택하여 행
사하는 등의 경우가 아닌 한 허용되어야 한다.

(2) 대법원 2004. 5. 28. 선고 2003다60396 판결 — 주식의 처분

적대적 기업인수를 시도하던 자가 주요주주가 된 후에 대상회사 경영진의 저
항에 부딪혀 인수를 단념하고 대량으로 취득한 주식을 공개시장에서 처분한 경우,

이는 증권거래법 제188조 제 2 항의 적용대상인 매도에 해당하여 단기매매차익의 반환책임을 지게 된다.

2. 문제해설

(1) 공개매수는 매수희망자가 대상회사의 불특정 다수를 상대로 장외에서 일정기간 유가증권을 특정가격으로 매수청약 또는 매도청약을 권유하여 당해 유가증권을 대량으로 매수하는 방법으로 이루어진다.

(2) 적대적 M & A는 회사의 효율성을 증대시키는 순기능이 있다. 적대적 M & A의 대상회사는 대개 보유한 자원과 잠재력에 비해 경영성과가 낮은 경향이 있다. 적대적 M & A의 징계효과로서 회사의 비효율적인 부분을 제거하여 기업가치를 증대시킬 수 있다. 다만, 적대적 M & A를 위한 공격을 받은 회사가 경영권방어를 위해 막대한 자금을 투입하여 오히려 회사의 경쟁력을 더 떨어뜨릴 수도 있다.

[2] 경영권방어의 기준

Ⅰ. 사   례

1. 사실관계

1985년 9월경 기아자동차의 종업원지주제도(우리사주제도)는 당시의 경영진의 주도하에 경영발전위원회라는 이름으로 조직되었다. 수년이 흐른 1993년 11월경 삼성이 기아자동차의 주식을 집중적으로 매집하여 회사지배권을 넘보는 사태가 발생하자 기아자동차의 경영진은 회사자금을 지원하여 자신들이 사실상 지배하는 경영발전위원회의 주식지분율을 높였다.

2. 검   토

(1) 적대적 M & A에 대한 방어는 인정되어야 하는가?

(2) 적대적 M & A에 대한 방어주체는 누구여야 하는가?

(3) 적대적 M & A에 대한 방어행위의 인정기준은 어떠한가?

(4) 종업원지주제가 적대적 M & A에 대한 방어수단으로 이용될 수 있는가?

II. 주요법리

1. 방어행위의 정당성

적대적 M & A는 반대를 무릅쓰고 대상회사의 주식을 매집 내지 매수하여 지배권을 획득하거나 위임장대결을 통해 경영권을 취득하는 행위이다. 이러한 행위가 성공하는 경우에는 대상회사의 이사는 교체되는 경우가 보통이다. 과연 적대적 M & A의 시작부터 종결에 이르는 과정에서 대상회사의 이사는 인수희망자의 공격을 저지하기 위하여 방어행위를 할 수 있는가에 관하여 견해가 나누어진다.

먼저 대상회사의 이사는 적대적 M & A에 대하여 방어행위를 할 수 없다는 견해[1]가 있다. 즉, 적대적 M & A는 기업의 자산을 보다 나은 경영자에게 옮김으로써 효율성을 증대시키는 효과가 있기 때문에 그에 대한 이사의 방어행위는 인정할 수 없는 논리이다. 말하자면, 이사에게 경영권 방어행위를 허용하는 것은 이사 자신의 지위를 영구화할 수 있는 권한을 부여하는 것을 뜻하게 되는데, 이는 주주에게 이사의 선임·해임권을 부여하고 있는 회사법과 모순되며, 따라서 이사는 주주간의 지배권분쟁이라고 할 수 있는 적대적 M & A에 개입할 수 없다는 입장이다.

이에 반하여 이사는 적대적 M & A에 대하여 자신의 경영판단으로 적극적으로 방어할 수 있다는 방어행위긍정론[2]도 있다. 이 견해는 첫째, 적대적 M & A가 사회적 부의 증대를 반드시 가져오지는 않으므로 사회적인 측면에서 이사의 방어행위가 허용되며 둘째, 공개매수에 대한 이사의 방어행위는 주식의 매수가격을 높이게 되므로 주주의 이익증대라는 점에서 정당화될 수 있다. 셋째, 이사는 주주는 물론이고 회사의 종업원, 거래상대방, 채권자 등과 같은 이해관계자의 이익도 보호할 의무를 지는 까닭에 이사의 방어행위를 긍정한다는 것이다. 그러므로 적대적 M & A의 시도가 회사와 전체주주의 이익을 침해하는 것이라고 판단되면 이사가 적극적으로 방어하여야만 그의 선관주의의무 및(또는) 충실의무를 성실히 수행하는 것으로 된다.

---

1) Frank Easterbrook & Daniel R. Fischel, "The Proper Role of a Target's Management in Responding to a Tender Offer," 94 Harvard Law Review 1161, 1184(1981).

2) 송종준, "M & A에 대한 주요 방어대책," 「상사법연구」 제14집 제 1 호(1995), 203면.

2. 방어행위의 주체

우리 상법은 적대적 M&A의 경우에 방어권을 행사하는 것이 어느 기관에 속하는 권한사항인지에 관하여 전혀 규정을 두고 있지 않다. 학설에 따라서는 적대적 M&A의 경우 이사는 중립의무를 부담한다고 주장하는 견해[1]도 있다. 그러나 미국의 경우와 마찬가지로 주식회사에서 이사(회)는 주주의 이익을 보호할 수 있는 가장 유리한 위치에 있다는 점에서 이사(회)에게 방어행위를 허용하는 것이 바람직하다. 즉, 이사는 직접적으로는 회사에 대하여 수임자의 위치에 있지만 회사의 이익을 위하여 노력해야 한다는 것은 간접적으로는 주주에 대하여 그 이익을 보호하여야 할 의무가 있다는 것을 의미하는데, 이와 같이 주주의 이익보호를 제대로 할 수 있는 주식회사의 기관은 이사(회)밖에 없다. 따라서 이사(회)의 방어행위는 일단 이사의 통상적인 경영행위의 범위 내에 속하는 것으로 이해된다.

그러나 이사가 자신의 지위를 보전(entrenchment)하기 위하여 주주의 이익과 상반되는 방어행위를 할 경우에는 이는 회사(주주)의 이익을 해하는 충실의무위반행위로서 이사의 권한남용으로 된다. 이 같이 이사가 균형 잡힌 방어를 할 경우에는 인수희망자 측에 지나치게 기울어진 힘을 상쇄시키는 한편 주주와 경영자를 포함하여 광범위한 이해관계자의 이익을 회복시킬 수 있다.

3. 방어행위의 인정기준

우리나라에서는 적대적 M&A에 대한 이사의 방어행위가 권한남용에 해당하는가를 판단하는 기준이 다양하게 제시되어 있다. 예컨대, 미국의 Cheff v. Mathes 사건[2] 등에서 인정된 주요목적기준(primary purpose test)에 따르자는 견해[주요판례 1·2],[3] 미국의 기준을 검토한 후 Paramount Communications, Inc. v. Time Inc. 사건[4]에서 제시된 중간적 기준(intermediate standard)을 고려할 수 있다는 견해,[5] 방어방법이 회사 및 주주의 이익보호를 위한 것인가를 기초로 이사의 권한남용 여부를

---

1) 김두식, "M&A 법제의 개선방안 연구,"「상장협」제50호(한국상장회사협의회, 2004), 47~48면.
2) 199 A.2d 548(Del. 1964).
3) 강희갑, "지배권의 유지를 목적으로 하는 신주발행의 불공정성,"「사회과학논총」제1집(명지대학교, 1986), 147면.
4) 571 A.2d 1140(Del. 1989).
5) 송종준, "M&A에 대한 주요 방어대책,"「상사법연구」제14집 제1호(1995), 214면.

판단하여야 한다는 견해,[1] 방어행위의 태양을 비롯하여 방어행위가 회사 및 주주
들의 이익을 해치는지 여부 및 그 정도, 그리고 그러한 방어행위가 취하여지게 된
경위를 고려하여 이사의 권한남용 여부를 개별적으로 판단하여야 한다는 견해[2] 등
으로 나누어진다.

4. 적대적 M&A에 대한 방어수단으로서 종업원지주제

종업원지주제도(Employee Stock Ownership Plan; ESOP)라 함은 기업이 자사 종업
원에게 특별한 조건과 방법으로 자사주식을 보유하게 하는 제도를 의미하는데, 우
리나라 기업에서 많이 시행되고 있는 우리사주제도가 이에 속한다. 종업원지주제
도는 종업원의 소유참여를 통해 귀속의식과 근로의욕을 높이고, 노사관계의 안정
을 도모하는 것을 주목적으로 한다(대법원 2014. 8. 28. 선고 2013다18684 판결).

종업원지주제도는 주식매수선택권(stock option)과는 구별된다. 전자는 실제로
주식을 회사가 직원에게 양도(우리사주조합이 조직되어 있는 경우에는 기업이 이 조합에 양
도)하는 것이지만, 후자는 자사주로서 성과를 보상하기 위해 정해진 시기에 결정된
가격으로 그 회사의 주식을 살 수 있는 '권리'를 부여하는 것이다. 따라서 후자의
경우 그 부여의 상대방은 종업원에 국한되지 않다 보니 전자와는 차이가 있다.

종업원지주제도는 최근 적대적 M&A에 대한 방어방법으로도 이용될 수 있는
것으로 인식되고 있다. 그 논리는 다음과 같다. 종업원은 대상회사주식의 매수자가
될 수 있는 훌륭한 후보자이다. 종업원들은 통상적으로 경영진에게 호의적이다. 더
구나 종업원은 만일에 일어날 수 있는 적대적 M&A가 성공하면 오히려 자신의 지
위가 불안정하게 될 것을 우려하기 때문에 우리사주조합은 기존 경영진의 친위주
주로서 기능한다. 실제적으로도 우리사주조합은 회사측의 주도로 운영되고 있으며
대개 회사에 의해 임명된 조합장이 우리사주조합의 의결권을 행사하고 있다. 이에
우리사주조합이 유상증자에 참여하거나 또는 우리사주조합에게 자사주를 지급한다
면 인수희망자의 주식보유비율을 희석시키고 사내에서의 보유지분을 증대시킬 수
있어 적대적 M&A에 대해 방어가 가능하다.

---

1) 김택주, "적대적 기업매수에 있어서 우호적 제3자(White Knight)," 「동아법학」 제21호
  (1996), 139면.
2) 박준/허영만, "적대적 M&A의 방어와 관련한 법적 규제," 「인권과 정의」 제252호(1997), 80
  면; 유영일, "M&A에 대한 방어행위로써의 전환사채발행의 적법성," 「상사판례연구」 제8집
  (1997), 121~122면.

Ⅲ. 주요판례·문제해설

1. 주요판례

(1) 대법원 1999. 6. 25. 선고 99도1141 판결 — 종업원지주제도

종업원지주제도는 회사의 종업원에 대한 편의제공을 당연한 전제로 하여 성립하는 것인 만큼, 종업원지주제도하에서 회사의 경영자가 종업원의 자사주 매입을 돕기 위하여 회사자금을 지원하는 것 자체를 들어 회사에 대한 임무위배행위라고 할 수는 없을 것이나, 경영자의 자금지원의 주된 목적이 종업원의 재산형성을 통한 복리증진보다는 안정주주를 확보함으로써 경영자의 회사에 대한 경영권을 계속 유지하고자 하는 데 있다면, 그 자금지원은 경영자의 이익을 위하여 회사재산을 사용하는 것이 되어 회사의 이익에 반하므로 회사에 대한 관계에서 임무위배행위가 된다.

(2) 서울고법 1997. 5. 13.자 97라36 결정 — 전환사채의 발행

전환사채의 발행이 경영권 분쟁 상황하에서 열세에 처한 구 지배세력이 지분비율을 역전시켜 경영권을 방어하기 위하여 이사회를 장악하고 있음을 기화로 기존주주를 완전히 배제한 채 제3자인 우호세력에게 집중적으로 '신주'를 배정하기 위한 하나의 방편으로 채택된 것이라면, 이는 무효로 보아야 하고, 뿐만 아니라 그 전환사채발행의 주된 목적이 경영권 분쟁 상황하에서 우호적인 제3자에게 신주를 배정하여 경영권을 방어하기 위한 것인 점, 경영권을 다투는 상대방인 감사에게는 이사회 참석 기회도 주지 않는 등 철저히 비밀리에 발행함으로써 발행유지가처분 등 사전 구제수단을 사용할 수 없도록 한 점, 발행된 전환사채의 물량은 지배구조를 역전시키기에 충분한 것이었고, 전환기간에도 제한을 두지 않아 발행 즉시 주식으로 전환될 수 있도록 하였으며, 결과적으로 인수인들의 지분이 경영권 방어에 결정적인 역할을 한 점 등에 비추어, 그 전환사채의 발행은 현저하게 불공정한 방법에 의한 발행으로서 이 점에서도 무효라고 보아야 한다.

(3) 대법원 2015. 12. 10. 선고 2015다202919 판결 — 신주의 제3자 배정

상법 제418조 제1항, 제2항은 회사가 신주를 발행하는 경우 원칙적으로 기존 주주에게 배정하고 정관에 정한 경우에만 제3자에게 신주배정을 할 수 있게 하면서 사유도 신기술의 도입이나 재무구조의 개선 등 경영상 목적을 달성하기 위하여 필요한 경우에 한정함으로써 기존 주주의 신주인수권을 보호하고 있다. 따라서 회사가 위와 같은 사유가 없음에도 경영권 분쟁이 현실화된 상황에서 경영진의 경영권이나 지배권 방어라는 목적을 달성하기 위하여 제3자에게 신주를 배정하는 것은 상법 제418조 제2항을 위반하여 주주의 신주인수권을 침해하는 것이다. 그리고 이러한 법리는 신주인수권부사채를 제3자에게 발행하는 경우에도 마찬가지로 적용된다(상법 제516조의2 제4항 후문, 제418조 제2항 단서).

2. 문제해설

(1) 적대적 M&A에 대하여 무방비 상태로 있는 것 자체가 기업경영상 비효율성을 야기할 수도 있다. 즉 적대적 M&A의 장점으로서는 비효율 경영을 행하고 있는 회사의 효율성 향상이 주장되고 있지만 실제로 그것을 뒷받침할 수 있는 증거가 충분하지 않은 형편이다. 따라서 기업이 적대적 M&A에 대하여 아무런 방어조치를 취하지 않는다는 것은 오히려 경영에 대한 비효율성을 낳을 수 있다. 일반적으로 적대적 M&A의 대상이 된 회사는 그 결과가 명확하지 않은 동안에는 자사의 사업을 보호하기 위해서 고액의 비용이 드는 일련의 조치를 취할 수밖에 없다.

(2) 이사는 회사에 대하여 위임관계에 있다는 점에서 회사의 이익을 위하여 노력하여야 하고 이사의 방어행위는 이사의 통상적인 경영행위의 범위 내에 속하는만큼 이사가 방어행위의 주체이다.

(3) 적대적 M&A에 대한 이사의 방어행위가 권한남용에 해당하는지에 대해서는 다양한 기준이 제시되고 있다. 대법원이 적대적 M&A에 대한 종업원지주제도를 이용한 방어행위에 대하여 회사경영자가 안정주주를 확보하여 경영권을 계속 유지하는 것을 주된 목적으로 종업원의 자사주 매입에 회사자금을 지원하였다면 업무상배임죄가 성립한다고 판시한 것[주요판례 1]으로 보아 주요목적기준을 채택하고 있는 것으로 보인다.

(4) 종업원에게 자사주를 취득하도록 하여 주식을 분산시킴으로써 경영권의 안정을 도모함으로써 적대적 M&A에 대해 용이하게 방어할 수 있다.

[3] 적대적 M&A에 대한 방어방법(I)

I. 사 례

1. 사실관계

(1) 甲주식회사는 정관에 "이사회 교체시 이사회에서 적대적 기업인수 합병이라 결의하는 경우는 출석한 주주의결권의 100분의 90 이상으로 하되 발행주식 총수의 100분의 70 이상의 찬성으로 한다"고 규정하고 있다.

(2) 乙주식회사는 정관에 "대표이사가 정상적인 경영활동을 하고 있음에도 불구하고 경영권 위협세력에 의하여 해임되거나 적대적 인수합병으로 인하여 해임되는 경우에는 퇴직금 이외에 퇴직보상액으로 대표이사에게 50억 원 이상을 지급한다"는 규정을 두고 있다.

(3) 丙주식회사는 정관에 "이사의 임기는 1년 이상 3년으로 하며, 선임시에는 각 개인별 임기를 정한다"고 규정하고 있다.

(4) 丁주식회사는 정관에 "이사 선임시 상근이사는 그 선임에 관한 주주총회 결의일 당시를 기준으로 당 회사에서 2년 이상 근무한 경험이 있거나 주주총회 결의일 현재 계속하여 1년 이상 근무중인 자이어야 한다"는 규정을 두고 있다.

2. 검 토

(1) 적대적 M&A의 방어방법으로서 초다수결의제는 유효한가?
(2) 적대적 M&A의 방어방법으로서 황금낙하산은 유효한가?
(3) 적대적 M&A의 방어방법으로서 이사진의 시차임기제는 유효한가?
(4) 적대적 M&A의 방어방법으로서 이사의 자격제한은 유효한가?

II. 주요법리

1. 초다수결의제

(1) 의 의
적대적 M&A를 방지하고 경영권을 보호하기 위해 회사의 합병, 이사선임 또는 전(全)재산의 매각과 관련하여 상법이 규정하고 있는 주주총회 결의요건을 보다 가중시키는 규정을 정관에 두는 방법을 예상할 수 있다. 그중에서 가장 대표적으로 논의되고 있는 것이 특별다수결조항 내지 초다수결의제(super-majority voting)를 정관에 두는 방안이다. 이는 회사의 일정비율 이상의 주식을 갖는 자와 합병을 하거나 재산 등의 양도계약, 그리고 이사의 선임·해임 등의 행위를 하기 위해서는 주주의 특별다수결, 예컨대 발행주식 총수의 4분의 3 이상의 참석과 발행주식 총수 5분의 4 이상의 찬성을 필요로 한다는 것을 정관에 규정하는 것이다. 이와 같은 초다수결의제의 시행이 적법하다면 적대적 인수희망자의 경영권 획득을 지연 내지 단념시키는 효과가 있다.

(2) 결의요건 가중의 적법 여부검토

현행 상법은 이사의 해임에 대해서는 원칙적으로 주주총회의 특별결의를 요구하고 있지만, 이사의 해임에 필요한 결의요건을 어느 수준까지 가중시킬 수 있는지에 관해서는 별도의 규정을 두지 않고 있다. 이와 관련하여 보통결의 및 특별결의의 요건을 가중할 수 있다는 견해가 있지만, 결의요건의 가중시 그 한계에 대해서는 의견이 나누어져 있다. 예컨대, 결의요건을 무한정 가중하는 것을 허용한다면 극소수의 주식을 가진 주주에게 지분율을 초과하는 정도의 거부권을 부여하는 것, 즉 다수파주주에 대한 소수파주주의 억압과 동일한 효과가 있으므로 과반수 출석까지만 가중할 수 있다는 견해와 총주주의 동의까지로 가중할 수 있다는 견해 등이 제시되어 있다.

또한 적대적 M & A로 대상회사를 인수한 자가 정관에 있는 기존의 초다수결의규정을 일반적인 정관변경의 요건으로 변경할 수 있는지에 관해서도 분명하지 않다. 다만, 가중조항을 그보다 더 적은 수의 의결권을 가진 주주의 의사로 변경하는 것은 합리적이지 않다는 견해만 알려져 있다.

2. 황금낙하산

(1) 의   의

황금낙하산(golden parachute)이라 함은 회사정관에다가 적대적 M & A가 성공하여 대상회사의 이사나 기타 경영진이 퇴임하기에 이른 경우에 고액의 퇴직금을 지불하거나, 저가로 주식매수선택권을 부여하거나 또는 잔여 임기 동안의 보수 내지 상여금을 지급하는 등의 회사 내부적인 제도적 장치를 의미한다. 이는 대상회사의 재무상태를 악화시켜 적대적 인수를 통해 획득할 수 있는 이익을 줄이는 등의 부담을 지워서 인수를 주저하게 만드는 전략이다. 결국 황금낙하산 전략은 인수자에게 대상회사를 인수하고자 한다면 실제 가격보다 비싼 대가를 지불하라는 점을 경고하고 있다. 여기서의 황금낙하산은 이사가 중도에 실직하더라도 황금낙하산을 타고 안전하게 착륙하는 것을 상징하고 있다.

(2) 유　　형

황금낙하산은 지배권이 변경될 사유가 발생한 경우 이사의 일방적인 의사표시로써 위임관계를 종료시키고 퇴직위로금을 수령할 권리를 부여하는 싱글트리거 낙하산(single-trigger parachute)과 이사의 담당직무, 보수·복리후생, 근무지 등 임원의 대우가 변경된 경우에 비로소 일방적인 의사표시에 의해 위임관계를 종료시키고 퇴직위로금을 수령할 권리를 부여하는 더블트리거 낙하산(double-trigger parachute)의 2종류가 있다.

황금낙하산이 소수의 이사 및 기타 경영진을 대상으로 하는 것에 비해, 상대적으로 보다 많은 수의 중하급임원이나 종업원을 대상으로 퇴직위로금이 설정된 것을 은낙하산(silver parachute) 내지 주석낙하산(tin parachute)이라 한다. 은낙하산 내지 주석낙하산은 이사의 보수와는 관련이 없는 사항이므로 굳이 주주총회의 결의를 통해 정관에 기재할 필요는 없다.[1] 종업원의 퇴직금 규모를 정하는 것은 이사회의 결의로써 가능하다.

3. 이사진의 시차임기제

이사진의 시차임기제(staggered board, classified board)라 함은 정관상 매년 이사진의 임기를 분산시켜 순차적으로 개선(staggered election)되도록 함으로써 인수희망자가 설령 적대적 M&A에 성공하였다고 하더라도 이사 모두를 일시에 교체할 수 없도록 하여 기업경영권의 장악을 상당한 기간 동안 지연시키는 방법이다. 이는 모든 이사들의 임기가 특정연도에 동시에 종료되지 않도록 하여 주주총회에서 이사 중 일부만을 매년 새로 선임하도록 하는 방법이다. 예컨대, 9인의 이사로 구성된 이사회에서 임기 1년의 이사 3인, 임기 2년인 이사 3인, 임기 3년인 이사 3인으로

---

1) 奈良輝久 外 3人 編, 「M&A法制の羅針盤」(靑林書院, 2007), 296면.

구성하고, 매년 이사회 구성원의 일부만을 순차적으로 교체하도록 정관에 규정하는 경우가 이에 해당한다. 따라서 대상회사가 적대적 인수희망자가 지배권을 획득하는 데 필요한 시간을 지연시키고 동시에 그 기간 동안 우호적인 제3자를 확보한다면 적극적인 방어가 가능하다.

4. 이사의 자격제한

이사의 자격요건을 명시하는 경우 적대적 M&A가 성공하더라도 회사경영권의 즉각적인 이전을 어렵게 할 수 있다. 예컨대, 대상회사에서 10년 이상 근무한 자 중에서 이사를 선임한다는 등 이사의 자격요건을 정관에 규정함으로써 인수자가 단기간에 이사 전원을 인수자측의 인사들로 구성하는 것을 방지할 수 있다. 이처럼 이사의 자격제한전략은 회사경영권을 곤란하게 만들어서 적대적 M&A를 하고자 하는 의사에 부정적인 영향을 미치는 방법이다.

Ⅲ. 주요판례·문제해설

1. 주요판례

(1) 서울중앙지법 2008. 6. 2.자 2008카합1167 결정 — 초다수결의제

상법이 정한 것에 비해 특별결의의 요건을 더 엄격하게 정하면 소수파주주에 의한 다수파주주의 억압 내지 사실상 일부주주에게 거부권을 주는 것과 마찬가지의 결과를 초래할 수 있다. 따라서 상법이 정하고 있는 것에 비해 더 엄격한 이사해임 요건 및 해임 가능한 이사의 수를 규정하는 회사의 정관은 상법의 취지에 어긋난다.

(2) 서울중앙지법 2008. 6. 25. 선고 2007가합109232 판결 — 황금낙하산

이 사건 정관변경결의에 의하여 신설된 피고 회사의 정관 제38조 제3항은 퇴직보상금(30억 원 또는 50억 원)의 지급요건을 ① 이사(또는 대표이사)가 임기 중 '적대적 인수합병 등' 타의에 의해 이사직을 수행하지 못하게 되는 경우 또는 ② 이사회가 임기 만료된 이사를 이사 후보로 다시 추천했음에도 불구하고 재선임되지 못한 경우로 규정하고 있어, ①의 경우에 있어서는 적어도 그 문언상으로는 적대적 기업인수·합병 이외의 다른 사유에 의한 모든 비자발적인 퇴직의 경우에 있어서도 거액의 퇴직보상금을 지급하도록 한 것으로 확대 해석될 여지가 크고, ②의 경우에 있어서도 적대적 기업인수·합병의 여부에 관계없이 이사회가 임기 만료된 이사를 이사로 재추천하기만 하면 주주총회에서 재신임이 거부된 당해 이사가 퇴직보상금을 지급받을 수 있는 것으로 해석되므로, 이와 같은 정관조항을 두고 적대적 기업인수·합병에 대한 예방적 방어를 위한 황금낙하산 규정이라고 보기 어려울 뿐만 아니라, 위 정관조항은 앞서 본 피고 회사의 재정상황(2006. 12. 31. 현재 자본총계 17,562,339,342원, 부채총계 23,487,285,507원, 당기순손실은 6,229,573,127원)과 비교하여 볼 때 현저히 과다한 금액이라고 인정되는 30억 원(또는 50억 원)이라는 거액의 퇴직보상금을 이사(또는 대표이사)에게 지급하도록 책정함으로써 이사의 임기 중에는 주주총회가 특별결의로서 이사를 해임하는 것을 사실상 불가능하게 하였음은 물론, 임기 만료된 이사에 대하여도 그가 이사회에서 이사 후보로 다시 추천되기만 하면 주주들로서는 거액의 퇴직보상금 지급 위험을 회피하기 위하여 이사회가 추천한 이사를 다시 이사로 선임할 수밖에 없는 결과를 초래함으로써 사실상 주주총회가 아닌 이사회로 하여금 이사의 재선임에 관한 권한을 행사할 수 있도록 하였는바, 이와 같은 정관변경은 이사 선임 또는 해임을 주주총회의 전권사항으로 규정한 상법 제382조 제 1 항, 제385조 제 1 항 본문에 반하여 주주총회의 이사 선임 또는 해임 권한을 본질적으로 침해한 위법이 있다고 판단된다.

2. 문제해설

(1) 초다수결의제는 주주의 자유로운 이사해임권 행사를 저해하여 이사선임기관인 주주총회의 권한을 사실상 제한한다는 점에서 효력이 없다.

(2) 황금낙하산은 회사의 재정형편에 비추어 현저히 거액인 경우에는 주주총회의 권한을 사실상 제한할 수 있으므로 효력이 없다. 즉 회사의 재무상태나 영업실적 등에 비추어 지나치게 과다한 퇴직금을 규정하는 것은 그것이 황금낙하산인지 주석낙하산인지를 불문하고 주주의 부를 감소시켜 회사의 자본금충실을 저해할 뿐만 아니라 이사의 충실의무위반을 구성하여 회사에 대한 손해배상책임이 제기될 우려가 있는 것이다.

(3) 상법은 이사의 임기가 3년을 초과하지 못하는 것으로만 규정하고 있을 뿐(383조 2항) 그 임기의 하한선에 대해서는 제한이 없다. 이처럼 시차임기제에 관해서는 현행법이 특별히 금지하고 있지는 않으므로 이의 도입은 가능하다. 그러므로 이사의 임기를 1년 또는 2년 등 차별적으로 정하는 것은 유효하다.

(4) 상법은 보통 이사의 자격과 관련하여 감사를 겸임할 수 없다는 규정(411조) 이외에는 아무런 제한을 두지 않고 있다. 정관으로 특정한 자, 특히 인수자에게 이사후보로서의 자격을 배제하는 정관규정이 유효한지의 여부는 문제된다. 이에 대해서는 그 내용이 사회질서에 반하지 않는 한 정관으로 이사의 자격을 제한하는 것이 유효하다는 견해가 다수의 입장이다.

[4] 적대적 M & A에 대한 방어방법(Ⅱ)

Ⅰ. 사   례

1. 사실관계

(1) 1989년 미국의 헨리 그룹(Henley Group)은 서남부지역에서 철도업을 하는 산타 페 써던 퍼시픽(Santa Fe Southern Pacific)사에 대하여 매수위협을 가하였다. 이에 산타 페는 주주에게 무려 47억 달러에 달하는 특별배당금(special dividend)을 지급하였다. 배당에 필요한 소요자금은 자회사 및 기타 부동산의 매각으로 일정한 액수를 확보하고 나머지는 차입을 통해 조달하였다. 그 결과 산타 페의 총자산 대 부채비율이 26%에서 87%로 급증하게 되면서 더 이상 인수대상회사로서의 매력을 상실하게 되자 헨리그룹도 단순히 투자목적으로 산타 페의 보통주식 약 790만 주를 가지고 있다고 밝혔다.[1]

(2) 엔지니어링 및 철강·공업부품제조업자인 암스테드 인더스트리즈(Amsted Industries)사는 공개기업이었으나 1986년 이래 적대적 M & A의 위협에 대한 예방적인 방위책으로서 종업원지주제를 활용하여 종업원이 주식을 대부분 소유하였다. 1998년에는 아예 종업원이 발행주식 총수 전부를 소유하는 폐쇄기업으로 변경하여 현재에 이르고 있다. 암스테드가 도입한 ESOP의 구조는 그 회사가 은행단(銀行團)으로부터 약 2억 6,200만 달러에 이르는 자금을 차입하여 다시 ESOP에 대출하고, ESOP는 이 자금을 사용하여 시장에서 공개매수하는 방법으로 암스테드가 발행한 보통주 850만 주 전부를 매입하였다.[2]

---

1) 선우석호, 「M & A」 제 4 판(율곡출판사, 2008), 454면.
2) Armstrong v. Amsted Industries, Inc., No. 01 C 2963(N.D. Ill. July 30, 2004).

(3) 헤지펀드 스틸 파트너스(Steel Partners)는 일본 조미료 업체인 불독 소스 (Bull-Dog Sauce)사에 대하여 주식공개매수를 시도하였다. 이에 불독 소스는 2007년 6월 24일 의결권을 가진 주주 중 94%가 출석한 주주총회에서 스틸 파트너스를 제외한 주식 보유자들에게 1주당 3개의 신주예약권을 부여하는 방식의 포이즌 필을 출석주주의 88.7%의 찬성으로 의결하였다. 불독 소스의 포이즌 필은 스틸 파트너스가 확보하고 있는 불독 소스 주식의 지분율을 10.52%에서 2.86%로 끌어내려 영향력을 줄이기 위한 전략이었다. 다만, 불독 소스는 스틸 파트너스가 공개매수를 철회한다면 포이즌 필을 발동하지 않겠다는 의사를 표명하였다. 이에 대하여 스틸 파트너스는 불독 소스의 포이즌 필이 특정 주주를 차별하는 행위로서 주주평등의 원칙에 반한다고 주장하면서 그 도입을 중단할 것을 요구하는 가처분을 도쿄지방재판소에 신청하였다. 그러나 도쿄지방재판소는 신청을 각하하였다(東京地裁 2007. 6. 28. 決定). 그 이후 도쿄고등재판소는 신청인을 남용적 매수자라고 인정하고 항고를 기각하였다(東京高裁 2007. 7. 9. 決定). 최고재판소는 신청인의 재항고를 기각하였다(最高裁 2007. 8. 7. 決定).

2. 검   토

(1) 고액배당은 적대적 M & A의 방어방법으로서 어떤 의미가 있는가?

(2) 폐쇄기업화하면 적대적 M & A에 대하여 방어가 가능한가?

(3) 적대적 M & A의 방어방법으로서 포이즌 필은 어떤 의미를 지니는가?

Ⅱ. 주요법리

1. 고액배당

(1) 의   의

유보된 내부현금이 많은 경우에는 그 이익을 배당의 형태로 주주들에게 배분하여 공격자로 하여금 인수계획 자체를 재고시킬 수 있다(462조, 462조의2). 왜냐하면 그러한 경우에는 대상회사의 재무구조가 악화되므로 차익거래를 원하는 인수희망자[1]의 적대적 매수의지를 약화시킬 수 있기 때문이다. 배당률을 인상시키거나

---

1) 적대적 M & A의 유형 중에서 차익거래(arbitrage trading)형은 대상회사(target corporation) 에 투자하여 사업상의 시너지 효과 등을 추구하는 것이 아니라 시장에서 주식을 취득하여 인

중간배당·분기배당을 하는 것도 기존주주의 지지를 이끌어 낼 수 있다(462조의3). 또한 준비금의 자본금전입을 통해 무상주를 발행하여 기존의 주주에게 배분하는 방법도 방어효과가 있다(461조). 이 경우 발행주식의 수가 증가하게 됨으로 인하여 자본금의 규모가 확대되어 자연스럽게 인수희망자의 부담이 늘어나기 때문이다.

(2) 배당의 요건

상법에 따르면 주식회사는 배당가능이익이 있을 때만 배당할 수 있다. 배당가능이익이라 함은 대차대조표상의 순자산액으로부터 ① 자본금의 액, ② 그 결산기까지 적립된 자본준비금과 이익준비금의 합계액, ③ 그 결산기에 적립하여야 할 이익준비금의 액, ④ 대통령령으로 정하는 미실현이익을 공제한 금액을 말한다(462조 1항). 배당을 위한 형식적인 요건으로서 주주총회의 보통결의가 있어야 한다(368조 1항, 449조).

이익배당에는 현금배당과 주식배당이 있다. 주식배당은 배당가능이익의 2분의 1에 상당하는 금액을 초과할 수 없다(462조의2 1항). 주식회사에서 결산기 전에 하는 배당으로서 중간배당과 분기배당이 있다.

법정준비금의 사용순서와 관련하여 2011년 상법개정 이전에는 이익준비금으로 자본금의 결손전보를 완전히 충당하지 못하는 경우에만 자본준비금으로 충당하도록 하고 있으나(구 상법 460조 2항), 2011년 개정상법은 이 규정을 삭제하였기 때문에 자본금결손의 보전에 대한 충당순서와 관련하여 아무런 제한을 두지 않고 있다. 요컨대, 2011년 개정상법에서는 자본금전입과 감자절차를 거칠 필요 없이 과다한 준비금을 주주에게 분배할 수 있게 되어 고액배당을 할 수 있는 가능성이 높아졌다.

2. 폐쇄기업화

공개회사로 있는 한 적대적 M&A에 노출될 우려가 있다면 이 회사를 비공개화하여 제3자의 적대적 M&A 시도를 원천적으로 봉쇄하는 것을 고려할 수 있다.[1] 이처럼 당해 공개회사가 발행하여 유통중인 주식을 전량 매수하거나 현저히

수한 후 대상회사의 자산을 현금화하여 매매차익을 획득하는 유형을 의미하는데, 이러한 유형의 적대적 M&A의 주체는 주로 투자형 펀드가 된다.

1) 폐쇄기업화를 도모하는 경제적 동기에는 여러 가지가 있다. 그 대표적인 것으로는 회사의 장기사업이익보다는 단기의 이윤 극대화를 추구하는 시장압력의 회피, 회사의 주주관계 유지 및 주주총회의 개최·회계감사 그리고 소송의 수행·명의개서 등에 소요되는 비용의 절감, 낮은 주가에 대한 회사채권자의 불안 내지 임직원의 사기저하의 일소, 상대적으로 회사에 불이

그 수량을 감소시킴으로써 공개회사를 비공개로 하는 것을 폐쇄기업화라 한다. 이때 자금조달의 방법으로 전형적으로 이용되는 도구가 차입매수(Leveraged Buyout; LBO)이다. 따라서 LBO에 의한 폐쇄기업화라 함은 취득하고자 하는 대상회사의 자산을 직접 또는 간접적으로 담보로 삼고 그 인수자금을 외부로부터 차입하여 조달하고 그것을 기초로 특정의 공개회사를 매수하여 폐쇄기업화하는 것을 말한다.

3. 포이즌 필

(1) 의 의

포이즌 필(poison pill)은 대상회사 경영진의 의사에 반하여 그 회사를 매수하여 삼켰을 때 그 매수자에게 '독'(poison)이 번지게 하여 그를 죽게 하거나 재무적으로 해를 끼치는 것을 이미지화한 용어이다. 간단히 구조적으로 살펴보면 포이즌 필은 적대적 인수시도자(potential acquirer)가 대상회사의 주식을 상당한 규모로 취득한 경우 그 시도자 이외의 자가 시장가격 이하로 더 많은 주식을 매입하여 주식가치를 희석시키고 매수비용을 상승시키는 효과가 있다. 특히 방어수단으로서 포이즌 필을 마련해 두는 것은 인수시도자와 대상회사의 경영진 사이의 협상을 고무시키는 기능이 있다.

법무부는 2009년 12월 1일 '신주인수선택권'이라는 이름으로 포이즌 필의 도입을 내용으로 하는 상법 일부개정법률안을 입법예고한 바 있다(법무부공고 제2009-171호). 그러나 법무부가 도입을 예고하였던 포이즌 필은 그 근본적인 기능은 미국이나 일본의 그것과 동일하지만 남용방지를 위하여 미국과 일본의 포이즌 필을 절충하는 방식을 통해 행사조건을 외국의 경우보다 까다롭다는 점이 특징이다.

(2) 정부의 포이즌 필 도입법안의 주요내용

법무부의 입법예고안에 따르면 회사가 신주인수선택권을 도입하기 위해서는 정관에 관련규정을 두어야 한다(입법예고안 432조의2 1항). 원시정관에 신주인수선택권의 도입을 규정하지 않았다면 주주총회의 특별결의를 거쳐 정관을 변경하여야 한다(입법예고안 433조 1항, 434조). 정관에 규정할 사항으로는 주주에게 신주인수선택권을 부여할 수 있다는 뜻과 신주인수선택권의 행사 또는 상환에 따라 발행할 수

익한 기업정보의 공시의무의 회피, 주주소송 노출의 종식, 적대적 M&A의 위험으로부터 경영권보호 등이 있다. 송종준, "폐쇄기업화거래의 공정요건과 소수파주주의 보호,"「상사법연구」제19권 제 1 호(2000), 213면.

있는 주식의 종류 및 발행한도가 있다(입법예고안 432조의2 3항).

주주가 신주인수선택권을 행사하기 위해서는 이사회가 정한 행사기간 및 행사조건을 충족하여야 한다(입법예고안 432조의3 1항 4호). 신주인수선택권을 행사하려는 자는 그 행사기간 내에 회사에 청구서를 제출하고, 행사가액의 전액을 납입하여야 한다(입법예고안 432조의6 1항). 회사는 자기주식에 관하여 신주인수선택권을 행사하지 못한다(입법예고안 432조의6 3항).

회사는 정관으로 적대적 M & A의 시도자를 차별하여 그에게는 신주인수선택권을 부여하지 않는다는 뜻과 일부 주주의 신주인수선택권을 상환하지 않을 수 있다는 뜻을 정할 수도 있다(입법예고안 432조의2 4항). 회사는 신주인수선택권의 행사기간이 개시되기 이전에는 주주총회의 결의 또는 이사회결의로써 대가를 지급하지 않고 신주인수선택권 전부를 소각할 수 있다(입법예고안 432조의5 3항).

상법개정안은 아래와 같이 다양한 규정을 마련하여 신주인수선택권의 남용을 방지하기 위하여 노력하고 있다.

첫째, 회사가 법령 또는 정관에 위반하거나 현저하게 불공정한 방법으로 신주인수선택권을 부여, 행사제한 또는 상환하여 주주가 불이익을 받을 염려가 있는 경우에는 그 주주는 회사에 대하여 그 유지 또는 그로 인한 신주발행의 유지를 청구할 수 있다(입법예고안 432조의8). 이와 관련하여 공격자와 이해관계자가 유지청구소송이나 이를 위한 가처분신청을 준비하기 위한 시간을 마련한다는 차원에서 이사회가 신주인수선택권의 부여 내지 상환을 공고한 날로부터 2주 후에 그 행사기간의 개시와 상환의 효력이 발생하는 것으로 규정하고 있다(입법예고안 432조의3 4항, 432조의4 3항).

둘째, 신주인수선택권의 행사 또는 상환으로 인하여 신주가 발행되는 경우 주주, 이사 또는 감사는 신주발행무효의 소를 제기할 수 있다(입법예고안 432조의9 1항).

셋째, 주주의 신주인수선택권의 권리행사와 관련하여 부정한 청탁을 받고 재산상의 이익을 수수, 요구 또는 약속한 자는 권리행사방해 등에 관한 증수뢰죄를 구성할 수 있다(입법예고안 631조).

Ⅲ. 주요판례·문제해설

1. 주요판례

(1) 대법원 2019. 12. 12. 선고 2016다243405 판결 — 상장폐지

자본시장과 금융투자업에 관한 법률(이하 '자본시장법'이라고 한다)에 따라 거래소 허가를 받아 설립된 거래소가 제정한 증권상장규정은, 자본시장법이 거래소로 하여금 자치적인 사항을 스스로 정하도록 위임하여 제정된 자치 규정으로서, 상장계약과 관련하여서는 계약의 일방 당사자인 거래소가 다수의 상장신청법인과 상장계약을 체결하기 위하여 일정한 형식에 의하여 미리 마련한 계약의 내용, 즉 약관의 성질을 가진다. 다만 증권 및 장내파생상품의 공정한 가격 형성과 그 매매, 그 밖의 거래의 안정성 및 효율성의 도모가 거래소의 존립 목적이라는 데에서 알 수 있듯이 거래소는 고도의 공익적 성격을 가지고 있고, 또한 증권상장규정은 자본시장법의 규정에 근거를 두고 상장법인 내지 상장신청법인 모두에게 당연히 적용되는 규정으로서 실질적으로 규범적인 성격을 가지고 있음을 부인할 수 없다. 이러한 특수성에 비추어 증권상장규정의 특정 조항이 비례의 원칙이나 형평의 원칙에 현저히 어긋나서 정의관념에 반한다거나 다른 법률이 보장하는 상장법인의 권리를 지나치게 제약함으로써 그 법률의 입법 목적이나 취지에 반하는 내용을 담고 있다면 그 조항은 위법하여 무효이다.

특히 증권상장규정에서는 증권의 상장기준 및 상장심사에 관한 사항과 함께 상장폐지기준과 상장폐지에 관한 사항 등도 포함하도록 되어 있는데(자본시장법 390조 2항 2호), 이는 상장법인의 영업, 재무상황이나 기업지배구조 등 기업투명성이 부실하게 된 경우 그 기업의 상장을 폐지하여 시장건전성을 제고하고 잠재적인 다수의 투자자를 보호하기 위한 조치를 취하기 위한 것이다. 그러나 상장폐지로 인하여 대상 법인의 평판이 저해되고 투자자들도 증권의 유통성 상실 등으로 피해를 입을 수 있으므로, 상장폐지 여부에 대한 심사는 투명하고 공정하게 이루어져야 하고, 그 과정에서 상장폐지 대상 기업의 절차참여권은 충분히 보장되어야 한다.

(2) 대법원 2007. 11. 30. 선고 2006다19603 판결 — 분식회계로 인한 회사의 손해

기업회계기준에 의할 경우 회사의 당해 사업연도에 당기순손실이 발생하고 배당가능한 이익이 없는데도, 당기순이익이 발생하고 배당가능한 이익이 있는 것처럼 재무제표가 분식되어 이를 기초로 주주에 대한 이익배당금의 지급과 법인세의 납부가 이루어진 경우에는, 특별한 사정이 없는 한 회사는 그 분식회계로 말미암아 지출하지 않아도 될 주주에 대한 이익배당금과 법인세 납부액 상당을 지출하게 되는 손해를 입게 되었다고 봄이 상당하고, 상법상 재무제표를 승인받기 위해서 이사회결의 및 주주총회결의 등의 절차를 거쳐야 한다는 사정만으로는 재무제표의 분식회계 행위와 회사가 입은 위와 같은 손해 사이에 인과관계가 단절된다고 할 수 없다.

2. 문제해설

(1) 유보된 내부현금이 많은 경우에는 그 이익을 배당의 형태로 주주들에게 배분하여 공격자로 하여금 인수계획 자체를 재고시킬 수 있다(462조, 462조의2). 이는 대상회사의 재무구조가 악화되므로 차익거래를 원하는 인수희망자의 적대적 매수의지를 약화시킬 수 있기 때문이다. 배당률을 인상시키거나 중간배당·분기배당을 하는 것도 기존주주의 지지를 이끌어 낼 수 있다(462조의3). 준비금의 자본금전입을 통해 무상주를 발행하여 기존의 주주에게 배분하는 방법도 방어효과가 있다(461조). 이 경우 발행주식의 수가 증가하게 됨으로 인하여 자본금의 규모가 확대되어 자연스럽게 인수희망자의 부담이 늘어나기 때문이다.

(2) 공개회사로 있는 한 적대적 M&A에 노출될 우려가 있다면 이 회사를 폐쇄회사화하여 비공개화하는 것은 제3자의 적대적 M&A 시도를 원천적으로 봉쇄하는 방법이다.

(3) 적대적 인수시도자가 대상회사의 주식을 상당한 규모로 취득한 경우 그 시도자 이외의 자가 시장가격 이하로 더 많은 주식을 매입하여 주식가치를 희석시키고 매수비용을 상승시키는 효과가 있다. 특히 방어수단으로서 포이즌 필을 마련해 두는 것은 인수시도자와 대상회사의 경영진 사이의 협상을 고무시키는 기능을 한다.

제10장 경영의 공정성 및 투명성 확보

[1] 절차의 중요성

Ⅰ. 사   례

1. 사실관계

甲은행은 주주총회에서 주식매수선택권(stock option) 부여에 관한 사항을 결의하고자 하였다. 그런데 甲은행은 노동조합이 은행장 선임을 반대하여 주주총회 저지에 나서고 있음을 이유로 주주총회일의 전날 밤 주주들에게 이를 알리지 않은 채 총회의 장소를 옮겨 일부주주만이 참석한 상태에서 위 사항을 결의하였다. 결의가 있은 지 얼마 지나지 않아 甲은행의 주주 A 등은 다른 주주들에게 출석기회조차 주지 않은 것은 총회소집절차의 하자에 해당한다는 이유로 주주총회결의의 취소를 구하는 소를 제기하였다. 이에 대하여 甲은행은 위와 같이 한 것은 주주총회의 성공적인 개최를 위하여 다른 대안이 없는 상태에서 불가피하게 취해진 조처였다고 항변한다.

2. 검   토

(1) 무릇 '절차'를 밟는 것은 번거롭기도 하거니와 시간과 비용을 수반한다. 그럼에도 불구하고 회사법에는 다수의 절차규정을 두고 있다. 회사법에서 이 같은 절차규정을 둔 취지는 무엇인가? 그러한 절차를 밟지 않고 이루어진 행위의 효력은 어떠한 기준에서 판단할 것인가?

(2) 회사법의 절차에 관한 규정은 주로 누구의 이익을 보호하기 위한 것인가? 절차규정의 흠결이나 생략이 정당화되기 위해서는 어떠한 요건을 충족하여야 하는가?

(3) 예컨대, 이사회의 승인을 주주총회의 결의로 대체하는 경우처럼 법정 절차를 다른 방식의 절차로 대체하는 것은 가능한가?

II. 주요법리

1. 절차규정의 제도적 취지

회사법은 절차에 관한 규정을 다수 두고 있다. 회사법상 절차에 관한 규정은 업무의 기술적인 처리를 위한 것도 있지만, 관련당사자(잠재적 이해관계자를 포함)의 이해관계를 공평하게 처리하기 위한 것들이 대부분이다. 즉 대부분의 회사법상 절차규정은 주로 효율성 내지 경제성보다는 형평성 내지 기회의 공평성에 초점을 두고 있다. 이처럼 적법절차(due process of law) 내지 절차적 정당성의 기본정신은 회사법에서도 통용된다.

2. 절차규정의 유형

회사법은 절차적 통제를 위해 다양한 제도를 마련하고 있다.

(1) 주주의 이해관계를 조정하기 위한 각종 절차

이에 해당하는 절차의 예로서는 주주총회의 소집절차, 종류주주의 이익을 보호하기 위하여 주주총회의 결의요건으로 종류주주총회의 결의를 필요로 하는 것, 정관변경의 절차, 신주발행의 절차, 신주의 액면미달발행의 절차, 무상증자의 절차, 이익배당의 절차, 주권의 병합·분할·소각의 절차, 주식매수청구의 절차 등이 있다.

(2) 이사 및 이사회와 관련된 각종 절차

이에 해당하는 절차의 예로서는 이사회의 소집절차, 이사의 자기거래에 대한 이사회 승인절차, 이사의 책임해제에 필요한 절차적 요건 등이 있다.

(3) 채권자의 이익을 보호하기 위한 절차

이에 해당하는 절차의 예로서는 자본금감소에 대한 채권자의 이의절차, 합병 등에서의 채권자보호절차 등이 있다.

(4) 회사 및 그 밖의 이해당사자의 이익을 조정하기 위한 절차

이에 해당하는 절차의 예로서는 회사설립의 절차, 변태설립사항에 대한 조사절차, 실권절차, 제권판결의 절차, 청산절차 등이 있다.

(5) 법원의 간여를 통하여 절차의 공정성을 특별히 강화하는 경우

이에 해당하는 절차의 예로서는 변태설립사항의 조사절차, 액면미달발행의 절차, 소수주주에 의한 총회소집절차, 업무와 재산상태에 대한 검사절차, 주식매수청구가격의 최종적 결정절차, 사채권자집회 결의의 인가 등이 있다.

3. 절차규정의 성격

이해관계의 공평한 조정을 위한 절차적 통제의 핵심은 당해 절차에 대한 관련 이해관계자들의 참가기회의 공평성과 절차 운영의 공정성에 있다. 이와 같은 절차에 관한 규정은 이사회의 소집절차와 같이 다소 융통성이 있는 경우도 있지만, 대부분은 이해관계자의 참가기회를 보장하는 것이 그 취지이다. 그러므로 이에 관한 상법규정은 강행규정임이 원칙이다. 따라서 해당 당사자의 자발적인 포기가 없는 한 정관이나 주주총회의 결의에 의하여 어느 당사자에게 불리하게 정하는 것은 원칙적으로 허용되지 않는다. 다만, 단순히 기술적인 이유에서 둔 절차규정의 경우에는 그 엄격성이 완화되기도 한다.

Ⅲ. 주요판례 · 문제해설

1. 주요판례

(1) 대법원 2010. 9. 30. 선고 2010다21337 판결 — 사원 책임의 변경

상법 제270조는 합자회사 정관에는 각 사원이 무한책임사원인지 또는 유한책임사원인지를 기재하도록 규정하고 있으므로, 정관에 기재된 합자회사 사원의 책임 변경은 정관변경의 절차에 의하여야 하고, 이를 위해서는 정관에 그 의결정족수 내지 동의정족수 등에 관하여 별도로 정하고 있다는 등의 특별한 사정이 없는 한 상법 제269조에 의하여 준용되는 상법 제204조에 따라 총 사원의 동의가 필요하다.

(2) 대법원 2010. 8. 19. 선고 2008다92336 판결 — 회사분할시 연대책임

상법 제530조의3 제 6 항은 "회사의 분할 또는 분할합병으로 인하여 분할 또는 분할합병에 관련되는 각 회사의 주주의 부담이 가중되는 경우에는 제 2 항 및 제 5 항의 결의 외에 그 주주 전원의 동의가 있어야 한다"고 규정하고 있다. 이 규정은 회사의 분할 또는 분할합병과 관련하여 주주를 보호하기 위하여 마련된 규정이고 분할 또는 분할합병으로 인하여 회사의 책임재산에 변동이 생기게 되는 채권자를 보호하기 위하여 마련된 규정이 아니므로, 회사의 채권자는 위 규정을 근거로 회사분할로 인하여 신설된 회사가 분할 전 회사의 채무를 연대하여 변제할 책임이 있음을 주장할 수 없다.

　(3) 대법원 2021. 2. 18. 선고 2015다45451 전원합의체 판결 ─ 전단적 대표행위

　　회사 정관이나 이사회 규정 등에서 이사회 결의를 거치도록 대표이사의 대표권을 제한한 경우(이하 '내부적 제한'이라 한다)에도 선의의 제3자는 상법 제209조 제2항에 따라 보호된다. 거래행위의 상대방인 제3자가 상법 제209조 제2항에 따라 보호받기 위하여 선의 이외에 무과실까지 필요하지는 않지만, 중대한 과실이 있는 경우에는 제3자의 신뢰를 보호할 만한 가치가 없다고 보아 거래행위가 무효라고 해석함이 타당하다. 그러나 제3자가 회사 대표이사와 거래행위를 하면서 회사의 이사회 결의가 없었다고 의심할 만한 특별한 사정이 없다면, 일반적으로 이사회 결의가 있었는지를 확인하는 등의 조치를 취할 의무까지 있다고 볼 수는 없다.

　(4) 대법원 2002. 7. 12. 선고 2002다20544 판결 ─ 이사의 자기거래

　　회사의 채무부담행위가 상법 제398조 소정의 이사의 자기거래에 해당하여 이사회의 승인을 요한다고 할지라도, 위 규정의 취지가 회사 및 주주에게 예기치 못한 손해를 끼치는 것을 방지함에 있다고 할 것이므로, 그 채무부담행위에 대하여 사전에 주주 전원의 동의가 있었다면 회사는 이사회의 승인이 없었음을 이유로 그 책임을 회피할 수 없다.

　(5) 대법원 2006. 1. 27. 선고 2004다44575, 44582 판결 ─ 종류주주총회 흠결의 의의

　　어느 종류주주에게 손해를 미치는 내용으로 정관을 변경함에 있어서 그 정관변경에 관한 주주총회의 결의 외에 추가로 요구되는 종류주주총회의 결의는 정관변경이라는 법률효과가 발생하기 위한 하나의 특별요건이라고 할 것이므로, 그와 같은 내용의 정관변경에 관하여 종류주주총회의 결의가 아직 이루어지지 않았다면 그러한 정관변경의 효력이 아직 발생하지 않는 데에 그칠 뿐이고, 그러한 정관변경을 결의한 주주총회결의 자체의 효력에는 아무런 하자가 없다.

　(6) 대법원 2003. 7. 11. 선고 2001다45584 판결 ─ 법원의 재량기각

　　주주총회결의 취소의 소에 있어 법원의 재량에 의하여 청구를 기각할 수 있음을 밝힌 상법 제379조는, 결의의 절차에 하자가 있는 경우에 결의를 취소하여도 회

사 또는 주주에게 이익이 되지 않든가 이미 결의가 집행되었기 때문에 이를 취소하여도 아무런 효과가 없든가 하는 때에 결의를 취소함으로써, 회사에 손해를 끼치거나 일반거래의 안전을 해치는 것을 막고 결의취소의 소의 남용을 방지하려는 취지이며, 또한 위와 같은 사정이 인정되는 경우에는 당사자의 주장이 없더라도 법원이 직권으로 재량에 의하여 취소청구를 기각할 수도 있다.

2. 문제해설

(1) 회사법상 절차규정의 취지는 단순히 기술적 규정에 그치지 않고 관련 문제에 대한 이해당사자들의 이해관계를 조정하고 이들이 참여할 수 있는 기회를 부여하는 의미를 가진다. 그 예를 들자면, ① 주주를 보호하기 위한 절차로서는 주주총회 소집의 경우 주주에 대한 통지와 공고절차, 정관변경의 절차(종류주주총회 포함), 이익배당안에 대한 승인절차, 신주발행에서 신주인수의 절차 등이 있다. ② 주주 및 회사채권자를 보호하기 위한 절차로서는 자본금감소의 절차, 합병의 절차, 회사분할의 절차, 주식의 포괄적 교환·이전의 절차 등이 있다. ③ 회사의 업무편의 등을 위한 절차로서는 주식매수청구의 절차, 주주들의 이사회에 대한 총회소집청구의 절차, 의결권 불통일행사의 절차, 주주를 확정하는 절차 등이 있다. ④ 기타의 절차로서는 회사설립의 절차, 회사의 해산 및 청산절차, 신주발행의 절차, 재무제표 작성과 회사결산의 절차, 각종 통지 및 공고절차, 제권판결의 절차 등이 있다.

절차의 흠결로 이루어진 행위의 효력에 관해서는 절차를 완전히 흠결한 경우와 절차를 거치기는 했지만 하자가 있는 경우로 나누어서 살펴보아야 한다. 먼저 주주총회를 흠결한 경우에는 주주총회의 의사가 없는 까닭에 무효이며, 주주총회의 소집절차 및 결의방법에 하자가 있는 경우에는 주주총회결의의 하자를 다투는 4종의 소가 인정된다. 이사회의 경우에는 이사회가 흠결되었다면 이는 대표이사의 전단적 행위가 문제될 것이며, 이사회결의에 하자가 있는 경우에는 상법에 명시적인 규정이 없으므로 일반무효의 법리에 따라야 한다.

(2) 절차규정에 흠결이 있으면 당해 행위는 위법한 것으로 되는 것이 원칙이나, 관련 당사자의 동의(또는 이익의 포기)에 의하여 그 하자가 치유되는 경우도 있다.

(3) 이사회의 승인을 일응 그 상위기관이라 할 수 있는 주주총회의 승인결의에 의하여 대체할 수 있는지는 이를 일률적으로 단정할 수 없다. 단지 주주의 이익을 보호하기 위한 것이 아니라 회사채권자도 관련하여 이해관계가 있다면 이사회의 승

716 제 3 편 제10장 경영의 공정성 및 투명성 확보

인을 주주총회의 승인결의(또는 1인주주의 동의)에 의하여 갈음할 수 없기 때문이다.

[2] 정보접근권 및 공시

Ⅰ. 사 례

1. 사실관계

[사안 1]

맥주를 제조·판매하는 상장회사인 甲주식회사의 주주 A 등(4인인데, 이 중 1인은 소주를 제조·판매하는 주식회사이다)은 甲회사를 상대로 회계장부 및 서류, 주주명부, 주주총회 의사록, 이사회 의사록의 열람과 등사를 요청하였으나 甲회사는 그 요청을 거절하였다. 이에 A 등은 甲회사를 상대로 회계장부, 주주명부 등의 열람등사를 구하는 가처분신청을 제기하였다. 법원은 주주 A 등의 신청을 받아들여 결정으로 甲회사로 하여금 주주 A 등의 회계장부 및 주주명부 열람·등사(사진촬영 포함)에 응할 것을 명하였다. 이에 甲회사는 위 가처분결정에 대하여 이의신청을 함과 동시에 위 가처분결정 정본에 기한 강제집행을 정지시켜 달라는 신청을 함께 하였다. 이에 법원은 결정으로 甲회사의 신청을 받아들여 가처분이의사건의 1심 판결 선고시까지 위 가처분결정정본에 기한 강제집행의 정지를 명하였다. 그러자 A 등은 강제집행정지의 결정이 위법·부당하다며 대법원에 특별항고를 하였다.

[사안 2]

총회꾼인 B는 자신이 발행하는 신문과 잡지의 구독료와 분재식물 임대료의 명목으로 乙은행으로부터 정기적으로 돈을 받아왔다. 그런데 乙은행은 B와의 금전 지급의 관계를 단절함과 동시에 그 취지를 B에게 통고하고 금전 지급을 정지하였다. 그 후 B는 乙은행의 주식을 취득하고 명의개서를 완료한 후 乙은행을 찾아가 집요하게 사장과의 면담을 요구하다가, "사장 집으로 만나러 가는 방법도 있다," "주주총회까지 만나지 못한다면 총회에서 만나자"고 하였다. 그리고 B는 乙은행으로 가서 주주명부의 열람·등사를 요구하여, 乙의 임원 및 종업원과 수차례의 교섭을 반복하고, 금전수수관계의 중단을 힐난하는 취지의 발언 및 총회에서 장시간 질

문을 하겠다는 발언을 하였다. 이러한 상황에서 B는 乙은행의 주주명부 열람·등사를 청구하는 소를 제기하였다.

2. 검   토

(1) 회사의 정보에 대한 비밀유지에 따른 이익과 이해당사자의 정보접근에 따른 이익이 상충하는 경우, 어느 것이 우선하며, 이들 상충관계를 어떤 기준에 의하여 조화시킬 것인가?

(2) 기업공시를 요구할 권한이 있는 자가 회사에 대하여 기업정보에 대한 접근을 요구하여 올 때 회사가 이를 적법하게 거부하려면 어떠한 요건을 충족하여야 하는가?

(3) 기업정보에 대한 접근권을 실효적으로 행사할 수 있는 방법은?

(4) B의 주주명부 열람·등사청구는 정당한가?

Ⅱ. 주요법리

1. 회사정보의 비밀성과 공유성

회사의 정보는 어느 한 사람이나 일부의 사람만이 독점할 수 있는 것이 아니라 이해당사자가 어느 정도는 공유하여야 한다.[1] 이런 의미에서 기업의 내용을 관련당사자에게 알려주는 기업공시(disclosure)는 '정보의 비대칭성'을 해소하고 공정한 거래와 회사제도에 대한 건전성과 신뢰를 유지하는 전제조건이다. 원래 공개회사 (open company)를 염두에 둔 주식회사에 있어서 공시제도의 중요성은 더욱 그러하다. 그러나 정보에 따라서는 회사 외부로 유출되면 그것이 악용되거나 회사의 이익을 해칠 우려가 있는 경우도 있다. 그러므로 상법은 원칙적으로 회사의 정보를 공시하도록 하되, 정보의 성격에 따라서 일반적으로 공개하기 어려운 것인 때에는 이에 접근할 수 있는 자격을 선별적으로 제한하고 있다.

2. 공시규정의 법적 성격

공시에 관한 상법규정은 이해당사자를 공평하게 보호하기 위한 것이기 때문에

---

1) 미공개의 기업정보를 특정인이 사적 이익을 추구하는 수단으로 불공정하게 이용하는 행위는 내부자거래금지조항 등에 의하여 금지된다(자본시장법 172조, 174조 등).

강행규정이다. 기업정보를 공시하는 경우 그 대상자에 대해서는 공시평등의 원칙에 따라야 하므로 기업정보를 특정 집단에 대해서만 선별적으로 제공하는 것은 원칙적으로 금지된다. 자본시장법은 상장기업이 증권시장을 통해 공시되지 아니한 중요정보를 투자분석가(analyst)·기관투자자 등 특정인에게 선별적으로(selective) 제공하고자 하는 경우 모든 시장참가자들이 동 정보를 알 수 있도록 그 특정인에게 제공하기 전에 증권시장을 통해 공시하도록 하는 공정공시제도(fair disclosure)를 운영하고 있다.

3. 공시의 유형

기업공시의 유형은 공시의 범위·성격·시기·방법·근거 등을 기준으로 다양하게 분류할 수 있다.

(1) 일반공시·제한공시

정보에 접근할 수 있는 자격요건에 관하여 아무런 제한 없이 누구나 원한다면 당해 정보에 접근할 수 있도록 널리 열려진 일반공시와, 일정한 자격요건을 갖춘 자만이 당해 정보에 접근할 수 있는 제한공시로 구분할 수 있다. 기업경영에 있어서 객관적으로 중요한 사항은 일반공시의 대상이 됨이 원칙이다. 예를 들어, 회사의 설립·구조개편·해산, 정관변경, 주주총회에 의한 회사의 의사결정, 회사의 중요한 재무상황, 기관의 구성 및 변경, 자본금의 변경 등은 일반공시사항에 속한다.

(2) 공적공시·사적공시

공시의 관리주체에 따른 구분이다. 공시내용의 관리 및 이에 대한 접근을 공적기관이 통합적으로 관리하는 공적공시(예: 상업등기)와 개별 기업이 주체가 되어 공시내용과 이에 대한 접근의 허용 여부를 관리하는 사적공시로 구분할 수 있다. 등기를 제외한 대부분의 공시는 사적공시에 해당한다. 공적공시인 등기에는 단순히 일정한 사항을 공시하는 의미를 넘어 대항력·창설력·면책력·선언적 효력 등과 같은 법정효력이 부여되기도 한다.

(3) 상시공시·정기공시·수시공시

공시의 시기에 따른 구분이다. 상시공시는 공시내용을 장부나 서류 등으로 작성하여 공시기간 동안 일정한 장소에 상시적으로 비치하여 공시하는 것이다. 상시공시는 주로 서류나 장부의 비치 및 열람·등사청구에 응하는 방법에 의한다(예: 정관, 주주명부, 사채원부, 주주총회의사록, 이사회의사록 등).

정기공시는 일정기간동안의 사업현황, 재무상태 및 영업실적 등과 같은 기업 내용 전반에 관련된 사항을 정기적으로 공시하도록 하는 것을 말한다(예: 매 결산기마다 재무제표·그 부속명세서·사업보고서·감사보고서를 비치하고 결산종료 후 대차대조표를 공고하는 것). 상장법인은 사업보고서·반기보고서 및 분기보고서를 정기적으로 공시하여야 한다(자본시장법 159조, 160조).

수시공시(timely disclosure, 적시공시)는 중요한 기업정보의 공시사유가 발생한 경우 이를 즉각 공시하도록 하는 것이다. 상장법인은 일반투자자들에 대한 신속한 정보제공을 위하여 기업경영에 중대한 사항이 발생할 경우 수시로 공시하여야 한다(자본시장법 89조, 409조 2항).

(4) 능동적 공시·수동적 공시

공시사유가 발생한 경우 기업이 자발적으로 공시하는 것을 능동적 공시라 하고, 상대방의 요구에 응하여 회사가 기업정보에의 접근을 허용하는 것을 수동적 공시라 한다. 일반적으로 공개하여 할 기업정보는 능동적 공시사항으로 하고 있으나 반드시 그런 것은 아니다. 수동적 공시사항에는 일반적으로 공시되는 사항(예: 정관 등의 비치)과 정보에 접근할 수 있는 자격을 제한하는 사항으로 구분된다(예: 회계장부열람 등).

수동적 공시사항에 대한 회사의 대응은 상대방의 열람청구에 응하여 서류나 장부를 열람할 수 있도록 제공하는 방식에 의하는 것이 일반적이나, 능동적 공시사항의 경우는 주로 통지·공고의 방법에 의한다. 이때 통지의 방식은 상대방에 대하여 서면(전자서면을 인정하는 경우는 전자서면)에 의하여 개별적으로 통지하는 것을 원칙으로 한다. 공시의 매체는 법정 공시매체를 이용하여야 한다. 인터넷 웹사이트 게시 등을 입법에 의하여 적법하게 허용될 수 있는 공시매체로 수용할 것인가는, 특히 당해 공시매체에 대한 이해당사자의 접근 가능성 및 용이성 등을 종합적으로 고려하여야 한다.

상장회사의 경우는 신속한 공시를 위하여 자본시장정보단말기, 자본시장지 및 전자공시시스템 등의 다양한 공시매체를 통한 공시를 허용하고 있다. 또한 금융위원회는 투자자 보호를 위하여 필요한 경우에는 사업보고서 제출대상법인, 그 밖의 관계인에 대하여 참고가 될 보고 또는 자료의 제출을 명하거나, 금융감독원장에게 그 장부·서류 그 밖의 물건을 조사하게 할 수 있다(자본시장법 164조 1항). 한국거래소는 증권시장의 이상거래에 대하여 심리할 수 있다(자본시장법 404조).

(5) 직접공시·우회공시

직접공시는 해당 기업이 이해당사자를 상대로 직접 공시하는 것으로, 상법에서는 주로 이에 의하고 있다. 우회공시(간접공시)는 해당 기업이 금융위원회나 한국거래소 등을 통하여 간접적으로 공시하는 것으로, 자본시장법에서는 우회공시에 관한 규정을 다수 두고 있다.

(6) 법적공시·임의공시

공시가 법적 의무로 요구되어 그 위반에 대해서는 책임과 제재가 따르는 것을 법적공시라 하고, 법적 의무로서 공시가 요구되는 것은 아니지만 기업이 자발적으로 기업정보를 공개하는 임의공시가 있다(예: Investor Relations(기업설명회) 등). 예측정보란 객관적으로 증명이 가능하지 않은 개념으로 발행인의 미래의 재무상태 또는 영업실적 등에 대한 예측 또는 전망치에 관한 사항을 말하는데, 이에 속하는 구체적인 정보는 발행인의 자율적 의사에 따라 공시하도록 하는 임의공시의 대상이다. 법적공시는 근거법에 따라 상법에 의한 공시와 상사특별법에 의한 공시로 구분할 수 있다. 특히 상장법인의 경우는 이해당사자의 범위가 넓기 때문에 매우 광범한 공시의무가 부여되어 있다.

4. 공시거부의 정당화 사유

일반적으로 회사는 중요한 기업정보에 대하여 이를 공시하여야 하지만, 다음의 경우에는 공시 내지 기업정보에의 접근을 거부할 수 있다.

(1) 자격요건의 불비

당해 기업정보에 접근하는 데 필요한 법정 자격요건(청구권)을 갖추지 못한 자에 대해서는 정보접근을 거절할 수 있다. 예를 들어, 주주나 회사채권자 아닌 자가 주주총회 의사록의 열람·등사를 청구하거나, 회사채권자가 이사회 의사록의 열람을 청구하거나, 소수주주권의 요건을 갖추지 못한 자가 회계장부의 열람을 청구하는 경우 회사는 형식적 자격요건의 불비를 이유로 거절할 수 있다.

(2) 권리남용 또는 정당한 이익의 부재

자격요건을 갖춘 자라 하더라도 그것이 권리남용이 되거나 그러한 권리를 행

사할 만한 정당한 이익이 없는 때에는 회사가 공시를 거절할 수 있다. 그 입증책임
은 이를 거절하는 회사에 있다. 예컨대, 회계장부열람청구에 대하여 회사는 그 청
구가 부당함을 증명하여 거부할 수 있다(466조 2항). 또한 주주의 주주명부 열람청구
에 대하여 그것이 주주로서의 권리행사를 위하여 사용할 목적으로 행사된 것이 아
니라 자신의 사사로운 다른 목적(예: 개인 사업을 위한 고객명단확보 등)을 위하여 행해
진 경우라면 회사는 이를 거절할 수 있다.

(3) 비밀유지에 따른 회사의 이익이 더 큰 경우(이익형량)

해당 사항이 기업의 기밀이나 영업비밀에 해당하여 공개하면 성공적인 사업추
진이 어렵거나 기업의 경쟁력에 현저한 저하를 초래할 우려가 있는 '고도의 경영판
단사항'에 대해서는 제한적으로 공시를 거부할 수 있다고 보아야 할 것이다. 다만
그 한계와 기준을 어떻게 설정할 것인지가 문제되는데, 기업공시는 이해관계의 조
정을 목적으로 하는 제도이므로 구체적인 사안에서 청구자의 이익과 회사의 이익
을 비교형량하여 판단할 수밖에 없다(대법원 1999. 12. 21. 선고 99다137 판결).

5. 공시의무의 실효성 확보

(1) 강제이행

공시청구권자의 공시요구에 대하여 회사가 응하지 않는 경우 청구권자는 법원
에 공시청구권(예: 회계장부의 열람·등사청구권)을 피보전권리로 하여 공시를 명하는
가처분을 신청할 수 있다.[1]

(2) 부실공시에 대한 책임

1) 불성실공시를 하거나 또는 공시하여야 할 사항을 제대로 공시하지 않음으
로 해서 주주·채권자 등의 이해관계인에게 손해를 입힌 경우 회사를 상대로 불법
행위책임(민법 750조)을 묻거나 이사를 상대로 손해배상책임(401조)을 물을 수 있다.

2) 상사특별법에 의하여 공시의무 불이행 또는 불성실공시법인에 대해서는
과징금부과, 형사처벌, 과태료부과 등이 가해진다(자본시장법 429조, 446조 15호, 449조
1항).

3) 일단 정확하게 공시하였지만 그 후 사정이 바뀐 경우에는 적극적으로 공시

---

1) 실무상으로 본안소송보다는 오히려 가처분으로 열람·등사를 구하는 것이 일반적이다. 이러한
현상을 '가처분의 본안화'라고 한다. 전휴대, "회계장부 등 서류의 열람등사 가처분에 관한 실
무상의 논점," 「저스티스」 제87호(2005), 103면.

내용을 갱신할 의무를 진다(공시갱신의무).

Ⅲ. 주요판례·문제해설

1. 주요판례

(1) 대법원 2013. 11. 28. 선고 2013다50367 판결 ── 이사회 의사록의 열람청구

상법 제391조의3 제3항, 제4항에 의하면 주주는 영업시간 내에 이사회 의사록의 열람 또는 등사를 청구할 수 있으나, 회사는 그 청구에 대하여 이유를 붙여 거절할 수 있고, 그 경우 주주는 법원의 허가를 얻어 이사회 의사록을 열람 또는 등사할 수 있는바, 상법 제391조의3 제4항의 규정에 의한 이사회 의사록의 열람 등 허가사건은 비송사건절차법 제72조 제1항에 규정된 비송사건이므로 민사소송의 방법으로 이사회 회의록의 열람 또는 등사를 청구하는 것은 허용되지 않는다.

(2) 대법원 2010. 7. 22. 선고 2008다37193 판결 ── 주주명부 등의 열람청구

주주 또는 회사채권자가 상법 제396조 제2항에 의하여 주주명부 등의 열람등사청구를 한 경우 회사는 그 청구에 정당한 목적이 없는 등의 특별한 사정이 없는 한 이를 거절할 수 없고, 이 경우 정당한 목적이 없다는 점에 관한 증명책임은 회사가 부담한다.

(3) 대법원 1999. 12. 21. 선고 99다137 판결 ── 회계장부 열람·등사청구권

상법 제466조 제1항 소정의 소수주주의 회계장부 열람·등사청구권을 피보전권리로 하여 당해 장부 등의 열람·등사를 명하는 가처분이 실질적으로 본안소송의 목적을 달성하여 버리는 면이 있다고 할지라도, 나중에 본안소송에서 패소가 확정되면 손해배상청구권이 인정되는 등으로 법률적으로는 여전히 잠정적인 면을 가지고 있기 때문에 임시적인 조치로서 이러한 회계장부 열람·등사청구권을 피보전권리로 하는 가처분도 허용된다고 볼 것이고, 이러한 가처분을 허용함에 있어서는 피신청인인 회사에 대하여 직접 열람·등사를 허용하라는 명령을 내리는 방법뿐만 아니라, 열람·등사의 대상 장부 등에 관하여 훼손, 폐기, 은닉, 개찬이 행하여질 위험이 있는 때에는 이를 방지하기 위하여 그 장부 등을 집행관에게 이전·보관시키는 가처분을 허용할 수도 있다.

주식회사의 소수주주가 상법 제466조 제1항의 규정에 따라 회사에 대하여 회

계의 장부와 서류의 열람 또는 등사를 청구하기 위해서는 이유를 붙인 서면으로 하여야 하는바, 회계의 장부와 서류를 열람 또는 등사시키는 것은 회계운영상 중대한 일이므로 그 절차를 신중하게 함과 동시에 상대방인 회사에게 열람 및 등사에 응하여야 할 의무의 존부 또는 열람 및 등사를 허용하지 않으면 안 될 회계의 장부 및 서류의 범위 등의 판단을 손쉽게 하기 위하여 그 이유는 구체적으로 기재하여야 한다.

상법 제466조 제1항 소정의 소수주주의 회계장부 및 서류의 열람·등사청구권이 인정되는 이상 그 열람·등사청구권은 그 권리행사에 필요한 범위 내에서 허용되어야 할 것이지, 열람 및 등사의 회수가 1회에 국한되는 등으로 사전에 제한될 성질의 것은 아니다.

(4) 대법원 2004. 12. 24.자 2003마1575 결정 — 회계장부 열람·등사청구권

상법 제391조의3 제3항, 제466조 제1항에서 규정하고 있는 주주의 이사회의 의사록 또는 회계의 장부와 서류 등에 대한 열람·등사청구가 있는 경우, 회사는 그 청구가 부당함을 증명하여 이를 거부할 수 있는바, 주주의 열람·등사권 행사가 부당한 것인지 여부는 그 행사에 이르게 된 경위, 행사의 목적, 악의성 유무 등 제반 사정을 종합적으로 고려하여 판단하여야 할 것이고, 특히 주주의 이와 같은 열람·등사권의 행사가 회사업무의 운영 또는 주주 공동의 이익을 해치거나 주주가 회사의 경쟁자로서 그 취득한 정보를 경업에 이용할 우려가 있거나, 또는 회사에 지나치게 불리한 시기를 택하여 행사하는 경우 등에는 정당한 목적을 결하여 부당한 것이라고 보아야 한다.

(5) 대구지법 2002. 5. 31.자 2002카합144 결정 — 열람·등사청구권의 행사

신청인이 피신청인 회사의 전 대표이사로서 경영권을 행사하다가 현 경영진과의 주식인도청구소송에서 패소하여 대표이사직을 사임한 후, 피신청인인 회사를 상대로 회계장부 열람·등사를 구하였는바, 당사자들의 관계, 경영권을 둘러싼 분쟁의 발생 및 경과, 피신청인 회사의 경영상태, 신청인이 열람·등사를 구하는 사유가 대부분 신청인이 경영할 당시에 발생한 문제점이거나 그때부터 생긴 문제점의 개선과정에서 생긴 것으로서 신청인 스스로 이를 충분히 알 수 있었을 것으로 보이는 점 등을 고려하면, 신청인은 현 경영진과의 분쟁수단 내지는 그에 대한 압력수단으로서 열람·등사청구권을 이용한 것으로 이는 정당한 소수주주권의 범위를 넘는다.

2. 문제해설

(1)·(2) 일반적으로 이해당사자의 정보접근권 주장에 대하여 회사는 이를 공시하거나 응하여야 하지만, 자격요건을 불비한 경우, 권리남용 또는 정당한 이익이 부재하는 경우, 비밀유지에 따른 회사의 이익이 더 큰 경우(이익형량이 필요함)에 해당한다면 이를 거부할 수 있다[주요판례 3].

(3) 이는 결국 소송절차법상의 강제수단의 문제이다. 공시청구권자의 적법한 권리행사에 대하여 회사가 응하지 않는 경우, 청구권자는 법원에 예컨대 회계장부의 열람·등사청구권과 같은 공시청구권을 피보전권리로 하여 공시를 명하는 가처분신청을 할 수 있다. 부실공시에 대하여 불법행위책임(민법 750조), 손해배상책임(401조), 공시의무불이행에 대한 과징금 부과, 형사처벌, 과태료 부과 등의 제재를 가할 수 있다(자본시장법 429조, 446조 15호, 449조 1항 등).

(4) 주식회사의 대표이사는 주주명부를 작성하여 이를 본점에 비치하여야 한다(396조 1항 1문). 주주와 회사채권자는 영업시간 내에는 언제든지 주주명부 또는 그 복본의 열람 또는 등사를 청구할 수 있다(396조 2항). 그러나 주주 또는 회사채권자라 하여 정당한 이유 없이 이를 청구할 수 있는 것은 아니다. 그 권리를 행사하기 위해서는 정당한 목적이 있어야 하고 또 회사의 영업에 방해가 되지 않아야 한다. 이러한 요건을 충족하지 못한 때에는 회사는 신의칙 위반 또는 권리남용을 이유로 주주의 청구를 거절할 수 있다.

[3] 부당한 이익공여의 금지

Ⅰ. 사 례

1. 사실관계[1]

甲주식회사는 체육시설업(골프장업) 등을 목적으로 1,451주의 보통주를 발행한 회사인데, 주주 1인당 1주를 소유하면서 주주회원제로 골프장을 운영하고 있다. 채권자들 및 채무자들은 모두 甲회사의 주주이고, 채무자들은 2013년 3월 25일 개최

---

1) 대법원 2014. 7. 11.자 2013마2397 결정.

된 甲회사의 제12기 정기주주총회(이하 '이 사건 주주총회'라 함)에서 대표이사 또는 이사로 각 선임된 사람들이었다. 甲회사의 정관에는 주주가 사전투표의 방법에 의하여 의결권행사를 할 수 있으며, 주주의 의결권행사의 대리인은 주주에 한한다고 규정하였다.[1] 甲회사가 사전투표를 허용한 주된 이유는 대리인에 의한 의결권행사[2]로 인하여 주주회원 자신의 의사가 왜곡될 가능성이 있어 이를 보완하려는 데 있었다. 동 회사는 추가적으로 사전투표에 관련된 구체적인 사항을 정한 세칙을 두고 있었다. 동 회사의 사전투표에 관한 세칙 제 3 조 제 3 항은 사전투표는 대리인이 할 수 없음을 규정하고 있다.

　　甲회사가 이사회를 개최하여 정기주주총회에서 실시할 임원선임결의에 관한 사전투표 시기(始期)를 정관에서 정한 날보다 연장하고 사전투표에 참여하거나 주주총회에서 직접 의결권을 행사하는 주주들에게 골프장 예약권 및 200,000원 상당의 상품(교환)권을 제공하기로 결의하였다. 즉, 동 이사회는 사전투표를 하는 주주회원 1인당 1회에 한하여 사전투표기간(2013년 3월 1일부터 2013년 3월 24일까지)의 모든 일자의 예약(1일 50팀 한정)이 가능하도록 하고, 사전투표를 한 주주회원이 부득이 라운드를 하지 않을 경우 주주총회 이후 1회의 예약기회를 부여하거나 비회원 및 주주회원에게 양도도 가능하게 하였으며, 상품권으로는 골프장 이용료로 사용하거나 골프장 내 용품점에서의 물건구입 등이 가능하도록 하였다. 실제 甲회사는 사전투표 등에 참여한 주주들에게 이를 제공하였으며 주주총회에서 종전 대표이사 A 등(이상의 '채무자'에 해당함)이 임원으로 선임되자, 대표이사 등 후보자로 등록하였다가 선임되지 못한 주주 B 등(이상의 '채권자'에 해당함)이 주주총회결의의 부존재 또는 취소사유가 존재한다고 주장하면서 A 등에 대한 직무집행정지가처분을 구하였다.

2. 검　토

　　(1) 회사가 회사의 돈으로 특정인에게 금원을 지급하면 어떠한 문제점이 생길

---

1) 甲회사의 정관 제24조 제 2 항은 "주주는 주주총회에 직접 참석하여 의결권을 행사하거나 사전투표의 방법으로 의결권을 행사할 수 있으며, 대리인(주주에 한함)에게 위임하여 의결권을 행사할 수 있다"고 정하고 있었다.

2) 甲회사 정관 제23조 제 4 항은 주주가 대리인을 통해 의결권을 행사하고자 하는 경우에는 위임장에 수임자의 성명을 기재한 후 인감을 날인하고 인감증명서를 동봉하여 주주총회 개최 3일전 17시까지 우편으로 접수하여야 하되 수임자가 직접 접수하는 것은 불가능하며, 만약 인감증명서가 동봉되지 않거나 수임자가 주주총회 당일에 출석하지 않는 경우 그 의결권을 무효이지만 의사정족수에는 포함한다고 규정하고 있었다.

까? 이를 주주평등의 원칙과 이사의 선관주의의무 및 충실의무와의 관계에 비추어서도 생각해 보라.

(2) 회사의 이익공여행위로서 허용되는 것과 허용되지 않는 것을 구분하는 기준은? 회사가 주주총회에 참석한 주주들에게 선물이나 교통비를 지급하는 행위는 허용될 수 있는가?

(3) 소수의 주식을 소유하면서 주주의 권리를 남용하여 주주총회의 의사진행을 방해하거나 방해할 것임을 시사하고 회사에 금품을 요구하거나 회사로부터 이익을 공여받고 회사에게 유리한 방향으로 의사진행에 협조하는 자 또는 무리를 이른바 '총회꾼'이라 한다.[1] 이러한 총회꾼의 순기능과 역기능은? 총회꾼에 대한 법적 대응방안은 무엇이 있는가?

II. 주요법리

1. 부당한 이익공여의 금지

(1) 의   의

회사는 누구에게든지 주주의 권리행사와 관련하여 재산상의 이익을 공여할 수 없으며(467조의2 1항), 이에 위반하여 이익을 받은 자는 그 이익을 회사에 반환하여야 한다(467조의2 3항). 이는 주주권행사와 관련하여 부당한 거래를 하지 못하도록 한 것으로, 특히 주주총회의 건전하고 원활한 운영을 도모하기 위함이다. 이는 주로 '총회꾼'을 염두에 둔 것이지만, 비단 이에 한정하는 것은 아니다. 이익공여금지에 위반한 경우는 형사적 처벌의 대상이 된다(634조의2).

(2) 상법 제467조의2의 취지

1) 학   설

상법상 이익공여금지 규정인 제467조의2의 입법취지를 둘러싸고 학자들의 견해가 다양하게 나누어져 있다. 이를 광범위하게 분류하면 다음의 3가지 학설로 정리된다. 첫째, 이 규정의 입법취지는 회사자산의 낭비방지에 있다는 견해[2](제1설)

---

1) 이강용, "주주의 권리행사에 관한 이익공여의 금지", 「고시연구」 통권 제222호(고시연구사, 1992), 105면.
2) 권재열, "상법상 이익공여죄에 관한 소고," 「법학연구」 제18권 제3호(연세대학교, 2008), 131~132면.

가 있다. 이 견해는 상법 제467조의2가 동 규정의 적용대상을 회사로 한정하고 있음에 주목하여야 한다고 강조한다. 즉, 동 규정은 회사 자체가 아닌 이사 또는 지배주주가 자기의 계산으로 이익을 공여하는 것을 금지하지 않고 있다는 것이다. 따라서 회사가 상대방이 총회꾼인지 아닌지를 불문하고 거래의 필요성과 가격의 상당성의 요건을 제대로 충족한다면 회사자산의 낭비가 없으므로 이익공여금지 규정에 저촉되지 않는다.

둘째, 그 다음으로는 이 규정의 주된 입법취지는 회사자산을 이용하여 주주의 권리행사에 영향을 미치게 하는 것을 금지하여 주주총회에서의 주주권 행사의 공정성을 확보하는 데 있다는 견해[1](제 2 설)가 있다. 이 견해에 따르면 상법 제467조의2는 대가의 유무를 불문하고 이익의 공여를 금지하고 있으므로, 이익공여가 주주총회에서의 주주의 권리행사와 관계가 있는 것으로 인정되기만 하면 회사의 손해가 발생되었는지를 불문하고 이익공여금지 규정을 위반하는 것으로 된다.

셋째, 이 규정은 회사운영의 공정성·건전성을 확보하는 것을 주된 목적으로 한다는 견해[2](제 3 설)도 있다. 즉, 이 규정은 주주로 하여금 자신의 권리를 정당하게 행사하도록 함으로써 회사지배의 왜곡을 방지한다는 것이다. 이 견해에서는 상법 제467조의2가 회사의 손해발생 유무를 불문하고 적용된다는 점에서 제 2 설과 유사하지만, 주주총회에서의 의결권 행사는 물론이고 주주총회 밖에서의 권리를 행사하는 데 대한 이익공여에도 적용된다는 점[3]에서는 제 2 설과 구별된다.

2) 판　례

대법원 판례 중에는 제 2 설과 제 3 설의 입장을 취한 것으로 나누어진다. 2014년에 나온 결정[주요판례 2]은 이익제공으로 인하여 회사에 어떠한 손해를 야기하였는지의 여부는 전혀 문제 삼지 않고 있다. 그러므로 위 결정이 주주총회에서 주주의 의결권행사에 관련하여 이익공여를 한 것을 다루고 있다는 점에 국한하여 본다면 위 결정은 제 2 설을 취한 것이 분명하다. 위에서 살펴본 제 2 설을 취한 것이 분명하다. 다만, 제 3 설은 그 대상이 주주의 의결권 행사는 물론이고 그 이외의 주주

1) 정준우, "상법상 이익공여금지규정의 주요쟁점 검토 — 최근의 대법원 판례를 중심으로 — ," 「상사판례연구」 제30집 제2권(한국상사판례학회, 2017), 19면.
2) 강대섭, "주주권 행사에 관한 이익공여와 주주총회 결의의 효력 — 대법원 2014. 7. 11.자 2013마2397 결정—," 「상사법연구」 제34권 제 1 호(한국상사법학회, 2015), 244면.
3) 정대익, "주주행동주의의 법적 한계," 「경영법률」 제27권 제 2 호(한국경영법률학회, 2017), 272면.

의 권리를 대상으로 한 이익공여에도 적용된다는 점을 감안한다면 위 결정만으로 대법원이 제3설을 채택하지 않고 있다는 이야기를 할 수도 없다. 그러나 3년 후에 나온 2017년 대법원 판결[주요판례 3]은 상법 제467조의2상 "'주주의 권리'란 법률과 정관에 따라 주주로서 행사할 수 있는 모든 권리를 의미"한다고 판시한 것으로 보아 제3설을 염두에 두고 있는 것으로 이해된다.

3) 검 토

상법 제467조의2는 제2항이 "특정의 주주에 대하여 유상으로 재산상의 이익을 공여한 경우에 있어서 회사가 얻은 이익이 공여한 이익에 비하여 현저하게 적은 때"에도 이익공여로 추정한다고 정하고 있고, 아울러 제3항이 이익을 공여하였을 대 이를 회사에 반환할 것을 정하고 있다는 것은 그 입법의 취지가 회사자산의 낭비를 방지하는 데 있음을 뒷받침하고 있다. 따라서 제1설이 타당하다.

(3) 금지의 내용

1) 주주권행사와의 관련성

(가) '주주의 권리행사'

여기서 '주주의 권리'라 함은 주주로서 행사할 수 있는 모든 권리를 뜻한다. 주주권의 근거가 법률 내지 정관인지를 불문하고, 그 법률이 반드시 상법에 한정되는 것도 아니다. 따라서 법률 내지 정관에 의하여 인정된 주주의 공익권·자익권이면 모두 이에 포함된다. 현실적으로는 주주총회에서의 질문권과 의결권의 행사가 가장 문제되겠지만, 이 밖에도 대표소송 등 각종의 소제기권, 명의개서청구권, 주주제안권, 회계열람·의사록의 열람등사권, 주식매수청구권, 잔여재산분배청구권 등도 이익공여의 목적이 되는 주주의 권리의 예가 될 수 있다.

이상과 같이 '주주의 권리'에는 법률과 정관에 따라 주주로서 행사할 수 있는 모든 권리가 다 포함되므로 회사에 대한 계약상의 특수한 권리는 이 같은 주주의 권리에 포함되지 않는다고 풀이하는 쪽으로 학계에서의 의견이 대체적으로 모아지고 있으며, 대법원 판결[주요판례 3]의 입장도 예외가 아니다.

(나) '관련하여'

'관련하여'의 요건과 관련하여 상법은 행사의 방법을 묻지 않는다. 주주권의 행사가 적당한지의 여부도 불문한다. 단순히 주식을 취득하는 것만으로는 주주의 권리행사라고 볼 수는 없다. 그러나 주주의 권리행사의 구체적인 모습은 아마도 주주가 적극적으로 자신의 권리를 행사하거나 의사진행에 협력하는 경우와 소극적으로 행동하는 경우, 즉 발언을 삼가거나 총회에 출석하지 않는 경우 등을 예상할 수 있다. 물론, 원활한 의사진행에 협력한다는 차원에서 자사의 주식을 취득하지 말 것을 요구하는 것도 이에 해당할 수 있다.

주주의 권리행사에 관하여 이익공여를 증명하는 것은 매우 어려운 일이다. 이에 상법 제467조의2 제 2 항은 특정주주에게 무상으로 재산상의 이익을 공여한 경우에는 주주의 권리행사에 관하여 이루어진 것으로 추정하고 있다. 이 같은 증명책임의 전환으로 인하여 회사는 이익반환청구권 혹은 손해배상청구권을 용이하게 행사할 수 있다. 즉, 그러한 청구권자인 회사 혹은 대표소송의 원고인 주주(467조의2 4항)는 공여된 이익이 무상으로 제공되었다는 것 혹은 반대급부에 비하여 현저하게 과대하였음을 증명하면 족하다. 이 경우 회사가 얻은 이익을 회사가 공여한 재산상의 이익과 비교하여 현저하게 적은지의 여부는 객관적인 잣대에 의하여 판단되어야 한다.

2) '재산상 이익'

'재산상의 이익공여'라 함은 경제상의 가액을 갖는 이익을 의미하며, 그 전형적인 예로서는 금전, 물품, 채권, 유가증권 등을 들 수 있다. 회사가 통상적인 가격 이하로 물품을 판매하거나 회사가 불필요한 거래를 하거나 불합리한 거래를 하는 경우가 이에 해당한다. 서비스나 시설의 이용, 골프, 여행 등에 드는 비용을 지급하는 것도 '재산상의 이익'을 공여한 것으로 된다. 이 밖에도 채무면제, 신용공여, 채무의 의도적 시효소멸도 재산상의 이익에 포함된다. 예컨대, 상대방이 변제능력이나 담보력에 문제가 있음을 알고서도 금전을 대부하는 경우는 본죄의 행위객체요건을 충족한다. 다만, 보수 등의 지불 없이 단순히 지위를 공여하는 것만으로는 재산상의 이익이라 볼 수 없다. 사회통념상 허용되는 의례의 정도에 그치는 경우(예: 총회선물, 주주총회 의사록 등사비용의 면제)는 금지의 대상이 되지 않는다.

3) 이익공여의 주체

'회사'의 계산으로 이익이 공여되는 경우만이 본조의 적용대상이다. 따라서 이사가 사사로이 자기의 부담으로 이익을 제공하는 것은 본조의 적용대상이 아니다.

4) 이익공여의 상대방

이익공여를 받는 자는 주주에 한하지 않고 '누구나' 그 상대방이 될 수 있다.

이익의 수령자에는 행위주체 이외의 모든 자가 포함되므로, 그가 총회꾼이 아니더라도 이익공여의 상대방이 될 수 있다. 자연인인지, 법인 혹은 권리능력없는 사단인지의 여부는 불문한다. 따라서 주주 아닌 자가 장차 그 회사의 주식을 취득하지 않을 것을 조건으로 이익을 공여받은 경우도 본조의 적용대상이 된다. 이익공여의 상대방이 주주인 때에는 관련성의 추정요건(467조의2 2항) 중의 하나가 충족될 뿐이다. 이익공여를 요구하는 자와 실제 그 이익을 제공받는 자가 일치할 것을 요하지 않는다.

(4) 위반의 효과

1) 주주총회 결의의 효력

주주의 권리행사와 관련하여 회사가 재산상의 이익을 공여한 경우라 하더라도, 그 이익공여는 주주권행사의 동기에 불과하다. 이러한 이유로 인하여 국내의 통설에 따르면 주주가 그 이익을 얻은 대가로 의결권을 행사하였다고 하더라도 주주권행사의 효력 자체에는 영향이 없는 까닭에 주주총회의 결의 자체는 유효한 것으로 본다. 대법원은 주주의 의결권 행사에 관한 이익공여는 결의방법의 법령위반에 해당하므로 주주총회결의취소의 사유가 된다고 판단하였다[주요판례 2].

2) 사법적 효과(이익반환의무)

(가) 회사가 주주의 권리행사와 관련하여 재산상의 이익을 공여한 때에는 그 이익을 공여받은 자는 이를 회사에 반환하여야 한다(467조의2 3항 전단). 이 규정의 성격에 대해서는, 민법의 특칙이라는 것이 다수견해이다. 즉 민법에 의하면 상법 제467조의2 제1항에 위반한 이익공여는 불법원인급여(민법 746조) 또는 비채변제(민법 742조)에 의한 부당이득이 되어 반환을 청구할 수 없게 되나, 상법에서는 이에 대한 특칙으로 그 반환을 청구할 수 있도록 한 것이라고 한다.

(나) 이익반환의 청구는 회사가 하여야 할 것이나, 회사가 그 청구를 게을리할 경우를 대비하여 주주대표소송을 허용하고 있다(467조의2 4항). 만일 회사가 이익을 공여하고 그 대가를 받은 것이 있다면 그 대가를 반환하여야 하며(467조의2 3항 후단), 이는 동시이행의 관계에 있다.

3) 이사 등의 책임 및 형사벌칙

(가) 이익을 공여한 이사와 이와 관련하여 임무를 게을리 한 감사는 회사에 대하여 손해배상책임을 진다(399조).

(나) 이사·감사·이사직무대행자·지배인 기타 사용인 등이 본조에 위반하여 재산상의 이익을 공여한 때에는 형벌의 제재를 받으며(634조의2 1항), 그 이익을 수수하거나 제 3 자에게 이를 공여하게 한 자도 함께 형사책임을 진다(634조의2 2항)[주요판례 4]. 이 밖에도 총회꾼의 회사업무방해에 대해서는 형법상의 형벌(예: 업무방해죄 등)이 가해질 수 있다(경합범).

2. 부정한 청탁에 의한 재산상의 이익공여의 금지

회사의 업무수행과 관련하여 부정한 청탁을 받고 그 대가로 재산상의 이익을 수수하는 행위에 대해서는 회사법의 형사처벌조항이 적용된다. 즉 발기인, 이사 기타의 임원, 사채권자집회의 대표자, 공증인이나 감정인이 그 직무에 관하여 부정한 청탁을 받고 재산상의 이익을 수수·요구 또는 약속한 때나 또는 이러한 이익을 약속·공여 또는 공여의 의사를 표시한 자에 대해서는 임원독직죄로서 형사처벌의 대상이 된다(630조 1항·2항). 주주총회 또는 사채권자집회에서의 발언 또는 의결권의 행사, 소의 제기, 법 소정의 지분 이상의 주주·사채권자·사원의 권리의 행사, 이사의 위법행위 유지청구권·신주발행유지청구권의 행사에 관하여 부정한 청탁을 받고 재산상의 이익을 수수·요구 또는 약속하거나 이러한 이익을 약속·공여 또는 공여의 의사를 표시한 자는 권리행사방해 등에 관한 증수뢰죄로서 형사처벌의 대상이 된다(631조).

3. 관련문제

(1) 우리사주조합에 대한 지원의 경우

종업원지주제도(Employee Stock Ownership Plan; ESOP)라 함은 기업이 자사 종업원에게 특별한 조건과 방법으로 자사 주식을 보유하게 하는 제도를 의미하는데, 우리나라 기업에서 많이 시행되고 있는 우리사주제도가 이에 속한다. 종업원지주제도는 종업원의 소유참여를 통해 귀속의식과 근로의욕을 높이고, 노사관계의 안정을 도모하는 것을 주목적으로 한다.

우리사주조합은 사업주·대주주 등의 자사주 출연, 주식시장에서의 매입 등에 의하여 자사주를 취득할 수 있다(근로복지기본법 32조). 또한 우리사주조합은 자사주 취득을 위하여 사업주·대주주 등의 금품출연, 우리사주조합원이 납부한 조합비, 출자금, 회비 등, 금융기관 등으로부터의 차입금, 기타 기부금으로 우리사주조합기

금을 조성할 수 있다(근로복지기본법 36조). 우리사주제도를 실시하고 있는 기업의 사
업주, 대주주 등은 우리사주조합에 자사주 또는 금품을 출연하거나, 자사주 구입자
금에 대한 융자 또는 융자보증 등의 지원을 할 수 있다(근로복지기본법 36조). 따라서
우리사주조합의 주식취득을 가능하도록 하기 위하여 이사가 회사의 계산으로 지급
하는 장려금은 그 금액이 종업원에 대한 복리후생제도의 내용으로서 타당한 범위
라면 주주의 권리행사에 관한 이익공여라고는 할 수 없다는 것으로 해석된다.

(2) 백지주의 대항 공개매수의 경우

적대적 매수자의 공개매수가 있는 경우 이에 대항하기 위해서 대상회사 경영
진이 우호적 제 3 자, 즉 이른바 백지주(white squire)[1]에게 요청하여 대항 공개매수
을 하는 방법이 이용될 수 있다. 그러나 대상회사가 이러한 대항 공개매수를 요청
함에 있어서 제 3 자에 대하여 보수 등의 금전적 이익이나 거래상의 편의공여 등에
대한 이익을 제공할 경우에는, 그 실질적인 목적이 이사가 적대적인 매수자(주주)로
하여금 주주총회에서 의결권행사 등을 하지 못하는 것에 있다면 주주의 권리행사
에 관한 이익공여금지규정을 위반한 것으로 될 수 있다.

Ⅲ. 주요판례·문제해설

1. 주요판례

(1) 대법원 1969. 8. 19. 선고 69도935 판결 — 총회꾼의 권리행사방해

형법 제114조 또는 「폭력행위 등 처벌에 관한 법률」 제 4 조의 범죄단체조직
또는 가입죄가 성립하려면, 범죄를 목적으로 하는 단체를 조직하거나, 그와 같은
정을 알면서 그 단체에 가입하는 행위를 하여야 하는바, 원판결이 유지한 제 1 심
판결이 적법하게 확정한 바에 의하면, 이 사건에서 문제가 된 투자인협회는 1964.
5.경 증권투자인들이 스스로의 권익을 보호하기 위하여 발족한 단체이고, 피고인
들이 위 협회의 간부진을 개편하고 각 그 간부 내지 회원이 된 것은, 증권거래소
상장기업체의 주주총회 때마다 소위 총회꾼들이 회의의 진행을 교란하고 이면으로
집행부로부터 금품을 요구하는 사실이 있으므로 이들 총회꾼들을 제거하고, 주주

---

1) 기업매수의 대상이 되는 회사의 지배권에 관심 없이 대상회사의 일정지분을 매입할 것을 동
   의한 우호적 주주를 의미한다. 정규재, 「기업 최후의 전쟁 M&A」(한국경제신문사, 1997), 50면.

총회를 원활하게 진행케 함으로써 정부시책에 적극 호응함과 동시에 진실한 투자인의 권익보호를 도모할 의도에서였다는 것이므로, 피고인들이 위 협회에 가담한 목적 자체에는 범죄를 목적으로 한 바가 있었다고는 할 수 없고, 다만 위 목적달성을 위한 행동과정에 있어서 그 판시와 같이 일부 총회꾼들의 주주로서 권리행사를 방해한 바가 있었고, 그에 대한 사례조로 각 해당 회사로부터 금품을 수수한 바 있었다고 하더라도 위에서 본 바와 같은 피고인들의 의도가 표면상의 명분 내지 구실에 불과하며 진실한 의도가 범죄행위 자체를 목적으로 한 것으로 인정되지 않는 이상 피고인들의 소위를 범죄단체조직이라고는 할 수 없을 것이다.

(2) 대법원 2014. 7. 11.자 2013마2397 결정 — 이익공여의 금지

상법 제467조의2 제 1 항은 "회사는 누구에게든지 주주의 권리행사와 관련하여 재산상의 이익을 공여할 수 없다"고 규정하고, 이어 제 2 항 전문은 "회사가 특정의 주주에 대하여 무상으로 재산상의 이익을 공여한 경우에는 주주의 권리행사와 관련하여 이를 공여한 것으로 추정한다"고 규정하고 있다. 이러한 규정에 비추어 보면, 이 사건 회사가 사전투표에 참여하거나 주주총회에서 직접 투표권을 행사한 주주들에게 무상으로 이 사건 예약권과 상품권을 제공하는 것은 주주의 권리행사와 관련하여 이를 공여한 것으로 추정된다. 뿐만 아니라 다음과 같은 사정, 즉 ① 기존 임원들인 채무자들과 반대파 주주들인 채권자들 사이에 이 사건 주주총회결의를 통한 경영권 다툼이 벌어지고 있는 상황에서 대표이사인 채무자 1 등의 주도로 사전투표기간이 연장되었고, 사전투표기간의 의결권행사를 조건으로 주주들에게 이 사건 예약권과 상품권이 제공된 점, ② 이 사건 예약권과 상품권은 그 액수가 단순히 의례적인 정도에 그치지 아니하고 사회통념상 허용되는 범위를 넘어서는 것으로 보이는 점, ③ 이러한 이익이 총 주주의 68%에 달하는 960명의 주주들 (사전투표에 참가한 주주 942명과 주주총회 당일 직접 투표권을 행사한 주주 18명)에게 공여된 점, ④ 사전투표기간에 이익공여를 받은 주주들 중 약 75%에 해당하는 711명의 주주가 이러한 이익을 제공한 당사자인 채무자 1에게 투표하였고, 이러한 사전투표기간 중의 투표결과가 대표이사 후보들의 당락을 좌우한 요인이 되었다고 보이는 점 등에 비추어 보면, 이러한 이익은 단순히 투표율 제고나 정족수 확보를 위한 목적으로 제공되기보다는 의결권이라는 주주의 권리행사에 영향을 미치기 위한 의도로 공여된 것으로 보인다. 따라서 이 사건 예약권과 상품권은 주주권행사와 관련되어

교부되었을 뿐만 아니라 그 액수도 사회통념상 허용되는 범위를 넘어서는 것으로
서 상법상 금지되는 주주의 권리행사와 관련된 이익공여에 해당하고, 이러한 이익
공여에 따른 의결권행사를 기초로 한 이 사건 주주총회는 그 결의방법이 법령에 위
반한 것이라고 봄이 상당하다.

　　(3) 대법원 2017. 1. 12. 선고 2015다68355, 68362 판결 — 이익공여의 금지

　　상법 제467조의2 제1항에서 정한 '주주의 권리'란 법률과 정관에 따라 주주로
서 행사할 수 있는 모든 권리를 의미하고, 주주총회에서의 의결권, 대표소송 제기
권, 주주총회결의에 관한 각종 소권 등과 같은 공익권뿐만 아니라 이익배당청구권,
잔여재산분배청구권, 신주인수권 등과 같은 자익권도 포함하지만, 회사에 대한 계
약상의 특수한 권리는 포함되지 아니한다. 그리고 '주주의 권리행사와 관련하여'란
주주의 권리행사에 영향을 미치기 위한 것을 의미한다.

　　(4) 대법원 2018. 2. 8. 선고 2015도7397 판결 — 이익공여죄 위반의 판단

　　상법상 주주의 권리행사에 관한 이익공여의 죄는 주주의 권리행사와 관련 없
이 재산상 이익을 공여하거나 그러한 관련성에 대한 범의가 없는 경우에는 성립할
수 없다. 피고인이 재산상 이익을 공여한 사실은 인정하면서도 주주의 권리행사와
관련 없는 것으로서 그에 대한 범의도 없었다고 주장하는 경우에는, 상법 제467조
의2 제2항, 제3항 등에 따라 회사가 특정 주주에 대해 무상으로 또는 과다한 재
산상 이익을 공여한 때에는 관련자들에게 상당한 법적 불이익이 부과되고 있음을
감안하여야 하고, 증명을 통해 밝혀진 공여행위와 그 전후의 여러 간접사실들을 통
해 경험칙에 바탕을 두고 치밀한 관찰력이나 분석력에 의하여 사실의 연결상태를
합리적으로 판단하여야 한다.

　　한편 주주의 권리행사와 관련된 재산상 이익의 공여라 하더라도 그것이 의례
적인 것이라거나 불가피한 것이라는 등의 특별한 사정이 있는 경우에는, 법질서 전
체의 정신이나 그 배후에 놓여 있는 사회윤리 내지 사회통념에 비추어 용인될 수
있는 행위로서 형법 제20조에 정하여진 '사회상규에 위배되지 아니하는 행위'에 해
당한다. 그러한 특별한 사정이 있는지 여부는 이익공여의 동기, 방법, 내용과 태양,
회사의 규모, 공여된 이익의 정도 및 이를 통해 회사가 얻는 이익의 정도 등을 종
합적으로 고려하여 사회통념에 따라 판단하여야 한다.

2. 문제해설

(1) 회사재산의 건실성 유지와 불공정 거래의 방지, 회사비리의 근절 등을 위하여 위와 같은 금원의 지급이 문제된다. 만일 금원의 지급이 위법한 것이라면 이사 등의 법령·정관 등의 위반, 그로 인해 회사에 손해가 발생하였다면 회사에 대한 손해배상책임(399조) 등이 문제될 수 있다. 경우에 따라서는 이사의 자기거래금지조항 저촉도 문제될 수 있다. 상법은 회사가 누구에게든지 주주권행사와 관련하여 재산상의 이익을 제공하지 못하도록 하고 있고(467조의2), 부정한 청탁을 받고 재산의 이익이 수수된 경우에는 회사법상의 형사벌칙이 부과된다(631조).

(2) 회사는 누구에게든지 주주의 권리행사와 관련하여 재산상의 이익을 공여하지 못한다(467조의2). 그러나 사회통념상 허용되는 의례의 정도에 그치는 것까지 금지되는 것은 아니다.

(3) 총회꾼은 여당성 총회꾼이건 야당성 총회꾼이건(정당한 주주운동과는 구별), 주주총회의 기능을 왜곡시키고 주주들의 총회에 대한 무관심을 유발하여 회사비리를 촉진시키는 요인이 된다는 점에서 부정적으로 평가할 수밖에 없다. 총회꾼에 대한 법적 대응방법으로는 민법상의 불법행위책임(민법 750조)을 묻거나, 상법상의 주주권행사와 관련한 이익공여금지, 부정한 청탁을 받고 재산의 이익이 수수하는 행위에 대한 형사벌칙(631조), 형법상 업무방해죄(형법 314조) 등의 적용대상으로 될 수 있다.

제11장 회사법 위반에 대한 책임 및 제재

[1] 민사책임

Ⅰ. 사 례

1. 사실관계[1]

(1) 甲주식회사는 자동차의 전자부품을 제조하는 회사이다. 甲회사는 형제인 A1과 B1이 주축이 되어 설립하였고, 그 후에도 A1이 대표이사, B1이 부사장으로서 甲회사를 공동으로 경영했다.

(2) 甲회사는 1995년 3월 경영다각화의 하나로 게임용 소프트웨어 개발부문을 창설하였다. 그때 B1과 친분이 있던 C가 게임용 소프트웨어 개발부문의 책임자로 취임하였다. C의 입사를 계기로 甲회사의 실적은 급속도로 증가하였다. 甲회사는 2003년 4월에 증권거래소에 상장하게 되었다. 시초가는 1,560엔을 기록하였고, 그 후에도 甲회사의 주가는 1,000엔대를 유지하였다.

(3) 甲회사의 이사회는 5명으로 구성되었는데, A1과 그의 처인 A2, B1과 그의 친구인 B2 및 거래 금융기관으로부터 파견된 D가 이사로 취임하고 있었다.

(4) 甲회사의 실적은 계속 호조를 보이다가 2005년 가을 이후 과도한 경쟁에 직면하면서 성장세가 둔화하기 시작했다. 또한 경영방침을 둘러싸고 A1과 B1 사이에 갈등이 생기자 甲회사의 주가는 300엔 전후로 하락하게 되었다.

(5) 이와 같은 상황에서 자동차부품 종합회사인 乙주식회사로부터 甲회사에 대해 자동차부품 제조 관련 시너지효과를 얻기 위하여 경영통합을 한다는 소문이 흘러들어왔다. A1은 자동차부품제조업계에서 더는 자력으로 생존하기가 어렵다고 판단하여 乙회사의 제안을 긍정적으로 검토했다. 이에 대하여 B1은 어디까지나 독자경영을 목표로 하여야 한다고 하여, B1을 중심으로 한 경영진은 외자계 펀드와 甲회사 주식의 공개매각을 위한 교섭을 시작하였다. 甲회사를 둘러싼 이러한 움직임이 신문에 보도된 것을 계기로 甲회사의 주가는 2006년 5월 중순에 900엔대로 급등하였다.

---

1) 일본 제2회 신사법시험 2007년 민사계 과목[제1문](배점: 100점, 시간: 2시간).

(6) 2006년 6월 7일 甲회사는 임시이사회를 개최하여 乙회사에 대한 모집주식을 제 3 자배정을 하기로 결정하였다. 이러한 결정을 함에 있어서 甲회사의 주주총회는 개최되지 않았다. 또한 위와 같은 결정을 할 때 B1의 반대가 예상되었기 때문에 A1은 B1과 B2가 해외출장을 나갈 시기에 맞추어 임시이사회를 개최하였다. 甲회사의 정관에는 이사회의 소집통지에 관하여 회일 2일 전까지 통지하는 것으로 규정하고 있어서, 당해 이사회의 서면에 의한 소집통지는 B1과 B2가 해외출장 중인 6월 4일에 하였고, B1과 B2는 같은 날 e-mail로 소집통지와 함께 위와 같은 내용을 연락받았다. 그러나 B1과 B2는 결국 6월 7일 임시이사회가 있는 날까지 귀국할 수 없어서, 동 임시이사회에는 이사 5인 중 3인이 출석하여 출석이사 전원의 찬성으로 모집주식의 발행과 관련한 의안이 가결되었다. 자료 ①은 위 임시이사회의 의사록이다.

(7) 乙회사에서도 같은 날 甲회사의 주식을 인수하는 건에 대하여 이사회에서 전원의 찬성으로 이를 가결하였다. 주식을 인수함에 즈음하여 乙회사에서는 ○○ 법률사무소에 이 문제에 관한 자문을 의뢰하여 의견서를 수령하였는데, 자료 ②는 이 의견서의 발췌 부분이다. 또한 乙회사는 甲회사의 재무상태 및 경영통합의 효과에 관한 조사를 △△컨설팅회사에 의뢰하여 보고서를 수령하였는데, 자료 ③은 이 보고서의 요지이다. 乙회사가 위 모집주식에 대하여 납입한 금액은 2005년 12월 7일부터 2006년 6월 6일까지 6개월간 甲회사 주가의 평균액에서 90%를 곱한 것으로 산정되었다.

(8) 해외출장에서 돌아온 B1은 위와 같은 제 3 자배정의 결정에 대하여 거세게 반발하였다. 이에 A1은 게임기용 소프트웨어 개발부문의 사업양도 등의 독립을 제안하여 B1과 교섭을 개시하였고, 그 도중에 위의 제 3 자배정에 의한 모집주식의 발행을 강행하였다. 결국 B1의 독자경영은 실현되지 않았다. 제 3 자배정의 실시에 의하여 乙회사는 甲회사 의결권의 55%를 보유하는 주주로 되었다. 또한 제 3 자배정에 의한 모집주식발행에 관하여 적법한 공고가 이루어졌고 모집주식의 배정 및 납입에 관한 절차에 법령위반은 없었다.

(9) 乙회사의 자회사로 된 甲회사에서 2006년 9월 29일 정기주주총회를 개최하여 임기만료가 된 B1과 B2를 이사로 재차 선임하지 않고, A1과 A2에 추가하여 새로이 乙회사의 관계자를 이사로 선임하였다.

(10) 제 3 자배정 실시 이후 甲회사의 주가는 600엔대를 유지하였다. 그 후

2006년 12월에 甲회사의 게임기용 소프트웨어 개발부문에서 중추적 역할을 담당하였던 C가 게임용 소프트웨어 관련 대기업인 丙주식회사에 좋은 조건으로 스카우트되었고, 이 뉴스가 업계의 정보지에 게재되자 甲회사의 주가는 급락하였다. 乙회사는 2006년도(2006년 4월 1일부터 2007년 3월 31일까지)의 결산에서 감사법인의 의견에 따라, 보유하고 있는 甲회사 주식평가액을 1주당 300엔에서 140엔으로 감손 처리를 하였다.

　　(11) X는 2005년 9월 1일에 乙회사의 주식을 구입한 후, 이것을 계속 보유하고 있는 주주이다. X는 2007년 5월 乙회사에 대하여 甲회사로부터 제 3 자 배정을 받은 당시의 乙회사의 대표이사 Y1과 담당이사 Y2는 이사로서의 선관주의의무를 위반하여 甲회사의 주식을 인수하였고 동 주식의 감손 처리에 의한 손해를 乙회사에 입힌 것을 이유로 Y1과 Y2에 대하여 손해배상을 구하는 소를 제기하였다. 또한 X는 손해배상액을 산정함에 있어 甲회사 1주당 160엔의 감손 처리액에서 乙회사가 인수한 주식수를 곱한 금액으로 주장하고 있다.

【자료 ①】　임시이사회 의사록

2006년 6월 7일 오후 1시 15분, 당사 회의실에서 이사 5명 중 2명 결석하에 이사회를 개최하였다. 이사장 A1이 의장으로서 다음의 의제를 부의하였다.

(결의사항)

1. 모집주식의 발행에 관하여

　　이사장 A1이 아래의 조건으로 乙주식회사에 모집주식을 발행하는 것에 관하여 제안하였다. 질의응답 후 부의되어 출석자 전원 이의가 없어 이를 의결하였다.

　　(1) 발행방법: 제 3 자배정에 의함

　　(2) 납입금액: 1주당 300엔

　　(3) 발행주식수: 550만 주

　　(4) 주식의 종류: 보통주식

　　(5) 납입기일: 2006년 6월 26일

　　(6) 또한 이 사건 주식의 발행 후 乙회사는 당사의 발행주식 총수의 55%의 주식을 보유하는 주주가 됨

이상과 같이 의제에 대한 심의를 종료하였으므로 의장은 같은 날 오후 2시 15분 폐회를 선언하였다.

이 의사의 경과요령 및 결과를 명확히 하기 위하여 본 의사록을 작성하여 출석이사 및 출석감사는 이와 같이 기명·날인하였다.

2006년 6월 7일

의장 이사장 A1 (인)

이사　　　 A2 (인)

이사　　　 D　(인)

상근감사　 E1 (인)

사외감사　 E2 (인)

사외감사　 E3 (인)

【자료 ②】　○○법률사무소의 의견서 발췌

(중략)

Ⅲ. 게임용 소프트웨어 개발부문 관련

1. 조사결과

1) 이 사건 사업부문의 개요

　이 사건 사업부문의 매출은 대상 회사의 전체 매출액의 20%에 지나지 않지만, 경상이익 단계에서는 다른 부문이 모두 적자이고, 전체의 100%를 차지하고 있는 이 사건 사업부문은 대상회사의 확실한 수익요소이다.

　이 사건 사업부문의 제품(이하 '이 사건 제품'이라 함)은 이른바 '차세대 게임용 게임소프트웨어'라고 불리고 있고, 대상회사의 이 제품은 이전부터 업계에서 높은 평가를 얻고 있다.

　대상회사가 이 사업을 하게 된 것은, 약 11년 전에 C가 당시 경영하고 있던 게임 소프트웨어 개발회사의 경영이 어려웠을 때 대학시절 선배인 대상회사의 현 경영자의 일원인 B1에 도움을 요청하고, 대상회사의 지원에 의하여 당해 게임 소프트웨어 회사의 부채를 정리하고 대상회사에 신설된 게임 소프트웨어 개발부문의 책임자로 입사하였기 때문이다.

　그 후 C에 대하여 다른 회사로부터 몇 번이나 스카우트(헤드헌팅)의 권유가 있었으나, C는 이와 같은 경위 때문에 B1에 고마움을 느낀 나머지 이를 거절하여 왔다.

　또한 구체적인 개발작업을 하고 있는 것은 대상회사의 종업원이 아니라 하청계약을 체결한 개인 SE(시스템 엔지니어)이고 기업에 대한 귀속의식은 낮다.

2) 기본계약의 체결상황과 내용

개발 발주원과의 사이에는 계약이 체결된 것이 분명하고, 그 관리에 관하여도 문제가 될 만한 것들이 없었다.

또한 SE와의 하청계약에 대하여도 전원과 계약이 체결되어 있고, 그 내용을 포함하여 특별히 문제될 것이 없다고 생각된다.

3) 계약내용에 있어서 특수한 조항

C는 게임 소프트웨어 업계에 있어서 '카리스마 창작자'(charisma creator)라고 불릴 정도로 인기를 얻고, 과거부터 많은 히트상품을 시장에 선보여 왔다.

그 때문에 거래처와의 소프트웨어 개발기본계약에 관하여는 C의 고용계속이 계약존속의 조건으로 되는 것이 대부분이다.

2. 결   론

(1) 앞서 기술한 바와 같은 사정에서 비추어 보건대, 이후 대상회사의 경영진이 교체되는 경우에는, C가 독립하거나 경쟁회사로 전직할 가능성이 크다. 또한 대상회사에는 할증 퇴직금을 수령한 자에 관하여 퇴직 후 1년간의 경업금지규정이 있는데 그 수령은 퇴직자의 선택에 맡겨져 있고, C가 이것을 수령할 가능성은 지극히 낮다.

그리고 개발기본계약은, 전술한 바와 같이 C의 고용계속을 조건으로 하는 경우가 많으나, 개발완료 후에는 이에 대한 적용이 없어서 대상 회사에 대한 인센티브(premium fee) 지급은 C가 퇴직했다고 해도 일정 기간(2년이 대부분이다) 계속된다.

(2) 게다가 하청 SE의 대부분은 C의 카리스마에 영향을 받아서 모인 자들이므로, C의 퇴직 후에는 대상회사와의 하청계약을 체결할 것으로 생각하기 곤란하다.

이상과 같은 사정을 고려하면, 대상회사에 있어서 제3자배정 증자를 하여 현 경영진, 특별히 B1을 경질하게 되면 C도 퇴직할 가능성이 크고, 그 같은 경우 이 사건 사업부문에 있어서 현재와 같은 정도의 수익을 이후에도 계속하여 올리는 것은 기대하기 어렵다고 판단된다.

(중략)

【자료 ③】   △△컨설팅회사의 보고서 요지

경영통합에 근거한 경제적 효과에 관하여

귀사는 본건 甲회사와의 경영통합의 경제적 효과로서, 약 24억 엔의 상승효과가 있을 것이라는 판단에 근거하여 사업계획을 세우고 있다. 이하 그 타당성에 관하여 검토하여 본다.

1. 사업계획서의 기재내용과 그 타당성에 대한 검증

(1) 연구개발비의 절감

사업계획서상 귀사의 연구개발비 약 200억 엔 가운데 15%를 차지하고 있는 전자부품과 관련하여, 경영통합을 하면 이를 반감시켜 약 15억 엔 감액할 가능성이 있다고 보고 있다.

귀사는 최종 상품에 관한 기밀유지의 문제로 전자부품을 독자적으로 연구개발을 하고 있으나, 그 가운데 다수는 단가와 성능상의 문제로 현재 甲회사의 제품을 공급받고 있다. 그래서 귀사가 제조하는 상품의 성능이 향상되고, 전자부품을 甲회사가 개발하거나, 甲회사와 공동으로 개발하여 연구개발비의 대폭적인 절감이 가능하다. 그리하여 앞서 언급한 사업계획서상 연구개발비의 절감은 그 실현성 측면에 있어서 불합리하다고 생각되지 않는다.

(2) 개발기간의 단축

사업계획서에 기재된 바에 의하면, 연구개발부문의 통합으로 인해 신제품에 사용되는 전자부품의 개발기간이 대체로 현재의 절반 정도인 9개월 정도로 단축되는 것이 가능하고, 또한 이로 인하여 부품조달비용을 2% 줄이는 것도 가능하다고 보고 있다.

기술 자문의 검토에 의하면, 연구기간을 평균적으로 현재의 절반 정도까지 단축할 수 있을 것으로 판단하고 있다. 또한 차후 甲회사와 공동개발이 가능한 부품의 조달액을 전제로 하는 경우, 개발기간의 단축에 의한 효과는 인건비 등을 포함하여 약 6억 엔이라는 계산이 나오고 있다. 이것은 고도의 전문분야에 해당하는 문제이지만, 그 판단과정 등에 있어서 합리성이 없다고 생각되는 부분은 없고, 이러한 판단을 전제로 한 사업계획의 내용에 불합리한 점이 있다고 말할 수는 없다.

(3) 제조계획에 따른 조달과 유통비용의 절감

사업계획서상 귀사 그룹 공장의 일부분에 甲회사의 공장을 이전하는 것에 의해 귀사의 생산계획에 따라서 전자부품의 공급을 받는 것이 가능하게 되고, 또한 유통비용의 절감이 가능하다고 한다. 그 전제가 된 기술 자문의 검토에 의한, i) 귀사의 주력공장과 인접한, 현재 이용되지 않고 있는 귀사 제 2 공장을 甲의 공장으로 이용하는 경우의 이전비용의 산출, ii) 이로 인한 유통비용의 절감에 관하여 고려하여 보았을 때, 불합리한 부분은 눈에 띄지 않고, 이를 전제로 한 삭감효과도 마찬가지이다.

따라서 그 효과를 약 3억 엔으로 하는 사업계획서의 내용에는 불합리한 부분
이 눈에 띄지 않는다.

(4) 인력교류의 시행

사업계획서상 연구자의 인력교류에 의하여 귀사의 신제품 개발에 관한 부품개
발을 포함한 일관적인 발상이 가능하다고 기재되어 있다.

인력교류의 실시효과에 관한 사업계획서의 내용에 불합리한 점이 확실하게 인
정되지는 않지만, 그 구체적인 효과의 산정은 불가능하다.

2. 결 론

위와 같은 검토에 의하면 甲회사와의 경영통합에 기초한 귀사의 경제적 상승효
과를 약 24억 엔이라고 판단한 것은 불합리하다고 할 수 없다.

2. 검 토

(1) 甲회사의 乙회사에 대한 모집주식의 발행이 이루어진 후에 B1은 어떠한
법적 조치를 취할 수 있는지에 대하여 의견을 기술하시오.

(2) Y1과 Y2의 乙회사에 대한 책임에 관하여 의견을 기술하시오.

Ⅱ. 주요법리

1. 회사의 민사책임 주체성

회사는 법인이므로(169조) 그 자신이 민사책임에 있어서 계약책임 또는 불법행
위책임 등의 책임주체가 될 수 있다. 회사의 대표기관이 업무집행과 관련하여 타인
에게 손해를 입힌 경우 회사는 그 대표사원과 연대하여 배상책임을 진다(210조, 265
조, 389조 3항, 567조, 613조 2항, 614조 4항). 이때 회사와 대표기관은 공동불법행위책임
을 진다는 것이 판례의 입장이다[주요판례 1].[1] 피용자의 불법행위(민법 750조)에 대해
서는 회사가 사용자로서 책임을 지는 경우(민법 756조)가 있다[주요판례 2].

2. 책임의 가중

민사상 손해배상의 원인이 되는 계약책임(민법 390조, 397조)과 불법행위책임(민

---

1) 이와는 달리 대표기관의 책임은 불법행위책임이라기보다는 피해자를 두텁게 보호하기 위한
상법상의 특별책임으로 보는 견해가 있다(이철송, 84면).

법 750조)은 과실책임을 기본으로 하고, 다수의 자가 책임을 질 때는 분할책임을 원칙으로 한다. 그러나 회사법에서는 이러한 민법상의 책임규정을 원칙으로 하면서 특칙을 두고 있다.

(1) 무과실책임

1) 회사법에서도 일반원칙과 마찬가지로 과실책임주의를 취하고 있다. 다만 여기에서의 과실(즉 주의의무의 위반) 여부를 판단함에 있어서 특히 이사 등의 자에 대해서는 전문적인 경영수임자로서의 고도의 주의의무(그 전문가집단에 요구되는 평균적인 주의의무)를 기준으로 판단한다(추상적 과실).

2) 그러나 회사법에는 과실 유무를 불문하고 책임을 지우는 경우가 다수 있다. 예컨대, 회사성립의 경우 발기인의 회사에 대한 인수·납입담보책임(321조 1항·2항), 회사 불성립의 경우 발기인의 설립에 관한 책임(326조 1항), 신주발행의 경우 이사의 인수담보책임(428조 1항) 등은 과실 여부를 불문하는 무과실 법정책임이다.

(2) 연대책임

회사법에서는 동일한 행위로 인하여 다수의 자가 책임을 지는 경우, 상대방에 대한 피해구제를 두텁게 하기 위하여 이들에게 연대책임을 지우는 경우가 많다. 예컨대, 발기인의 회사에 대한 인수·납입담보책임(321조 1항·2항), 발기인의 제3자에 대한 손해배상책임(322조 2항), 회사 불성립의 경우 발기인의 회사설립에 관한 책임(326조 1항), 회사설립과 관련한 이사·감사의 책임(323조), 이사·집행임원·감사의 회사 또는 제3자에 대한 손해배상책임(399조 1항, 408조의8 1항, 414조 1항), 외부감사인의 회사 또는 제3자에 대한 손해배상책임(주식회사 등의 외부감사에 관한 법률 31조), 회사분할 또는 분할합병 전의 회사채무에 대한 책임(530조의9 1항) 등이 이에 해당한다.

(3) 추정규정 또는 증명책임 전환

회사법은 책임요건을 구성하는 요건사실에 대하여 그 존재에 대한 추정규정에 의하여 증명책임을 전환하는 규정을 두는 경우가 있다. 예컨대, 이사의 회사에 대한 손해배상책임에 있어서 이사회의 결의에 참가한 이사로서 이의를 한 기재가 의사록에 없는 자는 결의에 찬성한 것으로 추정하는 것(399조 3항), 중간배당에 있어서 이사가 당해 결산기에 손실이 발생할 우려가 없다고 판단함에 있어서 주의를 게을리하지 아니하였음을 스스로 증명하여야 배상책임을 면할 수 있다는 것(462조의3 4항 단서), 주주의 권리행사와 관련하여 이익을 공여한 경우 주주권 행사와의 관련성에 대한 추정(467조의2 2항) 등이 이에 해당한다.

(4) 면책 불가 또는 제한

1) 총주주의 동의에 의하더라도 면책할 수 없도록 하는 경우가 있다. 예컨대, 발기인의 회사에 대한 인수·납입담보책임(321조 1항·2항)이나 신주발행시 이사의 인수담보책임(428조 1항) 등은 총주주의 동의로도 면제할 수 없다. 이들은 주로 회사의 자본충실을 위한 것들로서, 그 대상이 주주들이 처분할 수 있는 대상이 아니므로 주주들의 동의가 있더라도 면책할 수 있는 성질의 것이 아니라고 본 때문이다.

2) 한편, 책임을 면제하려면 총주주의 동의를 요하는 경우가 있다. 예컨대, 이사의 회사에 대한 손해배상책임(399조)은 총주주의 동의가 없으면 면제하지 못한다(400조).

(5) 별도의 법정책임을 인정하는 경우

상법에서 민법상의 계약책임 또는 불법행위책임과는 별도의 법정책임을 인정하는 때도 있다. 예컨대, 이사·집행임원·감사의 제3자에 대한 손해배상책임(401조 1항, 408조의8 2항, 414조 2항)은 민법의 불법행위책임과는 무관한 법정책임이라고 보는 것이 다수견해이다. 이러한 경우 민법의 불법행위책임(민법 750조)과의 청구권경합이 인정된다고 보는 것이 일반적인 견해이다.

3. 책임의 완화

이와는 반대로 책임을 완화하는 특칙을 두는 때도 있다. 주로 특별한 정책적 고려에 의한 것이다.

(1) 유한책임

무한책임이 책임법의 일반원칙이나 회사법에는 유한책임으로 책임의 범위를 한정하는 때도 있다. 주주유한책임의 원칙은 자신이 부담하여야 할 책임을 외부화(externalization; 타인에의 책임전가)하는 문제점이 있지만, 이는 주식회사의 본질에 해당한다. 그러나 법인격부인론이 적용되는 경우나 주주 스스로가 책임을 인수하는 경우에는 주주유한책임의 원칙이 적용되지 않는다.

(2) 책임감면

회사는 정관이 정하는 바에 따라 제399조의 사내이사의 손해배상책임을 이사가 원인이 된 행위를 한 날 이전 최근 1년간의 보수액의 6배액을 초과하는 금액에 대하여 변제할 수 있다(400조 2항 본문). 사외이사의 책임은 연간보수의 3배까지로 제한할 수 있다. 다만 이사의 고의 또는 중대한 과실로 손해를 발생시킨 경우와 사익추구행위에 대해서는 이러한 특례를 적용하지 않는다(400조 2항 단서). 이는 발기인, 집행임원, 감사, 감사위원, 유한회사의 감사에 대해서도 준용된다(324조, 408조의9, 415조, 415조의2 7항, 462조의3 6항, 570조).

(3) 경과실면책

1) 원래 민사책임에서는 형사책임과는 달리 고의와 과실, 중과실과 경과실을 구분하지 않고 모두 동일하게 책임 발생의 원인이 된다. 그런데 상법에서는 악의 또는 중과실이 있는 경우에만 책임을 지우고, 경과실에 그치는 때에는 책임을 묻지 않는 경우가 많다. 예컨대, 발기인이 설립과 관련하여 임무해태가 있는 경우 제 3 자에 대해서는 악의 또는 중과실로 임무를 게을리한 경우에 한하여 책임을 지고(322조 2항), 이사·집행임원·감사의 제 3 자에 대한 손해배상책임도 그러하다(401조 1항, 408조의8 2항, 414조 2항). 또한 회사법상의 소송에서 패소한 원고에 대하여 원칙적으로 책임을 묻지 않고, 악의 또는 중대한 과실이 있는 때에만 책임을 지우고 있다(376조 2항, 380조, 191조). 경과실의 경우 면책하는 이유는, 주로 피해자에 대하여 직접 아무런 법률관계가 없는 자에 대하여 책임을 지울 때는 책임요건을 가중할 필요에서 그러하거나, 또는 법적 책임에 대한 부담 없이 자신의 지위에 상응하는 역할을 보다 적극적으로 할 수 있도록 정책적으로 유도하기 위한 경우도 있다.

2) 회사법에는 권리를 주장하는 자가 경과실에 그치는 때에는 그 과실의 존재가 권리행사의 장애요인이 되지 않는 것으로 하는 경우가 있다.[1] 주로 거래의 안전을 보호할 필요가 있는 경우에 그러하다. 그러나 중과실이 있는 경우에는 악의로 의제하여 악의와 동일하게 취급하는 것이 일반적이다. 예컨대, 표현대표이사(395조)의 상대방이 경과실에 그칠 때는 회사에 책임을 물을 수 있다. 주권을 선의취득하는 경우에도 양수인이 선의이며 경과실에 그치는 때에는 선의취득자로서 보호를

---

1) 대법원 2021. 2. 18. 선고 2015다45451 전원합의체 판결: 주식회사의 정관이나 이사회 규정 등에서 이사회 결의를 거치도록 대표이사의 대표권을 제한한 경우, 거래행위의 상대방인 제 3 자가 상법 제209조 제 2 항에 따라 보호받기 위하여 선의 이외에 무과실을 요하지 않으나, 제 3 자에게 중대한 과실이 있는 경우에는 거래행위가 무효가 된다고 하여, 종전 판례의 선의·무과실 요건을 선의·무중과실 요건으로 변경했다(다수의견).

받는다(359조; 수표법 21조 단서).

(4) 획일적 업무처리를 위한 면책

회사법에는 형식적 기준에 따라 일률적으로 처리하면 면책되는 경우가 있다. 예컨대, 주주명부의 기재를 기초로 회사가 주주 아닌 자를 주주로 취급하더라도 악의 또는 중과실이 없으면 면책된다(353조 1항). 이는 주식회사와 같이 수시로 변하는 다수인을 상대로 집단적인 업무를 획일적으로 처리할 필요가 있는 법률관계에서 특히 필요한 제도이다.

(5) 경영판단 면책

이사의 경영판단(business judgment)에 대해서는 이를 존중하여 소위 정직하고 성실한 경영 실수에 대해서는 법적 책임을 묻지 않는 것이 원칙이다. 이는 일반적인 선관주의의무(민법 681조)를 회사법관계에 적용한 것이기도 하다.

(6) 책임해제 의제

회사법에는 일정기간의 경과에 의하여 책임해제를 의제하는 경우가 있다. 예컨대, 결산주주총회에서 재무제표를 승인한 후 2년 이내에 다른 결의가 없으면 부정행위가 없는 한 회사는 이사와 감사의 회사에 대한 책임을 해제한 것으로 본다(450조 본문).

4. 외관책임

거래의 안전과 제3자의 신뢰를 보호하기 위하여 사실과 일치하지 않는 외관을 창출한 자에 대하여 책임을 부과하는 때도 있다. 예컨대, 표현대표이사의 대표권행사에 대하여 회사의 책임을 인정하는 것이 이에 해당한다(395조). 그러나 이는 상법만의 특유한 제도는 아니고 거래안전을 보호하기 위한 사법상의 일반적인 표현책임(表見責任)제도(예: 민법상의 표현대리, 상법상의 표현지배인)와 그 취지를 같이 한다(외관법리, 금반언의 법리).

5. 책임추궁

회사법을 위반한 행위에 대한 제재수단으로는 다음과 같은 방법이 있다.
① 위반행위의 무효(예: 자기주식 취득제한 규정 위반에 의한 취득, 이사의 자기거래, 배당가능이익이 없는 상태에서의 이익배당)

② 개입권 행사(예: 경업금지 위반의 거래)(397조 2항)

③ 이사·집행임원 등의 직무집행정지 및 직무대행자의 선임(407조 1항 전단, 408조의9)

④ 이사·감사의 해임(385조, 409조의2)

⑤ 이사·집행임원 등의 위법행위에 대한 유지청구권(402조)

⑥ 위법·부당한 신주발행에 대한 유지청구권(424조)

⑦ 이사·집행임원·감사·업무집행지시자 등에 대한 손해배상청구(399조, 408조의8 1항, 414조 1항)와 그 추궁을 위한 대표소송의 제기(403조)

⑧ 각종 회사법상의 소송(예: 회사설립 무효의 소, 합병 무효의 소, 회사분할 무효의 소, 주식교환 무효의 소, 주식이전 무효의 소, 신주발행 무효의 소, 자본금감소 무효의 소, 주주총회 결의의 하자에 관한 4종의 소)

6. 과실상계 등 배상법의 일반법리

(1) 이사가 임무해태를 이유로 회사에 책임을 지는 경우 민법의 과실상계(민법 396조) 법리를 유추하여 배상책임액을 감액하는 것이 가능한가? 손해배상법의 일반원칙에 따라 이사의 의무위반과 그와 인과관계가 있는 회사의 손해를 인정한 뒤 과실상계 법리의 유추적용을 인정할 수 있고, 또한 손익상계도 가능하다고 본다.

(2) 책임이 인정되는 경우에도 위반의 경위 등 제반 사정을 참작하여 손해배상액을 제한할 수 있다[주요판례 3].

Ⅲ. 주요판례·문제해설

1. 주요판례

(1) 대법원 2013. 6. 27. 선고 2011다50165 판결 — 회사의 불법행위책임이 성립하는 경우 대표이사의 공동불법행위책임

주식회사의 대표이사가 업무집행을 하면서 고의 또는 과실에 의한 위법행위로 타인에게 손해를 끼친 경우 주식회사는 상법 제389조 제3항, 제210조에 의하여 제3자에게 손해배상책임을 부담하게 되고, 대표이사도 민법 제750조 또는 상법 제389조 제3항, 제210조에 의하여 주식회사와 연대하여 불법행위책임을 부담하게 된다.

(2) **대법원 2007. 9. 20. 선고 2004다43886 판결** — 피용자의 사무집행상의 불법
행위가 성립하는 경우 회사의 사용자책임

증권회사의 직원이 피해자 회사의 경리이사와 공모하여 환매조건부채권 예금
계좌에 입금한 피해자 회사의 자금으로 임의로 주식거래를 한 사안에서, 위 증권회
사 직원의 행위가 증권회사의 사무집행행위에 속하지 않는다는 것을 위 경리이사
가 알고 있었으므로 피해자 회사가 이를 알았다고 보아 피해자 회사는 위 증권회사
에 대하여 사용자책임을 물을 수 없다.

(3) **대법원 2005. 10. 28. 선고 2003다69638 판결** — 손해분담의 공평이라는 손
해배상제도의 이념에 의해 이사의 회사에 대한 손해배상액을 제한할 수 있는
지 여부

이사가 법령 또는 정관에 위반한 행위를 하거나 그 임무를 해태함으로써 회사
에 대하여 손해를 배상할 책임이 있는 경우에 그 손해배상의 범위를 정함에 있어서
는, 당해 사업의 내용과 성격, 당해 이사의 임무 위반의 경위 및 임무 위반행위의
태양, 회사의 손해 발생 및 확대에 관여된 객관적인 사정이나 그 정도, 평소 이사의
회사에 대한 공헌도, 임무 위반행위로 인한 당해 이사의 이득 유무, 회사의 조직체
계의 흠결 유무나 위험관리체제의 구축 여부 등 제반 사정을 참작하여 손해분담의
공평이라는 손해배상제도의 이념에 비추어 그 손해배상액을 제한할 수 있다.

2. 문제해설

(1) (위 사안은 일본 회사법에서의 문제이지만 이하에서는 우리 상법에 기하여 간단하게 답
한다.) 신주발행의 결정권한을 정관에 의하여 주주총회의 권한으로 하지 않는 한 이
사회의 결의를 거쳐야 하고, 주주배정이 아닌 제 3 자배정을 하기 위해서는 제 3 자
배정의 요건을 갖추어야 한다. 이사회결의는 과반수 이사의 출석에 출석이사 과반
수의 찬성이 있어야 하는데(391조 1항), 위 사안에서는 5인의 이사 중 과반수인 3인
이상이 출석하고 그 전원이 찬성함에 따라 일견 이사회의 결의를 적법하게 거친 것
처럼 보인다. 그러나 결의에 반대할 것으로 예상되는 이사들의 이사회 참석을 의도
적으로 곤란하게 하는 방법으로 이사회결의가 이루어졌다. 일부 이사가 소집통지
를 받지 못한 경우 설사 그 이사가 참석하였더라도 결과에 영향을 미치지 못하였을
것으로 인정되는 경우에는(위 사안이 그러하다) 유효하다는 일본의 판례도 있지만, 비

록 소수이더라도 이사회에서의 의사교환과정에서 영향을 미칠 가능성이 있으므로 이러한 하자는 무효라는 것이 국내의 지배적인 견해이다.

그런데 신주발행의 경우 이사회의 결의가 없거나 무효가 되더라도 이사회결의의 무효를 독립적으로 다투지는 못하고 신주발행의 효력은 오직 신주발행 무효의 소(429조)에 의해서만 다툴 수 있다. 이러한 경우 신주발행에 관한 이사회의 결의는 회사의 내부적 의사결정에 불과하므로 신주발행의 효력에는 영향이 없다는 것이 판례의 입장이다.[1] 위 사안의 경우 이미 신주가 발행된 이후이므로 더는 신주발행 유지청구권(424조)의 대상이 되지 못하고, 사후적인 구제조치로서 불공정가액을 인수한 자에 대한 차액반환책임(424조의2), 이사의 회사에 대한 손해배상책임(399조)과 이를 추궁하기 위한 대표소송의 제기(403조), 정당한 사유가 있는 이사의 해임(385조), 이사의 직무집행정지 가처분 청구(407조), 형사법적으로는 업무상배임죄(형법 355조, 356조) 또는 특별배임죄(622조) 등의 법적 조치를 할 수 있다.

한편, 위 사안에서 乙회사로 하여금 甲회사의 주식 55%를 인수하도록 하는 것은 그로 인하여 회사지배권이 乙회사에 이전되는 효과가 생기지만 영업양도에 해당하는 것은 아니므로 주주총회의 특별결의를 거쳐야 할 사항은 아니다. 따라서 이사회결의에 의한 것 그 자체에 절차상의 하자가 있는 것은 아니다. 또한 위 사안에서 제3자에 대한 신주발행이 상법 제418조 제2항 단서의 회사의 경영상 목적달성에 필요한 것인지도 문제될 수 있다.

(2) 乙회사의 대표이사인 Y1과 담당이사인 Y2가 甲회사의 주식을 인수하였으나 그 주식을 감손 처리함으로써 乙회사에 입힌 손해에 대하여 상법 제399조의 책임을 물을 수 있는가 하는 문제이다. Y1과 Y2가 위와 같은 의사결정을 함에 있어서 법령이나 정관을 위반한 사실은 발견되지 않으므로 그 임무를 게을리한 것인지가 쟁점으로 남는다. 위와 같은 결정을 함에 있어서 "이 사건 사업부분에 있어서 현재와 같은 정도의 수익을 이후에도 계속하여 올리는 것은 기대하기 어렵다고 판단된다"라는 ○○법률사무소의 의견과 경영통합의 경제적 효과에 관한 판단에 대하여 "특별히 불합리하다고 할 수 없다"라는 △△컨설팅회사의 부분적으로 상치되는 의견을 종합적으로 고려하여 결정한 것이므로 경영판단(business judgment)에 있어서 요구되는 허용된 재량의 범위(즉 선관주의의무)를 넘어섰다고 보기 어렵다. 따라서 Y1과 Y2에 대하여 임무를 게을리함을 이유로 상법 제399조의 책임을 묻기는

---

[1] 대법원 2007. 2. 22. 선고 2005다77060, 77077 판결.

곤란하다.

[2] 형사책임

Ⅰ. 사   례

1. 사실관계

甲주식회사는 경영권승계를 목적으로 이 회사의 전환사채를 주주배정 방식으로 시가보다 저가로 배정하였으나, 대량 실권되자 이를 A 등이 인수하도록 하였다. 이에 대하여 「특정경제범죄 가중처벌 등에 관한 법률」의 배임죄를 구성하는가의 문제를 놓고 다음과 같은 주장이 팽팽하게 맞서고 있다.

   B: "주주배정으로 전환사채를 발행하는 경우에는 제 3 자배정에 의한 경우와는 달리 전환가액을 반드시 시가를 고려한 적정한 가액으로 하지 않더라도 이사로서의 임무 위배가 있다고 볼 수 없다. 회사가 주주들에게 지분비율에 따라 전환사채를 우선적으로 인수할 기회를 부여했다면 이는 주주배정의 방법으로 전환사채를 발행한 것이다. 단일한 기회에 발행되는 전환사채의 발행조건은 동일해야 하므로, 이 사건 전환사채를 A 등에게 배정한 것은 인수권을 부여받은 기존 주주들 스스로가 인수의 청약을 하지 않음에 따라 이루어진 것으로써 그 전환가액이 시가보다 낮다고 하더라도 이사로서의 임무 위배나 회사에 손해가 발생하였다고 볼 수 없어 업무상배임죄가 성립하지 않는다."

   C: "B의 주장에 의하면, 실권주의 발생은 주주가 신주인수권을 포기한 결과이므로 그 실권주를 제 3 자에게 배정하는 것은 주주배정 방식에 의한 신주발행의 후속조치에 불과하고 따라서 그 실권주에 대하여 당초에 정한 발행가액을 그대로 유지하여도 무방하다는 취지인데, 이는 지나친 형식논리이다. 주주배정방식으로 발행되는 것을 전제로 해서 신주 등의 발행가액을 시가보다 현저히 저가로 발행한 경우에, 그 신주 등의 상당부분이 주주에 의해 인수되지 않고 실권되는 것과 같은 특별한 사정이 있는 때에는, 이사로서는 대량으로 발생한 실권주의 발행을 중단하고 추후 그 부분에 관해 새로이 제 3 자배정 방식에 의한 발행을 모색할 의무가 있다고 봐야 한다. 그렇게 하지 않고 그 실권주를 제 3 자에게 배정하여 발행을 계속할 경우에는 그 실권주를 처음부터 제 3 자배정 방식으로 발행하였을 경우와 마찬가지로 취급해 발행가액을 시가로 변경할 의무가 있다고 봄이 상당하다. 따라서 그렇게 하지 않은 경우에는 배임죄

가 성립한다."

D: "주주배정 방식이든 제 3 자배정 방식이든 회사가 신주 등을 발행해 자금을 조달했다면 이사로서는 회사에 대한 관계에서 그 임무를 다한 것이고, 그 과정에서 발행조건으로 인해 주주에게 불이익이나 손해가 발생하더라도 회사에 대한 임무 위배가 없는 한 이사를 배임죄로 처벌할 수는 없다. B의 주장이나 C의 주장 모두 회사의 이익과 주주의 이익을 혼동하고 이사의 임무범위를 부당히 확대하는 것으로서 찬동할 수 없지만 배임죄를 부정한 B의 결론이 옳다."

2. 검   토

(1) 회사가 책임의 주체가 되는 경우로 민사법상의 불법행위책임(민법 750조)과 형사법상의 형사처벌은 어떠한 차이가 있으며, 양자는 어떠한 관계에 있는가?

(2) 상법(회사법)의 형벌법규와 형법의 형벌법규는 상호 어떠한 관계에 있는가? 이들 법에서 규정하고 있는 동일한 내용의 범죄의 구성요건과 법정형에 차이가 있는가?

(3) 상법 제622조의 법정형과 형법 제356조의 법정형은 동일한데, 이러한 경우 형법과 별도로 상법에 형사처벌조항을 두는 실익이 있는가? 「특정경제범죄 가중처벌 등에 관한 법률」 제 3 조의 특정재산범죄에서는 형법 중 특정범죄에 해당하면 가중처벌한다고 규정하고 있는데, 이를 상법 위반의 범죄에 대해서도 적용할 수 있는가?

(4) 신주를 지나치게 헐값으로 발행하는 경우 회사에 끼친 손해액을 산정하는 기준과 방식은?

(5) 회사의 정관이나 내규 위반을 이유로 상법상의 형사처벌을 할 수 있는가?

II. 주요법리

1. 회사법 형벌조항의 특징

회사법관계를 둘러싼 범죄와 형벌에 관하여 상법은 형법의 특별규정을 두어 그 구성요건과 형사벌칙을 별도로 법정하고 있다(622조 내지 634조의3). 이 밖에 「특정경제범죄 가중처벌 등에 관한 법률」 등에 의하여 가중처벌된다. 그 처벌절차는 형사소송법에 의한다. 상법(회사법)의 형벌조항은 다음과 같은 특징을 가진다.

(1) 범죄의 주체와 신분범

회사법상의 범죄는 그 대부분이 법 소정의 신분이 없으면 범죄가 성립되지 않는 신분범(진정신분범, 구성적 신분범)이다[주요판례 1]. 다만 상법 제628조 제 2 항, 제630조 제 2 항, 제631조 제 2 항, 제634조의2 제 2 항의 죄는 신분범이 아니다.

(2) 회사의 범죄능력

형사범의 주체가 법인인 경우에는 실제 행위를 한 이사, 감사 기타 업무를 집행한 사원 또는 지배인에게 벌칙을 적용한다(637조). 다수설과 판례는 법인의 범죄능력을 부정하므로,[1] 회사는 범죄의 주체가 될 수 없다고 한다. 그러나 기업범죄 내지 경제범죄에 대한 실효성 있는 통제를 위해서는 입법정책적으로 법인(회사) 자체의 범죄능력을 인정할 필요가 있다는 견해가 있다.[2]

(3) 양벌규정

양벌규정이란 형벌법규를 직접 위반한 행위자뿐만 아니라 그 행위자와 일정한 관계를 맺고 있는 다른 사람도 함께 처벌하는 규정을 말한다. 양벌규정은 주로 기업에 관련된 범죄에 있어서 문제된다. 각종 경제형법에서는 직접 행위를 한 자연인 외에 법인을 처벌하는 양벌규정을 두고 있다(예: 자본시장법 448조; 독점규제 및 공정거래에 관한 법률 70조 등). 회사법에서는 회사가 제624조의2(주요주주 등 이해관계자의 거래제한)의 위반행위를 한 경우 행위자와 회사를 양벌하되,[3] 다만 '제542조의13(준법지원인에 의한 준법통제업무)에 따른 의무를 성실히 이행한 경우 등' 회사가 그 위반행위를 방지하기 위하여 해당 업무에 관하여 상당한 주의와 감독을 게을리하지 아니한 경우에는 회사를 벌하지 아니한다(634조의3).

(4) 신체형과 재산형 병과

기업범죄의 경우는 경제적 동기에 의한 것이 대부분이므로, 기업범죄 예방의 실효성을 높이기 위하여 신체형인 징역형에 재산형인 벌금형을 병과할 수 있도록

---

1) 대법원 1985. 10. 8. 선고 83도1375 판결. 법인에 대한 처벌의 필요성이 있다고 해서 해석론상 법인의 범죄능력을 인정하여 이를 해결해서는 아니 되고, 입법자는 사회윤리적 비난가능성과 비교적 거리가 있는 특별형법의 영역에서 양벌규정의 형태로 법인 처벌의 가능성을 확보하고 있다[신동운, 「형법총론」(제 4 판), 법문사, 2009, 112면].
2) 이와 관련하여 법인(회사)의 수형능력(受刑能力)이 문제되는데, 법인에 대하여 사실상 생명형에 해당하는 해산, 자유형에 해당하는 일정 기간 영업활동의 정지, 금융의 제한, 면허의 박탈 등을 고려해 볼 수 있다는 견해가 있다.
3) 회사에 대해서는 해당 조문의 벌금형에 과한다(634조의3 본문).

하고 있다(병과주의, 632조). 현행 회사법상의 재산형은 동 범죄가 경제적 동기에 의하여 이루어지는 점을 감안할 때 지나치게 낮은 수준이어서 일반예방적 기능을 기대하기에 미흡하다. 최적기대형벌수준(optimum expected punishment level)을 확보하려면 이를 (상향)조정하는 입법적 정비가 필요하다.

(5) 형법 및 특경법상 형벌조항과의 관계

회사법의 형벌조항과 일반형법의 관계는 법조경합의 관계에 있다. 따라서 1개의 행위가 회사법과 형법의 구성요건 모두에 해당하면, 원칙적으로 한 구성요건이 다른 구성요건을 배척하여 단순일죄(單純一罪)로 된다(이중평가금지의 원칙). 회사법상의 형벌조항과 형법의 관계는 법조경합 중에서, ① 특별관계에 해당하는 경우에는 특별법은 일반법에 우선하여 적용되고, ② 보충관계에 해당하는 경우에는 기본법이 보충법에 우선하고, ③ 흡수관계에 해당하는 경우에는 전부법이 부분법을 폐지한다. 예컨대, 상법 제622조의 특별배임죄를 형법 제356조의 업무상배임죄와 비교하면, 상법 제622조는 그 주체를 발기인 등으로 특정하고 있는 점 외에는 임무 위배의 배임행위를 구성요건으로 한다는 점과 법정형(10년 이하의 징역 또는 3천만 원 이하의 벌금)이 형법 제356조와 동일하다. 결과적으로는 이들 법조 중에서 어느 것을 적용하건 차이가 없다. 그런데 「특정경제범죄가중처벌 등에 관한 법률」 제 3 조에서는 특정재산범죄 중에서 형법 제347조(사기)·제350조(공갈)·제351조(형법 347조 및 350조의 상습범만 해당한다)·제355조(횡령, 배임) 또는 제356조(업무상의 횡령과 배임)의 죄를 범한 사람은 그 범죄행위로 인하여 취득하거나 제 3 자로 하여금 취득하게 한 재물 또는 재산상 이익의 가액이 5억 원 이상인 때에 한하여 가중처벌한다.

2. 회사법상 형사벌칙조항

(1) 특별배임죄

발기인, 이사 기타의 임원 등의 특별배임죄(622조), 사채권자집회의 대표자 등의 특별배임죄(623조) 등이 있다.

제622조(발기인, 이사 기타의 임원 등의 특별배임죄) ① 회사의 발기인, 업무집행사원, 이사, 집행임원, 감사위원회 위원, 감사 또는 제386조 제 2 항, 제407조 제1 항, 제415조 또는 제567조의 직무대행자, 지배인 기타 회사영업에 관한 어느 종류 또는 특정한 사항의 위임을 받은 사용인이 그 임무에 위배한 행위로써 재산상의 이익을 취하거나 제 3 자로 하여금 이를 취득하게 하여 회사에 손해를 가한 때에는 10년 이하의

징역 또는 3천만 원 이하의 벌금에 처한다.

② 회사의 청산인 또는 제542조 제 2 항의 직무대행자, 제175조의 설립위원이 제 1 항의 행위를 한 때에도 제 1 항과 같다.

제623조(사채권자집회의 대표자 등의 특별배임죄) 사채권자집회의 대표자 또는 그 결의를 집행하는 자가 그 임무에 위배한 행위로써 재산상의 이익을 취하거나 제 3 자로 하여금 이를 취득하게 하여 사채권자에게 손해를 가한 때에는 7년 이하의 징역 또는 2천만 원 이하의 벌금에 처한다.

1) 특별배임죄의 주체는 상법 제622조와 제623조에 열거된 회사의 적법한 이사 등의 지위에 있는 자에 한한다. 따라서 이에 해당하지 않는 자는 독자적으로 위 죄의 주체가 될 수 없다[주요판례 1·2].

2) 특별배임죄의 '배임'행위는 사무의 내용, 성질 등 구체적 상황에 비추어 법률의 규정, 계약의 내용 혹은 신의칙상 당연히 기대되는 행위를 하지 않거나(부작위) 당연히 하지 않아야 할 것으로 기대되는 행위를 함으로써 (작위) 본인인 회사와의 사이의 신임관계를 저버리는 일체의 행위를 포함한다[주요판례 1].

3) '회사에 손해를 가한 때'라 함은 회사에 현실적으로 재산상의 손해가 발생한 경우뿐만 아니라 회사 재산가치의 감소라고 볼 수 있는 재산상의 손해의 위험이 발생한 경우도 포함한다(위험범). 일단 회사에 대하여 재산상 손해의 위험을 발생시킨 이상 사후에 피해가 회복되었다고 하더라도 특별배임죄의 성립에 영향을 주지 않는다[주요판례 3].

4) 위 죄의 미수범은 처벌한다(624조).

(2) 주요주주 등 이해관계자와의 거래위반의 죄(624조의2)

제542조의9(주요주주 등 이해관계자와의 거래) 제 1 항을 위반하여 신용공여를 한 자는 5년 이하의 징역 또는 2억 원 이하의 벌금에 처한다.

(3) 회사재산을 위태롭게 하는 죄(625조)

제622조 제 1 항에 규정된 자, 검사인, 제298조 제 3 항·제299조의2·제310조 제 3 항 또는 제313조 제 2 항의 공증인(인가공증인의 공증담당변호사를 포함)이나 제299조의2, 제310조 제 3 항 또는 제422조 제 1 항의 감정인이 다음의 행위를 한 때에는 5년 이하의 징역 또는 1천 500만 원 이하의 벌금에 처한다.

i) 주식 또는 출자의 인수나 납입, 현물출자의 이행, 제290조, 제416조 제 4 호 또는 제544조에 규정된 사항에 관하여 법원·총회 또는 발기인에게 부실한 보고를 하거나

사실을 은폐한 때

　ii) 누구의 명의로 하거나를 불문하고 회사의 계산으로 부정하게 그 주식 또는 지분을 취득하거나 질권의 목적으로 이를 받은 때

　iii) 법령 또는 정관에 위반하여 이익배당을 한 때

　iv) 회사의 영업범위 외에서 투기행위를 하기 위하여 회사재산을 처분한 때

(4) 주식의 취득제한 등에 위반한 죄(625조의2)

제342조의2(자회사에 의한 모회사주식의 취득) 제 1 항 또는 제 2 항을 위반한 자는 2천만 원 이하의 벌금에 처한다.

(5) 부실보고죄(626조)

회사의 이사, 집행임원, 감사위원회 위원, 감사 또는 제386조 제 2 항, 제407조 제 1 항, 제415조 또는 제567조의 직무대행자가 제604조 또는 제607조의 조직변경의 경우에 제604조 제 2 항 또는 제607조 제 2 항의 순재산액에 관하여 법원 또는 총회에 부실한 보고를 하거나 사실을 은폐한 경우에는 5년 이하의 징역 또는 1천 500만 원 이하의 벌금에 처한다.

(6) 부실문서행사죄(627조)

① 제622조 제 1 항에 게기한 자, 외국회사의 대표자, 주식 또는 사채의 모집의 위탁을 받은 자가 주식 또는 사채를 모집함에 있어서 중요한 사항에 관하여 부실한 기재가 있는 주식청약서, 사채청약서, 사업계획서, 주식 또는 사채의 모집에 관한 광고 기타의 문서를 행사한 때에는 5년 이하의 징역 또는 1천 500만 원 이하의 벌금에 처한다.

② 주식 또는 사채를 매출하는 자가 그 매출에 관한 문서로서 중요한 사항에 관하여 부실한 기재가 있는 것을 행사한 때에도 제 1 항과 같다.

이는 회사의 발기인 등이 주식 또는 사채를 모집함에 있어서 중요한 사항에 관하여 부실한 기재가 있는 문서를 행사한 경우 처벌함으로써 주식과 사채 등의 모집에 공정성과 투명성을 보장하기 위함이다[주요판례 5].

(7) 납입가장죄(628조 1항), 응납입가장죄(628조 2항)

① 제622조 제 1 항에 게기한 자가 납입 또는 현물출자의 이행을 가장하는 행위를 한 때에는 5년 이하의 징역 또는 1천 500만 원 이하의 벌금에 처한다.

② 제 1 항의 행위에 응하거나 이를 중개한 자도 제 1 항과 같다.

납입가장죄는 진정신분범으로[주요판례 7], 회사의 자본충실을 해치는 행위를 단속하기 위함이다. 납입한 돈을 바로 인출하였다고 하더라도 그 인출한 돈을 회사를

위하여 사용한 것이라면 자본충실을 해친다고 할 수 없으므로 주금납입의 의사 없이 납입한 것으로 볼 수는 없다[주요판례 8].

당초부터 진실한 주금납입으로 회사의 자금을 확보할 의사 없이 형식상 또는 일시적으로 주금납입을 위하여 은행에 예치하고 주금납입증명서를 교부받아 설립등기나 증자등기를 마친 다음 바로 그 납입한 돈을 인출한 경우에는 비록 회사와의 관계에서는 그 금액 상당의 채권채무가 발생하더라도 이를 회사를 위하여 사용하였다는 특별한 사정이 없으면 실질적으로 회사의 자본금이 늘어난 것이 아니어서 납입가장죄 및 공정증서원본부실기재죄와 부실기재공정증서원본행사죄가 성립한다.

타인으로부터 금원을 차용하여 주금을 가장납입한 후 이를 인출하여 차용금변제에 사용한 경우에 납입가장죄와는 별도로 업무상배임죄가 성립하는지 여부에 관하여 종전의 판례에서는 횡령죄를 구성한다고 한 바 있으나, 현재의 판례에서는 주금의 납입 및 인출의 전(全) 과정에서 회사의 자본금에는 실제 변동이 없다고 보아 회사의 돈을 임의로 유용한다는 불법영득의 의사가 있다고 보기 어렵다는 이유로 업무상횡령죄의 성립을 부정하고 있다[주요판례 6].

(8) 초과발행죄(629조)

회사의 발기인, 이사, 집행임원 또는 제386조 제 2 항 또는 제407조 제 1 항의 직무대행자가 회사가 발행할 주식의 총수를 초과하여 주식을 발행한 경우에는 5년 이하의 징역 또는 1천 500만 원 이하의 벌금에 처한다.

(9) 독직죄(630조)

① 제622조와 제623조에 규정된 자, 검사인, 제298조 제 3 항·제299조의2·제310조 제 3 항 또는 제313조 제 2 항의 공증인이나 제299조의2, 제310조 제 3 항 또는 제422조 제 1 항의 감정인이 그 직무에 관하여 부정한 청탁을 받고 재산상의 이익을 수수, 요구 또는 약속한 때에는 5년 이하의 징역 또는 1천 500만 원 이하의 벌금에 처한다.

② 제 1 항의 이익을 약속, 공여 또는 공여의 의사를 표시한 자도 제 1 항과 같다.

이는 일정한 자가 그 직무에 관하여 부정한 청탁을 받고 수뢰 또는 증뢰하는 행위를 처벌하는 것이다. 회사의 건전한 운영을 위하여 그들의 회사에 대한 충실성을 확보하고 회사에 재산상 손해를 끼칠 염려가 있는 직무위반행위를 금하려는 데 그 취지가 있다[주요판례 9].

(10) 권리행사방해 등에 관한 증수뢰죄(631조)

① 다음의 사항에 관하여 부정한 청탁을 받고 재산상의 이익을 수수, 요구 또는 약속한 자는 1년 이하의 징역 또는 300만 원 이하의 벌금에 처한다.

ⅰ) 창립총회, 사원총회, 주주총회 또는 사채권자집회에서의 발언 또는 의결권의 행사

ⅱ) 제 3 편에 정하는 소의 제기, 발행주식의 총수의 100분의 1 또는 100분의 3 이상에 해당하는 주주, 사채총액의 100분의 10 이상에 해당하는 사채권자 또는 자본금의 100분의 3 이상에 해당하는 출자좌수를 가진 사원의 권리의 행사

ⅲ) 제402조 또는 제424조에 정하는 권리의 행사

② 제 1 항의 이익을 약속, 공여 또는 공여의 의사를 표시한 자도 제 1 항과 같다.

(11) 납입책임면탈죄(634조)

납입의 책임을 면하기 위하여 타인 또는 가설인의 명의로 주식 또는 출자를 인수한 자는 1년 이하의 징역 또는 300만 원 이하의 벌금에 처한다.

(12) 주주의 권리행사에 관한 이익공여죄(634조의2)

① 주식회사의 이사, 집행임원, 감사위원회 위원, 감사, 제386조 제 2 항·제407조 제 1 항 또는 제415조의 직무대행자, 지배인, 그 밖의 사용인이 주주의 권리행사와 관련하여 회사의 계산으로 재산상의 이익을 공여(供與)한 경우에는 1년 이하의 징역 또는 300만 원 이하의 벌금에 처한다.

② 제 1 항의 이익을 수수하거나, 제 3 자에게 이를 공여하게 한 자도 제 1 항과 같다.

(13) 형의 병과·몰수·추징

징역과 벌금을 병과할 수 있고(632조), 범인이 수수한 이익은 몰수 또는 추징을 한다(633조).

(14) 법인에 대한 벌칙 적용(637조)

제622조, 제623조, 제625조, 제627조, 제628조 또는 제630조 제 1 항에 규정된 자가 법인이면 위 죄에 대한 벌칙은 그 행위를 한 이사, 집행임원, 감사, 그 밖에 업무를 집행한 사원 또는 지배인에게 적용한다.

3. 형법의 형벌조항을 적용한 사례

(1) 배임죄(형법 356조) 적용사례

상법 제622조의 특별배임죄와 형법 제356조의 배임죄는 배임행위를 그 대상으로 한다는 점에서는 본질적으로 같다. 회사법 위반사건에서 상법 제622조를 적용하지 않고 형법 제356조 및 이에 대한 「특정경제범죄 가중처벌 등에 관한 법률」

을 적용한 사례가 적지 않다.

(2) 업무방해죄(형법 314조 1항) 적용사례

대법원 2001. 9. 7. 선고 2001도2917 판결(고성과 욕설 등을 사용하여 대표이사의 총회를 포기하게 만든 경우 업무방해죄가 성립한다고 한 사례)

주주가 주주총회에 참석하면서 소유주식 중 일부에 관한 의결권의 대리행사를 타인들에게 나누어 위임하여 주주총회에 참석한 그 의결권 대리인들이 대표이사의 주주총회장에서의 퇴장 요구를 거절하면서 고성과 욕설 등을 사용하여 대표이사의 주주총회의 개최·진행을 포기하게 만든 경우, 그와 같은 의결권 대리행사의 위임은 위세를 과시하여 정상적인 주주총회의 진행을 저해할 의도이고 주주총회에서 그 의결권 대리인들이 요구한 사항은 의결권 대리행사를 위한 권한 범위에 속하지 않으므로, 대표이사는 그 대리인들이 주주총회에 참석하는 것을 적법하게 거절할 수 있었다는 이유로, 업무방해죄(형법 314조 1항)의 성립을 인정하였다.

Ⅲ. 주요판례·문제해설

1. 주요판례

(1) 대법원 1998. 2. 10. 선고 96도2287 판결 — 상법상 특별배임죄의 주체 및 배임죄에 있어서 배임행위

상법 제622조에 열거된 이사 등의 지위에 없는 자는 독자적으로 같은 조 소정의 특별배임죄의 주체가 될 수 없고, 이 경우 배임행위는 사무의 내용, 성질 등 구체적 상황에 비추어 법률의 규정, 계약의 내용 혹은 신의칙상 당연히 할 것으로 기대되는 행위를 하지 않거나 당연히 하지 않아야 할 것으로 기대되는 행위를 함으로써 본인과 사이의 신임관계를 저버리는 행위를 말한다.[1]

(2) 대법원 1978. 1. 24. 선고 77도1637 판결 — 위임업무가 개별적·구체적 사항에 관한 것인 경우 특별배임죄의 성부

상법 제622조 제1항 소정의 특별배임죄의 주체가 되는 회사사용인은 적어도 회사의 영업의 어떤 종류 또는 특정한 사항에 관하여 대외적으로 회사를 대리할 수 있는 부분적이기는 하나 포괄대리권을 가진 자만을 말하므로 위임된 회사의 업무

---

1) 대법원 2009. 2. 26. 선고 2008도522 판결 참조.

가 개별적·구체적 사항에 관한 것인 경우는 해당되지 아니한다.

(3) 대법원 1998. 2. 24. 선고 97도183 판결 — 특별배임죄에서 '손해를 가한 때'
　　의 의미

상법 제622조 제 1 항(1995. 12. 29. 법률 제5053호로 개정되기 전의 것)이 정하는 특별배임죄에서 '회사에 손해를 가한 때'라 함은 회사에 현실적으로 재산상의 손해가 발생한 경우뿐만 아니라 회사재산 가치의 감소라고 볼 수 있는 재산상 손해의 위험이 발생한 경우도 포함되는 것이며, 일단 회사에 대하여 재산상 손해의 위험을 발생시킨 이상 사후에 피해가 회복되었다고 하더라도 특별배임죄의 성립에 영향을 주지 못한다.

(4) 대법원 2005. 4. 29. 선고 2005도856 판결 — 모회사와 자회사가 모회사의
　　대주주로부터 그가 소유한 다른 회사의 비상장주식을 매입한 사안에서 대주
　　주와 모회사 및 자회사의 임직원들에 업무상배임죄를 인정한 사례

모회사와 자회사가 모회사의 대주주로부터 그가 소유한 다른 회사의 비상장주식을 매입한 사안에서, 거래의 목적, 계약체결의 경위 및 내용, 거래대금의 규모 및 회사의 재정상태 등 제반 사정에 비추어 그것이 회사의 입장에서 볼 때 경영상의 필요에 의한 정상적인 거래로서 허용될 수 있는 한계를 넘어 주로 주식을 매도하려는 대주주의 개인적인 이익을 위한 것에 불과하다는 이유로 그 대주주와 모회사 및 자회사의 임직원들에 대하여 업무상배임죄가 성립한다.

(5) 대법원 2003. 3. 25. 선고 2000도5712 판결 — 부실문서행사죄의 입법취지

상법 제627조 제 1 항의 부실문서행사죄는 주식 또는 사채의 모집에 있어 일반투자자에게 중요한 투자판단의 자료로 제공되는 사항에 대하여 정확을 기하고, 오류를 방지하여 회사의 주식과 사채 등의 모집에 공정성과 투명성을 보장하기 위한 것이다.

(6) 대법원 2004. 6. 17. 선고 2003도7645 전원합의체 판결 — 견금납입의 경우
　　납입가장죄의 성립 외에 공정증서원본불실기재·동 행사죄의 성립 여부(적극)
　　및 업무상횡령죄의 성립 여부(소극)

① [다수의견] 상법 제628조 제 1 항 소정의 납입가장죄는 회사의 자본충실을 기하려는 법의 취지를 유린하는 행위를 단속하려는 데 그 목적이 있는 것이므로,

당초부터 진실한 주금납입으로 회사의 자금을 확보할 의사 없이 형식상 또는 일시적으로 주금을 납입하고 이 돈을 은행에 예치하여 납입의 외형을 갖추고 주금납입증명서를 교부받아 설립등기나 증자등기의 절차를 마친 다음 바로 그 납입한 돈을 인출한 경우에는, 이를 회사를 위하여 사용하였다는 특별한 사정이 없는 한 실질적으로 회사의 자본이 늘어난 것이 아니어서 납입가장죄 및 공정증서원본부실기재죄와 부실기재공정증서원본행사죄가 성립하고, 다만 납입한 돈을 곧바로 인출하였다고 하더라도 그 인출한 돈을 회사를 위하여 사용한 것이라면 자본충실을 해친다고 할 수 없으므로 주금납입의 의사 없이 납입한 것으로 볼 수는 없고, 한편 주식회사의 설립업무 또는 증자업무를 담당한 자와 주식인수인이 사전 공모하여 주금납입취급은행 이외의 제 3 자로부터 납입금에 해당하는 금액을 차입하여 주금을 납입하고 납입취급은행으로부터 납입금보관증명서를 교부받아 회사의 설립등기절차 또는 증자등기절차를 마친 직후 이를 인출하여 위 차용금채무의 변제에 사용하는 경우, 위와 같은 행위는 실질적으로 회사의 자본을 증가시키는 것이 아니고 등기를 위하여 납입을 가장하는 편법에 불과하여 주금의 납입 및 인출의 전(全) 과정에서 회사의 자본금에는 실제 아무런 변동이 없다고 보아야 할 것이므로, 그들에게 회사의 돈을 임의로 유용한다는 불법영득의 의사가 있다고 보기 어렵다고 할 것이고, 이러한 관점에서 상법상 납입가장죄의 성립을 인정하는 이상 회사자본이 실질적으로 증가됨을 전제로 한 업무상횡령죄가 성립한다고 할 수는 없다.

　② [반대의견] 이른바 견금 방식의 가장납입의 경우에도 납입으로서의 효력을 인정하는 종래 대법원의 견해를 따르는 한 납입이 완료된 것은 진실이고, 따라서 등기공무원에 대하여 설립 또는 증자를 한 취지의 등기신청을 함으로써 상업등기부원본에 발행주식의 총수, 자본의 총액에 관한 기재가 이루어졌다 할지라도 이를 두고 '허위신고'를 하여 '부실의 사실의 기재'를 하게 한 경우에 해당한다고 할 수 없어 공정증서원본부실기재·동 행사죄가 성립할 여지가 없으며, 또한 주금납입과 동시에 그 납입금은 회사의 자본금이 되는 것이기 때문에 회사의 기관이 이를 인출하여 자신의 개인 채무의 변제에 사용하는 것은 회사에 손해를 가하는 것이 될 뿐만 아니라 불법영득의사의 발현으로서 업무상횡령죄가 성립한다고 볼 수밖에 없다.

(7) 대법원 2006. 6. 2. 선고 2005도3431 판결 — 납입가장죄의 주체가 되는 이
　　사·사용인의 범위

상법 제628조의 납입가장죄는 상법 제622조 제 1 항에 규정된 자가 납입 또는
현물출자의 이행을 가장하는 행위를 한 때에 성립하는 이른바 신분범으로, 상법 제
622조 제 1 항에는 납입가장죄의 주체를 회사의 발기인, 업무집행사원, 이사, 감사
위원회 위원, 감사 또는 상법 제386조 제 2 항, 제407조 제 1 항, 제415조 또는 제
567조의 직무대행자, 지배인 기타 회사영업에 관한 어느 종류 또는 특정한 사항의
위임을 받은 사용인으로 한정하고 있는데, 여기서 이사라 함은 상법상 회사의 적법
한 이사나 대표이사의 지위에 있는 자를 의미하고, 기타 회사영업에 관한 어느 종
류 또는 특정한 사항의 위임을 받은 사용인이라 함은 같은 조항 전단에 그 회사영
업에 관한 포괄적 대리권을 가지는 지위에 있는 자들을 열거한 취지와 형법에 일반
배임죄와 업무상배임죄를 규정한 외에 상법에 특별배임죄를 따로 규정하고 있는
취지로 보아 적어도 회사의 영업의 어떤 종류 또는 특정한 사항에 관하여 대외적으
로 회사를 대리할 수 있는 부분적이기는 하나 포괄대리권을 가진 자만을 말하고 비
록 그 회사의 영업에 관하여 어떤 사항을 위임받은 사용인이라 하더라도 그 위임받
은 사항이 포괄적인 것이 아닌 개개의 구체적 사항에 불과한 것인 경우에는 이에
해당하지 않는다고 봄이 타당하다. 그러므로 회사의 발기인, 업무집행사원, 이사,
감사, 이사직무대행자 또는 지배인이 아니고, 단지 회사의 대주주로서 회사의 경영
에 상당한 영향력을 행사해 오다가 증자과정을 지시·관여한 사람은 상법 제401조
의2에서 규정하는 업무집행지시자로 볼 수 있을지언정 회사의 사용인으로서 자본
증자에 관한 사항을 위임받은 자라고 볼 수 없어, 상법상 납입가장죄의 주체가 되
는 상법 제622조 제 1 항에 규정된 자에 해당하지 않는다.

(8) 대법원 2008. 5. 29. 선고 2007도5206 판결 — 전환사채의 인수대금 납입을
　　가장한 경우 납입가장죄의 성부

상법 제628조 제 1 항의 납입가장죄는 회사의 자본에 충실을 기하려는 상법의
취지를 해치는 행위를 처벌하려는 것인데, 전환사채는 발행 당시에는 사채의 성질
을 갖는 것으로서 사채권자가 전환권을 행사한 때 비로소 주식으로 전환되어 회사
의 자본을 구성하게 될 뿐만 아니라, 전환권은 사채권자에게 부여된 권리이지 의무
는 아니어서 사채권자로서는 전환권을 행사하지 아니할 수도 있으므로, 전환사채

의 인수과정에서 그 납입을 가장하였다고 하더라도 상법 제628조 제 1 항의 납입가
장죄는 성립하지 아니한다.

(9) 대법원 1980. 2. 12. 선고 78도3111 판결 — 독직죄의 입법취지와 구성요건
상법 제630조의 주식회사의 발기인, 이사 기타 임원의 독직죄에 관한 규정은
그들 임원의 직무의 엄격성을 확보한다는 것보다 회사의 건전한 운영을 위하여 그
들의 회사에 대한 충실성을 확보하고 회사에 재산상 손해를 끼칠 염려가 있는 직무
위반행위를 금하려는 데 그 취지가 있으므로, 단지 감독청의 행정지시에 위반한다
거나 사회상규에 반하는 것이라고 해서 부정한 청탁이라고 할 수 없다.

(10) 대법원 2000. 11. 24. 선고 99도822 판결 — 임무위배에 대하여 대주주의
양해를 얻었다거나 이사회의 결의가 있었다는 사유만으로 배임죄를 면할 수
있는지 여부(소극) 및 배임죄에 있어 재산상 손해의 판단기준
회사의 임원이 그 임무에 위배되는 행위로 재산상 이익을 취득하거나 제 3 자
로 하여금 이를 취득하게 하여 회사에 손해를 가한 때에는 이로써 배임죄(형법 355
조 2항, 356조)가 성립한다. 그 임무 위배행위에 대하여 사실상 대주주의 양해를 얻
었다거나, 이사회의 결의가 있었다고 하여 배임죄의 성립에 어떠한 영향이 있는 것
이 아니다. 배임죄에 있어서 재산상 손해의 유무에 대한 판단은 본인의 전(全)재산
상태와의 관계에서 경제적 관점에 따라 판단되어야 한다. 법률적 판단에 의하여 당
해 배임행위가 무효라 하더라도 경제적 관점에서 파악하여 본인에게 현실적인 손
해를 가하였거나 재산상 실해 발생의 위험을 초래한 경우에는 재산상의 손해를 가
한 때에 해당하여 배임죄를 구성한다.

2. 문제해설

(1) 민사법상의 불법행위(민법 750조)를 이유로 한 손해배상책임은 피해자가 입
은 손해의 전보를 목적으로 하는 사법적 구제수단이고, 형사법상의 형사벌칙은 사
회적으로 비난가능한 반사회적 범죄행위에 대한 처벌을 목적으로 하는 공법적 제
재수단이다. 따라서 양자는 서로 다른 목적을 가진 별개의 제도이다. 따라서 양자
를 동시에 묻더라도 이중처벌이 되는 것은 아니다.

(2) 상법 제622조에서 규정하고 있는 특별배임죄를 형법 제355조 · 제356조에
서 규정하고 있는 배임죄 · 업무상배임죄와 비교하면 행위의 주체를 이사 등으로 제

한하는 점에서는 차이가 있으나, 임무 위배행위라는 점에서는 본질적으로 동일하고, 그 법정형에서도 차이가 없다.

(3) 형법상 업무상배임죄에 대해서는 이득액이 5억 원 이상이면 「특정경제범죄 가중처벌 등에 관한 법률」상의 가중처벌조항이 적용되나, 상법상의 특수배임죄가 가중처벌의 대상이 되는지에 대해서는 명문의 규정이 없다. 형사실무에서는 이러한 사안의 경우 형법 제355조(배임죄)와 제356조(업무상배임죄)의 법조를 적용하는 것이 일반적이다.

(4) 신주를 주주에게 배정하는 경우에는 그 발행가액이 액면가 이상이면 그로 인하여 회사에 끼친 손해를 문제삼지 않는다. 그러나 신주를 제 3 자에게 지나치게 불공정한 가격(낮은 가격)으로 발행한 경우에는 공정한 발행가와 실제의 발행가와의 차액만큼 회사에 자금이 덜 유입되는 것이므로 그 부분만큼 회사에 손해가 생긴 것으로 볼 수 있다(반대의견 있음).[1]

(5) 형사처벌에는 죄형법정주의의 원칙이 엄격하게 적용되는데, 이는 회사범죄의 경우에도 마찬가지이다. 회사의 정관이나 내규는 성문법이 아니므로 그 위반을 이유로 형사처벌을 할 수 없다.

[3] 행정제재

I. 사   례

1. 사실관계

甲회사, 乙회사 및 丙회사는 1999. 12. 6.과 2000. 3. 7.에 2000년 및 2001년의 지게차 내수 판매가격을 인상하기로 합의하고, 甲회사, 乙회사 및 丙회사의 기계사업 부문을 포괄적으로 승계한 丁회사는 2001. 10. 말에 2002년의 지게차 내수 판매가격을 인상하기로 합의하는 등 위 甲, 乙, 丙회사들이 수차례에 걸쳐 2000년부터 2004년까지의 지게차 가격을 인상하기로 합의하고 그 합의대로 실행하였다. 丙회사의 회사분할계획서에 의하면 분할기준일인 1999. 8. 31.을 기준으로 분할회사(丙회사를 신설회사로 분할하고 남는 회사)와 신설회사(丁회사 및 戊회사)로 분할하도록 하면

---

1) 대법원 2009. 5. 29. 선고 2007도4949 전원합의체 판결의 다수의견·반대의견·별개의견 참조.

서, 丙회사의 기계사업 부문의 영업자산, 기계사업을 영위하는 해외 현지법인에 대한 투자유가증권 기타 영업 등 재산적 가치가 있는 사실관계 등 기계사업부문 영업과 관련된 일체의 자산을 丁회사에 이전하기로 되어 있었다.

이에 대하여 공정거래위원회는 丁회사에 대하여 「독점규제 및 공정거래에 관한 법률」 위반을 이유로 과징금을 부과하였다. 그 이유로, 특별한 사정이 없으면 신설회사에 출자한 재산에 관한 채무는 그것이 분할기준일 후부터 분할 전까지 발생한 것이라도 신설회사에게 당연히 승계되는 것으로 보아야 할 것인 점, 丙회사의 이 사건 위반행위는 분할기준일 이후 회사분할 전까지 별도로 구분 관리되고 있던 기계사업부문의 영업활동에 관하여 발생한 것이고, 위 분할계획서의 취지에 비추어 보더라도 그 위반행위에 대한 과징금을 지급할 책임은 丁회사가 승계하는 것으로 볼 여지가 있는 점, 위 분할계획서는 승계대상을 채무에 한정하지 아니하고 '책임'을 승계대상에 포함하는 것으로 규정하고 있고 위 책임에는 과징금과 같은 공법영역의 책임까지 포함되는 것으로 보이는 점 등에 비추어 보면, 丙회사의 회사분할에 의하여 설립된 丁회사는 위 분할계약서 및 상법 제530조의10에 의하여 丙회사의 기계사업부문의 법 위반행위에 대한 과징금 지급책임까지 포괄적으로 승계하였다고 판단하였다. 이에 대하여 丙회사는 위와 같은 과징금 부과가 부당하다고 다투었다.

2. 검 토

(1) 회사법에서 규정하고 있는 행정제재수단으로는 어떠한 것이 있는가? 회사법상 과태료를 부과할 수 있는 행위에는 어떠한 것이 있으며, 이 제도가 회사법 위반행위의 억지를 위하여 어느 정도의 효과가 있을 것으로 생각하는가?

(2) 과징금의 법적 성질은 부당이득환수의 성질을 갖는 것인가, 아니면 행정상의 제재로 볼 것인가?[1] 과징금의 법적 성질을 어떻게 볼 것인가에 따라 위 사안에서 분할회사의 과징금 납부책임의 승계 여부가 달라지는가?

(3) 회사법 위반행위에 대하여 과태료 또는 과징금을 부과하면서 동시에 형사처벌을 할 수 있는가?

---

[1] 이에 관한 헌법재판소의 결정 중에는 행정제재설에 가까운 입장을 표명한 것이 있고(헌재 2003. 7. 24. 선고 2001헌가25 결정), 대법원 판결 중에는 행정목적을 실현하기 위한 행정상의 제재금으로서 기본적 성격에 부당이득환수적 요소도 부가되어 있는 것으로 판시한 것이 있다(대법원 2004. 10. 14. 선고 2001두2881 판결).

Ⅱ. 주요법리

1. 상법상 행정제재(과태료)조항의 특징

(1) 제도의 취지

상법 제635조와 제636조에서는 회사법 위반행위에 대하여 행정질서벌인 과태료를 부과할 수 있는 행위를 규정하고 있다. 사법상의 의무위반이 단지 개인간의 문제에 그치지 않고 다수인의 이해와 관계되는 경우 공익적 관점에서 행정제재의 하나로 과태료를 부과할 수 있도록 한 것이다. 각종 경제법령에는 과징금 또는 이행강제금을 부과하는 조항이 많은데, 상법에는 이에 관한 규정이 없다.

(2) 고의·과실의 불요

과태료는 형벌이 아니기 때문에 객관적인 법령 위반의 사실이 있으면 충분하고, 행위자의 고의 또는 과실을 요하지 않는다.[1]

(3) 부과·징수·불복

과태료는 등기를 게을리한 경우를 제외하고는 법무부장관이 부과·징수한다(637조의2 1항). 과태료 처분에 불복하는 자는 그 처분을 고지받은 날부터 60일 이내에 법무부장관에게 이의를 제기할 수 있다(637조의2 2항). 이 같은 이의를 제기한 때에는 법무부장관은 지체없이 관할법원에 그 사실을 통보하여야 하며, 그 통보를 받은 관할법원은 비송사건절차법에 따른 과태료 재판을 한다(637조의2 3항). 기간 내에 이의를 제기하지 아니하고 과태료를 납부하지 아니한 때에는 국세 체납처분의 예에 따라 징수한다(637조의2 4항).

(4) 형벌과의 관계

상법에서는 그 위반행위에 대하여 형벌을 과할 때는 500만 원 이하의 과태료에 처할 수 없다고 규정하고 있다(635조 1항 단서). 한편, 과태료 부과처분 후에 형벌을 부과한다고 해도 일사부재리의 원칙에 어긋난다고 할 수 없다는 것이 일반적이다.[2] 과태료는 행정벌의 일종으로 형벌과는 그 목적이나 성질이 다르기 때문이다.

---

1) 대법원 1982. 7. 22.자 82마210 결정.
2) 대법원 1996. 4. 12. 선고 96도158 판결.

2. 회사법상의 과태료조항

① 500만 원 이하의 과태료를 부과하는 행위(635조 1항·2항)

② 1,000만 원 이하의 과태료를 부과하는 행위(635조 4항)

③ 5,000만 원 이하의 과태료를 부과하는 행위(635조 3항)

④ 설립등록세의 배액에 상당한 과태료를 부과하는 행위(636조)

Ⅲ. 주요판례·문제해설

1. 주요판례

대법원 2007. 11. 29. 선고 2006두18928 판결 — 회사분할의 경우 분할 전 위반 행위를 이유로 신설회사에 대한 과징금 부과의 허용 여부(소극)[1]

① 상법은 회사분할에 있어서 분할되는 회사의 채권자를 보호하기 위하여, 분할로 인하여 설립되는 신설회사와 존속회사는 분할 전의 회사채무에 관하여 연대책임을 지는 것을 원칙으로 하고 있으나(530조의9 1항), 한편으로는 회사분할에 있어서 당사자들의 회사분할 목적에 따른 자산 및 채무 배정의 자유를 보장하기 위하여 소정의 특별의결정족수에 따른 결의를 거친 경우에는 신설회사가 분할되는 회사의 채무 중에서 출자한 재산에 관한 채무만을 부담할 것을 정할 수 있다고 규정하고 있고(530조의9 2항), 신설회사 또는 존속회사는 분할하는 회사의 권리와 의무를 분할계획서가 정하는 바에 따라서 승계하도록 규정하고 있다(530조의10). 그런데 이때 신설회사 또는 존속회사가 승계하는 것은 분할하는 회사의 권리와 의무라 할 것인 바, 분할하는 회사의 분할 전 법 위반행위를 이유로 과징금이 부과되기 전까지는 단순한 사실행위만 존재할 뿐 그 과징금과 관련하여 분할하는 회사에게 승계의 대상이 되는 어떠한 의무가 있다고 할 수 없고, 특별한 규정이 없는 한 신설회사에 대하여 분할하는 회사의 분할 전 법 위반행위를 이유로 과징금을 부과하는 것은 허용되지 않는다고 할 것이다.

② 원심판결의[2] 이유에 의하면, 이 사건 위반행위는 1999. 12. 6.에 시작되었고 원고(위 사례에서 丁회사)는 2000. 10. 23. 신설되었는데, 피고(공정거래위원회)는 2005. 6. 24. 원고에 대하여 1999. 12. 6.부터 2000. 10. 22.까지의 기간 이루어진

---

1) 대법원 2011. 5. 26. 선고 2008두18335 판결 참조.
2) 서울고법 2006. 10. 26. 선고 2006누3454 판결.

위 丙회사의 위반행위도 포함하여 과징금 납부명령을 한 사실을 알 수 있는바, 위 법리에 비추어 보면 피고가 위 기간의 위반행위에 대하여도 과징금 산정의 기준이 되는 위반행위기간에 포함시킨 것은 분할하는 회사인 丙회사의 분할 전 법 위반행위를 이유로 신설회사인 丁회사에 과징금을 부과한 것으로 위법하다 할 것이다. 결국, 丙회사에 대하여 분할 전에 이 사건 위반행위를 이유로 한 과징금이 부과되지 아니하여 과징금 납부의무가 발생하지 않았음에도, 신설회사인 丁회사가 丙회사의 기계사업부문의 위반행위에 대한 과징금 책임까지 포괄적으로 승계하였다고 한 원심판단은 회사분할에 있어서 법 위반행위로 인한 과징금의 승계 또는 부과에 관한 법리를 오해하여 판결에 영향을 미친 위법이 있다 할 것이다.

2. 문제해설

(1) 회사법에서 규정하고 있는 행정제재수단은 과태료이다. 과태료 부과대상은 회사제도의 질서유지를 위하여 회사법상 부과된 작위의무 또는 부작위의무를 이행하지 않는 행위로 법정하고 있다(635조, 636조). 과태료 부과에 의하여 기대되는 위법행위 억지효과는 과태료액, 위반행위를 통하여 얻을 수 있는 기대이익, 발각되어 제재받을 가능성, 수범자의 법 위반에 대한 인식 정도 등이 종합적으로 작용하여 나타난다.

(2) 과징금은 행정상 제재의 성격과 부당이득환수의 성격을 동시에 가진다. 회사분할의 경우 분할회사의 위반행위가 분할 이전에 있었던 경우, 판례는 과징금 부과의 근거가 되는 사실행위만 존재한 것으로 보아 분할 후 신설회사에 대해서는 분할 전의 위법행위를 이유로 과징금을 부과할 수 없다고 한 바 있다[주요판례]. 그러나 2012년 개정된 「독점규제 및 공정거래에 관한 법률」 제55조의3 제 3 항에서는 회사분할 또는 분할합병 이전의 위법행위를 이유로 신설회사 또는 승계회사에 과징금을 부과할 수 있도록 규정하고 있다.

(3) 과태료는 범죄에 대한 형벌이 아니므로 이중처벌금지 원칙 또는 일사부재리 원칙이 적용되지 않는다. 그러나 과태료는 사실상 행정형벌과 중복되는 면이 일부 있으므로 동일한 행위에 대하여 형벌을 부과하면서 과태료까지 부과한다면 이중처벌금지의 기본정신에 배치되어 입법권의 남용으로 인정될 소지가 완전히 부정되는 것은 아니다.[1] 상법 제635조 제 1 항 및 제 2 항의 과태료 부과대상인 행위에

---

1) 헌재 1994. 6. 30. 선고 92헌바38 결정.

대하여 형벌을 가할 때는 과태료를 부과하지 않는다고 규정하고 있다(635조 1항 단서, 2항).

외국회사

제4편

제4편 외국회사

1. 의   의

　상법은 외국회사의 의의에 관하여 아무런 규정을 두고 있지 않으나, 이에 관하여는 사원국적주의, 본점소재지주의, 영업중심지주의, 설립준거법주의 등 여러 학설이 대립하고 있다. 우리나라의 다수설은 회사가 어떤 나라의 법에 의하여 설립되었는가를 기준으로 한국법에 의하여 설립된 것은 내국회사, 외국법에 의하여 설립된 것은 외국회사로 보고 있다. 다만 외국에서 설립된 회사라도 대한민국에 그 본점을 설치하거나 대한민국에서 영업할 것을 주된 목적으로 하는 때에는 대한민국에서 설립된 회사(내국회사)와 동일한 규정이 적용된다(617조). 이는 실질적으로 내국회사이면서 한국법의 적용을 회피하기 위하여 외국법에 의하여 설립되는 것을 방지하기 위한 것이다.

2. 외국회사의 법적 지위

　외국회사는 다른 법률의 적용에 있어서 법률에 다른 규정이 있는 경우 외에는 대한민국에서 성립된 동종 또는 가장 유사한 회사로 본다(621조). 따라서 외국회사도 내국회사와 동일한 권리능력을 갖는다.

3. 외국회사에 대한 상법의 규정

(1) 대표자의 선정

　외국회사가 대한민국에서 영업을 하고자 하는 때에는 대한민국에서의 대표자를 선정하여야 한다. 외국회사의 대표자는 회사의 영업에 관하여 재판상 또는 재판외의 모든 행위를 할 권한이 있다. 또한 대표자가 회사의 업무집행으로 인하여 타인에게 손해를 가한 때에는 회사와 연대하여 손해배상의 책임이 있다(614조 4항, 209

조, 210조).

(2) 영업소의 설치와 등기

외국회사가 대한민국에서 영업을 하고자 하는 때에는 영업소를 설치하여야 한다(614조 1항). 이 경우에 외국회사는 그 영업소의 설치에 관하여 대한민국에서 설립되는 동종의 회사 또는 가장 유사한 회사의 지점과 동일한 등기를 하여야 한다(같은 조 2항). 위 등기에서는 회사설립의 준거법과 대한민국에서의 대표자의 성명과 그 주소를 등기하여야 한다(같은 조 3항). 그리고 외국회사가 국내에서 계속하여 거래를 하기 위하여는 그 영업소의 소재지에서 위의 등기를 하여야 한다. 이에 위반하여 거래를 한 자는 그 거래에 대하여 회사와 연대하여 책임을 진다(616조).

(3) 외국회사의 주권·채권의 발행

우리나라에서 외국회사가 그 주권 또는 채권의 발행과 주식의 이전이나 입질 또는 사채의 이전 등을 하는 경우에는 이에 관한 상법이 준용된다. 이는 외국회사의 증권의 유통이 국내에서 이루어지기 때문에 거래 안전의 보호를 위한 것이다. 이 경우에는 대한민국에 처음으로 설치한 영업소를 본점으로 본다(618조).

(4) 영업소의 폐쇄

외국회사는 외국법에 의하여 그 존재가 인정되므로, 그 설치목적이 불법이거나 대표자가 법령 또는 정관에 위반되는 행위를 하더라도 우리나라 상법에 따라 해산명령을 하여 법인격을 박탈할 수는 없다. 따라서 상법은 해산명령에 갈음하여 영업소의 폐쇄명령을 할 수 있도록 규정하고 있다. 즉 외국회사가 대한민국에 영업소를 설치한 경우에 ① 영업소의 설치목적이 불법한 것인 때, ② 영업소의 설치등기를 한 후 정당한 사유 없이 1년 내에 영업을 개시하지 아니하거나 1년 이상 영업을 휴지한 때 또는 정당한 사유 없이 지급을 정지한 때, ③ 회사의 대표자 기타 업무를 집행하는 자가 법령 또는 선량한 풍속 기타 사회질서에 위반한 행위를 한 때에는 법원은 이해관계인 또는 검사의 청구에 의하여 그 영업소의 폐쇄를 명할 수 있다(619조 1항). 위의 경우에 회사재산의 보전처분과 폐쇄명령청구자의 담보제공의무에 관하여는 해산명령에 관한 규정이 준용된다(619조 2항, 176조 2항~4항). 영업소의 폐쇄를 명한 경우에 법원은 이해관계인의 신청에 의하여 또는 직권으로 대한민국에 있는 그 회사재산의 전부에 대한 청산의 개시를 명할 수 있다. 이 경우에 법원은 청산인을 선임하여야 한다(620조 1항). 주식회사의 청산에 관한 규정(535조~537조,

542조)은 성질상 허용되지 않는 경우를 제외하고는 영업소의 폐쇄명령에 의한 청산에 준용한다(620조 2항). 위의 청산에 관한 규정은 외국회사가 스스로 영업소를 폐쇄한 경우에 준용한다(같은 조 3항).

사항색인

판례색인

저자 주요 약력

홍복기
연세대학교 대학원 법학박사
Max-Planck 국제비교사법연구소 초빙교수,
  Stanford Law School에서 회사법연구
한국비교사법학회장, 한국상사판례학회장,
  한국경제법학회장, 한국상사법학회장
대법원 사법정책자문위원회 위원, 법무부 법무자
  문위원회 위원, 대법원 법관인사위원회 위원,
  법무부 회사법개정특별위원회 위원장
연세대학교 법과대학장, 법학전문대학원장,
  행정·대외 부총장
(현) 연세대학교 법학전문대학원 명예교수

김성탁
연세대학교 대학원 법학박사
증권거래소 연구위원
증권업협회 자문교수
소비자보호원 분쟁조정위원회 전문위원
(현) 인하대학교 법학전문대학원 교수

김병연
연세대학교 법학사, 법학석사
Indiana University School of Law LL.M. S.J.D.
한국거래소 시장감시위원회 위원
국회입법조사처 금융외환팀 조사분석지원위원
U. C. Berkeley School of Law Visiting Scholar
Georgetown University Law Center Visiting
  Researcher
세무사시험·PSAT 시험위원
한국증권법학회 연구이사
(현) 건국대학교 법학전문대학원 교수

박세화
Washington University In St. Louis School of
  Law LL.M.
연세대학교 대학원 법학박사
U. C. Berkeley School of Law Research Scholar
변호사시험·사법시험·PSAT·세무사시험 위원
법무부 준법경영개선단 위원
법무부 상법특별위원회 위원
(현) 충남대학교 법학전문대학원 교수

심 영
Indiana University School of Law M.C.L.
University of London(QMW) Ph.D. in Law
대한상사중재원 중재인
변호사시험·사법시험·행정고시 위원
법무부 상법특별위원회 위원
법무부 회계자문위원회 위원장
(현) 연세대학교 법학전문대학원 교수

권재열
연세대학교 법학사
연세대학교 대학원 법학석사
University of California at Berkeley School
  of Law LL.M.
Georgetown University Law Center S.J.D.
한국상사법학회 연구이사
법무부 상법특별위원회 위원
변호사시험·사법시험·5급공채시험·입법고등
  고시·세무사시험 출제위원
대법원 재판연구관
(현) 경희대학교 법학전문대학원 교수

이윤석
연세대학교 대학원 법학박사
선진상사법률연구 편집위원
제주특별자치도 교육청 행정심판위원회 위원
(현) 제주대학교 법학전문대학원 교수

장근영
Indiana University School of Law, LL.M. S.J.D.
미국 New York주 변호사
한국상사법학회 편집이사
한국증권법학회 이사
(현) 한양대학교 법학전문대학원 교수

제7판

회사법 — 사례와 이론

초판발행	2012년 3월 10일
제7판발행	2021년 9월 1일
지은이	홍복기·김성탁·김병연·박세화
	심 영·권재열·이윤석·장근영
펴낸이	안종만·안상준
편 집	이승현
기획/마케팅	조성호
표지디자인	이수빈
제 작	고철민·조영환
펴낸곳	(주) **박영사**
	서울특별시 금천구 가산디지털2로 53, 210호(가산동, 한라시그마밸리)
	등록 1959. 3. 11. 제300-1959-1호(倫)
전 화	02)733-6771
f a x	02)736-4818
e-mail	pys@pybook.co.kr
homepage	www.pybook.co.kr
ISBN	979-11-303-3981-8 93360

copyright©홍복기 외, 2021, Printed in Korea

정 가   45,000원